狩麟

东周诸侯和名臣们的权力游戏

上

茅庐小生 著

图书在版编目（CIP）数据

狩麟：东周诸侯和名臣们的权力游戏 / 茅庐小生著. -- 北京：新世界出版社，2022.9
ISBN 978-7-5104-7502-3

Ⅰ.①狩… Ⅱ.①茅… Ⅲ.①中国历史—春秋战国时代—通俗读物 Ⅳ.① K225.09

中国版本图书馆 CIP 数据核字（2022）第 107765 号

狩麟：东周诸侯和名臣们的权力游戏

作　　者：	茅庐小生
责任编辑：	董晶晶
装帧设计：	主语设计
责任校对：	宣　慧
责任印制：	王宝根　苏爱玲
出　　版：	新世界出版社
网　　址：	http://www.nwp.com.cn
社　　址：	北京西城区百万庄大街 24 号（100037）
发 行 部：	（010）6899 5968（电话）　（010）6899 0635（电话）
总 编 室：	（010）6899 5424（电话）　（010）6832 6679（传真）
版 权 部：	+8610 6899 6306（电话）　nwpcd@sina.com（电邮）
印　　刷：	天津中印联印务有限公司
经　　销：	新华书店
开　　本：	710mm×1000mm　1/16　尺寸：170mm×240mm
字　　数：	1100 千字　　　　　　　印张：85.25
版　　次：	2022 年 9 月第 1 版　2022 年 9 月第 1 次印刷
书　　号：	ISBN 978-7-5104-7502-3
定　　价：	188.00 元（全三册）

版权所有，侵权必究

凡购买本社图书，如有缺页、倒页、脱页等印装错误，可随时退换。
客服电话：（010）6899 8638

目录

引子　《封神演义》之后的故事 / 1

上

卷一　敢和天子叫板的男人

第1章　年轻的诸侯国 / 17

第2章　害人的母亲 / 24

第3章　大战的序曲 / 31

第4章　争锋 / 38

第5章　中原大混战 / 47

第6章　颍考叔之死 / 54

第7章　射向天子的箭 / 61

第8章　小霸 / 67

卷二　春秋时代的全民偶像

第9章　三千多年前的经典炒作 / 73

第10章　不伦之恋 / 79

第11章　瓜熟而代 / 83

第12章　赛跑 / 87

第13章　管仲拜相 / 91

第14章　管仲新政 / 95

第15章　一鼓作气 / 99

第16章　换一种战争方式 / 102

第17章　周天子的旗帜不能倒 / 108

第18章　能力越大，责任越大 / 113

第19章　投我以木瓜 / 119

第20章　楚国人来了 / 123

第21章　风马牛不相及 / 127

第22章　天子的反抗 / 132

第23章　"君"临天下 / 134

第24章　悲哀身后事 / 138

卷三　失败的仁义

第25章　商朝遗民 / 145

第26章　霸主不是谁都可以当的 / 149

第27章　谁执牛耳？ / 153

第 28 章　君子之战 / 156

第 29 章　愚蠢还是高尚？ / 159

卷四　英雄也可以大器晚成

第 30 章　一句戏言，一个国家 / 165

第 31 章　晋国无公族 / 168

第 32 章　父子分离 / 171

第 33 章　这个太子不好当 / 176

第 34 章　冒险的开始 / 181

第 35 章　里克的复仇 / 185

第 36 章　乞丐 / 189

第 37 章　安乐窝与温柔乡 / 192

第 38 章　周游列国 / 195

第 39 章　时来运转 / 200

第 40 章　家乡，我终于回来了！ / 203

第 41 章　暗流涌动 / 207

第 42 章　介子推离去 / 211

第 43 章　南下，南下 / 216

第 44 章　宿命的对决 / 221

第 45 章　攻城 / 225

第 46 章　退避三舍 / 230

第 47 章　大决战 / 234

第 48 章　威震天下 / 238

卷五　大秦崛起的奠基人

第49章　牧马人 / 245

第50章　五张羊皮换一个宰相 / 249

第51章　选择题 / 253

第52章　无赖 / 256

第53章　还击 / 260

第54章　宽大为怀 / 263

第55章　霸主归来 / 269

第56章　裂痕 / 274

第57章　秦国勇士的不归路 / 277

第58章　复仇 / 284

第59章　西戎霸主 / 287

卷六　一鸣惊人的问鼎者

第60章　楚成王之死 / 295

第61章　给老师当人质 / 300

第62章　飞将冲天，鸣将惊人 / 305

第63章　猛虎出山 / 308

第64章　夏日之日 / 311

第65章　铁幕 / 317

第66章　恶狗 / 322

第67章　问鼎 / 326

第 68 章　神箭 / 330

第 69 章　染指 / 334

第 70 章　孙叔敖出场 / 339

第 71 章　拉锯战 / 344

第 72 章　弱国无外交 / 347

第 73 章　饮马黄河 / 352

第 74 章　单车挑战 / 361

第 75 章　决战天下 / 367

第 76 章　尔虞我诈 / 371

第 77 章　身后事 / 377

卷七　扳倒霸主的"蕞尔小国"

第 78 章　身份疑团 / 385

第 79 章　崛起之路 / 389

第 80 章　圣人季札 / 395

第 81 章　战死疆场的国君 / 401

第 82 章　杀父之仇 / 406

第 83 章　"好人"楚平王 / 412

第 84 章　初生牛犊不怕虎 / 417

第 85 章　愤怒的伍子胥 / 424

第 86 章　亡命天涯 / 429

第 87 章　勇士 / 436

第 88 章　忍耐与等待 / 439

第 89 章　卑梁之衅 / 444

第 90 章　鱼肠剑 / 447

第 91 章　最悲情的刺客 / 453

第 92 章　干将莫邪 / 457

第 93 章　兵圣 / 461

第 94 章　恶有恶报 / 466

第 95 章　财迷心窍 / 469

第 96 章　山地特种作战 / 475

第 97 章　大追歼 / 481

第 98 章　蛇吞象 / 483

第 99 章　追击楚王 / 488

第 100 章　随国人的抉择 / 491

第 101 章　哭秦廷 / 495

第 102 章　回国 / 499

第 103 章　论功行赏 / 502

第 104 章　死也要死在战场上 / 506

卷八　"弱者"的逆袭

第 105 章　夏朝往事 / 511

第 106 章　不屈的民族 / 518

第 107 章　"丑陋"的英雄 / 522

- 第 108 章　重臣谋士 / 526
- 第 109 章　会稽之耻 / 531
- 第 110 章　谈判 / 535
- 第 111 章　绝境逢生 / 539
- 第 112 章　屈辱的镣铐 / 541
- 第 113 章　沉默的马夫 / 547
- 第 114 章　蔡昭侯之死 / 551
- 第 115 章　夫差的同情心 / 554
- 第 116 章　自由！ / 557
- 第 117 章　从零开始 / 561
- 第 118 章　卧薪尝胆 / 566
- 第 119 章　夫差的野心 / 571
- 第 120 章　百牢问题 / 575
- 第 121 章　吴鲁战争 / 579
- 第 122 章　浩大工程 / 584
- 第 123 章　跨海作战 / 588
- 第 124 章　浣纱少女 / 591
- 第 125 章　存鲁乱齐 / 595
- 第 126 章　艾陵之战 / 601
- 第 127 章　伍子胥谢幕 / 609
- 第 128 章　馆娃宫 / 615
- 第 129 章　众叛亲离 / 620
- 第 130 章　突袭 / 624

第 131 章　虚名霸主 / 628

第 132 章　白公之乱 / 635

第 133 章　生死之战 / 641

第 134 章　传奇王国的终点 / 646

第 135 章　战争不相信眼泪 / 650

第 136 章　功成身退 / 655

第 137 章　鸟尽弓藏 / 660

第 138 章　霸王 / 664

第 139 章　干涉 / 668

第 140 章　越国兴衰 / 673

卷九　真真假假的"赵氏孤儿"

第 141 章　千古奇案 / 679

第 142 章　狗咬狗 / 685

第 143 章　弱冠 / 689

第 144 章　鄢陵之战 / 693

第 145 章　郤家的末日 / 698

第 146 章　少年英主 / 703

第 147 章　大火并 / 707

第 148 章　成王败寇 / 713

第 149 章　以和为贵 / 717

第 150 章　卫国的挑衅 / 721

第 151 章　和平大计 / 725

第 152 章　小心做人 / 733

第 153 章　混日子的老头 / 736

卷十　内战生存法则

第 154 章　良好家教 / 741

第 155 章　大鱼吃小鱼 / 746

第 156 章　铸鼎风波 / 750

第 157 章　霸业崩塌 / 754

第 158 章　让暴风雨来得更猛烈些 / 761

第 159 章　谁是叛国者？/ 765

第 160 章　"平反"之路 / 771

第 161 章　敌人的敌人，就是我的朋友 / 775

第 162 章　惊险一战 / 779

第 163 章　秋后算账 / 784

第 164 章　来自南方的威胁 / 788

卷十一　赵氏家族的生死考验

第 165 章　庶子掌权 / 793

第 166 章　小试牛刀 / 795

第 167 章　不安分的少主人 / 799

第 168 章　危险的敌人 / 804

第 169 章　晋、齐争锋 / 808

第 170 章 争执 / 813

第 171 章 国君的最后反抗 / 818

第 172 章 山雨欲来 / 823

第 173 章 意志力的较量 / 829

第 174 章 连环计 / 833

第 175 章 大逆转 / 840

第 176 章 重臣离去 / 844

第 177 章 士为知己者死 / 848

第 178 章 不是国家的国家 / 853

卷十二　一个前所未有的时代

第 179 章 剧烈变化的社会 / 861

第 180 章 杀人犯和不孝子 / 867

第 181 章 武卒一出，谁与争锋 / 874

第 182 章 离职之谜 / 880

第 183 章 改革家 / 885

第 184 章 血祭 / 889

卷十三　新瓶装旧酒的王国

第 185 章 窃国大盗 / 895

第 186 章 一场华丽的政治秀 / 899

第 187 章 西守东进 / 904

第188章　孙膑之谜 / 909

第189章　围魏不救赵 / 914

第190章　风云再起 / 921

第191章　复仇者的结局 / 931

第192章　徐州相王 / 934

卷十四　精准设计的战争机器

第193章　青年才俊 / 941

第194章　没落之国 / 945

第195章　霸道之术 / 949

第196章　"史上最严"改革条例 / 954

第197章　国法无情 / 959

第198章　剑指西河 / 965

第199章　作法自毙 / 972

卷十五　连横破合纵

第200章　外来人才 / 981

第201章　鬼谷子的局？ / 985

第202章　张仪相秦 / 992

第203章　两国丞相 / 997

第 204 章　挑战齐国 / 1002

第 205 章　血战修鱼 / 1006

第 206 章　天府之国 / 1011

第 207 章　诈楚 / 1017

第 208 章　"兄弟"之战 / 1025

第 209 章　虎口脱险 / 1029

卷十六　最强对手诞生

第 210 章　少年英主 / 1037

第 211 章　心腹之患 / 1041

第 212 章　"人情外交" / 1045

第 213 章　新式兵种 / 1049

第 214 章　"胡地中山，我必有之！" / 1056

第 215 章　谋秦 / 1063

第 216 章　父子隔阂 / 1068

第 217 章　遗恨沙丘 / 1072

第 218 章　"一个大大的英雄" / 1080

卷十七　大秦帝国的飞跃

第 219 章　张仪谢幕 / 1085

第 220 章　宜阳攻坚战 / 1090

第 221 章　这个女人不简单 / 1096

第 222 章　楚怀王的最后尊严 / 1102

第 223 章　是是非非孟尝君 / 1111

第 224 章　函谷关陷落 / 1119

第 225 章　间谍苏秦 / 1125

第 226 章　战神登场 / 1132

第 227 章　东帝西帝 / 1138

第 228 章　燕国复仇 / 1145

第 229 章　两攻大梁 / 1152

第 230 章　汨罗江 / 1158

第 231 章　亡羊补牢 / 1164

第 232 章　灭不了的齐国 / 1168

第 233 章　大国凋零 / 1172

第 234 章　赵武灵王的遗产 / 1179

第 235 章　抱薪救火 / 1184

第 236 章　狭路相逢勇者胜 / 1188

第 237 章　四贵 / 1195

第 238 章　女强人的终局 / 1204

第 239 章　张丞相 / 1209

第 240 章　长平鏖兵 / 1213

第 241 章　纸上谈兵 / 1221

第 242 章　死地 / 1227

第 243 章　邯郸，危矣！/ 1236

第 244 章　生死荣哀 / 1246

卷十八　乱世的终结

第 245 章　身世之谜 / 1253

第 246 章　孤独小孩 / 1259

第 247 章　论如何正确地拖后腿 / 1263

第 248 章　仲父 / 1269

第 249 章　最后一次合纵 / 1272

第 250 章　万事转头空 / 1275

第 251 章　逐客令 / 1283

第 252 章　老兵不死 / 1291

第 253 章　最后的军团 / 1297

第 254 章　悲情名将 / 1303

第 255 章　易水寒 / 1307

第 256 章　水灌大梁 / 1315

第 257 章　背叛 / 1319

第 258 章　六王毕 / 1327

后记　致敬历史的"记录者" / 1331

参考书目 / 1341

引子

《封神演义》之后的故事

本书的开始,我们先从一个大家耳熟能详的故事说起。

据说在遥远的商朝末年,君主纣王被妲己迷惑,沉迷酒色,荒废朝政,还设计各种酷刑残杀大夫和宫人。西伯侯姬昌是一位深得人心的忠臣,也差点被纣王和妲己谋害,只好逃回祖居地西岐(今陕西岐山)。奉元始天尊之命下山的姜子牙前来辅佐姬昌,还吸收了哪吒、杨戬、雷震子等各路神仙,壮大力量后,他们前去讨伐纣王。经过一系列神仙斗法,姬昌和姬发父子最终打败了纣王的妖魔大军。姬发集结了八百诸侯进军朝歌,纣王在穷途末路下自焚,妲己等妖怪被擒。姬发即天子位,是为周武王。姜子牙领元始天尊诰敕,在封神台封神,周武王也分封了七十二诸侯。

这个故事不用多说,就是在中国无人不晓的《封神演义》。相传这本小说是明朝万历年间一位名叫许仲琳的文人写的。近些年,它屡屡被翻拍为影视剧,人们哪怕没有看过原著,不了解具体的故事情节,也能

脱口而出姜子牙、哪吒等书中的主要人物。

《封神演义》充满了神话色彩，尽是些神怪妖魔的故事，但它却脱胎于历史上的真实事件，姬昌父子、姜子牙、纣王和妲己在历史上确有其人。

作为小说背景的商朝，大约距今三千多年前，是中国历史上第二个王朝。

人们印象中的王朝，是县令管百姓、知府管县令、巡抚管知府、皇帝管巡抚，这样一级级的制度，要通过科举考试或是皇帝的提拔才能做官。但这实际上是隋唐之后才出现的情况。

商朝则是一个部落联盟制王朝。那个时期，中国刚脱离原始社会不久，还存在许多大大小小的氏族部落。当中许多部落的文明程度已经很高，能建造城堡、打造青铜器，被称为"方国"。而"商"是当中最有威望和实力的一个部族，周边的方国都臣服于它，向它进贡。但商朝的君王并不能直接管辖这些方国，也没有权力任命方国的首领，各方国的自主权仍然很大。

商朝延续了五百多年，到了最后几任国君时，实力和威势已经大不如前，许多方国和部落叛离商朝，留下的，也对商朝没有了以往的尊重。这时，纣王出场了。

纣其实不是这位商朝末代君王的本来称呼，他在史书上被称作"帝辛"。帝辛为了维护商朝岌岌可危的统治，一方面穷兵黩武，征伐那些不服从的方国和部落，残杀那些不听话的大夫和部落首领；另一方面大兴土木，营造各种建筑奇观和豪华宫殿，来维持商朝宏伟的形象。他以为这样一来，方国们就会惧怕他、佩服他，不敢背弃商朝了。但他这么做，必然就会横征暴敛，对各大方国和部落大肆压榨，搜刮他们的财富和粮食。帝辛并不觉得这样有错，反而认为这是一种削弱方国实力的方法。

正因帝辛集残暴、好战和剥削于一身，天下人称他为"纣"，意思是"残义损善""贱仁多累"。通俗地说，就是无情无义的大恶人。

帝辛的暴虐非但没有延续商朝的命运，反而提前把它送进了坟墓。当时位于周原（今陕西宝鸡扶风、岐山一带）的周人因为善于农耕而实力壮大，他们乘机收揽人心，扩张势力，密谋推翻商朝的统治。终于，大约在公元前1046年，周武王姬发抓住时机发动起义，集合天下所有反对商朝的部族共同进攻帝辛。

而商朝的主力部队在那个时候正远在南方镇压淮夷人。帝辛无兵可派，只好把一批奴隶临时武装起来去抵抗姬昌的联军。双方在牧野①展开决战。帝辛不得人心，奴隶们不愿卖命，在战斗中纷纷倒戈或者逃跑，商朝军队因此大败。帝辛见自己大势已去，就躲进王宫里自焚而死，他的宠妃妲己则被周军抓获处死了。

周人代替商人成了统领天下的部落首领，建立了周朝。但他们同样没有能力管理如此广大的土地和众多的人民。

对于这个问题，周朝吸取了商朝的经验教训，设计了三项相辅相成的政治制度：分封制、礼乐制、宗法制。

分封制也叫封建制。课本上经常看到"封建"这个词，它是广义的，指的是"君主专制制度"。我们这里所说的"封建"则是狭义的，也是这个词的最初含义，指把一个地区"封"给某人，让他在这里"建"立政府，并全权管理该地的人民和土地。

被分封后，这些地方政府就被称为"诸侯国"，领袖被称为"君"或"诸侯"。它们有自己的国号、官员和军队，要为朝廷镇守疆土、管理百姓、征收贡赋等。对于君王，它们需要定时缴纳贡物、服从命令和军事保卫等。这就是所谓的"普天之下莫非王土，率土之滨莫非

---

① 牧野就是商都朝歌的远郊，主要在今河南卫辉一带。

王臣"。

周朝的分封，相当于把原有的方国、部落和民族进行了一次排列组合：把战略位置重要、资源丰富和经济发达的地区分封给了王族和功臣，让这些诸侯拥有强大的实力来拱卫王室；其余的地方则分封给其他贵族和方国首领，让他们不至于形成势力威胁周朝统治。

诸侯国建立之初，实际上只是一个个孤立的城市。诸侯们利用自己掌握的生产技术、文化礼仪和军事实力收服野外的居民们，让他们对自己效忠和奉献。实力强大后，则征服周围更广大的地区，建造更多的周边城市。

周朝时期的人口很少，不曾开辟的地方不计其数，加上很多诸侯被分封的是边缘蛮夷之地，足够他们闹腾的。所以，那个时候，诸侯极少与邻国发生抢地盘的冲突，各个国家之间往往有大片的无主空隙地带，所谓的边界问题也就不存在了。

周朝初期，就如同封神榜一样，对功臣、王族等各路"神仙"分封，在史书上留下名称的封国就超过了170个。这样一来，大部分诸侯国的面积不是很大，只有一两座小城，只有个别大国有几十座城市。

那么，分封了这么多诸侯，如何保证他们听话呢？周朝又相应地推行了礼乐制度和宗法制度。

什么叫礼乐？通俗点儿说，"礼"指的是贵族们在生活和工作等各方面，行为举止都要有相应的规范和仪式。例如，祭祀的时候要行吉礼；哀悼的时候要行凶礼；男子成人的时候要行冠礼；军队操练、出征、作战和凯旋的时候要行军礼；聚会宴饮的时候要行乡饮酒礼；等等。不同等级和不同年龄的人也通过不同的礼仪进行区分，以此体现尊卑有序，营造一种统一和谐的社会氛围。

礼乐制度的"乐"，则要求人们在宗庙祭祀之中、宴会饮酒之时、族长乡里之间，遵照父子长幼贵贱等级使用规范的诗歌和舞乐。在那个时代，人们认为歌唱是最能代表心声的，相信音乐可以沟通情感，增进彼此间的亲密，化解心理矛盾。

所以，我们要是回到周朝当个贵族，无论工作学习，还是吃饭穿衣，都要按照礼制规定的来，哪怕走路的步伐不对，也会被认为是失礼，会遭人鄙视和批评。到了交际场合，我们还得能吟唱合适的诗歌，不然人家都不愿和你交朋友。

宗法制度，则是对家族继承方式的规范。正妻生的儿子叫"嫡"，妾生的儿子叫"庶"。贵族们被要求选择继承人时必须"立嫡立长"，就是说只能选择正妻生的儿子，如果正妻有多个儿子，则必须选择长子；如果正妻没有儿子，就选择身份最高贵的姬妾的儿子。在自己的儿子中随便选择一个定为继承人是不被允许的。

根据宗法制度，周朝就像是一棵可以无限分枝的大树。树根就是周王，他是上天之子，所以被称作"天子"。天子之位由周王的嫡长子继承，周王的其他儿子可被分封为诸侯。诸侯的君位也是传给嫡长子，诸侯的其他儿子则被分封为卿大夫[①]。卿大夫也是一种"封建"贵族，他们相当于小诸侯，封地被称为"采邑"或"封邑"，封邑的军政大权也归他们所有。由于地盘比较小，卿大夫比诸侯地位低，要对诸侯尽到纳贡和保卫的义务。

卿和大夫的位子也传给嫡长子，其余诸子则成为贵族阶层的最低等级——没有封国和封地的"士"。士能分到一点农田、房产和奴隶，有读书受教育的机会，也能做官。运气好的话，他们能被提拔为大夫，获得一块封地。

诸侯的儿子被称为"公子"，孙子称"公孙"，他们形成的家族称

[①] "卿"和"大夫"的合称，卿的地位比大夫高，卿可以参与国家机要大事，大夫只能做些中层管理工作。

为"公族"。同理,王的儿子被称作"王子",孙子被称作"王孙"。而嫡长子的家族被称作"大宗",其余子孙的家族被称作"小宗"。

天子居住的城市被称作"京",国君居住的城市被称作"国",卿大夫居住的城市被称作"都"。这些城中有他们各自的宗庙,而其他没有宗庙、只有百姓聚居的城市被称作"邑"。卿大夫在自己的领地上建立的政权被称为"家",卿大夫被称为"主",合起来就是"家主",其臣属被称作"家臣"。在国都里生活的人被称作"国人",而住在郊野农村的人被称作"野人"。

那么,周天子是怎么从诸侯那里收税,来维持王朝的日常开支呢?

在那个久远的时代,其实还没有成型的税收制度。也就是说,暂时不存在交税这回事儿。天子、诸侯、卿大夫、士这些贵族都有封田,封田的产出归他们自己所有。按照周礼,天子大约有方圆一千里的土地,诸侯国君有方圆五十里到一百里的土地,以此类推,越低级的贵族封田越小,所得也就越少。

而农民是没有土地的。当时的农民其实还带有农奴的性质,完全依附在贵族之下,为其耕种田地,收获所得都要先上交,再由贵族们进行分配。平常还要给贵族老爷们干点儿杂活,例如修建房子、洗衣织布、饲养牲畜等,一年到头不得清闲。

他们愿意这么没地位吗?他们没办法啊。当时,农业生产技术不发达,农具主要是石头或青铜制成,能耕种的农田非常有限,加上人口稀少,农民们必须组成村社集体耕种,才能保证粮食收获。他们的吃穿、用具都靠集体分配。

而诸侯、卿大夫和士们充当了这个集体的领导角色。他们不用生产劳动,把底下的农民管理好,安排好日常工作,就可以了,其吃穿用度都由农民生产提供。当然,天子、国君和卿等高级贵族不用亲自管理,他们会安排官员替自己处理的。

在这些制度的支撑下，周朝在开国之后一度极为兴盛。周王东征西讨，扩张版图，专治各种不服。最强盛时，王朝势力所及，南过长江，东到山东省，东北至今辽宁省，西至甘肃省。诸侯们也对天子毕恭毕敬，不敢有任何冒犯。整个王朝农业繁荣，社会安定，百姓和睦，史载"刑错四十余年不用"。

然而，历史上从来没有一直强盛的王朝。周朝历经了大约两百年，也开始走向了下坡路。

周朝衰落的原因，一方面是周王穷兵黩武，和西北方的犬戎人征战不休，导致国力大损；另一方面是周朝政治日益腐败，君主暴虐百姓。例如周厉王（名胡）在位时，把山川林湖都收归国有，不许百姓无偿砍伐和渔猎，还派人监控百姓的言行，一发现有反对意见就判刑处死。这导致国人们都不敢乱说话，路上碰面只能用眼神示意。周厉王的暴政最终使国人发起暴动，他不得不逃离首都镐京（今陕西西安西），至死都没能回去。

而在周厉王出逃的这段时间，周王朝采取了"共和行政"的方式维持运转。关于"共和行政"，有两种说法：一是大夫周公和召（shào）公①共同执政，号为"共和"；二是有一位来自共国（今河南辉县）的诸侯国君，名叫"和"，在镐京代行王权，所以叫"共和行政"。无论真相是什么，都意味着周天子失去了绝对权威，诸侯们已经能够干预王朝政治了。

但周朝衰落的根本原因其实还是分封制度的不可持续性。王室的子孙越来越多，但王室开疆拓土的速度却跟不上了。不把这些王子王孙分封出去，他们就会把王室的粮食吃空；把他们分封出去，就必须从天子的自留地里切割出封地。这就导致王室的财政危机越来越严重，天子的

---

① 开国功臣周公旦和召公奭（shì）的后人。

封田也越来越少。

至于地方上的诸侯，经过了数百年的发展，占据的土地和人民越来越多，实力越来越强大。他们有了不听号令的资本，连向王室朝贡都不怎么愿意了；王室的力量日益衰落，就更加管不住他们。周厉王正是因为陷入了财政危机，才甘愿冒着与民争利的风险，抢占山川林湖的资源。他的儿子周宣王（名静）虽然没有这么过分，但下过清查户口的命令，试图绕开诸侯们直接向农民征发赋役。

周宣王虽然依靠各种政治手段勉强维持住了天子的威信，但对于统治衰落的周王朝已是力不从心。诸侯们和王室越来越疏远，犬戎人对镐京的威胁也越来越大。到了宣王之子周幽王（名宫涅shēng）即位后，一场差点儿摧毁周王朝的危机爆发了。

周幽王知道自己挽救不了王朝没落的趋势，干脆放飞自我，把主要心思放在玩乐上。有一年，他讨伐褒国（今陕西勉县东南），获得了一位叫作褒姒（sì）的美女。她的美貌很快使周幽王沉沦，他不仅因为这个女人荒废了朝政，还把天子和诸侯之间的最后一点信任弄丢了。

《史记》记载，褒姒不爱笑，即使进了王宫，享尽荣华富贵，也总是一副冷若冰霜的模样，面对周幽王也是如此。这让周幽王很是头疼，为了能让褒姒这个冰山美人笑一下，他想到了"烽火戏诸侯"这个主意。

周朝王都镐京位置偏西，周边有许多戎人聚集，其中以犬戎部落最为强大。上百年来，周朝军队与他们混战不休，双方成为不共戴天的敌人。周朝衰落后，对犬戎人只能采取防守态势，在镐京附近的山上建起烽火台，用来联络诸侯军队抵御他们的进攻。

烽火台每隔一段距离设一个，有专人看守。台上存放着柴火，一遇到紧急情况，就把柴火点燃。白天，火光不明显，就使用湿柴或其他物质制造出浓烟。附近的烽火台看见烟火升起，也把自己的柴火点燃，如此传递下去。诸侯们看见烽火台起烟，就会奔走几百里来镐京救援。

周幽王的想法是，既然王宫里的人没法逗乐王后，就让底下的诸侯们来当小丑，搞一个恶作剧，把烽火台点燃，骗诸侯千里迢迢来勤王，等他们发现被骗又无可奈何，那种滑稽的样子一定很搞笑。

于是，在一个风和日丽的好日子，周幽王带上褒姒来到骊山的高台上，摆好座席，放上美酒佳肴。然后，他传下旨意，派人去把烽火点上，让烽火一个接一个传递下去。没过多长时间，就看见那些诸侯国君们满头大汗地带兵赶来了。诸侯们到镐京一看，这里风平浪静，哪有犬戎人的影子；再到王宫去打听，啥事儿也没有。而此时的周幽王和褒姒就在骊山上看着，看诸侯们心急火燎的样子，还有得知自己被人耍弄后的吃惊。两人为恶作剧成功而哈哈大笑。诸侯们这才明白，天子是在把自己当猴耍，心里发了一通牢骚就回去了。

周幽王亲自导演了一场喜剧，虽然"演员"们很不高兴，但是"笑果"显著，尤其是褒姒特别开心。于是他此后接二连三地令人点燃烽火台，等着看诸侯们紧张兮兮地往镐京这里赶。褒姒每一回都被逗得哈哈大笑。

问题出现了："演员"们越来越少了。诸侯们知道要被寻开心，哪个愿来？结果，等犬戎人真正来进攻的时候，没有一个诸侯率军赶来勤王。

犬戎人为什么要攻打镐京？这事还是和褒姒有关。

周幽王本来有一个王后，是申国[①]国君申侯的女儿，被称作申后。她给周幽王生了一个儿子，叫宜臼，被立为太子。自打周幽王喜欢上褒姒，申后就失宠了。褒姒也生了个儿子，叫伯服。

周幽王很是宠爱褒姒母子，就把申后的王后身份和宜臼的太子身份给废了，让褒姒当王后，把伯服立为太子。申侯一听女儿被欺负，外孙

[①] 一说为东申国，在今河南信阳；另一说为西申国，在今陕西眉县东北。

丢了太子位,当场就火了,决定非要教训教训这个女婿不可。

但是,申国毕竟只是个诸侯国,以一国之力,根本没法攻进镐京。而其他诸侯国里只有缯国(也称鄫国,在今河南光山西南)愿意和申国联手,但两国实力加起来,仍不是王师的对手。于是,申侯想到了借刀杀人,让西边的戎人去把女婿修理一顿。

他派人联络到了犬戎人的首领进行游说,大意是说王都镐京里金银如山,美女如云,申国人愿意给犬戎王做向导,让他们去大捞一把。

犬戎人早就眼红中原的花花世界,不用申国人多说,立刻发动大队人马前往镐京。

昏了头的周幽王哪里知道自己已经大祸临头,他还在与褒姒卿卿我我的工夫,犬戎人就在申、缯两国的指引下攻到了镐京城外,围了个水泄不通。周幽王这回急了,赶紧点烽火求援。但烽火点了几天几夜,都没见到勤王军队一兵一卒。

很快,犬戎人攻破镐京,四处烧杀抢掠,将这座城市化作一片废墟,一大批周朝大夫死于非命。周幽王一家也没能幸免,他们原本躲藏在骊山上,但很快就被犬戎人发现了。犬戎人管他是什么天的儿子,一刀就把周幽王给杀了,一起被杀的还有褒姒的儿子伯服,褒姒则被犬戎人当作战利品抢走了。

镐京被犬戎人攻破的消息传到一些诸侯国,大家这才知道出大事了。一些与王室血脉比较亲近,或者距离较近的诸侯连忙星夜带兵去勤王,当中有卫国、晋国、秦国和郑国。勤王大军一到,犬戎人自知不敌,便带着掠夺的物资和人口撤离了镐京,把烂摊子扔给申侯处理。

申侯早就做好了安排,他找来诸侯们商量,提出让自己的外孙宜臼即位为周天子。宜臼原本就是周朝的太子,大家也就随了申侯的提议。

就这样,宜臼成了天子,史称周平王。

前面讲述的就是"烽火戏诸侯"这个故事,它被认认真真地写在

《史记》中，好像周朝的这场大乱就是周幽王和褒姒瞎胡闹造成的。

但是，这个故事不一定是真实的。

且不说烽火台是否在西周时期就出现了，欺骗诸侯来勤王这一逗笑方式本身并不具备可操作性。周朝的诸侯国基本上被分封在东方，只有少数分布在首都镐京周围。在那个交通不发达的时代，镐京周边的诸侯军队算上动员时间，来一趟怎么也要十天半个月，而东方的诸侯赶来，更是要一年半载才行，他们根本不可能在一天之内跑来将褒姒逗笑。而褒姒也不可能隔几天出来看一个诸侯的笑话，过几个月又被叫出来对另一个诸侯哈哈大笑，来来回回地观看，再搞笑也要腻了。一次烽火戏诸侯就已经这样，周幽王怎么可能三番五次折腾？况且，军事行动都是十分严肃的，诸侯军队雄赳赳地赶来勤王，又整齐划一地退兵，严厉肃杀的气氛实在无法让人感受到笑点何在。

还有一个漏洞在于，镐京作为一朝首都，防御力量按理说应该是最强的，怎么会沦落到只能依赖诸侯的勤王兵来防守的地步？如果犬戎人对镐京的威胁很大，王师已经不能抵御他们，那周朝为什么不及时迁都呢？

因此，"烽火戏诸侯"的故事背后，应该还有另一个被埋藏的历史真相。

一批后世出土的战国竹简（现收藏于清华大学，故称"清华简"），以及一本叫《竹书纪年》的古书推翻了《史记》的记载。根据这两部史料的说法，宜臼逃亡申国后，在申侯的支持下自立为王，号称"天王"。周幽王勃然大怒，发兵讨伐申国，申国不得不联合缯国和犬戎人进行反抗。犬戎人趁王师主力征讨申国和缯国的时机，袭击了防守空虚的镐京，将这座城市洗劫并摧毁。王师首尾不能相顾，最终在骊山大败，周幽王和太子伯服被杀死。周幽王死后，有诸侯在携邑（位置不详）拥立其弟为王，人称"携王"。两个天子的情况持续了十年左右，

直到携王被晋国人杀死，宜臼才算真正继承大统。

清华简和《竹书纪年》写于战国时期，比《史记》的成书年代早，真实性相对更可靠一些。所以，钱穆先生在《国史大纲》中就对"烽火戏诸侯"表示质疑，称"此委巷小人之谈"。

周平王宜臼即位之后，面临一个严峻的问题：首都没有了。犬戎人把周朝人苦心经营了近三百年的镐京给摧毁了，如果继续在这里定都，就只能在一堆瓦砾之中当天子了。而且，犬戎人虽然退出了镐京，却已经渗透进了周朝腹地，在镐京附近的山野里活动，这让周平王感到人身安全无法得到保障。

因此，周平王下了一个决定：迁都洛邑（今河南洛阳）。

洛邑是一个统称，由分布在瀍（chán）水两岸的成周和王城两座城市组成。它始建于周武王时期，一直被当作周朝的第二首都经营。这里不仅建有周王室的太庙，还有"康宫""京宫""华宫"等宫殿，供王室成员居住和办公。在地理位置上，洛邑的西边有函谷关和崤山做屏障，北边有黄河、洛河阻挡，四面八方都有诸侯国拱卫。对于王朝的新首都来说，这里绝对是一个安全的选址。

就这样，公元前770年，周平王正式迁都洛邑。西周结束，东周的历史开始了。

定都洛邑后，虽然周王仍然是所有人承认的"天下共主"，但威信和实力已经大不如前。周平王的即位名不正，言不顺，他依靠外祖父勾结犬戎人杀死了父亲和伯服，又让其他诸侯杀死了携王，杀父、屠弟、篡位的恶名他是一辈子都洗不清了。因此，他的威望大打折扣，很难再要求诸侯们尊敬和服从他。

周王室经过犬戎之乱，祖居地和镐京周边的土地大多被戎人占领，只能保有洛邑附近的领地。王畿之地大幅缩水，人口也损失过半，周平王迁都之时，连足够的人手都找不齐，只能依靠诸侯们护送和帮忙。王室的财力和军力基本上和一个普通大国相差无几了，天子对地方诸侯已经产生不了威慑作用。

虽然分封制和宗法制还能继续维持，在名义上给予了周天子至高无上的地位，但天子和诸侯之间的关系已经很难再用礼乐制来维护了。地方贵族们普遍不把周天子当回事，僭越礼制、不守礼乐的情况越来越普遍。

一段名叫春秋战国的乱世就此开启。

"春秋"的名称来源于史书《春秋》。它的影响力巨大，就连《左传》都是为解释它而写，所以人们用春秋指代这一时期。"战国"的名称则源于汉代刘向编写的《战国策》一书。这本书描述了纵横家们精彩的外交故事，书名也就被用作这个时代的代名词。

有研究者把公元前770年周王东迁的那一年作为开始，把公元前403年三家分晋，即赵、魏、韩三个国家建立作为结束，这总计三百六十七年被称为春秋时期；把从三家分晋到公元前221年秦国统一中国这一百八十二年称作战国时期。①

在春秋战国五百多年的岁月里，那些原本默默无闻的诸侯、大夫和士人们活跃在历史舞台上，缔造了一段又一段传奇，塑造了一部又一部英雄史诗。

就让我们铺开这幅恢宏的乱世画卷，一起来领略那段风云激荡的历史吧。

故事的第一位主人公，来自中原的一个小国。

---

① 关于战国的开年还有另外三种常见的说法：一是《史记·六国年表》开始的年份，即公元前476年；二是《左传》终止之年，即公元前468年；三是晋国智氏灭亡，形成赵魏韩三家分晋格局的年份，即公元前453年。——作者注
前述为现行的权威工具书《辞海》（第6版）和《史记·六国年表》所说，而《现代汉语词典》（第7版）则以公元前475年为战国时期的起始年。教育部审订由人民教育出版社出版的《中国历史》教科书，以公元前476年为春秋时期的结束年，以公元前475年为战国时期的起始年。——编者注

卷一 敢和天子叫板的男人

郑庄公部下的一箭,射尽了天子的威风。周朝王权从此跌落,霸权政治鸣锣开场。

年轻的诸侯国

如果问哪个诸侯国称得上是"中原之心",那它一定非郑国莫属。

郑国的首都位于新郑(今河南新郑),国土大致在今河南省中部的平原地带。这片土地在当时可谓得天独厚,不仅田土肥沃,盛产粮食,而且交通便利,去往任何国家都没有问题。更重要的是,它距离洛邑近在咫尺,便于随时随地和周王室打交道。

有意思的是,郑国这个诸侯国相当年轻。周平王东迁之时,它才进入第二代国君的统治时期。

郑国的第一代国君是周宣王的弟弟姬友,当时被分封在了郑地(今陕西华县东),历史上称之为"郑桓公"。史书上,提到春秋战国的诸侯国国君,都称呼他们为"某某公或王"。这种称呼是谥号,是这些国君死后朝廷对其评价。第一个字是该国君的国家名号,第二个字是对该国君的评价,"公"或"王"则是国君的意思。例如"郑桓公",意思就是"郑国伟大的君主"。

郑桓公受封之初，郑国位于现在的陕西省境内，其所在位置与后来完全不同；周平王东迁之后，郑国才位于现在的河南省境内。

郑国怎么会发生位移呢？

这就是郑桓公动的手脚了。

郑桓公被分封二十四年后，哥哥周宣王去世了，侄子周幽王即位。周幽王上台后相当不负责任，每天沉湎酒色，不理朝政，周朝的国运是一天不如一天。当时郑桓公在朝廷担任司徒，看见侄子这么不像话，感觉国家迟早要出大事。郑国距离镐京这么近，万一发生动乱，岂不是玉石俱焚？

于是，郑桓公就想到了自保。他找了一个叫太史伯的人，问他哪个地方最安全，可以供自己逃命。

太史伯回答说："要去就到洛河以东、黄河和济水以南的地方，那里比较安全。"

郑桓公没有明白，太史伯就解释给他听，说："那个地方有两个国家，一个叫虢（guó，即东虢国，今河南荥阳北），一个叫郐（kuài，今河南郑州西南）。这两个国家的国君贪财好利，不得民心。您就和这两个国君说，我是周王的叔叔，又是王朝的司徒，想把自己的家眷和家产放在你们这里寄存一下。给他们一些恩惠，他们肯定会答应，划出一片土地给你。您将来到了他们给的土地上居住，周围的百姓听闻您爱民的名声，一定会来依附您，您和您的家族就能在那儿扎下根基了。"

郑桓公觉得太史伯说得有道理，就按照他的建议，向周幽王请求把郑国迁徙到洛邑以东。得到批准后，他就派人拿着丰厚的礼物向虢、郐两国借地，用来安置他的家属和郑国百姓。这两个国家果然同意了，各自让出了五座城邑给郑桓公。郑国的百姓便在这十座城邑中安顿下来，郑桓公的家人则居住在京城（今河南荥阳东南）。这一历史事件被称为"桓公寄孥"。

郑桓公搬家之后没多久，犬戎之乱就爆发了。他作为朝廷高官，与众多大夫一起为国殉难，但他的家族因为事先迁徙到了京城而幸免于难。儿子掘突继承了他的爵位，史称郑武公。

这里我们先解释一下"姓""氏""名""字"的问题。姬友的儿子我们不能叫"姬掘突"，而应该叫"郑掘突"。为什么呢？因为在秦朝以前，"姓"和"氏"是两个不同的概念。

要解释这个问题，我们来打个比方。比如你本姓"张"，代表你是张家血统；出生的时候，父亲给你起了一个名，叫"三"；当你二十岁行成年礼后，父亲又给你起一个字，叫"四五"。一般情况下你叫"张三"，家人或者朋友可以叫你"张四五"或者"四五"。①

后来，你飞黄腾达。天子把一个叫"刘"的地方封给了你，或者给你一个叫"刘"的官职，再或者你的父祖名字中有个"刘"字。你觉得这个"刘"字很有意义，就把它冠在自己名字的前面，周围人因此而叫你"刘三"，一般就不会称呼你"张三"了。这个"刘"就是"氏"，代表你是张家的一个分支。以后你的儿子也会被称呼为"刘××"。但你的女儿不能有名字，只能继续使用姓，即被称作"张氏"，或者前面加上"氏"，称作"刘张"；如果你的女婿是诸侯国君，谥号是"文公"，那你的女儿在史书上就会被称作"文张"。

姓和氏在秦朝以后逐渐合二为一，没人再去区分了。但名和字一直到民国的时候才合并在一起。现在我们大部分人只有姓和名。

由于春秋战国时期史料缺乏，不少人物的姓氏不能完全确定，所以本书在提到诸侯国君的时候，会用他们的谥号或是称号作为称谓；即位之前的诸侯国君，或者是一些不能确定姓氏的历史人物，则以他们的

---

① 实际上，古人起"名"和"字"有很大的讲究，要讲辈分和规范，这里只简单用数字代替一下。

"名"作为称谓；一些可以确定姓氏的历史人物，则用"氏+名"的组合称呼他们。而对于一些非常重要的历史人物，本书会以惯常的名称来称呼他们，以避免产生人名认知混乱。

再说郑武公，他是一位很懂得抓住时机的人。周幽王被害后，卫、晋、秦、郑等国曾组织联军，一起驱逐了犬戎人。周平王东迁之时，郑武公也带兵加入护卫行列，鞍前马后地跑着，出了不少的力。依靠这些活跃的表现，再加上殉国者后代的光环，郑武公在朝中的地位大幅上升。周平王不仅让他继承了司徒一职，还让他出任卿士，总管王朝政务，并把一块叫虎牢（今河南荥阳西北）的地方封给了他。

虎牢，也就是后世闻名的虎牢关所在。它北濒黄河，南连嵩山，是洛邑的东部门户，战略位置非常重要。周平王相当于把王朝首都东大门的钥匙交给了郑武公。

有了天子撑腰，郑武公把扩张目标对准了郐国和东虢国。这两个国家果然不经打，都被他消灭了。在侵占郐国和东虢国之外，郑武公还对胡国（今河南郾城）下手。为了麻痹胡国人，郑武公把自己的女儿嫁给了胡国国君。有大夫曾提议攻打胡国，郑武公还以"胡国是兄弟之国，不能攻打"为由，将其处死了。这一系列举动使得胡国人对郑武公完全没有警惕心。最后，郑武公找准时机袭击胡国，将它占领了。

在郑武公的努力之下，郑国反客为主，把寄孥之地彻底变成了自家地盘。而他占领的这些地方，在当时都是位于中原中心的富庶之地，人口众多，交通发达，为郑国后来的强盛奠定了基础。

郑国吞并郐、虢、胡三国后，实力日益强大，这就引起了周平王的担忧。周平王觉得郑国距离王室的领地太近，又占据着虎牢这块险要之地，万一郑国人心怀异志，洛邑可就遭殃了。他便找了个理由，提出要收回郑国的部分土地。

郑武公知道自己初来乍到，根基不稳，郑国侵占了这么多土地，引起了周边其他诸侯国不满，这个时候仍然需要天子作为后台，不能跟周平王撕破脸面。于是，他服从了周平王的命令，把虎牢附近的大片土地交给了王室。

失去虎牢附近的土地后，郑国国都京城就失去了安全屏障。郑武公便把国都搬迁到了原郐国国都，改名"新郑"。

交出了大片土地，郑武公仍然不觉得放心，希望再找一个靠山稳固地位。

联姻，成了他最好的办法。

从谁家娶亲呢？

郑武公想到了申国。周平王是依靠申国才登上王位的，他对外祖父家族的人总得客客气气。而且，申国因为引犬戎人攻打镐京，名誉和形象受损，正需要一位有实力的诸侯国君拉一把。

就这样，郑国和申国的婚事很顺利地促成了。

因为申国姓姜，这位嫁给郑武公的申国公主便被称为"武姜"。

武姜和郑武公的第一个孩子名叫寤（wù）生，即郑庄公。"寤生"的含义有好几种说法，其中一个观点是"逆生"的意思，即郑庄公出生的时候不是头先脚后地顺产，而是脚先冒出来，造成了难产。武姜因此痛得死去活来，好不容易才把这个儿子生下来。郑武公就给其起名"寤生"，想以此告诫儿子他出生的时候让母亲受了很大的罪，以后千万不能做不孝子。

父亲在外英雄盖世，小寤生却有一个不幸福的童年。问题就出在比他小三岁的亲弟弟段的身上。古人用"伯、仲、叔、季"来表示排行，史书上称段为"叔段"（可能他排行老三）。

叔段是顺产，没有让武姜受多大罪，而且长大后生得仪表堂堂，还有一手好箭法。有一种说法认为，《诗经·郑风》里的《叔于田》这首诗歌就是赞美叔段的：

叔于田，巷无居人。岂无居人？不如叔也，洵美且仁！
叔于狩，巷无饮酒。岂无饮酒？不如叔也，洵美且好！
叔适野，巷无服马。岂无服马？不如叔也，洵美且武！

大概意思是说，叔段去打猎，他长得漂亮，对人友好，会喝酒，还会驾马车，大街小巷里还有谁能比得上他呢？

如果《叔于田》的主人公确实是叔段，可以想见他是一位多么英气逼人的公子。

有这么一个长相帅气的儿子，做妈妈的当然喜欢得不行。相比较之下，那个出生的时候把母亲痛得死去活来的寤生就逊色多了。寤生的外貌在史书上没有记载，但他令亲生母亲如此厌恶，很有可能在外表和性格上都不讨人喜欢。武姜是个任性的女人，对小儿子的偏爱是毫无掩饰的，可以说是百般溺爱，有什么好处都留给叔段。

不过，寤生还算幸运，在母亲那里得不到的关怀，在父亲这边得到了一些补偿。因为是嫡长子，父亲郑武公一直把他当作继承人来培养，让他做太子，还教导他处理国家政务。

但是，把寤生立为储君一事遭到了武姜强烈反对，她向丈夫提出让叔段继承郑国。

按理说，一位母亲再怎么偏心，也不应该参与国家继承人的选择，这可是违背宗法制度的。让叔段做个太平公子，安安稳稳地过一辈子，难道不香吗？

这个问题已经不能用武姜偏执和任性来解释了。很有可能武姜本人具有政治野心，试图对郑国的国政保持足够的话语权。寤生自小不受她喜爱，他将来要是继任为国君，必然不愿意听她的话。而要是叔段上台，她就能利用多年培养出的母子感情，让叔段听从她的指挥。

武姜的这点心思，郑武公还是能猜出来七八分的。要是让叔段继任国君，相当于让申国人武姜主导了郑国朝政，郑国说不定就会沦为申国的附庸。

　　郑武公便以不能废长立幼为由拒绝了武姜，尽管妻子一次又一次请求，他也不为所动。

　　碰了钉子的武姜仍然不肯善罢甘休，她想到了一个办法。

害人的母亲

公元前744年,郑武公去世了。十四岁的寤生即位,是为郑庄公。

然而,郑庄公当上国君后还没高兴几天,武姜就把他叫到跟前说:"你现在已经是国君了,按规矩你应该把弟弟分封出去,不如就把制(今河南汜水)这个地方封给你弟弟叔段吧。"

郑庄公一听,立刻就明白是怎么回事了。制邑位于虎牢附近,是扼守郑国北部的一处军事重镇,如果叔段得了制邑,那他就相当于控制了郑国的北大门,切断了新郑和洛邑之间的联系。

郑庄公此时不过一个十四岁的少年,但在政治上已经颇为老道。他看出来,母亲名义上是给弟弟讨要封地,实际上是想给叔段一块可以谋反的根据地,好让弟弟将来找机会推翻自己。可武姜毕竟是母亲,给弟弟封地也是天经地义之事,该怎么拒绝呢?

郑庄公略一思索,回答道:"以前虢叔死在了制,那里很不吉利,弟弟还是别去那里了。除了制以外,其他地方都可以。"

这个回答既婉拒了母亲的要求，又没有伤害母亲的脸面。

武姜想了想，觉得军事要地讨不到，那就讨一座大城市吧，就提出把郑国的故都京城封给叔段。郑庄公一听，心想京城虽然很大，但是位于平原地带，不利于防守，叔段要是被分封在那里，抓他就会比较容易。

于是，郑庄公非常爽快地同意了。

得到大儿子的允诺后，武姜兴奋异常，京城那么大一座城市，用来招兵买马再合适不过了。她连忙把年仅十一岁的叔段送上了去往京城的马车，临走前千叮咛万嘱咐，让他在京城一定努力，争取组建一支能够推翻哥哥的军队。

就这样，叔段成了京城的家主，被尊称为"京城太叔"或"太叔段"。

郑庄公到底怎么想的呢？他现在已经是国君，完全可以把母亲的话当作耳边风，还能随便找个罪名把叔段给杀了。有一位名叫祭仲的大夫就非常不解，私下里向郑庄公问道："京城的城墙长度超出了规定，这是不可以的。君上怎么可以容忍？"

按照当时的等级制度，国都的城墙最长，封邑的城墙只能按规定长度建造。京城因为是故都，城墙的长度和新郑差不多，按理是不能作为大夫的封邑的。

但郑庄公故意叹了一口气说："母亲姜氏这么要求，我有什么办法？"

祭仲没看穿他的心理，继续说："您母亲是贪得无厌的。君上应该早做打算，避免叔段制造事端啊。"

看着祭仲焦急的神情，郑庄公笑了笑，说了一句著名的话："多行不义必自毙，你就等着看吧。"

听到国君这句话，看到国君沉着而又自信的神情，祭仲忽然间体会

到了其中的深刻用意。

原来,郑庄公之所以对母亲如此退让,是因为武姜和叔段谋反的企图还没有暴露出来,国人们并不清楚他们的真实面目。如果轻率地违抗母亲的要求,或者先下手把弟弟杀了,不明真相的国人会指责他不孝和残忍,自己的声望就会受到严重损害。

因此,郑庄公在公开场合努力维持孝子贤兄的形象,在母亲和弟弟面前表现得软弱可欺,从而让他们的谋反行径逐渐暴露出来。到了最后镇压他们的时候,就没人会去同情他们了。

郑庄公虽然才十四岁,就已经相当早熟,显露出了冷静且狡猾的政治手腕。他嘴角带着阴笑,对母亲和弟弟继续忍耐着。

叔段果然得寸进尺,他以为哥哥软弱无能,居然要求和国君一样,拥有西部和北部边境的地区行政权。郑庄公则大笔一挥,表示同意。

公子吕不明白郑庄公的用意,气呼呼地跑来说:"国家要有两个国君了,你到底想干什么!如果是想把位子让给叔段,我现在就去京城侍奉太叔去!如果不是,那就早点解决掉他!"

郑庄公依旧微微一笑,说:"用不着这样,他要就让他拿去吧。"

过了一段时间,叔段又提出把西部和北部的边境地区也给自己做封地。

公子吕实在看不下去了,再次找到郑庄公,劝谏道:"可以动手了!不然他会势力越来越大,得到更多的民心和士气。"

郑庄公却仍然淡定,说:"他不义于君,不亲于兄,就算土地广大也没用。"

面对臣属的吵闹,郑庄公没有把真实意图告诉他们。但在心中,他不止一次嘲笑弟弟和母亲:你们不是想反叛吗?我就帮你们快点反叛。你们的胃口越大,你们做得越过分,你们就越像坏人。

那么,郑庄公面对弟弟咄咄逼人的态势,真的只是一味退让吗?

当然不是。虽然史书上没有记载他到底做了些什么，但从他以后的作为来看，应该是派出了大量奸细潜伏在武姜和叔段身边，时刻监视着母亲和弟弟的一举一动。同时，他积极整军备战，安排了一支可以快速行动的军队，准备好随时对叔段发起攻击。

相比较而言，叔段就没有那般细心了。按理说，要想反叛成功，讲究的是谨慎隐秘，出其不意。叔段却不一样，他是"光明正大"地谋反。他公然占据故都京城，还贪得无厌地继续向哥哥索取封地，逐渐把地盘扩大到了鄢（今河南鄢陵北），把将近一半国土据为己有，好像生怕别人不知道他要干什么似的。

叔段如此肆无忌惮，完全是中了郑庄公的圈套，以为哥哥是个无能之辈。而母亲武姜一直暗中支持他，更使得他信心爆棚，自以为郑国的君位早晚是他的，就等着哥哥乖乖地把位子让出来。能不打仗，就不打仗吧。

本公子造反，就是这么任性。

然而，叔段等了足足二十二年，还是没有等到哥哥让位的那一天。

二十二年的时间，足以让一个婴儿长成青年。这么长的时间里，叔段肯定是有机会起兵的，但他自负骄狂，妄想兵不血刃就能获取君位，所以一直在傻等。直到他发现自己已过而立之年，母亲武姜垂垂老矣，才发现哥哥根本没有让位的意思。

既然这样，咱兄弟俩就战场上见吧。

公元前722年，郑庄公三十六岁，叔段也三十三岁了，两位自小一起长大的亲兄弟终于兵戎相见了。

在这一年夏天，叔段正式在京城召集军队，向新郑发起进攻。他的作战策略是奔袭，他已事先送出密信到母亲武姜那里，让母亲派人打开城门，放他的人马入城，以最快的速度冲到宫殿里把哥哥杀了。

郑庄公面临着自己上台之后第一个生死存亡的考验，但他在二十二

年的时间里做足了准备。叔段叛乱计划的每个细节，包括他如何组建军队、储存装备，都早已被郑庄公在京城的间谍刺探到，通过一个个情报送到了郑庄公的案头，叔段起兵的日期，以及他让母亲武姜打开城门的消息也没有例外。郑庄公对弟弟的行动了如指掌。

时机成熟，是出击的时候了！

郑庄公立刻下令以公子吕为将，集结两百辆战车的先头兵力直扑京城。这里说明一下，春秋时期的战争主要靠战车，所以当时以战车的数量来统计兵力。春秋时期的兵书《司马法》中记载的一种说法是，一辆战车配有十名甲士、二十名步兵，也就是说公子吕的这支部队大约有六千人。

京城是一座大城，这六千人的军队能拿下它吗？这种担心是多余的——京城不战而降了。

这是郑庄公二十二年欲擒故纵策略的结果。他受害者的形象深入人心，国人都看到叔段在拼命谋划造反；而叔段又缺乏政治智慧，这些年没有推行过什么善政，京城的国人都非常反感他。

所以，当公子吕的平叛军队抵达京城时，当地百姓纷纷起来反对叔段。叔段还没来得及和公子吕打一仗，就失去了对大本营的控制。他只能狼狈地带上残兵逃离，把自己苦心经营的京城拱手让给哥哥。

郑庄公从内部攻破了弟弟修建的坚固防线，轻松占领了京城。但他绝不会给弟弟东山再起的机会，立刻下令集中兵力追击逃跑的叔段。

叔段从京城一路狂奔到了鄢，本想歇个脚，不料哥哥的追兵连吃饭的时间都不给他。正在休息的叛军遭受郑庄公的军队袭击，被打了个措手不及。叛军死的死，降的降，叔段拼死突围，带着儿子公孙滑越过边境线，逃亡到了卫国。

郑庄公干净利落地平定了弟弟的叛乱，若非他精心准备，是不会这么容易成功的。他的欲擒故纵收获了预期的效果，弟弟和母亲的行为受到世人和史官痛斥。

至于叔段的结局，史书上没有记载。经此一败，他就销声匿迹了，反倒是儿子公孙滑后来又出来兴风作浪。可以推测，在溺爱下长大、没经历过什么挫折的叔段，定是在这场大败的打击下忧郁成疾，在异国病死了。

这场本不该出现的战争正是武姜的自私和偏爱造成的。说这是一位母亲引发的战争，一点也不过分。

武姜唆使儿子们自相残杀，不仅断送了兄弟俩的血脉亲情，还搭上了许多郑国军民的性命。而她，也将受到来自大儿子的惩罚。

郑庄公胜利后，把母亲武姜关押在了城颍（今河南临颍西北），恶狠狠地说："不到黄泉，我们别想再见面！"

这差不多就是和武姜断绝母子关系了。

此刻，这位白发苍苍的老妪一定感到懊悔，懊悔自己的愚蠢伤害到了两个儿子。她终日以泪洗面，向死去的丈夫哭求宽恕。

血浓于水的母子亲情是很难割舍的。郑庄公虽然对母亲有深刻的恨意，但现在仇恨已报，他反而有些失落和孤独，感觉自己成了没有母亲的孤儿。

此外，还有一个更重要的原因：武姜毕竟是国君的母亲，继续关押，郑庄公将背负不孝的恶名。这不仅违背了父亲给他起名"寤生"的教诲，他先前苦心树立的弱者形象也会泡汤。

郑庄公想把母亲接回新郑，但他先前放出了"只能在黄泉相见"的狠话，身为一国之君，总不能出尔反尔。他无法解开这个难题，整天闷闷不乐。

这一天，郑庄公正好赐宴，请宠臣颍考叔吃饭。酒过三巡，他看见颍考叔并没有吃多少饭菜，就问："你怎么不吃啊？"

颍考叔是个大孝子，回答道："我母亲从未尝过君上的肉汤，我想留着带回家给她老人家尝尝。"

一提到母亲,就又勾起了郑庄公的烦心事。他叹气说:"你有母亲可以孝敬,我却没有!我把我的母亲关了起来,对她说不到黄泉不再相见。我该怎么办啊!"

颖考叔立刻给他出了一个主意,说:"这事情好办。君上只要派人挖一条很深的地道,看到黄泉后,就能和您母亲相见了。"

"黄泉"本意指地下泉水,古人迷信,才引申成阴间的暗河。颖考叔用了偷换概念的方法,一举解开了困扰郑庄公很长时间的难题。

郑庄公大喜过望,便按照颖考叔的方法,让人挖了一条能看见地下水的地洞,然后派人把母亲武姜送入地洞,自己再高高兴兴地走进洞里,一边走一边唱:"在隧道里相见,多么快乐啊!"("大隧之中,其乐也融融!")

武姜走过来,也跟着唱:"走出隧道外,多么舒畅啊!"("大隧之外,其乐也泄泄!")

就这样,母子二人一笑泯恩仇,重归于好。

儿时的恩怨随着母子俩的对唱烟消云散,他们的这两句唱词,也引申出了"其乐融融"这个成语。

然而,郑庄公的麻烦远没有烟消云散,他真正的考验才刚刚开始。

大战的序曲

在郑国的北面和东面各有一个大国，分别是卫国和宋国。卫、宋两个国家在当时都属于大国，各拥有一千多辆战车，称为"千乘之国"。

卫国国君姓"姬"，先祖是周武王姬发的弟弟姬封，国都位于朝歌（今河南鹤壁），此时的国君是卫桓公（名完）。他有两个弟弟，一位叫晋，一位叫州吁，他们将会是郑庄公接下来遇到的对手。宋国国君姓"子"，先祖是纣王的庶兄微子启，国都位于商丘（今河南商丘），此时的国君是宋穆公（名和）。他的侄子叫与夷，将成为郑庄公最重要的敌手。

在郑国的东南方还有两个相对弱小国家：一个是蔡国（今河南上蔡），姬姓，先祖为周武王之弟叔度；一个是陈国（今河南淮阳），妫（guī）姓，先祖为周文王的大夫遏父（又称阏父）之子妫满。两个国家在以后的战争中充当了卫国帮凶的角色。

那么，这些邻国怎么会和郑国结下梁子呢？

说白了,就是这些邻国看不得郑国强大。卫、宋两国原本是中原地区的老牌诸侯国,一个是"皇亲国戚"之后,一个是前朝王族之后,两国在西周时期在中原是说一不二的大国,没有其他国家敢公然和其抗衡。现在突然来了一个郑国,霸占了中原的腹心地带,还在周天子底下做卿士,这就打破了中原地区各国间的势力平衡。卫、宋两国担心长此下去,郑国会侵犯自己的利益,便趁郑国还不够强大的时候进行打压。

郑庄公和叔段兄弟俩爆发内战,就成了这些国家遏制郑国崛起的绝好机会。

叔段战败从郑国逃亡后,认识了卫国的公子州吁。如今,叔段的儿子公孙滑为了向郑庄公讨还血债,辗转来到了卫都朝歌,求见了卫桓公。

在卫桓公的大殿上,公孙滑向卫国君臣哭诉自己一家如何如何被郑国国君欺负,郑国国君是如何如何六亲不认,恳求卫国一定要为他主持公道,惩奸除恶,伸张正义。卫桓公正想找个理由"管一管"郑国,二话不说便答应了他的要求。

那么,干涉郑国的内政,打什么样的旗号才能显得卫国很伟大呢?

卫国打出的旗号是:郑国国君驱逐弟弟,没收封地,是违反宗法制度和分封制度的败类。所以卫国要替天行道,讨伐郑国,帮助公孙滑收复失去的封地。

于是,公元前722年冬天,郑国刚刚结束内战半年,就遭到了卫国军队入侵,廪延(今河南延津东北)被占领。廪延城原本属于叔段的封地,卫国是为公孙滑攻打了这座城市。

郑庄公得知卫国入侵,气愤不已。郑国刚刚实现统一,卫国就来横插一手,也太不讲理了。你当我郑国是个任人宰割的小国吗?我就用天子的王师来回敬你,让你瞧瞧我郑国是有天子做后台的!

郑庄公从父亲那里继承了周朝卿士的职位,能够利用周天子身边的一些资源，他调动了王室的军队，还借走了西虢国的军队，一起出发讨伐卫国。王师和西虢军在郑庄公的指使下，跨过黄河，冲进了卫国南部。

但是卫国也不是吃素的，"天兵天将"都跑到自己家里来腾云驾雾了，卫桓公还是咬着牙不肯服输。于是，郑庄公又邀请了邾国出兵帮忙，而邾国私底下又从鲁国请来了援兵。几国联合，再次对卫国展开围攻。

见卫桓公还是不肯服软，郑庄公第二年又亲率大军攻打卫国。卫桓公一瞅，前脚王师和联军刚走，郑庄公又带人打上门来了，这压力可真是顶不住。于是，他把公孙滑驱逐出境，派人向郑国赔礼道歉。

时间来到了公元前720年。这一年，宋国国君宋穆公去世了。九年前，他的哥哥宋宣公（名力）欣赏他的品行，就违背宗法制度，舍弃了自己的儿子与夷，选择让他继承君位。宋穆公对哥哥的恩情牢记于心，便在去世之前，叫来侄子与夷，说要把宋国国君的位子还给他。

宋国大夫孔父嘉（孔子的先祖）对此表示反对，认为还是把位子传给宋穆公的儿子公子冯比较好。但宋穆公铁了心要报答死去的哥哥，就没有同意他的提议。为了防止儿子闹事，他还把公子冯赶出宋国，不允许他回来。

宋宣公和宋穆公兄弟两人之所以如此另类，不把君位传给自己的儿子，主要是因为宋国是商朝遗民的后裔。在商人的传统习俗里，兄终弟及和父死子继两种继承方式是并存的。进入春秋时代后，周朝的宗法制度出现松弛，宋国就恢复了这一传统，从而出现了这罕见的一幕。

依照宋穆公的遗命，公子与夷即位，史称宋殇公。倒霉的公子冯则被父亲赶出家门，定居郑国。本来宋国的家事跟郑庄公一点儿关系也没有，偏偏人家的流亡公子黏上了自己。郑庄公转念一想，觉得这是一个牵制宋国的绝好机会。因为宋国在中原是大国，对周边的一些小国有不小的号召力，是郑国向东方发展的严重障碍。扶植了公子冯，郑国就能

给宋国内乱埋下种子，削弱对方的力量。如果公子冯将来回去当上国君，宋国则会亲近于郑国。

于是，郑庄公对公子冯好吃好喝地供着，并公开宣称宋国的这次君位传承不合宗法，要把公子冯送回国即位。宋殇公得知后，恨得牙痒痒。郑宋两国就此结下了梁子。

转眼到了第二年，一桩震惊中原的弑君案发生了。死者是卫桓公，而凶手就是他的异母弟弟州吁。

前面说过，卫桓公曾经帮助公孙滑讨伐郑国。结果郑庄公一怒之下，以两次大规模的征讨行动回敬了卫国。卫桓公斗不过郑庄公，只好把公孙滑赶走了。这件事在州吁看来，简直是把卫国的颜面都丢光了，对付郑国就该来硬的，让郑庄公吃不了兜着走。

州吁是婢女生的儿子，虽然身份低贱，但自小就受到父亲卫庄公（名扬）溺爱。他不好读书，只喜欢结交狐朋狗友。他有一个铁哥们儿叫石厚，其父是卫国大夫石碏（què）。石碏是一位睿智的老臣，他是看着州吁长大的，觉得州吁身为庶子却受到如同嫡子一般的溺爱，长大后一定性格跋扈，不服从他人的约束，就劝卫庄公一定要按照尊卑有序的原则对州吁严加管教，不要让他得到庶子不应享有的待遇。但是卫庄公不听。

石碏的预言很快就应验了，卫庄公死后，州吁仗着受先君宠爱，对哥哥卫桓公非常不敬。公元前733年，卫桓公将他赶出了朝歌。州吁早就看卫桓公不顺眼，于公元前719年在自己的封地上纠集了一帮人，冲到朝歌把哥哥给杀了，然后一屁股坐在了卫国国君的位子上。

州吁虽然当上了国君，但底下的卿大夫和国人们还不服他。州吁就想，不如发动一场战争，打出高大上的旗号讨伐别国。这样不仅可以转移国内的视线，而且能树立起自己勇武的形象，岂不两全其美？

正好郑庄公这家伙三番两次征讨卫国，卫国人一直愤愤不平，干脆就先拿郑国开刀，看我们卫国人怎么捏死它！

但是，卫国和郑国单挑胜算不大，万一郑国还请了别的国家来群殴，怎么办？州吁就想多叫上几个国家，联合起来对付郑国。于是，他派人前往陈、蔡、宋三国，请求一起出兵。

陈蔡两国一直和卫国关系亲密，很快就答应了。但宋殇公一开始有些犹豫，觉得和州吁这种弑君的逆贼交往有点儿掉价。卫使对宋殇公说："公子冯现在郑国，郑国人想帮助他重夺君位，您可要想想办法。您出兵郑国去除掉公子冯，我们卫、陈、蔡三国给宋军支援，不是很好吗？"

宋殇公一想，这话说得也对，无毒不丈夫，干脆把堂弟干掉，永绝后患。

于是在这一年夏天，卫、宋、陈、蔡四国联军浩浩荡荡地出发了。大军像蝗虫一样扑向了郑国，把郑庄公吓得不轻：郑国一个国家，怎能对付得了这四国联军！

怎么办？只能死守不出，集中力量保卫都城新郑，能守一天是一天。

郑庄公立刻集合人马，修缮工事。

没过多长时间，四国联军果然杀到了。战鼓隆隆，烟尘滚滚，战车和士兵一眼望不见尽头。

郑庄公的心都提到了嗓子眼。

联军选择的下营地点在新郑的东门外，领兵的是宋殇公和陈桓公。宋殇公派人向躲在城里的郑庄公喊话，数落他欺凌弟弟的罪状，然后要求他把公子冯交出来。但郑庄公的回答只有一个字："不！"

宋殇公大怒，让军队把新郑东门围了五天五夜。史书上没有记载这五天里，双方是否发生过战斗。但春秋时期攻城技术落后，而且军队以车兵为主，步兵的战斗力很弱，不到万不得已不会进行攻城战，联军应该只是在新郑东门外耀武扬威，给郑国人制造紧张的气氛，就算有攻城行动，也是比较草率的。

郑庄公躲在城里不出来，任凭联军制造噪声，他该吃吃该睡睡，脸皮比城墙还厚。

当第六天的太阳升起后，郑庄公正准备再听一天联军叫骂，却迟迟不见有动静传来。他登上城头一看，城门外哪还有军营，宋殇公他们已经撤退了。郑国军民欢呼雀跃，郑庄公也长长地舒了口气，心想总算可以清静一阵了。

联军为什么只围了五天就撤退呢？史书同样没有给出原因。可能是四国心思不一，互相扯皮，导致了不欢而散。陈蔡两国本与郑国无仇，他们是抱着看热闹的心态来的；卫国出兵则纯粹是为了州吁的个人私利，在战场上自然不肯拼尽全力；只有宋国是为了杀死公子冯，真的想攻打郑国，但其他三国都不肯拼命，宋殇公又何必当这个冤大头呢？这场由州吁策划、宋殇公指挥的四国伐郑行动，最终草草收场。

首次伐郑，居然是这种结果。对此最不满意的就是宋殇公了：你州吁怂恿我去攻打郑国，结果到了战场上如此不给力，你们这些人是来当啦啦队的吗？

宋殇公信不过卫、陈、蔡三国，决定找一个可靠的盟友。他派人去了鲁国，请求鲁隐公（名息姑）派兵支援。

鲁国，孔子的故乡，国都位于曲阜（今山东曲阜），先祖是姬发的弟弟姬旦，史称周公。当年姬发去世时，新即位的周成王（名诵）年龄尚小，周公便承担起了摄政重任。他平定了纣王儿子武庚发起的叛乱，主持修建了洛邑，并完善了封建制、宗法制和礼乐制，奠定了周朝的统治基础。周成王长大后，周公主动让出权力，一心一意帮助周成王处理国事。正因为周公德高望重，他的封国地位极高，可以在祭祀的时候使用天子礼乐。因而鲁国保留了完整的周朝礼乐制度，是诸侯国中礼仪最为昌明的，号称"礼仪之邦"。

但当时的鲁国国君鲁隐公是一位没什么存在感的"宅男"，很少积极主动地参与外交事务。究其原因，鲁隐公是庶出的公子，当初是因为父亲的嫡子年纪太小，他才被公族和大夫们推举为国君。而鲁隐公还是公子的时候，曾带兵攻打郑国却被俘虏，被关了一段时间才放回来。正因为身份和经历都很尴尬，鲁隐公在位期间非常低调，不敢对公族和大夫们有所约束。这一回，宋殇公的使者来到鲁国，希望鲁国派兵去伐郑。鲁隐公不愿去掺和诸侯间的纷争，没有答应。但是公子翚（huī）强烈要求率兵参加，鲁隐公拗不过他，只好勉强答应了。

有了鲁国的帮助，宋殇公这一次凑出了宋、鲁、卫、陈、蔡五国联军，于这年秋天再次气势汹汹地杀到了郑国。短短半年时间里，郑国遭遇了两次大规模的联军讨伐，似乎到了亡国的边缘。但郑庄公并没有感到害怕和紧张，经过上次的新郑之围，他对这些国家的底细已经比较清楚了。他调整了策略，只派步兵来迎战宋殇公的五国联军。

为什么只派步兵出战，不把战车部队派出去呢？

个人猜测，这些郑国步兵其实是保卫农田的民兵。因为春秋前期步兵地位低贱，一般由农民和奴隶组成，在战场上往往只是辅助战车进行战斗，很少被当作独立兵种使用。郑庄公把他们推向战场抵抗联军，说明他觉得根本不用派主力迎战。

宋殇公心里清楚，郑庄公这人脸皮实在太厚，不会出来和联军对阵，要是像上次那样攻打新郑，耗时费力不说，很有可能又会空手而归。所以他这次心里一横，趁着秋收之际，把郑国田间所有粮食全部抢走，让郑国人没饭吃。

于是，原本"正义"的征伐大军，一下子变成洗劫百姓的强盗，联军把郑国刚丰收的粮食抢了个精光。郑庄公没料到联军来这一手，来不及派军队阻拦，只能让耕作农田的农民们临时武装起来去反抗联军的抢劫。但这些民兵根本不是正规军的对手，联军轻而易举地击败了他们，割走地里的庄稼后就撤退了。

争锋

两次大规模的伐郑行动都没有让郑国屈服，州吁的企图落空了。耗费了卫国那么多人力物力，却只带回来几车粮食，连成本都收不回来。卫国人新仇旧恨加在一起，反对州吁的呼声此起彼伏。

州吁使用了各种手段，都难以压制国人的怒火。他感到自己的君位岌岌可危，只能找铁哥们儿石厚来诉苦。石厚看他一副愁眉苦脸的样子，心里也想不出什么好点子，就说："咱们在治理国家上没有经验。我的父亲石碏是政治元老，去请教他，或许能有办法。"

石碏一直以来就不看好州吁，自从卫庄公去世后，他就以老病为由赋闲在家，不愿过问政事。这样一个人，会愿意帮助州吁吗？虽然有此顾虑，但州吁此时只能是病急乱投医。他觉得，石碏也许会看在儿子石厚的分上，帮一把吧。

石厚回到了家中求见父亲。没想到，父亲不仅没有对他这个不肖子发脾气，反而非常平静。石厚便开口问道："外面有很多人在反对君上,父亲有办法稳住眼前的局势吗?"

石碏就答:"去朝见周天子。如果天子肯接见州吁,国人们就没话说了。"

周王室虽然衰微,但仍然是名义上的天下共主。周天子要是接见了州吁,就等于承认了州吁作为国君的合法性。

但是,天子愿意接见一位弑君者吗?石厚担心会吃闭门羹,就继续问:"怎样才能去朝见天子呢?"

石碏又答:"陈侯(即陈桓公)现在正得到天子宠信,而陈国和我国又关系友好,你们去陈国一趟,请陈侯帮你们引见一下就可以了。"

石厚得到父亲的"指点",便兴冲冲地和州吁一起出发,去陈国找陈桓公(名鲍)去了。哪知道,他们这一去,就再也没有回来。

就在州吁和石厚出发去陈国之前,石碏已经秘密派人去联络陈桓公,说:"卫国地方小,我的年龄也大了。州吁和石厚这两个弑君逆贼,还请您帮个忙处置一下。"

陈国是卫国的盟友,之前还两次出兵参与伐郑行动,石碏怎么就认定陈桓公愿意帮他这个忙呢?

原来,老谋深算的石碏表面上不过问政事,但对天下的局势仍然了如指掌。他知道,陈国帮助卫国伐郑,只是出于盟友的责任,并非真心和州吁站在同一条战线上。被州吁弑杀的卫桓公有陈国血统(卫桓公的母亲来自陈国),陈桓公对州吁自然是恨意在心。而且,陈桓公这段时间得到了周天子信任,声望看涨,引见一个弑君者,不是给自己在天子面前的形象抹黑吗?所以,石碏有足够的理由相信陈桓公会帮助他惩处州吁。

果不其然,陈桓公答应了石碏的请求,等州吁和石厚来到陈国,马上把他们抓了起来。

不管州吁和石厚如何大喊大叫,此时都没有用了,等待他们的将是

最高刑罚——死刑。陈桓公身为外国君主,不便动手,就特意去请来卫国官员来给这两个弑君者行刑。一个叫右宰丑的人处死了州吁,而石厚则被父亲派来的家臣给杀了。州吁从上台到被处死,期间还未超过九个月,他连谥号也没有得到。

石碏亲自谋划处死了自己的儿子,得到了世人赞誉。"大义灭亲"这个成语最初就是形容他的。推翻州吁后,石碏拥立了公子晋,是为卫宣公。

卫宣公是有名的好色之徒,"筑台纳媳"的故事讲的就是他。大概是说卫宣公生性淫乱,抢了儿媳,导致了卫国政治动荡。这个事情我们后面会说到。

卫宣公在石碏的帮助下稳定了局势,使国家走向了正轨。但郑庄公是个有仇必报的人,绝不甘心自己的国家去年两次被卫国人蹂躏。即便元凶州吁已死,这个仇还是要和卫国人算清楚的。而两次伐郑行动失利,使得卫、宋、陈、蔡、鲁五国不再联合出兵,这也给了郑庄公集中精力反击卫国的机会。

公元前718年初夏,在休整了半年后,郑庄公正式发动了对卫国的进攻。他报仇心切,不宣而战,直接带兵侵入卫国,直逼朝歌城郊。卫宣公猝不及防,连忙紧闭城门固守,接着又从南燕国请来援军,对郑国展开了反攻。

当时有两个燕国,一个是位于今北京市附近的北燕国,后来成为战国七雄之一;另一个是位于今河南省延津县东北部的南燕国。南燕国是个小国,位于卫国南部,是卫国的附庸,靠近郑国。如果任由南燕军挺进,防守空虚的郑国将凶多吉少。郑庄公只能放弃对朝歌的包围,转向去阻击南燕军。

郑庄公将郑军兵力一分为二,做出了如下部署:派祭仲等人率领郑军主力火速赶往南燕军的前方,阻止南燕军继续向郑国前进;派太子忽和公子突率领少量人马包抄到南燕军的背后，待南燕军与郑军主力交战时发动袭击。

郑燕两军的大战在制邑北面的平原上展开了。南燕军原本就有些害怕强大的郑军，战斗中很快就落于下风。这个时候，一支郑国人马又突然从南燕军的后方杀来。前后夹击下，南燕军阵脚大乱，仓皇败逃。

就在郑国人庆祝打败南燕军的时候，一名邾国使者来到郑庄公的王宫里。他是来向郑庄公求援的。

邾国，曹姓，都城位于今山东邹城。因为国家弱小，被宋国霸占了一片田地。在当时，农田相当于一个国家的经济命脉和战略资源，宋国此举和流氓土匪无异。邾国人不指望衰弱的周王室能为自己伸张正义，便寄希望于和宋国有仇的郑国。

邾使对郑庄公说："君主您不是想找宋国报仇吗？您就出兵吧，我们邾国给您的兵马做向导，并提供各种支援。"

邾使的话说中了郑庄公的内心，宋、邾两国纠纷无疑给他提供了征伐宋国的良好借口。为了让这场伐宋行动看起来更加正义和权威，郑庄公再次利用自己周朝卿士的身份，出动了王师与邾军会合。周邾联军声势浩大地向宋都商丘扑去。

王师前来征伐，着实把宋殇公吓了一大跳。他不敢和王师对抗，只好选择固守，凭借商丘强大的城防拖延时间。同时，他又派人去鲁国求援。宋使千里迢迢来到了鲁隐公的宫中，请求鲁国出兵帮助宋国。鲁隐公早就探明了宋国战事的情况，并不想与郑国为敌，想婉拒宋使的请求，就随口问了一句："现在王师到哪里了？"

宋使希望把战局说得对自己有利，让鲁隐公能放心派兵，就撒了个谎道："王师还没到国都呢。"

鲁隐公心想，你当我不知道王师已经打进商丘的外城了吗？就对宋使说："你们国君派你来向我国请求援助，说明战事已经到了很紧急的

程度了,你却说王师还没有到国都。既然情况还不严重,那寡人为什么要支援你们呢?"

宋使哑口无言,只能自讨没趣地走了。

虽然鲁国没有支援宋国,但郑庄公的讨宋大军已然禁不住拖延了。王师已经攻破了商丘外城,也算是在一定程度上给了宋殇公教训,再打下去,如果付出较大的伤亡,会对郑庄公在朝中的声望造成损害。于是,郑庄公便让周郑联军撤退了。

王师撤退后,宋殇公随即展开了报复行动,对郑国的长葛(今河南长葛)展开了猛攻,并在一年后拿下了这座城邑。

经过这一年的战斗,郑庄公明白宋国才是郑国真正的死敌。卫国虽然是发起者和主谋,但几次伐郑行动都只是国君的意气用事,实际上和郑国没有强烈的利害冲突,南燕军被击败后,卫国就消停了许多。只有宋国在公子冯的事情上和郑国结下了很深的怨念,两国又同在中原腹地的平原地带,中间没有险山大河阻隔,大军出动,很快就能深入对方国境。所以,郑国与宋国是两虎相争,必须要分出个高下。

但是,仅仅依靠一国之力对抗宋国,显然有些吃力。王师也不是自家养的,可以随时随地调过来使用,动用王师就是在消耗郑庄公作为周朝卿士的声望。因此,郑国迫切需要盟友,特别是实力强大的盟友。

在接下来的几年时间里,郑庄公没有再发动大规模的军事行动,而是把工作重心放在外交上。

第一个外交目标就是卫国的盟友陈国。

陈国与郑国相距不远,而且陈桓公最近很受周天子信任,郑庄公觉得有必要把他拉拢到自己这边来。他派出了一位使者去找陈桓公,希望能和陈国发展友好关系。但陈桓公不是傻瓜,一眼就看出了郑庄公企图离间陈国和卫、宋之间的关系,便把郑使给轰了出去。

郑庄公把热脸贴在了冷屁股上,心里大为恼火。好你个陈鲍,敬酒不吃吃罚酒，可得让你见识见识我郑国的厉害！

郑庄公便派出军队南下侵略陈国，在陈国境内大肆掠夺和破坏。陈国的国力不如郑国，面对郑军的横冲直撞，几乎没有还手之力。陈桓公见卫、宋两位盟国没有对自己施以援手，心寒之下，不得不答应与郑国结好。于是郑陈两国正式结盟，陈桓公还把女儿嫁给了郑庄公的太子忽。

第二个外交目标是鲁国。

鲁国是宋国的邻国。虽然宋殇公一直希望拉拢鲁国，但鲁隐公始终态度暧昧，有种不屑与宋国为伍的意味。郑庄公觉得，这就有机会把鲁国争取为盟友。鲁国如果成为郑国的盟友，就会使宋国陷入东西皆敌、两线作战的处境，郑国就能增加打败宋国的概率了。

鲁国是个大国，要挖这个墙脚，郑庄公就不能像对付陈国那样蛮横了。他便换了一个思路，办法非常简单：送礼。

当时，郑国在鲁国境内的泰山附近有一块祊（bēng）田。这块祊田是当年郑庄公的祖父郑桓公跟随周宣王祭祀泰山时获得的。

古人奉泰山为五岳之首，帝王在这里举行盛大的祭祀天地仪式，包括"封"和"禅"两部分。所谓"封"，就是在泰山之顶筑圆台祭天帝，增加泰山的高度，以表示功劳归于天神；所谓"禅"，就是在泰山之下的小山丘上筑方坛祭地神，增加大地的厚度，以表示地神福广恩厚。既然封禅大典如此隆重，与会人员自然要认真梳洗打扮。郑桓公是朝廷重臣，又是王弟，就被专门赐予了"汤沐之邑"——祊田，供他在这里歇脚睡觉，沐浴更衣。祊田直接受郑国管辖，但郑国管理起来非常不方便，因为它是一块远离郑国的飞地，郑国人需要跨越好几个国家才能到达。西周时期政治相对稳定，郑国还勉强能应付，但进入春秋乱世后，郑国与东面的邻国交恶，就很难长途跋涉去管理祊田了。

于是，郑庄公想到了一个两全其美的办法：何不把这块地直接送给

鲁国人算了。

把老祖宗的土地送人？这个事情传出去可不太好听。而且这么直白地赠送，鲁隐公怕是不好意思接受吧。这事难不倒郑庄公，他又想到用换地的由头来完成这次送礼。

原来，鲁国在邻近郑国的许国（今河南许昌）境内也有一块飞地，叫许田。许田是鲁国先祖周公旦的汤沐之邑，方便他在前来朝见周天子的路上歇脚。这块飞地因为年代久远，鲁国人已经没心思去打理了。

此时，郑庄公就想拿郑国的祊田换鲁国的许田，这样看起来就像是两国在等价互换，鲁隐公和旁人都不好说什么。为了显示诚意，郑庄公派人出使鲁国时还提出，郑国会把助祭泰山的权利也一并转让给鲁国，而且拿到许田后，也会替鲁国人祭祀建于其间的周公庙。

鲁隐公自然能看出郑庄公的换地没那么简单。许田的面积可比祊田大多了，而且许田在许国境内，许国都没说什么，你郑国有什么好操心的？郑国拿走了许田，就有了一块可以牵制许国的桥头堡，这种损人利己的事情，鲁隐公认为还是不做为好。

但是郑庄公提出的附加条件实在太诱人了。那个时代，讲究"国之大事，在祀与戎"，祭祀神灵祖先与军国大事同等重要，象征一个国家的尊严和荣誉。如果鲁国同意换地，不仅多了助祭泰山的权利，还有郑国帮忙祭祀自己的祖先，这事情要是传出去了，不是说明我们鲁国地位崇高吗？

在这种想法的指引下，许多鲁国大夫认为这笔买卖值得做，要求鲁隐公同意郑庄公的请求。鲁隐公只好勉为其难地批准了换地要求。

郑庄公见鲁隐公答应得非常勉强，生怕出现意外情况，便让郑使去鲁国进行换地交易的时候，不要带回许田的交接手续。也就是说，郑国先把祊田送给鲁国，许田暂时不要了。鲁隐公没有了许田的顾虑，又白白捡了个大便宜，就默认收下了这份"好意"。

就这样，鲁隐公拿人手短，正式和郑国结盟。

第三个外交目标是齐国。

齐国是鲁国北面的大国，国都位于临淄（今山东临淄），国君姜姓，先祖是鼎鼎大名的姜子牙。这个国家坐拥山东半岛沿海地理优势，渔盐资源丰富，交通便利，因而商业发达，整体经济实力较强。

腰包鼓起来的齐国人不想守在东方的角落里，一辈子和海里的鱼虾打交道，也想参与中原事务，和其他诸侯们唠唠嗑，提升一下自己国家的影响力。齐僖公（名禄甫）见郑国和卫、宋两国前阵子互杀得一塌糊涂，就想当个和事佬，让三国讲和。好说歹说，三个国家才卖给他面子，在瓦屋（今河南温县西北）搞了一次会盟。

会场上，齐僖公帮郑庄公拍着胸脯保证，郑国不会再因为叔段之乱和新郑东门之围而报复两国了。卫宣公和宋殇公互相看了看对方，觉得信不过郑国人，也得信一回齐国人吧，齐侯都亲自上场作保了，算了，算了，就签字言和吧。

就这样，卫宣公和宋殇公签署了与郑国停战的协议。他们不知道，这次盟会不过是郑庄公和齐僖公互相配合唱的一出双簧而已。

郑庄公的内心对卫、宋两国还是充满着仇恨，他只把瓦屋之盟作为缓兵之计，来会盟只是给齐僖公一个面子而已。而齐僖公以大国之君的身份愿意给郑庄公跑腿作保，说明两人在私下里达成了什么交易。具体是什么交易，不得而知，很有可能是郑庄公借助周朝卿士的职务，把齐僖公引见给了周天子，帮齐国挣了不少脸面。因为在瓦屋之盟结束后不久，齐僖公就跑去朝见了周天子，还兴奋地把这件事报告给了鲁国。

齐国虽然是沿海之滨的大国，但它其实一直是周王室提防的诸侯国之一。姜子牙在周朝推翻商朝的战争中立下了大功，实际上功高震主，周王室为了在朝中排挤姜姓势力，就把姜子牙分封到了最东端的沿海地区。那里当时还处于蛮荒状态，如果不是姜子牙依靠智慧打败了附近的

敌人，刚诞生的齐国恐怕就死在摇篮里了。

在西周漫长的岁月里，齐国的存在感一直不强。虽然周天子在名义上给了齐国不少荣誉，还特别送了珍宝之器，但这不能改变齐国在朝中没有话语权的尴尬处境。齐哀公仅仅因为纪国（今山东寿光南）国君的一句谗言，就被周夷王处以烹杀酷刑。进入春秋时代后，齐国人迫切希望改变这种有实力、没人气的局面。郑庄公帮忙带齐僖公觐见周天子，实际上就是给了齐国人一次提高关注度的机会，齐僖公自然心甘情愿为郑庄公促成瓦屋之盟了。

经过这次政治交易，齐、郑两国的关系紧密了。郑庄公就顺水推舟，主张两国结为盟友，共同抗衡卫、宋两国。齐僖公一想，齐国要是往中原发展，卫、宋两个老牌大国就会是首先面对的障碍，借郑国之力打击它们，不也挺好？

就这样，齐国也加入了郑国的联盟阵营。

中原大混战

经过郑庄公的一系列努力,郑国和齐、鲁、陈三国结成了同盟,对宋国形成了半包围态势。现在,郑庄公有足够的信心和宋国来一场真正的较量了,他发誓要让宋殇公国无宁日。

但是,要找什么样的理由进攻宋国呢?瓦屋之盟的停战协议已经签了,贸然开战,不是打齐僖公的脸吗?

郑庄公左思右想,忽然发现了宋殇公的一个把柄:这个家伙即位之后就没有来朝见过周天子!

也许是因为自己不是遵照宗法制度继位的,也许是宋国作为商人后裔,素来不喜欢周天子,总而言之,宋殇公这些年来一直视周天子为空气。别的国家朝见一回天子开心得不行,宋殇公却连到天子那里走个过场都不愿意。

既然你这么不尊重天子,那我这个周朝卿士就"不得不"管一管你了。

于是,郑庄公公开宣布宋国是藐视天子的乱臣贼子,他要奉天子的旨意(也就是王命)讨伐宋国,希望各路诸侯积极响应。

消息一出,却并没有在诸侯国中激起多少水花。周天子早就成了摆设,没去朝见的诸侯多了去了,单单抓宋殇公的小辫子,有啥意义?而且你郑寤生身为朝廷卿士,有几个人真正服你呀?你说的那道王命有多少真实性,你当大家心里没数吗?

宋殇公虽然对郑国撕毁停战协议的做法十分恼火,但对这件事并没有十分在意。假借天子名义讨伐他国都是老伎俩了,你当我宋国怕你呀?你郑国最近在周天子那边已经失宠,王师也没法调动了吧,其他诸侯也反应平平,我看你郑寤生怎么收场。

于是,宋殇公当作没事发生一样,没有做出任何激烈反应,连邻国鲁国都没有知会一声。鲁国保留了完整的周礼,对维护礼制一事最有发言权,对于宋国不敬天子的事本想发表一下评论,宋国却在这当儿哑巴了。这让鲁隐公认为宋殇公一定是在因为上次鲁国没有出兵救援商丘的事情怄气,一怒之下,他下令断绝与宋国的关系。

郑庄公正愁没人响应他的号召,忽然听说鲁、宋两国断交,认为这是发动鲁国一起讨伐宋国的契机。他便派人去联络鲁隐公,同时又去找了齐僖公,说咱们兄弟几个一起动手吧,三打一,还怕打不赢宋国吗?为天子讨伐不守臣节的诸侯是多么光荣的事儿啊!

郑庄公知道,虽然齐、鲁两国是盟友,但要让他们积极出兵,在战场上卖命,还得用更具实质性的好处酬谢他们。不然,他们就会像围攻新郑东门的四国联军一样,光动嘴不动手,闹得不欢而散。所以,他又对齐鲁两国许诺,事成之后,鲁国可以获得一部分从宋国占领的土地,而齐国则可以入侵郕国(今山东宁阳东北),郑国会帮忙在朝廷里给齐僖公开绿灯。

在郑国人的游说下,齐、鲁两国先在防地(今山东费县东北)碰了面，共同策划如何进攻宋国。然而，一系列准备工作刚刚完成，郑国境内忽然来了一群不速之客，郑庄公不得不延后了出兵日期。

这些不速之客就是北戎人。

这里，我们先大概了解一下当时的民族构成。整个周朝时期并没有"汉族"这个词汇，周朝人说的"中国"其实是天下中心的意思，是一个地域概念，民族和国家的意义很少。

因为周人和建立夏朝的夏人关系紧密（可能存在血缘关系），所以周朝推翻商朝后，依旧自称"夏人"。"夏"逐渐成为当时中原居民的称号，中原人往往自称"诸夏"，有时候为了显示文明程度高，就会说"华夏"，而那些文明不同于他们的其他氏族部落则被统称为"夷"。

这些夷人基本上散布在中原四周的荒野之地，过着游牧、渔猎或者半农耕的生活，中原人就根据方位称他们为北狄、南蛮、东夷、西戎。所谓狄、蛮、夷、戎其实并不是这些边远民族的准确称呼，他们也不一定就固定出现在那个方位。例如，一些狄人部落并不同属于一个种族，其中有的血缘反而和中原的华夏人更加接近；蛮人和戎人有时候又会出现在北方；中原人常常把戎人和狄人混称，把某个部族既叫作戎人，又叫作狄人……我们只需知道狄、蛮、夷、戎指代当时中原地区周边的一些氏族部落即可。

当时，他们刚刚脱离原始的氏族社会，准备向奴隶制社会过渡，需要更多的土地和劳动力来提升生活水平，便趁着周朝衰落、诸侯混战之际，频繁地侵扰中原，到处烧杀掳掠，成了让中原诸侯们头疼的大问题。

这一回，北戎人涌入郑国，一路杀人放火。郑庄公亲自率领军队前去围剿，但如何对付这些凶悍的北戎人，他一时半会儿没有主意，紧张得额头都冒汗了。

郑庄公怎么怂了？堂堂一国的正规军还怕打不过一群来自落后地区

的人？

您还别不相信，真的很有可能打不过。

要理解这个问题，需要了解一下春秋时期的军队构成。

当时诸侯国的陆军兵种大致分为两类，一类是车兵，一类是步兵（也叫徒兵）。

其中，车兵是高级兵种，主要负责在战车上进行战斗。位于左边的叫车左，掌管射箭；位于右边的叫车右，负责持长兵器刺杀；在中间的叫车御，负责驾驭战车。这些战斗和驾驶技能都需要长期训练才能获得，一般只有生活条件良好的贵族才有时间练习，所以车兵基本上是从国人中征招的。国人大多是"士"阶层，所以从军者被称作"武士"或"兵士"。武士们是世代为兵，不用从事生产劳动，吃穿都由农民或者奴隶提供，自己只需一门心思练习武艺、打造兵器即可。

步兵则是低级兵种，他们只有简单的作战能力，大部分征发自农民，小部分来自奴隶。农民们农忙时耕种，农闲时训练，战争爆发后就被征召到战场上。有条件的国家会给这些步兵发放甲衣和兵器，没条件的国家就只能发简单的武器给他们，纯粹是拉人头当炮灰。步兵们的职责是跟在战车后面，给战车打辅助、做掩护，只有遇到攻城战，他们才成为进攻主力。由于春秋时代的战争规模还不大，战斗主要依靠车兵较量，步兵们的伤亡率不高，农民们就当凑个贵族老爷们的热闹，对平日的生产劳作并没有太大影响。

那么，郑庄公担忧什么呢？主要是战车的机动性太差。

当时的战车由两匹或四匹马牵引，驾驭非常困难，掉头和重整队形也很不方便，而且对地形的要求很高，在非平原地带几乎寸步难行。北戎人是没有多少战车和郑军对阵的，只能靠步兵进行混战。郑军的战车部队发起冲击后，北戎人很容易分散开来躲避，然后趁郑军战车停下来整顿队形或者掉头的时候发起袭击。但如果郑军的战车部队不发起冲锋，而是和负责掩护的步兵同时缓慢前行，就发挥不出冲击碾压的优势，北戎人则可以从侧翼穿插，截断车兵和步兵之间的联系。被迫上战场的农民和奴隶们显然不是凶悍的北戎战士的对手，他们一旦败退，笨重的战车就会成为北戎人的猎物。

郑庄公最担心的就是出现这些情况。如果郑军战败，不仅无法与宋、卫两国开战，还会有亡国危险。就在他苦思破敌之策时，他的次子公子突想到了一个办法，说："我们可以设埋伏，先派一支部队故意败给北戎人，吸引他们来追击。北戎人没有军纪，为了抓俘虏和抢战利品，一定会不停地往前冲，对周围不做防备。我们趁这个时候伏击他们，他们肯定会大乱而败的。"

郑庄公觉得公子突的建议非常不错，便依言做了部署。

战斗打响了，北戎人漫山遍野，黑压压的一片，他们衣衫褴褛，喊着奇怪的口号，哇啦哇啦地向郑军冲来。而郑军的先头部队只有区区数千人。双方刚一接战，郑军就连忙撤退，一路上丢盔卸甲，各种值钱的东西扔得满地都是。北戎人兴奋地拼命追击，他们本来就是来掠夺的，毫无纪律可言，有人跑在前面想抓俘虏，有人弯下腰去捡地上的东西……结果，北戎人的队伍越拉越长，完全没有了队形，许多人甚至为了抢地上的战利品而打起架来。

就在这个时候，周围突然出现了上百辆郑军的战车，同时向混乱不堪的北戎人冲来。车上的弓箭手发出一连串箭，把冲在最前面的北戎人射倒；坚硬的战车则把那些弯腰捡东西的北戎人冲撞得东倒西歪；车上的长戟手挥舞着大长戟，把靠近的北戎人一片一片地扫倒。北戎人被这突然的袭击吓倒了，他们晕头转向，开始没命地逃跑，成了一群溃兵。

郑庄公命令大夫祝聃率领郑军主力展开追击。郑军的战车将溃逃的北戎人拦腰截断，与步兵前后夹攻，打得敌人抱头鼠窜。北戎人争先恐后地逃命，在战场上丢弃了一大片尸体，最终仓皇逃离了郑国。

　　解决掉难缠的北戎人，郑庄公终于可以把讨伐宋国继续提上议事日程了。公元前713年，郑庄公与鲁隐公、齐僖公再次会盟。经过一番讨价还价，三国终于达成了联合作战协议，确定了出兵日期。

　　这年五月，郑、齐、鲁三国军队在鲁国集结，于第二个月正式对宋国发起了进攻。为了避免陷入旷日持久的攻城战，三国联军没有直接去攻打商丘，而是很鸡贼地去进攻宋国的那些弱小城邑，逼得宋殇公不得不派兵出来迎战。

　　宋殇公气愤于鲁国的背叛，命宋军的攻击目标指向鲁军。鲁、宋两军在菅（jiān，今山东单县北）打了一仗，结果宋军被打得落花流水。

　　宋军战败后，郑军在宋国长驱直入，一个月的时间里接连攻下郜（gào，今山东成武东南）、防（今山东金乡西南）两座城邑。按照先前的约定，郑庄公命手下撤出这两座城市，把它们交给鲁国人驻防。鲁国人还得了便宜还卖乖，在史书上大力夸赞郑庄公的举动"可谓正矣"。

　　郑国和鲁国利用宋国的土地"礼尚往来"，着实把宋殇公的脸给打疼了。暴怒的宋殇公决定一定要给郑国一点颜色瞧瞧，他派出使者联系卫国，说郑国军队被派出去打仗，郑国国内一定没有多少兵马驻守，我们不如一起出兵去奔袭郑国，把郑寤生的老窝给抄了！

　　卫宣公当即同意了这个提议，与宋国联合出兵郑国。留守的郑国大夫们见情况危急，连忙关闭城门死守，并派人向还在宋国指挥作战的郑庄公报告。但是，当时没有火车飞机，郑军回防不是一天两天就能赶到的。万一郑军来不及赶到，新郑可能就陷落了。在这关键时刻，一个意外救了郑国。

　　原来，宋、卫联军侵入郑国后发现，新郑的防守并没有他们想象中那么薄弱。他们担心强攻不一定成功，一旦郑军主力回国，他们反而会被前后夹击。于是，宋、卫联军改变目标，转而去进攻夹在郑、宋两国之间的戴国（今河南民权东北）。戴国前段时间投靠了郑国，做了郑庄公的狗腿子，宋殇公对它早已不满，就想趁这个机会把它收入囊中。

没想到的是，戴国这个小国是一个硬石子儿，宋国人一口下去，差点儿没把牙崩掉。宋、卫联军打了好几天，戴国居然还屹立着。宋殇公有点急了，心想我宋国已经丢了几个城邑了，这次一定要把戴国吞下去才算不吃亏。为了增加兵力，他向蔡国请求增援。可这蔡桓侯（名封人）却心里老大地不痛快：你们两个家伙有好事的时候没有第一时间想到我蔡国，这个时候遇到困难了，就来找我帮忙，而且这个戴国又跟我没啥关系，就算打胜了，蔡国能拿到什么好处吗？跟你们做盟友真是没劲！

这就出现了一个戏剧性的场面：蔡军出于盟友义务，勉强出兵相助，宋、卫联军终于攻下了戴国。但三国的军队开进戴城后，却差点儿打起来。蔡国人嫌弃宋、卫联军成事不足、败事有余，入侵郑国什么都没捞着，又打不下小小的戴国，真是一帮饭桶；卫国人和宋国人则指责蔡国人废话那么多，来支援一下都这么不情愿，算什么盟友？三国军队主帅就这么对骂起来，完全忘了共同的敌人郑国。

先前，郑庄公得知了宋、卫联军入侵的消息，立马率兵火速回援。但在半路上他又得到了情报，说联军已经撤退，赶去进攻戴国了。郑庄公便又赶到了戴国。到了一瞧，嗬！三国的官兵们全都挤在戴国的小城里，正在那儿吵架呢。那我们郑国还客气什么，把他们一锅端了呗！

直到郑军把戴城围了一个圈，把三国联军都给装进了口袋，他们才回过神来，发现情况不对，自己成了郑庄公的瓮中之鳖，想跑也跑不出去了。郑军开始攻城了，兵士们蜂拥爬上残破的戴城城墙。而宋、卫、蔡三军因为吵架伤了和气，早就没有了团结就是力量的精神，在守城时完全乱了套。郑军很快杀进城里将他们逐个击破，三国人马只好全部投降。

一场危机就这么轻松化解了，郑国还顺手牵羊吞并了戴国。宋、卫、蔡三国则损兵折将，尤其是宋国还丢失了大片土地，成了这场大战最大的输家。

颖考叔之死

伐宋之战的顺利远大于预期，鲁国还占据了几座宋国城邑，唯独齐国暂时没有收获。郑庄公当即兑现当初的承诺，全力支持齐国征讨郕国，出兵理由他也帮齐僖公找好了，就是郕国不听从王命与他们一起讨伐宋国。

这个借口自然是强词夺理，别的国家也不服从王命，为什么偏偏抓郕国这个典型呢？但这不重要，重要的是谁手上有强权。郑庄公利用卿士的权力，编织了这个"光明正大"的借口，使齐国有恃无恐地入侵郕国。很快，郕国便在齐军的攻击下被迫向齐僖公请降，沦为了齐国附庸。

这样一来，齐国和鲁国都得到了满意的结果。两国国君都觉得欠了郑庄公一个人情，希望郑国也去征服一个小国，他们愿意鼎力相助。

郑庄公眼珠子一转，想到了郑国垂涎已久的邻居——许国。

许国位于郑国首都新郑的南方，它的战略位置对于郑国来说非常重要。但许国偏偏不肯依附郑国，这就让郑庄公很担心将来其被敌国收买，从背后捅自己刀子。而郑国如果能压制许国，就能在新郑南面多树立一道安全屏障，让郑国在征讨四方之时没有后顾之忧。

郑庄公之前就试图通过和鲁国换田获取许国境内的许田，将它打造为入侵许国的桥头堡。这笔交易虽然中止了，但郑庄公仍旧对许国念念不忘，这次有幸得到齐、鲁两国支持，他决定抓住这个机会，出兵的理由是：许国没有按时向天子纳贡。

公元前712年七月，郑军与齐、鲁两军会合，向许国发起了进攻。许国国小兵少，只能采取固守策略，把所有人马集结在许都据城抵抗。

激烈的攻城战爆发了。许军从城墙上射下如雨的箭，不停地砸下巨石和滚木。郑军士兵冒着危险，前仆后继地架起梯子攀登城墙，多次冲锋都被许军打退。

就在这个时候，颍考叔，这位策划了黄泉相见的郑庄公宠臣，为了鼓舞士气，举起国君的军旗"蝥弧"带头往上冲。郑军士兵被他这种不怕死的精神鼓舞了，他们热血沸腾，呐喊着前进。

然而，就在颍考叔举着旗子登上了城墙时，忽然一箭飞来，正中他的身体。颍考叔哼了一声，从高处摔了下来，死掉了。

这支要了颍考叔命的箭，不是许国人射的，而是郑国的公孙阏（è，字子都）射出来的。公孙阏为什么要在这关键时刻射死颍考叔呢？原因得从一个多月前说起了。

按照当时的军事礼仪，国家出征之前要在太庙里占卜，向神灵和祖先询问这次战争的吉凶，并且通过卜卦决定进攻路线、防御重点、将帅人选，甚至驾驭战车的车夫人选。占卜仪式结束后，给重要的作战人员发放战车和武器装备。

为了激励将士们的斗志，郑庄公拿出自己乘坐的战车，说谁能舞动军旗"蝥弧"，就把战车赐给他，并授予先锋的荣誉。"蝥弧"是一面

巨大的旗帜，平常需要两三个人才能竖立起来，单人要想舞动它，一定得是大力士才行。颍考叔最先出场比试，成功举起了这面大旗。但轮到公孙阏出场时，颍考叔怕奖品被他拿走，居然先下手为强，一把抓住辕木把车子拉走了。公孙阏一看急了，抄起一把长戟就追。但颍考叔拉着车跑得比兔子还快，公孙阏怎么都追不上。最终公孙阏累个半死，气得瘫在地上一个劲地骂人。

这件事本来说大也不大，郑庄公后来又赐给了公孙阏另外一辆战车表示安慰。但公孙阏却忍不下这口气，觉得自己身为公族竟然被耍了，这个仇不报，他誓不为人。

所以，在攻打许都的战场上，公孙阏趁人不注意把颍考叔给射死了。这一卑劣举动成了成语"暗箭伤人"的出处。

但颍考叔没有白死，很快有人接走了他手中的军旗，继续带领郑军前进。士兵们受此鼓舞，不久就攻克了许都。许庄公逃亡到了卫国。

看到颍考叔的尸体，郑庄公流下了眼泪。颍考叔可谓他的知心朋友，帮助他母子相认，临死前还帮助他鼓舞士气。郑庄公派人用一些猪、狗和鸡举行巫术，给凶手下诅咒。但他到底有没有查出凶手是谁，史书没有记载，我们也就无从知晓了。

伐许之战大获全胜，齐、鲁两国也很识趣地把许国让给郑国处置。但是郑庄公却不敢就这样一口把许国吞下。

春秋初年，周朝的礼乐秩序还没有完全崩溃，齐、鲁、郑三国是打着许国不服从王命的旗号来的。如果郑国就这样独吞了许国，会引起其他诸侯很大的非议，给人落下假公济私的口实。郑庄公这段时间和周天子的关系已经相当紧张，他不想落下什么把柄，害得自己失去朝中的权位。另外，卫国和宋国实力尚存，它们也在积蓄力量反击郑国，郑国如果强行吞并许国，造成许国人不服统治的话，很有可能会拖累自己对抗这些敌对国家。

因此，郑庄公决定演戏演到底，既然是"讨伐"，就按规矩处置，就当许庄公"畏罪潜逃"了，郑国就来帮助许国确立一个新国君吧。

他便让许庄公的弟弟（许叔）继续统领许国，但由郑国的公孙获辅政。并且，许国的西部是公孙获的封地，许叔只能管理许国东部。明眼人都看得出，许叔就是郑国的傀儡而已。

郑庄公是这么对许国人说的："上天降下灾祸给许国，借我郑国的手来讨伐，这并不是我的本意，我怎么敢据为己有呢？"

他又对公孙获说："你在许国要老实本分，用自己的东西，不能拿人家许国的东西。我死了，你就回来吧，把许国还给他们。"

郑庄公这么絮絮叨叨，把自己灭许的行动说得冠冕堂皇，原因是他心里没底，觉得在强国环伺的情况下，其他诸侯不会允许郑国长期占有许国，万一郑国的继任国君能力不济，许国还是有可能复国的。与其到时候被人赶走，还是郑国人自己主动走显得光彩一点。

但郑庄公对许田还是念念不忘。这块地还在鲁国的名下，于是，郑庄公在第二年继续和鲁国会盟，将一块晶莹无瑕的玉璧送给了鲁国人，使这笔被中止的换田交易最终完成了。

只不过，和郑庄公会盟的鲁国国君不是鲁隐公了，而是鲁桓公（名允，一说名轨）。鲁隐公在上一年被人刺杀了，凶手正是那个不听号令的公子翚。

当初，鲁隐公以庶子的身份登上君位，自觉不合宗法，就打算将来让位给嫡出的弟弟公子允（即鲁桓公）。但公子翚觉得鲁隐公在位十一年了，应该会舍不得这个君位吧，就怂恿鲁隐公把公子允杀了，这样就能安安稳稳做一辈子国君。但鲁隐公不同意，说："弟弟已经长大了，我不能这么耍无赖。我已经在某个地方建造了房子，准备到时候把君位传给公子允，就到那里养老安度余年了。"

公子翚一惊，心想你是高风亮节，不恋名位，但这不是把我置于不

仁不义的位置了吗？我可是冒着生命危险来劝你干大事的，要是走漏了风声，我岂不是要被公子允给杀掉？

公子翚把心一横，干脆倒打一耙，转而向公子允说鲁隐公正在计划除掉他。公子允大惊失色，连问该怎么办。公子翚就说这事交给我来办，我有办法杀死国君，还不用背负弑君的恶名。公子允同意了。

公子翚就趁鲁隐公在某位大夫家留宿的机会，派刺客将其杀害了。随后嫁祸给那位留宿国君的大夫，把他当作替罪羊杀死灭口。可怜鲁隐公一番好心，死后却连国君规格的葬礼都没有得到。

拿下许国后，郑庄公没有了后顾之忧，觉得有必要再给宋殇公一次打击，报复他上次联合卫、蔡两国入侵之事。

但在出兵宋国之前，郑庄公还得对付一个国家，就是息国。息国，姬姓，国都位于今河南息县西南。《左传》中记载，郑庄公和息侯言语不合，发生了争吵。但到底是什么原因争吵不得而知。由于这件事发生在郑国兼并许国之后，很有可能是息国认为郑国的做法太过虚伪，对郑庄公提出了谴责。

息侯打完了嘴炮还不知足，居然宣布要出兵讨伐郑国。息国是个小国，怎么可能是身经百战的郑军的对手？郑庄公觉得息国人实在是没事找事，三下五除二，就带兵把息军打得大败。息国人想当"大侠"不成，反而挨了一顿胖揍，就连鲁国的史官都笑话他们"不度德，不量力"。"不自量力"这个成语便是由此而来。

与息军一场大战后，郑军也十分疲敝，士卒们连续征战一年多，需要休整一段时间，现在若强行出征宋国，恐怕体力不能与宋军抗衡。因此郑庄公再次想到了借兵——借西虢国的军队讨伐宋国。

郑庄公是怎么向西虢国借兵的，史书上没有说。可能性无非两种：一种是拿宋国不朝拜天子的罪名做文章，要求同为周朝卿士的西虢公一定要管管这个"叛逆"，使得虢国人不得不借兵；另一种就是通过贿

58

赂，这个是郑庄公擅长的。一番暗箱操作后，虢国人借了几百辆战车的军队给郑国。

郑庄公这一次也不想再欠齐、鲁两国人情，就没有寻求他们的增援，自己指挥这支虢军杀向宋国。宋殇公出兵迎战，与郑庄公指挥的虢军展开了一场大会战。结果，宋殇公兵败如山，再一次也是最后一次被郑庄公打败。

由于宋殇公连年与别国发生战争，胜少败多，耗费了大量粮食和物资，还丢失了不少土地，宋国人怨气冲天。一年多之后，一场政变发生了。

宋国有个大夫名叫华督，担任宋殇公的大宰（国君的家务总管），看上了现任司马（掌管军事的最高官员）孔父嘉的漂亮妻子。为了能霸占她，华督就利用国人的怨气，蒙骗国人说国君是听从了孔父嘉的话才连年征战的。国人的愤怒情绪被煽动之后，华督就依靠国人的支持发动了政变，杀死了孔父嘉，抢占了他的妻子。

宋殇公得知消息大惊，对华督破口大骂道："我一定要判你死刑！"

华督本不想杀宋殇公，但被国君这么一说，心里慌张起来，就干脆把他也杀了。

华督杀死了自己的国君，成了弑君者，如果不找个后台撑腰，就会被诸侯讨伐，尤其是宋国的仇敌郑国，一定会带头来攻。为了让自己的地位稳固，华督决定结好郑国，拥立受郑庄公保护的公子冯。他便派出使者到郑国，邀请公子冯回国即位。

得知宋殇公死去的消息，郑庄公想必是笑出了声。九年了！没想到九年苦战的对手居然死在他自己人的手里。

不需要多说什么，郑庄公当即同意了华督的请求。公子冯就此回国，成了宋国的新一任国君，是为宋庄公。

为了获取诸侯们的承认与保护，宋庄公向郑、齐、鲁三国大肆贿赂。其中，送给鲁国的是来自原郜国的大鼎（郜国以前被宋国灭掉，领土变为前文提到的郜邑）。鼎在当时是极尊贵的礼器，鲁桓公对这个礼物非常满意，把它安放在了自家的太庙里。

打败宋国后，中原的几大诸侯国中还在与郑国对抗的，只剩下了卫国和蔡国。郑庄公等待着时机，准备与最后的敌人一决雌雄。

第7章

射向天子的箭

公元前707年,周桓王(名林)忽然下了一道旨意,宣布剥夺郑庄公周朝卿士的职位。

周桓王是周平王的孙子,他的即位过程可谓充满了戏剧性。公元前720年,当了五十一年天子的周平王去世。在这漫长的岁月里,他除了把周朝首都搬到洛邑以外,几乎没有做出一件可以说道的事情。底下的诸侯杀来杀去,郑国人把王师调去打其他国家,周平王全当没看见,做了一个逍遥天子。

周平王的死对于郑庄公来说,是一个不小的麻烦。论辈分,二人是堂兄弟,而且二人的母亲都来自申国,可谓亲上加亲。周平王一直把郑武公和郑庄公父子当作肱骨之臣对待,对郑国在中原的扩张尽量提供方便,在朝政上也极为倚重他们。

不过,郑国的逐渐强大还是引起了周平王的警觉。郑武公时期,周平王就使心眼收回了虎牢附近的土地,郑武公对此选择了妥协。到了郑

庄公时期，郑国发生了叔段之乱，周平王又动起了歪脑筋，打算利用郑国的多事之秋，撤掉郑庄公周朝卿士的职务，并暗中把朝政委托给西虢公。但他还没来得及付诸实行，就被郑庄公察觉到了。郑庄公不想像父亲一样忍气吞声，就亲自赶到洛邑质问周平王。周平王连忙矢口否认，但郑庄公依旧不依不饶，怕自己走了以后他又暗中使坏。周平王不敢与郑国彻底闹翻，只好写了份"保证书"，还屈就堂堂天子的尊严，把次子王子狐送到郑国做人质，以示自己绝不会和郑国作对。但这么做实在有损天子的颜面，郑庄公也退让了一步，让太子忽到洛邑当人质，王子狐去郑国则以学习的名义。这场史无前例的天子和诸侯互换人质的事件，史称"周郑交质"。

通过"周郑交质"，郑庄公成功把周平王收拾服帖，保住了周朝卿士的职务。但好景不长，周平王于公元前720年去世了。周平王的太子泄父早死，最年长的儿子就是王子狐了。郑庄公连忙把王子狐送回洛邑，没想到这个短命鬼居然悲伤过度，回去不久就死了，连登基仪式都没来得及参加。经过商议，原太子泄父的儿子姬林被周王室推举为新一任天子，史称周桓王。

周桓王非常反感郑庄公的专横，认为正是在郑国的淫威之下，王室才如此没有尊严。一些对郑庄公不满的诸侯和大夫也开始跳出来说郑国的坏话。周桓王干脆放弃了"周郑交质"时立下的协议，决定正式把郑庄公周朝卿士的职务交给西虢公。

然而，西虢公怕得罪郑国，迟迟不肯接受周桓王的任命。这个消息还被人捅到了郑国，气愤的郑庄公决定给年轻的周桓王一个下马威，让他别再痴心妄想。

这一年的夏天，郑庄公派祭仲率领郑国军队强行进入王畿之地，把周王室土地上刚成熟的麦子全部割走。过了几个月，郑国军队又闯进来，把秋收的谷子也抢走了。通过这两次抢粮食行动，郑庄公向周桓王发出警告：我郑国军队在王畿畅通无阻，你可给我小心点！

周桓王那边的反应是什么，史书没有记载，只用"周郑交恶"四个字草草带过。显然，周桓王选择了咽下这口恶气，也没再提出撤换郑庄公。周桓王一定是考虑到自己刚刚即位，地位不太稳，而且以王室目前的实力也无法单独对抗郑国，所以他只能忍耐和沉默，这件事也就不了了之了。

在之后十几年的时间里，周桓王选择了韬光养晦，在列国的纷争中做一个"旁观者"，不管郑庄公调动王师出战还是假命伐宋，他都是一副沉默不语的态度。而在暗中，他则积蓄兵力，并观察着中原各国对郑国的态度，计划在合适的时机给郑国以致命一击。

趁着郑国忙于与宋国交战的时机，周桓王也搞了不少小动作。一次是他忽然任命西虢公为周朝的右卿士，从郑庄公那儿分走了一半权力；另一次是拿十二座不在王室控制下的城邑换走了郑国的四座城邑。而且，郑庄公朝见周桓王时，周桓王对他不加以礼数，非常怠慢。

然而，周桓王以为自己能忍，郑庄公却比他更能忍。

郑庄公深知"小不忍则乱大谋"的道理，宋国才是他最重要的敌人，没必要和天子一般见识。所以，除了那次抢走王畿之地的粮食外，郑庄公再也没有和周桓王顶着干，对周桓王的这些挑衅行为他都默默接受了，而且按照礼制去朝觐天子，奉上各种贡品。

一来二去，周桓王对郑庄公放松了警惕。他觉得，这个叫"难产"的糟老头也不过如此嘛，随便敲打几下就怂了，说明我这个天子还是有点威严的嘛。

就这样，周桓王精心准备了一段时间，觉得终于有底气跟郑国摊牌了，便在公元前707年下诏撤掉了郑庄公的卿士职务。

此时的郑庄公刚刚战胜宋国，把公子冯送上国君的位子，周桓王此举，就像用一记耳光打在正如日中天的郑庄公的脸上，挑衅和羞辱的意

味非常浓厚。恼羞成怒的郑庄公觉得没必要再伪装下去，就不再朝见周天子了。

郑庄公这么做，正中周桓王的下怀。周桓王正缺少一个直接的理由来讨伐郑国，当即便下诏谴责郑庄公，并出动王师进攻郑国。

周桓王讨伐郑国的命令一下，卫国和蔡国这两个郑国的死敌如获珍宝，立即派兵前来支援。另外，陈国的新君陈佗也表示了支持。原来，陈桓公在这年年初去世了，本应由太子免即位，但陈桓公的弟弟公子佗发动政变，杀死了太子免自立为君。他为了获取天子的承认，就摒弃了和郑国的同盟，站到了反对郑国的阵营里。除了卫、蔡、陈三国，其余诸侯则不约而同地保持了沉默。

周桓王不管这些了，王师加上三国军队，光靠人数就足够荡平郑国的了。于是，东周历史上唯一一次天子亲征的军事行动开始了，周桓王亲自率领周、卫、蔡、陈联军杀气腾腾地攻入了郑国。

老领导带着仇家打到了家门口，到底是迎战，还是投降呢？郑庄公觉得之前对周桓王已经足够客气的了，现在他还不放过自己，一定要打上门来，那郑国为了自卫，只能是迎战了。这次天子带着自己的敌国来讨伐，也正好给了自己算总账的机会。干脆不管那么多，把这些碍事的家伙一口气全部打服，让郑国崛起再没有敌手。

于是，郑庄公带领军队在繻葛（今河南长葛北）迎战王师。周桓王依仗兵力上的优势，在战场上摆开阵势，自己带领王师主力居中，王师右军联合卫、蔡联军居右，王师左军联合陈军居左。战车在阵前摆开了一长溜儿，甚是威武。

面对在兵力和道义上都占优势的王师，郑国此战看起来凶多吉少。

但经验老到的郑庄公并不担忧，他的儿子公子突已经想到了御敌之策。公子突认为，王师仍旧按照周朝的传统作战方法，把军队分为左、中、右三军，主将居中军，负责突击，左右两军作为两翼配合前进，因此，王师的左右两翼比较薄弱。而这次负责王师侧翼的是卫、蔡、陈三国军队，他们都是郑军的手下败将。郑军可以不按常理出牌，把精锐安排在左右两翼，先行打败卫、蔡、陈三国军队。三国军队一败，王师阵型必定混乱。届时，郑军再从左右两翼夹击，王师必然难以招架。

按照公子突的建议，郑军摆出了周桓王从没见过的鱼丽之阵。这种阵法具体是什么样子，目前还没有准确说法，根据前述郑军作战思路，比较有可能的情况是郑军两翼靠前，中军靠后，把战车布置在前列，让步兵填补战车间的空隙，从而组成密集的阵型，像张开网准备捕鱼一样。

双方刚一交战，郑庄公就不顾人数上的劣势，挥动战旗命令郑军左右两翼同时出击。郑军右军的精锐战车部队强攻王师左翼的陈军，陈国因为刚刚发生内乱，军队士气低落，完全被郑军的气势压倒了，还没打多长时间，陈国士兵就开小差跑光了。而郑军的凶猛攻势也吓坏了王师的左军，这部分军队也很快溃败。

而在另一边，郑军与仇敌卫、蔡联军激烈厮杀，郑国人的鱼丽之阵犹如铜墙铁壁，联军根本无法突破。终于，卫、蔡联军也抵挡不住了，跟着陈国人脚底抹油去了。王师的右军还算有点能耐，能坚守住阵线，没有跟着卫、蔡联军逃跑，但他们也只够自保了。

处在王师中央的周桓王还没反应过来，就忽然发现自己手下将近一半军队都开溜了，王师也掉进了郑国人张好的渔网里。郑军的战车方阵调转方向，开始从侧翼和背后向王师进攻。王师的战车来不及掉头，顿时手忙脚乱，加上左右两军失利，士气大跌。原来高高在上、不可一世的王师，这一回只剩下还手的力气了。

周桓王还不服输，他站在自己的战车上痛骂手下人无能，命令他们坚守住阵线。但这已经没有用了，王师的阵型已经大乱，郑军的战车在当中横冲直撞，几乎冲进了周桓王的卫队。郑军将领祝聃在人群中看见

一个年轻人站在一辆装饰豪华的战车上大喊大叫，认定他就是周桓王，便取出弓箭瞄准，送了这位热血青年一箭。

周桓王正在责骂部下，忽然听见一阵急促的弓箭呼啸声传来，他连忙一闪，那箭射中了他的左肩膀，痛得他坐到车子上。

天子中箭了！

这个消息立刻在王师中炸开了锅，士兵们惊得目瞪口呆，天子一倒，他们更无心打仗，纷纷逃命去了。周桓王自知败局已定，便强撑起身体下令撤退。王师就此溃败了，护卫们保护着周桓王连忙撤离战场。

郑庄公见王师撤退，也跟着鸣金收兵了。杀得正痛快的祝聃听见收兵的命令非常不解，向郑庄公请求追击。郑庄公却生气地说："君子不愿欺人太甚，何况是欺凌天子！我们只要做到自卫就可以了！"

郑庄公放周桓王一马，是非常理智的行为。天子毕竟是天下共主，郑国也没有取代周王室统领天下诸侯的实力。如果他把周桓王抓住或是杀了，那么他就是天下的大罪人，其余诸侯都会来讨伐郑国，他也会被人唾骂，被写进史书遗臭万年。

战争结束后，郑庄公马上就想到了用"自卫"这个字眼儿向天下人解释这次对抗王师的行动。接着，他派了祭仲带上许多礼物去王师的军营里探望周桓王。祭仲一把鼻涕一把泪地使劲向周桓王磕头谢罪，说本想自卫却无意伤了天子，罪该万死，带了许多礼物给大伙儿赔罪之类。

周桓王遭到惨败，心中纵使有愤怒和不服，也对郑庄公无可奈何，既然祭仲来道歉，给自己一个台阶下，那就就坡下驴，保住自己作为天子的最后一点颜面吧。于是，周桓王也装模作样地表示宽恕了郑国，希望郑庄公以后好好尽忠，多为朝廷分忧，等等。一场争斗就这么结束了。

后来，周桓王回到了洛邑，越想越郁闷，想再找一些诸侯国来讨伐郑国。但有人劝阻他说，现在中原的诸侯国中，除了卫、蔡两国，其余都是郑国的党羽。周桓王明白了王室无能为力，只好打消了这个念头。

小霸

繻葛之战令周天子的威信彻底丧失，堂堂王师居然被手下的诸侯打得体无完肤。不久以后，南方的楚国率先称王，在名义上和周桓王平起平坐。周桓王没有办法，他现在连郑国都对付不了，何况管理遥远的南方呢。从此之后，再也没有人惧怕王师了，只有在一些大国的帮助下，周王室还能在名义上号令一下诸侯，天子就此成了大国称霸的工具。

而郑军大败王师，轰动了整个天下，卫、蔡二国也不敢再与郑国交战。现在，中原的诸侯中，要么是郑庄公的盟友，要么是被郑庄公打败过的，没有人反对他。虽然当时还没有"霸主"这个名词和概念，但郑庄公的威望之盛，足以成为春秋时代第一位令人恐惧的人物。但他的影响力毕竟有限，所以被称为"小霸"。

公元前706年，齐国遭受北戎入侵，齐僖公打不赢北戎人，就来向老朋友郑庄公求助。郑庄公派太子忽领兵前往，给儿子一个锻炼的机会。

太子忽跟随父亲打天下，养成了刚愎自用、争强好胜的性格。这

次,太子忽依靠以往的经验,轻而易举地把北戎人赶出了齐国,还俘获了戎人的两个元帅,砍下了三百颗人头。齐僖公对他大为赞赏,心里一高兴,就又提出了为太子忽介绍对象的事情。

几年前,太子忽还没有从陈国娶妻时,齐僖公就想把小女儿嫁给他。说起齐僖公的这个小女儿,那可不简单,她是春秋时期有名的风流女子文姜,与自己的同父异母哥哥公子诸儿有畸形的恋爱关系。太子忽断然拒绝了齐僖公的相亲请求,说:"齐国是大国,我们郑国高攀不起。"

太子忽拒绝结亲,当然不是因为妄自菲薄,他是怕娶了文姜之后,成了齐国的女婿,今后会在各个方面受到齐国制约。他一心想学父亲那样当中原小霸,可不希望受制于人。

到了这时,齐僖公太喜欢太子忽了,再次提出把另外一个女儿嫁给他。可是太子忽仍然一股子倔强,怎么都不肯。他说:"我是奉父亲的命令来帮助别人的,怎么可以乱要别人的女儿呢?如果我这次从齐国带走一位妻子,天下人岂不是说我太子忽通过战争来强娶别国的女儿吗?"

这个时候郑国已经是中原强国了,太子忽其实完全不必担心被齐国牵制,他之所以再次拒绝,是因为他已经从陈国娶了一位妻子妫氏。太子忽非常喜欢妫氏,当初他把妫氏从陈国迎娶回来,还没去向祖庙告祭就与之同房了。而他要是再从齐国娶妻,以齐国的地位,必然得把齐国的妻子立为正妻。太子忽顾及妫氏的感受,就再次拒绝了齐僖公做媒。

郑国大夫祭仲劝太子忽答应这门婚事,成全齐僖公的一番美意。因为他看出太子忽的弟弟公子突不会屈居人下,太子忽如果与齐国有婚姻关系,就容易获得齐国对他的支持,将来即位时能压得住公子突。但是太子忽就是不听,也许他认为自己不靠齐国也能处理好与弟弟的关系。

在生命的最后几年,郑庄公再次带兵进行了一场军事行动:攻打盟

（今河南孟州南）、向（今河南济源南）两座城邑。原来，周桓王当初从郑国索取了四个城邑，而把属于周大夫苏氏的十二个城邑给了郑国。这十二个城邑本就不在周天子的掌控之下，所以只是一张空头支票。但当时郑庄公忍耐不提，直到繻葛之战后，他才有了胆量去接收那十二座城邑之中的盟、向两城。

盟、向两邑请求媾和，郑庄公允许，但不久两邑又背叛了和郑国的约定。公元前705年秋天，郑庄公便联合齐、卫两国讨伐盟、向。两邑无力抵抗，被迫将居民外迁，将城邑交给郑国占领。

公元前701年夏天，为郑国打出一片天地的郑庄公去世了，终年五十七岁。

郑庄公去世后，太子忽即位，是为郑昭公。不久以后，原来借助郑国力量当上宋国国君的宋庄公调转枪头，策划了一场制造郑国内乱的阴谋。他趁郑国大夫祭仲到宋国访问的时机，抓住祭仲，威胁他去搞政变推翻郑昭公。祭仲贪生怕死，就答应了。祭仲联合公子突发动政变，赶走了郑昭公，公子突代替哥哥当上了郑国国君，是为郑厉公。

可怜的郑昭公当初过于自信，没有娶齐僖公之女靠拢齐国，现在他孤立无援，到处流亡。郑厉公当了四年国君，因为和祭仲争权，又被祭仲赶下了台，逃亡到了边境。郑昭公被祭仲找了回来，重新当了国君。但是两年以后，郑昭公被他得罪过的郑卿高渠弥暗杀了。他的另一个弟弟公子亹（wěi）即位。公子亹年少时与齐襄公（名诸儿）结下了仇怨，齐襄公趁召开诸侯盟会之机将公子亹和高渠弥杀害。郑昭公的第三个弟弟公子婴当上了郑国国君。

而躲在郑国边境十七年之久的郑厉公招兵买马，突然于公元前680年反攻新郑，杀死了弟弟公子婴，重夺君位，郑国近二十年的内乱至此终于结束。在这段时间里，郑庄公的四个儿子先后当上国君，其中三个惨死。虽然郑厉公最终赢得了胜利，但是郑国已经元气大伤，从当年的一

代雄国沦落为一个二流国家。

郑庄公的霸业如昙花一现,但他依靠祖父和父亲留下的基业,将郑国打造成了能与老牌大国卫、宋、鲁国抗衡的中原强国,春秋争霸的舞台上从此多了一位不容忽视的重要角色。郑国将继续活跃在乱世的纷争之中,只不过它已经不再是主角。

位于大海之滨的齐国被时代选中,成为下一场争霸游戏的操盘手。

卷二 春秋时代的全民偶像

齐桓公和管仲的黄金组合,把齐国推上了时代巅峰。

显赫一时的霸主光环,闪亮了整个东方。

三千多年前的经典炒作

齐国的立国之君是我们熟知的姜太公姜子牙,但姜子牙其实是他的姓和字,他的氏是"吕",名是"尚",按照春秋时代的习惯,应该称呼他"吕尚"。

姜子牙的人生经历在后世的演绎和加工下,已经成了极具戏剧性的故事。

传说中,姜子牙年轻时是个正宗的loser(失败者),他摆过地摊卖酒,当过屠夫杀牛,给人做事被解雇,还被老婆赶出了家门。但他人穷志不短,一边打工,一边坚持自学文化,逐渐成为一个没有文凭的高级知识分子。

姜子牙一没有关系,二没有钱,满肚子的学问没地方用,平平淡淡地过了大半辈子,最后快七十岁了,头发胡子都白了,还是一个众人眼里的老书呆子。他不想这辈子就这么算了,他希望进入政府,施展才干。但商朝那时政治昏暗,没人识得他的才能,都拒绝他来做官。姜子

牙便放弃了在商朝上班的打算，计划到当时名声最好的周文王姬昌那里应聘。

周文王有野心取代商朝，当时大秀亲民形象，以赢取天下各部落的拥护。同时，他还在暗中扩充军力，招揽人才。姜子牙想到周文王那里当官，如果走正常途径，还是只能先从小职员做起。但姜子牙都是爷爷岁数的人了，哪还有时间去等升迁？所以，他想了一个"歪招"。

这就是著名的典故——姜太公钓鱼。

姜子牙把鱼钩拉直，也不挂鱼饵，每日就用这怎么也钓不上鱼的鱼竿钓鱼。附近的人都说来了一位老疯子，用没有鱼饵的直钩钓鱼。这件事就被当作笑话传开了，许多人感到稀奇，四处谈论。

最后，这事连周文王都知道了。周文王也好奇，就随便派了个小卒，让他把姜子牙找来问问到底是怎么回事。周文王的人到了姜子牙的身边，可姜子牙倚老卖老，就是不去见周文王，还说："大鱼不上钩，小虾米来凑热闹。"

来人便把姜子牙的话回去禀报给周文王。周文王觉得似乎话里有话，就更加好奇了，又派了一个官员去请姜子牙。姜子牙仍旧不动，说："大鱼不上钩，小鱼却来了。"

官员又把这话回去和周文王汇报了。周文王明白这不是一般人，决定亲自去见见他。

周文王见了姜子牙之后，问："别人用的鱼钩都是弯的，你的鱼钩为什么是直的？"

姜子牙假装高深地回答："我的鱼钩是专门钓愿意上钩的鱼的。愿意来的来，不愿意来的走！"

周文王心想："这不是在说我吗？我正是来求才的。"

他和姜子牙攀谈了起来，发现这个老头是个大大的人才，便恭敬地对姜子牙说："我们有眼无珠，不识先生，请您见谅。现在纣王无道，民不聊生，恳请先生做我的老师，可以吗？"

姜子牙答应了。

周文王就拜姜子牙为军师，把他作为高级参谋留在身边。

如果这个传说是真的，那姜子牙在三千多年前就懂得了利用"炒作"手段，通过做不寻常的事情吸引眼球，提高知名度，获得高层领导直接面试的机会，最终靠真才实学赢得领导赏识。如果姜子牙生活在现代，绝对是一位炒作高手，成为网络红人不在话下。他的这次炒作也为后世留下了"姜太公钓鱼——愿者上钩"这句歇后语。

但以上只是传说，真实性是靠不住的。一是商周之际还是氏族社会，生产力水平落后，没人可以脱离氏族部落独立生活，只能靠集体劳动获得生活所需，姜子牙不可能长期独自在各地游历；二来当时人的寿命都很短，活到六七十岁已经是奇迹了，姜子牙不仅活到了周武王姬发去世，而且参与了周初的许多历史事件，如果他在见周文王时就是一个风烛残年的老者，是没有体力和精力去做这些事的。

比较可靠的历史真相是怎样的呢？

在商朝文献中，西方有"羌方"与商朝敌对，"姜"字就来源于"羌"，两个字都有"羊"字头。到了周代，西北还有申戎、姜戎等，三国名将姜维所在的天水姜氏就是当地大族。可以推测，姜子牙所在的姜姓部族原本集聚在西方，和位于岐山一带的姬姓周人相距不远，而且有世代联姻的关系。在周人的传说中，始祖后稷的母亲就叫姜嫄。

因此笔者推测，姜子牙其实是姜姓分支吕氏部落的首领，依靠与周文王的姻亲关系成了周朝集团的重要成员，而且他与周文王的年纪应该差不多。

简单地说，姜子牙相当于周朝的"外戚"，从来没有什么失意者逆袭的经历。战国的诸子百家希望自己能受国君重用，编造了姜子牙作为平民得到擢升的传说，后世对这些传说继续夸张演绎，才形成了现在的

故事。至于《史记》上说姜子牙是"东海上人",应该是因为姜子牙受封于齐国,从而在东部沿海一带盛行他的传说。

无论姜子牙的真实身份是什么,他拥有出众的智慧是无法否认的。周文王非常欣赏他的才干,曾夸赞道:"我的先祖太公说:'会有圣人帮助我大周兴盛。'你就是那位圣人吧,我的太公期望你很久了。"

姜子牙因此得了"太公望"这个称号。

周文王因为势力壮大,一度被纣王扣押在羑(yǒu)里(今河南汤阴北)。脱身之后,他就与姜子牙积极计划消灭商朝。姜子牙一方面建议文王修德行、施仁政,以此让天下归心;另一方面建议文王攻打不听话的诸侯国。正是按照姜子牙的战略规划行事,周文王逐渐形成了"天下三分,其二归周"的局面,拥有了推翻商朝的实力。

文王去世后,姜子牙继续辅佐周武王姬发。周武王更加倚重姜子牙,称呼他为"尚父",意思是值得尊敬的父辈。周武王伐纣之前曾经占卜,结果却是大凶,这让周武王一度有了退兵的打算。但姜子牙认为"枯骨死草,何知而凶",鼓励周武王继续发兵。周军最终在牧野之战中打败了纣王,推翻了商朝。

《诗经·大明》称赞姜子牙在牧野之战中的功绩:

牧野洋洋,檀车煌煌,驷騵彭彭。
维师尚父,时维鹰扬。
凉彼武王,肆伐大商,会朝清明。

翻译成白话文就是:

牧野地势广阔无边,檀木战车光彩又鲜明,驾车驷马健壮真雄骏。还有太师尚父姜太公,就好像是展翅的雄鹰。他辅佐着伟大的武王,讨伐商朝帝辛,一到黎明,就天下清平了。

《史记》中说，灭商成功后，姜子牙便被分封到了齐国。但王阁森先生在《齐国史》中称，当时的周朝仅仅是占领了商朝首都朝歌而已，还不能有效地统治广大的殷商故地，周武王还需要姜子牙在朝中出谋划策，就没有把他分封出去。

当时，周武王决定先控制商朝的中心地带，便把自己的弟弟管叔、蔡叔、霍叔和纣王的儿子武庚分封在中原地带。但周武王英年早逝，伐纣三年后就去世了。周朝就由太师姜子牙、太傅周公旦、太保召公奭三人辅政，周公旦是武王的弟弟，因血缘最亲近而成为首席摄政。管叔、蔡叔、霍叔三人不满周公旦摄政，便在武庚的拉拢下联合东夷人发起叛乱，史称"三监之乱"。

周公旦于是发起东征，诛杀了武庚和管叔，流放蔡叔，废霍叔为庶民。通过这次战争，周朝彻底击败了商朝的残余力量，影响力在中原地区得到了扩大。为了监视和管控商朝遗民和东夷人，周公旦大量分封诸侯，卫、宋、晋、鲁、齐、燕等重要的诸侯国就是在这个时候诞生的。

周公旦给姜子牙的分封并没有史书上写的那样光彩。当时，朝中的"三巨头"都有分封，姜子牙封于齐、周公旦封于鲁、召公奭封于燕。但唯独姜子牙必须前往封国居住，周公旦和召公奭都只需派他们的长子前往封国即可。这等于是变相把姜子牙排挤出了朝政中枢。

被外放的姜子牙显然心情很不好，他一路上走得很慢，途中在某地借宿，听到这里的客舍主人说："我听说许多事情获得困难、失去容易，像你们这样悠闲赶路的人，恐怕不是去当诸侯国君的吧。"

客舍主人无意中的一句话，一下子令姜子牙清醒了过来。他明白自己虽然失去了中枢的权力，但在地方上仍然可以有所作为。

姜子牙不再睡觉，立即赶夜路出发，在黎明时分赶到了齐国首都营丘（今山东临淄）。到了自己的封国后，他立即投入到对齐国的建设上，一刻也不敢耽误。没过多久，东夷莱人就来攻打齐国了。幸好姜子

牙做好了充足的准备,将莱人打跑了。如果姜子牙再在路上耽搁,恐怕齐国就来不及抵抗莱人的入侵了。

齐国草创之初,姜子牙带着族人和部属只能生活在营丘城内,周围都是充满敌意的东夷人。姜子牙为了避免无谓的流血冲突,因地制宜,采取了"因其俗,简其礼"和"尊贤尚功"的怀柔政策。也就是说他没有用周朝的礼法严格约束齐地的原住民,而是尊重他们的风俗习惯,并把他们当中的贤能之士奉为座上宾。此外,姜子牙还根据齐国属于沿海地带,耕地较少但海产品丰富的特点,"通商工之业,便鱼盐之利",通过向内地出口海产品赚取差价,使齐国百姓的腰包鼓了起来。

这些政策收到了立竿见影的效果,姜子牙仅仅用了三个月就稳定了局势,建立起稳固的根基。隔壁的周公旦之子鲁侯伯禽却"变其俗,革其礼",强行让当地百姓接受周朝的政治制度,以致三年才稳定局势。周公旦知道后也感慨道:"鲁后世其北面事齐矣!"

姜子牙的这些政策影响深远,不仅为齐国奠定了强大的基础,而且塑造了齐国独特的政治文化:齐国更加重视商业,政治风气相对自由,所以齐国人民的生活比较富裕,来自其他国家的人物也很容易在齐国生活和做官。

不伦之恋

时光流转,到了齐国第十三任国君齐僖公吕禄甫在位的时期。这个时候,齐国的首都营丘已经更名为临淄。

齐僖公有记载的儿子有三人:长子诸儿,次子纠,三子小白。在这个看似和睦的大家庭里,却有一个难以启齿的家族丑事。

齐僖公的一双儿女发生了乱伦恋情。

恋情的主角是太子诸儿和女儿文姜。这两兄妹自小生活在一起,或许是两人性情正好合拍,居然不顾伦常发生了不该发生的事情。

齐僖公知道后气得七窍生烟,但是家丑不可外扬,齐僖公就打算立马给文姜找个婆家嫁了,免得这对兄妹再黏在一起。于是,就有了他给郑庄公的太子忽介绍对象的事情,但太子忽没有答应。

齐僖公随后找到了隔壁的鲁国。鲁桓公即位的时候还很年轻,夫人都没有娶,齐僖公就派人去说媒。不知文姜底细的鲁桓公答应了这门婚事,高高兴兴地把齐国公主娶回了家。

文姜远嫁他人,最伤心的就是诸儿了。据说,妹妹出嫁当天,诸儿曾伤感地赠诗道:"桃有华,灿灿其霞。当户不折,飘而为苴。吁嗟兮复吁嗟!"

大意是说,盛开的桃花啊,就像红霞一样美丽,虽然生长在我的家门口,但我没有采摘,现在飘落于地,真是太可惜了!

文姜也以诗回应道:"桃有英,烨烨其灵。今兹不折,讵无来春?叮咛兮复叮咛!"

大意是说,桃花的花瓣啊,像有灵气一样光彩,今年不采摘,难道来年它就不开花了吗?一定要记住我的叮咛啊!

兄妹俩直到分别时还暗通款曲,他们的不伦恋已经到了无可救药的地步。

文姜嫁给鲁桓公之后,生下了公子同。又过了几年,齐僖公去世了。太子诸儿继位成了新国君,是为齐襄公。这下,没人能够管束他了。齐襄公决定利用国家的力量,让妹妹回到自己的身边。

公元前695年,齐襄公故意在齐鲁边境制造冲突,然后发出邀请,请妹夫鲁桓公和妹妹文姜来齐国一趟,一起商讨两国的和平大计。鲁桓公以为是一次平常的外交出访活动,就答应了齐襄公的邀请。

第二年春,鲁桓公带着夫人文姜来到齐国。齐襄公对他们极为热情。白天,陪着妹夫鲁桓公开开会,喝喝酒;晚上,送走了鲁桓公之后,又把妹妹文姜叫到宫里来叙旧。说是"叙旧",文姜却是整夜不归,留宿在哥哥的房里。

鲁桓公渐渐发觉情况不对头,私下里打听之后,才知道大舅子给自己结结实实地扣了一顶大绿帽。这事儿要是被其他诸侯知道了,鲁桓公恨不得找地缝钻进去。文姜回来后,鲁桓公就和她大吵了一架,连家庭暴力都用上了,还说出了"同非吾子,齐侯之子也"这种话。

文姜一赌气,又跑到哥哥那里去了。齐襄公看到心爱的妹妹被欺负，气得不行，他又想到是鲁桓公这个情敌抢走了青梅竹马的妹妹，愈发仇恨鲁桓公了。

一个邪恶的想法在齐襄公的脑海里产生了。

这年四月，齐襄公估计妹夫的气消了，就为他摆了一桌酒席，请他来喝酒。鲁桓公正想找齐襄公对质，气呼呼地就来了。在酒席上，鲁桓公一边借酒消愁，一边用各种难听的话辱骂齐襄公。齐襄公却像没事一样赔着笑脸，连连说是，周围的人都以为鲁桓公在说醉话。鲁桓公骂也骂够了，酒也喝足了，骂骂咧咧地就要起身离开。齐襄公连忙使个眼色，一位名叫彭生的人就上前搀扶住了喝醉酒的鲁桓公。

鲁桓公摇摇晃晃地来到自己的马车边上，醉得上不去车。彭生把鲁桓公抱到车上，用手夹住鲁桓公的胳肢窝一用力，把他的脊梁骨折断了。鲁桓公惨叫一声就没了气。周围人听见声音，想来一看究竟。彭生连忙爬下马车，向人们解释说："鲁国国君喝醉了，刚才不小心撞疼了头，现在想躺在车里休息一会儿，你们就不要打扰他了。"

鲁国人半信半疑，但还是驾车离开。半路上，鲁桓公一直没有动静，他们才发现情况不妙，再摸摸鲁桓公的身体，已经是冰凉的了。

鲁国人认定是彭生谋杀了国君，就连忙把这个消息告诉齐襄公，要求他主持公道，让彭生抵命。

鲁使的要求正中齐襄公的下怀，他回答道："彭生杀害你们的国君，寡人怎敢包庇他？我这就把他处死，给贵国道歉。"

彭生就这样当了替罪羊，稀里糊涂地丢了脑袋。

丈夫死了之后，文姜觉得回鲁国守寡没意思，干脆赖在齐国不走了，公开与哥哥乱伦通奸。齐襄公特意给她修了房子，安排在一座小城里居住，时不时就把她召来陪伴。这桩丑事让世人惊掉了下巴，就连齐国人也对此十分不齿。《诗经》中就连续收录了三篇齐人嘲讽文姜的诗歌，其中《载驱》写道：

载驱薄薄,簟(xùn)茀(fú)朱鞹(kuò)。鲁道有荡,齐子发夕。
四骊济济,垂辔(pèi)沵(mǐ)沵。鲁道有荡,齐子岂弟。
汶水汤汤,行人彭彭。鲁道有荡,齐子翱翔。
汶水滔滔,行人儦(biāo)儦。鲁道有荡,齐子游敖。

大意是说,鲁国的大道平坦宽阔,文姜的马车装饰豪华、马匹雄壮,她为了早点见到哥哥,让马车跑得飞快,自己在车上高兴地笑着,路边的行人纷纷停住脚步看,文姜回齐国可真是逍遥啊。

文姜留在娘家不回来,还和齐国国君通奸,这事让鲁国人丢尽了脸面。他们或许此时才明白,鲁桓公的死就是齐襄公的阴谋,但鲁国人鉴于国力差距,并不敢向齐国兴师问罪。即位的鲁庄公(即公子同)迫于舆论压力,只能宣布与母亲文姜断绝关系,但他在私底下还是以狩猎的名义去拜访过文姜。

第11章

瓜熟而代

齐襄公在"抢回"妹妹这件事上是得逞了,可他的个人形象也败坏得差不多了,国内外的舆论都把指责的矛头对准了这位乱伦又乱来的国君。齐襄公就想通过对外战争来洗白自己。

他首先盯上了郑国。

郑国刚发生了一起弑君案:大夫高渠弥杀死了郑昭公,拥立了公子亹。齐襄公声称高渠弥和公子亹弑君篡位,便发兵讨伐郑国。他带兵驻扎在首止(今河南睢县东南),命令公子亹和高渠弥前来会面。公子亹惧怕强大的齐军,就同意了和齐襄公见一面。

但齐襄公才没这么好说话,等公子亹和高渠弥一来就把两人绑了。公子亹被处死,弑君者高渠弥则被五马分尸。守在新郑的祭仲连忙立公子婴为君。

干掉了一个弑君者,齐襄公还觉得不过瘾。他又发现卫国出了乱子,自己正好又可以插一手了。

原来，卫宣公是个好色之徒，他和庶母私通，生下了公子伋。后来，卫宣公为公子伋从齐国迎娶宣姜（齐襄公的另一个妹妹），但他见宣姜长得漂亮，竟霸占了这个儿媳，让宣姜给自己生了两个儿子公子寿和公子朔。公子朔想当太子，就在卫宣公跟前说公子伋的坏话。卫宣公也担心自己抢了公子伋的妻子会让公子伋不高兴，也想杀掉这个儿子。

于是，卫宣公便派公子伋出使齐国，路上却安排杀手杀了他。没想到，好心的公子寿想保哥哥的性命，冒充公子伋先上路，结果被杀手杀掉了。随后赶到的公子伋没能逃脱一死，也被杀手杀死。

公子朔害死了两个哥哥，如愿以偿地当上了太子。卫宣公死后，他顺利即位，是为卫惠公。卫惠公干下如此伤天害理的事，卫国的国人都很讨厌他，发起暴动，把他轰出了卫国。卫惠公逃到了齐国请求援助。如今齐襄公正缺一个理由打仗，就答应帮助卫惠公，派兵讨伐卫国。卫国人不敌齐军，只好接纳了卫惠公。

齐襄公率领齐军在外面连战连捷，按理说，齐国人民该对他有好感了。但事实恰恰相反，齐国人反而是愈发厌恶齐襄公。

其原因，除了年年用兵消耗了大量钱粮之外，还有齐襄公奢靡享乐的生活作风。齐襄公的姬妾众多，她们吃的是精粮和鱼肉，穿的是华贵的衣服。而那些在外面卖命的士兵吃的是她们吃剩的粮食，用的是齐襄公游玩后破损的马车，军队简直成了齐襄公的垃圾桶。齐军官兵个个怨声载道。

齐襄公的弟弟公子小白有个家臣，名叫鲍叔牙。他敏锐地察觉到国家有动乱危险，就对公子小白说："国君的行径不符合准则，人民就会怠慢和放纵，祸乱必将发生。"

他劝公子小白一定要想办法自保，及早去国外避难。小白便听从了他的建议，逃亡到了莒国（今山东莒县）。

而齐襄公的报应马上就来临了。

齐襄公有一个堂兄弟叫公孙无知，齐僖公当初非常喜爱他，给了他犹如嫡子的待遇。但是齐襄公上台后觉得公孙无知血脉疏远，干吗要给他这么多好处？就把公孙无知的待遇削减了许多。公孙无知过去还能顿顿鱼肉，现在只能啃萝卜白菜，一肚子不满。

除了公孙无知，记恨齐襄公的还有大夫连称和管至父。他们本来带兵在外地驻防，齐襄公对他们许诺说："等到来年瓜熟的时候就把你们调换回来，让你们和老婆孩子吃个团圆饭。"这就是成语"瓜熟而代"的出处。

但是齐襄公放了他们鸽子，一眨眼就把这事儿给忘了，害得连、管二人苦等齐襄公的放假通知。两人特意送了一车成熟的瓜到临淄，提醒齐襄公该让他们回家了，可是齐襄公没有理睬。

按说这种小事，连、管二人犯不着小题大做，耿耿于怀。但是齐襄公给军队的待遇实在是太差了，不把将士们当人看，尽把用过的垃圾往军队里扔。这次失信事件就如同导火索，把大伙儿的怨气全都钩了出来，要把新仇旧恨一块儿找齐襄公算清楚。

连、管二人计划发起叛乱杀死齐襄公，但叛乱成功后需要一个代理人替他们掌管齐国，身为公族成员的公孙无知就成了他们最好的选择。三人一拍即合，做好了分工：叛乱的事由连、管二人负责，公孙无知出任新一任国君，负责建立新政权。

连称有个堂妹在宫中为妃，连、管二人在她的帮助下刺探到了齐襄公的行踪。他们得知齐襄公外出狩猎时携带的护卫较少，而且贪玩，常常是一连狩猎好几天，晚上就在附近的城邑里过夜。这个时候发起叛乱将他杀死，再合适不过了。

公元前686年冬天，齐襄公又一次外出打猎，去了贝丘（今山东博兴南）。二人探听到消息，立即派出一支人马在附近埋伏。

末日将至，齐襄公遇到了咄咄怪事：打猎的时候碰到了一只双腿直立的野猪，他以为是冤死的彭生找他来索命了，吓得摔下马车，把脚给

摔伤了。齐襄公痛得不行,打猎是打不成了,只好早早地回行宫去。

入夜,齐襄公准备上床睡觉时,发现自己的一只鞋子不见了,就让徒人①费去找。可是费找来找去都找不到那只鞋。齐襄公这天本来就心情不好,就往费身上出气,拿马鞭子狠狠地抽他,把他打得遍体鳞伤。

此时,连、管二人的叛兵已经悄悄摸到了行宫附近,但他们不小心被正好外出的费给撞见了。叛兵抓住费要杀了他,费灵机一动说:"我挨了昏君的打,你们看我身上还有伤,我也很想杀这个昏君,我给你们带路!"

叛兵们见他浑身是伤,就相信了他,放他先走。没想到,这个挨了打的阉人对齐襄公还有一股子愚忠劲儿,他快步跑回齐襄公的寝室,对齐襄公说有叛兵杀进来了。齐襄公当场吓坏了,这荒郊野外的,哪里去请援兵?费就说:"君上赶紧躲到门后面,我替君上挡住这些叛兵。"

齐襄公慌慌张张滚下床,躲到了门后面。一位名叫孟阳的人则爬上了齐襄公的床,用被子把自己一裹,假装是睡觉的齐襄公。

费则和一个叫石之纷如的侍卫出门,召集行宫里所有的卫兵来抵御叛兵。叛兵们本以为依靠费带路可以轻松解决问题,却没料到被他给骗了。双方随即在行宫里展开了混战,费和石之纷如寡不敌众,当场被杀。叛兵们冲进了齐襄公的房间,对着被子里的人一顿乱刺。但他们翻开被子仔细一看,发现这人不是齐襄公。叛兵们说:"仔细找。这么点功夫,那个昏君还能飞了不成?"

找了半天,他们发现房间门的下面有一只脚在发抖,翻开门板一看,正是吓得脸色苍白的齐襄公。叛兵们一阵冷笑,抽剑就把齐襄公刺成了筛子。随后,叛兵放了一把火,将行宫点燃,贝丘的夜空被大火染得通红。

---

① 也叫寺人,是君主身边的近侍小臣,大多是阉人。

赛跑

齐襄公一命呜呼了,叛军涌入临淄,把各个街道全部封锁。接着,齐国的大夫们被叛乱的士兵赶到朝堂上,聆听先君齐襄公的遗命。所谓遗命,不过是事先就捏造好的,大意就是说公孙无知如何如何善良,如何如何能干,应该由他继承君位。

遗诏读完,再有人说"不"就是抗命了,就会被门口那帮凶巴巴的大兵拉出去砍头。所以,齐国的大夫们明知这是一场政变,也不敢轻举妄动,只能先默认了再说。

公孙无知高高兴兴地坐上了宝座,他以为自己逆天改命,从一介公孙变成一国之君了。但他哪里知道,齐国大夫们根本没有真心服从于他,而连、管两人也不过是小人物,他们的实力无法和朝中的元老相提并论。

公元前685年春天,公孙无知外出巡游,大夫雍廪派人在他的必经之路上埋伏下兵马。当公孙无知一行人到达预定位置的时候,雍廪的人马

乱箭齐射，随后又趁乱冲进人群中砍杀，公孙无知当场毙命。公孙无知上一年冬天才当上国君，到这个时候被杀，中间仅仅过了几个月而已。

公孙无知死后，临淄再次发生政变，连称和管至父等一帮乱党或者被杀，或者被流放，被彻底赶出了齐国朝堂。齐国的大夫们控制住了临淄的局势，接下来该选定新国君了。齐襄公无子，新任国君只能在他的弟弟当中挑选，该选择谁呢？

大夫们大致分成了两派，一派支持公子纠，另一派以大夫高傒为首，支持公子小白。这两派大夫谁也说服不了谁。

此时的公子小白躲在莒国，公子纠则在老邻居鲁国那里。促成公子纠也提前出国避险的人，正是大名鼎鼎的管仲。

说到管仲，就不能不重点介绍一下。此人可谓旷世奇才，精通政治、经济和外交，后来对齐国的霸业发挥着决定性作用。他和小白的家臣鲍叔牙是极为要好的朋友，历史上称二人为"管鲍之交"。

《史记》中记载，管仲和鲍叔牙曾经合伙做生意，管仲很不厚道，每次分红的时候总要多拿一点，但鲍叔牙却从不介意，他知道管仲家里穷，多拿些钱是可以理解的。再后来，两人一起当兵，管仲总是在冲锋的时候躲在最后面，撤退的时候跑在最前面。周围人都很鄙视他，唯独鲍叔牙力挺自己的朋友，说管仲怕死是因为家里还有老母亲要赡养。后来，鲍叔牙还把管仲推荐给小白做齐国国相，自己屈居其下。管仲对鲍叔牙感动得流下眼泪，说了一句著名的话："生我者父母，知我者鲍子也！"

齐襄公在国内胡作非为，在公子纠身边辅佐的管仲也察觉到齐国将要大乱，就和另一位家臣召忽一起向公子纠提议出逃国外。公子纠听从他们的建议，秘密逃到了鲁国。

鲁庄公见舅舅前来投奔，非常高兴，二话不说就收留了公子纠。为了从中获取利益，鲁庄公对公子纠的支持不遗余力。

相比之下，公子小白就没那么幸运了。莒国和鲁国相比，在实力上无法相提并论。莒国人除了给他提供一个庇护之所外，并不能给予实质性的帮助。而且，小白的身边也没有管仲这样的奇才辅佐，在与公子纠的竞争中，他似乎没有什么优势。

但是，公子小白有一张王牌，就是他和齐国大夫高氏家族的关系很不错。高氏出自齐文公之子公子高，是齐国的老牌贵族，还是由周天子任命的上卿①。高家执政多年，在齐国树大根深，拥有左右朝局的力量。公子小白不知通过什么方式把高氏家族拉拢到了自己这边，为他赢得这场夺位之争埋下了伏笔。

当时，高傒见朝中有大夫支持公子纠，便决定抢先把小白从莒国召回即位。只要小白捷足先登，就能利用国君的权力压制公子纠和那些反对的大夫了。

小白和鲍叔牙得到高傒的信息，立刻收拾东西，带上一些亲兵赶往齐国。为了能抢先，小白连吃饭和睡觉都顾不上，没日没夜地在马车上颠簸。鲍叔牙则亲自为小白驾车，不停地喊着："驾！驾！"

可惜，小白想抢先回国的消息还是被泄露了，有人已经在他们的路上设下了埋伏，准备干掉他们。这个要杀小白的人不是别人，正是鲍叔牙的老友管仲。

原来，鲁庄公也知道了公孙无知被杀的消息，意识到该是他大显身手的时候了。他联络了支持公子纠的齐国大夫，亲自带兵护送公子纠回齐国。鲁庄公出发没多久，就探知公子小白也在赶往临淄的路上。管仲就提出建议，说公子小白着急回国，所带人马一定不多，可以趁此机会把小白那帮人在半路上解决掉，为公子纠扫除后患。鲁庄公当场同意，给了管仲一支人马，让他去半路截杀小白。

---

① 《礼记·王制》规定：大诸侯国设三卿，都由天子任命；次一等的诸侯国也设三卿，其中二卿由天子任命，一卿由国君任命；小诸侯国设有两卿，都由国君任命。卿位可以世袭。

　　管仲抄近路在小白即将经过的路上埋伏起来。过了没多久，小白和鲍叔牙等人果然来了。管仲令旗一挥，四周喊杀声四起，兵士们从不同的地方杀了出来，扑向只有个把亲兵守卫的小白。鲍叔牙见势不妙，立即调转车头来了个大漂移，要驱车逃跑。管仲立刻命令自己的战车追上去，势要杀死小白不可。两辆马车在大路上展开了一场追车大战。

　　管仲乘坐的是战车，马匹健壮，速度快，而小白乘坐的只是普通马车，速度慢。所以，管仲的战车很快就逼近了小白的马车，战车右边的戟士挥动着长戟，试图钩杀小白。小白左躲右闪，躲开了一次又一次攻击。

　　鲍叔牙连忙用力抽马鞭，加快速度，但怎么也甩不掉管仲的战车。管仲见长戟杀不死小白，就亲自动手，他取出弓箭来，搭箭上弦，瞄准前面马车上的小白就是一箭。管仲是文武全才，箭术自然了得。那支箭正中小白的腹部，小白大喊一声，吐了口鲜血，便倒在马车上。管仲看见小白中箭倒下，以为已亲手杀了他。行动目标已达成，管仲就不再追赶，赶回去报捷了。

　　被弓箭射中腹部，如果没有意外，中箭者是死定了。可是管仲万万没有想到，小白就像有主角光环护体一样，一个意外竟让他大难不死。

　　原来，管仲的箭射得实在是太"准"了，命中了小白的腰带钩子，没有刺进身体里。小白知道管仲不杀死自己是不会罢休的，便急中生智，握住了那支箭，让别人以为他是中箭了，然后他使劲一咬，把舌头咬出血，让鲜血流出嘴角。随后，他倒在马车上，假装已死。

　　管仲千虑一失，没有成为合格的刺客，在没有确认目标死亡的情况下就离开了。这给了小白和鲍叔牙逃命的机会。鲁国士兵退去后，小白睁开了眼睛，告诉鲍叔牙自己是在装死。鲍叔牙明白真相后，继续快马加鞭，以最快的速度赶到临淄。在高傒为首的齐国大夫的帮助下，小白抢先一步登上齐国新任国君的位子，是为齐桓公。

管仲拜相

而在管仲这边,他在自以为射死公子小白后,立马回去告诉了鲁庄公。鲁庄公以为齐桓公已死,公子纠这个齐国国君是当定了,就松懈下来。鲁军大批人马一转身成了豪华旅行团,在齐国的土地上沿途观光,原本比较短的路程足足走了六天。

直到鲁庄公得到消息说公子小白没有死,还抢先一步当了国君,所有人都傻了。

有人就劝鲁庄公,咱们来晚了,事情失败了,就回去吧。但鲁庄公不想放弃。煮熟的鸭子居然飞了,他怎么甘心!他要趁齐桓公现在立足未稳的时候攻打临淄,把他给拽下来。

齐军也出动了,在乾时(今山东桓台西北)摆下阵势阻击鲁军。一场大战爆发了。

双方的实力差距注定了这场战斗的结果,鲁军再次被齐军摁在地上摩擦,很快就溃败了。鲁庄公不得不和部下互换了衣服和马车,靠部下

引开了齐国的追兵,他才得以狼狈逃离战场。

齐国完胜鲁国,公子纠、管仲和召忽跟着鲁庄公灰溜溜地跑回鲁国。齐桓公决定乘胜追击,彻底消灭公子纠的势力。他派鲍叔牙率兵攻入鲁国境内,威胁鲁庄公处死公子纠,并将召忽和管仲两人交出来。

鲁庄公刚刚吃了一场大败仗,只好选择屈服,派人把公子纠给杀了,把尸首交给了鲍叔牙。随后,他又命人去抓召忽和管仲。召忽不愿回国受辱,选择自杀殉主。管仲则束手就擒,被押上了送往齐国的囚车。

这个时候,忽然有一位叫施伯的鲁国大夫对鲁庄公说:"不能把管仲交给齐国人!管仲是天下奇才,齐侯是想重用他!我们不如把管仲杀了再交给齐国人,否则后患无穷。"

施伯说得没错,鲍叔牙点名要把管仲和召忽带回齐国,正是为了重用管仲。

早在鲍叔牙领兵讨伐齐国之前,齐桓公倚重这位功臣,想封他做齐国国相。齐桓公的理由很简单,国相的位子非常重要,除了与他一起历尽艰险的鲍叔牙,还有谁更值得信任呢?

没想到,鲍叔牙拒绝了他的一番心意,说:"我只是一个庸臣。君上照顾我,使我不挨饿受冻,就已经是恩惠了。治理国家不是我所擅长的。论治国之才,大概只有管仲了。"

鲍叔牙是一个忠厚老实的人,他太了解自己的国君了。齐桓公是一个有雄才大略的人,他想让齐国成为天下最强大的诸侯国。而要实现这个宏伟的目标,就必须有一个能匡扶天下的人才辅佐他才行。鲍叔牙觉得这个重任非老朋友管仲不能承担。

鲍叔牙向齐桓公推荐管仲说:"管仲有五个方面的能力:一能安抚百姓,二能管理国家,三能诚实守信,四能制定规章,五能行军打仗。这样一个全才,齐国一定要重用。"

齐桓公一听到管仲这个名字，立刻就想起了那个在回国路上截杀他的恶棍，没好气地说："管仲曾用箭射中寡人的带钩，差点把我害死。"

言外之意是说，我没把那混蛋活剐了就不错了，还想让他当我的宰相？

鲍叔牙劝齐桓公看开一点，说："他那是在为自己的主人出力啊。君上如果能赦免并重用他，他也会为您效忠的。"

齐桓公明白了，管仲能为哥哥这么卖命，确实是一位值得重用的忠臣。他就听从鲍叔牙的建议，让鲍叔牙带兵去鲁国，一方面去除掉公子纠，另一方面想办法把管仲带回来。

此时，鲁庄公听施伯这么一说，半信半疑，便把管仲扣下来准备处死。

要是管仲真的被鲁国人砍了，怕是以后就没有齐桓公的霸业了。

在这紧急时刻，鲍叔牙得知消息，连忙再次派出使者和鲁庄公交涉，说："管仲差点杀死我们的国君，我们的国君恨死了这个人，要把他剁成肉酱才甘心。你们必须把活人交给我们，不然我们就要继续讨伐你们。"

被齐国使者这么一忽悠、一恐吓，鲁庄公胆怯了。他想着多一事不如少一事，如果不按照齐国人的要求来，曲阜就危险了，就把管仲交给了鲍叔牙。齐军随后撤出了鲁国。

成为俘虏的管仲一路上被"专车"伺候，在齐军的押送下往齐国赶。这"专车"只是一辆烂松木打造的、透风性极好的囚车。他的老友鲍叔牙为了假戏真做，只好暂时委屈他，把他当作真正的囚犯来押送，好骗过鲁国人的眼睛。

聪明的管仲料定齐桓公是要留用他，高兴地在囚车里唱起了歌。这是一首自编的歌，名叫《黄鹄》：

黄鹄黄鹄,戢(jí)其翼,絷(zhí)其足,不飞不鸣兮笼中伏。
高天何跼(jú)兮,厚地何蹐(jí)!丁阳九兮逢百六。
引颈长呼兮,继之以哭!
黄鹄黄鹄,天生汝翼兮能飞,天生汝足兮能逐,遭此网罗兮谁与赎?
一朝破樊而出兮,吾不知其升衢(qú)而渐陆。
嗟彼弋人兮,徒旁观而踯躅(zhí zhú)!

歌词大意是说一种叫黄鹄的鸟,就要冲破罗网振翅高飞了。明摆着是管仲在比喻自己。

一直到了齐国堂阜(今山东蒙阴西北),管仲才被鲍叔牙从囚车里放了出来。在鲍叔牙的安排下,管仲沐浴更衣,吃饱喝足,一路优哉游哉地来到了临淄。而在临淄郊外,齐桓公已经亲自在那里等候了。

一国国君亲自出城迎接臣下,这是极高的礼遇了。而且,大度的齐桓公还对管仲既往不咎,亲自带他入城,并在宫中特意给他赐座。

随后,齐桓公与管仲畅谈国家大事。这就像公司总裁招聘经理人的面试环节,吕老板亲自考量一下管经理的能力,看他是不是自己心中总经理的最佳人选。

齐桓公在这场面试中只提了两个问题:一是如何安定齐国社会,二是如何在诸侯中争雄。对于这两个问题,管仲胸有成竹,滔滔不绝地把自己对未来的构想阐述了一遍。齐桓公听完大有醍醐灌顶的感觉,随即给管仲任命了职务,让他全权负责对齐国的改革。

管仲新政

有朋友可能会问:齐国已经很强大了,无论郑国、卫国,还是老邻居鲁国,都对齐国敬畏三分,齐桓公为什么还要改革呢?

原因在于齐桓公有一个更伟大的目标,那就是让齐国号令天下,成为诸侯们的主宰。这就需要更加强大的经济和军事实力,能够支撑齐国的一系列争霸行动。而齐国经过齐襄公瞎胡闹,国家政令不畅,臣民对国君缺少认同,也需要齐桓公采取一些整顿措施,保证齐国人心一致,支持自己去争霸。

管仲的角色就相当于齐国的CEO,帮助齐桓公整顿政令,富国强兵,为称霸天下做好充足的准备。但他一开始领受任务时并不是十分有信心,担心自己出身不够高贵、身家又少,无法号令那些骄横的大夫和贵族们。齐桓公就把管仲的地位提升到高、国两位正卿之上,让他享有极其丰厚的俸禄,又尊称他为"仲父",让他既贵又富,在臣民面前说话有分量。

那么，管仲对齐国进行了哪些改革呢？我们就挑重点，简单介绍一下新政措施。

首先是改革内政，主要是划分行政区域和增设专职官员。

春秋时期地广人稀，行政管理意识淡薄，人们都是随意杂居，各个行业的人混杂在一起。地方贵族们只管收粮收税，基本不去干预和管理这些百姓。但随着人口增加，这种"佛系"的行政管理方式越来越不适应时代了，政府无法获知自己人民的数量，也搞不清楚能收到多少粮食和租税。

管仲主导国政后，下令按照居民的职业把临淄及周边居民分为二十一个乡，工匠和商人各三个乡，士人十五个乡，不同职业的人不能在同一个乡中居住；而在临淄之外的城邑和村社，则划分为五个属；属下又设立县、乡、卒、邑四级，每级都设置一名官员负责当地行政。五个属由五名大夫分别负责管理，他们须每年向国君汇报一次工作，由国君评定其工作优劣。这样划分清楚了行政区域，实现由上自下的一层层管理，国君就能有效掌握人口和经济状况了。

其次是改革军政，推行齐国版的"保甲制度"并增加兵器收入。

那个时候的军事管理都比较粗放，征兵和训练没有固定的制度，大夫们都是临时征发辖区内的丁壮，常常造成军队不满额，兵员的素质也参差不齐。管仲的改革措施是：在乡的下面设立连、里、轨三级，连长、里有司和轨长负责统领和训练辖区内的丁壮。征兵的时候，一户家庭出一名男丁，这样就大约能征集到三万人的常备军。这些丁壮在春秋季节由连长、里长和轨长带领进行操练，保持足够的战斗技能。

同时，管仲在全国推行用兵器赎罪的政策：犯重罪可交一套皮甲和一把戟赎罪；犯轻罪交一个盾牌和一把戟赎罪；犯小罪的就交铜铁赎罪；想打官司，要交一束箭作为诉讼费。这样，国家储备了很多武器和盔甲，可以在战前发放给士兵们。

最后是改革财政，推行"相地衰征"赋税政策。

"相地衰征"的意思是根据土地的肥瘠好坏来区分赋税的轻重。这种现在看起来很平常的政策，在当时却是划时代的创举。春秋初期，国家没有确定的赋税制度，大多依靠地方贵族的贡献。这就使得地方贵族能够钻政策漏洞，他们常常找各种理由不肯上交足额的粮食，私下里又驱使农民开垦山林湖泊，把收入据为己有。这使得国家的财政状况每况愈下。

管仲的"相地衰征"是一套组合政策，他对全国的土地进行了清查和测量，然后依据每块土地的优劣，制定一定的比率征收赋税，既保证国家收入，又不至于影响地方贵族的生活。

以上是管仲改革的主要内容，其他还有诸如"九惠之教"（赈济穷困老幼）、"官山海"（政府盐铁专卖）、"聚者有市"（开设专门市场）等许多政策，涉及齐国经济、社会、政治和军事各个方面。难能可贵的是，管仲从来没有把自己的新政作为穷兵黩武的手段，他更在意的是提升人民的生活水平，保持社会的安定团结。用他自己的话来说，就是"仓廪实而知礼节，衣食足而知荣辱，上服度则六亲固"。只有人民富裕了，社会才会安定；而社会安定了，国家自然就会强大。这是管仲一直坚信的理念。

管仲在推行改革的同时，还帮助齐桓公执行了一套"人才强国战略"，招揽优秀的人才为齐国的宏图伟业服务。

管仲向齐桓公推荐了五个人帮助自己主持齐国政务。这些人有点类似于当今的内阁成员，齐桓公根据他们的特长授予了要职：一人名叫隰（xí）朋，负责外交；一人名叫宁戚，负责农业；一人叫王子城父，负责军事；一人叫宾胥无，负责司法；最后一人叫东郭牙，负责监察。

齐桓公根据管仲的建议，大张旗鼓地招贤纳士，吸引各国的人才为齐国所用。他下令在齐国国内每三十里设一个驿站，驿站里备上充足的

食物，只要外国的人才到齐国来，驿站就用专车给他们运送行李，帮他们喂马，免费提供食宿，驿站的服务工作要是没做好，会被治罪。为了能随时接待新晋人才，齐桓公在宫廷里通宵点亮火炬。只要有人才来了，哪怕是在大半夜，齐桓公都会起床与其谈话。这一举措被史书称为"庭燎之礼"。

在管仲和齐桓公的共同努力下，改革顺利进行，越来越多的人才集中到了齐国。齐国作为中原经济强国的地位已经不可撼动，已具备足够的实力去争雄了。

一鼓作气

按照一般人认为的常理，一个国家想称霸，只要进攻、进攻、再进攻，打得其他国家都俯首称臣，就能傲视天下了。齐桓公一开始也是这么想的，而他挑选的第一个攻击目标是鲁国。

鲁国是齐国的邻国中最强大的一个国家，齐国要想西进中原，就必须先征服鲁国。而且，鲁国之前支持公子纠和齐桓公争夺君位，和齐桓公算是结下了梁子，此仇不报，怎能服众？

于是，血气方刚的齐桓公抽调精兵强将，于即位后第二年再次讨伐鲁国。

此时的鲁国已从乾时之战的惨败中恢复了元气，鲁庄公决定起兵迎战，并在战前召集了众大夫们商讨作战方案。

这时，一个名叫曹刿的低级贵族从地方上赶来，说有破敌之策献给国君。鲁庄公让他进来说话，曹刿却让鲁庄公先考虑清楚，自己是不是真的在道义上有欠缺，没有善待人民，才会被齐国人抓住把柄来讨伐。

鲁庄公就列举了自己的三条仁政，分别是：把衣食分享给臣下、不虚报祭祀用的牲畜、合情合理断案。曹刿听完后，认为鲁庄公能得到鲁国人民支持，这场战争有把握打赢，便请求担任随军参谋，帮助鲁庄公打败齐军。

鲁庄公御驾亲征，率领鲁军在长勺（今山东莱芜东北）阻击齐军。双方摆开了阵势，鲁庄公打算命令军队出击，和齐国人对攻。曹刿却表示反对，他认为齐国人现在士气正旺，和他们对攻一定会损失很大，这个时候应该以逸待劳，找准时机再行出击。鲁庄公采纳了他的建议，让鲁军按兵不动。

按照春秋初期的战场规矩，两军交战一般是同时进攻，两边的士兵们一起冲到战场中央展开厮杀。所以，鲁军一动不动的态势让齐军很是奇怪，难道这群鲁国人忘了怎么打仗吗？

齐军首先擂响战鼓，士兵们都举起手中的武器高声呐喊，做出要发起进攻的样子。但是鲁军士兵们仍不为所动，安静地守在原地。等齐军击完一轮战鼓，士兵们也喊累了，鲁军那边还是一片死寂。

齐军不甘心，休息了一会儿又开始擂鼓，士兵们继续呐喊起来。但鲁军上下都听从曹刿的指示，依旧不动如山。

直到第三轮擂鼓结束，齐军将士们喊得嗓子都哑了，而且因为长时间精神紧张，都累得筋疲力尽。就在他们喘口气喝水的时候，忽然听到对面鲁军的战鼓擂响了。鲁军士兵突然间齐声呐喊，向齐军这边发起了进攻。

齐军先前三次擂鼓呐喊消耗了大量体力，士气低落（也就是《左传》原文中曹刿说的"一鼓作气，再而衰，三而竭"），无法与精力旺盛的鲁军对抗，纷纷仓皇逃命，把军旗都丢了，驾驶战车没了方向，队形也涣散了。曹刿据此判断出齐军是真正地溃败了，就让鲁军全力追击，把齐军逐出了鲁国。

长勺之战的失利让齐桓公深感意外，他本以为齐国的一记重拳定能把鲁国打趴下，没想到鲁国还有两下子，反而还了齐国一拳。此时齐桓公的心情就是三个字——不服气！

齐桓公还想和鲁庄公较量一番，便想到和别的国家联合，以多欺少，打赢鲁国。他派出使者去了宋国，联合宋闵公（名捷）一起出兵伐鲁。宋闵公就是宋庄公的儿子，他派出了南宫长万和猛获两员战将率军在郎地（今山东兖州一带）与齐军会合，共同入侵鲁国。

鲁庄公也不示弱，他再次亲自出马，带兵在乘丘（今山东兖州西北）迎战齐宋联军。鲁国这边的高人还是不少的，长勺之战有曹刿，乘丘之战又有一个叫公子偃的。公子偃看出齐宋联军虽然人数不少，但实际上是两个截然不同的群体：齐军队伍整齐，号令严明；宋军却阵型混乱，纪律不佳。两军的战斗力有很大的差距。因此，他建议鲁庄公先攻击宋军，只要宋军一败，齐军就会撤退。

但是鲁庄公没有同意，估计他觉得这样做太冒险，万一宋军没有想象中那么虚弱，鲁军进攻失利，就会被齐军从侧翼包抄，陷入全军覆没的危险。

公子偃见说服不了国君，就仗着公子的身份擅自行动，带着几十辆战车就去进攻宋军了。他给这些战车的马全部蒙上老虎皮，从远处看，就像是一群老虎在拉车。宋国士兵一看，以为是老虎向他们冲过来了，吓得头发都竖起来，还没交手就逃跑了。鲁庄公一看，公子偃几十辆战车就把宋军搅得大乱，便下令鲁军全力进攻宋军。

接下来的战斗就没什么悬念了，宋军被打得东躲西藏，大将南宫长万被鲁军擒获。盟军一败，齐军也没信心再打下去，趁着鲁军还没攻过来，整整齐齐地从战场上撤退了。

换一种战争方式

短短半年时间,齐国两次攻打鲁国失败,说明鲁国的军事实力仍然不可小觑。而齐国,尽管通过管仲改革变为了经济强国,也还不可能天下无敌。春秋时期,生产力水平和战争技术的落后使得诸侯国之间的力量处于相对均势。大家的实力都差不多,就算你家最有钱,也保证不了能打败所有国家。

但是,鲁国是必须征服的,要是鲁庄公始终跟齐国唱反调,齐桓公的霸业岂不是直接输在了起跑线上?

管仲给齐桓公想了个主意,说咱们既然"热战"不行,要不试试"冷战"?

这里的"冷战"其实就是贸易战。管仲对行军打仗不擅长,但搞经济是他的强项。他在距今2700多年前,就想到了用贸易手段搞垮对手。

当时,鲁国人会织一种细白的绢帛,叫绨,又叫"鲁缟"。管仲就让齐桓公和大夫们带头穿鲁缟做的衣服。在公侯贵族的带动下,齐国兴起了以穿鲁缟为时尚的流行浪潮，鲁缟在齐国的市场上顿时供不应求，价格一路暴涨。然后，管仲发布公告，鼓励鲁国商人来齐国贩卖鲁缟，齐国会给他们重金补贴。

在巨额利润的引诱下，鲁国上下纷纷开办织绨产业，老百姓为了织绨赚钱，甚至连农耕都荒废了。一两年后，鲁国本地粮价暴涨，不得不从国外进口。到了这时，管仲突然下令关闭边境，禁绝与鲁国的一切贸易。这样一来，鲁国一方面卖不出鲁缟，一方面进不来粮食，陷入了困境，鲁国百姓因为饥饿纷纷逃到齐国，鲁国国力大受打击。

就在管仲主导与鲁国贸易战的同时，齐桓公也在积极联系中原各国，试图通过外交战逼服宋国。

宋国怎么倒戈了呢？原来，齐国之前拉拢了宋国一起攻打鲁国，没想到宋军不争气，在乘丘之战中惨败给了鲁军。宋闵公心有不甘，不久后又独自发兵鲁国，结果再次被鲁军一顿痛打。但鲁庄公头脑很清醒，认为不宜与宋国结仇，就趁宋国发生水灾的时机主动派人去慰问，缓和了两国的关系。

鲁国为了表示善意，还把在乘丘之战中俘虏的南宫长万放回了宋国。没想到，宋闵公这人没有气度，三番两次羞辱南宫长万。南宫长万是个粗人，一怒之下就把宋闵公打死了。那个曾搞政变杀死宋殇公的华督也在混乱中被南宫长万刺死。

一场君臣斗殴转眼成了政变，宋国的公子们不敢招惹南宫长万，纷纷逃离了商丘。南宫长万见自己闯下了大祸，干脆抓住了公子游立他为君，接管宋国朝政，并派猛获带兵追杀最有声望的公子御说。这时，宋国萧邑（今安徽萧县北）大夫联合群公子，又从曹国借兵，对南宫长万发起了反攻。南宫长万战败，逃到陈国，猛获逃到卫国，公子游则被处死。

宋国人拥立了公子御说为新君，就是宋桓公。宋桓公即位后，就向

卫国和陈国索要猛获和南宫长万。卫国人不愿收留叛乱分子败坏名声，就把猛获捆起来引渡到了宋国。陈国也不愿收留南宫长万，但是南宫长万武艺高强，抓捕他有困难。陈国人就请南宫长万喝酒，派了许多美女对他不停劝酒。等南宫长万喝得烂醉如泥，陈国人立刻用牢固的犀牛皮将他裹起来，再用粗绳捆紧，连夜用马车运去宋国。宋桓公将南宫长万和猛获两人剁成了肉酱。

宋国突然与鲁国媾和，又发生了内乱，这些都是齐桓公意料之外的事情。齐桓公生怕新继位的宋桓公倒向鲁国那边，便决定组织一次多方会谈，劝说宋桓公仍旧与自己结盟。

公元前681年，齐桓公通知了宋国，以及与宋国关系密切的陈、蔡两国，还有鲁国的邻国郳、遂两国，邀请他们来北杏（今山东东阿北）会盟，共同商讨如何安定宋国内乱。

宋桓公一听，内乱都被我平定得差不多了，这个时候你齐国说要来平乱，你齐国人的反射弧也太长了吧。但他从齐国邀请会盟的这些国家看出，齐桓公是醉翁之意不在酒啊，他是想拉拢陈、蔡、郳、遂四国，迫使自己站在反对鲁国的战线上。要是自己不答应，齐桓公仍然可以用"宋乱未平"的理由对宋国展开讨伐。算啦，宋国最近多灾多难，还是不要得罪齐国为好。

于是，宋桓公经过权衡，同意了参加北杏会盟。陈、蔡、郳三国力量弱小，正想抱齐国的大腿，也接受了北杏会盟的邀请。唯独遂国（今山东肥城南）因为是鲁国的附庸，怕得罪宗主国，就没有参加。

春秋时期的会盟是诸侯们在某个地方会面，商讨共同关心的问题。会谈顺利的话，诸侯们还要举行仪式，表示要像兄弟和朋友一样结成联盟，并对神灵发誓永不背弃，然后把誓词记录下来交给各参会国家保存。主持会盟的诸侯则被称作"盟主"。

一般来说，会盟首先确定时间和地点，然后在会盟地点建造高台作为开会地点。会盟的时候按照国家地位的高低安排座位。各诸侯国君入座后开始会议进程，大家商量好在盟约里写的句子，由司盟记录下来，每个诸侯按照座次上台签字确认。

接下来举行的是最重要的歃血仪式。歃血有两种方式，常见的一种是杀死一头牛，接一盘牛血，并割下牛的左耳，盟主带领与会的诸侯昭告神灵，然后朗读盟约。念完之后，盟主把手指伸到盆子里蘸点牛血抹在嘴唇上，其余诸侯也依次序抹牛血。歃血仪式结束后，把盟约的原本埋在土里，或者扔到河里，表示让天地山川的神灵们见证诸侯们的盟誓，盟约的副本则被各个诸侯带回去，放到自己的祖庙里收藏。

会盟非常讲究等级地位，大国常常通过会盟把自己的意愿强加给小国，成为主持会盟的盟主是一个国家国力和地位的体现。后来的春秋霸主们往往通过举办会盟对其他诸侯威逼利诱，让他们按照自己的意志签订盟约，以实现本国主导天下事务的目的。

这次由齐国作为盟主的北杏会盟，是中原地区第一次真正意义上由诸侯主导的会盟。以往的诸侯会盟，各国还是相对平等的关系，主要商讨一些和谈事宜。北杏会盟则完全按照齐国的意志进行，齐桓公的目的就是迫使宋、陈、蔡、邾、遂五国与齐国联合，共同对付鲁国。这次会盟进行得相当顺利，除了遂国没有参加，连宋国这样的大国都服软了，陈、蔡、邾这些小角色自然不敢多说什么，都被齐国纳入了己方阵营。

至此，针对鲁国的包围网已经大致形成，而鲁国经过贸易战的打击，国力已经大受损伤。齐桓公趁此机会敲山震虎，先行灭掉了没有参加盟会的遂国，并把军队驻扎在当地。然后，齐军侵入鲁国边境，做出要再次进攻曲阜的样子，给鲁庄公以军事威慑。

鲁庄公不得不选择屈服。

由于长期与强大的齐国为敌，鲁国已精疲力竭，经济又遭到了贸易战的破坏，四周还没有盟友援助，再耗下去，会让国家陷入崩溃的境

地。鲁庄公觉得，不如就此归附齐国，丢脸就丢脸吧，至少自家的祖庙还在。

齐桓公等的就是鲁庄公求和。鲁使来了之后，齐鲁双方商定在柯邑（今山东聊城）补办一场会盟，齐军随即撤出了鲁国。

然而，在柯邑的会场上，却发生了一件齐桓公怎么也没想到的事。陪同鲁庄公参加会盟的有一位叫曹沫的人，他趁齐桓公不备，突然冲上前来，抽出一把事先藏好的匕首劫持了齐桓公，说："把齐国过去侵占鲁国的土地还给我们！写进盟约里！"

齐桓公被人胁持，命运全系在曹沫的手上，身边的人又没办法救他。他只能选择忍让，答应道："好，好，寡人这就把这句话添加到盟约里。"

会场上的司盟在齐桓公的授意下，把齐国归还鲁国土地的内容写进了盟约中。

曹沫见目的达成，就放开了齐桓公。他将匕首扔出会场，庄重地向齐桓公跪拜道歉，然后回到自己的座位上坐好。

虽说没有被曹沫的匕首刺伤，齐桓公还是很生气，他准备退出会盟，回头再发兵进攻鲁国。这个时候，管仲连忙拉住了他，说："作为国君，在任何情况下都不能背弃已经签订的盟约。曹沫虽然有错，但不能将对他的仇恨强加于鲁国之上。我们已经和鲁国人写好了盟约，现在退出就是不承认盟约，会失信于天下。"

齐桓公想想也对，齐国如果干出失信的事来，形象就会大打折扣，将来怎么去做诸侯们的领袖呢？他便压制住怒火，和鲁庄公完成了歃血仪式。回国后按照盟约，将过去侵占的鲁国土地全部还给了鲁庄公。

对于这个事件，笔者是持怀疑态度的。会盟作为国家最高领导之间的会晤，安保工作应该不会这么糟糕，允许随行人员携带兵器进入会场。而且，整件事情也不符合常理：齐桓公在被胁持的情况下答应退还鲁国领土，谁能保证他回国之后不会翻脸不认账呢？毕竟是你鲁国有错在先，我齐国完全有理由展开激烈的报复。难道曹沫算准了齐桓公一定会为了春秋首霸的名誉而遵守诺言？另外，在春秋那个讲究荣耀和仁义的时代，发生这样的事对齐、鲁两国来说都是奇耻大辱。人们会议论齐桓公原来外强中干，一个小人物就让他乖乖就范，事后他还要用"守信"这种说辞遮羞；鲁庄公也会被人说是窝囊废，只能靠手下用这种下三烂的手段绑架别人来要回自家土地。齐桓公和鲁庄公身为大国之君，会愿意被这些唾沫淹死？

　　这个事件只被记录在《史记》中，而没有出现在鲁国官方史书《左传》里，说明至少鲁国的史官是不认可此事的。而司马迁在写《史记》时，因为搜寻到的春秋战国时期的史料不多，常常混入他听到的一些传闻，所以这个故事很有可能是鲁国故地的传说。说不定，真实的情况是齐桓公为了显示大国风度，主动提出归还鲁国被占领土，让鲁庄公心悦诚服地归附自己，但鲁国国内仍有一部分人仇视齐国，不愿承认自己国家失败，就编造了曹沫劫持齐桓公要回失地的故事。

周天子的旗帜不能倒

鲁国终于是被收服了，但齐桓公还没高兴几天，宋国又闹事了。

宋桓公在做公子的时候就才能出众，富有声望，他是不甘心一出场就给齐桓公当小弟的。齐桓公刚刚还在北杏之盟要求他帮忙围堵鲁国，一转眼齐国就和鲁国和好结盟了，宋桓公顿时感到自己像个傻子一样，被齐桓公给耍了一顿。于是，齐鲁柯邑之盟结束没多久，宋国就单方面宣布退出北杏之盟。

宋国退盟了？这可怎么得了！当我齐国这个盟主说话没分量吗？

齐桓公很快部署了对宋国的讨伐行动，还拉上了陈国和曹国这两个宋国的邻国兼传统盟国，在舆论上给宋桓公施压。

按理说，三国打一国，阵容已经足够强大。但齐桓公却另外做了一个举动：千里迢迢派人去了洛邑，邀请王师也加入对宋国的讨伐。

这是唱的哪一出呢？王师经过繻葛之战的打击，早就一蹶不振了，到了战场上也只能是当啦啦队的份儿。王室也是王小二过年——一年不如一年。一心想中兴王朝的周桓王，到晚年生活非常落魄，因为出行缺少马车，特意派人去鲁国请求接济，鲁国居然不给他面子，以天子求财不合礼为理由一口回绝了。周桓王去世的时候更是冷冷清清，王室居然凑不出钱来给他办一场天子规格的葬礼。王室已沦落到要饭级别，让其派兵来参加讨宋战争有什么意义呢？

这其实是管仲的政治智慧所在，他在给齐国规划争霸战略的时候，就劝说齐桓公要适时发挥周天子的作用。当时，各国实力处于相对均势，齐国没有征服天下的资本，也没有代替周天子的威信。齐桓公要想号令四方，就只能在周朝原有的政治格局下进行，利用周天子的权威和周朝的制度给自己的行动镀金。其他诸侯哪怕再看不上周天子，只要他还承认自己是周朝的诸侯，就必须在名义上听天子的话，遵守周朝的政策法规，不能直接违抗天子。齐国有了天子的支持，就能指挥他们，影响他们。这个策略就叫作"尊王"。

请王室出兵的意义就在于此，王师一旦加入，齐军就相当于是遵从王命伐宋。宋桓公不仅在军事上吃亏，还在道义上理亏，从而不得不服。

此时是周僖王（名胡齐）在位，当了一段落寞天子的他怎么都想不到，会有诸侯主动找上门来请他教训一下宋国。他看着齐国使者一副恭敬有礼的样子，和特别呈上的礼物，恍惚间还以为自己在做梦。

王师好久没有威风了，周僖王能有什么理由拒绝这样的好事？他当即派了一支人马随齐军伐宋。

虽然这支王师人数不多，但已经足够齐桓公制造声势了。在天子的军旗下，伐宋联军浩浩荡荡地杀入宋国境内。宋桓公见此情景，知道自己还没开战就已经输了，只好派使者认错求和。

宋国被收服。宋国的传统盟友卫国则见风使舵，主动归附了齐国。

现在，中原的几大诸侯中，只有郑国还游离在齐国的势力范围外。

但很快，齐桓公就不费吹灰之力，轻而易举地收服了郑国。

先前，郑厉公因为与国相祭仲争权，被赶到了边境的栎（lì）城（今河南禹州）居住。他不甘心失败，十七年里招兵买马，突然在公元前680年夏天向新郑进军，攻下了大陵（今河南临颍东北），抓住当地大夫傅瑕。傅瑕贪生怕死，表示愿意帮助郑厉公夺取君位。此时祭仲已死，在位的公子婴没有得力支持，被傅瑕杀死。郑厉公重夺君位，但他过河拆桥，把傅瑕杀了。

郑厉公知道自己是靠弑君篡位上台，位子不稳，因此迫切希望得到他国认可。于是，他也主动来抱齐桓公的大腿，派人向齐国示好，表示愿意加入齐国建立的联盟。齐桓公便邀请新入伙的宋、卫、郑三国在鄄（juàn）地（今山东鄄城）会盟。为了增强威信，他还请了周王室的卿士单伯参会，用周天子的权威来给自己背书。

就这样，中原地区主要的诸侯国被尽数收服，齐桓公决定再举行一次会盟，正式向天下人表明，自己是中原诸侯的领袖。

公元前679年，齐、宋、陈、卫、郑五国再次在鄄城举行了会盟，几大中原强国的国君向齐桓公低下了头，尊其为"霸"。这就是"霸"这个字最初的含义，意思是天下诸侯的领袖。

然而，齐桓公这个霸主一开始做得还真有些郁闷，原因是几大强国虽然签订了盟约，但他们都只把这作为权宜之计，并非真心顺服。鲁庄公就曾在私下里派自己的夫人联络莒国，试图叛离联盟关系，齐桓公便联合宋陈两国讨伐了鲁国。一番折腾后，鲁庄公不得不回到了联盟之中。

最让人头疼的是郑国。郑厉公是什么人？从他谥号为"厉"就能感觉出来，这是一个好勇斗狠的人物。他刚刚和宋桓公一起尊齐国为霸主，没过几个月就派兵侵略了宋国。齐桓公勃然大怒，立刻就发动了宋、卫两国和齐国一起讨伐郑国。

面对讨伐，郑厉公表面上向齐桓公求和了，但心里非常不服气，觉得要是他老爸郑庄公在世，哪容得齐国人这么嚣张？于是，郑厉公就不去朝见齐国了，不承认齐桓公的诸侯领袖之位。齐桓公以牙还牙，扣押了一名出使齐国的郑国大夫。但郑厉公根本就不吃这一套，他心想，你齐国不就是靠尊王才当上霸主的吗？我也能去尊王。

公元前675年，周王室发生内乱，周朝的几个大夫联合卫国赶走了周惠王（名阆），拥立了王子颓。周惠王是周僖王的儿子，继承王位以来一直和手下的几个卿大夫处理不好关系。而王子颓这人野心勃勃，仗着曾经受到父亲周庄王（名佗）宠爱，想从侄子周惠王手里抢王位。最终发生了这样一场事件。

郑厉公一看，这真是天赐良机，郑国要是拥护了周惠王，就能借助天子的力量去对抗齐国了。于是他接纳了周惠王，出面调停这场王室内乱。调停不成功，郑国就联合虢国出兵，把王子颓和几个叛乱的卿大夫统统杀掉，把周惠王重新送上了王位。周惠王感激郑厉公的帮助，就把虎牢关以东原来属于郑武公的旧地重新赐给了郑国。

如此一件平定王室内乱、拥立正统天子的大功劳，就这样被郑厉公给抢占了，齐桓公估计肠子都要悔青了。但郑厉公没蹦跶多久，不久突然病死，郑国企图借周惠王之力抗衡齐国的计划就此流产。继任的郑文公（名踕）自觉能力不足、难撑大局，只好向齐国低头。

还有一个国家让齐桓公烦心，就是陈国。当时，陈国有一位素有贤名的公子名叫完（字敬仲），和太子御寇关系要好。但陈宣公（名杵臼）想另立宠妃生的儿子为太子，就于公元前672年把御寇害死了。公子完害怕受到牵连，逃亡到了齐国。

陈国杀害太子，按理说可以被讨伐，但是齐桓公为了维持来之不易的联盟，就对这件事睁一只眼闭一只眼。不过他对于来投奔的公子完还是很热情的，想封其为卿。但公子完不敢太招摇，拒绝说："我是寄

居在外之臣，有幸没有劳役之苦，就是您给我的恩惠了。我不敢担任高官。"

齐桓公就让他做工正，负责工程建设和器物制造。因为当时"陈"和"田"同音，公子完在齐国定居后，人们称其家族为"田"氏。田完兢兢业业，待人亲切友善，得到了齐国君臣一致赞赏。他的后代最终做了齐国的相国，发展成了一支庞大的家族，在两百多年后篡夺了齐国君位。

能力越大,责任越大

公元667年,齐桓公再次召集诸侯们在幽地(今河南兰考)举行盟会,重新巩固了联盟。周惠王见郑国不成气候,便主动向齐桓公示好,特别派人赐命齐桓公为侯伯,意思是天子也承认他是诸侯的领袖了,而且以后他不需要王命就可以征伐四方了。

这是周朝立朝以来,第一位由周天子认证的诸侯首领,也是第一位获得中原诸侯普遍承认的诸侯领袖,春秋"霸主"时代就这样在齐桓公的手中开启了。

但是,齐桓公面对的挑战还远远没有结束。他只是用武力和外交手段把诸侯们逼服了,如果没有做出对诸侯们有利的举动,时间一长,大家觉得跟着齐国得不到好处,就又会闹着退盟。

管仲就给齐桓公提了一条建议:"审吾疆场,而反其侵地;正其封疆,无受其资;而重为之皮币,以骤聘眺于诸侯,以安四邻,则四邻之国亲我矣。"大意是说,我们不侵占别人的土地,还要多多给盟国赠送

礼物，并且多派使者去进行亲善访问，这样他们就会亲近我们了。

于是，齐桓公和邻国重新划定了疆界，把过去侵占的土地全部退还，又对各国敞开大门，只要是倾心投奔齐国，或者来参观拜见的，齐国一律对他们的使者予以优待，赐予他们丰厚的礼物。通过这种重情信义、给予恩惠、广结良缘的方式，齐桓公使大部分诸侯心甘情愿地归附了自己。

但这样还不能让所有诸侯拜服，要是哪天齐国的恩惠没给足，一些诸侯又会闹情绪。管仲就再向齐桓公提议，在"尊王"的旗帜下，再加上"攘夷"这一条，即利用天子的名义团结诸侯们，共同对付外来敌人。诸侯们拥有了共同奋斗的目标，就会在不知不觉中遵从齐国的命令；而齐桓公要是"攘夷"成功，就能收获更多的威望来维持霸主地位了。

说做就做，当时的天下还真有许多夷人威胁。由于周王室衰落，各诸侯混战，周边的夷人都在窥视中原的富庶之地。自称"蛮夷"的南方楚国，公然使用"王"的称号，不仅吞并了许多南方的弱小诸侯国，还经常入侵郑、蔡这样的中原大国，按照礼法，是最该受到讨伐的国家；而在北方，许多戎人和狄人已经侵入到中原腹地，四处掳掠，严重扰乱了各国的民生和国家安全。齐桓公必须站出来，带领中原诸夏打败这些夷人们。

公元前664年，聚集在今辽宁省和河北省交界一带的山戎人大举南下，侵入燕国。

燕国是召公奭的封国，由于临近北方寒冷荒凉的地带，位置偏远，与中原诸侯交流比较少，一直不被中原诸国重视。中原史书常常漏掉燕国国君的名字，我们只知道这个时候的国君是燕庄公。

燕国国贫民弱，抵挡不住山戎人的入侵，燕庄公便派出使者千里迢迢地来临淄向齐国求援。燕国那时还没有加入齐国的联盟，但齐桓公为了争取这个北方大国加入，同时也想践行"尊王攘夷"的口号，二话不说就答应了。

齐桓公邀请鲁国组成联军一起北征山戎，但鲁庄公表面上答应，却因害怕路途遥远而按兵不动。齐桓公只好单独出兵，带上了管仲、隰朋等人随行。

齐国大军赶到燕国的时候，山戎人已经结束掳掠，退回到自己的大本营无终（今天津蓟县附近）去了。齐桓公带人扑了个空，但为了让山戎人以后不再南下，他决定继续北上把这伙强盗消灭。

齐国军队此前从未深入到遥远的北疆，这次军事行动是一场前途未卜的冒险。在燕国人的指引下，齐军一开始进展还算顺利，找到了无终城。山戎人没想到中原人竟追杀到自己的地盘上，仓促应战。装备精良的齐军很快击溃对方，攻下了无终城。

齐军继续追击，但是无终城以外的地方燕国人就不认识了，齐军没有向导，走了很长时间也没发现逃走的山戎人。因为不熟悉环境，齐军找不到水源，军中开始缺水。齐桓公不得不停止前进，派人四处挖井取水，但挖了许多口井都没能找到水源。就在这个时候，隰朋想了一个主意，他认为蚂蚁喜欢把巢穴设在潮湿的地方，只要找到蚁穴，就能挖出地下水。齐军按照这个方法，果然找到了水源。

这是一段令人煎熬的行军之路，水源的问题刚刚解决，粮草又开始紧缺了，齐军将士们饥一顿饱一顿，对着茫茫的荒原哀叹。齐桓公好几次想过撤军，但为了能把山戎人消灭，他咬着牙坚持了下来。

终于有一天，齐军来到了一个叫令支（今河北迁安附近）的地方。令支人也参加过掳掠燕国，齐桓公决定教训一下这帮抢劫犯，指挥齐军打跑了令支人，夺回了他们从燕国抢来的许多粮食和百姓。齐军就依靠这些粮食，暂时解决了缺粮问题。

齐军在令支做了短暂的休整后，继续向山戎的另一个部族孤竹前

进。但孤竹国长期与中原隔绝，已经没人知道该怎么去往那里。齐桓公为了平定山戎的祸乱，决心找到他们。

齐军再次出发了，他们没有一张地图可以参考，没有一条现成的道路可供通行。小说《东周列国志》里描述说，齐军将士面对一望无际的山林，用了最简单的方法开路：放火烧。烧掉挡路的植被后，再用刀剑劈开前进的路。就这么走了一段时间，一座大山挡住齐军前行。这座山高耸险要，战车没有办法上去。齐桓公就派人向大山的两侧探路，希望能找到一处平坦一点的地方绕开这座山。终于，探路的士兵在山的某一侧找到了一条河。齐军便从浅水处渡过了这条河，继续前进。

孤竹原来就在这条河的对岸。齐军过河之后，立刻发起了进攻，成功拿下孤竹城。齐桓公砍下了孤竹首领的首级，下令摧毁孤竹城。

在追击山戎的过程中，齐军一度迷路。管仲想到了一个办法，他从之前俘获的燕国和山戎的战马中挑选出几匹老马，让它们在队伍前面自由奔走。这些老马熟悉这一带环境，知道哪里有出路。齐军就靠着这些识途的老马，历经千辛万苦走出了困境。这就是著名的典故"老马识途"。

齐桓公成功返回了燕国，燕国人盛情款待了这些冒险归来的勇士。燕庄公对齐桓公的义举无比感激，亲自带着燕国人民给回国的齐国将士送行，一直到了齐国境内，他还不愿意离去。

齐桓公在这个时候做出了常人难以理解的举动。他对燕庄公说："按照周朝制度，诸侯间送行不能走出自己国家的国界。寡人不能让你违反这个制度，就把你到过的齐国领土划给你们燕国吧。"

与齐国这部分领土一起送给燕庄公的，还有北方被齐军探索出来的大片土地，包括无终、令支和孤竹。齐桓公最后告诫燕庄公，要像其祖先召公奭一样勤政爱民，并按时朝贡周天子。

齐桓公为什么要白白送给燕国那么多土地呢？

先说北方被探索出来的那片土地，离齐国太远，中间又隔着燕国，齐国去统治那片飞地并不划算。而齐桓公把自己国家的领土送出去，表面上是亏本买卖，实际上却赚足了道德分。齐国义务替燕国收拾侵略者，不仅不向燕国索取好处，还严格遵守周朝制度，简直就是大周的道德模范。燕庄公很快归附了齐国，承认齐桓公是霸主。

至于那个临阵脱逃的鲁庄公，齐桓公原本想出兵教训他，但管仲劝他不要为这种事伤了齐、鲁两国的和气，不如把夺来的山戎宝器进献给周公庙，这样既能显示齐国遵守礼法的大国风度，也能安抚鲁庄公，防止他因害怕齐国报复而退盟。

齐桓公按照管仲的建议行事，果然收获了广泛的赞誉。鲁庄公见盟主如此以身作则、守礼助人，再想想自己的所为，真是羞愧难当，便给管仲兴建了一座城邑作为补偿。经过这一系列事件，齐桓公的威望大大提升，燕国和鲁国都成了齐国坚定的支持者，这几个诸侯间的联盟关系愈加牢固了。

鲁庄公不久便去世了。他死后，鲁国爆发了一场内乱，公子庆父谋杀了新君斑（一说般），拥立了公子启（一说启方）为君，是为鲁闵公。但两年后，庆父又杀掉了鲁闵公。国人愤怒不已，庆父只好逃亡到了莒国。鲁庄公的庶子公子申在国人的支持下即位，是为鲁僖公。鲁僖公贿赂莒国，欲引渡庆父回国受刑，但庆父在回国途中畏罪自杀了。

在庆父事件中，齐桓公的态度比较暧昧。齐国公室有一位叫哀姜的女子嫁给了鲁庄公，但哀姜却与庆父私通，庆父的两次政变都有哀姜参与的身影。凭借哀姜的关系，鲁闵公还去拜会了齐桓公，延续之前的齐鲁盟约。齐桓公也就对庆父的所作所为假装没看见。

但一位叫仲孙湫的齐国大夫访问过鲁国后，对齐桓公说了一句经典的话："庆父不死，鲁难未已。"（"庆父要是不死，鲁国的内乱是不会停止的。"）

齐桓公顿时有了想法，问道："我们是不是可以趁这个机会占领鲁国？"

仲孙湫答道："鲁国还保存着周礼，不可轻动。您应该想办法安定鲁国，这才是一个霸主该做的。"

经过仲孙湫的劝说，齐桓公明白了，乘人之危是不对的，齐国就算是趁乱消灭了鲁国，也只是获得了短期的扩张利益，损害的却是身为霸主的声誉，联盟会因此破裂，原本结好的诸侯们会弃自己而去，唯有遵守普世价值，帮助联盟内的诸侯国打击乱臣贼子，维护社会稳定，齐国的霸主地位才能经久不衰。

于是，庆父死后，齐桓公派人把躲藏在邾国的哀姜处死了，把尸体交给了鲁国人。同时，他还派兵帮助鲁僖公稳固君位，并修缮了遭到破坏的曲阜城墙。齐鲁两国的关系因此更加紧密，鲁国也越来越脱离不了齐国的控制，国家地位逐渐下降。

投我以木瓜

公元前662年,又有一支夷人部落大举南下掳掠。他们是赤狄人,比山戎人更加残暴。

当时的北狄人大约可以分为赤狄、白狄和长狄三大部族。赤狄因崇尚穿着红衣而得名,大致分布在今山西东南部一带;白狄以崇尚白色而得名,大致分布在今陕西北部一带;长狄因身材高大而得名,大致分布在今河南封丘县一带。

三大部族中,以赤狄人数最多,实力也最强。其主要由十五个氏族组成部落联盟,侵略周边的诸侯国和其他夷人部落。这一次,赤狄人大规模出动,袭击了卫国北部的邢国(今河北邢台),在邢国国内杀人放火,摧毁城镇,把那里糟蹋成了一片废墟。

得知赤狄人的暴行,连一向沉稳的管仲都忍不住了,他在齐国朝堂上斥责他们是一伙豺狼野兽,主张一定要对他们进行讨伐。在管仲的建议下,齐桓公派出了军队前去救援邢国。齐军一出手,就给了赤狄人狠

狠一击，将其赶出了邢国。

但强悍的赤狄人不肯善罢甘休，他们要发起更大规模的入侵行动来报复中原人。

公元前660年，赤狄人大举出动，像蝗虫一样席卷了卫国。卫国当时是大国，本可以抵挡进攻，可偏偏出了个昏君，轻易地把国家输掉了。

此时的卫国国君是卫懿公（名赤），酷爱饲养宠物。但他的宠物不是猫啊狗啊，或者蜥蜴蜘蛛什么的，而是高挑的鹤。卫懿公对鹤的喜爱达到了痴狂的地步，几乎人鹤不分。他在宫里养了几百只鹤，给这些鹤封官，还发工资。每次出门都要挑几只好看的鹤带在身边。估计此公和身边的人无话可说，只把心里的话说给鹤听，平时有事没事就和它们侃大山。鹤喔喔叫几声，或者拍几下翅膀，卫懿公就嘿嘿笑着说："原来你也这么认为啊。"

卫懿公终日与鹤为伴，不和大夫们交流，国家大事也不去打理，弄得卫国人对他极其厌恶。这一回，赤狄人涌进了卫国烧杀抢掠，卫懿公总算正常了一回，决定派兵反击。可是他手下的将领们要么开小差溜了，要么留在原地不动。卫懿公命令士兵们出去打仗，士兵们都不服他，说："请君上派鹤去领兵。它们的官职和俸禄都比我们高，何必让我们这些地位低下的人去呢？"

在这种火烧眉毛的时刻，卫懿公没有别的办法，只能向士兵们认错。他还把自己的玉佩和箭赐给了两位大夫，拜托他们领兵作战，这才组织了一支队伍去抵抗赤狄人。但是，卫军仍然士气低落，在赤狄人的凶猛进攻下，马上就溃散了。乱军中，卫懿公不愿丢弃自己的旗帜，被赤狄人追着猛打而被杀。

卫军大败，首都朝歌也就保不住了。卫国人连忙弃城逃走，赤狄人很快攻占了朝歌，并继续追杀逃亡的卫国人。这些卫国平民在黄河边被赤狄人追上，遭到了血腥的屠杀，只有大约七百三十人幸存下来，被赶来救援的宋军收留。后来又有从其他地方逃来的卫国人加入，总数才过五千人。一个中原大国被屠杀得只剩五千人，可见这场浩劫之惨烈。

幸存下来的卫国人在曹邑（今河南滑县一带）避难，拥立了公子申为国君，是为卫戴公。得知卫国的浩劫，齐桓公立刻派出军队去曹邑予以保护，避免他们再遭赤狄人杀戮。卫戴公国破家亡，终日以泪洗面。齐桓公见他失魂落魄，就给他修建了一座像样的房子，又送给他马匹和衣服，让他能有一点国君的排场。但卫戴公还是在这一年就死了，他的弟弟公子毁继承了君位，史称卫文公。

卫国人得到了保护，但邢国又遭到了赤狄人围攻。齐桓公便以诸侯领袖的名义号召诸侯们一起来帮助邢、卫两国。在齐国经营二十多年的威势的感召下，诸侯们纷纷响应。他们第一次这么团结，抛弃了以前的怨恨，一方有难，八方支援。宋、曹两国就主动派出了军队和齐军一起北上救援邢国。

联军来到邢国时，邢国已经崩溃失守了。赤狄人在邢国大肆屠掠，邢国人纷纷逃往联军军营。但赤狄人没有嚣张多久，联军便将他们逐出了邢国。

邢国难民被安置在夷仪（今山东聊城附近），齐桓公组织诸侯们为他们修建了城池，把夺回的邢国宝器和财物也如数交还他们。齐桓公作为霸主，不仅"攘夷"，而且承担起了安置难民和重建国家的工作，再次赢得了诸侯们的敬佩。

公元前658年，齐国又带领诸侯们为卫国在楚丘（今河南滑县东）建造了新的国都，齐桓公还把自己马厩中的几匹好马送给了卫文公。卫文公被齐桓公的无私帮助感动得热泪盈眶，他在与诸侯们的宴席上唱了一首名为《木瓜》的歌谣送给齐桓公：

投我以木瓜，报之以琼琚。匪报也，永以为好也。

投我以木桃,报之以琼瑶。匪报也,永以为好也。
投我以木李,报之以琼玖。匪报也,永以为好也。

内容很简单,大意是说卫文公十分感激齐桓公的恩情,希望永远和齐国友好。

卫文公在复国的这段时间和卫国人民同甘共苦,他只穿破旧的衣服,亲自下农田做农活,同时奖励商业,重视教育。在诸侯们的援助下,卫国很快就恢复了元气,几年之后再次发展成中原大国,但其实力已大不如前了。

楚国人来了

就在齐桓公带领诸侯们为重建卫、邢两国忙得热火朝天的时候,一支来自南方的军队出现在了中原的土地上:楚军北上攻打郑国。

楚国的先祖号称是帝喾(kù)的火正(掌火之官)祝融。帝喾是传说中的上古五帝之一(其他四帝是黄帝、颛顼zhuān xū、尧、舜)、黄河流域的部落联盟首领,而祝融就是为帝喾掌管观天用火相关事务的巫师。他所在的部众后来分为了八个姓,楚人先民就是其中之一的芈(mǐ)姓。

周文王企图推翻商朝时,有一个名叫鬻(yù)熊的芈姓后人投靠了他,带领部众帮助周人对抗纣王。为了表彰鬻熊的功绩,周成王封鬻熊的曾孙熊绎为诸侯,统领汉水流域一带的人民,楚国由此诞生,后世国君以"熊"为氏。

楚人和中原人不是相同的种族,他们长期游离在中原腹地之外,形成了独特的风俗文化,一直都被视为蛮夷。而楚人也素来我行我素,与

周朝的诸侯体系格格不入。周夷王时,楚国国君熊渠以自己是蛮夷之国、不受中原人分封为由,公然把自己的几个儿子封为"王"。但这事很快就被继任的周厉王禁止了。熊渠担心被好战的周厉王讨伐,连忙去掉王号,向周朝道歉。

但楚国并没有就此放弃称王的愿望,到了公元前707年繻葛之战后,国君熊通野心勃勃,仗着天高皇帝远,趁王室被郑国打败、威信大减的时机,再次公开称王。这一次周朝无力讨伐,楚国称王成功,熊通就是楚武王。

为了显示楚国不属于周朝,楚国人自己独创了一套行政体系。他们废除了分封制,在地方上设立县,县的军政长官叫"尹",尊称为"公",所以他们的相国叫"令尹",意思是"号令诸县尹的人"。这些县尹不能世袭,只能由楚王任命,因此楚王的权力比中原诸侯都要大。他可以集合全国之力发动战争,是中原诸侯极其危险的对手。

通过集权制度,楚国大举扩张,首先消灭了权国(今湖北当阳东南),随后挥师收服了江汉平原上的大国随国(今湖北随州)作为附庸,接着四面出击,大肆吞并和迫降邻国。楚国的领土因此急剧膨胀,成为当时面积最大的国家之一。传说楚武王到了七十岁仍然坚持领兵出征,最终在行军路上去世。

楚武王死后,继任的是楚文王(名赀zī)。他上台后把国都迁到了郢都(今湖北荆州西北),并开始窥视中原的诸侯国。公元前688年,楚军攻下了申国,将这个中原南部最大的姜姓国消灭,变成了楚国的一个县(申县)。回师途中,楚军还顺道攻打了邓国(今湖北襄阳北)。

公元前684年,位于郑国南面的蔡国和息国发生了矛盾,给了楚国北上中原的机会。

蔡国和息国本来是友好国家,蔡哀侯(名献舞)和息侯娶了来自陈国的一对姐妹花,其中息侯娶的是当时出名的美女息妫。

有一回，息妫从娘家陈国回来，途经蔡国，便顺道拜访了姐夫蔡哀侯。蔡哀侯见小姨子长得漂亮，竟然出口调戏轻薄。息侯得知情况后气愤不已，想起兵报复，又担心实力不足，就想出了利用楚国陷害蔡哀侯的主意。他派使者去劝说楚文王出兵息国，因为息国和蔡国是盟国，蔡国必定来救，楚军就可以趁机袭击蔡军，抓走蔡哀侯。楚文王正想拿蔡国开刀，这样的便宜真是不捡白不捡。他按照息侯的计谋行事，果然把蔡哀侯俘虏了。

当蔡侯得知是息侯出卖他以后，心里恨死了这个连襟。他就对楚文王说息侯有一个容貌倾城的老婆，劝楚文王把她抢来做夫人。楚文王当即发兵攻灭了息国，将息国变成楚国的一个县（息县）。息妫则被楚文王抢进自己的后宫，立为楚国的夫人。

因为息妫面色如花，许多人便把她称作"桃花夫人"。她给楚文王生了两个儿子，但因为自己不幸的命运，她终日沉默寡言，几乎从不与人主动讲话。楚文王认为她是因为息国灭亡而伤感，就再次发兵攻打蔡国，又俘虏了蔡哀侯，将其在楚国囚禁到死。

息妫的两个儿子，大的叫艰，小的叫恽（yùn）。楚文王死后，艰即位，史称楚堵敖。几年后，恽发起政变杀死了哥哥，当上了楚国国君，是为楚成王。

楚成王自恃楚国国力已经十分强大，决心正式向中原发起挑战。公元前671年，楚成王装模作样地派人去朝拜周惠王，意图炫耀自己的实力。周惠王把祭祀用的胙肉赐给了楚使，这是春秋时期主上对臣下表示亲近的高级礼遇，周惠王这么做，等于是认同了楚国的大国地位。周惠王还对楚使说："你们镇守住南方的夷人，不要来侵扰中原。"

但周惠王的一番好意根本不被楚国人放在心上。公元前666年，楚成王就派出了大军北上攻打郑国，他出动了六百辆战车的兵力，企图让这个中原强国屈服。郑文公见楚军来势汹汹，连忙向盟主齐国求援。齐桓

公联合其他诸侯救援郑国，楚军怕遭到前后夹击，就匆匆撤退了。

但是，楚成王是不会就此罢休的，他又于公元前659年、公元前658年、公元前657年连续三年侵略郑国。郑文公吓得一度打算向楚国求和，但被大夫孔叔劝阻了。一些邻近楚国的弱小诸侯更是惊恐不已，产生了归附楚国的想法。这些情况让齐桓公意识到，楚国已经成了齐国最强劲的敌人，要是楚国的北进势力不能被遏制，齐国组建的联盟就会被破坏，他的霸业也会就此终止。

齐桓公展开了一系列外交活动，号召诸侯们共同对抗楚国的崛起。两个靠近楚国的诸侯国——江国（今河南息县西南）和黄国（今河南潢川西）不堪楚国的欺压，见齐桓公宣扬抗楚，顿时觉得救星来到，就通过宋国的关系投靠了齐国。江、黄二国原本都屈服于楚国，它们的背叛激怒了楚国。齐、楚之间的正面冲突已箭在弦上。

风马牛不相及

公元前657年的一天，正是阳光明媚、鸟语花香的好日子，齐桓公带着蔡姬在湖中同坐一条船游玩。蔡姬是蔡国的公主，还是一位贪玩淘气的少女，她感觉小船在水里摇摇晃晃地很好玩，就握住船舷使劲晃动。

齐桓公年事已高，又是一个旱鸭子，很害怕在水上晃晃悠悠的感觉，就大声斥责蔡姬，要求她立刻停下来。蔡姬这个小姑娘也是犟脾气，一生气就把小船摇晃得更厉害了。这下可真把齐桓公惹恼了，他夺过船桨把船划到了岸边。上岸后，齐桓公怒气难消，下令把蔡姬撵回娘家去。

蔡姬哭哭啼啼地回到了蔡国。她的哥哥蔡穆侯（名肸xī）一气之下，就把蔡姬改嫁给了别人。

这下子蔡国和齐国的梁子结大了，齐桓公听说这件事后，当即决定讨伐蔡国。这时，管仲提出建议，认为可以利用这次南下的机会，连楚国也一起讨伐，逼迫楚成王承认齐国的霸主地位。但为了不打草惊蛇，

齐国仍旧只打出讨伐蔡国的旗号，等到打败了蔡国，再顺路打楚国一个措手不及。

齐桓公听从管仲的建议，再次向中原诸侯发出指令，要求他们一同南下讨伐蔡国。中原诸侯又一次显示出了团结，齐国的指令一下，就有鲁、宋、卫、陈、许[①]、曹、郑七个国家响应。齐桓公调动八国军队，浩浩荡荡向蔡国进发，擂动的军鼓一路上把房屋的瓦片都震得发抖。

联军像洪水一样冲到蔡国境内，蔡国人从没见过这么多的人马，吓得连拿武器的胆量都没有，很快投降。闯祸的蔡穆侯被齐桓公逮了个正着，关在囚车里。

按照既定计划，齐桓公命令联军继续南下，做出一副要从蔡国长驱直入楚国的姿态。

楚成王听说齐桓公带着八国军队杀到家门口来了，简直不敢相信自己的耳朵。他还以为齐桓公打蔡国只是为了一个女人而已，没想到这个老家伙的真实目标是自己。但召集军队迎战需要时间，楚成王就派了使者到齐桓公的军中谈判，希望拖住联军的进军步伐。

齐桓公让管仲负责接待这位楚国使者，楚使对管仲说了一句著名的话："君处北海，寡人处南海，唯是风马牛不相及也。不虞君之涉吾地也，何故？"（咱们齐、楚两国隔着这么远，就算是两国发情的牛马相互诱惑也不能碰到一起，你们何苦受累跑到南方来？楚国没招你，也没惹你。）

楚国人是想指责齐国搞侵略，齐国自然要拿出一个合理的解释，说明齐国来打楚国是正义之举。

管仲回答楚使说："周天子赐给我们先君征讨四方的权力。你们楚国应该进贡给天子的包茅还没有送到，使天子缺乏祭祀物品，我们特地

---

① 郑庄公死后，许国人趁郑国内乱复国。

来追究；以前昭王南征楚国没有回去，我们也为此前来责问！"

包茅是一种生长在南方的植物，在天子祭祀的时候用得着，但并非必需品。而周昭王（名瑕）是周朝第四任君主，曾经亲率大军征讨楚地，但在第三次进军途中莫名去世，被称作"南巡不返"。可以肯定的是，他的死和楚国人没有直接关系，那个时候的楚国还只是一个小国，不敢与强大的周朝对抗。

表面上看，管仲的话有点东拉西扯，小题大做，但这位旷世奇才的话其实是很有杀伤力的，他的目的就是抓住一些小事，翻一翻楚国的陈年旧账，使劲抹黑楚国。楚国不向周天子进贡东西，不仅是对天子不敬，而且影响到了祭祀，是对祖先神灵不敬，是要遭天谴的；而周昭王死在南征途中，楚国逃脱不了嫌疑。综上所述，齐国必须严厉惩罚大逆不道的楚国。

不过，管仲还是回避了两件重要的事：首先是楚国僭号称王，其次是楚国灭亡其他国家。无论哪一件拿出来，都可以作为讨伐楚国的理由。但齐国没有这么做，这就值得推敲一番了。

楚国僭号称王已经好几代了，管仲担心楚成王不在这个问题上让步，所以没有指出来，而灭亡别国的事情齐国也干过，这事由自己摆到台面上说，没办法服众。所以管仲就只说了些言辞激烈、本质上却不会触及楚国根本利益的事情，让楚成王能够向齐桓公退让和屈服，给这场战争留下回旋的余地。

楚国使者显然没有看破齐国不想和楚国长期对抗这层玄机，他觉得管仲污蔑楚国人杀害了周昭王太过分了，就斥责说："没有进贡包茅是我们的错，至于昭王没有回去的事情，跟我们楚国没有关系，你们还是去问汉水边上的人吧。"

谈判没有成功，联军继续推进到了陉山（今河南郾城东南）。楚成王还是没来迎战，他估计是琢磨出了齐桓公并不是真要灭掉楚国，而是

打着尊王的旗号来威压自己。既然可以化干戈为玉帛，那么这场仗就不要打了，以楚国目前的实力，一国打八国还是很吃力的。

于是，楚成王又派了一名使者来到齐桓公的军营，这位使者名叫屈完。史书之所以记载他的名字，一是因为此人身份高，二是因为此人有杰出的才能。

屈完彬彬有礼，说话有理有据，一副华夏贵族的风采。他比上一位楚国使者更进一层，获得了和齐桓公见面的机会。两人一开始说了什么，史书上没有记载，但这场会谈的结果是联军后退到了召陵（今河南召陵）。显然，齐、楚两国初步达成了和平意向，联军用后退的方式给局势降了温。

会谈完毕，齐桓公请屈完坐上自己的马车，到兵营里逛逛。他想向屈完炫耀一下自己率领的大军有多雄壮，就令所有的士兵排列整齐，等候检阅。听着数万名士兵整齐地喊着口号，齐桓公心想屈完定会吓得浑身发抖，然后表示楚国将屈服于齐国霸主的雄威。可回头看看，屈完却显得十分冷静，仿佛对这种场面已经习以为常。

检阅完了军队，齐桓公客套地对屈完说："诸侯们发难难道是为了寡人吗？齐、楚两国先君的友好关系应该继续保持，我们重修旧好如何？"

齐桓公的意思是说，我千里迢迢带着联军来是为了公事，希望楚国也能加入联盟的大家庭，和中原的诸侯们好好相处。

屈完听出齐桓公是想让楚国承认齐国的霸主地位，觉得这个条件可以答应，也很客气地回答说："君王惠临敝国谋求福祉，能够收纳我们的君主，这正是我们所期望的。"

齐桓公担心楚国很快背弃盟约，就突然话锋一转，说道："用寡人手中的这支军队作战，谁能抵抗？用寡人手中的这支军队攻城，什么地方打不下来？"

齐桓公的意思是，我要消灭你们楚国很容易，你们以后可得老实点儿！

但屈完表现得不卑不亢，回答齐桓公说："君王如果用道义安抚诸侯，谁敢不服从？如果君王非要动武，我们楚国有方城①做城墙，有汉水做护城河，你们即便有很多人，也没什么用！"

屈完的话给了齐桓公当头一棒，表明楚国已经看穿了你们齐国人的底牌，我们现在是给你个面子，以后的事情我们可不会保证。

齐桓公见楚国不肯退让，觉得不如见好就收吧，以后的事情以后再说，于是召开了召陵之盟。

八国诸侯与楚国在召陵会盟，共同签订了友好盟约。值得注意的是，楚成王并没有参加这次会盟，而是仍旧派了屈完代替他和八国君主歃血结盟。楚成王是在耍滑头，他对召陵之盟根本就不重视，没有真心想和中原的诸侯们友好相处，仅仅是把结盟当作避免和强大的联军交战的一个权宜之计。对于楚成王缺席，齐桓公当然很不高兴，但盟约已经到手，楚国也暂时表示了顺服，此次南征的目的已经达到，他也就不去深究了。

---

① 楚国在今河南方城北部山区修筑的众多方形城塞，是中国最早的长城式军事防御设施。

天子的反抗

齐桓公领着联军回到了北方，并把蔡穆侯放回了蔡国。回军途中出现了一支小插曲：一个陈国大夫不希望联军经过陈国，大量消耗陈国的钱粮，就骗齐桓公绕道东部沿海，向那里的夷人示威。结果这事被一个叫申侯的郑国大夫知道了，申侯就向齐桓公打了小报告。齐桓公对陈国的欺骗很是生气，就领兵讨伐了陈国，把那个欺骗他的大夫抓了起来；又重赏了申侯，还命郑文公把郑国的虎牢封给了他。

雷声大、雨点小的八国伐楚之战就这么结束了。然而，齐楚之争还没有结束，一场由楚国和周王室策划的阴谋正在暗中酝酿。

这次事件的导火索正是齐桓公把虎牢封给了申侯。虎牢是战略要地，又是当年郑武公的初始封地，对郑国来说意义重大。而齐桓公大笔一挥，把这块土地给了一位郑国的大夫，郑文公虽然嘴上没说什么，但心里对齐桓公把郑国的土地拿去奖赏的行为还是很不高兴的。而申侯此人也缺少政治头脑，他把虎牢城修筑得更加坚固。有人为此在郑文公跟前进了谗言，诬陷申侯将要叛离郑国自立，郑文公就对申侯起了杀心。

这个时候，周惠王也来煽风点火。他因为宠爱王子带，有意废掉太子郑，遭到了齐桓公反对。公元前655年，齐桓公还特意召开首止（今河南睢县东南）会盟，公开表示支持太子郑。周惠王恼怒不已，就想给齐桓公搞点小破坏。

他派人对郑文公说："你是不是对齐国不满啊？你去投靠楚国吧，我会派晋国人辅助你的。"

有了天子撑腰，郑文公下定了决心背叛齐国。他中途从首止回国，没有签订盟约，等于单方面宣布退盟了。

而楚成王对齐桓公也是口服心不服，在这一年派兵消灭了江、黄两国的姻亲国弦国（今河南潢川西北），算是出了一口恶气。这时他又听说周王室和郑国企图背弃齐桓公，觉得楚国北上的机会又来了。

但周惠王、楚成王和郑文公明显低估了齐国的实力，他们这点小动作哪里顶得住齐桓公的手腕。齐桓公听说郑国背叛之后，立刻率领齐、鲁、宋、陈、卫、曹六国联军声势浩大地杀向了郑国。

在这节骨眼上，最先吓得尿裤子的是周惠王。他躲在洛邑当了缩头乌龟，不仅不声不响，而且许诺给郑文公的晋国援军也没有派，坐视郑国被六大国群殴。楚成王还算有点义气，派出了楚军北上救援。但楚军不敢和诸侯联军交战，而是去攻打了许国，作为对郑文公的精神支持。

齐桓公得知许国被楚军攻打，连忙撤回了在郑国的军队，赶往许国增援。但狡猾的楚国人见郑国的困境已经被解除，就立刻撤退回国了。

虽然联军的这次伐郑行动无功而返，但还是在一定程度上粉碎了周王室和楚国唆使郑国背盟的阴谋。周惠王和楚成王之后再不敢对齐国有所动作，而郑文公傻乎乎地被人当了枪使，最后却什么都没得到。公元前653年，齐军再次讨伐郑国。郑文公孤立无援，只好归罪于申侯将他处死，然后向齐桓公道歉乞和，重新和齐国订立了盟约。

"君"临天下

公元前653年冬,周惠王去世了。太子郑怕弟弟王子带趁机作乱,就封锁了父亲去世的消息,暗中向齐桓公求援。齐桓公就在第二年带领诸侯军队与周使会盟,共同尊奉太子郑为天子。太子郑就是周襄王,他得到齐桓公的支持后,才放下心来给父亲发丧。

连天子即位都需要齐桓公的扶持,天下还有什么事情是他不能管的呢?齐桓公的威势已然跃升到了新的高度。他接下来要做的,就是把霸主的意愿落实成条款,让联盟成员的思想和行动都和齐国高度保持一致。

这场具总结性质的会盟就是著名的葵丘(今河南民权东北)会盟。

公元前651年,这场天下瞩目的大会足足开了两回。第一回是在这年夏天,诸侯们重温了过去和齐国签订的盟约,修补了之前的嫌隙。第二回是在这年秋天,齐桓公和诸侯们签订了新的盟约内容,即在原有的"尊王攘夷"的基础上,增加了许多内政方面的条款。例如各诸侯不能随意变换妻妾，废立太子；在治国上要选贤任能，不准随意诛杀大夫；各国不得把水祸引向别国，不得禁止粮食出口；等等。

葵丘盟约几乎是在制造中原诸侯"共同体"，从原来"尊王攘夷"的统一外交，发展成协同内政、开放经济、弘扬美德的"国际组织"。有这么多的国家和人民愿意听从齐桓公的指令，他快要和西周时期的天子媲美了。

会盟过程中，周惠王派来了使臣，赐给齐桓公胙肉以及其他煊赫的仪仗器物。按照礼仪，齐桓公是要下跪拜谢的，但使臣说："天子下旨说你年事已高，功劳显赫，就加赐一级，准你不必跪谢了。"

齐桓公一听，就打算不拜了。管仲见势不妙，立刻拉住他，说对天子的赏赐进行拜谢是最起码的礼仪，不管天子是假客气还是真心相让，都要下拜，以示不逾越君臣界线，尤其是在这样的公共场合，要是身为诸侯盟主都不拜天子，"尊王"这杆大旗还扛得起来吗？

齐桓公清醒了过来，连忙对周使说："天威就在眼前，我怎敢贪受天子的恩赐，废弃下拜的礼节。"

说完，他郑重地按照周礼行了下拜之礼。

葵丘会盟将齐桓公带向了霸业的巅峰，却也给他的人生画上了一条转折线。在这之后，齐桓公再也没有做出什么值得书写的事迹来，他在历史舞台上留下的身影，更像是一个配角，在各地疲于奔命。他一会儿派兵去晋国扶持晋惠公即位，一会儿去调节周惠王与王子带的纷争，一会儿组织诸侯给受到淮夷攻击的鄫国筑城……但这些行动基本上都是草草收场，齐桓公既没有让周惠王与王子带和好，又因为役夫骚乱而没有帮鄫国筑城成功。北方的狄人在这个时候继续骚扰中原诸侯，灭亡了温国（今河南温县）；南方的楚国则攻灭了黄国，并开始进攻徐国（今江苏泗洪）。对于这些事，齐桓公都没有太好的解决办法。

齐桓公这个霸主已经力不从心，无法让天下保持足够的安定了。年

龄的增长使齐桓公和管仲的精力大为衰退，无法驾驭不断变化的时代了。狄人和楚人的崛起不可避免，齐桓公所能做的，只能是在"尊王攘夷"的旗号下竭力保持中原诸侯的联盟关系，让夷人们不敢过于猖狂而已。

如果齐桓公能够善始善终，齐国的霸业或许还能再延续许多年。可惜齐桓公进入晚年后，骄傲自满和贪图享受的心理日益膨胀，使得这份伟大的事业最终重重地摔落在了地上。

葵丘会盟的时候，齐桓公就已经开始飘飘然了，不仅一度不想对天子的赏赐下拜，而且和诸侯讲话的时候一副骄傲的神色。这一幕被前来参会的周使看在眼里，他私下里对参加盟会迟到的晋献公（名诡诸）说："你不用去参加会盟了，齐侯现在骄傲得很，不再有进取心了。"

葵丘会盟后，齐桓公意犹未尽地想去泰山封禅。泰山封禅这种大事，在当时只有天子才可以做，而周朝天子也不是每一位都去的，只有那些做了不寻常事业的才去。齐桓公觉得自己够资格去，就对管仲说："寡人向南面打到召陵，望见熊山；北伐山戎、令支和孤竹；西涉流沙，到达了太行山。没有诸侯违抗我。我三次联合诸侯出兵，六次和诸侯会盟，还匡扶天下。以前说三王（指夏、商、周三朝的开国君王）伟大，我现在不和他们一样吗？我想去泰山封禅。"

管仲听了后大吃一惊，他是不赞同齐桓公这么做的，因为泰山封禅这种事情太招摇，作为一个诸侯去做，不仅会让周天子不满，更会令其他诸侯非议，就委婉地提出了反对意见。

齐桓公很不高兴，自己辛辛苦苦大半辈子，风光一回都不行吗？跟随他多年的管仲深知他的脾气，在这种情况下说大道理是没有用的，便引经据典劝道："君上要封禅也可以，但祭祀的典礼需要嘉禾、灵矛、凤凰和麒麟等祥瑞之物，我们现在怕是备不齐吧。"

齐桓公听了管仲的话，无奈地打消了封禅的念头。

骄傲自满也就罢了,齐桓公在晚年还贪图享乐,把开方、竖刁和易牙三个奸佞小人带在身边。

开方本是卫国公子,声称对齐桓公无比崇拜,希望能一辈子追随他。他在齐国做官整整十多年没有回家,父母去世也不回国奔丧,齐桓公认为他忠心可鉴,就把他带在身边做自己的近臣。

竖刁原来是个市井混混,为了能到齐桓公的宫里当差,他自宫当了阉人。齐桓公觉得此人为了跟随自己宁愿自宫,是个可信赖的忠仆,就让他主管自己的生活起居。

易牙则是一个厨师,烧得一手好菜。他让人引荐,做了齐国宫里的厨师,但他还不满足,一心想在齐桓公身边任职。有一回,他听见齐桓公无意中和其他人开玩笑说,天下的山珍海味他都吃过了,就是不知道人肉是什么味道。易牙把这话记在心里,回家以后就把自己的三岁儿子给杀了,做成美食送给齐桓公品尝。齐桓公觉得太好吃了,问易牙这是什么肉,易牙如实做了回答。齐桓公对这种反人类的行为一点也不感到恶心,反而觉得易牙善解人意,是个忠臣,就把他安排在身边做官。

开方、竖刁和易牙三人用违背人之常情的方式来讨好齐桓公,内心必然怀揣着不可告人的意图,可齐桓公依然信任他们,重用他们,其原因就是齐桓公的虚荣心在作怪。他当上霸主之后,心态日益膨胀,已经离不开被人吹捧的生活了。

叱咤风云几十年的霸主为自己不幸的结局埋下了伏笔。

悲哀身后事

公元前645年,齐国霸业的总策划管仲一病不起。齐桓公得知后心急如焚地来到他的病榻前探望。此时的管仲将要走到生命尽头,身体极为虚弱,没有多少力气说话了。齐桓公握住他干瘦的手说:"你的病情这么严重,万一不行了,寡人将把国事委托给谁啊?"

管仲长叹一声说:"过去我尽心竭力,还是没有发现这样的人才。不过,知臣莫如君,还是要问君上您最欣赏哪个人?"

齐桓公连忙问:"鲍叔牙可以吗?"

管仲却摇摇头说:"鲍叔牙这人善恶分明,清正直白,不喜欢和那些不如他的人相处,别人的错误他会一直记挂在心,这样的人不能统筹大局啊。我觉得只有隰朋这个人还算可以吧。他宽容待人,既能尊重世上的贤人,又能怜惜那些不如他的人。他对于国政,不该管的,就不去打听;对于事务,不需要了解的,就不去过问;对于别人,无关大节的,就装作没看见。如果君上没有合适的人选,就任用隰朋吧。"

齐桓公想到了身边三个服侍自己的人，就问："你看易牙、竖刁和开方这三个人怎么样？"

管仲使劲地摇头说："爱惜子女是人之常情，易牙却杀害自己的儿子，这样的人连最基本的善良都没有，对自己的君主定然也不会怀有善心；自宫是很痛苦屈辱的事情，竖刁却愿意这么做，那他一定有不可告人的目的；开方甘愿放弃卫国公子的地位来齐国，他一定是想得到比公子地位更高的东西。这三个人，君上一定要疏远，不然齐国必遭祸乱啊！"

管仲——春秋时期的第一贤相，为齐桓公的事业呕心沥血，从战略设计到内政改革，再到策略指导，无不是他在齐桓公的身边一手负责。可以说，他是齐国霸业的灵魂，没有他的协助，齐桓公不可能开创出如此辉煌的成就，没有他处心积虑的维护，齐国的霸业将会被齐桓公身边的小人破坏。

然而，这位齐国霸业的缔造者和维护者终究还是在这一年去世了，他没能为齐国找到最佳继任者，留给齐桓公一个未知的前途。

管仲死后，齐桓公遵照他的遗言，让隰朋担任宰相。可惜好景不长，隰朋不久就病死了。不得已，齐桓公就让鲍叔牙做了国相。但是鲍叔牙确实太过正直，对齐桓公的个人生活也十分苛求。齐桓公感到生活很无趣，重新想到了易牙、竖刁和开方三人，觉得他们在身边自己才能身心舒坦。于是，他就对这三人委以重任，逐渐把鲍叔牙排挤出了权力中心。鲍叔牙因此郁郁而终，易牙三人把持了齐国朝政。齐桓公没有了鲍叔牙的约束，在三个奸臣的影响下愈发骄傲自满，贪图享乐。齐国朝政变得腐败紊乱，一场残酷的宫廷政变发生了。

政变的主角来自齐桓公的五个儿子——无亏、元、昭、潘和商人。

齐桓公的情况比较特殊，他的夫人都没有给他生下儿子，这几位公子都是姬妾所生。也就是说，齐桓公没有嫡出的儿子，只有庶子。公子

无亏是其中的长子,按照宗法制度"有嫡立嫡,无嫡立长"的原则,他是有资格立为太子的。但是齐桓公偏爱昭,反把昭立为了太子,还嘱托宋襄公(名兹甫)保护他。公子无亏对此很不甘心,他的母亲就利用易牙的帮助,不停地给齐桓公灌迷魂汤,让他在口头上承诺改立公子无亏为太子,可齐桓公清醒之后迟迟不肯兑现承诺。这让公子无亏耿耿于怀,他怀疑是太子昭从中作梗。双方的关系因此势同水火,都在积蓄力量,准备在合适的时机攻杀对方。另外三位公子也是野心勃勃,各自在暗中勾结国内的大夫和国外的诸侯,试图利用公子无亏和太子昭的争斗,为自己谋取君位。

公元前643年,在位四十多年的齐桓公病倒了。他这次病情比较严重,到了不能处理国事的程度。公子无亏觉得这是一个消灭太子昭的好机会,就找来易牙和竖刁商议,策划了一个恶毒的阴谋。

趁着齐桓公生病卧床,易牙和竖刁假传君命,以国君生病、不许外人打扰为由,派人封锁了宫廷内外,不许任何人进入。紧接着,他们把齐桓公身边的仆役全部赶走,在周围垒砌高墙,断绝了水、食物和药物。他们这么做,是想让齐桓公尽早死去,方便公子无亏夺取君位。

齐桓公一觉醒来,叫唤下人却没人应答,身边没有吃的,就连药物都没有,悲愤之情可想而知!他此时痛骂易牙等人卑鄙,懊悔不听管仲的临终之言。可后悔也没有用了,齐桓公在病痛和饥饿的折磨下,于这一年的农历十月死去,以这种悲惨的结局,结束了自己纵横天下的霸主一生。

公子无亏得知父亲死后,立刻联络了易牙、竖刁,以及在后宫的母亲,纠合了一支军队在临淄城中大开杀戒,诛杀那些支持太子昭的大夫和官吏,试图以武力强行登上国君之位。太子昭难以抵挡,仓皇逃往了宋国。

公子无亏的粗暴行径激怒了元、潘和商人三位公子,他们联合太子昭留在国内的党羽一起反对公子无亏。五公子的军队在临淄城内展开了激战，战火都蔓延到了宫里，而此时齐桓公的遗体还留在床上没有收殓。

五公子的军队打打停停，僵持了两个多月，谁也打不赢谁。公子元、潘和商人看看形势，觉得这么下去不是个办法，不如以后从长计议，再寻找机会争夺君位。于是，三人与公子无亏讲和，承认他为齐国的新国君。

这一年腊月，公子无亏终于登上了梦寐已久的君位。这时，他才想起父亲齐桓公的遗体还在床上，便连忙对外发布了讣告，并派人前去收殓遗体。装殓的人走进寝宫的门，就闻到了一股强烈的尸臭。他们往齐桓公的床上望去，只见这位前任国君的尸体因为暴露在空气中两个多月，已经高度腐烂了，上面爬满了蛆虫。

无亏在夜间匆匆举办了入棺仪式。但他还没来得及为父亲举行一场葬礼，太子昭就在第二年春天，带着宋、卫、曹、邾四国军队杀回国了。无亏被杀，竖刁和易牙则不知所终。

太子昭在宋襄公的帮助下打算即位，但是公子元、潘和商人不服，联合公子雍（齐桓公的另一个儿子）发动了叛乱。宋军帮助太子昭击败了四公子的军队，使太子昭成功登基，是为齐孝公。等他稳定住国内局势，已经到了当年秋天。齐桓公的遗体一直安放在棺椁中没有下葬，齐孝公为父亲举办了一场隆重的葬礼，而此时棺中只剩下一堆白骨了。

齐孝公在位九年，公子潘在他死后勾结开方，杀死了孝公的儿子，自己当上了齐国国君，是为齐昭公。齐昭公在位二十年，公子商人在他死后故伎重演，杀死了他的儿子自立为君，是为齐懿公。因为骄横残忍、荒淫无度，四年后齐懿公被人刺杀。公子元在国人的支持下即位，史称齐惠公，此时已是公元前608年。

在这长达三十多年的内乱中，齐国人自顾不暇，已经没有余力领导

诸侯联盟了，齐桓公苦心缔造的霸业沦为了尘土。

虽然齐桓公的最终结局令人扼腕叹息，但他开创的功业仍旧影响深远。

齐桓公主导的中原诸侯联盟把原本四分五裂的中原地区重新整合在了一起，中原诸侯们在他的领导下显示出了空前的凝聚力，周王室也在名义上重振旗鼓，迫使北方的狄人和南方的楚人不敢大举入侵，华夏的文明成果因此得到了保存。孔子评价说："管仲相桓公，霸诸侯，一匡天下，民到于今受其赐。微管仲，吾其被发左衽矣。"意思是说，管仲辅佐齐桓公匡扶天下，我们中原的百姓到现在还受到他们的恩惠，要是没有管仲，我们现在就是一副野蛮人的模样了。

华夏文明屹立不倒，才源源不断地产生向心力。狄人、楚人，以及后来的吴人和越人等夷人为了获得中原诸侯的支持，选择向华夏文明学习，融入诸夏的文化体制，被逐步同化。

齐桓公还首创了春秋时期的霸主政治模式。成为霸主的诸侯拥有至高无上的权力，可以要求归附的诸侯向他朝见、纳贡，提供军事援助和徭役服务，霸主还能干涉其他诸侯的内政，裁决诸侯国之间的纠纷等，诸如此类的特权使得霸主国的地位和财富水涨船高，远比辛苦谋划去军事征服一个国家划算。因而，春秋时代的强国都把争夺霸主之位作为国家战略，不再把消灭别国作为主要目标了。从这一点来说，齐桓公是一位划时代的人物。

天下逐渐进入了超级大国的争霸时代，而在这当中又出现了一支小插曲：一位宋国国君试图继承齐桓公的衣钵，继续领导诸侯们对抗楚国。

那么，他会如愿以偿吗？

卷三 失败的仁义

昙花一现的"霸业",名不副实的"霸主",这位书呆子气十足的国君饮尽了苦酒……

商朝遗民

宋国的立国之君是纣王的长兄微子。当初纣王残暴无道,微子作为兄长,经常劝谏弟弟善待子民,但纣王没有听从。另一位商朝王室重臣比干,因为直言进谏,被纣王处死后挖心。微子感到十分恐惧,便离开了商朝王都前往别处隐居。

后来,周武王推翻了商朝,微子主动投降了周朝。他面见周武王的时候,袒露着上身,反绑住双手,跪在地上前行,手里还拿着宗庙里的祭祀用品,表示自己代表商人对周人表达歉意和归顺。周武王感动于他的这份诚意,不仅当场释放了他,还恢复了他原有的爵位。

由于周人从西方远道而来,还不能有效统治中原腹心地带的商人,而且按照当时的礼法,胜利者不能让失败者的宗祀灭绝,周武王就没有处死纣王的儿子武庚,反而将他封为诸侯,继续统领商朝遗民。

但是武庚太不识相了,放着好好的诸侯不做,想复辟商朝。周武王死后,武庚见新即位的周成王年幼,就与邻近的管叔和蔡叔共同发起了

叛乱，结果被周公击败杀死。

武庚死了，商朝的宗祀该由谁来继承呢？周公选中了微子。他觉得微子忠顺老实，既不和纣王祸害天下，也不和武庚制造叛乱，觉悟高，品行良好，选他来统领商朝遗民，应该风险较小。

于是，周公将商人分散开来，一部分留在朝歌旧地，归属卫国统治；一部分迁移到洛邑周围，给王室服兵役，被严加管教；另外一部分人数最多，被集中到了商丘一带，由微子在那里建立宋国，传承商朝的宗祀。担心商人继续造反，周公又在宋国的北、西、南面相继册封了一批姬姓诸侯，作为防卫屏障。事实证明他的担忧多余了，在微子的治理下，商人再没有反叛。

因为宋人大部分由商朝遗民构成，民风与代表周王血统的姬姓诸侯国有所差别，所以在整个周朝，宋人都是被中原诸侯歧视的对象。在诸子百家的寓言故事里，呆头呆脑的傻瓜角色往往是宋国人。

就这么过了几百年，到了东周时期，宋殇公为了消灭堂弟公子冯，和郑国打仗，结果大败，国家也被战争破坏得一团糟。后来宋殇公在政变中被杀，公子冯当上了国君，是为宋庄公。他逼迫郑国国相祭仲扶立郑厉公，引发了郑国内乱。郑、宋两国之间也发生了多场战争，宋军还一度攻破了新郑，拆毁了郑国的城门和一部分宗庙建筑。

宋庄公死后，儿子即位，是为宋闵公。他派兵帮助齐桓公进攻鲁国，却在乘丘之战中被鲁军用虎皮战车打败，主将南宫长万被俘。后来南宫长万被释放回国，遭到了宋闵公羞辱，愤怒之下将其打死，又立公子游为君。公子御说跑到萧邑避难，不久向曹国借兵，打败并处死了南宫长万，即位为君，是为宋桓公。

宋桓公在位期间，正是齐桓公最为活跃的时期。虽然宋桓公在初期一度拒绝与齐桓公结盟，但最后还是屈服于齐国的武力，成为齐桓公的坚实盟友。在齐国的荫蔽下，宋国国家安定，没有发生过动乱。宋桓公还跟着齐国在各种诸侯会盟上露脸,宋国的国家地位也跟着水涨船高。

就是在这个时候,宋桓公的太子兹甫对齐桓公产生了无比的崇拜。

宋桓公比较出名的儿子有两人,一位是太子兹甫,另一位是公子目夷(字子鱼)。也许是宋桓公教育有方,他的这两个儿子都不是平庸之辈,尤其是公子目夷,在智慧和情商上都有过人之处,堪称相国之才。但他是庶出,虽年长于兹甫也只能屈尊于弟弟之下。

至于太子兹甫,能力上可能有所欠缺,但品行和理想在当时是无可挑剔的。虽然没有史料明确记载兹甫的事迹,但从后来发生的事情可以大致推测,他是一位志向远大的理想主义者。他要是穿越到现在,该是一位文质彬彬的热血创业青年,满脑子想着改变世界、创造时代。

兹甫年纪稍大一些以后,跟着父亲参加过齐桓公组织的诸侯盟会,霸主齐桓公威风八面给他留下了极深的印象。年轻人是最喜欢寻找偶像的,年轻的兹甫就把齐桓公的一言一行、一举一动都牢记于心,时时效仿。他还暗自下定决心,将来一定要做齐桓公那样的人物,也成为诸侯霸主,对天下一呼百应。

转眼到了公元前652年冬天,宋桓公病入膏肓,就快要不行了。太子兹甫本应该准备登基,却在父亲的病榻前提出要求,说自己能力不够,希望让更有能力的庶兄目夷继承君位。

兹甫的这个举动让周围的人大吃一惊。古往今来,多少人为了这个位子争得头破血流,兹甫却转手要送出去。

历史上不乏有人批评兹甫是个伪君子,认为这是一场政治作秀。因为以公子目夷的高情商,他肯定是不会接受的,君位到最后必然还是属于兹甫的,而兹甫通过这一出表演,为自己塑造了"圣人"的光辉形象,捞取了名誉。

这样的观点显然忽视了宋国人是商朝遗民的事实。商人是没有嫡长子继承制传统的,西周时碍于王权的强大,宋国人尚能遵守宗法,但进

入东周后,宋国人就重新拾起了老祖宗的风气。几十年前就出现过宋宣公把君位传给弟弟宋穆公,宋穆公又把君位传给侄子宋殇公的事件。虽说嫡长子继承制仍是社会主流,但兄终弟及和择贤而立的传位方式对宋国人来说也是可以接受的。兹甫希望让位给哥哥目夷,在宋国当时的环境下是合情合理的。目夷要是接受,在宋国也完全不会受到道义谴责。

就算兹甫在假仁假义地作秀,那他这个伪君子的狐狸尾巴迟早要露出来,他有很大的概率因为嫉妒而对目夷痛下杀手。但从后来发生的事情来看,兹甫对这个庶兄还是极为敬重的,不仅赐予高官厚禄,国家大事也都与他商量,甚至在外出时把国政委托给他。如果兹甫是小人心态,那他根本做不到这些。

总而言之,兹甫并不是那种沽名钓誉的假道学,他是实打实的理想主义者,真心想把位子让给哥哥。

弟弟的大度和谦让让公子目夷大受感动,他对父亲说:"把国家谦让给别人,世上还有比这更大的仁爱吗?我的德行不如兹甫,况且这也不合立国君的规矩。"

宋桓公也没有同意兹甫的请求,一方面是因为公子目夷坚持拒绝,另一方面是因为他认定兹甫这个儿子品行端正,将来一定是个优秀的领导者。

在兄长和父亲的坚决反对下,兹甫留任了太子之位。第二年,宋桓公去世了,兹甫即位,是为宋襄公。宋襄公不忘哥哥目夷,将他封为左师,主管宋国国政。目夷在这个岗位上兢兢业业,从未对国君之位产生过非分之想。

霸主不是谁都可以当的

宋襄公即位的这一年,正是齐桓公举行葵丘会盟的这年。宋襄公给老霸主面子,特意把父亲的葬礼延后举行,亲自赶往葵丘赴会。这之后的几场重要的诸侯会盟,宋襄公也无一缺席,他还积极响应霸主的号召,在各种事情上出人出力。

宋襄公像个小迷弟一样认真追随自己的偶像,很快就得到了齐桓公的欣赏。齐桓公和管仲都对宋襄公赞不绝口,把他当作亲密伙伴对待。有一天,齐桓公对宋襄公说:"我的年纪大了,以后要是不在了,太子昭就要靠你来协助了。"

齐桓公为什么把太子昭托付给宋襄公呢?显然,经过这段时间的接触,齐桓公也认定宋襄公是个品行可靠之人,而且宋国是中原强国,太子昭将来要是能获得宋襄公的支持,齐国的霸主地位就不会动摇了。

霸主如此看好自己,还把儿子相付,这让初出茅庐的宋襄公产生了一种幻觉,好像自己确实是个英雄人物。他渐渐脱离了现实,对自己的

人生前景充满了自信，以天下为己任的念头更加牢固了。

公元前644年，天空下起了壮观的流星雨，有五颗陨石落在了宋国的土地上。接着，宋国境内刮起了大风，吹得六只鸟儿倒退着飞过天空。宋襄公向来访的周朝使臣询问这两件事的吉凶预兆。周使为了讨好宋襄公，就信口说道："这预示着今年鲁国多大丧，明年齐国将有动乱。君王您呀将要得到诸侯的拥护了，只不过不能保持到最后啊。"

宋襄公听了前面的话得意扬扬，听到最后一句话时，则不以为然。

果然，齐桓公在第二年去世了。齐国长公子无亏发动政变，试图杀死太子昭。太子昭跑得快，一溜小跑来到了宋国，请老朋友宋襄公帮他讨伐齐国。有齐桓公生前的嘱托，宋襄公毫不犹豫地同意了。

为了壮声势，宋襄公联合了卫、曹、邾三国，共同发兵讨伐齐国。四国联军很快就攻到了临淄城下，乱成一锅粥的齐国根本无力抵挡联军的讨伐。危急关头，临淄的国人不愿为作恶多端的无亏卖命，将无亏杀死后遣使与联军和谈，并迎接太子昭入城。

宋襄公见任务完成，没有索要任何报酬就拔营回国了。但他这么一走，临淄城内又发生了变乱。

变乱的原因出在齐国另外几位公子身上。太子昭不是嫡子，又不是长子，当初成为太子的时候，其他公子就不怎么服气。他们本指望太子昭躲在国外不回来，等大哥公子无亏一倒台，自己就有出头之日了。偏偏太子昭回来了，还一屁股把国君的位子给占了，他们便决定联合起来赶走太子昭。

太子昭又一溜烟地从临淄城逃到宋国求助。

太子昭两次被人赶跑，显然不是一个得人心且有能力的继承者，按理说没必要为了这样的人再次拔刀相助。但宋襄公信守当年的承诺，仍然选择了挺身而出，护送太子昭回国。公子元等四公子也不示弱，起兵迎战宋军，双方便在甗（yǎn）地（今山东济南西南）开战了。

在齐桓公时期，齐军的战斗力在诸侯中是首屈一指的，宋军与之对战并没有什么优势。但经过这段时间的内乱，齐军已然军心涣散，没有多少战斗意志。宋军轻而易举地击溃了他们，再次兵临临淄城下。

四公子只好向宋军屈服，交出了国家权力。太子昭在宋军的保护下，趾高气扬地进入公宫，顺利即位，是为齐孝公。

齐孝公即位，并不能改变齐国已经从霸主的宝座上跌落的事实。虽然他是齐桓公指定的继承人，但他依赖宋襄公的帮助才即位，而且不能铲除四公子的势力、稳定国内局势，威望不足以号令诸侯。因此，齐桓公辛苦缔造的诸侯联盟立刻陷入四分五裂的状态，郑国投靠了楚国，邢国勾结狄人进攻了卫国，鲁国则站在了宋国的对立面。

面对这样的局面，宋襄公跃跃欲试。他觉得自己连齐军都能打败，普天之下还有哪国是自己的对手？风水轮流转，这一回该轮到宋国称霸了吧。

于是，宋襄公决定效法齐桓公的称霸流程，先收服周边的国家组建一个联盟，再慢慢把别的国家吸纳进来。

他首先选中了临近的滕国（今山东滕州西南），找了个机会把滕宣公（名婴齐）抓了起来，迫使滕国屈服。随后，又召集了与宋国关系相对较好的曹、邾、鄫三国来会盟，打算正式组建联盟。

然而，就是这么一场小国之间的会盟，还是搞得很不愉快。原因是曹国和鄫国不买宋襄公的账，对这次会盟态度非常敷衍。曹国作为东道主，却对宋襄公十分冷淡。鄫国则更加过分，直接放了宋襄公的鸽子，以自己有事、来不及赶到会场为由缺席。

第一次主持会盟就搞成这个样子，宋襄公气得脑门都要冒烟了：我是立志要成为霸主的人，你们这些喽啰一样的小国竟敢这样让我难堪，看我怎么收拾你们！

会盟结束后不久，鄫子（鄫国国君）拜访了邾国，打算私下里和邾国结盟。邾文公（名籧篨qú chú）怕得罪宋国，就把鄫子抓了起来，并

派人去请示宋襄公该如何处置。

宋襄公恶狠狠地对邾使说："把鄫子杀了,用来祭祀次睢(今江苏铜山附近)的土地神!"

用人祭祀神灵是商朝的一种风俗,但时过境迁,这种残忍的祭祀方式已经不常见了。宋襄公这是要开历史的倒车,想用这种恐怖的行为吓倒鄫国这些东夷小国。

看到平日里温文尔雅的宋襄公突然间如此凶残,哥哥目夷也大为不解,劝谏弟弟说:"齐桓公延续了鲁、卫、邢三个国家,使诸侯归附,还有人觉得他薄德。现在你在第一次会盟前后就加害了两个国君,这样是不可能谋得霸业的。"

但宋襄公根本听不进去哥哥的话。或许在他的心中,仁义道德只是针对那些尊重他的人,或者大国贵族,像鄫子这样不值一提的东夷小国之君,胆敢藐视自己,拿去当人祭没什么大不了。当初齐桓公搞北杏会盟的时候,不也灭了不肯参会的遂国吗?我只是杀了个国君,已经算是仁慈的了。

惩罚了鄫国之后,宋襄公又把矛头对准了不愿服从的曹国,调兵对其讨伐。目夷又看不下去了,他觉得弟弟没有齐桓公的名望,却复制齐桓公的争霸手段,这样是收服不了诸侯的,就再次劝宋襄公说:"从前周文王听说崇侯昏乱,发兵攻打了三十天都没有成功。周文王便主动退兵,回国加强教化。不久再去攻打,崇侯就投降了。我们现在的德行恐怕有所缺失,这样是打不赢的。不如先反省自身,等到我们的德行没有欠缺的时候再出兵吧。"

这一次,宋襄公似乎听进去了哥哥的建议,仅仅进行了象征意义的围城就撤退了,没有和曹国纠缠不清。

经过这次会盟的失利,宋襄公做了反思,觉得用军事手段逼服诸侯过于麻烦,不如另辟蹊径,用外交手段争取霸主地位试试。

很快,宋襄公就发现了一个"天赐良机"。

谁执牛耳？

就在宋军讨伐曹国的时候，陈国向各国发出倡议，到齐国召开一场会盟，共同延续齐桓公当年盟好。陈国是希望诸侯们在没有霸主的情况下进行互动，维持中原地区的和平状态。这个倡议得到了大部分诸侯积极响应。

中原大国中只有宋国和卫国没有表态。卫国是因为正在和邢国交战，没心思商讨和平大计，而宋襄公则是打起了小算盘，觉得延续齐桓公的盟好怎么可以没有主盟者呢？自己正好可以利用这次机会当上盟主。

于是，《左传》和《史记》记载，宋襄公想大会诸侯，与齐、楚两国在鹿上（今安徽阜南南）会盟，让楚国说服诸侯们拥护自己，楚成王很干脆地答应了。由于史书上没有说明细节，宋襄公和楚成王的表现很让人疑惑：你宋襄公想当霸主，哪有求别人让诸侯听命于自己的？而楚成王什么条件也不提，就这么简单地同意了？

从后来发生的事情推测，宋襄公是真的傻，而楚成王则是在装傻。

  宋襄公想会合诸侯，《左传》中提及一位鲁国大夫对此嗤之以鼻，这说明这件事是公开的，宋襄公是向天下发出倡议，主张由自己组织一场诸侯大会。但他没有立即邀请各国，而是先联络了齐、楚两国会盟，因为这两个国家实力最强，其他诸侯国愿意服从它们，宋襄公需要先取得它们的支持。

  宋襄公的计划是在鹿上会盟上把齐国争取到自己这边来，并指出楚成王身为蛮夷之主，不能主盟，说服他把号令诸侯的权力交给自己。宋襄公以为这个方法是四两拨千斤，不费一兵一卒，通过外交手段就能攫取霸主之位。但实际上，这个办法是异想天开，楚国怎么可能愿意居于宋国之下？也就只有宋襄公这样天真的理想主义者，才会对现实抱有不切实际的幻想，相信霸主之位可以通过谈判得来。

  邀请函发出去了，楚成王和齐孝公如约而至。齐孝公是宋襄公一手拥立的，自然要来捧场；楚成王则是为了观察一下宋襄公的底细，也特地跑了这一趟。到了会场上，楚成王简直要为宋襄公那番迂腐的言行笑掉大牙。宋国有这样愚蠢的国君，我楚国消灭它是易如反掌。于是，楚成王将计就计，假装同意了宋襄公的提议，让诸侯们听命于宋国。

  宋襄公以为自己成功说服了楚国人，兴奋地把这个好消息传遍全国。目夷却忧心忡忡，认为宋国的实力还不能与楚国相比，小国想和大国争霸，肯定会招来祸患。

  目夷的担忧很快就应验了，楚成王回国之后立刻开始了谋划，打算在下次诸侯大会上绑架宋襄公，然后以宋襄公为人质围攻商丘，迫使宋国人献城投降。而对这一切，宋襄公都蒙在鼓里。

  公元前639年秋天，楚、陈、蔡、郑、宋、许、曹七国约定在盂地（今河南睢县西北）举行会盟。目夷发现齐、鲁、卫三个大国都没有参加，而宋国这一方只有曹、许两个小国撑场，势单力薄，很容易出问题，就建议宋襄公带一支军队随行。宋襄公却拒绝了，说："我和诸侯们约定不带兵车参加会盟，怎么可以不守信义呢？"

宋襄公就这么傻乎乎地准备去当霸主。但到了会场，他很快就高兴不起来了。

楚成王指使自己的侍卫趁宋襄公不注意，一拥而上把他摁倒在地绑了起来。参加会盟的其余诸侯都惧于楚国的淫威，居然没有一个出来阻拦的。宋襄公见情况危急，对随行的目夷喊道："你赶紧回国组织防守！现在国家是你的国家了。我没有听从你的建议才落到这样的境地！"

目夷一边逃跑一边回答："就算您不说，那也是臣的国家，您只管放心好了！"

宋襄公被押上了兵车。楚成王一声令下，隐藏在盂地附近的楚国大军立刻赶来集结，向宋都商丘进发。逃回国的目夷则展现了非凡的危机处理能力，在短短的时间里稳定了人心，组织起了有效的防御。

楚成王率领大军来到商丘城下。他以为俘虏了宋国国君，宋国人必会害怕而投降，于是，他不忙着攻城，而是命人到高处对宋国人喊话："你们不开城投降，我们就杀了你们的国君！"

宋国人回答："我们依靠神灵的庇佑，已经有新国君了！"

宋国人实际上没有立新国君，他们只是在欺骗楚军，让楚军没办法打人质这张牌。

楚成王没想到宋国人居然如此强硬，宋国已立新君，杀了宋襄公也没有用了。他看见商丘城上到处是守城器械，觉得强攻也捞不着什么便宜，就僵持了一段时间。后来鲁国出面调停，楚成王自认失策，便给鲁国面子，召集诸侯在薄地（今山东曹县南）会盟，当场释放了宋襄公。

这次被俘的经历让宋襄公感觉羞辱到了极点，他自觉没有脸面回国，就躲到了卫国那里。目夷派人去卫国对他说："臣民们为您守护了国家，您怎么可以不回来呢？"

宋襄公这才回到了宋国。

君子之战

宋襄公好不容易回到了宋国，但这段人质生涯已令他成为天下人的笑柄。宋襄公意难平，发誓一定要报仇，把自己的面子打回来。他整军备战，准备找机会与楚国一决胜负。

《东周列国志》上说，宋襄公为了表示和楚国势不两立，在军中树立了一杆写着"仁义"的大旗，表明宋军是仁义之师，反衬楚军是没有仁义的蛮夷。虽然这不是史实，但很符合宋襄公的内心想法。目夷见弟弟如此鲁莽行事，不由得叹息道："灾祸还没有结束啊。"

宋襄公回国才大约半年，就迫不及待地要开战了。他得知郑文公亲自前往楚国拜见楚成王，气不打一处来，觉得郑文公身为诸夏国君竟然去朝见蛮夷之王，简直是无耻败类。于是，他联合了卫、许、滕三国共同出兵讨伐郑国。

四国联军气势磅礴地杀向郑国，郑文公连忙向楚国求援。楚成王收到消息后也极为恼火，宋襄公又一次带头对抗自己，说明上一次给他的教训还不够嘛！这一次，我不会对你这么客气了！

楚成王立刻召集人马直接侵入宋国，摆出一副大举进攻的姿态。

宋襄公连忙从郑国前线撤兵，与众臣召开紧急会议，商讨应战之策。大夫们普遍认为宋国国小兵少，应该据城固守，避免与楚军正面交锋，等楚军攻城失利，他们自然就会撤退。但宋襄公却不同意，他认为自己行得正，立得直，为什么要当缩头乌龟，躲起来不战？何况，上次楚国人将他俘虏的耻辱经历还记忆犹新，要是不和楚成王正大光明地决斗一场，怎么咽得下这口气？

于是，宋襄公下令出战，并决定亲自带兵前往阻击楚军。担任司马、主管军事工作的公孙固[①]表示反对，说："上天已经抛弃商朝很久了，您还想复兴它，是不可能的！"

公孙固的意思是宋军出战必败无疑，可一心复仇的宋襄公根本不听他的劝说，还在幻想着自己能重复当年击败齐军的战绩。

宋襄公带领军队火速赶往泓水（今河南柘城西北）一带阻挡楚军的攻势。当他们赶到泓水北岸，楚军正准备渡河，一大片人马拥挤在岸边，手忙脚乱地架设浮桥或者乘坐木筏。公孙固见状，连忙建议道："他们兵多，我们兵少，可以趁这个时候出击，说不定就能打败他们。"

然而，天真的宋襄公认为宋国既然主张"仁义"，就要体现在方方面面，外交上守礼，军事上也要守礼。与楚人这些蛮夷交战，宋军一定要表现出仁义之师的风采，趁敌人还在渡河的时候偷袭他们不公平。所以，他拒绝了公孙固的建议，说："不行！有仁义的人绝不可以陷别人于危难之中，我不忍心做这种事情。"

[①] 《史记》记载此战论战者为目夷，但目夷是掌国政，并非执兵权。此从《左传》记载，认为论战者为司马公孙固。

宋襄公下令全军按兵不动，等楚军渡河过来再作战。

楚军忙活了好一阵子，才把所有人送过了泓水。公孙固这时又说："楚军的阵型还没有整理好，趁这个机会打吧。等他们准备好作战，就没有取胜的机会了！"

宋襄公依旧义正词严地说："不可以！有仁义的军队不会攻击没有布好阵型的军队！"

楚军布置好了阵型，利用兵力优势向宋军发起进攻，宋军很快崩溃大乱，宋襄公也陷入了楚军的围攻。忠心耿耿的护卫亲兵用身体组成肉盾拼死保卫国君，结果全部战死。狼狈不堪的宋襄公在混战中被箭射中了大腿，疼得哇哇大叫。附近的宋军将士连忙赶来救援，总算杀开一条血路，将宋襄公从死人堆里带了出来。

泓水之战最终以宋军惨败告终，宋军破损的战车和旗帜遗弃得到处都是。打扫战场的时候，楚军割下战死的宋军士兵的耳朵，作为战利品。然后他们掉头向西，带着上万只耳朵和成群的宋国俘虏，向郑国邀功去了。

郑文公正好有一位夫人是楚国公主（芈氏），他就让芈氏随自己去迎接凯旋的楚成王。楚成王见到妹妹很高兴，把俘虏的宋兵和割下的耳朵展示给大家看。这一天，郑国人大摆宴席，让打了胜仗的楚国将士们吃好玩好，楚成王酩酊大醉。晚上回营的时候，芈氏带着郑国公室女眷送楚成王。他见两位郑国公室女子长得好看，便仗着酒劲把她们带回去过夜了。郑文公得知消息后，也不敢多说什么。

愚蠢还是高尚？

宋国人对泓水之战的惨败感到无比的生气，都在责骂宋襄公愚蠢。宋襄公很委屈，辩解说自己是按照礼的要求打仗，并没有错，打败仗是因为楚国人狡猾。

宋襄公的委屈到了后世也没有得到理解。许多人认为，宋襄公是假仁假义，为了自己的名誉，宁可白白牺牲将士的性命。还有人说，宋襄公是和楚成王怄气，为了把楚国人的卑鄙无耻彰显于世，才一定要做出仁义的姿态。

其实，我们如果回到宋襄公当时的立场，会发现他并不是愚蠢，而是在坚守一种正在逝去的道义。

周朝以礼制治天下，诸侯之间的战争也有一套"军礼"：征伐他国的权力只有天子才有，身为一方诸侯，征伐别人要先得到天子批准（"礼乐征伐自天子出"）。出兵之前，还得先找好理由，如对方有弑君、残害百姓、不听天子指挥等不义之举。出兵的时机也有规定，如果

对方正在举办国君的丧事，或者正遭遇自然灾害，就不能出兵，必须等他们丧期过了、灾害结束了，才可以发兵进攻。

如果对方派出军队迎战，本方主帅得向对方的主帅下战书，约定好开战的时间、地点。双方摆好阵型后，先是派人在前线叫阵。叫阵不是泼妇骂街一样口吐芬芳，而是像辩论一样，说明我方的正义和敌方的非正义，并且要在气势上压倒对方。叫阵完了，便是"致师"，派出三位勇士驾车冲击敌营，杀死一名敌兵取下他的耳朵，或者抓一个俘虏回来，展示己方将士的武勇。如果派出去的勇士空手而回，或者反被敌人杀死，此方军队的士气就会受到重挫。

致师结束后，两边一起冲到战场中央展开对攻。战场上不允许制造陷阱，或者在侧后方偷袭，因为阴谋诡计是不合礼制的。厮杀结束后，胜利的一方不能追杀失败一方逃跑的人马，更不能追击对方的主帅和国君，也不能屠杀俘虏和伤兵，对于没办法逃跑的敌兵还要帮其逃跑。

总之，那个时代的战争犹如竞技游戏，完全不像后世战争那样残酷和狡诈。这种君子般的作战方式在春秋前期仍是主流，所以宋襄公竭力坚守这一战场守则，想以华夏贵族精神和楚成王来一场疆场决斗。可惜的是，他失败了。

笔者认为，宋襄公在开战之时，并不认为自己会失败。他第一次出兵就打败了齐军，这让他对宋军的战斗力一直充满信心，而他深入骨髓的贵族式骄傲，使他更加看不起楚军这支蛮夷军队。宋襄公由此对战场形势产生了误判，自信满满地以君子姿态迎战敌人。

总而言之，宋襄公是堂吉诃德式的悲剧人物，幻想着不切实际的理想，坚守着迂腐的贵族精神，最终被现实狠狠地暴捶了一顿。

泓水之战终结了宋襄公称霸中原的梦想，也终结了他的生命。他在战斗中受的箭伤一直没有医好，越来越严重，他在病床上度过了生命的最后一年。

泓水之战结束后不久，晋公子重耳流亡到了宋国。病中的宋襄公做了人生最后一件好事：盛情款待了这位饱受磨难的公子，还送给他二十辆马车。重耳在宋国待了不久便离开了。

第二年，宋襄公当初竭力帮助的齐孝公居然落井下石，趁宋国大败的时机派兵来攻。最终齐军撤退，宋襄公则在痛苦中因伤去世了。他的儿子王臣即位，史称宋成公。

宋成公迫于形势压力，即位后不久便去朝见了楚成王，表示对楚国顺服。至此，楚国已经收服了中原大国中的郑、宋二国，大有成为新一任中原霸主的趋势。而齐、鲁、卫、陈等国各自为政，谁都没有阻挡楚国的意愿和实力。

就在这个危机时刻，黄河北岸的一个国家站了出来，重新扛起了尊王攘夷的大旗，大胆地对楚国说了声"不"。

中原大地，即将迎来第二位霸主的诞生。

卷四 英雄也可以大器晚成

不经苦难,难成大业;大器晚成,时未晚也。
重耳用传奇的一生诠释了何为"天将降大任于斯人也"。

一句戏言，一个国家

晋国——春秋时期傲居北方的超级大国，战国时期则分裂为七雄中的赵、魏、韩三国。就是这样一个巨无霸，《史记》说它诞生于两个小孩间的一句戏言。

晋国的先祖名叫姬虞，是周成王的弟弟。周成王年幼即位，有一天和姬虞在一块儿玩耍，他捡了一张桐树叶子，把它撕成珪①的形状，对姬虞开玩笑说："我封你为诸侯，这块珪你拿去。"（"以此封若。"）

同样是小毛孩子的姬虞哪里懂得这句话的分量，他当过家家一样，嘻嘻哈哈地收下了这张叶子。

换作别的小孩子这么玩，按理不会有什么问题。但周成王是天子，把"封你做诸侯"这话说出来，事情就大了。要知道，天子是极尊贵的人物，一言一行都有着政治意义，他的嘴巴是"金口"，说出的话是

---

① 一种条状玉器，上尖下方，用于重大仪式，只有天子和诸侯才能拥有。

"玉言",容不得半点儿戏。周成王虽说是个孩子,但说出的话仍会被随行官员认真记录,这句"以此封若"就出现在了官方文件上。过了几天,有官员向周成王请示,希望他选个地方,再挑个吉日给姬虞分封。周成王不理解,说:"我不过是和王弟闹着玩而已。"

官员就答道:"天子无戏言,说的话要记录在史书上,用在礼仪上,还要编进乐曲里传唱。可不能说话不算话。"

周成王这才明白自己身为天子,半句玩笑话都不能说,便只好把"唐"(今山西翼城西)封给了弟弟,姬虞也就被尊称为"唐叔虞"。

姬虞勤政爱民,深受百姓爱戴。现在山西的著名景点晋祠,供奉的就是他。姬虞死后,其子燮父迁都到了晋水河畔,将国名改为"晋",晋国开始登上历史舞台。

以上是《史记》中记载的晋国立国过程,但童书业教授在《春秋史》中对此表示怀疑。因为在出土的春秋时期的铜器和墓地铭文中,提到过唐叔虞曾经辅佐周武王,并以军功得到分封,由此可以判断,唐叔虞的辈分可能比周成王要大,而且被分封时已经成年。姬虞因周成王的一句戏言而被分封的故事,应该只是晋地的传说而已。

几百年后,晋国发生了一场旷日持久的内战。内乱源于晋穆侯(名费王)时期,他有两个儿子,长子名叫仇,次子名叫成师。有位叫师服的晋国大夫就此议论说:"'仇'是敌人的意思,含有贬义;'成师'则有成就的意思,含褒义。长子的名字还不如次子,这怎么可以呢?"

师服其实是话里有话,他的意思是:晋穆侯明显更宠爱次子成师,将来长子仇这支大宗很有可能压制不了成师这支小宗。

师服一语成谶。多年以后,晋穆侯去世,他的弟弟殇叔赶走了太子仇自立为君。太子仇在四年后成功复仇,杀掉了殇叔当上国君,就是晋文侯。

晋文侯死后,儿子即位,是为晋昭侯。他把叔叔成师封在了曲沃(今山西闻喜一带)。分封的原因史书没有记载,很有可能是成师太受晋穆侯宠爱，在朝中已经形成了不小的势力，而在推翻殇叔的过程中，成师帮了哥哥不少忙，晋文侯一方面迫于叔叔势力太盛，一方面也为了褒奖叔叔的功劳，便将叔叔分封出去。

成师就此被尊为"曲沃桓叔"，这和当年郑国的公子段当"京城太叔"的情景极为相似。但是晋昭侯不是郑庄公，无法控制桓叔在曲沃不断坐大。曲沃地域广大，比当时晋国的都城翼城（今山西翼城）还要大。桓叔掌握了丰厚的资源，逐渐暴露了野心。他在领地里收买人心，广纳贤才，准备以曲沃为根据地夺取晋国的君位。

《诗经·唐风·扬之水》就记录了当时人们投靠桓叔的欢乐心情：

扬之水，白石凿凿。素衣朱襮，从子于沃。既见君子，云何不乐？
扬之水，白石皓皓。素衣朱绣，从子于鹄。既见君子，云何其忧？
扬之水，白石粼粼。我闻有命，不敢以告人。

大意是说：小河里的水欢快地流，岸边的白石鲜明光洁，我穿着好看的衣服去曲沃，看见了桓叔真是快乐啊！我要跟着他奔赴战场，得到的命令可不敢随便跟人说啊。

诗句里提到要跟桓叔去打仗，其实就是跟着桓叔去攻打位于翼城的大宗。在桓叔被分封到曲沃后的六十七年里，曲沃的小宗和翼城的大宗混战不休，就连周王室都被卷入其中。但即使有王室干预，这场内战基本上还是曲沃的小宗占据上风，有几任晋国国君都遭到了其杀害。

终于，在公元前679年，桓叔的孙子曲沃武公（名称）杀死了晋侯缗，正式灭掉了大宗。武公随后派人给周僖王送去了很多名贵宝器，以换取周王室对他的承认。手头正紧的周王室见钱眼开，就任命武公为晋国国君。曲沃的小宗以三代人的努力，最终取代大宗，夺取了晋国君位，历史上称这次事件为"曲沃代翼"。

晋国无公族

曲沃武公成为晋武公仅仅两年就去世了，儿子诡诸即位，是为晋献公。晋献公在前面第一章里露过脸，葵丘会盟的时候，他本想来参加，但路上被周朝使臣劝返了。

晋国位居北方，国人与戎狄杂居，其国君与中原诸侯相比更加蛮横好战。晋献公也不例外，他是位征服欲和控制欲很强的铁腕人物，在位二十六年，南征北战，吞并了众多邻国和戎狄部落，为晋国开辟了广大的疆土。他猜忌心强，凶残好杀，连自己的儿子都不放过。他的所作所为在一定程度上影响了晋国此后几百年的命运。

晋献公即位不久，就做了一件令人胆寒的事：对晋国公族大肆屠杀。晋献公有许多叔伯和兄弟在曲沃代翼中立下不少功劳，其宗族势力因而壮大，不把晋献公放在眼里。晋献公担心有曲沃代翼的恶例在先，将来还会有公室谋朝篡位，于是，一不做二不休，决定彻底铲除这些人。

他先是对这些公族使用离间计，挑拨他们自相残杀，然后，建造了一座名聚的新城（今山西绛县东南），诱骗公族搬去居住，接着派兵包围这座城，将城内的公族全部杀死（"尽杀群公子"）。

血洗聚城的恶果是"晋国无公族"，公室人丁凋零，加上晋献公死后晋国发生了内乱，公族之间互不信任，一些重要的官职和卿大夫之位逐渐被异姓占据。这些异姓大夫中，当时最为著名的是毕万和赵夙两人。毕万是晋献公的车右，相当于国君的高级保镖；赵夙是晋献公的御戎，相当于国君的专职司机。晋献公将他们都封为大夫，分别赐地魏（今山西芮城东北）和耿（今山西河津南）。毕万的后人以"魏"为氏，和赵夙的后人逐步形成了权倾一时的魏氏和赵氏家族。

回来再说晋献公的故事。他杀光公族之后，总算觉得国君的位子坐得安稳了，便把目光投向了国外。当时晋国的周边邻国众多，而且靠近狄人和戎人的部落，晋献公恩威并用，一手联姻结盟，一手武力征服，取得了"并国十八，服国二十七"（这里的"国"可能有一部分是戎狄部落）的惊人战绩。晋国在他的领导下迅速扩张了领土，成为雄踞北方的军事强国，为将来争雄天下奠定了基础。

在晋献公征服四邻的战争中，有一场颇为著名，就是灭亡虢国（即西虢国）和虞国（今山西平陆北）的战争。"唇亡齿寒"和"假道灭虢"两个成语即来源于此。

虢国和晋国的结怨源于晋国内战期间，虢国曾在周天子的指示下多次讨伐曲沃。而曲沃代翼后，虢国又两次入侵晋国。晋献公就和大夫荀息策划，计划绕道虞国去攻击虢国。为了让虞公愿意借路，晋献公拿出自己珍藏的宝马和玉璧送给他。贪财的虞公一口答应了晋国的要求，还同意派人给晋军带路。一个名叫宫之奇的大夫觉得此举不妥，劝说虞公拒绝晋国人的请求，但虞公不听。晋军便在虞人的指引下攻下了虢国的下阳（今山西平陆东北）。

三年以后,晋国再次向虞国借路攻击虢国。宫之奇坐不住了,苦口婆心地劝虞公说:"虢、虞两国相邻,如果虢国被晋国吞并,虞国就处在晋国的包围中,这可就危险了啊。俗话说:'嘴唇破了,牙齿就会感到寒冷。'我们决不能再借路了!"

虞公不相信,说:"晋国和我们虞国同姓,他们怎么会灭亡虞国呢?"

宫之奇就说:"晋国和虢国也是同姓,他们不照样攻打吗?而且晋侯连自己的亲属都杀,何况是与之血缘关系很远的虞国呢?"

虞公最终没有听从宫之奇的劝说,还是放晋军通行了。宫之奇只好携全家逃亡到了曹国。

晋军从虞国偷袭,攻下了虢都上阳(今河南三门峡),虢国被灭亡了。晋军回程途中顺道进攻虞国,虞公毫无防备,只能和一众大夫束手就擒。晋献公当初送给虞国的宝马和玉璧物归原主,晋献公对此打趣说:"我的马终归是我的马,就是牙齿已经老了。"

第32章

父子分离

就是这样一位极具政治手腕的国君,对父子关系的处理却相当糟糕。晚年的晋献公与三个儿子发生了激烈的冲突,使晋国再次爆发了一场旷日持久的内乱。

晋献公即位的时候,看上了自己的庶母齐姜。齐姜是齐桓公的女儿,嫁给晋武公的时间不长,丈夫去世时她还很年轻。晋献公不顾伦常和世人的指责,在父亲在世时就和齐姜私通,即位后更是堂而皇之地封齐姜为夫人。齐姜给他生了一个儿子,就是太子申生。

作为长期与戎狄相邻的诸侯国的君主,晋献公不在乎民族界限,多次与戎狄女子通婚生育,狄女①为他生下了公子重耳和公子夷吾。

后来的霸主晋文公重耳的出生年份在史学界一直存在两种说法:《史

---

① 《左传》记载为戎女,但当时中原人常常将戎、狄混称,且后来称重耳的母国为"狄国",故推测为狄女。

记》记载是公元前697年，但《国语》记载是公元前671年。根据《史记》的说法，太子申生作为重耳的兄长，应该是在公元前697年之前就出生了。但那个时候，齐桓公还只是个年轻的公子，就算有女儿，也只是个幼女，怎么能嫁给晋武公呢？而且武公此时还在曲沃，正一心谋划如何消灭翼城的大宗，年富力强的他怎么会同意儿子与妻子私通并生下孩子呢？只有武公在公元前679年成为国君后，齐桓公也年长了，才有可能嫁女儿给他。而武公年老糊涂，晋献公与齐姜也才有可能私通生子。

此外，按照《史记》的说法，重耳外出流亡时已四十三岁，回国已六十二岁了。这个年龄段在先秦时期算是老年了，重耳恐怕没有体力和精力去流浪和争霸。而且，重耳的外公狐突一直活到公元前637年重耳还晋，按照《史记》记载，那一年重耳六十二岁，那么狐突怎么算都是百岁左右的人，这在古代简直是神话。按这个年龄倒推回去，狐突在公元前662年将近八十岁，而《左传》记载当年狐突带兵与戎人战斗。将近八十岁的老翁还征战沙场，这太不现实了。

综上所述，本书采信《国语》的记载，认为重耳更有可能出生于公元前671年。

重耳是晋献公的庶子，如果没有意外，他是没机会当国君的。估计重耳年少时的想法就是安安稳稳地做个太平公子，等申生当上国君，自己就领一个食邑或受封一个官职，把本职工作做好，了此余生。

然而，重耳平稳而低调的生活被一个女人的到来打破了。这个人就是骊姬。

骊姬原是骊戎首领的女儿。晋献公派兵攻打骊戎，掳走了骊姬姐妹两个，将她们纳进自己的后宫。《庄子》记载，骊姬刚来到晋国时"涕泣沾襟"，一副小家碧玉的羞涩模样。但很快，晋宫的豪华生活就让她如鱼得水，反而后悔当初哭鼻子了。她凭借出众的外貌和善解人意的表现，深深地把晋献公吸引住了。太子申生评价说，父亲晋献公要是没有骊姬在身边，就会吃不下饭，睡不着觉。可见二人如胶似漆，已经到了寸步不离的地步。骊姬也顺理成章地被立为夫人。

有了国君的宠爱，骊姬产生了一个大胆的想法：把自己的儿子奚齐立为晋国太子。但让晋献公废掉太子申生并不容易。申生的母亲来自大国齐国，申生本人是品行端正的孝子，政治和军事能力也十分突出。这样一位太子，出身高贵又德才兼备，走出去就是晋国的一张活名片，晋献公没有理由废他。而且，就算申生被废，还有重耳和夷吾两位年长的公子，其母族是有势力的大夫，他们一定也会阻碍奚齐成为太子。

骊姬想不出办法，便找人请教。当时宫里有一个滑稽演员叫施，史书称其"优施"（意思是"叫作施的艺人"）。优施经常给骊姬表演，两人关系很好。骊姬就私下对优施说："我想办一件大事，扳倒三位公子，让奚齐做太子。你觉得应该怎么做？"

别看优施是个小丑，鬼点子却很多。他回答骊姬说："夫人可以想办法让三位公子和国君产生矛盾，让他们父子不再互相信任，这样就有机会了。"

骊姬又问："那先从谁下手呢？"

优施说："从申生开始。他胆小懦弱又好面子，遇到事情只会忍耐，他最容易被人诽谤和污蔑。夫人您正受宠爱，您说一个人好话或者坏话，国君没有不相信的。您就表面上做出善待申生的样子，私下里用各种方法离间国君和他的关系。当他们父子俩都对对方忍无可忍的时候，夫人再去劝说国君，就能成功了。"

骊姬一听，这个计划实在是太棒了，先把三位公子和晋献公分开，让公子们到远离国都绛（今山西翼城东南）的地方。公子们不在国君身边，出了事情就无法当面解释。这样一来，骊姬就很容易说三个公子的坏话，怎么搬弄是非都行。因为自己是女人，不方便出面干涉朝政，她就买通了晋献公的两个近侍，让他们做自己的帮凶。

这两人一个叫梁五,一个叫东关嬖(bì)五。他们能说会道,找了很崇高的理由劝说晋献公:"曲沃是君上的宗庙所在,蒲城(今山西隰县西北)和屈城(今山西石楼东北)是国家的边疆要地。宗庙没人看守,民众就不会畏惧;边疆没人驻守,戎狄就会有侵略野心。这样一来国家就会有大患。如果让太子去守宗庙,公子重耳和夷吾去守蒲、屈两城,既可以威服民众,让戎狄害怕,又能彰显君上的功绩。"

晋献公觉得有理,就采纳了两人的建议,命令儿子们都搬到外地驻守,只把骊姬姐妹生的奚齐和悼子留下。

一直以来,史书上对晋献公把公子们迁往外地的原因语焉不详,好像只是听从了梁五和东关嬖五的谗言而已。但是,以晋献公的雄才大略,他不应该如此头脑简单。一般来说,太子是没有道理离开国都居住的,因为他需要随时准备接替君位。就算祭祀宗庙一事极其重要,太子偶尔去一下就可以,没必要长期留在那里。万一国都有急事,他赶回来一趟,黄花菜都凉了。因此,当时不少晋国人都看出申生的太子之位难保。普通的国人都能看出其中的问题,难道晋献公就发现不了吗?这恐怕不能用晋献公年老昏聩来解释了。

笔者认为比较合理的解释,应该是晋献公早就对太子申生和公子重耳、夷吾不满了。晋献公即位之后杀伐决断,诛杀公族又灭国众多,给国人的感受是冷酷和暴戾。申生却与之相反,他温文尔雅,善良宽厚,国人对他更有亲近感。这就使得申生在国内拥有大量支持者,人气和名望几乎超过了父亲。

儿子如此优秀,做父亲的不应该高兴吗?晋献公不同于常人,他是一个控制欲很强的人,不容许任何人比他更有威望,不容许任何人动摇他的地位,就算是自己的儿子也不行。晋献公此时已经有了废立太子的打算,但是碍于申生的声望和宗法的限制,他不敢明目张胆地这么做。梁五和东关嬖五的建议正中他的下怀,他变相剥夺了申生参与朝政的权力，让其承担守护宗庙的重任。申生一旦出了差错，就可以趁机治他的罪了。

那么，为什么把重耳和夷吾也赶走呢？原因还得从曲沃代翼中寻找。曲沃桓叔为了谋夺翼城的大宗，以贤德的形象收买人心，招揽四方人才，史书上说"晋国之众皆附焉"。其真相应该是大量异姓贵族也投靠了曲沃小宗，这些异姓人士在内战中出力并不比桓叔的宗族小。

代翼成功后，这些异姓功臣就成了晋国国内的一大势力。他们一方面受到分封，成为卿大夫，参与晋国的军政事务；一方面指派家族子弟去侍奉公子，试图在晋国的下一代执政时保持话语权。比较有力的证明是重耳和夷吾后来逃难时，总是有一批能臣干将跟随他们，为两人回国即位忙前忙后。

从这个角度来看，重耳和夷吾的身边已经形成了政治集团，他们虽然年纪不大，但已经成了那些异姓贵族议论国君的挡箭牌。晋献公对此备感焦虑，他为了维护自身的权威，就想立根基比较弱小的奚齐为太子，削弱这些异姓功臣在朝中的影响力，而他把重耳和夷吾赶到外地也就理所当然了。

可以说，晋献公和骊姬的想法是不谋而合的，但为了避免不必要的麻烦，他没有明说。史书夸大了骊姬的作用，内乱的罪魁祸首还是晋献公本人。

卷四　英雄也可以大器晚成

这个太子不好当

公元前666年,在父亲的要求下,重耳搬到了蒲城居住,申生和夷吾则分别去了曲沃和屈城。重耳的性格相对软弱,对于父亲的要求坦然接受,或许他根本就没思考过当中的阴谋,认为只是换了个地方过小日子而已。

当时,一位名叫士蔿(wěi)的大夫负责修建蒲城和屈城,他故意偷工减料,把柴草混在土中筑城。重耳对此毫不在意,夷吾却很不高兴,把这件事报告给了父亲。士蔿只好叩头谢罪,把筑城工作认真完成了。从这件事也能看出,重耳为人随和软弱,用现在的词来形容,就是"佛系"。

另一边,太子申生感觉得出来,父亲开始疏远他了,让他来曲沃名为守宗庙,实为变相外放。如果自己在祭祀上出现差池,很可能太子之位就保不住了。于是,申生在曲沃城里格外认真负责,将工作完成得滴水不漏,让父亲始终找不到他的把柄。

晋献公见此计不成，便又心生一计。

几年以后，晋献公扩充了军队，组建了上、下两军。他自己统帅上军，下军的指挥权则交给申生，让他带兵出去征战。士芬提出了反对，认为太子应该是国君的副手，怎么可以负责打仗呢？太子要是战败了，是丢国家的脸面；要是战死了，就是国家的损失。晋献公却满不在乎地说："我的儿子我自己管教，不用你操心！"

士芬看出来了，晋献公这是要陷害申生。带兵打仗非常危险且考验能力，文质彬彬的申生不一定能当此重任，要是战败回国，很容易被追责并丢掉太子之位；就算打胜回国，也会因为荣誉加身而更加遭到晋献公猜忌。所以，士芬希望申生赶紧逃到国外去，不然早晚要死在父亲手里。

但申生却没有听从士芬的建议，他认为孝义比自身利益更重要，做儿子的没有违背父命的道理。他老老实实地接受了父亲的指令，结果大胜而归。晋献公没想到申生行军打仗也有一手，心里愈发惧恨。但他仍旧没表现出来，而是假惺惺地下令奖励，还派人增筑了曲沃城。

晋国国内很快出现了流言，说申生得胜归来后忘乎所以，声称国君已经老了，被骊姬那个狐狸精给迷惑住了，将来晋国会因此出现祸乱。显然，这个流言是骊姬派人散布的，为的就是激怒晋献公，让他加快废掉申生的动作。

骊姬在某天晚上又哭哭啼啼地对晋献公说："我听人说，申生这个人表面上宽厚仁义，实际上满脑子收买人心的权术。他现在说我迷惑您，将来晋国会大乱，其实是在针对您啊。他一定会以民意为理由，推翻您并把我杀掉。不如您就把君位让给他，或许就能平安无事了。"

晋献公一听，勃然大怒道："我还没死就交出权力，国人和其他诸侯会怎么看我？没有权力和威望的我，还有可能活命吗？你不要担心，我自有办法对付申生。"

卷四 英雄也可以大器晚成

骊姬就说:"既然这样,您不如再让申生去攻打东山(今山西垣曲)的狄人。要是申生再次取胜,说明他在军中深得人心,您不能不有所准备了;要是申生战败了,您就可以治他的罪了。"

晋献公觉得有道理,便再次命令申生带兵打仗。与申生关系密切的大夫里克见状,连忙跑来劝谏说:"太子的职责是留守监国或者辅佐国君,统兵打仗是国君和大夫的事情,交给太子万万不可啊!"

晋献公不以为然道:"我还不知道会让哪个儿子继承君位呢。"

里克一听,知道晋献公已经有了废掉申生的心意,自己再怎么劝也没有用,只好默默地退了出去。

申生见到他时,问了一句:"我会被废掉吗?"

里克回答说:"国君让您掌管宗庙,又让您统领军队,怕的是您无法担当重任,怎么会废掉您呢?太子您努力吧,只要做好自己,就不怕惹祸上身。"

里克是一片忠心,不愿意看到国君和太子自相残杀,希望用善意的谎言缓和两人间的矛盾。可惜的是,他的这番好意终究害了申生。

申生带兵去攻打狄人,再次大胜而归。晋献公很失望,他想让申生因战败而被废的计划再次落空了。他能够确认,申生的才能和声望足以威胁自己了。

有一天,晋献公私底下主动对骊姬说:"我想废掉太子,让奚齐取代他,可以吗?"

骊姬一听,心中狂喜不已,但她装出一副贤妻良母的样子,谦逊地说:"太子的册立,诸侯们都是知道的,而且他多次统帅军队,人们都愿意追随他。怎么可以因为奚齐而废嫡立庶呢?您要是再这样说,我就去自杀。"

骊姬的这一招,晋献公果然受用。他愈发觉得骊姬是个贤惠的女人,从头到尾不争不抢,凡事都为我晋献公考虑,报答她的最好方式,就是把奚齐立为太子了。

骊姬以为马上就要大功告成了，忍不住派人散布谣言，说申生在暗中计划弑君篡位。接着，她找机会试探晋献公道："申生能够连续两次打赢大仗，说明他在军中深得人心啊。现在他已经把篡位的计划说漏嘴了，您怎么还不设法对付他啊？"

晋献公烦恼地说："我还没找到罪名废掉他。"

骊姬恍然大悟，流言毕竟空口无凭，拿这种莫须有的事情去废掉素有人望的申生，肯定是不能服众的。要想让晋献公真正付诸行动，必须分化太子党的成员，并制造申生意图谋反的证据。

优施这个时候再次出场给骊姬助攻，他遵照骊姬的指示去分化太子党的重要成员里克。优施先是摆下酒席宴请里克，然后他借着酒意唱了一首歌，大意是鸟儿们都喜欢落在草木繁盛的苑子里，而里克这只鸟却落在了枯枝上。里克听出优施话里有话，半夜里偷偷叫来优施问道："你是不是听到什么风声啊？"

优施就说："当然了，国君已经决定杀掉太子立奚齐了，计划都已经定好了。"

里克就想，既然国君决定要杀太子，我要是还站在申生这一边，不是会一起遭殃吗？

于是，他选择了保持中立，开始称病不上朝。

里克是亲近申生的晋国大夫中最有权势的一位，他转变态度，太子就失去了依靠。而此时，同情申生的士蔿已经去世了，朝中没有能够强力支持太子的大夫了。骊姬决定马上动手，顺道把重耳和夷吾一起干掉。

公元前656年冬日的一天，骊姬派人对申生说："昨晚国君梦见了你的母亲齐姜。你要赶快祭祀她，然后把祭祀用的酒肉送来给国君享用。"

　　申生按照骊姬的要求去做了，亲自把酒肉送到绛都的公宫里。事不凑巧，晋献公正好出去打猎了，在宫中的骊姬就出面替晋献公收下了酒肉。申生前脚刚走，骊姬后脚就让人在酒肉里下了剧毒，只等晋献公回来。

　　晋献公回来以后，准备享用申生送来的酒肉。但他先行把酒浇在地上祭祀土地，结果看见酒水有异常。晋献公大惊，把肉喂给狗吃，狗当场就倒地抽搐死了。晋献公再逼一个小臣去吃，小臣也口吐白沫死了。

　　骊姬连忙大声哭喊起来："太子这是要谋害您啊！"

　　晋献公顿时怒气冲天，他确信申生真的是要弑君篡位了，立即令人去把他抓起来。但是申生事先得知了消息，吓得赶紧跑回了曲沃城。晋献公没有抓到申生，就把申生的老师杜原款给杀了。

　　有人见申生躲在曲沃城里坐以待毙，就劝他："太子如果去和国君解释一下，国君一定会弄明白真相的。"

　　申生知道如果自己解释，骊姬必然受到惩罚，就回答说："君父没有骊姬，就会吃不好睡不好。如果我申辩造成骊姬有罪，年迈的父亲就会陷入痛苦之中。父亲痛苦了，我也就不能高兴了。"

　　那人又说："那您就逃走吧。"

　　申生回答："我带着意图弑君的名声出去，哪个国家肯接受我呢？"

　　申生最终选择了以死明志，在曲沃的宗庙里上吊自尽了。他自始至终都把名誉看得比什么都重要，只要能留下美名被人怀念，哪怕死去也是值得的。

冒险的开始

此时，重耳和夷吾在绛都里正准备看望父亲，骊姬就把陷害的目标转向了他们。她对晋献公说："申生的阴谋，重耳和夷吾两位公子都是知情的，所以他们一起到了国都，来协助太子谋反啊。"

气昏头的晋献公不明真假，派人叫两人入宫来对质。宫中有人向重耳和夷吾通风报信，说千万不能去，骊姬要害你们。重耳和夷吾见势不妙，便赶紧逃离了绛都。

晋献公本来就为申生的事情气得发疯，现在得知重耳和夷吾不愿入宫，反而不辞而别，更加认定这两个儿子心中有鬼。晋献公大发雷霆，从绛都派出大批人马，分别前往蒲、屈二城捉拿他们。

重耳逃到蒲城之后，捉拿他的人马也很快就赶到了，领头的是一个叫勃鞮（dī）的寺人。这个阉人是晋献公的忠仆，国君的命令一下，他就会拼了命去完成。

当时重耳手下有很多家臣对国君听信谗言、迫害无辜公子的行为愤

愤不平，想依靠蒲城来抵抗。可重耳的想法和申生大致相同，他不愿背负不孝的恶名，不抵抗，也不申辩。他还下了死命令，不准任何人抵抗，谁抵抗就是和他作对。结果，勃鞮带人冲进了蒲城，径直来到了重耳的居所门前。

重耳就这样傻里傻气地束手就擒吗？并不是。他比申生要现实一点，他还不想死。孝义很高尚，但还不值得他现在用生命去成就，还有逃跑这条路供重耳选择。现在，大门已被勃鞮的人封锁，要逃跑只能走后院了。

在这紧要关头，重耳顾不上妻子儿女，连行李都没有准备就慌慌张张往后院跑去。勃鞮冲进房间后没发现重耳的身影，连忙带人四下搜捕，在后院的一堵矮墙下发现了重耳。

在这千钧一发的时刻，有人想办法帮重耳把一只脚搭在墙上。勃鞮见状，立刻一个箭步冲了过来，跳起来抓住重耳的宽大衣袖，不让他翻墙过去。重耳情急之下奋力一扯，把自己的衣袖给扯断了，骨碌碌滚下矮墙的另一边。外面早有重耳的家臣驾着马车飞奔而来，带上他出城而去。

重耳成功突围后，又有几名家臣赶来和他会合。这些忠心追随重耳的家臣，后来都对晋国成就霸业发挥了重要的作用。我们不妨稍作介绍：

狐毛和狐偃。这两人是重耳的舅舅，来自大戎狐氏。狐氏家族的起源不详，有说法认为他们是晋国开国君主唐叔虞沦落于狄族的后裔。无论真相如何，狐氏家族拥有狄人血缘是毋庸置疑的

赵衰（cuī）和魏犨（chōu）。分别是赵夙和毕万的后人。

此外，还有先轸、颠颉、胥臣和介子推等人。

然而，重耳身边负责管理财物的头须没有跟来，反而把钱都卷走了。重耳他们成了穷光蛋，接下来该怎么办呢？

大家便围在一起开了个临时会议。重耳提出去齐国或者楚国，因为这两个国家强大，自己在那里会很安全，将来说不定还能借助它们的力量回国。

狐偃却不这么认为，他说："齐、楚两国离晋国很远，而且强国都喜欢接受别人的朝贡，不欢迎逃亡的公子。"

狐偃觉得应该投奔重耳的母邦狄国，他解释说："狄国靠近晋国，我们很快就能到达；狄人和晋国没有外交关系，我们正好可以隐蔽在那里，不怕被遣送回国；狄人愚昧落后，和邻国结怨多，我们可以替他们分忧，他们就会感激我们，从而保护我们。我们在那里时刻观察晋国的情况和其他诸侯国的动向，就能找到机会回国了。"

狐偃口中的狄国的具体位置和来源不详，在《史记》中它又被称作"翟国"。但史书上真正被称为"狄国"和"翟国"的诸侯国距离晋国很远，也不是狄人建立的国家。根据重耳后来提到他曾陪狄君在渭水河边打猎，笔者推断这个"狄国"应该是位于今陕西省境内的一个狄族部落。其应该是白狄人建立的，不受赤狄部落联盟管控，并且和狐氏家族有血缘关系，因而被称作重耳的母邦。

重耳听从了狐偃的建议，出发去了狄国。狄国首领果然热情地收留了他们。正巧，狄国出兵攻打赤狄人的廧咎如（qiáng gāo rú）部落，俘虏了许多人口回来。狄国人见重耳逃难至此，孑然一身，连老婆都没有带，就从这些俘虏中挑选了两个女子，把叫季隗（wěi）的女人嫁给了重耳，叫叔隗的嫁给了赵衰。

重耳在狄国的生活虽说比不上以前在晋国的时候，但是终归有了一个家，而且能够衣食无忧。远离了国内的明争暗斗，在这偏远的山区，还真有一种身处世外桃源般的惬意。重耳在这里安安稳稳地生活了十二年。期间，晋国曾为了他攻打狄国，但没有获胜。

再说夷吾，他的封邑屈城也被晋献公派来的人马包围了。夷吾不像

卷四　英雄也可以大器晚成

重耳和申生那样不敢与父亲动手,下令坚决抵抗,把父亲的人马打得落荒而逃。晋献公大怒,大骂夷吾这个小子反了,抓住他,非把他的腿打断不可!晋献公第二年又派出大军围攻屈城,夷吾这一次没能守住城池,溃败逃跑了。

夷吾出逃后,听说重耳在狄国受到了良好的保护,就也想去那里过过田园生活。但他的家臣郤(xì)芮(也称冀芮)说:"您和重耳逃亡去同一个地方,会增加你们两人是同谋的嫌疑。我们不如去梁国(今陕西韩城附近)。梁国距离秦国近,我们可以得到秦国的庇护。"

夷吾听从郤芮的建议,便去了梁国。

里克的复仇

申生"谋反"和夷吾反抗,让晋献公对儿子们失去了信任。他为了防止异姓大夫和公族继续相互勾结,便驱逐了奚齐和悼子之外的其余几个公子,并下令以后晋国公子都不许待在国内。"晋国无公族"从此成为晋国特有的国情。

而骊姬,通过这一步步筹划,排除了对奚齐构成威胁的诸公子,如愿以偿地让奚齐当上了太子。

但是,骊姬没有想明白,她的成功完全得益于晋献公对公子们的不满。晋国朝堂的浑水实在太深了,异姓大夫的势力已经根深蒂固,晋献公只是暂时打击了他们,却没有办法铲除他们。一旦晋献公这个政治强人不在了,这些利益受损的集团一定会发起反扑,充当不光彩角色的骊姬必然首当其冲。

公元前651年,晋献公去世。临死前,他意识到骊姬和奚齐孤儿寡母无依无靠,需要一位托孤大臣辅佐。他把所有大夫都想了一遍,那些人

不是支持申生,就是支持重耳或夷吾,只有荀息这个人值得信任了。于是他把荀息叫到跟前,说:"寡人要让奚齐继承君位,但他年龄还小,朝中的大夫们会有不服,你能帮助他吗?"

荀息深感责任重大,坚定地说:"臣岂敢不竭尽全力!如果臣能成功,那就是君上显灵保佑;如果不能成功,臣就以死谢罪。"

得到荀息的保证,晋献公才放心地去了。不久,奚齐便登上了晋国国君之位。

然而,晋献公终究还是失算了。荀息作为假途灭虢的谋划者,智力不差,而且忠诚可靠,但是他的家族力量薄弱,根本没有足够的实力控制局面。奚齐很快就丧生在了里克的刀下。

当初,里克发现自己被优施欺骗后就有点后悔,但他不愿得罪晋献公,依然保持了中立。等晋献公去世后,里克觉得再也没有顾虑了,就决定对骊姬一伙展开复仇,也挽回自己因申生之死而失去的名声。里克曾经担任晋军主将,兵权在握,根本不怕任何人阻拦。行动之前,里克念在荀息是个老实人的份上,以同僚之情劝说他不要帮助奚齐。但荀息斩钉截铁地拒绝道:"我是绝不会违背对先君的承诺的!"

里克见荀息如此顽固,就先下手为强,趁对方还没有做好应对准备,在守丧的地方把奚齐给杀了。

看见奚齐的尸体,荀息差点要晕过去,他觉得自己辜负了先君的嘱托,打算撞墙自杀。但有人劝阻他说:"先君还有一个儿子悼子,你何不立他为君,这样就能延续先君的血脉了。"

荀息觉得有道理,便擦干了眼泪,将悼子从深宫中带了出来,把这个孩子送上了国君之位。

悼子是骊姬妹妹的儿子,他当国君,相当于骊姬对晋国的影响力还在。里克决心发动一场政变,彻底消灭骊姬和荀息一伙人。

里克与申生、重耳、夷吾留在国内的党羽合作,里应外合带兵攻入了公宫。此时荀息正陪同悼子上朝，里克领着一帮全副武装的士兵冲了进来，他们一把拉开荀息，将宝座上的悼子提了下来。悼子吓得号啕大哭，但里克毫不留情地一剑刺穿了这个孩子的胸膛。

随后，里克带兵冲进后宫，把骊姬拖了出来，用铁鞭将她活活打死。荀息见晋献公的两个孩子都死了，悲愤不已，就自杀殉难了。

消灭骊姬一伙后，里克成了晋国的实际控制者。他想拥立公子重耳为君，就派了一个叫作屠岸夷的人去狄国劝重耳回国即位。屠岸夷说："现在国家需要一位国君治理，公子为什么不回国呢？我们能为您扫除一切障碍。"

狐偃听说里克要请重耳回国，表示绝对不行。他对重耳说："先君的丧期还没有过，我们怎么可以贪图君位呢？这样做是不孝的，无法服众。"

狐偃在这里煞有介事地摆大道理，其实根本原因还是害怕里克。里克先后杀了两任国君，还逼死了一位大夫。他的双手沾满了鲜血，在晋国又是一手遮天，重耳就算是回国继位了，也只能当一个傀儡，万一哪天得罪了里克，说不定也会被他毫不留情地杀掉。

重耳听从了舅舅的建议，便回绝了屠岸夷的邀请。

重耳拒绝回国，里克只好另选公子夷吾，派人去梁国邀请他回来。夷吾的党羽吕甥和郤芮同样惧怕里克，但他们不想放弃这次回国的机会，就劝说夷吾与秦国结盟，"辅强国之威以入"。只要秦国愿意给夷吾做后台，里克就不敢为所欲为了。

秦国人自然不会白帮忙，夷吾就派郤芮拿着大量财宝去行贿秦穆公（名任好），并且许诺割让黄河以西的城池。秦穆公经过一番考量，同意了夷吾的请求。

在秦穆公的帮助下，夷吾回国即位，就是晋惠公。

为了稳固地位，晋惠公过河拆桥，很快就削夺了里克的兵权，并将

他抓起来杀死。在处死里克之前，晋惠公还派人指责里克说："你杀害了两个国君和一个大夫，你不觉得太过分了吗？"

里克不想和晋惠公废话，回了一句经典的话："欲加之罪，其无辞乎？！"（成语"欲加之罪，何患无辞"即来源于此。）

晋惠公诛杀了里克一党，又试图斩断与秦国的联系。他毁约不割让河西土地，并在秦国饥荒的时候拒绝救济。秦穆公因此暴怒不已，出兵讨伐晋国，将晋惠公捉回了秦国，关了两个月才把他释放回国。晋惠公不得不向秦国表示屈服，交出了河西土地，并把太子圉（yǔ）送到秦国做人质。

乞丐

晋惠公被秦穆公释放回国后愈发敏感多疑，觉得自己战败被俘丢了脸面，诸侯和大夫们都想拥立重耳，就派出了一支暗杀队伍，准备潜入狄国去干掉重耳。

带领这支暗杀队伍的正是勃鞮。晋惠公先前获知情报，重耳正在渭水河畔陪狄人首领打猎，便要求他带人在三天之内赶到那里。勃鞮得到命令后连夜赶路，居然在第二天就赶到了。幸好重耳已经离开，躲过了一劫。

重耳得知勃鞮带人来谋害自己，心里一阵发凉。正所谓"明枪易躲，暗箭难防"，当初晋献公想用军队打败狄国捉拿重耳，没能成功，现在晋惠公派出刺客躲在暗处，万一哪天突然给他来上一刀，或许就会让他在这个世界上消失了。

家臣们趁这个机会，纷纷劝说重耳避难他国。狐偃劝道："当初我们到这里来，不是为了安乐，而是为了成就大事。现在我们住了这么

久,停滞不前,苟且偷生,怎能有所作为呢?以前我们不去齐、楚两国,是担心路途遥远;如今养精蓄锐了十二年,可以远行了。"

狐偃提出这个建议,是觉得夷吾已坐稳了君位,重耳要想回去做国君,只能依靠大国的力量了,而狄人显然没有帮助重耳的能力。

重耳听从舅舅的建议,收拾了行李准备再次远行。面对漂泊无依的生活和迷茫的前途,他十分伤感,就对不能同行的妻子季隗说:"等我二十五年,如果我还没有回来,你就改嫁别人吧。"

心胸开阔的季隗半开玩笑说:"我已经二十五岁了,再等二十五年,恐怕已经进棺材了,但我会一直等待你的。"

告别了陪伴多年的妻子,重耳含着眼泪上路了。一行人驾着马车向当时最强盛的齐国前进。

由于卫国位于去齐国的路上,重耳一行在卫国稍作停留。重耳觉得自己是一国公子,卫国说什么也该给自己一点礼遇吧,就想去卫君那儿求他们收留自己一段时间,提供一些粮食补给品。

重耳整了整衣冠,来到楚丘城下向守门官行礼,递上身份证明,求见卫文公。没想到,这个给齐桓公唱《木瓜》的卫文公是个势利眼。当时卫国正防备赤狄人的侵犯,卫文公得知重耳和狐偃有狄人血统,十分厌恶,加上卫国和晋国原本没什么利益关系,他觉得没必要礼遇这个与自己素不相识的晋国落魄公子。

史书上记载:"卫文公不礼焉。"具体怎么"不礼"没有说明,但有一点可以肯定,就是卫文公吝啬到了极点,一分钱、一粒粮都没给重耳。

没有卫国的资助,重耳一行到了山穷水尽的地步。来到五鹿(今河南濮阳南)时,带的粮食吃光了,所有人饿得肚子咕咕叫,只好分头去找食物。就连重耳本人也不例外,他在舅舅狐偃(《史记》记载为赵衰)的陪伴下,去附近的村子乞讨。

为了得到一口饭吃,重耳顾不上公子的架子,低声下气地对几个正在锄地的农民说："老乡，行行好，我们是过路的，好几天没吃的了，能不能给点吃的。"

那些农民一听这人说话文质彬彬，身上的衣服像是贵族穿的，就知道对方是个落魄的贵族。想起这些贵族大老爷们平日里坐享其成，受尽盘剥的农民们很是厌恶。他们头也不抬地回答："没有，别妨碍我干活。"

重耳几乎要流下眼泪，哀求说："可怜可怜我们吧，给点可以吃的就行。"

农民们见这个贵族落难到只能乞讨的地步，就想羞辱他一番，出出平日受的怨气。一个人捡起地上的一块泥土，丢到重耳的脚下，说："把这个拿去吃啊！"

重耳终于按捺不住了，他气得脸色发青，抽出身上带的马鞭就要打这个农民。狐偃见状，连忙跑到重耳跟前抓住他的手拦住他。因为打起架来，他们两个空着肚子的流浪汉肯定会吃亏的。

狐偃想让重耳消气，就说："土，代表土地。这表明上天将要赐给我们领土和国家啊！"

重耳放下马鞭。狐偃拽住重耳把那个农民当作神灵一样叩拜致谢，还把那块泥土包好收了起来。那些农民像见了神经病，对着重耳和狐偃哈哈大笑。

可惜，再好听的鼓励也不能当饭吃。饥饿难耐的重耳有一天两眼一黑，倒在了路上。家臣们连忙将他抬到一边，掐人中的掐人中，倒水的倒水，可重耳还是没醒来。有人就说："公子肯定是饿晕了，再没有吃的，他就撑不住了。"可是大家你看看我，我看看你，谁都没有办法拿出食物来。

这个时候，一位叫介子推的家臣到山沟里摘了些野菜，熬给重耳吃。重耳苏醒了，捡回了一条命。

第37章

安乐窝与温柔乡

经过艰难的旅途,重耳等人终于到达了齐国的临淄城。得知晋国公子前来投靠,齐桓公展示出了霸主应有的风度,以隆重的礼遇大方收留了重耳,赠送给他二十辆马车和相应的仆役,还把宗室女子齐姜嫁给了他。

在齐国的这段日子里,重耳衣食无忧,排面十足,又不用操心国家大事,这种神仙般的生活,谁不喜欢呢?重耳想,如果自己以后当上国君,也不过是这般生活,又何苦费尽心机回国争夺君位呢?在齐国逍遥自在,不是更舒服吗?

在美酒佳人的催化下,重耳很快变回了与世无争的公子哥儿,把雄心壮志抛在了脑后,对家臣们的劝谏完全不理不睬。

但齐国的局势很快发生了突变,就在这一年,齐桓公去世了,齐国陷入了动荡之中,五位公子为了争夺君位大打出手,宋国的军队又前来讨伐。不过,重耳的待遇没有什么变化,他的逍遥日子几乎没受到影响。既然齐国人这么热情好客，重耳就更坚定了要一辈子待在齐国的打算，只要好日子能过下去，管他东南西北风呢。他对齐姜说："人生就是享乐，谁还去管别的？我一定要老死在这里，哪儿也不去！"

重耳如此不思进取，让狐偃为首的家臣们很着急。以目前齐国混乱的局势来看，新即位的齐孝公是没有心思助重耳回国的。

怎么办？狐偃等人聚到郊外的一棵大桑树下讨论对策。哪想到，这些人说的话被一个正在采桑叶的婢女无意中偷听到了。婢女听这帮人嘀嘀咕咕地要把男主人怎么样怎么样，赶忙跑回去和女主人齐姜说了。齐姜是个识大体的女人，非常赞同重耳建功立业，以为狐偃他们在谋划大事，为了不泄密，就把这个婢女杀死灭口了。

齐姜接着找来重耳，悄悄地说："原来你们有四方之志，那个偷听到这件事的人我已经帮你灭口了。你做事一定要果断一点，不要牵挂我。希望你好好努力，成就天命。"

重耳莫名其妙，答道："谁说我要走了？没有的事！"

齐姜觉得丈夫真是没出息，她的语调马上升高到八十分贝，责备道："你怎么可以这样！你身为一国公子，穷困潦倒来投奔齐国。那几位有识之士这么看好你，一直追随你，你却不想回国建功立业，报答他们，却整日陪在女人的身边，我都为你感到羞愧。这样下去，你什么时候能成就事业？！"

重耳不想和妻子吵架，就闭上嘴一言不发。

齐姜无法说服重耳，便叫来狐偃他们一起商量对策。不知道谁出了一个主意，说咱们弄个宴会，想办法把公子灌醉了，然后把他抬到马车上带出齐国。众人一听纷纷叫好，说就这么办。

宴会上，狐偃等人按照计划不停地向重耳敬酒，这个说祝公子身体安泰，那个说感谢公子的厚待。重耳挡不住手下人的热情，喝得天旋地转，酒宴结束时，已然辨不清东西南北，倒在榻上就呼呼大睡了。

狐偃等将重耳抬上了一辆事先准备好的马车，连夜驶出了临淄城。

重耳在熟睡中忽然感到床铺变硬了，似乎还听到马匹的喘气声。他猛然醒来，发现自己正躺在马车里，旁边坐着舅舅狐偃。重耳顿时明白发生了什么事，拿起长戈就要杀狐偃。狐偃见势不妙，跳下马车逃跑，重耳也跳下车去追，两个人就像猫捉老鼠一样围着马车转起了圈。愤怒的重耳很快就被其他人拉住了。

狐偃停下来对重耳说："如果杀了我能成就公子您，老臣死也心甘。"

重耳还在气头上，脸色通红地说："如果不能成功，我就吃了舅舅你的肉！"

狐偃笑笑道："如果公子失败了，老臣肯定不知道死在了什么地方，您何必和那些野狗争抢老臣的尸体呢？更何况，老臣的肉腥臊难吃，公子您怎能吃得下。"

狐偃的一番狡辩让重耳哑口无言。他冷静下来一想："我在齐国这几年确实太堕落了，连妻子都瞧不起自己。我的年纪也不小了，别的诸侯公子都有自己的事业，自己却还在外面漂泊。再这么碌碌无为下去，过去十几年的窝囊气就算白受了。"重耳决心奋发起来，闯出一番事业，让所有人对他刮目相看。

经过了人生的大苦与大甜，离开齐国的重耳仿佛变了一个人，他持重刚强，霸主的气质开始显露出来。

周游列国

有了齐国的资助,重耳不再是卫国路上那个低三下四的流浪汉了,他现在拥有二十辆马车,运载着不少行李,还有侍卫保护。重耳此行的目的地是宋国。宋襄公两次平定齐国内乱,风头正盛,重耳等人想去宋国碰碰运气,或许宋襄公也能像扶持齐孝公一样出兵相助他们。

从齐国到宋国必须经过曹国,重耳就顺道去曹都陶丘拜访了曹共公(名襄)。曹共公是个很无聊的昏君,整天想着找点乐子打发时间。他不知从哪里听说重耳天生异相,身上的肋骨是连在一起的,感到很好奇,想亲眼瞧瞧重耳的裸体。

于是,荒唐的一幕出现了。当重耳回到客馆准备歇息去洗澡时,堂堂一国之君曹共公居然溜进澡堂子,隔着门帘偷看。重耳事后知道,估计真想给这个老流氓几个耳光。

被曹共公无礼对待后,重耳收到了曹国大夫僖负羁送来的食物,当中藏着一块玉璧。原来,僖负羁的妻子看出重耳身边个个都是能人,料

定此人将来必成大事，得知国君做了对不起重耳的事情，她就劝丈夫向重耳提前示好，这样万一重耳以后得势来报复曹国，僖家老小就能免遭晋国人迫害。

重耳看出了僖负羁的用意，但他知道如果收下这块玉璧，就会落下私通曹国大夫的把柄。万一被人告发到曹共公那里，他就吃不了兜着走了。所以，重耳只收下食品，把玉璧退了回去。

曹国不宜久待，重耳等人马上启程，来到了宋国。然而，事不凑巧，宋国刚刚经历了泓水之战的惨败，受伤的宋襄公正躺在病床上哼哼。好在宋襄公仍然指示公孙固隆重招待了重耳一行，还慷慨赠送给他八十匹马。但是，当重耳提出想让宋国帮自己回国当君主时，公孙固的头摇得像拨浪鼓，无奈地说："宋国现在帮不了你们，你们还是请别的大国帮忙吧。"

重耳一行只好离开了宋国，打算到南方的楚国碰碰运气。去楚国就要先经过郑国，重耳一行向西来到新郑，拜见了郑文公。郑文公这种人自然不会给重耳好脸色，以极其敷衍的态度招待了他们。重耳虽然又吃了个白眼，但心态比以前平静很多。他没有去和郑文公争辩，而是像普通的过客一样匆匆往南赶去。

重耳没有想到，他在郑国逗留的这段时间，险些被郑国人抓起来杀掉。原来郑国有一个叫叔瞻的大夫听说郑文公对重耳不予礼待，连忙劝谏道："重耳可是有名的贤人，又和我们郑国同姓，他现在落魄来到我国，我们不能无礼啊。"

郑文公不屑地说："来我们郑国的逃亡公子多了，寡人怎么可能每一个都给礼遇？"

叔瞻又说："君上如果不肯以礼相待，那就杀了他。臣观重耳此人有霸者之气，而且他手下个个都是能人。放他们走，将来必然对郑国不利。"

郑文公仍然对叔瞻的话嗤之以鼻。

就这样，重耳在不知不觉中躲过了一场杀身之祸。

经过长途跋涉，重耳总算到达了郢都。重耳的到来让楚成王相当兴奋。原来，楚国被视作南蛮，中原诸侯在情感上难以接近，诸夏的公子们没有愿意到楚国来的。晋公子重耳却千里迢迢来投奔，这让楚成王有种受宠若惊的感觉。他决定好好招待重耳，以展现楚国人的热情和实力。

重耳等人来到楚国宫殿前，只见许多华盖和旗帜迎风飘扬，王宫大门敞开，几位楚国大夫整齐地排成一排在门外迎接，两边还有乐手演奏着欢迎礼乐。这一回楚成王摆足了场面，在礼仪上也不忘向重耳证明一下自己"王"的身份——他用了周天子接待诸侯的礼仪来招待重耳。

热闹非凡的场面让重耳很是吃惊。他仔细一看，这是天子接待诸侯的礼节，这楚成王也太僭越了。旁边的赵衰看出了重耳不满，连忙劝道："公子您在外流亡十几年，小国尚且冷落我们，何况是大国呢？现在楚国能这样热情招待我们，已经很不错了。公子您就别在意了。"

赵衰是想让重耳明白，现在我们有求于人，就不要在楚国僭越礼仪这种小事上计较了。

重耳听从了赵衰的话，假作高兴地接受了楚国人的盛情招待。楚成王大为高兴，在宫中大摆筵席，拉着重耳的手带他入席喝酒。重耳也给足了楚成王面子，一边喝酒，一边和楚成王谈笑风生。楚成王用天子招待诸侯的礼节，在院子里陈列了上百样美酒佳肴和礼器，还叫人为重耳献酒九次。

宴会完毕，接下来就要谈论正题了，重耳提出了希望楚国助他回国即位的请求。楚成王先不忙着答应，笑着问："要是你回了国，拿什么

来报答不谷①啊?"说话的语气就像一个贪得无厌的老滑头。

如果是一般人回答,一定会说送金银财宝,送美女,或者割让土地等。但重耳要做一位有为君主,决不能卑躬屈膝地向别的国家承诺很多东西而使晋国遭受屈辱。

重耳略作思考,来到大殿的中央对楚成王施礼说:"美女、玉石和丝帛,君王您有很多;鸟羽、皮绒、象牙和犀牛角,贵国的土地上也都能出产。大王您用剩的东西拿到晋国都很值钱,我还能用什么来报答您呢?"

楚成王的笑容立即僵硬了,不依不饶地说:"即便如此,不谷还是想知道你要怎么报答。"

重耳就凛然回答说:"要是托君王的福我能够回到晋国,将来万一晋、楚两国在中原交战,我愿意避开君王后退三舍。要是这样您还是不退兵,那么我就只能左手拿鞭子和弓,右手挎着箭囊,和君王您较量一番了。"(一舍大约三十里,重耳的这番话引申出了成语"退避三舍"。)

重耳不愿拿出实际的好处酬谢楚国,反而话中带刺地表示会对楚国人不客气,这惹得楚国君臣非常不高兴,宴会就这么不欢而散了。

楚国令尹成得臣(字子玉)劝楚成王把重耳这不识抬举的东西杀了。重耳对自己不敬,楚成王何尝不希望这么做,但他最终还是没有做出这个决定,因为他是个迷信的人,相信所谓的"天数"。他觉得重耳气度不凡,流亡了这么长时间还活得好好的,认为重耳有神灵相助,不敢违背上天的意愿将其杀死。他回答成得臣说:"晋公子志向远大又为人通达,言辞文雅而合乎礼仪,他的随从也有将相之才。上天是要帮他

---

① 先秦诸侯之长的谦称,本为周天子所用,后来周室衰落,楚国僭越称王后常用此自称。

兴起,谁能阻止得了?"

成得臣说:"那么我们把重耳的随从扣留起来,不让他如虎添翼。"

楚成王依旧不同意,说:"留下这些人又不能为我们楚国所用,反而会给晋、楚两国增添仇恨。"

说到底,楚成王是不打算和晋国结仇。

时来运转

重耳在楚国住了一段时间，忽然来了一位秦国使者，劝重耳去秦国，说秦国国君愿意帮助他回国。

秦国人为什么主动找上门来帮他？事情出在重耳的侄子太子圉身上。

原来，当初晋惠公回国后，把自己的太子圉送到秦国做人质。秦穆公为了将来能对晋国施加影响，就把宗室之女怀嬴①嫁给了太子圉。

但五年后，晋惠公重病不起，太子圉急着回国。他担心走正常流程速度太慢，等秦穆公放他回国，君位早已经被别人抢走了。于是，他没

---

① 怀嬴的身份存在争议，普遍说法是秦穆公的女儿。但《左传》和《史记》原文并未确切指明她是秦穆公的女儿，而且《左传·文公六年》中，赵盾议论说怀嬴位列晋文公妻妾中的第九位，身份低贱，其子不能立为国君，可以推测怀嬴的身份并不高贵。此据《史记·秦本纪》的记载"使太子圉为质于秦，秦妻子圉以宗女"，认为怀嬴是宗室之女，与晋文公夫人文嬴不是同一人。

和秦穆公打招呼，抛下怀嬴，独自溜回晋国去了。

这件事情让秦穆公非常生气：一方面他觉得夷吾父子一样不守信用，太子圉当上晋国国君后可能和他父亲一样同秦国折腾个没完；另一方面，太子圉抛弃了怀嬴，秦穆公牵制晋国的计划就落空了。秦穆公决定报复太子圉，趁他立足未稳之时，找个可以信赖的晋国公子替代他。

宽厚且贤名在外的重耳进入了秦穆公的视线。秦穆公过去派人接触过重耳，对他的印象较好。他听说重耳流亡到了楚国，便派出使者到楚成王那里要人。楚成王正好不想因为重耳得罪晋国，就答应了秦使的请求。

楚成王叫来重耳，说："楚国离晋国太远，中间还隔了许多国家，不方便帮你回国。秦国和晋国接壤，秦国国君也是好人。现在，秦国人想帮你，这是公子你的机会，还不快点动身？"

楚成王的这番话里有一点楚国不喜欢你，想尽快支走你的味道。

重耳其实也早就对楚国人不抱希望了，楚成王虽然热情，但他表现出来的狂妄和贪得无厌让重耳很是厌恶。既然楚希望他到秦国去，他就顺势同意了楚成王的要求，到秦穆公那里试试运气。

临走的时候，楚成王还算客气，给重耳送了不少财宝，尽了地主之谊。有了楚国的资助，重耳的这趟旅程更加轻松了，他很快就到达了秦都雍城（今陕西凤翔南）。

到达雍城后，重耳同样受到了秦穆公隆重接待。不用重耳多提，秦穆公很快就和他达成了合作意愿。不过，秦穆公提出了一个要求：让重耳娶秦国女子为妻。他这是把对太子圉的做法如法炮制，想拉拢和控制重耳，好让秦国以后能对晋国施加影响。

秦穆公一口气将五位秦国女子嫁给重耳，其中就包括被太子圉抛弃的怀嬴。怀嬴才貌双全，是难得的美女，秦穆公想利用其姿色钩住重耳。

得知自己要娶一位二婚的女人，还是自己的侄媳妇，重耳的脸上真有些挂不住。他本想拒绝，但狐偃劝道："公子您要夺他的国家，还在意娶了他的妻子吗？只管听从秦人的安排就是。"赵衰则说："公子您想向别人请求，就一定要先接受别人的请求。对别人没有恩德，却想有求于人，这是行不通的。"

经过劝说，重耳同意了这桩婚事。怀嬴是二婚，不适合做正妻，秦穆公就将自己的女儿文嬴嫁给重耳做夫人，怀嬴和另外三名秦国宗室之女陪嫁做妾①。文嬴是个精明且顾家的女人，但重耳似乎并不喜欢她，他更喜欢漂亮的怀嬴。五个秦国女子中，只有怀嬴为重耳生了一个儿子，取名乐。

有意思的是，怀嬴这个大美女是一只河东狮，她的脾气一上来，恐怕重耳只有跪搓衣板的份儿。怀嬴是陪嫁女，重耳有一回就使唤她为自己倒水洗手。重耳洗完手之后，下意识地挥手让怀嬴离开。不料，嬴大小姐生气了，她觉得重耳这是把她当作女仆看待，她把水壶往地上一摔，皱起眉头就骂重耳："秦晋两国是同等的国家，你竟然如此轻视我！"

怀嬴一发威，重耳怕得浑身哆嗦，担心她向秦穆公告状，岳父找自己算账。于是，重耳脱去正装，把自己关起来向秦穆公请罪，说自己无意中冒犯了秦国。

重耳是秦穆公的投资对象，秦穆公怎么会轻易就处理他呢？秦穆公批评了怀嬴，派人向重耳道歉说："公子这次受辱，是寡人的过错。如何处置怀嬴，听凭公子的意见。"

得知秦穆公站在自己这一边，重耳才安下心来。不过，重耳想必是没有胆量去"处置"怀嬴这只母老虎的，此事就不了了之了。

---

① 怀嬴就此改称辰嬴，为了叙述方便，后文依旧称呼她怀嬴。

家乡，我终于回来了！

公元前637年秋，晋惠公去世，太子圉如愿以偿当上了国君，是为晋怀公。晋怀公即位后听说秦国收留了重耳，感到重耳将会对自己不利。

为了瓦解重耳的团队，晋怀公想到了一个卑劣的做法：胁持人质。他下了一道命令，要求那些追随重耳的家臣必须在限定的时间里回来，不然就处死他们留在晋国的家人。

这是相当恶毒的做法，重耳的家臣们听说这道命令后，内心一定备受煎熬。但是，大家跟随了重耳这么多年，千难万险都挺过来了，在最后的关头放弃，那当初何必要出来追随他呢？重耳的家臣们选择了忠诚，没有一个回国。

见重耳的队伍没能被拆散，晋怀公觉得不杀掉一个人质，人家不会把他当回事。先杀谁呢？晋怀公挑中了重耳的外祖父——狐突。此人在国中有些威望，儿子狐偃和狐毛又是重耳团队中的核心人物，晋怀公觉得杀死他必能震动那些追随重耳的人。

晋怀公把这个老人抓了起来,威逼他写信召回狐偃和狐毛。但狐突不是贪生怕死的人,他说:"自古以来,父亲都是要教诲儿子忠诚的。老臣的儿子在公子重耳那里很多年了,我把他们叫回来,就是教他们不忠,做父亲的可不能这样教导儿子。不随意使用刑罚,那是君主的贤名,也是老臣的愿望。如果君上一定要滥用刑罚图一时之快,老臣愿意一死。"

晋怀公威胁不成,反而被狐突羞辱了一顿,一怒之下,把狐突拉到刑场上砍了头。

狐突之死并没有促使狐偃和狐毛回国,晋怀公反而因为一上台就杀有威望的老臣,而在晋国朝野大失人心。有些大夫干脆称病,不去上朝了,还有些大夫悄悄派人到秦国联系上重耳,表示愿意做内应,搞掉晋怀公。

形势在朝着对重耳有利的方向发展,重耳的时代即将到来。

机会已经成熟,重耳决定正式回国。公元前636年年初,秦穆公派兵护送重耳一行。这支秦军为重耳充当开路先锋,攻打敢于阻拦的晋国守军。秦穆公自领秦军主力集结于秦晋边境,为重耳做后援,防备意外发生。

从秦国到晋国需要乘船渡过黄河。秦国为重耳准备了许多船只,帮他把一箱箱行李搬到船上。重耳受了秦、楚两国的资助,这个时候是相当富有了,各种珠宝、衣服、器具装满了几十箱。

小说《东周列国志》写道,重耳看见几个箱子还装着以前落魄时用过的旧东西,想到今后当上国君,还留着这些破烂很晦气,便叫人把这些旧东西统统扔到了黄河里——他要和过去那段被人瞧不起的岁月告别了。

坐上了渡船,狐偃突然把一块玉璧交给重耳,说:"臣跟随公子这么多年,周游天下,犯下的罪过太多了。臣尚且知道这一点,何况是公子您呢？请允许我就此离开公子吧。"

显然，狐偃是在演戏。他觉得重耳即将成功，可能会抛弃身边的功臣，甚至会对在齐国的事秋后算账，就主动提出隐退，来试探重耳是否会真心报答自己。

狐偃的这种担心不是没有道理：晋国这个国家比较特殊，公族的实力弱，异姓大夫的实力强，两者之间的矛盾一直难以调和，狐偃知道自己是重耳的大功臣，回国之后必然权势膨胀，万一重耳强力打压卿大夫，狐偃和其他几位功臣怕是没有好果子吃。

不过，狐偃还是多虑了，重耳不像他父亲那样有强烈的权力欲，他仍然是个宽厚的领袖。重耳也很清楚，自己在外流浪这么多年，在国内并没有稳定的根基，必须继续依靠这些家臣的扶持。

因而，重耳拿过狐偃的玉璧扔进了黄河，发誓说："河伯作证，我重耳回国后一定与舅舅同心同德，绝不亏待！"

狐偃感动得泪流满面，连忙向重耳叩谢。

然而，狐偃这种假惺惺的邀功方式被同船的介子推看穿了。介子推对狐偃极为反感，他觉得重耳的成功是天意，做臣属的却提前想着把功劳分自己一份，还想方设法试探和邀功，这是非常自私的行为。

踏上晋国的地面后，重耳派出使者前往距离最近的令狐城（今山西临猗西），表示自己回来复国，要求令狐城归降并派人来迎接。

令狐大夫忠于职守，拒绝了重耳的要求，秦军便把令狐城包围起来。但重耳为了争取人心，没有下令攻城，而是派人前往附近的桑泉（今山西临猗东北）和臼衰（今山西盐湖）两座城市去劝降。经过一番努力，这两座城同意归降。这样一来，令狐就成了一座孤城，令狐大夫只好也投降了。

晋怀公得知重耳回国，还劝降了三座城池，竟然没骨气地逃跑了。原晋惠公的党羽吕甥和郤芮见状，急忙带领大军前去拦截重耳，但他们

来到了一个叫庐柳（今山西临猗西北）的地方就不走了。

史书没有记载这支晋军不走的原因。个人推测，无非是晋怀公太不得人心，而且他在这关键时刻提前开溜，晋国的大夫们更是瞧不起他，很多人都觉得不如投靠重耳算了，因而，晋军内部分成了两派，争论不休，吕甥和郤芮身为主帅，犹豫不决，干脆就在这里停工了。

这是个稍纵即逝的良机，如果有个人到庐柳去耍耍嘴皮子，向吕甥和郤芮讲一讲利害关系，就很有可能让他们倒向重耳这边。一直在背后观察局势的秦国人承担了这个任务，秦穆公派了公子絷（zhí）前往晋军营中游说。公子絷果然厉害，顺利地把吕甥和郤芮等一众晋国大夫说得茅塞顿开。吕、郤二人把人马撤到郇（xún）（今山西临猗西南），给重耳让出了通向绛都的道路。

不过，重耳并不感到放心。他了解这些大夫是见风使舵，并非都真心拥护自己，就决定与之"签订合同"，用盟约安抚他们。

但重耳是公子，不适合与大夫会盟，他就派舅舅狐偃去郇地会盟。一众晋国大夫歃血为盟，信誓旦旦地表示只承认重耳这个君主。至此，重耳正式接管了晋国军队。他随后来到郇地，由本国军队护送前往曲沃。

入城的那天，重耳乘坐着高大的马车，一队武士在最前方开路，马车前面是服饰鲜艳、手持旗帜的仪仗队，后面是家臣随从，大队人马浩浩荡荡。在国人的夹道欢迎下，重耳穿过曲沃的街道，来到祖父晋武公的家庙里。在向祖父的灵位祭拜祷告之后，重耳正式向所有人大声宣布："我，重耳，从今天起是晋国国君！"

晋国臣民们随即伏地叩拜，山呼君上。

暗流涌动

登上君位的重耳是为晋文公,但此时的晋国并不是完全被他控制,经历过多次内乱的晋国朝堂暗流涌动,尤其是晋惠公和晋怀公父子的残余势力阴魂不散,随时可能再制造一场腥风血雨。晋文公上台后,首先要彻底清除这股势力。

第一个要处理的是侄子晋怀公。他虽然已经失败了,但只要他还存在一天,就有可能聚集一批反对晋文公的人搞复辟。在残酷的现实面前,晋文公不能顾及血缘亲情,他派出杀手追杀晋怀公。终于,晋怀公在高梁(今山西临汾东北)被杀,人头被送到晋文公的案桌上。看到侄子血淋淋的人头,晋文公心中产生了一丝愧疚,他把此事保密,没有告诉其他诸侯国。

第二个要处理的对象是吕甥和郤芮这两个晋怀公的余党。晋文公没打算重用这两根墙头草,反而抽走了两人的一部分权力。吕、郤二人也不笨,认为晋文公这是在温水煮青蛙。两人私下里合计,觉得不如趁手

中还有一点人马,一不做二不休,把晋文公给杀了,重新找个公子来当国君。

晋文公全然蒙在鼓里,更别说做好相应的防备了。眼看一场危机将要逼近,救星出现了,此人就是勃鞮。

勃鞮当初两次追杀晋文公,在蒲城还扯掉了晋文公的一截衣袖,按理说,他是晋文公的大仇人,迟早会被晋文公抓起来杀头。吕、郤二人也这么认为,就决定把他争取过来一起叛乱。两人把叛乱计划告诉了勃鞮,说打算在公宫里放一把火,再趁乱杀到宫里去,重耳就算不被烧成焦炭,也要被乱刀砍死,绝对万无一失。

勃鞮紧绷着脸思考了一会儿,表示同意配合他们叛乱,二人满意地离开了。

其实勃鞮心里权衡了一番,觉得参与叛乱不一定成功,反倒有可能新仇旧恨被晋文公一起清算,不如趁机去告密,说不定国君念在救命之恩的份上会宽恕自己。

于是,等吕郤二人一走,勃鞮就急忙赶到宫中找晋文公报信。

晋文公听说是勃鞮求见,心里一阵厌恶,他可不愿和当年差点儿害死自己的人说话。晋文公派人传达了口谕,对勃鞮说:"当年在蒲城的时候,你砍了寡人的衣袖;寡人在狄人那里时,夷吾派你到渭水杀我,以三天为期限,你却用了一天一夜就赶到了。可见你当初是如何疯狂地迫害寡人,你好好想想吧。"

晋文公的意思是说,你这条咬人的疯狗,趁我现在不想杀你,赶紧滚蛋!

勃鞮对此早有心理准备,他让传话的人帮忙告诉晋文公:"臣只是一个阉人,不敢怀着别的想法侍奉君主,这才得罪了君上。现在君上已经是国君了,和蒲城与狄人那边没有了关系,所以臣会忠于君上。当年齐桓公重用了射中他衣钩的管仲,成就了齐国的霸业。今天臣有急事来禀报君上，君上却不肯相见，祸乱就要在眼前了。"

勃鞮的意思是，我当年只是出于对国君的忠心而奉命行事，你不该这样对待一个忠臣。

传话的人把勃鞮的话一五一十地讲给晋文公听，晋文公觉得有道理：自己如果想成为齐桓公那样的一代雄主，宽恕一个伤害过自己的忠臣，有何不可呢？

晋文公于是接见了勃鞮。勃鞮跟跄跪拜在地，将吕、郤二人的阴谋全部说了出来。晋文公吓出一身冷汗来，自己刚刚当上国君，与国人们还不熟，朝中还遍布着吕甥和郤芮的党羽，如果这个时候下令抓他们，很难保证不会被人出卖，而导致对方狗急跳墙，提前政变把自己杀了。

晋文公苦思冥想，决定向自己的岳父秦穆公求助。绛都现在不安全，最好先躲到别处避一避。公开逃离会被吕、郤二人发觉，撤离一定要保密。

公元前636年三月的一天，天刚放亮，换上便服的晋文公在几名随从的陪同下，从公宫的后门离开。他们穿过昏暗的街道，坐上一辆事先准备好的马车。这辆马车是普通的送信驿车，晋文公就藏在车厢里堆积的信件当中。化装成驿夫的家臣驾着马车，格唧格唧地来到城门口。他们迎着晨光通过了刚刚开启的城门，向郊外跑去。为了不引人注意，马车在宽大的官路上行驶了一会儿，才转弯上了一条小路，又从小路越过秦晋边界，来到秦国的王城（今陕西大荔东）。在这里，秦穆公带着大队人马正在等候晋文公。

吕甥和郤芮对此毫不知情，他们决定按照既定计划起事。

政变的这天到了，二人纠集叛乱的军队包围了绛都公宫。他们架起木柴，泼洒火油，四处放起火来。公宫顿时燃起了冲天大火，宫中的侍卫和仆役们惊叫着奔跑，现场一片混乱。二人见火势越来越大，就下令手下撞开宫门，以救火的名义冲进宫去。

叛兵们杀进宫中四处搜寻重耳的踪迹，看到体型相似的人就一刀砍过去。然而，他们在大火里转了好几圈，就是没有发现重耳。

吕甥和郤芮白忙活了一场，忽然发现自己被国君的护卫军包围了。双方爆发了激烈的巷战，叮叮当当的兵器碰撞声响彻了整个绛都，街道上血流成河。最终叛军精力耗竭，被晋文公的忠诚卫队打垮，只有少数人跟随吕、郤狼狈逃出绛都，如同丧家之犬，四处躲避追杀。

接下来的史书记载就比较模糊了，只说秦穆公用计谋把吕、郤两人骗了过去，具体用了什么计策，我们无从知晓。总而言之，秦穆公这个时候派人请两人到秦国去，二人就傻里傻气地去了黄河边。

然而，等待他们的不是欢迎大会，而是一群秦国军人。他们被绑起来，推到黄河岸边斩首示众。随着两颗人头落入滔滔黄河，这场叛乱平息了。

叛贼被诛灭了，晋文公可以安全回国了。在他回晋国之前，秦穆公拍拍他的肩膀说："别忙，让文嬴她们和你一起回去吧。"

原来，晋文公刚复国那会儿，担心安全问题，把她们留在了秦国。现在，反对势力被铲除了，是该把文嬴她们带回绛都居住了。

鉴于晋文公回国时间短，护卫力量薄弱，秦穆公又精选了三千多名秦国勇士，慷慨相赠给晋文公做卫队。但在名义上，这三千人是护送夫人文嬴的。

晋文公再次回到了绛都。现在大局已定，晋国真正掌握在晋文公手中了。

介子推离去

过了一段时间,晋文公找回了自己的原配夫人逼姞(jí)、长子欢和女儿伯姬。一家四口失散十八年后重新团圆,想必晋文公看着已长大成人的一双儿女,会是老泪纵横。不久,狄人把季隗送到了晋国,齐国也把齐姜送来,晋文公的妻子们都到了他的身边。由于秦晋两国的特殊关系,文嬴做了晋文公的正夫人,逼姞、齐姜和季隗只能排在她的后面。

晋文公将长子欢立为太子,把女儿伯姬嫁给了自己最信任的家臣——赵衰。伯姬嫁给赵衰之后改称赵姬,她生了三个儿子:赵同、赵括和赵婴齐。赵氏家族就此发迹,成为晋国最重要的卿族势力之一。

晋文公也没有忘记其余跟从、支持自己的功臣。他大肆封赏,给功劳大的人加官晋爵,功劳小的人也赏赐了财物,就连当初卷走他财物的家臣头须,他也予以厚待。朝野上下一片欢腾,众臣都为丰厚的赏赐开怀大笑。但就在这个时候,有一个人默默地走了。他锁上自己的家门,带上自己的母亲离开绛都,从此杳无音讯。

这个人就是介子推。

介子推是个纯洁的人,他真正无条件地把晋文公当作主人侍奉,不像狐偃那些人是有目的地追随。所以,看到狐偃在黄河渡船上邀功,他感到恶心;看到众人领到赏赐后兴高采烈的样子,他也很不舒服,觉得这些人太虚荣了。

介子推性格内向沉默,也没有突出的才能,在晋文公的身边表现平庸。因而,晋文公几乎忘掉了他。加上他从未提出要官位和食邑,晋文公就没有赏赐他。介子推对于有无赏赐倒不在意,只是感到君上离自己越来越远,自己与这个群体也越来越格格不入。

他选择了不辞而别,去了谁也不知道的山野里隐居,打算将余生托付给那片恬静的山林。

介子推的朋友并不理解他的做法,认为晋文公不给介子推赏赐太不公平了,就愤然把介子推写的一首诗挂在了宫门口:

有龙于飞,周遍天下。
五蛇从之,为之丞辅。
龙返其乡,得其处所。
四蛇从之,得其露雨。
一蛇羞之,号于中野。

晋文公拿到这封信后,捶胸感叹说:"这指的就是介子推啊。寡人忙于周王室的事情,没来得及考虑他的功劳啊!"

他立刻派人四处寻找介子推,但始终没有找到。后来听说介子推躲藏在绵上山(今山西介休南),晋文公便把附近的田地封给他,并对身边的人说:"用这来记载寡人的过失,表彰品德高尚的人。"

这是正史记载,在民间传说中,介子推却有另一个结局。

传说晋文公悬赏寻找介子推的通告发出去之后，许多人都满世界找他。有个人来到绵上山，碰见一位戴着斗笠、背着一口小锅的农夫。那人就问："请问这附近有没有叫介子推的？"农夫回答："介子推隐居不想见人，我怎么会知道呢？"说完就走开了。

那人后来仔细一想，这个答话的农夫不就是介子推吗？他连忙向晋文公报告。

晋文公得知消息后，立刻派许多人到绵上山寻找。他们把绵上山反反复复搜索了好几遍，却怎么也找不到。晋文公没有办法，只好放火烧山，想用大火把介子推逼出来。

山火被点燃了，接连烧了三天才熄灭，可介子推还是没有出现。晋文公命人在烧过的山林中寻找，最终在一棵烧毁的柳树下发现了介子推和他母亲烧焦的尸体。看来介子推是铁了心隐居，宁愿被烧死也不出山。

晋文公见到介子推的尸体后大声痛哭，将介子推和其母亲厚葬在绵上山下，修建祠堂供人祭拜，还将附近的农田划给祠堂用于祭祀。

晋文公焚山的日子是农历三月初五，当地百姓怜惜介子推，每年到了这天都不生火，只吃冷的食物，表示纪念，这就是寒食节。到了唐代，寒食节与清明节合并，清明节就有了吃寒食、不生火的习俗。

介子推真心为君、不求回报的故事代代相传，被视为忠臣楷模。但是，我们不妨细想一下，介子推离开真的只是因为性格纯洁吗？如果他真心为君，怎么会中途离场，任由国君被"小人"包围和蒙蔽呢？如果他仅仅是不求回报，拒绝赏赐就可以了，何必闹得这么不愉快呢？如果他只是不愿和狐偃他们同流合污，那为什么不在逃亡路上就分道扬镳呢？

唯一能够解释介子推做法的，就是介子推不再认同重耳，用离开的方式表示抗议。

介子推离开的时间节点是重耳封赏有功的大夫们。晋文公的奖励是"大者封邑,小者尊爵""诸姬之良,掌其中官;异姓之能,掌其远官",这意味着大夫们的封地更多了,权力也更大了。而且晋文公不是只封赏几人,而是对支持过他的大夫普遍封赏,就连头须这种货色也包括在内。这样一来,晋国异姓大夫的实力就更上一个台阶,几乎要成为国君的合伙人了。

介子推正是因为这些大夫邀功索要封地和权力,才骂他们"贪天之功以为己力",瓜分原属于国君的荣耀和权力。他觉得晋文公应该像晋献公一样搞"中央集权",对无法无天的大夫们进行严厉打击,但国君却糊涂透顶,大手笔地封赏他们,可谓是"下义其罪,上赏其奸,上下相蒙,难与处矣"。介子推与晋文公的治国理念不合,就愤而辞职了。晋文公对他仍旧予以封赏,不过是显示自己宽宏大量的政治秀而已。

那么,晋文公为什么要这么慷慨地封赏大夫们呢?他自然也有苦衷。

作为晋国数十年内乱的经历者,晋文公已经看透异姓大夫的势力是不可能被铲除的了,如果继续像父亲和夷吾那样摆出强硬姿态,局势会更加恶化,他本人也难逃噩运。而且,他在外流亡了这么多年,在国内早没有了根基。他若不慷慨封赏大夫,把这些人拉拢住,自己怎么可能坐稳这个君位呢?

所以,晋文公不得不对现实妥协,分权而治,把"员工"们发展成"合伙人",鼓励大家一起把晋国这个"企业"做大做强。

除了赐予土地和权力,晋文公还增设了"董事会",把大夫们纳入中央决策机构。这就是影响深远的"六卿"制度。

公元前633年,晋文公把晋军原来的两个军扩充为上、中、下三军。每个军设正副指挥,称为"将"和"佐"。拥有晋国三军的正副指挥职位的大夫,可以参与国家最高决策的讨论。因为中军的等级高,所以担任中军将的大夫位列六卿之首,被称作"正卿",相当于晋国的"首席执行官"。而晋国国君,仅相当于把握大政方针的"董事长"。

晋文公大胆地在制度上创新,把晋国整合成管理松散、权力下放的"联合国家"。大夫们参政议政的积极性因而大大提高了,大家都愿意跟随国君去征战,为自己争取更多的利益和土地。晋国犹如一辆战车装配了一群健壮的骏马,展现出了强烈的开拓性和扩张性。

晋国,已经做好了争霸天下的准备。

卷四 英雄也可以大器晚成

南下，南下

公元前636年，就在晋文公即位的这一年，周王室再次发生了内乱。

周襄王和弟弟王子带的矛盾素来已久，之前王子带就联合戎人袭击洛邑，失败后遭到了周襄王讨伐，王子带逃亡到了齐国，齐桓公还派了管仲去调解这件事，后来把王子带送回。但王子带贼心不死，一直在寻找机会报复周襄王。

为了能有一个强大的外援作为倚靠，周襄王转而结交狄人，还娶了一位狄人女子为王后。但这个狄后行为不检点，竟然和王子带私通。周襄王一怒之下废掉了狄后，狄人因此勃然大怒。原来负责联络狄人的两位周朝大夫趁机倒戈，宣布尊奉王子带，带领狄人攻打周襄王。王师被狄人打得大败，周襄王逃亡到了郑国的汜（今河南襄城南）。王子带则大摇大摆地带上狄后，到温邑（今河南温县西南）逍遥去了。

落魄的周襄王只好寻求诸侯的帮助。但郑国本就讨厌王室，收留周襄王已经是给面子了，没意愿帮助他复国；齐桓公这个时候已经去世，继任的齐孝公是个孬种，不愿参与这事。周襄王只好向秦国和晋国求助。秦穆公看准了这个"尊王"的天赐良机，立刻在第二年年初集合大军东进，动作比晋文公还快。

不过，秦国的地理位置实在不佳，它处在西部边陲，到中原必须向晋国借路。

晋文公的反应虽然慢了秦穆公半拍，但他明白"尊王"的重要意义，周天子这枚争霸的棋子，决不能拱手让给别人。他对秦使的借路请求没有当场答应，而是召集众大夫一起商议。

狐偃在会上提出来："君上要想争霸，没有比为天子尽力更有效的了。此事不仅可以得到诸侯的信任，而且合乎道义。如果我们不做，让秦国人护送天子回朝，那我们就失去了号令天下的机会。君上一定要做好这件事情。"

狐偃的话正合晋文公的心意，但晋文公为了稳妥起见，又派人进行占卜。得到吉利的卦象后，他当即拍板决定，不惜代价抢先护送天子回朝，独揽勤王的功劳。

当时，晋国和郑国、王畿的领土都没有接壤，中间地带是狄人的地盘，所以晋军南下也是要借路的。晋文公就派使者送了很多财物，收买了两个狄人部落，让他们愿意借路并出兵相助。

与此同时，晋文公委婉拒绝了秦国借路的请求。秦穆公即使心有不甘，也只能收兵回去了。晋文公随即亲自带兵以最快的速度顺黄河而下，占领了阳樊（今河南济源西南）作为桥头堡。晋军在这里兵分两路，左路军经由汜地进攻洛邑，护送周襄王回都；右路军向温邑攻击，擒拿王子带。

由于狄人不愿与晋国为敌，晋军两路人马的进展都比较顺利。左路晋军几乎没有遇到抵抗，就把周襄王送回了洛邑；而右路晋军也成功攻破温邑，将王子带和狄后抓获处决。

没了王子带这个心腹之患,周襄王心情大好。他拿出最美味的甜酒,设下酒宴犒赏恩人晋文公,一口一个"叔父"①地亲切叫着,还赐给晋文公礼服和祭肉。

周襄王是个实在人,觉得这些赏赐还不够表达自己的感激之情,就直言问晋文公还想要什么。晋文公就趁着酒兴对周襄王说,希望能在自己的墓地里挖隧道,死后风光一下。

墓地里挖隧道是天子才能享有的特权,诸侯是没有资格的。周襄王听了晋文公的话摇了摇头,说道:"这是天子的礼仪制度。天下还没人有取代王室的德行,却有了第二个王,叔父也不希望这样吧。"

周襄王话里有话,警告晋文公还是诸侯的身份,不要仗着勤王的功劳僭越礼制。

虽然晋文公给人的感觉一直都是老实忠厚,但多年的磨难已经使他的内心形成了阴暗面。孔子就一针见血地评价他"谲而不正",意思是诡诈不正派,擅长伪装。晋文公不遗余力地勤王护主,等到讨赏的时候却撕掉了"尊王"面具,公然向周襄王索要天子的礼仪特权,这种事是当年的齐桓公都做不出来的。

晋文公的冒犯让周襄王很不舒服。周襄王忽然看清了这个外表和善的叔父如此贪得无厌,他觉得要是不给晋文公足够分量的封赏,恐怕两人的关系就要陷入破裂了,这可就让王室失去了一大靠山啊。既然天子的特权不能给,其他东西还是可以给的吧。

于是,周襄王叫人拿来地图,沿着黄河画了一条线,说:"叔父勤王有功,南阳之地的八座城邑就划与晋国吧。"

南阳是一片区域的名称,位于太行山以南、黄河以北,因古人以河水以北为阳,故称"南阳",也就是今河南济源到焦作一带。这里原属

---

① 周天子对同姓诸侯敬称伯父、叔父,对异姓诸侯敬称伯舅、叔舅。

于王畿之地，但基本上是些听命于王子带的叛乱城邑。周襄王就把它们当作顺水人情，大笔一划送给了晋文公，既满足了晋文公的胃口，又不让自己的地盘有所损伤。

虽然周襄王开了一张需要晋国人自己去兑现的支票，但这份来自王室的馈赠仍然意义非凡：晋国拥有了南阳之地，就能与王畿及郑国、卫国等中原诸侯国接壤，晋国以后不必借路就能向中原地区出击，参与中原事务了。

谢过了周天子，晋文公立马带兵前去接收那八座城邑了。他以为在武力的威胁下，南阳一定会乖乖并入晋国。没想到，晋军还是碰了钉子——阳樊和原邑（今河南济源西北）誓死不从。

虽然晋军南下途中曾驻军阳樊，但是真让阳樊人成为晋国臣民，他们就怎么也不同意了。阳樊人和原邑人本来就不服从周襄王，现在又被周襄王转手送给晋国，他们自然不会听从命令。而且，南阳本来是至高无上的王畿之地，如今成了一个诸侯的领地，住在这里的王亲国戚们感觉自己被降了级，心里就更加不高兴了。

晋文公没料到到嘴的肉还会不让咬，一怒之下便率大军包围了阳樊，并且向城内的居民下了最后通牒：如果不投降，破城之后鸡犬不留。

但阳樊人没有被吓倒，城主仓葛向城外的晋军喊话说："德行是用来安抚诸侯的，刑法是用来威慑四方狄夷的。你们晋国人用刑罚来威胁周朝的臣民，无怪我们不投降了。"

仓葛的高喊犹如当头棒喝，敲醒了原本愤怒的晋文公。他转念一想，自己立志要成为霸主，怎么可以做出残害百姓的事情来呢？而且城中有许多王室姻亲，要是把他们杀了，晋国以后还怎么扛起尊王的旗帜？

晋文公最终决定给阳樊的百姓一条生路，他派使者和阳樊人谈判，

表示阳樊城终究是要属于晋国的，愿意留的留下，不愿意做晋国臣民的可以搬走，晋国人绝不加害。阳樊人同意了这个条件，城中的王亲贵族和绝大部分平民拖家带口地离开了。晋军接收了这座空城。

休整了几个月后，晋文公再次出兵攻打原邑。这次他希望用仁义来打动当地居民，让他们明白晋国不是蛮横无理的，而是一个讲道德的负责任的大国。

晋文公让全军只带三天口粮，对外宣称晋国用三天的时间做最后的努力，如果还不能攻下原邑，就放弃这座城市。

围城战开始了，晋军猛烈攻打原邑，虽然一时没有攻进城去，但城里的原邑人已吓破了胆。他们担心城破之后被晋国人报复，有了投降的念头。

就在原邑人的犹豫中，三天过去了，晋文公当即下令：撤军回国！

当时有很多人不理解，觉得晋军大老远跑来攻城，眼看就要拿下了，哪有突然宣布撤退的道理？晋国的细作也送来密信说："原邑人马上就要投降了。"将士们都劝晋文公不要撤退。

晋文公却坚持撤退，说："信义是国家和人民的保障，我们绝不可以失信。"

晋国守信退兵的消息马上就在原邑传开了。原邑人认为晋文公确实是一个坚守信义的大国之君，他们不再反感晋国，派人献上了投降书，正式并入晋国版图。

经过了入王尊周和守信降原两次事件，晋文公成功提升了国家的形象和地位。现在，他距离霸主之位只差最后一个障碍了。

宿命的对决

公元前635年前后的中原形势非常明晰：齐桓公死后，中原诸侯群龙无首。楚成王乘机北上收服了郑国，宋襄公与他争霸，却在泓水之战中惨败给了楚国。楚成王又乘势收服了宋国、陈国和曹国，把将近一半的中原大国纳入麾下。

在楚国强劲势头的威逼下，鲁国和卫国也开始动摇了。公元前635年，鲁国为了对抗齐国，宣布与卫国和莒国结盟。齐孝公对此大为不满，于第二年举兵侵略鲁国。鲁国虽然在卫国的救援下取得了首战胜利，但其畏惧于齐军的强大，不得不向楚国请求援助。

楚成王见鲁国前来投靠，惊喜无比，立刻派兵千里驰援。楚军联合鲁军攻占了齐国的谷邑（今山东平阴西南），把逃亡到楚国的齐国公子雍安置在那里，做出要拥立他并推翻齐孝公的样子。齐孝公在惶恐之下，于公元前633年病死了。

鲁国投靠了楚国，盟友卫国和莒国自然也倒向了楚国。按这样的趋势下

去，齐国俯首称臣只是个时间问题，楚国这个蛮夷似乎即将霸领诸夏了。

中原诸夏，迫切需要一个"救世主"。

这个重任非晋文公不能承担。他虽然曾在楚王宫与楚成王把酒言欢，如今也无法摆脱这场宿命的决斗了。而宋国人在此时的一个决定，终于把这场巅峰对决给引爆了。

宋襄公死后的一段时间，他的儿子宋成公迫于形势屈服了楚国，但泓水之战的耻辱在宋国臣民心中是难以抹去的。看到晋国的威势逐渐升高，宋成公就想凭借父亲当初给过晋文公恩惠，去寻求晋国的庇护，以打击仇敌楚国。于是，宋国在公元前634年背弃楚国，派人与晋国商定结盟。

宋国突然背叛让楚成王手忙脚乱。楚军主力当时去援助鲁国了，楚成王只能派遣少量部队包围了缗邑（今山东金乡），试图威胁宋国不许背盟。但宋国人没有屈服。

楚成王闻讯后暴跳如雷，在第二年集合了大军举行大规模的军事演练，誓要踏平宋国。令尹成得臣以严格的标准演练楚军，对训练不力的士兵一律严刑峻法。仅仅一天的时间，他就鞭打了七名士兵，穿了三名士兵的耳朵。

这年冬季，楚成王率领大军北上，并征调了陈、蔡、许、郑四国的军队，将宋都商丘围得水泄不通。

宋国危在旦夕，焦急的宋成公一面部署宋军守城，一面派人快马加鞭，火速向晋国求援。

盟友有难，晋国理应救援。收到宋国的求援请求之后，晋文公立刻召开会议。先轸，这位将在接下来的战争中大放光彩的将才在会上提出："此战一定要打，而且要大打。报答恩惠，救助患难，取得威望，成就霸业，就靠这场仗了。"

经过商讨，晋文公决定和楚成王下一盘大棋——晋国要以救援宋国为契机，摧毁楚国的联盟体系并打败楚军，将楚国的势力赶回南方去。

222

这必将是一场规模空前的战役，晋文公押上了晋军所有的主力，设立了三军六卿。在出征之前，他亲自召开了一场盛大的阅兵式，给晋国臣民打气。

阅兵式上，晋军士兵和威武的战车排成整齐的队列，高喊着口号从晋文公的面前经过，所有人都热血沸腾。阅兵仪式结束，晋文公开始点将。宣读诏书的人以洪亮有力的声音喊出了以下人员的名字：

郤縠（hú），中军将；郤溱（qín），中军佐；狐毛，上军将；狐偃，上军佐；栾枝，下军将；先轸，下军佐；荀林父，御戎；魏犨，车右。

八员大将齐上阵，晋文公蓄势待发，要与楚成王一较高下。

因为晋文公在流亡期间得到过楚成王的礼遇，加上晋、宋两国尚未正式结盟，所以晋军南下直接攻打楚军会师出无名。但晋文公对此一点也不担心，舅舅狐偃早就为他想到了一个绝妙的出兵理由——以晋文公流亡期间遭到卫国和曹国冷遇为借口，出兵讨伐这两个楚国的新盟友。如果楚军来救援这两国，宋国就能解围了，而齐国也能从楚军的威压下抽身了。

公元前632年春，晋文公亲自率领晋国三军南下，来到了晋、卫边境。按照既定的计划，晋文公声称要讨伐曹国，派出使者到卫成公（名郑）那里借路。卫国和曹国现在同属于楚国阵营，卫成公自然拒绝了晋国的要求。

卫国的态度完全在晋文公的意料之中。晋文公没有生气，而是把大部队转移到了卫国南部的黄河渡口。晋军在这里强渡黄河，绕开了卫军的正面防线，随后兵分两路，一路南下继续向曹国进军，另一路则掉头北上，直扑五鹿。

五鹿，当年晋文公的落难之地，如今又成为晋文公霸业的起始之地。这个地方是卫国到齐国的必经之路，战略位置非常重要。晋军只要拿下五鹿，就能打通到齐国的交通线了。

卫军在五鹿防守空虚，晋军很快就占领了这里。此时，晋军的中军

将郤縠在军中病死，晋文公就提拔有大将之才的先轸做了中军将，统率全军。晋文公随后邀请齐昭公与自己会盟，商讨共同反楚的大计。齐昭公如同遇到救星一般，立马亲自赶来。齐、晋两国在敛盂（今河南濮阳东南）正式结为了盟友。

晋军绕到卫国的背后，并与齐国结盟，卫国就几乎成了瓮中之鳖。虽然鲁僖公闻讯后，派公子买带兵前往救援，但是鲁军没有那么快赶到。卫成公惶惶不可终日，连忙向晋文公求和，请求和齐、晋两国会盟。晋文公看出卫成公是在晋、楚之间骑墙，断然拒绝了。

和谈遭到拒绝，卫成公只好派人向楚国求援。然而，楚国的援军还没有到，卫成公就被楚丘的国人给赶跑了。原来，晋文公此时又向卫国征集军队，想以此逼迫卫成公投靠晋国，但卫成公不肯答应。卫国人觉得国君不肯断绝与楚国的关系，是不可能向晋国求得和平的，就把卫成公给打跑了，宣布依附晋国。卫国人这样的答复，晋文公才算是认可了。

卫国突然倒戈让鲁国措手不及。鲁僖公生怕自己成为下一个卫成公，就让公子买撤军回国，然后把一切责任都推给了他，把他当作替罪羊处死了，以此向晋文公解释。不过，鲁僖公也是两头讨好，他也派人向楚成王解释了为何处死公子买，理由却是："公子买守卫卫国，期限没到就走了，违反了军令，所以鲁国才杀了他。"

鲁国不是晋军南征的战略重点，晋文公没有和鲁僖公计较什么，继续南下来到曹国前线，准备报复曹共公当年对他的羞辱。

看到晋国大军铺天盖地而来，曹共公这时估计肠子都要悔青了。要与晋文公和谈是不可能的了，他只能死守国都陶丘了。

晋军不久便把陶丘团团围住，晋文公按捺不住心中的怨恨，下令立刻攻城。

然而，曹国虽是小国，战斗力却不差。晋军的攻城战转眼变成了一场血战。

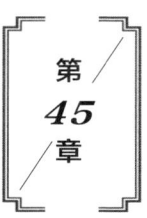

攻城

在一些古装电视剧中,我们看到过古代攻城的场景。一般是一群小兵扛着一种叫"云梯"的竹梯往前冲,城墙上的敌人不停射箭,把攻城的人射死一大片。士兵们把梯子架到城墙上,然后一个一个往上爬,城上的敌人就扔石头,或者把梯子推倒。攻城的一方有时还会撞城门,一帮士兵喊着"一二三",搬着个大木头使劲往城门上撞。

这符合史实吗?倒也基本符合。不过这是古代最简单,也是最拙劣的攻城方法,古人用"蚁附"(像蚂蚁一样附着在城墙上)来称呼它。用这种方式攻打小城市还可以,打大城市就很艰难了,要是遇到特大城市或者坚固的城塞,再多士兵的性命都不够填的。

古代人不会那么愚蠢,他们会制造各种攻城器具来减少伤亡。

"云梯"实际上不是一把长梯子,而是一种攻城车的名称。它把梯子安装在车子上,梯子可以根据城墙的高度伸长或缩短,梯子前端还有钩子可以钩住城墙,士兵们登城的时候就不用担心敌人推倒梯子了。

为了掩护攀爬城墙的部队，攻城方还会制造一种叫"冲车"的攻城塔，士兵可以躲在里面射箭，或者钩杀城墙上的敌人。一些冲车还配置了天桥，可以架到城墙上，供车里的士兵登城。

冲撞城门则会使用"轒辒（fén wēn）"。这是一种坚固的装甲车，上面覆盖着一层牛皮或者泥浆，士兵在车里能躲避石块和火箭。

而威力最大的攻城武器是"砲"，也就是抛石机。利用杠杆原理，把巨石或火罐抛进城去，砸坏或者引燃敌人的防御工事。

古代攻城的方法还有很多，这里仅供大家了解之用。下面笔者再略微叙述一下攻城的大致流程。

谁都知道城墙上有那么多的敌兵，会不停地朝攻城方射箭。要是黑压压一大片人径直往前冲，那简直就是自杀。所以，攻城方需要让自己的弓箭手也瞄准敌人射箭，让敌人没法还手，那样就可以掩护步兵前进了。

弓箭手把敌人压制住了，那步兵就可以出发了。当然，要举着盾牌前进，因为弓箭射击并不能完全让敌人打不还手，他们还是会躲在暗处，趁这边弓箭手换箭的间隙来射箭。把盾牌朝向斜上方举起，可以保住攻城士兵的性命。

士兵们举着盾牌走到城墙下，还需要给架设云梯的工兵提供掩护。敌人不是笨蛋，他们知道云梯要是被架设完成，守城就困难了，所以，敌人的重点攻击目标当然是这些工兵。这时，周围的士兵就需要将手中的盾牌举好，掩护身边的战友架设云梯，或者调整轒辒车的方向。

等到云梯被撑起到城墙的高度，就可以登城了。登城的时候秩序绝对不能乱，士兵们排好队，一个接一个爬梯子，没有轮到的人要站好队伍，不能拥挤。爬梯子也有讲究，士兵们需要拿盾牌阻挡高空坠物，还得带上刀砍敌人。刀可以咬在嘴上，也可以先放在刀鞘里，这样士兵们就可以一手举盾牌，一手攀爬了。

再说回陶丘的攻城战。晋文公因为急于复仇，加上轻敌，就没有打造足够的攻城器具。在隆隆的军鼓声下，晋军士兵轮番对城门发起冲击，但曹国人不停地从城墙上射火箭，砸下石块和滚木，还不时倾倒下滚烫的开水，使靠近城门的晋军士兵非死即伤。战死晋军的尸体在陶丘城下持续堆积，几乎把城门口都给堵住了，而陶丘的城门仍然纹丝不动。

晋文公见陶丘如此难攻，部队死伤很大，急忙鸣金收兵。然而，不久却看到了更令他气愤的一幕。

原来，曹国人在晋军退兵之后，把城下晋军士兵的尸体给吊了上来，像晾衣服一样一排排地挂在了城墙上。晋军士兵看见战友惨死的模样，都感到十分恐惧，军心动摇了。

晋文公见曹国人如此侮辱晋国人的尸体，还以这种手段打击自己部队的士气，气得把桌子拍得哐哐响。他必须先想办法让曹国人放下那些尸体，稳住军心。

心情烦躁的晋文公踱出帐外散步，无意中听到有士兵在说："曹国人的墓地就在城外，我们何不以牙还牙，去挖了他们的祖坟。"

晋文公当即恍然大悟，回去便下令更换扎营的地点，并对外放出口风，说晋军要到曹国人的墓地上去扎营，铲平那里的坟茔。

这一招果然有用，曹国人连忙派出使者到晋国的军营里谈判。晋文公同意了不在曹国的墓地上扎营，曹使则答应了把晋国士兵的尸体收敛起来，给晋军送回。

这个时候，不知是谁看出战机，向晋文公建议说："陶丘城难攻，曹国人将尸体运出来的时候必然要打开城门，我们可以趁这个机会突袭他们。"晋文公正好为攻打陶丘而苦恼，听到这个建议后非常高兴，决定依计行事。

这一天，曹国人按照事先的约定，把晋军士兵的尸体放进棺材里，

搬到城门口用马车运出城外。因为尸体太多，运送棺材的马车和搬运尸体的人员拥挤在城门附近。当尸体运到一半，曹国人以为事情顺利而放松警惕的时候，埋伏在附近的晋军突然向陶丘城门口发动了袭击。曹国人见晋军向自己飞速奔来，连忙下令关闭城门，但是城门那里太拥挤，慌乱的曹国士兵一时没有办法关闭城门。晋军就从洞开的城门冲进去，砍倒守门的曹军，控制住了城门。

晋军与曹军在街道和城墙上展开激战，疏于防备的曹军被打得大败，陶丘很快就被晋军占领了，还没反应过来的曹共公和一帮大夫被俘。

看到曹共公的倒霉样子，晋文公心里有种说不出的痛快。他数落曹共公说："你治理国家昏庸无能，胡乱封赏大夫，当年又对寡人无礼，今天的下场是你罪有应得！"

晋文公留下了曹共公的那条命，但清理了一批曹共公滥封的大夫和官员，唯独赦免了当年送他礼物的僖负羁，算作对僖负羁恩情的报答。晋文公还下令，军中任何人不得进入僖负羁的家，不许伤害他的家人。但是这道命令却被两个人当成了耳边风。

这两个人就是魏犫和颠颉。

魏犫觉得僖负羁是个手下败将、亡国之臣，有什么资格受到这种优待。他对颠颉说："君上不给我们这些有功劳的人赏赐，偏偏给僖负羁什么恩惠啊！"

两人一商量，决定晚上去僖负羁家放一把火，给僖负羁好看。

一天晚上，魏犫和颠颉带上一队士兵，把僖负羁家的房子给点着了。那晚风大，火势一下子就蔓延开来。僖家老小哭爹喊娘，四处逃避大火。

但魏犫和颠颉也没得意多久，史书上说魏犫的胸部也受了重伤，差点把命丢了。具体怎么受伤的没有记载，有可能是大火蔓延到了他这里，把他也给烧伤了，也有可能是他遭到了僖家的攻击，胸口被刺伤了。

这两人更倒霉的事情还在后面。晋文公得知僖家被人纵火后大为震惊，对魏犨和颠颉二人无视命令、肆意纵火杀人无比愤怒，下令将两人抓起来，准备斩首示众。但晋文公想到魏犨当年忠心耿耿地跟随自己流亡，而且是个不可多得的虎将，心里又有犹豫，决定派一个人去看看魏犨。如果魏犨的伤势很重，有可能残废，那就把这个没用的人给正法；如果魏犨的身体还可以，就留下这个人以备后用。

不知是谁看穿了晋文公的意图，事先告诉魏犨说："你一定要在君上派来的使者面前表现得很健康，这样才能保住性命。"

魏犨就把受伤的胸口用布包紧，避免被人看出伤口和鲜血。当晋文公派的使者来询问病情的时候，魏犨支撑起身体出门迎接，对来人说："托君上的福，我的伤病好得差不多了，我可不敢贪图一时的安逸啊。"

说完，魏犨还故意蹦了几下，以证实自己确实很健康。

魏犨的拼命表演让自己免受杀身之祸，晋文公以为他并无大碍，就饶过了他，只把颠颉砍了头。不过死罪可免，活罪难逃，魏犨被就地免职，车右换成了一个叫舟之侨的人担任。经过这次事件，晋文公也严肃了纪律，加强了权威。

卷四 英雄也可以大器晚成

第46章

退避三舍

晋军攻下曹国,距离宋国已经不远了。然而,楚成王这个老滑头早就看穿了晋国逼迫楚军从宋国撤军的企图。他可不想被晋文公牵着鼻子走,楚国眼下打败宋国要紧,因为宋国是中原大国,战略地位比曹国高很多,不拿下宋国,楚国在北方的霸权就得不到施展。基于这样的考虑,楚成王一直没有派兵去救援曹国,反而更加猛烈地攻击宋国。

宋国连忙再次派人突围出来到晋文公这里求援,说商丘情况危急,如果晋军再不救援,宋国就要投降楚国了。

晋文公也想马上救援宋国,但楚军兵力强大,晋军并没有压倒性的优势,需要齐国和秦国两个盟友的协助才行。可齐昭公和秦穆公这个时候却不愿意出兵。晋文公只能向新任中军帅先轸征求意见,问:"宋国又来求援了,我们不能不救。但是我们和楚国开战,齐、秦两国又不同意协助。该怎么办啊?"

先轸不愧是一代名将,打仗在行,用计也在行。他对晋文公说:

"君上可以让宋国人去向齐、秦两国求援，让这两国去劝楚国停战。宋国向这两国求援付出的财物，我们可以割让曹国和卫国的一部分田土作为补偿。楚国得知此事后一定会生气而拒绝停战，齐、秦两国好人当不成，必然会对楚国的固执感到不高兴，就会派兵来帮助我们了。"

先轸这一计可谓一箭双雕，一则让齐、秦两国和楚国彻底撕破脸，二则在战与和的问题上，让晋国唱愿意和平的红脸，逼楚国唱拒绝和平的白脸，为晋军接下来与楚军交战提供了理由。

晋文公按照先轸的计谋去做了，齐、秦两国很快就派出了使者当和事佬。楚成王得知两国使者的来意后，顿时意识到自己处境不妙：如果这个时候再不从宋国撤兵，就会得罪齐、秦两国，北方的三大强国就会联合起来，楚国以一国之力是不可能对抗它们的。特别是秦国，如果秦穆公再派兵进攻秦、楚边界，楚国的西部就危险了，说不定连郢都都不安全。

老奸巨猾的楚成王没有中计，他做出了一个明智的决定——从宋国撤军，连同谷邑的军队也一并撤回。

正在宋国前线的成得臣收到楚王的命令后大为不解，觉得这样做实在是太窝囊了。他立刻派人向楚成王请求收回命令，并说："请君上准许臣去攻打晋国人，臣不敢说一定能取胜，但愿意以此让一些奸邪小人闭嘴。"

成得臣以为楚成王撤兵是受了一些投降派的蒙蔽，他要展现楚国人的强硬，不能让天下人以为楚国害怕晋国。

成得臣的话使楚成王非常生气：撤军的想法是我提出来的，你却说这是奸邪小人说的，这不是相当于在骂我吗？

楚成王觉得很没有面子，但又不便和成得臣明说，就派了少量战车给成得臣，任由他去打，自己则带主力部队回国，守好自己的地盘。狡猾的楚成王认为，这样做不仅可以保住自己的脸面，而且万一打输了，

也能让成得臣负责。

楚军主力南撤了，但成得臣手中的部队仍然相当可观。他除了楚王给的一些战车，还有许多家族私兵，从申、息两县征发的兵士，以及来自陈、蔡两国的仆从军队，兵力加起来与晋军旗鼓相当。

成得臣全权掌握前线大局后，决定以自己的方式破解这场困局。他以其人之道还治其人之身，也摆一场和谈的局，让楚国唱红脸，晋国唱白脸。

他的计谋是这样的：

楚国抛出橄榄枝，表示愿意接收齐、秦两国的调停，并从宋国撤军，但前提条件是晋国一定要恢复卫成公和曹共公的君位，军队也要撤回国。如果晋国答应，那么晋、楚两国就恢复到了战前的态势，各自都没有损失，这样的结局也能挽回楚国的颜面；如果晋国拒绝，长期被围的宋国就会生气，想当和事佬的齐、秦两国也会不高兴，它们的联盟就有可能瓦解，晋文公也会背上拒绝和平的恶名，那么楚军就有进攻晋军的口实了。

楚国使者宛春带着这个和谈条件来到了晋军营中。心知是计的晋文公连忙召集会议商讨对策，足智多谋的先轸再次提出了一条计策，总结起来就是八个字：表面一套，背后一套。

表面上，晋国热忱欢迎楚国的和谈提议，承诺恢复卫、曹两国；背地里，晋国胁迫卫、曹两国正式和楚国断交，还把楚使宛春扣押起来不让他回去。成得臣得知后一定会发怒来攻打晋军。这样一来，破坏和平的还是楚国人。

成得臣果然气得七窍生烟。他不像楚成王那样沉得住气，懒得再去磨嘴皮子，直接率领大军从宋国拔营北上攻入曹国，要找可恶的晋国人算账。

宋国之围终于解除了，齐、秦两国也因为楚国不退兵而加入了战事，先轸的计谋奏效。

晋文公现在要做的，就是想办法打赢横行一时的楚军。

面对成得臣的进攻，晋文公却下令全军后撤九十里，退到卫国去。许多人对此感到疑惑不解，有将领问："君上亲自领兵，不能回避由楚国的一个大夫率领的队伍啊，那多么耻辱。臣观楚军长期作战，士卒已十分疲劳，何不与他们较量一番呢？"

狐偃出面来稳定大伙的情绪，他回答说："没有楚国人的恩惠，我们君上到不了今天的地位。君上是在兑现当初的承诺，报答楚国人的恩情。况且我们国君已礼让了楚国，他成得臣作为一个大夫还要进犯，那楚国就更加理亏了。"

经过狐偃这么劝说，军中的不满情绪才有所收敛，晋文公也再次提升了形象，站在了正义的制高点上。

其实，晋文公退避三舍的行为还隐藏着晋军重要的战斗部署。首先，楚军是带着怒气追上来的，晋军要避免与他们接触，消磨楚军的这股锐气；其次，晋军向楚军示弱，能使成得臣麻痹轻敌，从而露出破绽。

成得臣果然乖乖地跟着晋军北上，进入晋国人给他安排的主战场——城濮（今山东鄄城西南，一说在今河南陈留附近）。

晋楚争霸的第一场大决战即将来临。

大决战

晋文公率兵来到了城濮,不久,宋、齐、秦三国军队也纷纷赶到,但他们的人数并不多,只能在战场上声援助威。这样一来,晋国必须以一国军队正面对抗成得臣的三国联军了。

穷追不舍的成得臣很快也到达了城濮,他迫不及待地给晋文公下了挑战书,里面写道:"我请求与君王来一场角力比赛。您在车上观看,成得臣我在战车上陪您一块儿欣赏。"

晋文公摆出一国之君的威严,写了一封回信给他,信中说:"楚君的恩惠,我们晋国没有忘记,所以退避三舍到了这里。没想到你作为一个臣下却不依不饶,难道你想冒犯一国之君吗?既然这样,那就让你的将士们驾好自己的战车,奋力战斗。我们明早相见。"

晋、楚两国将士都枕戈待旦,只等第二天血腥的朝阳升起。

公元前632年四月,随着一阵响亮的号角声,位于北面的晋军和位于南面的楚军几乎同时离开自己的营帐,在大平原上布阵。城濮的大地上，战车和士兵密密麻麻，各种战旗遮天蔽日。

成得臣按照以往的惯例，将楚军精锐和家族私兵布置在中军，申、息两县的部队布置在左右两翼，陈、蔡两国仆从军则配合右翼进攻。这个部署属于进攻阵型，楚军精锐只要突破了晋军中军的防御，就能摧毁晋军的指挥系统，从而一举打垮晋军。

晋军主帅先轸早已了解成得臣急于求胜的心态，推测楚军必然会采取中央突击的阵型。这个阵型的缺点就是两翼薄弱，如果晋军上下两军击退楚军的左翼和右翼，楚国中军就会陷入包围之中。

为此，晋军在战场上做了如下布置：

下军居左，装配数十辆蒙有虎皮的战车，对付楚军右翼和战斗力比较差的陈、蔡联军；上军居右，与楚军左翼交战后假装败退，诱骗楚军追击，晋军近卫军趁机拦腰截击，与上军一起击溃楚军左翼；最后全军突击，将楚军中军消灭。

但是，晋军只有七百辆战车的兵力，比楚军少。尤其是晋军中军，必须在楚军两翼溃败之前守住阵线，抵挡楚军精锐的疯狂进攻。对于所有晋军将士来说，这必将是一场苦战。

晋、楚两军摆好了阵型，成得臣轻蔑地对身边的人说："今天就要让晋国消失！"

只听楚军军官发出一阵响亮的口令，楚军精锐的弓箭手们把弓箭朝上，箭嗖嗖地像蝗虫一样飞来，晋军士兵连忙支起盾牌躲避。楚军的弓箭射击过后，晋军弓箭手也拉满弓弦，对准楚军那边猛烈地还射。躲避不及的楚军被落下的箭雨射死。

双方如此反复对射了几个回合之后，成得臣下令全军进攻。楚军随即擂起战鼓，数万名士兵和战马迈动步伐，缓缓地向晋军推进。先轸也下令擂动战鼓，全军向对面的楚军发起攻击。

在震耳的喊杀声中，两边的人马很快就贴在了一起。在碰撞的一瞬

间,楚军长戈刺死不少晋军战马和士兵,晋军战车也撞翻了许多楚军士兵。激烈的战斗爆发了,只见漫天的箭矢飞舞,无数的长戟相交,战场上金属碰撞的声音不绝于耳,不断有士兵和战马惨叫着倒下。虽然在楚军的凶猛进攻下,晋军付出了不小的伤亡,但顽强的晋国人没有谁私自后退一步,全都在奋力搏杀。

晋军下军的一部与陈、蔡联军正面相遇,他们派出了事先准备好的虎皮战车,向联军发起突击。缺乏战斗意志的陈、蔡两国士兵从来没见过虎皮战车,一见从晋军的队伍中冲出来一支奇怪的队伍,吓得大喊老虎来了,纷纷调头逃跑。

奔逃的陈、蔡联军使得楚军的右翼大乱。晋军下军趁机猛攻,战车汇成一道洪流,向楚军的阵型斜插进去,楚军右翼很快就被打垮了。

与此同时,晋军上军也正在与楚军左翼交战。上军依照计划,在军中树立起两面大旗,让楚军以为晋军主帅就在这里。大旗树起来后,上军开始向后撤退。为了伪装出晋军是作战失利而溃逃的,下军士兵丢盔卸甲,战车拖着树枝一路扬起尘土。楚军看见漫天的沙尘,辨不清前方的情况,认为是晋军大部队溃败了。

成得臣不想错过战机,下令右翼赶快追击。楚军战车立刻全速开动,步兵跟在后面跑步前进,一起钻入了茫茫黄尘之中。先轸见楚军中计,下令擂动战鼓。只见预先蛰伏的晋国近卫军在隆隆的战鼓声中整军出发,从侧边冲向了楚军左翼。楚军根本没料到尘土中还埋伏着一支部队,当场被晋军冲得七零八落。假装溃逃的晋军上军也杀了回来。晋军战车在楚军中反复冲击,武艺高强的甲士站在车上挥动着长戟,与周围的楚军车兵们激烈厮杀。楚军左翼根本抵挡不住,也很快就溃散了。

打败了楚军的两翼部队,楚军中军就失去了保护。先轸令旗一挥,晋军的上下两军开始从左右两边夹击楚军方阵,已经顽强抵抗了许久的晋军中军也开始反攻,冲击招架无术的楚军。

成得臣这个时候才猛然发现，自己的左右两翼全部溃败了，晋军开始合围自己的中军了，再不撤退，全军将陷入万劫不复的境地。在一阵急促的撤兵号令下，楚军慌忙掉头，撒腿就跑，在晋军上下两军合围之前逃离了战场。先轸见楚军已经失败撤退，便下令停止追击。

　　轰动天下的城濮大战，以晋军完胜告终。

　　此战，晋军抓获了众多战俘，缴获了上百辆战车，其余粮草、军械等更是不计其数。晋军就住在楚军的军营里，大吃大喝了三天，来庆祝这场伟大的胜利。剩余不需要的物资被一把火烧掉，大火居然数日不熄。

卷四　英雄也可以大器晚成

威震天下

虽然成得臣在战斗快要结束的时候及时撤退,保住了楚军中军上万士兵的性命,但是位于左右两翼的申、息两县部队遭到了毁灭,许多来自两县的年轻人变成了卫国那片大平原上的累累白骨。所以,成得臣回到楚国后,楚成王派人去责备他说:"你损兵折将,死伤了申、息两县那么多年轻人,有什么脸面向他们死去的家人交代!"

成得臣自觉羞愧,二话不说就拔剑自杀了。楚成王逼成得臣自裁,为城濮之战的失利找了一只替罪羊。

而晋文公听说成得臣自杀,欣喜地说:"不会再有人危害寡人了。"

在晋文公的眼中,好战的成得臣一死,楚国暂时就没人敢北上争雄了。

晋文公自城濮凯旋后,不忙着回国。他先去了周天子那里,要将晋国的战绩报告给周襄王,通过天子向天下宣告,打败南蛮楚国的是他晋文公。

晋军在践土（今河南原阳西南）修了一座行宫，作为给周襄王的见面礼。晋文公还带了一千多名楚国俘虏和一百辆楚军战车呈给了天子。周襄王和王室成员那是相当高兴，因为楚国僭号称王，又北上侵扰中原，早就被周王室所痛恨，晋国大败楚国，可谓是为王室大大出了一口恶气。

周襄王再次盛情为晋文公设宴，还允许他向自己敬酒。宴会完毕，周襄王颁布旨意，封晋文公为周朝的"侯伯"，并赐予他包括大辂之服、彤弓、旅（lú）弓和三百名虎贲卫士等器具仪仗，可以代表天子征伐四方，惩治奸恶。

侯伯相当于天子特封的诸侯领袖，有权力主盟天下诸侯，替天子统领中原。当初，齐桓公在葵丘盟会上，也仅仅得到天子的赐命和祭肉。而晋文公直接"升级"，成了周王室官方认证的诸侯霸主。他即位后仅仅用了四年多时间，就拥有了齐桓公都没有的荣耀。晋文公对于天子的赏赐表现得受宠若惊，连忙上书拒绝。周襄王又下旨让他接受。如此推让三次，晋文公才领受了赏赐。

接下来的事情就顺理成章了，原先投靠楚国的国家，如郑国、蔡国和陈国等纷纷和晋国结盟。晋文公在这一年再次召开会盟，召集了中原几大诸侯参加，诸侯们一致承认他是中原霸主。

登上人生巅峰的晋文公不免也有些飘飘然，这年冬天在温邑召开诸侯盟会时，他竟然请周襄王也来参加。孔子因此气愤地评价道："以臣召君，不可以训！"《春秋》也帮周襄王避讳，说天子是到那里打猎去了。其实，周襄王何尝不明白晋文公以诸侯身份召请天子是无礼的行为，但为了让王室能紧靠晋国这棵大树，他也就坦然接受了。

晋文公终于实现了人生目标，但他面对的问题并没有因为霸业成功而结束，一系列矛盾和烦扰没有放过他。统领中原这么多的诸侯，其中

难免会有令他头疼的人物。

首先让他头疼的是卫成公。卫成公的父亲卫文公当年冷落晋文公，他本人在大战之初还依附楚国，晋文公自然很讨厌这个人。

卫成公被国人驱逐后，先是躲在襄牛（今河南睢县），后来流亡到他国。在此期间，卫国大夫元咺拥立卫成公的弟弟叔武摄政，代理统治卫国。卫成公却以为元咺让叔武当新国君了，气得大骂元咺是卖国贼，还把元咺的儿子给杀了。城濮之战后，晋文公同意恢复卫成公和曹共公的君位，卫成公这才回到了卫国。但他回来之前就收买人把弟弟叔武杀了。

元咺逃到了晋国，请求晋文公主持公道。卫成公担心晋文公报复他，就派了三个大夫去温邑盟会上辩解，和元咺打官司。

晋文公判元咺胜诉，把卫成公派来的三个大夫一个杀，一个砍脚，一个释放，再派人把卫成公从国君的位子上揪下来，关押在洛邑。元咺回国之后，立了公子瑕做了新国君。

晋文公并不想就这么放过卫成公。两年后，卫成公生病了，晋文公就想趁此机会下毒，让卫成公看起来是重病暴死。

晋文公派了一个医生给卫成公看病，让医生给卫成公服用毒酒。然而，不知道哪里走漏了消息，有一个卫国大夫用重金收买了医生，请求他不要谋害自己的国君。"无德"医生收了人家的红包，就把配给卫成公的毒药剂量大大减少了。结果，卫成公闹了几天肚子，就没啥事了。

这时，鲁僖公念在往日盟友的分上，为卫成公向周襄王和晋文公求情，还送给周襄王和晋文公各十对白玉，劝晋文公得饶人处且饶人。周襄王本来就不想把事情搞大，就顺了鲁僖公的人情，下旨把卫成公给释放了。天子下令放人，晋文公没有办法，此事也就作罢了。

卫成公慌慌张张地跑回了国，但卫国此时是公子瑕当国君了。卫成公就派人联系朝中的两个大夫，许诺说："你们帮我复辟，事成之后就封你们做卿。"

这两个大夫就去造反,把公子瑕和元咺都给杀了,卫成公顺利复辟。

另一个人是郑文公。这株著名的墙头草,换到谁底下都不让人安心。他表面上服从了晋国,暗地里又和楚国眉来眼去。晋文公本来就对郑文公当年的闭门羹耿耿于怀,现在得知郑国对晋国怀有二心,当即就决定要狠狠教训他一顿,便联合秦国共同出兵,大举讨伐郑国。

秦晋联军很快就攻到了新郑城下,郑文公吓得浑身哆嗦,担心守不住国都。这时,有个叫佚之狐的大夫向他建议说:"国家陷入危机了。假如让烛之武去游说秦君,一定能让他们撤退。"

郑文公就请出了烛之武,派他去秦穆公的大营里。烛之武见多识广,能言善辩,一番话说到了秦穆公的心坎上。秦穆公便听从烛之武的游说,与郑国在私底下签订了盟约,并派兵帮助守卫新郑。然后,秦军不和晋文公打声招呼就撤退回国了。

秦军擅自撤退,还和郑国结盟保护新郑,差不多就是和晋军为敌了。这使许多晋国大夫非常生气,连狐偃都要求晋文公去讨伐秦国。但晋文公摇摇头说:"没有秦国当年的鼎力相助,我们是不会有今天的。我们不能恩将仇报,也不能放弃秦国这个盟友。算了,还是不要再引发一场战争了。"

晋文公是个有恩必报的人,他对秦穆公这个岳丈当年的帮助是怀有感激之情的,不想在自己活着的时候和恩人开战。对于秦、晋之间出现的这个裂痕,他选择了隐忍。

晋国没法继续围攻,郑国也不愿硬撑下去,两国开始讲和。

当时,在晋军军营中有一位郑国公子,名叫兰。郑文公这人比较暴戾,和自己的几个儿子关系很差,逼死了好几个儿子,其余儿子不得不逃亡国外,公子兰就逃到晋文公这里。

晋军兵临郑国城下，晋国在谈判中明显占有优势。晋文公就开出了两个条件：一个是让郑文公接纳公子兰回国，并把公子兰立为郑国太子；另一个就是郑文公把当初劝说杀了自己的叔瞻交出来，以报他当初企图陷害之仇。郑文公为了让晋国撤军，答应了以上条件。

双方和谈成功，晋军也就撤退了。

被送到晋军那儿的叔瞻并没有死，反而幸运地活了下来。他在被处刑之前宣称自己是为国尽忠的义士，暗示晋文公在杀害忠良。爱惜名誉的晋文公只好把他给放了。

这一年，是公元前630年。经历了人生风风雨雨的晋文公越来越感到力不从心了，生命的衰老让他感到了疲惫，他已经无力再去征讨四方了，他决定休息了，晋国的霸业就让子孙们去继承和发扬吧。

公元前628年，人生极富传奇的晋文公在绛都与世长辞了。晋文公在继承人的问题上没有留下争端祸根，太子欢顺利即位，史称晋襄公。

晋襄公继承的，是父亲给他留下的丰厚基业，外有诸侯领袖的霸主地位，内有赵衰、先轸这样优秀的文臣武将辅佐。晋襄公也不负众望，将晋国霸业继续发扬。晋国在此后两百多年里大放异彩，左右着春秋历史的走向。

然而，晋国争霸成功让另一个诸侯非常不高兴。在他的心目中，尊王攘夷、成就霸业应该是自己的人生轨迹，却被晋文公抢走了。因此，他带着满心的愤怒和不屑，在国内等待着时机，只等晋文公一死，就来争抢这个霸主之位。

这个人，就是重耳的岳父秦穆公。

卷五 大秦崛起的奠基人

处在西部边陲的秦国,在几代人的努力下成长为大国。但强大的邻居,让秦穆公的争霸之路走得极其不易。

第49章

牧马人

秦人的祖先其实来自于东方,和商人的祖先关系密切,文化上也有共通之处。传说,秦人的祖先大费曾帮助大禹治水,还帮舜帝驯养鸟兽,因为工作出色被赐姓"嬴"。后来,嬴人往四方迁徙,其中有一部分居住在偏远的西部。

商朝建立后,嬴人依靠与商人的密切关系,不少部落首领都在朝中担任高官。商纣王的时候,嬴姓首领蜚廉和恶来为纣王效忠,坚决抵抗周武王。这种愚忠自然没有得到好下场,这两人都被杀了。后来武庚叛乱时,许多嬴姓部落也跟着响应,遭到了周公严厉镇压,部分族人被强行迁徙到了西方,与原先在这里的嬴姓部落合并在一处,居住在荒蛮的黄土高原上。因为是有罪之民,他们被禁止祭祀祖先。

没有参与叛乱的嬴人就幸运多了,有一个叫造父的人做了周穆王(名满)的臣子,负责给天子驾车,被封到了赵城(今山西洪洞北)。造父便以"赵"为氏,成了赵氏的先祖。所以,秦国和赵国有共同的祖

先,赵国国君也姓"嬴"。

而居住在西部边陲的嬴人迫于生计,就像西戎人一样,过起了游牧生活,养马成了他们的一大特长。到了周孝王(名辟方)时,嬴人的马名闻天下。周孝王正好缺少马匹,他召见了嬴姓部落的首领非子,给了他一碗公家饭——帮朝廷养马。

非子二话不说,挽起袖子就干,几年之后给朝廷养出一批膘肥体壮的马。周孝王下旨重赏,赦免他们罪族的身份,并允许非子在秦地(今甘肃张家川东)建造城邑和宗庙,延续对嬴姓的祭祀。这部分嬴人就以"秦"为氏,逐渐开始了农耕生活,秦国有了雏形。

此时的"秦国"还算不上诸侯国,只是依附于周天子的附庸。除了为王室提供马匹,他们还承担着抵御西戎的危险工作。周厉王和周宣王时期,西戎频繁侵扰边境,秦人为了保卫王室付出了巨大的牺牲:居住在犬丘(今甘肃礼县东北)的族人惨遭西戎人屠杀,首领秦仲奉命讨伐西戎,也兵败身亡。秦仲的长子秦庄公(名其)后来带兵七千人复仇,终于打败了西戎人。周朝便封他做了西垂(今甘肃东南部一带)大夫,秦人就此升级为卿。

秦庄公死后,儿子秦襄公继任。这个时候,一件改变秦人命运的事情发生了。

这件事就是犬戎之乱。

犬戎人攻破周朝首都镐京,在骊山杀死了周幽王。周平王作为祸首,声望一落千丈,遭到了众多诸侯和大夫的抵制。但秦襄公敏锐地抓住了这个机会,宣布拥护周平王,并且亲自带兵加入了护送平王东迁的队伍。周平王便论功行赏,下旨提升秦襄公的等级,从卿大夫升为诸侯,并把岐山(今陕西宝鸡附近)以西的土地全部封给了秦人。

分封的时候,周平王对秦襄公说:"西戎人经常侵犯我们,你替朝廷讨伐他们,打下来的土地就是你的。"

看起来，周平王在骨子里还是很瞧不起秦人的，给人家分封土地，居然给了一张空头支票。秦人要想让这张支票兑现，还得自己想办法。岐山以西的土地上遍布戎人和狄人，在这里建国，简直是虎口夺食。

换成一般人，拿到这张空头支票肯定要骂人了，但秦襄公却相当高兴。毕竟，秦人的地位确确实实提高了，秦襄公能够以诸侯的名义朝见天子，秦国还可以和其他诸侯国互通使节，终于成为一个真正的国家了，就算分封来的领土是空头支票，也无所谓了。

秦人由此开始了艰苦创业。

在接下来的岁月里，秦襄公为了争取岐山以西那片土地，以西垂为根据地，带领族人与西戎人浴血奋战。但西戎人是相当难对付的，秦人不仅没能消灭他们，反而经常遭到他们屠杀和掳掠，刚刚诞生的秦国生存得异常艰难。秦襄公好不容易打到了岐山脚下，但他没能占领那片土地，就不幸阵亡了。他留给儿子秦文公的，仍然只是西垂和犬丘周围一片不大的领土。

秦文公，史书上没有留下他的名字，他接过父亲的奋斗旗帜后，继续与西戎人顽强战斗。他东征到了汧（qiān）水和渭水交汇的地方（今陕西眉县东北）。这里水源充沛，土地肥沃，自然条件要比犬丘那片黄土高原好多了。秦文公便迁都于此，在这里营造了城市，招徕被周王室遗弃的百姓来居住。秦国有了一个像模像样的首都，越来越多的秦人就此放弃了游牧生活，转变为耕种土地的农民。

此后，秦文公继续南征北战，扩张领土，终于到达了岐山。他死后，秦宪公和秦武公继续攻打周边的戎人部落，并向东越过岐山，一直打到华山附近，占领了戎人占有的郑国故地。秦国大致占有了华山以西的渭水流域地区。

秦武公去世的时候，有六十六个人为他殉葬。秦国之所以有这么野蛮的风俗，是因为秦人的祖先与商人亲近，商代的活人殉葬之风就被秦

卷五 大秦崛起的奠基人

人继承了。

商人认为人死以后,灵魂会活在另一个世界里,而坟墓是墓主在另一个世界的居所,所以就要把奴隶、仆人和侍妾送过去继续侍奉墓主。给秦君殉葬的人既有婢女和奴仆,也有身强力壮的勇士,因为国君到了阴间还希望有勇士保卫。殉葬一般用活埋的方式,也有先行处死后再埋葬的。即便如此残酷,不少秦人也乐意去殉葬。因为在他们的观念里,能够永远跟随自己的国君,是一件非常光荣的事情。

在边疆和荒漠生活了数百年,加上长期与凶残的戎狄人作战,秦国人逐渐形成了轻视死亡、团结忠诚的性格。生活条件艰苦,活着不容易,就会把生死看淡,互帮互助。

《诗经》名篇《无衣》就反映了秦人好战且团结的精神:

岂曰无衣?与子同袍。王于兴师,修我戈矛,与子同仇!
岂曰无衣?与子同泽。王于兴师,修我矛戟,与子偕作!
岂曰无衣?与子同裳。王于兴师,修我甲兵,与子偕行!

大意就是说,你我同甘共苦,是同穿一件衣服的战友。国君要出征了,我们都准备好兵器,大家一起冲锋陷阵,没什么可怕的。

秦武公死后,继任的是弟弟秦德公(名嘉),他把国都设在了雍城(今陕西凤翔西南)。此时秦国已经颇有实力,收服了梁国和芮国(今陕西大荔东南)作为附庸。秦德公有三个儿子先后当上了国君,长子是秦宣公(名恬),次子是秦成公(名载),三子就是秦穆公(名任好)。

第50章

五张羊皮换一个宰相

秦穆公是在公元前659年即位的。此时的中原，齐桓公的"尊王攘夷"事业正如火如荼，诸侯大会连着一场又一场，狄人和楚人都慑于齐桓公的威名，不敢对中原有所企图。秦穆公对齐桓公的霸业充满了崇敬之情，他暗自下定决心，一定要效法齐桓公，也成为霸主。

但是，秦国要想参与中原事务并不容易，最大的阻碍就是地理位置。秦国进入中原的道路有黄河与崤山天险的阻隔，秦穆公为了打通路线，上台后就消灭了茅津之戎（今山西平陆附近）。但晋国随后消灭了虞国和虢国，控制了这两地的咽喉要道，又把秦国东进的大门给关闭了。

面对强大的晋国，秦穆公不敢以武力相威胁。大哥秦宣公在位时，秦、晋两国就发生过冲突，但秦国没有占到什么便宜，这让秦穆公相信与晋国武装对抗不是明智的选择。

秦穆公认真权衡了一番，决定与晋国修好。

秦穆公看出来，晋国周围也是恶邻围绕，遍布戎狄，而且因为曲沃

代翼事件，国家形象受损，内部矛盾重重。如果秦、晋两国抱团取暖，就能共同对付戎狄，还能一起参与中原事务，改善国际地位，从而实现两国双赢，何乐而不为呢？

晋献公对秦使的游说十分认同，考虑到晋国也需要盟友，就答应了秦穆公的请求。于是，两国就此结盟，晋献公还把女儿穆姬（太子申生的同母姐妹）嫁给秦穆公做夫人。从此以后，秦、晋两国几代国君都相互联姻，开始了秦晋之好的佳话。

秦穆公通过与穆姬的婚姻，还有一个更大的收获。

他在穆姬的陪嫁人员中发现了一个人，此人就是百里奚。百里奚是虞国大夫，见多识广，对各国的礼仪制度十分了解。晋国假途灭虢，把虞国也给灭了，百里奚做了俘虏，后来被当作穆姬的媵臣，送给秦国人使唤。

百里奚是当年堂堂一国的大夫，当然不愿意做媵臣。他找了个机会从送嫁的队伍中溜了，一口气跑到了楚国宛城（今河南南阳）。百里奚一无身份证明，二无金钱疏通，被楚国人抓起来当了奴隶。

秦穆公一直把齐桓公视作榜样，也希望能有一个秦国的管仲出现。他认为这个百里奚就是秦国需要的人才，怎么可以让这个人溜走呢？所以，他连忙派人去楚国，要把百里奚捞回来。为了不节外生枝，秦使没有去和楚王交涉，而是直接去找了百里奚的主人，声称百里奚是他们逃走的一个奴隶，愿意用五张羊皮把他赎回去。

这位楚国的奴隶主根本不知道百里奚是个什么人物，觉得一个奴隶能换五张做冬衣的料子，买卖还挺值得，就把百里奚交给了秦国人。

百里奚就这么被带回了秦国。秦穆公用隆重的礼仪招待了他，并向他请教国家大事。百里奚从未受到过这样的优待，有点惊慌，便推辞说："在下只是一个亡国之臣，不值得君王征询意见。"

秦穆公回答说："寡人知道你是一位有才能的人。虞国的国君正因为没有重用你才亡了国，你不需要为虞国的灭亡承担罪责，你不该因此做一个低下的媵臣。寡人希望你来辅佐秦国。"

秦穆公的话让百里奚重拾了自信，他被秦穆公的知遇之恩所感动，决心一定要为秦国好好效力。百里奚由于是被秦国人用五张羊皮赎身的，便获得了"五羖（gǔ）大夫"的称号。

获得了百里奚，秦穆公还觉得不满足，他想招揽更多的人才。但是秦国处在西北偏远地区，国家也不富裕，没有几个中原人才愿意来西部大开发。秦穆公就想了一个办法，让周围人举荐，发挥人脉作用，为秦国引进人才。

百里奚带头把好朋友蹇（jiǎn）叔推荐了过来，他对秦穆公说："臣有许多才能不及蹇叔，但蹇叔的贤能世人却还不了解。臣以前游历到齐国，因为穷困向人讨饭，是蹇叔收留了臣；公孙无知得势的时候，臣想去投靠他，是蹇叔阻止了臣，让臣免受杀身之祸；臣在王畿时，听说王子颓喜欢牛，臣就想用养牛的本领向他求官，又是蹇叔的劝阻，使臣没有和王子颓一起被杀；臣后来到虞国做官，蹇叔也曾劝过，但臣贪恋虞国的俸禄，没有听从他的话，结果，虞国灭亡，臣也被俘虏。由此可见，蹇叔是一个非常聪慧的人才。"

秦穆公当即便起用了蹇叔，让他做了上大夫。百里奚和蹇叔这两个好朋友便在秦国定居下来，他们的子孙后来也为秦国效力。百里奚的儿子百里视，字孟明，俗称孟明视。蹇叔有两个儿子，分别是：蹇西乞，字术，俗称西乞术；蹇白乙，字丙，俗称白乙丙。后文还会讲到他们的故事。

在《列子》一书当中，还有一段秦穆公求贤的轶闻。说是有一年相马大师伯乐来到了秦国，喜欢马的秦穆公向他请教说："您年纪大了，有没有合适的相马人才向寡人推荐一下。"

伯乐把自己的一位好朋友九方皋介绍给了秦穆公，说："这个人相马的眼光不在我之下。"

秦穆公很高兴,就派九方皋去帮他找千里马。过了一段时间,九方皋回来了,说是千里马找到了。秦穆公就问:"是黑色的大马吗?"

九方皋说:"是的。"

但秦穆公叫人把那马牵过来一看,竟然是一匹黄色的马。

秦穆公感到很可笑,就对伯乐说:"这就是您介绍的相马人才吗?他连马匹的颜色也分不出来。"

伯乐却说:"九方皋相马,只看马的内在能力,所以忽略了马匹的外表。君王您去试骑一番,这绝对是一匹好马。"

秦穆公就去骑了那匹黄马,果然是千里马。

这个故事本来想告诉读者识人不能看外表,要看内在的能力,但也从侧面反映出秦穆公那种不放弃任何机会求贤的热情,在当时已经天下闻名。

除了礼贤下士,秦穆公展示给众人的形象还有宽容豪爽。

有一年,秦穆公到岐山狩猎时,有一匹好马走失了。他手下的人连忙四处寻找,最后发现那匹走失的马被附近的三百个农民炖了吃掉了。官吏们就把这些农民统统抓了起来,押到秦穆公那里,请求国君处置。

但秦穆公没有杀这些农民。

三百人共吃一匹马,实际上每个人吃不着多少肉。这些农民如果不是饥饿难耐,不会这样来分食。秦穆公非常了解秦国国情,这个国家的穷人还是很多的。

秦穆公把他们全部释放,还命人摆下酒席,请这些农民一起喝酒。秦穆公在席间说:"寡人听说吃肉不喝酒,实在是糟践身体。这些酒是寡人为乡亲们补上的。"

这三百个农民感动得热泪盈眶,纷纷向秦穆公叩拜致谢,表示愿意终身保护国君。秦穆公便收留了这三百人,让他们做了秦军中的死士。

接下来,秦穆公即将迎来人生的第一次考验。

选择题

公元前656年,晋国发生了骊姬之乱。晋太子申生和公子重耳、夷吾被骊姬陷害,变成了意图弑杀君父的逆子。申生被迫自杀,重耳出逃去了狄国。唯有夷吾坚决抵抗,一年之后才决定外逃。

根据郤芮的谋划,夷吾逃到了秦国的附庸梁国。梁君很看重他,还把女儿嫁给了他。几年后,晋献公去世,里克先后杀死了奚齐、悼子和骊姬,逼死了辅政大夫荀息。晋国一下子陷入了权力真空,急需一位公子回国即位。

里克本来想请重耳回国,却遭到了拒绝,他就转而去请夷吾回国。夷吾也害怕里克的势力,就听取心腹吕甥和郤芮的建议,去请求秦国的保护。

吕甥先回国制造声势,他对晋国大夫们说:"我们作为大夫不方便擅立国君,而且大家的意见也不统一,不如请秦国国君帮我们确定一个国君。国君立国君,比较有说服力。"

晋国大夫们纷纷同意了这个方法,便派了一个叫梁由靡的人出使秦

国，对秦穆公说："如果君王能收留一位公子帮助他回国即位，让他延续晋国的祭祀，安抚国家和人民，诸侯们听说后一定会佩服您的威势，赞赏你的美德，晋国的大夫也一定会感激您的大恩大德的。"

晋国人把国君的选择权交给了秦穆公。现在，差不多所有人的目光都盯在了秦穆公这里，就看他怎么选择了。

其实，不用梁由靡劝说什么，秦穆公对于帮助晋国确立国君的好处是心知肚明的。只是在人选方面，秦穆公有点为难，他对重耳和夷吾两个公子都不熟悉，不知道选择哪一位才是合适的。

秦穆公决定先派人去重耳和夷吾那边做调研，考察一下两个人的品行。

公子絷承担了这个任务。他先来到重耳所在的狄国，对重耳说："国君派我来慰问你，对你君父的去世表示哀悼。我听说得到国家常常是在国丧的时候，失掉国家也是在国丧的时候。时机不可放过，请公子好好考虑一下吧。"

公子絷的这番话好像是劝重耳赶快回国即位，但他实际上是想试探一下重耳，看他是一个有情义的君子，还是一个贪图君位的小人。

重耳把问题转述给了舅舅狐偃，向他征询怎么回答为好。狐偃就劝重耳不要被公子絷的话所迷惑，一定要拒绝才能表现得仁义和诚信。

按照狐偃的指点，重耳回复公子絷说："承蒙您的国君和您的厚意，但我重耳是个流亡之人，君父去世的时候都不能在他的跟前，我现在回去是不仁德的，会玷污了秦国帮助晋国确立国君的义举。"

说完，重耳向他拜谢了一番，就抹着眼泪离开了。

公子絷接下来去了梁国，见到夷吾之后说了一模一样的话。夷吾巴不得现在就飞回绛都去，立马兴奋地跪下来磕头拜谢，表示自己非常感谢秦君的恩德。为表示感谢，他还送出礼物，对公子絷说："秦国如果肯帮助我，我回国后愿意奉上黄河以西的土地。另外再送上黄金四十镒、玉器六对，用来奖赏公子的左右。"

夷吾的这番行贿，可以说把秦穆公和公子絷的好处都给了。

公子絷回到了国内，立刻向秦穆公做了汇报。重耳和夷吾的考试成绩立刻就出来了，秦穆公的打分是：重耳100分，夷吾0分。理由很简单，重耳表现得多守规矩，一看就是好人一个；夷吾对父亲的死一滴眼泪都不流，整天做着国君梦，还搞行贿，明显是一个品德低下的人。所以，秦穆公想选择重耳。

秦穆公把这个想法一说出来，公子絷却提出了不同意见，他认为应该选择夷吾。公子絷可不是因为拿了人家钱才帮人家说话（可能他根本就没要夷吾的东西），他给出的理由是这样的："君上如果确立晋君只是为了成全晋国，那么立一个仁德的公子未尝不可。但君上是想成就秦国的威名，那就最好立一个缺德的公子以扰乱晋国。这样一来，晋国就无法强大，而我们秦国就能压服他们了。"

压服晋国不正是秦人梦寐以求的吗？秦穆公一听，立刻转变了想法，决定拥立夷吾。

为了确定相关的流程安排，郤芮作为夷吾的特使来拜会了秦穆公。秦穆公想从郤芮的口中探听夷吾的实力，就问他："公子夷吾在晋国还有谁可以依靠啊？"

郤芮就帮夷吾吹牛说："我家公子自小就不喜欢玩乐，不容易记仇，也不轻易发怒。所以国人对他没有什么怨恨，他能比较好地与人民相处。不然，公子他本身没有才能，有谁能够依靠呢？"

估计郤芮说的话他自己都不信，秦穆公也不太可能相信，他大概能猜出夷吾在晋国没有什么人缘。这种缺少支持的公子，不正需要秦国的支持么？秦穆公就把郤芮的话当个冷笑话一笑而过了。

安排好了一切，秦穆公便派兵护送夷吾返回了晋国。夷吾由此登上了晋国的君位，史称晋惠公。

无赖

通过拥立晋惠公,秦国算是出了一回风头。按照秦穆公的构想,晋惠公这样根基不稳,又缺少仁德的国君,只能依靠秦国撑腰。以后秦国人就是晋国人的幕后老板,入主中原岂不是大有希望?

然而,秦穆公太小看晋惠公闹腾的本事了。

晋惠公为了稳固君权,一上台就把里克作为剪除目标。他首先把兵权转移到吕甥和郤芮这里,又把里克的好友丕郑派去出使秦国。里克丧失了兵权,又孤立无援后,晋惠公就以里克弑君为由将他杀死了。

晋惠公的下一个目标,是里克的党羽丕郑。

丕郑出使秦国的目的,是按照晋惠公的命令向秦穆公请求延期割让土地的。当初,晋惠公为了取得里克一党的支持,许诺封赏里克和丕郑众多田地,但他迟迟没有兑现。承诺给秦国的河西土地,晋惠公也想反悔,这个无赖他是当定了。

但秦国毕竟是帮助自己回国的后援,直接耍赖在外交上说不过去,晋惠公就想用"延期"先搪塞一下。至于为什么指派丕郑去谈，晋惠公除了是要分离里克的势力外，可能还暗藏一个巨大阴谋。

晋惠公可能是这么想的：秦穆公必然会对晋国延期交割河西领土感到不高兴，而丕郑没有获得赏赐的田地，心中肯定也是大为不满。这两个人很有可能会联合起来，试图推翻自己。那么，晋国到时候就可以以秦国企图颠覆晋国国君为由，拒绝交出河西土地，并割断对秦国的依赖关系，还可以以丕郑一伙人造反为名，将里克集团斩尽杀绝。

果然，丕郑到达秦国之后，对秦穆公说："我们国君派我来向贵国请求，因为新君即位，不方便割让土地，希望暂缓期限。"

听丕郑这么一说，秦穆公当场就气炸了，早觉得晋惠公这小子不靠谱，没想到这才几天就翻脸了。看见秦穆公生气，丕郑连忙说："君王息怒，这一切都是吕甥、郤芮的主意。我也是不满于新君的所作所为，愿意和君王联手，一同更换新君。晋惠公在国中依靠的便是郤芮和吕甥，只要君王与我想办法将此二人骗到秦国来，我便能赶走晋惠公，让公子重耳回国了。"

秦穆公正在气头上，便赞同了丕郑的计策，派人和丕郑一起去了晋国。

秦使向吕甥和郤芮送了礼物，还说了一大堆好听的话，邀请两个人到秦国友好访问。郤芮很清醒，晋国违背割地的承诺，秦国人气还气不过来，怎么会突然这么大方地邀请我们去访问呢？这当中明显有诈。丕郑必然与之同谋，会有大动作。

吕甥和郤芮立刻就向晋惠公做了汇报。晋惠公掌握了丕郑等人的谋反证据，当即下令将丕郑、祁举等里克集团的成员统统抓起来处死。里克的势力就此被消灭。

这场由秦穆公支援的政变就此彻底流产。秦穆公忽然发现晋惠公居然比预想中的要难对付，心中郁闷，没有了继续报复的想法。所以，当

丕郑的儿子丕豹逃到秦国劝他讨伐晋国时，秦穆公拒绝了。他说："如果晋惠公没有人民的支持，怎么杀得了里克这些人呢？"

秦穆公觉得晋惠公身边还是有很多人拥护的，自己已经奈何不了他了。他只有打掉牙吞进肚，对晋惠公的失信行为选择了忍耐，仍旧保持着两国的同盟关系。

然而，晋惠公似乎注定是秦国的灾星。几年之后，两国之间一场更大的矛盾激化了，最终把秦穆公推到了忍无可忍的境地。

公元前647年冬天，晋国发生了大饥荒，粮食歉收，国库存粮告罄，到处都有流浪的饥民和饿死的百姓。晋惠公束手无策，只好向邻国寻求援助。

如果是一般人，肯定不会向刚刚得罪过的秦国人请求救济，那样做岂不是脸皮太厚了。可晋惠公就是那种脸皮比城墙还厚的人，他派出的使者居然首先到了秦穆公这里，以秦晋两国是盟友为由，觍着脸问秦国人购买粮食，好像两国以前啥不愉快的事情都没发生过。

给还是不给呢？

晋惠公上回戏弄了秦国一把，干吗要把粮食给这个忘恩负义的东西？秦国人听说晋国来买粮，可谓群情激昂，强烈请求秦穆公不要答应晋使。一心想报父仇的丕豹更是提议，咱们趁这个机会出兵打到晋国去，灭了夷吾那个混蛋。

秦穆公内心也十分犹豫，就召集大夫们讨论如何回答晋使。

大夫公孙枝劝秦穆公只管把粮食卖给晋国，他说："如果我们救助晋国却得不到回报，那晋惠公就失去了道义，他的人民会更加厌恶他。届时我们再去讨伐晋国，晋惠公必然会因为得不到民众的支持而失败。"

百里奚则是从更长远的角度来劝秦穆公卖粮，他觉得秦国要想成为有号召力的国家，就要学会和齐国一样标榜道义。邻国有灾荒，秦国出手相救是义不容辞的。他对秦穆公说:"按道义办事,必会有福气。"

听了两位贤臣的点拨,秦穆公便决定再做一回好人,答应晋国人购粮的请求。他对那些不理解的大夫解释说:"晋惠公确实不是一个好人,但是晋国的人民是没有过错的。我们不能因为一个人的错误而惩罚整个国家的人民。"

秦穆公倾囊相助,可谓举全国之力救济晋国,运粮的车队和船队从秦都雍城一直绵延到晋都绛都,络绎不绝。这场浩大的运输工程堪比一次军事行动,世人称之为"泛舟之役"。

然而,事情的发展果然如同秦穆公预感的那样。晋惠公靠着秦国的粮食渡过了难关,却一点表示也没有,好像秦穆公又成了他素不相识的陌生人一样。更可恶的事情发生在第二年。

这一年轮到秦国发生饥荒了。可能上一年秦穆公卖出去的粮食太多了,以至于这年年景不好,秦国居然缺粮了,秦穆公不得不向晋国求购粮食。

无论怎么说,晋国此时出手帮助秦国都是应该的。可晋惠公就是脸皮厚,他做了一个很过分的决定——拒绝提供粮食给秦国。

有一个叫虢射的晋国大夫更是过分到了极点,他对晋惠公说:"即使我们给秦国人粮食,他们对我们的怨恨也不会减少,反而会增强他们的实力。我们不如趁这个机会入侵秦国,削弱他们的力量。"

晋惠公觉得有理,有一个强大的秦国做近邻,对晋国来说确实不是好事。于是他便派出大军入侵了秦国,打算趁这个机会让秦国元气大伤。

晋惠公这种恩将仇报的行为,终于使秦国人民暴怒了。

第53章

还击

愤怒至极的秦穆公当即召集了秦国的勇士,迎战入侵的晋军。秦国上上下下同仇敌忾,将士们饿着肚子与晋军大战,硬是把晋军给打退了。等到第二年收获了粮食后,秦穆公对晋国发起了反攻,誓要狠狠地教训一下晋惠公这个忘恩负义的东西。

晋惠公失信于秦国的举动让他大失人心,许多晋国大夫都对国君这种不讲道义的行为不满。所以,当晋惠公急急忙忙召集会议,商讨如何抵御秦军进攻的时候,有一个叫庆郑的大夫说起了风凉话。他说:"君上对秦国出尔反尔,秦国人对您非常愤怒,他们不打进来才怪!"

晋惠公当场斥责道:"你这个放肆无礼的家伙!"

晋惠公在韩原(今山西河津东)集结了大军,准备和秦穆公一决胜负。

公元前645年九月,秦军也来到了韩原。面对人数多于自己的晋军,秦国勇士们没有感到恐惧,所有人都满怀愤怒之情,就等着杀晋国人报仇。秦穆公也等待着这个复仇时刻，他把自己雕刻着花纹的战戈抬了出来反复擦拭，准备亲手砍下晋惠公的狗头。

按照军礼，晋国派了一位使者到秦军的军营里送约战书。晋惠公的战书还写得比较谦卑，上面说："秦君的恩德，我不敢忘记。如果您能退兵，那是最好；如果您不肯退兵，那我也不会避让。我有众多将士，能让他们聚合起来作战。"

秦穆公看过战书，感觉出了晋惠公那谦卑言语下的轻蔑之意。他横握住手中的战戈，指向晋使说："回去告诉你们的国君。过去他不能回国，寡人曾为他担心；他现在回国后地位不稳，寡人也是牵挂在心。现在他君位已定，军队也编练出来了，就让他整理好队伍，寡人要亲自会会他！"

第二天清晨，秦、晋两军在韩原的旷野上摆开了阵型，开始了一场惊心动魄的大厮杀。

秦穆公亲自爬上车击鼓。在激昂的鼓声下，秦军将士们齐声呼号，大声呐喊着，潮水般冲向晋军，用满腔的愤怒与数倍于己的敌人搏斗。晋军彻底被秦军的气势压制住了，加上许多将士对晋惠公不道义的行为不满，士气低落，晋军很快被秦军击溃，士兵们丢盔弃甲，狼狈逃窜。

晋军被人数少的秦军击败，晋惠公简直不敢相信自己的眼睛。他见秦军逼近，赶忙慌不择路地逃跑。但拉车的四匹马是从郑国来的，不熟悉韩原的环境，加上受到战争场面的惊吓，居然狂躁起来，不听驱使了。晋惠公乘的战车在战场上四处乱窜，甩开了卫队，最后陷进了一处烂泥地里出不来了。

晋惠公连忙呼喊着求救。正好，庆郑坐着车子从他身边经过了。晋惠公便叫庆郑救他，庆郑冷冷地回答说："你这是自作自受，臣的战车可不值得委屈你来搭乘。"

说完，他便离开了。

这一幕正好被秦穆公看见，仇人相见分外眼红，秦穆公当即拿起战戈指挥战车冲了过去。

秦穆公报仇心切，跑得太快，身边没有多少护卫跟上。就在他即将冲到晋惠公身边的时候，不远处传来马蹄声，原来晋国大夫梁由靡和虢射带领一支人马前来救晋惠公了。他们看见秦穆公身边人少，便呼啦啦跑来把秦穆公包围了起来。

面对晋军的围攻，秦穆公毫不畏惧，凭着一身武艺，挥动手中的战戈接连刺死了数名晋军士兵。可聚拢过来的晋军士兵越来越多，梁由靡和虢射也驾着战车来和他搏斗，秦穆公的处境万分危险了。

这时，晋军的队伍突然大乱。只见数百名没穿有军服和铠甲的秦国人狂吼着冲来，用手中五花八门的兵器在晋军中奋勇砍杀。

原来，这些秦国人正是当初秦穆公在岐山下赦免的三百名农民。他们得知秦穆公要出征晋国，就请命参战。在韩原的战场上，他们见国君遇险，就不顾一切赶来救援。

三百人拼死杀开一条血路，冲到秦穆公的面前，用血肉之躯将秦穆公死死保护在身后。晋军反复围攻，却始终不能攻破这三百名秦国农民组成的防线。

就在这时，梁由靡和虢射忽然听到了庆郑在不远处大喊："不要管秦君了！赶快把我们的国君救出来！"

梁、虢二人正为秦军的顽强气馁，听到庆郑这么一说，赶紧放弃了秦穆公，跑到烂泥地里去救晋惠公了。晋军对秦穆公的包围因此减轻了。

很快，秦军主力部队赶到了，梁、虢二人见势不妙，居然脚底抹油，扔下晋惠公逃命去了。

晋惠公叫苦不迭，只能被秦军士兵拖出来，做了秦穆公的俘虏。

宽大为怀

韩原之战，秦军大胜，秦穆公还擒获了仇人晋惠公。然而，在回国途中，有几位忠心的晋国大夫一直在秦军队伍的后面披头散发地跟随着。自己的国君被俘虏，还有可能被处死，这些有忠君思想的大夫们想给晋惠公送行。

秦穆公被那几个晋国人的哭声搅得心烦意乱，便派人对他们说："你们回去吧，我们秦国人做事不会很过分的。"

这些晋国大夫连忙磕头拜谢说："天地作证，我们晋国人可是真切地听见了您这么说的，您可不能骗人。"

轰走了那些哭丧的晋国大夫，秦穆公恨不得立刻把晋惠公扔进油锅里炸上个几百回。他对手下人说："等到了雍城，寡人要先斋戒数日，然后拿晋惠公的脑袋来祭祀上天！"

秦军将士们都对晋惠公恨得咬牙切齿，对秦穆公的话无不赞同。

秦国人是能答应，但是晋国人呢？秦穆公忘记了雍城里还有一位晋

国人，那就是自己的老婆——穆姬。这位秦国夫人听说自己的弟弟被丈夫俘虏了，而且要被处死，觉得有必要为娘家人求求情。

穆姬怕直接去求丈夫会没效果，就想了一招——以死相逼。她不光自己要"死"，还带上两儿一女一起去"死"，其中就有秦国未来的继承人——太子䓨（yīng）。穆姬在雍城的城门口堆起木柴，带着三个孩子站在上面，用这种方式来迎接丈夫的凯旋。

秦穆公高高兴兴地回城，没想到看见自己的老婆在城门口搞出这种场面出来，就连忙问穆姬这是在干什么。穆姬派人穿着丧服回答说："上天降下祸患，让我们两国国君兵戎相见，这是婢子（穆姬自称）不愿意看到的。婢子特来为弟弟求情，如果夫君早晨将晋惠公带进城处死，婢子就和孩子们在晚上陪他自焚而死；如果夫君晚上把晋惠公带进城处死，婢子就和孩子们在早上自焚。希望夫君考虑！"

面对穆姬的"无理取闹"，秦穆公实在没有办法，他对手下说："寡人俘获晋惠公本是一件很荣耀的事情，但现在把他带进城里去，反而要变成一件丧事。"

他只好答应了穆姬不杀晋惠公，把晋惠公关在了城外，穆姬这才不再闹了。

就在秦穆公考虑如何和穆姬沟通的时候，周襄王派人来了。周襄王听说秦国俘获了与王室同宗的晋国国君，就想体现一下天子的作用，给自家人求个情。周襄王的使者对秦穆公说："晋国与天子同姓，秦国不能杀天子的叔父。"

天子出面要求，这件事就更不好办了，天子的面子总不能不给吧。秦穆公心里的怒火降下来后，开始冷静思考如何处置晋惠公的问题。

秦穆公召集了手下的大夫们举行会议，商量说："我们现在是杀了晋惠公呢，还是流放他，还是放他回国，或者是恢复他的君位好呢？"

秦穆公一下子出了四个选项的选择题，可见他真是不知道该怎么办好。

对于这道选择题,秦国大夫们大致分为了两派意见。第一种意见认为晋惠公言而无信,反复戏弄秦国,应该把他杀了。公子絷因为主张拥立夷吾而被打脸,为了挽回名誉也附和说:"杀了好。晋国人因为韩原之战的失利,一定会记恨我们。放了晋惠公等于放虎归山,晋国君臣会团结起来对付我们,成为秦国的祸患。"

另一种意见则认为应该让晋惠公回国复位,公孙枝就反驳公子絷说:"不能杀晋惠公!晋国人已经因为韩原之战感到羞辱了,如果我们再杀了他们的国君,秦、晋之间的仇恨就无法化解了。天下人也会觉得我们太过分。"

公子絷辩道:"我岂是说杀了晋惠公就算完了?我将用重耳来代替他做晋国国君。晋惠公无道谁人不知,重耳仁德谁人不晓。我们战胜了晋国,是威武;胜利后不留下晋惠公这个祸患,是明智;杀无道之君而立有道之君,是仁义!"

公孙枝却说:"羞辱了一国的将士,又立一个新君去管理他们,这样恐怕行不通吧。我们可以假设一下,如果我们杀了晋惠公立了重耳,重耳对我们很感激,不去怀念自己的亲人,那他何来'仁义'?如果他不感激我们,反而对杀弟之仇念念不忘,那我们就是继续留下了祸患,也就不是'明智'了。这样一来,我们秦国反而会被诸侯们嘲笑,'威武'就谈不上了。"

公孙枝分析得条条是理,公子絷被驳得哑口无言。秦穆公豁然开朗,便问公孙枝:"那你有既能化解仇恨,又不至于留下祸患的好方法吗?"

公孙枝回答说:"让晋君回去复位,避免两国之间仇恨的扩大。但我们一定要和晋国举行会盟签约,让他们把河西的土地立刻交出来,并让他的太子在秦国做人质。晋君得了这个教训,就不敢再祸害我

们了。"

公孙枝的这个方法可谓合情合理,"好人"要做,但是"教训"也要给,不让晋惠公长长记性是不行的。秦穆公就按照这个方法,向晋惠公开出了条件,让他立刻传命回国,叫一个大夫来代表晋国与秦国会盟,然后把他接回去。身为囚徒的晋惠公只能这么办了。

哪一位大夫能担此重任呢?晋惠公首先想到的是自己的亲信吕甥。

吕甥作为晋惠公的得力手下,在晋惠公被俘的这段时间也没闲着。他担心晋国没有了国君,会被居心不良的国家窥视,便在此期间主持大局,使得晋国没有陷入无主的混乱中。

考虑到国人中有人对晋惠公不满,吕甥让晋惠公派来的使者宣告国人:"国君派我来告诉大家:'秦国将要放寡人回来,但寡人辱没了国家,不配再当这个国君,你们改立一个更优秀的国君吧。寡人把一些公家的土地赏赐给你们,你们一定要好好拥护新国君。'"

国人听了以后,觉得国君实在是太伟大了,很多人甚至流下了眼泪。不满的声音逐渐平息了,吕甥接着又用国君的名义分发各种赏赐,并改革田制,补充军力,帮助晋惠公收买人心。

吕甥不久来到了秦国的都城,在这里与秦穆公举办了会盟,答应了秦国提出的两个条件,并着手处理晋惠公回国的事情。

在与吕甥的会面中,秦穆公又想打探一下晋国的虚实,便问他:"你们晋国现在都很和睦吗?"

吕甥是个聪明人,回答说:"不和睦,有很多君子和小人。君子虽然思念自己的国君,但也知道他的罪过,所以认为不能在这件事上仇恨秦国;而小人却只悲哀于韩原之战的失败,不考虑国君的过错,认为一定要联合齐国和楚国向秦国报仇。"

吕甥话里有话,一方面表示晋国认识了错误,不打算再和秦国记仇,但另一方面也表示晋国是有报仇想法的,秦国做事可要小心点。

秦穆公又问:"那你们晋国人怎么看待晋惠公这位国君以后的前途呢?"

对这一问题,吕甥也没有老实回答,他说:"国内的小人认为国君必然被杀死,到时候就可以发兵报复秦国了;而君子则认为,我们的国君当初能回国,是秦国的恩德。君王您能接纳他,俘虏他,也就能放了他,因为您是一位宽厚的君主。如果您杀了我们的国君,或者废黜他,会使自己的恩德被仇恨代替,恐怕您不会这样做吧。"

吕甥把答案一换,变成了晋惠公的前途全由秦国来决定。如果秦国让晋惠公回去当国君,可以继续成就仁义的名气;不这么干,那就等着两国无休止的仇杀吧。

秦穆公听了以后,认定放回晋惠公是对的,便改善了晋惠公的待遇,以诸侯之间的礼仪对待他。晋惠公在鬼门关走了一遭,被关押了近两个月后,回到了晋国。

这次被俘经历让晋惠公老实了许多。惧于韩原之战的失败,他不久便老老实实地割让了河西的领土,并让太子圉去了秦国做人质。但他也变得没有了安全感,回国的时候坚决不入绛都,而是命令手下先把那个害他的庆郑抓起来杀掉,这才放心地回到了宫中。之后,他又派了勃鞮去杀重耳,导致重耳逃离狄人部落,辗转流浪各国。

直到晋惠公死去,秦、晋两国都相安无事,再没有发生过冲突。由于太子做了人质,晋国在某种程度上被秦国牵制了。可以说,秦穆公达到了压服晋国的目的。当晋国这一年再次发生饥荒的时候,秦穆公仍然慷慨解囊,救济晋国这个"附属国"。秦穆公还把女儿怀嬴嫁给了太子圉,试图把秦国的影响力延续到下一代。

在与晋惠公的较量中,秦穆公扩大了地盘,提升了秦国的影响力,树立了道义形象。虽说当中走了不少弯路,但是秦国的争霸还是初见成效的。

公元前641年,秦穆公又趁梁国国君腐败无能、鱼肉百姓,发兵攻打梁国,吞并了这个国家,秦国再次扩大了领土。

然而,秦、晋两国的恩怨并没有就此结束,又一场考验降临到了秦穆公身上。

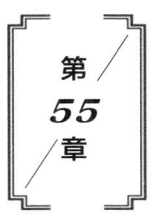

霸主归来

公元前638年,晋惠公病重,就快要死了。在秦国做了五年人质的太子圉寝食难安,他担心父亲一死,自己不在晋国,国君之位一定落在别人手里,就想逃回国去。

临走前,太子圉想把怀嬴带上。但怀嬴不敢这么干,因为太子圉逃跑是违背秦穆公的意志的,她如果跟着一起逃,那就是和太子圉"同流合污",不属于娘家秦国这边的人了。于是,怀嬴回答说:"你是晋国的太子,却屈居秦国,现在回去也是应该的。国君把我嫁给你,是为了控制你。我跟你走了,就违背国君的命令了。你走吧,我不会告密的。"

秦穆公不久便发现太子圉不见了,得知太子圉逃回了晋国,秦穆公简直是怒火中烧。身为人质,太子圉在没有秦国的允许下私自潜逃回国,是一件不守规矩的行为。秦穆公觉得这小子深受他老爸晋惠公的遗传,一样不讲信用,一样我行我素。

更令秦穆公感到可恨的是，本指望把怀嬴嫁给太子圉，他会被秦国控制。而现在，他却把怀嬴给抛弃了，秦国牵制他的线被斩断。太子圉即位之后必然会想方设法摆脱秦国的影响，到时候可能比他的老爸还要难搞。所以，秦国不能让这个臭小子掌握晋国，必须想办法换一个听话的晋国公子当国君才行。

秦穆公又想到了好人重耳。重耳现在正在落难，秦穆公想，秦国如果能给予他帮助，他必然会感激，秦国就能控制住他，进而影响晋国。

接下来的事情，就是我们前面在晋文公的章节里提到的。秦穆公派人到了楚国，把重耳叫到了秦国，把文嬴和怀嬴嫁给了他。第二年年初，秦穆公派兵派人，帮助重耳推翻了晋怀公，接着又在吕甥和郤芮的兵变中保护刚即位的重耳，一点一点地帮他坐稳了国君之位。当年耍尽嘴上功夫的吕甥和郤芮最终也死在了秦穆公手中。

可惜的是，秦穆公做对了事情，却选错了对象。晋文公并不是甘于被秦国保护的人，他的人生目标和秦穆公一样，那就是争霸天下。十几年的落难生涯让晋文公成了一个刚强睿智的人物。他回国后，扩张军力，改革国政，重用狐偃、赵衰、先轸等一帮不世之才。晋国的实力愈发强大起来，秦国已经没有控制它的力量了。

命运和秦穆公开了一个大玩笑，在他的事业上升期，他亲手将一个强大对手推出。

很快，秦穆公扶持晋文公的第一个恶果出现了。

公元前636年，周王室发生了"叔带之乱"，周襄王被弟弟王子带打跑，躲到了郑国的汜地，向秦、晋两国发出了勤王的要求。

敏锐的秦穆公获得这个天赐良机，简直要高兴地跳起来。如果秦国出兵勤王，那秦国就能极大地提升国家地位，对天子也有了影响力。他立刻调动兵马，准备东进。

但是，东进中原必然要经过晋国，这就需要向晋国借路。秦穆公按照外交程序，派人向晋文公借路去了。然而，派去的使者却带回来一个让他意想不到的回复——晋国拒绝了。

晋文公也想利用这次勤王的机会提升影响力，如果秦国参与进来，那么天子的赏赐就要被两国平分了，所以他没同意秦穆公借路的请求。

可以想象秦穆公得知晋文公拒绝后的情景：已经胡子花白的他痛心疾首，呆呆地望着前方晋国的土地，几乎要流下眼泪来。秦国失去了一次进军中原的机会，怎能不让立志争霸的秦穆公痛心。

现在，秦穆公还有一个选择，那就是和晋国拼个你死我活，双方谁都想别去勤王。然而，秦穆公没有这么做，而是撤兵回国了。

秦穆公为什么没有和晋国开战呢？小说《东周列国志》解释说，是因为秦穆公性格善良，认为晋文公刚刚即位，需要一次在外面立威的机会来稳定地位，所以他便把这次勤王的机会让给了晋文公。

但这种说法显然把秦穆公想得太单纯了。比较合理的推测是，秦穆公不想败坏秦国的形象。如果秦国故意和晋国开战，不让晋国去勤王，那秦国就成了不讲道理的捣蛋分子，不仅天子要责怪，中原诸侯们也会瞧不起它。

晋文公拒绝了秦穆公的请求后，向狄人借路，率兵南下勤王。晋军帮助周襄王回到了洛邑，处死了王子带。为了表示对晋文公的感谢，周襄王把南阳地区赐给了晋国。晋国的领土一下子延伸到了中原，为今后争雄提供了便利。

晋文公的此番收获，秦穆公不可能不眼红，但他还是没有和晋国翻脸。此时的晋国还没有成为中原霸主，也许秦穆公觉得晋国仍然处在秦国可控制的范围内。

东进勤王受挫，秦穆公便尝试寻找别的路线进入中原。

当时，秦国挺进中原有两条路，一是直接往东，走函谷关出崤山，顺黄河而下；二是往东南方向，越秦岭山道，出少习关（战国时改称

"武关"），进入丹江口一带。前一条路虽然便捷，但已经走不通，后一条路线相对漫长，但还有机会。有一个叫鄀（ruò）的小国就在这条路上，把它拿下，就能减少秦国东进的障碍了。

然而，鄀国此时已经成了楚国的附庸，对它发起进攻就相当于和楚国开战。为了减少伤亡，秦穆公决定智取。

公元前635年秋天，在晋军的协助下，秦军越过秦岭以东的崇山峻岭，进入了鄀国境内。楚成王命令离鄀国比较近的申县和息县出动部队西进驰援。当时楚国申县的县尹叫斗克（字子仪），息县的县尹叫屈御寇（字子边）。斗、屈二人获得命令后，立刻便带领人马向鄀都商密（今河南淅川西）前进。

没过多久，秦军来到了商密郊外。他们见鄀国人已经加强了防备，便绕道前往商密北面的析邑（今河南西峡）。但秦军并没有对析邑展开进攻，只是从析邑附近经过，绕了一圈后又向南面的商密城进军了。

秦军故意走得很慢，在这天黄昏的时候来到了商密城下。按照计划，一些秦国士兵假扮成被俘虏的析邑守兵，反绑住双手跪在秦军军前。接着，秦军向商密守军喊话，说秦军已经攻下析邑，要商密城速速投降。

在昏暗的光线下，商丘城上的鄀国人看不清城下人的模样，以为那些被绑着的人真的是析邑守军。商密城里顿时人心惶惶，都说析邑失守了，商密怕是也要守不住了。

到了夜晚，秦军在城下垒起高台，摆上许多案台，然后派人假扮斗克和屈御寇的模样，声称这两位楚国县尹也已投降，准备和秦军歃血为盟了。

这下子，商密城上看热闹的人更多了。因为天黑，没人看出来这场歃血仪式是在演戏。鄀国人误以为楚国人已经投降了秦军，谣言一传十，十传百，整个商密城都炸了锅。在一片混乱中，鄀国人打开城门向秦军投降了。秦军随后袭击了正在驰援路上的楚军，将斗克和屈御寇活捉。

秦军虽然取得了一场大胜，但是秦岭的出口仍然掌握在楚国人的手中。秦国真正打通这条路线还要等到战国时期，秦穆公只能是为子孙后代做一次尝试而已。秦军无法在远离本土的商密驻守，取胜后就撤退回国了。而鄀国因为多次遭到秦国攻击，后来不得不举国迁徙到今湖北钟祥西北的地方，接受楚国保护。商密被楚国设县，改称"下鄀"，鄀国的新址则称"上鄀"

转眼到了第二年，宋国背叛楚国，投靠了晋国。楚成王一怒之下集结大军围攻宋国，晋文公则在公元前632年春倾全国之力南下，攻卫伐曹，与楚成王逐鹿中原。秦穆公本来是没打算支援晋国的，只想当和事佬。但后来成得臣中了先轸的计，就是不给秦国和齐国面子和谈，秦穆公便出于道义，派了一支部队去卫国，帮助晋文公讨伐楚军。最终，晋军在城濮大败楚军，成得臣兵败自杀。

接下来的事情，绝对是大大超出了秦穆公的预料。晋文公率领晋军向天子周襄王献俘，还帮他在贱土修筑了行宫。周襄王重赏了晋文公，封晋国为侯伯，替天子统领天下诸侯。晋国成了中原霸主。

第56章

裂痕

看到晋文公成功,想必秦穆公的心里不是滋味,自己想得到的荣耀却被当年那个对自己毕恭毕敬的晋文公占有了。不过,此时的秦国仍然和晋国以盟友相称,秦穆公还是没有和晋文公翻脸。这当中的原因就很耐人寻味了。

或许,秦穆公还抱有一丝不切实际的幻想,觉得晋文公当上了中原霸主,自己这个岳父和扶持者能够沾光,在晋国的霸业中分一杯羹。秦穆公因而继续维持着这种不寻常的友好关系。

但两年后,秦穆公从这种幻想中清醒了过来。

公元前630年,晋国出兵讨伐郑国,秦穆公亲自领兵协助。秦、晋联军很快包围了郑国首都新郑。面对两大强国的围攻,郑文公自知难以坚守,便听从了一位大夫的建议,派人游说秦、晋两国撤军。由于秦国和郑国没有大的利害关系,郑国人便选择了秦穆公作为突破口,劝秦军放弃这次军事行动。只要秦军撤退了,孤立的晋军必然也会撤退。

郑文公请一位名叫烛之武的大夫充当说客。一天夜里，烛之武坐着篮子，从城墙上吊了下来，到秦军营中求见秦穆公。秦穆公听说郑国派人来交涉，便召见了烛之武，想听听他说什么。

烛之武对秦穆公说："郑国被贵国和晋国包围，就要灭亡了。如果说灭亡了郑国对君王有好处，那可就要烦劳您的手下了。君王您需要想一想，秦国和郑国互不相邻，晋国和郑国才是相邻的，您是不可能越过晋国的领土而统治郑国原来的土地的。灭亡郑国后唯一可能的结果，就是晋国吞并郑国全部的土地，您一寸土地也得不到。秦国付出了死伤，却给别国增加领土，君王您觉得值得吗？如果君王您把郑国留着，往后贵国派遣使者到中原来，郑国可以做东道主，为秦国的使节提供住宿和吃饭的地方，这样不是更好吗？"

秦穆公听了烛之武的分析，心里咯噔一下，觉得很有道理。秦军这次进攻郑国简直是为晋国做义工，到最后好处还是晋文公占了，自己什么便宜都没拿到。

看见秦穆公的表情有变化，烛之武便推波助澜，说一些晋国的坏话，让秦穆公彻底对晋文公失望，不愿再和晋国合作下去。

烛之武翻出了秦、晋两国的旧账，说："君王您还记得晋惠公吗？当年您对他如此恩惠，他答应给您河西的土地。可他们晋国人呢？早上您送他们回去，晚上他们就加固边境的城防防备秦国了，然后想方设法抵赖不肯割让。晋国人哪有信义可言？晋国人不仅是不守信用，而且还很贪婪。君王试想一下晋文公，他现在是霸主，在中原已经没有利益可争了。他消灭了郑国之后，一定会把目标转向西方，去和贵国争夺利益，到时候受到损害的可是秦国啊。君王您一定要在这些问题上三思啊。"

烛之武的这番话就像是重重的一棒，敲碎了秦穆公对晋文公的幻想。秦穆公猛然发现，其实秦、晋两国的地位已经产生了巨大的落差，

晋国在争霸，秦国像个小喽啰一样做跟班。自己实际上是被晋文公利用了，帮他登上了霸主之位，白忙活了这么多年，到头来是给他人做嫁衣。联想到以前的晋惠公，秦穆公认定晋国人简直没一个是可靠的，都是在拿自己的付出和善心去挥霍，当利用完自己后就过河拆桥，欺负起秦国来。

秦穆公长期被晋国压抑的不快终于爆发出来，他决定和晋文公摊牌。但秦国现在没有适当的理由讨伐晋军，而且秦军在远离本土的郑国作战毫无胜算，秦穆公就决定派兵驻守新郑，帮助郑国防守晋军，让郑国先耗住晋国。

秦穆公秘密和郑文公签订了盟约。秦军留下杞子、逢孙和杨孙三人率领部分人马进驻新郑，然后在没有告知晋文公的情况下，突然撤退回国了。

秦军擅自撤退的消息很快就被晋文公知道了，但他没有听从狐偃的提议去讨伐秦国。晋文公不愿和自己的恩人反目成仇，就忍下了这口气。他的底线是，只要秦国没有公开进攻晋国，他仍然把秦国当作盟友。最终，晋军也从郑国撤退了。

此时的晋文公已是老病缠身，在他生命的最后两年里，秦、晋关系处于一种奇怪的状态，表面上双方仍然是盟友，暗地里已然是剑拔弩张。若不是秦穆公不敢进攻晋国，晋文公也不愿撕破脸皮，两国早已开战了。

第57章

秦国勇士的不归路

公元前628年,一代霸主晋文公病亡。中原各国都派出了使者来晋国吊唁,唯独秦国没有派人来。诸侯们都看出,秦穆公对晋国的感情已经不存在了。新即位的晋襄公看出了秦晋之好已经名存实亡,开始积极备战,对秦国的一举一动保持极高的警惕。

也就是在这一年,秦军留在郑国的将领杞子派人向秦穆公送来了书信,信上说:"郑国现在非常信任臣与逢孙、杨孙三人,将新郑城北门的钥匙交给了我们保管。臣建议,君上如若派出精兵奔袭郑国,臣等率部打开新郑北门,届时里应外合,必能拿下郑国。望君上考虑。"

秦穆公大喜过望,准备按照杞子的建议偷袭郑国去。当他把这个决定向手下的大夫们公布的时候,蹇叔立刻提出了反对意见,说:"我们劳师远征,行走千里,不可能没人发现,郑国人一定会有所准备。而将士们即便到达了郑国也是筋疲力尽,怎能取胜呢?"

秦穆公觉得蹇叔简直是长别人志气,灭自家威风,便不听劝阻,开

始着手集合部队。

秦军远征郑国，孤军深入，胜负完全依靠能否偷袭得手，确实是非常冒险的行动。而且秦军要通过晋国的领土，如果晋国突然翻脸，这支部队就回不来了。

稍有头脑的人都看得出远征郑国不现实，但秦穆公偏偏要做出这个决定。他可能是认为晋文公已死，晋国新君是个后生，不足挂齿，便希望趁这个机会占领一处东进中原的桥头堡。而且，秦穆公年纪也大了，再不去征战，就没有时间夺取中原霸权了。

秦穆公此时已经没有了清醒的大脑，意气用事的他任命最得力的年轻将领孟明、西乞和白乙为将，出发偷袭郑国。

秦军出发的那一天，雍城内外一片愁云惨雾。秦穆公亲自在城门口带领众臣为孟明、西乞和白乙饯行，预祝三人旗开得胜。然而在酒席间，蹇叔却拉住孟明痛哭不已，说："孟明啊！老夫能看见你们出发，却无法看见你们回来了啊……"

秦穆公听见蹇叔哇哇大哭，把出征的气氛都破坏掉了，感觉非常扫兴。他一拍桌子，发火说："蹇叔！你个老家伙懂什么？你怎么不早点去死！干吗在这里给我的军队哭丧！"

蹇叔没有理会秦穆公，而是对自己的两个儿子——西乞和白乙哭泣说："儿啊！晋国人一定会在崤山攻击你们的，你们一定会死在那里，到时候为父会到那里给你们收尸的……"

酒席完毕，秦穆公随即宣布出征郑国。在雄壮的鼓声和军乐声中，孟明、西乞和白乙登上了战车，带领秦国勇士浩浩荡荡地出发了。

从秦国出发，要想到郑国，需要经过晋国、周王室领地和滑国（今河南偃师西南）。由于秦、晋两国在名义上还是盟友，所以孟明获得了晋国领土的通行权，顺利前行。然而，晋国的君臣们正在激烈地争论是否消灭这支秦军，晋国的放行蕴藏着杀机。

第二站是王畿之地。周襄王不敢阻拦秦军，放孟明的队伍通行。在经过洛邑郊外的时候，孟明命令战车上的甲士集体下车，脱去头盔，整齐地向城墙上的王室成员行礼，然后又整齐地跳上战车。可惜高傲的王室并不买账，许多人对秦军的表现嗤之以鼻，就连还没成年的王孙满都说："秦国人在战车上跳上跳下，多么无礼和滑稽。这样的军队一定要打败仗。"

第三站是滑国，孟明在这里碰见了一位名叫弦高的郑国商人。弦高看见这么一支秦军趾高气扬地往东去，估计着自己的祖国会有危险，便打算尽自己的力量阻碍秦军前进。

弦高本来是想到洛邑卖牛的，他拿出了自己所有的货物，总计四张牛皮和十二头牛，加上自己身上的钱，对孟明嬉皮笑脸地说："我们的国君派我来犒劳贵军，小小财货不成敬意。郑国虽小，但我们对贵国从不敢怠慢。只要你们到郑国一天，我们就要准备好一天的伙食和一天的警卫。愿大人在此过得愉快。"

聪明的孟明表面上收下了弦高的礼物，心里已然看穿了他的把戏。郑国人既然要劳军，为什么不派大夫，只派一名商人呢？当中一定有问题。郑国人一定是发现秦军的动向了。

孟明猜得没错，弦高一面在这里和孟明闲扯，想办法拖延秦军，一面派人以最快的速度奔回新郑，向郑国新君郑穆公（名兰）报告情况。

郑穆公获知弦高的报告大为吃惊，没想到秦国人会不远万里来偷袭自己。他连忙派人去观察杞子、逢孙和杨孙的活动，看看这三人是不是在搞什么阴谋。果然，派去的人很快就回来报告说，三位秦国将军已经穿好了装备，磨好了兵器，还喂饱了战马，似乎要准备一场战斗。

郑穆公听了后吓了一身冷汗，秦军这是要里应外合，灭亡郑国啊。他连忙下令整军备战，但为了留下回旋的余地，郑穆公又派人到杞子三人的住处，委婉地说："三位大人住在这里已经很久了。我们郑国的粮

食用尽了,已经没法保障大人们的生活了。新郑附近有一处猎场,猎物很多。请三位大人转移到那儿去住,打猎为生吧。"

杞子三人立马感觉到苗头不对,郑国人明显已经发现了他们的阴谋,再不赶紧逃就没机会走了。于是三人连忙逃出了郑国。

杞子三人出逃的消息传到了孟明那里,孟明明白这次偷袭行动已经失败了,就对将领们说:"郑人已经有所准备了,继续前进没有取胜的希望了,不如撤退回国吧。"

但这么空手回去实在太没面子了,孟明就下令袭击滑国,大肆掳掠了一番,弄了点战利品回去交差。

就在秦军掉头回国的时候,一支晋军火速南下,在秦军回国的必经之路上设下天罗地网,准备歼灭他们。原来,晋襄公终于被大将先轸说服,要和秦国开战了,而孟明这支孤军远征的部队成了他们最理想的目标。

在这之前,晋国大夫栾枝坚决反对攻打秦军,他对晋襄公说:"秦国过去给予了我国很大的帮助,我们还没有完全报答他们。现在攻打秦军是违背先君的意愿的。"

先轸立刻反驳说:"先君去世的时候,秦国人都没有派人来吊唁,他们现在又欺凌滑国,哪里还配我们报答?秦国是我们的近邻,如果放纵它强大,必然会成为晋国子孙万代的忧患。我这是在为君上的后代着想,怎么会是违背先君的意愿呢?"

晋襄公觉得先轸说得更有道理,当今天下,只剩下秦国对晋国威胁最大了,如果不想办法削弱它,确实对晋国的霸业不利。晋襄公便亲自领兵南下,在崤山的峡谷附近设下埋伏。

公元前627年四月十三,孟明率领的秦军来到了崤山。突然间,山谷中回响起一阵咚咚咚的梆子声,只见无数的晋军弓箭手在山坡上站起身,向秦军射来一阵密集的箭雨。毫无防备的秦军官兵纷纷中箭倒地。

还没有等他们反应过来，山坡上又滚下来很多巨石和檑木，秦军顿时大乱。由于山路狭窄，士兵们都拥挤在了一起，自相踩踏，在晋军的巨石和飞箭下死伤一片。

这时，晋军敲响了进攻的鼓声，晋军士兵呐喊着从山顶上冲了下来，挥舞着矛戟对失控的秦军大砍大杀。孟明连忙组织人马发起突围，但都被居高临下的晋军打退了。秦军被晋军团团包围，最终全军覆没，孟明、白乙和西乞三名主将成了俘虏。

晋军将孟明三人押上囚车，送往了绛都。按照先轸的提议，这三人会被当作战俘处死，向晋国的宗庙献祭。

就在这个时候，晋襄公收到了文嬴的传唤。原来，文嬴想效仿当年秦国夫人穆姬为晋惠公求情，也想为孟明三人求情。

文嬴是个平和的人，她没有采取穆姬那样激烈的求情方式。她知道晋襄公与自己名为母子，实际上没有任何血缘关系，如果直接提出放人的要求，晋襄公可能会不予理睬。所以，她来了一个"因势利导"，希望让晋襄公明白放了孟明三人才是恰当的。

文嬴召见了晋襄公，假作平静地说："孟明这些人吃了败仗，还害得秦、晋两国兵戎相见。秦国人如果抓到他们，吃了他们还不嫌满足，何必动手杀他们呢？不如把他们放回秦国，让秦国人杀自己人，怎么样？"

文嬴想尽办法做出自己是和晋国人一伙的样子，但她当"说客"的技术实在是浅薄了一点，晋襄公很容易就看出来文嬴是想让自己放人。但是，他没有当场说穿，而是给了文嬴面子，恭恭敬敬地表示遵从她的教导。

没过多久，晋襄公就下令把孟明三人送回秦国。晋襄公放人，是因为听文嬴的话吗？当然不是，晋襄公其实是有自己的打算。他想过，晋军全歼了秦国这支远征军，已经和秦国结下了深仇大恨，如果再把秦军

的主帅砍头，晋国就太过分了一点，秦、晋两国的仇恨就根本没办法和解了，秦穆公一定会疯狂地报复晋国，晋国将永无宁日。出于这样的考虑，晋襄公干脆顺水推舟，借文嬴之名放了孟明三人。

但这样一来，原来主张处死孟明三人的先轸不高兴了。他气呼呼地冲进公宫里，当面质问晋襄公说："君上！你把那三个秦国的俘虏怎么样了？"

晋襄公拿出文嬴当挡箭牌，回答说："文嬴夫人为他们说情，寡人就把他们放了。"

先轸听完，破口大骂道："将士们在战场上流血拼命，才抓住了秦军主帅。君上却听了妇人的几句话就把他们放了，这不是践踏将士们的战果，助长敌人的志气吗？我看晋国要完蛋了！"

说完，先轸当着晋襄公的面唾了一口痰在地上，头也不回地走了。

手握兵权的卿大夫敢如此无礼，晋国君主的虚弱和卿族的强大由此可见一斑。晋襄公挨了一顿臭骂，感觉很没有面子，赶紧派了一个叫阳处父的人去把孟明三人给追回来。阳处父追了很长时间，终于在黄河岸边看见了已经登上渡船的三人。为了让三人靠岸下船，阳处父解下马车上的一匹好马，骗他们说："三位大夫慢走，我奉国君之命，送上这匹宝马，以备您归国之用。"

孟明才没有这么傻，他看见阳处父还带了不少杀气腾腾的武士，就知道是晋国人反悔放他们走了。孟明在船上笑着对阳处父施礼说："承蒙贵国君主的恩惠，没有把我们献祭，而是放我们回国。如果我们的国君处死了我们，我们还是不会忘记贵国的大恩的；如果我们的国君没有杀我们，我们会在三年之后回来报答贵国！"

孟明说的三年之后来报答晋国，实际上是暗示自己要在三年后来报仇。在孟明的笑声中，阳处父叹了一口气，只好回去复命了。

至于先轸，脾气火爆，怒骂国君，还在地上吐痰，做得过火了。后来，他也意识到了自己的大不敬之罪，即便晋襄公不敢处罚他，其余的卿族势力也会抓住这个把柄来迫害他，只好决定自杀以谢天下。

就在这一年的秋季，狄人趁晋国国丧来犯。先轸亲自带领晋军的先锋部队，以千名猛士突击狄人的队伍。晋军大胜后，先轸突然脱下盔甲，独自冲进敌军中战死。一代名将就以这样的方式终结了自己的一生。

再说回秦国，出发时是浩浩荡荡的队伍，归来时只剩下了孟明、白乙和西乞三个人。秦穆公一次错误的决定，葬送了众多秦国勇士的生命。秦穆公懊悔不已，愧对众臣，更愧对秦国的人民。

孟明三人回到雍城的那天，秦穆公穿着白色的丧服，亲自来到城门口为崤之战的阵亡将士发丧。他抱住死里逃生的孟明三人，放声大哭说："寡人没有听从蹇叔的话，让你们受到了侮辱，都是寡人的错！没有把你们及时撤回来，也是寡人的错！你们都没有错！寡人绝不会以过去的大德，来掩盖现在的过错！"

周围的人听了，无不痛哭流涕。

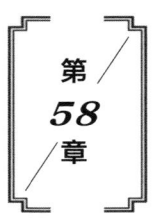

复仇

　　崤之战惨败，不能没人承担责任。当时有很多秦国大夫提议，把崤之战的指挥官孟明处斩，以谢国人。但是秦穆公不同意，他把责任归咎于自己，对大夫们解释说："这完全是寡人的错！孟明只是奉命行事。不能因为寡人的贪婪而使孟明受到惩罚。"

　　秦穆公不仅没有杀孟明，还让他官复原职，执掌秦国国政。两年以后，秦穆公再次以孟明为将，起兵攻打晋国，要为崤之战的惨败雪耻。

　　然而，晋襄公对于秦军的复仇早有准备，他以先轸的儿子先且居为将，先发制人，在秦军还没有进入晋国的时候，就率先攻入了秦国境内。秦穆公连忙把部队撤回来抵挡晋军的进攻，双方在彭衙（今陕西白水东北）展开了会战。

　　率领晋军突击部队的是猛将狼曋（shěn）。战斗刚一开打，狼曋便率部对秦军发起了猛攻，很快就把秦军的阵型冲破了。虽然他本人不久也战死在了阵中，但为晋军的后续部队打开了突破口。秦军此战还是一败涂地，连忙撤离了战场。

秦军彭衙之战再次失利，复仇的怒火被兜头泼了一盆冷水，还被晋国人嘲笑是"拜赐之师"（孟明被释放回国时对阳处父说要三年后拜晋君赐），这令秦国上下弥漫着一股悲愤的气氛。许多人再次出来指责孟明，让秦穆公处死他。但是秦穆公依然力排众议，没有给予孟明任何处罚。秦穆公明白，被晋国挤出中原的秦国，现在正需要孟明这样的人才来支撑，如果没有了孟明，秦国将失去争霸的最后一点希望。

在秦穆公的充分信任下，孟明感恩不已。他夜以继日地勤奋工作，改革秦国国政，施惠百姓，凝聚秦国的人心。秦国的积极备战引起了晋襄公的警惕，他决定给秦穆公一个大大的下马威，让秦国见识一下霸主的厉害。

公元前625年冬天，晋襄公发动宋、陈、郑三国，与晋国一起发兵攻打秦国。四国联军攻取了汪城（今陕西白水方城）和彭衙，但秦穆公并没有迎战，而是保存实力，准备下一场更大的复仇战。

第二年春天，秦穆公亲自率领秦军主力东渡黄河，向晋国发起了进攻。对晋国怀有大恨的秦国将士都握紧了拳头，抱着必死的决心要和晋国人拼到底。

秦军全部渡过黄河之后，秦穆公下令烧毁所有的渡船，表示不打败晋军坚决不回头。秦军随即就像一阵狂风，接连攻下晋国的王官（今山西闻喜南）和郊邑（今山西闻喜西）两座城池，晋国西部的城邑纷纷紧闭城门不敢出战。然而，秦穆公所等待的晋军主力迟迟没有来迎战。偌大的晋国土地上，面对秦军将士的只有坚固的城堡和空旷的原野。除此之外，什么也没有。

这是怎么回事呢？原来晋国人听说秦军两次战败，秦穆公都没有处置孟明，反而继续重用，就已经猜出秦穆公一定要找晋国报仇。晋襄公认为，秦国人对晋国的仇恨已是相当深刻，此番秦军入侵就是来找晋国

人拼命的，干脆不要出战，以避其锋芒。只要秦军粮食耗尽，秦穆公自然会撤退。

结果，秦穆公率领秦军在晋国西部转了一圈，无论如何叫骂和挑衅，就是不能把晋军引出来。他无奈地叹了一口气，知道晋国已是无法战胜的对手。毕生争霸的理想化作了泡影，就连为在崤山阵亡的将士报仇的机会都无法得到了。

秦军南下到了崤山，来到了崤之战的战场上。在这片山谷中还能看到不少当年战死在这里的将士的遗骨和遗物。秦穆公无比心酸，命人将这些尸骨收敛在一起，垒起一座巨大的坟茔。

秦穆公忍不住悲伤，对着阵亡将士的坟墓失声痛哭。他哭自己无能，更哭上天对秦国不公，他把自己一生的悲痛都发泄在了这片秦国人的伤心之地上。全军将士也呜呜咽咽哭成了一片。

哭着哭着，秦穆公转过头来，擦了擦眼泪，哽咽着对身边的将士说："将士们！都听好了！不要吵闹。古人谋划事情时，必会听取年长智者的意见，这样才不会犯错误。寡人没有听从蹇叔和百里奚的话，害死了这么多秦国勇士，都是寡人的错！寡人在这里向死去的将士们立誓，秦国的后代要永远记住寡人的这个教训，不可再犯！"

收敛完崤山的秦军遗骸，秦穆公便率军回国了。从此以后，他再也没有踏上东边的土地，秦军也在二百多年的时间里没有再深入中原。晋国，成了一道他们无法逾越的障碍。

西戎霸主

向东得不到发展,秦穆公便把目光投向了西方,那里还有剽悍的西戎人威胁着秦国西部。

西戎人为什么这么难对付呢?一方面是因为他们剽悍凶猛,战斗力强;另一方面,是因为西戎人在学习中原文明,他们会吸纳中原人才为自己服务。

如果秦国有一位非常熟悉西戎人情况的参谋,事情就会好办一点了。这样的好机会,秦穆公终于在自己的晚年碰到了。

前些年,秦国正在孟明的指挥下加紧准备向晋国复仇,西戎人忽然派了一个使者来求见秦穆公。原来当时的西戎人首领也算有胆识,听说秦穆公非常贤能,便派这位叫由余的使者来参观访问。由余原来是晋国人,旅居在西北,被西戎人聘用了。

秦穆公想给西戎人炫耀一下实力,热情地招待了由余,还带着他四处参观,给他看宏伟的宫殿、充实的国库。

没想到，秦穆公等来的不是由余的啧啧称赞。由余是个见多识广的人，觉得这些硬件设施根本不足为奇，反而挖苦秦穆公说："我看，这些东西让鬼神来造，也要把鬼神给累死。秦国让人民来建造出这些，可是苦了百姓啊。"

秦穆公见由余一副处事不惊、深不可测的模样，感觉此人并不简单，就问道："寡人有一个问题想向你请教：我中土以礼乐和宗法治理天下，为什么现在反而战乱不止？而戎人没有礼乐法度，靠什么来维护统治呢？"

由余笑了笑，回答说："礼乐法度只不过在黄帝的时候比较有效。现在时代不同了，统治者的私心越来越严重，反而把这些制度用来压迫自己的臣民。臣民们不堪忍受，就会起来反抗，这就造成了上下对立，矛盾丛生。相反，戎人不依靠法度，统治者用仁德对待臣民，臣民就用忠诚来对待统治者。这才是真正的圣人治国。"

秦穆公吃惊于西戎那里竟然有这样的人才，对天下大势有这般独特的见解。

他回去之后连忙叫来内史王廖，说："现在西戎那里有了圣人，这对我们是危害啊。你觉得我们应该怎么办？"

王廖就出了一个主意，说："君上，他们西戎地处偏远，没有享受过我们中土的音乐，我们可以试着送给西戎王一些漂亮的歌伎舞女，让他沉迷于声色犬马中，疏于国政。然后我们想办法让由余不能按时回国。由余回国后，我们又派人去西戎那里为由余请功。西戎王一定会怀疑由余和我们这边有关系，到时候他们君臣不和，我们就能收降由余了。"

秦穆公按照王廖的计策，一边继续盛情款待由余，向他请教各种问题，拖延他回国的时间，另一边，叫王廖挑选了十六名漂亮的歌伎送给西戎首领。西戎首领收到秦国的这份大礼，喜欢得不行，不理国事，底下的牧民牛羊冻死了，他也不管。西戎人对自己的首领失去了信心，西戎部落渐渐成了一盘散沙。

由余呢？被秦穆公困了很长时间，总算盼到了被允许回国。回到了西戎，由余一看，首领整日和十六个秦国歌伎在一起，什么事也不管，心里着急，忍不住要劝两句。这一劝不要紧，西戎首领非常不高兴，觉得这家伙没完没了地唠叨，简直就像耳边的苍蝇一样烦。

这个时候，秦国又三番五次派人给由余请功。这下子，西戎人看由余的眼光都异样了。许多人觉得，由余毕竟是华夏族的人，这一趟去了秦国这么久才回来，肯定是和秦国人商量好，准备当间谍了。由余再也不被西戎人信任，在那里的日子越来越难过。

秦穆公听说自己的计谋成功了，立刻派人去由余那里游说。由余无路可走，就答应了归降秦国。

由余来到雍城的那天，秦穆公用最隆重的待客礼仪接待他。由余感恩戴德，决心利用自己在西戎多年生活的经验，帮助秦国彻底消灭西戎祸患。

公元前623年，秦穆公采用由余的计谋，大举征伐西戎人。因为由余熟悉西戎的风俗习惯和地形，秦军这次西征可以说是势如破竹。国政消极、民心散漫的西戎人被秦军打得大败，接连有十二个部落被消灭，几乎遭到了毁灭性的打击，其余西戎人不得不迁徙到更加偏远的地方。

威胁秦国几代人的西戎之患被基本清除了。秦穆公在自己生命的最后一段时间，实现了祖辈们浴血奋斗的梦想。

周襄王获知这个消息后，派人带了金鼓向秦穆公表示祝贺，承认秦国为西戎霸主。这份迟来的荣誉多少弥补了秦穆公一生的缺憾。

公元前621年，在位三十八年、经历了五代晋国国君的秦穆公在雍城的宫里去世。

秦国人无不痛惜哀悼。在秦国人的心目中，他是一位伟大的英雄，

他带领秦国从一个偏远落后的国家发展成举足轻重的强国。秦穆公手中的秦国，向东能与晋国一较高下，向西消灭了西戎人的祸患。秦穆公让秦国人摆脱了自卑，有了争雄天下的信心。

如今，英雄抱着遗憾而去，留下了未能成功的争霸梦想，让所有的秦国人唏嘘不已。秦国为这位伟大的君主举行了最隆重的葬礼，成千上万的秦国百姓为他哀悼送行。秦穆公下葬的时候，有七十七人为他殉葬，当中还有不少有才干的年轻人。

虽然秦国有活人殉葬的民风，也不排除有人愿意跟随国君去死的情况，但这次大规模的人殉还是让一些开明的秦国人感觉不忍，就有了《黄鸟》这首著名的歌谣：

交交黄鸟，止于棘。谁从穆公？子车奄息。维此奄息，百夫之特。临其穴，惴惴其栗。彼苍者天，歼我良人！如可赎兮，人百其身！

交交黄鸟，止于桑。谁从穆公？子车仲行。维此仲行，百夫之防。临其穴，惴惴其栗。彼苍者天，歼我良人！如可赎兮，人百其身！

交交黄鸟，止于楚。谁从穆公？子车针虎。维此针虎，百夫之御。临其穴，惴惴其栗。彼苍者天，歼我良人！如可赎兮，人百其身！

歌谣的大意是说，秦穆公下葬了，让子车奄息、子车仲行、子车针虎这样优秀的勇士殉葬，让人非常惋惜和悲痛。

虽说殉葬制度造成了民怨，但秦国统治者仍然乐此不疲。直到秦朝被推翻之后，这项残酷的制度才被逐渐废除。

秦穆公去世之后，太子罃即位，史称秦康公。秦康公时期，秦、晋两国又发生了几次战争，双方互有胜负。在此后的两百多年时间里，两国大部分处于敌对状态。秦国通常和楚国友好，结成盟友来抗衡晋国。

由于晋国在分裂之前一直是中原不可动摇的强国，所以这段时间的秦国国君很难有所作为，没有一任国君能达到秦穆公的功业。秦国虽然在军事上相对强大，但在中原诸侯的心目中仍然是一个粗犷野蛮的偏远国家，不被人重视，以致秦国很少参与中原国家的会盟。秦国落后的情况一直到商鞅变法才获得了根本改变。

秦国人试图动摇晋国霸主地位的努力失败了，失败的根源在于综合国力不足。晋国霸业的挑战者，只能由超级大国楚国来担任了。

卷六　一鸣惊人的问鼎者

当过人质和昏君的楚庄王，为何能一鸣惊人？
霸主成功的背后，有着我们想象不到的努力和挫折。

楚成王之死

话说楚军在城濮之战中败给了晋国之后,主帅成得臣自杀,楚国势力就此被晋国逐出了中原,楚成王的霸业功败垂成。

不得已,楚成王只好与晋国握手言和,他于四年之后派人出使晋国,与晋文公恢复正常交往。

楚成王此时已经步入了暮年,但他不甘心就此失败。城濮之战中,伤亡最多的是申、息两县的地方部队,楚军主力并没有大的损失,仍然有与晋国一较高下的军力。

楚成王想等机会再次北上。

公元前627年,正是晋襄公即位的头一年,也是晋军在崤山伏击秦军的那年。晋襄公乘胜南下讨伐许国,试图收服这个一直追随楚国的小国。楚成王不甘示弱,派新任令尹斗勃率领大军进攻陈、蔡两国,对它们的背叛行为展开报复。

陈、蔡两个小国不禁打,很快又归附了楚国。楚军移师郑国,一口

气打到了新郑的城门下,但遭到了郑国顽强抵抗。

这个时候,晋国南下的援军赶到了。

晋军统帅是阳处父,那个奉命把孟明追回却没有成功的人。阳处父是晋襄公的老师,官居太傅,但是个"华而不实"的人。

有一年,阳处父出使卫国,途中在一处旅舍住宿。旅店老板觉得此人气度不凡,是个大人物,便提出追随于他。阳处父答应了。可是没过多长时间,旅店老板就回到了自己家中。妻子问他干吗回来。旅店老板说:"我看阳处父这人没什么大不了的,华而不实!跟着他迟早有灾祸,还不如早点和他分开。"

原来他接触了阳处父一段时间,发现阳处父表面上有智慧,有风度,实际上是一个只会空谈、耍点小聪明的人。成语"华而不实"就由此而来。

接下来发生的事情,进一步证明了这位仁兄耍小聪明的本事。

阳处父没有直接救援郑国,而是直奔蔡国去了。斗勃得知晋军攻蔡,连忙带兵在泜(zhī)水(今河南叶县沙河)南岸设防。晋军不久来到了泜水北岸,但阳处父不渡河,也不进攻,只是在北岸设防,与楚军对峙。

原来,阳处父这个人行军打仗不在行,他没胆量跟楚国人硬碰硬,就想随便应付一下,回去向国君有个交代就可以了。

而因为五年前城濮之战失利,楚军将士们对晋军心存畏惧,也没有主动发起进攻。

泜水两岸就出现了一个很有趣的现象:晋、楚两国几万大军隔着一条河,天天大眼瞪小眼,什么也不干。

对峙了一段时间,阳处父先受不了了,他怕粮食用尽后只能空手回国。那样的话,晋襄公岂不把自己骂个狗血淋头?他眼珠子一转,想了一个歪招。

这天，晋军使者来到了楚军军营里，给斗勃下约战书说："我们两军对峙了这么长时间，白白耗费钱粮，不如打一仗吧。但隔着河水不能打仗，我方提议：不如我们晋军后退三十里，你们楚军渡河来攻吧。如果不行，那就你们后退三十里，我们渡河来攻。如何？您来做个决定吧。"

斗勃连忙召集部将商量。有人提出："如果我们渡河进攻，晋军很有可能趁我们渡河的时候发动袭击，这样我们会吃败仗的。我们应该假装后退，让晋军渡河，我们来攻袭他们，比较妥当。"

斗勃觉得有道理，便回复晋使说，楚军愿意后退三十里，与晋军在泜水南岸会战。

楚军不久便开拔向南撤退了。阳处父见了，立马在军中宣布说："看啊！楚国人怕我们，逃走了！我们可以凯旋了！"

晋军将士们齐声欢呼，听从命令拔营回家去了。原来，阳处父的计策就是制造楚军畏战撤退的假象，好回国向晋襄公交差。

斗勃后撤了三十里，等了很长时间也没见一个晋国人追来，这才发现自己被骗了。可惜他的粮草也不够了，斗勃只好回国向楚成王复命。

楚成王对他无功而返大为恼火。这个时候，太子商臣在一旁煽风点火，对楚成王说："君父，您还不知道吗？儿得知，斗勃是因为收了晋国人的贿赂才没有和他们交战的。"

楚成王听信了儿子的谗言，下令把斗勃以串通敌国的罪名杀了。

商臣为什么谗害斗勃呢？原来在商臣年轻的时候，楚成王想把他立为太子，斗勃却提出反对。他对楚成王说："臣观商臣是个阴险残忍的人，不能立为太子。有朝一日君上若是反悔，那个时候再更换太子，可就会引发动乱啊。"

虽然楚成王没有采纳斗勃的建议，但商臣从此和他结下了仇怨。这一次斗勃北伐失利，正好被商臣抓住机会报复。

然而，楚成王处死了斗勃，很快就懊悔不已。

商臣是个有野心的人，因为父亲楚成王在位的时间长，他在太子的位子上坐了很多年，已经很不耐烦了。于是他趁着楚成王年老，在朝中勾结大夫，培养自己的势力。这引起了楚成王的警惕。

第二年，楚成王可能发现商臣是故意害死斗勃的，愈发觉得这个儿子阴险狡诈，就萌生了立王子职做太子的想法。他本想挑选合适的时机再换太子，就只与自己最亲密的几个人说了，生怕商臣知道了会狗急跳墙，干出什么疯狂的事情来。

不承想，消息很快就被泄露出去了。

商臣听到了一些风声，但不知道是真是假，就问自己的老师潘崇："听说父王想把我废掉，但我担心消息不可靠。怎样才能确定这事的真伪呢？"

潘崇出了一个主意，说："太子，您的姑妈江芈夫人这几日正从江国回来省亲。大王与她的关系很好。江芈性子急躁，心里藏不住事情，您可以宴请江芈，却故意不尊敬她，江芈必然会说出一些事情。"

商臣便依照老师的指点，邀请姑妈赏光到自己家里吃饭。江芈高高兴兴地来了。等到宴会开始，商臣马上换了一副面孔，对姑妈极其不礼貌。江芈"乓"地一下把杯子摔在地上，对商臣大发雷霆道："好啊，你这个贱东西，对我这般无礼！难怪国君要杀掉你而立王子职，活该！"

大嘴巴的江芈，用一句气话把哥哥的老命给弄没了。

商臣从江芈的话中确信了父亲要废掉他，便和潘崇商量。

潘崇问："太子您愿意侍奉王子职吗？"

商臣说："当然不愿。"

潘崇又问："您愿意逃亡到国外去吗？"

商臣说："不愿意。"

潘崇最后问："那您敢做一件大事吗？"

死与逃两种选择都被商臣否决了，潘崇所说的大事，自然就是造反了。

商臣咬咬牙说："敢！"

公元前626年十月，商臣发动宫中侍卫包围了楚成王的住处。楚成王此时正在吃饭，忽然听到殿外人声嘈杂。他正想派人去问，殿门被人踢开了。士兵们闯到大殿中央来，威逼楚成王赶紧出去。

楚成王看到了躲在人群中一脸坏笑的商臣，一下子就明白了是怎么回事。他冷静地说："熊掌尚未烧熟，可否让不谷吃完熊掌再走？"

商臣见老头子这么镇定，担心他是在拖延时间，就让政变士兵们强行把他带走。

楚成王被押下去后，不久便收到了商臣托人给他的一条绳子。他明白儿子的意思，只能叹了一口气，用这根绳子上吊自杀了。

楚成王死后，商臣命人将父亲立刻装殓，对外宣称先君因病猝亡。他即位为新一任楚王，即为楚穆王。

第61章

给老师当人质

楚穆王一共在位十二年,但他留给楚国历史的,是一段相当平淡的岁月。

楚穆王缺少雄才大略,他在位期间主要做了两件大事:一件是灭亡了江、六(今安徽六安北)、蓼(今河南固始东北)三个国家。另一件就是趁着晋襄公去世,攻打投靠晋国的郑国和陈国,并威逼宋国求和。晋国那时正忙于与秦国交战,无暇南顾,使得楚国横行自如。

但是,楚穆王这些成绩的水分很大。江、六、蓼本就是小国,而且已经被楚国侵略多年,消灭它们没有多少技术含量。而郑、陈、宋三国服从,只不过是因为晋国没有余力去救援它们,它们与楚国的关系并不牢固,只要时机到了,立马就会背叛。其余中原诸国也完全没有投靠楚国的意思。

楚国实际上还是没有动摇晋国的霸主地位,楚穆王只不过当了个捡漏王。他在位时碌碌无为,给继任者留下了一个烂摊子。

公元前614年，楚穆王去世。太子侣接过了楚国王位，是为楚庄王。

年轻的楚庄王还没把王位坐热，一场突如其来的叛乱就让他差点丢了性命。

这场叛乱的主谋是斗克和王子燮（xiè）。斗克曾经是申县的县尹，公元前635年，秦军在晋国的配合下攻打鄀国，斗克奉命增援商密，但在中途被秦军偷袭，当了俘虏。后来，秦、晋关系变差，秦穆公有意结好楚国，便把斗克放了回来。

斗克当了好几年俘虏，回国之后却一点也不感到羞耻，还以为自己促成了秦、楚两国的友好。但楚穆王根本就看不起他，只是给个面子，封他做了司马。他在族人的排挤下，主要负责太子的教育工作，并没有实权。斗克当了个教书匠，郁气难消，就萌生了谋反的想法。

王子燮同样是楚庄王做太子时的老师。他一心想当令尹，但楚穆王没有同意，而是选择了成得臣的儿子成嘉。成嘉的家族势力庞大，连楚穆王也惧让三分，王子燮自然就被顶替了。

王子燮因此无比仇恨成嘉。正好他和斗克是同事关系，两个想报复社会的人一拍即合，决定找个机会一起干件大事。

就在楚庄王即位的这一年，令尹成嘉带兵攻打楚国东部的群舒。群舒指的是当时位于长江下游的一些国名中带"舒"字的淮夷方国，如舒庸国、舒鸠国、舒蓼国等，大致在现在的安徽省舒城附近，它们的国君都姓偃。

当时的楚国正往长江下游扩张，不可避免地与群舒发生了战争。成嘉担任令尹的头一年就亲自带兵讨伐，抓了一个国君回来。这一次，他想在新国君楚庄王面前表现一番，就又带兵去攻打群舒了。

但成嘉出兵就出兵吧，偏偏把楚国的主力部队都带走了，造成郢都防守空虚。斗克和王子燮一看，这简直就是天赐的造反良机啊。没有令尹坐镇，没有大部队拱卫，剩下的这些虾兵蟹将哪管得住他们？

斗克和王子燮立刻联络一些叛兵作乱，占领了郢都。他们声称成嘉犯有大罪，无耻地瓜分了成嘉的家产和仆妾。

楚庄王刚刚即位没几个月，朝中的大夫还没完全认识，自己的老师就送了他这么一份大礼。看着以前教导自己的老师，转眼间成了厚颜无耻的造反头子，楚庄王的三观算是碎了一地。毫无防备的他，就这么稀里糊涂地成了两位老师的俘虏。

斗克和王子燮没有杀楚庄王，他们觉得国君现在还有利用价值，可以作为傀儡来命令和管制那些不服从的大夫们。刀子架在脖子上，楚庄王只能选择屈服，每天过着屈辱的傀儡生活。

不过，斗克和王子燮没有深谋远虑，他们仅仅控制住了郢都这一座城市，楚国地方的县尹和大夫们压根不承认他们。更让斗克和王子燮感到害怕的，是成嘉带去东征的楚军主力。如果成嘉在半路掉头杀一个回马枪，那斗克和王子燮手中那帮小喽啰就只有"灰飞烟灭"的下场了。

终日提心吊胆的斗克和王子燮开始大搞土木工程，把郢都原本就很高大的城墙垒得再高一些，修补得再结实一些，好让他们的心里踏实一些。然后，他们派了一个刺客去暗杀成嘉。统帅一死，大军不就鸟兽散了？

然而，行刺一国丞相外加大军统帅，不是杀只鸡那么简单。他们派去的刺客技术不过关，把事情办砸了，自己丢了命不说，成嘉还得到了叛乱的情报，连忙率领大军全速折返郢都。

这下，斗克和王子燮慌了神，他们觉得郢都是绝对保不住了，要换一个根据地才行。只要楚庄王还在他们手上作人质，不怕没有东山再起的机会。去哪里好呢？斗克想到了商密。那里曾是他的防区，还有些人脉资源可以依靠，而且商密靠近秦国，万一情况不利，还能逃到秦国流亡。

两个人就带上楚庄王，急急忙忙地往商密逃去，至于费尽心机加固的郢都城墙全当作义务劳动了。途中，他们经过庐邑（今湖北襄阳西南）。庐邑大夫戢（jí）梨听说国君来了，立刻出来盛情迎接。戢梨对斗克和王子燮也非常客气，劝他们一起来自己的府上喝酒，似乎一点也不在意两人是叛乱分子。

斗克和王子燮非常感动，没想到戢梨这么看得起自己，二话不说就去了。没想到，这一去二人就躺着回来了。不是因为喝醉了，而是变成尸体被抬出来了。戢梨摆下的是鸿门宴，诱杀的就是这两个叛乱头目。这两人一死，叛乱就被平息了。

楚庄王终于恢复了自由身，但这次死里逃生的经历着实让他后怕。自己刚即位，手下的大夫就造反，而且是在身边陪伴自己多年的师傅。而令尹成嘉他们，都是父亲留下的老臣，依仗家族势力和前朝功绩，也不把年轻的楚庄王当回事儿，在朝堂上对他没有丝毫尊重。

楚庄王顿时对身边人都失去了信任，觉得连个可以推心置腹的亲信都找不到，自己就像个无助的小绵羊，啥事都干不了。

干脆及时行乐，快活一天是一天吧。

于是乎，楚国似乎迎来了一个无道昏君，他什么事情也不管，大小事务都交给大夫们处理，自己则躲在深宫里当"肥宅"，一天到晚搂着美女吃喝玩乐。为了不被人打扰，他还下了一道命令：谁敢来劝谏，就拉出去斩了。

不过，楚庄王没有按照剧本的方向一直演下去。他是个聪明人，只是把昏庸作为伪装，其实内心是极其渴望成就大业的。但要实现伟大理想，必须拥有一个值得信赖的工作团队。楚庄王没有团队，就只能等，只能自己发掘。他躲在深宫里并不是两耳不闻窗外事，而是时刻关注着朝中大事，观察哪些大夫值得信任。

一般来说，在一个不理朝政的国君底下，大夫们有三种表现：

第一种是为所欲为，想干什么就干什么。要么忙着结党营私，篡夺

朝政，要么磨洋工，三天打鱼，两天晒网。

第二种是忧国忧民。他们不仅更加努力工作，而且经常上书劝谏国君，说些要以国事为重的话。

第三种人最多，他们老老实实地把自己负责的事情处理好，既不做非分之想，也不去唠叨国君应该怎么做。

楚庄王要的，正是看清楚朝中这三类人。看看哪些人是危险人物，将来要小心提防；哪些人是可靠的，将来可以提拔重用。只要找到合适的人才，他马上就会回归正轨。

年轻的楚庄王展示出了异于常人的城府与耐性。

第62章

飞将冲天,鸣将惊人

通过三年观察,楚庄王总算看清了朝中大夫们的真面目。

哪些人不可靠呢?

主要是以斗氏和成氏为首的若敖氏家族。

若敖氏的先祖是原楚国首领熊仪之子斗伯比,斗伯比给楚武王做过令尹,为楚国初期的扩张做出过重大贡献。斗伯比的后裔家族以熊仪的谥号"若敖"为族称,逐渐分化出斗氏和成氏两大支系。他们长期把持着楚国令尹的职位,成了楚国境内举足轻重的公族势力。若敖氏家族私兵的人数就有六卒之多(有7500人、5400人和600人三种说法),而且战斗力强悍。他们曾被成得臣带到城濮之战的战场上,作为中军的一部分与晋军主力作战,没有落于下风。

若敖氏的强大严重影响到了楚国国君的地位,甚至关系到楚王的废立。楚成王当初年幼,却能杀死哥哥即位为王,靠的正是若敖氏家族扶持。当时的令尹子善(字子元)胆大妄为,公然调戏楚成王的母亲桃花

夫人（息妫），也是若敖氏的斗班出面杀掉了他。

楚成王这辈子取得的成就，有大半也要归功于若敖氏。斗子文和成得臣两人长期担任令尹，率领楚军南征北战，开疆拓土，楚成王几乎是坐享其成。而楚成王后来逼成得臣自杀，也有想打击若敖氏的因素在内。可惜，楚成王也因此失去了若敖氏的支持，太子商臣顺利发起政变，杀害了他。

继任的楚穆王不敢怠慢若敖氏，几任令尹清一色的若敖氏成员。哪怕王子燮苦求这个职位，楚穆王也不敢给他而得罪若敖氏。

成嘉去世后，楚国的令尹和司马是斗般和斗椒堂兄弟。这两个人独揽大权，在朝中飞扬跋扈，党同伐异。特别是斗椒这个人，刚出生的时候，其伯父斗子文就说："他有熊虎的形状、豺狼的声音，实乃狼子野心之辈。"（成语"狼子野心"出处）建议弟弟立马杀了他。但斗椒的父亲没有听从。斗椒成年后嚣张狂妄，眼睛长在脑门上，不把任何人放在眼里，与同朝官员们极难相处，简直就是楚国的一枚定时炸弹。

那么，楚庄王觉得可靠的又是谁呢？

芳贾。

芳贾所在的芳氏家族同样来自芈姓，但他们的先辈并没有被史料记载，显然相对弱小。但芳氏家族天不怕地不怕，别的大夫对若敖氏唯唯诺诺，他们却敢与之唱对台戏。芳贾年纪还小，得知成得臣出任令尹，不屑地说："这个人性格急躁，既不适合治民，也不善于用兵，如带兵超过三百乘，非打败仗不可。堂堂楚国令尹，就这点本事，我看楚国以后有的是麻烦事儿。"

芳贾居然猜对了成得臣的结局，城濮一战他大败而归，输掉了楚国将成的霸业。

成得臣死后，芳贾的父亲芳吕臣接任令尹一职。但是若敖氏坚决不同意这个任命，对芳吕臣极力抵制。芳吕臣仅仅当了不到一年的令尹，就不得不黯然下台，不久便郁郁而终。

虽然芳氏家族没能成功压倒若敖氏，但芳贾仍然受到楚王重用，成为牵制若敖氏的重要人物。

朝中还有两个人给楚庄王留下了深刻的印象，一位名叫伍举，一位名叫苏从。伍举要特别提一下，他是著名人物伍子胥的祖父。

伍举和苏从都是忧国忧民的人物，他们看见楚庄王如此"昏庸"，就不顾劝谏者死这道命令，强行求见楚庄王，要规劝国君不能沉迷酒色，耽误国家。

伍举来劝谏的时候，话说得非常委婉。他对楚庄王说："臣在民间得到一句隐语：'有一只大鸟栖息在高山上，三年时间里不飞也不鸣叫，不知是只什么鸟？'"

楚庄王一听，就知道伍举是在暗喻自己，哈哈大笑说："不谷来替你解答吧。这只大鸟三年不飞，飞将冲天；三年不鸣，鸣必惊人！"

楚庄王是告诉伍举，不必担心自己无所作为，等到时机成熟，总有一天自己会干出一番大事业。这句话引申出了"一飞冲天"和"一鸣惊人"两个成语。

伍举当然没有因为劝谏者死的命令被杀，楚庄王的这道命令本来就是唬人的。

几个月以后，苏从也来劝谏。

苏从和伍举截然相反，是个急性子，说话不拐弯。他直接就批评说："大王，您不能再这样下去，否则，国将不国矣！"

楚庄王故意生气地说："难道你不知道劝谏者死的命令吗？"

苏从大义凛然地说："如果臣的命能换取一位明君，臣死而无憾！"

楚庄王笑着说："好！你是一位忠臣！你说得对，不谷不能再做昏君了。"

楚庄王下令重赏苏从与伍举，并提拔他们做高官。

一代霸主就此卸下伪装，正式出山了。

猛虎出山

楚庄王这个时候出山行动,也是形势所迫。因为当时的楚国,正面临着重大的挑战。

公元前611年,楚庄王即位的第三年,楚国发生了大饥荒,粮食绝收,饥民遍野。楚国西部的庸国(今湖北竹山西南)趁火打劫,联合楚国境内的蛮族发起叛乱。楚国北方的麇国(今陕西白河东南)带领百濮人(分散在楚国北方的濮族人总称),声称要攻打楚国。楚国顿时陷入动荡之中,申县和息县的北门都戒严关闭,生怕遭到入侵。

楚国的大夫们一时间束手无策,因为国家的最高决策者楚庄王正忙着喝酒听歌。这才有了伍举和苏从冒死进谏的事情。

楚庄王认识到国家正处在危急关头,需要他这位国君承担责任,便临朝听政,着手处理眼前的危机。

当时的情况比较危急了,叛军已经逼近郢都。大伙儿都忧心忡忡,不少人在朝会上提议,应该迁都避避风头。

不过，芳贾却提出不同的观点，认为楚国没有必要迁都。因为现在局势太乱，去哪儿都不安全，而且，这些敌人根本不值得畏惧。麇国和百濮人以为楚国陷入饥荒不敢出兵，才想趁乱捞一把，只要楚国出兵庸国，百濮人必然会害怕而逃走。

楚庄王听从了芳贾的意见，立刻下达了出兵命令。百濮人的胆子果然很小，见楚国人大动干戈，慌里慌张就跑回了自己的老家。才过了半个月，北方的局势就平定了。

楚军继续向庸国进军。因为大饥荒，楚军军粮捉襟见肘，许多士兵都是空着肚子行军。楚庄王便下令开放沿途的粮仓，把国家的储备粮拿出来，分配给楚军将士。楚军的士气大振，大家奋勇前进，势要一举消灭庸国。

为了不给若敖氏立功的机会，楚庄王任命当初救过自己的庐邑大夫戢梨为伐庸主帅。然而，戢梨是个忠臣，打仗却不擅长。他率部攻打庸国的方城（今湖北竹山），遭到了庸军和蛮族人袭击，损失了大半兵马，连副将都被俘虏了，只好匆忙败逃。

出师不利，有人提出调动其他地方的部队来增援，在人数上压倒庸军和蛮族人。但一个叫潘尪（wāng）的人出了一个计谋，认为不用援军就可以打赢敌人。

潘尪的计策实际上是骄敌之计。他认为，方城一战大胜楚军，庸国人必然欣喜若狂，十分骄傲。楚军可以再故意打几场败仗，他们就会更加骄傲轻敌，认为楚军的战斗力不过如此。到了他们松懈的时候，楚军再分兵左右夹击，让对方猝不及防，必能将庸军和蛮族人全部歼灭。

楚庄王采纳了潘尪的这条计谋，下令在接下来的战斗中只许失败，不许成功。这败仗一打就是连续七场，庸国人感觉自己的军队神勇无比，于是他们放松了警惕，只派了少量部队继续追击，还大言不惭地宣称："楚国人不堪一击！"

楚庄王见时机成熟，立即在临品（今湖北丹江口南）会合大军，指挥楚军兵分两路，直插庸国。与此同时，楚国还从秦国和巴国请来了援军，从西面配合楚军展开围攻。

蛮族人见势不妙，连忙宣布投降。楚庄王与蛮族各部落首领举行了会盟，放他们回到了自己的居住地。孤立无援的庸国在三国联军的合围下，最终被攻陷灭亡。

楚庄王出山仅仅几个月，就平定了一场差点倾覆楚国的叛乱，正可谓"不鸣则已，一鸣惊人"。

但他的"一鸣惊人"，不是"浪子回头"那样简单。他本来就是能力出色的人，只是刻意低调而已。这种人在暗地里默默努力，一旦时机成熟，就会展现出非凡的爆发力。

楚庄王复出之后，立刻就根据这三年了解清楚的官员品行进行人事调整，诛杀了数百名不称职的官员，也提拔了数百名人才，拥有了一支为己所用的团队。

叛乱平息后，又经过了几年休养生息，楚国最终消除了大饥荒的影响。楚庄王开始将目光投向北方，在那里，有他的祖父失去的霸权和荣耀。

夏日之日

让我们看看楚庄王将要面对什么样的对手。

首先是当时晋国的中军将、正卿赵盾。

赵盾的父亲是赵衰。他当年追随晋文公流亡，在狄国娶了叔隗为妻，生下了赵盾。赵衰回国之后，又娶了晋文公的女儿伯姬（结婚后改称赵姬）。赵姬是个大方通情理的女人，她不在意自己公主的身份，把赵家世子的位子让给了赵盾，而让自己的儿子屈居其下。

同为追随晋文公多年的老臣，赵衰的能力没有狐偃和先轸那么突出。因而，他在晋文公和晋襄公时期地位并不显赫。城濮之战前，晋文公初设三军六卿，名单中没有赵衰。直到年老之际，他才凭借元老的身份得了个新上军将，后来成了中军佐。在此期间，他也没有什么值得称道的功绩。

赵衰虽然在军事和政治上能力普通，但擅长交际的优点弥补了他的不足。他生前一直给人以贤德的形象，还以德行不足为由主动辞让过下

军将一职,收获了"让贤"的名声。他广泛结交当时的权臣勋贵,尤其和先氏家族关系密切。他对后起之秀也多有照顾,阳处父就是在他的推荐下成为太傅的。

赵衰私底下积攒了庞大的家业。通过与晋文公的良好私交,赵氏家族的名下拥有至少六座食邑,而且大多是大城,经济实力在晋国大夫中绝对是首屈一指。他苦心经营如此广大的人脉和家业,给赵氏家族的兴起做足了铺垫。

公元前622年,赵衰去世。在他之前,晋文公时期的一帮老臣如狐偃、先轸、胥臣等人已先后死去,六卿之中没有能独当一面的大夫了。晋襄公原本想提拔士谷(士芬之子)等旧贵族的子弟充任六卿,但赵衰的人脉关系在此时发挥了作用。

与赵家友善的先克(先轸之孙)站出来反对说:"君上怎么可以忘记狐氏和赵氏的辅佐之功?"

晋襄公恍然大悟,那些旧贵族已经霸占六卿之位多年了,是该扶持一下跟随父亲流亡的新贵族了。

于是,刚刚成为赵氏宗主的赵盾一出仕就被任命为中军佐,与他一起被任命为中军将的,是狐偃的儿子狐射姑(因狐氏封地在贾,狐射姑也被称作贾季)。

赵盾的好运气还没有结束。第二年,太傅阳处父忽然向晋襄公提议说:"君上,臣观狐射姑虽有才能,但度量狭小,刚愎自用,远不及赵盾贤能。让赵盾统帅三军,臣以为才是对国家有利的。"

这个阳处父,前文已经介绍过了。他道貌岸然,实际上是个耍小聪明的人。他劝晋襄公贬职狐射姑,重用赵盾,并不完全是为了国家着想。他早年得到赵衰举荐而成为太子师傅,为了还人情债,就故意在国君面前说赵盾的好话。

晋襄公听从了阳处父的建议,把赵盾和狐射姑调了个位子,让赵盾当中军将，狐射姑当中军佐。赵盾就这么戏剧性地当上了晋国正卿。

这样的结果，最不能接受的当然是狐射姑了，赵盾因此树立起了一位处处和自己唱反调的政敌。在晋襄公去世后，晋国赵、狐两大卿族的争斗爆发了。

争斗的导火线是晋国新国君人选的确立。晋襄公弥留之时，曾把赵盾叫到床前，希望他能好好拥护太子夷皋为君。但赵盾没有遵守晋襄公的遗愿，他觉得夷皋年纪太小，即位后无法支撑晋国，就向晋国众臣提出拥立晋襄公的弟弟公子雍。

狐射姑当时就跳出来反对了，说："不行！应该立公子乐，他的母亲怀嬴很受先君文公宠爱，立他必能受到国人拥戴。"

赵盾觉得狐射姑简直是成心和自己作对，非常生气地说："怀嬴是个改嫁的女人，侍奉了两任国君。她只是文公的一个妾，她的儿子有什么威严可言！公子雍过去受到文公喜爱，被派往秦国居留，他依靠自己的才干当上了亚卿。拥立他可以得到秦国的和解与支援，对国家是最有利的！"

狐射姑仍旧是一副轻蔑的表情，坚持说拥立公子乐才是对的。狐氏一党的大夫们也纷纷附和，齐声质问赵盾。这场讨论就不欢而散了。

赵盾可没打算就这么完了。按照晋国惯例，公子不受封都要旅居别国。所以，赵盾决定先下手为强，暗中把公子雍接过来推上君位，生米煮熟饭，让狐氏一党干瞪眼。

他派了一个叫士会的人去秦国迎接公子雍。但这事不久就被狐射姑探听到了，他也派人去迎接正在陈国的公子乐。他要和赵盾玩一场赛跑，看谁先把自己的人选带进来。

得知狐射姑这么拆自己的台，赵盾索性来一招狠的。他派出杀手埋伏在公子乐回国的路上，将公子乐和狐射姑派去的一伙人全部干掉，一个不留。

狐射姑左等右等，好长时间没有公子乐的消息，派人一调查才知道被赵盾给黑了。他心里那个窝火，心想你赵盾敢杀我的人，我狐射姑就不敢杀你的人了？你赵盾上台不就是因为靠了阳处父么，我就杀一个太傅，让你看看我们狐氏家族的厉害！

这天，阳处父正在街上坐着马车前行，刚走到一条僻静之路，道路两旁突然蹿出好几名刺客，抽出尖刀便对着他的心窝狠狠一刺。阳处父大叫一声，鲜血喷溅了一地。他无论如何也没想到，自己会成为狐、赵两大家族斗争的牺牲品。

光天化日之下刺死当朝太傅，这桩谋杀案轰动了绛都。作为晋国正卿，赵盾亲自出面彻查此事。很快，刺客就被抓到了。经过审问，刺客说出了幕后主使，正是狐射姑的弟弟狐鞫（jū）居。

证据确凿，赵盾正愁没有把柄惩治狐射姑，有了这件案子，就可以动手了。

他当即下令把狐鞫居抓起来，不讲情面地判了死刑。随后，赵盾把案件公开，让晋国人都知道是狐氏一族在作奸犯科，他们还有什么资格在晋国为臣。

在国人强大的舆论压力下，狐射姑人心丧尽。他自感不妙，担心赵盾接下来就会找理由干掉自己，就连忙逃亡到了狄人那里。赵盾则是"热烈欢送"，派人把狐射姑的家眷和家产统统送到了他在狄人那里的新家，把这个眼中钉扫地出门了。

狐氏家族在晋国失了势，流亡在外的狐射姑在被人问及对赵衰与赵盾父子的评价时，感慨地说："赵衰是'冬日之日'，赵盾则是'夏日之日'啊！"

狐射姑的意思是说，赵衰为人和善，就像冬日里的阳光那样温暖；赵盾为人多权谋，就像夏天的阳光一样刺眼。

狐射姑失败后，晋国朝中无人能与赵氏家族抗衡。许多大夫纷纷投靠到赵盾的门下，当中就包括先轸的后人先克和先縠。赵盾一时间权势熏天。

然而，就在狐氏溃败的第二年，赵盾却做出了一件谁都没有想到的事情。那就是放弃拥立公子雍，选择原来的太子夷皋作为新国君。

赵盾做出这个选择，源于夷皋母亲穆嬴对他的苦苦哀求。穆嬴不甘心自己的儿子在热闹的君位之争中没有份，就天天在朝堂上对晋国的大夫们哭闹，说："先君有什么罪？为什么不立他的合法继承人为君？你们丢开太子去立在外面的公子，到底想把这个孩子怎么办啊？"

在朝堂上闹了还不够，穆嬴知道现在晋国国政是赵盾做主，就又跑到赵盾的家里去闹。她对赵盾说："先君临终前嘱托你辅佐太子。现在先君尸骨未寒，你就把那句遗嘱忘了吗？你这个没有良心的人！"

穆嬴大吵大闹了好几天，赵盾拿这个女人一点办法都没有。他又仔细想了想，觉得夷皋现在年幼，即位之后必然倚重自己；相反，立了公子雍，有些事情自己就没办法做主了。

最终，还是孩子的夷皋被赵盾立为晋国新君，史称晋灵公。

但是赵盾派去秦国的士会正把公子雍往家乡带，秦康公还派兵一路护送公子雍回国，他们已经进入了晋国地界，怎么办才好呢？

赵盾觉得现在和秦国人说放弃已经太晚了，秦军都到家门口了，人家被激怒了，不跑到绛都城下耀武扬威才怪，到时候局势就更复杂了。

干脆趁秦军还不知道夷皋即位的时候出兵偷袭，把他们提早轰出晋国去。

于是，赵盾亲自领兵，前往令狐截击护送公子雍的秦军。

原本兴致勃勃来当护卫的秦军哪里料到晋国人会突然变卦，根本就没做好防备，结果被打得落花流水，仓皇逃回国去。

令狐之战的发生，让秦国人对晋国的再一次背叛感到愤怒。秦、晋两国失去了最后一次和解的机会，"秦晋之好"彻底破裂。从此，秦国

成了晋国的世仇,坚定地与楚国成为盟友一起对抗晋国。

赵盾拥立晋灵公,晋国国家的大政方针可以说是完全被他掌握了。但他不是那种只会权谋的奸臣,在政治管理上也有一套。他担任正卿伊始,就雷厉风行地在晋国推行"制事典,正法罪,辟狱刑,董逋逃,由质要,治旧污,本秩礼,续常职,出滞淹"等措施。

简单地说,就是针对晋国政治制度的一些弊端进行改革,并加强治安管理,打击腐败,提拔贤良。过去因为晋文公父子善待大夫,管理宽松,晋国上下懒散成风,腐化堕落。赵盾上台后,立刻把规章制度完善起来,遏制这股不正之风。赵盾还把这些措施固定为晋国的"常法",当作基本政策来施行。

但是,赵盾爬得太快太高,而且施行严格的法令,使许多旧贵族感到不满。公元前618年,赵盾的亲信先克抢夺了别人的田产,激起了一群旧贵族子弟的愤怒。以士縠为首的五人,记恨于先克劝说晋襄公不提拔他们为六卿,就合伙谋杀了先克。这五人也没有逃脱制裁,赵盾破案后将他们统统处死了。

清除了政敌,赵盾开始在朝中安插党羽,心腹郤缺做了上军将,家臣臾骈和韩厥分别做了上军佐和司马。为了拉拢其他暂时中立的家族,赵盾还让荀林父担任中军佐,栾盾和胥甲分别做了下军将和下军佐。赵氏一党几乎控制住了晋国的内政外交。要知道,任命六卿在过去是国君的权力。

组建了"赵氏内阁"后,赵盾又以晋灵公的名义在中原会盟诸侯,巩固晋国的霸主地位。这是春秋史上首次由一国大夫会盟中原诸侯,赵盾的威势达到了顶点。

说了这么多,下面就看楚庄王怎么和赵盾过招了。

铁幕

当年，楚穆王曾和赵盾交过手。

因为赵盾背信弃义在令狐袭击秦军，秦国人和他结下了不共戴天之仇，两国几乎每隔一年就要发生一次大战。赵盾不得不把主要精力放在与秦国的战争上，晋军也疲于奔命。楚穆王便利用这个有利时机北上，收服了郑、陈、宋、蔡四国。

但是，楚穆王并没有足够的威信让这四国真心降服。他在和宋昭公狩猎时，纵容部下殴打宋昭公的车夫，这让中原诸侯们对他十分反感。公元前613年，秦、晋之间的战争暂告一段落，中原诸侯们再次集体向晋国示好。赵盾乘此机会在新城（今河南商丘南）召开诸侯大会，与郑、陈、宋三国重新结盟，并在第二年出兵逼服了蔡国。

新城之盟的召开，意味着中原诸侯仍然心向晋国，晋国的霸主地位仍然得到世人承认。而当时，楚穆王已死，楚国先是发生斗克的叛乱，接着是楚庄王三年不理朝政。

现在,楚庄王想重拾霸权,面对的是中原诸夏为他编制好的一道铁幕。这道铁幕由靠近楚国的郑国、陈国和宋国组成。尤其是位于中原腹心的郑国,因为同时与周王室、晋国和楚国相邻,成为晋、楚两军的必争之地,是这道铁幕的关键所在。所以,收服郑国,突破这道铁幕,是楚军最主要的作战目标。

那么,何时向这三国发兵才合适呢?

要等到晋国再次陷入战争和内乱的时候,晋军无法派兵南下,楚国就能以最小的代价控制这三国,打破铁幕了。

机会很快就让楚庄王等到了。

赵盾,这位晋国的"夏日之日",以大夫的身份掌控一国,并且推行严刑峻法,虽然权势炙手可热,但反对他的浪潮从未真正平息过。

这一次,赵盾的政敌不再是大夫,而是他亲手扶持的国君——晋灵公。

公元前610年,晋灵公十四岁了。这位少年国君没能像他的祖父和父亲一样为人和善,因为自小没有父亲的管教,他养成了狂放不羁的性格,加上权力被卿大夫架空,无所事事的他成了一个十足的小恶棍。

晋灵公最大的乐趣是吃喝玩乐,欺负弱小,年纪轻轻就已经学会了横征暴敛,搜刮民脂民膏。他嫌绛都的公宫不够气派,就另找了一个地方修了精美的宫殿和园林,终日在这座新宫殿里和一帮混混喝酒赌钱玩游戏。

玩腻了,他就爬到宫里的高楼上玩弹弓。他的弹弓从不打鸟,专门射击街上的行人。在这位小国君的弹弓下,许多无辜的行人被射伤射瞎。晋灵公呢,看见有人被射中受伤流血了,反而高兴地哈哈大笑。

有一回,晋灵公想吃熊掌,宫里的厨师不会做,把熊掌烧得半生不熟。晋灵公非常不高兴,就叫人把厨师拉到外面杀了,再叫几个宫女把尸体抬起来,顶过头,在宫里转一圈。其他人看见都吓了一大跳,唯独晋灵公高兴地大喊好玩。

看着小国君这么胡闹，赵盾免不了要劝谏几句。晋灵公呢，就觉得赵盾那个老家伙啰嗦死了，权力太大，居然敢管到我国君的头上！于是，晋灵公在暗地里计划除掉赵盾，君臣关系变得极其恶劣。

晋国内部的不稳定使中原诸侯们忐忑难安。郑国首先对晋国没了信心，生怕晋国将来不能保护它，就偷偷与楚国开展联系。

有所察觉的晋灵公在一次诸侯会盟上拒绝与郑穆公见面。郑穆公虽然写信给赵盾说对晋国并无二心，但也不客气地强调说如果晋国逼迫太紧，他们就会"铤而走险"（该成语的由来）。

赵盾只好让晋国与郑国互换人质作为担保，表示对郑国仍然信任。

但郑穆公看出来晋国是外强中干，在诸侯中的号召力越来越弱，就壮起胆子叛变，于公元前608年和楚国结盟。

郑国不战而降，说明晋朝编织的这道铁幕并不牢固，楚庄王决定抓住机会北上。

这一年，楚国和郑国联合，发兵攻打陈国和宋国。这两国自然不是对手，尤其是宋国输得最惨，光被楚军缴获的战车就有五百辆。

按以往的经验，两国大败之后应该会立刻屈服。但陈灵公（名平国）记恨于楚国没有参加父亲陈共公的丧礼，宋文公（名鲍）则感恩于晋国承认他这个靠政变上台的国君[1]，竟然不约而同地选择了宁折不弯。

楚庄王碰了两个硬钉子，而赵盾此时也已经派兵南下。但他不想花太多本钱与楚国开战，就召集宋、陈、卫、曹四国出兵，与晋军联合西征，讨伐叛徒郑国。

郑穆公料定自己无法抵挡五国联军，连忙派人向楚庄王求援。楚庄

---

[1] 公子鲍长相英俊，祖父宋襄公的夫人想和他私通，公子鲍不肯，襄公夫人就帮助他在国人中广施恩惠。宋昭公无道，宋国人都不亲附宋昭公，襄公夫人就派人杀死宋昭公，拥立了公子鲍。

王让芳贾带兵，给他到前线积累军功的机会。

被寄予厚望的芳贾带领一部分楚军火速北上，驰援到了郑国北林（今河南郑州东南）。在这里，晋军的一支先头部队也已经赶到，指挥官名叫解扬。

解扬的生平和人物形象我们不得而知，芳贾在北林之战中如何指挥，史书上也没有记载。我们只能看到结果，那就是芳贾没有辜负楚庄王的期望，指挥楚军打败了解扬的部队，还将他俘虏。

晋军前锋失利，本来就不是铁板一块的五国联军士气受挫。赵盾本就无意和楚军大战一场，只好将联军解散回国。

赵盾不甘心被郑穆公背叛，于这一年冬天再次联合宋国讨伐郑国，但仍旧无功而返。楚庄王则以牙还牙，在第二年也发兵攻打了宋国。

楚庄王这次没有自己出兵，而是以宋国两次与晋军攻打郑国为理由，唆使郑国出兵去报复宋国。郑穆公不敢不听，连忙派出大军侵入宋国境内。宋文公听说郑国人打上门来，鼻子都气歪了，立刻派右师①华元率领宋军出兵抵抗，双方在大棘（今河南柘城西北）展开了会战。

大棘之战，宋军再次被打得一败涂地，一员战将阵亡，四百六十辆战车被缴获，主帅华元和二百五十名将士被俘。

华元，这位宋国宰相的被俘经过可以说是相当滑稽。会战的前一个晚上，华元想鼓舞士气，杀羊煮了肉汤分给将士们吃。但他偏偏忘了自己的车夫，没给车夫留一碗热汤喝喝。华元的车夫越想越不高兴，别人都能喝到羊肉汤，为什么我没有？这不是瞧不起我这个赶车的人吗？

结果，第二天两军交战的时候，车夫趁周围的卫士们不注意，驾起马车就往前狂奔。卫士们见主帅的战车失控，连忙去追赶拦截，但是已

---

① 宋国模仿晋国设立六卿，以右师、左师、司马、司徒、司城、司寇为六卿，右师是六卿之首，相当于宰相。

经来不及了，车夫直接把车子赶进了郑军的队伍中。堂堂一军主帅华元，就这么稀里糊涂地做了郑国人的俘虏。不过，华元后来逃脱了，他的故事我们以后还会说到。

宋国惨败无疑让赵盾心急如焚，他不得不抽调部队南下，准备帮助宋国讨伐郑国。但就在这个节骨眼上，秦国突然向晋国发起了进攻。

此时的秦国国君是秦穆公之孙秦共公（名稻）。由于前一年晋军袭击秦国的附庸崇国（今陕西渭河北岸一带），秦共公就对晋国发起了报复行动，攻打晋国的焦邑（今河南三门峡西）。赵盾没办法，只好把原来用于南下的部队西调，好不容易才把秦军打退。

打败秦军之后，赵盾顺势集合了宋、卫、陈三国，再次组成联军讨伐郑国。

这一次，楚庄王派狂人斗椒率兵去增援郑国。

斗椒这个人虽然性格狂妄，但打起仗来还是豪气十足的。行军路上，楚军将士对联军人数众多感到畏惧，他就对部下打气说："我们楚国人要想得到诸侯拥护，怎么可以对盟友见死不救！"

斗椒雄心壮志，准备和北方的强人赵盾过过招。在他的鼓舞下，楚军气势汹汹杀向北方，在郑国的土地上严阵以待，大有对四国联军来一个杀一个，来两个杀一双的气势。

那么，勇气可嘉的斗椒最后打赢了赵盾的四国联军了吗？

还真"赢"了。赵盾率领四国联军刚和斗椒碰头，就不战而退了。

赵盾在临走时说了这么一句话："斗椒这个家族，在楚国争权夺利，我看他过不了多长时间就要完蛋了。我们何必与这种人一般见识！"

说完，赵盾便把四国联军伐郑的行动取消，没有和楚军交战就班师回国了。

楚庄王与赵盾的第二次交锋就这么戏剧性地取胜了。

恶狗

赵盾是真的想把斗椒扔给楚庄王去处理吗?

应该不是。

比较有可能的情况是赵盾对自己的后院不放心。也许有人向他报告,坏小子晋灵公又惹事了。赵盾担心后院起火,便连忙找了个理由回国了。

这个时候的晋灵公已经不是闯祸那么简单了,他当傀儡当腻味了,准备杀掉赵盾这个道貌岸然的家伙。

晋灵公先派了一位名叫鉏麑(chú ní)的杀手去刺杀赵盾。但他看人的眼光真的太差,鉏麑是个有原则的人。

传说鉏麑在黎明时潜入赵盾的房间,发现赵盾已经穿好衣服准备上朝了,因为时间还早,就坐着闭目养神。鉏麑感叹说:"赵大夫是个勤政为民的好官啊。我要是杀了他就是对百姓不忠,但不杀他又失信于国君,我不如死掉算了。"

鉏麑便在一棵树下撞死了。

虽然这个故事被记载在《左传》中，但它的真实性存在问题。赵盾仅仅是起早了，鉏麑就推测出他勤政爱民吗？而且鉏麑一个人来，又一个人死了，他的心理活动是谁给记录的呢？所以，这个故事很有可能是虚构的。实际情况有可能是鉏麑在动手之前就被发现了，只好自杀湮灭证据；也有可能鉏麑本来就不想杀赵盾，提前自我了结。

鉏麑刺杀失败后，晋灵公觉得人类真是靠不住，还不如一条狗听话，就在宫中养了一条大狼狗，专门训练它咬人，准备用这条恶狗一口咬断赵盾的喉咙。

但是，怎样才能让赵盾过来被狗咬呢？

晋灵公又想了一套诱杀方案。他计划宴请赵盾，想办法把赵盾灌醉，然后把恶狗放出来去咬死赵盾，就算赵盾躲开了，预先埋伏好的甲士也能冲出来杀死他。

公元前607年九月，晋灵公忽然以国君的名义邀请赵盾到宫中赴宴。赵盾则和往常一样，带着几个随从就去了，根本没有料到会发生什么事情。

宴会开始，晋灵公显得异常热情，与赵盾亲切地交谈着，还不断地派美女给赵盾把盏劝酒，好像君臣之间关系十分融洽一样。赵盾这天心情也很舒畅，在国君的盛情下，就多喝了几杯，头脑晕乎乎的了。

这个时候，赵盾身边一个叫提弥明的人警觉起来，觉得晋灵公今天的举动实在是太反常了，一点不像平日。这热情表象下是不是隐藏着什么阴谋呢？提弥明觉得还是尽早离场为妙。

于是，提弥明连忙来到大殿中央，向晋灵公跪拜说："君上，我等做臣子的陪国君饮酒，要是超过了三杯就是不合礼制了。臣等不敢僭越，望君上能结束宴会，放臣等回去休息。"

说完，提弥明把喝醉的赵盾搀扶起来准备走了。

晋灵公见状，一摔酒杯大喊：今晚谁都别想走！

只听殿门哐一声关上了，那条叫"敖"的大狼狗猛地蹿出来，咆哮着直扑赵盾。

提弥明见状，连忙挡在赵盾面前，替赵盾挨这条恶狗的撕咬。赵盾则赶紧跑向大殿门口，慌慌张张地夺门而逃。

提弥明赤手空拳地和那条恶狗搏斗在一起，最终用尽力气扭断了狗的脖子。但十几名事先埋伏好的甲士从大殿四周冲了出来，将精疲力竭的提弥明杀死了。

凭着提弥明和家臣们的忠心保护，赵盾逃到了大殿外。但晋灵公的甲士们依旧穷追不舍，赵盾慌里慌张地跑着，鞋子跑掉了，头发也乱了。眼看着追兵们越来越近，他的命运就要在此终结了。

在这关键时刻，只听一声高喊，一位武术高手从天而降，挥舞着手中的兵器阻挡了追兵。

这位"大侠"是宫里的侍卫，名叫灵辄。他为什么要救赵盾呢？原来，前些年灵辄落魄，在野外差点饿死。赵盾看见了，可怜这位年轻人，就给了他一碗饭吃，救了他一命，临别之时还送他不少肉和米。灵辄对赵盾感恩在心，如今在宫中谋了个差事，正巧遇见赵盾被人追杀，便挺身而出，报答救命恩人。

亏得灵辄及时相救，赵盾终于保住了性命。他跑出公宫，坐上逃跑的马车。临走之前，他想好好感谢这位侠士，便问："多谢壮士，你我素不相识，不知你为何救我？"

灵辄回答说："我就是当年在翳（yì）桑（灵辄落难的地方，位置不详）差点饿死的那个年轻人。"

赵盾实在记不得当年还救过这个人，便又问："你叫什么名字？住在何处？"

灵辄没有回答，转身离开了。从此以后，赵盾再也没有见到过他。

324

在逃回家的路上，赵盾对晋灵公恨得咬牙切齿，他已经想好了如何报复。

赵盾知道，要是自己杀死晋灵公，那就是弑君，以下犯上，会影响自己的声誉。所以，赵盾找了家族中最莽撞的赵穿替他当这个恶人。

当年九月，赵穿调动人马袭击了正在桃园玩乐的晋灵公，将他乱剑刺死了。

虽然史书对晋灵公的评价非常恶劣，给人感觉他是咎由自取，但是他和赵盾之间的矛盾应该属于权力之争，而不是简单的善恶之争。赵氏家族为了让自己的弑君行为看起来符合道义，很有可能对晋灵公的品行极尽抹黑。所以，晋灵公短暂一生里做的那些荒唐事，我们还是不要全信为好。

赵穿在绛都兵变弑君的时候，赵盾却置身事外，带着几个家人离开了绛都，往晋国的边境跑去了。有人问他去哪里，赵盾做出一副无奈的样子，说："国君要我死，我只好到国外去流亡啊。"

然而，赵盾逃亡了好几天，也没有走出国境。当绛都传来赵穿兵变成功的消息，赵盾立刻飞快地赶回去，继续做正卿了。他派赵穿把晋灵公的叔叔公子黑臀找来，立他做了新国君，就是晋成公。

赵盾这招金蝉脱壳还是被很多人看穿了。

当时晋国的史官写下："赵盾弑其君。"

赵盾听说之后，连忙找到那位史官问："你怎么可以这样？我赵盾什么时候弑君了？"

史官回答说："您是正卿，说逃亡却不离开国境，回来了也不去惩罚凶手。杀国君不是你指使的，还能是谁？"

赵盾哑口无言，尴尬地说："哎呀！我可是真的在背黑锅啊。"

问鼎

　　由于君臣之间的这场内斗，晋国的国家精力再次被分散了。新国君晋成公刚刚即位，赵盾则是人心不稳，两人一时都无法掌握中原局势。这再次给了楚国北上争雄的绝佳机会。

　　楚庄王这一次决定亲自领兵，北上目标直指王畿之地，向一直高高在上的周天子展示一把楚国的力量。这样既能羞辱高傲的王室，又能威慑中原诸侯。

　　带兵去王畿之地其实很容易，楚军可以绕行郑国，畅通无阻地从郑国的地界开进王畿。但是，按照当时的规矩，诸侯带兵去天子那里，总需要一个理由。楚军没有理由直接跑到天子脚下，是想造反吗？所以楚庄王先要找一个合适的理由，才能名正言顺地去拜会拜会周天子。

　　楚庄王在地图上看了一圈，发现王畿和楚国之间有一片戎人的聚居区，居住在这里的戎人被称作"陆浑之戎"。诸夏人不是最烦夷人侵扰么？楚国正好可以打着讨伐陆浑之戎的旗号，把军队开到王畿去。

陆浑之戎的力量非常弱小，实际上根本构不成对周天子的威胁，但还是足以作为楚庄王醉翁之意不在酒的利用品。

于是，公元前606年春季，楚庄王让斗椒和芍贾留守国内，自己统帅楚军主力前往讨伐陆浑之戎了。

楚军是高射炮打苍蝇，轻轻松松就把陆浑之戎赶跑了。紧接着，楚军按照计划来到洛邑附近的洛水边上扎营。他们每天在这里搞军事演习，检阅部队，弄得周王室提心吊胆，生怕楚国人是来找麻烦。

楚庄王来到洛邑郊外的这一年，正是周定王（名瑜）即位的第一年。一上台就碰上这么个麻烦事，他整天愁眉苦脸。

总得想办法把这帮神仙请出去吧。周定王找大夫们商量了一下，认为楚国人既然说为天子赶跑了戎人，那么王室也应该表示一下感谢，派个人到楚庄王的军营里慰劳一番，送点礼物意思一下，说不定就能劝他们离开了。

周定王派了谁担当此任呢？王孙满。

王孙满就是当初崤之战前夕，嘲笑秦军无礼和滑稽的那个小孩，如今他已经长大成人了。他能说会道，还有一副王室的傲骨，派他去和楚庄王交涉是再合适不过的了。就这样，王孙满带着王室凑出来的金钱和财物，来到了楚军在洛水河畔的军营。

天子的使臣来了，楚庄王不敢"马虎"，用平级的礼节招待，自己端坐中帐，让王孙满一行前来拜见。王孙满在心里苦笑，表面上还是友好的，对楚庄王说了些楚国人劳苦功高，为王室驱除了一大祸患，天子遣我来赏赐之类的话。楚庄王也行礼致谢，说这是举手之劳等等。

说完了客套话，楚庄王设宴款待王孙满。这个时候，楚庄王突然冒出来一句："不谷对九鼎非常感兴趣。不知这九鼎的大小和重量能否告知一下？"

九鼎是什么东西呢？据说，夏朝建立的时候天下分成九个州，夏王

让九个州上缴自己土地上产的最好的青铜，送到首都，分别铸成九个大鼎。大鼎上雕刻着九个州的名山大川和奇珍异兽，以此象征整个天下。九鼎在夏朝灭亡后传到商朝，商朝灭亡后又传到周朝，成了代表王权的宝器。

王孙满听到楚庄王的这句问话，一下子变得严肃起来。他觉得，楚国人是在怀疑天子作为天下共主的地位，这个问题就严重了，他必须让楚庄王知道，天子的权威还在，你们楚国人休想打王室的主意。

于是，王孙满滔滔不绝地对楚庄王展开了思想教育工作，说："在德不在鼎。昔夏之方有德也，远方图物，贡金九牧，铸鼎象物，百物而为之备，使民知神、奸。故民入川泽山林，不逢不若。螭魅罔两，莫能逢之。用能协于上下以承天休。桀有昏德，鼎迁于商，载祀六百。商纣暴虐，鼎迁于周。德之休明，虽小，重也。其奸回昏乱，虽大，轻也。天祚明德，有所底止。成王定鼎于郏鄏，卜世三十，卜年七百，天所命也。周德虽衰，天命未改，鼎之轻重，未可问也。"

王孙满这么长篇大论，其实主要讲了两个意思。

首先，他介绍了一下九鼎的来历，指出九鼎的重量大小是和德行有关系的，无德的人即便拥有了九鼎，也不能拥有天下。这话就是在暗指楚庄王，你没有德行，是没办法坐拥天下的。

接着，王孙满拿天命说事，说周成王占卜过，周朝能传三十代，享国七百年。现在才过了四百来年，周朝的天命还没结束呢。你们楚国别想取代周朝，还是回去安心做诸侯吧。

最后，王孙满来了一个总结，说"九鼎是不能问的"。

王孙满的唾沫星子飞了半天，楚庄王算是明白了对方的心情，问一下九鼎就触碰到了衰落的周王室最后一点脆弱的神经。他不禁大笑起来，轻蔑地说："我们楚国光是把民间的挂钩收上来，就能铸造出九鼎了！"

言下之意,就是你们的九鼎不值一提。

楚庄王问鼎中原,在当时轰动天下。因为在过去,还从未有一个诸侯国君敢公然向天子询问九鼎。楚庄王公开质疑周天子的权威,表露自己争夺天下的野心,极大地震撼了中原。以至于"问鼎"这个词,后来被用来表示勇夺第一。

神箭

然而，问鼎之后的楚庄王却未能立即让自己的霸气发展出好结果。形势忽然急转直下，令他猝不及防。

给楚庄王制造大麻烦的正是狂人斗椒。

楚庄王由于忌惮若敖氏家族，一直没有重用过斗般和斗椒，许多重大军事行动都没有让这两人挂帅。芳贾反倒得到了大力提拔，楚庄王还让他做了工正（掌管工程营建和器物制造的最高官员）。芳贾知道楚庄王的心思，就不遗余力地帮助他反对若敖氏家族，还罗织了谋反的罪名让楚庄王把斗般处死了。

虽然斗椒替补成了令尹，但斗般之死令他不免有唇亡齿寒的感觉，担心下一个被除掉的对象就是自己。

果然有了流言，说芳贾又在进谗言诬陷若敖氏要谋反了。

得知消息的斗椒大为恐慌，觉得何不先下手为强，把楚庄王干掉取而代之呢？反正大家都是芈姓子孙。

若敖氏的私兵人数虽少，但彪悍的战斗力足够发动一场叛乱，而斗椒本人也是武力过人，力大无比。他自认为只要一造反，就肯定能掀起惊涛骇浪。哪怕到最后失败了，自己也算是死得轰轰烈烈，没有给家族丢脸。

斗椒平日里最恨蒍贾，所以在造反之前，他要先杀了蒍贾解恨。公元前605年秋，斗椒派人在蒍贾外出的路上绑架了他，将他囚禁起来。斗椒命人殴打和折磨蒍贾之后，再将他杀害，从而拉开了这场大叛乱的序幕。

在绑架蒍贾的同时，斗椒离开郢都，来到了烝野（今河南新野）。在这里他召集了家族成员和私兵党徒，正式举旗叛乱，向郢都发起了进攻。

楚庄王惊出一身冷汗，因为他还没有做好准备与若敖氏打内战。楚庄王的计划是一步一步地削弱若敖氏的权力和声望，当他们足够弱小时再行铲除。但是斗椒突然间摊牌了，孤注一掷地要来死磕，着实让他措手不及。

既然斗椒已经赤膊上阵了，自己就必须拿出勇气来对付他。楚庄王考虑到自己的平叛部署还没做好，就想用和平谈判来放缓斗椒的进军速度，消磨叛军的士气。

于是，楚庄王派了使者到斗椒那里，表示自己愿意和他开诚布公地对话，和平结束这场内乱。为了增加和谈的诚意，使者还带来了楚庄王的条件，说："大王愿意送文王、成王和穆王三代的子孙作为人质，只要您愿意罢兵，令尹一职仍旧由您担任，过往的一切既往不咎。"

但斗椒不相信楚庄王会大发善心，命人将使者轰出去，继续率领叛军前进。

和谈被拒，但缓兵之计还是发挥了一点作用。楚庄王在这区区几天时间里立刻调集了大军，亲自率领开赴了平叛前线。双方很快在皋浒

（今湖北襄阳西北）遭遇，激烈的战斗爆发了。

斗椒不顾自己在人数上的劣势，率先向楚庄王的军队发起了进攻，带兵一路杀到距离楚庄王还有数百步远的地方。在这里他遇到了楚王近卫的激烈抵抗。斗椒一下子攻不进去，就抄起一把大弓，奋力拉起，嗖地一下往楚庄王那里射去一箭。

楚庄王连忙躲闪，那箭飞过他的身边，穿过一面军鼓的鼓架，"铛——"的一声射中了铜钲[①]（zhēng）。

斗椒见没有射中，就拉弓又射了一箭，将楚庄王车上的华盖都射穿了。这一回，楚庄王同样及时躲开，没有被箭射中。

斗椒的神勇吓坏了楚军士兵，许多人不自觉地后退。为了稳住军心，楚庄王派人对着将士们大喊："先君文王有三支利箭，斗椒偷去了两支。现在，他已经把这两支利箭射完了，再也射不出这么厉害的箭了！"

这番喊话及时缓和了士兵们的恐惧情绪，楚军渐渐稳定下来。楚庄王趁这个机会下令使劲擂响战鼓，把士兵们的情绪鼓舞到最高。

在雄壮的战鼓节奏下，楚军士兵忘记了心中的恐惧，向斗椒的叛军发起了反攻。双方士兵冲撞在一起，发出乓乓的兵器碰撞声。

虽然叛军的战斗力很强，但他们毕竟人数比较少，抵挡不住王军的多次轮番进攻。斗椒见形势不妙，连忙收缩防线，摆成防守阵型负隅顽抗。

在斗椒的武勇指挥下，叛军的战斗意志仍然十分强烈，不肯轻易认输。要想给若敖氏致命一击，就必须杀死叛乱的主心骨斗椒。

小说《东周列国志》为楚军杀死斗椒的细节补充了一段精彩的想象：楚军中有一员小将，名叫养由基，驱车来到了叛军阵前，要求与斗

[①] 即"鸣金收兵"的"金"，古代军队作为撤退号令的乐器。

椒一对一地挑战射箭。斗椒自恃箭法天下无敌，就答应了。他拉起百斤大弓瞄准养由基的头就射去一箭，但养由基很轻松地躲过去了。斗椒再射一箭，养由基只用弓梢一拨，就把斗椒的箭打落在地。斗椒又射出第三支箭，养由基嘴巴一张，便将箭给咬住了。

连射三箭不中，斗椒被养由基高超的武艺吓住了，有些心虚。养由基趁机张弓搭箭，拉动弓弦发出"嘣"的一声。他没有把箭射出去，仅仅是拉了一下弓弦，射了一支空箭。斗椒却以为神箭飞来，吓得连忙低头闪避。养由基则在斗椒低头的一刹那将手中的箭奋力射出去。斗椒刚一抬头，那支箭就正中他的额头，将他的头颅贯穿了。

这位狂人当场毙命。

小将养由基一战成名，获得了"神箭"的称号，成为历史上最著名的神射手之一，成语"百步穿杨"形容的就是他。

不过，史书上并没有记载养由基参加过这场战斗，其正式出场要等到许多年后的鄢陵（今河南鄢陵西北）之战。这场皋浒之战的结局，在《左传》中仅仅用五个字"遂灭若敖氏"概括，说明楚庄王最后还是利用兵力上的优势，将若敖叛军连同斗椒一起消灭了。

平定斗椒的叛乱后，楚庄王将所有参与叛乱的若敖氏家族成员抓捕处死。但他并没有赶尽杀绝，赦免了少数忠君为国的斗氏子弟。若敖氏的后人仍然有在楚国为官的，只不过，这个楚国曾经最庞大的家族已经彻底没落了。

铲除了庞大的若敖氏家族，楚庄王终于搬走了压在几代楚王身上的大山，再也不用担忧身边会有制约自己权力的权臣，也不用害怕有大夫造反了。通过对大夫贵族势力持续打击，楚国的政治权力愈发集中到了国君手中。楚国因此稳固了内部，加强了凝聚力，得以傲立南方数百年而不倒。

染指

就在楚庄王忙着和斗椒拼杀的时候,北方的郑国也出事了。

公元前606年,郑穆公去世了。他的儿子夷即位,是为郑灵公。为表示友好,楚庄王在第二年送了一只稀世大鳖给郑灵公。谁曾想,这只大鳖居然引发了一场宫廷政变。

事情的经过是这样的:有一天郑灵公嘴馋,就叫厨师把这只甲鱼炖了吃。正巧,这一天,公子宋带了一帮人想要进见郑灵公。他在路上感到自己的食指在动,就高兴地对身边的人说:"每次君上要赏赐给我山珍海味,我的食指都会动,看来今天我们又有口福了。"

到了宫里后,公子宋一行果然看见厨师正在杀甲鱼。大家都觉得公子宋猜得准,便哈哈大笑。这个时候,郑灵公来了,看这些人笑得这么开心,就问:"什么事情这么高兴啊?"

有人回答:"君上,公子宋说他食指动,今日必有美味。现在看见君上宰杀大鳖,果然如公子宋所料啊。"

要是一般人，也就一笑了之。然而，郑灵公听了，心里却很不高兴。他心想，你公子宋想吃我的甲鱼，做梦！我今天偏不给你吃，看你的食指以后还动不动！

甲鱼炖好以后，郑灵公在宫里摆起了宴会，把那一大鼎甲鱼汤分成许多碗，赐给在座的大夫们吃，唯独没有给公子宋分一碗。

看着周围的人都在津津有味地嚼着甲鱼肉，公子宋的心里窝火极了。他不顾礼仪，来到殿中央的汤鼎面前，把手指伸进甲鱼汤里蘸了蘸，放进嘴里吮了一下就甩袖离开了。（"染指"一词即来源于此。）

郑灵公火冒三丈，决定杀了这个无礼的家伙。没想到，公子宋探听到了风声，先下手为强，发动了政变，把郑灵公给杀了。郑灵公的兄弟公子坚当上了新国君，是为郑襄公。

一场甲鱼引发的荒唐血案就此结束了。

整件事看起来，似乎是郑灵公小气而惹下了祸事。但是，这种说法站不住脚，郑灵公如果真的小气，何必开宴席邀请众臣来品尝大鳖，自己独享不是更好？

显然，郑灵公只是要让公子宋难堪，他们两人的关系原本就很糟糕。

而从公子宋霸道地染指于鼎，还有轻松发起政变弑君的行为来看，他绝对是一个盛气凌人的权臣。就算没有这碗甲鱼汤，两人的矛盾也迟早会爆发。

郑国立了新国君，外交政策也走在了十字路口。郑襄公不是亲楚派，对楚国十分抗拒，试图倒向晋国。因此，楚庄王平定斗椒的叛乱之后，就挥师北上，想逼迫郑襄公顺服。

然而，若敖氏执掌楚国军事多年，遭到大清洗后，楚军的士气大受影响，将才也陷入了匮乏。楚庄王连续两次伐郑都无功而返。第三次，郑国好不容易屈服了，但楚军撤退后它立刻又投靠了晋国。

为了重新确立晋国对中原诸侯的领导地位，赵盾决定搞一场大会盟。公元前602年，晋、宋、卫、郑、曹五国会盟在黑壤（今山西翼城东北）举办。这场会盟火药味十足，为了体现晋国是周天子任命的侯伯，赵盾请了一位周朝卿士来参加，意在提醒诸侯们不可对晋国三心二意。赵盾还把晋成公即位时不来拜贺的鲁宣公（名倭）抓起来羞辱，作为对诸侯们的警告。

黑壤之盟震慑了中原诸侯，晋国暂时压制住了楚国的北上，将铁幕再次重重地落下。

公元前601年，一代风云人物赵盾去世了。

赵氏家族在晋国还做不到一家独大，正卿的位子就由资历和人望最高的郤缺继承，赵盾的儿子赵朔则担任了下军佐，排在六卿之末。

郤缺，晋惠公的亲信郤芮之子。当年，郤芮和吕甥企图烧死晋文公，结果失败被杀。这也就连累到了他的子女，年轻的郤缺被赶出了朝堂，只能在乡间赋闲，靠种田打发日子。

不过，是金子迟早要发光的。胥臣是跟随晋文公流亡的功臣，有一天他外出路过郤家田野，看见一位农夫正在田里冒着烈日除草。农夫的妻子这时给他送饭来了，农夫笑盈盈地坐下来吃饭，妻子则帮他擦去额头上的汗水，两个人有说有笑，十分温馨。

胥臣被这夫妻相敬如宾的场面感动，不禁去询问农夫的名字。农夫回答说叫郤缺。胥臣吃惊地问："是郤芮的儿子吗？"农夫答："是的。"

不久以后，胥臣回到绛都，对晋文公说："臣在乡间遇到了郤芮之子郤缺。他安贫乐道，夫妇和睦。臣以为此人是一位有德的君子，可以治民。望君上不要因为他父亲的罪过而弃用他。"

晋文公听了胥臣的讲述，觉得一位贵族子弟竟能放下身段去务农，确实是一位有大智慧的人才，便把郤缺召回了国都，恢复了他的大夫身份，让他在朝中做官。

郤缺稳重可靠，主张以德服人，但他毕竟是罪臣之子，在朝中较受孤立。赵盾正是看重他德才兼备，而且家族实力弱小，便予以提拔和重用，让他成了自己的心腹。郤缺做事踏实，风评极佳，能力和声望都能服众，最终成为六卿之首。

郤缺上台之后，为了集中力量与楚国争霸，和北方的狄人展开了议和。

狄人部落和晋国临近，晋国自建立以来，就经常与狄人发生战争。而晋国扩张来的领土，很大一部分就是来自于狄人的居住区。当时，赤狄人最为强悍，他们以潞氏为部落联盟之首，联结了白狄人共同对抗中原诸侯。但是白狄人并不愿意一直被赤狄指挥，不少赤狄人部落也厌恶于潞氏的压迫，有意退出部落联盟独立发展。

郤缺觉得这是一个难得的分化狄人的机会。如果和这些狄人部落结盟，那么晋国边境的压力将会减轻很多。

于是，郤缺派出使者和白狄交涉，双方很快实现了和解，并且达成了共同对付秦国的协议。公元前598年，郤缺又亲自与叛离潞氏的狄人部落举行会盟，把他们纳入了晋国的怀抱。

郤缺和狄人议和，其实顶着很大的国内压力。有许多晋国大夫看不起狄人，觉得和狄人会盟已经是很给他们面子了，应该让狄人的部落酋长们来晋国会盟。郤缺却反对说："我听说，没有德行，就只能勤劳；没有勤劳，如何能要求别人服从我？能够勤劳，就有成果。还是到狄人那里去吧。"

郤缺的意思是说，晋国要想体现和狄人结盟的诚意，就要不拘小节，积极主动，这样才能保证会盟成功。他力排众议，亲自到狄人那里结盟。

郤缺以诚意促成了晋国和白狄的议和，稳定了晋国的北方。他可以

安心地南下，和楚庄王展开较量了。

晋国在稳定大后方，楚国也在做同样的事情。

但楚庄王"稳定后方"的方式就没那么和平了。因为北上进攻郑国三次失利，楚庄王为了提升士气，再次把扩张目标对准了东部的群舒。

而群舒此时发生了反对楚国的叛乱，正好给了楚国出兵的口实。楚庄王于公元前601年发兵东征，灭亡了舒蓼国（今安徽舒城东南）。群舒其他国家吓破了胆，只好在楚军的攻击下投降。

为了划定疆界，楚庄王带兵一直打到滑汭（今安徽合肥一带），深入到了吴国和越国的势力范围。二国对楚军东下非常紧张，连忙派人来询问楚庄王的意图。

吴国和越国，这两个春秋时代最具传奇色彩的国家在这里是第一次登场。他们在东南已经发展了几百年，终于开始了崛起。只不过，他们现在还没有足够的国力与楚国争锋，只能小心翼翼地和楚庄王打交道。

楚庄王自然没有东征这两个蛮荒小国的计划，他好言宽慰了两国使者，并提议三国结盟，维持现有的边界。于是，楚、吴、越三国结成了盟友。楚国的东方算是暂时稳定了。

孙叔敖出场

在忙于争霸和扩张的过程中,楚庄王从来不是埋头蛮干,只知道穷兵黩武。他在不断地反省和总结,想尽办法改革国政,提拔贤能,一步一步地提升楚国的综合国力。

名相孙叔敖,就是在这个时候登上了历史的舞台。

野史中说,孙叔敖能成为令尹,要归功于楚庄王的夫人樊姬。

有一天,楚庄王和令尹虞邱子讨论国事,畅谈到了深夜。回到寝宫休息的时候,樊姬问楚庄王:"大王为何回来得这么晚?"

楚庄王就回答说:"与贤者虞邱子论政。"

樊姬却是一个有大智慧的女人,她摇摇头,对楚庄王劝道:"臣妾看虞邱子不像是一个贤者。虽然他与大王商讨国事动辄就到深夜,但从未听说他举荐过一位人才。一个人的智慧毕竟是有限的,而天底下的人才却是无穷的。虞邱子希望竭尽自己的才干,去掩盖其他人的智慧,这样不是很自私吗?"

樊姬的话让楚庄王恍然大悟，他一下子明白了自己在用人上的错误：自己把权力抓得太紧，重用了那些唯命是从的庸才，却没有让真正有才干的人发挥出能力，这样是无法培养出一支优秀团队的。身为国家领袖，应该重视人才选拔才行。

楚庄王在第二天召见虞邱子的时候，把樊姬的话说给他听。虞邱子是个老实人，听了国君的话十分羞愧。几天之后，他就把孙叔敖推荐给了楚庄王，说此人有将相之才，适合代替自己担任楚国令尹。于是，楚庄王便拜孙叔敖做令尹。

当然，这个故事是不能当作史实看待的。《史记》中只记载了虞邱子推荐了孙叔敖，而那个时候孙叔敖已经是一颗政治新星了。

孙叔敖这个人大有来头，他是楚庄王宠臣䓕贾的儿子。他本名䓕敖，字孙叔，被敬称为"孙叔敖"。

有一个关于孙叔敖的典故非常有名。说的是孙叔敖小的时候，在野外遇到了一条两头蛇。传说中遇见两头蛇的人必死无疑，小孙叔敖就以为自己要死了。但他想如果这条蛇不死，就会有更多的人被它伤害。于是，他搬起石头把蛇砸死了，又挖了一个坑把死蛇埋起来。

他回到家以后，哭着对母亲说，自己遇到了两头蛇，将要死了，以后无法给母亲尽孝了。母亲问他蛇现在在哪里。小孙叔敖说，为了不让别人看到那条蛇，他已经把蛇杀死埋掉了。母亲就宽慰他说："你做了一件大善事，心地善良的人是不会死的。"

从这个典故可以看出，孙叔敖自小就有忠良的品格。但这个故事同样没有被正史记载，我们只能当作传闻逸事来了解。

长大以后的孙叔敖并不相貌堂堂。《荀子》记载说："楚之孙叔敖……突秃、长左、轩较之下……"意思是说，孙叔敖秃顶，左臂比右臂长，站着还没有车前的直木高。总之，这是一位身材矮小的秃头大叔。

340

虽然相貌不怎么样，但孙叔敖在《史记》中被列为"循吏"①之首。这是因为孙叔敖在为官任上，做的都是为国为民的好事。

因为父亲蔿贾担任过楚国工正，孙叔敖在耳濡目染下很早就展现出了工程天赋。他在居住地期思（今河南淮滨东南）主持修建了水利灌溉工程——期思陂，使周边地区成为一片良田沃野。这是中国有记载的最早的大型渠系水利工程。

孙叔敖政绩出色，很快就引起了楚庄王注意。加上蔿贾在斗椒之乱时殉难，楚庄王也希望赐予蔿氏子弟特别的恩荫。当时的令尹虞邱子就顺水推舟，主动推荐孙叔敖为相。

这位虞邱子，具体姓氏不详，只知道他本是沈县（今安徽临泉）的县尹，字子桱（jìng），号虞邱子，其本人的事迹也几乎不见于史书。如此看来，虞邱子的家族地位并不高贵，而且能力平庸，他担任令尹完全是为了配合楚庄王集权而已，平日里估计就是个应声虫的角色。

正因为如此，虞邱子在朝中声望不高，也做不出成绩，就识趣地让贤于孙叔敖了。

孙叔敖担任令尹后，知道楚庄王对军政大权抓得很牢，就把工作重心放在民生和经济上，把自己定位为大管家的角色。

孙叔敖发挥自己的工程特长，在许多地方兴修水利，增加水田以提高粮食产量。当中最为著名的是芍陂（今安徽寿县南，即安丰塘）。它极大提升了周围农田的灌溉效率，使当地成为楚国的一大粮仓，一直沿用至今。

主政期间，孙叔敖还主张宽刑缓政，对百姓多行教导，想办法让百姓信服国家政策，反对搞"一刀切"的懒政惰政。

有一个很好的例子，那就是当时的楚国人习惯使用小型马车，但是

---

① 指正直善良、受百姓爱戴的官员。

楚庄王却希望在全国推行高大的马车。楚庄王的想法是，楚国城市里的街道比较宽敞，大型马车比较气派，符合楚国的大国形象。而且大型马车载人多，载货量也大，比较实用。楚庄王在全国硬性推广大型马车，效果却适得其反，弄出了民怨。楚国百姓不仅没有接受大型马车，还对国家强行干涉他们的生活方式非常不满。

孙叔敖担任令尹的时候，认为原来的推广方式太粗放，就想了个办法，不再硬性要求使用大马车，而是先把街道和房屋的门槛加高。这样一来，小马车通过高门槛的时候就会很困难；相反，大马车通过这些高门槛时就轻松多了。于是，楚国百姓使用大马车的人渐渐多了起来。一段时间之后，楚国的地面上就基本都是大马车了。孙叔敖变换思路，完成了楚庄王没有做成功的事。

还有一件事情能够体现孙叔敖的务实精神。

楚庄王觉得楚国的钱币太小太轻，一点体现不出大国气派，就下令在全国推广大钱币。然而，他根本没有考虑到，大钱币体积大，重量大，不利于携带，要是遇到小额交易，找零都需要半天时间。所以，大钱币推行了三个月，楚国的商品贸易就陷入了混乱和停止的状态，百姓们怨声载道。

孙叔敖发现这个问题后，决定向楚庄王建议撤销推广大钱币的政策。如果换成某些官员，肯定会觉得政府的政策怎么可以朝令夕改呢？要是撤销了原来的政策，那不是自扇耳光，承认自己的决策有问题吗？孙叔敖却不管这种所谓的"面子"问题，他向楚庄王仔细阐述了大钱币的坏处，最终说服了楚庄王恢复使用原来的小钱币，楚国的商业也立刻正常运转起来。

《史记》中这么评价孙叔敖治理下的楚国："上下和合，世俗盛美，政缓禁止，吏无奸邪，盗贼不起……民皆乐其生。"

大意是说，官员清正廉洁，政策切实有效，官民关系融洽，社会风气良好。总之，孙叔敖让楚国的社会变得安定繁荣，为楚庄王的争霸事业提供了稳定有力的支持。

　　在孙叔敖的治理下，楚国的经济实力与日俱增，内部空前团结安定，楚庄王已经有了能和晋军反复较量的资本了。

第71章

拉锯战

平定群舒的这年冬天，楚庄王再次把部队调到北方，进攻实力比较薄弱的陈国。他与新对手郤缺的第一次交锋开始了。

陈灵公这回没有以前那么有骨气了，面对楚军进攻，他很快投降，签订了盟约。郤缺得知消息后，召集了宋、卫、郑、曹四国和晋国在扈（今河南原阳西）举办会盟，让诸侯们齐声谴责陈国。郤缺要求陈灵公赶紧来会场上认错，大伙儿可以既往不咎。但陈灵公害怕楚国找他麻烦，更害怕在诸侯大会上被上纲上线，就没有来参会。

郤缺见陈灵公这么不给面子，就起兵讨伐陈国。恰恰在这个时候，晋成公去世了，郤缺为了操持国丧，只好把讨伐行动取消了。

陈国是守住了，但是陈国的战略位置远远没有郑国重要，所以楚庄王立刻挥师北上，进攻郑国。

郤缺也知道郑国的重要性，他顾不上给晋成公操持葬礼，连忙派兵南下，增援郑国。

晋军很快就赶到了新郑，与郑国军队联合。郑、晋联军在柳棼（fén）（位置不详）设立了防线，在这里阻击楚军的攻势。

很快，楚军也杀到了柳棼。一场大战下来，楚军不仅没有消灭郑、晋联军，反而被打得落荒而逃。

这场交锋，晋国胜利，但却没有守住郑国。

因为在柳棼打败了楚军，一些郑国大夫惶恐不已，认为这是"国之灾也"，会遭到楚国激烈报复。郑穆公便在第二年与楚国言和。这惹恼了郤缺，他发动诸侯联军伐郑，再次逼迫郑国屈服。

楚庄王也不甘示弱，于这一年冬天亲率楚军主力北伐郑国。郤缺针锋相对，派兵在颍水堵截楚军前进。楚庄王下令不顾一切强行渡河，然而楚军刚刚渡过颍水，晋国大夫士会就率领晋军突然发起了攻击。没有做好战斗准备的楚军无法应战，楚庄王再次大败，退回了国内。

为了防止郑国再次私下与楚国媾和，郤缺一展晋国的霸主影响力，集合了诸侯联军驻防郑国，把郑国人死死绑在晋国的战车上。

但是，诸侯联军长期驻防的军费谁都负担不起，因而他们待了一段时间就匆匆撤走了。楚庄王抓住机会，在公元前598年开春就立马侵入郑国。

郑国人没有办法，只好再次宣布屈服，还与楚国和陈国在辰陵（今河南西华西北）举办了会盟。

如此这般反复摇摆，郑国人却心安理得。他们还自我安慰道："晋楚无信，我焉得有信？"

管你什么信义不信义的，乱世之下先活下去再说。

楚军从出兵郑国到举办会盟，前后大约经历了半年时间。奇怪的是，晋军按兵不动，任凭郑国这根墙头草随风倒。郤缺这个时候到底在想什么呢？

前面说过，郤缺为了稳定晋国的后方，想方设法和狄人议和。这一

年正是他与众多狄人首领会盟的时候。他很可能觉得与狄人会盟的事情要紧,就没有多余的精力去管郑国了。

然而,郤缺不会想到,他再也没有机会和楚庄王交手了。

弱国无外交

晋军没有南下，晋、楚两国的拉锯战总算按下了暂停键。

楚庄王决定乘胜攻击宋国，彻底砸碎这道中原铁幕。

由于宋国距离楚国中心较远，行军路上多有不便，楚庄王便派孙叔敖在靠近宋国的沂地（今河南正阳南）筑城，为前线囤积物资。孙叔敖不愧是工程专家，他合理规划，认真施工，只用了一个月就建造起了一座城堡。

然而，楚庄王忽然改变了计划，在这年冬天转而去讨伐陈国了。

陈国不是已经归顺了楚国吗，楚庄王为什么还要攻打它呢？

原来，陈灵公在前一年被人杀了。说起他被杀的原因，还真是难以启齿。

陈灵公是个好色之徒，他和自己朝中的两个大夫孔宁和仪行父臭味相投，平日里经常一起寻花问柳。有一回他们发现已故的大夫夏御叔有一位漂亮的遗孀叫夏姬，陈灵公不顾国君的体面，经常带着孔宁和仪行

父和这位寡妇一起淫乱。

《诗经·陈风·株林》就讽刺了陈灵公私会夏姬的丑行：

胡为乎株林？从夏南！匪适株林，从夏南！
驾我乘马，说于株野。乘我乘驹，朝食于株！

大意是说，陈灵公一大早就乘坐四匹马拉的大车，匆匆忙忙往夏家赶去，就为了和夏姬春宵一度。

更加荒唐的是，陈灵公私下里玩还不够，还经常穿着夏姬的内衣在朝堂之上撒欢。谁见了这位国君，都只能摇头。

陈灵公和夏姬的丑事很快就被夏御叔的儿子夏征舒知道了。夏征舒觉得国君在自己家里淫乱，简直是对夏家的侮辱，他简直恨不得剁了这个昏君。但陈灵公一点也不知道收敛，终于把自己送上了黄泉路。

有一天，陈灵公和孔宁、仪行父在夏家喝酒，三人喝醉了就互相开玩笑。陈灵公看见夏征舒正站在他的旁边，就醉醺醺地对仪行父说："你看，那夏征舒长得真像你！"

仪行父笑着回答道："也像君上您啊。"

这两句醉话在夏征舒听来非常刺耳。夏征舒觉得，你们这两个混球侮辱了我的母亲，又说我像你们，等于在说我是你们两个生的吗？你们这帮畜生害我家丢尽了颜面，现在又侮辱我的人格，简直是岂有此理！

年少气盛的夏征舒决定干掉陈灵公这个昏君。

公元前599年的某个夏日，陈灵公在夏家喝完了酒，摇摇晃晃地想爬上马车。忽然，不远处传来一声弓弦响，一支飞箭射穿了他的胸膛。随行的护卫们惊慌失措，连忙把国君抬上马车。但又有一支箭飞来，射中了陈灵公的身体。鲜血淋漓的陈灵公当时就没气了。

射箭谋杀陈灵公的人正是夏征舒，他躲在马厩里射死了国君。随后，一群叛乱士兵呐喊着从夏家的大门里冲出来，将陈灵公的护卫和随从尽数杀死。

叛兵们随即进攻公宫，清除了还想抵抗的人。太子午和孔宁、仪行父等人逃亡到了国外，夏征舒就挟持朝中大夫自立为国君。

从政变成功的那天起，夏征舒就预料到自己的行为会招来讨伐，而他最担心的，就是楚国干涉。所以，他积极参加了辰陵会盟，希望借此讨好楚国，让楚庄王能承认他这个陈侯。

然而，他还是失算了。

在外交上有一句名言，叫作"弱国无外交"。像陈国这样的小国，即便努力结好大国，也无法改变被欺凌的命运。大国对待它，仍旧是想打就打，想和就和，根本轮不着它自己做主。

如今，楚庄王以夏征舒弑君为借口，出兵入侵了陈国。

但是，楚庄王此时出兵已经是公元前598年冬季了，距离陈灵公被杀已过了一年。为什么他一年前不出兵，偏偏这个时候出兵呢？

很明显，楚庄王有更大的企图。

郑国随风摇摆，楚庄王不是不知道。他也看得出来，那个辰陵之盟是不可靠的，郑国和陈国都是迫于形势才归顺楚国的，私底下都是三心二意，和晋国保持着联系。

这种来来回回的拉锯战，楚庄王是真心玩累了。他觉得，与其让郑、陈两国阳奉阴违，不如将它们消灭，使它们彻底成为楚国的一部分，就能一劳永逸地解决问题了。

于是，他临时改变了主意，决定以讨伐夏征舒为由灭亡陈国，把楚国的领土向北推进。

在攻打陈国之前，楚庄王派了间谍潜入陈国刺探。间谍回来报告说："陈国把城墙修筑得很坚固，而且储备了许多钱粮守城，可能不好打。"

楚庄王的心里凉了半截,担心攻打陈国会变成一场持久战。

这时,一位叫宁国的大夫说:"大王,臣认为陈国容易打。它的国家弱小,却修筑了大城墙,囤积了很多钱粮,说明它的统治者一定在对百姓横征暴敛。陈国的百姓负担重,必然对统治者充满怨恨。我们此时出兵,必能得到陈国百姓的支持而胜利。"

宁国的分析让楚庄王豁然开朗:夏征舒弑君又对国人暴虐,陈国人早有怨言。如果楚军进攻陈国时打着为百姓做主、惩罚暴政的旗号,必然会降低陈国人的抵抗,夏征舒精心打造的城防就会不堪一击。

于是,楚庄王在进军陈国的途中放出口号说:"陈人无动,将讨于少西氏!"

意思是说:陈国百姓不要怕,我们楚军只打夏征舒,不关你们的事!

楚军这么一嚷嚷,陈国人果然不再抱有敌意,许多陈军将士干脆放弃了抵抗,出来迎接楚军。

很快,如入无人之境的楚军就进入了陈都宛丘(今河南淮阳)。夏征舒被当场抓获,楚庄王下令对他处以车裂的极刑。

攻下陈国之后,楚庄王按照既定的计划,废弃了陈氏的宗庙和祭祀,在陈国的领土上立县,准备任命楚国的地方官了。

许多大夫都向楚庄王表示了祝贺,当中自然有拍马屁的为他歌功颂德一番。然而,偏偏有一个叫申叔时的大夫死板着脸,就是不说祝贺的话。

楚庄王派人责备申叔时说:"夏征舒无道,杀死他的国君。不谷讨伐了他,大夫们都表示庆贺。你独独不来庆贺,是怎么回事?"

申叔时回答说:"下臣在民间听说了一个故事:有一个人牵着牛经过别人的田地,牛不小心把禾苗踩坏了,田的主人很生气,就夺走了牛作为赔偿。下臣觉得,把禾苗踩坏了是有错,但是田主人抢走人家的牛，不是太过分了吗？现在，大王的所作所为不是正和那位田主人相似？夏征舒杀死他的国君，讨伐他的罪恶，这是大王应当做的事。但大王现在却贪图陈国的土地，把这个国家消灭，以后怎能取信于诸侯而号令天下呢？"

申叔时的一席话敲醒了楚庄王。

他顿时明白，灭亡陈国不是时候，楚国目前最大的敌人是晋国，其余中原诸侯是必须争取的对象。要是把它们当中一个消灭了，诸侯们一定会恐惧于楚国的野蛮，纷纷寻求晋国保护。这样一来，楚国不是与所有中原诸侯为敌了吗？

楚庄王连忙撤销了在陈国立县的指令，重新供奉陈氏的宗庙祭祀，并派人把太子午叫回来，让他继任君位，是为陈成公。

为了防止陈国再次背叛，楚庄王要求陈国每个乡派一名贵族到楚国做人质，并为楚王承担劳役。陈国几乎成了楚国的附庸。

楚庄王及时改正错误，但灭陈的恶劣影响还是产生了。郑国见楚庄王如此"善待"盟友，当即背弃了盟约，寻求晋国的支持。

楚军的下一个攻击目标是郑国无疑。但楚庄王有更加长远的打算，那就是利用对郑国的征讨，把晋军主力吸引过来决战。由于郑国的战略位置实在太重要了，晋国必然派出主力部队来阻止楚军，楚军就可以趁这个机会与老对手来一场对决，夺回中原霸权了。

一场决定天下大局的晋、楚决战即将开始了。

饮马黄河

那么，晋国现在的局势是什么样的情况呢？

公元前598年冬（一说公元前597年春），就在楚国的势力蒸蒸日上之时，郤缺去世了。在郤缺主政的三年，晋国国内局势稳定，边境也相对安宁，在与楚国的争霸中，给予了楚庄王两次重大的打击。他虽然没有赵盾那样出彩，但确实是一位能力突出的人物。

郤缺之后，晋国再也没有能力和资望都能服众的大夫了，在六卿的职位上做了二十多年、资格最老的荀林父就成了新一任中军将。

荀林父，荀息之孙。他第一次出场是在城濮之战时，当时他的职务是"御戎"，就是给晋文公驾马车。

此人堪称晋国六卿中的"中立派"。他为人圆滑，但性格软弱，不愿意介入任何纷争，也不愿加入任何一派，这样的处世风格让他在之前的政治争斗中一直保持不倒。虽然他从来没有公开支持赵盾，也从未对赵盾表现亲近，但赵盾没有理由整治他，只能把他当作可以拉拢的力量安排在身边。荀林父表面上对赵盾非常尊重，但私底下又和士氏家族有良好的交情。他在新旧贵族之间都有人缘，从而成了执政晋国的不二人选。

荀林父上台并没有结束晋国众卿的纷争。在六卿其余职位的人选上，几大家族经过了激烈的争吵，最终达成了妥协。就让我们来大概认识一下，荀林父领导的这班"内阁"成员都有一些什么人物。

中军佐：先縠。

先縠是先轸的后人，属于讨人嫌的那种人。他脾气暴躁，为人霸道蛮横，仗着自己与赵氏家族关系不错，不把任何人放在眼里。他也非常瞧不起老好人荀林父，总是不听上级指挥。

上军将：士会。

士会原先是被赵盾派去秦国迎接公子雍的，后来赵盾反悔，在令狐之战中把秦军打跑了，士会也被迫流亡到了秦国。后来，赵盾担心士会的才干被秦国利用，就使用计谋，从秦国人那里把士会"骗"了回来[①]。士会足智多谋，处事谨慎，是六卿中唯一可以称为能人的大夫。

上军佐：郤克。

郤缺的儿子，是个其貌不扬的瘸子。正因为是个残疾人，郤克的个性十分要强。他依靠父亲在朝中遗留下来的影响力，顺利挤进了六卿的行列。

下军将：赵朔。

赵盾的儿子。赵朔能力普通，没有遗传父亲出色的政治手腕。虽然他是赵氏宗主，却威信不足，没办法约束其他族人的行为，像赵同、赵括、赵婴齐和赵旃（zhān）这些人，根本就不服从他。

[①] 晋国让魏寿馀假装叛乱失败逃到秦国。魏寿馀到秦国后，声称会把自己的领地并入秦国，但需要一位晋国人跟他一起去和当地官员沟通。秦康公中计，就让士会跟着魏寿馀一同前往，士会就此返回了晋国。秦康公仍然送还了士会的妻子儿女。

下军佐：栾书。

栾书是一位非常圆滑的人物，他还很年轻，但已经懂得如何收敛自己，讨好上司，扩展人脉。现在的他还比较平凡，但十几年后他成了晋国的正卿，像赵盾一样权倾朝野十四年。我们以后会提到他。

新一任的六卿名单就是如此，但还有一大帮人没有当上六卿。晋景公（名据）为了安抚这些人的情绪，又增设了"大夫"和"司马"两种职位封给他们，分别是：

中军大夫：赵括、赵婴齐。

这两个人是赵盾的异母弟弟，晋文公的外孙。他们是朝廷元老，却没什么才能。两人和侄子赵朔的关系很差。

上军大夫：巩朔、韩穿。

这两个人生平事迹不详。

下军大夫：荀首、赵同。

荀首是荀林父的弟弟。荀林父怕领导层里外人太多，硬把弟弟塞了进来。赵同和赵括、赵婴齐是亲兄弟。

司马：韩厥。

韩厥已经担任司马二十多年了，凭借良好的人品，受到众人赞赏。荀林父上任后，没有动过他的职位。此人后来荣升晋国正卿，后代终发展出战国七雄之一的韩国。

晋景公用心良苦，把能给的职位都给了，但还是有人不满意。这当中，有两个人反应最激烈：一位名叫赵旃，赵穿的儿子；一位名叫魏锜（qí），魏犨的后人。他们因为没有获得重要职位，一心想在战场上获取军功，好作为升迁的资本。

——认识了荀林父的这班"内阁"成员后，好戏该开场了。

公元前597年初春，楚庄王调集了楚国的主力部队，几乎倾全国兵力，浩浩荡荡杀向郑国，大有把郑国夷为平地的气势。

得知楚军主力大举北上，郑襄公和手下的大夫们吓得魂飞魄散。按照以往的做法，郑国应该立即投降才对。但是有楚军攻灭陈国的先例在前，郑国人坚信楚军这一回前来是要灭亡自己的国家，即使投降了也无法改变命运。所以，郑襄公不敢就这么扯白旗了。

他决定拿出所有的本事来，勇敢地和楚国拼命。他下令把所有部队集中到新郑，在新郑城上修筑坚固的防御工事，准备好最先进的守城武器。与此同时，他修书一封，命人快马加鞭赶往晋国求援。如果楚军久攻新郑城不下，晋军赶来后就能将他们击退了。

不久，楚庄王率领楚军来到了新郑城下，将这座城市围得水泄不通。大军在城外扎下大营，密密麻麻的战车和步兵发出隆隆的声音，冲车、云梯和轒辒等各种攻城器械发出嘎嘎的机械声响。白天，楚军移动升起滚滚烟尘；晚上，楚军的营火将大地染成金黄色。

但是，郑国人等了好几天，也没有看见楚军对新郑展开猛烈的进攻。

原来，楚庄王这次的目标是晋军，作战策略就是围点打援，没必要在攻城战上耗费兵力。

楚军的围城足足持续了十七天。在这期间，楚庄王为了给郑国人适当的压力，出动攻城武器破坏了新郑的城墙，但没有攻入城去。楚军就这样惊吓着郑国人，攻城的同时也在攻心。

到了第十八天，晋国援军还是没有消息，郑襄公有点坐不住了。

他知道楚军攻破新郑几乎易如反掌，希望向楚国求和，又怕被楚庄王灭国。于是，他命人占卜，希望神灵能为郑国指明一条路。

然而，神灵似乎在和郑襄公开玩笑。郑襄公选择"求和"，占卜结果是"不吉利"；选择"作战"，占卜结果是"吉利"。

求和，上天不允许。但继续抵抗，只会激怒楚国人彻底荡平郑国。

绝望的郑襄公感觉郑国灭亡已近在眼前，自感愧对列祖列宗。他召

集了国人们到祖庙哭祭,哭声传到城墙,感慨自己悲凉国运的守城官兵也哭了起来。

哭声传到了城外,楚庄王听到了。为了表示楚国的诚意和怜悯,他下令全军后退,解除对新郑的包围。

然而,楚庄王等了好几天,愣是没有等到郑国乞和的使者。

楚庄王连忙带兵返回新郑郊外,发现郑国人在这几天加班加点,把破损的城墙修复了,还进行了加固,摆出一副顽抗到底的样子。

原来,郑襄公不敢违背"上天"的旨意,决定战斗到最后一刻。

郑国人敬酒不吃吃罚酒,这种事搁谁身上都会大发雷霆。但楚庄王生气后仍然保持了冷静,楚军吸引晋军南下决战的目的还未达成,怎么可以为区区郑国大动干戈呢?

在接下来的时间里,楚庄王仍旧采取围城战术,只是偶尔会攻打一下城门。楚军士兵平时就在城外的营里大吃大喝,望着城墙上饥渴难耐的郑军士兵们谈笑风生。由于楚国在北部边境有大量的物资储备,所以,楚军不用担心后勤问题。

楚庄王有的是时间和郑襄公耗。

但是,围城持续了将近三个月,晋国人还是没有派出一兵一卒来支援,楚庄王引诱晋军来决战的企图似乎落空了。

既然晋国人不来,那就把郑国收服算了吧!

公元前597年夏,楚军对新郑的总攻击开始了。楚军的攻击目标选在了新郑的皇门,各种攻城机械轮番上阵,无数士兵蜂拥爬向城墙,喊杀声淹没了一切声音。

楚军的辒辒车再一次出动了。在周围步兵的掩护下,楚军工兵拉起辒辒车里的破城锤重重地撞向城门。

经过轮番撞击,皇门最终被冲破了。楚军扒开破碎的城门顺利地杀到新郑城内宽阔的大街上,冲到郑国公宫,打算将郑襄公生擒。

败局已定，郑襄公知道抵抗已没有了意义，倒不如主动归降，或许还能求得楚王大发善心，保住郑国的宗庙。

听说郑国国君出来投降，楚庄王乘坐着高大的乘广来到了公宫门口。郑襄公见到楚庄王后，脱去上衣，赤膊着上身跪在地上，低头叩拜说："郑国不能为天意所保佑，不能侍奉贵国，使得君王怀着怒气而来，这都是我的罪过。君王将我流放，或者分割郑国的土地赏给诸侯，全听凭您的旨意。只求君王能念在过去的友好关系，不要灭亡郑国。郑国一定会竭尽全力侍奉您，就像楚国的一个县一样。"

郑襄公此时说的差不多是心里话了，但是按常理，亡国国君哪里还有资格和胜利者谈条件呢？所以，楚国的许多大夫都对楚庄王说："大王您可不能听他的，自古以来没有占领一个国家却又同意它继续存在的。"

然而，楚庄王却同意了郑襄公保留郑国的请求。他对周围的人解释说："不谷看郑襄公这个人能屈居人下，想必他也能领导好自己的国家和百姓。他还是有能力的人，我们就不要为难他了。"

楚庄王赦免了郑襄公，让他继续做郑国国君，而且不要郑国的一寸土地。为了显示与郑国和解的诚意，楚庄王还命令楚军撤出新郑，在三十里外下营。然后他派了一名大夫到城里去和郑襄公签订盟约，和解的前提是郑国派一名大夫到楚国做人质。

楚庄王为什么爽快地接受郑国的投降，而没有一鼓作气将郑国灭亡呢？个人推测原因有两点：一是陈国的教训在前，他不愿楚国再背负灭亡他国的恶名，让中原诸侯感到恐惧；二是楚国灭亡了郑国，必然会遭到郑国百姓激烈反抗，楚军将无法抽出精力和晋军决战。

新郑攻坚战到此结束了。话说新郑的战斗打了三个多月，郑国军民每天都在苦苦支撑，郑襄公请求的晋国援军为什么迟迟没有到来呢？这真是一件令人百思不解的事。

史书上没有记载晋国长时间不派兵的原因。个人推测，应该是晋国人识破了楚军围点打援的企图，就故意让楚、郑两国打得两败俱伤，自己好坐收渔利，救援郑国的事就一拖再拖了。

直到这年六月，荀林父估计楚、郑两国都精疲力竭了，这才决定起兵南下。

然而，晋军刚刚来到黄河边上，准备渡河前往郑国，就传来了新郑被攻克、郑襄公向楚国投降的消息。

荀林父觉得晋军再前进已经没什么用了，不如等楚军撤退之后，再去收服郑国。

他当即下令：班师回国！

听说大元帅要撤兵，与之关系友善的士会连忙附和道："行军打仗从来都是伺机而动。现在楚国国富兵强，又打下了新郑，士气正旺，我们不能与他们正面交锋，还是退兵为好！"

先縠急得跳了起来，对荀林父和士会大喊道："不行！晋国之所以称霸，靠的是敢打敢拼的勇气！我们既然来了，却不敢迎战敌人，诸侯会怎么看我们？你们简直不是爷们儿，还不如去死！我是不会和你们在一起的！"

先縠把主和派臭骂了一顿，就起身离开了。他回到营中便命令部下强行渡河，不要理会主帅的命令。

荀林父早就看不惯先縠了，他爱找死就让他去吧，我才懒得管。于是他对先縠擅自行动不管不问，任凭这一小支部队渡过黄河去了。

司马韩厥着急了，赶紧跑来对荀林父说："元帅！先縠单独行动一定会被消灭的，你作为主帅，到时候罪责就大了。您不如让全军一起渡河，万一吃了败仗，还有六个人分担责任，这样不是更好吗？"

荀林父感觉有道理，连忙撤销了撤退的命令，让全军调转方向渡河，去追赶先縠的部队。

幸好，先縠还没有走远，晋军主力追上了他。重新整合的晋军在黄河南岸的敖山和鄗（hào）山（均在今河南荥阳北）一带扎下了大营，准备侦查清楚楚军的动向再行动。

回到楚庄王这一边。他收降了郑国之后，发现晋军没有来，估计他的心里正在郁闷，自己北上想打一只老虎，没想到却耗费了三个月打了一只小松鼠。他以为晋军不会来了，就下令继续北上。楚军计划在黄河岸边放战马喝水（饮马黄河），嘲弄一番对岸那帮胆小的晋国人。

当楚军抵达郔（yán）（今河南郑州北）地的时候，获知了晋军渡河的消息。决战即将来临的气氛让楚庄王有点紧张了，他做了一个出人意料的决定——全军撤退！

楚庄王怎么会怯场呢？也许他考虑到自从去年冬季攻打陈国开始，楚军已经连续作战九个月了，此番又在围攻新郑的战斗上付出了不小的代价，将士们已经相当疲惫。他担心自己这支气喘吁吁的大军没办法打赢休了一年半假、吃得顶饱、斗志顶旺的晋军，这场战役还是谨慎为妙。

楚庄王撤军的命令同样遭到了下属反对。一个叫伍参的大夫说："大王不能撤退，我们应该趁此机会与晋国人一决胜负。"

支持撤军的令尹孙叔敖当场批驳伍参说："仗已经打够了！如果我军战败，你的肉够大家吃吗？"

伍参并不给令尹面子，讥讽道："如果打赢了，说明令尹您没有谋略；如果打输了，那我伍参的身体就会落入晋国人的手里，大家伙也不会吃到！"

两个人在这里争论不下，楚庄王是什么反应呢？

撤军是他决定的，孙叔敖又是他信任的重臣，他自然更倾向于孙叔敖这一边。所以，他没有理会伍参的反对，让孙叔敖发布军令，开始南撤。

　　不死心的伍参还不肯放弃,继续对楚庄王分析道:"大王,臣力主迎战是有根据的!晋军统帅荀林父魄力不足,此人无法驾驭自己的属下。其他几位将帅也是意见不合,互不服从。他们的指挥必然混乱,这是我们取胜的良机啊。况且,君上作为一国之君,怎能惧怕躲避晋国的一位卿大夫呢?"

　　伍参的最后一句话把楚庄王激怒了。堂堂大国之君,却躲避一位晋国大夫,太没有面子了。与晋军决战是此番北上的既定目标,自己为此准备了那么长时间,绝不可以轻易放弃。

单车挑战

楚庄王命令孙叔敖停止南撤,掉头北上,向着晋军的方向前进。而就在楚军北进的时候,夹在晋、楚之间的郑国也有动作。

作为一名合格的骑墙派,郑襄公投降的时候表现得可怜巴巴,可等楚国一退兵,他立马就神气了。听说晋国派兵南下了,郑襄公担心晋、楚两国打不起来,等楚军一撤,晋军又来围攻新郑。所以,他想让两个强国现在就在黄河岸边分出个高下,以便确定郑国究竟应该依附哪一边。

要让两国打起来就要派人去挑拨,郑襄公派了一个叫皇戌的人,背着楚国来到了敖山的晋军军营,对晋国人说:"贵国千万不要误会郑国。我们郑国投降楚军,是为了保存国家社稷,不得已而为之,我们其实还是忠于晋国的。现在,楚军因为连战连胜而骄傲自满,长期作战而成强弩之末。只要我国暗中帮助贵国,定能打败他们!"

先縠听说楚军虚弱,郑国人愿意协助,非常高兴,说:"看来我们

可以一战降服楚国和郑国,就答应郑使吧!"

下军佐栾书却看出了郑国人的意图,说:"现在的楚军可不比往日的楚军,他们有了严格的战法,这是我们不容易战胜的。郑国人派了人质在楚国,说明他们还是向着楚国的。现在他们派使者来只不过是见风使舵,我们在与楚军作战的问题上还是要小心对待啊。"

资历还不够老的栾书发表了一番看法,被赵同和赵括两个没头脑的大佬劈头盖脸地说了一通。两人说:"你懂什么?我们大军前来就是为了战胜敌人,收服属国。我们还要小心等待什么?还不赶快出战!"

荀林父的弟弟荀首看不惯赵氏一族胡闹,站出来替栾书说话了:"赵同、赵括!你们这是在把我军带向不归之路!"

在一旁的赵朔也胳膊肘往外,慢悠悠地帮栾书说:"栾书说得多好啊!二位叔叔为什么要反对呢?按他的话去做,晋国一定能国运长久。"

就在晋国的大夫们又吵得不可开交的时候,楚庄王率领楚军来到敖山附近,命令部队在晋军大营的对面下营,然后派了一位使者去了晋军军营那边——议和去了。

楚庄王不是决定要和晋军开打吗,怎么又派使者去议和了?

个人的推测是,楚庄王学得当年城濮之战时晋国人的伎俩,表面上大谈和平,暗地里却使用各种手段激怒对方,让对方来破坏和平。这样一来,自己就是得理、得人心的一方了。哪怕晋国人真的同意议和了,楚国也同时收获了服郑和退晋的成果,晋国人却是一无所获。

楚使向荀林父递上了和谈请求。荀林父本来就不希望打这场仗,既然楚国愿意和谈,那再好不过了,于是他让主和派士会代表自己表示了欢迎。士会笑眯眯地对楚使说:"郑国不遵守周天子的命令,所以国君派我们来质问,岂敢烦劳贵国的大驾亲自来迎接。贵国愿意为天下和平着想,我们非常感谢你们君王的美意啊。"

听说要和楚国人和谈,先縠又不干了。他让赵括在路上拦住准备回去的楚使，恶狠狠地说："士会说的话不正确！我们国君派我们来就是把你们楚国人赶出郑国的！我们是不会对你们手下留情的！"

楚使听了赵括的恫吓，慌忙跑回去向楚庄王做了汇报。楚庄王并不在意，人家中军将都同意和谈了，你个中军佐和中军大夫瞎捣什么乱。他又派了一位使者去晋军军营，准备和荀林父商量会盟的事宜。

表面功夫做足了，该做做暗地里的功夫了。在派遣议和使者的同时，楚庄王又派了乐伯、许伯和摄叔三名勇士，到晋军军营前致师挑衅，想羞辱晋国人一番。

乐伯三人是当时楚军中数一数二的高手，他们出门挑战不带一兵一卒，许伯驾车，摄叔拿长戟，乐伯拿弓箭，三人乘坐着一辆战车就出发了。许伯把战车赶得飞快，车上的战旗都直不起来，笔直往晋军军营冲去。许伯的战车狂飙到晋军军营不远的地方，忽然来了一个大转弯，又以最快的速度往相反的方向奔去。战车很快不见了，只留下满天的黄尘，还有晋军士兵们惊呆的表情。

让晋国人见识了己方高超的车技之后，乐伯打算再让晋国人瞧瞧自己百发百中的箭法。他让战车悄悄逼近晋军军营，在附近偷偷地转悠。乐伯拿出弓箭来，躲在暗处，看到周围有合适的目标就放箭射杀。晋军士兵想出门打桶水，嗖一下被毙了；晋军哨兵想靠墙休息一会儿，嗖一下中箭了。接连射死了好几人还不算，当晋军发现乐伯他们之后，摄叔还下马车悠闲地给战马梳理皮毛，表现出很藐视晋国人的样子。晋军派人追赶，摄叔赶紧跳上战车，许伯驾车一溜烟地跑了，让晋国人追不着。

见晋国人没有追来，乐伯他们决定来个厉害的。这回该摄叔表演了，他让许伯把战车赶得飞快，冲进了晋军群里。不等晋军士兵们反应过来，摄叔就跳下战车，挥舞长戟对着身边的晋军士兵一阵劈砍。砍倒几人之后，摄叔割下了几个晋国人的耳朵，揪住一个晋军俘虏带上了战车。许伯再次猛抽马鞭，奋力驾车逃走了。整个过程估计不到一分钟。

楚国人三次来自家军营挑衅，还杀了不少人，晋军将士们可不想这么窝囊。一个名叫鲍癸的晋国小将立刻点了人马，紧跟在许伯的战车后面，势要杀了这三个人不可。

这是一场精彩的追车大战。鲍癸指挥手下的晋军士兵把车子赶得飞快，分成左右两队夹击许伯他们。几辆战车在旷野上奔驰，卷起了巨大的烟尘。

看见晋军战车从左右两边逼近，乐伯毫不畏惧。他左右开弓，左边一箭射中了晋军的战马，他又向右边射了一箭，将晋军的车夫射死，晋军的战车立刻失去了方向，翻了好几个滚儿翻车了。乐伯箭无虚发，吓得鲍癸等人不敢轻易靠近。

乐伯发现自己的箭篓里只剩下一支箭了，但还有不少晋军在后面追赶，怎么办呢？

乐伯就用这最后一支箭射死了一只经过的麋鹿，将它捡起来，丢给在后面跟着的鲍癸。

按照周朝的礼制，麋鹿是诸侯国君才能享用的猎物。给鲍癸这样的军官赠送麋鹿，相当于一次重贿了。

果然，鲍癸接住了乐伯送的"礼物"，就停止了追赶，看着乐伯三人大笑着离开。

这场挑衅事件彻底激怒了基层的晋军将士，许多人要求去楚军那边挑战，但都被荀林父拒绝了。听说主帅荀林父正忙着议和，大家伙儿都很生气。魏锜和赵旃决定趁这个机会唱唱反调，设法破坏掉晋、楚之间的和谈，引发两军大战。

荀林父已经和楚使商量好了议和的事情，并确定了会盟时间，现在打算派一个使者去楚军那边回访。魏锜自告奋勇说："我去！"荀林父没多想，批准了他的请求。

魏锜到了楚军军营后，傲慢地对楚庄王说："我们元帅说了，先前的和谈约定全部废除。你们有能耐和我军约定日子大战一场怎么样！"

说完，魏锜也不行礼，转身离开了。

楚庄王还能耐住性子，因为他看出晋国人果然内部不和，但他的手下就没耐性了。一个叫潘党的人见魏锜如此无礼，气得带人要抓他。魏锜连忙撒腿就跑。跑了一段路，魏锜见前面有六只麋鹿经过，也用箭射死了一只，丢给潘党说："你军务繁忙，这个给你改善改善伙食。"

收下这份"大礼"，潘党也就不再追赶了。

赵旃也以使者的身份去了楚军营地。但他是想杀死几个楚国人为刚刚那次挑衅事件报仇。

魏锜逃走之后，赵旃带着十几名晋国勇士偷偷来到楚军军营。此时天色已晚，赵旃在营门外铺了张席子坐下，然后让手下人潜入到军营内，伺机杀人。

这些晋军士兵眼疾手快，用匕首和短刀干掉了许多还在睡梦中的楚军士兵。他们很快就被楚军的巡夜士兵发现了。楚军军营里立刻敲响了警报，到处都有人举着火把在喊："有细作！快抓住他们！"

楚庄王听说晋军居然潜入到自己的兵营杀人，连忙起床穿上战甲。他下令搜捕这些晋军细作，一个也不放过。

在楚军的大搜捕下，许多晋军士兵被发现后处死。其余晋军士兵见势不妙，纷纷逃出楚军军营，往赵旃所在的方向跑。这一下，把赵旃这个潜入行动的总指挥给暴露了。

此时，天已经蒙蒙亮了，楚庄王亲自带领人马追杀晋军细作。赵旃忽然发现一大群楚军向自己杀来，吓得连忙爬起身逃跑，连战车都不要了。楚庄王身边一个叫屈荡的人拿起武器就追，一戈砍在了赵旃的盔甲上，把赵旃给钩住了。赵旃把盔甲一脱，只穿着内衣内裤跑掉了。

天色大亮，就在楚庄王带人追杀赵旃的时候，忽然看见对面有一大队人马打着晋军旗号向自己冲来，似乎是来增援赵旃的。

其实，他们是受荀林父命令，特来叫回魏锜和赵旃的。

早在荀林父派遣赵旃和魏锜充当使者到楚军那里去之后，郤克就看出了这两人心怀不轨。他对其余的五卿说："这两个人心怀怨恨，去了一定会坏事。我们要做好战斗准备啊。"

先縠则指桑骂槐说："郑国人劝出兵，咱们不敢答应；楚国人来求和，咱们也难以与人家修好。你们都没个主见，准备了又有什么用？"

士会是个聪明人，发言说："郤克说得没错。我们还是做好准备，有备无患。"

经手下人这么一说，荀林父确实感觉出赵旃和魏锜有问题。但他没有听从士会的建议做好防御准备，而是派了不少人马去把赵旃和魏锜两个捣蛋分子找回来。于是，就出现了楚庄王突然发现有一支晋军向自己"杀来"这一幕。

楚庄王带的卫兵并不多，真打起来还不一定是这支晋军的对手。追击过魏锜的潘党首先大喊起来："晋国人来攻打我们了！"

楚军将士们听了都紧张起来，连忙跑到楚庄王的身边护驾。晋军来攻的消息一传十，十传百，一直传到了楚军的大营里。楚军赶紧吹响列阵号角，穿好战甲，拿好兵器，准备出战。

令尹孙叔敖听说晋军逼近，士兵们都在做战斗准备，敏锐的他一下子察觉出这是一个稍纵即逝的战机。因为晋军主力还在敖山的军营里没出来，主帅忙着议和，放松了警惕，士兵们大清早刚刚起床，这个时候强攻晋军必能获胜。

于是，孙叔敖登上高台，命人使劲敲响进攻的战鼓。他挥舞着双手，声嘶力竭地对楚军官兵大喊："进攻！宁可我们迫近敌人，也不能让敌人迫近我们！全体向晋军军营前进！"

在孙叔敖的指挥下，楚军全部出动，汇成了一道巨大的洪流向晋军军营冲去。

决战天下

楚军黑压压的一大片呐喊着向晋军冲去,那气势可谓惊天动地。

那支来召唤赵旃和魏锜的晋军小部队在一瞬间就被楚军的大部队吞没了,连反抗和逃跑的机会都没有。楚庄王重新回到了指挥岗位,下令楚军首先向晋军中军的军营冲锋,直捣荀林父的大帐。

晋军大部分官兵还在睡觉,几乎一点防御准备都没有。直到晋军哨兵发现了楚军人马,敲响了警报,士兵们才慌慌张张地起床拿武器。当晋军士兵来到防守位置的时候,楚军差不多已经冲进兵营里了。

这个时候,晋军就算战神附体,也是无能为力了。

昔日的中原霸主这一回完全被压着打,晋军甲士们陷入了与楚军的白刃大战中,处处被动。车兵们来不及驾驭战车,那些笨重的战车成了一堆毫无用处的木头。

败局已经很明朗了。荀林父赶紧下令放弃军营,全军向黄河岸边的邲地(今河南荥阳东北)撤退,坐船回国。

晋军士兵就等着主帅撤退的命令，命令一下，他们立即争先恐后地向北逃跑。往日威风凛凛、连战连胜的大军溃不成军，楚军士兵跟在后面挥刀大砍，晋军尸横遍野。

荀林父带领部队狼狈逃到了邲地，数万溃兵拥挤在黄河岸边。中军大夫赵婴齐提前准备了一批渡船，在楚军发起进攻时就抢先逃跑了，只给晋军大部队留下为数不多的渡船。这样的局面简直是要了荀林父的老命。

荀林父手足无措，害怕楚军杀到，自己的人头不保，为了加快渡河速度，下了一个让他后悔终生的命令："先渡河的人有赏！"

这种命令一下，现场乱上加乱。原本就急着渡河的晋军官兵听说先渡河还有赏钱，发了疯一样动用一切手段过河，对周围战友的生死全然不顾。

为了抢一艘小小的渡船，晋军士兵们在岸边开始自相残杀。谁能坐到船，就看谁的动作快，谁的武力高了。黄河岸边成了晋军士兵们自相残杀的屠场，到处都有人因为抢船和扒船被砍死砍伤。有些渡船里遗落的断指，多得可以用手捧起来。还有些人选择了泗水过河，但水性不好的人很快就被湍急的水流冲走了。一眼望去，黄河水面上的浮尸和断肢四处漂荡，只能用一个"惨"字形容。

凭借将军的权力，荀林父、先縠、赵朔等一班人坐上了渡船，顺利逃到黄河北岸。而士会和郤克率领晋军上军还在敖山上抵抗。这二人原来就预料到赵旃和魏锜会招来楚军进攻，他们提议荀林父做好防御准备，但荀林父没听，他们便撇开荀林父，自己带着部下设防，还在敖山上布下了伏兵。所以这天清晨楚军发起全线进攻的时候，晋军中军和下军的军营很容易就被打破了，唯独士会和郤克所在的上军军营没有陷落。

但晋军大势已去，兄弟部队都溃败了，士会的这支孤军在敖山上也坚持不了太久。士会也不得不下令撤退，晋军上军整整齐齐地后撤，秩序一点都没有乱。

楚军的进攻持续到了下午。如果再穷追猛打下去，晋军差不多只能跳河自尽了。但楚庄王听说晋军在黄河岸边为了争船而自相残杀的事情，摇摇头叹息说："我们和晋国争斗打仗，也连累了两国的子民啊！"

他下令楚军停止进攻，不要去杀戮那些失去抵抗能力的晋国残兵败将，而是帮助他们回国。

傍晚时分，楚庄王来到了邲地的一处高地上，望着黄河岸边熙熙攘攘的晋军溃兵，他无比欣喜。没有什么能比欣赏老对手大溃败的狼狈景象更让人高兴了。

入夜时分，晋军点燃了火把渡河，星星点点的火光像繁星一样铺满了黄河两岸，喧闹的人马声彻夜不息。直到第二天清晨，黄河岸边的晋军基本撤回了国内，吵闹的声音才渐渐平息了。

至此，晋军全部被赶出郑国，只留下大量尸体铺满了黄河南岸。潘党这时对楚庄王说："大王何不把这些晋军尸体堆积起来，垒成一座小山，让天下人和后代子孙看看我们楚国人的军威。"

这种把敌人的尸体堆积起来炫耀的方式，在古代叫作建造"武军"或"京观"。楚军打败晋军，值得这么炫耀一番。

但楚庄王没有同意，他对潘党说："你把事情想得太简单了。你想，'武'是由'止''戈'两个字组成的，说明先人教导我们武力是为了制止残暴、安定天下。现在我们和晋军交战，死伤了这么多士兵，这可不是一件应该张扬的事情。我们拿晋国人的尸体做京观，只会体现我们楚国的残暴。"

楚庄王的脑子还是很清醒的，他一方面不想败坏楚国形象，一方面也不愿被胜利陶醉。他没有去堆尸体，而是在黄河岸边修了一座简易的

祖庙。在祖庙里,他带领楚国将领向楚国祖先的牌位叩拜祭祀,将邲之战胜利的消息告诉了自己的列祖列宗。祭祀仪式结束后,楚庄王撤走了祖先的灵位,率领大军凯旋了。

　　震动天下的邲之战以楚军大胜告终了。晋国元气大伤,需要一段时间的调养和生息才能再次南下,楚国在中原再无敌手。

尔虞我诈

荀林父战败回国后，自知罪责难逃，便上书晋景公，请求国君判自己死罪以谢国人。晋景公为这次惨败感到愤怒，便打算答应他的请求。

这个时候，士会出来求情了。他对晋景公说："君上，您万万不可学当年的楚成王杀成得臣。我们已经战败，接着又杀忠臣，只会让楚国人感到高兴。荀林父是一位忠厚的人，他在自己的岗位上尽心尽力，一丝不苟，打败仗只是他的过失而已，无损他的人格。君上您不要怪罪于他。"

晋景公听从了士会的意见，没有处罚荀林父，让他继续担任中军将。不听指挥的刺头先縠则被当作替罪羊处死了，还被灭族。谁让他以前那么狂妄，得罪了太多人呢？先縠一死，先氏家族在晋国便无声无息了。

楚庄王打赢了邲之战，天下形势陡然逆转了。然而，由于对蛮夷不信任，主要的中原诸侯都没有就此改换门庭，只有许国这个小国主动投靠。

要想威服中原，楚庄王还有硬仗要打。他把下一个目标对准了宋国。

在中原诸侯中，宋国可谓晋国的铁杆盟友。当时有个词，叫作"郑昭宋聋"，意思是说郑国人精明，宋国人死板。宋国人因为泓水之战对楚国有很深的仇恨，加上性格古板，是不屑于学郑国人做墙头草的。

为了拔除这个"钉子户"，公元前597年冬季，楚军冒着风雪，攻打宋国的附庸国萧国①，以震慑宋国。

由于天气寒冷，在前线的士兵都冻得瑟瑟发抖，楚军行进得不是很顺利。楚庄王就放下国君的架子，亲自来到基层的将士们中间看望他们，勉励士兵们要奋勇作战。楚庄王的这一举动感动了所有的楚军士兵，史书上说，士兵们感到就像穿了棉衣一样温暖，一点感觉不到严冬的酷寒。下一场进攻开始的时候，楚军士兵个个英勇杀敌，风卷残云一般就攻灭了萧国。

然而，消灭萧国并没有让宋国屈服。楚庄王让军队休整了一年多后，发动大军全力攻打宋国。

出兵之前，楚庄王想试探一下宋国人是否有服软的可能，就派了大夫申舟出使齐国，要求他取道宋国但不必向宋国借路。楚庄王的想法是，如果宋国给申舟放行，说明他们畏惧楚国，那就有兵不血刃收服他们的机会；如果宋国胆敢阻拦或杀掉申舟，说明他们一心与楚国为敌，必须予以狠狠的打击。

申舟听到这个命令吓傻了，说："大王，臣擅自在宋国的土地上通行，一定会被宋国人处死的。"

楚庄王却冷冷地说："你死了，不穀就去攻打宋国为你报仇。你的

---

① 南宫长万之乱时，萧邑大夫收留了群公子，还帮助宋桓公平乱。宋桓公便将萧邑提升为国，周天子予以承认。

家人也会被安置好的。"

申舟没有办法，只好领命前行。果然，他进入宋国没多久，就被宋国人抓了。

当时宋国的执政大夫仍是华元，他气愤地说："楚国人派遣使者经过我国却不借路，简直是把我国当作他们的一个县来看待！"下令把申舟拉出去砍了。

申舟被杀的消息很快传到了楚国。虽然楚庄王早就预料到申舟此去凶多吉少，但宋国人这么快就把他杀了，还是让他震怒。他一甩袖子就站了起来，急切地要去召集大夫们开会。随从们追到院子里才给他穿上鞋子，追到门外才送上他的佩剑，追到路上才让他坐上马车。

不用多说，楚庄王以宋国杀死楚使为由，出动大军北上围攻宋国。华元也早料到了申舟之死会引来楚军讨伐，所以他先一步派人向老大哥晋国求援，自己则指挥宋国军民死守商丘。

又是一场激烈残酷的攻城战。宋国人同仇敌忾，楚军出动了包括楼车在内的先进攻城器械，都没能攻破商丘。楚庄王就切断了商丘的水源和食物来源，要让宋国人活活饿死。

楚军围困长达九个月之久，商丘城内的粮食吃尽，木材用尽，宋国百姓达到了"易子而食，析骸以爨（cuàn）"的地步。也就是说，把孩子杀了吃掉，把死尸的骨头拆下来当柴烧。

晋国怎么又不来救援呢？

晋国这回爽约不是因为又在坐山观虎斗，而是因为胆小。

其实晋国早就收到了宋国的求援，但他们在邲之战损失惨重，怕极了风头正盛的楚庄王，没敢出兵再和楚军干一场。为了打发宋国人，他们仅仅派了一个叫解扬（无法确定是否是被芳贾俘虏的那个人）的人去给宋国人打气，不让宋国投降楚军。这种做法，用现在流行的话说，就是"在精神上支持"。

　　解扬经过郑国的时候，被郑国人逮住了。郑国为讨好楚国，就把这个俘虏押送到了楚庄王在商丘城外的军营。楚庄王得知解扬来宋国的目的后，心生一计。他先让人给解扬松绑，又命人捧了一大盘财宝出来，对解扬说："你不用怕，只要把你们国君教给你的话反过来说给宋国人，不谷就放了你，还送你这些财宝。"

　　楚庄王是要解扬对宋国人说晋军不来了，好让宋国人失去希望而投降。

　　可解扬不吃这套，就是不答应。楚庄王软硬皆施，先是殴打恐吓，又开出更高的价钱劝说。威逼利诱了三回，解扬才勉强答应了。

　　楚庄王就派人把解扬押上了楼车。楼车升到高处，楚国人让解扬对商丘城内喊话。解扬趁机大声对城里的宋国人喊："我是晋国的使者！我给你们带来了晋军的消息：晋国军队已经出发，马上就要来了！"

　　在解扬身边的楚军赶紧将他的嘴巴捂住，然后放下楼车将他摁倒在地。楚庄王对解扬出尔反尔当然很生气，就下令把这个不守信用的家伙拉下去砍了。

　　解扬能够担当使者，嘴皮子功夫是很厉害的。他对楚庄王说："臣听说，国君制订命令就是有道义，臣下接受命令就是讲信用，只有道义的命令才能得到信用的贯彻。您用贿赂的方式来要求我执行您的命令，您觉得我会讲信用吗？下臣之所以答应您，是为了借机完成我国君的使命。现在我的使命完成了，就算死了也值得了！"

　　解扬死到临头还这么有骨气，楚庄王心里暗暗称奇，就令手下放开他，让他回国去了。

　　转眼到了第二年五月，这个时候是楚国的农忙时节，楚军中有很多农民士兵想回家做农活去。一时间，楚军士气大跌，围城战似乎只能到此结束了。

　　楚庄王也对旷日持久的围城战感到厌倦了，觉得宋国这块骨头实在难啃，不如罢兵休战，让自己的百姓安生一段时间。于是，他下令拔掉营帐，准备撤军回国。

申舟的儿子申犀着急了，拦住楚庄王的马车使劲磕头说："下臣的父亲为国献身，大王答应要为他报仇的，您可不能食言啊！"

楚庄王犹豫起来。

申叔时对楚庄王说："大王，宋国人的坚守已经到了极限，我们只要再坚持一下就能成功了。如果我们在商丘城的郊外建造房屋，让那些农民士兵回家干完农活再回来，宋国人必然以为我们还要长久地围困下去，他们感到害怕，就会向我们投降了。"

楚庄王便停止了撤军。他派人造房子居住，并给队伍里的农民士兵轮流放假。

如此进行了一段时间，宋国人果然受不了了。楚军再这么围下去，商丘城里的人真的要全部饿死了。

华元觉得是时候向楚国人求和了，但他害怕楚庄王因为申舟的事情不肯答应，就亲自执行了一项挟持人质的行动。

这天晚上，华元趁着夜色，悄悄地混进了楚军军营。他来到司马公子侧（字子反）的帐中，忽然掏出刀来劫持了还在睡觉的公子侧，恶狠狠地说："我们国君派我来告诉你们，宋国虽然已经十分困难了，但投降是万万不可能的。除非你们撤兵三十里，我们就和你们签订盟约。"

公子侧被华元劫持，不得不带他见了楚庄王。考虑到宋国已经同意了归附楚国，收降它的目的差不多已经达到，楚庄王没有和华元计较什么，而是爽快地答应了要求。楚军随后撤除了对商丘城的包围，退到了三十里外。

宋、楚之间的盟约就此签订。盟约中有这样一句话："我无尔诈，尔无我虞。"本意是说我不欺骗你，你也不欺骗我，后来引申出来"尔虞我诈"这个成语。

楚国和宋国讲和的条件仍然是要宋国送人质过来，华元便自告奋勇，亲自到楚国做人质。

在做人质的这几年，华元努力和楚国的君王、重臣搞好关系。传说他为了讨好楚庄王，把绝世名琴——"绕梁"送给了他。这把"绕梁"弹出来的曲子余音不断，极有韵味，楚庄王对它爱不释手，终日弹琴作乐，一连七天都不愿意上朝。

最终还是樊姬——这位楚国贤后劝说道："大王，您太沉迷于音乐了！过去，夏桀酷爱'妹喜'之瑟，而招致了杀身之祸；纣王误听靡靡之音，而失去了江山社稷。现在，大王如此喜爱'绕梁'之琴，七日不临朝，难道也愿意丧失国家和性命吗？"

楚庄王清醒了过来，便把绕梁琴用锤子砸碎了。

华元送"绕梁"琴虽然只是一个传说，但足见此人在楚国公关的努力程度。他这一系列行为自有他的目的，我们以后会提到。

宋国这个"钉子户"终于被拔掉了，中原诸侯恐惧于楚国的强盛，纷纷选择归顺楚庄王。鲁国在楚军围攻商丘时就主动前来归附；齐国的国力有所恢复，齐顷公（名无野）试图挑战晋国的霸权，也与楚国结成了友好关系；秦国本来就和晋国有仇，更是坚定地站在楚国一边。中原主要的诸侯中，只剩下卫国在晋国的压迫下不敢倒戈，但这个没落的国家已经不那么重要了。

至此，楚国收服了天下大部分诸侯。虽然楚庄王没有像齐桓公和晋文公那样，在诸侯大会上获得众人推举，并得到周天子的承认，但他已然是无冕霸主，拥有无可匹敌的威势。

从这个角度来说，楚国的霸业已经完成了。

完成霸业三年后，即公元前591年，楚庄王去世。他给继任者楚共王（名审）留下的，是一个处于鼎盛时期的楚国，一个国富民强、政治安定的楚国。这个国家还将继续扩张三百多年，直到战国末尾。

身后事

楚庄王的故事还没有结束。作为一个蛮夷霸主,中原史书对他的记载基本局限在军事活动上,而对他的文治功绩着墨不多,一些野史也夸张地描述他残暴寡恩,滥杀大臣。

作为一代雄主,楚庄王四处杀伐是必然的,为集中权力而诛杀大臣也确有其事,但他的面貌绝对不仅于此,很多流传下来的轶事让我们看到了霸主的另一副面孔。

有一个传闻非常出名。在一次打完胜仗之后,楚庄王在大殿里大摆庆功宴,还让一位宠妃给在座的文臣武将把盏斟酒,所有人都喝得酩酊大醉。

这个时候,忽然刮起了大风,把烛火吹灭了,四周顿时一片漆黑。有一位将军趁这个机会,一把抓住那位宠妃的手。宠妃连忙挣脱,还顺手揪下了那人的帽带(古语称"缨")。蜡烛重新点燃之后,宠妃拿着帽带,哭闹着向楚庄王告状,让楚庄王严惩那位刚刚调戏她的将军。

楚庄王却说，人都有酒后失态的时候，这种事何必计较。他让在座的所有人都把帽子脱掉，再来畅饮美酒。这样一来，就很难查出丢了帽缨的人是谁了，这场庆功宴得以顺利地进行下去。后来，那位酒后失态的将军在战争中愈发英勇无畏，常常冲锋在前，为的就是报答楚庄王对他的不杀之恩。

这个故事虽然不一定为真，但我们还是有理由相信楚庄王有这样的宽宏大量。他能够攻下新郑而不灭亡郑国，打败晋军却不立京观，都体现了他如大海般宽广的心胸。而他能顺利地消灭若敖氏，很有可能也是依靠这种胸怀，获得了大夫们的广泛支持。

在《史记·滑稽列传》中，记载了楚庄王和一位被称作优孟的小丑演员的故事。

有一回，楚庄王最喜欢的一匹马死了。楚庄王非常伤心，想用卿大夫规格的葬礼来为它下葬，还打算让群臣为这匹马哭丧。优孟听说之后，就在殿门外号啕大哭。楚庄王很奇怪，问他为什么哭得这么伤心。优孟说："这匹马可是大王最喜爱的马。楚国堂堂大国，怎么能用卿大夫的规格给它下葬，应该用君王的规格厚葬它，并且封它一万户食邑。这样才能让天下诸侯知道大王对这匹马的感情有多深厚。"

楚庄王一下子就听出了优孟话中有话，觉得自己确实做错了，就问优孟："那你觉得不谷应该怎么葬它？"

优孟回答说："小人以为应该以六畜的规格礼仪来下葬。用灶做棺材，用香料做陪葬品，用米饭来祭拜，再用火把它包裹起来，最后葬在人的肚子里。"

楚庄王笑了笑，就把马的尸体交给厨师了。

还有一件事与孙叔敖有关。孙叔敖临死前曾经交代自己的儿子不要贪图高官厚禄，因为他看出儿子没有当官才能。他的儿子也谨遵父命，安心做一位普通的平民。

后来，优孟碰到了孙叔敖的儿子，见他生活贫穷，对楚庄王亏待功臣的后代感到愤愤不平。他回去后学习了孙叔敖生前的言谈举止，在一次宴会上向楚庄王表演了。那天楚庄王正好喝醉了，看见优孟的表演，以为是孙叔敖的灵魂附身。

他连忙走上前说："孙叔你还好吗？你不知道不谷有多怀念你，你能不能回来再做楚国的令尹啊？"

优孟学着孙叔敖说话的语气说："容臣和妻子商量一下。"

优孟随便转了一圈，回来说："大王，臣的妻子说不行啊。前几年臣做令尹的时候，廉洁尽忠，操劳了一生，死了之后，臣的儿子却穷困潦倒。这样对我的家人太不公了，所以她不允许我再来当这个令尹啊。"

楚庄王听了之后，酒醒了不少。他想起孙叔敖辅佐自己的那几年，不知不觉流下了眼泪，觉得确实没有安置好孙叔敖的家人。

他即刻让人把孙叔敖的儿子召进宫来，赐给他一个官职。但是，孙叔敖的儿子拒绝做官，只求楚庄王能赐给他一块远离国都的封地，用来让芳家后人世代守护孙叔敖的陵墓。楚庄王便答应了。

这两个故事虽然是以优孟为主角，但也从侧面反映了楚庄王从谏如流的工作作风。

正史当中，确切提到楚庄王诛杀大臣的只有两次。一次是他一鸣惊人亲政后，处死了数百名不称职的官员，另一次是他平定斗椒叛乱，诛灭了若敖氏家族。这说明，楚庄王从来不是滥杀的暴君，绝大多数情况下，他是一副笑哈哈的模样，不会为一点小错误责罚他人。

《吕氏春秋》也记录了不少楚庄王虚心向臣下求教、与贤士畅谈治国之道的事例。这也从另一个角度证明楚庄王是一个不耻下问、乐于修身养性的国君，和臣属相处非常融洽。

笔者认为，楚庄王和晋文公一样，在公开场合都是那种很有亲切感

的国君。但相较于晋文公的狡猾和虚伪,楚庄王给人的感觉更加率真和朴实,而且不拘小节。他的残酷,只针对那些惹恼他的敌人和下属。

楚庄王本人非常重视教育,希望能改变楚人蛮夷的形象。因此,他给太子审聘请的师傅都是当时的贤士,而且提倡学习诸夏贵族的诗、礼、乐、令、语等,要求太子守志从善,明了"忠孝礼义"等品格。在楚庄王的严格督促下,太子审犹如脱胎换骨,文化素养优于许多诸夏国君。

然而,即位为楚共王的太子审,在能力和运气上明显不如父亲。所以,他无法将楚国的霸业发扬光大。

即位的第二年,他尚能依靠父亲的余威,举办一场十四国参与的蜀(今山东泰安东南)之盟,成为春秋时代规模最大的诸侯大会。但随之晋国复强,很快就把楚国赶下了霸主之位。

晋国正卿荀林父自邲之战后非常自责,做了深刻的反省。在人生的最后几年,他发愤图强,率领晋军打败了赤狄人,消灭了潞氏,为晋国扫除了一大心腹之患。在觉得自己能够弥补邲之战的过失之后,荀林父选择了让出中军将一职,交给士会来担任。他隐退后不久便于公元前593年去世了。

士会不久告老退休,又把职务交给了郤克。瘸子郤克当上正卿后决心复强晋国,这个时候齐顷公公然挑衅晋国,还嘲笑郤克的残疾。愤怒的郤克出兵攻打。公元前589年,晋军在鞍(今山东济南西北)将齐军打得大败,还差点把齐顷公给俘虏了。齐国重新被晋国收服,晋国恢复了重振霸业的信心。

郤克去世之后,圆滑的栾书当上了中军将。晋国重新威逼中原,与楚国争夺霸权。最终,在公元前575年的鄢陵之战中,晋军打败楚共王率领的楚军,楚国司马公子侧自杀谢罪,晋国重登霸主之位。

楚共王在鄢陵之战中不仅打了败仗,还被晋军射瞎了一只眼睛。

这让他羞愧难当，自觉败坏了父亲的霸业，无颜面对国人。公元前560年，楚共王病死。他在临死前嘱咐太子招给他"灵"或"厉"这样不好的谥号，但太子招没有这么做。

太子招即位为楚康王，他有意重振楚国，数次北上与晋国争雄。只可惜东南方的吴国日渐强大，还与晋国结盟对抗楚国。吴军经常进攻楚国的东部边境，极大地分散了楚康王的精力，楚康王只能一次次把主力东调，与吴军交战。结果，在中原战线上，楚军很难与晋军抗衡。而且，此时楚国内部的问题也越来越严重。楚康王觉得北上争霸力不从心，打算与晋国和谈。

这就引出了晋、楚第二次弭兵之盟。早在鄢陵之战前，两国就在宋国华元的斡旋下签订过一次弭兵之盟。当初这个华元四处公关，为的就是当晋、楚两国的中间人，争取两国和谈，结束中原战乱。但是，第一次弭兵之盟很快就因鄢陵之战破裂了。

第二次弭兵会盟同样由宋国人出面斡旋。晋国此时的处境也不太妙，由于众卿实力壮大，内乱不息，晋国无心向外，便答应了弭兵。这次弭兵会盟充满了火药味，晋、楚两国毕竟交手了近百年，仇人总是话不投机，楚国人甚至事先把战甲穿在衣服里，防止和晋国人打起架来吃亏。不过，双方最终还是在公元前546年签订了盟约，晋国人让楚国人带头歃血，弭兵成功了。

这次弭兵之盟的条件是：晋国的仆从国要朝见楚国，楚国的仆从国同样也要朝见晋国，并都给两国纳贡。此外，秦国是楚国的盟友，不必朝见晋国；齐国是晋国的盟友，不必朝见楚国。晋、楚两国罢兵息战，平分天下霸权，从此不再交兵。此后中原地区迎来了数十年和平。

楚康王死后，他的弟弟王子围杀死楚王郏（jiá）敖自立，是为楚灵王。楚灵王这个人贪图享乐，好大喜功，把楚国搞得乌烟瘴气。他喜欢细腰美女，害得宫女们为了苗条而减肥饿死了很多，这就是"楚王好细

腰"的典故。他对外又欺负弱小，连年征战，灭掉了一直仆从于楚国的陈国和蔡国（两国后来又复国），还把蔡国的太子杀了祭神。为了掩盖对吴国战争的失利，他兴建了极尽豪华的章华宫，让诸侯们来祝贺自己新宫落成，冲掉战败的晦气，非常之可笑。

好大喜功也就罢了，楚灵王也不像祖父楚庄王那样体恤士卒。有一年冬天，楚军出征徐国，士兵们都穿着单衣受冻，楚灵王却穿着狐皮大衣，把自己裹得紧紧的，悠闲地欣赏着雪景，连声说："好雪！"这让楚国士兵对他非常反感。

此时已经进入了春秋晚期，晋、楚两个老牌霸主逐渐走向了衰落，号召力一落千丈。中原诸国也因大夫掌权，相继发生了政变和内战。北方的争霸活动就此陷入停顿。

而在大陆的东南方，两个偏远小国突然兴起，谱写了一段不朽的争霸传奇。

卷七 扳倒霸主的『蕞尔小国』

季札挂剑的高尚、鱼腹藏剑的凶残，都来自吴国这个东南小国。

春秋时代极为传奇和绚烂的一页，也将由它书写。

身份疑团

吴国,一个充满神秘色彩的东南小国,千百年来,关于它的争议和讨论始终没有停息。

按照《史记》的记载,吴国的先祖是周文王的伯父,叫太伯(也称泰伯)。太伯是周太王(古公亶父)的长子,本有机会继承父亲的位子统领部族,但是周太王喜欢小儿子季历的儿子姬昌(即后来的周文王),就想把位子传给季历。制度不允许周太王这么做,这让他很为难。

太伯和二弟仲雍体会到了父亲的难处,就做出了一个大胆的决定——放弃继承权,躲到南方去。这样一来,父亲身边就只剩下季历一个儿子,季历就能名正言顺地当上周部族的首领了。

太伯和仲雍这一逃,逃得可是相当远。他们横跨半个中国,去了长江流域一带定居,与当地的"荆蛮"生活在了一起。

这里的"荆蛮"并不是指早期的楚人,而是一群生活在南方、与楚

人相邻的蛮夷。太伯和仲雍到了南方，看见这里的蛮人头发散乱，打着赤膊，身上画着各种图案，连鞋子也没有。为了融入他们，太伯和仲雍跟着把头发弄散，在身体上画图案。这个做法叫"文身断发"。两人还教授蛮人先进的耕作技术和各种礼仪制度。蛮人对他们非常感激，有一千多家推举太伯做了首领。

周太王听说自己的两个儿子已经文身断发，做了蛮人，就不再强求他们回来，把位子传给了季历。姬昌靠两个伯父的成全，得以成为周部族的首领。

太伯死后，仲雍继任。周武王推翻商朝之后，打算报答太伯和仲雍的恩情，就派人南下寻找两人的后代，最终寻找到了仲雍的后人周章。周章此时已经是吴地（今江苏无锡东南）的君主了，周武王正式封他为诸侯，国号"吴"。

吴国就此诞生了。

但是以上说法遭到了许多学者质疑。

史学家童书业在《春秋史》中就驳斥说，商朝末年交通水平落后，周部族的势力也还未深入南方，太伯和仲雍怎么可能做到一口气跑到数千里外的南方？就算不被蛮人劫杀，也会累死在半路上。而且根据考古发现，商周时期"虞"和"吴"是同一个字，《左传》中也提到虞国的祖宗也是太伯，吴国应该是顶了虞国的祖先，自称是周天子的支系，以便参与中原诸侯的盟会。

更明显的破绽是，如果太伯和仲雍是吴国的开创者，吴国人就是周天子的亲戚，他们一定会和周王室，哪怕是其他姬姓诸侯保持联系。但从史书记载来看，吴国人并没有这么做，在公元前6世纪之前，他们从未朝贡周天子一次，也从未与中原诸侯进行过任何交流，之后更是僭称王号，种种表现都不是周天子的族人该做的事情。

总之，质疑者认为吴国原本只是一个蛮夷方国，为了提高身价与中原诸侯交往，就把自己的祖宗和周王室联系在了一起。

然而，奇怪的是，在其他史料中，诸侯们对于吴国"冒用"太伯后裔的说法似乎并未质疑。同样是《左传》，记载吴王寿梦过世时，鲁襄公将他视同为姬姓诸侯，列入周庙祭祠，而楚国人也承认说："吴，周之胄裔也。"《公羊传》中还提到，鲁昭公（名稠）与吴王室联姻，娶吴国女子，因为同为姬姓，被人批评不符合礼法。《国语》中也记载，在黄池会盟期间，周天子还称呼吴王夫差为"伯父"，这是王室对同姓诸侯才有的敬语。

这些史籍成书于春秋战国时代，按理说可靠性比《史记》强很多。这些记载至少说明，周天子和鲁国是把吴国当作自家人看待的，吴人似乎真的是太伯后裔。

那么，吴国的起源到底怎样解释才合理呢？

这个问题已经成为史学上的公案，目前仍然存在着争议。主流的观点，仍然是采纳《史记》中的说法。但笔者认为，吴国的起源可以把两种说法合并起来解释，即吴国确实是太伯的后裔，但他们血脉疏远，后来为了融入华夏，就沿用了虞国的祖宗。

什么意思呢？

就是说，太伯和仲雍避居的地方应该是在虞地，他们去不了那么远的南方。周武王后来分封的应该是虞国，而不是吴国。因为当时周朝的势力还局限在中原，根本管不到长江下游的吴地。虞国的立国者虞仲，可能就是仲雍。

但是，以周章为首的部分仲雍后人离开了虞地，可能因为战乱等原因向南迁徙。他们与附近的夷人杂居在一起，成了"文身断发"的蛮夷。数百年岁月流转，他们终于在吴地落脚，建立了吴国。后来国力壮大，他们终于"认祖归宗"，接续了已经灭亡的虞国的"血脉"。

吴国的国号也非常值得玩味。

早期的吴国人在自己的青铜器铭文上，多把自己的国家称作"工𫊻（yú）""攻吾"或"攻敔"等。在中原文献上，则称呼他们为"勾吴"或"吴"。吴国人后来与中原人交往频繁后，才在青铜器铭文上自称"吴"。

笔者推测，"吴"这个国号不是周天子册封的，很有可能是中原人根据吴人方言音译的。当时，吴国号称虞国远支，而"吴"和"虞"又是同一个字，中原人可能为了区分这两个国家，就把"虞"简化成"吴"字指代吴国和吴人，并结合吴人的方言设计了这个字的读音。

第79章

崛起之路

吴国的所在地位于如今长江下游的太湖流域。这里,在唐诗宋词、明清小说中,是被描绘成天堂的名叫"江南"的地方。但在商朝和周朝的时候,江南却是一片蛮荒之地,到处是深山密林和沼泽湖泊,时不时就能看见有毒蛇猛兽从身边溜过。

由于交通不便,吴人与中原隔绝了数百年,他们的文明相对落后,事迹也绝少被史书记载。大约到了春秋中前期,吴人才渐渐与中原地区有了交流,他们开始放弃文身断发的装扮,束起头发,扎起发髻。但他们不像一般的蛮夷那样蒙昧,至少那个时候,吴人就已经学会了种植粮食和使用青铜器。这一点,可能源自太伯后裔带来的技术。

也就是在这个时候,吴国走上了扩张的道路。

据《管子》一书记载,齐桓公与管仲的一次谈话中提到,吴国与邗(hán)国(今江苏扬州西北)当时发生了战争,邗国在全国征集成年男子参军,邗国的儿童于是都敲掉乳牙以示成年。此后吴国多次伐邗,最

终将这个国家吞并。

到了公元前601年，楚庄王东征群舒，一直打到了滑汭，吴国还特别为此派人向楚庄王询问。这说明那时的吴国已经扩张到了今安徽省中部地区，和楚国交界了。只不过，那时的吴国胳膊拧不过大腿，就和楚国结为了盟友，实际上是做了楚国的附属。

吴国真正崛起开始于吴王寿梦时期。寿梦名叫乘，"寿梦"可能是他的尊号。一般认为，"寿梦"这个词是吴地方言的音译，意思是"长久牢固的渔网"。

寿梦即位时，已经是公元前585年了。此时天下大乱了将近两百年，周王室已经不值一提了。寿梦觉得，我的邻居楚国都可以称王，我吴国就称不得吗？便堂而皇之地给自己冠上了"王"的称号。吴国就此开始称王[①]。

但在乱世中，自封"王"的称号还不容易？要真正成为天下的王者，那才是正道。寿梦当时也是这么考虑的，他想把自己这个偏远小国发展起来，去凑一凑群雄争霸的热闹。

这个时候吴国已经扩张到了淮河以北，打通了与中原诸侯的交通线。寿梦便在即位当年出国访问，向周天子朝贡并拜访了鲁国，与这两个"本家"认了亲戚。

在出国访问的这段时间，寿梦印象最深的是鲁国的礼乐。鲁国人为他展示了一整套天子规格的礼仪和乐曲，让寿梦大开眼界。寿梦惭愧地对鲁国人说："我们吴人身在蛮夷之地，以为扎一个椎髻就很先进了，哪里能见识到这样的礼仪和乐曲呀。"

回去的路上，寿梦还不停地唠叨："礼呀！礼呀！"

回国之后的寿梦决心让吴国彻底融入华夏文明。他下令仿效鲁国建

---

① 此从《史记》记载。有学者根据吴国的青铜铭文，认为吴国在寿梦之前就已称王。

立礼乐制度，采购了许多中原典籍教育自己的子孙。

在大量吸收华夏文化的同时，寿梦也在努力向北扩张领土，试图在中原地区占有一席之地。公元前584年，寿梦派兵攻打了郯（tán）国（今山东郯城北），郯国乞和。

吴人公然袭击中原诸侯，在当时引起了不小的轰动。一个叫屈巫的人向晋景公建议说，吴国可以利用，我们晋国不妨与它结为盟友，给予他们支持，让他们去对抗楚国。

屈巫实际上是楚国人，他还有另一个称呼叫"申公巫臣"。他原是楚国申县的县尹（故称"申公"），但因为一块封田的事情和当时楚国的公子婴齐（字子重）结下了梁子。

那时还是楚庄王在位，公子婴齐依仗军功请求楚庄王把申县和吕县（今河南南阳西）的农田赐给自己。屈巫却反对说："申、吕两县是楚国的北方重镇，我们经常在那里征兵征税，那里的农田是不可以变成私人的封田的！"

楚庄王就没有答应公子婴齐的请求。公子婴齐因此对屈巫恨之入骨，经常排挤和打压他。楚共王即位后，公子婴齐成了令尹，对屈巫的打压更加肆无忌惮。

屈巫觉得自己迟早要被公子婴齐杀了，在楚国已经待不下去了。于是，他做了一个冒险的决定——叛逃去晋国。

屈巫还想捎走一个人——夏姬，就是夏征舒的母亲，当初害得陈灵公丢了性命的那一位美妇人。

夏姬这个女人，堪称春秋时期的奇女子，虽然她早已为人妻为人母，但仍散发着吸引力，走到哪儿都有一群男人来追求她。

她本是郑穆公的女儿，先嫁给陈国大夫夏御叔，生下了夏征舒。但夏御叔不久便病亡了，夏姬耐不住寂寞，不知羞耻地和陈灵公、孔宁、仪行父三人一起淫乱。这桩丑事最终酿成大祸，导致陈灵公和夏征舒被

杀。楚庄王讨伐陈国的时候，也被夏姬的妖媚迷住了，一度想把她纳入后宫。但为了保持大国之君的形象，楚庄王最终忍痛割爱，把她改嫁给了一位大夫。但那位大夫在邲之战中战死了，夏姬再次变成寡妇，竟然又和继子私通。

这个时候的夏姬说什么也有四十多岁了，年纪增长让她放下了玩乐之心，希望找个托付余生的男人。最终，她选择了屈巫。

屈巫本来是个"一本正经"的楚国大夫，楚庄王迷恋夏姬时他曾进谏不要沉溺女色，司马公子侧求娶夏姬时，他也劝对方说这个女人是个克夫的不祥之人。

没想到，这位"正人君子"其实早就为夏姬疯狂了，在追求多年后终于抱得女神归。但他知道夏姬在楚国追求者众多，在国内和她结婚怕是要被"醋王"们打死，而且他本人也在楚国混不下去了，就想把夏姬带到晋国远走高飞。

公元前589年，屈巫终于等到了一个可以叛逃晋国的机会。楚共王在这年秋天委任他出使齐国，屈巫就暗中收拾了大量钱财，带上家眷出发了。为了掩人耳目，他让夏姬先回娘家郑国等他。到了郑国之后，屈巫就让副使把出使用的礼品送回楚国，自己则带上夏姬和家人逃到了晋国。晋国人热情收留了屈巫，封他做了邢邑（位置不详）大夫。

屈巫叛逃遭到了楚国的激烈报复，公子婴齐和公子侧带人将屈巫留在楚国的族人，包括夏姬的继子全部处死，并霸占了他们的土地和奴仆。屈巫愤怒之下写信给公子婴齐等人说："你们等着，我要让你们疲于奔命而死！"

屈巫决定和楚国决裂，他放弃了楚国的姓氏，改称"巫臣"。随后，他向晋景公提出了联吴抗楚的建议。得到批准后，他便带着儿子屈狐庸来到了吴国。屈巫此去不仅揣着晋国的通好文书，还带了三十辆战车作为见面礼。

屈巫千里迢迢到达吴国后，受到寿梦隆重招待。和晋国这样的大国结盟，寿梦自然是一百个愿意，他爽快地答应了帮晋国攻打楚国。更让寿梦高兴的是屈巫带来的这些晋国战车。吴国人以前从没有接触过战车，也不太懂阵型和箭法，以前打仗或许就和械斗一样，抄起木棍大刀就上。屈巫深知吴军战法落后，特意带了战车这种"高科技"玩意儿给吴人研究用，好让他们能与楚军抗衡。

在出使吴国的这段时间，屈狐庸带着晋国战车兵每天给吴军士兵上课，教吴人驾驭马车、使用战车、使用弓箭等。临走的时候，屈巫还送了十五辆战车供吴人仿造，并让屈狐庸留下继续当吴军的教官。

很快，吴军就在屈氏父子的教导下学会了使用车战，并开始装备战车，用中原的战法布阵。在实现了国防"现代化"之后，寿梦开始履行与晋国的盟约，对楚国的东部边境展开了进攻。

说起来，寿梦还真是"不自量力"。吴国只是一个东南小国，楚国却是当时的头号强国，连晋国都惧怕几分。吴军刚刚学会驾车和列阵，就敢去打楚军，简直就是小老鼠咬大象，不怕被大象踩扁了。

不管怎样，寿梦真就去做了。

当时，楚国和吴国之间有一些小国，例如群舒、徐国和巢国（今安徽巢湖东北）等，都是楚国的附庸。吴军西进必然会侵入这些小国，在吴、楚战争初期，双方争斗的焦点就是这些小国。

公元前584年秋季，吴军第一次攻击楚国领土，居然击败了当地守军。楚国司马公子侧不得不亲率楚军主力东征把吴军赶跑。但楚军走后，寿梦立刻发起反攻，接连六次杀进了徐国、巢国和楚国本土，有一次竟然攻下了楚国的东部重镇州来（今安徽凤台），大大震动了楚国。公子婴齐与公子侧不得不跟着七次发兵东征，驱赶吴军，屈巫就此实现了让公子婴齐等人疲于奔命的诺言。

七场战斗下来，吴国收服了一批原本听命于楚国的蛮夷部落。寿梦

的胆子愈发大了起来，决定拿群舒和楚国斗斗法。

公元前574年，寿梦见楚军在鄢陵之战中失利，便派人和舒庸国（今安徽舒城西南）通使，计划借道舒庸国入侵楚国。早就对楚国不满的舒庸国答应了吴国的请求，于这一年冬季再次反叛楚国。随后，吴军在舒庸人的指引下袭击了楚国东部的三处城市，并再次攻打巢国。

楚共王被激怒了，立刻派遣主力大军出击，攻打舒庸国。吴军不是对手，被楚军打败。舒庸国则被楚军踏平，亡国了。

公元前570年，不胜其扰的楚共王挑选了数万名精兵，派公子婴齐为将，大举东征吴国。短短一个月的时间里，楚军就攻下了鸠兹（今安徽芜湖北），到达了衡山（今安徽当涂东北）。

深入吴国腹地后，公子婴齐让猛将邓廖率领三千三百名精锐在前面开路。这三千三百名楚军中，三百人是身穿重甲的战车兵，分别乘坐一百辆战车，其余三千人是身穿轻甲的步兵。这些甲士在行军途中发出哗哗的声响，令人恐惧。

对于这支楚军精锐，吴军没有选择硬拼，而是利用当地的丛林伏击了他们。楚军因为不熟悉地形，被吴军的伏击打得大败，最后逃出来的竟然只有三百八十人，邓廖成了俘虏。

吴军全歼楚军的前锋部队，让公子婴齐吓了一大跳。他担心再深入吴国会遭到更多伏击，便放弃了继续进军的计划，下令全军撤退。

寿梦可不想就这么结束了，他立刻派兵西进，攻下了楚国的驾邑（今安徽无为境内）作为报复。

吴、楚两国之间的战争规模扩大了。

圣人季札

公元前561年,吴国的兴国之王寿梦去世了。寿梦有四个嫡子,大儿子遏,二儿子余祭,三儿子余眛,小儿子札。

按理说,寿梦去世,应该让长子遏继承王位。然而,寿梦临终前却希望让小儿子札继任。这是什么情况呢?

这就要引出来春秋时期的一位重要贤者——季札的故事了。

札因为排行老四,按"伯、仲、叔、季"的命名方式,一般把他称为"季札"。季札又有季子、延陵季子等尊称,那个时代能把自己的称呼加个"子"的人,都是相当有影响力的圣贤①。

季札就是这样一位连孔子都推崇的贤人。由于父亲寿梦倡导礼乐制度,季札自小就沉迷于礼乐文化,并且以圣人的标准自我要求。史书上

---

① 春秋以前,"子"原为天子所属的卿的尊称,后来逐渐成为诸侯卿大夫的谥称。到春秋、战国之际,由于士的社会地位提高,著书立说和聚徒讲学之风兴起,"子"便成为著名学者和老师的尊称。到战国时代,"子"便成为一般学者的尊称了。

对他记载最多的，是他公元前544年担任吴使出访各国的事迹。我们就通过这些事情，来看看他是一位什么样的人物。

季札在这一年奉命出访中原。从吴国北上要经过徐国，季札就顺道拜访了徐国国君。徐侯接见了季札，发现他的佩剑非常漂亮，就一个劲儿地夸奖这把剑，只是没敢请季札把剑送给他。季札看出了徐侯的心思，想把剑送他，但是使者出访又不能不带佩剑，季札就打算等自己访问回来再把剑送给徐侯。

离开了徐国，季札来到了礼仪之邦鲁国。鲁国作为拥有天子礼乐的诸侯，面对吴国这种蛮荒小国不免有种高高在上的姿态。他们又向季札表演了全套礼乐，等着听季札像他的父亲寿梦那样惭愧地说："吴人哪里见识过这种礼乐。"

没想到，季札自小在父亲的严格教育下，对中原的典籍和礼乐了如指掌。当他听到《诗经》中《周南》和《召南》的歌谣时，感叹说："美好啊！周文王已经有了民心的基础，但还没有达到最好，不过百姓虽然劳苦，怨恨却减少了。"这两首歌谣反映的是商末时，百姓得到周文王感化，不再为纣王的暴政而苦恼的情况。

季札听到《诗经》中的《邶风》《鄘风》和《卫风》，又说："美好而深厚，忧思却不窘困。我想卫康叔和卫武公的德行就是这样的。"这些歌谣反映的是卫国人在国君的道德感化下，即便困苦也坚持美德的情况。

接着，季札对听到的《王风》评价说："美好啊！忧思而不畏惧，我想这大概是周王室东迁之后的歌谣吧。"

对《郑风》评价说："华丽啊！但歌词里的教化太过琐碎，百姓承受不了。它可能会比较早灭亡吧。"

对《齐风》评价说："华美而宏大！这才是大国的歌曲！作为东海的表率，只有姜太公的国家吧。这个国家的前途不可估量！"

他又对《秦风》评价说："这就是中原音乐！宏伟到了极点！大概是来自周王朝原来的地方的乐曲吧。"

季札对歌谣的评价还有很多，此处就不再列举了。

总之，鲁国人给季札表演的这些礼乐，季札全部能说出其中的含义，还发表了不少真知灼见。当年的吴人在鲁国人的礼乐面前自惭形秽，如今的吴人却已经把礼乐研究得极其透彻，甚至见解超越了许多中原人士。季札让诸夏人对吴人刮目相看。

在访问鲁国期间，季札还拜访了一位名叫叔孙豹的鲁国大夫。接触了几天后，季札看出叔孙豹性格软弱，就劝他说："您将无法善终啊！您个性善良，却无法辨别善良的人和恶毒的人。您作为鲁国的宗室大夫，承担重要的政务，如果不谨慎地选拔人才，灾难定会降临到您的身上啊。"

可惜，季札的善意忠告没有被叔孙豹听进去。六年之后，叔孙豹的私生子竖牛企图霸占他的家业，先后害死了他的两个儿子，最后把他关进黑屋子里活活饿死。

离开鲁国之后，季札来到了齐国。当时正是名相晏婴当政。晏婴就是晏子，他能言善辩，机智聪明，平时却很低调谦恭，所以在齐国非常有人缘，许多人都很爱戴他。

季札却看出晏婴身边的隐患，对晏婴说："齐国现在有四位卿大夫专权，国家权力迟早要落到某个卿大夫手上。在这之前，齐国的祸乱是不会停息的。您的影响力太大，必然有人嫉妒您。您应该将封邑和权力提早交出来退隐，才能免遭杀身之祸啊。"

晏婴听从了季札的建议，不久便放弃了封邑和权力，辞官回家了。后来齐国的栾氏和高氏两大家族发生仇杀，国家动乱。晏婴因为及时退隐，逃过了一劫。

离开了齐国，季札接着去了郑国，见到了当时还没成为执政大夫的

公孙侨。公孙侨字子产,是名留青史的改革家和政治家,与孙叔敖一起被列入了《史记·循吏列传》。他执政期间,改革政治经济,团结各方力量,结好南北诸侯,使郑国呈现中兴局面,重新成为重要国家。

季札和公孙侨一见如故,两人畅谈甚欢。季札拿出一条白色的绢带送给公孙侨,公孙侨则拿了一件麻布衣服送给季札。季札对公孙侨说:"现在这位郑国的执政大夫做人很放肆,祸乱将要来临了。到时候,执政大夫的位置非你莫属。你当政后一定要依靠礼制谨慎从事,否则,郑国将会败亡。"

果然,在这一年冬天,郑国的执政大夫良霄和驷氏家族发生矛盾,被人轰下了台,公孙侨得以成为郑国执政。他上台后,一面维护礼制,一面对国家进行改革,主张对待百姓"宽""猛"相济,使一直动乱的郑国社会暂时稳定下来。

季札接下来去了卫国,拜访了几位卫国大夫后说:"卫国多君子,不会有祸乱的。"

季札最后去了晋国。在从卫国到晋国的路上,他到戚城(今河南濮阳北)留宿。这个地方是卫国一位叫孙林父的卿大夫的封邑。孙林父因为专横逞强,被卫国国君痛恨,只好带着这块封邑躲到了晋国。戚城名为卫国领土,却在晋国的庇护之下。

季札这天晚上正在睡觉,但不久便被孙林父住所里传出来的音乐声吵醒了。季札对身边的人说:"孙林父得罪了国君逃避到了这里,按理说他应该感到恐惧和忧愁,可他却在这里逍遥自在。他这种行为就好比燕子在帐篷上筑窝,是不会长久的。"

孙林父听说了季札的这番话,就停止了寻欢作乐,而且终身不再听音乐。

季札来到晋国,看出了赵、魏、韩三家的影响力,说:"晋国政权大概会落到这三个家族手上吧。"

当时，晋国有一位著名的大夫，名叫羊舌肸。羊舌肸娶了屈巫和夏姬的女儿，他为人富有才干，出任过晋平公的太傅，多次主持晋国的外交工作，还代表晋国参加了晋、楚第二次弭兵会盟。

季札与羊舌肸也是一见如故。临告别时，季札劝羊舌肸说："先生你要懂得明哲保身啊！晋国的政权将归于卿大夫之家，各家族之间的斗争会越来越激烈。你为人正直，家族势力又小，千万要想个法子避开灾祸啊。"

然而，羊舌肸最终还是没有找到保住羊舌氏血脉的办法，他于公元前528年去世了。十四年后，羊舌氏因为祁氏家族内乱而受到牵连，被荀氏为首的其他家族以叛乱的罪名灭族了。

季札游历了中原五个国家，终于完成使命准备回国了。回国路上，他特意再去了一趟徐国，想兑现自己心中的诺言，把配剑送给徐侯。

然而，没有料到的是，这位国君已经去世了。季札悲痛万分，亲自到了徐侯的坟上吊唁。他流着眼泪，把佩剑挂在坟墓边的一棵树上，表示把剑正式送给了徐侯。临别的时候，季札对身边的人说："我内心早已答应把宝剑送给徐侯，不能因徐侯死了就违背自己的心愿。"

讲述完季札的这番经历，我们可以大致总结出他是一个什么样的人了：

一、诚信。从他送剑这件事就可以看出。

二、学识渊博。他在鲁国观礼乐，说得头头是道。

三、智慧。他能为五个国家的大夫提出正确的意见，还能推测出这些国家的国运。

四、擅长交际。他去了五个国家，第一次到那里就能与那里的名臣交上朋友，可见魅力非凡。

有这样一个儿子，寿梦能不感到高兴吗？所以，他去世的时候，非常希望季札继承王位，让吴国获得中原诸侯的更多认同。

对于父亲的这个决定，长子遏不仅没有反对，反而非常赞同。他觉得王位就应该由比自己贤能的四弟继承，所以硬拽着季札来答应父亲的遗愿。然而，季札对王位一点儿兴趣都没有，拒绝了父亲和兄长的要求。

季札为什么不要送上门的王位呢？原因无非三点：

一是他不喜欢做国家领导，觉得统领一个国家，整日和人勾心斗角不符合他的性情。

二是他深受周朝礼法影响，觉得自己毕竟排行第四，不该越过哥哥继承王位，这样违反宗法原则是很难让中原诸侯接受的。

三是他有远见，觉得自己当王，就算哥哥们服气，哥哥的子孙也会有人不服气，这样一来，吴国就会有动乱的危险了。

不论出于什么考虑，季札是铁了心不当吴王，还躲起来不见人。这样下去不是个办法，吴国不能没有继承人啊。奄奄一息的寿梦只好做了一个决定，让长子遏在自己去世后暂时摄政监国，等国丧期过了，就把位子交给季札。长子遏是个孝子，同意了父亲的嘱托。

长子遏在为父亲守丧了一年之后，又把季札叫了过来，说："四弟，父王的遗愿你不能不听啊，吴国的王位你一定要坐。"季札的态度仍然很坚决，他摇摇头说："你是长子，你才是这个国家合法的继承人，没有谁可以夺走你的王位！享有一个国家，不是我的志向。请兄长原谅。"

说完，季札便告退了。

自那之后，季札就失踪了，长子遏派人到处寻找。终于有一天，他得到了消息，说季札已经把家搬到了野外隐居，以示自己不愿过问政事。

既然劝说是白费功夫，遏就在公元前560年正式即位为吴王，史称诸樊。

战死疆场的国君

吴、楚两国的矛盾已无法调和,诸樊上台后,继续开展对楚国的战争。

公元前560年,楚共王去世。诸樊觉得楚国人忙于处理国君的丧事,定会疏于战备,于是他于这一年秋天出兵攻打楚国。这一回,楚国派了司马王子午(字子庚)为将,"神箭"养由基为先锋,出兵与吴军对战。

养由基射箭厉害,领兵打仗也有一套。他见吴军气势汹汹地杀来,就对王子午说:"吴人趁我们国丧的时候来攻,是觉得我们在这个时候没有防备,他们一定会轻敌。您设下三道伏兵等着,我带兵去把他们引诱过来。"

事情正如养由基所预料的,吴军确实轻敌。他们见养由基只带了一支小部队迎战,以为楚国真的是忙于丧事,没人来管国防了。三下五除二,吴军就把养由基的部队打败了。养由基带着部队向后逃窜,吴军在

后面追，一直追到庸浦（今安徽无为西南），王子午预先埋伏的楚兵杀了出来。中埋伏的吴军被打得大败，一员战将被俘，只能慌忙逃回吴国。

诸樊遭此惨败，心中自然郁闷。他派人到了晋国那里，请求晋国人帮忙攻打楚国，给吴国人出出气。但晋国人才没这么好说话，答复吴使说："你趁人家国丧的时候出兵攻打，那是你不道德，这种情况我们是不会帮你的。"

晋国人的援军没有请来，楚国人的报复先来了。

第二年，楚康王派出新任令尹王子贞（字子囊）统率大军再次东征吴国。楚军以吴、楚边境的棠（今江苏六合北）为大本营，自长江沿岸推进。王子贞吸取上次公子婴齐伐吴的教训，不再使用孤军直捣吴国的策略，而是选择了稳扎稳打、步步为营的方式，力求消灭吴军主力。

楚军步步逼近，吴国再次面临危险，这仗该怎么打呢？

晋国是靠不住的，诸樊和大夫们经过讨论，终于想到了一个办法，那就是坚守不出。王子贞不是想找吴军主力决战吗？我就偏不出来跟你打。吴国到处是密林沼泽，量你们楚军也不敢贸然前进。到时候你们的粮草撑不住了，自己就会撤退。

这一招果然见效，王子贞的楚军等了老长时间，就是没等到吴军一兵一卒。是不是吴国人被打怕了，当缩头乌龟了？既然如此，吴人就不足为虑了。轻敌的王子贞撤销了伐吴计划，带兵回国了。

楚军将士们都嘲笑吴人是胆小的鼠辈。他们来的时候还小心翼翼，军容整齐，走的时候就自由散漫，一点没做防备了。

这是反击的机会！

诸樊当即派出吴军全速行动，抢先来到皋舟（今江苏六合东南）设下了埋伏。当王子贞的部队慢悠悠地来到皋舟，吴军伏兵四出，将楚军的殿后部队拦腰斩断。没有防备的楚军顿时大乱，殿后部队被吴军全歼，一名随军的楚国王子被俘，王子贞率领一大群溃兵狼狈逃回了国。

这场被逆转的东征把王子贞气出病来，这一年冬天他就郁郁而终了。临死之前，他深感吴国的威胁越来越严重，就对继任令尹的王子午说："吴人迟早会打到郢都，我们要提早加固城墙啊。"

与吴国的战争打成这个样子，楚康王坐不住了。公元前549年，楚康王下令组建水军，用来在长江上对付吴人。水军刚建立不久，楚康王就亲自挂帅，东征吴国。

然而，楚康王根本就不懂得统兵，连水军的战法和军规都没有制定。结果，楚国水军没走多远，就闹起了内讧。楚康王只好放弃了东征。

楚国人出招没有打中，轮到吴国人出拳了。诸樊和父亲寿梦一样，挑中了群舒来给楚国制造麻烦。

这一年冬天，吴使出访了舒鸠国（今安徽舒城东南），希望联合对付楚国。舒鸠国同意了。然而，不知怎的，消息泄露了，楚康王连忙派人去舒鸠国那里调查质问。

当时，吴国和舒鸠国联合叛乱的事情还没有准备好，舒鸠国不想这么早就和楚国人开打，国君便恭恭敬敬地迎接了楚使，满脸堆笑说："我们哪敢背叛上国啊？请贵使千万不要相信那些传言。如果您不放心，我可以现在就和您结盟立誓。"

楚使回答说："不用了，没那件事就好。"

楚使回到国内后，一五一十地汇报给楚康王。楚康王才不相信舒鸠国人说的，想立刻起兵攻打。

当时担任令尹的芳子冯（孙叔敖之侄）劝楚康王说："大王，我们没有舒鸠国叛乱的证据，会师出无名的。我们不如耐心等待，等他们真的叛乱了再去攻打也不迟。"

楚康王听从了建议。

以为骗过楚国的舒鸠国加紧准备,在第二年秋季发起了叛乱。根据事先约定,诸樊立刻派出人马,前往舒鸠国支援叛乱。

楚康王当即派兵出击。

楚军兵分两路,很快就赶到了舒鸠国。吴军见楚军人数众多,不敢与之硬拼,便选择固守,按兵不动。楚军则将吴军的据点包围起来。

虽说这是一场兵力悬殊的战斗,楚军兵力远在吴军之上,但楚军将领与吴军交手几十年,深知吴人凶悍,如果不小心计划,反而有可能被吴军打败。所以,楚军与吴军对峙了七天,就是没敢发起攻击。

这个时候,楚军中有人建议说:"我们这么拖下去,士兵们会感到疲乏的。我们应该速战速决,先派一部分兵力出击,主力在后面跟进。先头部队能打赢吴军最好,如果打不赢,就把吴军吸引过来,让主力部队围歼他们。"

楚军便派出了一支人马向吴军发起佯攻。吴军以为楚军发起总攻了,连忙后撤。但他们爬到一座高山上一看,楚军才这么点人马,连后续部队都没有。于是吴军停止撤退,调头向楚军发起反攻。

楚军按照计划向后奔逃,吴军跟在后面追。楚军的大部队突然在这个时候杀了出来,战车和戟士漫山遍野地冲来。吴军无法抵挡,惨败而归。楚军趁胜灭掉了舒鸠国。

惨败彻底惹恼了诸樊。他决定亲自带兵出征,攻打楚国东部的巢国。

当时巢国在楚军的保护之下,防守巢国的楚军将领名叫牛臣,虽然名不见经传,却是一个不一般的人物。

诸樊率领吴军兵临巢国,报仇心切的他亲自来到前线发起攻城。

牛臣和手下商议说:"吴王虽勇,但急躁轻浮。我们如果打开城门,他必定会亲自带兵来攻,到时候我们就找机会射死他。吴王死了,我们就安全了。"

楚军在城门附近设下了机关和暗箭。吴军新一轮的冲锋开始后，楚军假装防守不力，从城门附近撤退。诸樊以为楚军败退，就一马当先地带领士兵们向城内冲去。

牛臣见诸樊中计，冒失地就冲进城来，当即下令关城。只见巢国的城门突然之间重重地合上了，将诸樊等人与后面的吴军分隔开来，诸樊顿时成了瓮中之鳖。

一时间，城墙上的楚军弓箭齐射，石块如雨般落下。诸樊带领的士兵无处躲闪，全部被乱箭射死。牛臣瞧见了慌乱的诸樊，亲自用弓箭对准他射去。只听嗖的一声，那箭正中诸樊的额头。

诸樊倒下了战车，当场身亡。

射死诸樊之后，牛臣让手下把他的尸体送还给了吴军。吴军为国君举丧，撤退回国了。

这一年是吴国在吴、楚战争中输得最惨的一年。吴军在此后的一段时间，都没能对楚国发起新的攻击。

第82章

杀父之仇

国君战死的消息传到国内,吴人都感到极其悲愤。从此,楚国彻底成为吴国的仇敌,吴国人恨不得把楚国人撕碎了。

最痛恨楚国人的,恐怕就是诸樊的儿子公子光了[①]。

这里,我们不妨参考一下武侠小说中的套路。一个少年在得知自己的父亲被仇家陷害杀死之后,复仇的火焰在他的胸中熊熊燃烧。然而,他现在没有能力立刻去报仇,他便决定苦学知识和武艺,希望练就不凡的能力去手刃仇人。公子光当时的情况就和这差不多。

怀着切齿的仇恨,人的意志力往往会强大起来,但性情也变得冷酷和残暴。可以想见,少年的公子光一定整日皱着眉头,一张嘴就是打打杀杀。为了实现目标,他可以不吃饭不睡觉,所有阻碍他的东西,他都可以毫不留情地除掉。

[①] 此从《史记》记载的吴国世系。另有观点认为,公子光是余昧的儿子。

然而，命运和公子光开了个玩笑。他贵为国君之子，王位继承权却被父亲剥夺了。

诸樊生前留有遗嘱，说要遵守父亲寿梦的遗愿，把王位传给季札。但季札始终不肯，就让余祭和余昧两个弟弟依次当王。

还是孩童的公子光无法改变父亲的君子决定，只能接受。或许那个时候的公子光，理想只是当一名将军，到前线杀敌报仇。

王位就此传给了余祭。

之前的战争令吴国损失惨重，余祭在位期间主要是休养生息。他做了两件比较重要的事。

一件是召回季札，将他封在延陵（今江苏常州），季札因此被尊称为"延陵季子"。不知道余祭是通过什么理由让季札回来的，但他此举必然有培养季札为接班人的意图。季札有了封地和官职，身份更加高贵，就不方便再逃跑了，将来即位也能服众。

另一件是收留了一位来自齐国的流亡大夫，此人名叫庆封。庆封在齐国靠政变当上了国相，他独揽大权，却沉迷享乐，还公然霸占家臣的妻子。他不久即被仇人报复，下台逃亡到鲁国。但鲁国不敢因他得罪齐国，庆封就逃奔到了吴国。余祭收留了他，把朱方（今江苏丹徒东南）赐给他做封邑，还把女儿嫁给了他。庆封在吴国的生活简直比在齐国还要舒服。

余祭为什么要收留一个被天下人唾弃的大奸臣呢？

个人推测，余祭可能是希望借此招揽各国人才来吴国。庆封虽然是奸臣，但懂得很多华夏文化，能给吴国的文化和制度建设提供建议。而且，吴国如此大方地接纳一位落魄大夫，能够体现吴国对人才的渴望，从而使更优秀的中原人士愿意来投。

但余祭在位仅仅四年，公元前544年，他被越人刺杀了（此从《左传》记载）。他死后，余昧（另作夷末、夷昧）继任吴王。

余眛没有父亲和兄长那样好战,他更希望吴国成为礼仪之邦,成为诸夏诸侯的一员。

然而,吴国好心供养的庆封,却给余眛引来了一场兵祸。

公元前541年,楚王郏(jiá)敖被叔叔王子围所杀。王子围改名虔,成了新一任楚国国君,史称楚灵王。

此时的楚国通过晋、楚第二处弭兵会盟,获得了天下一半的霸权,拥有不少仆从国。楚灵王就想展示一下霸主的威风,做一次"行侠仗义"的举动。他看见邻国吴国收容了一个坏人,便决定借此开刀。

公元前538年,楚灵王纠集诸侯联军讨伐吴国,攻下了庆封居住的朱方。楚灵王下令将这座城市夷为平地,把庆封的族人全部屠杀,并把庆封绑起来拉到诸侯盟会上示众。

而在事先,楚灵王为了达到宣传效果,交代庆封这样说:"大家不要学我,我在齐国做尽坏事,挟持年幼的国君,又和卿大夫会盟。"

然而,庆封知道自己无论怎样都必死无疑,干脆把心一横,到了现场后大喊说:"大家不要学庶子围(楚灵王是楚共王的庶子,即位前名围),杀害自己的侄子,篡夺王位,又来会盟诸侯……"

庆封这一喊,现场顿时笑成了一大片。见自己的丑事被在诸侯面前抖了出来,楚灵王的脸上一阵红一阵白,气急败坏地让刀斧手赶紧砍掉庆封的脑袋。

楚国打进自己的国土,摧毁了朱方,杀了庆封,换谁当吴王都会不服气。余眛得知庆封被处死后生气地说:"庆封落魄来投奔吴国,寡人给予他优待,是为了证明我们吴国不亏待外人!楚国人如此做,就是在批驳我吴国做得不对!"

于是,在这一年冬季,余眛整顿军备,向楚国发起了报复性进攻。楚灵王来不及派兵,就让人在边境筑城防御。天公不作美,那段时间长江下游一带暴雨成灾,洪水泛滥。吴军行动不便,只好回国了,楚军的筑城行动也被迫搁置。

第二年冬季，楚灵王的报复来了。这一次，楚国不仅再次出动大军，还调集了陈、蔡、许、顿、沈、徐、越七国的部队参与，规模之大可谓空前。

不过，联军毕竟是联军，在协调方面混乱不堪。八国的军队要在吴、楚边境会合，距离远的要慢一点，距离近的要快一点，楚国和越国的军队早就到了，陈国和许国的军队还在十万八千里之外。战斗还没有开始，联军就东一茬西一茬地在吴、楚边境待着，这给了吴军可乘之机。

这年十月，吴军引诱一支楚军前来进攻，在鹊岸（今安徽铜陵西南）发起伏击将之打败。联军的士气像被放气的气球一样瘪掉了，诸侯们本来就不喜欢楚灵王，听说楚军吃了败仗，都在暗地里窃喜，心想终于可以回家了。

楚灵王好不容易凑出来八国的联军威风一把，怎么可以因为一场败仗就放弃了？所以他把联军集合完毕，强令部队继续东进。

这个时候，余昧做了一个意想不到的举动。他派公子蹶由带了一大批礼物去了楚军兵营，代表吴国犒赏八国的军队，并向楚灵王请和。

余昧可能考虑到吴军的实力毕竟不敌联军，既然已经小胜了一回，那就给楚灵王个面子，让他有个台阶下。这样一来，楚灵王可能就会提早撤军了。

但余昧的求和善意只是他自己的一厢情愿，蹶由当场就被楚国人抓了起来。楚灵王正为伐吴失利而郁闷，现在竟有一个吴国公子送上门来，他就准备把蹶由杀了祭鼓，多少挽回点面子。

在杀蹶由之前，楚灵王轻蔑地对他说："你来之前占卜了没有？来这里你觉得吉利吗？"

蹶由临危不惧，回答说："当然吉利！我们国君派我来之前就用龟

甲占卜，占卜出来的卦象告诉我们说吉利，我们吴国胜利是可以预知的。这是因为如果君王能够高高兴兴地接待臣下，同意请和，那么我们吴国会懈怠下来，有可能马上就被灭亡。但现在，君王却勃然大怒，把臣拘捕起来虐待，还想拿我的血来祭祀鬼神。那么我们吴国就会加强戒备，顽强抵抗你们的进攻，最终取得胜利。所以说卦象告诉我此行是吉利的！"

蹶由一副伶牙俐齿，说得楚灵王哑口无言。楚灵王觉得杀了蹶由没什么意义，就留下了他的性命，把他当作人质关了起来。

在这里，我来介绍一些小常识，让大家了解一下那个时代的祭祀和占卜是怎么回事。

古代人科技不发达，所以很迷信，他们觉得人和国家的命运都是由鬼神来掌控的。遇到大一点的事情，古人就会求神拜鬼，送上很多祭品（古语称"牺牲"）请求保佑，这叫"祭祀"；遇到无法预见的事情，或者需要选择的问题，他们就会算一卦，看看鬼神能不能给点暗示，这叫"占卜"。

周朝时期，文明程度还不高，人们把祭祀看成和战争一样重要，而且频率相当高。结婚了，祭祀一下，请求夫妻和睦，儿孙满堂；建了一座城市，祭祀一下，请求百姓安居乐业；去打仗，祭祀一下，请求旗开得胜，凯旋……总之，凡是人生中重要的事情，都要拜一拜鬼神。

而要拜的鬼神也有很多种，每座山有山神，每条河有河神，打仗有军神，诸侯的太庙里有列祖列宗等，就看选哪个鬼神了。神当中比较出名的是土地神（社神）和周朝人的先祖后稷，这两个神的地位就相当于众神之主，每个地方都有专门的祠堂和庙宇供奉它们，并由政府主持祭祀。春秋两季还要举办社祭赛会，百姓们到社神庙前跳舞狂欢。正因祭拜社、稷二神很重要，后来就把"社""稷"连起来读，比作国家。

那个时候举行祭祀是相当隆重的。祭祀之前，主持祭祀的人要到清净的地方斋戒几天。祭祀的时候，要找一个巫师扮作要祭祀的鬼神（也可以不找人扮演，直接对着鬼神的方向祭祀），称作"尸"。牺牲一般要用整只的猪、牛、羊等牲畜，也有拿人（如战俘、罪犯或奴隶）当牺牲的。牺牲之外，还需要一些真实的钱币、绢帛和玉器等财物"送"给鬼神。这些牺牲和财物献给鬼神有好几种方式，例如让"尸"来嗅嗅或者尝尝，或埋到土里、沉到水里。祭肉可以拿回来给人分享，但其余东西就绝对不能拿回来接着用了。

接下来简单说一下占卜。春秋时期的占卜不是找个算命先生掐一掐手指，或者请个和尚抖一抖竹筒，抽根签。那时有专门的占卜师，占卜道具是乌龟壳和兽骨。占卜师会把龟壳磨光，在上面钻一个小孔，放在小火上烤。等乌龟壳烤出裂纹了，再根据裂纹的情况确定吉凶。

让我们还原一下蹶由拜见楚灵王的这段情节中，提到的占卜和祭祀的环节。余昧派出蹶由之前，找了一个占卜师算了一卦。占卜师烤了半天乌龟壳，告诉余昧说此行吉利。余昧就让蹶由去了。

蹶由到了坻箕山（今安徽巢湖南），被楚灵王抓了。楚灵王计划搞一场祭祀鼓神的仪式，让鼓神保佑自己打胜仗，牺牲就是蹶由。祭祀的时候，蹶由的血要被泼到一面军鼓上，尸体要被埋到这面军鼓旁边的地下。幸亏蹶由口才好，逃过了被当作牺牲的命运。

楚灵王本想带领联军继续前进，但见吴军严密部署，坚守不战，觉得捞不到什么好处。联军在密林沼泽中挨冻淋雨，本就军心不稳，此时更是毫无斗志，楚灵王只好取消了进军计划。

但楚灵王不甘心这么窝囊地退兵，便在坻箕山搞了一场阅兵式，意在展示军威，让吴人别把自己看扁了。八国的军队在山上大呼小叫了一整天，才"体面"地撤退了。

"好人"楚平王

虽说求和没有成功,蹶由也成了俘虏,但联军终究撤退了,余昧长长地舒了一口气。这场战斗还让吴国有了一个小收获,那就是一直反感楚灵王的徐国派人来结好了。

徐国这个时候实际上是两面派,它不敢和楚国断绝关系,暗地里又和吴国通好。但楚国人很快就察觉到了,楚灵王自然是勃然大怒。第二年,徐国的公子仪楚到楚国访问的时候,楚灵王就把仪楚抓了。没想到,仪楚还挺有能耐,没过几天居然越狱逃回了徐国。楚灵王立刻派出大军攻打徐国。

这一次,楚军料定吴军必来救援,便兵分两路:大部队由令尹芳罢率领,进攻吴国;小部队由大夫芳泄率领,负责攻打徐国,分散吴军的注意力。

不过,吴军识破了楚军的企图,集中兵力在房钟(今安徽利辛东南)击败了楚军主力。恼怒的芳罢把一切错误归咎于芳泄,认为他没有实现吸引吴军的目标，在路上把他斩了。

楚军在对付吴人上连吃败仗，楚灵王本人这些年又到处胡闹，导致大国不服从于他，小国对他怨声载道，楚国的声望大受打击。公元前530年冬天，不服气的楚灵王再次出兵攻打徐国。但他没想到，这居然是他在人生舞台上的最后一幕演出。

这场战争中，楚灵王全然不顾楚军士兵在前线挨冻，自己裹得严严实实地赏雪。楚军将士对他厌恶至极，都不愿意替他卖命。结果，小小的徐国居然打到第二年开春还没有打下来。至于吴军，惧于楚军人数众多，这一次没有轻易出动救援，而是待在国内等待战机。

就在楚灵王在徐国前线的这几个月，郢都发生了一场政变，主谋是楚灵王的三个弟弟：王子比、黑肱和弃疾。

楚灵王的人品不怎么样，他的三个弟弟更是狼子野心，一心想篡夺王位。排行最后的弃疾更是一个阴险狡猾的人物。二哥楚灵王盛气凌人，恶名远扬，弃疾就故意把自己伪装成谦虚礼貌的好人来收买人心。有一次出访郑国，郑国君臣都出城来迎接，弃疾连忙下车表示愧不敢当。随后拜见郑国国君时，弃疾也是毕恭毕敬，像拜见楚王一样。会面结束后，他还送给郑国君臣许多礼物，并命令属下在郑国不得扰民和索贿。靠着滴水不漏的表演，不少诸侯和楚国大夫对弃疾颇有好感。

这一次，弃疾和两个贪图王位的哥哥合谋，调动了一批原属陈、蔡两国的人马，又收买了一些楚国地方驻军，和一部分楚国卿大夫，开始向郢都进军。

由于楚军主力调去打徐国了，郢都防守空虚，很快就被叛军拿下。弃疾斩草除根，派人将楚灵王的两个儿子杀死。随后，三人论大小排座位，王子比当王，黑肱当令尹，弃疾当司马。

政变成功，三人接着派了一个叫观从的人去招降在徐国的楚军。观从向楚军宣布："楚国已立新君了，先回国的有赏，迟到或者不来的人

要受处罚！"

楚军本来就不想为楚灵王效力，听到这个消息立马一哄而散，楚灵王和将军拦都拦不住。

余昧看见了取胜的战机，立刻命吴军出动，追歼失去控制的楚军。吴军再次大胜，还俘虏了五名楚军将领。

失去军队的楚灵王慌不择路，一开始他跟着溃兵一起逃跑，后来溃兵四散逃掉了，他既不愿意回郢都受辱，又不敢到得罪过的诸侯国那里避难，只好四处躲藏。到最后，随从也都跑光了，楚灵王只好孤身一人到汉水边坐船，却没有一个船夫愿意载他。楚灵王便躲进了深山，向山里的农户请求借宿，但农户不理他；向田里的农民讨饭，农民也不给他。

饿了三天后，楚灵王好不容易碰见一个以前的随从，就赖着他让给点吃的。那随从怕惹祸上身，连忙说："我万万不敢。新王立了法令，谁敢帮助你就要被灭族。"

楚灵王已经饿得不行了，抓住那随从不放，最后居然靠在那人的大腿上昏死过去。等他一觉醒来，发现随从已经不见了。

最后，楚灵王被一个叫申亥的好心人收留了，但他还是在极其绝望中上吊自尽了。申亥秘密地将他的尸体收敛起来，藏在了自己的家中。这件事当时谁都不知道。

没人知道楚灵王的去向，楚灵王带兵反攻的流言开始在郢都流传。一时间，郢都内外人心惶惶，参与政变的各色人等愁眉苦脸。在这混乱的情形下，阴险的弃疾觉察到了夺位良机，再次酝酿了一场阴谋。

五月十七日夜，也就是楚灵王自尽的前八天，弃疾派人在郢都四处散布谣言，说："大王（指楚灵王）的大军已到城外啦！"

国人们都惶恐不已，全城发生了骚乱。

紧接着，弃疾又派了一个叫斗成然（因他的采邑在蔓城，又称蔓城然）的人假装慌里慌张地跑进王宫，对王子比和黑肱说："大事不好了！大王回来了，现在城里的国人都在响应暴动，他们已经杀了司马（指弃疾），马上就要杀进宫了！您二位可要早做安排啊，国人们的愤怒已经没办法制止了！"

王子比和黑肱听得外面闹哄哄的一片，以为真的是楚灵王回来报仇了。就在两人束手无策的时候，又有一个受弃疾指使的人跑了进来，大喊说："国人已经杀进来了！"

王子比和黑肱吓得魂飞魄散。结果，这两个以为政变失败的蠢蛋竟在宫里自杀了。

得知两个哥哥自杀，弃疾露出了得意的笑容。这场政变，他兵不血刃，而且还不必承担弑君的恶名。他派兵平息了城里的骚乱，在第二天自立为王，改名为居。

他，就是历史上著名的楚平王。

不过，楚平王就这么上台了，还是有点不放心。因为还不知道二哥楚灵王的下落，万一他真的回来了，自己这个王位还坐得住吗？

于是，他派人杀了一个和楚灵王长得比较像的囚犯，再把尸体套上楚王的衣服，秘密扔进了汉水里。几天后，楚平王派人去把尸体打捞上来，说是先王的尸体找到了，就匆忙把尸体埋葬了。几年后，楚平王得知楚灵王的尸骨在申亥家里，才以王礼将二哥下葬。

楚平王即位之初，就表现出与楚灵王截然不同的形象。他努力修补与诸侯国之间的关系，先是让陈国和蔡国复国，接着又释放了被楚灵王扣为人质的沈、许、胡三国的公族，以及吴国公子蹶由。他还施惠百姓，宣布国家五年内绝不发动战争，与民休养生息。一时间，楚国的面貌似乎焕然一新，诸侯和百姓们都说明君来了。

楚平王真有那么好吗？当然不是。

他是个天生的伪装者，喜欢表演，喜欢包装自己。等到他觉得周围

人不会反对他了，他贪婪和自负的真面目立马就暴露出来。

有一件事情非常能体现楚平王的虚伪。有一年，楚平王表示要归还两座城市给郑国，以示友好。但是出访郑国的楚使却不愿这么做，到了郑国那里绝口不提归还土地的事。郑国人就问："敝国听说贵国要归还两座城市，贵使就为这事来的吧？"

楚使却回答说："我从来没听说过这件事！"

郑国人无可奈何，土地也就没有被归还。

楚使回国向楚平王复命，说没有完成使命，请求降罪。楚平王却高兴地说："你何必如此？你做得对！早点回去休息吧，不谷以后要重用你。"

这就是楚国的新任国君，虚伪、狡猾。他很快就要为楚国的一场大灾难埋下伏笔。

初生牛犊不怕虎

公元前527年,公子光已是一个健壮的年轻人了。作为吴国新一代公子,他与堂弟们开始登上历史舞台。

就在这一年,余眜去世了。余眜在位期间,始终坚持温和开放的姿态,几乎从不挑起争端。与楚国的几场战役,他也是把自己放在自卫反击的立场,与对手点到为止。这段时间的吴国可以说是散发着彬彬有礼的光芒,展现出有礼有节的风度。

余眜去世,按照寿梦和诸樊的安排,应该是让季札来继承王位了。所以一开始,年轻的公子们还不敢有非分之想,他们遵守父辈的遗嘱,邀请四叔季札来当吴王。然而,季札依旧摇头拒绝了这个万人垂涎的王位。为了避免被纠缠,季札又一次放弃了爵位和官职,归隐田野,远离纷争。

四叔不愿意当吴王,那王位该由谁来继承呢?公子光和几个堂弟议论纷纷。被失去继承权的苦恼压抑许久的公子光,此时爆发出了强烈的

权力欲望。他坚定地提出，这个王位应该由他来继承。因为他是诸樊的长子、寿梦的长孙，原本就应该有继承权，若不是父亲为了把王位传给四叔，这个吴王他早就当了。现在，四叔到头来还是不愿意做吴王，那么父亲的遗嘱就应该无效，王位必须回到他这里来。

但公子光的提议没有得到任何人的响应。堂弟们和公族、国人们商议，认为公子僚是余眜之子[①]，按照宗法，父死子替，僚应该是新一任吴国国君。

在商议的过程中难道就没人为公子光说句话吗？史书上没有记载。笔者觉得，就算是有，也是几个人微言轻的小角色，刚一发言便被众人否决了。公子光在王位之争上缺少支持，一方面是宗法制度的限制，另一方面可能是实力上不如公子僚。

就这样，公子僚即位成了新一任吴王，史称"吴王僚"。

在堂弟登极的那天，公子光的心情跌入了谷底，好几天都闷闷不乐。痛苦郁闷了好长时间后，公子光清醒了过来。在他的心中，一个想法始终萦绕着，那就是属于自己的东西就一定要得到！正常的途径走不通，那就用非正常的手段夺回来！

公子光想到的非正常手段无非政变，但发动一场政变，并不是一门简单学问，需要做好充足准备。首先，得有听从指挥的人马，没人能单枪匹马造反；其次，要有得力的干将，能在关键时刻派上用场；再次，必须有缜密的心思，在起事之前能做好保密工作，不会把计划泄露，导致全盘皆输；最后，就是找准机会了，当周围不利的因素最小时，才能增加成功的概率。

公子光要想推翻吴王僚，人马容易找，身为公子，他有权招募私兵；他也懂得如何伪装，把自己塑造成无心权位的人，让吴王僚放松对

[①] 此依《史记》记载。另有说法认为僚是寿梦的庶子。

他的警惕。

他缺乏的只是人才和机会。他身边能人不多，朝堂上掌权的多是吴王僚的亲信，公子光现在没有办法起事。

等待，是公子光唯一的选择。

而吴王僚，登上这个王位也承受着压力，说他一点都没有察觉到公子光不满，不太可能，但他为什么没有先下手为强除掉公子光呢？

也许是公子光缜密的伪装骗过了他，吴王僚找不出公子光要谋反的迹象，没证据杀他，也有可能是公子光代表了诸樊这一脉的公族势力，对他大加杀戮并不合适。吴王僚在表面上对公子光客客气气，暗中时刻提防着他。

为了压制国内反对的声音，吴王僚决定发动对外战争，利用军功提升自己的威望。他统领下的吴国，一改余昧时期的温文尔雅，开始变得好战和霸道。与宿敌楚国的下一轮大战不可避免。

公元前525年，就在吴王僚即位后的第二年，吴军主动发起了对楚国的进攻。

这是吴国第一次以水军为主力的作战行动，领兵主帅正是公子光。吴王僚这样安排可谓用心狠毒，因为公子光以前从未担任过主将，很有可能会被楚军打败。吴王僚想让公子光死在战场上，或者大败而归，遭人唾弃。

吴王僚还假惺惺地把一艘名为"余皇"的战船送给公子光，这是先王余昧乘坐过的战船，设计精巧，做工精良，船身上雕刻有各式花纹，在当时完全称得上是一艘宝船。吴王僚的用意是，公子光要是战败或损毁了"余皇"，他将无颜面对先王，可以自杀谢罪了。

得知吴军进攻，楚平王立刻派出了令尹阳匄（gài）和司马王子鲂率领楚国水军迎战。这行军打仗是重要的事情，楚国人不忘迷信一把，请求鬼神指点。阳匄在出发前请占卜师烤了一下乌龟壳，但占卜师皱着眉

头说此战不吉利。阳匄一下子就蔫了。

但王子鲂对此不相信,他说:"我军在长江上游,吴军在长江下游。我军是顺流而下,占尽优势,怎么会不吉利?依照楚国以往的惯例,出战应该由司马来占卜。让我再做一回占卜!"

于是,王子鲂再请占卜师占卜,并亲自念祷告词。结果,鬼神的旨意"改变"了,占卜出来的结果是大吉利。阳匄和楚军将士们立刻来了信心。

楚国水军顺江东下,在长岸(今安徽当涂西南)与公子光的部队相遇。

一场大水战爆发了。

春秋时期没有火药,水战还没有后来那么先进,主要靠的还是坚固的战船和水兵的肉搏。两军舰船靠近后,先是用弓箭、石块或者投枪射击,然后互相冲撞,看看哪一方战船坚固稳定,能把对方的船撞翻。如果撞不到对方,船上的水手就会想办法登上对方的船,与敌人展开肉搏。哪一方先把对方船上的人打败,哪一方就是胜利者。所以,高大的、装载水兵数量多的巨型战舰在战斗中更有优势。楚国是大国,自然拥有众多高大坚固的战船。

吴军这一边就逊色不少了。公子光手下的战船比较小,水兵也没人家多,没法冲撞对方,爬上船也不一定能打得赢。王子鲂看准了吴军弱小,决定先发制人,亲自率领一批巨舰往吴军的舰队冲过去。楚军顺流而行,速度极快,一路上撞翻了无数吴军的小船,很快就杀到了公子光的旗舰"余皇"附近。在王子鲂的鼓舞下,楚军其余舰船也一起出动,向吴军扑来。

公子光完全招架不住楚军凶猛的攻势,舰队被冲得七零八落,很快就战败了。为了避免更大的损失,他连忙下令撤退,舍弃了已经被楚军盯上的"余皇",换乘一艘小船逃离了战场。楚军便夺取了这艘吴军旗舰。

楚军大胜而归，但王子鲂冲得太急，竟在混战中被流矢射死了。阳匄带人将王子鲂的尸体送回下葬，留下一部分队伍留守在长岸一带，看管战利品和俘虏。战利品当中就有公子光的旗舰"余皇"。

由于是吴人先王乘坐的战船，"余皇"得到了楚军特别"招待"。楚国人把它拖到陆地上，在船的周围挖了一道壕沟，沟里填满了木炭，如果有人来抢，就可以在沟里放火阻挡。看守"余皇"的除了一部分楚军，还有来自随国的士兵，他们在附近扎营，终日监视。

楚国人如此严密看守，是因为他们知道吴国人就躲在不远的地方。此时的公子光把部队撤到了一个隐蔽的地方，谋划着反击。长岸一战，他没能痛扁杀父仇人，反而被仇人痛扁了一顿，还丢掉了先王的旗舰。如果这样回国，必将受到国人的斥责和堂弟们的耻笑。就算自己还有脸面苟活，也会威信扫地，将来争夺王位就没有胜算了。

所以，公子光必须打一场胜仗再回去，至少也要将"余皇"夺回来，回国之后好有交代。

吴军兵力无多，再发起强攻是不可能了，唯一可行的方法只有一个——偷袭。但偷袭需要过两道难关：一是"余皇"附近驻扎着楚、随联军，他们重兵把守，日夜监视；二是"余皇"周围有大壕沟，拖船，船就会栽进深沟里，如果楚军再在沟里放火，那就难上加难了。

面对如此艰巨的任务，公子光首先给手下的士兵打气。他打气的方式很特别，不是说一些振奋人心的好听话，而是用一番严厉的训斥来恐吓。他对吴军将士们说："丢失了先王的战船，难道是我一个人的罪责吗？你们没有努力作战，没有保护好战船，你们也是有罪的！要想将功赎罪，就要团结齐心把船夺回来。要是失败了，所有人回国后都是死罪！"

人在受到威胁的情况下，往往会把自己的潜能发挥出来。公子光这

一招置之死地而后生,把吴军士气一下子从战败后的低落提升到了相对高昂的状态,所有人都高喊着要拼死夺回先王的战船。

很快,吴军就制订出了一套夺船计划,计划的核心是——装神弄鬼。

行动的这一天,吴军悄悄干掉了三个掉队的楚军士兵。三个长胡须的吴军士兵穿上楚军军服,学着楚国人的口音和语气,顺利地溜进了楚军军营。

夜晚降临了,楚军的营地一片寂静,只有江边的芦苇被一阵阵阴风吹得唰唰响。在"余皇"船的周围,一群楚军士兵正杵着长戈,警觉地观察着四周的风吹草动。

这个时候,吴军的偷袭部队悄悄潜入,他们小心翼翼地在草丛中匍匐前进,来到"余皇"附近。吴军人员就位之后,随即齐声大喊:"余皇!"附近的楚军士兵还没反应过来,又听到不远处传出一个响亮的声音:"余皇!"这忽然而来的声音响彻夜空,听起来就像是大地发出的叫喊,楚军士兵顿时惊得毛骨悚然。

吴军继续一问一答地大喊,一些迷信的楚军士兵紧张起来,嘟囔着说:"是吴王余皇的鬼魂来了!来找我们报仇了!""余皇"船周围的守卫也混乱起来。

一些胆大的军官听出喊声蹊跷,便带人循声去找。三个吴军细作不久就被发现了。三人慌慌张张地逃跑,楚军跟在后头追杀,最终将他们全都杀死了。

三个细作被杀,并不影响偷袭进行。公子光带领士兵们从草丛里站起来,冲向守船的楚军士兵。楚军还没明白是怎么回事,就被一剑砍翻在地。

砍死楚军守卫之后,吴军连忙在壕沟上架设木板,钩住"余皇"的船头和船舷,奋力将它拖走。楚军见吴军夺船,立刻蜂拥前来阻止。吴军则拼命保护拖船的工兵，与冲上来的楚军展开了激烈的混战。最终，"余皇"通过壕沟上的木板滑进了江水。公子光连忙带人操纵船桨，且战且退，驾驶这艘宝船消失在了夜幕中。

公子光此次偷袭夺船行动可谓干净利落，虽说没能扭转长岸之战，但仍称得上反败为胜，国人们纷纷称赞他的勇气和智慧。公子光因祸得福，不仅没有让吴王僚的暗算成功，而且提升了自己在军中的威望。有了这次战场历练，他的军事指挥才能开始崭露头角。

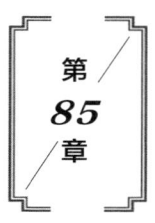

愤怒的伍子胥

就在此战结束四年之后,一位楚国人来到了吴国首都,求见吴王僚,请求吴军发兵攻打楚国,他愿意尽全力协助吴国攻下郢都。

这个人,就是改变吴、楚两国命运的传奇人物——伍子胥。

伍子胥,名员,子胥是他的字。他的祖父就是曾进谏楚庄王的伍举。那么,他何来的深仇大恨,定要借外国的力量来攻打自己的祖国呢?

这和伪君子楚平王有关。

楚平王在位初期确实做了一些好事,但只不过是他的"炒作"而已,骨子里,这位仁兄的贪得无厌和他二哥楚灵王不相上下。

楚平王说是罢兵休战,与民休养五年。实际上,他是把楚国百姓的劳力从战争转移到了土木工程建设上。他对楚国的豪华宫殿进行了扩建,四处建造各式各样的行宫和园林。为此,他多次征发楚国百姓服劳役。这就导致了大量农民没有精力耕种农田,连家人死了都没时间回去办丧事，楚国百姓苦不堪言。

他还喜欢收集各类奇珍异宝，在国内大肆搜刮。上梁不正下梁歪，底下的大夫们也跟着腐败成风。

政变中帮了他大忙的斗成然，居功自傲，大肆聚敛财富，还和养氏家族斗富，两家人把楚国的社会风气搞得铜臭无比。楚平王听说后，便以两家人涉嫌贪腐为由，将他们拉去砍了，财产充公。

楚平王这么做并不是为了严厉打击腐败，他只不过是枪打出头鸟，觉得斗成然和养氏家族太富太招摇，有可能威胁他的地位。经过这件事情，贪官们学乖了，认识到私下腐败是没有问题的，但千万不要冒犯到国君。结果，楚国依旧贪腐横行，为以后的灾难爆发埋下了隐患。

楚平王不仅贪财，而且好色。公元前523年，他为太子建娶了一位秦国公主。本来婚礼准备得很顺利，却冒出一个小人来，让楚平王犯下了大错。

这个小人名叫费无忌（另作费无极），是太子建的老师。他没什么特长，平时就靠溜须拍马和搬弄是非吃饭。太子建还有一个老师，名叫伍奢，正是伍子胥的父亲。伍奢为人正派，学问也高。两人一比较，太子建当然很讨厌费无忌而尊重伍奢。这让费无忌耿耿于怀。

此次，太子建到秦国娶妻，费无忌担任迎亲使者。到了秦国后，费无忌发现这个公主长得很漂亮，眼珠子一转，便想出了一个置太子建和伍奢于死地的阴谋。

按照当时的规矩，太子的正妻进门之前要先见过国君和祖先。费无忌把秦国公主带到郢都让楚平王见面。楚平王被这个未来儿媳的美貌吸引了，费无忌便乘机小声劝他道："大王何不自娶此女，让太子另娶别的女子？"

楚平王立刻点头，连声说好。他不顾廉耻，将这位秦国公主立为自己的夫人，而让太子建娶别的女人为妻。

夺了儿子的未婚妻，楚平王也有些担忧，害怕太子建生气搞出事端来，就动了废太子的想法。他把太子建赶出郢都，命他到边境的城父（今安徽亳州东南）去住。

费无忌见太子建已经失宠，便开始了下一步行动。

公元前522年，费无忌忽然对楚平王报告说："大王，臣有可靠消息，太子一直在怨恨您，他和伍奢在城父招兵买马，密谋造反啊！他们还与齐、晋两国联合，准备挑动方城以北的地方独立！"

楚平王本来就担心儿子造反，现在听到谗言，心底的恐惧立刻被触动。他派人把正在郢都的伍奢抓起来，严刑拷问，逼他供出太子建的谋反细节。

费无忌纯粹是造谣诽谤，太子建和伍奢是清白的。伍奢在国君的刑讯逼供下说不出什么来，当他得知是费无忌打的小报告后，悲愤地对楚平王说："大王，您做错一件事已很足够，为什么还要听信谗言？您怎么可以亲近小人，疏远自己的亲骨肉？！"

楚平王此时就像个疯子，听不进伍奢的一番肺腑之言，反而觉得是他不肯招供。他不想再去找什么证据，既然儿子有谋反的重大嫌疑，那就赶紧把他杀了吧。

楚平王下令把伍奢关进死牢，命令城父的司马（相当于当地的守备司令）奋扬去处死太子建。

奋扬对太子的为人比较了解，觉得太子是不可能谋反的。犹豫再三后，奋扬在去城父的路途中派人秘密先行，让太子建赶紧逃跑。太子建得知消息，逃亡到了宋国。

奋扬到城父转了一圈，假装没抓到太子建，让人把自己绑起来回去向楚平王复命。楚平王质问奋扬说："杀太子的命令是寡人亲自交代给你的，是谁将它泄露出去的？"

奋扬老实回答说："是臣泄密的。君王曾经嘱咐臣要尽心辅佐太子，臣不敢三心二意。现在大王又要臣杀了太子。臣只能按照您前一个命令来执行，而不忍心执行您后一个命令。"

楚平王生气地说："那你还敢回来？"

奋扬又说："臣没有执行大王的指令，如果不回来就是再次抗命了，臣不敢不回来。"

楚平王被奋扬一番忠厚的言论说得无可奈何，便赦免了他。

没能抓到太子建，楚平王只能惩罚伍奢。

费无忌这个时候又出来进谗言了，他对楚平王说："大王，伍奢有两个儿子，一个叫伍尚，一个叫伍员，他们都是有才能的人。如果只把伍奢杀了，他的两个儿子必会报仇，将来就会成为大王您的祸害。不如把伍奢作为人质，叫他的两个儿子前来，一起处死。"

楚平王觉得有道理，便让伍奢把自己的两个儿子叫到郢都来。伍奢是聪明人，当然看得出楚平王的真实意图，他摇摇头说："臣不用叫他们，臣的长子伍尚一定会来的，次子伍员是绝对不会来的。"

楚平王问："这是什么原因？"

伍奢回答说："伍尚孝顺且仁厚，是不会抛弃父亲逃亡的；伍员刚勇而睿智，一定会为我报仇，将来给楚国带来灾难的必定是他！"

楚平王不相信，便派了不少人去诱捕伍奢的两个儿子。使者来到伍家门口，按照楚平王的指示，骗伍子胥兄弟俩说："大王传你们二人去国都，去了就赦免你们的父亲。"

正所谓"知子莫如父"，伍奢的两个儿子听到命令，果然做出了截然不同的选择。

伍子胥当即愤怒地说："大王这是要斩草除根，把你我兄弟二人召去与父亲一同处死。我们不能去，要想办法逃走为父亲报仇！"

伍尚却冷静地对伍子胥说："如果我们都不去，是会背负不孝罪名的。你去逃亡吧，就让我来陪父亲一起死。我的能力不如你，只有你

有能力复仇。你赶快走吧，去投奔他国，要努力想办法为父亲和我报仇啊！"

说完，伍尚出门让官兵把自己关进囚车。

伍子胥则穿上甲衣，拿上家中的弓箭，杀气腾腾地对门口的使者说道："父亲有罪，为什么要召他的儿子！"

说完，他抽出箭，做出要往楚王的使者身上射箭的样子。伍子胥武艺高强，使者吓得仓皇而逃。伍子胥趁机大步流星，逃离了住所。

伍尚被抓到了郢都，很快就与父亲伍奢被押赴刑场处斩了。临刑前，伍奢看见伍子胥果然没有来，冷笑着对楚平王说："恐怕楚国的君臣此后都无法安心地吃饭了。"

楚平王听了伍奢的临死遗言，不免有些心虚，便下令在全国缉拿伍子胥。每处关隘、每座城市、每个渡口都张贴了伍子胥的画像，官兵对过往的行人严加盘查。抓获伍子胥的，赐粮食五万石，封上大夫官职；包庇伍子胥者，全家处斩。同时，楚平王还通知各诸侯国，要求他们不能收留伍子胥。

伍子胥只能选择昼伏夜出，挑偏僻的小路行走。每回睡觉，他都提心吊胆，一有什么声响，他都警觉地握紧身上的弓箭。他这段曲折的逃亡路，经过后世的加工杜撰，成了中国历史上极富传奇色彩的一页。

亡命天涯

笔者索性汇集各种史料和野史传说，展现伍子胥精彩的逃亡历程。

楚平王下令通缉伍子胥的时候，他还在楚国。他本来的计划是去宋国，投靠流亡的太子建，借北方诸侯的力量为父兄报仇。路上，伍子胥碰到了老朋友申包胥。申包胥是个忠义之人，了解伍子胥是被冤枉的，所以他不仅没有抓住伍子胥报官，还挽留他在家中小住。

在与申包胥叙旧聊天的过程中，对楚平王恨之入骨的伍子胥愤愤地说："我一定要向别国借来兵马，打下郢都，生吃了楚王的肉，为我的父兄报仇！"

申包胥回答说："我理解你的心情。但是你也是楚国人，应该懂得君臣之道啊，怎可说出弑君的话来？"

伍子胥一拍桌子站了起来，大声地说："楚王无道，禽兽不如！我为何要忠于他！父兄之仇不报，我誓不为人！"

听了伍子胥的话，申包胥摇摇头叹气说："我鼓励你去报复楚国，

是不忠；劝你不要报父兄之仇，是不孝。我不能再说什么了，随便你去吧，我不会出卖你的。但日后当你带外国的兵攻打楚国时，我是一定会保卫国家的。"

告别了申包胥，伍子胥继续往北走，终于来到了宋国地界。但宋国的情况令他大失所望。此时的宋国乱成了一锅粥，宋元公（名佐）与大夫华亥、向宁不和，想诛灭他们，导致华氏和向氏家族起兵作乱。宋国人忙着内战，根本不可能为伍子胥提供帮助。太子建在宋国的处境也好不到哪里去，天天在那儿坐冷板凳，没人搭理他。于是，伍子胥和太子建商议，决定去郑国那里碰碰运气。

两人受到了郑国人欢迎。郑定公（名宁）将太子建奉为上宾，提供了极好的待遇。没想到，太子建是个好了伤疤忘了疼的人，生活安逸起来，就把复仇的事情抛到了九霄云外，天天享乐。这让对他寄予厚望的伍子胥非常失望。不久之后，太子建又犯了一个愚蠢的错误，把自己的命给丢了。

太子建是楚国的流亡太子，晋国人对他的身份产生了兴趣，太子建就去晋国拜访了晋顷公（名弃疾）。晋顷公私下里对太子建说："听说郑国人很相信你，你能不能为晋国做内应？到时候寡人灭了郑国，就把郑国的土地封给你一块。"

晋国人的这个请求，有点良知的人都不会答应。郑国人好心收留自己，这么做怎么对得起人家？况且，晋国人能不能消灭郑国还是个问题，万一没成功，不仅封地的事情没谱，自己的小命还要赔上。然而，太子建不假思索就答应了晋国。估计他是厌倦了流浪，太想要一块封地了。

没多久，傻里傻气的太子建兼职做卧底的事情就被郑国人发现了。郑定公火冒三丈，下令把这个恩将仇报的混蛋抓起来杀了。

早在太子建计划给晋国做内应的时候，伍子胥就劝过他："郑国如此友善，怎么可以做这种不仁不义的事情？"

太子建却回答说："我已经答应了，不能反悔了。"

如今太子建连累了伍子胥，郑国人开始抓捕他和太子建的家人。伍子胥不得不带着年幼的太子建之子胜一路逃跑，离开了郑国。

还有哪个国家可以投靠呢？

伍子胥首先想到的是晋国和齐国两个大国，但他转念一想，对身边的人说："算了吧，这两个国家占据着有利地形，人民都安于现状，他们是不可能为我兴兵南下的。"

除了晋国和齐国，北方还有秦国这个强国。但秦国是楚国的盟友，不可能出兵。想来想去，伍子胥想到了东南小国吴国。吴、楚两国是世仇，吴王一定会对攻打楚国的事情感兴趣。伍子胥便决定去投奔吴国。

伍子胥带着胜首先来到陈国。从陈国出发再到吴国，需要经过楚国控制的昭关（今安徽含山北）。守关士兵都遵照楚平王的通缉令，对过关行人严格盘查。

这可真是难倒了伍子胥。昭关是通向吴国的必经之路，贸然闯关，必然会被守关的楚军发现，就算自己的武艺再高强，也难敌数百人的围攻。

那么，伍子胥想了一个什么办法偷过了昭关呢？

民间传说、野史和正史的记载各不相同。我们先来看看民间传说是什么样的。

传说中，伍子胥因为苦于没有办法过关，感觉复仇无望，一夜之间就愁白了头。正在他一筹莫展的时候，遇见了一个叫东皋公的世外高人。东皋公有意帮助伍子胥，正好他有一个朋友叫皇甫讷，长得和伍子胥比较像，东皋公就让皇甫讷假扮成伍子胥的模样，在前面招摇地过关，再让伍子胥打扮得不显眼，跟在皇甫讷后面不远的地方走。

皇甫讷大摇大摆地走到关口，守关的楚军见他和通缉令上的画像极

为相像,就把他当作伍子胥抓了起来。看见官兵抓人,许多爱看热闹的人纷纷聚拢来围观,现场的秩序一下子就乱了。楚军士兵以为伍子胥已经被抓住了,就放松了对周围行人的盘查。伍子胥一头白发,趁乱蒙混过关了。

伍子胥过昭关的传说在民间相当有名,以至于后来的民间艺人将它搬上了戏台,演绎成了京剧名段《文昭关》。

不过,传说毕竟是传说,很多地方经不起推敲。例如,聪明的伍子胥会因为没办法过关而一夜愁白了头,很夸张;碰到东皋公这么个好人,又碰上和自己长得像的皇甫讷,太巧合了。总体来说,这是民间艺人为了吸引听众而编造出来的故事。

在野史《吴越春秋》上,有另一个说法:伍子胥胆子很大,直接就闯关了。守关的楚军把他抓了起来。伍子胥冷静地说:"大王之所以要抓我,是为了一颗稀世宝珠。我已经把它弄丢了。如果你们抓我,我就说你们把它私吞了。"

守关楚军不敢背这种黑锅,就放伍子胥过关了。

这个说法未免有些牵强,守关的楚军不太可能不知道楚王通缉伍子胥的原因。就算不知道,遇到国君的通缉犯,听对方一通信口雌黄,就把人放走?所以说,伍子胥要真是用这种方法过关,只有两种可能:一是昭关的楚军傻到家了,二是昭关的楚军故意放走伍子胥。

《史记》对此事的记载极为模糊,只用了二十一个字:"……到昭关,昭关欲执之。伍胥遂与胜独身步走,几不得脱……"

也就是说,伍子胥在过昭关的时候被楚军发现了,他和胜只能分开单独逃跑,差点被抓住。但司马迁没说伍子胥是怎么过昭关,怎么被发现的。他不屑于说明,表明伍子胥过昭关的方法普通得不能再普通了。

按照常理推断,要想躲避昭关守军的盘查,有两种方法:一是和电视剧里常见的情节一样,伍子胥收买商人或者农夫,躲藏在他们的货物里过关；另一种就是绕路走，找昭关边上的小路来躲避检查。而无论他选择哪一种，都必须扔弃马车和过重的行李，以后的路只能轻装步行了。

可惜的是，伍子胥费尽周折，还是在最后关头被发现了。他带上胜拔腿就跑，楚军一窝蜂地跟在后面追捕，伍子胥担心两人一同被抓，就和胜分路逃跑。

跑着跑着，伍子胥的面前出现了一条大河。眼看后面的追兵越来越近，而前面的大河深不见底，该怎么办呢？

恰好在这个时候，河面上漂着一艘小渔船。伍子胥连忙大喊："船家渡我！"

撑船的是一位上了岁数的老渔翁，他把船划到岸边，招呼伍子胥赶快上船。伍子胥也没多想，就跳上了小船。渔翁奋力一划，带着伍子胥驶离了河岸。而那些楚国的追兵们赶到河边，因为没有渡船，只好眼睁睁地看着伍子胥从眼皮底下逃走了。

渔翁把伍子胥送到了对岸，下船之后看见伍子胥很饿的样子，对他说："你在这棵树下等着，我给你拿点饭来。"

说完，渔翁就走开了。整天躲避追捕的伍子胥神经过于敏感，以为渔翁是去报官领赏了，便躲到了芦苇深处。

过了一会儿，渔翁回来了。他带来的不是官兵，而是好几罐烧好的饭菜。渔翁没看到伍子胥，便笑着说："芦苇中的人啊，难道你不是落魄的人吗？"

这样喊了三次，伍子胥才消除了疑虑，走了出来。

吃了渔翁送来的饭，伍子胥连忙拜谢他的救命之恩。他拿出家传的一把宝剑，对老渔翁说："这把剑镶有七颗宝石，能值很多钱。我把它送给您，作为对您的答谢。"

渔翁却推开伍子胥的宝剑说："按楚王的通缉令，抓住你能拜官赐

爵。我连那么丰厚的奖赏都不要，还会要你这把宝剑吗？你赶快走吧，不要被追兵追到了。"

伍子胥说："我还没请教您的名字？"

渔翁回答说："我是一个浪迹于江河波涛中的人，名字对我来说有何用？记住你是'芦中人'，我是'渔丈人'，就可以了。"

伍子胥拜别了老渔翁，正准备离开，忽然听见老渔翁自言自语地说了一句："我把你所有的踪迹都掩埋掉，不要让任何人知道。"

伍子胥连忙转过头来一看，老渔翁已经凿破了渔船，和渔船一起沉入了河水中。

伍子胥继续前行。他不敢投宿，更不敢到饭店里吃饭，只能吃野果和野味，一路上饥一顿饱一顿。《吴越春秋》又为我们讲了个很稀奇的故事。

这一天，好几天没吃饭的伍子胥的肚子又开始咕咕地叫了。他来到一条小河边，看见有一个女子正在洗衣服，而女子身边的竹篮子里正好有一些饭菜。饿极了的伍子胥就冒险对那个女子乞求说："夫人可以给点吃的吗？"

女子摇摇头说："不行，我还没有嫁人，不能给一个陌生的男人饭吃。"古代女子地位不高，要遵守贞洁，是不允许与陌生男人打交道的。

伍子胥乞讨被拒，但他实在是饿得不行了，便厚着脸皮说："我是一个落难之人，希望夫人能发善心帮帮我。"

女子心软了，便把自己篮中的饭菜拿给了伍子胥。伍子胥接过去狼吞虎咽，但他只吃掉了一部分饭菜，还给那女子留下一些。女子问："你还要走很长的路，为什么不吃饱呢？"

伍子胥就把饭菜都吃完了。他谢过了女子，又说："夫人赶紧把篮子和碗筷藏起来，不要被别人知道。"

女子却说："我给一个陌生的男人送饭，又和他说话，我已经没有贞洁了。"

说完，她转身跳进了河水中自杀了。

伍子胥对这个女子的贞烈感慨不已。几年之后，他重新回到这个地方，往水里投了一千两金，作为对好心女子的报答。有一种观点认为，这就是"千金小姐"的典故。

以上伍子胥的经历都是野史传闻，真实性存在疑问。不过，这两个故事已经成了著名的传说，在民间广为流传。

勇士

经历了千辛万苦，伍子胥终于来到了吴国国境。到吴国后不久，他就在乡间遇到了一位奇人。

这个奇人名叫专诸，"碓（duì）颡（sǎng）而深目，虎膺而熊背"。也就是说此人额头突出，眼窝又大又深，虎背熊腰，身上的肌肉是一块一块的，一看就是个大力士。那天正好有几个人招惹了他，专诸非常生气，发怒的神情就像是一只发狂的老虎。他就要动手打架的时候，他的妻子叫住了他，要他不许惹事，专诸立马就老实得像一只听话的小兔子一样回到了妻子身边。

伍子胥不禁说了一句："你刚刚还生气得要打人，怎么听了一个女人的话就停手了？"

专诸看了伍子胥一眼说："你看我的样子，像是一个愚蠢的人吗？怎么说话这么无知？我能屈服于一人之下，也能在万人之上施展本领！"

专诸的意思是说自己是一个能屈能伸的人，他不屑于逞一时的匹夫之勇，更愿意成就伟大的武勇。伍子胥听出了专诸的意思，觉得此人将来定有大作为，便做了自我介绍，想和他交个朋友。专诸是豪爽的人，招呼伍子胥到自己的家里小住。两人结成了好友。

在专诸家住了几天之后，伍子胥赶往了吴都。不久，胜也来到了这里与他会合。这两个失魂落魄的男人，在吴国一无熟人，二无证明身份的物件，怎样才能让吴王召见呢？

伍子胥想了一个办法。

他每天在街市上吹箫乞讨，顺便把自己的遭遇和想见吴王的愿望编进歌词里。

他每日吹箫乞讨，引起了吴国百姓的好奇。人们都感到很稀奇，这个操着楚国口音的乞丐竟有如此曲折的经历。渐渐地，知道伍子胥的人越来越多，吴国的官员们也开始对这个楚国人产生了兴趣。

管理市场的市正见伍子胥气度不凡，认定他是一位流亡到此的外国大夫，便向吴王僚做了报告。吴王僚决定见见他。

于是就有了前面的一幕，伍子胥在吴王宫殿里痛斥楚平王的罪行，希望吴国能助他攻打楚国。吴王僚听了伍子胥的话有些心动，打算给他封官，再挑个适当的时机出兵楚国。没想到在这个节骨眼上，公子光忽然站了出来，极力反对帮助伍子胥攻打楚国。

公子光对吴王僚说："伍子胥是想借吴国的兵给自己报私仇，不能听他的。"

吴王僚仔细一想，有点道理，伍子胥又不是楚国重臣，吴国凭什么为这样一个没有地位的小角色出兵呢？于是，吴王僚便对伍子胥的请求拖着不回，封官的事情也没了下文。

公子光真的是看扁了伍子胥吗？不是。其实他在心里打的是另一副算盘。他早已觉察出伍子胥是个不一般的人物，生怕此人会被吴王僚所

用，所以，他才在朝堂上力劝吴王僚不要相信伍子胥。吴王僚果然中计，疏远了伍子胥。

伍子胥在吴国待了一段时间，渐渐看出公子光和吴王僚堂兄弟的关系很不好。公子光身为诸樊的长子，对未能继承王位一事耿耿于怀。这样下去，两兄弟迟早有一天火并，这个时候游说吴王出兵伐楚不是最好的时机。

机灵的伍子胥认定公子光的能力要强于吴王僚，将来他必是胜利者，便决定投靠公子光，把赌注押在他的身上。

他主动对吴王僚提议道："我听说诸侯不会为一个普通人兴师动众进攻邻国。战争这样的大事，不是只凭个人意愿来处理，只有为了援救危急才可以出动军队。现在君王执掌一国大权，为我这样一个普通百姓发动战争，在道义上是说不过去的。"

吴王僚正想不出理由拒绝伍子胥，见他主动放弃了请求，当即就同意了。

公子光呢？招纳人才正是他准备政变的一部分。他见自己的计谋成功，便开始暗中和伍子胥交往。

经过一段时间的接触，伍子胥洞悉了公子光的计划，对身边的人说："公子光将有其他意图，一位得力的武人对他来说是必不可少的。我就为他找一位勇士吧，然后到乡野之地耐心等待时局变化就行了。"

勇士的人选，伍子胥立刻想到了在逃亡路上结交的新朋友——专诸。

伍子胥把专诸带来推荐给公子光，他自己则立刻搬到城外，躲到乡间务农去了。伍子胥选择淡出公众视线有一个很大的好处，就是避免他和公子光之间的合作曝光。他毕竟是外国人，留在吴都内，再怎么低调地与吴国公子接触，都会引起别人怀疑。所以他干脆以退为进，做出不和任何吴国公子交往的姿态。

忍耐与等待

获得专诸这样的勇猛之士，公子光自然相当高兴，他给了专诸极高的待遇，还每月给专诸的家里送钱送粮。他对专诸说："上天难道是安排你来弥补我的遗恨吗？"

公子光向专诸透露说，自己打算让他杀死吴王僚。

专诸一听要杀当朝国君，心里一惊，说："先王余昧去世，他的儿子僚立为王没什么不对啊。公子您为什么要害他呢？"

公子光回答说："按照我祖父和父亲的遗愿，王位本应由余昧传给季札，但季札那个时候不在国都，王位就空下来了。按照规矩，应该让国中最年长的公子代理摄政，僚他凭什么自立为王？我想惩罚他，可惜没有得力的人帮助。有了像你这样的人，我就可以做了。事成之后，就算是季札回来，他也没有办法将我废除。"

公子光的这一席话是在给自己的脸上贴金，把自己塑造成吴国的真命国君，是被吴王僚抢走了君位。

  如果用卑贱的目的劝人做大事，说杀了吴王可以有黄金千两、良田万顷，只能说服一些贪财且肤浅的小人。像专诸这样的大人物，就得用崇高的目的来说服，让专诸觉得自己杀吴王僚是为民除害。所以公子光把政变的企图换了一种方式表达。

  但忠厚的专诸还是觉得没必要把事情做这么绝，惩罚一个人难道非要取他的性命吗？他问："为什么不让亲近的大夫去劝说大王，向他阐明利害关系？说服他让出王位，不是更好？"

  公子光当场予以了否定，说："不行，僚这个人贪婪狂妄，只会进取，不懂退让，他是不会答应让位的。我正求一个志同道合的勇士协力除掉他，希望你能成就这番大义。"

  专诸的理想不正是干一番惊天动地的事情吗？况且一个公子对自己这样的平头百姓这么好，实在是难得。专诸便决定为公子光效忠，报答他的恩情。

  接下来就要讨论行动的具体时间了，公子光却说："时未可也。"

  他认为现在时机不佳，需要再等等看。毕竟兵权集中在吴王僚亲信的几位公子手中，公子光一旦起事，必然遭到他们围攻。他需要等掌兵的公子不在了才好动手。

  行动时间待定，政变方案中还有一个重要的内容要考虑，那就是专诸如何接近吴王僚。专诸问："大王有什么爱好吗？"

  公子光答："他喜欢吃烤鱼。"

  专诸点点头，他已经想出点子来了。几天之后，他告别了公子光，化装成渔夫去太湖边上学习烤鱼了。

  公子光与专诸的这番谋划是绝密进行的。政变的时机还不成熟，公子光仍需耐着性子，"老老实实"地为堂弟做臣属。而在这段时间，吴国和死敌楚国的战争还在断断续续地进行着。

  公元前519年，吴王僚亲自带兵，以公子光为元帅，大举攻打楚国重镇州来，以报复长岸之战的失利。州来的位置重要，楚平王不敢马虎，一口气调集了胡、沈、顿、陈、蔡、许六国的军队与楚军会合，并令卧病在床的令尹阳匄挂帅，组成七国联军去与吴军会战。

七国联军人马众多，杀气腾腾地向吴军杀来。吴王僚连忙撤出州来，后退至钟离（今安徽凤阳东北）一带布防，准备制定详细的作战方案再战。

联军继续逼近钟离，但主帅阳匄这个时候在军中病故了。还没开战就遇上这么晦气的事儿，联军顿时士气大跌。新提拔的主帅不如阳匄那么有威望，没法约束楚国之外的军队，联军的军心散得一塌糊涂。《左传》干脆用了一个"熸"（火熄灭的意思）字来形容联军此时的状况。

老天爷一次又一次慷慨地给予吴人取胜的机会，不把机会抓住就太对不住老天爷了。吴国的君臣们立刻召开了一场军事会议，研究如何打赢人数众多的七国联军。

此时的公子光经过战场的历练，指挥水平大为提升。他对吴王僚分析说："跟从楚国的国家很多，但都是一些小国，是害怕楚国才来的。他们的战斗力肯定不如楚军，我们可以先攻击他们。而楚军因为死了主帅，士气低落，六国的军队失败了，他们也一定会混乱逃跑。所以，臣建议让先头部队故意战败，引诱胡、沈、陈的军队追击，然后大王以主力伏击他们。三国的军队一败，其余诸侯的军队便会动摇，就能打败楚军了。"

吴王僚听从了公子光的建议，对手中的部队进行了相应的安排：中军由自己率领，右军由公子光指挥，左军由他的弟弟掩馀带领。又调来了三千名囚犯放在主力的前方，假扮成进攻的先头部队。

吴军主动出击，与七国联军在鸡父（今河南固始东南）展开会战。仗着人多势众，楚国人这次又犯了轻敌的老毛病，他们把六个小国的人马安排在前面，让这些虾兵蟹将给自己挡着吴人，楚军则躲在六国军队

的后面，慢悠悠地布置阵型。

吴军才没有楚军那么磨蹭，在吴王的严令下，三千名囚犯首先向胡、沈、陈三国的军队发起了攻击。囚犯们不懂打仗，稀稀拉拉地往前冲。结果自然不必说，他们在联军的劲弓长矛下死伤无数。吓坏的囚犯们丢下满地的尸体，纷纷溃散逃跑。联军哈哈大笑，觉得吴军也太弱了，根本没传闻中那么凶悍。一部分联军开始追击那些吴国囚犯，打算抓几个俘虏回去领赏。

吴王僚见诱敌的目的已经达到，便命令吴军的主力部队也分散后退，做出要撤退的样子。胡、沈国君年轻气盛，见吴军撤退，便不管楚军主帅的命令擅自出击。陈国领军的是一个大夫，看见胡、沈两军出击，也带着部下争功去了。

三国士兵争先恐后，队伍乱成了一团，根本没人去管什么阵型，也没人防备有没有埋伏。吴军的三路主力分散开来，绕到三国军队的后面，突然发起了攻击，当场把胡、沈两国国君和陈国的领军大夫俘虏了。

接着吴军放了一批胡、沈两国的俘虏，让他们散布假消息给其余四国士兵。俘虏们夹杂在溃兵里，跑到许、蔡、顿三国的队伍里，上气不接下气地喊道："吴人太厉害了！我们的国君都战死了！"

听说前方大惨败，联军的军心彻底大乱。吴军乘机擂响战鼓，向联军发起了总攻击。许、蔡、顿三国的军队本来就不愿为楚国人卖命，这个时候撒丫子就跑了。楚军控制不住六国人马溃逃，只好跟着他们一起撤退了。

楚国大败让居住在郹（jú）邑（今河南新蔡）的太子建母亲备感欣喜。原来，太子建被诬陷谋反后，他的母亲就被楚平王打入冷宫，赶回了老家郹邑。太子建的母亲无比怨恨楚平王，听说吴军在附近打了胜仗，就派人送信给吴国人，说可以帮忙打开郹邑的城门，请吴军把她带走和孙子胜团聚。

公子光便在这年十月率兵攻下郧邑,将太子建的母亲带回吴国,并顺道把楚国存放在郧邑的宝器洗劫一空。

楚平王急命司马芳越带兵追击。芳越追赶不及,只能怏怏地回国。他对家人说:"我不仅让楚军又吃了败仗,还丢失了君王的夫人,理应以死谢罪。"不久便自杀了。

卷七 扳倒霸主的『蕞尔小国』

第89章

卑梁之衅

一年之中，楚国的两位重臣——令尹阳匄和司马芳越先后死去。楚平王任命囊瓦为令尹，沈尹戌为左司马。

囊瓦是楚庄王第三子王子贞的孙子，出身显贵之家，生得相貌英俊，身材魁梧。可惜，这位大帅哥空有一张好看的皮囊，本事却不怎么样，还是个大贪官。史书上说他"蓄货聚马""如饿豺狼焉"。贪财到了像饿狼一样的程度，可见这位楚国宰相有多么腐败。

沈尹戌原本的具体姓氏不详，只知道名戌。他原来是公子光的家臣，叛逃到楚国这里。楚平王赏识他的才干，就让他做了沈县的县尹，故称"沈尹戌"，他的家族也就以"沈"为氏。

沈尹戌和囊瓦恰恰相反，才能卓越而且为人正派。他曾经批评过楚平王大造宫室，没有兑现与民休养五年的承诺。他的儿子，就是"叶公好龙"的主角——叶公沈诸梁。

囊瓦上台后，不是想着改良国政，整顿军备，而是做了一个最懒的举动——修城墙。他征集了大量民夫将郢都的城墙修高，以为这样就能挡住吴军的进攻，万事大吉了。

泱泱大国沦落到靠加固国都的城墙来防备一个小国的攻击，这件事在天下成了笑柄，楚国的威势大大降低。沈尹戌与囊瓦有不同意见，说："不能御敌于国门之外，修建再好的城墙也没用。真正强大的国家是不需要城垣的，附属国和善战的军队就是它的屏障。"

囊瓦不以为然。

楚平王的倒霉日子还没有结束。鸡父之战的第二年，也就是公元前518年，楚国边境的钟离城因为一片小小的桑叶，与吴国的卑梁（今安徽天长西北）发生了冲突，最终又引发了吴、楚两国间的一场大战。

一片小桑叶是怎么引发战争的呢？

楚国的钟离和吴国的卑梁接壤，两个地方的居民都时兴养蚕，桑树就成了他们看重的财产。

有一天，一个吴国的养蚕少女到山上采桑叶。她走到自己以前经常来的一棵桑树下，看见一个楚国的养蚕少女在那儿。见楚国少女把自己的桑叶采了，吴国少女就上去和对方吵架，争抢起了桑叶。两个女孩吵完了不解气，就互相揪头发、抓脸，打了起来。吴国少女力气大，一脚把楚国少女踢伤，把桑叶抢走了。

楚国少女丢了桑叶，还被打伤，哭哭啼啼地跑回家告状。她的家人气不过，就决定找吴国少女算账。他们叫了一大帮亲戚朋友，带上木棍砍刀气呼呼地闯进卑梁，冲到吴国少女家里打人砸东西。结果事情失控，闹出了人命，吴国少女一家好几口人都被打死了。

楚国人跑到自己的辖区里闹事杀人，卑梁的城主不干了，调动军队袭击了楚国钟离，给自己的百姓报仇。

这件事情越闹越大，远在郢都的楚平王得知吴人进攻，就亲自带兵，出动水军和步兵，分两路大举攻打吴国。他还召唤了越国人配合楚

军的行动,越国人奉送了许多战船。

但楚平王犯了和大哥楚康王一样的错误,就是不懂领兵。此次征讨吴国,他没有做充足准备就出发了,既没有储备足够的粮草军械打持久战,也没有让边境城邑进入战备状态。

楚平王带着大军浩浩荡荡地到吴国边境转了一圈,虽然攻下了卑梁,但粮草很快就告急了。见吴军没来迎战,楚平王觉得吴人是被自己的大军吓住了,达到了威慑吴国的目的,便班师回国了。

吴人哪里是害怕楚军,他们其实是在寻找取胜的机会。楚军撤退时,公子光就指挥吴军紧随其后,见楚国的边境城市无备,就立刻发起攻击,轻而易举地夺下钟离,还灭亡了巢国。

沈尹戌痛心疾首,感叹说:"郢都迟早要失守!君王一次行动就丢失两座城邑,照这样下去,吴军定会打到郢都城下的。"

沈尹戌独自在那儿伤感,但他无法改变楚国国运日渐消沉的情况。在一片混沌和虚华之中,楚平王在公元前516年走到了人生的尽头。他是幸运的,生前做的错事没有遭到报应。但他把祸根留给了继承人,他的儿子楚昭王(原名壬,即位后改名珍)不得不接受父债子还的宿命,承受父亲的贪婪和虚伪带来的灾难。

时间指向公元前515年,公子光命运的转折点即将到来了。

鱼肠剑

楚平王去世的消息传到吴国，伍子胥在自己的家里痛哭了一天一夜。楚平王是他的大仇人，亲手杀了他是伍子胥毕生的奋斗目标，仇人现在却提前善终了，伍子胥原来的理想成了泡影，他能不感到悲哀吗？

伍子胥最终从悲伤中恢复了过来，对胜说："楚王死了，我的志向不能完成了。但是楚国还在，我有什么好担忧的呢？"

伍子胥重新找到了宣泄仇恨的目标，那就是带给自己苦难的祖国，他誓要让楚国受到应得的报应。对此，还是少年的胜选择了沉默。作为楚国的王孙，他能说什么呢？

吴王僚听说楚平王死去的消息则是相当高兴，计划趁楚国国丧的机会捅楚昭王一刀，挖走楚国的一片土地。

吴国以前在楚国国丧的时候出兵攻打，遭到了以晋国为首的中原诸侯谴责。吴王僚担心这一次中原诸侯同样会对吴国违反军礼的行为指手画脚，便把精通礼乐又善于处理外交的四叔季札请了出来，派他出访晋

国,游说中原诸侯不要干涉吴、楚两国间的事情。

吴王僚这一次任命了两个弟弟掩馀和烛庸做统帅,偏偏把战功显赫的公子光留在国内冷藏起来。

难道说吴王僚担心公子光功高震主,有意提拔自己的弟弟?这非常有可能。这里还有一个细节,那就是后来公子光行刺吴王僚时,借口自己脚上的脓疮复发而躲避开了。所以,也有可能是公子光想留在国中准备政变,便声称自己的脚上长了脓疮,行动不便,推掉了吴王僚要他带兵攻打楚国的指令。

掩馀和烛庸带兵出发了,他们要面对的是楚国名臣沈尹戍。吴军刚来到楚国潜邑(今安徽霍山东北),坚持御敌于国门之外的沈尹戍立刻调动大军前去阻拦。他看出吴军的劣势在于人数较少,而楚军的优势在于人数众多且国土广大,楚军完全可以发挥优势,分路机动穿插,绕到吴军背后将他们围歼。

掩馀和烛庸的指挥水平当然比不上公子光。他们进攻潜邑受阻,正想后退,没想到已经掉进了楚军准备好的大口袋。他们多次突围都没有成功,只能在当地固守了。

德高望重的季札出国了,领兵的掩馀和烛庸又在楚国陷入了重围,吴国国内还有谁能阻止公子光呢?公子光梦寐以求的政变良机终于来临了,他决定立刻执行谋杀吴王僚的计划,容不得丝毫拖延了。

专诸早已练就了一手烤鱼的好厨艺,从太湖回来了。他与公子光商定,由公子光宴请吴王僚,他则在宴会上假扮成做烤鱼的厨子,把匕首藏在一条烤鱼的肚子里,然后把这条鱼端到吴王僚的桌子上,趁机用鱼肚子里的匕首刺死吴王僚。

为了能一剑把吴王僚刺死,公子光事先收罗了一把天下最优秀的匕首作为行刺之用。这把匕首的刀刃上密布波浪形的花纹,锋利无比。尤其是它短小精巧,正好可以放在一条鱼的肚子里,号称"鱼肠剑"。

谋杀的成败决定于一瞬间。万一专诸失手，公子光必会遭到吴王僚疯狂报复，死无葬身之地。但为了夺取王位，公子光一定要冒这个险。而对于专诸而言，刺杀无论成功还是失败，他都一定会被吴王僚的护卫杀死。他愿意以死报答公子光，唯独家人他放心不下。

当公子光把鱼肠剑交到专诸的手中时，专诸说："吴王我可以杀，但我的母亲和儿子不知该怎么安置。"

公子光立刻跪下使劲叩头说："你的母亲和儿子就是我的母亲和儿子，我会奉养他们一辈子的。"

一切，都已经准备就绪了。

四月的一天，公子光来到王宫，找了一个理由，恭恭敬敬地邀请吴王僚赏光到自己的府上参加酒宴。

吴王僚和公子光怎么也是一起长大的堂兄弟，吴王僚不太方便拒绝他。但是这次公子光请客喝酒，吴王僚总有一种不祥的预感在心头萦绕，担心会出现什么意外情况。

于是吴王僚暂时先答应前去，回到后宫之后，他对母亲说："公子光在家中摆了宴席邀请我，他会不会要谋害孩儿啊？"

吴王僚的母亲也对公子光有些怀疑，便说："光这个人，你不可不防啊！"

吴王僚最终还是决定去一趟，一来国君的承诺不好食言，二来公子光要谋反只是猜测。为了防止意外情况出现，吴王僚在自己的衣服里裹了三层衣甲，还召集了一大批全副武装的卫兵同行。吴王僚觉得，有这么厚的衣甲，有这么多人保护，量公子光也不能把他怎么样。

这天傍晚，在一大群卫兵的簇拥下，吴王僚乘坐马车来到了公子光的家门口。看见吴王僚带了这么多护卫来，早在门口等候的公子光吃了一惊，但他没有表现出来，而是连忙带着家人叩拜迎接。在叩拜的过程中，公子光或许听到了自己的心脏在急速跳动。这是一个决定生死的时

刻,他的心情定然紧张到了极点。

几句例行的问候之后,吴王僚大摇大摆地走进了宴会大厅。一路上,他命卫兵每隔几步就留下一个人站岗警戒。吴王僚的卫兵岗哨就这样一直从大门口延伸到他的座位上,就连台阶和座席上都有卫兵站着。

在这种紧张的气氛下,宴会开始了。众宾客陆续就坐,公子光和吴王僚装出友善的样子,说着兄弟间的趣话。几番客套之后,公子光府里的仆人们开始上菜了。端菜的仆人来到宴会厅门口,被吴王僚的卫兵拦住了。卫兵们要求这些人把自己的衣服脱掉,仔细地检查他们身上是否携带凶器。检查完毕之后,卫兵们又要求这些仆人换上另外一件新衣服才能入内。而进入宴会厅之后,这些仆人必须跪在地上,膝行前进。卫兵还不肯放松,他们在两边用剑尖抵住端菜的仆人胸口,让他慢慢地移动。等到端菜的仆人来到吴王僚的座位附近,吴王僚的随从让仆人停下,接过酒菜,由他放在吴王僚的桌子上。

吴王僚的心中想必是在冷笑:我有如此严格的保护,看你公子光能找到什么机会害我。公子光也吃惊于吴王僚的保护措施,额头冒出细小的汗珠。但他不能露出破绽,他必须把戏演到底。

在与宾客们谈笑时,公子光一直在用眼睛的余光观察着端菜的仆人们。他在心里数着数,等待专诸出现。当数到计划中的数目时,公子光的心里一惊,知道接下来的这道菜就是专诸上的烤鱼了。

公子光立刻按照计划装出一副痛苦的样子。他对吴王僚说:"大王,恕臣失礼,臣脚上的脓疮未愈,现在又发作了。望大王准许臣回屋涂些药膏再来。"

吴王僚不知是计,点了点头。公子光便在随从们的搀扶下,一瘸一拐地往里屋走去了。

公子光前脚刚走,专诸后脚就端着烤鱼上菜了。大厅门口的卫兵按照程序让他脱衣、搜身,他们没有发现专诸带凶器,便让他换上新衣服进入宴会厅。专诸走进大厅，吴王僚的卫兵同样在两旁用剑指着他，他低着头一步一步膝行前进。

专诸离吴王僚的座位越来越近。这时，吴王僚的随从叫住了他。就在随从伸手接菜的一刹那，专诸猛然扒开餐盘中的烤鱼，拿出匕首扑向了吴王僚。那把鱼肠剑极其锋利，加上强壮的专诸奋力一刺，吴王僚身穿的三层衣甲就像纸片一样破裂了，吴王僚的身体被刺穿，刀尖都露出了后背。

直到鲜红的血喷溅出来，吴王僚才感觉到了剧烈的痛楚。随后便是他凄厉的惨叫："啊——！"

此时专诸也被吴王僚的卫兵用短剑刺进了身体，他与吴王僚同时倒在了酒桌上。

"有刺客！有刺客！"吴王僚的卫兵和随从们纷纷大喊，宴会厅里立刻乱成了一团。

这时，只听一阵喊杀声传来，大厅周围忽然杀出众多身穿铠甲的士兵，他们举刀砍向吴王僚的卫兵和随从，与之展开了混战。宴会厅内外一时间刀光剑影，血浆四溅。

这些甲士全都是公子光预先埋伏在地下室的，只等专诸行刺结束，就冲出来杀光吴王僚带来的人。公子光先前假装敷药躲起来，就是为了避免在混战中出意外。

公子光端坐在地下室中，仔细聆听外面激烈的厮杀声。直到声响渐渐小去，领头的武士来向他禀报，说所有敌人皆已杀死，公子光才放心大胆地走出去。只见自己的府中一片狼藉，桌椅东倒西歪，门窗被砍成了碎片，鲜血染红了墙壁和地砖。

踩过众多尸首，公子光终于露出了笑容，他庆幸自己成功了。他随即指挥家兵攻入王宫，向天下宣告自己是新一任吴王，号称"阖闾"（另作阖庐）。

政变成功后,阖闾兑现了自己对专诸的承诺,将他的儿子封为卿,让他的家人世代享有食邑和俸禄。阖闾还召回了在野外务农五年多的伍子胥。

伍子胥推荐的勇士专诸帮助阖闾登上了王位,阖闾没有理由不重用他。他将伍子胥封为"行人"(相当于国君的参谋长、外交官),对国人们说:"从今往后,国中无论贵贱少长,有不听伍子胥指令的,就是违抗王命,将被处以死刑!"

就在阖闾忙着封赏的时候,出使北方的四叔季札回来了。国君已经从吴王僚变成了阖闾,但季札没有表现出愤慨和不满,而是语重心长地对阖闾说:"只要你没有废弃对祖先的祭祀,国人们也没有不认同你,你就是吴国国君。"

说完,季札跪倒在地,向阖闾叩拜行礼。拜见阖闾之后,季札又来到了吴王僚的墓前哭拜,表示对先君去世的哀悼,尽到了臣子的责任。

季札选择了顺其自然的态度,承认了阖闾,在很大程度上与他不愿参与王位之争有关。他这样做还有一个好处,那就是通过自己在吴国国内极高的声望,安抚了那些对阖闾弑君不满的人。他让阖闾即位少去了许多阻碍,降低了吴国继续发生动乱的风险。此后季札虽然还在阖闾的朝廷中任职,但目睹了侄子们相残的悲剧后,他感觉心痛,便很少抛头露面、发布言论了。

国内发生政变的消息传到了在楚国前线的烛庸和掩馀耳中,两人感到极其恐慌。他们不敢回吴国,便抛弃军队逃亡了,一个去了徐国,一个去了钟吾国(今江苏新沂南)。

阖闾依靠残酷的政变夺取了朝思暮想的王位,他明显感到国中还有人在反对他。对他威胁最大的,莫过于吴王僚的儿子。

阖闾决定斩草除根,清除隐患。

最悲情的刺客

这又是一段传奇故事——要离刺庆忌。

据《吴越春秋》和《东周列国志》的说法，吴王僚有一个儿子，名叫庆忌。此人天生神力，能徒手与猛兽搏斗，是首屈一指的猛士。吴王僚被刺杀时，庆忌正好不在国内，逃过了一劫。阖闾政变成功，坐上王位后，立刻派出人马前去抓捕庆忌。

庆忌见阖闾的手下要来杀他，拔腿就跑。他的速度相当快，阖闾的手下驾着马车都追不上他，便用箭去射他。庆忌左躲右闪，不仅没受一点伤，还徒手抓住了几根箭矢。阖闾的手下没办法，只好放弃了追赶。

庆忌甩掉追兵后，逃到了北方。他想找一个诸侯国帮助他反攻吴国，杀掉阖闾为父亲报仇。这个国家还真让他找到了，就是卫国。卫国人收留了他，资助给他一大笔钱粮招兵买马。

凭借先王公子的身份，庆忌招徕了许多反对阖闾的人和亡命之徒，已经足够和阖闾打一仗了。

阖闾担心得饭吃不下，觉也睡不好，整天皱着眉头叹气。

这时，他想到了伍子胥，问伍子胥有没有办法干掉庆忌。

伍子胥很快拿出了方案，与对付吴王僚的方式一样：暗杀。只要庆忌一死，他底下的那帮人自然会作鸟兽散，不堪一击。执行暗杀计划的人，伍子胥也给阖闾挑好了，名叫要离。

阖闾召见了要离，没想到这人又瘦又小，似乎手无缚鸡之力。这么一个小瘦子怎么杀得了武力高强的庆忌呢？

伍子胥看出了阖闾的心思，劝他说："大王，杀庆忌就需要要离这样的人。要离的武勇不会在他的外表上显现出来，而是在他的内心——他有胆量，有智慧，抵得上万人的力量。他长得瘦弱，不容易被人怀疑是刺客。"

伍子胥的观点是，要杀庆忌这种厉害的人物，只有聪明和坚忍的刺客才能办得到。

要离也上前对阖闾说："大王您到底担心不担心庆忌呢？只要您有意，臣就有能力杀了他。"

阖闾半信半疑地接受了这个刺客人选，一桩不可思议的谋杀行动开始了。

谋杀行动成功的关键，在于要离有机会接近庆忌下手，而要接近庆忌，最好的办法就是打入庆忌的叛军队伍。要想让庆忌不加怀疑地接纳要离，就必须想办法把他塑造成阖闾的死敌。

要离就自告奋勇地说："臣听说，安享于夫妻家庭之乐，却不想办法给国君分忧的人，算不上是忠臣。臣假装得罪了大王，大王杀了臣的妻儿，砍断小人的右手，庆忌必然会相信的。"

要离无辜的妻儿被选为这场谋杀行动的第一批牺牲品。阖闾按照要离的策划，做了如下表演：

有一天，伍子胥推荐要离担任攻打楚国的领兵将军，阖闾假装不批准，说要离不可靠。要离故意表现出不满，顶撞了阖闾，说阖闾不想给伍子胥报仇，是个不讲信用的家伙。阖闾生气了，把要离的右手砍了下来，关进了死牢。阖闾偷偷把要离放了，对外却宣称要离越狱跑了，把要离的妻子和儿子抓起来杀了。

另一个版本对于要离如何得罪阖闾有不同的讲述，说的是要离在国中散布阖闾篡位的言论，号召国人推翻阖闾，而被阖闾砍了手，杀了妻子。

要离去了卫国投奔庆忌。他对庆忌一把鼻涕一把眼泪地说着阖闾如何如何残暴，自己如何如何被他害得家破人亡。庆忌看要离被仇人害得这么惨，连手都残废了，毫不怀疑地收留了他。

在庆忌阵营的这些日子，要离天天做出与阖闾有深仇大恨的痛苦样子，说自己熟知吴国的情况，劝庆忌尽早发兵为他报仇。庆忌相信了，把要离安排在自己的身边当亲信，挑了个日子南下讨伐阖闾。

南下作战，要走水路。庆忌安排要离与自己同坐一艘船，要离握着一把长矛在庆忌旁边站着。

那天江上正好刮大风，吹动庆忌的舰队快速地向前移动。要离偷偷走到庆忌背后，那里正好处于上风向。他趁周围人不备，突然用手中的长矛狠狠地刺向庆忌。庆忌从没想过身边这个瘦小的家伙是间谍，完全没有防备，当场被刺穿了胸膛。

庆忌不愧是个猛人，受了重伤还能活动。他一把揪住要离，抓住要离的双脚把他倒置，把要离的头放到江水里要淹死他。但是，庆忌终于失血过多，没了力气，提起要离时间不长就把他拉了上来。

庆忌笑着对要离说："你真是个勇士，居然杀得了我。"

庆忌的卫兵们想上前杀死要离，庆忌却阻止他们说："这是天下的一位勇士，不可以在一天之内杀死两位勇士。放他回去吧，好彰显他的忠勇。"

说完，庆忌便耷下脑袋，死掉了。

庆忌的卫兵遵守他的遗嘱，没有杀要离。但要离却不打算回吴国了，他说："我害死了自己的妻儿，是不仁；为新君杀死了先君的儿子，是不义；如果我贪生回去，那也是不义。世上哪有人拥有三项罪恶还能苟活于人间的？"

说完，要离抽出一把剑架在自己的脖子上。庆忌的卫兵连忙劝他说："壮士不要死，你回去就可以享受荣华富贵了。"

但要离没有听，把剑用力一抹，自杀了。

要离刺庆忌的故事相当曲折和离奇，但这个故事只出现在野史和小说中，正史对此并无记载，所以它的真实性是靠不住的。

至于庆忌，历史上确有其人，但是史书上没说他是吴王僚的儿子。他唯一一次出场是在公元前475年，那时吴国已经将要灭亡了。那么历史上真实的庆忌在公元前475年做了什么事呢？我们在后文详叙。

第92章

干将莫邪

阖闾当上吴王之后，理想比堂弟吴王僚还要长远。他不希望走过去的老路子，只在吴、楚边境小打小闹，他要全力开动吴国的战争机器，攻进楚国的心脏郢都，不仅为自己和伍子胥报仇雪恨，也实现吴国傲视群雄的目标。

虽然当时吴军的战斗力有很大提升，与楚军作战多有胜仗，但是论实力，吴国仍然是一个二三流的小国：国内自然环境恶劣，经常遭遇水灾；许多山川田野没有开发，粮食产量很低；基础设施建设也很落后，没有像样的城堡和水利工程。这样一穷二白的国家，怎么能和天下首屈一指的超级大国楚国长久斗下去呢？

阖闾首先要做的，就是加强吴国的经济建设。

搞建设就要花很多钱。吴国是小国，财政不富裕，阖闾就以身作则，勤俭节约。他只用一张席子睡觉，每顿只吃一个菜，王宫里不摆贵重的装饰品，用的器物上也不雕刻精美的图案，把从牙缝里抠出来的钱

全用在了国家的建设和军备上。

阖闾还特别注意与人民同甘共苦。遇到灾害发生,他一定会到灾区巡视,赈济灾民;带兵打仗,他也不搞特殊,饭菜给士兵们分配好之后,他才动筷;带了好吃的东西,他也会拿出来和部下分享。

由于伍子胥来自楚国,了解先进的工程建设。所以,阖闾让他负责改建吴国城防。伍子胥精心设计,为吴国新造了一个国都——阖闾城①。阖闾城由一座大城和一座小城组成,两座城堡互为掎角,交通便利,攻守兼备。

在伍子胥的主持下,阖闾大力推广楚国的工程技术,修造了众多城堡和仓库。他还鼓励开垦荒山荒地,大量储备粮草和军械,为将来的大规模征服战争做准备。

同时,阖闾也在加紧提升吴军的战斗力,力图将它打造成天下无敌的军队。他不惜减少青铜器的铸造,把大部分青铜金属用在了锻造兵器上。

有力的证明就是阖闾与蔡昭侯(名申)联姻时,在女儿陪嫁的青铜光鉴上刻下铭文:"……吴王光择其吉金、玄銧、白銧,以作叔姬寺吁宗彝荐鉴。……"意思是说,阖闾拣选了上等的铜、铅、锡,来为女儿叔姬寺吁制作宗庙祭祀用的礼器铜鉴。

为女儿打造嫁妆还要亲自挑选金属,既表明阖闾对这场联姻的重视,又表现了他对金属材料的珍惜。当时,吴国境内拥有不少铜矿,按理说阖闾是不缺上好金属的。他之所以这么珍视,很有可能是把金属当作国家的战略资源,尽可能地提供给军队了。

吴人的兵器锻造技术在春秋时期首屈一指。"吴钩"一词原意就是

---

① 经现代考古研究,对阖闾城的具体所在有三种说法:一是无锡和常州交界的阖闾城遗址,二是苏州城,三是苏州境内的木渎古城遗址。

指吴国产的刀剑,由于质量好,天下闻名,成了上好刀剑的代名词。这些吴国产的剑被许多诸侯国作为陪葬之物埋在地下。历经几千年的沧桑,出土后我们仍然能感到其锋利。

《吴越春秋》记载,阖闾发布命令,鼓励国人锻造刀剑,谁能改进工艺,制造出优秀的刀剑,就能获得国君赏赐的一百金。重赏之下,吴国大街小巷都在丁零当啷地打造兵器。这个时期,产生了很多离奇的传说,当中比较著名的是"干将莫邪"。

干将莫邪在历史上是否确有其人,目前尚无定论。有的说干将莫邪实际上是一个人,不过大多数人还是认为他们是一对铸剑夫妇,二人打造出了一雄一雌两把宝剑,分别叫"干将"和"莫邪"。

《搜神记》上说,干将是楚国的铸剑师,楚王让他铸剑,他却用了三年才完成了两把,正好一雄一雌。干将把雄剑藏了起来,把雌剑交给楚王,楚王把他杀了。干将的妻子莫邪后来生了一个儿子,取名叫赤。赤长大后,莫邪把干将的事情告诉了他,赤就用那把雄剑刺杀了楚王为父报仇。

这个故事是干将莫邪的传说中最著名的一个。而在《吴越春秋》里,有另一个版本的传说。

在这个版本里,干将莫邪同样是铸剑师,同样铸造了一雄一雌两把宝剑,只不过,故事的场景换到了吴国,干将是在吴王阖闾的要求下铸剑的。

干将怎么也无法铸造出一把绝世宝剑来,心中苦闷。妻子莫邪问他怎么了,干将就说:"一件宝物诞生必然要吸收人的精气元神。以前我师父铸剑,夫妻二人一起跳进铁炉中,才造出一把神剑。我无法铸造出宝剑,是不是就是这个原因呢?"

莫邪就说:"你的师父能牺牲自己,我们为什么做不到呢?"

于是,莫邪剪掉了自己的头发和指甲,把它们扔在了熔炉之中,干

将用烈火淬炼,终于铸造出两把宝剑。但干将把雄剑藏了起来,只把雌剑呈给了阖闾。他们的故事也到此为止,至于阖闾继续向干将索要雄剑,以及干将、莫邪一起跳进熔炉中才炼就神剑等故事,都是后人的改编和加工。

不过,《吴越春秋》记载了另一个故事,铸剑者是真的杀人了。

有一个人贪图阖闾的重赏,杀了自己的两个儿子,用人血淬火,造了两把宝剑献给阖闾。但献给阖闾的宝剑太多,阖闾无法分辨哪两把是那人造的。那人就呼唤自己两个儿子的名字说:"吴鸿、扈稽,大王还不知道你们的神奇。"

那两把剑听到名字后,立刻腾空而起,依附在这位铸剑师的胸前。阖闾大为惊奇,下令重赏这位铸剑师,并把这两把宝剑佩带在身上。

离奇的传说如此之多,说明阖闾赏剑的事情在当时引发了轰动,吴国百姓们为此展示出了十八般武艺,使吴剑的锻造技术进一步实现了飞跃。可以想象,那个时候吴国生产出来的兵器,定是寒气逼人,削铁如泥。吴军士兵用它们杀敌,就像削面团一样轻而易举。

兵圣

给士兵们升级兵器后,阖闾又对部队的编制和战法进行了改革。他特意选拔了身体健壮的士兵作为特战人员,还聘请了宋国人华登每日对士兵严格操练。

军队的素质提升了,领兵的大将该是谁呢?

吴国人口比较少,军队人数远远少于楚国。据《吕氏春秋》的说法,阖闾能动用的兵力才三万多人。这点人马要想打垮楚国庞大的武装力量,必须由一位军事天才指挥。

大将的人选,阖闾本来属意伍子胥,但《吴越春秋》上说,他又担心伍子胥是楚国人,不能专心为吴国效力,就一直犹豫。

伍子胥看出了阖闾的担忧,为他选好了一位大将。

他,就是《孙子兵法》的作者、被后世奉为"兵圣"的孙武。

与孔子一样,孙武因其高超的智慧被尊称为"孙子"。根据主流的说法,孙武原是齐国贵族,是位天生的军事奇才。他自小就对排兵布阵

非常感兴趣,熟读各类兵书,年轻的时候还特意周游列国,走访各地的战场遗迹,把自己的指挥思想记在笔记上。

但是这样的奇才却没能得到齐国重用。那个时候,齐国正陷入田、鲍、高、国四卿的争斗,四大家族想尽办法争权夺利,不仅没有为孙武提供施展才华的场所,还威胁到了孙武一家在齐国的生存。孙武便举家迁往南方,来到吴国定居。

孙武在吴国也没闲着,传说他一边以务农为乐,一边总结自己的军事思想,写了一本兵书,就是《孙子兵法》。伍子胥隐居乡野的时候,听说了这位来自齐国的军事天才,便和他结交,如今又把孙武介绍给了阖闾。

孙武当然很高兴有人重视他,也非常希望自己多年的研究成果得到实践,就满心欢喜地接受了伍子胥的推荐。阖闾呢,相信伍子胥推荐的人不会有问题,答应见孙武一面。

孙武特意把《孙子兵法》装订了一份,呈给阖闾看。阖闾看过大感惊奇,因为它与以往的任何兵书都不同,完全推翻了军礼那一套交战原则,说战争就是要依靠诡计取胜("兵者,诡道也")。这本书对战争筹划、行军、交战和获取情报等都进行了大量论述,实用性极强。

《孙子兵法》虽然只有短短的几千字,但当中包含的智慧博大精深,绝非一两句话就能说清。这里,我们只对《孙子兵法》中的几个名句做一下简单说明,方便大家稍作了解。

"知己知彼,百战不殆。"这是孙子兵法中最著名的一句话,不用解释,大家应该都知道是什么意思。

"不战而屈人之兵,善之善者也。"孙武认为战争对国家资源消耗极大,所以最佳的胜利是不战而胜。

"其疾如风,其徐如林,侵掠如火,不动如山。"孙武强调部队有严格的训练,行动的时候像风一样迅速,行军时像树林一样安静整齐,进攻时像火一样猛烈，待命时像一座大山一样稳定。这句话后来被日本战国时的大名武田信玄写在军旗上，号为"风林火山"。

"陷之死地然后生。"孙武认为根据部队的特色，适时激励拼死一搏也是必要的。

"君命有所不受。"这个大家也都了解。

"围师必阙，穷寇勿追。"对败军网开一面，以瓦解对方的士气，防止敌人狗急跳墙。

孙武的军事观点让阖闾耳目一新。但是阖闾还不愿意这么快就把将军的职位交给他，他想考验一下孙武，看看他是否真的有领兵之才。

阖闾给孙武出的考题有点无厘头，他要求孙武想办法把吴国王宫的宫女训练成一支军队。

换成一般人，会觉得这不是为难人吗？一群娇里娇气的小姑娘怎么可能变成打仗的战士呢？

果然，到了训练场上，问题来了。这一百多名宫女以为是到外面放松心情，一个个嘻嘻哈哈的，帽子不好好戴，兵器也不好好拿。孙武在台上训导，她们则顾自聊天。孙武敲军鼓让她们走队形，宫女们随便走了几步就哈哈大笑，不把训练当一回事。有两位阖闾的王妃充当这些宫女的领队，更是摆起架子。孙武批评她们几句，她们就说尽风凉话。

孙武展现出将军的威严，板起脸来厉声斥责不听话的宫女们，又对充当队长的两位王妃说："身为队长，不听号令，无视纪律，不管束部下，应当按军法严惩！"说完，便让周围的武士把她们拉出去斩首。

阖闾听说孙武要杀自己的女人，连忙派人制止说："寡人已经知道你会用兵了，你就不要杀这两个王妃了。"

孙武却驳斥道："大王既然已经授命我做她们的将军。将在外，君命有所不受！"说完，便下令行刑。

看见两颗血淋淋的人头，宫女们吓得腿都软了，担心再不尊重这个

其貌不扬的教官,下一个掉脑袋的可能就是自己。她们一下子变得安静了,对孙武的每个指令都尽力完成。孙武很快就把她们训练成了一支像模像样的军队。

训练结束,孙武向阖闾汇报说:"我已经把她们训练出来了,大王可以调遣她们了,即便是赴汤蹈火都可以。"

阖闾冷冷地说:"将军你回去休息吧。"他的心里正为死了两个爱妃而不快呢。

孙武见阖闾不愿意授予他将权,很不高兴。他是个直性子,说:"大王您只喜欢听好听的话,不愿意看一个人的实际能力吗?"

伍子胥连忙上前劝阖闾道:"臣听说,战争是一件凶险的事情,千万不能掉以轻心。现在大王诚心招揽人才,要讨伐楚国,称霸天下。没有孙武这样的人才,怎能做到呢?"

阖闾转念一想,孙武做事情如此认真,必然是个有能力的人物,也就不再生气了。

以上孙武斩美姬的故事被记录在《史记》和《吴越春秋》中,但这种过于戏剧化的轶事其实真实性不高。

首先,宫女制度成型于汉朝,春秋时期充当宫女的基本上是女奴隶,主要来自战俘和罪犯之女,身不由己的她们怎么会有胆量顶撞教官呢?若是说她们都是吴王的姬妾,以朴素著称的阖闾又怎会娶一百多个老婆呢?这个数量放到其他大国之君那里都是不太可能的。

其次,让一位贵族去训练一群女人是相当侮辱人的事情。春秋时代的士人极其看重名誉,如果被安排训练女人,相当于嘲笑他只配跟女人打交道。像孙武这种有抱负的武人,真遇到这事,是不会接受的。

最后,还有一个疑点:孙武在训练场上只是一个教官,并没有被授予任何官职,他何来权力斩杀吴王的姬妾?周围的武士就这么听命于他吗?这明显不合常理。

总而言之，这个故事非常像是民间传闻，有学者甚至怀疑孙武这个人不存在，而是和伍子胥是同一个人。

笔者还是相信确有孙武这个人，但他进入吴国军队的过程可能没这么戏剧性。以阖闾求贤若渴的心态，他应该是很顺利就入职了。

只不过，孙武应该不像《史记》中写的成了将军，因为在《左传》等春秋战国时期的史书上，并没有孙武指挥作战的记载。孙武更有可能是成了一名高级参谋，为阖闾的军事行动出谋划策。后面的许多战役，大多出自孙武的手笔。

卷七 扳倒霸主的「蕞尔小国」

恶有恶报

吴国在举全国之力疯狂备战，那么，楚国人在忙着干吗呢？

答案是忙着争权夺利。

楚昭王即位时还不到十岁，一个娃娃能懂什么国家大事，所以楚国的大部分事务由令尹囊瓦处理。囊瓦这个人不仅贪财，还非常愚蠢，当令尹没几年，就中了大奸臣费无忌下的套。

当时楚国有一个大夫叫郤宛①，他本是晋国人，祖父遭遇迫害被杀，父亲便带着家人逃亡到了楚国。他性情温和，文化程度高，人缘比较好，受到不少国人欢迎。费无忌十分嫉恨，认为郤宛影响了本土大夫们的声望，就玩起了挑拨离间的把戏，想借囊瓦的刀杀了他。

公元前515年的一天，费无忌对囊瓦说："郤宛想请你喝酒。"

---

① 郤宛本为伯氏，一说"郤宛"是他的名，一说"宛"是他的名，"郤"是后来改的氏。

囊瓦当即同意，表示抽空就去。

费无忌又跑到郤宛那里说："令尹想到你家做客，你可要好好准备一下。"

郤宛连忙说："令尹能赏光到我家来，我真是受宠若惊。我应该拿什么来招待他呢？"

费无忌就说："你家里不是珍藏了不少上好的盔甲吗？令尹最喜欢这些东西了。你挑几件好的放在门口展示一下，令尹喜欢，你就送给他。"

郤宛就按费无忌的指点，精心选了五件漂亮的盔甲，再配上上等兵器，小心翼翼地摆放在门口。

这一摆不要紧，费无忌就有证据骗囊瓦了。他急急忙忙、满头大汗地跑到囊瓦跟前说："不好了，郤宛想谋害您，他在酒席上埋伏了甲士。不信您可以去他家门口看看，武器都摆在门口了！"

囊瓦赶紧派人去看，果然发现门口有盔甲和兵器。囊瓦惊出一身汗，心想晋国人果然不可靠啊，我们楚国好心收留你们，你们居然要害我。他就叫了一个名叫鄢将师的人去处置。这鄢将师和费无忌是一伙的，早就看这些晋国人不顺眼了，得到命令就派兵包围了郤宛家，把郤宛及其好友阳令终、晋陈几乎满门抄斩，只有一个名叫伯嚭（pǐ）的郤宛同宗子弟（一说是郤宛之子）侥幸逃脱去了吴国。

伯嚭就是后来的太宰嚭，他与伍子胥有共同的仇人——费无忌。相较于伍子胥那敢爱敢恨的刚强性格，伯嚭圆滑多了。他是一个油嘴滑舌、贪财好色的人物，尽挑吴王喜欢听的话说，能经手的好处一定不放过。所以，他的官职升得很快，到了夫差时代，就是太宰（总管王家事务的百官之首，相当于宰相）了，几乎取代了伍子胥。

伍子胥把伯嚭当作天涯沦落人，对他极为照顾，并引荐给阖闾。阖闾封伯嚭做了大夫。

但伍子胥的一位朋友看出伯嚭不是良善之辈,对伍子胥说:"我看这个人目光像鹰,走路似虎,表现出一心追求功利、嗜杀残忍的本性,不可以和他亲近啊。"

但是伍子胥没有理会。

接着说楚国。囊瓦冤杀了郤宛一家老小,引起了楚国国人极大愤慨。大街小巷里国人无不在咒骂囊瓦和费无极,尤其是晋陈的族人更是每天在街上喊冤,说:"费无忌和鄢将师要以楚王自居了!他们专做危害楚国的事情!他们蒙蔽了大王和令尹,令尹还相信他们!"

朝廷中也有不少大夫愤愤不平,暗地里指责囊瓦。在强大的舆论压力下,囊瓦坐不住了,生怕自己作为令尹的威信都没了。

这个时候,沈尹戍出面劝囊瓦说:"郤宛、阳令终和晋陈都是无辜的,您却派人杀了他们,无怪乎国人们要说您的坏话了。国中都知道费无忌是个奸佞小人,您怎么可以相信他的话呢?聪明的人铲除奸佞来使自己安定,愚蠢的人才会听信小人使自己危险,令尹您不觉得自己太昏庸了吗?"

囊瓦恍然大悟。好一个费无忌,先前谗害了太子建、伍奢,声名狼藉,仇人满大街都是,干尽了坏事,却让我来背黑锅,岂有此理!必须把费无忌和鄢将师严办!

这年九月,囊瓦下令逮捕费无忌和鄢将师,将他们处死并夷其族人。这个举动大快人心,行刑当天,不少郢都的国人跑到刑场,践踏唾弃费无忌的尸体。这之后,国人对于囊瓦的不满渐渐消停了,囊瓦总算松了口气。

财迷心窍

三年以后,公元前512年,备战许久的阖闾发动了对楚国的战争。

阖闾首先选择的目标是掩馀和烛庸两位堂弟,他们在阖闾刺杀吴王僚后分别去了徐国和钟吾国。这两个国家当时是楚国的附庸国,楚国把二人安置在靠近吴国的地方,希望利用他们收揽对阖闾不满的人,让吴国分裂。所以,阖闾必须尽早除掉他们。

阖闾先是派使者到徐国和钟吾国,要求两个国家交出掩馀和烛庸。徐国和钟吾国当然没有答应。掩馀和烛庸知道阖闾下一步一定是派兵来攻打,慌里慌张地逃到楚国,请求囊瓦保护。囊瓦给了他们一块地方居住,并派兵保卫他们。

阖闾果然亲自发兵北上。吴国新军第一次亮相,爆发出了恐怖的战斗力,仅用了几天时间,就攻下了钟吾国。紧接着,吴军马不停蹄地继续北上,进攻徐国。

徐国的国力比钟吾国强,当年说什么也抵挡过楚灵王大军的半年围

攻。但徐侯不敢马虎，立刻派人向楚国求援。

为了尽快破城，吴军挑土堵塞了徐都附近的河流。河水漫出堤坝，冲向徐都，把城门冲垮，淹死了许多人。等洪水平静下来，躲在高处的吴军立刻驾着小船冲进城内。徐侯知道大势已去，便带着妻子儿女出来投降了。阖闾没有伤害他，而是把他和他的家人都放了，让他们到楚国去宣扬吴军的强大。

楚军听说徐国已经被吴国灭亡，就停止了进军，把徐侯安置在一个地方就回国了。

《史记》记载，连续灭掉钟吾国和徐国后，吴军并没有停下脚步，而是向西长途奔袭，攻打掩馀和烛庸居住的楚国舒城（今安徽舒城），将这两人杀死。

吴军连战连胜，阖闾想继续西进，一举攻入郢都。但孙武连忙制止说："将士和百姓都已经很疲惫了，不能再战。"

阖闾只好收兵回国。

吴军虽然获得了大胜，但郢都的距离很远，吴国水军也还不够强大，做不到逆长江而上直逼郢都。阖闾请教伍子胥，伐楚战争到底应该怎么进行才有效。伍子胥便提出了一套著名的方案，我们管它叫疲楚战略。

具体怎么操作呢？

伍子胥认为楚国的掌权者忙着尔虞我诈，没有一个强有力的人物对国家大事负责，这是吴国进攻楚国最有利的时机。吴军可以把队伍分成三个集团，轮流骚扰楚国东部边境。楚军没有来，吴军就放肆地攻城略地；楚军赶来，吴军就立刻撤回国内。这样一来，楚军反反复复跑来跑去，一定累个半死，战斗力就下降了。而楚国的当权者也会觉得，吴军只是一群不成气候的土匪，只会骚扰边境，打了就跑，就会越发轻视吴国。等到一个适当的时机，吴军突然大举进攻，楚国人一定猝不及防，节节败退，攻打郢都就有机会了。

通俗点说，疲楚战略就是巧妙地和敌人死缠烂打，等楚国这个壮汉用尽力气了，吴国这个瘦子再奋力一拳，把楚国撂倒在地。阖闾对伍子胥的计谋大为赞赏，立刻采纳了这套策略。

从此，楚国东部边境再也没消停过。吴国人这么折腾，楚军真的烦死了。渐渐地，囊瓦没心思再玩下去，让边境的人好好守城，没有紧要战事不要叫楚军主力来。阖闾可不会给囊瓦消停的机会。公元前508年，阖闾逼迫桐国（今安徽桐城北）反叛楚国，并收买舒鸠国说："我们攻打桐国的时候，你们去诱骗楚国人来攻打我国，他们一定不会有所戒备。"

阖闾的计谋是假装去伐桐国，诱使楚军出击吴国，吴军主力埋伏在楚军的进军路线上袭击他们。

计谋果然奏效，囊瓦正为吴国反复骚扰边境感到生气，听到舒鸠国的请求，立刻调集了水军顺着长江一路东进，准备好好收拾吴国一顿。

楚军开到了豫章（位置不详，可能在今安徽巢湖一带），吴军见楚军中计，就故意在附近放置了一些战船，让囊瓦以为吴国水军就停泊在那里。

囊瓦怒气冲冲地命令楚军向吴国水军发起进攻，没想到却扑了个空，那些吴军船只上根本没多少人，就连船只都是伪装过的旧船。

就在囊瓦摸不清楚吴军去向的时候，忽然发现吴军主力在其后方出现了。埋伏在豫章的吴军主力对楚军拦腰截击，步兵在岸上袭击楚军的辎重粮草，水兵在江面上袭击楚国水军的殿后部队。

吴军的战船相比长岸之战时有了很大的进步。根据野史《越绝书》的记载，伍子胥亲自主持设计了吴军的新式战船。这种船名叫"大翼船"，长约23米，宽约3.5米，可容纳大约91名士兵和水手。船体分为上下两层，底层是存放各类物资的船舱，划船的桨手也在这层，上层甲板

上是战斗人员，如弓箭手、投枪手和格斗士等。整艘战船扁平狭长，坚固灵活，可以用作冲锋舟，把吴国步兵带到岸上。

吴、楚两军在豫章的港口附近展开了水战。楚军战船虽大，但调动不便，移动缓慢。吴军的大翼船在楚军的大船中间飞快地穿梭，弓箭手和投枪手对着楚军水兵猛烈射击，楚军被打得手忙脚乱。

楚军水兵晕头转向的时候，吴军的大翼船趁其不备，靠近了楚军战船。吴军格斗士蜂拥爬上楚军战船，用无比锋利的吴国刀剑一阵砍杀。楚国水军根本不是对手，纷纷跳进江水里逃命。

楚国水军大败之后，吴军主力向巢邑①发起了攻击，攻克巢邑，俘虏了一名楚国王子。

吴军在豫章之战中的表现可以用神出鬼没来形容，楚军从头到尾都晕乎乎的，连怎么失败都搞不清楚。这种灵活机动的战法，很有可能是兵圣孙武的杰作。

让囊瓦想不到的是，豫章之战仅仅是开胃小菜，阖闾和孙武正在准备一场"满汉全席"送给他。

在楚国的东北部有两个小国：蔡国和唐国（今湖北随州西北）。他们长久以来都是楚国的附庸，时常要去朝见楚王。两年前，唐成公来郢都朝见楚昭王。贪财的囊瓦看见他的马车是由两匹珍贵的宝马牵引的，喜欢得不得了，又是摸又是拍，一个劲地夸赞。世故一点的人都会看出，囊瓦是想让唐成公把这两匹宝马送给他。可是唐成公半天也不吭声，这马可是他的心肝宝贝，无论是谁他都不会送。囊瓦演了半天戏，没见唐成公有送马的意思，就找了个理由把唐成公一行关了起来。

就在同一年，蔡昭侯也来朝见楚国。囊瓦看见蔡昭侯身上穿着好看

---

① 楚国的一座城邑，具体位置不详，大约在今安徽安庆北，有可能是巢国灭亡后，楚国把巢人迁徙到此处重建的城邑。

的皮衣，腰上别着精美的玉佩，口水又流下来了。他懒得拐弯抹角了，派人问蔡昭侯索要。蔡昭侯也和唐成公一样不给。囊瓦火冒三丈，就派人对蔡昭侯一行说："楚国现在没有适合的礼物送别你们，你们就先在楚国住着吧。"

蔡昭侯也被关起来，和唐成公一关就是三年。

唐、蔡两国失去了国君，多次派人和楚国交涉都不行。直到唐国人多方打听，弄清楚是因为没给囊瓦好处，才被人家扣留的。既然囊瓦喜欢国君的马，那就把马送给他吧。于是唐国派了几个人过来，说是来替换原来唐成公的随从。这些唐国人一过来，就请国君的随从喝酒，把随从们都灌醉了。然后，他们把唐成公的两匹宝马偷出来，送给了囊瓦。囊瓦见宝马到手，眼睛一亮，第二天就把所有唐国人放回家了。

蔡国人听说唐国人救回了自己的国君，也如法炮制。但他们没有去偷国君的东西，而是派人找到蔡昭侯，苦口婆心地劝国君放弃身上的两件宝物，送给囊瓦。蔡昭侯没有办法，只好忍痛割爱。囊瓦收了蔡昭侯的宝物，摆了摆手，把蔡国人也放了。

囊瓦欺负了两个小国，又收获了宝贝，心情别提多痛快了。蔡昭侯在回国的路上经过汉水，向河神发誓，这辈子再也不会南渡汉水朝见楚王，他一定要让楚国付出代价。

蔡昭侯回国后立即亲赴晋国，提出以自己的儿子为人质，请晋国发兵攻打楚国。晋国人煞有介事地开了一场诸侯大会，专门讨论如何帮蔡国出头的问题。但会议刚开始不久，晋国人嫌蔡昭侯没有把钱给到位，让他再送些财宝再说。蔡昭侯给不了那么多，晋国立马翻脸不认人，声称伐楚时机不到，这场诸侯大会也就不了了之了。

失落的蔡昭侯只有仰天长啸，痛恨自己是小国之君了。

既然晋国人靠不住，那就只有去找楚国的仇敌吴国了。

那个时候阖闾也没闲着，他觉得吴国与楚国单打独斗不是长久之

计，游说各国组建反楚同盟或许能事半功倍。担任行人①的伍子胥此时正在开展外交活动，或许他派出的吴使已经去过蔡国了。

公元前506年，蔡国为了报复楚国，消灭了其附庸沈国（今河南平舆）。囊瓦则派兵讨伐蔡国。楚、蔡两国之间已经到了水火不容的地步，蔡昭侯终于下定决心，把国运全部押在吴国这里。他请求与吴国结盟，还提出把自己的儿子以及几位大夫的儿子都送去当人质，只求阖闾能帮他出这口恶气。蔡昭侯还劝说唐成公也加入联盟，一起给楚国点颜色看看。

这是一个千载难逢的机会！

伍子胥和孙武敏锐地发现蔡国和唐国地理位置很重要，它们距离郢都不是太远，而且有陆路直达，吴军可以经两国领土奔袭郢都，打楚国一个措手不及。他们立刻劝说阖闾道："楚国令尹如此贪婪，蔡国和唐国都怨恨他。大王要想大举进攻，只要得到蔡国和唐国的支持就可以了！"

这个建议也得到了伯嚭积极赞同。三国立刻签订了盟约，约定由唐军做向导，吴国出兵，从楚国北方进攻郢都，粮草后勤由蔡国负责。

一场堪称军事奇迹的大战即将拉开帷幕。

---

① 行人为官名，掌接待诸侯及诸侯之上卿之礼。

山地特种作战

蔡、唐都是小国,吴国虽然面积不小了,但人口和兵力不多。在时人看来,三国的实力加起来远不如楚国,三国小同盟想讨伐楚国,简直是白日做梦。

但阖闾不这么想,他几乎倾全国之力,亲自统兵,带上弟弟夫概和吴国所有的重臣,包括伍子胥、孙武和伯嚭等人,气势磅礴地出发了。

公元前506年十一月,吴军在淮河集体登船,然后逆流而上,来到了蔡国附近。在这里,吴军弃舟上岸与蔡军会合,蔡军为他们提供粮草补给,充当后勤部队。随后,吴、蔡联军继续向西南方向前进,与唐军会合,唐军负责带路。

当时,从淮河上游出发前往郢都,主要的路线是先往西,再南下,通过方城隘道,顺汉水而下。这条路线地势平坦,道路宽阔,但也是楚军重兵把守的地带,吴军走这条路必然很不顺畅。

唐国人给吴军指引了另一条鲜为人知的路线:经过唐、楚两国交界

的山区，即现在河南信阳南部的桐柏山至大别山一带。这里是崇山峻岭和羊肠小道，要从三个分别叫大隧、直辕、冥厄的隧道穿行，战车和重型装备根本过不去。这里几乎没有楚军驻防，吴军能出其不意。

为了翻越这片山脉，吴军放弃了大部分战车，以步兵为主力，轻型战车为辅助。爬山时，他们把战车拆卸成零件，由士兵们背在身上。

就这样，吴军在唐军的指引下，顺利翻越了高山险隘，来到广袤的江汉平原上。这片地区正是楚国的心脏所在，只要向西渡过汉水，就能到达郢都了。按照孙武的谋划，吴军趁楚军还没有反应过来，立刻发起急行军。

当年阖闾筛选出来的特战队员在这个时候发挥出了作用。根据《吕氏春秋》的记载，吴军选取了三千名擅长奔跑的士兵作为神射手，五百名壮汉配备吴国利剑作为格斗士。这三千五百人作为吴军的开路前锋，带领吴军主力全速向西挺进。他们专往偏僻的乡野前行，避开与楚国地方城邑接触。吴军就像一条细蛇，哧溜一下便钻到了汉水东岸。经过孙武调教的吴军向世人展示了什么叫作"行如风"。

楚国上下震惊。自立国以来，从来都是楚国入侵别国，还没有别国侵入到楚国首都的情况。恐慌、恼怒等情绪弥漫在郢都。楚昭王立刻下令总动员，调集了郢都周边所有的兵力来迎战吴军。楚国是超级大国，一旦集结大军那是相当恐怖的。虽然史书未记载参战楚军的具体兵力，但可以肯定其人数是数倍于吴军的。汉水西岸顿时人头攒动，战车隆隆，无数楚军旗帜遮蔽了天空。

获知楚国大军出动，阖闾连忙下令停止急行军，在汉水东岸扎营待命。这是一场力量悬殊的对决，吴军上下都为自己的处境捏了一把汗。

在大平原上会战，一直是楚军擅长的。楚军的步兵和战车数量众多，足够把吴军包围，而且他们的装备也有升级，战车上面覆盖了皮甲，步兵配有皮质盾牌，比木制战车和盾牌都要坚固。

吴军战车数量稀少，而且完全是木头打造，没有装甲；步兵们为了翻山越岭和急行军，也很少携带长杆兵器。在这样的情况下，吴军要是贸然进攻，刚冲到前面就会被楚军方阵的长戟撕成碎片，更别说靠近楚军战车了。

楚国左司马沈尹戍看出了吴军孤军深入的情况，便向囊瓦提出了机动穿插的作战思想。他说："在下愿意率领另一支楚军绕过汉水进攻唐国，把吴军停在淮水岸边的船只全部烧毁，然后堵住三条隧道，彻底切断吴军的退路。到时候，令尹您率领主力和在下前后夹击吴人，必能将其歼灭。"

囊瓦批准了。

沈尹戍果然是个厉害的人物，这招切断退路、前后围歼的方法无疑要把阖闾的吴军引向死路。

怎么办？楚军主力人数众多，硬拼不是办法，吴军现在被阻隔在汉水东岸，再拖下去，被沈尹戍包抄，就要全军覆没了。

阖闾知道吴军不可以与楚军长时间对峙，奔袭郢都的计划需要做出调整，重新争取战场主动权。经过商讨，一个打败楚军的计划逐渐在阖闾的脑海中成型了。

就在这个时候，汉水对岸的楚军也有了动静。

囊瓦自打沈尹戍走后就有点耐不住性子。自己率领大军与吴军夹江对峙，每天不是吃饭睡觉，就是练兵监视，日子实在是太无聊了。想到对岸的吴军人数只有自己的几分之一，他感觉这仗打得真是窝囊。

他的心思被身边的几个将领看出来了，有人就怂恿他主动出击，连理由都帮他想好了。那人说："我们的战车覆盖着皮甲，在这种阴雨寒冷的天气很容易裂开，速战速决才对啊。"

另一位叫史皇的人更是直戳囊瓦的心窝，说："国人一直欣赏司马而讨厌您。如果沈尹戍切断了吴军的退路，打败吴军的最大功劳就是他

的了。到时候令尹您的面子往哪里搁?"

囊瓦本来就嫉妒沈尹戌的才干和人缘,听了史皇的话,决定不再听从沈尹戌的安排。他下令楚军全军渡过汉水围歼吴军。

囊瓦哪里知道,他的行动正中吴军的下怀。阖闾立刻下令放弃营寨,全体向东撤退。囊瓦见吴军不战而退,轻蔑地笑道:"吴国这么一个小国也敢来进攻我楚国,现在想必是惧怕我的大军,吓得要跑回家去了吧。"

楚军将领自然连声附和,鼓动囊瓦继续追击,一定要歼灭吴军,活捉阖闾。

吴军并没有和追击上来的楚军交战,而是保持速度,与之拉开距离,有条不紊地向东进发,正可谓"徐如林"。囊瓦的楚军被带进了小别山(今湖北汉川东南)周边的密林,随后,吴军主力便消失得无影无踪。面对静悄悄的山林和惨白的薄雾,囊瓦顿时感觉毛骨悚然。

吴军其实并没走远,他们隐藏在山林中,用树枝和草环伪装自己,注视着楚军的大队人马在山路上艰难行进。按照孙武的想法,吴军要想以弱胜强,就必须以己之长攻彼之短。己方擅长山林作战,那就要想办法让敌人离开平原,依靠偷袭和埋伏打败他们。

楚军在平原上的阵型此时没办法展开,只能组成一字长蛇阵前进,在小别山到大别山之间搜索吴军。这种阵法既不能强攻,也不适合防守,而且发生战斗时,因为树木阻挡,手持长杆兵器的楚军士兵完全施展不开。

吴军基本上是轻装的步兵,可以隐蔽起来用弓箭射杀敌人,还可以使用短剑近身袭击。两军交锋简直就是吴军对楚军屠杀,楚军士兵就像缴了械一样毫无招架之力。史书记载,楚军在此期间被吴军击败了三次。囊瓦本人也被神出鬼没的吴军吓得精神崩溃,一度打算撤军逃命。

但史皇拦住了他,说:"您在国家安定的时候执掌大权,做了不少错事,现在弃军逃命没人会收留您!您一定要打败吴军,才能受人拥戴。"

囊瓦只好硬着头皮回到指挥岗位。

三场败仗重挫了楚军的士气,主帅尚且惊恐万分,普通士兵更是垂头丧气,无精打采,有许多人当了逃兵溜走了。阖闾见劳累楚军的目标已经达成,便在伍子胥的建议下决定给予囊瓦最后一击。

柏举(今湖北麻城境内)是位于大别山脚下的一处平地,这里是典型的南方湿地地形,杂草茂密。吴军全军在这里集结,摆开阵型,准备与楚军展开决战。

很快,囊瓦率领的楚军也赶到了这里。他们早已没了刚开始的威风,变得死气沉沉。但囊瓦对平地会战仍然信心十足。

就在阖闾准备发起进攻的时候,弟弟夫概忽然冲到他的面前大声说:"囊瓦不得人心,他的部下都不愿意为他卖命。如今楚军士气衰落,我们只要首先攻击囊瓦的直属部队,将他击败,其余楚军必然就崩溃了。"

夫概是对阖闾的攻击目标提出了不同意见。阖闾先前的计划是先攻击楚军的左右两军,避免与楚军中军精锐正面硬拼,夫概则认为应该先攻击楚国中军,只要一口气打败中军,左右两军就不足为虑了。

但阖闾认为这个想法太冒险,要是集中进攻楚国中军失利,就会被左右两军包围。

夫概见哥哥没有同意,生气地说:"我的想法是正确的,我就不等什么命令了。我今天战死了,楚国首都一定会被攻克!"

他回到自己的队伍,对手下的士兵说:"跟着我!向囊瓦的战车冲锋!"

他手下的五千名士兵呐喊着冲向了楚国中军。

楚军这一边,因为人数众多、士气低落,阵型还处于散乱状态,战

车兵还在系头盔，弓箭手还在清点箭的数量，拿长戟的和拿长殳的混杂在一起，一些长戈竖在地上杵着……吴军像龙卷风一样冲了进来，将来不及防备的楚军一个个砍倒，楚军中军瞬间就崩溃了。

阖闾刚才还在为弟弟擅自行动而恼火，现在看见弟弟的五千人马把楚军中军搅得大乱，连忙抓住时机擂动战鼓，命令全军向囊瓦所在的楚军中军猛烈突击。大战爆发了。

这是一场激烈残酷的厮杀，两国最优秀的士兵碰撞在一起，刀剑打断了，就贴身肉搏，你掐我的脖子，我抠你的眼睛。最终，吴军士兵依靠旺盛的士气和锋利的武器，一举打垮了楚军中军。

中央军一败，其余楚军士兵无心恋战，纷纷丢盔卸甲逃命。吴军的战车部队出动了，战车的数量不多，但是非常轻便，速度很快，横扫失控的楚军。柏举的战场上铺满了楚军的尸体，鲜血把土地都染红了。自春秋以来，还没有哪支大国的主力军被小国的人马杀得如此惨败。

失去私卒保护的囊瓦慌慌张张想驾车逃跑，但他没有拔掉车子上的帅旗。吴军认出这是楚军乘广，立刻驾着战车追赶。

这时，跟随囊瓦的史皇说："请令尹换乘在下的马车，下官愿意乘坐您的马车引开吴人。"

囊瓦赶紧跳上史皇的车子，往另一个方向逃跑了。史皇则爬上囊瓦的乘广，继续驾车前进。

吴军不久就追上了乘广。史皇连忙拿出弓箭，将靠近的吴军士兵射死。吴军将士大怒，纷纷用箭还击，把乘广上的人射成了刺猬。

乘广停下来之后，吴军士兵上去检查，才发现车上的人不是楚国令尹囊瓦。囊瓦已潜逃去了郑国。

柏举之战轰动了天下，作为以少胜多的经典战例被载入了史册。

大追歼

打赢柏举之战后,吴军没有停歇,阖闾指挥吴军乘胜追击,一路尾随溃败的楚军向西挺进。他深知吴军是孤军深入到异国作战,必须尽快实现目标,不能给楚国任何喘息的机会。

这又是一个军事史上的奇观:往日横行天下的楚军居然被吴军追着屁股撵,不敢回头反击。楚军大部队狂逃不止,在小别山以西被清发河(今湖北安陆境内)挡住了去路。他们赶紧扎木筏的扎木筏,找渡船的找渡船,一大群人乱哄哄地挤在岸边抢着过河。

就这么耽搁了一会儿工夫,吴军杀到了,但他们并没有立刻发起进攻。原来,夫概提出了建议,认为应该等到楚军一半左右的人过河后再进攻,因为那样没有过河的士兵就会想着逃命而不愿战斗,而如果在楚军都没过河时发起进攻,失去希望的楚军就会背水一战,负隅顽抗。阖闾听从了弟弟的建议。

为了达到突袭的效果,吴军没有暴露自己,他们利用清发河附近的

山林隐蔽起来。楚军对危险毫无察觉，他们不知道吴军细作正盯着他们，密切监视着他们的一举一动。

河面上的船只像蚂蚁一样来回移动，两岸挤满了黑压压的人群。终于，有半数楚军渡过了河。剩下的楚军以为吴军暂时不会追过来，就放松了警惕。阖闾下令向楚军发起进攻。

吴军在人群中杀开一条血路，冲到河边将还没有开船的楚军士兵砍倒，还用钩索将划出没多远的渡船拉回来。经过一番厮杀，没来得及渡河的楚军要么被歼，要么淹死，要么逃跑，全部溃散了。已经渡河的楚军见势不妙，抛弃落后的部队向西奔逃。吴军利用缴获的渡船，运送大军渡过清发河继续追击。

剩下的楚军狼狈逃窜，来到了雍澨（shì）（今湖北京山西南）。这里是一片水洼密布的沼泽地，位于汉水东岸，距离郢都只有一百多里。疲惫不堪的楚军空着肚子跑了很长时间，估计吴军没这么快追来，就在这片水洼地上架锅烧饭。一大帮人滚在泥水里忙着生火、架锅，好不容易把饭煮熟了，一身泥浆的楚军士兵上去哄抢。

还没嚼几口，就听见有人惊恐地大喊："吴人来了！吴人来了！快跑啊！"楚军士兵吓得肝胆俱裂，把手中的饭一扔撒腿就跑。

吴军果然追到了，大伙正好觉得饿了，就把楚军刚烧好的饭抓来吃。吴军个个吃得肚子圆滚滚的，楚军则空着肚皮，肚子咕咕叫着逃往汉水。渡过汉水，郢都就近在咫尺了！

楚昭王听说囊瓦战败，大军惨遭覆灭，吓得连忙收集了一批人马前去阻击。但楚军主力都失败了，这些临时拼凑起来的部队怎能敌得过如狼似虎的吴军？吴军轻松突破了楚国的郢都防线。

从柏举之战到兵临郢都，吴军仅用了十天！

蛇吞象

公元前506年十一月廿八，春秋时代的超级大国、一代霸主之国——楚国的首都第一次被外国军队攻占了。

吴军占领郢都的时候只遭到了轻微抵抗。由于先前的大惨败，楚军已经丧失了斗志，大量溃兵混杂在难民中间从郢都的各个城门逃了出来，吴军轻而易举冲进了郢都宽阔的大街，一直攻到楚国王宫。

楚王宫一片混乱，守宫侍卫早不知去了哪里，只剩下宫人们在惊慌失措地逃跑。楚昭王本人以及楚国公主也不见了踪影，消失的还有许多楚国公族和大夫。显然，他们在吴军入城前就逃走了。

坐在楚王的宝座上，看着郢都宏伟的建筑和楚国人民被踩在自己的脚下，阖闾感到无比的痛快，他要报当年的杀父之仇。阖闾发布指令，将楚王宫和楚国大夫的官邸按等级高低分配给吴国臣僚，但没有具体规定谁住哪套房子，只有一个模糊的标准。例如，阖闾是老大，自然住王宫主殿；接下来是吴国公族，可以住楚国令尹的房子；再下面是重臣，

可以住楚国司马的房子……依次类推。至于房子里被男主人抛弃的女眷和财宝，任由住这里的吴人处置。吴国的大夫贵族们为战利品打起架来，阖闾的儿子公子山就和夫概打起来了。本来，令尹的房子被公子山抢先住了，夫概却硬说这房子只能他住，要公子山搬出去。公子山不愿意搬，夫概就把自己的亲兵叫上，气势汹汹地要收拾他。公子山没有办法，只好把房子让给夫概。对于这件事，阖闾念在夫概有战功的分上，没有计较。

楚国君臣的房子被分配完毕，剩下平民百姓的财产就交给吴军士兵了。凶悍的吴国人变成了一群面目狰狞的野兽，在城中大肆抢劫和破坏，四处屠杀无辜的楚国人。

伍子胥此时没有阖闾那么兴奋，日思夜想的仇人早已去世，虽然他带着吴国军队重回故土，但这种胜利丝毫不能抚慰他内心的失落感。沉默了许久，他看见了郢都郊外的楚王陵园，头号仇人楚平王的陵墓就在那里。

不管仇人是生是死，父兄的仇都必须报！

伍子胥带着一群人砸碎了楚平王的墓碑，挖开坟茔将楚平王的棺材拖了出来。他劈开厚重的棺椁，不顾难闻的尸臭，拿出铁鞭就往尸体使劲打去。压抑了许久的仇恨爆发出来，伍子胥成了一个狂暴的疯子。手臂没了力气，头发也散乱了，他仍旧不停手。旁边的人吃惊地看着他疯狂的样子，不敢说什么。

就这么打了三百多下，楚平王的尸骨被彻底打成了碎块，伍子胥才筋疲力尽地瘫坐在地上，像小孩一样掩面大哭，不知是哭自己为父兄报了仇，还是在哭自己悲哀的命运。

已经逃到深山的申包胥听说老友鞭打楚国先王的尸骨，托人对他说："你这样报仇是不是太过分了？你也曾是先王的臣下，虽然逃亡，但如此侮辱先王的尸体，不怕遭到报应吗？"

伍子胥不以为然，让传话的人回去告诉申包胥："忠孝不能两全。我年龄大了，住得又很远，怕以后没有机会报深仇大恨，所以要做这样不寻常的举动。"（"吾日暮途远，吾故倒行而逆施之！" 这就是成语"倒行逆施"的典故。）

攻下了郢都，阖闾有了彻底灭亡楚国的想法。而要想实现蛇吞象，眼下有两件事要做，一是打败还在顽抗的楚军，另一件是抓到楚昭王。

吴军占领郢都不久，有一支楚军自楚国的北部边境南下，企图自雍澨渡过汉水，夺回郢都。这支部队军容整齐，完全不是囊瓦指挥下的熊兵，他们的将领是沈尹戌。

沈尹戌刚刚在息县的淮河岸边烧毁了吴军船只，就听说了囊瓦的大军惨败、郢都告急，他连忙放弃了包抄计划火速南下。阖闾立刻派兵前去拦截，吴军渡过汉水，在雍澨遇到了沈尹戌。

吴军可能因为连续的大胜仗有些轻敌了，首战居然败给了沈尹戌。但楚军也付出了不小的代价，沈尹戌本人还在战斗中身负重伤。

吴军重新集结部队，向沈尹戌的楚军发起了反攻。楚军本就人数不多，加上主帅受了重伤，再也无力招架吴军的进攻了。最终，楚军溃败，只剩下一群忠心耿耿的卫兵还保护着沈尹戌。

沈尹戌知道已经没有突围的希望了，他不愿做俘虏，决心以死殉国。他对身边的将领说："我必然要死，谁能保证我的头颅不被吴军得到？"

一个叫吴句卑的小将含着眼泪说："小人卑贱，愿意保护司马的头颅不被吴军所得。"

沈尹戌笑着对吴句卑说："过去我没能重用你，真是可惜啊。"

沈尹戌拿起佩剑，不顾身上的伤，亲自带领手下与吴军做最后的搏斗，硬是打退了吴军三次冲锋。吴军发起第四次冲锋的时候，身中多处刀伤的沈尹戌站不起来了。他无力地对吴句卑说："我已经不行了，不

能让吴军得到我的尸体,动手吧。"

吴句卑强忍住眼泪,将自己的外衣脱下,摊在沈尹戌的面前,然后他高高举起剑,奋力一砍,沈尹戌的头颅便落在了他的外衣里。

吴句卑连忙把头颅包起来,再将沈尹戌的尸身藏好。在吴军士兵冲过来前,他将头颅系在肩上,驾车逃离了战场,从此杳无踪迹。

击败了沈尹戌,似乎已经灭亡了楚国。阖闾有点飘飘然,他想代替楚国,去收服楚国的仆从国。

南方的诸侯小国先不用考虑,如果能收服与楚国关系密切的郑、陈、蔡三国,那吴国在中原产生的轰动将是巨大的。蔡国已经投靠了吴国,剩下的就是陈国和郑国了。

阖闾派出使者前往陈国,蛮横地要求陈怀公(名柳)到郢都来朝见自己。陈怀公不知道该如何是好:去吧,感觉自己太软弱,屈服于一个没怎么打过交道的蛮夷之国;不去吧,又害怕厉害的吴军攻打过来。

左思右想,陈怀公决定搞一次全民公决。他召集了国人,宣布说:"吴人召唤寡人去朝见,寡人特来听取大家的意见。赞同寡人去的站在左边,不赞同寡人去的站在右边。有田地的,就站在自己田地的方向;没有田地的,就和自己的亲戚朋友站在一块儿。"

但是,陈国人这么多,清点费时费力,一下子算不出结果来。这个时候,一个叫逢滑的大夫对陈怀公说:"君上,臣以为不能去。吴国还没有代替楚国的能力和德行,楚国也还没有到达灭亡的程度,我们切不可背弃楚国。晋国是中原盟主,我们不如请晋国人出面,给我们主持公道。"

陈怀公不理解,问:"楚军被打败了,他们的国君逃亡了,怎么能说楚国还没有灭亡呢?"

逢滑说:"这种情况太常见了,许多小国不是被别国攻下,后来又复国了吗?小国能做到,大国为什么就做不到呢?楚国虽然蛮横,但它还不会伤害自己的百姓；吴国虽然现在得势，但它穷兵黩武，凶狠残暴，迟早有一天会败亡。君上千万不要害怕吴国。"

陈怀公听逢滑这么一说，逐渐平静下来。但他心里还是胆怯，拒绝吴国的底气不足，就没有按逢滑所说请晋国出面，而是对吴使说自己生病了，不能远行去拜见吴王。

那么郑国又是什么态度呢？

野史《吴越春秋》上说，阖闾派伍子胥领兵北上攻打郑国，一来为当年郑国迫害伍子胥报仇，二来逼迫郑国屈服于吴国。

此时的郑国国君是郑献公（名虿chài）。他听说吴军来攻大为惊恐，连忙在国中悬赏能让吴国退兵的人。有一个年轻人自告奋勇，对郑献公说："我不用一兵一卒，只要给我一支船桨就可以了。"

郑献公就给了他一支船桨。

年轻人拿着船桨来到吴军军营附近，一首接一首地唱起了渔歌。伍子胥听到渔歌，感觉非常熟悉，就把年轻人叫到营帐里，问："你是何人，怎么会唱这首歌？"

年轻人笑笑说："我就是当年救您的那位渔翁的儿子。我想凭借当年先父与您的交情，为郑国求情，请您放过郑国。"

伍子胥惊叹道："我居然遇到了恩人的儿子！昔日的恩情子胥绝不敢忘！"便带兵撤出了郑国。

这个离奇的故事只是野史传闻，史书上并没有吴军进攻郑国的记载。他们这点兵力守住楚国庞大的国土就已很不容易，根本没有多余人马北上郑国。真实的情况应该是阖闾根本就没打算对郑国用兵，顶多派人去联系一下，但没有得到满意的结果。阖闾想实现的蛇吞象，是一个不切实际的妄想。正如逢滑所说，吴国还没有代替楚国的能力和威望。

就在阖闾派人企图收服楚国的仆从国时，他得到了楚昭王的消息。

追击楚王

此时的楚昭王差不多十七八岁年纪,孔子曾称赞他说:"楚昭王知大道矣,其不失国也宜哉!"意思是说,楚昭王是个懂大道理的人,是不会失去自己的国家的。可见这位年轻的楚王文雅睿智,在当时有不错的风评。

可惜的是,他即位之初年纪太小,国政被囊瓦这个贪官操纵,使得他在意气风发的年龄就遇到了这样一次大惨败。

吴军突破郢都防线时,楚昭王没有兵马守住首都了,他不得不下令弃城逃难。情况危急,他来不及叫上母亲和妻妾,只带上了妹妹季芈畀(bì)我和几个近臣,同行的估计不超过百人。

楚昭王原本向西逃跑,试图渡过睢水(今湖北枝江东北),利用睢水天险阻隔吴军追击。但是吴军的速度实在太快了,他刚上了渡船,就被附近的吴军前锋发现了。

楚昭王听说吴军追来,表现出了领导者应有的镇定。他让一位名叫针尹固的楚国大夫上岸，利用留在岸上的几头大象去抵挡吴军。

春秋时期的气候比现在温热许多，楚王的苑囿就饲养着不少大象，平时让它们驮运货物或表演杂技等。这次楚昭王出逃，带了几头大象负重随行，渡船带不走它们，就把它们留在了岸上。

针尹固把这些大象并排布置在岸边，在它们的尾巴上系上浸了火油的绳子和布条。当吴军士兵的身影出现在睢水岸边，针尹固立刻让人点燃象尾巴上的绳子和布条。感觉到灼烧的大象发狂地向前乱窜，将跑得慢的吴军士兵踩成了肉饼。吴军不得不仓皇逃离睢水，暂时不再追击楚王。

楚昭王总算安全了一点，可以歇口气了。他开始考虑自己要投奔哪里。继续往西是崇山峻岭，道路不通；往南不太现实，那里还是没有开发的密林沼泽，到处是未开化的野蛮人。

楚昭王想了想，觉得最危险的地方就是最安全的地方，应该往吴军的后方躲避。清发河流域是吴军进攻郢都的途经之地，他们一定不会想到自己躲在那里。而且那个地方还有不少楚国城邑未被占领，自己可以动员那里的大夫和县尹反击吴军。

楚昭王乘船沿着睢水南下，进入长江之后，顺流而下，来到了今洪湖北方的云梦泽。楚昭王在这里弃船登岸，准备穿越这片沼泽地，前往东北方向的清发河。

史书上没有说楚昭王为什么选择走陆路，个人推测原因无非是楚昭王对接下来这段长江水流不了解，出于安全考虑而上岸的。

可惜，陆路也不安全。这里水网密布，植被茂盛，最适合躲藏和逃跑了，是悍匪和好汉的天下。楚昭王一行很快就被一伙强盗盯上了。他们看见这些过路人一个个衣着华丽，料定是大鱼，便计划等到天黑之后，突然杀过去，先把带刀剑的砍了，再把剩下的人绑了扔水里喂鱼，最后兄弟们把值钱的东西一分，大功告成。

　　入夜时分,楚昭王等人在野外扎起了帐篷,准备过夜。颠簸了一天的楚昭王累得不行,吃过东西倒头便睡。大夫和随从们将楚昭王和公主围在中央,也休息了,只有几个护卫手持长戈,在外围放哨。

　　忽然间,林子里冒出来许多火把,一群把脸涂成五颜六色的人大叫着冲来。几个护卫刚想阻挡,就被箭射中了。强盗头领冲过来大喊:"快把钱交出来,不然就宰了你们!"

　　一国之君岂有给买路钱的道理,大夫和侍从们爬起来和强盗们扭打。但强盗人数众多,没法全部拦截,有几个强盗甚至拿着武器要杀楚昭王,有大夫见了赶紧大喊:"大王快跑!"

　　楚昭王赤脚往外面跑去,但哪里跑得过匪徒们?一个强盗追到楚昭王身后,举起手里的戈往他的后脑勺刺去。王孙由于连忙冲上去挡住,用后背替楚昭王挨了一下。长戈扎进了由于的肩膀,由于顿时血流如注,昏死过去。

　　在由于的舍命保护下,楚昭王摆脱了强盗们,带着妹妹季芈畀我爬上一辆马车逃命,大夫和随从们也跟在后面逃走。强盗们不再追赶,而是把楚昭王等人留下的财宝器物洗劫一空,高高兴兴地回去摆庆功宴了。

　　落荒而逃的楚昭王继续向清发河前进,但不久,他的马车坏了。楚昭王没有办法,只好与随从们深一脚浅一脚地在泥地里步行。正值冬季,毒虫的侵扰少了,但冰冷刺骨的泥水让楚昭王满脚生了冻疮。

　　楚昭王还能坚持,但公主没有毅力了。季芈畀我娇生惯养,在沼泽地里赶路简直是受罪,没走几里路就脚底板生疼,走不动了。大夫钟建蹲下来说:"就让为臣背着公主走完前面的路吧。"

　　楚昭王答应了,季芈畀我高兴地趴在了钟建的背上。

　　一行人接着走,过了一段时间,先前受伤的王孙由于追了上来。原来,由于肩膀上的伤并不深,他昏过去不久就醒了过来,简单包扎了一下便来找大部队,结果还真追上了。

随国人的抉择

楚昭王终于出了云梦泽,来到了清发河边的郧(yún)县(今湖北安陆)。他以为到了自己人的地盘上,终于可以安心地歇歇脚了。没想到,这里却有人想杀他。

谁这么大胆想杀楚王呢?不是别人,正是郧县县尹斗辛的弟弟斗怀。原来,斗辛和斗怀的父亲就是斗成然,当年和养氏家族斗富,被楚平王以贪腐罪名处死。斗怀对父亲之死一直愤愤不平,觉得老爹功劳那么大,却还是被楚平王说杀就杀了,就想杀掉平王的儿子报仇雪恨。

斗怀把这个想法告诉了哥哥斗辛。斗辛一听吓坏了,他与弟弟不同,是忠君的人,反对说:"君主惩罚自己的臣下,那是天经地义的,怎么可以把这个当作仇恨?在国君落难的时候去报仇,这不是一件可以称作勇敢的事情;杀了国君,是会被灭族的,这样做就是不孝。你胆敢去杀国君,我就杀了你!"

斗怀见哥哥不同意,大骂哥哥迂腐,两兄弟大吵了一架。斗辛知道

弟弟一定不会善罢甘休，担心国君遭遇不测，便叫上另一个弟弟斗巢，一路护送楚昭王一行前去郧县北方的随国避难。

前往随国的途中，他们被一条河挡住了去路。恰好在这个时候，一位名叫蓝尹亹的大夫带着家眷路过，手头正好有几条船。楚昭王他们见了，就向蓝尹亹借船。

按说国君借用臣下的船只，一般人一定会是一百个愿意。可蓝尹亹是个小气鬼，不肯借船，还对楚昭王说风凉话："自先王以来没有一个失掉国家的，到了大王在位的时候就失国出逃，这是您的罪过。恕臣不能帮您，没有船，臣的家人就没办法逃难了。"

说完，蓝尹亹让下人赶紧划船走掉，把自己的国君扔在了荒郊野外，气得楚昭王鼻子都要歪了。

后来好不容易找到了几条船，楚昭王渡河来到了随国。随国一直是楚国的附庸国，国君也姓姬，楚国对随国向来比较宽松，随国人也对宗主国比较忠顺。楚昭王在这里受到了热情招待，总算是有了一个相对安全的避难所。

然而，楚昭王躲藏在随国的消息还是泄露了，阖闾立刻派兵前往。但吴军兵力不足，不敢对随国发起强攻。阖闾就让吴军驻扎在随都城南，一面进行军事恫吓，一面派使者入城交涉，希望凭借同为姬姓国的缘分，再拿出一点实际的好处，让随国人乖乖地把楚昭王绑了送来。

吴使进入随都后，一改以往的凶蛮之气，恭恭敬敬地对随侯说："吴国与贵国是姬姓兄弟之国。周王曾经在汉水流域册封了许多王室子孙，但他们有什么罪过，竟全部被楚国消灭了。贵国如果还是天子的王臣、姬姓的子孙，就应该报答天子的恩德，帮助我们吴国人惩罚楚国。只要君主您把楚王交给我们，我们就把汉水以东的土地划给您。"

把汉水以东的土地割给随国，差不多就是吴、随两国平分了楚国的土地，这个条件对随国人的诱惑绝对是巨大的。原本想坚决保卫楚昭王的随侯犹豫起来，汉水以东的土地啊，随国人几百年来都没想过拿到！他让吴使先去休息，自己好好想想。

随侯的态度让楚国人非常紧张，楚昭王的命现在完全掌握在随侯的手里，只要他点点头，楚昭王和他的随从们立刻就会走上黄泉路。

跟随楚昭王逃难的王子结（字子期）对楚昭王说："随国也不安全了，大王您要马上离开。吴国人在城南，您可以从北门逃走。"然后，王子结又对其他人说："我的模样和大王长得比较像，我穿上他的衣服，吴人一定认不出来。你们把我交给吴人，大王就能逃出去了。"

楚昭王等人听了无不感慨流泪。

那么，随国人真就答应了吴使的请求吗？

没有。随侯虽然对吴国开出的条件心动，但还是没胆量做背叛楚国的事，而且随国的不少大夫与楚国人交情匪浅，他们也劝说随侯不要答应吴国人。

犹豫不决的随侯就去祖庙里占卜，看看神明的指示是怎样的。

占卜结果出来了——交出楚王，不吉利！

随侯如释重负，神明都这么指示了，看来随国背叛楚国将没有好下场。

那该怎么拒绝吴使呢？

随侯就想，吴人大老远地跑来不攻城，反倒开条件谈判，说明吴人外强中干，不敢把有限的兵力用在攻城上。

洞悉了吴国人的处境后，随侯便回复吴使说："敝国只是一个小国，一直以来都是楚国在保护敝国，所以我们和楚国之间世世代代都有盟约。如果现在遇到危难，敝国就背叛楚国，以后还怎么侍奉贵国呢？贵国只是没有抓到楚王罢了，如果你们能完全平定楚国，敝国敢不听从你们的命令吗？"

吴使无话可说。自己现在的处境都已经被对方看出来了，谈又谈不

成，打又不敢打，吴军只好撤走了。

一场惊险过去，所有人都松了一口气。随国人保全了楚王的血脉，楚昭王感激涕零，他决定再次与随国举办一次会盟，以示两国的关系如铁一般牢靠。会盟举行的时候，歃血用的血不是牛血，而是楚昭王从王子结身上割下来的人血。用楚国公族的血来昭告神灵，表示楚国宗室永不会背叛随国。

而阖闾呢，正如随侯看出的，他现在已经顾不得抓楚王了，他正焦头烂额。

哭秦廷

出什么事情了呢？当然是楚国人民此起彼伏的暴动和反抗。

吴军占领郢都后四处烧杀抢掠，激起了楚国百姓激烈抵抗，许多人自发地拿起武器与侵略者战斗，没有贵族将领率领，他们就选出当过兵的人指挥。几乎在一夜之间，楚国境内就冒出了无数支反抗军，阖闾有限的兵力根本没办法弹压各地的反抗。

尤其是在郢都，这里的楚国人过去常得到楚昭王恩惠，对吴国人更是切齿痛恨。这里几乎每天都会发生暴动，吴军得不到片刻安宁。阖闾只能东躲西藏，接连换了五个住处。

除了如燎原烈火般的反抗军，阖闾还必须面对两个麻烦的人物。

其中一人，就是伍子胥的老朋友申包胥。

十几年前，申包胥与落难的伍子胥相遇，说过伍子胥如果有一天带兵攻打楚国，他一定会尽全力保护自己的祖国。

申包胥果然说到做到，他因为手中无兵，就不远万里跑到了秦国，

向秦国人请求救援。他一见到秦哀公就连连叩头,说:"吴国乃边野蛮夷,就像毒蛇猛兽,要把中原国家一个一个吞食掉。它的残暴就从楚国开始,驱逐了我国国君,我们的国君不得不流浪在荒野之中,派下臣来贵国求援。如果吴国消灭了楚国,与贵国做邻居,那贵国边境就无法安宁了。君王不如趁吴人立足未稳之际,讨伐吴人,即便楚国最终灭亡了,您还能获得一片土地,如果楚国侥幸在贵国的帮助下得以保全,那我们将世代侍奉贵国。"

申包胥知道,秦国虽然是楚国的盟友,但还达不到铁哥们儿的程度。所以他啰啰嗦嗦说了一大堆,讲尽了秦国救援楚国的好处,只怕秦国不肯帮忙。

然而,秦哀公不是一个干脆的家伙,申包胥说了半天,他还是犯犹豫,救还是不救呢?秦国一直乐于助人,到头来还不是被晋国害惨了。况且楚灵王和楚平王兄弟俩干尽缺德事,楚国陷入灾难,那是咎由自取,秦国还是不当这个好人为妙。

秦哀公就对申包胥说:"大夫辛苦了,寡人知道你说的事情了。你先到旅舍休息一下,等寡人考虑一下再告诉你。"

考虑,这不是搪塞我吗?考虑个十天半个月,还会有更多楚国百姓被杀,到时候再给我一个回复说不行,那楚国不是没救了吗?

申包胥不答应,哭着说:"我的国君还在荒野中流浪,没有一个安身之处,下臣怎么敢去休息!"

秦哀公不厌其烦,让他赶紧退下,可申包胥就是不肯走,使劲给秦哀公叩头请他救救楚国。秦哀公没办法,只好自己走了。

秦国的大夫们也跟着退了,偌大的宫殿里只剩下申包胥一个人在哭。他不停地哭,哭得身体支撑不住了,就扶着墙接着哭。秦哀公听了心酸,可怜这位楚使,就派人给他送饭菜和水让他歇歇。可申包胥看都不看一眼,依旧号啕大哭。史书上说他整整哭了七天七夜,滴水未进,粒米未进，把自己哭得奄奄一息。

申包胥的一颗赤诚之心终于感动了秦国人，秦哀公露面了，对申包胥吟唱了秦国著名的歌谣——《无衣》："岂曰无衣？与子同袍。王于兴师，修我戈矛，与子同仇！……"

听到秦哀公铿锵有力的歌唱，申包胥明白秦国同意出兵了，于是停止了哭泣，连忙跪在地上向秦哀公磕了好几个响头。

公元前505年秋，秦国出动了五百辆战车，由子蒲和子虎率领，在申包胥的指引下通过武关，翻越了秦岭，来到楚国境内。阖闾将要和这些从未谋面过的敌人展开较量了。

另外一个让阖闾头疼的人叫王子申（字子西），是楚昭王的庶兄。

楚昭王出逃之后，很长时间下落不明，让楚国百姓非常担忧。王子申就仿造楚王的旗帜和仪仗，制造了一个子虚乌有的楚王四处活动。他沿路收拢了大批难民和散兵，在脾泄（今湖北江陵附近）建立了临时国都。

新的国都一出现，楚国人就感到自己的国家还没有灭亡，各地的反抗军愈发活跃起来。王子申通过临时政府发号施令，汇集各地的武装力量，不断地与吴军展开交锋。

一时间，外有秦国军队进攻，内有楚国百姓袭扰，吴军应付不过来了。

有人会说，阖闾底下不是还有兵圣孙武吗，有他在还怕不能打胜仗？囊瓦的大军都打败了，还怕楚国人反扑？

这其实是一个思维误区。孙武是军事天才，但吴军兵力太少，禁不起持久战的消耗，只能速战速决、速进速退，战事拖得太久是吴军最忌讳的事。孙武就在《孙子兵法》里写道："兵贵胜，不贵久。""夫兵久而国利者，未之有也。"他是明白这个道理的。

现在吴军孤军盘踞在郢都一带好几个月了，早就违反了不打持久战

的原则。如果孙武担任最高指挥官,肯定会选择在秦、楚军队合击吴军之前,就赶紧撤退回国。只可惜,拥有最高指挥权的阖闾没有听从孙武的忠告,他和其余吴军将领都陶醉在胜利的喜悦中。

吴军接下来的状况就可想而知了。公元前505年六月,吴军与秦军在沂邑(今河南正阳境内)遭遇了。吴军这边的指挥官是夫概,敢打敢冲的他立刻摆出阵型向秦军发起了进攻。子蒲和子虎是初次与吴军交手,不熟悉吴军的战法,就耍了个滑头,叫楚军先和吴军打,自己在边上看。吴、楚两军杀得难舍难分之时,子蒲和子虎估计吴国人肯定累了,就出动战车从两边袭击吴军。夫概战败,率领部下逃离了战场。

沂邑的败仗刚结束不久,又有一支吴军在军祥(今湖北随州西南)被王子申名下的楚军袭击,也打了个败仗。

这年七月,秦、楚联军扫荡外线,攻灭了唐国,切断了吴军通过大隧、直辕、冥厄隧道东归的路线。而在吴军活动的其他区域,各地楚军也在进行围剿。

坏消息一个接一个传来,国内信使又前来告急,说这年夏季,越国瞅准吴军西征的时机对吴国发起了攻击。虽说越国的国力此时还不够强大,没有给吴国造成严重损害,但这个国家距离吴都最近,万一再发动第二轮袭击,吴国就十分危险了。想到这里,阖闾惊出了一身冷汗。

到了九月,阖闾更听到了一个晴天霹雳般的消息:弟弟夫概在这关头居然擅自带兵回国,自立为王了。这事简直要把阖闾气炸了。他察觉到自己的处境相当危险,夫概一招浑水摸鱼,把自己扔在了国外,等他地位稳固了,自己就与楚灵王一样的结局了。现在唯一的办法就是尽快回国,必须打败夫概夺回王位,并驻兵吴、越边境,防止越国人再次偷袭。如果行动晚了,那可就来不及了。

回国

《左传》对阖闾回国的时间留下了令人疑惑的记载，先是写道："……夫概王归，自立也，以与王战而败，奔楚……"好像夫概回国自立后马上就被阖闾打跑了。后来又写道："……吴师大败，吴子乃归。"好像阖闾回国是在吴军被逐出楚国后。

童书业教授在《春秋史》中认为，阖闾是带兵从楚国撤退后，才回国把夫概赶跑的。但笔者根据吴军在接下来的战斗中仍保持顽强的斗志，以及战斗地点位于楚国西部，推测吴军应该不是在撤退途中被阻击，而是其分散在各地的部队被楚人围攻。《左传》没有记错时间，阖闾是提前回国打跑了夫概，然后又返回楚国指挥吴军作战，直到战败撤退。

阖闾为什么没有一开始就带大部队回国呢？笔者认为原因有两个：一是夫概作乱的兵力不多。夫概在柏举之战时能指挥的士兵才五千人，后来又在沂邑被秦军击败，手头的人马肯定所剩无几，他能带回国并且

愿意支持他叛乱的将士定然少之又少，根本不成气候。阖闾是担心王位安全，才不得已亲自回国一趟，他应该是带了一些精干的人马，乘快船顺长江而下，以迅雷不及掩耳之势打败了夫概。夫概慌忙带上家眷逃往了楚国，叛乱被迅速平息了。二是阖闾不愿意放弃被占的楚国领土。阖闾搞了那么多年军备建设，目标就是打垮楚国，现在好不容易攻下了郢都，赶跑了楚王，怎么甘心就这么放弃胜利呢？虽然楚国人的反抗非常激烈，秦军也加入了战斗，但他自信于吴军的战斗力，认为最终能够战胜对方。所以，阖闾打败夫概，确定后方安全后，又马不停蹄地返回了楚国前线，指挥吴军对秦、楚两军发起了主动进攻。

郢都东面的雍澨是兵家必争之地，楚军试图从这里出发收服郢都。吴军趁楚军尚在集结，突然对他们发起了进攻，来不及防备的楚军很快被打败了。然而，就在吴军试图追击溃败的楚军时，忽然听到了一阵雄壮的军鼓声，只见一支打着"秦"字旗号的战车大军出现在地平线上，黑压压地向吴军冲来——秦军赶到了。

秦军经过沂邑之战摸清楚了吴军战法，采取中原军队惯用的战车阵对战。吴军缺少战车，无法和秦军正面抗衡，再次败给了秦军。

驻扎在麇（jūn）邑（位置不详，一说在今湖南岳阳附近，是麇国灭亡后，楚国将麇人迁徙至此建立的城市）的吴军也遭到了由王子申和王子结率领的楚军包围。背负着国仇家恨的楚军士兵热血沸腾，发疯似地冲向吴军阵地。他们的心里只有一个念头，那就是对面有杀害自己妻儿老小的仇人，冲过去，杀吴人，报仇雪恨！

麇邑的战场上弓箭飞舞，杀声震天，攻守双方都拼尽了全力。然而，楚军猛攻多日，就是攻不下这座城市。王子结想出了一个办法——火攻。王子申并不同意，说："国人有那么多父兄子弟曝尸野外，我们不去收敛他们的尸体，却放火焚烧，这样不好吧。"王子结坚持自己的观点，说："国家都要被灭亡了，我们还考虑这个吗？我们可以另外再祭祀他们。那些死去的将士如果有知,一定会愿意的。"

王子申最终同意了火攻的方法,楚军当即准备了大量干草和火油,聚集在上风向的地方。进攻开始后,楚军士兵推着起火的车子冲向城门,立刻在麇邑引起了冲天大火。风助火势,凶猛的火焰吞噬了城门和箭楼,滚滚黑烟直冲云霄,许多浑身是火的吴军士兵惨叫着四处奔逃。就在吴军忙着扑火的时候,楚军的军鼓再一次擂响了,楚军向吴军发起了全面进攻,他们撞开了城门和围墙,冲进城去。

战况急转直下,麇邑之战后不久,在公婿之谿(xī)(今湖北襄阳东)活动的吴军也遭到了袭击,他们扔弃了许多粮草辎重夺路而逃。

阖闾这个时候终于意识到,他是不可能灭亡楚国的,也不可能守住这么大的被占土地,不如趁吴军还没有遭受巨大损失,赶紧撤退回国。吴国人能占领郢都,羞辱楚平王,还夺走这么多战利品,已经足够了。于是,阖闾下令吴军乘坐从楚国人那里掠夺来的船只走水路回国。

公元前505年九月底,吴军全部退出了楚国,这场历时十个月的大战结束了。由于吴军行动迅速,楚军没有追赶上他们。

论功行赏

虽然入楚作战最终草草结束了，但阖闾率领的吴军创下了前无古人的记录，千里奔袭、以少胜多、鞭尸楚平王等，在当时轰动了整个天下。吴国让中原国家见识了贤人季子之后，又让他们领教了雄主阖闾。通过这场战争，吴国这个东南小国已能跻身强国之列了。

而楚国经历了这场浩劫，国家遭到了巨大的破坏，军民死伤数十万人，王陵、王宫和众多城市被洗劫一空。楚国从霸主的位置上跌落下来，一蹶不振，再也没有了当初傲视天下的雄风。

楚昭王在国人的夹道欢迎下最终回到了郢都。他看见已是千疮百孔的国都，无比地自责和伤心，他流着眼泪发誓，一定要复兴楚国！

由于令尹和司马在这场战争中失踪或战死了，楚昭王便封功劳最大的王子申为新任令尹，王子结为司马。其余功臣如王孙由于、斗辛、申包胥等也各有封赏。但是申包胥拒绝了赏赐，说："臣所做的是为了大王和楚国，不是为了我个人的恩赏。现在大王已经安定了，臣就没什么可要求的了。"

这就是申包胥，一位忠义人物。

对于蓝尹亹和斗怀，这两个在楚昭王落难时落井下石的人，楚昭王也给予了宽容。他原本想杀蓝尹亹，但王子申劝他说："囊瓦只记得与别人的仇恨，所以失败了。大王您何必学他呢？"楚昭王便没有处罚蓝尹亹，还让他官复原职，说："留着他，不谷才能记住自己的过失。"

楚昭王还赏赐了斗怀，说："斗辛和斗怀两兄弟，一个对君主遵从礼义，一个对父亲遵从礼义，他们都没有错。不谷没有理由不同等对待他们。"

为了表彰沈尹戌的忠烈，楚昭王封其子沈诸梁为叶公，替楚国管理北方的叶县（今河南叶县）。叶县地处许国和蔡国之间，是仅次于申县和息县的楚国北方重镇，沈诸梁任职叶县的最高长官，可以说是身居要职。

所有受赏赐的功臣中，唯独钟建获得的赏赐最为特别了，他娶了楚昭王的妹妹季芈畀我，做了楚国的驸马爷。当初楚昭王一行在云梦泽落难的时候，季芈畀我走不动路，就是钟建背起她赶路的，两人由此产生了感情。当楚昭王给季芈畀我选夫婿的时候，她红着脸说："钟建已经背过我了。"楚昭王就遂了妹妹的意，把她嫁给了钟建。

楚国这边封赏功臣，阖闾那边也大摆庆功宴。获得赏赐最高的不是策划了这次军事奇迹的孙武，而是阖闾最信任的伍子胥。伍子胥获得了封地申（位置不详，一说在今上海境内），一跃成为吴国头号重臣，人们尊称其为"申胥"。

野史《吴越春秋》上还记载了两件事：一件是吴军全部从楚国撤回后，阖闾将国都的阊（chāng）门改名为破楚门，用来纪念这次伟大的胜利；另一件是齐国为了讨好吴国，送了一位公主给阖闾的太子为妃。阖闾又筑起了一座北门，名叫望齐门，让齐女到那里游玩，缓解思乡之

情。从这两件事可以看出,吴国在这场大胜后声威大振,连北方大国都不敢小觑它了。

但吴、楚之间的大战还没有画上句号。公元前504年,阖闾再次派军攻打楚国。为了锻炼继承人,他让太子夫差①担任指挥官。年轻的夫差第一次出场了。

此时的夫差还没有后来那般狂妄自负,年轻的他战战兢兢地接过父亲的命令后,便调动吴国水陆两军北上淮河。楚昭王派司马王子结指挥水陆两军抵抗。可是楚国的水陆两军配合度太差,水军跑得太快,把陆军远远地甩在了后面。夫差抓住这个机会,先集中优势兵力在淮河上击败楚国水军,俘虏了楚军主将潘子臣、小惟子及其下将领七人,接着指挥吴军西进,在繁阳(今河南新蔡北)击溃了王子结亲自率领的楚国陆军。夫差第一次亮相,就漂亮地完成了父亲交给的任务。

楚军再次惨败给吴军,楚国上下又一次感到了恐惧,尤其是经历过吴军暴行的国人更是惶恐不安。为了安定民心,也为了给郢都重建腾挪出空间,在令尹王子申的建议下,楚昭王把国都暂时迁到了鄀(ruò,今湖北宜城东南)。

然而,楚国人是杞人忧天了,在此后的八年时间里,吴国再也没有发动过战争,不仅对楚国,对其余邻国也是如此。阖闾安安静静地守在东南一隅,什么事情也没有发生。

原因很简单,吴国需要休养生息。

阖闾倾全国之力发动的侵楚战争,耗时十个月,奔走上千里,已经达到了吴国国力的极限。虽然吴军轰动了天下,但损失的兵力和物资也不少。这些损失对于人口众多的大国来说不算什么,但对于吴国这样地

---

① 此从《史记》记载,《左传》记载为终累。可能阖闾的太子原名"终累",即位后尊称"夫差"。

广人稀的国家来说，就是很大的数字了。阖闾必须停下战争机器，补充兵员，让社会恢复生产。

也就是在这段时间，孙武辞去了所有职务，选择了归隐乡间继续做学问去了。他离职的原因，有可能是与阖闾理念不合，他看到了战争带来的巨大破坏，不希望继续为一个好战的国君效力。"不战而屈人之兵，善之善者也。"这是孙武的理念。

孙武退隐后总结了自己征战楚国的这段经历，对《孙子兵法》进行了补充和修改。孙武去世之后，他的弟子们将此书整理出版，就是我们现在看到的《孙子兵法》。

楚国同样需要休养生息，不过它是大国，恢复的速度要比吴国快很多。楚昭王吃了败仗，不敢乱找吴国的麻烦，就报复那些为虎作伥的小国。楚军先是攻灭了背叛楚国、投靠晋国的顿国（今河南项城西南），然后消灭了在吴、楚大战期间趁火打劫的胡国（位于今安徽阜阳西北，不是被郑武公灭的那个胡国），接着又大举进攻引吴兵入楚的罪魁祸首——蔡国。

进攻蔡国的楚军由楚昭王亲自率领。他命士兵搬运泥土，在城外堆积成土垒。忙碌了九天，楚军就围绕城墙一圈，建起了宽一丈、高两丈的大土垒，楚军可以轻易地在土垒上架设木梯爬到城墙上去。

蔡国人见无法防守，只好出城投降。楚昭王没有伤害蔡国民众，而是让他们迁往靠近吴国的汝河一带，蔡国原来的国土则被楚国占领了。

第104章

死也要死在战场上

楚国在报复那些背叛自己的小国，安静了八年的吴国也终于沉不住气了。

阖闾喜爱的不是平静安闲的生活，他的乐趣是在喧嚣血腥的战场上与敌人斗智斗勇。所以，当吴国的国力恢复之后，阖闾的下一场战争立刻启动了。

阖闾这一次的目标不是楚国，而是南方的越国。

自打上次越国偷袭了吴国本土，阖闾就一直耿耿于怀。他觉得，如果不出兵报复越国，那吴军的脸面往哪里搁？如果不出兵消灭越国，那吴国北上争雄，就必然再次遭到越国袭击。无论如何，吴国都必须消灭越国。

公元前497年，越国的老国王允常去世了，即位的是他年轻的儿子勾践。阖闾看准越国国丧之际，出动吴军主力南下攻越。

不服老的阖闾不顾自己年迈，依旧亲自领兵。他推开儿子夫差的搀扶，用力爬上了高大的战车。望着自己一手建立的吴国铁军，他骄傲无比。反击夺"余皇"、鸡父之战打败七国联军、派专诸刺死吴王僚、千里奔袭郢都、打垮楚国大军……这些辉煌成就在他的脑海里一幕幕浮现。想到从未听说过的毛头小子勾践，阖闾露出了轻蔑的笑容。那么多敌人都被自己打败了，勾践算个什么东西呢？

阖闾带领吴国大军出发了，开始了人生的又一场征战。他绝对不会想到，这个平常的"开始"，竟会成为自己命运的"结束"；他也不会想到，他要面对的勾践，是将来被千古传唱的英雄人物；他更不会想到，被吴人瞧不起的越国，将是吴国霸业的掘墓者。

听说强大的吴军南下，年轻的勾践表现出了异于常人的镇定和勇敢。他立刻展开全国动员，集结了数万人马前去阻击。

公元前496年夏天，吴军在樵（zuì）李（今浙江嘉兴西南）遇到了勾践亲自率领的越军。阖闾站在战车上，看见自己全副武装的士兵立刻摆好了整齐的阵型，对面的越军却衣裳不整，队形全无章法，他再次露出了轻蔑的笑容。

阖闾想看看这帮没用的越人怎样打败自己这严整的队伍，便没有下令进攻，而是让士兵们做好防御准备，等越军来攻。随着一阵激烈的军鼓声，勾践派出自己手下最勇敢的士兵向吴军发起了攻击。这些士兵都是精挑细选的敢死之士，就是来为神灵和国君献出生命的。但他们蜂拥冲向吴军方阵，就被武艺高强又装备精良的吴军杀死。越军敢死队两次冲锋下来，吴军方阵仍是纹丝不动。

阖闾见越军如飞蛾扑火，哈哈大笑，吴军士兵也纷纷大笑。在吴军的嘲笑声中，勾践忽然想到了打败对方的方法。越军的鼓声再次擂响了，但这次出阵的不是士兵，而是一群越国囚犯。他们排成三行，人手一支短剑，慢慢地走向吴军阵前。

囚犯们停下来对吴军叫喊说："我们两国的国君对阵，我们触犯了

军令,在国君的面前表现得很无能。我们不敢逃避罪责,在阵前自杀谢罪。"说完,他们拿起剑割喉自杀了。

这么多人在战场中央集体自杀,吴军士兵的注意力被分散了,看不到的人蹦蹦跳跳地伸长脖子看,后面的人挤到前面看,吴军原来整齐的阵型一下子就乱了。

就在吴军感到震惊之时,越军突然敲响军鼓,发起了进攻,一举突破了吴军阵型。心神不安的吴军士兵失去了战斗意志,居然落荒而逃。

一切发生得太突然,阖闾根本没有反应过来。士兵们刚刚还接连打退越军的数次进攻,怎么现在一下子溃败了?他还在满腹疑惑的时候,一个名叫灵姑浮的越国大夫带人冲到了他的跟前。

灵姑浮甩开阖闾的卫兵,猛地跳起来,用长戈奋力刺向阖闾。阖闾连忙躲避,但已经来不及了。灵姑浮的长戈刺中了阖闾的一只脚,削掉了他的大脚趾。阖闾大叫一声,倒下了战车。他那根被砍下的脚趾留在鞋子里掉在地上,被灵姑浮拾获。卫兵们赶紧保护阖闾撤退,逃出了战场。

撤退的路上,年迈的阖闾经受不住伤痛,奄奄一息了。他用最后的力气对在身边陪伴的夫差说:"你会忘记越王杀死你父亲的仇吗?"

夫差含泪回答:"儿绝不敢忘。"

听到儿子铿锵有力的回答,阖闾咽下了最后一口气。此时,吴军刚刚离开檇李七里之遥。

一代霸主阖闾在战场上出场,在战场上拼搏,最终也在战场上谢幕。从他定下了征战天下的人生目标开始,就注定了这样的结局。

而年轻的勾践以劣势兵力在檇李之战中打赢强敌,杀死霸主,用精彩的开场秀证明了自己的不平凡,他注定将成为下一个时代的弄潮儿。

狩麟

东周诸侯和名臣们的权力游戏

中

茅庐小生 著

新世界出版社
NEW WORLD PRESS

卷八 「弱者」的逆袭

卧薪尝胆的背后,是一个国家百折不挠的奋斗精神。
从南蛮小国到诸侯霸主,越国为霸权政治做了精彩的谢幕。

夏朝往事

卧薪尝胆无疑是春秋历史上最具戏剧性的复仇故事。然而，关于这段历史的记载，《左传》和《史记》都着墨不多，另外一本史书《国语》也对具体过程一笔带过。

或许是这段历史太过于传奇，后世出现了不少野史著作，其中最著名的是《越绝书》和《吴越春秋》。这两本书虽然没有正史严谨，内容不乏荒诞之处，但其中的一些记载被许多人作为历史看待。笔者干脆综合各家之言，为大家展示这段经典传奇。

故事开始之前，介绍一下越国的来历。

越国是一个比较特殊的国家，它实际上并不是周朝分封出来的诸侯国，而是由一部分越人建立的国家。越国人自称"于越"，中原华夏诸国则称其"越"。它的位置大致在现在的浙江省中北部和安徽省南部一带，国都位于今浙江省绍兴市周边，先后有秦余望南、埤中、山阴三个名称。

那么,越人是什么样的民族?为什么被称作"越"呢?

关于越人的来历史学界一直众说纷纭,有的说越人是楚人的一支,还有的说越人是苗族繁衍出来的一个分支。目前主流观点认为,越人实际上是东南地区的土著居民。在原始社会时期,浙江的土地上就产生了诸如河姆渡文化、良渚文化这样的文明,这里的原住民拥有自成一体的文化,完全有可能形成一个民族。

越人之所以被称为"越",根据卫聚贤先生在《吴越释名》里的说法,可能是因为他们发明了"钺"这种武器。钺的外观和常见的斧头很像,但它的刀刃更长,重量更大,柄身更长。一开始,这种兵器用在战场上,威力巨大,士兵一挥就能砍杀好几个敌人,令人恐惧。所以,许多部落包括黄河流域的部落,流行把钺当作部落力量的象征。因为"钺"的影响力广大,中原人就用"钺"字的变体"越"字指代发明这种兵器的民族。

不过,随着刀剑等更加轻便的兵器出现,钺因为太笨重而逐渐退出了战场,仅仅作为礼器来使用了,出现了雕刻有各种精美图案的玉钺,纯粹用来观赏。那个时候,地位尊贵的人会在仪仗队中安排一些手持钺的勇士,表示自己是权势人物。再后来,钺成了王权和霸权的象征,与权杖差不多。夏商周的王和春秋时期的一些霸主外出时,会手持一把钺,表明自己无与伦比的权力。

越国的建立要追溯到夏朝。按照《史记》的记载,当时夏朝的王少康将庶子无余分封到会稽山,名义上是让他守护大禹的陵墓,不过,还有一个更深层次的原因。

这就要提到夏朝的一段往事了。传说大禹为了治水,三过家门而不入,终于治理了水患,因此收获了极高的声望,被黄河流域的部落联盟推选为领袖。大禹后来巡视天下,在会稽山病逝,陵墓也就建在了会稽山上。

大禹死后，他的儿子启依靠父亲的威望继承了部落联盟的领袖之位。这是一件具有划时代意义的事件，因为过去的部落联盟领袖是靠各部落推选产生的，领袖要退位，得考量一下部落里可有品德高尚或实力强大的人物，把位子让给他才行，这叫作"禅让"，启就不管这一套了，天下是我的，我的部落最厉害，我不光接手父亲的联盟首领之位，以后还要把位子传给我的儿子，领袖的位子就在我这个家族一代一代传下去，谁敢反对？

启废除了黄河流域部落联盟的领袖禅让制，改为世袭制。大禹所属的夏部落开始世代统领天下，夏朝诞生了。

启死后，儿子太康即位。太康是一个只会玩的昏君，平日里啥都不干，就爱出去打猎。有一回外出打猎跑得太远，居然一百多天都没有回来。国中百日无君，一些野心家蠢蠢欲动，终于导致了一场叛乱。

当时东方有夷人，夷人部落中有一个有穷氏（约在今山东西部）。不要以为这个部落是一帮子穷光蛋，他们的首领可是大名鼎鼎的后羿。这个后羿不是射太阳的那位，夏朝的时候太阳只有一个，后羿射日的故事是神话传说。

历史上的后羿没有传说中那么善良，此人野心勃勃，想取代太康成为天下部落联盟的领袖。他率领自己的部落西征，夺下了朝中无人的夏朝王都。随后他以重兵把守洛河一带，阻止太康回朝。太康只好流亡到了别处。这就是"太康失国"。

贪玩的太康把国家给丢了，但夏王朝并没有终结。叛乱成功的后羿不敢直接当王，因为他没法使其他部落顺服。他就把太康的弟弟仲康立为新一任夏王[①]，要求夏部落向有穷氏纳贡，然后带着自己的人马退回有穷氏的地盘去了。

[①] 夏朝统治者在位时称"后"，去世后称"帝"，但史书上仍习惯称其为"王"。

仲康呢，也不是什么好人。他本来就有意当王，现在叛军把王位送给了他，他高兴得一蹦三丈高。不过哥哥太康还在外面流亡，堂而皇之地坐这个王位有点说不过去，于是，仲康就假惺惺地派人去太康那里，说："兄长你回来吧，叛军已经走了，这王位还是你来坐。"

太康听出了弟弟话里的不真诚，想想自己就这么回去了，不仅会被人耻笑，还很有可能被弟弟害死，就拒绝了仲康的邀请。

仲康巴不得哥哥不回来，使者回来后，他立马把哥哥的家眷送到哥哥那里，意思是让哥哥在外面好好待着，不要再回来了。太康就这样至死都没有回朝。

仲康上台后，觉得后羿的有穷氏虽然退走了，但兵强马壮，是夏朝的心腹之患，便招兵买马扩充军队，准备一口气干掉有穷氏。七年之后，夏朝军队东征有穷氏，没想到被后羿打得落花流水。后羿勃然大怒，再次发兵攻打夏朝。仲康兵败如山倒，最终心悸而死。

再次夺取夏朝政权的后羿又把仲康的儿子相立为夏王，做自己的傀儡。这一回，后羿不再回自己的地盘去了，他决定代替夏部落统领天下。所以，当了几年"太上皇"之后，他把相流放到了斟灌（今河南清丰东南），正式自立为王。

后羿当上王之后骄傲自满，没心思管国事，竟走上了太康的老路——不理朝政，整日打猎游玩。他的下场就和太康一样——被人政变了。

后羿有一个亲信名叫寒浞，这人是无恶不作的超级大混蛋，年少的时候就是地方一霸，横行乡里，欺负弱小，结果被家乡人捆起来扔到了野外。后来，一户人家好心收留了他，还教他习武。但寒浞居然恩将仇报，把这户人家全部毒死，搜刮了钱财之后一把火把这家烧了。

寒浞最后投奔到了后羿这里，因为作战勇敢而受到提拔。后羿当上天下之王后腐化堕落，寒浞就投其所好，从各地挑选了许多美女和美酒献给后羿享用。后羿喜欢打猎，寒浞便从各地挑选了数十匹良马供他出猎时骑乘，还培训了上百名打猎高手供后羿调用。后羿心花怒放，对寒浞更加信任。

寒浞在暗中积蓄了足够的力量后，在后羿一次外出打猎时突然发起了政变，夺取了王位。随后，他收买了后羿身边的随从，让他们在后羿回来的路上将其用木棍打死。后羿的族人也全部被杀害。

寒浞通过卑劣的手段坐上王位后，开始清理他认为对自己危险的人物。在斟灌的前任夏王相仍然是夏部落的首领，还有其他一些部落忠于他，他就成了寒浞的眼中钉。寒浞派兵攻打斟灌，屠灭了两个反抗的部落，将相杀害。

然而历史在这里出现了小说里才有的桥段。本以为大功告成的寒浞万万没想到，在这场大屠杀中竟会有漏网之鱼。相有一个名叫后缗（mín）的妻子通过墙洞逃走了，而后缗已怀有身孕。她跑回自己的娘家有仍氏（今山东济宁境内）部落，生下了夏朝的中兴之王——少康。少康长大之后，做了有仍氏的畜牧官。

相有遗腹子的消息不久被寒浞知道了，寒浞派兵攻打有仍氏，少康只好逃难到有虞氏（今河南商丘境内）部落。有虞氏的首领极其厌恶寒浞，见少康一表人才，便收留了他，还将自己的两个女儿嫁给了他，赐他一座城邑。

少康以此作为自己的根据地，广结盟友，收罗夏朝旧臣，组建了一支大军向寒浞发起反攻。寒浞平日里缺德事干得太多，众叛亲离，被自己的部下抓起来献给了少康。少康将这个大恶人剁成肉酱，夺回了本属于夏部落的王位。接下来，少康平定了寒浞两个儿子的叛乱，将寒浞的家族消灭。史上称这段历史为"少康中兴"。

少康复兴夏朝之后，深刻感觉到东方夷人部落对夏王朝的威胁，他一直想征服这些夷人部落。

当时越人与夷人关系比较密切,而且越人的居住区会稽山上就有夏朝祖先大禹的陵墓,少康就考虑要拉拢控制越人,同时保护好对祖先大禹的祭祀,便把庶子无余派到了万里之外的会稽山,封他为诸侯,管理越人。

无余遵守父亲的指令,来到了这片荒蛮之地。为了和当地的越人和睦相处,无余学习越人的装扮,也文身断发,并且不营造宫殿,而是和越人一样住茅草屋。他平时也不摆架子,想尽办法和越人打交道。最终,一部分越人认同了这位"空降"国君,越国就这么诞生了。

不过,许多学者认为这个说法和吴国的立国史一样,都是吴越民族为了融入华夏文化,抬升民族身份而编造出来的谎言。当时东夷和淮夷都是强大的部落,并不臣服于夏朝的统治,夏朝的统治范围仅仅局限在黄河中游,远远达不到钱塘江流域,怎么可能把王室子孙送到这么偏远的地方?即便想送过去,也没有交通条件。

童书业教授在《春秋史》中也指出,大禹葬于会稽山的具体位置无法考证,这个说法本就是神话,不足为信。而且《史记》中越国自无余到勾践的世系只有二十多代,和吴国、楚国的世系代数差不多,怎么可以把无余说成是夏朝人?那吴国和楚国岂不也是夏朝建立的了?因此,童教授以《国语》中提到越王姓芈为依据,推测越王是楚国王室的后裔。《史记》中记载楚国第六任君主熊渠僭越周礼,把少子执疵封为越章王。这个越章王可能就是越国的始祖。另外,越人和楚人关系密切,一直积极吸收楚国文化,也似乎印证了他们在文化上有相似之处。

笔者基本认同童教授的观点,但说越王是熊渠的后裔可能牵强,因为当时的楚国还只是位于汉水流域的小国,没有条件把儿子分封到会稽山去。熊渠后来又把王号取消,说明这场分封更像是一种对周天子的叫嚣。所谓越章王的"越"应该是泛指越人活动的东南山区,而非越国。

笔者认为越王的芈姓应该是出自他们和楚人同样的先祖——芈姓部

族。芈姓的主支鬻熊做了周朝的臣子，后代建立楚国。芈姓的另一个分支可能向南迁徙到了长江下游，接着来到钱塘江流域。他们与当地的越人融合在一起，从而形成了以会稽山为中心的越国。这支芈姓部落有可能在迁徙途中接受了夏人的文化，对大禹有一定程度的崇拜，所以，他们创作了大禹葬于会稽山的传说，并自称是为大禹守墓。后来，越国为了北上争霸，撇清和楚人的关系，更是极力声称自己是夏朝后裔。

无余之后的越国世系表在史书上没有记载，越国的历史就此中断了一千多年。显然，越人那时游离于商周王朝之外，不可能留下记载。我们不知道这段时间越国的国君是谁，也不知道这段时间越国发生了什么。

时间就这么晃晃悠悠地过去，到了春秋时期，楚国开始强大，成了南方不可撼动的霸主，越国和吴国等一帮东南小国变成了楚国的附庸。说到这里，就不得不提越国和老邻居吴国之间的事情了。

第106章

不屈的民族

在春秋中期之前,吴、越两国算得上"兄弟之国"。吴人和越人语言相通,生活方式相同,过去都是文身断发的野蛮人,整天不穿上衣和鞋子,后来都改变习性,扎起了发髻,开发水田,种植稻谷,而且民间都喜欢冶铁铸剑。他们的风俗是如此接近,以至于很多学者认为他们属于同一个民族,只是王室血脉不同而已。

然而,两个国家的裂痕随着吴国的强大而逐渐扩大。吴国富强起来后,吴人开始不断侵占太湖周边的土地和资源,挤压越人的生存空间,这引起了越人不满。

吴、越两国最终在吴王寿梦时决裂。当时吴国大量吸收中原的先进文化,锻造出了一支可以与强国争锋的强大军队,把越国远远地甩在了后面。越国因为和中原交流得少,文明程度赶不上吴国,国中还流行着原始社会时期的巫术,军队中的步兵被称为"教士",是随时为祖先神灵献身的信徒。

当时吴国和越国的情况就像一对邻居，一家是暴发户，另一家还是穷光蛋，有钱的那户人家开始瞧不起邻居，有事没事就欺负他。

寿梦获得晋国人的教导，学会排兵布阵之后，开始想摆脱楚国的控制。多场战斗下来，吴国收服了一些蛮夷部落和小国做了自己的附庸，越国应该就在其中。

越国从此受到了邻居奴役，每年必须向吴国纳贡，吴军每次出征越国还必须提供粮草和劳力。但是，越人骨子里就是血性的民族，他们是不甘于被驱使的。公元前544年，越国发生了反对吴国的叛乱。刚当上吴王几年的余祭派兵镇压，抓获了许多越人战俘。余祭命人砍掉这些战俘的双脚，把他们送去看守船只。这些战俘在吴人的鞭打下风吹日晒，过着屈辱的生活。愤怒的战俘们私下里合计，决定做一件大事出来，让吴人瞧瞧越人不是好欺负的。

吴王余祭非常重视造船工程，时不时就来现场视察，看昨天的船造好了没有，今天的船是不是结实。越国战俘们想尽各种办法搞到了一把匕首，准备刺杀余祭。

这天，余祭又来视察。当他来到一个越人战俘旁边时，那个战俘突然把藏在袖口里的匕首拿在手上，猛地对准余祭的胸口一刺。余祭被刺中要害，血流满地，不久便死了。

不知道这帮越俘最终的结果如何，极有可能是被吴人报复，全部杀害了。但他们用勇敢证明了越人是一个不屈的民族。

越国对吴国的反抗引起了楚国的注意。楚国与吴国连年战争，被弄得不胜其烦。楚国人就想，你们晋国扶持我的邻国，和他做盟友，捣乱我的后院，我就以其人之道还治其人之身，捣乱吴国的后院，扶持越国，和越国做盟友。

楚国开始向越国派遣人才，帮助越国发展技术，提升国力。越国由此开始了文明化进程，逐渐强大起来。他们不断与吴国发生冲突，试图

摆脱吴人的欺凌。吴、越两国开始了第一阶段的交锋，这个时期的越国国君就是勾践的父亲允常。

允常，生年不详，即位时间也不详。他在越国的历史上可谓一位举足轻重的君主，做了一件很重要的事情，那就是称王，把越国国君的地位在名义上抬升到了和楚、吴两国国君相同的高度。

他做过的大事当然不止称王这一件，他大力发展越国的经济，开垦农田，改进冶铸工艺，还向西、向南用兵，扩大了越国的领土，为越国日后强大打下了基础。

由于楚国有意扶持越国，允常就公开倒向楚国，还把自己的女儿嫁给了楚王。楚国多次对吴国用兵，越国也是大量地支援兵马钱粮以及战船。

越国此时的国力还不足以和吴国单独对抗，所以这一阶段的吴、越交锋，只是越国依靠楚国的军力和吴国交战。

公元前537年，楚灵王为了报复吴王余昧，发动了规模巨大的八国伐吴行动，越国派出了大夫常寿过率兵参加。这次八国伐吴最终无功而返，回撤的时候，傲慢的楚灵王以常寿过的越军军容不整，给联军丢脸为由，把他关了起来。看来当时的越国军队确实比较落后，楚灵王看他们不顺眼。

楚、越的第一次军事合作，因为楚王无理取闹而不欢而散了。后来，楚灵王倒台，楚平王继任，他做出与邻国和睦相处的姿态，楚、越两国重新在军事上取得了合作。

公元前518年，吴、楚两国因为几片桑叶在卑梁发生了冲突，楚平王亲自率领楚国水军东征，报复吴王僚。对这次行动，越国也给予了鼎力支持，允常派人带了一大堆慰问品去慰劳楚军，又派了一名公子赠送了一艘高级战船给楚平王做旗舰，还派了一位大夫率领一支越国水军参战。可以说，允常把越国能拿出的都送给了楚国。可惜，楚平王绕了一圈，又是无功而返。

由于越国两次支援楚国攻打吴国，吴国决定报复。公元前510年，新上台的阖闾以越国不依附吴国、不给吴国纳贡为由，发起了对越国的进攻。不过吴军很快就撤退了，很有可能是阖闾不想和越国纠缠，他的目标是楚国，就当教训越人一下。

公元前506年，阖闾发起了轰动天下的远征楚国战，攻下了郢都。

吴军远征在外，吴国国内空虚下来，允常决定抓住这个千载难逢的机会，以越国自己的军队发起对吴国的进攻。

越军的战斗力此时已经有了很大的提升，他们攻入吴国，劫掠了众多村镇，还一度打到了吴都阖闾城附近。但是越军的战斗素质毕竟还有欠缺，攻坚能力太差，无法攻下吴国坚固的城池。所以，允常不敢久留，很快就把部队撤了回去。

吴人简直不敢相信，那帮叫花子一样的军队居然有了这么强的战斗力，打到吴国的首都附近了。留守吴国的公子大夫们立刻派人快马加鞭，跑到楚国郢都向阖闾告急。阖闾非常惊恐，加上不久之后弟弟夫概擅自回国，自立为王，他只好火速东归。

"丑陋"的英雄

允常偷袭使吴、越两国彻底结为了仇人,阖闾惊异于越军战斗力的提升,更忌惮以后北上争霸会被越国牵制,誓要报复这一战之仇。在这紧要关头,允常的儿子勾践走上了历史舞台,承担起了拯救国家的重任。

勾践的童年经历在史书上没有记载,但我们能从他后来的事迹感觉出,他是一个喜怒不形于色的人,有一种让人捉摸不透的内敛和沉稳,拥有顽强的意志力和处乱不惊的性格。

史书唯一明确记载的就是勾践的相貌。司马迁在《史记》中用"长颈鸟喙"来形容勾践的外貌。这四个字是什么意思呢?就是他的脖子很长,嘴唇突出,就像鸟的嘴巴一样尖锐。仔细想来,勾践的外表确实不敢恭维。但他就用这张不讨喜的脸一步一步成长起来,最终在公元前497年成了越国的新任国君。

登上王位之后,勾践命越国工匠为自己打造了一把佩剑,刻上了

"越王鸠潜①，自乍（作）用剑"八个字作为铭文。后来这把宝剑被楚国人所得，作为陪葬品深埋于地，最终被发掘了出来，现保存于湖北省博物馆。

勾践刚刚把这柄宝剑佩戴在身上，一场要灭亡越国的危机就降临了。吴王阖闾带领纵横疆场的吴国铁军，在勾践即位后大举南下。这一次，吴国是倾其全力，奔着灭亡越国的目标而来的。

勾践即位刚刚一年不到，屁股底下的位子还没坐热，实战经验几乎为零，手底下的军队全是迷信分子（教士），还从没有和吴军主力真正交过手，这仗能有胜算吗？

如果是一般人估计会吓傻了，干脆扯白旗投降了事，或许还能留一条命。但勾践不愿意这么做，他决定一定要打，而且要打出越人的骨气，就算是最终失败了，也无愧于列祖列宗。

他集中了越国所有的兵力，亲自领兵北上阻截阖闾率领的吴军，在樵李摆开了阵型对战。勾践派敢死队多次冲锋都宣告失败，最终通过让囚徒在阵前自杀扰乱了吴军阵型，再趁其不意发起进攻。吴军"死伤者不可胜数"，一代霸主阖闾受伤，最终死在逃跑途中。他至死都不愿相信，横扫楚国的吴军会惨败给落后的越军，自己会死在一个素未谋面的年轻人手中。

在一片悲愤的气氛中，太子夫差即位成了新一任吴王，勾践这一生的死对头登场了。

夫差这个人，能力不差，性格也不乏优点，但有一点比不上他的父亲，那就是稳重。他没有经历过父亲创业时的艰辛，从他懂事起，看见的都是吴国军队如何强大，如何把超级大国楚国踩在脚下。这让他变得非常自负和骄傲，觉得吴国打败世上哪个国家都没有问题。

---

① "勾践"的通假字。

夫差喜欢胜利，喜欢享受，喜欢周围人不断地对他赞美。他定下了比父亲当年更高的理想，认为天下的三大强国，吴国已经打败了其中之一——楚国，接下来，吴国应该继续打败齐、晋两个国家，彻底称霸。

不过，刚刚即位的夫差切齿不忘丧父之痛，吴国的铁军输给叫花子一样的越国军队，更是让虚荣的他感到脸上无光。夫差发誓一定要报仇，让勾践小儿尝尝得罪自己的味道。

他让一个人每天站在庭院里，只要自己经过那里，这个人就必须大声喊："夫差！你忘了越王杀了你的父亲了吗？"夫差随即就要回答："不敢忘！"

他不让别人称呼自己"大王"，是想营造出父亲临死前嘱托那一幕的气氛，让自己感到父亲的在天之灵每天都在身边鞭策自己。

由于樵李之战中吴军死伤惨重，人口偏少的吴国需要一段时间的休养生息才能恢复元气。夫差用了两年时间，不发兵，专心搞建设，囤积物资，补充兵力。

夫差的这种态度让伍子胥非常欣慰。伍子胥觉得，正可谓虎父无犬子，夫差必能继承先王的霸业，把吴国带向霸主之位，作为前朝老臣，他应该尽心尽力地辅佐这位新君，为他排忧解难。

伍子胥对携李之战的失败也是耿耿于怀，想到自己帮助建立起来的军队被人打败，对自己有知遇之恩的先王阖闾战死，他就感觉无比难受。性格刚强、敢爱敢恨的他"自责内伤"，决心一定要砍下勾践的人头来祭祀阖闾的灵位，告慰战死的将士。

伍子胥在战后亲自主持安葬阵亡将士的遗体，还到军营里看望伤者，安抚士兵们的情绪。有士兵看见伍子胥到来，连忙握住他的手号啕大哭，要伍子胥一定再次出兵攻打越国，他们愿意拼死打败越人为自己的战友报仇。伍子胥连连承诺绝不会让将士们白死，总有一天，他将带领吴军将士渡过钱塘江，把越国夷为平地。

为了配合夫差的努力，伍子胥也做出了表率。在两年的时间里，他"不亲妻子，饥不饱食，寒不重彩"，一心一意帮助夫差重建军队。夫差要在国中征兵，伍子胥就帮忙发布公告，还亲自上街演讲，鼓励吴国百姓踊跃参军。他在吴国享有极高的威望，有巨大的号召力，因此吴国百姓争先恐后报名参军，军队的编制一下子就满了。

　　吴国人全心全意积极备战这一幕，就好像阖闾即位之初举全国之力准备进攻楚国一样。吴人一团结，一认真，跟他们敌对的国家就要倒霉了。

重臣谋士

在这两年时间里,勾践又做了些什么呢?

史书上没有记载,笔者认为,以勾践处事不惊的性格,他不太可能被樵李之战的胜利麻醉而在这两年什么也不做。他知道吴人的脾气,吴人和越人差不多,都有很强的家国复仇传统,自己一仗干掉了吴国国君,吴人不想办法找自己拼命才怪。所以,勾践极有可能也积极备战,他扩编了越国军队,改进了武器和阵法。与此同时,他认识到自己的身边不缺猛将,却缺有大智慧的文臣谋士。所以他很有可能发布了招贤令,开出优越的条件征集天下人才到越国来。勾践的努力没有白费,吴、越争霸历史上最著名的两位谋臣——范蠡和文种来到了越国,他们立刻被勾践奉为上宾,提拔为越国的卿大夫。

提到范蠡,经常看电视的朋友立刻会想到那个和西施谈恋爱的英俊小生。然而电视是电视,总会对一些历史人物进行艺术加工,把各种优点都放到此人身上。我可以告诉大家,范蠡聪明和忠诚是真的,但是又帅又痴情就不一定了，他和西施产生爱情更是没谱的事。就算范蠡真喜欢上了西施，但西施是自己的国君勾践钦点的女间谍、吴王夫差的妃子，在等级观念极强的古代，以范蠡忠君的思想，是绝对不会去动国君的女人的，尤其是一个身负国家特殊使命的女人。

范蠡，字少伯，楚国宛城人，生卒年不详，有一种观点认为他生于公元前536年，另外一个观点认为他生于公元前517年。从范蠡超高的智慧和稳重的性格来看，比勾践年长是可以肯定的。范蠡出身贫寒，生于楚国一个没落贵族家庭。年少时的艰难生活激发了他强烈的求知欲，他一边工作，一边苦读，成了宛城有名的"疯子"，整天说些"不着调"的宏图大志，研究一些不能当饭吃的典籍资料，受到周围人嘲笑。

范蠡在楚国没有可以走动的关系，也就一直没有进入政府工作。但是，是金子总会发光的。终于有一天，一个楚国地方官走进了范蠡的家，劝他出仕。这个官员就是文种。

文种，字子禽，楚国郢都人，生年不详。野史传闻中，他是楚国宛城的县令，听说本地有一个叫范蠡的疯子，饱读诗书，说着旁人听不懂的话，知道这一定是一位人才，就特意拜访了他。见面后，二人交谈起天下大事，范蠡果然说得头头是道，而且很有真知灼见。文种大喜，便和范蠡交上了朋友。

文种是一个极有抱负的人，他觉得在人才济济的楚国自己很难得到升迁，就想跳槽去一个能够重视自己的国家。当他听闻吴、越两国兴起，为了争霸而征战不休，觉得越国缺乏人才，自己去一定会得到重用。于是，文种辞了官，并劝说范蠡与自己同往。范蠡同意了，两人一起出发前往了越国，做了勾践的大夫。吴、越两国出现了一个奇怪的现象：重臣全都来自楚国。夫差手下有伍子胥和伯嚭，勾践手下有范蠡和文种。两国必然要有一场激烈的对抗了。

公元前494年刚开春，夫差的复仇战打响了。他集结了吴国数万大

军，大举南下。然而，夫差没料到，吴军还没有走出国境，勾践的越军就先打进来了。

勾践的胆子怎么这么大？原来，这是勾践的先发制人战术。他知道夫差一直想报父仇，与其任由吴军攻入越国，不如抢先行动，在吴国还没有完全准备好的时候发起突然袭击，攻其无备。

勾践在做出这个决定的时候，遭到了刚刚成为越国大夫的范蠡反对。范蠡对勾践说："大王，越国现在出兵是师出无名，这样主动挑起争端的做法是违背天意、不顺人心的。大王您这么做会有害于越国，有害于您自己啊。"但年轻的勾践认为范蠡的话简直是无稽之谈，和仇人打仗还要找理由吗？就没有理睬他。

范蠡见勾践一意孤行，继续苦口婆心地劝道："吴国的国力远在越国之上，越国还没有真正战胜吴国的实力，您这样做，最终只会反过来害了自己。"

勾践听范蠡啰里啰嗦说了一大堆，认为这些话是扰乱军心，就不耐烦地训斥他说："不要再说这些丧气话了！寡人心意已决！"

勾践亲率越军主力快速出击，很快攻进了吴国境内，杀到了阖闾城附近的夫椒（位置不详，一说在今江苏苏州西南）一带。

越军抢先进攻让夫差和伍子胥吓了一跳。但身经百战的伍子胥很快就冷静了下来，劝夫差即刻把吴军的精锐部队派出来，在夫椒与越军一决胜负。夫差听从建议，双方随即展开了一场大战。越军不敌吴军，不得不放弃进攻，退后固守。

但伍子胥可不给勾践喘气的机会，他在晚上安排了两支部队来到越军营地的两侧，每个人点上两支火把，拿在左右手中，呐喊着向越军移动。越军士兵听到两边传来喊杀声，一看漫山遍野全是吴军的火把，似乎不下几万人，惊恐万分。勾践也有些吃惊，难道吴国的援军杀到，把自己包围了？

这其实是伍子胥的计策，他故意让这些士兵多拿一个火把，制造出吴军兵力很多的样子吓唬越军。如今见越军军心大乱，伍子胥立刻下令敲响军鼓，全军向越军进攻。越军大败，勾践率领部队突围而出，向南撤退。

夫椒之战让勾践损失了大量兵马，越国的精锐部队尽丧于此。然而，他的噩运还没有结束，一心要报仇的夫差和伍子胥乘胜追击，一路尾随撤退的越军进入越国国境，直逼钱塘江。向来处事不惊的勾践这个时候也有些慌张了，自己的部队损失惨重，哪里还有能力再和吴军交战？吴军长驱直入，越国濒临亡国灭种的危险。眼下只有钱塘江天险可以挡住吴军了，只有守住这条河，等吴军粮草不济主动撤退，越国首都才能免遭吴军攻击。勾践立刻整合部队，除了留下五千名甲士作为卫队，其余人马全部调往钱塘江东岸布防。

钱塘江守将由越国猛将石买出任，就是这个人事决定彻底断送了越国最后一道防线。石买虽然作战勇猛，但头脑简单，心胸狭隘，不是大将之才。所以，当时有许多大夫劝勾践不能重用石买，说此人"细人也，无长策……用之，国必不遂"。但是年轻的勾践坚信自己的判断，认为石买必能胜任，就这样把越国最后的防线交给了一个错误的人选。

为了确保钱塘江无失，勾践还在石买带兵出发后举行了一场巫术，诅咒吴军在渡江时翻船。但这只能是勾践给自己的心理安慰而已。

石买带兵来到钱塘江布防，他蛮横的个性很快就闯下了大祸。越军战败后士气低落，军心动摇，石买为了整顿军纪就不停地杀人，短短几天时间，就杀了好几十人，弄得越军更加没有了斗志。士兵们对他又恨又怕，巴不得吴军立刻过来把这个混球灭了。

伍子胥率领吴军前锋不久便赶到了钱塘江西岸，他见越军已在对岸布防，便暂停进攻，派出细作去刺探情报，想要找出越军的薄弱点。细作很快返回，报告说越军军心不稳，主将是个脾气暴躁的杀人狂。伍子

胥故伎重演，让士兵多准备些火把，到了晚上将火把全部点燃，敲响军鼓呐喊。一时间，钱塘江西岸似乎有好几万人马正在过河。

　　早就成了惊弓之鸟的越军以为吴国大军杀到，无心作战，纷纷丢弃阵地逃跑了。伍子胥立刻发起强攻，石买构筑的钱塘江防线一个晚上就崩溃了。无力回天的石买只好独自逃回了国都平阳。在国人愤怒的声讨下，勾践将这个成事不足、败事有余的将军斩首了。但是，一切都晚了，吴军已经渡过了钱塘江，兵临平阳城下，而勾践手中只有五千多人的部队了。越都守不住了。

第109章

会稽之耻

勾践犯下了无可挽回的大错，国都守不住了，越国君臣能逃往哪里呢？

总还是有地方逃的！勾践决心做最后一番挣扎，决不能让越国就这么灭国了。

勾践把所剩的五千人马集合起来，护送自己和大夫们前往附近的会稽山避难，还让宫人们收拾好宫中宝物，跟随部队躲到山上去。他打算借助会稽山天险死守，奋战到最后一刻，失败了就自杀。

不设防的越国首都不久就被吴军占领了。吴军再一次展现了自己残暴的一面，大肆破坏王宫和宗庙，就连王陵也未能幸免。吴军士兵挖开陵墓，将越国历代君王的尸体拖出来践踏，还把一些完整的尸骨当成战利品运回国陈列。

夫差带兵来到越都，找了一圈也没有发现杀父仇人勾践，连忙下令四处搜索。很快，吴军发现越国君臣躲藏在会稽山上，夫差随即带兵将

会稽山团团围住。然而,攻打会稽山还是有难度的。这里地势险要,易守难攻,而且吴军对这里的地形不熟,在崎岖的山路上仰攻,极易中了埋伏而被越军杀伤。夫差不想在灭亡越国的最后关头白白牺牲太多士兵,就采取了围而不攻的方式,切断所有下山道路,与勾践展开对峙。

只要有越人下山,就会被守候在那里的吴军士兵射杀。山上的人们彻底被隔绝于世,似乎只能在山上做野兽了。素来平静的勾践此时的心里也凉了一大截,一种穷途末路的感觉涌向了心头。

越国要灭亡了吗?我将葬身在会稽山上,尸首被吴人践踏,妻女被吴人凌辱了吗?绝望至极的勾践抽出宝剑,望着惊恐万分的妻女,大声哭喊道:"我将要在这里终结了吗?!"

听见勾践哭号的越国大夫们连忙过来。文种见勾践抽出剑来,知道他是准备自杀,赶快跑上前去,跪在勾践跟前阻止道:"大王您千万不能这么做!越国还有复兴的生机,您不能轻生啊!当初齐公子小白逃难莒国,晋公子重耳流浪列国,但他们最终都成就了霸业。现在大王的处境正如他们一样,福祸关系是会转变的啊。"

听了文种的劝说,勾践的心里平静了些许。吴军还没有攻上来,现在绝望是不是为时过早了?勾践感到还有一丝生存的希望,而当务之急是摆脱被吴军围困的局面。他转身对大夫们说:"传令三军!有谁能助寡人打退吴军,寡人将与他共享越国国政!"

大夫们你看看我,我看看你,议论纷纷。就靠五千兵马和这些拖后腿的大夫宫女们打退吴军?根本就是不可能完成的任务嘛。半晌过去了,勾践开出的丰厚条件仍然招不到一个勇士能人出来。最后,还是文种说话了。他对勾践说:"臣听说做生意的人,夏天储备皮货,冬天储备麻布,旱季储备舟船,雨季储备车辆,等待缺货时卖大价钱。国君也是如此,平时没有战事,也不能不事先选拔培养谋臣武将。现在大王退守到会稽山上,走投无路之际才想到找这些人,不是太晚了吗?"文种这么说在一定程度上是向勾践发牢骚，觉得勾践当初不重用自己，不听范蠡的话，才造成今天的局面。

文种的话听着有些刺耳，但勾践就算心里生气，也不能发作了。自己确实是没听范蠡的话，发兵攻打吴国，才一败再败，弄得国家到了这个地步。他扶起文种说："听到大夫您的高论，就没有什么晚不晚的事情了。"勾践又让范蠡上前来，三人一起到帐中商讨对付吴国的方法。

谈话一开始，勾践就向范蠡道歉说："寡人没有听从您的话，以至于到了这般田地，现在该怎么办呢？"

范蠡早就针对目前的情况想出了对策，平静地答道："大王，保持强盛要顺从天道，转危为安要顺从人道，处理政事得当要顺从地道。您现在已经放弃了天道和地道，要想转危为安，就只能靠人道了。"

范蠡说话有点掉书袋，勾践不太明白，就问："要顺从人道，该如何做呢？"

范蠡回答说："靠人道，也就是说要依靠计谋。如今我军困守会稽山，已经不可能改变战败之命运了。唯有投降吴国，让吴王留我们的性命，才有机会反败为胜。大王应该用极谦卑的辞令、极恭敬的礼节，带上珍宝和美女，去向吴王求和，表示您愿意臣服于他。如果这样还不行，大王还可以亲自做他的奴隶，以示您不敢悖逆吴国。"

去做吴王的奴隶，我堂堂一国之君岂可做这样的事情？听到范蠡的最后一句话，勾践差点没跳起来。他当即反对说："我越人自古以来从未屈服于他国，寡人宁可带人冲下山去，战死在吴人的刀箭下，也不能受这为奴的屈辱！"

文种见勾践不肯同意，便帮范蠡补充说："吴国与越国的命运只凭天意决定，大王您无须通过战争来解决。吴国有伍子胥这样的良将指挥，我们决不能冒险送死。大王您应该用谦卑的辞令向对方求和，让吴人骄傲，让吴王的野心膨胀，吴国就会与中原诸侯争霸，以实现它称霸

的目标。等到吴国的国力耗尽,我们就可以轻而易举地打败它了。"

文种的话让勾践看到了未来,使勾践明白屈身为奴并不是承认自己失败,而是为了麻痹敌人,保全有用之身以图东山再起。勾践沉默了,他在心里反复思考:真的只能这样了吗?做了夫差的奴隶受尽折磨事小,被其他诸侯嘲笑可是极为折损越国脸面的事情。

考虑再三,勾践觉得,经历一番做奴隶的屈辱算得了什么呢?只有承受常人所不能承受之痛苦,方能锻造出强大的意志引领落后的越国成为天下强国。只要以后能复兴越国成功,为奴的屈辱定会被洗刷干净的!

谈判

勾践最终同意了范蠡和文种的计策，决定向吴军请降。一心想建功的文种自告奋勇说："臣愿意为使者前去吴营。"

文种下山之后，向吴军表明了投降求和的意图。但是，傲慢的夫差拒绝见他，只派了一名吴国官员去听听越国人还想说什么。

文种见到夫差的使臣，毕恭毕敬地行礼叩拜说："我们国君派我来转告：越国得罪了大王（指夫差），现在大王亲自起兵，攻破了我国，我们国君的军队已不值得委屈大王亲自来讨伐了。越国本来就是给吴国纳贡的属国，大王用鞭子驱使它就可以了，何必让贵国的军士再次劳累呢？

"我们国君表示愿意做大王的奴仆；还送上一个嫡生女儿，到吴王宫里做婢女；送上一个嫡生儿子，去做伺候大王的仆人；大夫的女儿给吴国的大夫做女奴；士的女儿给吴国的士人做女奴。我们还愿意把金玉、美女全部奉献给大王赔罪，越国所有的军队都听凭大王调遣，每年的春

秋两季还给贵国缴纳贡赋。如果大王能够宽宥我们的国君,大王对于我们越国,就有如同让死人复活、让白骨重新长肉一样的恩德啊。我们的国君没有善良的德行,只是不识礼数的卑贱之人,现在遭到灾祸,岂敢忘记大王的大恩大德?我们越国君臣愿意承认犯下的重罪,向大王叩头求饶。

"大王宽恕了越国,将会以圣明闻达于天下,四方诸侯就都愿意臣事于吴国。但如果你们真认为越国的罪不可宽恕,我们所剩的越国人将会生死与共,五千甲士拼死抵抗,必定一个顶俩,相当于有一万名甲士为国君死战,这样可就会伤了大王所爱的部下了。贵国与其杀了我们这些越国人,还不如得到这个国家的臣服。哪个更有利呢?还请贵国考虑。"

文种长篇大论,说了四个意思:

第一个是,咱们不要打了,越国军队已经打不过你们了。

第二个是,咱们和谈吧,越国愿意拿出丰厚的条件投降,国家做你们的属国,人民做你们的奴隶。

第三个是,你们答应我们投降,好处多多,既可以显示吴王的良好品格,又有利于吴国今后争霸。

最后一个意思是,你们要是不答应投降,那就有害处了,即使打下了会稽山,也要付出巨大的损失。

文种不愧是能人,非常懂得外交辞令,虽然言语卑微但却柔中带刚,他把吴国接受越国投降的好处和不接受投降的坏处放在一起对比,让夫差明白了是否接受投降的利害关系,增加了越国投降成功的可能性。

果然,吴国使臣把文种的话复述给夫差听,夫差心动了。与其在会稽山浪费时间和兵力,还不如收降一个属国,留得一个守礼的好名声用于将来和中原诸侯争霸。反正越国已经没有了反抗能力,就没必要把精力放在这个小国上了，北方的齐国和晋国才是吴国最重要的目标。于是，一心想北上争雄的夫差摒弃了为父报仇的信念，打算接受投降。他知道肯定会有人反对，就提前给大夫们打预防针说："寡人想要实现征服齐国的宏大志向，为此将允许越国讲和的请求，你们不许再说什么来干扰寡人的决定。假如越国真心投降，吴国还需要对它做什么？即便越国假投降，寡人从齐国返回后，仍旧可以派兵狠狠地教训它。"

国君禁止臣下反对，吴国的大夫们即使有话要说也不敢说了。然而伍子胥不管这个禁令，他站出来，大声反对说："不可以允许越国求和！越国并非真心与吴国友好，也并非害怕慑服于我们军队的强大。文种善于谋略，他是想玩弄吴国于股掌之上，以实现其野心。他知道您崇尚武力、好胜心强，所以用委婉动听的话来放纵您的意志，让您贪图享乐，穷兵黩武，从而使我们的国力日趋耗竭，然后他们就可以轻松地打败我们了。勾践是个重信爱民的人，越国百姓都很爱戴他。只要越国积蓄了足够的力量，他一定会找我们复仇的。趁我们现在还有力量战胜他，请大王灭亡越国。越国是一条小蛇，不打死它，将来长成了大蛇可怎么办？"

伍子胥的话一针见血，彻底拆穿了文种的计谋和勾践的构想。但他刚强的个性使他这番言论的说服力大大打了折扣，他不顾夫差的禁令，大声呵斥夫差，还挑明了夫差的缺点，可以说没给自己的国君一点面子。

夫差是伍子胥看着长大的，在年老的伍子胥看来，夫差就像是自己的孩子、学生，小辈犯错了，作为长辈就要提出批评，说明问题，指引他走上正确的路。伍子胥觉得自己完全是为夫差好，可他忘了一点，夫差是君，他是臣，而且夫差和他的父亲阖闾不同，夫差不可能像阖闾一样给予他同样的信任。

夫差听到伍子胥的呵斥，心里相当不爽，但伍子胥是父亲留下的重

臣,他又不好表现出不尊重,因此他忍住怒火,耐着性子说:"伍大夫何必把越国讲得那么强大?越国难道会成为我们的心腹大患吗?如果越国不存在,那么春秋两季阅兵时,寡人向谁去炫耀军威呢?"

伍子胥觉得夫差竟如此愚笨,理解不了自己的正确观点,就继续展开说教。他说:"吴国和越国是天生的敌国。三条大江环绕着吴、越两国,百姓无处迁移,有吴就不能有越,有越就不能有吴,这是不可改变的事情。老臣听说,陆地上的人习惯住在陆地,水边的人习惯住在水边。北方那些诸侯国,地形、风俗都与吴人不同,我们不能居住在它们的土地上,不能乘坐它们的车辆,吴国征服了它们也没有用。而越国,我们占领它,就能居住它的土地,乘坐它的舟船,顺利地吞并它。所以大王一定要灭了越国,不然您一定会后悔的!"

伍子胥往更深的层面阐述了灭亡越国的利处。夫差见他喋喋不休,没有办法,只好很不情愿地收回了同意越国请降的决定,让人把文种赶回山上去。

文种碰了一鼻子灰,回到了山上,把和谈遭拒的情况报告给了勾践。勾践又一次感觉到了绝望:我连做奴隶的条件都开出来了,还是不能被吴国接受投降,看来越国真的是没有救了!他再次喊了起来:"吴人要置越国于死地,寡人就焚毁宝器,杀死妻儿,与之决一死战!"

文种连忙拦住他,说:"大王莫要心慌,臣还有方法能保和谈成功。吴国太宰伯嚭是楚国人,臣了解他是个贪鄙之人,我们可以贿赂他,让他帮忙为我们说好话,劝劝夫差。"

眼下也只有这个办法了。不管伯嚭能不能说服夫差,勾践都必须试一试。于是他拿出了不少越国王宫珍藏的宝物,又打扮了八个漂亮的宫女,让文种带下山送给伯嚭。

绝境逢生

文种又一次下山,费尽周折找到了伯嚭。见面后,他不忘先用楚国话套一下近乎,叙一下旧,然后说道:"下臣带了些东西给您。"说完,文种让跟随自己而来的八个美女上前,摘掉帽子和面纱,又让随从们把带来的整箱财宝搬来,打开给伯嚭看。

伯嚭被美女和财宝迷住了,眼珠子都快掉了出来。文种趁机对他小声说道:"这是越王托在下给您送来的见面礼,如果大人能为越国求情,让吴王宽恕越国的罪过,越国还有比这更美的女子进献给您!"

伯嚭心中大喜,热情地说:"你我都是楚国人,这点小事岂有不帮的道理?我这就领你去见吴王。"他让人把文种送的美女和财宝藏好,便带着文种去求见夫差。

夫差对伯嚭的态度比对冲撞自己的伍子胥好多了。伯嚭摸透了夫差好胜心强、喜欢被赞扬的脾气,经常拍他的马屁,在他的面前表现得非常灵活。夫差虽说不可能不知道伯嚭有贪污的缺点,但他还是愿意信任

伯嚭，不仅因为伯嚭情商高、会说话，还有伯嚭是晋人后裔、精通正宗华夏文化的原因，志向远大的夫差需要他的参谋。

文种见到夫差后，再次把越国求和并且勾践愿意为奴的想法说了一遍。接着，伯嚭帮文种说道："大王，臣听说过去按照礼制，讨伐一个国家，只要这个国家顺从就可以。现在越国已经降服了，我们何必再苦苦相逼呢？"伯嚭简简单单的两句话比伍子胥的长篇大论反而更有说服力。夫差高兴地说："伯大夫说得对，寡人正是这个想法。"

伍子胥见伯嚭逢迎夫差的主张，勃然大怒道："一派胡言！大王切不可听信谗言。树立恩德就要坚持不懈，去除坏事就要干干净净。夏朝的时候，寒浞篡位，杀死了夏王相，相的遗腹子少康孤身一人，尚能重夺王位，中兴夏朝。现如今，吴国的势力还不如寒浞，越国的实力却比少康强大。这个时候不灭亡它，反而还要保存它，这是违背天意助长仇敌！大王您将来后悔可就来不及了！"

伍子胥的一番肺腑之言无法扭转夫差的想法，他不理睬伍子胥的哀求，批准了越国的请降。吴军随即撤除了对会稽山的包围，允许越人下山了。伍子胥见夫差执意与越国讲和，无奈地对身边的人说："只需二十年，吴国定会被越国所灭。"

文种则连忙跑到山上把这个天大的喜讯报告给了勾践。勾践没有表现出高兴，他的心情想必是复杂的，既对越国保住了血脉而高兴，又对自己即将去做夫差的奴隶而郁闷，所以他面无表情地叹了一口气。

屈辱的镣铐

越人终于下山了,按照以往两国和谈的惯例,这个时候吴、越两国应该举办一场会盟,签订盟约。但勾践知道,如果签订了盟约,自己做吴王奴隶这一条就会落成文字,还要被呈给神灵,那将会成为越国不可磨灭的耻辱,所以他让大夫们想办法让吴国取消会盟。

一个叫诸稽郢的越国大夫担任使者,去对夫差说:"大王您认为盟誓还有必有吗?过去,越国曾作为吴国的附属,那个时候歃血为盟留在嘴边的血迹还没有干,足够表示结盟的信义了。如果您觉得越国的降服不可靠,您亲自来役使我们就行了,何必看重鬼神的惩罚而看轻自己的力量呢?"

夫差一想,确实如此,越国哪里还有能力反抗吴国呢?会盟只不过是形式而已,在这上面浪费时间真不值得,于是取消了会盟仪式,越国就在口头上达成了向吴国投降的协议。

虽说夫差很轻视越国,连两国间的会盟都省了,但越国投降吴国的

条件可是真真切切要实行的。

夫差首先大量削减越国的领土和军队。他将越国西部和北部的土地并入吴国，只给越国留下了会稽山周围的领土。而越国军队除了维持治安的三千甲士以外，其余的全部遣散，而且这三千甲士还必须随时听从吴王的调遣。这样一来，越国靠这点领土和军队是没办法反抗吴国了。

接着，夫差要求越国彻底做吴国的属国，每年要在春季和秋季两次向吴国纳贡，越国每年产的粮食、矿产以及赋税的一大半要上交给吴国，发掘的美女和宝物也要进献给吴王。

最后一点，也是最重要的，勾践和他的家人要到吴国做人质，充当吴王宫的奴仆，越国的贵族大夫们则每家出一个女儿去给吴国公族做婢女。

为了保住越国，为了将来的复仇，勾践全都忍了，全盘接受了吴国开出的苛刻条件。

自己即将去吴国，但越国仅剩的土地不能丢弃，该由谁来留守管理呢？越国的公子都要随自己去吴国，勾践只能选择一位可以信任的卿大夫留守了。他首先想到的是范蠡，这么聪明的人才此时不用何时用呢？于是他对范蠡说："先生，您替寡人看守这个国家吧。"范蠡却摇头说："治理百姓，臣比不上文种；对付敌国，文种比不上臣。所以臣主张让文种留在越国，臣陪同大王去吴国为奴。大王在吴国的这段时间必然是危险的，您会用得上我。"

勾践想想也对，文种以前就在楚国当过县令，让他做管理的事再合适不过了。于是封文种为监国，让他全权负责越国的大小事务。

留文种监国的同时，勾践也留下了一批有才能的官员协助他。例如大夫计倪负责观察天文，根据气象安排越国农耕；大夫诸稽郢负责国防，指挥越国军队的日常训练，暗中也教导越国百姓习武；大夫皋如负责民事、财政，暗中为越国积蓄财富……勾践细心安排，让留守的官员人尽其才，不把越国的国家建设荒废掉。因为终有一天，他会回来的，回来领兵去向夫差报仇！

勾践还向文种交代了一个绝密任务，那就是尽可能地收集珍宝美女，在重要的日子送给伯嚭，让他在吴国多多"关照"自己一行。勾践知道在敌人的老窝自己是很危险的，如果没人在夫差面前说自己的好话，稍不留神就会被杀。

《吴越春秋》记载，勾践在出发的那一天，和妻儿全部脱去了华贵的服饰，穿上破旧的奴隶服装。在吴军官兵的允许下，文种带着一帮留守的越国官员和会稽的国人出城为国君践行。

宴会上，文种举起酒杯，对勾践说："皇天祐助，前沉后扬。祸为德根，忧为福堂。威人者灭，服从者昌。王虽牵致，其后无殃。君臣生离，感动上皇。众夫哀悲，莫不感伤。臣请荐脯，行酒二觞。"意思是说：大王，上天是会保护你的。失败是成功之母，现在落难，将来一定有福气。我们这些大夫来送别大王，心情很悲伤，上天看了都在流泪。

勾践也拿起酒杯，长长地叹了一口气，与文种一饮而尽。饮完杯中的酒，勾践忍不住流下了眼泪。前途未卜，自己还落得如此悲惨处境，他非常伤感。

文种继续向勾践敬酒说："大王德寿，无疆无极，乾坤受灵，神祇辅翼。我王厚之，祉祐在侧。德销百殃，利受其福。去彼吴庭，来归越国。觞酒既升，请称万岁。"意思是说：大王一定能受神灵庇佑，万寿无疆，一定能从吴国回来的。勾践却摇摇头说："不要这么说了。寡人做了敌人的俘虏，妻儿一并成了奴隶，这一去说不定就会被吴人找理由杀掉，客死异乡，再也回不来了。"

看到勾践对自己的前途仍然悲观，范蠡和文种再次拿出以前英雄和霸主历尽磨难方成就大业的例子劝他，总结说："夫吉者，凶之门；祸者，福之根。大王现在在危困之际，怎么就肯定这不是上天要助您成功

的吉兆呢？"

勾践连忙抹掉眼泪，对大夫们说："寡人这就去吴国了，国事就有劳诸位了。大家能各守其职，保全越国社稷，寡人还有什么可担忧的呢？"

践行完毕，勾践告别了大夫和国人们，带着家人登上了前往吴国的船只。吴军给勾践等人铐上铁链，像对待一群普通战俘那样把他们关押在船舱里。当然，与勾践一起被关押的还有自愿陪同的范蠡。

吴军的船只在水面上移动，沿途不时有飞鸟落在浅水滩上啄食鱼虾。勾践的夫人看见这番情景，悲伤地唱起了一首歌谣。歌词如下：

仰飞鸟兮乌鸢，凌玄虚兮号翩翩。集洲渚兮优恣，啄虾矫翮兮云间，任厥性兮往还。妾无罪兮负地，有何辜兮谴天？飒飒独兮西往，孰知返兮何年？心惙惙兮若割，泪泫泫兮双悬。

彼飞鸟兮鸢鸟，已回翔兮翕苏。心在专兮素虾，何居食兮江湖？徊复翔兮游飏，去复返兮于乎！始事君兮去家，终我命兮君都。终来遇兮何辜，离我国兮去吴。妻衣褐兮为婢，夫去冕兮为奴。岁遥遥兮难极，冤悲痛兮心恻。肠千结兮服膺，于乎哀兮忘食。愿我身兮如鸟，身翱翔兮矫翼。去我国兮心摇，情愤惋兮谁识？

在一些电视剧中，勾践的这位夫人名叫"雅鱼"。但笔者对此不置可否，因为没有哪篇史料记载有勾践夫人的名号。不过，这位夫人出场的次数还是挺多的，笔者就暂且称这位伟大的妻子为"雅鱼"吧。

雅鱼夫人唱的歌谣大意是说：我没有罪过，上天为什么如此惩罚我？不知道什么时候才能回来啊！真希望我就是那些飞鸟，能够自由自在地飞舞。

勾践听到妻子伤心地歌唱，也有点心酸。但他马上给自己打气说：

"寡人有什么可悲伤的？我已经有了奋飞的翅膀！""奋飞的翅膀"指什么，想必大家也能想到，那就是勾践的自信心和范蠡文种那帮能臣。

到了阖闾城，勾践、范蠡与众多越国的公族大夫一起，拖着沉重的脚链，一步一步走向夫差的王宫。街道上站满了看热闹的吴国人，他们用嘲笑和仇恨的眼光看着这帮越国俘虏，不停地说出"该死""畜生"之类侮辱的话。押送的吴军士兵也对勾践他们大声呵斥，时不时就对他们踹上一脚。

勾践就这样屈辱地走过漫长的街道，来到吴王宫。夫差已经先于他凯旋了，这个时候他要用正式的礼节接受越国和勾践的降服，让天下诸侯看看，他夫差可以让一个国家的国君拜倒在脚下，做自己的奴隶，吴国是一个多么让人恐惧的国家！

勾践看见了高高在上的夫差，连忙带着身后的人跪拜在台阶之下，说："贱臣勾践，上愧皇天，下负后土，获罪于大王，脏了大王军士的手来抓臣。今幸得大王宽容，赦免臣的重罪，裁定臣服劳役，得保须臾之性命。蒙此厚恩，臣不胜感激愧疚，叩头顿首。"

看到勾践如此卑贱，夫差得意扬扬。但他忽然想到了父亲临死前交代他的话，眼前的可是杀父仇人，难道就这样饶他的性命吗？夫差的心里产生了一丝犹豫，他冒出来这样一句话："寡人似乎太宽恕你了，你没忘记先君的仇吧。"

勾践心里一惊，这不是暗示着要杀我吗？但现在自己的生死掌握在人家的手上，再怎么求饶也是白搭。倒不如顺着夫差的话说，说不定他一高兴，又会改变主意。于是勾践说："臣死则死矣，全凭大王处置。"

在一旁的伍子胥看到勾践那低三下四的样子，知道他是貌恭而心不服，心中的怒气再次升腾上来，对夫差大声说道："大王，飞鸟在天，人们还想把它射下来。越王就如同一只野兽，现已入我们的栅栏，成为

我们砧板上的肉，岂可失此良机留他活命？"

夫差见伍子胥又来唠叨，不耐烦地说："古话说，杀降杀俘要祸及三代。寡人不是爱惜勾践才不杀他，是怕上天的报应。姑且饶他不死。"

伯嚭也连忙反驳说："伍大夫明于一时之计，不通安国之道。大王应该遵守议和时的承诺，不杀勾践，保留越国。切不可轻信小人之口，失信于天下。"伯嚭收了越国不少好处，自然要帮勾践说话，他还把口才好好地发挥了一番，把"小人"这顶帽子扣给了伍子胥。

伍子胥没想到自己以前善待的伯嚭居然反咬一口，气得半天说不出话来。而夫差本来就厌恶伍子胥的莽撞，干脆就逆他的想法而行，就是不杀勾践。他对勾践好言相劝，让他退下了。勾践在吴国遇到的这场杀机，就这么过去了。

沉默的马夫

勾践和妻儿开始了在吴王宫的三年多奴隶生涯。

我们来看看勾践获得的工作和待遇是什么。

工种：马夫。

工作内容：打草、喂马、刷马、打扫卫生、拾粪、赶车。

工作地点：王宫马厩。

工作服装：粗布麻衣、头巾、斗笠、草鞋。

工资：0。

待遇：管饭，只够饿不死，吃饱是没指望的，能吃到王宫里的剩饭算是幸运。

住宿地点：一间石头堆砌的小屋，四面透风，冬冷夏热。

这样的工作不要说是以前锦衣玉食的国君，就是平常的老百姓也会皱眉头。但是勾践没有选择，他必须做，而且不能有一丝怨言，因为他必须活下来。

在勾践刚来吴国的前几个月，他带着家人在马厩里笨手笨脚地刷马洗槽，弄得浑身都是脏水和马粪。旁边的养马总管大声地责骂他们，骂他们是废物饭桶。总管一边骂，一边使眼色让身边的人把所有脏活累活都丢给勾践他们。一些宫人还故意捣乱，一会儿把水桶踢翻了，一会儿乱扔垃圾，让勾践一家有做不完的活。

勾践和家人只能埋头苦干，连连点头说是，不敢表现出一点不满。因为他们知道，就算是小声抱怨几句，也会被吴人捆在柱子上挨一顿皮鞭，还有可能被抓住把柄告到夫差那里，说勾践君臣拒绝为奴，那么等待他们的就是身首异处、越国毁灭了。

因为从来没养过马，不懂马的脾气，勾践经常被狂躁的马匹踢伤肚子，撞倒在地。太阳落山之后，他已累得腰酸背疼、浑身臭味。然而，四面透风的石屋飞进许多蚊子，叮得他浑身是包，让他无法安然入睡。

在这样的处境中，勾践不止一次偷偷抹眼泪，也好几次受伤生病，但他从来不把自己的这一面展现给人，他心里有一口气，他要让夫差看看，他的意志是不会被磨难击垮的，在任何困难面前他都能挺下来。

陪同勾践一起受罪的还有范蠡，他也是做马夫。因为在底层生活过，范蠡懂得一些体力劳动，所以他上手的速度要比勾践快一点。但是，他从不忘记自己和勾践之间的君臣关系，碰见勾践一家，仍旧行君臣之礼跪拜；有什么好处，他也会想办法分给勾践；勾践手头有重活，他就前去帮忙。

有范蠡这样的忠臣陪在身边，勾践感到欣慰。但是，不久他就发现，夫差似乎有意在他们君臣之间制造隔阂。

有一天，夫差召见勾践和范蠡，让勾践跪着，却让范蠡站着。夫差对范蠡说："越王无道，国已将亡，为天下所耻笑。而你与勾践一起来吴国做奴隶，岂不是作践自身？寡人想赦免你的罪。你愿意改过自新，弃越归吴吗？"显然，夫差了解到了范蠡的才能，想挖勾践的墙脚。他故意把话说给勾践听，还抬高范蠡的待遇，就是想让勾践对范蠡产生怀疑和怨恨，最终君臣决裂，逼范蠡不得不投靠到吴国来。

但范蠡是忠臣，自然不会听从夫差的劝告，答道："臣在越国只是一个不忠不信的小人物，如今越王不奉大王命号，用兵与您相持，结果获罪被俘，君臣俱降。蒙大王鸿恩，才使得君臣相保。臣乃戴罪之人，不值得大王赏识，只愿扫地养马以求赎罪。"

夫差见自己一番好心，范蠡居然不领情，他失去了耐性，说："你既然不愿意，那就和勾践一起回石屋待着去吧。"说完，让人把范蠡和勾践带了回去。

碰了钉子的夫差从此再也没有考虑过收降范蠡，而范蠡仍旧对勾践忠心不二，这让勾践更加感动。

为了能在吴王宫生存下去，勾践决心学会做马夫，什么都不会就从零开始，向身边的人请教，他自己也用心领悟。

时光荏苒，夏去冬来，转眼间勾践和家人已经在吴王宫的马厩里当了快一年的奴隶。他们逐渐学会了如何刷马、如何打扫，摸透了马的脾气，做事情的速度也快了，什么活都能麻利做好。

这个时候，人们已经看不出这对低头干活的夫妇是越国国君和夫人了。只见他们皮肤黝黑，穿着肮脏老旧的衣服，一手老茧，头发散乱，和普通的奴隶苦工没有任何区别。虽然仍然时不时就受到吹毛求疵的马厩总管责骂，但除了"嗯"与"好"之外，两人终日不说一句话，而且没有一点生气的样子。显然，他们已经对责骂和欺凌极为习惯了。只有一个叫范蠡的马夫碰见他们，对他们行礼的时候，旁人才会感觉到这对夫妇的与众不同。

勾践夫妇在吴王宫肮脏的马厩里一干就是三年。三年来，他们不知清扫了多少马粪，不知赶了多少里路的马车，也不知忍受了多少来自吴人的嘲笑。勾践已经从一位国君变为一个合格的马夫了，他把王宫的

马养得膘肥体壮，把马厩清理得干干净净，一些脾气烈的马到了他这里，不过几天就会变得非常温顺。有时，夫差特意让勾践替他赶车，勾践也能控制好马匹的步伐，要快就能快，要慢就能慢，四平八稳，不会颠簸。勾践的夫人则学会了织布、做饭，从一位贵族夫人蜕变为普通农妇。

那么，在这三年时间，夫差做了些什么呢，就天天看着勾践受辱干活？

夫差忙着"建设"国家。不过，他的"建设"与父亲阖闾的"建设"截然相反。阖闾是节衣缩食，加强军备；夫差却是扩建吴国的王宫和园林，给自己享乐。想来，他是因为攻打越国大胜而骄傲自满了，觉得自己做了一件非凡的大事，该好好地犒劳自己了。他广选美女，扩充后宫；出行必定有隆重的排场，武士开道，宝马拉车，嫔妃跟随，行李无数；世间的奇珍异宝堆满了他的宫殿。

楚国令尹王子申听说夫差如此作为，笑着对楚国的大夫们说："我们不用担心吴国了。夫差穷奢极欲，不继承父亲的朴素品格，迟早有一天会把吴国拖垮的。吴国已经自己把自己打败了。"

蔡昭侯之死

就在勾践为奴这三年里,南方发生了一件和吴国有关的轰动事件,那就是蔡昭侯被杀。

蔡昭侯就是那位被囊瓦关了三年的蔡国国君。他把宝物献出来获得自由身后,曾向晋国请求发兵伐楚。晋国人不同意,他就和吴国、唐国结盟,发起了伐楚之战,吴军由此攻进了郢都。楚国在这场大战中输得非常惨,最高兴的当然莫过于这位仁兄了。但他万万没想到,报仇之后引来的反弹让蔡国从此国无宁日。

公元前494年,楚国为了报复蔡昭侯引吴兵入楚,发兵攻打蔡国。出征前,令尹王子申鼓舞国人和将士们,在演说时泣不成声,楚国的士兵们也号啕大哭。悲愤的楚军横扫蔡国,依靠堆积土垒的方式迫使蔡国投降。按照与楚国的约定,蔡国人必须离开本国土地到汝河一带定居。蔡昭侯寻不到合适的土地,只好向夫差请求援助。

夫差见蔡国如此落魄,打算派军队强行把蔡国迁徙到吴国境内,让

它永远做吴国的附属国。于是，他派人到蔡昭侯那里威逼利诱，要求蔡国人到吴国指定的地方去。蔡昭侯没有办法，但又害怕大夫们反对，就没有公布这件事。

第二年，夫差派了一个叫泄庸的人出使蔡国，名义上是友好访问，实际却是带兵去给蔡国人搬家。吴军大摇大摆开进蔡国，驱赶蔡国百姓前去州来。一直蒙在鼓里的蔡国大夫们见此情景惊慌失措，纷纷跑到蔡昭侯那里询问。蔡昭侯只好说明了吴军要把蔡国迁到州来的意图，自然遭到了大夫们激烈反对。以公子驷为首的一帮公族拒绝搬到州来，声称宁愿和吴军拼命也不走。

在这种时候，还有人唱反调？万一吴军打起来，那可真是够蔡国喝一壶的。于是，恼怒的蔡昭侯命人把公子驷绑起来杀了，蔡国人这才不得不接受迁国的命令。

蔡国迁徙的那些天，蔡国人都在哭泣。无论公族大夫，还是平民百姓，人人都拆掉自家宗庙，挖掉祖宗的坟茔，拜别老宅和故土，然后拖家带口，捧着祖先的灵位和尸骨在吴军的押送下去往州来这个陌生的地方。许多国人由此对蔡昭侯极其痛恨。

蔡国在吴国的帮助下定都州来，差不多就是吴国的保护国了。为了表示对宗主国的感谢，让人家继续罩着自己，蔡昭侯于公元前491年向大夫们宣布了将要出访吴国的决定。然而，他还没有动身，就和这个世界说再见了。

听说国君要去吴国，蔡国的大夫们议论纷纷，许多人都猜测说，君上一定又是和吴王商议迁都。国君要再次迁都的谣言一下子传遍了大街小巷，国人们被压抑的怒火顷刻间就爆发了。一天，一个叫公孙翩的蔡国公族带着一帮暴徒发动了政变，攻进了公宫。蔡昭侯落荒而逃，跑到了郊外的一个农户家里躲藏。但他不久就被叛兵找到，失去理智的公孙翩冲进农户家，用箭将自己的国君射死了。

事情到这里还没完,公孙翩杀死蔡昭侯后,遭到了一帮蔡国卿大夫围攻。政变的时候,这帮大夫不来救蔡昭侯,怎么偏偏这个时候当起了好人呢?原来,杀蔡昭侯是大夫们的一致愿望,但弑君这种事放在哪个国家都是要受天谴的,没人愿意去当傻瓜。正好公孙翩这头蛮牛干了大家想干又不敢干的事情,蔡国大夫们可以拿他当替罪羊了。

公孙翩刚刚在农家把蔡昭侯杀了,一群卿大夫的家兵就包围了这座房子。公孙翩大怒,拿着弓箭守在门口,把靠近的敌人一个个射死。最后他只剩两支箭了,但家兵们还是不敢前进。这时一个叫文之锴的人带头说:"我们一起上,他最多只能杀死两个人了。"家兵们跟着他一拥而上,公孙翩连忙放箭,射中了文之锴的手臂,但他马上就被文之锴杀掉了。公孙翩失败之后,他的家族和同党被处死或者流放。蔡昭侯之子公子朔被大夫们立为新一任国君,史称蔡成侯。

蔡国的命运最终在州来城走到了终点。44年后,公元前447年,楚军攻下州来,蔡国灭亡了。

夫差的同情心

蔡国内乱对夫差来说不算什么,眼下他关心的是如何处置勾践。

《吴越春秋》记载,夫差有一天心情好,带着一帮大夫登上了一座刚兴建好的阁楼游览。夫差凭栏而望,看着扩建好的吴王宫甚是高兴。这时,他不经意间看见王宫的一处角落,干完活的勾践夫妇正与范蠡在马厩边上席地而坐。虽说三人已经做了三年苦工,早像奴隶一样肮脏,但雅鱼夫人和范蠡依旧保持着对勾践国君身份的敬重,按照规矩排座次、行礼,而勾践仍然神态自若,似乎对自己的处境一点也不在意。

夫差看到这番情景,触动了恻隐之心。他心想,自己如此虐待勾践,让他承受一个国君无法承受的耻辱,是不是太过分了?勾践三年来一直非常顺从,从来没有怨言,看来他确实是对檇李之战心怀忏悔,经过劳动改造,已经悔过自新了。于是他对身边的人说:"勾践,一国之君;范蠡,一介大夫。他们现在如此落魄,却不失君臣之礼,寡人真替他们感觉心酸。"

伯嚭知道夫差心软了，就顺着夫差的话说："愿大王以圣人之心宽恕穷苦之人，大王必将以仁义名扬于天下。"夫差听了非常高兴，大笑着说："好，寡人就听你一言，赦免勾践他们。"

伍子胥正巧不在边上，如果他得知夫差和伯嚭计划放走勾践，一定会大声反对的。不过这个时候，夫差只是产生了要放勾践回国的念头而已，还没有做出决定。

三个月之后，勾践命运的转机终于出现了。夫差又想起了这件事，觉得应该赦免勾践，以体现自己博大的胸怀。于是，他召见伯嚭说："吴国和越国同土相连。勾践愚蠢，与我吴国对抗，寡人将他打败，囚禁在石屋为奴。现在寡人念其改过，想正式赦免他们君臣，伯大夫觉得如何？"伯嚭答道："大王以仁义恩加于越国，如此大德，世间未有，越国岂敢不忠心报答吴国？愿大王决断。"

夫差嘿嘿一笑，但他还是没有做出放回勾践的决定。也许，放走杀父仇人，他的内心还有芥蒂。他还是想考虑清楚再说。不过，夫差打算释放越国君臣的消息不胫而走。伍子胥听说之后，连忙跑来求见。他一见到夫差就大吼着说："大王！您千万不可放走勾践！昔日夏桀囚禁商汤而不杀，纣王囚禁文王而不诛，结果天道返还，祸福逆转，夏朝为商朝所灭，商朝被周朝推翻。如今大王抓获越王而不杀，臣以为大王是受迷惑太深了！难道您希望吴国步夏、商两朝的后尘吗？"

伍子胥这一吼，虽说把夫差弄得极不高兴，但还是把他内心赦免勾践的想法吼跑了。夫差担心真会出现勾践复仇的情况，以防万一，就暂时把赦免的事搁置了起来。

过了几天，伍子胥觉得这么拖下去不是办法，夫差老是不杀勾践，总有一天会被小人挑拨而决定放人的。于是他再次求见夫差，打算力劝夫差一定杀了勾践。他对夫差说："王者攻克敌国必须诛杀敌人，方能避免被报复之忧，为子孙去除隐患。今越王已被我擒获，大王应尽早除

掉他，以绝后患。"

那个时候伯嚭正好也在场，他站出来说："伍大夫说得不对。过去，齐桓公割让燕君所经土地给燕国，收获了天下人的赞誉；宋襄公兵败泓水，但世间多称赞他的道义。大王若要争霸天下，就需要广树恩德，塑造吴国的美誉。赦免越国，便是一件功盖五霸、超越先圣的事情！"

两下一比较，在力图当霸主的夫差听来，伯嚭的话顺耳，伍子胥的话烦人。夫差被伯嚭说得高兴，就把释放勾践的想法捡了回来。他对伯嚭说："伯大人说得没错。寡人欲争霸天下，就得学齐桓公遵守礼制道义，收买天下人心。待寡人挑选良辰吉日，便赦免勾践君臣。"伯嚭的挑拨和夫差的执拗，把伍子胥气得急火攻心，他再次说不出话来。

然而夫差的内心还是存在着一丝犹豫，他一会儿想做仁义的圣人，赦免勾践，一会儿又想起杀父之仇和伍子胥的告诫，不敢释放越国君臣。勾践现在唯一能做的，就是一直保持顺从状态，尽可能体现悔改和忠心，让夫差放下对他的警惕之心。

《吴越春秋》上还写了一个离奇的故事：这天，勾践探听到夫差打算放他回国的消息，非常高兴，但却一直没等到释放的指令。后来他得知，原来夫差生病了，卧床好长时间，赦免越国君臣的事情也就拖了下来。勾践就在范蠡的建议下品尝了夫差的排泄物，然后向夫差拜贺，说他的病一定会在一段时间后痊愈。夫差见勾践不顾恶臭尝他的粪便，认定他是一番赤胆忠心，而他的病也果然在勾践说的那天好转了。夫差由此对勾践更加信任，将他从石屋放了出来，并最终决定放他回国。

不过，这个故事仅仅是野史传说。

自由!

无论如何,夫差最终下定决心放勾践君臣回国了。他已经可以肯定,勾践不敢也没有能力再反抗自己了,而自己北上争霸正需要做一件提升国家形象的事。

勾践终于等到了吴人给自己解开脚镣、把自己奉为上宾这一天。他和家人以及范蠡等为奴的臣僚们脱下了奴隶服装,换回了国君的衣服。《吴越春秋》记载,为了体现吴国的好意,夫差特意在宫中摆了一场宴席,款待勾践等人。他向参加酒宴的吴国大夫们说:"今日让越王坐上座,诸大夫要以客礼待之。"不过,这场酒宴伍子胥并没有参加,他称自己生病了,向夫差请了假。

宴会上,勾践按照礼数,向夫差敬酒说:"皇在上令,昭下四时,并心察慈,仁者大王。躬亲鸿恩,立义行仁。九德四塞,威服群臣。于乎休哉,传德无极,上感太阳,降瑞翼翼。大王延寿万岁,长保吴国。四海咸承,诸侯宾服。觞酒既升,永受万福!"大意是说夫差大王您

呐，仁慈善良，德服四海，上天定会降下祥瑞，保佑您长命百岁。

夫差听了，高兴地哈哈大笑。

酒席结束的第二天，伍子胥急匆匆地来到王宫，对着夫差劈头盖脸地说了一顿："大王昨天都看见了吗？怀有虎狼之心的人，必会说一些赞美之词，用友善的外表掩饰自己的想法。大王您现在是只求一时的欢娱，而不考虑长久的祸患；放弃忠直之言，偏听谄谀之词；不报血海深仇，不灭恶毒的怨恨。您这样做岂不是很荒谬吗？大王您现在改正还来得及，不然真的会有危险了！"

夫差对于伍子胥三番两次在对待勾践的事情上和自己唱反调，心里早就不耐烦了。他不再给伍子胥好脸，大声反驳说："勾践能放弃自己的国家和君位，带着他的臣民来归附寡人，那是信义；他和自己的妻儿为奴三年，从来没有一丝抱怨和不满，那是仁慈；他能让越国将税收和资源不断上缴给我们，那是信用。如此仁慈忠厚之人，您建议杀了他，只不过是逞一时报仇的快意而已。寡人不会这么笨，杀勾践是违背天意的行为！"

伍子胥用几乎恳求的语气对夫差说："大王，您怎么可以反过来说臣！您觉得勾践的所作所为表现了他仁慈忠厚，其实是他的阴谋！他如此顺从您，是为了骗取您的信任，降低您的警惕之心，等到时机成熟就反咬您一口。越国正在处心积虑地谋划吴国，吴国已经处在危险之中了。到时候吴国的江山社稷覆灭，可就追悔莫及了呀！大王您要好好想想啊……"

夫差懒得和伍子胥啰嗦，起身就走，冷冷地丢下一句话："你不要说了，寡人不想再听！"

就这样，夫差完全忘记了杀父之仇，拒绝了老臣的忠言，在公元前490年正式释放勾践君臣回国了。从他抓住勾践，到赦免勾践，中间只隔了三年多，他对勾践的态度就发生了一百八十度的大转弯。

发生大转弯的还有勾践在吴国的待遇。勾践离开这一天，夫差给了他足够的礼遇，不仅让吴国大夫们站在两边列队欢送，他还亲自送勾践等人出城门。临别时，夫差握住勾践的手说："寡人赦免你回国，你可要记得这份恩情啊。"勾践连忙跪下来磕头说："大王怜悯臣的哀苦，让臣能够活着回到越国。臣与越国百姓永不辜负大王的恩德，苍天可鉴！"夫差听了呵呵一笑，说："君子说话是要守信的。你今天就回国了，可要记得自己说过的话。"勾践连忙再次拜谢。

礼送结束，勾践等人登上了马车。马夫挥起鞭子，大喊一声："驾！"马车头也不回地向南奔去。他们既兴奋又紧张，害怕夫差突然反悔把他们抓回去，只盼着车子快点走，速速离开吴国地界。终于，车子跨过了吴、越边境，大伙儿看见熟悉的越国土地，悬着的心总算放了下来。

回国了！所有人抱在一起痛哭流涕。三年了！三年里大伙儿吃了多少苦，受了多少累，忍受了多少吴人的欺凌。如今，一切都结束了！

最感慨万千的莫过于勾践了。一开始，生性内敛的他还能保持平静，但当他来到一处渡口，准备乘船渡江时，心中的情绪终于释放了出来。他大哭着说："寡人受尽苦难。想当初过这条江的时候，没想到能活着回来渡河。寡人蒙上天的照应回到故乡，不知道会不会还有后患呢？"他是个理智的人，知道越国仍然处在危险之中，随时有可能被吴国灭亡。范蠡给他加油打气说："大王不要忧虑，只管大胆地往前走。越国将有福，吴国会有忧患的。"勾践点点头，坚定地踏上了渡船。

越国首都已经被吴军摧毁，国人们都聚居在平阳城中。勾践远远看见在城门口迎接的国人，不禁仰天长啸道："本来寡人已经绝望了，以为要和越国臣民永远告别了，谁承想还能回来重返王位？"说完，他再次掩面大哭起来。

在城门口的文种看见勾践归来，立刻带着留守的越国大夫向他叩拜

致贺。在这三年时间里,文种带领诸大夫尽心尽责地管理越国仅存的土地,重建秩序,维持治安,没有丝毫差错。他每年如数将越国国库里的财物上交给夫差,还经常托人给伯嚭赠送美女和宝物。伯嚭能一次一次为越国说好话,全赖文种不间断地大方行贿。

勾践回到了越王宫,坐上了宝座。他下令大开宴席,全国庆贺一天,一扫三年为奴的晦气。越国百姓无不欢呼雀跃,庆祝国君回国。

从零开始

高兴过后,勾践立刻冷静了下来,有两个艰巨的任务在等着他:一是复兴越国,二是避免再遭吴国攻击。

虽然文种兢兢业业守国三年,但勾践回国后,接手的仍然是一个满目疮痍的烂摊子。

首先是越国的国土和军队大为缩小。前面说过,越国投降给吴国做属国,只能保留会稽山周围的土地,军队只能有三千人。这样一个小国,连自保都成问题,想和强大的吴国抗衡,简直是天方夜谭。

再者是越国遭受了严重的战争创伤。由于吴、越两国长期战争,越国人口锐减,男丁匮乏,就连一部分日常生产工作都需要女性承担,更别说征招年轻男子入伍了。文种监国的三年,又是上缴,又是行贿,国库早就掏空了,没有钱,怎么搞建设?怎么发展经济呢?国家都穷得叮当响,普通百姓更不用提了。国家受到这么大的浩劫,怨气最重的自然是越国国人。虽然勾践回国后受到了大夫们热烈欢迎,但相当一部分国

人还是对他战败耿耿于怀,暗地里责骂他是个无能的昏君。对这事勾践是清楚的。

想到自己的国家变成了这个样子,勾践的心中立刻升腾起对夫差的仇恨。他回国之后对身边的人说得最多的一句话就是"孤之怨吴王,深入骨髓",他恨不得与夫差贴身肉搏一场,哪怕肝脑涂地、同归于尽。他发誓,一定要把亡国之恨和为奴之耻还给夫差,让吴国人看看,越国人白手起家,照样能强大起来,最终打败他们。

一切从零开始了。

眼下最要紧的,就是恢复越国的经济,这样才有国力向吴国复仇。如今国家极其穷困,唯一恢复生产的方法就是开源节流,把能省的都省下来,把能赚钱的都兴办起来。

要省钱,勾践决定先从自己这里开刀。自己这个国君,带着一帮妻儿,住在王宫里要好几百人伺候,每天不知要消耗多少财物。这些先给省了!反正自己和家人在吴国当了三年奴隶,干点体力活不成问题。于是,他在王宫里住了没几天就搬了出去,在郊外搭建了一间茅屋,和王室全部住在那里,将王宫里的奴仆大部分遣散,放他们到民间从事生产劳动。

搬出王宫后,勾践召集国人道歉说:"寡人不知道我们国力不足,而与大国结仇,连累了百姓家破人亡,尸骨暴露在原野上。这是寡人的罪过,请求大家原谅。从今往后,寡人一定好好对待大家。希望大家与寡人同心协力,将来向吴国报仇……"说完,他不觉流下了泪。

听到这番道歉,越国的国人们内心平复了许多。他们想:国家遭此大难,残破不堪,正是需要所有人团结一心的时候,国君有这种态度,就不要再抱怨了。

勾践明白只是道歉还不够,要真正体现诚意,收拢人心,还需要拿出具体的行动。由此他给自己定了一项任务:经常体察民情,关心百姓的生活。对于阵亡的将士，他给予厚葬；对于受伤的士兵，他亲自看望和慰问；对于生活困难的家庭，他想办法救济；国人中有遇上丧事或喜事的，他派人去吊唁或祝贺；对于逃难回来的农民，他想办法安置……这些事情说起来容易，但要坚持做下来，是繁琐而麻烦的。勾践不得不一有空就往百姓家里跑，听着他们哭闹和发牢骚，还不能生气或不耐烦。

在安抚百姓的同时，勾践在自己的茅草屋里和范蠡、文种等一帮谋臣大夫谋划如何发展越国经济。他最相信范蠡，向其请教说："寡人想妥善地处理国政，先生觉得应该怎么做呢？"范蠡回答说："处理政事当然要顺应地道。何为顺应地道？就是恢复生产不能耽误农时，不能违背气候。大王应该在春夏秋三季的农忙时节，不打扰人民劳作，让人民安心地从事生产。这样，粮食才会有好收成，人口也就能增加了。此外，大王还应招抚流亡百姓，让他们开垦荒地。不与民争利，让百姓富足。"

勾践听到范蠡的高论，高兴地说："寡人的国家就是先生您的国家，全听先生的指点。"范蠡不敢独自占有功劳，便把文种抬出来说："国境之内的事，臣比不上文种；国境之外的事，文种不如臣。"勾践明白范蠡是想让文种总理内政，便说："好，遵从先生的意见。"他把文种立为国相，让他协助自己处理内政。

在以后的岁月中，勾践和文种依照范蠡的总体规划，在不违农时、不与民争利的前提下，通过大力拓荒、兴修水利，开垦出了大片农田，使越国的粮食产量连年上升。

除了种植业，勾践和文种也绞尽脑汁发展其他产业来增加社会财富。首先是养殖业。他们在会稽山上开挖了许多池塘养鱼；在会稽山东南设立养鸡场，鸡笼和鸡舍遍布两个山头，以至于当地得名"鸡山"；在附近山中兴建了大面积的养猪场，当地从而得名"豕（shǐ）山"；还

在某个山坳里搭建棚屋养狗,从早到晚都能听见从那里传出狗吠声,故而此山得名"吼山"。

在发展养殖业的同时,勾践也扶持手工业。越国民间历来喜欢纺纱和冶铸,勾践就拿出一部分资金鼓励百姓从事这些行业。纺纱这活儿比较轻便,一般由女性做,结果不出几年,整个越国的妇女都学会了纺纱。这样一来,越国男耕女织,所有人都在辛勤劳动。

当然,在发展经济的时候,政府贪污腐败、横征暴敛是不行的。范蠡在帮勾践谋划的时候就提出不能与民争利,文种则把这个构思具体化,向勾践提出治国的根本是"爱民而已",要"节用富民"。简单地说,就是把人民当成自己的孩子、兄弟一样关爱,去除人民厌恶的制度和行为,做人民喜爱的事情,让人民过上好日子。

按照范蠡和文种的指点,勾践对政府进行了改革。他把自己在体察民情中了解到的苛政和恶政统统废除,重修法律,减轻刑罚,降低税赋。遇到灾荒或者年成不好的时候,勾践就开仓放粮,还亲自带人到偏僻的乡村慰问。《国语》赞美说:"(勾践)十年不收于国,民俱有三年之食。"这句话虽然有点夸张,但能够体现越国赋税轻微、百姓富足。勾践和越国大夫们真正做到了与人民同甘共苦。

经济搞好了,政府也廉洁了,要想提升国力还有一个问题,那就是增加人口。男丁太少,肯定无法和吴国开战。勾践制定了有关婚姻和生育的法令,要求女子在十七岁前、男子在二十岁前必须结婚,不然就对其父母治罪,而且国家禁止一切老少配的婚姻,务求百姓早婚早育。妇女生产的时候,国家会派专人帮忙接生。生了儿子,奖励父母两壶酒、一条狗;生了女儿,奖励父母两壶酒、一头猪。

越国百姓在勾践的新政策下安居乐业,生活越来越富足,人丁也越来越兴旺。几年后,勾践根据范蠡的建议,在会稽山以北的平原上修建了一座新首都,名叫山阴城。这座城池所在的位置就是现在的绍兴市主城区，它由范蠡规划和设计，与吴都阖闾城相似，有一大一小两个城堡，攻守兼备。如果越国没有有力的经济支持，这样一座宏伟的城池是建造不出来的。

卧薪尝胆

在越国逐步富强的这些年，勾践自己是怎么过的呢？

他"卧薪尝胆"。

他在房梁上吊下一颗苦胆，每天都要尝一口，并问自己："你忘记会稽山的耻辱了吗？"他不睡在舒服的床垫上，而是睡在柴草铺上。他通过这些方式提醒自己勿要忘记过去的痛苦，以防自己产生安逸的思想。

勾践还亲自到田间耕作，他吃的菜全是自家种的。他穿的是和普通百姓身上一样的粗布麻衣，他不听音乐，不欣赏舞蹈，不纳妾，把所有消磨人意志的事物全部抛弃了。

勾践白天忙国家大事，晚上还坚持读书写作。他读的是中原文化典籍和兵法，写的是自己的体会心得和得失总结，经常看看写写就到了大半夜。感觉困了，他就用一种事先熬好的药汁抹到眼眶上刺激眼睛，有时是把脚放在冰块里或者抱着火炉来提神。

雅鱼夫人在这些年也一直配合丈夫，和勾践同甘共苦。她也穿着朴素的衣服，和普通的越国妇女一样，每日纺纱织布，勾践穿的衣服全部是她亲手做的。她虽然不用亲自下厨，但家里的每顿饭菜都是她亲手打来的。她吃得很少，只求不饿，把饭菜尽可能地留给丈夫和子女吃。

有人会想：把该做的事情做好就可以了啊，为什么要这么作践自己呢？振兴国家也可以居住在王宫里，对自己的身体好一点啊。

勾践这么做是因为他明白一个道理：每个人都有惰性，世上没有不想安逸的人。遇到诱惑，或者周围的环境舒适起来，人就容易产生偷懒的思想，长此以往，最终会把自己的目标和激情消磨殆尽，就算是做了该做的事情，效率和结果也必然会打折扣。勾践生怕自己在舒适的王宫里待久了会变得懒惰而拖延复仇计划，就想尽一切办法让自己吃苦。

但是，勾践一个劲让自己吃苦，却从来不让身边的人才吃苦。史书上说他"折节下贤人，厚遇宾客""四方之士来者，必庙礼之"，意思是他对待有才能的人总是恭恭敬敬，经常放下架子到民间寻访贤人，对待外国来的人才，他必定以最隆重的礼节招待。

勾践自己住的是茅草屋，提供给范蠡、文种等能臣的却是宽敞整洁的大房子，里面华丽的服装、丰盛的伙食一样不缺。他们出行时，必定有仆人为他们挑行李，准备一日三餐；他们生病了，勾践带上最好的医生和最好的药亲自看望。

勾践为什么区别对待自己和他人呢？源于他对人性深刻的洞察和理解：人才是一个国家强大必不可少的要素，让有才能的人工作顺心、生活舒心、抱负和理念得到实现，他们才会愿意留下来发挥本领。

这段岁月里，勾践其实每天都提心吊胆。越国热火朝天地搞重建，是不可能不被吴国知道的。要是夫差发觉了越国的行为反常，洞悉了勾践复仇的企图从而发兵进攻，那越国就没戏唱了。越国当时的国力是没办法抵抗夫差的。

怎么对付夫差呢？勾践保持低顺的态度。吴国想要的、夫差喜欢的东西，越国就想办法搞到并送去，让夫差产生一种错觉：越国努力发展经济是为了给他更多更好地进贡。

越国妇女喜欢纺纱，民间没几年就积累了大量布匹。勾践打算用这一特产去孝敬夫差，让文种在民间征收了十万匹葛布，准备送到吴国。但运送贡品的车队还没有出发，夫差就派人传信说："听说越王尽心竭力地安分守己，吃东西不吃两种以上的食物，穿衣服不穿两样以上的颜色，不曾有一天登临游玩，寡人为此给你增加纵横八百多里的封地。"

夫差增加越国国土的原因，笔者分析并不是他心地过于单纯，觉得勾践老实就把国土归还，更有可能的是他想体现宗主国宽宏大量，学习齐桓公不贪恋别国土地，为将来北上争霸做准备。

而这正是勾践日思夜想的事情。这时越国才百里国土，寒酸得要死，发展成大国不知道要到何年何月，现在夫差大笔一挥，给了一大片土地，越国就有发展壮大的基础了。欣喜不已的勾践连忙让文种增加了狐皮、竹木、蜂蜜等越国特产，连同那十万匹葛布送给夫差，以表感谢。

夫差收到了这份大礼，相当高兴，笑着对身边的人说："越国是一个偏远小国，国中财货不多，但勾践能举全国之力，进贡给我那么多东西，足见他一心想报答寡人的恩德。越国本来有广大的领土，寡人还没有还给他一个完整的越国啊。"

伍子胥听到这个消息，活活气出病来，好几天都卧床不起。他对家人说："我们的大王放虎归山，放纵它在山林之中，现在又送给它食料，我伍子胥实在是伤心啊！"

他气愤也没有用了，夫差不久便把增封越国的国书送到了勾践手中，将檇李以南的土地正式还给了勾践。

越国的土地增加了，勾践多了与夫差斗争的资本，但要打败称雄天下的吴国，有人、有钱、有土地还不够，必须想办法让对手虚弱，让自己的实力真正强大起来，才能增加取胜的概率。

怎样让敌人变得虚弱呢？勾践向文种请教说："寡人在会稽山幸得大夫的指点，才保全了性命。现在寡人想打败吴国报仇雪恨，成就王霸之业，大夫认为应该怎么做？"

文种回答说："大王想复仇，臣有'九术'。"接着便一口气提出了九种削弱吴国的办法：

一、"尊天事鬼以求其福"。就是说要尊敬鬼神，祭祀的时候多给祭品，跪拜的时候虔诚，让上天好好地保佑越国，狠狠地惩罚吴国。古人迷信，认为打败敌国这种大事一定需要鬼神帮忙。

二、"重财币以遗其君，多货赂以喜其臣"。说白了就是放糖衣炮弹，多进贡些好东西，让吴国君臣高兴，降低对越国的警惕心。

三、"贵籴粟槁以虚其国，利所欲以疲其民"。什么意思呢？就是高价买入其粮草，使吴国的粮食储备空虚，然后诱使夫差纵欲，使吴国百姓因此疲惫不堪。

四、"遗美女以惑其心而乱其谋"。这个大家都能明白，就是送美女给夫差让他沉迷于女色，不理朝政，最终败坏吴国国政。

五、"遗之巧工良材，使之起宫室以尽其财"。夫差不是喜欢造房子，盖游乐园吗？那就投其所好，多送一些优秀的建筑师和建筑材料给他，让他手痒，又去造房子，把吴国国库里的钱败光。

六、"遗之谀臣，使之易伐"。就是说给吴国的奸臣小人，例如伯嚭那种人大把行贿，让他们党同伐异，相互攻讦，扰乱吴国朝政。

七、"强其谏臣，使之自杀"。意思是给吴国的忠臣谏臣制造麻烦，离间他们和夫差的关系。像伍子胥这种对越国非常危险的人物，必须尽早借夫差的手除掉。

八、"君王国富而备利器"。这一条是用在越国上的，就是富国强

兵，做好攻打吴国的准备。

九、"利甲兵以承其弊"。这一条也是用于越国的，意思是等待时机，到吴国衰弱之时出兵，必能给予它沉重的一击。

文种介绍完自己的"伐吴九术"后，颇为自豪地总结说："臣所列举的'九术'，用来取天下都不难，何况对付一个吴国？请大王牢记。"勾践笑了笑说："好！"从此，越国以伐吴九术为蓝图，一步一步地进行着削弱吴国的战略。

那么，在勾践卧薪尝胆的几年中，夫差在干什么呢？

夫差的野心

夫差此时的注意力已经不在越国上了,他确信勾践已经臣服于他,所以在给勾践增加了土地后,他就开始着手实施自己的人生规划——北上争霸。

当时吴国和楚国仍然是仇敌关系,夫差想北进,必然顾忌到楚国可能从西方攻打吴国。所以,他决定在北上之前,先和宿敌楚国干一仗,打赢楚军,让对方不敢东进。

为了吸引楚军来和吴军交战,夫差攻打夹在吴、楚两国之间的陈国。

陈国当时仍然是楚国的附庸。吴军攻入郢都后,阖闾曾派人叫陈怀公到郢都来朝见,但陈怀公以自己生病不能远行为由拒绝了,这件事让阖闾耿耿于怀。后来,吴军退回国内之后,阖闾再次派人要求陈怀公来阖闾城朝见。陈怀公害怕这回不去要没好果子吃,只好胆战心惊地去了一趟吴国。一到吴国他就被阖闾关了起来,直到公元前502年去世,可怜

的陈怀公再也没能回到自己的国家。

国君一去不回,陈怀公的儿子越便被立为新任国君,史称陈闵公。但陈国的噩梦还远远没有结束,一场大规模兵祸即将降临在这片土地上。

公元前489年,也就是勾践回国的第二年,夫差以陈国不愿服从吴国为由,派兵大举进攻。陈闵公不敢出战强大的吴军,只能关闭城门固守,同时派人向楚国求援。

楚昭王收到陈国的求援信后,说:"楚、陈两国历来有盟约,我们不可以不救。"他亲自挂帅,带上令尹王子申、司马王子结,出动大军浩浩荡荡地出发了。

楚昭王说归说,骨子里还是对吴军心有余悸的。他不敢直接冲进陈国和吴军大战一场,而是把大军驻扎在靠近陈国的城父一带,不走了。而吴军人数不多,既要围城,又要防备楚军偷袭,也不敢主动发起进攻。双方就这么对峙着,从春天到夏天,从夏天到秋天,半年过去了也没开战。

这一年七月,楚昭王终于受不了了,觉得自己手握大军却龟缩不前,实在是太丢脸了,可想到吴军的厉害又提不起胆子。没办法,那就请上天做个决断吧。楚昭王找来占卜师算了一卦,结果居然前进是凶,后退也是凶。

这叫什么事儿!老天爷在要我吗?

楚昭王感到左右为难,便对身边的人说:"如果我军前进,与仇敌吴军交战失利,那就不如去死;如果我军撤退,背负着背弃盟约的恶名,那也不如去死。既然都要死,还是战死在战场上比较体面。"

此时的楚昭王已经生了重病,但他决心打回尊严,还是硬撑着身体带领军队出发了。楚军攻打了大冥(位置不详),战斗还在进行中,楚昭王就去世了。

楚昭王临终前，觉得自己的儿子年幼、不堪大任，便把王子申叫到病床前，让他继承王位，但王子申坚决不答应。楚昭王又把王子结叫来，让他继承王位，王子结也不同意。最后，楚昭王叫来了另外一个兄弟王子启，让他继承王位。王子启一开始也是怎样都不答应，但他后来想想，与其反复拒绝，让楚昭王闹心，不如让楚昭王放心离去比较好，便假装答应了。楚昭王这才安然闭上了眼睛。

国君在前线病亡，如果处理不恰当，会军心动摇，而让吴军有机可乘，更加致命的是有可能引发国内一些野心家叛乱。为此，令尹王子申严密封锁了国君驾崩的消息，想办法让楚军将士们认为国君还活着。王子申、王子结和王子启秘密商议，决定仍旧立太子章为新一任国君。他们派人回郢都（楚都已从鄀迁回）把太子章带到了城父，才宣布了先君去世的消息。随后，正式立太子章为王（是为楚惠王），给楚昭王发丧，把军队撤回了郢都。

值得一提的是，楚惠王的母亲正是勾践的女儿。也就是说，楚国的新国君是勾践的外孙。

楚国国丧，加上新即位的楚惠王年幼，楚国暂时没有功夫对付国外的事情了。虽然吴军没能和楚军分出个胜负，但楚昭王一死，吴国成功收服了陈国，夫差觉得楚国已不足为虑，自己可以放心北上了。

夫差北上的目标很明确：打败当时的东方强国——齐国。当时与吴国北部接壤的主要是鲁、宋两国，还有几个龙套小国邾国、郯国等，齐国则躲在鲁国的后面。所以，吴国要想把军队派到齐国只有两种办法：一是从鲁国借路，越过齐鲁边境攻打齐国；二是跨海作战，从长江口出发，横渡黄海，在山东半岛登陆。

跨海作战？以前还从来没有哪支军队敢这样干。这个办法太冒险了，要是在海上遇到风暴，那整船精兵都要喂鱼鲨了。所以夫差还是考虑从鲁国借路这个办法。

到鲁国借路,那就要和鲁国人搞好关系了,最起码盟约要签订一个。这其实不难,那个时候齐、鲁关系很差,两国没少打仗,吴国只要说帮鲁国收拾齐国,鲁国百分之一百愿意结盟。事情本来很简单,吴国派个能说会道的使者去一趟鲁国,差不多就能把结盟的事情搞定了。但夫差偏偏在会盟礼仪上节外生枝,闹出了一场外交事故。

百牢问题

公元前488年,刚刚结束在陈国战斗的吴军北上,向着邾、郯、鲁三国前进。这一次,夫差带上宠臣伯嚭,亲自领兵,要用势不可当的军威威胁三国屈服于自己。

然而,夫差这场耀武扬威的旅行一开始就让他扫了兴。

旅途太漫长了。

吴军的行军路线是从现在的苏州和无锡一带出发到山东曲阜,纵行整个江苏省。那个时候没有飞机火车,吴国人必须用脚一步步走下来。以夫差自负的性格,他受不了步行速度,他一路上不停咒骂,抱怨路程太远,耽误了自己的计划。

走了两个多月,吴军终于跨出了吴国北方边境。夹在吴、鲁之间的邾、郯等小国动作很快,立马归顺了。这年夏天,吴军开进鄫城(原鄫国故地,鄫国被莒国灭亡,后被鲁国夺取),侵入了鲁国国境。

当时的鲁国国君是鲁哀公(名将)。鲁哀公是一个很郁闷的国君,

因为鲁国国政被"三桓"控制着,他不过是个傀儡,一点权力都没有。"三桓"是什么人呢?指的是当时鲁国最有势力的三个卿大夫家族——孟孙氏、叔孙氏和季孙氏。当时掌控鲁国的权臣是"三桓"之一的季孙肥,史称季康子。

季孙肥自知鲁国军力不敌吴军,眼看夫差大兵压境,便向吴国求和修盟。但他打心眼里看不惯吴国人那股蛮横的模样,不想亲自去,就让鲁哀公这个傀儡国君去会盟吧,自己躲在曲阜城里该干啥干啥。鲁哀公只好领着几个鲁国大夫来到鄫城会盟。他没想到,两边刚一见面,夫差就开始嘚瑟了。夫差厉声质问鲁国君臣:"本王到访贵国,你们就这般招待我们吴人吗?先准备百牢享礼,再谈会盟的事情!"

"百牢"是什么东西呢?春秋时期,贵族们在重要的礼仪场合会摆上猪、牛、羊等牲畜请神灵或客人享用,这些牲畜的计量单位叫"牢"。一牢指猪、牛、羊头各一个,牢的数量越多,代表礼仪规格越高。

按照周礼,诸侯国君有爵位等级,享受的礼仪规格也分高低,不同爵位的人得到的牢数是有区别的,最高的礼遇是十二牢。吴国的王号是自封的,并不被中原诸侯承认,按礼只能享受十二牢以下的享礼。估计鲁国人打算意思意思,随便给夫差几牢得了。然而夫差看见桌案上才摆了几个牲畜,顿时火冒三丈:你们鲁国居然把我们当小国看待,我们的祖先可是太伯!这点儿享礼怎么能和强大的吴国相匹配?吴国打败了楚国,威望早远远超出了周王室,就算天子来了,也只有给我们舔鞋跟儿的份儿。

夫差狮子大开口,一口气就要一百牢,把周礼破坏得相当离谱。这简直要把鲁国的牲畜全部宰了,一个叫子服何的鲁国大夫听到这个要求,差点吓傻,结结巴巴地回答:"我们鲁国从未有过这样的礼仪……"夫差身边的大夫大声吼道:"你们鲁国过去给晋国人提供十一牢享礼,我们吴国人凭什么不能享有百牢享礼?这个规格的礼仪就从吴国开始！"子服何连忙辩解说："我们给晋国人十一牢，是因为他是霸主，用武力压迫我们，我们不得已而为之。但周礼规定最高是十二牢。贵国如果想依靠礼仪号令天下，就请遵守规定；如果一定要一百牢，那就是践踏礼制，违背天意了。"

夫差听了心里一阵嘲笑，现在周礼和天意算个屁，拳头厉害才是硬道理。他懒得啰嗦，让身边的人蛮横地回复说："废什么话！让你准备一百牢，你就准备去！"

子服何没有办法，对同僚们小声嘀咕道："吴人就是一群蛮夷！野蛮人！他们违背天道而行，很快就会灭亡的。我们还是给他们准备一百牢吧，不然就会走不出鄫城。"鲁哀公则一句话也不说，受季孙肥的窝囊气太多，他已经麻木了，在这里受夫差的窝囊气，他一点感觉都没有。反正一切礼仪问题都由子服何那帮人处理，自己就是来做做样子。

子服何一帮人连忙七手八脚地准备一百牢享礼。忙碌了好几天，终于准备好了。只见高台上密密麻麻地摆放了数不清的牲畜，场景壮观。夫差看见后心里那个得意，觉得鲁国果然是个软蛋，随便吓唬吓唬就屈服了，吴国那叫一个天下无敌。

接下来会盟的事情就不多说了，吴、鲁两国签订盟约，成了友好邻国，关系苍天可鉴，日月可昭。

会盟结束后，鲁哀公等人正准备离开，夫差忽然发现了一个问题：鲁国权臣季孙肥怎么没来？这么重要的场合他居然不参加，什么意思？伯嚭了解到夫差的心思，就充当传声筒，质问鲁哀公。鲁哀公支支吾吾半天也说不出个所以然，夫差就知道了，是季孙肥不愿意来。他的火气顿时又冲了上来：我大老远到你们鲁国来，你个臭小子敢躲着不见我！

夫差让伯嚭赶紧想办法把季孙肥叫来，伯嚭立马派人气势汹汹地闯进曲阜，到季孙肥府上嚷嚷，要求他立刻到鄫城来朝见吴王。季孙肥被弄得没办法，如果自己不去一趟鄫城，野蛮的吴人不知道会干出什么事

情来。就在他着急的时候,一个家臣走出来说:"主君不用担心,小人替您去辞谢吴人。"

这个家臣名叫端木赐,字子贡,是孔子的得意门生,能言善辩,嘴巴特别厉害。季孙肥一看子贡有办法给自己解围,就让他去了。

子贡出了门,对吴使说:"季孙大夫特委派在下面见你们吴王,有话传与你们的太宰,请让在下随你们去鄫城。"

子贡来到鄫城后,拜见了夫差。伯嚭在一旁狐假虎威地质问他说:"我们国君不避辛苦,走了这么远的路来会盟,可是季孙大夫却不出门,这是什么礼数啊?"子贡不慌不忙地回答说:"我们鲁国和贵国哪里还需要讲礼数呢?贵国先祖太伯和仲雍放弃了周礼文身断发,这难道算礼数吗?况且贵国一直以来都没有用礼数对待过诸侯,这也就无怪我们鲁国不讲礼数了。我们国君奉命前来已经足够了,总不能让国都没有人留守吧?"

子贡一通理直气壮的回复把伯嚭说得哑口无言,给鲁国人好好地出了一口恶气。

这个时候,如果夫差一声令下,吴国武士立刻能把子贡绑了。但夫差没有这么做,可能他觉得子贡这小子值得钦佩。看在子贡的分上,他就不再和季孙肥计较了。

第121章

吴鲁战争

鄫城会盟结束了,鲁国人终于长长地舒了一口气。回到曲阜后,子服何一帮大夫还在不停地对吴国进行咒骂,说夫差和吴国将无所作为,早早灭亡。

夫差收服了鲁国和郯、邾等小国,认为取道鲁国的目的已经达到,可以找个机会攻打齐国了,便班师回国,准备休整一段时间再北上。他没有想到,吴军还没有和齐军交上火,就先和刚结交的盟友鲁国打了起来。

出什么事情了呢?是季孙肥惹的祸。

本来季孙肥就看不上吴国,弄这个盟约是权宜之计,现在吴人走了,该拿出精力干点之前想干的事情了。

季孙肥看上了隔壁邾国的地盘,想吞并邾国。

邾国位于鲁国南方,在整个春秋历史中一直扮演被欺负的角色,尤其是被鲁国攻打将近二十次之多。邾国的很多领土都被鲁国侵占了,两

国之间的关系可以用世仇来形容。邾国国力不如鲁国,就经常投靠晋国、齐国这些大国,以求得到庇护。

这次夫差率大军北上,邾隐公看见吴军强大,毫不犹豫地投靠了吴国。他万万没有料到,吴国居然把自己的老仇家鲁国也一并收了来,鲁国和邾国就这么莫名其妙地成了同一条战线上的盟友。

季孙肥才懒得理会与邾国的"盟友"关系,这个盟友是吴国生拉硬拽来的,又不是鲁国想结交的。邾国是我鲁国的口中肉,就算吴国给它撑腰,我也要咽下去。他夫差要管,这么远的距离根本来不及派兵,等吴军赶到,也已经生米做成熟饭了。

季孙肥决定动手把邾国灭了!

公元前488年秋,季孙肥出动鲁军向邾国发起了进攻。鲁军势如破竹,一口气便打到了邾国首都绎城(今山东邹城东南)郊外。鲁军在城外扎营,居然能听到邾国的公宫里传来的音乐声,邾隐公这个昏君到了这个紧要关头还在忙着听歌呢。

邾国一个名叫茅夷鸿的大夫看见国君这么不像话,就劝他说:"君上,国家已处在危险之中了,您不能不管啊!臣以为应该速速向吴国报告。吴国是我们的盟主,吴王会为我们主持公道的。"邾隐公不以为然,说:"吴国距离我们有两千多里,没有三个月是赶不到的,他们能为我们做什么?况且我邾国还有六百乘战车,足以抵御鲁军的进攻了。"

邾隐公倒是很自信,但邾国的将士们就没这么多信心了。鲁军不久开始攻城,将邾军打得落花流水,一举拿下了绎城。邾隐公在护卫的保护下逃往绎山躲藏,但没过多长时间就被鲁军抓获了。

这个时候的鲁军没有了春秋初期礼仪之邦军队的风度,变成了一群流氓强盗。他们在绎城放肆抢劫了一天一夜,还在邾国的公宫里睡觉玩乐。

大夫茅夷鸿逃到吴国，向夫差求援说："鲁国人以为晋国衰弱、吴国太远，仗着人多势众来欺负我们邾国，这是践踏鄫城之盟，藐视君王和吴国啊。吴国的威望不能树立起来，以后谁还会听从大王您的指示呢？"茅夷鸿的话说到了夫差的心坎上。夫差最忌讳别人藐视他了，心想这季孙肥也太不像话了，根本就不把我放在眼里嘛，吴军前脚刚走，你们后脚就攻打盟友，以后从鲁国借路攻打齐国，指不定要闹出什么事情来，上次你不参加鄫城会盟也就算了，这次我非得给你点教训不可，让你服服帖帖的。

夫差决定讨伐鲁国，时间就定在第二年春季。由于是第一次和鲁军交手，夫差想事先了解鲁国的情况。正巧，鲁国有两个叛臣公山不狃（niǔ）和叔孙辄那段时间在吴国流亡，夫差就找来这两个人当自己的参谋。

夫差先问叔孙辄："寡人想征服鲁国，你觉得胜算几何？"叔孙辄一副叛徒的嘴脸，笑着回答："鲁国外强中干，只有强大的名声，没有强大的能力。大王出兵必能取胜。"

夫差笑了笑。他知道叔孙辄只是个小角色，说的话不能完全当真，便又问公山不狃："你认为有没有胜算？"公山不狃就不像叔孙辄那样无耻了，当初他是因为参加了反对季氏家族的叛乱，才不得不逃亡别国的，他的心里还是牵挂着自己的祖国，不希望吴军入侵鲁国，所以他对夫差说："在下以为鲁国不能讨伐。鲁国虽然缺少盟友，但诸侯们是不会答应它被灭亡的。晋、齐、楚三国都看重鲁国的位置，它们会去救援。而且鲁国与齐、晋两国唇齿相依，吴国出兵鲁国，定会招致两国进攻。"

夫差对公山不狃的话不以为然，齐国和晋国如果去救鲁国，那正中自己的下怀，自己本来就想和这两个大国较量一番呢。于是夫差让公山不狃做向导，正式向鲁国发兵了。

　　公山不狃没有办法,虽然一百个不愿意,寄人篱下也只能低头。他接受了夫差的指令,开始为吴军设计进军路线。为了给鲁国充足的应战时间,他不指引吴军走平坦的道路,而是挑选了险要的山路让其出击。

　　吴军越过鲁国南部山区后,攻打了山脚下的武城(今山东费县西南)。武城城墙坚固,不是一个好打的城市。就在夫差计划如何攻城的时候,有一个鄅城的人跑来说,他知道有一条捷径可以进攻。

　　这个鄅城人为什么帮助吴军呢?说起来很可笑。原来鄅城和武城共用一条河,鄅城在上游,武城在下游。这个鄅城人经常在上游清洗做绳子用的茅草,把水弄浑浊了。武城的人用水浇灌农田,看见水脏了就找上游的人算账,把这个鄅城人抓了,关在监牢里好长时间。鄅城人心里那个气啊,这河水难道只能你们武城人用,不能我用吗?所以他就在吴军围攻武城的时候来提供情报了。

　　夫差按照鄅城人的指引,果然很容易就攻下了武城。随后,吴军继续向西北进发,鲁国接连丢失了三座城市。

　　季孙肥这回可慌了,吴军来真的了,打到家门口,必须想办法拦住他们。于是他抽调部队,在夷地(位置不详)迎战吴军。但是,鲁军哪是吴军的对手,一仗下来,两名大夫被俘。吴军乘胜攻占了庚宗(今山东泗水东南),陈兵泗河,直逼曲阜。

　　曲阜城现在是人心惶惶,国人们纷纷收拾行李准备逃难。这个时候,一个叫微虎的鲁国大夫从自己的私兵中挑选了三百人,打算潜入吴军军营刺杀夫差。这群人闹哄哄地穿过街道,来到城门口,却被守门的士兵拦住了。原来,微虎召集勇士要刺杀夫差的事被人报告给了季孙肥,季孙肥觉得这帮乌合之众哪里能杀得了夫差,去了也是送死,便让手下阻止了他们。士兵们好说歹说,把这帮热血青年劝了回去。

　　这场刺杀行动不了了之了,这件事的影响力却超出了季孙肥的预料。夫差在泗河边上听说鲁国人组织了三百人的暗杀队找机会做掉自己，当天晚上就换了三个住处。

提心吊胆之中，夫差认真地思考了一番，觉得和鲁国的战争还是尽早结束为好，毕竟吴军远离本土，深入鲁国腹地，容易遭遇鲁国人的袭击，粮草也很难维持太久。吴军这次打到泗河边上，已经给了季孙肥很大的教训，鲁国毕竟不是自己北上的重点目标，只要把它收服就可以了。于是，夫差派出使者到曲阜面见季孙肥，提出休兵停战，两国重新结盟归好，吴军保证不再侵犯。季孙肥也无心再战。吴、鲁两国随即重新签订了盟约，吴军释放了鲁军战俘，退出了鲁国国境。

夫差的伐鲁之战就这样草草结束了。

浩大工程

　　远在越国的文种听说了吴国伐鲁大胜的消息,知道削弱吴国的机会来临了。以夫差的脾气,打了大胜仗一定会玩乐一番犒劳自己,说不定又会搞园林建造工程。这是执行伐吴九术中第五条的最佳时机。

　　文种连忙对勾践说:"吴王喜欢营造宫室。我们趁此机会挑选许多上好的木材与他,令他不停地征发劳力,劳累吴国百姓。"勾践听从了建议,立刻分派了三千名木匠到越国大山中采伐上等木料。几个月之后,他命文种将砍伐的木料装船,装了整整几十艘,送到阖闾城。

　　文种见到了夫差,满脸堆笑地说:"东海贱臣勾践使小人来拜见大王。承蒙大王的照料,越国奉上本国的名山神木,作为君王建造小殿之用。"夫差哈哈大笑,心想知我者莫如勾践也,我心里想要什么,他就给我送来什么,我当初留下他的性命是对的。

　　伍子胥可不像夫差这么糊涂,再次劝谏说:"大王万万不能接受,勾践是在怂恿您奢靡地生活。过去,夏桀建造灵台,商纣修建鹿台,劳民伤财，最终走向灭亡。您千万不能学他们啊。"此时的夫差已经对伍子胥彻底失去了信任，懒得理睬这个糟老头子，下令收下木材。不久，他果然召集了许多民夫，开始建造一座豪华的宫殿，名叫姑苏台（今江苏苏州西南），越国这批木料正好派上用场。

姑苏台的建造历时五年之久。据说这座豪华宫殿高三百丈，宽八十四丈，登上去可见方圆二百里，属国进献的美女宝物充满了其中各个宫室，四周建有各种水榭楼台。吴国百姓在建造姑苏台中付出了巨大的代价，相当数量的民夫劳累而死，吴国街头"道死巷哭，不绝嗟嘻之声"，百姓们"民疲士苦，人不聊生"。

吴军往北方跑了两三趟，却在小小的鲁国和邾国身上耗费了两年时间。夫差非常郁闷：我想找机会打齐国，怎么就抽不出手来呢？

夫差的机会很快就来了。

公元前487年，也就是吴军讨伐鲁国的战争刚结束，齐国人闲不住了。他们趁着鲁国战败，也出兵入侵了鲁国，攻下了讙（huān）城（今山东宁阳北）和阐城（今山东宁阳东北）两座城市。

齐国当时的国君是齐悼公（名阳生）。与鲁国的情况相似，齐悼公作为国君也没有太大权力，他被两个卿大夫家族——田氏和鲍氏架空了，他当年即位也是这两个家族扶持的。

田氏家族我们在齐桓公的章节里提到过，祖先是当初投奔齐桓公的陈国公子完。公子完在齐国把氏改成了"田"，经过近两百年的发展，他的子孙后代形成齐国最有权势的卿大夫家族。这段时间，田氏的当家人是田乞和田恒父子。鲍氏此时的当家人名叫鲍牧。田、鲍两家先前合伙，干掉了其他家族。现在，换成田氏和鲍氏两家人明争暗斗了。

这场伐鲁之战是齐悼公挑起的，他的理由很简单——鲁国人不肯把老婆还给他。

齐悼公在没即位之前，齐国发生了宫廷政变，他只好逃难到鲁国。

季孙肥收留了他,还把自己的妹妹季姬嫁给了他。季姬长得貌美如花,齐悼公非常喜欢她,离开她一天都不行。但是,季姬是个淫乱的女人,居然背着齐悼公和自己的叔叔乱伦。家丑不可外扬,这事儿季孙肥一直隐瞒着没说。

后来,齐悼公回国当了齐国国君,想把季姬接过去。季孙肥不敢把妹妹送往齐国,生怕叔叔的奸情泄露,败坏了鲁国和季家的名声。齐悼公见季孙肥迟迟不愿意把季姬送来,火冒三丈,就让鲍牧攻打鲁国。

齐悼公打下了鲁国两座城池还不解气,看吴军上半年也打过鲁国,自以为夫差能和齐国站在同一条战线上,便派人到吴国,请求夫差一起发兵鲁国。季孙肥得知消息,吓得连忙放了邾隐公,恢复了邾国,想以此讨好吴国,令其不发兵。

夫差的目标就是齐国,自然是站在鲁国这一边,但为了消耗齐、鲁两国的国力,他没有给齐使任何答复,反倒抽空派兵去了一趟邾国。原来,邾隐公这个没长进的昏君,回到自己国家之后不好好工作,仍旧吃喝玩乐,草菅人命。夫差派兵将他抓起来,锁在一座楼台之上,然后立他的儿子革为新国君,是为邾桓公。

就在夫差等着齐、鲁两国打得两败俱伤时,忽然收到消息说齐国已经和鲁国讲和了。

两国怎么讲和了呢?很简单,季孙肥答应把季姬送到齐悼公那儿了。季孙肥当时或许想,为了一个女人,害得两国兵戎相见,真不值得。他不想去管什么名声问题了,只要妹妹和其余季家人全部守口如瓶,乱伦的事儿谁知道呢?

齐悼公接回了心爱的女人,心情大好,让齐军把占领的土地交还给鲁国,这事儿就算完了。

但夫差可不愿意就这么完了,你齐悼公一会儿让我出兵,一会儿又不让我出兵,把吴国当猴耍呐?我吴国正想和你们齐国开战,可终于让我找到借口了。所以,当齐使来取消出兵的约定时,夫差没好气地回答:"你们齐国先是让寡人出兵,现在又来辞谢出兵,你让寡人到底听哪个呢?寡人要亲自到你们国家确定一番。"夫差这句话是暗示要出兵齐国了,齐使吓得连忙跑回国去。

为了打好这场蓄谋已久的战争,夫差开始了大规模备战。吴军日夜不停地打造兵器和战船,囤积大量粮草物资。在一阵繁忙的景象之中,夫差拿出吴国地图,在长江和淮河之间画了一条线,对身边的人说:"在这儿,寡人要开出一条运河,让吴国兵士通过它北上。"这条运河就是京杭大运河的前身——邗沟。夫差内心已然对吴军漫长的北上之路不耐烦了,他在北上途中想到了解决方法——吴国有的是船,为什么不乘船呢?走水路要快很多。

想必夫差提出这项工程的时候,在场的所有吴国大夫都吓傻了。从长江到淮河挖出一条可以开船的河,需要多少劳动力和金钱的投入啊!吴国是区区小国,怎么承担得起这样浩大的工程!

史书上没有记载伍子胥对挖掘邗沟的表态,我个人认为,伍子胥得知了夫差这个要耗尽吴国国力的计划,必定是磕破了头,恳请他别这么做。但是,夫差已经被野心和自负冲昏了头脑。他大声斥责那些反对的大夫们,说自己心意已决,不许再提反对意见,不管这个工程有多么艰巨,他一定要看见吴国士兵乘坐战船通过运河北上。

公元前486年秋,大批吴国民夫被征发到长江和淮河边,掘下了邗沟的第一锹泥土。这些吴国百姓不知道,自己用血汗开凿的这条运河将会创造前无古人的记录。一千年之后,隋朝皇帝杨广将这条运河与北方的几条运河连接起来,使其成为当时世界上最长的一条运河。

跨海作战

邗沟一时半会儿是没办法完工的,但夫差的心已经急不可耐了,他要立刻进行伐齐计划,决不拖到几年之后。由此,他想到了那条最危险的伐齐路线——横渡黄海。

夫差的计划是:齐国军力强盛,吴军直接进攻必然有困难,最佳的方式是出其不意。吴军兵分两路,一路由自己指挥,从鲁国佯攻齐国南部,吸引齐军主力;另一路精兵由徐承率领,乘船在齐国沿海登陆,乘虚攻占齐国东部,逼迫齐国求和。

中国历史上最早的两栖登陆作战就此拉开了帷幕,时间就在公元前485年。这一年春季,夫差以讨伐齐悼公无信为由,调集了鲁、邾、郯三国的军队,会合吴军向齐国南部的鄎(xī)邑(位置不详,约在齐、鲁交界地带)发起了进攻。虽说这一路只是佯攻,但夫差还是将声势制造得非常大,联军兵马铺天盖地,把小小的鄎城围得水泄不通。

齐国这时的处境其实不太好,简单地说就是内忧外患:内部田氏、鲍氏还有国君吕氏三方勾心斗角，谈不上团结；外部又和鲁国、晋国结怨，战争频繁。所以齐国不愿意和强悍的吴军开战。

现在，夫差气势汹汹地带着四国联军来讨伐，该怎么收场好呢？田恒和鲍牧私下里一商量，觉得这仗能不打就不打，既然吴军打的是讨伐齐悼公无信的旗号，那干脆就让齐悼公当替罪羊，把这混小子宰了，然后就说齐国人起义，把昏君推翻了，联军不用干涉了。鲍牧昭告神灵和齐国先祖，细数齐悼公的罪状，命令宫中侍卫将他勒死，还没过几天逍遥日子的齐悼公就这么稀里糊涂地没了性命。齐悼公之子壬被田、鲍两家立为新君，史称齐简公。

杀死齐悼公后，鲍牧连忙派人去了鄎邑，把这个消息告诉了夫差，对国君的无信表示道歉，现在罪魁祸首已死，希望联军罢兵。

要我吴国罢兵，你齐国想得美！夫差是铁了心要打这场仗。徐承的跨海登陆作战还没有成功，我这边怎么可以退呢？既然起先的借口失效了，那就重新找一个。他把齐使训斥了一顿赶了回去，然后命人在营中立起了齐悼公的灵堂，带领联军将士对着齐悼公的牌位痛哭起来。没有眼泪地干号了三天后，夫差再次打出旗号，说齐国人弑君无道，联军要继续予以讨伐。

夫差带着四国联军和齐军纠缠，心里则焦急地等待着东边大海上徐承的消息。他让联军在鄎邑拖齐国人一天是一天，盼望着徐承带的精兵成功登陆。

那么，徐承将军的进展怎样了呢？

他所带的吴国精兵乘坐战舰在海面上颠簸了几十天之后，终于抵达了齐国东海岸。然而，他们创造了历史，并不意味着一定以胜利结局。这中国历史上第一支海军陆战队登陆不久就被齐军打败了，吴军损失惨重，幸存的人不得不乘船逃回吴国。

吴军登陆失利的原因，一方面是齐军有防备，没有给吴军可趁之

机，另一方面是吴军在大海上航行了太长时间。海上航行不比江河上航行，风浪大、时间长，又没有参照物，对船员的身体和心理都是煎熬。当时的造船技术还不发达，船舱狭小拥挤，在海上乘船这么长时间，吴军士兵一个个晕得翻江倒海，踏上陆地两腿都会打战。他们没有休整就展开了作战，是没有力气和齐军对抗的。所以，齐军很容易就把他们打败了。

浣纱少女

被夫差寄予厚望的徐承战败了，吴国从海路突袭齐国的计划彻底落空，夫差只好带领四国联军从鄎邑撤退。吴国第一次伐齐之战宣告失败。

还没有受过这种挫折的夫差极其郁闷。为了消除烦躁的情绪，他躲在宫中终日饮酒作乐，和美女歌妓们拥在一起，非常颓废。

再说勾践，他无时无刻不想着复仇，恨不得马上杀到吴国王宫把夫差打死。早在越国经济开始繁荣的时候，勾践就召集了大夫们开会，说："吴国对于我国压迫得实在太过分了。现在，我越国的国力已基本恢复，寡人计划立刻发起伐吴之战。诸位以为如何？"

范蠡首先提出反对，说："现在还不行。臣以为时机尚不成熟，吴国还没有衰败的迹象，现在出战并无胜算。"计倪也表示反对说："如今我越国粮草并不充裕，应先充实仓库，训练好士卒，才能战胜吴国。"由于重臣们反对，勾践便打消了这次伐吴的想法。

到了公元前485年，勾践听说了夫差沉迷女色的消息，想到了文种教他的伐吴九术中的美人计，便与文种商量，计划收集一批漂亮女子献给夫差，让夫差在昏君的道路上行得更远。接下来不用我提，大家都立马能想到一个人——西施。

西施，这个闻名千古的女人在正史里却没有任何记载。《左传》和《史记》对她只字未提，只在野史《吴越春秋》中，我们才看见了关于她的记述，但也只有短短的一句话——"……得苎（zhù）萝山鬻（yù）薪之女，曰西施、郑旦。"那么是不是可以说西施其实是一个虚构的人物呢？

这种可能性不是没有，但是我们又在战国时期诸子百家的书籍，如《孟子》《荀子》和《墨子》中，看到了有关西施的记述。这些书的作者距离西施的时代最近，按理说他们是不会合起伙来瞎编乱造的，所以，我们还是断定西施确有其人。只是因为她出身卑贱，又是一个执行阴谋的神秘女特务，缺少官方资料，正史才没有予以记载。

西施其实不是她的原名，据说她的原名是施夷光，因为家住西村，而得到了"西施"的称呼。西施的家乡叫苎萝，位于现在的浙江绍兴诸暨。在诸暨当地的传说中，西施原是天上月宫中的一颗夜明珠，坠落凡间，被一个妇女捡到。夜明珠化作一只神鸡，飞进这位妇女的肚子，令其怀孕，生下了西施这位旷世美人。

西施到底有多漂亮呢？

我们在赞美一个女人美貌时，会用到"闭月羞花""沉鱼落雁"两个成语。实际上，这两个成语原本是用来形容古代的四大美女——貂蝉、杨玉环、西施和王昭君。

说是貂蝉在庭中拜月祈福，月亮看见她的美貌，羞愧地躲进云层，这叫"闭月"；杨玉环在宫中赏牡丹花，娇艳的花朵看见她的美丽，羞愧得不敢绽放，这叫"羞花"；王昭君远嫁匈奴，出塞的时候，天上飞的大雁看见她的美丽被惊呆了，以至于坠落到地上，这叫"落雁"；而西施，在没有入宫前在村子边的小河浣纱洗衣，河里的鱼看见她的美丽被迷住了，以致沉入水中，此谓"沉鱼"。当然，这些都是夸张的说法，但足以表现她们的美貌。

然而，就是这样一位美女，却是一个病秧子。西施的心经常莫名地疼痛，痛起来，她只能皱起眉头（称作"颦"），捂着心口。这个动作不仅没让西施变丑，反而让她更加惹人怜爱。

《庄子》里记载了一篇趣事，说是西施有一天又犯了心疼的毛病，出门的时候颦着走路，很是吸引周围人的眼球。村里有一个丑女（后人称"东施"）看见西施这么做，也学着皱眉捂心口，以为这样就能让自己变漂亮了。没想到，她到外面转了一圈，把周围的人吓坏了，富人们连忙关闭窗户，穷人们则拉起妻儿就跑。这个故事足以让我们领略西施病时的魅力。

西施在苎萝的乡村成长，与千千万万普通越国妇女一样，她自小就学会了纺纱。每天早上，她都端着一盆布匹或衣服到村子边的河里漂洗，也就是浣纱，这条河因而得名"浣江"。至今在浣江边上，还有传说中西施当年浣纱的石台。

与西施同一个地方的，还有一位叫郑旦的少女。郑旦亦是相貌出众，传说她和西施亲如姐妹，两人一同浣纱，一同卖柴，一同爬山唱歌。如果没有战争，西施或许就会天天到河边浣纱，再和村里赶鸭子的小孩子们嬉戏；如果没有国君的伐吴九术，西施和郑旦或许会在成年后开心地穿上嫁衣，嫁给各自中意的农家小伙儿，过着男耕女织的平静生活。然而，现实里没有这些如果，西施和好姐妹郑旦只能走上一条悲剧命运之路。

勾践和文种商定了采取美人计之后，派遣官员在国内四处寻找美女。传说范蠡担当了这一重任。他访遍越国各个乡村，来到苎萝山下

时,听见浣江边上一群浣纱少女爽朗的欢笑声。范蠡一眼望去,看见了面如桃花的西施。

这就是传说中范蠡与西施的第一次相见。才子佳人,一见倾心,范蠡在苎萝逗留了数日,与西施订下终身。但是,范蠡身负国家重任,知道只有西施这样的美女才能让夫差动心,便劝说西施去吴国,等到吴国灭亡,再和她缔结良缘。西施深爱着范蠡,便答应了。

以上只是传说,自然是不可信的。《吴越春秋》里的记载是:勾践派了善于相面的官员去民间寻找美女,在苎萝相中了西施和郑旦,把她们带到了国都。她们没有刻意展示自己,也没有特意讨好官绅,更不是贪恋荣华富贵,仅仅因为美貌聪慧,就被推进了权力的斗争场。

二人就此远离了恬静美丽的家乡,来到了喧闹恢宏的大城市,成为背负特殊使命的女子。环境和身份转化之快,让两人无所适从。也许是因为紧张,也许是因为没见过大场面,西施和郑旦第一次面见勾践的时候显得非常拘谨胆怯,让勾践觉得两人"朴鄙"。她们不懂宫廷礼仪,不会跳舞,也不会魅惑男人,身上带着一股子农家的淳朴气质,与上流社会虚华的气氛格格不入。要把夫差迷倒,确保美人计成功,光靠美貌是远远不够的,西施和郑旦还必须学会如何讨人欢心、勾人魂魄。因而勾践推迟了把她们进献给吴国,而是先派人把她们调教成绝世尤物。勾践特意在山阴城北面靠近大道的一座山上修建了美人宫,让她们搬进宫住,每天学习各种礼仪、姿态和歌舞。

存鲁乱齐

就在西施和郑旦学习仪容举止的这段时间,夫差开始了第二次伐齐作战。

在这次战争前,《史记》里记载了一个有趣的故事,说是公元前484年,齐军再一次攻打了鲁国。这次齐国人不是像上次那样为了一个女人小打小闹,而是动了真格进行报复性攻击。这次入侵行动的策划者是齐国左相国田恒。

田恒,汉代史书为了避汉文帝刘恒的名讳,记载为"田常"。他策划进攻鲁国,一方面是为了报复季孙肥与吴军联合来讨伐齐国,另一方面是暗中为自己的一场政变做准备。他想对付的是阚(kàn)止、高无丕和国书三人。阚止一直以来都追随齐简公,深得齐简公的信任。齐简公为了抗衡田氏家族,就提拔阚止做了右相国,与田恒分享国政。阚止性情耿直忠烈,替齐简公出头和田恒对着干。高无丕和国书则是高、国两大家族的成员。这两个家族是齐国老牌贵族,虽然已经失势,却仍旧霸

占着上卿的位子，自然被田恒视为眼中钉。因此，田恒策划出兵鲁国，让阚止负责，高无丕和国书统兵，转移他们的注意力，最好让这些家伙战死在外面不再回来。

齐军向鲁国凶猛进攻，鲁国当然吃不消。孔子看见自己的祖国遭到侵略，心中非常忧虑，便对弟子们说："鲁国是我们祖宗坟墓所在，是我们父母生活的地方。国家遭遇如此危难，大家为什么不挺身而出呢？"听到老师号召，众多弟子跃跃欲试，但孔子都一一予以了否定。直到子贡站了出来，孔子才欣慰地同意他前去。

子贡这个人最大的本事就是能言善辩，经常把老师孔子辩得理屈词穷。不过，孔子对于他高超的演说才能是非常欣赏的，所以他不相信其他弟子，只相信子贡能拯救鲁国。

获得老师的支持后，子贡去拜访了季孙肥。季孙肥也很相信子贡，听说他有办法游说齐军退兵，便立刻指派他为鲁国使者，前去齐都临淄求见田恒。

子贡见到田恒后，开门见山地说："相国大人您真是欠考虑啊，攻打鲁国是您最失策的计划，您应该攻打吴国才对！鲁国的城墙又薄又矮，护城河又窄又浅，国君愚蠢而不仁，大夫虚伪而无能，士人百姓们都厌恶战争，这样的国家是不可以攻打的。相反，吴国的城墙又高又厚，护城河又宽又深，武器装备精良，军队英勇善战，又有贤明的大夫守城，这样的国家才应该攻打啊。"

田恒一听，这鲁国使者讲话怎么这么愚蠢，简直是在侮辱我的智商。他生气地说："鲁国弱小，攻打它应该是容易的；吴国强大，攻打它应该是困难的。你说得容易，是正常人所认为的困难；你说的困难，反而是正常人所认为的容易。你居然以这种胡说八道的言论来游说，是在消遣我吗？"

子贡不慌不忙地解释道："在下听说过这样一句话：忧患在内部，

就该进攻强大的国家；忧患在外部，就该进攻弱小的国家。如今大人您的忧患不就是在内部吗？您曾经三次请求封赏而没有成功，原因不就是某些大夫反对吗？您这个时候攻打鲁国，那是一定能获胜的，但国君也会由此更加骄傲，那些大夫们也会依仗军功而欺凌于您。他们的声威上去了，您想在齐国立足都难，更何况夺取国家权力呢？所以说，您攻打鲁国不如去攻打吴国，攻打吴国要是失败，将士在外战死，国君会受到百姓责难。那样一来，他们的声威和力量下降了，民心都会聚集到您这边来了，在齐国，还有谁能与您抗衡呢？"

听子贡这么一说，田恒哈哈一笑，心想我的目的不正是他所说的吗，看来先前是误会他了呢。但田恒又想到现在从鲁国撤兵有困难，就说："你说得对。但是齐国军队已经开进鲁国了，忽然从鲁国撤出转而攻打吴国，会让大夫们不理解，从而怀疑我有不可告人的目的。"

子贡回答说："大人不必担心。您让齐军在鲁国按兵不动，在下再去一趟吴国，让吴王夫差来救援鲁国，那样您就可以和吴军开战了。"

田恒答应了。子贡又一溜烟跑到吴国，求见夫差。他见到夫差后说："在下听说：实行王道的人不会灭亡别的国家，实行霸道的人不会有强大的对手。现在齐国仗着军力强盛，意图吞并鲁国，这不是在向大王您挑战吗？吴国欲行王霸之道，就应保存鲁国，打败齐国。况且救援了鲁国，可以得到显赫的名声；打败了齐国，便可控制泗水之滨的诸侯国，震慑北方的晋国。这对吴国来说是莫大的利益啊！"

其实不用子贡来游说，夫差早就打算趁这个机会和齐国好好较量一番了，只不过勾践企图报仇的消息让他对北上伐齐有顾虑。他回答道："寡人正是这般想的。但越王勾践被寡人打败后，吃苦砺志，善待百姓，一直计划着复仇。待寡人消灭了越国，再北上救援鲁国。"

要等吴国消灭了越国吗？子贡可不愿接受这样的结果，拖下去指不定又有什么变数。他打算一定让夫差放弃攻打越国的计划，立刻北上救

援鲁国。他对夫差说:"大王您何必为越国担忧?越国的力量还不如鲁国,但齐国的力量却与吴国不相上下。如果您放弃齐国、攻打越国,那么齐国很快就能占领鲁国了。那样一来,天下人都会觉得吴国是欺软怕硬,畏惧齐国的强大。勇者不会回避困难,智者不会放弃时机,王者不会灭亡诸侯。大王应该保存越国、救援鲁国以彰显自己的仁义,打败齐国、威逼晋国来体现自己的雄威,到时候,各国诸侯必定主动来朝见,霸业就可以成就了。如果大王还是不放心越国,在下请求南下面见越王,让他带兵来协助您北上伐齐。越国军队都被调走了,还能对吴国产生什么威胁呢?"夫差听了子贡的这番话极为高兴,立即同意他前去越国游说。

子贡来到越国后,受到了越国君臣隆重接待。勾践事先命人将山阴城内外的道路重新修缮和打扫了一遍,然后在城门口安排仪仗,亲自带着文武百官到郊外的大路上迎接。子贡到来后,勾践亲自把他搀扶上马车,亲自驾车将他送到下榻的旅馆。

隆重的招待仪式过后,勾践谦逊地对子贡说:"这里是不开化的蛮夷之邦,大夫为何恭敬庄重地屈尊光临此地?"子贡回答:"前面我劝说吴王救援鲁国而攻伐齐国,他很希望这么做,但却畏惧越国会趁机复仇,说:'等我攻伐越国以后再北上。'如果他真的这样做,越国一定会被攻破的,君王您已经身处危险之中了啊。"

听到子贡把自己的处境说了出来,勾践连忙向对方磕头说:"寡人曾经自不量力,与吴军作战,结果战败,被困在会稽山上,不得不屈身为奴,对吴王的仇恨是刻骨铭心。寡人卧薪尝胆,只求与吴王拼个你死我活。现在寡人的计划还没有完成,却被仇人知晓,面临灭顶之灾。还请大夫指点一条活路。"

子贡便对勾践分析说:"吴王夫差这个人刚愎自用,让伯嚭这样的小人执掌朝政,朝中群臣不堪承受;国家徭役繁重、战争不息,百姓和士卒无法忍耐。吴国现在是大夫变心，百姓怨恨，在这种情况下必将灭亡。如果君王能调发军队帮助吴国、迎合吴王，献纳重器珍宝来讨好他，用谦卑的言辞来尊崇他，那么，吴王就会放下对您的警惕之心，他攻伐齐国就必定无疑了。他出战不胜，就是大王的福运；出战取胜，他必定率领军队进攻晋国，在下再请求北上面见晋君，让他出兵，共同攻打吴军，吴国军力必然遭到严重损耗，君王便可以趁此机会灭亡吴国了。"

听了子贡的指点，勾践心中的担忧一下子便消除了。他下令重赏子贡，送他黄金一百镒（yì）、宝剑一把、上好的矛两杆，但子贡婉拒了赏赐。

子贡在越国这里为勾践出谋划策对付吴国，回到吴都却假装是完成了在越国的使命，向夫差汇报说："在下把大王的意思告诉了越王，越王大为恐惧，说：'我很不幸，从小失去父亲，不自量力而冒犯得罪了吴国，以致军队战败，国家变为一片废墟。一直以来全依赖大王的恩赐，我还能举行宗庙社稷的祭祀。这一切我死都不敢忘记，哪里敢考虑别的想法！'"

过了几天，文种来了，他奉上了许多精美的兵器，像往常一样代表勾践对夫差叩头说："东海贱臣勾践派遣使者文种来朝拜大王。近日私下里听说大王将要征讨残暴的齐国以安抚周朝王室，贱臣请求全部出动境内的三千士卒来协助大王的义举，并亲自为大王冲锋陷阵，阻挡飞矢流石。在此，通过文种奉献先人收藏的兵器，来预祝大王旗开得胜。"

勾践又是送宝物，又是提出要帮助吴军，完全是按照子贡的方法执行。夫差当然吃这一套，心情极为高兴，打算接受勾践的要求，让勾践带领三千越军和自己北上。

这时，子贡站了出来，说："大王您不可以让越王随您出战。您已经让越国空虚了，让它的军队全部出动，再让它的国君陪同做先锋，这样做太过分了，无法体现您征讨齐国是仁义之举啊。大王您最好接受越

国的礼物,同意它的军队出战,但谢绝越王随从北上。"

夫差相信了他的话,收下文种的礼物,征发了越国的三千士兵,回绝了勾践随从出征的请求。

子贡接着又去了此行的最后一站——晋国。

晋国当时的国君是晋定公(名午),但他是没有什么权力的,国家事务大多由正卿赵鞅掌控。子贡对晋定公和赵鞅说:"晋国的危险即将来临啊。吴国将要和齐国开战了,如果吴国战败的话,越国大乱吴国是一定的了;但吴王攻打齐国获胜的话,吴军的下一个目标就是晋国了。"

晋定公大为恐慌,连忙问:"那寡人应该怎么办啊?"

子贡就说:"很简单,君王只需修缮武器、整训军队,等待吴人到来就可以了。"

不管子贡的方法有没有被晋国君臣接受,他的这番游说绝对是给晋国人敲响了警钟,让他们知道自己一手扶持起来的盟友吴国,已经壮大成了一个危险的敌手,有必要重新审视和吴国的关系了。

至此,子贡的四国之行圆满完成了任务。原来只是地区性小争端的齐、鲁冲突,最终把吴、越、晋三国都牵扯了进来,发展成了一场天下瞩目的战争。《史记》中称赞说:"子贡一出,存鲁,乱齐,破吴,强晋而霸越。子贡一使,使势相破,十年之中,五国各有变。" 大意是说,子贡的一番游说,让齐、吴、越、晋四国的领导人都改变了自己的想法,四个国家都开始了积极活动,最终改变了天下形势。

不过,这件事的真实性是靠不住的。子贡一个人从北到南跑了那么多国家,在当时的交通条件下至少需要好几个月,极其劳累不说,等他全部游说完,齐、鲁之间的战争估计已经打完了。这个故事和《战国策》里很多纵横家的故事是一模一样的套路,都夸张了辩士的能力,虚构了各国的反应。

艾陵之战

那么，比较可靠的史料是怎样记载的呢？

《左传》上没说这当中有子贡什么事，倒是孔子的另一位弟子冉求有所表现。

冉求，字子有，他不像子贡那样爱动嘴皮子，更擅长动手实干，行军打仗和理财算账是他的强项。他给季孙氏做了家臣，帮助他改革财政，增加财富，被老师孔子一顿臭骂，说他"非吾徒也，小子鸣鼓而攻之可也"。但孔子也称赞冉求具备政治天赋，说他"千室之邑、百乘之家，可使为之宰也"。而冉求对老师也极为敬重，曾放弃荣华富贵跟着他周游列国，还动用人脉帮助老师回国。孔子晚年能安心隐居于鲁国，也有赖于冉求关照。

这一年齐国入侵鲁国，季孙肥向冉求询问了应对之策。冉求直截了当地回答："一卿守城，其余两卿带兵跟国君去抵抗。" 三卿就是三桓。季孙肥对此颇感为难，说："我怎么可能指挥得动另外两卿

啊？"冉求答："就在国都的近郊抵抗，这么近的地方，他们总不能不来吧？"

但叔孙氏和孟孙氏还是想保存实力，拒绝了季孙肥让他们出兵的要求。冉求生气地说："那国君就不用出战了，季孙大夫您一个人带兵背城而战，我看他们谁还好意思当缩头乌龟。齐国人的战车数量还没有您麾下的多，大夫您不用害怕，我们是有胜算的。要是叔孙氏和孟孙氏始终不肯来，以后鲁国的大政就全归您了，他们再也插不上嘴！"

季孙肥听从冉求的建议，第二天就带着冉求上朝，商讨迎战准备。叔孙氏和孟孙氏询问冉求该怎么办，冉求轻蔑地说："诸位君子深谋远虑，我一个小人物能有什么看法？就算我要说点什么，也要看对方水平如何。在诸大夫这样的水平面前，我有自知之明，不敢乱说话。"叔孙氏和孟孙氏听出来冉求是在讽刺他们无能，都被激怒了，骂道："你当我们不是大丈夫吗？"

两人回去之后，立刻整顿兵马，要和季孙氏一起出战。最后三家商定，叔孙氏带兵守城，季孙氏和孟孙氏分别为左右两军，出城迎战齐军。出战那天，孟孙氏率领的右军掉链子了，他们不仅迟到，而且临阵脱逃。只剩下冉求率领的左军奋勇作战，最终击退了齐军。

但是，齐国人并不肯就此罢休，他们开始策划下一场进攻。而就在此时，吴国派来调停的使者来到了齐国，试图平息这场战争。

这个时候来调停，成功的概率明显不大，鲁国还好说，齐国那边会愿意停战吗？从前一年开始，齐国已经与鲁国发生了三次战争，没有一回占到便宜，齐国群臣都憋着一口气，是不太可能听从吴使调停的。夫差当然明白调停的成功率很低，所以使者的人选极为特殊，那就是伍子胥。他这么安排是想考验一下伍子胥，看看他是不是对自己不满。

伍子胥即将走到人生的尽头了。

他是个悲剧人物，一生之中充满了坎坷与曲折。年轻的时候惨遭灭门,还被人四处追捕,只好流浪到吴国。遇到阖闾,算是他一生中最大的幸运。在阖闾的手下,他将自己的才能发挥到了极限,为自己的父兄报了仇。然而,命运峰回路转,到了晚年,他为夫差打败了越国,却没有得到任何称赞,反而变成了一个最受排挤、最不受信任的人。在人生的最后十年,年老的伍子胥陷入了深深的失落,他提的意见没有人听取,他的功劳没有人褒奖,还要被当初他关照过的伯嚭处处刁难。阖闾在位时被众人追捧的名臣老将,现在就像肮脏的垃圾一样没人愿意触碰。最让伍子胥痛心的,是他一心想扶持的夫差。夫差不理解、仇视自己也就罢了,他在错误的道路上越走越远,必将把自己和先王阖闾苦心缔造出来的事业毁灭。伍子胥感到自己一辈子的心血很快就要在夫差手中灰飞烟灭了。

在长期的失落和悲伤之中,伍子胥的心其实已经死了,他对自己的命运、国家的前途已经不抱任何希望了。他每天做的工作,只是在尽自己的责任而已。夫差犯的错误他明知不可谏,但仍然要去劝谏;伯嚭那些小人他明知扳不倒,但仍然要去斥责。他的心里只剩下一个念头,那就是不能辜负阖闾对自己的知遇之恩。

夫差计划北上伐齐的时候,勾践带着越国群臣来吴国朝见,奉献了许多财物,祝愿吴军能够旗开得胜。吴国人对勾践的"善意"都称赞不已,唯独伍子胥愤怒地说:"齐国只是吴国的皮癣之疾,越国才是吴国的心腹之患!越国人表面顺服,实际上是要祸害我吴国啊!国君现在却偏偏相信他们虚伪的谎言和骗人的行为,贪图伐齐之后的虚名。这就好比只医治皮癣,却无视腹心的重病,最终是会病发而亡的!吴国即使能够攻占齐国,也好比得到了一块石田,既不能耕,又不能种,毫无用处,毫无意义。现在国君反其道而行之,怎么可能成就霸业啊!"

与以往的劝谏一样,伍子胥的逆耳忠言根本不会被夫差听取。伯嚭又在一旁煽风点火,向夫差进了谗言,说伍子胥一次次反对大王的决

定，是因为他有不服之心，他是想向天下人证明他才是有能力的，他的文韬武略无人能及，吴王则是愚蠢的，不重用他是错误的。

伯嚭是一个贪得无厌的小人，他说伍子胥的坏话是不足为奇的，而这一次，他的这番谗言让夫差产生了杀死伍子胥的念头。夫差心想，这个死老头老是反对我，我如此冷淡他，他必然心怀怨恨，这种连自己的祖国都可以攻打的叛徒、鞭尸仇人的复仇狂，也会再做一次叛逆举动，况且以他过去积攒下的威望，造起反来岂不是轻而易举？夫差心中对伍子胥长期积压的不满终于转变成了仇恨，他想杀掉伍子胥，但缺少一个借口。派伍子胥出使齐国调停，让他有与外国沟通的机会，就能轻易地抓住把柄整治他了。

以伍子胥的智慧，他应该能察觉到夫差有了处死自己的企图。但是一个心已死的人，对于即将到来的死亡能有什么感觉呢？只要还活着，他就会对吴国尽到自己的责任。所以，伍子胥平静地接受了夫差的指令。

伍子胥这次出使齐国，史书上没有详细记载过程。估计他也就是拜见了齐简公和田恒等人，传达了吴国希望齐国罢兵，如若不听，吴军不会坐视不管之类意思。当然，田恒对此置若罔闻。不过，史书上特意提了一个细节，那就是伍子胥还拜访了鲍牧。他拜访鲍牧不为公事，而是私事，他将跟在身边的儿子介绍给了鲍牧，希望鲍牧能收他为家臣。

很明显，伍子胥是在给儿子准备后路。在前去齐国的路上，伍子胥就对儿子说："我屡次劝谏我们的大王，但大王不肯听从我的意见，我们很快就要看到吴国灭亡了。你和吴国一起灭亡，是没有什么意义的，不如现在就迁居别国，这样才能保住性命。"

在伍子胥的极力推荐下，鲍牧最终同意了收留伍子胥之子。伍子胥终于放下了心来，他可以了无牵挂地回吴国去了。伍子胥的儿子在齐国定居后，将自己的氏从"伍"改成了"王孙"。据说他后来成了齐国的冶铸官，将吴国的铸剑技术传授给了齐国人。

伍子胥回到吴国向夫差复命后，就称病不朝了。伯嚭安插在他身边的眼线把他在齐国的所作所为告诉了伯嚭。伯嚭心中一阵冷笑，知道伍子胥离死不远了。

夫差决定把伍子胥的事情先放一放，因为邗沟现在已经基本完工了，他迫不及待地要带着吴国精兵北上，打败强大的齐国，争夺霸权。他要向世人证明，他没有伍子胥的帮忙，也能旗开得胜，打赢强敌。

公元前484年初夏，夫差尽起吴国大军，大举北上。吴军分乘数百艘战船，在刚刚开掘出来的邗沟水面上通行，只花了不到几天的时间便从长江到达了淮河。吴军在淮河下船，继续北上，来到了鲁国首都曲阜城的郊外。在这里，吴军与鲁哀公率领的鲁军会合。

这场伐齐之战，夫差已经等待了很久。为了向北方的诸侯们展示吴军所向无敌的军威，夫差特意向同行的伯嚭交代说："出发！我们此番出战，不要忘记有功之人，不要赦免有罪之人。善待有德行和才智的人，爱护百姓和士卒。这样才是仁义之师！"

吴、鲁两国的军队集合完毕后，立刻发起了对齐军的反攻，数天时间便夺下了博邑（今山东泰安东南），接着占领了嬴邑（今山东莱芜西北）。齐国立刻派高无丕和国书为将，率领齐军主力在艾陵一带布阵迎战。轰动一时的齐、吴决战就此爆发了。

艾陵，是位于现在山东省莱芜市东北部的丘陵地区，因附近有一座艾山而得名。翻越这片丘陵，就能进入临淄近郊的平原，所以它的战略位置非常重要。齐国在艾陵低矮的山峦上修建了石墙，使其成为一处军事要塞。这段石墙后来被加长，成了齐国的长城。

虽然齐国的卿大夫们长期争权夺利，但是在关系国家命运的大战面前，所有人还是团结一致，抱着必死的决心准备作战。一个叫东郭书的大夫说："作战三次必定战死，我参加这次战争就是第三次了。"一个

叫田书的大夫也说："这场战斗，我要只听到进攻的鼓声，不听到收兵的金声。"另一位叫公孙夏的大夫则让士兵们高唱挽歌，以示战死沙场的决心。

吴军免不了在这里有一场恶战。

夫差也考虑到了艾陵之战的凶险，吴军的战车数量不及齐军，即使有鲁军的援助仍显不足，如果贸然与齐军对攻，一定会造成巨大的伤亡。为此，夫差将吴、鲁联军分为四个军，让其中两个军负责正面抵抗，另外两个军作为预备队来支援作战和夹击齐军。

这一年五月底的一天，随着一阵震耳欲聋的军鼓声，吴、鲁联军呐喊着向齐军发起了冲锋。艾陵之战开始了。

看着自己的士兵在艾陵起伏的丘陵上将与敌人展开厮杀，夫差忽然对身边的叔孙州仇说："你在鲁军中担任什么职务啊？"叔孙州仇回答说："担任司马。"夫差命人拿出铠甲和宝剑赏赐给他说："好好执行你的君主交给你的任务，不要让他失望。"

夫差是看见战场形势的严峻，想激励一下叔孙州仇，希望他到时候奋勇杀敌。但叔孙州仇是个胆小鬼，生怕接受了吴王的鼓励，待会儿在战场上就只能奋战到死了。他一下子不知该怎么办才好，支支吾吾地说不出话来。这个时候，还是子贡站出来化解了尴尬。他代替叔孙州仇收下了礼物，答复说："州仇拜谢大王的赏赐，必将履行我君王的命令，奋勇作战！"子贡这么做，一是维护了吴王的面子，二是挽回了鲁国的国家形象，免得别人笑话鲁国无人。

战事的进展正如夫差所料，联军的快速突击一开始还有点效果，击败了齐军的高无丕部，但齐军很快就稳住阵脚，杀退了联军，全军出动发起了反攻。齐军战车一路砍杀，打得联军节节败退。

见齐军反攻凌厉，夫差知道该亲自出马了。他命人敲响了进攻的军鼓，率领作为预备队的两支军队从侧边袭击齐军。齐军忙着攻击面前的联军，没有料到夫差还留了人马没有出动，就没有防备侧翼的安全，顿时两面受敌，招架无术。在一片混乱之中，齐军大败，士兵们丢盔卸甲，扔弃了战车，仓皇逃离战场。艾陵之战就这样以联军胜利结束了。史书上记载吴军俘虏了齐军高级将领五名，其中便包括战前表示要战死沙场的东郭书、田书和公孙夏，还缴获了齐军战车八百辆，斩下戴头盔的头颅三千颗。但夫差对于这些俘虏和战利品全然不在乎，把它们全部交给了鲁国处理。

鲁国靠着吴军的帮忙大败齐军，一扫被对方长期欺压的怨气，非常得意地派人去训斥了齐国一番。鲁国人将被俘的齐军主帅国书斩首，把他的脑袋用木盒子装起来送给齐国。盒子里还放了一封信，信上只有一句话："上天如果不知道你们的国君品行不佳，怎么会让我国打败你们！"

夫差也不甘寂寞，也派了一位使者去齐国对对方说："寡人率领的吴国军队不算多，沿着汶水北上，一路不敢放纵士兵左右抢掠，那是念在我们两国友好的缘故。现在贵国发动大批军队来侵犯我国的军队，上天如果不知道罪在贵国，怎么会让我们吴国获胜呢？！吴国无意伤害齐国，仅是自卫而已，愿与贵国继续和睦相处。"

吴使的话特意提了一下吴、齐两国存有友好关系，说明了吴国对齐国只是点到为止，并不想和齐国长期结怨。夫差也明白吴军不可能长期远离本土作战，对齐国手下留情还能得到其他诸侯尊重，就像他对待越国那样。

挨了吴国和鲁国两番差辱，齐国上下悲愤不已，但是自己已经被人家打败了，还能说些什么呢？齐简公只好顺了吴国的意思，回答说："寡人地处北方，并没有想过要侵占别人的领土。今天你们吴国千里来讨伐，戮伤我军将士，我国幸好得到上天的怜悯而得以保存。贵国愿意和解，寡人岂有拒绝的道理？"于是，齐、吴双方签订了停战盟约。

看到这个结果,最高兴的就是两个人了。一位是田恒。齐军损失惨重,一干将领被俘,而且国书战死,高无㔻战败,反对他的力量大大削弱了。田恒在三年之后发动了政变,杀死了阚止和齐简公,完全掌握了齐国大权。另一位当然是夫差了。艾陵之战他力克强敌,使齐国失去了与自己争雄的能力,为北上争霸扫清了一大障碍,吴国一时间威名远扬。他愈发骄傲无比,觉得天下已经没人可以阻挡吴国了,中原霸主之位非他莫属。

我们也能看到,艾陵之战吴军其实付出了不小的代价。吴军前期是被齐军压着打,最后才以预备队增援突袭的方式取胜,在这个过程中其伤亡很大,尤其是阵亡了许多能征善战的老兵猛将,这对于人口偏少的吴国来说是相当严重的损失。不过,吴国军民的劳累和死伤从来不是夫差关心的事情。只要能实现吴国霸业,获得自己梦寐以求的霸主之位,牺牲个把吴国臣民在夫差心里是应该的。

伍子胥谢幕

取得伐齐之战的大胜,夫差兴奋到了极点。他非常想看看伍子胥得到艾陵大捷的消息后的表情,于是,他凯旋后,第一件事就是把伍子胥叫来,傲气地说:"先王阖闾德高圣明,在你的帮助下打败了楚国并立下了吴国的威名,这确实是你出的力。如今你老了,却又不肯自安于闲适的生活,老是说一些迂腐的话,来破坏寡人的意志,动摇吴国的军心。现在上天降福于吴国,使齐国归顺了。这不是印证了你先前说过的话是错误的吗?"

刚强的伍子胥当场就给夫差顶了嘴,愤慨地说:"我们的先王是因为一直有贤臣辅佐,能够决断疑难,权衡得失,才能取得辉煌的伟业。如今大王抛弃老臣,去和奸佞小人共商国策,这样只会导致吴国败亡。您如果伐齐不顺利,反而会内心有所觉悟,这样吴国还可以世代延续。但现在您伐齐成功,沉湎于上天赐给的福禄,不去重用有才能的人,那么吴国的国运就很短了!"

夫差听了之后勃然大怒，他本想羞辱伍子胥一番，没想到竟被对方顶撞了。他甩手便走，内心对伍子胥的忍耐已经到达极限了。

勾践得知夫差取胜的消息，知道又到了促使夫差腐化的时候了。他要亲自去一趟阖闾城表示祝贺，送上宝物，进献新训练出来的美女西施和郑旦。此时的西施和郑旦已经学会了各种宫廷礼仪，学会了涂脂抹粉，有了婀娜的姿态和妖媚的眼神，原本清纯可爱的乡村少女成了妖艳妩媚的人间尤物。她们的训练期结束了，她们就要踏上远离故土的道路，去服侍一个叫作夫差的陌生君王了。西施不知道等待自己的将是什么样的命运。

夫差当然非常欢迎勾践到来，他在阖闾城内大摆庆功宴，邀请勾践上座。和当年释放勾践时一样，夫差让吴国大夫以客礼向勾践敬酒，勾践也唱了祝酒词向夫差表示祝贺。这欢庆的场景，让人感觉吴、越两国就像兄弟之国一样亲密。

夫差心情大好，对酒席上众宾客说："今太宰伯嚭对寡人有功，寡人将予以拜爵封赏；越王仁慈忠信，忠心侍奉寡人，寡人将恢复越国全境，以表彰越人协助伐齐之功。"伯嚭连忙带领众臣向夫差叩拜说："大王躬行至德，虚心养士，群臣并进，见难争死；名号显著，威震四海；有功蒙赏，亡国复存。真乃霸主王者之功业！"夫差得意地哈哈大笑。

庆功宴之后，勾践让人将西施和郑旦精心打扮，派范蠡将两位美女进献给夫差。范蠡面见夫差说："贱臣勾践在国内访得美女二名，不敢留为己用，谨使小臣范蠡献于大王。若大王不嫌弃二女相貌鄙陋，愿大王纳她们执箕帚之用。"

不用过多言语说明，盛装打扮的西施以惊人的美貌让在场的所有人都窒息了，许多吴国大夫不禁发出惊叹的声音。夫差更是瞪大了眼睛，许久才说出一句话来："越国进贡美女，正体现勾践是忠于吴国的！"

在场的伍子胥当然知道勾践的意图，仍旧"不合时宜"地站出来劝谏说："不可，大王切勿接受！臣闻贤士乃国之宝，美女乃国之祸：夏因妹喜而灭，商因妲己而亡，周因褒姒而败。大王受之，必有后患。臣听说越王不知疲倦地学习，聚集了敢死之士数万，而且他在国中行仁政，听从谏言，起用贤人。大王不能不提防他啊！"

伍子胥老调重弹勾践的复仇企图，又给夫差兜头泼了一盆冷水。夫差终于动怒了，道："寡人在会稽山迫使勾践投降，保留了越国社稷，彰显了吴国的仁义。勾践对寡人早已感恩屈服，甚至做寡人的奴隶，诸侯莫不知晓。寡人放他归国，奉其宗庙，复其社稷，他年年岁岁进贡财物，又助我伐齐，岂敢有反叛之心？伍大夫不要再危言耸听了！"

伍子胥见夫差如此执迷不悟，拜倒在地上说："呜呼！如今的吴国，忠臣掩口，谗夫在侧；朝政败坏，谄谀成风。大王不听忠言，吴国将亡矣！宗庙社稷将不复存在，城郭宫殿将沦为废墟了！"夫差火冒三丈，大骂道："你这个狡诈的老臣，简直是我吴国的妖孽。你想专权擅威，倾覆我国吗？寡人过去念在先王的分上，不忍对你怎么样。你却肆无忌惮地妨碍寡人的大事，还不速速退下！"见夫差大发雷霆，伍子胥无奈地起身，默默退出了朝堂。

在场的所有人包括伍子胥本人都不会想到，这居然是伍子胥最后一次对夫差规劝。

几天之后，伯嚭悄悄求见夫差，说出了一件让他极其愤恨的事情。伯嚭说："大王，臣派人暗中注意伍子胥，见到他出使齐国的时候，把他的儿子托付给了齐国鲍氏。伍子胥身为臣子，在国内不得意，便到国外投靠诸侯。他自以为是先王的谋臣，如今不被重用，就常常心怀不满地怨恨您。这种人生性凶暴，没有感情，好猜疑，爱嫉恨，他的怨恨恐怕早晚要成为大祸害。他经常假装生病而不来早朝，其实是在暗中策划阴谋，大王不可不防备呀！"

夫差听说伍子胥在齐国干了这些事情，气不打一处来：好嘛，出使一趟齐国就和鲍氏家族弄上关系了，这串通敌国的罪名你是逃不掉了，我终于有充分的理由杀掉你这个老不死了。

第二天，夫差的使者来到伍子胥的府上，交给伍子胥一把名叫"属镂"的剑，传达了吴王的口谕："不忠不信之人！为寡人出使齐国，却暗通鲍氏，企图反叛。你用这把剑自裁吧！"

伍子胥虽然早有心理准备，但当这一天真的到来时，他心中的万千情绪一下子全部涌上心头。他仰天长啸，大笑着说："伯嚭！你这个奸臣！屡次进谗言，要大王杀掉我，今天你终于得逞了吧！夫差！是我帮助你的父亲打败了楚国，成为称雄诸侯的霸主；是我建造了阖闾城，成就了吴国军队；也是我帮助你打败了越国，擒获了勾践！然而，你今天忘记我的定国之恩，竟然听信奸臣谗言而要杀害我！哈哈哈！"

伍子胥毫不犹豫地走向院子中的一块空地，拔出寒光闪闪的宝剑，架在自己的脖子上。其家人看见这番情景，纷纷大哭。伍子胥回头看了看家人，说出了那句著名的遗言："我死了以后，一定要在我的墓上种上梓树，让它长成之后用于给吴人做棺材；把我的眼睛摘下来悬挂在都城的东门之上，我要亲眼看到越人从这里打进来灭亡吴国！"说完，伍子胥用力往自己的脖子上一抹，这一剑带着他刚强的血性，带着他报国无门的呐喊，带着他对吴国最后的哭泣，深深地割进了他的血肉。鲜血流满了伍子胥的全身，他最后望了一眼吴国的天空，太阳像是泣血成了暗红色。

使者把伍子胥"悬门抉目"的遗言报告给了夫差，夫差更加愤怒了。他下令说："寡人不会让他有机会看见的！将他的尸体装入皮袋，扔进江中！"很快，一群武士在夫差的命令下冲进伍子胥的家中，撬开伍子胥的棺材，将他的尸体拖出来装进袋子里，投进了滔滔江水。

伍子胥的死讯在吴国的大街小巷传开后，几乎所有吴国百姓都为这位带给吴国繁荣强盛的人哭泣。传说许多人无视夫差的禁令,自发来到阖闾城外的江中打捞伍子胥的尸体。最终,他们在太湖口找到了尸体。万千悲愤的吴国百姓闻讯蜂拥赶来吊唁,送这位刚烈忠勇的老人最后一程。他们在这里为伍子胥立起了坟墓,依照伍子胥的遗嘱在他的坟上种上了梓树,将他的眼睛挂在了阖闾城的东门上。为了纪念伍子胥,百姓将投入他尸体的江改名"胥江",将捞出他尸体的太湖口称作"胥口",将挂着他眼睛的城门私下里称作"胥门"。他们还在吴国各地为伍子胥修建起祠堂,把伍子胥当作神灵祭拜。

后来不光吴国人,就连吴国的敌国——越国和楚国也开始纪念伍子胥。伍子胥铁了心要消灭的越国灭亡吴国后,国君勾践对他称赞有加,还特意保护了他的陵墓,保留了吴地纪念他的风俗。越人甚至将伍子胥封为钱塘江大潮的潮神。也许,伍子胥的智慧在越人的心中就如同汹涌壮观的钱塘潮一样让人敬畏。而被伍子胥背叛的楚国,人们虽然对他仍旧愤恨,但还是钦佩他的能力和敢爱敢恨的复仇精神。据说后来楚国占领吴地之后,伍子胥家乡的人将他的尸骨带回安葬,也就有了现在湖北老河口的伍子胥墓(故而有人认为,苏州的伍子胥墓只是衣冠冢)。楚国诗人屈原在自己的诗中多次提到伍子胥,将他视作榜样。他在《涉江》中写道"伍子逢殃兮,比干菹醢(zū hǎi)",将伍子胥和忠臣比干并提;又在《惜往日》中写"吴信谗而弗味兮,子胥死而后忧",为伍子胥的死鸣不平。

有人不理解,伍子胥背叛自己的祖国,是个卖国贼,楚国人为什么还会怀念他,中国几千年的历史为什么要如此称颂他呢?这就要说一下古人的爱国观了。

古人将所爱之国分为三类:一种是"乡国",就是自己出生的国家;一种是"祖国",就是自己祖先所在的国家;还有一种是"君国",是自己做官的国家。你只要忠心于这三种国家中的任一种,都可

以被称作爱国者。伍子胥虽然不爱自己的乡国和祖国,但为了自己的君国奔命呐喊,尽心尽责,最终还为它牺牲了性命,称得上一位杰出的爱国者,屈原才会以他为榜样,家乡的人也才敢为他修造陵墓。

馆娃宫

伍子胥死后,吴国的朝堂上再也没有时常提反对意见的睿智老臣了,夫差的身边要么是伯嚭那样阿谀奉承的小人,要么是噤若寒蝉、混混日子的庸臣。骄狂的夫差丝毫感觉不出当中隐藏的危险,反而觉得终于清净了、自由了,可以完全按照自己的想法做事了。

他最先做的是收下越国进献的两位绝色美女,将她们和其他属国进献来的美女一起,安置在了姑苏台的后宫之中。西施就这样开始了自己在吴宫的岁月。她和郑旦并不是一进宫就成为宠妃的,两人的初始身份是低贱的舞姬,跳些越国舞蹈给夫差解闷消遣。

西施依照勾践交代给她的任务,使出所有在美人宫里学来的本领,想尽办法魅惑夫差。传说西施最擅长跳响屐舞,也就是穿着木屐,裙系小铃,在鼓声的节奏下翩翩起舞。木屐与地板碰撞的"咔咔"声和风铃"叮叮"的声音,在鼓声的伴奏下极有节奏感。西施曼妙的身姿和迷人的面容令夫差如痴如醉,一曲过后又是一曲,她很快就受到了夫差

宠幸。

模样长得好，跳舞跳得好，只能得到夫差暂时的喜爱。西施知道要想让夫差永远和自己黏在一起，还要善解人意。夫差心烦了，她就哄他开怀大笑；夫差心情好了，她就撒娇说情话；偶尔她还利用自己心疼的毛病，颦眉行走让夫差怜爱。

西施成功了，夫差一开始喜欢的是她的美貌和舞姿，一段时间的接触后发现自己已经完全离不开这个女人了，一天看不到西施，浑身都感觉不自在，就连上早朝，脑海里还是西施姣好的面容在打转。终于，夫差忍受不住自己对西施的极端喜爱，决定纳西施为妃。

但是在春秋时代，国君妻妾的身份是有严格限制的。西施既是野人之女，又来自吴国的属国，与夫差门不当、户不对，是没有资格成为妃子的。这事让夫差很为难，万般无奈之下，他求助了神灵，让占卜师算了一卦。没想到，占卜的结果是吉利。夫差的那股兴奋劲儿就别提了，他当即便举行了仪式，正式纳西施为妃。

有一种说法认为，现存于上海博物馆的"吴王夫差盉（hé）"上面刻的"吾王夫差吴金铸女子之器吉"十二个字，就是夫差为西施在青铜礼器上刻下的铭文。夫差还特地为西施建造了一间名叫"馆娃宫"的宫殿。殿前挖有一个大水池，池中可以通行青龙舟；殿内有"响屐廊"，在数以百计的大缸上铺下木板，供西施跳"响屐舞"所用。夫差夜夜留宿在馆娃宫，天天陪着西施划船嬉戏，看西施"铮铮哒哒"地跳响屐舞。没人阻止夫差的穷奢极欲了，整个吴国王宫弥漫着荒淫腐朽的气息，勾践的"美人计"奏效了。

有人会问，西施得宠了，和她一起进宫的好姐妹郑旦怎么样了呢？因为史料缺乏记载，我们无从知晓她在吴宫的经历。这也说明她的表现没有西施那么出彩。或许，她也曾受到过夫差喜爱，但终因容貌不及西施，也没有西施聪慧，她永远停留在舞姬的地位上，最终默默地离开了人世。

勾践听说了伍子胥被赐死的消息，兴奋无比。伍子胥这个最危险的敌人被愚蠢的夫差杀了，越国没有理由再害怕吴国了。勾践按捺不住复仇的愿望，准备发兵。

看到这里大家会说，勾践手下才三千兵马，怎么发兵啊？难不成这三千人都是超级英雄，可以狂揍好几万的吴军？其实这个时候勾践差不多已经有五万人马了。他一直把军队隐藏着，藏得天衣无缝，让人看不出一点破绽。

这五万人是从哪里冒出来的呢？实际上就在全越国的人民之中——越国所有的青壮年男子都是士兵。在吴国的监控下，越国军队不能超过三千人，勾践不能招募士兵，只能采取"兵农合一"、藏军于民的方式来重建军队。早在勾践质吴的时候，就有一位叫诸稽郢的大夫负责暗中教导越国的青少年习武。越国男子农忙时在家务农，农闲时就被召集起来，分批到深山里秘密进行军事训练。

在笔者家乡附近的浙江省龙游县，二十多年前发现了一处巨大的人工石洞，就是龙游石窟。石窟内可以容纳数千人，号称世界第九大奇迹，但它的成因一直是个谜。有观点认为，这个石窟就是当年越王勾践的藏兵之所。当年越国青年就是在这样的大石洞里练习布阵和格斗，而吴人一点也没有察觉到。

同样，越国的军工生产也秘密隐藏在民用生产中。勾践在越国各地兴办冶铸工场，表面上是为了打造青铜农具发展生产，实际上，一到晚上，工场里的工匠就热火朝天地生产兵器和铠甲，再将这些武器藏在山洞里。

就连勾践在豕山、吼山等山上大规模养殖的猪狗鸡鱼，表面上是奖励百姓生育、发展经济用的，实际上是准备给攻打吴国的越军食用的，全是越国的战略物资。

除此之外，勾践还暗中建造了不少军港，用来训练水军；以打造商船的名义，偷偷建造了战船。

勾践暗中重建了军队，觉得现在是向夫差复仇的好时机，便找来范蠡说："前次我同你商讨报复吴国，你说还不可以。如今伍子胥屡次向吴王进谏，吴王竟恼怒而杀了他。吴国已无良将，你看现在可以行动了吗？范蠡仍然摇头，说："吴王虽然失道，但吴国的力量依然强大。我们现在去攻打，不仅不会成功，反而会遭到报复，让以前的努力全部白费。大王姑且再等一等吧。"

勾践有点不高兴，我已经等了十年，住茅屋、干农活、卧薪尝胆，还要再等吗？他说："寡人现在已有五万兵马，水战有战船，陆战有勇士，难道还不够与吴军作战吗？"范蠡回答说："大王，臣听说古代贤明的君主对于战争都是极为了解的。派兵作战并不是拥有武器兵马便可以轻易取胜的，还需要在提高战术和将士的能力方面下功夫。"范蠡的意思很清楚，如果越军不能在战术上进行提升，仍旧采取以前那种勇士冲锋的方法，人数再多，也不是强大的吴军的对手，越军必须转型成为新式军队，才能打赢这场复仇战争。勾践听从了建议，把提升军队战斗力这个任务交给了范蠡。

范蠡认为，越军一没有人数优势，二没有强大的战车部队，要想打败强大的吴军，最行之有效的方法就是发展弓箭部队。越军可以在吴军对阵的时候先发制人，让弓箭兵射箭，让吴军还没开始冲锋就死伤无数，就算不能打退吴军，也会极大地打击吴军的士气。

但是精锐弓箭手不可能在短期内训练出来，而且要实现远射，非使用上百斤的大弓不可，这对一般的士兵来说太难了。这个问题难不倒范蠡。《吴越春秋》上记载，他找到了曾经在楚国认识的一个人——陈音。陈音是一位武器大师，对于射击武器有相当高的造诣，他提出了用弩。

弩这种武器早在商朝就有使用记载，但当时还没有军队大规模装备，原因可能是弩的结构还不够完善，而且换箭速度太慢，用起来不如弓方便。陈音看到了弩的巨大潜力：操作简单，拉开弓弦的时候可以手脚并用，也不需要像弓一样在张弦的时候精确瞄准，所以就算是一般人也能很快上手，最重要的是弩射程远，准确度高，比弓的杀伤力要强很多。所以，陈音一门心思扑在了对弩的钻研上，形成了独特的理论。

　　范蠡用重金将陈音聘请到越国，让他担任越军弩兵部队的教官。陈音不负所望，教授和讲解精细到了每个动作，越军士兵只用了三个月就被训练成了神射手。可惜的是陈音在不久后就去世了，勾践悲痛万分，下令厚葬他。埋葬他的那座山后来被命名为"陈音山"。

众叛亲离

就在陈音训练越军的时候,勾践也没有闲着。他想接着用文种的伐吴九术把吴国弄垮,说不定就有范蠡认同的出兵机会了。

《吴越春秋》记载,勾践叫来了文种,问:"寡人依靠你的计策,每次用来对付吴国都没有不成功的。现在寡人想再次出手削弱吴国,你还有好的计策吗?"文种回答:"大王,我们可以行九术中的第三术——'贵籴粟槁以虚其国,利所欲以疲其民',欺骗夫差越国发生了饥荒,粮食不足,请求借粮。如果天意要让吴国灭亡,夫差必会借给我们。来年我们再用蒸熟的谷子归还,吴国用这些谷子播种,国内必然出现大饥荒。"

勾践当即就派文种去吴国执行这招歹毒的计策。文种和以前一样,恭恭敬敬地对夫差说:"越国正逢灾年,青黄不接,国内饥荒严重,百姓多有饿死,特遣小臣文种来向大王借粮。恳请大王行仁义之举,怜悯穷困,来年越国必会归还粮食。"伯嚭在旁帮着说道:"大王,这与周武王给商朝后人封国是一样的仁德啊！"正沉迷于西施美色的夫差对此事毫不怀疑，人家勾践送了这么一位绝世美女来，借他一点粮食真是小意思。他回复文种说："越王信诚守道，不怀二心，寡人岂有吝惜财货的道理？记得来年丰收归还就行了。"

夫差的粮食轻而易举就被骗来了，勾践将其赏赐给了越国大夫和百姓，越国臣民欢呼雀跃。

就在这一年的秋天，越国的粮食丰收了。勾践按照既定的计划，将一部分谷子蒸熟了晒干，混在好谷子里，让文种送到了阖闾城。夫差当然看不出这些谷子有问题，高兴地对伯嚭说："越国的土地果然肥沃，连种出来的谷子都这么饱满。不如让我们的百姓用这些越国谷子播种，说不定明年也有好收成。"文种见夫差中计，心中一阵冷笑。

第二年开春，吴国农民在夫差的要求下用越国归还的谷子播种。有经验的老农觉得这批谷子有点不对劲，但在官员们的要求下，还是将种子播下了。这些谷子将使吴国走向毁灭之路。

当然，这个故事只是野史记载，不足为信。越国给的种子如果有问题，播种后很快就能看出来，很容易就穿帮了，夫差会立刻对越国展开报复，不会磨蹭那么久。

那么，这个时候夫差在忙些什么呢？

公元前483年夏天，夫差派伯嚭出使鲁国，想和鲁哀公重温鄫城之盟，也就是想和鲁国修约，巩固两国关系。但鲁哀公不愿意一直受制于吴国，而且他想起鄫城之盟时夫差索要百牢享礼的情景就备感耻辱，不打算重温誓词。子贡被派作鲁国的谈判代表来和伯嚭交涉。子贡说："我们国君认为，有了盟约，就不要随便更改了。如果盟约可以随便更改，那还有什么意义呢？旧盟约可以重温，也就可以冷却。我们鲁国不打算重温鄫城之盟。"

吴、鲁两国的盟友关系就此告终。

但夫差不在意，鲁国不想重温盟约就拉倒，和这种自视清高的国家做盟友有什么意思？当诸侯的盟主才是王道。夫差觉得依仗艾陵之战的军威，足够让中原的诸侯们屈服了，于是他派人出使卫国，要求卫出公（名辄）来朝见自己。

卫出公吓蒙了，因为以前吴国就曾派使者来邀请卫国，但卫国人没给其好脸色，还拉出去砍了。他担心这次再不去，夫差就会派兵来打了。于是，卫出公连忙召集大夫开会，商量到底去还是不去。

有大夫说："吴国人历来蛮横不讲理，君上这次去了一定凶多吉少，还是不去为妙。"也有人建议卫出公还是去一趟，说："吴国蛮横，就像一条疯狗，没有哪个国家是不被它咬的。君上还是去吧，免得留给吴人入侵我国的口实。"

卫出公只好去了。鲁哀公和宋国一名叫皇瑗的大夫也一同来到了郧邑（位置不详，一说在今山东莒县南）会盟。他们都是害怕凶蛮的吴人报复，才硬着头皮来的。

夫差的想法是先组建一个小联盟，再慢慢把其他国家吸收进来。这种模式和当初齐桓公称霸时一模一样。但是，夫差完全陷入了宋襄公那样的误区，觉得自己打了一场胜仗就可以号令诸侯了。实际上吴国的国力和声望还远远达不到让诸侯信服的程度，诸侯们虽然承认他们是王室远亲，但心底里还是把他们当作野蛮人看待。因而，夫差在会场上叽里咕噜说了半天，卫出公、鲁哀公和皇瑗就是没什么表示，好像纯粹是来旁听的。夫差催促他们发言，这三人你看看我，我看看你，最后说要和大夫们商量一下再决定。夫差只好让他们回去好好想想再说。

夫差没想到，卫出公、鲁哀公和皇瑗私下里一商量，决定建立攻守同盟，一起拒绝和吴国结盟。于是，第二天的会盟场上发生了让夫差极为尴尬的一幕：卫、鲁、宋三国明确表示不会和吴国结盟。夫差气得七窍生烟，你们这帮家伙敢这么看不起我！把我吴人当猴子耍吗？他立刻下令吴国武士将卫出公的处所包围起来，打上篱笆，把卫出公关了起来。

这个关头还是鲁国人有义气，子服何义愤填膺地找子贡说："诸侯会见本是友好的事情，吴国人却对卫国不行礼仪，把他们的君主关起来，太过分了！子贡你要想想办法啊。"

子贡就跑到伯嚭那里，质问吴国为什么把卫出公关起来。伯嚭也知道夫差这样做很失礼，就搪塞说："我们吴国还是很尊敬卫国国君的，可是他这次会盟的时候迟到，我们才把他留住的。"子贡便劝伯嚭说："卫君来的时候，一定是和他的大夫们商量过的。他的大夫中有人劝他不要来，有人劝他来，所以他才耽误了时间迟到了啊。那些劝卫君来会盟的卫国大夫，算是亲吴派；那些劝卫君别来的，算是仇吴派。吴国现在扣留了他们的君主，不是打击了亲吴派，抬高了仇吴派吗？卫国人会更加不信任你们。再说了，你们在诸侯会盟的时候扣留国君，会显得无礼，让诸侯们对你们感到愤慨，这样恐怕不能让吴国成为霸主吧。"

伯嚭觉得子贡说得很有道理，便劝说夫差放了卫出公。卫出公这个没长进的家伙，被羞辱了反而不生气，唯一的感受居然是吴人讲话很好玩，回到国内便对身边的人学说吴语取乐。夫差搞的这次郧邑会盟不但没能组建联盟，反而让中原诸侯嘲笑了一番。

第130章

突袭

公元前482年,注定是一个无法平静的年份。

这年夏天,夫差迎来了一生的终极目标——与晋国争做中原霸主。地点已经定好了,就在黄池(今河南封丘西南)。参与的人员虽然不多,但都是重量级人物,包括周朝卿士单平父、鲁哀公、晋定公和晋国正卿赵鞅。可以说,礼制之下身份顶尖的几个人物集合在了一起。

夫差当然不希望自己在黄池会盟上落下风,和晋国这样的超级大国争锋,就得拿出自己的看家本事。他让士兵们一律穿上铠甲,到黄池附近驻扎,给自己壮壮声势。首都则让太子友留守。

太子友比自己的父亲谨慎多了,他深深感觉到了越国那边有不详的气息,便劝夫差说:"父王,您征发了全吴国的勇士,动用了全国的钱粮,北上千里对付一个不相干的国家。如果越人在这个时候偷袭阖闾城,可就危险了啊。"夫差听见儿子居然和伍子胥一样,在自己的耳边说越国危险之类的话,大怒道:"寡人北上争夺霸主,你也来劝谏我！"他没有听从儿子的提醒，他已经成了一个偏执狂，心里只有北上争霸这个理想，对于所有唱衰这个理想的言论，他都非常生气，就算是自己的儿子反对，也不行。

夫差亲自率领吴军出发了，其行军路线仍旧是乘船沿邗沟北上。此时的邗沟已经完工了，夫差还将它加长，一直通到了济水，吴军可以在半个月内赶到黄池附近。

六月，盛夏的阳光炙烤着大地。

夫差率兵北上的消息传到了越国，勾践立刻意识到这又是一次绝佳的伐吴时机，便叫来范蠡等人商量说："寡人听说夫差在黄池会盟诸侯，带走了吴国精兵，只留下太子率领老弱兵士留守。趁其国内空虚发兵，先生觉得怎么样？"范蠡这一回不再反对了，回答道："大王即使不说，臣也要劝大王出兵了。机会到来了，我们就一定不能放过。"文种也附和说："吴国可以讨伐了，取胜了便可以灭其国，不胜也能损伤他们的军队。就算我们和吴国讲和，也必将是震动天下的事件。"

听到范蠡终于赞同发兵，勾践心里说不出地感慨。从会稽之耻到现在，已经过去十二年了！复仇的日子终于熬到头了！

勾践立刻召集国人举行誓师大会。他握紧拳头，用尽力气对国人们喊道："寡人听说古代的贤君不担忧他的军队不够，而担忧他本人的志向操行不够高尚。现在夫差拥有数万甲士，不担忧自己的志向操行不够高尚，却还担忧他的军队不够，一心想征服天下。现在，寡人要帮助上天灭掉它。寡人不想要只逞匹夫之勇的士兵，而是希望大家能统一步调，共同行动。前进时想到奖赏，后退时想到刑罚，这样才能有赏赐；前进时不听号令，后退时还不知羞耻，这样就会有惩罚。"早就受够了吴人压迫的越国国人听到国君要出兵，顿时群情激昂。众人大喊道："越国四境之内，人民爱我们的国君，就像爱自己的父母一样。儿子想为父母报仇，臣下也想为国君报仇，我们愿意拼尽全力和吴国一战！"

勾践随即下达了全国总动员令，所有受过军事训练的越国男子全部到山阴城报到，所有藏匿在山洞里的兵器全部取出来发放，所有隐藏起来的战船全部下水。全越国的人团结在了一起，父亲勉励儿子，哥哥勉励弟弟，妻子勉励丈夫："我们有这么好的国君，你一定要为他奋勇杀敌，千万不能忘了我们越国的耻辱！"

勾践倾全国之力，集结了2000名水军、4万名步兵、6000名甲士，外加1000名大小武官，总计4.9万人，向吴国发起了复仇之战，目标直指姑苏台。越军兵分两路，一路由舌庸（一作后庸、舍庸）率领水军从港口出发，走海路前往长江的入海口，然后封锁邗沟，堵住夫差南下救援的道路；另一路由勾践亲自率领，以畴无余和讴阳为先锋，攻打吴都阖闾城。越军随即越过吴、越边境，轻易攻下了防守空虚的吴国诸镇，先锋军一直打到了泓上（今江苏苏州西南），逼近了阖闾城。

镇守阖闾城的太子友惊慌失措，连忙派出使者快马加鞭，前往黄池向父亲告急。同时他下令关闭城门，准备死守。太子友虽然兵力不多，但还有一干精兵强将，守阖闾城几个月应该是没有问题的。所以他对将领们说："我们不能出战。如果出战不能取胜，就会亡国，应该固守待援。"然而，身为堂堂监国太子，手下将领居然根本不理会他的命令。王孙弥庸就反对说："遇到仇敌怎么可以不去杀？"弥庸无视太子友的命令，率领部下五千人向畴无余和讴阳的越军先锋发起了突击。

正值天气炎热的夏季，越军士兵长途跋涉到泓上已非常疲惫，被这几千吴军的突袭打得措手不及，畴无余和讴阳被俘虏。这场胜利让王孙弥庸更加骄狂无比，怂恿太子友把阖闾城的守军全部派出来，与越军决一胜负。太子友太过年轻稚嫩，在胜利的事实面前，不再坚持当初固守待援的决定，第二天便倾城出动，赶到泓上迎战越军主力。

他们太小看勾践了，对越军的认识还停留在十几年前。装备了大量弩箭的越军立刻张开强弩，瞄准吴军射击。只听嗖嗖的声响，越军弩手射出一排排箭矢，吴军顿时死伤一片，乱成了一团。太子友大吃一惊，自己的部队距离越军还远，怎么会被越人的弓箭射中？难道勾践那边有神仙在帮他？他连忙命令吴军弓箭手回射，但是他们的弓箭射不了那么远，根本够不着越军。

就在吴军骚动不安的时候，勾践下令擂动战鼓。霎时间，四万多名越军士兵犹如洪水一般冲向吴军。太子友慌忙组织反抗，但他的兵力太少，哪能抵抗得了汹涌而来的越军。越军一阵砍瓜切菜，将吴军全部歼灭，昨天还嚣张猖狂的王孙弥庸和太子友一起做了勾践的俘虏。

阖闾城基本上无人可守了，很快就被越军占领。为了发泄怨气，勾践下令越军纵火焚烧阖闾城，将豪华的宫殿和繁华的街市摧毁。他还命人将港口的吴国大船拖走，搬走仓库里的各种战略物资。

虚名霸主

就在勾践忙着破坏和抢夺的时候,太子友先前派去黄池的求援使者到达了夫差那里,向夫差报告了这十万火急的军情。可以想象夫差听到这个消息后是什么样的表情,一定是大张着嘴巴,不敢相信勾践会发起复仇战争,随后便暴怒不已,拍桌子大骂,砸坏了很多东西。他的大脑忽然间空白,不知该如何应付接下来的局面。

此时黄池会盟还没有结束,吴国和晋国为了争夺盟主位子大吵了好几天。吴国人说他们的祖先是周王室排行最大的,当盟主理所当然;晋国人说他们一直以来都是天子册封的诸侯之长,没有让给别人的规矩。夫差正在为会盟没有结果而头疼,这个时候听说越军偷袭阖闾城,他进退维谷。如果继续和晋国人争盟主,越军就会给吴国造成更大的破坏;如果放弃黄池会盟,则会让先前的努力全部化为泡影,夫差不甘心放手近在咫尺的霸主之位。

他只能紧急召集大夫们召开会议,说:"越国不守信用,背弃盟约。如今我们离本国路途遥远，到底是不再参加会盟赶快归国好，还是继续参加会盟而让晋国当盟主？"

一个叫王孙雒（luò）的大夫分析说："臣认为这两种方案都对我们不利。如果不参加会盟就回国，越国的声望就大了，将士们就会因害怕而逃亡，而齐、宋等国家也会说：'吴国已经失败了！'他们会出兵从邗沟两侧对我们发动攻击，我们就没命了。而如果参加会盟却让晋国当了盟主，晋国掌握了诸侯之长的权柄就会居高临下地压制我们，要求带领我们一起朝见周天子，那样的话我们既没有时间逗留，又得不到允许离开。所以说最好的办法就是参加会盟并且当上盟主。"

夫差连忙问："要当盟主，得想什么办法？"

王孙雒说："晋军离本国近，有退却的余地；我们距本国遥远，没有退却的可能。晋国不敢和我们进行危险的较量。今天晚上我军一定要向晋国挑战，逼迫他们让出盟主之位。请大王激励士卒，振奋队伍的气势，用爵位和财宝来勉励将士们，同时准备严刑来惩治那些不努力作战的人，让大家都不怕死。晋国不敢应战，就会不战而屈服。等我们掌握了诸侯之长的权柄后，以年成不好为由，不责求诸侯的贡赋，让他们先回国，诸侯们一定会高兴。等到他们都回到本国以后，大王就可以安下心，一天紧走，一天慢走，安安稳稳地实现回国的计划了。但我们一定要许诺那些出了力的将士，让他们得到江淮一带的封地，这样我们就能安全回到吴国了。"他紧接着又说，"大王千万不要犹豫。我们回去路途遥远，绝不会有第二条出路，只有赶快决定才能成功！"

听了王孙雒的分析，夫差觉得眼下也只能这么做了，于是让吴军全军出动向晋军挑战，恐吓赵鞅，让他把盟主的位子让出来。

为了避免越军偷袭国内的消息泄露出去，夫差先是把前来报告军情的七名使者杀死灭口，然后在当天傍晚，下令全军进入战备状态，命所有人吃饱饭，喂好战马。到了半夜，他命令所有将士穿好铠甲，备好刀

剑,套好马车,在营前的空地上列阵。吴军士兵每一万人组成一个大方阵,同一个方阵的士兵全部穿同一种颜色的军装,分别是红、白、黑三种,一眼看去,吴军阵型就是这三种颜色组成的三个大方块,气势吓人。天色微明的时候,夫差亲自披挂上阵,在战车上敲响了军鼓。雄壮的鼓声下,吴军士兵们齐声呐喊,一起冲向晋军兵营,一直到距离晋军还有一里的地方才停下来。

赵鞅听到营门外惊天动地的喊杀声,惊得连忙从床上爬起来。他爬上高处一看,外面密密麻麻到处是吴军的火把和旗帜,一群吴国勇士则喊着口号在营门口挑战,似乎要和晋国人拼个你死我活。赵鞅当然不愿意和吴国这些野蛮人大战一场,他下令晋军进入战备状态,但是紧闭营门不许出战。同时,他派了一个叫董褐的人去吴军那边交涉,向夫差抗议。

董褐见到夫差便质问道:"贵国违反会盟规矩,举兵来到敝国的军营外挑战,到底是何原因?"夫差回答说:"周天子有命令,眼下王室衰微,没有诸侯纳贡,连告祭天地鬼神的牺牲也缺乏,又没有姬姓本家来救援。吴国先祖在周室中排行最大,寡人身为姬姓子孙,日夜兼程赶到这儿来匡扶周室。如今你晋君不为王室的困难忧虑,虽拥有众多兵马,却不去征讨藐视王室的戎狄、楚、秦等国,还不讲长幼礼节,攻打同姓兄弟国家,寡人特来质问!现在会盟已快结束,寡人不愿因为无法成为诸侯之长而被诸侯耻笑。寡人是屈服于晋君,还是战胜晋君当盟主,就取决于今天了!"

董褐听出了夫差的心思,原来吴国是想用武力争取盟主之位。他完成使命便要回去复命了。这时,夫差悄悄叫来身边的人说:"你去找六名勇士来,在晋使面前自杀,以示我吴人死战的决心。"于是,董褐还没走出吴军阵列,就有六名吴国勇士一齐向前,在他的面前自刎了。但董褐不是一般人,他一点不以夫差的这点伎俩为意。

董褐回到晋军兵营便向赵鞅汇报说："吴王是想逼迫我们将盟主之位让与他，才以大军向我挑战。不过，在下观察吴王的气色，似乎有大的忧患。从小的方面说，也许是他的宠妾或嫡子死了，不然就是国内有叛乱；从大的方面说也许是越国偷袭了吴国，已攻入吴都。被逼到困境的人做事不计后果，我们不可与这样的人作战。在下以为您还是答应让吴王先歃血做盟主，不然就无法全身而退，但不要无条件地答应他。"

赵鞅赞同了董褐的建议，还是派他做使者，去夫差那边说："如同刚才贵国国君所言，眼下周室已经衰微，诸侯大夫们对天子失礼。我们晋国接近天子，没有逃避责任的理由。现在贵国国君的权威覆盖东海，但你们是蛮夷之国，而且僭越的名声已经传到了天子耳中。所以天子早有命令，称吴国国君为吴伯而不称吴王。既然贵国国君准备恢复周文王、周武王时期诸侯们事奉天子的义务，我们晋国也不敢阻拦。只是诸侯不可有两个盟主，周室也不可有两个王，贵国国君如果不鄙视和冒犯天子，并以吴公自称，我们晋国怎敢不顺从他的命令让他先歃血呢？"

董褐的意思很明白，就是晋国同意让夫差当盟主，但吴国必须放弃在盟会上自称"王"。这件事说起来小，但是吴国的王号可是夫差的曾祖父寿梦定下来的，要是夫差在盟约上放弃"王"的称谓，那就是公开背弃祖先的规矩了。董褐的这一招实际上是想让夫差自贬身价，当上了霸主也没什么意义。但夫差顾不上这么多了，只要能当上黄池之盟的盟主，什么条件都可以谈。于是吴军撤兵，双方终于签订了盟约，夫差成了率先歃血的盟主[①]。

此时，越军已经攻陷阖闾城将近半个月了。

---

① 以上记载来自《国语》。《左传》的说法与之相反，称晋国人看出吴国有内忧后，选择拒绝谈判而拖延时间，夫差最终沉不住气，同意让赵鞅先歃血。从实际情况分析，《左传》的说法可靠性更大，因为赵鞅比夫差更有心理优势，夫差想打也不一定能赢，但本书按约定俗成，选用广为人知的《国语》版本。

虽然这个霸主是晋国人糊弄给吴国的，只是名义上的，并没有得到中原诸侯的真心服从，但是夫差终归是登上了霸主之位，成了排在晋国之前的霸主，实现了他十几年来梦寐以求的理想。换在平时，夫差一定是得意扬扬，兴奋无比，但现在国都被袭，又担心退路被齐、宋两国切断，夫差心里那种兴奋劲儿早被焦急的心情冲得一干二净。但是他不能表现出来，如果中原诸侯得知了真相，嘲笑他或者丢掉霸主之位算是小事，趁火打劫吴国那就糟糕了。所以，夫差使出表演才能，装出吴国什么事情也没发生，耐着性子开完了黄池盟会，又耐着性子等所有的诸侯都散去了，再继续耐着性子带兵以正常的速度回国。

宋国位于吴军南下的必经之路上，夫差担心宋国获知了吴国内情而在途中出兵袭扰，便派王孙雒率领一支部队以路过为由，入侵了宋都近郊。吴军纵火焚毁了商丘城北面的一段城墙作为恫吓，之后便匆忙离开了。

夫差带领部队慢慢地行进，总算到达了长江。这时，他长长地舒了口气，急忙下令驰援阖闾城。但他现在才回来，黄花菜都凉了，勾践率领的越军已经掠夺完了阖闾城，退回了越国。因为勾践明白，夫差手中的吴军主力仍然强悍，越军还没有能力歼灭这支部队，所以他早早撤退了。

看到满目疮痍的都城，夫差暴怒不已，准备立刻出兵踏平越国，把勾践这个"背信弃义"的小人剁成肉酱。然而，大夫们向他报告，说无法发动战争了。

为什么呢？没有军粮。

夫差带兵参加黄池会盟时正值夏季，那个时候吴国的粮食还没有秋收，吴军军粮是上一年的存粮。现在吴军要想出动，就必须动用当年秋收的粮食。可是，吴国今年的粮食产量锐减，造成"大荒荐饥，市无赤米"。吴国百姓刚刚遭遇了兵灾，又碰上了大饥荒，百姓们都要饿死了,哪有多余的粮食供给军队呢?饥荒的原因自然不是《吴越春秋》上说的是越国进贡的种子有问题,按照正史推测,应该是夫差用兵用工太多,造成了吴国劳动力短缺,粮食大规模减产。

吴国的窘境不只是没有军粮,战略物资也陷入了匮乏。原来存放在阖闾城附近的船只、军械等各种物资被越军洗劫一空,更加严重的是吴国"士民罢弊,轻锐尽死于齐、晋",吴军将士常年征战,已极其疲惫,最精锐的部队又在过去的北伐作战中消耗殆尽。原来强大的吴国就好像被人废了武功一样,想敲打一下越国都力不从心。夫差十几年的一意孤行,终于在这一年酿成了严重后果。

面对吴国国力大损的局面,夫差还是不甘心,他不相信自己没有能力反攻越国。没有军粮,就向别国去借!想来想去,他觉得鲁国刚刚和自己参加了黄池会盟,问它借粮应该靠谱,便派了一个叫申叔仪的人去了鲁国。

结果可想而知。鲁国连盟友都不想和吴国做了,还会愿意借粮吗?得知吴国陷入困境,鲁国人八成有一种幸灾乐祸的感觉。一个叫公孙有山的鲁国大夫就奚落申叔仪说:"精粮没有,粗粮倒是有一些。只要你登上首山,大喊'缺粮啊',我就把粮食给你。"申叔仪气愤不已,只好空手回国了。

鲁国不肯借粮,夫差不得不接受残酷的事实,暂时放弃攻打越国的计划。他必须把精力用在应对饥荒,恢复国力上了。吴国这样的小国,休养生息至少需要两三年,夫差只能采取一项自己最不愿意做的举措:与越国停战和谈。

为了体现吴国停战的诚意,夫差派出使者到了山阴城,恭恭敬敬地向勾践行礼,送上了许多财宝。勾践知道这是夫差的缓兵之计,本来是不愿与仇人夫差和谈的,但越国的国力确实还没有达到灭亡吴国的水平,还需要准备一段时间才行。所以,勾践和夫差这两个死敌最终都无

奈地选择了停战。

不过，勾践还是得到了很多便宜：越国不仅掠夺了吴国的军事物资，获得了吴国的馈赠，而且摆脱了属国地位，不必每年向吴国朝贡了。

白公之乱

接下来，吴、越两国进入了平静的休整期。四年内，双方没有发生战事。但夫差和勾践都铆足了劲儿整军备战，为的就是在下一场大战爆发的时候消灭对方。

然而，上天明显不愿再给吴国和平时间，一连串的灾难降临在了吴国的土地上。与其说吴国的气数已尽，亡国之兆开始显现，不如说这是吴国过去的所作所为带来的报应。

公元前480年，吴国的老对手楚国在沉寂了很长时间后，突然发动了对吴国的进攻。显然，楚国是看准了吴国被越国削弱的时机，来报九年前伐陈之战之仇。令尹王子申和司马王子结亲自率领楚国的水陆两军沿长江直下，攻打吴国西部。

此时的吴国没有能力组织反击，夫差只能消极防御，下令吴军不要出击，吴国西部的城镇自行防守。这样做的结果可想而知，楚军一路摧城拔地，一直打到了桐汭（ruì）（今安徽郎溪西北）才停下来。吴国丧

失了大片领土，西部百姓四处逃难。

陈国看见吴国遭难，有意示好，便派了一位叫公孙贞子的大夫，带了许多财物准备去慰问夫差。没想到在路上，公孙贞子生了急病死了。副使芊尹盖忠于职守，决定带着公孙贞子的尸体完成这次出使任务。为了尽快完成使命，芊尹盖日夜兼程，加快速度赶路，好不容易到达了阖闾城，却得到了一个让他气愤不已的回复——夫差拒绝他入城。

伯嚭作为吴国的迎接大夫，对芊尹盖说："我王不希望有尸体靠近宫门，而且万一贞子大夫的尸体在潮湿的天气下腐坏，我王会感到担忧的。"陈使千里迢迢赶来慰问，夫差却是这种态度，任谁都会生气。芊尹盖当场就大骂说："我们君主听说楚国无道，攻打吴国，伤害你们百姓，特派我们向贵国慰问，但贞子大夫不幸去世。我们不敢耽误使命，每天变换住地，加紧赶路。现在您却说'不要让尸体靠近宫门'，这等于是把我们陈国的一番好意丢弃在杂草丛中了。在朝聘过程中使臣死去，副使就要奉着灵柩完成使命，这是礼仪。贵国如此不重视礼仪，还怎么当诸侯的盟主？"芊尹盖的一阵大骂让伯嚭非常难堪。不得已，伯嚭再次请示了夫差，夫差才勉强答应见陈国使团一面。

虽然夫差最终接待了芊尹盖，但陈国还是因为这场外交风波而对吴国不再忠心。夫差的傲慢让吴国又失去了一位盟友。

第二年，也就是公元前479年，夫差对楚国展开了报复，派兵攻打了楚国慎邑（今安徽颍上西北），但被白公胜打得大败。吴国相较于楚国，已经没有军事优势了。

然而，楚国对吴国的军事行动并没有持续下去。夫差的这次攻击引发了楚国一场严重的兵变，令尹王子申和司马王子结被白公胜杀了。

白公胜就是被楚平王冤枉的太子建的儿子。太子建被费无忌陷害，逃亡北方的时候，胜还是个少年。太子建因为串通晋国，后来被郑国人杀了，胜便跟着伍子胥一路逃难，来到了吴国。楚昭王去世之后，王子申觉得不该让楚平王的孙子流落敌国,便派人把他赎了回来,还让他做了白县(今河南息县东)县尹,胜因而被称作"白公胜"。

白公胜漂泊了多年,经历了许多磨难,性格变得和伍子胥一样刚强偏执,而且睚眦必报,残忍多疑,有点神经质。就算是有恩于他的叔父王子申,他也怀有怨恨,因为他非常希望攻打郑国来给父亲报仇,但王子申一直不同意。

几年前,晋国攻打郑国,王子申收到郑国的求救之后,亲自带兵救援,并与郑国结盟。这件事让白公胜怒不可遏,认为王子申偏袒郑国,和自己的杀父仇人做朋友。他由此产生了发动政变、杀死王子申的念头。白公胜开始积极为政变做准备。他"大斗斛以出,轻斤两以内",把粮食高价收购、低价出卖,用来收买人心,并且四处招募勇士,收了一位叫石乞的大力士在身边。

白公胜意图叛乱的事情还是让王子申和王子结知道了。很搞笑,这件事差不多就是白公胜自己告诉他们的。有一天,王子结的儿子王孙平拜访白公胜,正巧遇见他在磨剑,王孙平就奇怪地问:"你为什么亲自磨剑?"白公胜直接回答:"我是直性子的人,不妨告诉你,我准备用它来杀你的父亲。"

王孙平吓得魂飞魄散,连忙跑回郢都向自己的伯父王子申报告。王子申不相信,说:"胜像蛋一样,是我一直保护着他。况且在楚国,我死之后,担任令尹、司马的人,不是他还能是谁呢?他犯不着来害我。"

王子申太过武断,认为白公胜杀自己对他没有好处,就判断他不会叛乱,他实在是太不了解胜这个人了!白公胜敢于把自己叛乱的意图明说出来,就说明他不是一个正常人,而是一个偏执狂。他想做的事情,并不都是为了得到利益。果然,白公胜听说了王子申的话,更加生气,说:"令尹也太狂妄了,以为我是受他保护的蛋!他如果能善终,我就

不叫胜!"

公元前479年夏,就是前面说的,夫差派兵攻打了楚国慎邑。白公胜带兵打败了吴军,然后上书请求把战利品和俘虏送到郢都进献。楚惠王不知道这是阴谋,同意了。白公胜立刻调集一帮叛军,以护送战利品和俘虏为由向郢都进发了。

白公胜的叛军到达郢都后,突然间袭击了王宫。聪明一世的王子申直到这个时候才醒悟了过来,但已经晚了,因为没有防备,王宫被叛军攻破。不甘屈服的王子结亲自与叛兵战斗,最终战死;王子申则是被白公胜抓获后杀害了。临死前,追悔莫及的王子申用衣袖遮住自己的脸。当年战胜阖闾、光复楚国的两位功臣就这样结束了生命。

白公胜也抓住了楚惠王,石乞劝他说:"不如杀掉楚王,自立为新王。"

如果是一般的野心家,肯定会这么做,但是疯子都有一个特点:很迷信,特别看重天意。白公胜就是这样,他拒绝说:"不行,神明说杀死楚王不吉利。还是留着他,另寻他人立为楚王吧。"

白公胜抓来了王子启(就是那位在楚昭王临死前,假意接受王位的楚国王子),逼其继任楚王,做自己的傀儡。但王子启严词拒绝说:"你如果能安定楚国,匡扶王室,然后保护百姓,我怎敢不服从呢?但现在你只顾私利而使王室倾覆,破坏国家稳定,那么我宁死也不服从!"白公胜大怒,拔剑把王子启杀了。

看见国中实在没有适合当傀儡的人选,白公胜在犹豫了好几天后,最终自立为王。楚惠王被他幽禁在一间仓库里。有一个叫圉公阳的楚国大夫探听到消息后,凿破了仓库的墙壁,把楚惠王救了出来,偷偷藏在惠王之母昭夫人(勾践的女儿)的深宫里。

到了这个时候,终于有一个重量级人物挺身而出,来阻止白公胜的疯狂行径了。这个人就是叶公沈诸梁。

沈诸梁是沈尹戌的儿子。虎父无犬子，沈诸梁的魄力和能力并不比自己的父亲差。得知白公叛乱，他立刻带领部队从叶县出发，千里赶赴郢都平叛。快要到郢都的时候，他碰见了针尹固（为楚昭王使用"火象计"的那个人）。针尹固被白公胜召唤，正准备带自己的人马去投靠他。沈诸梁就责骂针尹固说："如果没有子西（王子申的字）和子期（王子结的字）两位功臣的努力，楚国早就被吴国灭亡了！你现在却背弃了他们，抛弃了自己当初忠君的思想，去投靠叛贼，难道会善终吗？"

针尹固羞愧难当，转而与沈诸梁联合，一起向郢都发起了进攻。但白公胜是极其顽固的，他指挥的叛军能打赢吴军，也是硬骨头。沈诸梁和针尹固苦战数天，才攻破了郢都北门。白公胜宁死不投降，继续依托城中房屋与沈、针军队展开巷战，双方拼得你死我活，血流成河。

沈诸梁见进展缓慢，便采取了发动百姓这招。他打开城中仓库，把武器和粮食全部分发给国人，号召他们保卫国君，反抗叛贼。最终，在国人的帮助下，经过十天恶战，沈诸梁肃清了叛军。白公胜逃到了郊外山上，在绝望中上吊自杀了，他这个"楚王"最终连谥号都没能得到。

白公胜的尸体被他忠心耿耿的部下石乞埋了起来。沈诸梁后来抓到了石乞，逼问他把胜的尸体藏在了哪里。石乞却说："我知道藏他尸体的地方，但我答应了主人不说出来。"沈诸梁发怒道："不说我架锅煮了你！"石乞笑笑说："本来叛乱这种事成功了就做卿，不成功就被煮。我敢跟随白公，就做好了死的准备。我死了有什么关系？"他最终被沈诸梁煮杀了。

沈诸梁靠着一己之力平定了一场大叛乱。重新回到王位的楚惠王为了表彰他的功劳，不仅赏赐给他良田六百亩，还破天荒地把令尹和司马两个职位同时授予他，沈诸梁权倾朝野。

白公胜叛乱的时候，陈国趁乱袭击了楚国边境。楚惠王觉得陈国反

复无常,留着它实在是对楚国没有太大好处了,于是在第二年派兵攻灭了陈国,将这个国家从地图上彻底抹去。至此,历经25世、延续了500多年的陈国不复存在了,它的国土成了楚国陈县。

见楚国的局势已经稳定,沈诸梁决定功成身退,上书请求辞去令尹和司马两个职务。楚惠王多次挽留无效,最终同意了他的辞职要求。王子申的儿子王孙宁继任令尹,王子结的儿子王孙宽继任司马,沈诸梁则回到叶县,专心做他的县尹去了。

这里,我们再说一说"叶公好龙"这个成语到底是怎么回事。

历史上的沈诸梁确实极度喜爱龙,家里的墙壁和器皿上都画有龙的图案。这事儿在当时很出名,后人才附会了一个真龙现身的故事,说真龙听说沈诸梁喜欢龙之后,特意到其府上拜访,却把沈诸梁吓得落荒而逃。这个胡编乱造的笑话引申出了"叶公好龙"这个成语,在民间流传了几千年,以至于人们忘记了叶公的真实形象,只知道叶公是一个爱假龙、怕真龙的滑稽人物,不知道他是一位有魄力、有能力的权臣。沈诸梁若地下有知,不知是会气得跳脚,还是会一笑而过呢?

生死之战

楚国经历了一场内乱,暂时不能完成消灭吴国的重任了。历史最终还是选择了越国,把这个重任交到了勾践的手中。

是时候和夫差决战了。

就在沈诸梁回叶县的这一年,楚国大夫申包胥作为使者,来了越国一趟。勾践早就听闻申包胥的大名,此次相见特意向他请教了几个问题。这些问题归纳起来,就是一个,问自己做了充分准备,是不是到了与吴国一决胜负的时候。申包胥回答说:"君王行使了许多仁政,但仅仅靠这些是不够的。从事战争,智谋是最重要的,仁义次之,勇敢又次之。没有智谋,就不知道民心向背,也就不会衡量双方的力量对比;不仁义,就不会和三军将士共同分担饥饿劳累的痛苦;不勇敢,就不能果断排除疑难以决定大计。君王牢记这些就行了。"

申包胥没有明说,但他差不多是认可了勾践有能力灭亡吴国,他这么说是给勾践提醒,成功的关键在于能否把握大局。

吴国在这一年再次遭遇了严重的灾难。由于前一年的旱灾造成了前所未有的饥荒，许多吴国百姓逃荒到了沿海一带，依靠捡食海边的蒲草和蚌蛤为生。文种向勾践建议说："大王，越国如果现在立刻兴师与吴国决战，一定可以夺取它的重地，打掉它的优势，让夫差再也没有逆转的机会！"勾践喜道："太好了！"

勾践再次下达了全国总动员令，要求越国所有能战斗的男子到山阴城郊外集合。勾践知道这次他要面对的是吴军主力，这将是他与夫差的生死之战，赢了，越国就能消灭吴国，输了，越国会重蹈夫椒之战的覆辙，被吴国灭亡。

越军集结完毕后，勾践首先在军中宣布说："寡人将要打一场大仗。军中是独子的、全家兄弟都来参军的，请你们回家去，寡人不希望你们的父母没有儿子送终。另外，眼睛老花的、体质虚弱的、智力低下的，也请你们回去，寡人觉得你们不适合作战。等国家真的需要你们的时候，你们再来吧。"

军中陆陆续续离开了一部分人，让勾践感动的是，大多数符合退伍条件的士兵不愿离去。也许，他们在来报到之前，已经像上次一样受到了父母妻子勉励，他们一定要为国君奋战到底，要么战死沙场，要么凯旋。

勾践见此情景又宣告说："大家愿意为寡人死战，但必须严守军规。不安心作战的、败坏风气的、擅离职守和不守军令者将一律处以死刑，妻子充作奴隶！"越军士兵高声呐喊："我们誓死追随大王！"

公元前478年，勾践亲自率领越国水陆两军向吴国发起了大举进攻。这次同样兵分两路，一路由范蠡率领水军走水路横渡太湖，另一路由勾践亲自率领沿太湖东岸北上，进攻夫差所在的姑苏台①。

夫差得知勾践再次起兵，知道两国决战的时刻来了，也集中了吴国

---

① 阖闾城被勾践焚掠后，吴国的统治中心迁往了姑苏台，台城扩建为新首都。

所有的军队，前往边境迎战越军。吴军主力依旧分成上、中、下三军，中军由伯嚭和王孙雒率领，夫差坐镇，上军由胥门巢指挥，下军由公子姑曹指挥。论人数，吴军比越军略胜一筹，而且指挥官都是参加过艾陵之战的将领，作战经验丰富。

但是，吴国正经历着饥荒，粮食匮乏，许多吴军士兵的口粮只是草根或者海蚌，这就极大地影响了吴军的作战部署。夫差不敢像以前一样指挥吴军对敌人进行凶猛快速的突击，因为那样会极大地消耗本就虚弱的吴军士兵的体力。他只能采取以逸待劳的防御策略，在越军必经之地笠泽修筑工事，阻击越军前进，再乘机袭击。

笠泽是位于现在江苏省吴江市东北部的一处吴淞江渡口。这里水草密布，水流平缓，越军只要突破这里，便可以抵达姑苏台近郊。勾践率领越军主力不久就抵达了笠泽南岸，但他面对的，是吴军在北岸修建的坚固工事。如果越军发起强攻，必然会暴露在吴军的箭雨之下，死伤惨重，如果夫差再从左右两翼袭击，越军将惨遭围歼。

如何突破夫差的笠泽防线呢？

勾践苦思冥想，觉得吴军在笠泽死守，最担心的莫过于越军从别处偷渡。那么，越军就学学伍子胥的计策，做出偷渡的样子给吴军看，等吴军慌张之时，越军勇士再发起突袭，就能打败他们了。

这一天的深夜时分，勾践派出左右两军分别前往笠泽远处的河段，拖出事先准备好的木筏佯装渡江。只听军官一声令下，越军数面大鼓一起擂响，士兵们纷纷举起火把呐喊，制造出越军开始总攻的样子。这招以其人之道还治其人之身，还真蒙住了夫差。夫差就像当初夫椒之战时的勾践一样，被吓得不轻，以为越军避开正面，从左右两翼出击了。他立刻命令胥门巢的上军和姑曹的下军出动，前去阻击越军渡江。这样分兵之后，守卫笠泽的就只剩下中军了。

勾践见夫差中计，便开始实行下一步行动。在他的命令下，六千名

挑选出来的敢死队员从埋伏的草丛出发,乘上小舟,在夜色的掩护下悄悄向对岸划去。为了不发出声音,每个人的嘴里都咬着木条(古语"衔枚"),划桨的动作也极其小心缓慢。对岸的吴军把注意力放在了应对越军两翼的攻击上,居然没有察觉有越军从正面渡江了。

敢死队渡江后,杀得吴军阵脚大乱。见突袭得手,勾践立刻指挥越军发起全面进攻,强渡吴淞江,攻进了笠泽的吴军大营。仓促应战的吴军中军被打得毫无还手之力。夫差见笠泽大营危在旦夕,急忙发出军令,让胥门巢和姑曹带领上军和下军回来增援。然而,吴军中军的军心已经崩溃了,众多士兵不顾命令纷纷败逃,还没等吴国的上下军回来,笠泽大营就被越军攻占了。夫差连忙在卫队的保护下向姑苏台撤退,胥门巢和姑曹得知消息,也随之撤退。

越军全部渡过了吴淞江,到吴都只有不到百里距离了。然而,吴军虽然在笠泽惨败,但主力仍然存在,还可以与勾践一战,越军还有更艰苦的战斗要打。

夫差率领败军来到没溪(今江苏苏州越来溪附近,因越军由此开进吴都而得名),在这里重新整合了部队,要与勾践一决胜负。吴军士兵吃光了带的口粮,擦干净自己的剑,排列成整齐的阵型,一脸严峻,只等越军到来。

勾践率领越军来到了没溪。他看见了远处地平线上姑苏台那高大的宫殿,还有城墙前面的吴军阵列,吴军士兵身上精致的盔甲反射太阳光,发出耀眼的光芒。

吴、越两国的命运全系于今天这一仗了。

像往常一样,吴军首先敲响了军鼓。他们大喊着冲锋,以排山倒海的气势向越军冲来。勾践连忙下令弩手出列,对吴军射击。弩兵在危急关头毫不慌张,他们屏息静心,稳稳地拿住弩机,瞄准了目标才扣下扳机。弩箭在空中画了个抛物线,中箭的吴军士兵纷纷惨叫着倒下,他们的战斗热情大挫,整齐的队形变得混乱。

当吴军士兵冲锋逼近,越军的战斗阵型也大致完成了。弩兵连忙散开后撤,勾践立刻下令冲锋,越军军鼓激烈地擂响了,越军齐声大吼,奋力向前冲去。心中装满仇恨的他们此时就像一群红着眼睛的猛兽,怒吼着扑向吴军。凶狠的吴军毫不示弱,他们挥舞着锋利的刀剑,为了保卫自己的家园奋力搏杀。没溪狭小的战场上杀声震天,血水将溪水染得通红,惨烈的战斗整整持续到了午后。

就在吴、越两军杀得难解难分之际,范蠡率领的越国水军赶到了。越国战船不停地用飞石和弓箭向吴军背后射击,部分水兵下船袭击吴军侧后方,令吴军腹背受敌。勾践命人将战鼓擂得更响了,越军奋起拼杀,吴军终于支持不住,节节败退了。夫差见自己的部队军心动摇,死伤巨大,再打下去就要全军覆没了,只能赶紧下令撤退,保住最后的人马用以防守姑苏城。

听见吴军鸣金撤退,勾践下令追击,决不能让吴军主力退入姑苏城。逃命的吴军此时拥挤在城门口,移动极其缓慢。夫差看见越军杀到,连忙命令殿后部队前去阻击,为大部队入城争取时间。激烈的厮杀过后,越军终于消灭了吴军的阻击部队,但夫差还是带兵撤入了姑苏城中。越军冲到护城河边,吴军已经拉起吊桥,关闭了城门。

越军最终没能抓住夫差,攻进吴都,但笠泽、没溪和姑苏郊外的三场战斗,越军重创了吴军,战果辉煌。经历寿梦、诸樊、余昧、阖闾四代国君磨砺、被伍子胥和孙武锻造出来的吴国铁军,在越军的打击下灰飞烟灭,彻底失去了进攻能力,只剩下了保卫都城的少数人马,再也没有与越国一较高下的实力了。

但取得大胜的勾践并没有当即展开对姑苏城围攻,而是选择了撤退回国。因为越军三场恶战下来,伤亡也是巨大的,越军已成强弩之末,无力发起攻城战了。根据《左传》的记载,勾践回国休整补充兵力,直到三年之后才来包围吴都。

传奇王国的终点

这三年的时间,夫差沉寂了,准确地说,是他消沉颓废了。

夫差想过重振旗鼓,立刻征兵训练,重新拼凑出一支部队来应对越国接下来的进攻,但此时的吴国就像一个虚弱的老人,再也没法振作起来了。几十年来不停息的战争,又有工程浩大的姑苏台和邗沟拖累,吴国的劳动力锐减,资源完全耗竭了。加上连年的天灾、战火洗劫,吴国的大地上已没有军粮可以征收,没有民夫可以调动,没有青壮年可以当兵了。

夫差也想过请求别的国家援助。但是放眼吴国四周,南方的越国是仇敌,西方的楚国是仇敌,北方的齐国和宋国也是仇敌,鲁国和吴国终止了盟友关系,卫国、郑国又与吴国关系不佳,邾国、蔡国等小国则没有实力。关系尚可的就只剩下晋国了,晋、吴两国至少还保持着名义上的盟友关系。但是,夫差为了争盟主,在黄池盟会上把晋国人得罪了,人家会不会帮忙还是一个问题,就算晋国愿意援助,两国相隔千里,晋国军队鞭长莫及,怎么帮?

夫差争了一辈子诸侯霸主,最后却发现一个能来援助的盟友都没有。

这是吴国的悲哀,也是吴国的报应。

一向自负狂妄的夫差遭遇了如此严重的挫折,陷入这样悲凉的处境,精神终于垮掉了。他经常想起伍子胥,想起这位严厉的老人当初对自己的忠告:"有吴则无越,有越则无吴!"

一切都晚了!

后悔没有用了,只不过增加心中的痛楚而已!

夫差选择了逃避,选择了在末日来临之际尽情地放纵和狂欢。他没有杀掉勾践送给他的"祸国之物"西施,反而把更多的时间花在了馆娃宫。他终日看西施跳舞,喝得酩酊大醉,用美色和酒精麻醉自己。每次早朝,吴国大夫们都会看见一脸憔悴的夫差在王位上无精打采地呆坐着,对国家事务置之不理。

吴国遭此惨败,国内弥漫着一种悲观的气氛,许多人认为这是夫差刚愎自用,被身边小人迷惑而造成的恶果。于是,就有一群人决心发动政变推翻夫差的领导,改变与楚、越两国的仇敌关系。带头的人是公子庆忌。这里的庆忌是历史上真实的庆忌,前面讲过的要离刺庆忌的故事只出现在野史和小说中,不是正史,真正的庆忌并没有被阖闾暗杀。

公子庆忌到底是谁的儿子,史书上没有记载,总之他是吴国的一位公子。他和伍子胥一样,一直以来反对夫差的荒淫和穷兵黩武,曾经劝谏夫差说:"大王不改变自己的作为,一定会亡国的!"那个时候的夫差当然不会听从,甚至动念头要杀了庆忌,庆忌只好逃亡到楚国避难。公元前475年,庆忌听闻越国要再次攻打吴国,便冒险潜回国。他暗中联络了一帮人,准备发动政变,杀死那些"不忠义"的大夫(当中可能就包括伯嚭),然后逼迫夫差向越国求和。

这个办法正确与否另当别论,但庆忌等人是出于一番爱国之心而选择了铤而走险。可惜的是,这次行动最终失败了,夫差大怒之下将庆忌等人处死了。此时,吴国的国祚只剩下最后两年。

公元前475年十一月,休整了三年多的越军再次发起了对吴国的进攻。此时的吴国完全没有了迎战能力,越军一路势如破竹,不久便包围了吴都。

夫差手中的人马防守首都还是绰绰有余的,而且他所在的姑苏城依山而建,易守难攻,夫差会利用它做困兽之斗。所以勾践并没有发起对吴都的攻坚战,而是选择了围而不攻的方式,切断了吴都与外界的一切联系,要将夫差困死。这一围就围了两年。

越军沿着吴都城外修建了众多营房和坚固的工事,作为长期围困之用。为了报复吴人过去侵占越人在太湖周边的土地,勾践下令摧毁太湖周围的吴人村镇,连吴人的坟墓也一并铲平,然后迁徙越人到这里生活。这个时候的勾践已经将目光投向了中原,开始构想未来吞并吴国之后的蓝图了。

而在城墙之内,吴军的处境极为悲惨,粮食越来越少,饮用水也日渐枯竭,鸟肉、老鼠肉甚至人肉成了吴国军民每天的食物。树木全被砍光,用来煮饭取暖,最后只能去拆房子。夫差已经束手无策了,他唯一能做的就是躲在姑苏台内,泡在馆娃宫里,和西施寻欢作乐。

在这最后的岁月里,有一位外国使臣最后一次来拜访了夫差。这人名叫楚隆,是晋国人。

楚隆是受赵鞅之子赵毋恤(亦作"无恤")委托来看望夫差的。那个时候,赵鞅已经去世,赵毋恤正为父亲守丧。当他听说吴国被围困,就把自己的饮食标准降低,以示对吴国同情。楚隆问他:"大夫这样做是为什么呢?"赵毋恤说:"晋国和吴国在黄池会盟,订有盟约。现在吴国有难,我们本应该帮他,但晋国的力量实在达不到那里,我只能这样意思一下了。"楚隆就说："大夫不如把这份心意传达给吴王，以示您的仁义之心，在下愿意充当使者。"

获得赵毋恤的同意后，楚隆辗转千里，来到吴都之外。因为越军围城，楚隆就先找了勾践，请求说："吴国侵犯中原各国多次，听说君王亲自讨伐它之后，诸侯们没有一个不感到高兴的。我担心君王不了解城里的情况，请求为您到城里探听虚实。"勾践当然知道晋使的话是瞎掰，但他觉得凭楚隆一个人也救不了夫差，就放他入城了。

楚隆见到夫差之后，把赵毋恤的意思重复了一遍说："晋国不敢违背黄池之盟的盟约，但是力量实在是不能达到这里，我家主人赵毋恤特命下臣来向贵国致歉。"

这个时候说这种话对吴国有什么用呢？夫差也清楚晋国是不可能来救援的，派楚隆来，只是在口头上显示一下自己的道义。所以，他平淡地回答道："寡人没有才能，对付不了越国，让贵国大夫忧虑了。"然后命人拿出一篮珍珠，让楚隆带去感谢赵毋恤的好意。

这时，夫差突然叹了一口气，说："勾践日渐逼迫，寡人恐怕不得好死啊。"接着，夫差又恍恍惚惚地问楚隆："寡人想问你一个问题，为什么你们国家的史墨能成为君子？"楚隆回答："因为他在朝廷做官能不被人厌恶，退休在家也不被人毁谤。"夫差点了点头，大声说："应该啊！"可以感觉得出，夫差对自己过往的作为似乎有所反思，觉得自己不是一个君子，做人太失败，才有这么多人厌恶他，陷害他。

一个人，直到末日将要来临，才能看清自己的一生。

会见完楚隆，夫差背着手默默离去了。

寒风瑟瑟，落叶翩翩，往日豪华的姑苏台一片破败萧条，当年豪情壮志的吴国君臣一去不返了，当年欢声笑语的吴国军民再也看不见了。此刻，夫差的背影只剩下了凄凉和落寞。

油尽灯枯，一个传奇王国走到了终点。

第135章

战争不相信眼泪

公元前473年十一月二十七日,围困吴都整整两年之后,勾践下达了总攻击令。饱受饥饿折磨的吴军完全丧失了战斗力,越军终于攻破了吴都和姑苏台。

夫差带着幸存的公族和后妃躲藏在姑苏台附近的一座山上,他看见外面到处是越国的军队和旗帜,知道吴国大势已去。夫差决定向勾践求和,或许勾践会感念当初他的不杀之恩,保留吴国宗庙,留他一条命。王孙雒充当了使者,来到了勾践面前。就像当年的文种,他极其卑谦地请求说:"上天降下了灾祸,让吴国得罪了贵国。如果越王愿意照顾我王,我王希望两国重归于好,吴国所有的男女都是您的臣仆。"

出乎所有人的意料,勾践的第一反应不是拒绝,而是想答应王孙雒。他很有可能是心软了。看到一直压迫越国的吴国被彻底打败,听到一直欺凌自己的夫差派人来求饶,勾践迟疑了。如果是二十年前,他一定会把吴国夷为平地,把夫差千刀万剐,然而二十年过去了,复仇已经变成了让他刻苦奋斗的理由、让他坚强活下去的精神支柱,那种打打杀杀的快意荡然无存。人生的终极目标即将完成,这个理由和精神支柱行将消失,勾践反而感到异常空虚和不安,他居然下不了手。

"一开始,复仇的感觉是甜美的,但是当其反弹后,苦涩是无尽的。"十七世纪的一位英国诗人说过这样一句话。

范蠡见勾践迟迟不能决断,便劝他说:"这是上天赐予越国称霸的机会,大王不愿意掌握天时,难道忘了会稽之耻了吗?"勾践猛然惊醒过来,努力让自己不再犹豫,让人回复王孙雒说:"寡人不同意和谈。"

王孙雒回去了,但不久以后他又来求和了。这一次,他的语气更加卑谦,礼节也越发恭敬,差不多是在哀求勾践了。勾践又一次心软了,半天说不出话来。范蠡见状立马劝谏道:"是什么使我们越国君臣一早就上朝,很晚才罢朝呢?不是吴国吗?同我们争夺三江五湖利益的,不是吴国吗?我们辛辛苦苦谋划了二十年,大王怎么可以前功尽弃呢?大王不能答应他!"

勾践实在不忍心如此绝情,便说:"寡人难以答复吴国使者,还是你去答复他吧。"范蠡出门来到王孙雒的面前说:"过去上天给越国降下灾祸,让越国落在吴国手中,吴国却不接受。现在上天一反此道,叫吴国落到了越国手中。我们的君王怎敢不听从上天的命令,而听从吴王的意愿和谈呢?你还是回去吧。"王孙雒几乎要哭出来,说:"尊敬的范大夫啊!我们吴国的粮食已经吃光了,百姓饿死,军队溃败,您还要助天作恶吗?"范蠡冷笑道:"尊敬的王孙啊,我们越人居住在蛮荒之地,终日与猛兽鱼虾为伴,只是一群野蛮人,听不懂您在说什么啊。"

王孙雒扑通一声跪倒在地上,流着眼泪哀求范蠡:"范大夫啊,我只求能见上越王一面啊!求求您了!"范蠡依旧冷冰冰地说:"君王已经全权委托给我了。你走吧,免得我手下的军士得罪你。"听到这句

话,王孙雒"哇"的一声号啕大哭。他知道,夫差彻底没有希望了,吴国彻底没有救了,吴国先王创造的荣耀,全部化作了尘土,争霸天下的舞台,再也没有吴人参与的份儿了!

王孙雒伏在地上哭了好一阵子,才缓缓地站起来离开了。

支走了王孙雒,范蠡没有立刻回去禀报勾践,他担心勾践得知王孙雒哭泣,会怜悯他而放吴国一条生路。范蠡来到鼓台之上,亲自敲响了进攻的鼓声,下令越军立刻发起总攻。吴国最后一座堡垒被攻下来了,越军士兵在树丛里找到了披头散发的夫差,将他押到了勾践面前。

二十年前的场景如今颠倒了过来,换成了夫差衣冠不整地戴着镣铐,跪拜在勾践跟前,在场的所有人都感慨万千。

看见日思夜想的仇人跪倒在自己面前,勾践却怎么也恨不起来了。他希望自己能狠下心来,上去就给夫差一记老拳,再踹上两脚。但是,他迟迟出不了手,刻骨的仇恨此刻突然平淡了。想到往日富强的吴国如此衰亡,看到往日意气风发的夫差如此落魄,勾践的心中顿时泛起悲悯之情。

吴国不能留,夫差的命总可以留吧。

勾践不顾范蠡反对,对夫差说:"寡人把你安置在甬东(今浙江舟山),再赐三百家农户供你吃穿,你在那里了此余生吧。"

但夫差是一个好面子的人,敌人对他的可怜在他看来就是羞辱,他宁愿痛快去死也不愿忍辱负重。他冷冷地回答说:"吴国的土地和人民都已经被越国占领了,我还有什么资格苟活在世上!我老了,不能再侍奉君王了,请赐我一死吧。"

勾践叹了一口气,让人给了夫差一根绳子,让夫差体面地了结自己。夫差拜谢勾践之后,接过绳子,转身对陪在身边的人说:"你去祭拜一下伍子胥的坟墓,就说我没有脸面去见他了!"

夫差来到了一间宫室,默然把绳子挂在房梁上,打了一个死结,踩着桌子把脑袋套在绳套里，然后奋力用双脚蹬开桌子。在空中晃荡的一刹那，夫差的耳边重新响起父亲阖闾的临终遗言："夫差！你忘记杀父之仇了吗？"夫差惊得浑身抽搐，他想回答父亲，但怎么也说不出话来了。

随同夫差一起被抓的还有伯嚭。伯嚭见勾践时小人脾性不改，向勾践拜贺，口称大王，不停地夸赞勾践不凡的能力和打败吴国的伟业。伯嚭觉得自己在勾践卧薪尝胆期间替越国讲了很多好话，数次帮勾践死里逃生，勾践说什么也要报答自己吧。没想到，勾践给他的回答是："你这个不忠不义的小人，寡人留你何用？"

不管行贿者如何巴结受贿者，其实在所有行贿者眼中，受贿者永远是个垃圾。当受贿者没有利用价值时，他就会被人一脚踹开，并为自己的贪婪付出代价。

伯嚭最终被斩首示众。他名字的谐音"扒皮"在吴越方言中成了"恶人、无赖、不值得信任的人"的代称，一直流传至今。

夫差和伯嚭死后，勾践拆毁了吴国宗庙，派兵征服了吴国其余的领土，吴国灭亡，应验了伍子胥说的吴国将被越国灭亡的预言。

吴国灭亡在整个春秋战国时代都是极其轰动的事件，整个天下都惊叹不已，他们不敢相信，三十三年前创造了柏举之战奇迹的吴国就这么彻底失败了。吴国骤兴骤亡，给了后世许多国君和谋臣很大的思考空间，他们希望从中吸取教训。

中山国是狄人鲜虞部建立的国家。中山国人在一件随葬的青铜器皿上刻上了他们认为的吴国灭亡的原因——"大而肆""富而骄""众而嚣"，以此作为对历代国君的告诫。这九个字大意是说，吴国强大了就挥霍国力，富裕了就骄傲自满，繁盛了就目空一切，因而国家衰败，众叛亲离。

同一时期的魏国也总结过吴国灭亡的教训。魏武侯咨询大夫李悝，

李悝的回答是:"骤战而骤胜。"魏武侯不解,李悝便解释说:"骤战则民罢,骤胜则主骄。以骄主使罢民,而国不亡者,天下少矣。"李悝认为,吴国败亡在于统治者穷兵黩武,骄傲自负,最终损伤国力。

西汉时期编撰的《淮南子》一书认为,吴国灭亡要归罪于夫差昏庸,他"纵欲""拒谏""遂过",把吴国的"民气"由"实"转"虚",失尽了民心,所以亡国了。

以上观点仁者见仁,智者见智,从不同的角度阐述了吴国灭亡的原因,总结起来就是吴国耗尽了国力,失尽了天下人心,最终走向了毁灭。

有人曾发出疑问:如此强盛的吴国为什么在被消灭后没能复兴?难道吴国人一直甘心做越国的臣民吗?一些学者认为,吴国消失在于它没有厚实的文化基础,缺乏民族认同感,很容易被占领者和更高的文明同化。

打个比方来说,吴国是一家公司,过去效益非常好,但它的老板一直忙着赚钱,从不考虑建立公司文化,造成规章制度不完善,人与人疏离,员工们也从不把自己当作公司的人。后来公司业绩下滑,破产,被另一家公司兼并了。新公司有一套完整的文化体系和规章制度,原公司的员工立刻就被吸纳了进去,一点也不排斥新公司。

吴国的状况或许就是这样,当与自己风俗相近、语言相通的越人来统治吴国人时,他们并没有觉得不适应,反而不知不觉淡忘了亡国的痛苦。后来楚国人、秦国人先后占领了吴地,吴人又立刻被楚人和秦人的文化吸引,最终融入到了华夏民族中。吴王室的后代以"吴"为姓氏,成为现在吴姓的由来。

功成身退

勾践复仇成功了,他在姑苏台大摆庆功宴,与众多越国大夫开怀痛饮。乐师特意编写了一首庆祝伐吴胜利的乐曲,在宴会上演奏。

《吴越春秋》记载,饮酒正酣时,文种醉醺醺地站了起来,想拍一下勾践的马屁,就说了一套赞美勾践的祝酒词:"皇天祐助,我王受福。良臣集谋,我王之德。宗庙辅政,鬼神承翼。君不忘臣,臣尽其力。上天苍苍,不可掩塞。觞酒二升,万福无极!"但勾践反应很冷淡,"默而不言"。

文种继续说道:"我王贤仁,怀道抱德。灭仇破吴,不忘返国。赏无所吝,群邪杜塞。君臣同和,福祐千亿。觞酒二升,万岁难极!"在场的越国大夫都开怀大笑,勾践却依旧一言不发,"面无喜色"。

这一幕被范蠡看见了,聪明的范蠡立刻察觉出了勾践的心理变化,他开始不信任手下这些功臣了。范蠡决定急流勇退,去过自己想要的生活。于是,他没有跟随越军回国,而是收拾了行李,匆忙离开了。离开

的那一天,范蠡对勾践说:"臣听说主忧臣劳,主辱臣死。过去大王在会稽山深受耻辱,臣没有去死,为的就是能有今日的胜利。如今耻辱已雪,臣希望补受在会稽时就应该受到的惩罚,故而离开。大王努力治国吧。"

范蠡突然离开大大出乎勾践的意料。想起他与自己同甘共苦了二十多年,一次次在关键时刻为自己出谋划策,勾践实在舍不得他离去,一直挽留他。但范蠡最终还是消失不见了,勾践立刻命人去寻找他,并且散布消息说,只要范蠡回来,他愿意把越国一半的国政交给他。然而,范蠡犹如人间蒸发,怎么也找不到了。

勾践非常伤心,命工匠用上好的金属浇铸了一尊范蠡雕像,供在会稽山上,让大夫们每十天来礼拜一次,勾践自己则每天都来礼拜。同时,勾践还把会稽山附近的土地划作范蠡的封地,说:"后代子孙有敢侵占范蠡这块封土的,让他在越国不得善终。天地神灵、四方官长都可以为寡人的话作证!"

那么,范蠡去哪里了呢?

《国语》上说他"乘轻舟以浮于五湖",也就是乘坐小船、走水路离开了。他走的水路以海路可能性最大,因为越人难以拦截,他比较容易脱身,而走江河湖泊的话,很容易被人发现。

《史记》记载,范蠡带着家人乘坐小船,一路漂泊来到了齐国,他改名为鸱(chī)夷子皮,在海边隐居耕种。没想到,齐国有人认出了他,当时掌权的田氏家族倾慕范蠡的贤名,力邀他出山,还封他做了大官。但此时的范蠡实在是无心于官场了,他不久便辞去了官职,举家迁徙到了宋国陶邑(今山东定陶西北)。范蠡认为陶邑"天下之中,交易有无之路通,为生可以致富矣",便在这里继续从事经商活动。他和儿子们根据四季的变化转卖货物,贱买贵卖,依靠出众的智慧,不出几年便成了当地首富,范蠡也自号"陶朱公"。

做了陶朱公的范蠡并没有在历史的舞台上销声匿迹,《史记》上还记载了一则他年老时的传说。

范蠡有三个儿子:大儿子一直帮他经商;二儿子在家待不住,四方游历;小儿子则养尊处优,在家里做一些零碎工作。然而有一年,范家出事了,老二在楚国跟人家打架,失手把对方杀了。范老二被楚国官员抓了起来,准备判死刑。范蠡得知消息后叹息说:"本来杀人偿命理所应当,可惜我是个远近闻名的人物,儿子在大庭广众之下被处死,脸上不好看啊。"便打算派小儿子带些金子去楚国一趟,看看能不能想办法把老二救回来。

老大在这个时候站出来说:"父亲,我是家中长子,算得上是管事的,二弟应该让我去救。您怎么可以让小弟去呢?难道您不相信我吗?"范蠡的妻子也在一旁责怪他说:"老三没有吃过苦,也没怎么见过世面,他没那个能力救下老二。你干吗不让老大去?"范蠡被母子俩吵得没有办法,只好同意了让老大去楚国。临行前,他写了一封信,让老大带去楚国找一个叫庄生的人,并且嘱咐说:"你到了那里,把这封信和金子都交给他。他让你怎么做你就怎么做,记住,千万不能不听他的话。"

老大就这么出发了,他担心钱不够,私下里又带了不少金子。来到楚国之后,他按照父亲的嘱咐先去找了庄生。没想到,庄生的家非常偏僻,门口杂草长得比人高,房子破破烂烂。老大见到庄生一看,这原来是一个貌不惊人的穷酸老头,他的心里就开始打鼓了。但他还是把信和金子交给了庄生。庄生说:"你赶快回去吧,不要在楚国逗留。你弟弟会被释放,你不要去问为什么。"

老大嘴上没说什么,但心里已是看不起庄生了,觉得一个穷老头有啥能耐,老爸是不是老糊涂了,让我来求这个人?我在江湖上闯荡了几十年,自己的弟弟还没办法救出来吗?离开庄生之后,老大没有遵守庄

生的吩咐，而是继续在楚国逗留，拿出自己私下带来的金子四处打点关系。

范家老大哪里知道，庄生虽然穷困，却是以廉洁朴素闻名的贤人，楚王非常尊重他，经常听取他的意见。庄生愿意帮助范蠡，只是出于钦佩范蠡的贤名，并没有想收下那些金子。他把金子留下是让范蠡的大儿子放心，等事情办成之后就把金子还给他。

庄生不久入宫拜见了楚王，说某个星宿出现在某个位置上，对楚国有害。楚王向来相信庄生的话，就问："那寡人应该怎么办？"庄生说："只有用恩德才能消除灾难。"楚王说："先生放心吧，寡人将行德政。"

第二天，楚王就通令全国，封存各地金库并加强守卫。有一个楚国官员得知后高兴地告诉范家老大："恭喜，你弟弟马上就要被释放了。"范老大问："这从何说起呢？"那位官员说："以前我们大王要实行大赦，就会事先下令封存金库，避免有人抢劫。现在，大王封了金库，过不了多久，肯定会有大赦的旨意下来。"

范家老大不知道这是庄生帮的忙，还以为自己运气好，碰上了大赦。他非常高兴，心想弟弟可以获释了，那些金子扔在庄生那里真是白白浪费。于是他重新去了庄生的家，准备把钱要回来。一见面，庄生吃惊地问："你怎么没走啊？"范家老大便说："我本来就没有走，留下来救自己的弟弟。现在弟弟已经获救了，我是来向你辞行的。"庄生是聪明人，明白范家老大是想要回那些金子，便把金子如数奉还了。

范老大走了以后，庄生越想越生气：这个后生怎么可以这么无礼，虽说自己并不想要那些金子，但他跑上门把金子索要了回去，而且还不听自己的安排仍在楚国逗留，明显是不相信自己，太不给自己面子了！

庄生是个有脾气的人，一气之下又去见了楚王，说："我上次说了某星宿不祥一事，大王说要行德政来改变它。现在我在外面走，路上纷纷议论陶朱公的儿子因杀人被监禁在楚国，而他家里多次拿钱来贿赂大王手下的大夫，因此百姓们都认为大王不是为了挽救楚国才大赦的，而是因为要放朱公儿子。"

楚王听了之后大怒，说："寡人怎么可能为了救一个有钱人的儿子而大赦天下？！"他立刻下令先把范家老二处死，然后才颁布了大赦令。

范家老大非常沮丧地带着二弟的尸体回家了。家族里所有人都悲痛不已，唯独范蠡平静地说："果然是这样的结果啊。老大不是没有能力救老二，只是他有割舍不下的东西。本来让老三去，他从小没受过苦，不知道赚钱辛苦，就舍得那些金子，不会去把钱要回来了；但老大一直跟着我吃苦受累，把金钱看得太重，结果犯了错误，没能救回老二啊。这一切都是必然的，我何必悲伤啊！"

范蠡虽然拥有万贯家财，但他恪守经商道德，从不贪图不义之财，而且他一直热心慈善事业，经常救济周边的穷苦人家，所以，他在陶地拥有极好的名声。范蠡去世之后，当地百姓甚至将他奉为财神经常祭拜。也因为范蠡良好的品格和高超的智慧，后世把他奉为商人的最高楷模。有许多人假托范蠡之名，编写了诸如《陶朱公生意经》《陶朱公商训》《陶朱公经商十八则》之类的经商读物。

不过，在这里还是要顺道说一下，《史记》上记载的这个范蠡晚年的故事应该只是传闻，而不是史实。而且今人考证，鸱夷子皮、陶朱公和范蠡不是同一人。鸱夷子皮在公元前481年就出现在齐国了，而陶朱公生活在范蠡之后一百多年的战国时代，两人的活动时间都无法和范蠡联结起来，只是由于范蠡离开越国后无影无踪，才有人传说这两位名人是他的化身。

鸟尽弓藏

范蠡得以善终，但他的老朋友文种就没有这么幸运了。文种被勾践杀了。

文种没有范蠡那么洒脱，他当初离开楚国来越国当官，为的就是发挥自己的能力，在官场上干出个名堂。他依靠智慧和能力，也确确实实实现了目标。《吴越春秋》记载，他被勾践任命为相国，位极人臣。文种以为他陪伴了勾践那么多年，勾践应该很信任他，所以他时不时就向勾践献殷勤，赔笑脸。哪知勾践对文种越来越反感，觉得他是把自己的功劳放在他面前炫耀，故意表现自己。

范蠡在临走之前曾经找过文种，把自己要离开越国的想法告诉了他，并劝他跟自己一起走。但文种正陶醉在胜利和拜相的荣耀中，觉得范蠡多虑了，自己对越国劳苦功高，勾践怎么可能杀自己。范蠡只好一个人走了。

再后来，范蠡写了一封信给文种，信上说："人的命运有起有伏，否极泰来，盛极必衰。聪明人懂得什么时候该进，什么时候该退。飞鸟散尽，良弓将藏；走兔已死，良犬将烹。越王这个人心理扭曲，只可以与他共患难，不可与之共富贵。你如果不及时离开他，一定会被他害死的。"

范蠡的这封信极其闻名，后人从中引申出了"鸟尽弓藏，兔死狗烹"和"只可共患难，不可共富贵"两句名言。

这个时候的文种已隐约察觉出了勾践对自己的冷漠和敌视，看了范蠡的这封信，心中十分惶恐。如果文种能和范蠡一样视权力和荣耀为无物，选择不辞而别，或许他还有救。可惜的是，文种实在割舍不下他在越国的地位，觉得自己辛辛苦苦奋斗了二十多年，没办法说放弃就放弃。于是，他选择了一个不恰当的做法——疏远勾践。

接下来的一段时间，文种经常找借口请假，不来上朝，整日躲在自己的府上深居简出，减少了与外人的接触。这件事让勾践更加生气，文种这个老家伙工作不积极，是跟我耍大牌吗？

文种最终被小人进了谗言。有人向勾践打小报告说："文相国这是在向大王邀功啊。他认为帮助大王成就了王霸之业，却没有获得封地，耿耿于怀，所以才用这个办法逼迫大王给他增加封赏啊。"

勾践火冒三丈，立刻命人把文种叫来，怒气冲冲地对文种说："寡人听说了解别人很容易，了解自己却很难。今天想问相国，你知道自己是一个怎样的人吗？"

文种听出了勾践话语中的杀气，知道勾践准备对自己下手了，针锋相对地说："大王知道臣勇敢，却不知道臣仁义；大王知道臣忠诚，却不知道臣诚信。臣以前经常劝谏大王，言语上冒犯了大王，知道自己必然获罪。正所谓'飞鸟尽，良弓藏；狡兔死，走狗烹'，大王的心思臣明白。"

文种的一番话让勾践下不了台。勾践在盛怒之下，命人拿出一把剑交给文种说："你不是有阴谋兵法，可以对付敌国，争霸天下吗？伐吴

九术，寡人只用了三术，剩下的六术你带到阴间去，教导寡人的祖先去对付吴国的先王吧！"

文种接过宝剑，仰天大啸说："我听说'大恩不言谢，大功不必赏'，果然如此啊。我只后悔当初没有跟范蠡一起走啊！"说完，他哈哈大笑，走出大殿。临死前，他说："后世的功臣，必然会以我为戒的！"

令人意外的是，文种自裁后，勾践以隆重的礼仪厚葬了他，也没有为难他的家人。勾践性格的复杂多变由此可见一斑。

文种的结局令人扼腕叹息，却还有一位越国功臣，结局比他的更加凄惨。文种尚能以自杀的方式结束生命，死后还得到了厚葬，这位功臣却是被装在麻袋中扔到湖里杀死的，也没有得到任何形式的褒奖。

这个人就是西施。

从被送进吴王宫到吴国灭亡，西施在夫差的身边待了差不多十年。这段光阴，是西施一生中最美丽的时光。她拥有令人倾倒的美貌、令人陶醉的舞姿，拥有所有野人女孩都得不到的妃子地位。更重要的是，她拥有吴王的万千宠爱，把所有吴国后妃都比了下去。这段时间，也是西施一生中最痛苦的时光。她无法和自己的父母兄妹见上一面，只能在夜晚依靠在窗台上望着圆月寄托乡愁；郑旦去世之后，她在吴王宫里甚至没有一个朋友，身边的吴国女子对她心怀的只是嫉妒。每天她还必须卖力地跳舞，想尽办法讨好比自己年长几十岁的夫差。吴、越交恶之后，她更是整日提心吊胆，躲避着宫里吴人愤恨的眼光，提防有人谋害她。这样的寂寞和痛苦，有几个人能承受得了呢？

吴国被越国打败后，西施一定很高兴，她的任务终结，她终于可以回家了。然而，等待她的却是另一种命运。几名越国士兵冲进了馆娃宫，将她绑了起来，装进麻袋，任凭她如何喊叫和挣扎也没有用。这些士兵扎紧袋口，将她抬出姑苏台，扔进了江中。

到底是谁如此残酷，要置西施于死地呢？

有书上说是勾践的夫人雅鱼，她担心丈夫会被美貌的西施勾引，便以西施是祸国之物为由，派人将她处理了。还有书上说罪魁祸首就是勾践本人，他认为西施是祸国之物，祸害了吴国，接下来就会祸害越国，所以下令将她处死了。

笔者认为，凶手是勾践的可能性最大。因为以雅鱼夫人善良的性格，很难想象她会做出这样无情的事来，更何况她只是一个夫人，没有权力指挥越国士兵，而勾践既然能逼死功臣文种，就有铁石心肠处死西施。

那么，勾践为什么要杀西施？

一个原因是在吴、越两国人民的眼中，吴国灭亡与夫差沉迷于西施的美色有直接关系，加上迷信色彩，西施就成了和妲己、褒姒一样的妖怪，有能力摧垮一个国家。勾践要给自己的国家辟邪，保证越国长久延续，就不能留西施这个"妖物"。

另一个重要的原因是勾践接下来要展开北上争霸活动，需要打造文明的国家形象。西施这样的女间谍存在，身负太多吴、越两国宫廷秘事，会让越国的国家形象受损。勾践觉得，既然她已经完成了最终任务，没有了利用价值，那就将她灭口，一了百了吧。

后人实在是不愿意看到西施得到如此悲惨的下场，便有了范蠡带西施泛舟五湖，私奔而去的传说。和范蠡远离权力纷争，逍遥于江湖，这当然是西施最好的归宿。只可惜，这只是人们的一厢情愿。

西施和郑旦最终都没能回到自己朝思暮想的故乡，她们化作芬芳的花瓣，在远方飘散了。唐代诗人崔道融有诗《西施滩》，写道："宰嚭亡吴国，西施陷恶名。浣纱春水急，似有不平声。"或许在崔道融的心中，那湍急的浣江水正是在为不能归来的浣江女儿愤怒和呐喊。

故事到这里，是不是应该结束了？

没有，还有一段精彩的越国争霸史才刚刚开始。

霸王

越国吞并了吴国,领土顿时扩张了数倍,一跃成为雄踞东南方的大国。越军摧毁了横行一时的吴军,从军容不整的蛮夷乞丐蜕变成了战斗力强悍的虎狼之师,着实震撼了天下。齐国和楚国这样的大国尚且曾被吴军压着打,现在对于越军更是忌惮三分。

曾经被天下人轻视的越国,终于有了扬眉吐气的一天。

有了足够的争霸资本,胸怀大志的勾践不愿偏安一隅,要和夫差一样向北发展,去向那高高在上的周天子和中原诸侯们展示越国的强盛。

勾践攻陷姑苏台没过多久,就亲自领兵北上,渡过了长江和淮河,一直打到了徐地(徐国故土),兵威直压中原的齐、鲁、宋三国。作为北方诸侯的领头羊,齐国和晋国当即派出重臣来到徐地向勾践表示祝贺。两个大国打的算盘当然是安抚和拉拢勾践,让新兴的越国不要到北方捣乱。

勾践不满足于只有齐、晋两国朝贺,但他吸取夫差的教训,不再与中原诸侯争雄，而是直接派出使者跑到成周，表示要向周天子朝贡。勾践的意思是说我越国已经崛起为天下强国了，特来向天子讨个名分，你们周王室看着办吧。

周天子也很爽快，不就是个名号嘛，太简单了，我们王室虽然穷得叮当响，但各种各样的封号还是能做到批量生产的。于是，天子派人给勾践赐号"侯伯"，意为诸侯之长，把越国打发了。

"侯伯"这个称号在春秋末期已大为贬值，但无论怎样，越国的地位得到了提升。一时间，各地诸侯纷纷与越国通使，以往冷清的越国马路上人来人往，热闹非凡。勾践自称"霸王"。

或许有人要问：身为老牌霸主的晋国和楚国，怎么愿意眼睁睁地看着新崛起的越国把诸侯之长的位子抢去呢？

原因在于晋、楚两国此时是自顾不暇。晋国濒临分裂，智、赵、魏、韩四个家族正忙着互相拼杀，根本顾不上外面的事情。而楚国被吴国削弱，只能努力稳固现有的统治区域，就暂且对越国听之任之。勾践也很识趣，不像夫差那么狂妄，一定要和两个超级大国一较高下，而是采取了和平共处的外交方式，名义上也依旧遵从周天子。

考虑到山阴城的位置偏南，与北方的交通和联系颇为不便，勾践在公元前472年做出了一个不寻常的决定——迁都到北方的琅邪。

琅邪是现在山东省胶南市琅琊镇，靠近黄海，当时已被越国控制。这里距离齐国和鲁国非常接近，勾践此举相当于把越国的决策机构搬到了北方争霸的前线，可以随时应对北方的各种情况，这大大方便了越国在北方的活动。

迁都完成了，勾践开始考虑自己的争霸策略。有夫差争霸失败的教训在先，勾践觉得用武力打赢四周强敌以确定地位并不实际，那样只会树敌过多，拖垮越国国力。他深刻借鉴了齐桓公"尊王攘夷"的策略，认为自己的争霸方式一定要与吴国不同，最好是一手打着维护礼制的旗

号,一手干涉别国内政,以此来扩大越国的影响力,以最小的代价取得最好的效果。

勾践吞并吴国后不久,就主动提出退还吴国过去侵占的邻国领土。他将淮河上游的土地让给了楚国,将沛县一带的土地让给了宋国,又把泗水流域的土地还给了鲁国。如此一来,越国树立起了良好的国际形象,与周围邻国的关系也大为提升。尤其是楚国,它是越国在南方最大的潜在敌人,勾践努力与楚国建立好关系,让自己北上争霸没有了后顾之忧。他也确实成功了,楚、越两国在此后的几十年里一直没有发生过战争。

然而,勾践努力在国际舞台上把自己包装成善良的领导者,仍旧有诸侯不买他的账。那就是秦国,当时的国君是秦厉共公。

秦厉共公时,秦国的国际地位愈发下降,秦国人宁愿守着自己那片黄土高原,也不愿意参与中原诸侯的纷争,其他国家发生的事情他们也一点都不关心。秦厉共公上台不久,继续推行孤立主义的政策,消极外交,对于新任侯伯勾践,他连最起码的祝贺都没有。

《吴越春秋》记载,公元前472年,勾践以诸侯之长的身份派出使者到晋、楚、齐、秦四国,邀请四大强国一起来会盟,商讨扶持周王室的问题。晋、楚、齐三国还好说话,表示可以来参加,唯独秦厉共公完全不当回事,把越国使者轰走了。勾践愤怒不已,决定干一场东南蛮夷从来没有干过的事——远征秦国。

我们都知道,秦国远在西北,越国却在东南,距离如此遥远,越国军队能打过去吗?勾践是不是神志不清了?

越国军队真的做到了。

勾践从军队中精选了数万名勇士,于这一年秋季发动了讨伐秦国的战争。秦国一直与中原诸侯关系不佳,所以越军向中原诸国借路时非常顺利。越军途经宋国和卫国,然后乘船从黄河溯流而上,一直到达了秦、晋边界。越军在秦国这边的河岸登陆，就像春秋初期的讨伐之师一样，高举旗帜，敲着锣鼓，一路宣扬秦国无道。

秦厉共公没想到会招惹来越人，只好派人向勾践致歉请和。勾践下达了撤军的命令。本来，勾践远征秦国只是一场意义大于成果的行动，为的只是给越国制造声威，体现霸主的威风，没有必要让越国士兵真的在大西北受冻。

听说国君下达了回国的命令，越国士兵都很高兴，喜欢歌唱的他们编写了一首歌谣，唱道："渡河梁兮渡河梁，举兵所伐攻秦王。孟冬十月多雪霜，隆寒道路诚难当。阵兵未济秦师降，诸侯怖惧皆恐惶。声传海内威远邦，称霸穆桓齐楚庄。天下安宁寿考长，悲去归兮何无梁。"唱的大概就是越国军队让天下人恐惧的事儿。

攻打秦国的壮举虽未取胜，但勾践的目的已经达到。至此，"中国皆畏之"。

干涉

远征秦国的壮举向世人展示了越军不凡的能力,在这个卿大夫坐大、晋楚两大国衰弱的时代,一些诸侯国君纷纷把越国当成了救星。越国也因此大显身手,不断地参与到一些诸侯国的内乱中,扶持一方,攻击另一方。但勾践干涉别国内政有一个原则,就是他只帮国君,不帮卿大夫,以宣扬忠君礼仪。

公元前470年,卫国发生了内乱,卫出公被手下的大夫发动政变赶跑了。卫国这次政变的导火索,竟然只是一只袜子。

事情是这样的,卫出公有一天宴请众大夫,有一位叫褚师比的大夫进入宴会厅时没有脱下袜子①。卫出公看见褚师比不脱袜子,觉得他不遵守礼仪,是在藐视自己,便生气地要求褚师比把袜子脱了。褚师比解释

---

① 春秋战国时代的人进入重要场合是要脱下鞋袜的,而他们"坐"的姿势也与后来不同,是"跪坐",就是把屁股坐在脚后跟上。

说:"臣的脚上长了脓疮,怕君上看见了不舒服,所以不敢脱袜。"卫出公却不依不饶,还大发雷霆,一定要褚师比脱袜子,把酒会的气氛全弄没了。其余大夫连忙出来劝解。在一片吵闹声中,酒会不欢而散。小气量的卫出公还不肯罢休,他一只手叉着腰,一只手指着褚师比像泼妇一样破口大骂:"寡人一定要砍下你的脚!"

回家之后,褚师比非常生气,觉得卫出公这个昏君太不像话了,自己一定要给他点颜色瞧瞧。于是他联合了公孙弥牟、公文要和司徒期等一帮也对卫出公不满的大夫,发动了一场政变。卫出公在仓皇之中逃离了卫都。

卫出公本来想去投靠晋国或者齐国,请两个大国帮忙,但他身边的人劝说这两个国家自顾不暇,不可靠,不如去找新兴的越国,越王是个明君。卫出公听从了建议,便逃亡到了城鉏(chú)(今河南滑县东),派人到勾践那里请救兵。

勾践二话不说,第二年就派舌庸、皋如两人率越军北上。为了扩大声势,勾践还号召宋、鲁两国也派出援军。三国联军兵发卫国,宣布拥护卫出公,讨伐叛乱的卫国大夫们。

大兵压境,卫国的这些叛臣吓蒙了,他们没料到卫出公这个昏君竟能请来如此强大的外援。有人提议投降,把卫出公迎回来算了。但很快,公文要提出了反对。他认为,投降服软只会让卫出公肆无忌惮地报复他们;相反,如果咬紧牙关挺一阵子,暴虐的卫出公和越军定会做出出格的事情,那个时候卫国的民心都会倒向大夫们这边。

事情的发展果然如公文要所料:卫出公仗着越军的威势大肆报复叛臣们,挖开了褚师比在城外的祖坟,把其先人挫骨扬灰;越军则是野蛮习性难改,在侵入卫国的这段时间四处劫掠,引起了卫国百姓激烈反抗。卫军看准时机,突然向联军发动进攻,打算一举将他们打退。

但卫国叛臣还是低估了越军的战斗力,越军就像砍西瓜一样轻易把

卫军打垮了。卫军败逃到了都城帝丘（今河南濮阳）固守，越军一路追击，在城外扎下大营准备攻城。

卫国大夫们慌了，派人询问越军统帅皋如："阁下带兵前来，是要灭亡卫国呢，还是只把国君送回国？"皋如回答说："我们没别的意思，就是送你们的国君回国。"

见皋如如此表态，有大夫再次提议投降，有人则提议出逃。最后，大家经过激烈的商讨，决定既不投降也不出逃，他们越国人不是说只送回国君吗，我们就做出迎接国君回来的样子，然后再送东西贿赂越国人，让他们见好就收。

于是，卫国人把都城的城门全部打开，做出放弃抵抗、欢迎卫出公回来的模样，然后又赠送了一大笔财宝给越军统帅，暗示他们不必再管卫国人的家事了。皋如收了贿赂，觉得越军已经把卫出公送到了家门口，卫国人也开城门欢迎了，自己算是完成任务了，就让越军停止了军事行动，由卫出公自己进城。这把卫出公吓得够呛，他怎么敢一个人入城呢？那些叛臣还在，回去不是找死吗？

卫出公最终不敢入城。越军不久便撤退回国了，卫出公则灰溜溜地跑回了城钼。

卫国大夫们立了卫出公的叔父公子黔为新君，是为卫悼公。为了向越国示好，同时也为了把卫出公这个昏君永远轰出卫国，卫国把城钼割让给了越国。郁闷的卫出公最后在城钼死去，史书上干脆写他"卒于越"。

不久之后，勾践又接到了一单讨伐叛臣的生意，这次是鲁国，对付的是著名的三桓。

三桓势力在鲁国盘根错节，根深蒂固，是极难对付的卿大夫集团。一开始，三桓领袖季孙肥并不想和越国作对。越国击败吴国时，他也曾派使者向勾践表示祝贺。再后来，邾国投靠了越国，请求勾践帮助处理鲁、邾两国的领土纠纷。勾践便以侯伯的权力，派舌庸主持鲁、邾两国的会盟，划定了两国的新边界。季孙肥也参加了这次会盟。

不过，季孙肥在心底里还是很不喜欢与越国人打交道。在他的眼里，勾践和夫差一样，不过是蛮夷之王而已。这次会盟，季孙肥就私下里嘀咕说："想当初吴王召我来会盟，我都不来。咳！要是子贡在这里，我怎么会落到与蛮夷大夫会盟的地步。"

与季孙肥相反，鲁哀公把越国当成大救星，想尽办法和勾践套近乎。公元前471年，鲁哀公亲自到琅邪城拜访了勾践，居然一待就是九个月。九个月的时间，鲁哀公和勾践打得火热，勾践高兴之余打算把孙女嫁给鲁哀公，让鲁国国君做自己的孙女婿。

这件事不久让季孙肥知道了，季孙肥坚决不能容忍鲁哀公与越国有婚姻关系，因为那样的话，鲁哀公有了强力外援，三桓就危险了。他立刻派人暗中给勾践的儿子送礼，让勾践儿子不同意把女儿嫁给鲁哀公那个糟老头。如此闹腾了一阵子，鲁哀公的婚事告吹了，他只能垂头丧气地回到鲁国。

回国后鲁哀公还不死心，决心再找机会去一次越国，请越军帮他清理掉三桓。

公元前468年，季孙肥去世了，三桓一时群龙无首。鲁哀公趁此机会开始了大逃亡，他先是借口到某位大夫的封邑做客，离开曲阜到了鲁国边境，然后突然越境逃到了邾国，最后通过邾国来到了越国，请求勾践出兵。

这让勾践很为难，越国以什么理由讨伐三桓呢？弑君？没有。叛乱？也没有。三桓并没有做出过分的事情，越国根本没有适合的理由出兵讨伐。唯一可以认定的是三桓对国君不敬，但这种理由拿出来，实在不足以出兵。

果然，勾践号召诸侯们一起讨伐三桓时，无人响应。这些傀儡诸侯

们本来就没权力，去帮越国打另一个国家的卿大夫，不是惹本国的卿大夫们不开心吗？最后，勾践为了给鲁哀公一个交代，派兵攻打了鲁国边境的武城。武城城池坚固，越军没有强攻，只做了骚扰性质的袭击便撤退了。

鲁哀公身为一国国君随意潜逃国外而受到了国人谴责，三桓也不断施加压力逼他回国。最终，鲁哀公只能放弃请越国攻打三桓的想法，选择了回国。但心情低落的他还没有到达曲阜，便在路上去世了。

勾践两次帮助国君讨伐卿大夫，结果全是失败。其原因并不是勾践在决策上失误，而是时代趋势无法逆转了。春秋末期，宗法制度和礼乐制度崩坏，建立在其基础上的以仁义取天下的"霸主"模式难以为继。两次失败其实也印证了越国的能力和威望不足以号令天下。天下进入了弱肉强食的残酷竞争时代，具有超强实力的大国方能成为真正的霸王。

第140章

越国兴衰

公元前464年,中国历史上的传奇人物勾践终于走到了生命的终点。

因为越国是地处东南的蛮夷之国,越人的名字在中原史书中没有统一翻译,造成勾践之后越国国君的名号在史料里的记载非常混乱,名称不一。笔者在此按照主流说法中的越国世系表书写接下来的几位越国国君。

勾践去世后,继任的是太子鹿郢。鹿郢在位六年,传位给不寿。不寿又称"盲姑",在位十年。公元前448年,王子朱勾发动政变杀死父王不寿,成了新一任越王。朱勾是一位强悍的国君,在位三十七年,期间西进攻打了楚国,还北上消灭了滕国和郯国,侵夺了莒国的大片土地。

越国的极盛时代随着朱勾去世而结束了。历史进入战国时代后,七雄争霸,越国因为实力不足,失去了在中原的影响力,其北方边境开始受到齐国和魏国侵袭,琅邪城变得极不安全。公元前379年,当时的越王翳(yì)无奈地把首都从琅邪迁回了吴(今江苏苏州)。

外患还未消除，越国内部又发生了异常血腥的宫廷政变，越国的国力愈发一落千丈。

翳因为多疑，杀害了三个儿子，这让太子诸咎非常恐慌。结果，翳在迁都四年后被太子诸咎所杀。一帮企图复辟的吴人趁诸咎政变引发混乱，发动了一场叛乱，他们夺取吴都，杀死了诸咎。越国随即从各地调来军队围攻吴都，平定了这场叛乱。新任的越王无余在十几年后又死于一场政变。国人计划拥立无颛，但无颛害怕地躲进山洞不敢出来。国人们往洞里点烟，才把他熏了出来，架上了王位。登上王位的无颛仍旧大哭着说："君位啊！君位啊！不可以交给我啊！"

虽然很不情愿当国君，但无颛在位的十八年还是对越国颇有贡献。他安定社会，繁荣经济，很快就使越国恢复了一定的国力。他的弟弟无强继任越王后野心勃勃，决心重振越国国威，与战国七雄较量一番。

公元前334年，中原发生了"徐州相王"事件（将在后面的章节详细说明），齐、魏两国互相承认对方的王号。第二年，楚国和赵国派兵攻打齐国。无强认为这是北进的大好时机，便也打出旗号向齐国发起进攻。

齐国无法应对三国进攻，便使出了离间计，派了一位说客去游说无强，离间楚、越两国的关系。齐国说客伶牙俐齿，说越国攻打齐国没有好处，相反攻打楚国则好处多多，时机也正恰当，等等。无强被这么一忽悠，便调转了枪头，傻乎乎地亲自领兵攻打楚国。没想到，越军被严阵以待的楚军打得大败，无强也被杀死。

《史记》记载，楚军趁势一直打到了钱塘江北岸，将越国消灭了。但杨宽的《战国史》和孟文镛的《越国史稿》的考证观点认为，越国并未就此灭亡，越王世系仍然得到了延续。即使越国仍然存在，它经此一败已经元气大伤，成为一个无关大局的东南小国了。

历史的帷幕拉上拉下，春秋霸主做了最后的谢幕告别，战国七雄已然在后台化妆换衣,准备登上属于他们的舞台了。

那么,七雄从何而来?他们的前世是怎样的呢?

我们不妨把时间线往前拨,从晋国赵氏家族的崛起说起,欣赏这场王者盛宴。

卷九 真真假假的『赵氏孤儿』

作为赵氏孤儿，赵武延续了几近断绝的赵氏血脉。
而在诡谲的晋国卿族争斗中，他将如何继续生存下去？

千古奇案

故事开始前,我们先来听一个著名的传说。

晋国有一位忠臣叫赵盾,他的儿子赵朔是晋国驸马。赵盾父子一心为国为民,却遭到了大奸臣屠岸贾嫉恨。赵盾去世后,屠岸贾向国君进谗言,污蔑赵家谋反。昏庸的国君大怒,下令将赵氏满门抄斩。

当时,赵朔的妻子怀有身孕,因为她的公主身份,得以保全不死。赵朔临死前嘱托妻子:"如果你生下男孩,就叫他赵氏孤儿,让他为赵家报仇。"

赵朔的妻子不久之后果然生下了一个男婴,她把孩子交给赵家的门客程婴,请求他好好把孩子养大。程婴答应了她的请求后,她便上吊自尽了。

程婴是一个医生,随身带着药箱,他把婴儿藏在药箱之中,想把孩子带出赵家。但屠岸贾事先派了韩厥把守赵府,藏在药箱里的赵氏孤儿被韩厥搜出来了。好在韩厥不愿意残害忠良之后,把程婴和赵氏孤儿放

走了。

不久屠岸贾得知了赵氏孤儿被救走的消息，下令封锁全城，把城中所有半岁以下的婴儿收缴上来，宣称如果不把赵氏孤儿交出来，他就把这些婴儿全部处死。程婴为了救下全城婴儿，便与好友公孙杵臼商量，把赵氏孤儿与他自己的孩子互换，程婴的孩子冒充赵氏孤儿，由公孙杵臼藏在家里，程婴则把赵氏孤儿当作自己的孩子上交给屠岸贾，然后他向屠岸贾告发公孙杵臼，说公孙杵臼就是救走赵氏孤儿的人。屠岸贾立刻派人包围了公孙杵臼的家，果然搜出一个婴儿。屠岸贾丧心病狂地将这个假的赵氏孤儿当场摔死，公孙杵臼在悲愤之中撞墙自杀了。

程婴救下了赵氏孤儿，给他起名程勃，当作自己的孩子抚养。程婴为了方便将来复仇，故意去当屠岸贾的门客。渐渐地，屠岸贾喜欢上了程勃这个孩子，经常将他带在身边，还将他收为义子。

程勃长大之后，程婴将他的身世告诉了他。程勃立志复仇，几经周转，终于依靠朝中一位名叫魏绛的忠义之士，将屠岸贾的罪行告发了。晋国的新国君是一位明君，下令处死了屠岸贾，恢复了赵家的爵位。程勃也得以恢复赵姓，更名赵武。

复仇成功的赵武打算报答程婴的恩情，但程婴拒绝了，说："你长大了，恢复了赵家失去的爵位。我的使命已经完成，应该到地下向你的父母和公孙杵臼报告了。"赵武哭泣着说："我愿意用一生来报答您老人家，亲自为您送终，您不能就这么离我而去啊。"程婴却说："不行啊。要是我不去，他们还以为我辜负了他们的重托呢。"不久，程婴便自杀了。赵武用对待父亲的礼仪为程婴守孝三年。

这个故事就是流传久远的《赵氏孤儿》。

《赵氏孤儿》的故事原型出自《史记·赵世家》，但二者有所不同。《史记》中写屠岸贾没经国君允许便擅自屠杀赵家，赵朔的妻子庄姬也没有死，她在宫里生下了赵武并交给程婴，程婴用别人的孩子替换了赵武，带着赵武在山中躲了十五年，最后是韩厥为他们洗清了冤屈。

另一本史书《左传》却记载了另外一个故事，完全推翻了《史记》的说法。

根据《左传》的记载，赵武的祖父赵盾是在公元前601年去世的。他生前做了一件不寻常的事，就是把赵氏宗主的位置"还"给了异母弟弟赵括（不是"纸上谈兵"那个赵括），而没有让儿子赵朔继任。

这是怎么回事呢？

原来，赵盾是父亲赵衰和戎狄女子叔隗所生，身份并不高贵。赵衰的妻子赵姬（晋文公之女）欣赏赵盾的才能，才劝说赵衰把他立为嫡子。赵盾因此一直感念赵姬的恩情，同时也顾及赵姬的特殊身份，就在死前把宗主之位让给赵姬的儿子赵括。

赵盾的这一决定，却使赵氏家族走上了一条自我毁灭的道路。

赵括这个人是个不学无术的纨绔子弟，他和赵同、赵婴齐是一母所生，仗着老妈是公主，家族势力也大，飞扬跋扈，到处惹是生非。邲之战中，赵同和赵括一味求战，造成晋军指挥混乱，赵婴齐则在战败后先行逃跑，还带走了黄河上的大部分渡船。晋国君臣没有不反感他们的。

但是赵括他们对此毫不在意，依旧我行我素。赵同有一年担任使者前往周王室那里献俘，公然对天子不敬，被周朝大夫斥责也不悔改；某一年，晋、楚两军再次在中原相遇，六卿们普遍不赞同和楚军开战，赵同和赵括却再次顶撞上司，坚决要求出战，虽然晋军最终撤军回国，但赵同和赵括两人在国内已经臭名远扬，愈发被大夫们孤立。

一场灭顶之灾终于降临在了赵同和赵括身上。

事件的导火线来自赵括的侄媳庄姬。历史上的庄姬确实是晋国公主，她嫁给赵盾之子赵朔为妻，因为赵朔谥号赵庄子，所以她在史书中被称作"庄姬"。

赵朔的风评与几位叔叔截然不同，他为人低调朴实，很少得罪别

卷九　真真假假的『赵氏孤儿』

人，但他寿命不长，年纪轻轻就死了，留下了年轻的妻子庄姬和年幼的儿子赵武。庄姬忍受不了当寡妇的命运，居然和丈夫的叔叔赵婴齐私通。

这件丑事很快就被赵同和赵括知道了，两人便用家法惩罚了赵婴齐，把他流放到国外。

被清理出家门的赵婴齐愤愤不平，对两个哥哥说："因为我在这里，栾家和郤家才不敢作乱。现在我走了，赵家一定会遭遇灾难。你们赦免我行吗？"

但赵同和赵括根本不听弟弟的哀求。

赵婴齐被逐出家门，庄姬对赵同兄弟二人愈发仇恨。她想，这两个老混蛋先是抢了我丈夫的宗主地位，现在又干涉我的私生活，真当我孤儿寡母那么好欺负吗？庄姬受不了窝囊气，居然想要杀掉赵同和赵括，他俩一死，儿子赵武说不定就能当上赵氏宗主了。

但偌大的晋国有谁能帮她呢？庄姬想到了当朝国君晋景公。

晋景公是晋成公的儿子，也就是庄姬的侄子。庄姬知道赵同和赵括在晋国树敌很多，而且家族势力庞大，如果诬赖他们意图谋反，晋景公必然乐意处死二人。

于是，庄姬有一天进宫求见了晋景公。她装作发现了一个惊天阴谋，对侄子说："赵同和赵括将要作乱了！外面的大夫们都知道的，只是没人敢告诉你。我不小心知道了他们的秘密，连忙就来告诉你了。"

晋景公大惊，赵家谋反，这事还了得？！他连忙把正卿栾书和下军佐郤锜召进宫来，问他们是否清楚赵家谋反的事情。

栾书和郤锜本来就和赵氏一族不和，晋景公找他们可真是"找对人"了。他们的谈话内容不必多说，晋景公很快宣告了赵同与赵括企图谋反的罪行，下令将赵家灭族。晋军在国君的命令下冲进赵家居所下宫，将赵家大小宗的男女老少全部杀光，一个也没留。历史上称这场惨案为"下宫之难",时间在公元前583年。庄姬在下宫之难时带着儿子赵武躲在晋景公的宫里,因而幸免于难。

接着,晋景公将赵家的封地全部没收,准备废弃赵氏宗祀。这个时候,有一位大夫站了出来,劝晋景公不要让赵家绝嗣。他说:"赵衰和赵盾对晋国功勋卓著,君上却要让他们没有后代,这会让忠臣们寒心啊。"

这个人就是韩厥。

韩厥是晋国韩氏家主,也是六卿大夫之一。他原是赵盾的家臣,因为能力突出而得到赵盾提拔重用。他感激赵盾对自己的知遇之恩,就站出来为赵家说好话。

晋景公听了韩厥的话,感觉把赵家赶尽杀绝确实太过分了,而且这么做将来也缺少了制衡栾、郤两家的力量,还是保留赵家的后嗣为好。唯一能延续赵家香火的就只有独苗赵武了,晋景公便让这个孩子担任了赵氏宗主,又将原来赵家的田地给了他。

《史记》中说是屠岸贾屠灭了赵氏全族,连赵婴齐和赵朔也杀了,赵武当时还是婴儿,长大成人后才被平反。《左传》却说是晋景公屠灭了赵氏一族,但只杀了赵同和赵括,赵武当年继承了宗主之位。这两个版本的故事哪一个才是真的呢?

因为《左传》的成书时间比《史记》早,而晋景公诛杀赵氏一族的动机更说得通,他也有足够的权力这么做,所以史学界普遍认为《左传》的记载才是正确的。

那么,司马迁为什么要把这样一个故事当作正史写进《史记》呢?

有一个细节可以回答,就是赵氏孤儿的故事只出现在《赵世家》中,而没有被写在《晋世家》里。这样就能理解了,赵氏家族为了掩盖祖先赵括三兄弟和庄姬的丑闻,就篡改历史,编造了这么一个故事,而司马迁或许难辨故事的真伪,或许很喜欢程婴这个忠义人物,索性把它

写进了史书。

程婴、公孙杵臼和屠岸贾这些人物,有可能是虚构的,但也不排除确有其人。《左传》往往只记录重要人物而忽略小人物,这三人身份低微,但有可能在下宫之难时发挥过作用。笔者推测程婴和公孙杵臼是帮助过庄姬和赵武的家臣①,屠岸贾则是率领晋军攻打下宫的军官。

---

① 赵武是赵氏成员,下宫之难时也许成了晋军的诛杀目标。庄姬在混乱中很难保护孩子,很有可能是这两个家臣舍命保护了赵武,并帮助庄姬带他入宫。

第142章

狗咬狗

前面我们提到过,晋国是一个结构松散的诸侯国,由国君和众大夫"联合"而成。国君相当于董事长,大夫们相当于各大小股东,六卿相当于董事会,正卿相当于首席执行官。因此,晋国国君的权力并不是很大,国家的大小事务往往被最有权势的几个家族操控,国君和卿大夫之间、卿大夫家族之间经常会因为权力分配发生矛盾。这种矛盾在晋文公去世之后逐渐激化,当矛盾无法调和时,政变和火并就会发生。下宫之难就是国君和其他卿族联手发动的一场血腥事变。

事变之前,赵家经过赵衰和赵盾两代人的努力,已经发展成晋国最具权势的卿大夫家族,先氏家族、韩氏家族、郤氏家族都曾处于赵氏的庇荫之下。如今,这个家族轰然倒塌,最高兴的莫过于晋景公,他再也不必担心庞大的赵氏家族压在自己的头上了,下宫之难还可以作为他对其他卿大夫家族的警示,让他们不敢对自己不敬。

然而,晋景公没有高兴多久,两年之后,他就稀里糊涂地死了。

晋景公的死非常离谱。有一天他做噩梦，梦见有厉鬼要杀他。他惊醒之后找了一个巫师来解梦，巫师说："君上恐怕吃不到今年新收获的麦子了。" 晋景公很恐慌，生起了重病，怎么都医治不好。这病虽然没治好，晋景公却拖到了夏天还活着。他很高兴，命人立刻把新收获的麦子送上来给自己吃。吃之前，他特意叫来那个解梦的巫师，给他看了新收获的麦子，说："寡人这不是吃上了新收的麦子了吗？你竟敢欺骗我！"说完就命人把这个巫师拉出去杀了。没想到，晋景公刚吃完麦子就觉得肚子痛。他急忙跑去上厕所，结果一不留神，掉进粪坑里淹死了（"如厕，陷而卒"）。

堂堂一国之君居然在厕所里淹死，这算是奇闻了。不过，古代厕所结构的确有很大的安全隐患。那时的厕所就是露天挖一个大坑，人在坑边如厕。条件好一点的，也不过是在粪坑上面搭建了小屋遮风避雨。如果上厕所的人身体不适，很容易重心失衡掉进坑里摔死或者淹死。

晋景公死后，太子寿曼即位，是为晋厉公。

晋厉公在史书上的评价为"大刻"，意思就是为人非常刻薄，而且他获得了"厉"的谥号，《谥法》曰"暴虐无亲曰厉"，说明此人在位期间是以暴君形象示人的。他之所以暴虐，和卿大夫的家族势力飞速膨胀脱不开关系。

下宫之难中推波助澜的栾氏和郤氏家族，在赵氏垮台后获得了巨大的利益。这两个家族本是姬姓，是没有跟随晋文公流亡的老牌贵族，这些年来一直被以赵氏为首的异姓新贵族压制。如今，他们终于扬眉吐气，在六卿中占据主导地位了。

栾氏家族是晋国的老公族，祖先可以追溯到晋国第六代国君晋靖侯（名宜臼）。晋厉公时，栾氏宗主是栾书。这是一个圆滑老道的人物，虽然栾家富可敌国，但栾书沽名钓誉，过的却是简朴的生活。史书记载他"无一卒之田，其宫不备其宗器"，意思是他把私田控制在百亩之内，住的房子小到摆不下祭祀器物。

郤氏家族的祖先已无法考证，但可以确定其和栾氏差不多，都是老牌姬姓公族。当年郤芮是晋惠公的死党，在重耳继位后想搞兵变烧死他，结果失败被杀，郤家因此罪一度家道中落。郤芮的儿子郤缺有德有才，深受胥臣和赵盾器重，在担任晋国正卿期间也颇有建树，郤氏家族又逐渐繁盛起来。

郤缺之子郤克是个瘸子，性格刚硬。他曾担任使者出访齐国，齐顷公对他十分无礼，听说他是个瘸子，就让自己的母亲躲在帷幕后偷看。当郤克一瘸一拐地走进朝堂时，齐顷公的母亲哈哈大笑。齐国人的羞辱让郤克愤怒不已，他对天发誓如果不能报复齐国，今后再也不过黄河。

齐顷公作死，主动给了郤克报复齐国的理由。他认为邲之战后晋国必定衰落，便不听从晋国号令，不仅怠慢晋国主持的盟会，而且出兵侵犯鲁国和卫国，对晋国的"朋友圈"展开挑衅。郤克便在公元前589年出兵讨伐齐国，两军在鞍（今山东济南西北）交战，齐军大败。愤恨的郤克派兵一直追击齐顷公，害得齐顷公绕着一座山跑了三圈。最后，齐顷公与车右互换了衣服，才逃脱了晋军的抓捕。战败的齐国不得不向晋国求和，宣誓不再背叛，晋国稳住了在中原的地位。

郤缺和郤克父子的卓越功勋使郤家在晋国的地位飙升。郤克死后，他的儿子郤锜继任宗主之位，排位最高为中军佐，仅次于正卿。他的族叔郤犨和族兄郤至分列新军（晋军扩军，新增的第四支部队）将和新军佐，族弟成为晋厉公的御戎。郤锜与郤犨、郤至权倾一时，号称"三郤"。郤氏一家出了三个卿、五个大夫，郤家财富和人丁急剧膨胀，达到了"其富半公室，其家半三军"的程度，郤氏家族一跃成为晋国势力最大的卿大夫家族。

当时，朝中有一位名叫伯宗的大夫是郤氏旁支，以直言进谏闻名。公元前594年，楚庄王围攻宋国，晋景公本打算派兵救援宋国，但伯

宗劝说道："古人有言曰：'虽鞭之长，不及马腹。'天方授楚，未可与争。"使晋景公放弃了救援的打算。这句话也衍生出成语"鞭长莫及"。

到了晋厉公时期，伯宗见三郤势力过于强大，就劝说晋厉公想办法抑制其权力。三郤得知此事后联名上奏，逼迫晋厉公以谤议朝政之罪将伯宗下狱杀害。伯宗的儿子伯州犁被迫逃亡到楚国，郤宛和伯嚭就是其后人。

三郤不仅在国内横行霸道，在国外也是肆无忌惮。公元前590年，郤犫奉命出使鲁国，居然要求鲁国给他进献美女。鲁国人畏惧晋国，就强行把一个大夫的漂亮妻子送给了郤犫。郤犫把这个女人带回晋国，让她给自己生了两个孩子。郤至的封田靠近王畿，公元前580年，郤家人和王室起了争执。衰落的王室争不过郤家，只好派人到晋厉公那里告状。晋厉公卖了个面子给王室，让郤家人不要和王室争，这事才不了了之。

因为这些嚣张无耻的行径，郤家在晋国声名狼藉，许多人都欲置之死地而后快。然而，以暴虐著称的晋厉公却对他们无可奈何。

晋厉公不是不愿惩治他们，而是因自己的权力弱小，怕下手不成反被其所害。而且，另一大家族栾氏对郤氏友好，晋厉公生怕栾、郤两家联手反抗自己，就更加不敢轻举妄动了。他只能憋着这一口气。

弱冠

赵氏孤儿赵武长大成人了，按照当时的贵族礼仪，他应该举行冠礼了①。

古代男子的成年仪式，称作"弱冠""冠礼"或者"元服"。男孩子在这一天要扎起发髻，穿上大人的衣服，从外表展示自己已经成人了。冠礼之前，男孩的头发束成向上的两个结，就像两个角一样，叫"总角"。后来，总角和弱冠就分别成了童年和刚成年的代名词。

古代的冠礼不是草草换个发型、换件衣服就完事，这场仪式在贵族阶层中是相当隆重的。一定要占卜，选定良辰吉日举办。父母要请一些亲朋好友到场，并选择一个德高望重的人作为正宾主持冠礼。

冠礼一般在宗庙里举行，所有到场的人都要穿上庄重的礼服。冠礼

---

① 史书上未明确记载赵武的出生年份，也未说明赵武冠礼的时间。白国红先生在《春秋晋国赵氏研究》中推测，赵武的冠礼大约是在公元前578至前575年间举行，赵武当时的年龄可能是十三到十六周岁。

举行前要向过世的先人祭祀，昭告本家祖宗。冠礼开始后，冠礼者跪在正宾面前，由仆人为他解开总角，梳好头发，扎成发髻。正宾拿出黑色头巾，系在冠礼者的发髻上。接着，正宾会把一顶鹿皮制成的礼帽和一顶红黑色礼帽递给冠礼者。鹿皮礼帽古称"皮弁（biàn）"，是打仗和打猎的时候戴的；红黑色礼帽古称"爵弁"，是参加典礼的时候戴的。授予两弁之后，正宾会对冠礼者说一些祝辞，大概就是说从今天开始你就是成年人了，要培养良好的品格之类。然后，正宾把事先起好的表字告诉冠礼者，表示对他德行的寄望。最后，冠礼者一一向到场的宾客行礼问候，送上礼物表示感谢。穿上大人衣服的冠礼者从这天开始就可以娶妻生子，参与所有大人的活动了。

赵武的冠礼在当时可谓非同寻常。赵家在下宫之难中几乎被灭族，如今有了赵武这个继承人延续血脉。赵武成年意味着赵氏复兴，重新成为晋国的政治舞台上一支不可或缺的家族力量。

不过，此时的赵武没有获得显要的官职，赵家还势单力薄。为了向其他家族示好，赵武在冠礼结束后一一拜访了掌权诸卿。

他首先拜访的是栾书，因为栾书当时是正卿，权位最高。赵武恭恭敬敬地向栾书行礼问候，栾书客客气气地接待了他。交谈中，栾书对英气逼人的赵武感叹说："美啊！以前我做你父亲的副手。他外表很美，但华而不实，请你努力讲求内在吧！"

这话表面上是对赵武提醒，实际上也透露着一种酸溜溜的感觉。栾书担心赵武年轻有为，后来居上，便批评其父赵朔是一个徒有其表的人，暗中指桑骂槐挖苦赵家人。圆滑老道的栾书口才极好，讽刺的话也能说成像长辈的教导一般。

赵武第二个去拜访的是中军佐中行庚。中行庚是荀林父的儿子，因为荀林父担任过中行将①，他这支荀氏家族后来就以"中行"为氏，成为中行氏家族。

中行家与赵家的关系普普通通，中行庚年纪也很大了，便对赵武简单客套了一句："不错啊！可惜我老了。"他后面没说的一句话应该是"我就不知道你将来会怎么样了"。你赵武帅归帅，以后怎么样就不关我什么事了。

赵武第三个拜访的是上军将范燮。范燮是士会之子，因为士会的封地在范（今山西屯留附近），所以其家族又称范氏。

范燮当时与栾家和郤家的关系不太好，很希望赵家能和范家一起反对栾、郤两家，就非常客气地接待了赵武，对赵武的寄语也是语重心长。他说："从现在开始你要有警惕之心了，绝对不能有骄傲的思想。你的先人就是因为骄横跋扈才遭大难的。为人处事最要不得的就是骄傲自负。"

赵武接着又去拜访了上军佐郤锜。郤锜不想给赵武好脸色，但是他碍于面子，又不想把话说得太难听。他说："漂亮是漂亮，可惜年轻人还有很多不如老年人的地方。"意思是，赵武你呀，小屁孩儿一个，跟我比你差远了。

郤锜的话让赵武很沮丧，但他还是沉住了气，又去了下军将韩厥的家。重情义的韩厥对赵武到来非常高兴，盛情接待了他，寄语说："成人之后一定要学会谨慎啊。做人的关键在于一开始就亲近善良的人，善人就会引见更多善良的人，这样一来，恶人就没法到你的身边了。一开始就亲近不善良的人，恶人会又带来恶人，善人没法到你的身边，你也就危险了。"

---

① 晋文公为抵御狄族，于公元前632年在上、中、下三军之外增设三支步兵，称"三行"，即中行、右行、左行，以配合三军战车作战。

告别了温厚的长辈，赵武接着拜访了下军佐智罃。智罃是荀林父弟弟荀首的儿子，由于荀首的封地在智（今山西永济附近），所以这一支荀氏家族被称作智氏。

智罃曾在邲之战中不幸被楚军俘虏，被关了九年才释放回国，所以他对在此战中捣乱的赵氏家族没什么好印象。但他心里也很讨厌栾、郤两家的跋扈，希望赵武能有所作为。在矛盾心理下，他说出来的话就有点硬邦邦的："年轻人，你要努力啊！你是赵盾和赵朔的后人，如果到老还碌碌无为，那就给你们家族增添耻辱了。好好向你的祖父和父亲学习，对待国君忠心，具备充分的能力，就一定能成就一番事业。"

赵武最后拜访了郤家的另外两个人——郤至和郤犨。这两人比郤锜还要过分，连客套话都不愿说。郤至直接骂道："你比不上别人，还不如退而求其次！"郤犨则推托说："现在年轻人这么多，我不好安排和提拔你啊。"

赵武本来就没想投靠郤家，这两人说的话令其狂妄傲慢显露无遗，让赵武心中一阵厌恶。

经过这次走访，赵武看清楚了晋国各个卿大夫现在的状况。范家和韩家是可以依靠的朋友，范燮和韩厥将来肯定会给自己很大的帮助；荀家的中行氏和智氏目前对赵家比较平淡，既做不了敌人，也做不了朋友，还是不要太依靠他们为好；至于栾家和郤家，明显是赵家的敌人，将来免不了对付他们。

此时的赵武刚刚成年，无官无权，要想扳倒栾家和郤家为时尚早。赵武只能选择等待，等待栾家和郤家自取灭亡的那一天。

这一天很快就到来了，导火索是一场决定天下霸权的战役。

鄢陵之战

话说瘸子郤克通过鞍之战打赢了齐国后,晋、楚在争夺郑国的事情上又较量了许多年,双方各有胜负,晋国略处下风。不仅如此,晋国还时常遭到秦国和狄人攻击,疲于应对,无法集中精力与楚国争霸。

晋国想腾出手来对付秦国,打算和楚国休战一段时间,避免两线作战。恰巧,当时楚国也被旷日持久的争霸战争拖得筋疲力尽,有意休整。在交际高手宋国国相华元的斡旋调停之下,晋国和楚国派了使者互访,表示友好。最终两国于公元前579年在宋都商丘举办了会盟,签订了停战协定。这是晋、楚第一次弭兵之盟。

晋、楚两国打的算盘一样,并不是真正为了和平停战,而是权宜之计,给自己一个喘息休整的机会。楚共王选择了休息,给全体楚国人放大假,没有采取积极措施应对即将到来的挑战,晋厉公则立马利用这短暂的空隙去对付秦国。

晋厉公本来想和秦国会盟和谈,花最小的代价稳住秦国。所以,早

在晋楚双方开始接触商讨弭兵的时候,也就是公元前580年,晋国就派人出使了秦国,表达了停战和谈的意愿。好说歹说,秦国才同意到晋国令狐城会盟。

然而,到了会盟那天,晋国人到齐了,秦国人却迟迟不肯来。原来,秦国人担心这场会盟有诈,晋国人会趁机胁持秦国君臣,便一直驻足黄河西岸不过来。后来秦国派了一个大夫过河,代表秦国国君与晋国人举行了会盟。晋厉公随后派了郤犨过河到秦国那边,与秦国国君盟誓,这场尴尬的会盟才算终于完成了。

秦、晋两国隔着一条黄河靠互派代表会盟,很明显双方都无诚意。会盟后的第二年,秦国就支持白狄侵袭了晋国;接着,秦国又遣使入楚,与楚国结盟,希望楚军帮助攻打晋国。

在一切外交努力都失败之后,晋厉公最终决定讨伐秦国。他先是派了一个叫吕相的人到秦国宣布绝交。吕相滔滔不绝,发表了一番极其精彩的绝交说辞。他从秦穆公说起,一一数落了历次秦、晋交往中秦国的"背信弃义"和"居心不良",把秦、晋关系恶化的责任一股脑儿全推给了秦国。

随后,晋国召集了齐、宋、卫、鲁、郑、曹、邾、滕八国,一起向秦国发动了声势浩大的讨伐战。联军渡过黄河,沿着渭河西进,与前来迎战的秦军在麻隧(今陕西泾阳北)展开了会战。秦军大败,多名将领被俘。联军继续追击,渡过了泾河,到侯丽(今陕西礼泉境内)击败了秦军后才收兵回国。

秦国遭到沉重打击,很长时间都无法发动对晋国的攻击,失去秦国支持的白狄也不得不向晋国表示顺服。晋厉公暂时稳定了后院,便着手准备与楚国的决战。

楚共王的反应慢了半拍,在晋国压制了秦国之后才发现情况不妙。公元前576年,楚军北上攻击了郑国和卫国。这次军事行动没有取得任何战果，郑国和卫国没有向楚国屈服。

楚共王见武力威胁对中原诸侯不起作用，便动起了歪脑筋。他派人出使郑国，提出只要郑国归附楚国，便可以得到汝河以南的田土。贪小便宜的郑国人当即变节，公开背弃了与晋国的盟约，转而与楚国结盟了。

收买郑国之后，楚共王便学习父亲的招式，指使郑国入侵晋国的铁杆盟友宋国，在中原制造混乱。郑、宋两国大战了两场，宋军被郑军打得鼻青脸肿，宋国连忙派人向晋国告急。

晋厉公立刻调遣大军南下，还召集了卫、齐、鲁三国，联合起兵讨伐郑国。楚共王也不示弱，征发了众多蛮夷部落的战士，亲自率领楚军北上，浩浩荡荡地开进了郑国。晋、楚两国再次兵戎相见，第一次弭兵之盟就此破裂。

楚军这边仍旧是左、中、右三军，中军统帅是司马公子侧，左军统帅是令尹公子婴齐，右军则由公子壬夫（字子辛）担任，郑军和蛮夷兵夹杂在其中配合。楚共王身边还有"神箭"养由基护卫，统领左右广的精兵坐镇。

楚共王吸取了父亲在邲之战时在黎明时分突击得手的经验，下令楚军半夜起床吃饭，排好阵型，天色微亮便擂响战鼓，全军向晋军在鄢陵（今河南鄢陵）的兵营发起攻击，自己则登上楼车，观察战场形势。晋军果然大吃一惊，但并不打算和谈。他们虽然有些紧张慌乱，还是用最快的速度做好了战斗准备。

身为晋军元帅的栾书作战策略偏向于保守，打算固守待援，等卫、齐、鲁三国的援军赶到再出战。他的这一主张当即遭到了众人反对，晋厉公主张积极防守，当楚军渡河的时候发动袭击，郤至更是提出，晋国人决不能当缩头乌龟，应该主动出击和楚军大战一场。最终经过一番争论，郤至的意见得到了大多数人支持，晋厉公拍板决定主动迎击楚军。

当时晋军中有一位楚国人,叫苗贲皇。他是楚国前令尹斗椒的儿子,若敖氏家族被楚庄王捕杀后,他逃亡到了晋国,被封为苗邑(今河南济源西南)大夫,便以"苗"为氏。苗贲皇对楚军比较了解,在战斗前向晋厉公建议:楚军中军的战斗力强,左右军相对较弱,晋军可以先集中力量击溃楚军左右,然后合力对付楚国中军。

晋厉公听取了他的建议,命令中军分出部分精锐加强左右两翼,迅速出营袭击楚军。然而,晋军刚一出动,就碰上了麻烦。原来军营前方有一处沼泽地,有些战车前进时不小心陷进了泥泞,当中就包括晋厉公的战车。马车的大半个轮子都淹没在泥浆之中无法动弹,任凭周围的士兵们如何用力,就是没办法把轮子推出来。

就在这个时候,栾书驾车上前,想把晋厉公拉到自己的车上。但栾书的儿子栾针却批评他说:"父亲您退下,国家大事岂能您一个人独揽?儿是国君的车右,保护国君是儿的职责,请您不要逾越职权。"说完,栾针便跳下战车,一个人徒手抓住车轴,大吼一声便将轮子整个拔了出来。在场的人无不惊叹。

沼泽地里遇到的小问题并没有给晋军的行动造成太大影响,晋军依照既定的作战部署在鄢陵的大平原上与楚军展开了对攻。然而,苗贲皇的这个计策却弄巧成拙:楚共王看见晋军中军分兵两翼,认为这是一举摧毁晋军中枢的机会,当即率兵对着晋军中军一阵猛攻。

楚军将士们呐喊着冲向晋军,中军主力和左右广的精兵全部压在了晋军中军上。面对楚军的猛攻,晋军没有一人退缩,打得极其顽强。缺乏实战经验的楚共王带兵冲得太猛,不小心进入了晋军弓箭手的射程。在郑之战中挑衅过楚军的魏锜瞅准机会,一箭正中楚共王的眼睛。楚共王惨叫一声,鲜血顿时流满脸颊。

愤怒的楚共王做了简单的包扎处理后,叫来了养由基,赐给他两支箭说:"限你在两支箭之内射死那员敌将,给寡人报仇!"养由基领命，往魏锜的方位去了。魏锜见有楚军战车冲来，正想抽箭还击，那养由基已然张开弓弦，一箭射穿了魏锜的喉咙。魏锜死去，养由基便拿着剩下的一支箭回去向楚共王复命了。

楚共王受伤，楚军陷入混乱，晋军趁势发起反攻。担任新军佐的郤至带着人马多次冲到楚共王的乘广附近，但他并没有去袭击楚共王，而是走下战车，脱去头盔，恭敬地向楚共王鞠躬行礼。原来，按照春秋时的军礼，在战场上遇到诸侯是要行礼问候的。郤至虽然狂妄自负，却是军礼的坚决拥护者，故而在危险的战场上对敌人的国君行礼。

楚共王刚刚被晋国人射瞎了眼睛，哪有心情搭理郤至，因此头两次郤至向他行礼，他都没有理睬。但当郤至第三次来向他行礼的时候，楚共王钦佩他到这个时候还遵守军礼，就命手下送给郤至一把弓，以示慰问。郤至收下弓之后，又向楚共王的使者拜谢了三次才离开。

楚军在晋军的攻击下节节后退，养由基再次奉命出击，带领一帮楚军神射手在高处狙击晋军，一连射杀了众多敌人，吓得晋军不敢再靠近。一位叫叔山冉的大夫也神勇无比，抓起敌兵扔向晋军战车，把车子的横木都砸断了。

激烈的战斗一直从天亮打到天黑，晋、楚双方将士都拼尽了全力。楚军的左、右两军并没有如苗贲皇预计的那样被击败，楚军中军在晋军的反击下也伤亡不大，双方差不多打了个平手，在天黑时分各自收兵回营了。

楚共王回营之后，发现战况对楚军越来越不利了：联合作战的郑军和蛮兵逃走了，支援晋军的齐军也赶到了鄢陵。他连夜召开军情会议，却发现公子侧喝醉了酒在呼呼大睡。

楚共王看见自己的手下如此不堪用，心里的底气一下子全泄了，他感觉楚军第二天再战也不会赢，于是下令连夜退兵，撤回楚国。鄢陵之战就这样以楚军认输而告终了。公子侧因醉酒误事而自责，不久之后在令尹婴齐的暗示下自杀谢罪了。

第145章

郤家的末日

晋军将楚军打败，重新控制了中原局势。然而，晋国人并没有趁机重夺天下霸权，反而很快陷入了内讧。

中军佐范燮清醒地预见了这一局面，在鄢陵之战前就说："我们要是打了胜仗，国君将会骄傲自满，有了胆量和卿大夫们争夺权力，朝堂也必将出现动乱；要是此战败了，国君就会有所收敛，晋国反而会得福。"这番话可谓一语中的。鄢陵之战胜利后，最高兴的就是晋厉公了，他认为秦、楚两个外患已被消除，自己也通过打赢战争获得了足够的威望，完全可以动手铲除郤、栾两家了。

之前，晋厉公就把与郤家有仇怨的长鱼矫、夷羊五和胥童收为心腹，准备利用他们对付三郤。夷羊五和长鱼矫是因为被郤家霸占了田产而与之结下仇怨，胥童则是因为父亲胥克当年被郤缺无故废掉了下军佐的卿位而怨恨郤家。

郤氏家族在鄢陵之战后与栾氏交恶，也给了晋厉公发难的绝好机会。

两家交恶，是因为争夺正卿职位。栾书自公元前587年开始，在正卿这个位子上已经坐了十多年了，一点都没有让位的意思。此人平日里是一副温文尔雅的正人君子模样，其实权力欲望很重，对正卿这个职位视若珍宝，想一直干到死为止，不愿轻易让给别人。这让郤氏十分不满。三郤认为自己的家族在晋国势力最大，在鄢陵之战中也表现优异，立了军功，最有资格当晋国的话事人，而且栾书是靠郤克的举荐才上位的，按道理要把这个位子还给他们，可这个老无赖一直不肯走，真是太不识相了。

郤家知道找晋厉公说这事儿没用，就计划去周王室那边收买几个人，试图利用天子那边的压力逼迫栾书提早退休。

郤至主动请命到洛邑向周天子报捷，王室的人盛情款待了他。郤至几杯酒下肚，就开始吹牛，说鄢陵之战是靠他才打赢的，栾书那些人就是草包，不懂装懂瞎指挥，他郤至运筹帷幄，顺便比划比划，就把楚军那帮蛮夷打得屁滚尿流。郤至吹完了牛皮，又找了一个周朝卿士帮他说好话，给自己抬身价，说要是王室的人帮他当上晋国正卿，他一定能让晋国称霸天下，连楚国和越人都能服服帖帖地来朝拜。

郤至在洛邑的所言所行很快传到了栾书的耳里，栾书表面上不露声色，内心里早就恨不得将郤至大卸八块了，敢和他争抢晋国正卿的位子，简直活腻歪了！两个家族的矛盾终于激化了。

栾书知道晋厉公早就想杀三郤了，只是暂时找不到理由而已，他就决定帮晋厉公一把，利用国君这把刀，干掉郤家那帮人。

晋国在鄢陵之战中俘虏了一名楚国公子，栾书就私下里对这位楚国公子说："你想不想被释放回国？想的话就按照我的话去做，说你们楚军北上是因为郤家人做了内应。"不久之后，晋厉公果然提审了这位楚

卷九　真真假假的『赵氏孤儿』

国公子。公子按照栾书的交代，对晋厉公说："这次战争，实际上是郤至召我们楚王来的。他说诸侯们的军队还没有到达，晋军也还没有准备好作战，这个时候必能打赢晋军。晋军一败，他们郤家就可以趁机拥立孙周为新君了。"

孙周就是后来的晋悼公，他是晋襄公的曾孙，当时居住在洛邑。他虽然尚未成年，但已经贤名在外，许多人都把他和晋厉公相比，认为孙周更有能力做晋国国君，晋厉公因此非常忌讳听到孙周的名字。

楚公子的话刺痛了晋厉公的神经，一股无名之火从他的心里冒了出来。他一下子明白了，原来鄢陵之战从头到尾都是一场阴谋，是郤家要借楚国人之手推翻他的惊天大阴谋！他连忙找来栾书，把这件事告诉了他，想听听他对此事的看法。

一切都在栾书的谋划之中，栾书现在要做的，就是再给晋厉公一点信心，让他坚信郤家和孙周串通。他这样回答晋厉公："这件事的可能性很大，郤至在鄢陵的战场上碰到楚王还下车行礼呢。君上何不派郤至再到洛邑一趟，同时派人暗中观察他和孙周是否碰面。"

晋厉公依照栾书的计策，再次派郤至去洛邑。栾书则暗中也派人去了洛邑，欺骗孙周去迎接郤至。晋厉公的探子果然中计，立刻向晋厉公禀报说郤至与孙周见了面。晋厉公决定先下手。

公元前574年十二月的一天，在晋厉公的授意下，夷羊五和胥童率领八百名士兵准备围攻郤家。但长鱼矫认为这点兵力不一定能攻破郤家，反而会被郤家人反扑，最好采用智取的方式。在长鱼矫的建议下，晋厉公指派了一名武士假装和他决斗，然后请求三郤为他们做调解。三郤被引出来后，长鱼矫手持长戈冲了过去，对准三人就是一阵猛刺。郤锜和郤犫逃避不及，当场被杀死，郤至躲开了攻击，落荒而逃。对郤家无比仇恨的长鱼矫紧追不舍，最终在郤至准备爬上车逃走时，一戈刺死了他。夷羊五和胥童指挥士兵屠尽郤氏全族，并将三郤的尸体悬挂在朝堂上示众，郤氏至此灭亡。

事情发展到这里，突然超出了栾书的预料。第二天，当他和中行偃（中行庚之子）上朝的时候，宫中武士突然将他俩抓住捆了起来。

是晋厉公准备把他们也杀了吗？

不是。这件事完全是长鱼矫和胥童自作主张。他们认为有威胁的卿大夫家族不止郤氏，栾氏和中行氏庞大的家业摆在那里，应该将他们一起灭掉。

在这个关头，晋厉公没有同意。他怕打击面太广，引发其他卿大夫恐慌而引发不可收拾的暴乱。长鱼矫见国君下不了狠手，劝道："君上如果不杀这两个人，必然会有灾难降临啊。"晋厉公回答说："寡人在一天的时间里杀了三个卿（指三郤），不忍心再杀两个卿啊。"

不管长鱼矫等人如何劝说晋厉公，他最终也没有下令处死栾书和中行偃，而是把他们放了。释放栾书和中行偃那天，晋厉公还特意派人向两人道歉并解释说："两位大夫受惊了。寡人本来只是想讨伐郤氏，与大夫们无关。现在郤氏已经伏罪，寡人不想你们受辱，你们回去官复原职吧。"

栾书和中行偃还能怎么回答呢，两人只能客客气气地说："君上讨伐有罪的人，却免去我们的死罪，这是君上的恩惠。臣即便是死了，也不敢忘记君上的大恩大德。"话说得非常漂亮，晋厉公听不出言语中的不满。

晋厉公以为释放栾书和中行偃就能平息卿大夫们的恐慌，局势不会动荡下去，然而，他看错了栾书。晋厉公对栾书一捉一放，让他的心里非常惊恐。他深刻地了解到，自己其实早就被晋厉公盯上了。晋厉公这个时候不敢杀自己，要是换个时间，自己还是会被杀的。与其坐以待毙，不如主动出击。几天后，栾书就伙同中行偃在晋厉公外出游玩的时候发动兵变，将晋厉公活捉了。

栾书不敢马上把晋厉公杀了，他害怕承担弑君的恶名。他决定把其他卿大夫拉入伙，弑君的事情人人有份，那些卿大夫就不敢说什么了。

栾书先找了范家宗主范匄（gài）（范燮之子，范燮已去世），劝范家人和自己一起干，把晋厉公那个暴君杀了解恨。但范匄才没有这么笨，和栾书趟这摊浑水，自己的脑袋不是秀逗了吗？他拒绝了栾书的请求。栾书又去找韩厥，韩厥同样拒绝了，说："杀一头老牛也没有人敢下第一刀，何况是自己的国君！你不能为国君尽忠，哪里用得着我韩厥。"

同僚们都拒绝与栾书同流合污，栾书没有办法，就在第二年年初，派了一个叫程滑的小臣将晋厉公杀死了。然后，栾书仅仅用了一辆马车运送棺椁，将自己的国君草草下葬在了郊外。

晋厉公是晋国历史上第二位被卿大夫杀死的国君。他苦心经营了六年，自以为积攒了足够的声望和力量，能从卿大夫那里夺回权力，但他终究斗不过狡猾的卿大夫，在最后关头功亏一篑，死后不仅没有得到像样的葬礼，还被上谥号"厉"。晋国国君再也无法对卿大夫构成挑战了。

少年英主

晋厉公死了,该由哪位公子继任为君呢?

栾书弑君时其他大夫都保持了沉默,不是他们畏惧栾氏家族,而是他们普遍厌恶晋厉公。栾书非常清楚,自己正卿的位子要想继续坐稳,还需要众卿支持。因此,新君必须得到大夫们普遍拥戴才行,万万不可随便找一个。

身在洛邑的孙周成了最合适的人选。孙周以良好的品行深受晋国大夫欣赏,栾书认为立他为君大家肯定都没有意见,便派人把孙周迎了回来,拥他为君,是为晋悼公。

晋悼公即位这一年仅仅十四岁,却展现出了与年龄不符的成熟与老练。他对迎接他的诸位卿大夫说:"我最初的愿望不是当国君,现在却走到了这一步,这难道不是天意吗?我漂泊他乡,尚且不指望回国,又怎么会期望当上国君呢?国家有国君,是需要他发号施令。如果大家都不遵守国君的命令,那还立这个国君干什么呢?诸位愿意听从我的

命令，只在今天；如若不然，你们不如去立别人。我不能空有国君的名号，而步晋厉公的后尘。"

这些话柔中带刚，晋悼公看出众卿迫切需要自己即位平乱，就以此要挟得到实权。大夫们不得不表态说："君上所说正是臣等的愿望，臣岂敢不听从您的命令？"

有了大夫们的口头保证，晋悼公还是不放心，他要求卿大夫与自己举办一场会盟，签订盟约，昭告天地不敢冒犯国君。

遇到这样一个少年老成的新国君，栾书也感到了一丝恐惧，会盟结束之后他私下对人说："新君非旧比，当以小心事之。"

有了大夫们的盟誓，晋悼公这才进入国都新田（又名新绛，位于今山西侯马西，公元前585年晋国迁都于此，原绛都改称"故绛"）继任君位。他上台后，立刻着手整顿国政。过去晋厉公生活奢侈，暴敛无度，晋国百姓的税赋非常沉重，造成民怨沸腾，社会矛盾剧烈，晋悼公就降低了赋税，废除了许多百姓有意见的苛政，尽量在农闲的时候征发民夫。晋悼公还以身作则，节俭生活，避免公室奢侈浪费。

当时的晋国，社会贫富悬殊，卿大夫家里囤积着大量粮食，经常是烂在仓库里或被老鼠啃了，平民却时常食不果腹，饥一顿饱一顿。晋悼公针对这个情况，也为了压制卿大夫，强令每个卿大夫家族必须将当年多余的粮食卖掉，做到"国无滞积，亦无困人"。同时，晋悼公还放宽了百姓在国有湖泊山林渔猎的禁令，认为"公无禁利，亦无贪民"，全晋国的人民都能享用国家资源，才能保证社会稳定。

在设法稳定社会，发展国家经济的同时，晋悼公也在小心处理与卿大夫之间的关系。他知道栾书和中行偃这帮人最担心被追究弑君的责任，他们万一神经过敏，还是有可能再次发起政变的。于是，他大张旗鼓地对晋厉公的宠臣夷羊五（晋厉公被杀之前，长鱼矫已逃往国外，胥童则被栾书所杀）等人定罪，处以流放。他用这个举动表明，自己是站在栾书他们这一边的，晋厉公之事不会翻案了，栾书和中行偃因此放下心来。

但晋悼公终究是信不过栾氏和中行氏家族的，为了防止这两个家族利用郤氏落败扩张权力，晋悼公提拔其他家族来填补三郤留下的职位空缺，很长时间都默默无闻的赵氏和魏氏家族因而获得了崛起的机会。

此时的赵武还非常年轻，资历浅薄，家族力量弱小，要想立刻进入晋国八卿（原六卿加上新军的将与佐）之列，可以说是难上加难。但是晋悼公看重赵家曾经的影响力，认为有功的臣僚后代应受先人之功德庇护，便破格提拔他为八卿之一。赵氏家族就此回到了权力中心。

魏氏家族的祖先是曾跟随重耳流亡的魏犨。这个莽夫因为在晋军攻打曹国的时候无视晋文公的禁令，放火焚烧僖负羁的家而被晋文公厌恶，魏家因此很长时间地位不高，一直被排斥在六卿之外。但晋悼公觉得魏家过去多次立有军功，便把魏相①和魏颉也列入了八卿。魏氏家族就此发迹。

除此之外，晋悼公还任命了其他人分掌教育、礼仪和水利等，尽可能在朝廷里增加新人，削弱栾氏一族的力量。栾书对此感到慌张，便在某次朝会上向晋悼公请求任命公族大夫。

"公族大夫"的本意是公族出身的大夫，但晋国不让公子留在国内，公族也就成了卿大夫嫡子的称号，公族大夫就是负责管理这些公族的官员，虽然权力不大，但很方便拓展人脉，对朝政施加影响力。栾书突然提请晋悼公任命公族大夫，差不多就是在对晋悼公说："可别把我栾家忘了。"

没想到，晋悼公非常爽快地答应了栾书的请求，将栾书之子栾黡

---

① 魏锜之子。因封地在吕（今山西霍州西南），这个家族也称吕氏，属于魏家的一个分支。

（yǎn）提拔为了公族大夫。但与此同时，晋悼公又提拔了荀家和韩家的人做公族大夫，与栾黡并列。这相当于在对栾书说："你们栾家不过如此，别把自己看得太重要了。"

栾书最终服软了，他知道自己已老，斗不过晋悼公这个英雄少年了，在此之后他便消失在了史书中，可能是病死，也可能是提前退休了，总之是让出了正卿之位。

考虑到栾氏家族势力庞大，不便与之为敌，晋悼公在栾书离开后把栾黡任命为下军将，使栾氏依旧留在八卿之中。

在栾书之后，晋悼公先后提拔了韩厥和智䓨为正卿。他在位的十五年，通过礼遇诸侯、分化楚国的附庸、交好戎狄等少数民族等方式，将楚国的势力牢牢限制在了南方，并重新会盟诸侯，取得了中原霸权。

赵武在这段时间因为缺少表现机会，没有什么事迹可言。若按照正史的说法推测，赵武遵守范燮、韩厥、智䓨对他的教诲，对待别人都以谦恭随和的态度，尽可能与贤良的人打交道，避开与恶人为伍，不断地学习，提升自我，努力成为一个让人信赖的人。这种冠冕堂皇的说法我们不必全信。从赵武后来的表现来看，他应该是利用父祖辈留下的人脉和声望，以及母亲在公室的关系，在晋国的朝堂内外广泛结交，重新编织起了赵氏家族的关系网络。而且，赵氏家族的领地保留下来很多，赵武细心打理，发展生产，使赵家的经济实力得到了一定程度的恢复。

通过这十几年的努力，赵武在众人心中树立起了贤良、稳重的形象。晋悼公在不知不觉中开始留意起这位赵氏孤儿，觉得他是一个不可多得的贤臣，一定要加以重用。

大火并

公元前560年,正卿智䓨去世了,晋悼公开始考虑下一批八卿人选。他觉得一国有八卿,实在是给卿大夫太多参与国政的机会了,于是他在这一年撤销了新军的编制,将军队缩编为上、中、下三军,八卿也就减少为六卿。

正卿的热门人选是原来的中军佐范匄,但他是一个内敛谦恭的人,一方面认为自己资历不足,另一方面也有意结好中行氏家族,便拒绝了晋悼公的任命,竭力推荐当时还是上军将的中行偃。他对晋悼公说:"臣之所以佐中军,是因为了解智䓨,配合默契而已,并非因为臣能力出众。中军将职位关系重大,非能臣不能胜任。臣的才能不如中行偃。"

范匄如此推辞,晋悼公便同意了他所请,将中行偃任命为新一任中军将,范匄留任中军佐。

中行偃升职了,上军将一职也就空缺出来,晋悼公便打算让原来的

上军佐韩起（韩厥之子）顶上去。然而，韩起这个时候也谦让了起来，说："赵武比我年长且宽厚仁德，臣不能比，不敢位居其上。"

韩起的推荐让晋悼公非常满意，他原本就想越级提拔赵武，只是担心卿大夫们不同意。但有了韩起的谦让还不行，必须问问其他卿大夫愿不愿意接受赵武升迁。晋悼公就这件事询问了下军将栾黡。栾黡虽然不愿看到赵家复兴，但不敢反对英主的决定，便说："臣不及韩起，韩起尚且谦让，臣岂有不满？"晋悼公又去问了原来的新军佐、赵武的搭档魏绛。魏绛也没有表示反对。

就这样，晋悼公越级提拔，将赵武任命为了上军将。赵武一下子坐上了六卿的第三把交椅，这与他十三年来的努力密不可分。

经过这一轮调整，新一任晋国六卿最终出炉了。

中军将：中行偃

中军佐：范匄

上军将：赵武

上军佐：韩起

下军将：栾黡

下军佐：魏绛

晋悼公这位少年英主在两年之后便去世了，年仅二十九岁。继任国君是太子彪，史称晋平公。

晋平公这个人在位期间从来没有做出值得称道的事，只是安心享受父辈君臣留下的资本。他的缺点是耽于享乐，对百姓横征暴敛，而且喜好女色，以致年纪轻轻就累垮了身体。总之，这是一位能力和品行都极其平庸的国君，没有父亲驾驭群臣的能力。卿大夫们得以放纵地开始新一轮火并。

第一个败下阵的，就是栾氏家族。

栾氏倒台和赵氏、郤氏倒台的原因其实一样，都是老毛病——骄傲狂妄。

栾书辛辛苦苦伪装自己，尽量不树敌，但他的儿子栾黡就做不到他这般内敛了。史书上说他"汏虐"，依仗栾家是第一大家族，无视礼制，欺凌同僚，不服从指挥。

公元前559年，晋军西进攻打秦国，进展非常不顺利。身为元帅的中行偃鼓舞士气说："全军明天总攻击，鸡鸣的时候就出发，填塞水井，拆毁灶台，看着我的马首的方向前进（'唯余马首是瞻'）！"然而，早就对这次军事行动丧失信心的栾黡公然反对说："我从来没听说晋国有这样的命令，我的马首要向东，撤退回国。"

栾黡率领的下军没有执行中行偃的命令，居然擅自回国了。失去下军配合的中行偃不得不跟着撤退。

栾黡的弟弟栾针（在鄢陵之战中把晋厉公的战车拔出沼泽地的那位）却认为晋军师出无功是奇耻大辱，就和范匄的儿子范鞅结伴，率领部下冲击秦军。栾针不幸阵亡，范鞅逃了回来。

栾黡回国之后不仅没有丝毫愧疚，反而大肆责怪范匄说："我弟弟本来不会去冲杀敌阵的，是你的儿子叫他去的！现在我弟弟战死了，你儿子却活着回来，难道不是你儿子害死我弟弟的吗？如果你不把他赶走，我一定杀了他！"畏惧栾家权势的范匄不得不把范鞅流放到了秦国，四年之后才让他回来。

因为这次事件，栾家和中行家、范家的关系彻底破裂，一场大火并不可避免了。

公元前554年，中行偃去世。原中军佐范匄升迁为中军将，赵武也在众人的推举下升为中军佐。这个时候的赵武已经是六卿中举足轻重的一位，面对将要到来的腥风血雨，他很清楚自己应该站在哪一方。

获得六卿首席的范匄决定向栾氏展开报复，暗中联络赵武寻求支持。栾氏是制造下宫之难的罪魁祸首之一，赵武与栾氏一族关系一直不

卷九　真真假假的『赵氏孤儿』

太好,他当即同意加入范家阵营。中行氏和智氏本属荀氏一家,中行家怨恨栾家,智家当然选择了站在亲戚这一边。至于韩家,因为与赵家世代友好,也选择了站在范家这一边。唯一站在栾氏这一方的,只有魏氏了。魏绛原来身为下军佐辅佐下军将栾黡,不愿轻易背叛。

对于范匄上台,栾氏这边也不是一点防备没有。当时栾黡已死,宗主换成了他的儿子栾盈。栾盈明显感受到了范、赵、中行、智、韩几家对自己的杀气,便大量招募死士,囤积兵器,为双方大火并做好准备。

栾家准备血战一场,范匄可不想这么费事,他觉得只要把栾盈赶出晋国,再将栾氏党羽一网打尽就可以了。但要把身为下军佐的栾盈驱逐出境并不容易,需要得到国君的首肯才行。栾盈的为人和他的父亲栾黡截然相反,他气度恢宏,人缘很好,很难找到什么把柄。

除非能让晋平公相信栾盈意图谋反。

《国语》记载,与栾氏关系密切的箕遗、黄渊、嘉父等大夫在这个时候图谋作乱,被范匄及时破获并处死。虽然书上没有明说他们企图作乱的原因,但根据后来发生的事情可以推测,这桩案子很有可能是范匄制造的阴谋,目的就是让晋平公相信栾氏一党有谋反迹象。

果然,晋平公被惊出一身冷汗,听从了大夫阳毕(此人极有可能是范匄的同党)的建议,决定对栾氏集团斩草除根。计谋奏效了,身为正卿的范匄很快得到了国君的授意,"义不容辞"地承担起剿灭栾氏的任务。

公元前552年夏,范匄忽然指派栾盈去某地督造城墙。栾盈不知道这是计策,便带着少量随从去了。他还没到达目的地,就被范匄事先安排的人逮捕了,随即被驱逐出境。栾盈没有办法调动家兵,孤立无援,只得狼狈逃亡,打算借道王畿逃亡到楚国。

驱逐了栾盈,范匄便开始在国中大肆捕杀栾氏党羽。但栾氏一族并没有被彻底诛杀,其领地仍然被保留,大部分家臣也还留在栾家。属于栾氏一党的魏氏也完好无损，仍然位列六卿。原因应该是栾、魏两家的势力根深蒂固，范匄不想逼迫太甚而引起大动乱，就缩小了打击面，只是驱逐了栾盈，诛杀了一些攀附栾家的小家族，等到时机合适再尽行铲除。

栾盈狼狈逃亡，路过王畿的时候居然被强盗抢劫了。气愤的他便向王室告状，质问王室是不是看不起自己是流亡之人，才不去管束人民。软弱的王室连忙派人把那些强盗抓了，退还了栾盈的财物。

最后栾盈逃到了楚国，想借助楚国的力量回国。但那个时候的楚国北上争霸数次受挫，加上东部边境不断受到吴国骚扰，就没有同意。栾盈又辗转到了齐国。正打算背叛晋国的齐国收留了他，很爽快地答应了帮他寻找机会返回晋国复仇。

栾盈等了大半年，终于在公元前550年有了一个机会。

什么机会呢？

晋国公主要出嫁到吴国。

当时晋、吴联盟，晋国便打算用联姻的方式来稳固双方的关系。诸侯女儿出嫁，女方除了送上嫁妆，还要送上一些男女供男方调用，这些人就是"媵"，秦穆公信任的重臣百里奚就当过媵。媵女是送给男方做妾的，她们要么是出嫁女孩同辈分的姐妹，要么是来自其他诸侯国的贵族女儿。而其他诸侯国送女孩来当媵，是为了参与联姻。晋国和吴国联姻，齐国送一个女孩给吴王做媵妾，就相当于齐国和吴国也联姻了。这次，以齐国媵女的护送队伍为掩护，栾盈被藏在马车里秘密送到了晋国。

栾盈连夜赶往曲沃，那里是栾家的地盘，有众多栾氏家兵和党羽盘踞在那儿。栾盈找到了曲沃大夫胥午，把叛乱计划告诉了他，要求胥午跟着自己一起干，把曲沃的所有人马调动起来攻打新田，把范匄那帮家伙给做了。

胥午听到栾盈叛乱的计划，反对说："上天已经抛弃了栾家，你这

卷九　真真假假的『赵氏孤儿』

样做一定会死的。我们为什么要做一件必然失败的事情呢？"栾盈说："我也知道起事成功的概率十分渺茫，但我就算是战死了，能依仗你的帮助，也死而无憾了。"

胥午最终同意了。

有了胥午的支持还不够，栾盈还想试探曲沃城里剩下的栾氏家臣是否仍对自己忠心。于是他让胥午摆了一场酒席，宴请家臣，自己则躲在里屋偷听。

酒席开始，大伙儿碰杯喝酒，接着欣赏歌舞表演。音乐结束后，胥午让所有下人退下，对在场的家臣们说："现在范匄日益逼迫我们，要是主人回来了，我们应该怎么办？"早就憋了一肚子气的栾氏家臣纷纷喊道："我们愿意为他去死，和范匄他们拼了！"说完，一些人叹息起来，还有人流泪大哭，他们以为栾盈不会回来了。

就在大家唉声叹气的时候，胥午举起了酒杯，说："主人已经回来了，就在我的府中！"众人惊喜地喊道："既然找到了家主，我们岂敢有二心？！"

听到家臣们愿意跟自己赴死，栾盈连忙走了出来，含着泪对在场的所有人一一拜谢。

兵马是准备好了，但要想攻打城池坚固的新田，没有内应是不会成功的。栾盈想到了一个人，他就是当时的魏氏宗主魏舒。

魏家一直以来与栾家友善，魏舒和栾盈私交甚好。但是，再好的交情在利益面前也是靠不住的，栾盈的说客前来游说的时候，魏舒犹豫了。栾盈被驱逐后，栾氏一党在晋国已经失势，魏舒为了家族的前程考虑，不想跟着栾家一起叛乱，万一失败，可就把自己的整个家族拉去陪葬了。

但魏舒转念一想，自己的家族因为曾投靠栾氏，眼下在朝廷中非常孤立，说不定哪一天也会被范氏清理。他思考再三，终于同意了给栾家叛军做内应。

成王败寇

公元前550年四月,栾盈尽起栾氏家兵,发动了对新田的攻击。叛军抵达新田,与之事先串通好的魏舒立刻指挥手下打开城门,放叛军入城。栾盈指挥叛军围攻公宫以及敌对卿大夫的居所,新田的大街小巷顿时陷入火海。

栾盈是秘密回国的,这场叛乱来得突然,范匄等人毫无防备。手下人向范匄报告栾盈带兵杀了进来,魏舒率部倒戈,范匄吓了一大跳。惊恐之下,一向稳重的范匄不知所措,干坐在那里发呆了。

见此情景,范匄身边的一位家臣连忙说道:"固宫(晋君的别宫)城墙坚固,易于防守,家主可以与国君躲避在那里。栾盈要是攻打您,就是在进攻国君,他就成了乱臣贼子,您可以名正言顺地消灭他。栾氏其实没什么可怕,他有众多怨敌,不得人心,定然失败。家主您位居正卿,手握大权,又有众卿支持,有什么好畏惧的呢?栾盈如此嚣张,主要是依靠魏氏支持,家主可以想办法将魏舒拉拢过来。平定叛乱在于使

用强权,家主千万不要灰心啊。"

经手下人这一点拨,范匄立刻冷静下来。他听取建议,立即指挥众卿与手下军队进入固宫,占据有利位置,准备抵挡叛军进攻。中军佐赵武与范匄一同守卫在固宫之中,应对这场突如其来的叛乱。

叛军很快便展开了对固宫的围攻,无数梯子架上墙头,守军则不停地用弓箭还击,双方展开了一场激烈的恶战。就在战斗胶着之时,范匄派儿子范鞅偷偷溜出去,来到魏舒的家里求见魏舒。

范鞅知道魏舒其实并非很情愿帮助栾盈,便装作不知道魏舒倒戈的事情,假传父亲的帅令道:"栾氏叛贼入城意图弑君谋反,我父亲已与众大夫入宫保卫君上了,现特派我来请魏舒大夫一同入宫商议平叛事宜。"这话意思是说,你帮助栾盈叛乱的事情我们假装不知道,现在只要你跟我走,你就还是晋国的忠臣,没必要和栾盈他们一起做叛贼。

魏舒沉默了,他在犹豫该帮哪一边。范鞅抓住时机,决定再给魏舒一点信心让他回头。他爬上魏舒乘坐的战车,说:"就让我来做大夫您的陪乘吧。"接着,他不等魏舒发话,命令车夫道,"走,往国君那里去。"

魏舒没有阻拦,任凭范鞅将自己带到了固宫。范匄正等着他,看到他便上前握住他的手笑着说:"我等魏大夫已经很久了。栾盈叛军气焰嚣张,正需要魏大夫这样的人才来帮助我们啊。君上已经批准了我的请求,待平定了叛乱,便将栾氏的封邑曲沃城归于魏氏名下。"

能拿到晋国的第二大城市作为封邑,魏舒还有什么好说的呢。他当即便给范匄跪下说:"下臣魏舒定当效忠国君,与栾氏叛贼势不两立。"魏舒率领的晋国下军再次倒戈,回到了平叛队伍中,栾氏的力量大减。输不起的栾盈孤注一掷,把所有人马集中起来强攻固宫,势要把范匄等人一锅端。

栾盈手下有一个叫督戎的大力士,作战凶狠,守卫固宫的官兵根本不是他的对手。在督戎的带领下，叛军攻破了固宫大门，一直杀到晋平公所在的宫殿门外。射出来的弓箭飞进大殿，落在晋平公的身边。

就在这危急时刻，范匄手下一个叫斐豹的奴隶自告奋勇，对范匄说："如果您能给予我自由，我愿意去杀死督戎。"范匄看见有勇士挺身而出，爽快地答应了他，说："太阳作证，如果你杀了督戎，我定会赦免你。"

得到范匄的承诺，斐豹拿起武器就冲了出去。但是督戎武力高强，斐豹知道自己硬拼不是对手，要想打赢对方，只能依靠巧力取胜。斐豹便向督戎叫嚣挑战，督戎勃然大怒，独自一人拿着武器冲了过来。斐豹转身就跑，跳过一处矮墙躲了起来。督戎气势汹汹地也跳过矮墙，却没有留意躲在身后的斐豹。斐豹趁机一戈刺进了他的身体，将他杀死了。

督戎的死令叛军士气大受挫折，范匄当即下令反击，范鞅则亲自拔出剑来带领士兵们冲锋。一场大混战下来，栾乐战死，栾鲂重伤，叛军被逐出了新田，退回到曲沃城固守。范匄的部队紧追不舍，很快便将曲沃城包围起来。

曲沃城在坚守了几个月之后，这年冬天终于被范匄攻破了。栾鲂逃出，栾盈连同其余家族成员全部被杀。至此，栾氏在晋国完全覆灭，其封邑被各大家族瓜分，曲沃城则按照约定划给了魏氏。

晋军包围曲沃的时候，齐国趁机出动军队攻打了晋国东部的朝歌，还屠杀了当地军队，把尸体堆积起来做京观，甚是嚣张。晋国派兵东进，抵御齐军的入侵。听说晋军主力来了，齐军赶紧后退。晋军一路追击，俘虏了一名齐军将领才停止。栾盈勾结齐国叛乱夺权的行动彻底失败了。

栾氏灭亡之后，几大家族的力量对比发生了重大变化。范匄父子在平定叛乱中扮演了重要角色，获利也最大，范家一跃成了晋国最强大的卿大夫家族。中行家因为与范家合力，跃升老二。赵家在大火并中为范

卷九 真真假假的『赵氏孤儿』

家出了不少力,同样获得了巨大利益。中军佐赵武被认定是下一任正卿人选,赵家还分得了一部分栾氏封地,家族实力一下子上升到了第三位。可以说,赵氏家族复兴了。韩氏和魏氏家族的力量也有所增长,特别是魏家,几乎可以和韩家平起平坐了。

公元前548年,也就是栾氏叛乱被平定两年之后,范匄去世了。赵武升迁成了中军将。新一任晋国六卿的名单如下:

中军将:赵武

中军佐:韩起

上军将:中行吴

上军佐:魏舒

下军将:范鞅

下军佐:智盈

从赵氏孤儿到位极人臣,赵武走过了三十五年风风雨雨,从人生和家族的最低谷上升到了荣耀的顶峰。赵氏复兴虽然与国君的扶持和一些卿大夫的帮助不无关系,但赵武自身的人格魅力和慎重的处世态度也不可忽视。如果赵武处事不当,得不到别人信任,他就无法屡次获得被提携的机会。

以和为贵

登上了权力之巅,并不意味着赵武的人生使命完成了。正卿这个位子,绝对不是一般人可以胜任的。一大堆棘手的事情交到了赵武手上,困扰了他的余生。

什么样的事情呢?归纳起来也就四个:

一是带领晋国与楚国展开争霸活动。

二是巩固晋国在中原地区的霸权,调和晋国与各诸侯国之间的关系。

三是应对晋国内部卿大夫家族之间的勾心斗角。

四是处理好自己与国君之间的关系。

那么在赵武担任正卿时,晋国与楚国的争霸形势是怎样的呢?

晋悼公在位时期,晋国牢牢控制着中原地区的霸权,使楚国不敢再窥视北方。他唯一失利的地方是在秦国这一环,秦国依旧与楚国结盟对抗晋国。晋悼公在公元前559年派兵伐秦,却因为栾黡骄横跋扈,不服从

中行偃的指挥,导致了晋军惨败。

晋悼公中兴是晋国霸权最后一次回光返照了。他去世之后,继任卿大夫之间的斗争愈加激烈,晋国霸权不断衰落,晋国在中原地区的影响力日渐式微。

赵武的前任范匄打掉了老冤家栾氏家族后,又发起了对齐国的讨伐战。当时齐国刚刚经历了一场内乱,无力对抗晋军,便向晋国求和。打赢了国内外两个敌人,范匄变得极其骄横狂妄。有一次,一位鲁国使者来访晋国,范匄接待时问鲁使:"古语的'死而不朽'是怎么讲的呢?"没等鲁使回答,范匄自己说道,"我范家祖祖辈辈都很富贵,到了我这一辈,又执掌了晋国大权。'死而不朽'应该就是指这样吧,哈哈哈!"

吹嘘自家的荣耀还不够,范匄的贪欲也在膨胀,他不仅出动军队与一位大夫争田,而且提高了诸侯对晋国的贡赋,向各国大肆勒索。当时的郑国名臣公孙侨(字子产)写信指责范匄说:"你做了晋国正卿,四邻诸侯没听说你有什么德政,却只听见你提高了贡赋标准。你这样下去,不怕诸侯们背叛晋国吗?"

赵武与范匄不一样,他性情温和,家族势力尚小,所以他担任中军将之后处事方式与前任有很大不同,总结起来,也就四个字——以和为贵。

赵武上台后的第一件事就是和睦诸侯。范匄提高了贡赋标准,把晋国的形象败坏得不成样子了,齐国和郑国明显表现出了要叛离晋国的迹象。赵武当机立断,废除了范匄的恶政,降低诸侯的贡赋到原来的标准,还提高了对诸侯使者的礼遇,以挽回晋国的声望。此举一出,立刻博得了诸侯们的好感。

赵武觉得这还不足以扭转晋国的国家形象,需要再做一些有意义的好事,让诸侯们感受到霸主的风度。

赵武继任正卿的前一年，也就是公元前549年，齐国发生了动乱，一位名叫乌余的大夫带着自己的封邑廪丘（今山东郓城西北）从齐国分裂了出来，转而要投靠晋国。当时齐、晋两国仍然交恶，范匄便同意了给予乌余保护。

这个乌余并不是什么好人，背叛了自己的祖国还不安分，仗着有晋国做靠山，居然做起了打家劫舍的强盗勾当。他在廪丘培植了一支小军队，四处袭扰周边诸侯的城镇。诸侯们对乌余恨得咬牙切齿，但又害怕得罪晋国，一直不敢拿他怎么样。乌余的气焰愈发嚣张，开始攻城略地，在短短两年时间里，居然先后侵占了卫、鲁、宋三国的三处城邑。

赵武对乌余狗仗人势极其厌恶，决心好好教训这个给晋国抹黑的恶棍。他秘密照会了卫、鲁、宋三国，通知他们派人来接收失地，但要保证行动隐秘。接着，赵武说服了晋平公，假命赐给乌余封地，却派了一个叫胥梁带的人带着三国武士，冒充是晋国国君的特使，来到了廪丘。

乌余不知是计，兴高采烈地带了一帮党羽出门迎接。胥梁带见时机成熟，一声令下，那些假扮的武士便将乌余连同他的党羽全部拿下了。随后，赵武剥夺了乌余的大夫之位，没收了他的土地物归原主。整场行动兵不血刃就完成了，大快人心。赵武又一次为晋国加了分，"诸侯是以睦于晋"。

解决了东边，赵武又把目光投向了西边的秦国。秦、晋两国从好亲家变成老冤家，上百年的时间里打了数十次战争，双方都被拖得筋疲力尽，尤其是秦国，国家贫穷，实在禁不起与超级大国晋国长时间对抗。两国都希望进行真诚的和谈。

赵武顺水推舟，多次派人到秦国表达停战意愿。经过了一段时间的谈判，公元前547年，在秦国的公子针访问晋国期间，两国签署了停战协定。秦、晋两国上百年的恩怨终于告了一个段落，接下来两国维持了一百多年和平，双方的下一场战争要等到战国时期发生了。

和睦了诸侯,赵武还不忘一直落寞的周天子,他派老朋友韩起拿着不少财物去洛邑拜访了周灵王(名泄心)。周灵王不敢相信这个时候还有诸侯来朝见,他担心韩起另有所图,便问:"你来做什么啊?"韩起回答:"在下只是按照礼制来向天子进献贡品,没有别的事。"周灵王感动地说:"你们韩氏没有丢弃礼制,一定会在晋国繁荣昌盛的。"

卫国的挑衅

在赵武的主持下,晋国向其他诸侯展示出了友善的国家形象。然而,天下局势并不是他一个人能掌控的。卿大夫之间的内斗严重地削弱了晋国国力,晋国国君在能力和品行上都无法服众,晋国很难维持霸主地位了。赵武虽然有心维持和平,也不得不在某些场合动用武力。

公元前547年,卫国大夫孙林父带着自己的领地戚邑(今河南濮阳)投奔了晋国。这一事件引发了晋国和卫国之间的纷争。

事情的起因要从十二年前说起。卫献公(名衎kàn)有一天邀请大夫孙林父和宁殖吃饭,两位大夫早早就来了,没想到他们从早上一直等到太阳落山,也没等到国君的身影。两人的肚子饿得咕咕叫,便询问卫献公身边的侍从。侍从回答说:"君上今天一天都在宫苑里打猎。"两人道:"可否带我们去见一见君上?"侍从便带着二人去了宫苑,经过层层通报,二位大夫在苑外等候的消息终于被告知卫献公。原来,卫献公今天打猎太兴奋了,以至于把宴请孙、宁二人的事忘得一干二净。

　　得知二人在外等候，卫献公没有换上正装，穿着打猎的衣服就出来接见他们。按照古代礼节，无论君臣，相见的时候都要穿上正装以示庄重，穿着其他衣服见面，是非常失礼的行为。二人看见卫献公随随便便就来见他们，感到不被尊重，心生气愤。又想到被卫献公放了鸽子，整整饿了一天，两人的气愤顿时生长为仇恨。

　　最终促成孙林父等人叛乱的导火线，则是孙林父之子孙蒯（kuǎi）和卫献公之间的另一场宴会。那天，卫献公大摆宴席，宴请诸位大夫。他喝得兴起，便让乐师演唱《诗经》助兴，点名要听《巧言》那首诗。

　　本来《巧言》是描写一位爱国志士对谗言误国的忧虑，没有别的意思。偏偏诗歌的最后一章写的是："彼何人斯？居河之麋。无拳无勇，职为乱阶……"而孙氏的封地在戚邑，处在卫河上游。乐师把这句诗唱出来，孙蒯听着很不舒服，仿佛卫献公在借乐师之口说孙家"居河之麋"，"无拳无勇"还想谋反作乱。

　　孙蒯回去之后就把这件事对父亲说了，孙林父勃然大怒，你卫献公影射我孙家要作乱啊，好，我就真作乱给你看！于是，孙林父联合宁殖，发动了兵变。卫献公仓皇逃跑，孙林父带兵穷追不舍，卫献公只得派人来求和，孙林父却将这些使者统统杀死。最终，孙林父在卫、齐边境将卫献公的军队击溃，卫献公孤身一人逃亡到了齐国。

　　叛乱成功后，孙林父拥立卫献公的叔叔公子秋为新君，是为卫殇公。然而，到了公元前547年，事情又发生了转折。孙林父和宁殖之子宁喜因为争权而交恶。宁喜见孙氏势力大，国君卫殇公都在他的掌握之下，便又发动了一场政变，杀死了卫殇公，孙林父被迫逃回封地戚邑。

　　宁喜派人到齐国把卫献公迎接回来。重返君位的卫献公当即便发起对孙林父的报复，派兵进攻戚邑。孙林父自知不能敌，干脆带着戚邑投靠了晋国，以请求晋军庇护。

　　因为卫献公素来与晋国不和，而且经常联合齐国攻打其他国家，晋国人早就对他恨之入骨了，而孙林父一直以来都亲近晋国，是晋国在卫国的重点扶持对象，所以赵武接纳了孙林父的投靠，还派遣一支部队帮他守卫戚邑。

对孙林父无比仇恨的卫献公不顾晋国干涉，继续派兵攻打戚邑。在攻城战中，卫军杀死了三百多名守城的晋军士兵，一点不给霸主晋国面子。闻知此事的晋平公暴跳如雷，让赵武在澶渊（今河南濮阳北）会盟鲁、宋、郑、曹四国，发起联军讨伐卫国，最终攻占了六十多座城邑交给孙林父。

卫献公一看情况危急，连忙派宁喜等人到澶渊向晋国求和。赵武完全不给好脸色，以宁喜弑君为由将他抓了起来送往晋国。卫献公亲自来晋国为宁喜说情，晋平公却把他也扣押起来。

晋国包庇卫国的叛臣，还将卫国国君拘留，一时间轰动了整个中原，郑国和齐国国君连忙赶来晋国为卫献公求情。赵武见事情越闹越大，万一诸侯们纷纷叛离晋国就得不偿失了，便劝谏晋平公说："晋国之所以是霸主，是因为我们宣扬道德，惩治邪恶。现在君上却为了一位臣下而拘禁国君，不太合适吧？"

可惜晋平公表面上赞同赵武，却并没有下令释放卫献公，他不能释怀卫献公对晋国的冒犯。他把卫献公等人一关就是半年。直到年底，无可奈何的卫国人终于想到了一个办法——送美女。

晋平公之好色早就在诸侯中流传了，大多数时间他都躲藏在深宫中与嫔妃宫女嬉戏。卫国人针对晋平公的这一喜好，从公族中挑选了一位漂亮的少女进献给他。晋、卫两国都姓姬，按照周礼，同姓男女是不能通婚的，但晋平公被美色吸引，全然不顾这个规矩，接纳了这位美女。

得到美女的晋平公一下子变得非常好说话，没过几天，便同意了释放卫献公和宁喜。但对于叛臣孙林父，晋平公坚持保留他的封地戚邑，并且继续让晋军给予庇护。卫国人只能妥协。

卫献公回国第二年就过河拆桥，以宁喜专权为由将他处死了。孙林父则在晋国的保护下安然度过了余生。他治理下的戚邑由于交通便利，成了远近闻名的繁荣之地，诸侯盟会经常在戚地召开。吴国圣人季札曾途经这里，给孙林父以劝告，希望他不要仗着有晋国庇护，而沉迷享乐、无视他人。

这场风波结束了，但晋平公收受美女才放人的举动使晋国的国家形象大打折扣。幸好正卿赵武一直以温和姿态示人，苦心维护与其他诸侯的关系，诸侯们才没有背叛晋国。史书评价说："赵文子（赵武）贤，故平公虽失政，而诸侯犹睦。"

第151章

和平大计

晋国在赵武的努力维持下,还能保持一定程度的霸主威望,但时代变化使得晋国对争霸活动越来越有心无力了。

当时,各诸侯国面临的主要问题是公室力量衰落和卿大夫势力坐大。其原因和周王室衰落的原因相似:公族子弟越来越多,中原地区的土地开拓已经饱和,诸侯们只能把公室的土地也分封出去,这就导致国君的财富逐渐缩水;诸侯国的国政又依赖于个别卿大夫主持,这些卿大夫世袭权力和职位,家族势力越来越大,他们大肆侵吞国家财富,霸占政府要职,国君的地位因此愈发衰落。

这种情况在晋国尤其严重。晋国卿大夫的权力本来就强大,再经过这么多年的兼并和扩张,六卿的地盘占据了晋国绝大部分国土,他们把精力放在扩张势力和防备被其他家族吞并上,根本没有兴趣去和别的国家较劲。而晋国国君几乎是提线木偶,在国家大事上没有话语权,又怎么可能带领晋国争霸?

争霸的另一个主角楚国虽然实行中央集权,没有这种问题,但目前的处境也很糟糕。政治腐败、内部倾轧和吴国袭扰,让楚国人对北上争霸力不从心。于是,往日轰轰烈烈的晋、楚争霸停滞下来。

这种情况,身为正卿的赵武最清楚不过了。与其把精力继续放在已失去意义的争霸上,倒不如与楚国停战,转而把精力放在发展自己家族的实力上,争取在下一轮六卿火并中幸存下来。晋、楚两国的第二次弭兵之盟就在这样的背景下产生了。

当时楚国令尹是屈建(字子木)。赵武打听过屈建的为人,曾对鲁国使者叔孙豹说:"武也知楚令尹,若敬行其礼,道之以文辞,以靖诸侯,兵可以弭。"认为屈建通情达理,能够与之和谈。

那么,找谁和楚国人接洽呢?

想让晋、楚两国停战的不只是晋国人和楚国人,还有夹在两国中间、连年遭受战乱的中原诸侯们。上一次弭兵之盟就是宋国的华元做了中间人,在晋、楚两国之间斡旋调停。现如今,华元已经去世,宋国左师向戌同样热切希望晋、楚两国能弭兵和谈。他继承了华元高超的公关手段,在晋、楚两边都编制起关系网络,准备在时机成熟的时候也当调停人。

赵武向叔孙豹说起想和屈建弭兵后不久,得知消息的向戌就亲自来到晋国,向赵武表示自己和屈建很熟,可以充当和平使者去楚国递橄榄枝。

弭兵这样的大事,赵武不敢轻率地独自做出决定。他将此事通告了六卿,希望根据六卿的统一意见来执行。听说赵武要弭兵,韩起立即站出来为老朋友说话。他说:"战争残害人民,损耗钱粮,更是国家的灾难。现在宋国人想让我们和楚国停战,即使谈判不能成功,我们也要答应。如果我们不答应,而楚国那边答应了,那么楚国就收获了声望。若他们以此来召集诸侯,我们就失去盟主的威望了。"众卿纷纷表示赞同，赵武随即便派向戌去往楚国交涉。

向戌去了楚国沟通，楚康王和屈建也表示愿意和谈。向戌接着又去了齐、秦两国斡旋，因为二国同属强国，如果它们不愿意和平，弭兵这事儿也难以实现。

出乎众人的意料，齐国一开始不同意弭兵。原来，齐国一直以东方大国自居，对晋国是貌恭而心不服，对楚国更是鄙夷。弭兵是晋、楚两国主导的事情，齐国人生怕两国商定的盟约对自己不利，打心眼儿里排斥。但理智的人还是有的，齐国大夫田须无就劝国君说："晋国和楚国都同意弭兵了，我们不能阻止了。更何况和平是天下人的心愿，我们如果不同意，怎么获取民心呢？"

齐国最终同意了。

秦国则厌倦了打仗，先前便已和晋国讲和了，所以向戌很顺利地说服了秦国参加弭兵会盟。接着，向戌又派人去了其他诸侯小国，告知了他们弭兵大会的时间与地点，邀请众诸侯参加。

晋、楚的第二次弭兵会盟启动了。根据向戌与诸侯们的商定，弭兵大会的地点选在宋都商丘的西门之外，时间定在公元前546年五月到七月。

参与大会的国家除了晋、楚、齐、秦、宋，还有鲁、卫、陈、蔡、郑、许、邾、滕等国，总计十四个，几乎所有重要的中原诸侯都来了。

然而，会盟一开始，就进行得很不顺利。

为了表示诚意，赵武是第一个来宋国的，宋国人也用了最隆重的礼仪招待了赵武一行。接下来的几天，各诸侯的代表陆陆续续地来了，唯独楚国令尹屈建迟迟不来。原来，屈建认为宋国是晋国的盟友，担心在对方的地盘上会盟有危险，就带着楚国使团在陈国停留观望，打算确定安全了再去往宋国。

这次和平之会这么难得，屈建也不想无果而终，就派了使者来传递

消息。这位使者就是公子黑肱,他后来与弟弟公子弃疾等人一起发动政变,推翻了哥哥楚灵王,却被弃疾欺骗而自杀。

黑肱代表屈建来到商丘与赵武谈判。经过一番讨价还价,赵武和黑肱大致达成了两国休兵停战、平分天下霸权的意愿。

框架敲定了,接下来就是商讨具体的条款和细节。这一回,轮到向戍作为北方诸侯的使者,与黑肱一起去往陈国与屈建进行磋商。在谈判过程中,屈建提了一个条件,那就是楚国的仆从国可以朝见晋国,同样,晋国的仆从国也要向楚国朝贡。对于这个关系晋国利益的条件,向戍不敢擅自做主,又亲自跑回来,将屈建的话一五一十地告诉了赵武。

仆从国互相朝见?屈建的这个条件表面上看起来很公平,实际上对于晋国来说是相当不公平的。

当时晋国的仆从国主要是鲁、郑、卫、宋、曹、莒六国,而楚国主要的仆从国只有陈、蔡、许而已。如果同意这个条件,楚国可以轻易得到几个大国的朝贡,晋国却只能收获几个小国的朝贡,这笔账晋国是亏本的。

但是赵武不愿考虑这么多了,他眼下最想做的是让这次弭兵会盟圆满成功,好给晋国还有赵家一个和平的外部环境。既然晋、楚两国要平分天下霸权,让诸侯们互相朝见又有何妨呢?反正增加的负担都是仆从国承担。赵武就接受了屈建的条件。

关键问题来了,晋国接受这个条件,齐、秦两国却肯定不会接受,因为这两个强国分属晋、楚两大阵营,让它们低头去两头朝拜,人家这大国的脸面往哪里搁?怎么办呢?那就施加压力,晋国想办法逼迫齐国朝见楚国,而作为同等条件,楚国也要逼迫秦国来朝见晋国。

于是赵武告诉向戍:"晋、楚、秦、齐四国是地位相等的国家,晋国不能使唤齐国,犹如楚国不能使唤秦国。如果楚国能让秦国屈尊来朝拜我国,我晋国怎敢不向齐国请求?"

向戌又赶紧跑了陈国一趟，把赵武的话转述给了屈建。屈建对这个条件很为难，因为以秦国的实力，是不会屈服于楚国的指令而去朝拜晋国的。他不敢做主，就派信使快马加鞭，跑到郢都向楚康王请示。

获得消息的楚康王仔细考虑，想逼迫秦国两头朝拜是绝对不可能的，就干脆把它排除在外吧，秦国不用去朝见晋国，齐国也不用来朝见楚国。

楚康王的意思经过层层传递，终于在几天后由向戌告诉了赵武。赵武觉得少了齐、秦两国也无所谓，便也同意了。当天晚上，赵武便和黑肱重新商定了盟约内容。黑肱第二天拿着盟约草稿回到了陈国，交给屈建审核。屈建看过表示同意。

经过这么一番周折，晋、楚两国总算是就弭兵盟约达成了一致。接下来就需要赵武和屈建歃血为盟昭告天地了，屈建不得不来到商丘。他不是一个人来，还带上了许多杀气腾腾的士兵，在商丘城南扎下营帐。就这样他还是不放心，又命令接下来参加歃血仪式的楚国官员全部在衣服里穿上铠甲，并且宣称："到时候找机会干掉赵武，晋国就会被削弱了。"

屈建的这些安排遭到了自己人反对，随行的伯州犁提出："我们来会盟诸侯，却做出不诚信的事情来，恐怕不可以吧！诸侯们都希望楚国能讲信用，如果我们不讲信用，他们怎么相信我们而归附？"屈建不以为然，回答说："晋、楚两国互相不讲信用已经很久了。只要事情对我们有利，哪里还需要谈什么信用！"

那么，屈建是真心想在会盟的时候杀死赵武吗？

不是。如果他是为了杀赵武而来，就不必像先前那样费尽周折地谈判了，干脆一口应允，立刻赶过来动手。再换个角度说，如果在盟会上杀死了赵武，屈建定然会被攻击，是极难脱身的，他不会愿意在这种场合赔上性命。所以，屈建声称要杀赵武，很大程度上只是装腔作势，为的是恐吓晋国不要乱来。

卷九 真真假假的『赵氏孤儿』

赵武这边也对安全有所准备，早先便已安排了一帮人马在城外驻扎。一时间，商丘城郊兵营遍地，军旗飘扬，仿佛是一处即将爆发战斗的战场。

这种紧张而又尴尬的气氛让每一位与会人员都感到了恐惧，赵武身边的一位大夫就对赵武说："楚国那边的气氛很不对劲，如果他们对我们不利，该怎么办？"赵武非常自信地回答："我们向左一转，便可以进入宋都商丘躲避，他们能把我们怎么样？"

没多久，屈建计划在盟会上杀死赵武的消息传到了晋军军营（很有可能是伯州犁泄露的），赵武觉得情况危急，便找来大夫羊舌肸商量对策。羊舌肸分析说："元帅你不用太担心。普通百姓之间做了不讲信用的事情尚且不可以，何况一个国家？说话不算话的人是会遭到报应的。屈建想依靠楚国的威望召集诸侯，却做出失信的行为，是不会有诸侯帮助他的。而且，宋国是我们的盟友，一定会保护我们，帮我们抵御楚国人，屈建就算人多也没有用。元帅你不必担忧这件事。"

听了羊舌肸的分析，赵武放心多了。他下令军中一律使用简易的篱笆作为兵营的围墙，撤除一切岗楼，不做隐蔽的行动，还把所有战车拉往别处停放。这样一来，晋国的"守信"就与楚国的"失信"形成了鲜明对比，晋国加分。楚国这边也不再为晋国可能的埋伏紧张，屈建也下令楚军兵营只用篱笆围绕。

会盟的日子终于到了。

偏偏在这个时候，齐国和宋国又有事了。它们提出邾国和滕国分别是齐国和宋国的附庸，不能像其他诸侯一样两头朝拜晋、楚两国。齐国和宋国提出这个要求，为的是给自己的国家标榜地位：我齐国是东方大国，我宋国是弭兵会盟的发起者和东道主，怎么也得赚一点吧？这两个小国就只用向我们朝贡，不必两头朝拜了。

算了吧，何必再为两个小国争吵呢？赵武和屈建都答应了要求，把邾国和滕国从两头朝拜的诸侯名单上除去。

鲁国见邾国和滕国这两个小邻居能有这般待遇，可以省下一大笔金钱，心里头痒痒，便决意效仿。鲁国国君给参加会盟的鲁国代表叔孙豹发出指令，要求他提出鲁国做与邾、滕两国地位相等的三流国家，不做两头朝拜的二流国家。

叔孙豹获得命令后非常生气，说："邾国和滕国是别人的附属国，我们鲁国是礼仪之邦，论尊位仅次于周王室，怎么可以与这等小国相提并论？宋国和卫国才是与我们地位相等的国家，我拒绝执行这个命令。"好面子的叔孙豹最终没有按照国君的命令行事，鲁国与其他诸侯国并列，需要两头朝拜晋、楚两国，被写进了盟约。叔孙豹是鲁国三桓贵族，回国之后，鲁君也不敢对他有所惩罚。

公元前546年七月，经过将近两个月的艰难谈判，十四个诸侯国最终达成了协议，内容大致如下：

1. 晋、楚为友邦，两国及麾下诸侯国不得对彼此发动战争。

晋、楚并为霸主，地位相当。其余诸侯国侍奉晋、楚的礼仪与标准相同，不分南北。

2. 晋、楚皆有义务保护其余诸侯国的利益、财产、领土、人民。

3. 除齐、秦、滕、邾四国之外，晋国的仆从国必须朝聘于楚，楚国的仆从国也必须朝聘于晋。

按照既定的程序，宋国人在商丘城外堆积起了高台，正式举行弭兵会盟的歃血仪式。仪式当天，十四国诸侯的代表纷纷就座，底下的仆役们则忙着杀牛、接牛血、割牛耳。这个时候，一个难题出现了，这个问题估计赵武和屈建都没有考虑过——

谁来主盟呢？简单点说，就是赵武和屈建两个人谁先把牛血涂到自己的嘴上呢？

这个问题事关国家地位，赵武和屈建都不愿让步，两个人吵了起

来。赵武义正词严地说道:"晋国本来就是诸侯之长,从来都没有先于晋国歃血的!"屈建则反驳说:"刚刚你们还说晋、楚两国是地位相等的国家,现在却要争先歃血,那不是表明我们楚人地位在你们晋国人之下吗?更何况,也不是只有你们晋国主盟,我们楚国人也曾主盟。"

羊舌肸见场面僵持,连忙把赵武拉到一边,悄声对他说:"霸主的威势,关键在于德行,而不在于谁领先歃血。元帅您如果能以忠信辅佐国君,补救诸侯们的缺失,即使歃血在后,各国诸侯也会拥戴你,何必一定争先呢?如果违背德行,靠金钱和小聪明来成就事情,即使今天领先歃血,到头来各国诸侯也会将其抛弃,何必一定领先呢?元帅努力修德,必能压倒楚国,不必去争谁先歃血。"

羊舌肸是劝赵武不把盟主这种名誉看得太重,国家地位不局限于头衔,最重要的还是信誉和权威。眼下最要紧的是圆满地把弭兵会盟完成,退让反而能体现晋国的大度。

听了羊舌肸的话,赵武勉强平息了心中的怒火,再一次选择了忍让,拱手把盟主的位子让给了屈建。大喜过望的屈建带领众诸侯昭告天地,朗读盟约,然后带头将牛血涂在自己的嘴上。赵武则屈居其下,与其余诸侯一样,跟着屈建完成了以上动作。

这场颇具历史意义的会盟终于完成了,但失去盟主地位这件事还是让一向温和的赵武极其窝火。在接下来的宴会上,赵武的脸一直很臭,没有心情和其他使者交谈。屈建主动向他问好搭话时,赵武更是一言不发,只让羊舌肸替他回话。

在此后的四十多年时间里,晋、楚两国再也没有发生直接战争,中原各国获得了极其宝贵的和平环境。不过,国与国之间的斗争减少了,诸侯国内的矛盾却浮出了水面。比较明显的就是各国卿大夫坐大,与公室争权夺利,内战明显增多了。可以说,第二次弭兵会盟是春秋时期一个重要的分水岭。

第152章

小心做人

赵武费尽了千辛万苦，为晋国争取了和平的外部环境。在此后的一段时间，他继续为了维系和平奔走劳累，与列国打好关系，斡旋调解一些国际争端。而在晋国国内，他仍然小心做人，对国君和其他卿大夫一直保持谦恭的态度，不让任何人抓住对自己不利的把柄。

早在栾氏刚被灭亡的时候，范家和赵家就因为瓜分栾氏封地的事情产生了矛盾。两家争夺的是一个叫州（今河南沁阳南）的城市，那时赵武担任中军佐，很想获得州邑为赵家扩大地盘，便提出州邑原来是从温县（以温邑为中心的地方行政区域）划分出去的，而温县是赵家的封地，按理说州邑应该归属赵家。

他的这个要求很快被范匄拒绝了。范匄认为，像州邑这样从某处划分出来的城市在晋国太多了，就不要考虑它们原来的隶属了，更何况，州邑自郤氏当政以来已经变换过三次主人，它旧时归属于哪一家根本不值得探究了。

范家势力大,赵武只能舍弃了对州邑的要求。等到范匄去世,赵武当上中军将之后,赵武的儿子赵获认为现在赵家有了权力,便劝父亲强取州邑。但赵武不想和范家翻脸,当场训斥赵获说:"他们已经说了州邑不该属于我们,这是义理!我们违背义理,便有灾祸!"接着赵武又在府中下了命令:"有言州者必死!"

终赵武一世,赵家都没有再提出对州邑的封地要求。

对待晋平公,赵武也保持敬重,即使是一件小事,他也会考虑是否会冒犯国君的权威。

有一年,赵武新盖一座宅邸。在建造过程中,赵武觉得有光滑椽(chuán)子的屋檐更加美观,便让工匠在把椽子砍削后再打磨好。

施工的时候,一位叫张孟的朋友在傍晚时分来拜访。张孟看见工匠正在打磨椽子,还没与赵武见面就折返了。赵武得知这件事后,感觉自己一定有做得不对的地方,便赶紧赶到张孟的住所,问他:"我若有不对,你应当告诉我,怎么走得这么快呢?"张孟回答说:"天子的宫殿,砍削房椽后要粗磨,再用密纹石细磨;诸侯宫室的房椽只要粗磨;而大夫家的房椽只能砍削,是不能打磨的。现在你显贵了,却忘记了等级尊卑和礼仪,以诸侯的规格建造房屋。我担心你惹祸上身啊!"

赵武心里咯噔一下,自己本想让房子更精致美观些,却忘记了等级限制。虽说当今天下礼崩乐坏,诸侯冒犯天子、大夫冒犯国君早不是稀奇的事,但礼制尚存,赵武不想因这种小事落下狂妄不尊的口实,便立刻赶回家,让工匠停止打磨椽子,将粗糙的椽子直接安装到屋顶上。为了给后代以警示,赵武还命人把先前打磨过的椽子保留起来,显示自己差点儿犯下僭越的错误。

观察赵武的这些处事方式,可以很清晰地看出他一直在忍让和退缩。与诸侯外交时,他忍;与楚国签订弭兵之盟时,他忍;与其他卿大夫打交道时,他也忍。他希望通过牺牲自己的利益,来保持良好形象,维持与他人的和谐关系。

没必要指责赵武软弱。当时赵家势力尚小,晋国的国内矛盾极为严重,赵武身为正卿,面对压力,就像在鸡蛋上跳舞。他只能用温和与忍让自保,并维护好业已衰落的晋国的霸主形象。这种为了大局甘愿退让的气度,不是一般的人物所具备的。

史书上对赵武的政绩非常认可。《左传》评价在他执政期间"师徒不顿,国家不罢,民无谤讟(dú),诸侯无怨,天无大灾"。意思是说,赵武兢兢业业这些年,做到了不劳累军队和政府,百姓和诸侯都没有怨言,上天也没有降下灾祸。

能在乱世之中维护一方安宁,有什么理由不去肯定呢?

卷九 真真假假的「赵氏孤儿」

混日子的老头

赵武为了保全小家又顾全大局,尽力了。但长期的忍让和退缩终究让他丧失了锐意进取之心。

有一年,赵武和一位周王室的使臣在洛水附近会面。周使钦佩于赵武的贤能,希望他有大作为,便以大禹为话题,说:"大禹的功绩和德行真是影响深远,如果没有大禹,我们恐怕都要变成鱼了吧。您是远近闻名的贤人,定能效法大禹的德行,做出更伟大的造福百姓的事情吧。"

如果是别人被周使这番奉承,定会得意扬扬,然而赵武已然厌倦了政治生活,无心去比照和效仿什么伟人了。他冷冷地回答:"我这个糟老头子是苟且度日,混口饭吃而已,早上想不到晚上的事情。只要不犯什么过错就好,哪里会去考虑这么长远的事情。"

这正是晚年赵武的内心写照。

失去进取之心、只想混日子的最直接表现便是老气横秋,对凡事都抱着无所谓的态度。赵武在晚年正是这个样子，他在正卿任上的最后几年，每天都愁眉苦脸，时不时便唉声叹气，笑容很少出现在他的脸上。

这个情况被鲁国的叔孙豹看出来了。公元前542年，赵武会盟诸侯，叔孙豹参加了。会盟结束后，叔孙豹私下里对人说："我看赵武不久就要离开人世了吧。他说的话毫无远虑，完全不像是一个领导人物。年刚五十，却显得有气无力，好像八九十岁的老头子似的……"

确实，赵武的人生要走到尽头了。

第二年，久居深宫的晋平公生病了，病得很严重。赵武到秦国请了一位名医给晋平公诊治。检查身体后，秦国医生对晋平公说："君王的病是治不好了，正所谓'近女室，疾如蛊。非鬼非食，惑以丧志。良臣将死，天命不佑'。"医生的话很直白，他说晋平公的病完全是纵欲所致，身体就如同受了蛊毒一样萎靡不振。

晋平公不相信医生的诊断，问："寡人连女人都不可以接近了吗？"医生回答："君王需要的是节制，任何享乐都不能过度。"

医生退出来之后，向赵武做了禀报。赵武叹了一口气，自责说："君上如此，晋国之中还有谁堪称良臣呢？"医生连忙劝道："赵大夫您就是啊。大夫辅佐晋国八年，国内没有动乱，国外没有诸侯叛离，很是贤能。但是小臣以为，您作为国家重臣，享有无比的荣耀和俸禄，就应为国君的不当生活承担责任。是您没有好好地规劝和制止国君淫乱啊，您会为此受到上天责罚的。"

秦国医生虽然一开始肯定了赵武的功绩，但主要意思还是批评赵武没有尽到为臣的责任，没有管束晋平公的私生活。他这般指责，是根本不了解赵武的难处。当时晋国国君已经掌握不到实权了，公室的资产已被六卿侵吞，晋平公出门，连车夫和护卫都找不齐。面对大权旁落的困境，晋平公只能纵情享乐，依靠营造宫室、收集美女打发日子。赵武就算规劝，晋平公也无法做明君。但一个外国医生说出这样的话，反映了

卷九 真真假假的『赵氏孤儿』

当时天下人对赵武的总体评价。赵武以牺牲小我的态度温和示人，苦心维护晋国国内外的和谐关系，在一些问题上睁一只眼闭一只眼，不去冒犯国君，却仍然受到了很大的非议。

这是为什么呢？赵武"好人"做得太久太出名，周围人总会对他抱有更高的期望，当赵武做不到的时候，批评的声音就来了。世界就是这样，做个"好人"真的很难。

在生命的最后一年，赵武心力交瘁，对所有批评都只能消极对待，不申辩，不反驳，只求平和地度过最后的时光。病重的晋平公活下来了，看起来一直健康的赵武却没能挺过这一年。公元前541年腊月，赵武在封地温邑参加完祭祀仪式，便在家中与世长辞了，谥号"文"。

这位努力维系霸主最后荣光的敦厚长者去世了，晋国霸业走向了没落，时代主线变成了卿大夫家族之间的较量。这些较量不再是彬彬有礼的贵族竞技，而是灭族绝祀的残酷杀戮。赵氏家族即将面临更加严峻的考验。

卷十 内战生存法则

晋国霸业衰落,让六卿争斗愈发白热化。
大规模内战即将席卷而来,赵氏家族该如何应对?

良好家教

史书记载赵武的儿子有两个,长子赵获,次子赵成。赵获我们前面提到过他,他曾向父亲提出依靠中军将的权力强取州邑,而被呵斥,可见此人是一个头脑简单、莽撞的人。此时晋国六卿之间的权力游戏已发展成血腥的丛林生存,赵武为了让家族有能力突出的领导人,就违背宗法制度,选择了次子赵成为新一任赵氏宗主。

史书对赵成着墨不多,他在晋国最高只当上了中军佐,没能成为首屈一指的中军将,可见他的能力和威望不如父亲。不过史书对他还是有良好的评价,称他工作上"能纂修其身以受先业,无谤于国",说赵成继承了父亲温和谦恭的品格,在国内没有人毁谤他。而赵成在家庭教育上,"顺德以学子,择言以教子,择师保以相子",即言传身教,以身作则,还聘用好老师引导和教育子女,是非常合格的父亲。

这一切都深深影响了赵成之子赵鞅的成长。

赵鞅谥号"简",在赵国历史上是一位举足轻重的伟大人物。他与

儿子赵襄子（赵毋恤）奠定了整个赵国的基础，二人的功绩被合称为"简襄之迹"和"简襄之烈"，以至于后来的赵武灵王在实行"胡服骑射"、扩张赵国国土的时候，声称自己是要继承"简襄之烈"。

少年时期的赵鞅饱读诗书，智慧过人，继承了祖父和父亲温和谦恭的品格，是一个翩翩君子。

父亲英年早逝，赵氏宗主的重担便落在了年轻的赵鞅身上。此时六卿已经大致完成了对晋国的瓜分，六大家族各占一方，领地几乎成了国中之国。

六卿中实力最强的范家以朝歌为大本营，领地主要位于晋国的中部和东部，掌握着晋国最为富饶的土地。封地物产丰富加上范家人巧取豪夺，使其成为晋国最富有的家族。范家豢养了大量家兵，配备有战车、铠甲，战斗力可媲美二等国力的诸侯国军队。范家还与中行氏家族结成同盟，在晋国拥有无可匹敌的优势。不光在国内拥有强大的根基，范家还通过联姻、贿赂等各种手段，与外国的一些卿大夫家族发展关系，使其成为自己的外援。

赵家则以南方的温邑作为大本营，但其领地分散零碎，而且大多在贫瘠的北方，财富和家兵数量都不如范家。但是赵家与韩家关系不错，韩家的领地主要分布在晋国南部，宗邑设在平阳（今山西临汾附近），两家联合起来，对范氏来说是不可小看的对手。

魏家平定栾氏叛乱有功，获得了晋国第二大城市曲沃为封邑，成为晋国新兴贵族中崛起最快的一支力量。他们以晋国西南方的安邑（今山西夏县）为大本营，拥有晋国西部的土地。

智家则在六卿中实力最弱，领地大约集中在晋国中部。他们曾经依附在中行氏之下，但两家关系已经破裂。智家和魏家一样，没有和任何家族联盟，保持着相对独立的姿态。

当时，与晋国公室同为姬姓的一些家族还保有一部分土地，这些土地成了六卿们垂涎的最后一块肥肉，只是他们还缺少一个掠夺的理由。六卿有了这个共同目标，因而矛盾还没有达到激化的程度。

赵鞅成为赵氏宗主之时，正卿由盟友韩起担任。韩起对年轻的赵鞅非常照顾，把下军佐这个位置给了他，还让他参与了平定周王室内乱的军事行动。

当时，周景王（名贵）宠爱庶子王子朝，意图废掉太子猛。周王室因此分裂成了两派，一部分王子和大夫支持太子猛，另一部分则支持王子朝。周景王想杀掉太子猛，但还没来得及施行，就发心脏病猝死了。太子猛即位为周悼王后，立刻与王子朝开战，但他没想到王子朝的势力很大，自己反而被杀了。周悼王的弟弟王子匄继任为周敬王，依旧不敌王子朝，被打得东躲西藏。

韩起最初派下军将智跞去处理这件事，但智跞这个人是老油条一个，觉得尊王对自己没实质好处，就敷衍了事，仅仅把王子朝打跑就回国了。他斩草不除根，王子朝不断发起反扑，整整三年不能平息。

王室内乱一直拖下去不是个办法，韩起就派赵鞅在黄父（今山西沁水）会盟诸侯，让诸侯们出钱出力去平叛。

在这场诸侯盟会上，年轻的赵鞅充当晋国代表，同时还是盟主。会盟一开始，赵鞅就直奔主题，以晋国霸主的名义要求与会诸侯重视王室的这场内乱，有兵马的出兵马，没有兵马的出钱粮，支援周敬王镇压叛乱，来年晋国将组织联军彻底击溃王子朝。

但赵鞅并没有得到积极回应。换作以往，晋国霸主的命令就是圣旨，轮不到诸侯们说一个"不"字；然而，时过境迁，晋国虽然顶着天下二分之一霸主的头衔，但威望早已所剩不多了。六卿内讧火并、正卿贪婪腐败、国君淫乱昏庸，早就让中原诸侯对晋国的好感度直线下降。诸侯们愿意来参加会盟，不过是买老霸主的面子而已，真要执行援助王室的命令，还得打一打算盘。

宋国人的性情比较死板，不希望做的事会直截了当地说出来，不像其他诸侯那样敢怒不敢言。宋国代表就说："我们不去送粮食，我们宋国对于周王室来说只是宾客，王室内乱我们不想参与！"跟随赵鞅来的一位晋国大夫斥责宋国代表说："一直以来，诸侯间的会盟宋国哪一次没有参加？以前的盟辞上清楚地写着'匡扶王室'，你们怎么可以反悔，推脱这次责任？要是你让宋国背上了背信弃义的恶名，回去怎么向你的国君和人民交代？"

宋国代表被骂得哑口无言，只好在帮助王室的盟约上签了字。其他国家的代表在考虑了一番后，最终也都在盟约上签字了，表示愿意为平定王室内乱出资。但是对于组织联军平叛一事，代表们还是没能达成一致。黄父之盟勉强算是成功了。

在会盟的这段时间，赵鞅并没有对代表们板着脸，说话没有好语气。相反，因为自己是小辈，赵鞅对于大部分诸侯代表是很尊重的。得知郑国贤臣游吉参与了会盟，赵鞅特地在空闲时间拜访了他，虚心向他请教什么叫作礼制，自己怎样才能做一个守礼的人。

礼制，在当时的环境下已是一套名存实亡的制度。但它毕竟在过去是一套维系社会秩序的制度，所以人们多多少少对它有所怀念。贵族们则喜欢将礼制作为谈资，来标榜自己高尚和有文化。

这个游吉，可不是只会空谈、不学无术的草包。他耐心地从礼制的来源讲起，向赵鞅这个年轻后生解释了自己对于守礼的理解。游吉的大致观点是：守礼就是克制自己，修养身心，行动谨慎，言而有信。赵鞅听了游吉的话连连点头，回答说："我赵鞅要一辈子记住这些话。"

通过在这次盟会上的出色表现，赵鞅给会盟的各国代表留下了深刻印象。

赵鞅在第二年参与了平定王室内乱的军事行动，作为智跞的副手指挥晋军大败王子朝，迫使王子朝逃亡到了楚国，周敬王终于安全地回到了洛邑的王位上。周敬王后来趁吴军攻破楚国郢都之际，派刺客刺杀了王子朝。

可惜，韩起这个老朋友没有给赵鞅提供太久保护，于公元前514年去世了，赵鞅失去了一位可靠的盟友。中军将换成了魏氏家主魏舒。

这时，范氏家主范鞅对赵鞅伸出了"友谊"之手。

大鱼吃小鱼

范鞅当时位列中军佐,他继承了父亲内敛狡猾的行事作风,是一条彻头彻尾的老狐狸。他主动和赵鞅交好,不是出于友情,而是有着险恶的用心。

事情要从他与新任中军将魏舒的矛盾说起。

魏舒,就是当初帮助栾盈叛乱结果被范鞅策反的那位。因为有这么一段经历,魏舒与范鞅的关系总有点尴尬。魏舒对范鞅素无好感,他虽然在表面上保持中立,但心里是倾向于结好赵、韩、智三家的。

当时,仅次于晋国六卿的有两大家族,分别是祁氏与羊舌氏。祁家有两个家臣淫乱,被告发到了祁氏宗主祁盈那里。祁盈非常生气,把这两个家臣抓了起来准备处死。

得知自己有可能被处死,两位家臣极为恐惧,便托人向智跞行贿,求智跞救救他们。智跞收了钱,就向晋倾公(*名弃疾*)告了一状,不仅强行给他们翻案,还以乱用私刑的罪名把祁盈抓了起来。如此颠倒黑白,激起了祁家人的愤怒,他们发动暴乱杀死了那两位惹事的家臣。祁氏家族公然违抗君命,晋倾公下令予以镇压。六卿立刻拿了鸡毛当令箭,以谋反为由将祁家杀光,并声称羊舌家是同谋,将其一并消灭了。

这两个家族被消灭后,他们的领地如何瓜分成了一大问题。这些城市有大有小,土地也优劣不等,六家平均分配是不可能的。刚刚上任的魏舒就想了个点子,把这些地盘划分成十个县,名义上都归属朝廷,在每个县任命一名大夫,大夫只拥有行政权,没有所有权。其中四县的大夫分别由赵、魏、韩、智四家的子弟担任,另外六县的大夫由素有贤名的朝廷官员担任。

这样的分配方式看起来大公无私,地盘都归朝廷所有,这些县大夫只是为朝廷管理这片土地。实际上,四县大夫是赵、魏、韩、智四家的人,其余六县大夫则得到魏舒提携,他们肯定会在关键时刻听命于他。

魏舒的分配方式自然得罪了以范鞅为首的范氏、中行氏集团,六卿分裂为范、中行和赵、魏、韩、智两大阵营,新一轮内争开始了。

我们先来认识一下范鞅和中行寅这两个死党是怎样的人。

范鞅在前面出场过,伐秦之战时,他和栾针勇冲敌阵,后来栾盈叛乱时,他又亲自策反了魏舒,还带领手下士兵反攻叛军。可以说,范鞅能文能武,智勇双全。

范匄生前曾经担心范鞅无法控制局面,范鞅非常自信地说:"我平时恭恭敬敬地待人做事,不敢贪图安逸和敷衍了事;努力学习,躬行仁德;遇见事情就真心和大家商议,而不装模作样讨好别人;个人意见虽然正确也不敢自以为是,一定按照长者的意见去做。范匄放心地说:"这样可以免遭祸害了。"

当然,范鞅的这些话有往自己的脸上贴金的成分,但范家人一直以来的性格特征就是谨慎和熟虑。范鞅也是如此,他老谋深算,凡事三思而行。

除此之外,他还把父亲狂妄贪婪的缺点继承了。

吴王夫差有过索要百牢享礼的闹剧,而范鞅身为大夫,先于夫差做出过这种僭越的事。有一年,范鞅出访鲁国,鲁国人表示尊敬,给了他七牢享礼。范鞅居然勃然大怒,呵斥道:"你们以前给了齐国使者七牢享礼,我堂堂晋国怎么可以和齐国拥有同等享礼?分明是看不起我!赶快增加牢数!"

鲁国惹不起晋国,鲁国人不敢得罪范鞅,只好增加了四牢,凑成十一牢享礼,范鞅这才罢休。

再后来,鲁国欺凌邻国邾国,晋国派人到鲁国问罪。鲁国大夫叔孙婼(chuò)到晋国来交涉,因为态度强硬,被当时的正卿韩起扣留了。范鞅见此情景,居然私下里派人向叔孙婼索贿,称自己可以出面摆平这件事,让他安全回国,但他必须给自己一笔钱。范鞅不好意思说得太直接,让使者帮他说得委婉些。使者便对叔孙婼说:"我们家主希望叔孙大夫能送他几顶帽子。"叔孙婼是个聪明人,听出了范鞅的意思,但他十分厌恶索贿,不愿意给,干脆揣着明白装糊涂,让手下人拿出两顶帽子,交给范鞅的使者说:"帮我转交给你们家主,我只有这么多帽子了。"

只收到两顶帽子的范鞅非常生气,便撺掇韩起严惩叔孙婼。韩起犹豫再三,没有听从,将叔孙婼关了半年释放回国。

与范家友善的中行寅,其贪婪程度比范鞅更是有过之而无不及。

当时卿大夫从自己的封地征税,是按照亩数多少征收的。中行寅为了多征税款,擅自更改了领地里"亩"的面积。赵家以宽一步、长二百四十步为一亩,中行家的封地却以宽一步、长一百六十步为一亩,这样一来,其税赋足足是赵家的一点五倍。

除了在自己的领地里横征暴敛,中行寅还利用每次机会向诸侯甚至自己的同僚索贿。原本依附在中行家之下的智家便成了中行寅数次索取的对象。智跞因此对中行寅极其厌恶，恨不得生吃了他的肉。原本同宗的中行家和智家在中行寅的"好心维护"下，关系越来越僵，最终变成了仇敌。

晋国名臣羊舌肸曾经这样评价中行寅："中行寅把苛刻当作明察，把欺诈当作智慧，把虚伪当作忠心，把计谋多端当作有本事，把聚敛财富当作有才能。就好比去了毛的兽皮，大则大矣，但正是破裂的路子。他一定会先亡的。"

范鞅和中行寅的狡猾和贪婪，使得原本中立的魏舒和智跞对他们失去了好感。魏舒成为正卿后，就在瓜分祁氏和羊舌氏领地的事情上故意排挤这两个人。

狡猾的范鞅知道自己在魏舒面前属于小辈和下级，直接对抗并不合适，因此，他把目标放在了年轻的赵鞅身上，决定把赵家拉到自己这边来。只要赵家交好范家，赵、韩联盟就会解体，魏、智两家无所依凭，也就只能乖乖听命了。

范鞅很快找到了赵家的弱点——其远亲邯郸氏。

大约一百年前，赵盾的堂弟赵穿帮助他弑杀了晋灵公，他的封地就在邯郸。赵穿的后人世代居住在邯郸，以"邯郸"为氏，成为赵氏家族的一个分支小宗。由于时间久远，邯郸氏与赵氏虽有血缘关系，但越来越疏远了。

范鞅这个老狐狸在韩起还在世时就打主意削弱赵家了。精明的他看出邯郸氏将来必定可以作为撬动赵家的一个支点，便有意收买和拉拢邯郸氏。他授意中行寅把姐姐嫁给邯郸氏的家主邯郸胜，让中行家和邯郸家结成亲家。久而久之，邯郸氏终于被范鞅收买，成了范家和中行家牵制赵家的一枚棋子。

范鞅见赵鞅因为家族分裂而不敢直接与范家对抗，便开始策划下一个奸谋了。这一回，他要破坏赵家的声望，让赵鞅不得不依附于他。

铸鼎风波

公元前513年冬天，范鞅忽然向魏舒提议，说汝滨之地（今河南省中北部汝河一带）原属戎人，如今新被晋国占领，民心不稳，很容易发生暴乱，晋国应该派兵前去修建城堡据点，并且收缴当地百姓的铁器，以加强对当地的管制。至于派往汝滨的人选，范鞅也替魏舒想好了，便是时任上军佐赵鞅和下军将中行寅。魏舒不知道范鞅会有阴谋，同意了他的提议，让赵鞅和中行寅带兵去了汝滨。

到了汝滨之后，赵鞅和中行寅一面督造城堡，一面收缴当地的铁器，一共收缴了大约一鼓（相当于现在的250公斤左右）铁。按照以往的规矩，这些铁要被作为政府资源送到国都，与其他地方收缴来的金属存放在一起，由国君或者正卿统一处置。然而，中行寅没有这么做，他带着赵鞅用这些铁铸造了一个鼎，还把宣子之法铭刻在了上面。一时间，舆论哗然。

鼎在春秋时代是权力和国家的象征，在上面铭刻法律条文，相当于是以国家名义颁行了这部法律。赵鞅的先祖赵盾在担任正卿期间为了维持社会秩序，规范卿大夫们的行为，制定了一套法律。后来范匄在赵盾这套法律的基础上进行完善和编订，又颁布了一套新法，因范匄谥号"范宣子"，被称作宣子之法。

但宣子之法在原则上违背了礼乐制度。礼乐制度讲究尊卑有序、贵贱有别，生杀予夺的权力全在贵族手中，贵族说什么，百姓就要听什么，而宣子之法只讲法律，无论贵族平民都要按法律行事，贵族说什么，百姓还要看合不合法律，这就弱化了贵族的地位，在当时造成了很大的争议。因此，宣子之法一直停留在口头层面，没人敢以铭文的形式正式颁布。

因此，中行寅的做法是冒天下之大不韪，而且他没有得到国君或魏舒批准，完全是自作主张。

身为"同谋"的赵鞅肯定知道这样做是不对的，但他不得已还是选择了妥协。中行寅逼迫他就范的方式，要么是拿邯郸氏作为威胁，要么是说宣子之法来源于赵盾的政策，使得赵鞅没法提出反对。而对这件事最生气的肯定是正卿魏舒了。史书上说中行寅"干上令"，意思就是魏舒的态度原本是反对的，中行寅是违命行事。可是，魏舒最终还是没法阻止宣子之法颁布，其原因应该是没有人支持他。

可以想见，范、中行、赵三家是支持铸鼎的；韩家与赵家是盟友，也不好说什么；而智家势力最小，智跞肯定不会为这种事得罪范家。魏舒拗不过众人，只好听之任之了。

很快，宣子之法被铸鼎的消息传遍了中原，舆论一片哗然。

孔子当时就大骂晋国人说："晋国大概是要灭亡了吧！他们怎么可以抛弃原有的法度？晋国应该遵守唐叔传下来的法度，作为百姓的准则，卿大夫们按照自己的位次来维护它，百姓们才能尊敬贵族，贵族们因此能保守家业，尊卑贵贱才不至于有差错。现在废弃了这个法令，而

铸造了刑鼎，百姓们都只看鼎上的条文，还用什么来尊敬贵族？贵族们还有什么家业可守？贵贱没有次序，还怎么治理国家？而且范宣子的刑书是违犯礼制的乱法，怎么能把它当成法律呢？"

晋国国内的史官也痛斥事件的始作俑者范鞅、中行寅和赵鞅，说："范家和中行家恐怕要灭亡了吧！中行寅是下卿，但违反上面的命令，擅自铸造刑鼎，作为国家的法律，是违犯法令的罪人。范家改变原有的法律，就要灭亡了。而这事赵鞅也参与了。赵鞅虽然是出于不得已，但如果修养德行，是可以避免祸患的！"

那么，范鞅和中行寅这是唱的哪一出，一定要把宣子之法给颁布出来呢？

他们肯定不是超前有了法家思想，要做时代的革命者。前面说过，范鞅就是要破坏赵家的形象，让他站在魏舒的对立面上。你看，全天下的人包括魏舒都在反对你，还是我们范家和中行家站在你这边吧，以后还是跟我们混好了。还有一点，就是范鞅用宣子之法给晋国订立了法制，以后范鞅就可以利用其中的条款来约束上级魏舒了，迫使他不得不对范家忌让三分。

魏舒很快就尝到了宣子之法的"威力"。

公元前510年秋季的一天，周敬王派使者来到了新田，面见了魏舒。

周朝使者这次来晋国不为别的，是"讨钱"来了。原来，前些年王室内战，将王畿的基础设施破坏得一塌糊涂，本来就勒紧裤腰带过日子的王室被弄得一贫如洗，国库入不敷出，周敬王连修建洛邑城墙的钱都拿不出来。

没办法，周敬王又想到了老霸主晋国，觉得晋国人有钱，也有义务来帮自己，便派人来向魏舒请求帮助修建城墙。

又来让我们帮忙？面对周天子的再次索取，魏舒的心里非常不痛快，本想找个理由拒绝，范鞅却劝住他说："我们与其派兵帮助天子守城，每年耗费钱粮无数，不如多花点钱，把天子的城墙修好。这样我们就能一了百了，以后他们再发生内战，我们当作不知道就可以了。"

魏舒觉得有理，便听从了建议，让韩不信代替晋国答复周朝使者说："天子的旨意，我们怎敢不服从呢？我们一定召集诸侯来修城墙，整个工程由我们晋国负责便是了。"

这一年的冬天，魏舒带着韩不信在狄泉（今河南洛阳东北）举办了一场会盟，号召众诸侯一起帮忙修城墙。接下来便是各种协商、工程的安排，魏舒等人足足忙碌了好几个月。

魏舒是军人出身，本就讨厌文职一类的工作，修建城墙这种当工程师、研究图纸的事更是让这位大老粗连打呵欠。第二年开春的时候，他怎么也坐不住了，心里一痒痒，便把所有的事情扔给了韩不信，自己带了一帮猎手去附近打猎。张弓射箭、看猎狗奔跑、听马匹喘气，那才是他喜欢的。

然而，魏舒终究是上了年纪的人了，一颗老人的心脏实在难以负荷如顽童般的兴奋。这次狩猎还没有结束，他就忽然生病去世了。

魏舒去世使六卿顺序再一次进行了调整。原来的中军佐范鞅顺势成了中军将，而魏舒的孙子魏曼多成了六卿最末尾的下军佐。

上台后的范鞅立刻引用宣子之法，以魏舒临死前跑去打猎、擅离职守为由，下令处罚他，将他的棺椁的外棺去掉再行下葬（古代贵族的棺材往往是两个，内棺外面再套一个外棺）。这等于降低了魏舒下葬的礼仪，责备他不配当贵族。仅仅因为擅离职守（何况并没有影响工程质量），范鞅就把人家葬礼的规格降低了，这样做不可谓不过分。

霸业崩塌

就在这个时期,南方的楚国与蔡国之间发生了一件相当不愉快的事:蔡昭侯在访问楚国的时候,因为不肯让出随身宝物而被令尹囊瓦扣押了。蔡昭侯被关了三年,最后在手下人的帮助下才被释放。在回国的路上,愤怒的蔡昭侯发誓要与囊瓦不共戴天,一定要向楚国报仇。他先派人到周天子那里告状,希望天子为蔡国主持公道。

楚国欺凌弱小,还包庇收留周敬王的仇人王子朝,周敬王决定帮蔡昭侯这个忙。但王室这丁点儿实力,给楚国挠一下痒痒都不够格,所以周敬王又去找了晋国,希望晋国人能负责这件事。

攻打楚国?这年头晋国还有谁吃饱了撑得干这种事?但是天子已经把皮球踢到自己这里了,身为晋国正卿,怎么也得给个交代啊。老狐狸范鞅便又把这个皮球踢给了诸侯们,决定开一场诸侯会盟,号召中原诸侯出兵出粮。如果诸侯们不愿意,那晋国也有理由答复天子了:诸侯们都不肯去,我晋国有什么办法呢?

公元前506年,在周朝卿士刘文公(名狄)的帮助下,范鞅在召陵(就是当初齐桓公与楚国会盟的老地方)召开了一场规模宏大的诸侯会盟。参与大会的诸侯有十九国之多,连平时不甩晋国的齐国都派了人,几乎所有中原诸侯都来参加了。

然而,就在大家以为范鞅会发表一场慷慨激昂的演说,号召大家一起讨伐楚国时,却听到范鞅宣布:讨伐楚国不在会议的议程内。

怎么回事?晋国召集诸侯开会不就是为了给蔡国出头吗,怎么突然变卦了?

原来在这背后是中行寅搞的鬼,他做了一件很过分的事情:向蔡国索贿。

本来在世风日下的大环境下,索贿这种事情并不少见。但蔡昭侯前段时间刚刚因为在楚国被人索贿而当了两年多囚犯,索贿在他的心里留下了很深的阴影,他怎么可能接受再被晋国人索贿呢?

果然,当中行寅私下里向蔡昭侯要求拿点钱出来,用以保证这次会盟顺利成功时,蔡昭侯愤然拒绝了,一个子儿都不肯给。中行寅大怒,在范鞅面前说:"现在,晋国国内危机四伏,诸侯都怀有二心,在这种情况下出兵伐楚,难度太大了!南方的阴雨天气马上就到来了,北方的狄人在背后蠢蠢欲动,在这种情况下,悍然背弃弭兵之约,将会招来诸侯怨恨。我看不如把蔡侯的请求拒绝算了。"

听老朋友这么一说,范鞅对讨伐楚国的事完全没了兴趣,于是他在接下来的盟会上想了个理由,说晋国北方边境吃紧之类,否定了帮助蔡国讨伐楚国的提议。这样一来,召陵之盟彻底黄了,堂堂十九国诸侯会盟只是签了一个没有任何意义的盟约。对蔡国的帮助,仅仅是同意它去消灭沈国。

这场会盟的闹剧还没完。最后一天歃血仪式时,晋国人向郑国人借了一根有绒毛装饰的旌旗,却把旗子上的绒毛拔下来,绑在了自己的旌

旗上参加了大会。郑国人看见了，气得半死。卫国又因为在歃血仪式上被排在蔡国的后面，和刘文公的大夫苌弘争论了一番，最后调整了顺序才罢休。

在一片闹哄哄中，召陵之盟不欢而散。

召陵之盟失败的一个直接后果，就是蔡国转而与吴国结盟。当年冬季，吴军在蔡国和唐国的帮助下，翻越桐柏山，从楚国的东北部侵入江汉平原，与楚军爆发了轰动天下的柏举之战。

这场失败的盟会的另一个后果，便是晋国在中原的威信崩塌。晋国人在会上先是向蔡国人索贿，再是抢郑国人的旗子，召集大家盟会却没同意给蔡国伸张正义，盟会盟了个寂寞，换谁谁都要感到厌恶。再想想以前，大家给晋国交了那么多贡赋还不够，一遇到什么大事，例如打仗、修城墙、送粮食什么的，晋国就开盟会让诸侯们出钱出力，大家伙儿早就烦透了。中原诸侯们开始拒绝承认晋国的诸侯之长地位，不听从指挥了。晋国的霸主地位垮了。

在接下来的十年左右的时间里，中原诸侯逐渐停止了对晋国朝贡，对晋国的各项指示也置若罔闻。

郑国是第一个公开对抗晋国的国家，它先是违反第二次弭兵之盟的盟约，消灭了许国，接着无视晋国对周王室的保护，侵袭王室领土。中原诸侯之间再次爆发了兼并战争。

齐国作为中原诸侯中仅次于晋国的大国，一心想重拾齐桓公的霸业，它瞅准了诸侯们纷纷背离晋国的时机，在中原大搞外交活动，企图吸纳诸侯到自己麾下。郑、齐两国在反晋的问题上一拍即合，结成了同盟，准备一起在中原搞出点大动作。

为了加强实力，两国打算拉拢卫国加入。卫国自从孙林父的事件以来，一直十分讨厌晋国，非常希望加入，但又害怕晋国人来找麻烦。卫灵公（名元）就故意让齐国拘留自己的使臣，趁机以交涉为名在沙地

（今河北大名东南）与齐景公（名杵臼）会面，秘密达成了联盟协议。

以齐国为首的反晋联盟形成了。

反晋联盟的第一个打击目标便是鲁国。鲁国过去有晋国撑腰，一直不把齐国放在眼里。齐景公觉得这次可算有机会好好教训他一下了，便在公元前503年和502年连续两年伐鲁。鲁国不敌齐军，只好求救于晋国。

获知消息的范鞅当即亲率晋军主力向鲁国开进。齐军不敢迎战，连忙撤出了鲁国。郑国和卫国则根本没有出兵，一见齐军退却便怂了，不敢动弹。

晋军在回国路上经过了卫国。范鞅听说卫灵公和齐景公在沙地会盟，觉得其中必有蹊跷，就让人去质问卫灵公到底是怎么回事。卫灵公以为事情败露，连忙派人来认错，并表示愿意和晋国重温以前的盟约，继续做晋国的马仔。

范鞅政务繁忙，不想和卫灵公这个软蛋浪费时间，就把与卫国会盟的事情交给了赵鞅负责，自己带着大军先回国了。

此时的赵鞅在范鞅的拉拢和牵制之下，在公开场合已经加入了范氏和中行氏的阵营。他知道自己斗不过这只老狐狸，就干脆韬光养晦，尽量与范鞅保持友好关系。而范鞅以为赵鞅已经是自己人，又考虑到赵鞅过去有会盟诸侯的经验，才信任地把这个任务交给了赵鞅。

那么，赵鞅是怎么处理与卫灵公的会盟呢？

从晋国的国家利益出发，赵鞅对卫灵公的私下背叛是很生气的。他认为不给点惩罚，卫国人会愈发不把晋国当回事。为此，赵鞅决定让自己身边的两个大夫涉佗和成何去和卫灵公会盟。按照礼制，会盟人员必须是平级的，但这个规矩早在一百多年前就被主盟诸侯的赵盾打破了，大家也就约定俗成，认可晋卿可以与诸侯国君会盟。现在，赵鞅却让大夫级别的人和卫灵公会盟，无疑是一种对卫国的侮辱。

涉佗和成何按照既定的程序，召唤卫君在鄟（zhuān）泽（位置不详）会盟。卫灵公一看晋国派了两个大夫和他会盟，心里顿时凉了半截，但他还是硬着头皮完成了会谈。

到了最后的歃血环节，卫国人按照等级让涉佗和成何执牛耳——这本就是低位者的任务。但涉佗和成何觉得是卫灵公瞧不起他们，当场发飙道："卫国如同我们晋国的县一样，还想被看作诸侯？"

卫灵公忍住了怒火，让身边的臣子代劳。然而，当卫君想先行歃血的时候，涉佗又一步冲了过来，把卫灵公推到了一边，使得牛血流到了卫灵公的手腕上。

卫灵公再也忍不了了。眼看双方就要在会场上翻脸了，幸好有卫国大夫出来打圆场，说："结盟不过是为了明礼。我们的国君怎敢不事奉有礼者？怎敢不接受盟约呢？"好说歹说，这次会盟总算是完成了。

赵鞅原本只是想用涉佗和成何的身份去羞辱一下卫灵公，没想到这两个人演戏演过头了，羞辱变成了霸凌。卫灵公回去之后气愤难平，再也不掖着藏着了，不久就宣布断绝与晋国的外交关系。

晋国的威望和国际地位跌入了谷底。

面对日益困扰的外交局势，范鞅拿不出太好的对策，反而为了争面子，又把最忠诚的盟友得罪了。

公元前504年，当时唯一还朝贡晋国的宋国打算派人出访晋国，以示铁杆盟友的真诚。作为使臣的宋国大夫乐祁出发前是这么跟国君说的："现在诸侯中侍奉晋国的就只有我们宋国了，如果我们不去拜访，他们一定会怨恨我们的。"

宋国不离不弃地派人出使晋国，按理说范鞅应该感动得流泪才对，至少也该用正规礼仪来招待乐祁。但范鞅对乐祁的到来表现得非常平淡，他派了赵鞅去迎接，自己待在新田里不动。

问题就在这里出现了。

赵鞅到新田郊外迎接宋国使团后，摆下了一座酒席为其接风洗尘。在酒席上，赵鞅和乐祁相谈甚欢，大有相见恨晚的感觉。在得知赵鞅喜欢兵器后，乐祁一高兴，便让人把六十面上好的盾牌以私人名义赠送给了他。

酒席完毕，乐祁在赵鞅的带领下进入新田拜见了范鞅和晋定公，完成了自己的使命。当天晚上，乐祁并没有住在驿馆里，而是去了赵鞅的府上，与赵鞅继续把酒言欢，一待就是好几天。

乐祁住在赵鞅的府上，又给赵鞅赠送了礼物，这事很快就被范鞅知道了。范鞅大怒，你乐祁只顾着和赵鞅交朋友，把我这个晋国正卿当空气吗？于是他以乐祁不遵守外交礼仪为由，劝晋定公把他抓了起来，一关就是两年。

在这两年里，赵鞅多次请求晋定公释放乐祁，说：“诸侯中只有宋国还在依附晋国，我们还担心他们不会派使者来。现在使者来了，我们本应好好待他，却将他关了起来，这不是自绝于诸侯吗？”但只有执政的范鞅才有权力，晋定公没法做主，拒绝道：“我们已经把宋使关了起来，若无缘无故放他回去，宋国才会因此背弃我们。”

范鞅表面上强硬表态拒绝释放乐祁，内心其实也禁受不住压力了。郑国和齐国结成了同盟，卫国又宣布断交，鲁国那边也情况不妙，这个时候再扣押宋国使者，不是把宋国往齐国那边推吗？他知道自己终究是要释放乐祁的，但傲慢惯了的他还是死要面子，想教训一下乐祁，就派人对乐祁说：“我们晋国是害怕失去宋国，才没有放乐大夫回去。如果您能让您的儿子来代替您，我们就放您回宋国。”

乐祁同身边的人商量，有人分析说：“晋国人将您扣押，已经惹怒宋君了，宋国必然要背叛晋国。您再把儿子留在晋国，他就回不来了。您姑且等一等，晋国人自然会释放您的。”

乐祁听从建议，拒绝了范鞅的要求。

范鞅见自己骑虎难下，只好极不情愿地同意释放乐祁。两年多的牢狱之灾严重地损害了乐祁的健康，他启程不久，还没走出晋国国境，便在太行山上病逝了。

听说乐祁在归国路上病死，范鞅做出的第一个反应不是派人慰问，而是下令边境官员将他的尸体扣下来，作为将来和宋国讨价还价的筹码。因为他认为宋国必然要背叛晋国，倒不如以不归还乐祁的尸体为要挟条件，逼迫宋国不背叛。

消息传到宋国，大夫们一片沸腾，强烈要求和晋国断绝关系。但宋景公（名栾）考虑再三，还是派人把乐祁的尸体领了回来，并延续两国的关系。但宋景公也因此大失人望，加上他本人处置国内关系不当，几位公子和大夫不久便起兵反对。这场内战延续了将近四年，宋景公被搞得焦头烂额，晋国在此期间也没有提供必要的支持。宋景公在伤心之下，终于在公元前496年与齐国结盟，以换取齐国帮助他平定内乱。

最固执也最忠诚的宋国终于还是抛弃晋国了。范鞅的行为虽然不是促成宋国退盟的直接原因，但他的做法显然起到了推波助澜的作用。

公元前500年，一直摇摆不定的鲁国也在夹谷（今山东莱芜西南）之盟上与齐国结盟。晋国主导的中原联盟最终解体，维持了一百多年的晋国霸业彻底崩塌。

让暴风雨来得更猛烈些

公元前501年，就在晋国霸业即将倒塌的多事之秋，郑、卫、齐三国已经结成了反晋联盟，在中原兴风作浪。就在这一年的秋季，齐国和卫国悍然发动了对晋国的进攻。齐军攻打夷仪（今山东聊城西），卫军攻打五氏（今河北邯郸西）。

邯郸氏宗主邯郸午亲自率兵前往五氏布防，可惜兵力太少，无法抵挡卫军的攻势。卫军在五氏城的西北角打开了缺口，守军在恐惧之下全都在夜间逃散了，邯郸午也不得不突围而出。五氏被卫军占领。

齐军的进展没有卫军这么顺利。他们虽然一度攻占了夷仪，但随即便被中牟（今河北邢台附近）的晋国驻军击败，齐军退回国内。

卫、齐两国竟然猖狂到入侵晋国本土，按理说正卿范鞅应该带头出兵反击才对。但这个老滑头知道晋国霸业已经无可挽回，干脆对此事漠不关心，一门心思投入到为家族争取利益上。其他家族为了自保，也对此事置若罔闻。唯独赵鞅没法保持沉默，因为中牟和邯郸都属于赵氏领

地。赵鞅立刻调集军队向卫国发起报复,一路攻到卫国首都帝丘。

激烈的攻城战开始了。

邯郸午也随军参战,为了一雪五氏战败的耻辱,他亲自带兵攻打帝丘西门。他身先士卒,率领七十多名勇士展开了肉搏,亲自手刃多名士兵。然而,面对卫军潮水般的反击,邯郸午突击受阻,不得不撤退。

听说邯郸午在战斗中表现出色,在鄟泽会盟中羞辱了卫灵公的涉佗跃跃欲试,神气地对赵鞅说:"明日如果让我带兵去攻城,卫国人必然不敢开门迎战。"

第二天清晨,在激烈的战鼓声中,涉佗也带领七十多名勇士在帝丘的城门前叫阵。他们像树一样站立不动,直到中午,卫国人果然没有打开城门出战,涉佗这才趾高气昂地带兵回去了。

不过,这种无聊的叫阵根本改变不了战局,卫国人依然顽强防守。赵鞅无法攻克帝丘,只好宣布撤退。在回去的路上,赵鞅很不甘心,派人责问卫国为什么背叛晋国。卫国人回答:"还不是因为涉佗和成何对我们的国君无礼!"

赵鞅搞清楚了状况,便立刻抓了涉佗,请求与卫国和谈。但卫灵公一条道走到黑,坚决不同意和谈。赵鞅下令把涉佗斩首,成何提前得到风声溜走了,侥幸逃过了一劫。

此后赵鞅仍试图与卫国谈判,但并没有什么成效。公元前497年春,齐国和卫国得寸进尺,进犯了晋国黄河以北的区域,挑衅一番后潇洒而去。晋国竟然束手挨打,连像样的反击都没有组织起来。

晋国六卿已经失去了团结,反晋联盟的挑衅对他们来说不过是肢体之患。支持国君的祁氏和羊舌氏已被诛灭,其余小族也被兼并,晋国已经没有可供六卿瓜分的土地了。六卿剩下的唯一一条路,就是互相并吞。

过去,六卿虽然彼此间矛盾很大,但至少还有魏舒和范鞅这样的老人镇场面。可到了公元前497年，范鞅去世了，赵鞅顺势成为正卿[1]，六卿秩序失去了政治元老的维护，一场旷日持久的内战终于爆发了。

内战导火索是赵鞅的一次"清理门户"行动。

赵鞅早就看邯郸氏不爽了，邯郸氏和中行氏的联姻关系，就像心脏病一样让他时常感到胸痛。在攻打卫国首都的战斗中，赵鞅也见识到了邯郸午的武勇，他非常担心将来有一天，邯郸午会在舅舅中行寅的挑唆下背叛，成为对抗赵家的急先锋。如今，范鞅这条老狐狸已死，赵鞅成了晋国的执政，他再也没有惧怕的人物了。他决定先下手为强，让邯郸氏重归赵氏家族的控制。

公元前497年夏，齐、卫联军撤离晋国不久，赵鞅就以赵氏宗主的身份下令，要求邯郸午将五百户卫国奴隶迁到晋阳（今山西太原西南），用以充实当地的人口。

这五百户奴隶是卫国和晋国媾和后赠送的人质，赵鞅原来安置在邯郸，作为邯郸氏不再被卫国侵扰的保证。所以，赵鞅的要求看起来很不合情理，等于拿走了邯郸的安全保证。而且，邯郸氏和赵氏的关系已经相当疏远，邯郸氏完全有理由拒绝。

此时的邯郸氏失去了范鞅这个"保护伞"，在赵鞅跟前说话硬气不起来了。想息事宁人的邯郸午答应了赵鞅的要求，准备把这些奴隶迁往晋阳。他的这个决定遭到了族人们强烈反对：把这些人质送出去，卫国人将来找我们的麻烦怎么办？但是，不遵守赵鞅的命令也不行，邯郸氏会成为赵氏的叛徒，那样也不安全。经过商讨，有人给邯郸午想了一个办法，说："我们不如去侵略齐国，让齐国来报复攻击我们。这个时候我们向卫国人解释说邯郸不安全，再把这些奴隶迁到晋阳去，就有正当

---

[1] 此从童书业《春秋左传研究》观点。另有观点认为范鞅于公元前501年去世，智跞继任正卿。

的理由了。"

邯郸午听从了建议,推迟了将五百户奴隶迁往晋阳的日期。

消息传到了晋阳,赵鞅的嘴角掠过一丝阴笑。他本来是期望邯郸午公然反对这个命令的,自己就能以此为理由除掉邯郸午了。现在邯郸午虽然没有反对,却拖延了日期,私通卫国,这当中仍然大有文章可做。

一段时间后,邯郸午派人将这五百户奴隶送到了晋阳。但赵鞅很快就以邯郸午违反日期为由,把他召到晋阳问询。邯郸午没和赵鞅好好说话,赵鞅一怒之下,让身边的武士们把他绑了。

邯郸午迟迟没有出来,在殿外守候的邯郸氏家臣感到很奇怪,赵鞅就让他们解下佩剑后(怕这些人动手抢人)进殿,自己和他们好好解释一下原因。但以涉宾为首的邯郸氏家臣生怕其中有诈,坚决不同意进去。赵鞅就让人如实回答说:"邯郸午违反族规,我要以宗主的名义处置他,你们回去之后再立新主吧。"说完,就让人砍了邯郸午的脑袋,拿给其家臣看。

赵鞅的本意是杀掉邯郸午,以威吓邯郸氏今后服从他的指挥。但他高估了自己的威信,也低估了邯郸氏的实力。涉宾回到邯郸之后,将消息通报了全城,族人们群情激奋,发誓一定要为邯郸午报仇。他们拥立邯郸午的儿子邯郸稷为新一任家主,正式宣布断绝与赵氏的关系。

谁是叛国者？

《左传》记载，邯郸稷和涉宾"以邯郸叛"。但笔者认为，邯郸氏的"叛"并非真正的举旗叛乱。赵鞅只是杀了他们的家主，他们要报仇也是针对赵鞅，没必要跟整个晋国作对。他们要是真的造反，就会失去舆论支持，范家和中行家也就没办法帮他们了。他们所谓的"叛"应该只是叛离赵氏，并向晋定公提出了强烈抗议。

而《左传》随后写道："夏六月，上军司马籍秦围邯郸。"这说明晋定公还是认定他们是叛乱，出动军队进行镇压了。

晋定公为什么偏袒赵鞅呢？

《左传》一定省略了晋国朝堂上的激烈争论。身为邯郸午舅舅的中行寅一定厉声斥责了赵鞅，大骂他妄杀邯郸午，激怒了邯郸人。与中行家一道的范吉射也会在旁附和，严厉谴责赵鞅擅杀国家大臣。赵鞅则据理力争，认为邯郸午私通卫国，延期交人实属重罪，他作为赵氏宗主和一国之卿，将邯郸午处死完全合理。

三人在朝堂上吵成一团，都让国君给出裁决，这让晋定公很是为难。纠结了一段时间，晋定公觉得还是从国家大局出发为好，赵鞅是负责对卫国事务的卿，把他拿掉了，岂不是让卫国人很开心？而且邯郸午本属于赵氏一族，论地位不过是一个大夫，赵鞅惩治他是合情合理的。于是，晋定公裁决范吉射和中行寅败诉，并按照赵鞅的提议，出兵镇压邯郸氏。上军司马籍秦担任平叛先锋，先行率领一部分晋军向邯郸城进发了。

然而，籍秦是中行寅的党羽，他被任命显然是范吉射和中行寅运作的结果。籍秦遵照中行寅的指示，在执行任务的时候摸鱼，并没有真刀真枪地和邯郸人打起来。他在前线拖延时间，范吉射和中行寅则在朝中继续"上诉"，一定要让晋定公判决赵鞅是"祸首"。

按照晋国法律，制造国家内乱的"祸首"要被处以极刑。范吉射和中行寅不断向晋定公施加压力，认为赵鞅擅杀大臣，逼反邯郸氏，他不是祸首，谁是祸首？

在范吉射和中行寅的强烈要求下，晋定公的立场开始摇摆。他毕竟是没有实权的国君，再和范家与中行家翻脸，能有好果子吃吗？但是改变先前的"判决"，就意味着要诛杀赵鞅，六卿原有的格局会被打破，引发更大的动乱。想到这个，晋定公就很难下决心。

范吉射和中行寅见晋定公的态度有所松动，就让自己的军队厉兵秣马，只等国君下令，就消灭赵家。赵鞅的家宰（家务总管）董安于听到风声，连忙劝告赵鞅："家主您做好大战的准备了吗？"赵鞅认为事态还没有到严重的程度，答道："按照晋国法律，率先发动内乱的人是要被处死的。眼下国君还没下达指令，他们敢发起战争就是祸首，我们后发制人就可以。"董安于着急地说："一旦真打起来，可就是难以收拾的大乱啊。您就把责任全推到我的身上吧，就说杀邯郸午全是我的主意。国君最多处死我一个人，这样就可以避免内战了。"

赵鞅摇摇头，还是没有同意董安于的建议。

事情的发展果然不在赵鞅的预料中。这年七月，范吉射和中行寅就发动了军队，向赵鞅的官邸发起了冲击。

《左传》没有说明范吉射和中行寅的行为是否得到晋定公的授意，但闹出这么大的动静，没有国君的批准肯定是不行的。晋定公显然是迫于压力，最终裁定了赵鞅是祸首，要为邯郸氏那边的"叛乱"负责。旨意还没传到赵鞅那里，范吉射和中行寅就迫不及待地动手了。好在赵鞅及时逃脱，匆忙之中躲到了晋阳。

赵鞅公然"拒捕"，盘踞在自己的领地上顽抗，相当于犯下了"叛国罪"。范吉射和中行寅立刻以国君的名义发兵包围了晋阳，籍秦也解除了对邯郸的包围，转而向晋阳进攻。赵氏家族陷入了极其危急的境地。

不过，赵鞅对于家族可能面临的危险状况早就做好了预案。他所在的晋阳是他倾力打造的宗邑，可以抵挡敌人的长时间围攻。

赵家原本的宗邑在温邑，处在晋国南方。它虽然经济条件优越，但人口流动频繁，六卿在此的封地犬牙交错，把大本营设在这里非常不安全，平日里谋划点事情还要担心会不会有别家奸细偷听，若战时遭到敌人攻击，连个缓冲地都没有。

综合考虑，赵鞅把大本营迁到了位于晋国北方的晋阳城。这里位于晋中盆地的北端，西邻汾河，水源充沛，土地肥沃。它距离晋国的统治中心新田较远，但它攻可走水路顺流南下直扑新田，守可凭借汾河与太行山的天险，作为根据地极其合适。

赵鞅在晋阳大兴土木，对这座城市的城防进行了大规模改造。他把原有的城墙拔高加厚，在宫室周围用结实的细蒿条扎成篱笆，这种蒿条战时可以扯下来制作箭矢用；宫室的柱子表面也被镀上了精铜，以备战时用来铸造兵器。此外，晋阳城中还建造了数个大型仓库，全部用来存

放兵器和粮食。改造后的城防可以用铜墙铁壁来形容。

除了打造坚固的防御工事之外，赵鞅还非常注意凝聚当地民心。之前，赵鞅派遣了一位叫尹铎的人担任晋阳宰。尹铎临出发前对赵鞅说："您是希望晋阳成为您的税赋重地，还是一块可靠的根据地呢？"赵鞅回答说："当然是可靠的根据地了。"尹铎便说："那在下请求您减少晋阳地区纳税的民户。"赵鞅同意了，晋阳由此成了当时赵家的封地上税赋最低的地区。当地百姓无不对赵家感恩戴德，自然对赵家的支持极其坚定。

赵鞅的苦心营造在接下来的守城战中发挥了巨大作用，范吉射和中行寅带兵攻打了将近四个月，就是拿不下晋阳。

而经过了这两个月的时间，局势发生了戏剧性的变化——"叛国者"的帽子转而落到了范吉射和中行寅的头上。

在六卿火并中，从来没有完全保持中立的一方。中行家、范家与赵家在拼个你死我活，智家、魏家和韩家是绝不会甘心当看客的。

智跞与赵鞅关系一般，对中行寅却是无比讨厌。如果让他选择在六卿中除掉一家，他宁可选择中行家，也不选择赵家。智跞平日里宠信一位叫梁婴父的大夫，早就有提拔他做卿的想法。把中行寅干掉，就能空出位子让梁婴父加入六卿，朝堂上就能多一位自己的支持者。

而魏曼多，对范家也没有什么好感。他的祖父魏舒仅仅是执行公务时溜出去打猎，就被范鞅处以降格下葬的惩罚，魏曼多心里早已埋下了对范家仇恨的种子。

而韩家和赵家是多年盟友，虽然两家的关系这些年有些淡漠，但韩不信对赵鞅的处境不免有唇亡齿寒之感，生怕下一个被范家欺负的就是韩家。

三家人在共同对付范氏和中行氏阵营的问题上有共识，范氏家族的一个叛徒这时也助了一把力。此人名叫范皋夷，是侧室生的庶子，一直以来得不到范吉射的重视。他郁郁不得志，就萌生了取代范吉射成为范氏宗主的想法。

就这样，智跞、魏曼多、韩不信、范皋夷和梁婴父五个人一拍即合，决定共同驱逐范吉射和中行寅，事成之后让范皋夷代替范吉射，梁婴父代替中行寅，组成新的六卿。至于赵鞅要不要回归六卿，以后再议。

商定之后，智跞立刻向晋定公进谏道："这次内乱，全是因赵鞅、中行寅、范吉射三人而起。他们都是祸首，却只追究赵鞅一个人，这样的处罚太不公平了。请您下令把另外两个人也清理出去！"

这个提议把晋定公吓了一大跳，但这是智、魏、韩三家共同的要求，范吉射和中行寅此时又不在朝中，自己总不能为了在外地的两卿而得罪在身边的三卿吧，那样人身安全就无法保证了。于是，晋定公同意了智跞所请。智跞立刻召集三家军队北上，攻打正在围攻晋阳的范吉射和中行寅。为了扩大声势，智跞还把晋定公请了出来，簇拥着他一起去"平叛"。

但三家联军为了一时的利益而聚集，各怀心思，人心不齐，围攻范家和中行家的军队不利，反被他们暴揍了一顿。智跞等人慌忙保护晋定公逃回新田。

智、魏、韩三家在背后捅了自己一刀，范吉射与中行寅气急败坏。更让他们生气的还是晋定公——你这小子竟然出尔反尔，原来说得好好的，现在却反倒支持三家对付我们，留你这个昏君有什么用？！

范吉射和中行寅便解除了对晋阳的包围，转而打出讨伐晋定公的旗号进攻首都新田。有一位名叫高强的谋士觉得这样不妥，就劝说道："攻打国君的事情万万做不得啊。晋国公室虽弱，但国君毕竟是最高统治者，您这样就是犯上作乱，国人们是不会支持您的！您不如宣称只对付智、魏、韩三家，等消灭了他们，国君自然就在您的手中了。"

然而,范吉射和中行寅早就看不起这个有名无实的国君了,加上刚刚的大胜给了他们无比的自信,两人不听劝告,下达了对新田的攻击命令。

国人们本来只把六卿火并视作家族争斗,大多不持立场,但范吉射和中行寅猖狂到进攻国君,这就相当于和整个国家宣战。国人们一致认定范家、中行家意图推翻现政府,纷纷拿起武器加入抵抗叛贼的战斗。

范家、中行家处处受阻,根本无法靠近公宫。数天恶战之后,两家军队伤亡惨重,无力继续进攻,不得不退出城外。智跞抓住时机,指挥三家联军与国人们追击,在新田城外大破范家和中行家的军队。范吉射与中行寅带领幸存的人马逃至范家的宗邑朝歌。

"平反"之路

击退范家和中行家之后,赵鞅该如何处置成了智、魏、韩三家争论的焦点。

智跞一开始想把赵鞅也踢开,因此向晋定公提议时,把赵鞅归于范吉射与中行寅一类的叛国者。智跞的目的很明确,他想让六卿再空出一个位子,增加一位自己人。

但是,他的小算盘被魏曼多和韩不信看穿了,两人绝对不答应智跞继续扩张势力。因此,他们先下手为强,在战斗结束后马上向晋定公提出赦免赵鞅,让他重回首都官复原职。

晋定公当然也明白其中的利害关系,让智家一家独大可不是闹着玩的,必须让赵鞅回来平衡一下,所以他很快就批准了两家所请。

智跞这个时候是否提出反对史书上没有说,但他应该在心里权衡了一下,觉得固执己见没有用,国君现在站在魏、韩两家这边,他以一敌三没有胜算,而范皋夷和梁婴父两个人说话没分量,帮不上什么忙。因

此，智跞选择了服从晋定公的命令。

就这样，赵鞅终于走出晋阳，回到了新田。为了摒弃前嫌，共同对付范氏和中行氏，在晋定公的见证下，赵鞅与诸大夫在公宫进行了盟誓，他重新被接纳为六卿的一员。

然而，盟约签订并不意味着智跞对赵鞅完全信任了。他知道赵鞅这个人不简单，在政治上也颇有手腕，将来一定是他的竞争对手。而且，赵鞅是在魏、韩两家的努力下回来的，他们三家的关系将更为密切，自己很有可能会被孤立。智跞就想找个办法给赵鞅来一顿"杀威棒"，打击赵鞅和魏、韩两家的气势，让他们不敢冲击自己的地位。

恰在这时，与赵鞅的家宰董安于不和的梁婴父向智跞建议说："赵鞅所依靠的，正是董安于的智谋。如果董安于继续辅佐赵鞅，赵家迟早会得到晋国的权柄。听说当初赵鞅杀邯郸午，正是出自董安于的计谋。您何不以制造叛乱为罪名，继续追究赵氏的责任，让赵鞅自剪羽翼？"

智跞听到后大喜，当即派人去责问赵鞅："范家与中行家叛乱，归根结底是你的家宰董安于挑起的。依照晋国法律，制造内乱的人要判死罪。如今范吉射与中行寅已获得惩罚，董安于也绝不能逍遥法外。你看着办吧。"

智跞的这个命令对赵鞅来说仿佛晴天霹雳。董安于一直是他最信任的家臣，忠心耿耿跟随了他许多年。当初，是赵鞅发现他的才能，把他从文书岗位上延揽到自己府中。董安于担任赵氏家宰以来，为赵鞅出谋划策，鞍前马后，将赵家大小事务管理得一丝不苟，赵鞅也一直把他当作知己朋友对待。现在，智跞点名要杀董安于，等于是要砍断他的臂膀啊！

但是，这场内战的起因也确实出自自己，这个责任是怎么样都甩不掉的。而且赵家经历先前的大战，势力和声望都受到了不小的损失，正需要智家支持，违抗命令绝对不是理智的行为。

董安于看见赵鞅左右为难，当即挺身而出，说："董安于愿受惩罚！臣死了，晋国就会安定，赵氏也会安宁，哪里还需要臣继续活在世上？每个人都会死，臣已经死得很晚了！请家主赐臣自尽以谢天下吧。"

赵鞅知道董安于要主动牺牲来帮自己最后一次忙，纵使他有万般不舍，他也必须以大局为重了。他强忍着悲愤的心情，同意了董安于的请求。董安于谢过赵鞅，转身便去往另一个房间，上吊自杀了。赵鞅强忍心中悲痛，按照智跞的意思将董安于陈尸街头，任凭国人唾骂和践踏。赵鞅心中满怀感激与愧疚，他不能公开收敛董安于的尸体，只能暗中制作了董安于的牌位，供奉在赵家祖庙中，命令每一代赵氏子孙都必须祭拜。

而在确信赵家被削弱，赵鞅已经服帖之后，智跞又提出单独与赵鞅再次结盟，以巩固两家的关系。为了大局，赵鞅只能听从。自这件事之后，智跞没有再为难陷害赵鞅。这一年正是公元前496年，南方的吴王阖闾攻越，在檇李之战中被勾践杀死。而在北方，一场大战也在酝酿中。

逃亡至朝歌的范吉射与中行寅不甘心失败，他们还有不少地盘和人马，只需休整一段时间，就可以卷土重来。为了获取更多的支援，范家派出了众多使者出访中原诸国，请求结盟的卿大夫出兵帮助。智跞决定先下手为强，趁着范家和中行家还没有恢复元气，立即攻下朝歌，防止境内外的敌人合流。他于这一年秋季挥师东进，向朝歌城发起了进攻。

但朝歌作为范家的大本营，防守也是相当坚固。晋军强攻朝歌失利，只好选择围城战术，与范吉射僵持。见晋军主力被吸引在了朝歌，范吉射便派族人析成鲋（也称士鲋）和家臣小王桃甲出访狄人部族，收买狄人出兵，袭击了防守空虚的新田。

这一招釜底抽薪，确实足够凶险。晋军主力都在朝歌前线，新田兵力无多，万一被狄人攻陷，晋定公被俘虏，那晋军和四家人将会陷入

困境。

然而，这种担忧似乎是多余的。狄人数次败于晋国，对晋国人一直心存畏惧，这次出兵不过是受范氏挑拨，只为掳掠而已，根本谈不上有什么战斗力。而新田的国人经历了去年的国君保卫战，对范家勾结狄人的叛国行为更是气愤，他们为了保卫家园而战，把狄人打得尸横遍野。

虽然狄人依靠野蛮进攻，一度打进城内，但是晋国人的顽强抵抗着实吓坏了他们。此时，狄人们得知晋军主力已经从朝歌回援，担心会被围歼，就匆忙退回到了自己的领地。析成鲋和小王桃甲成了光杆司令，也就各自作鸟兽散了。

退回新田的四卿商议，认为范氏和中行氏的势力仍然不可低估，一口气拿下朝歌并不现实。晋军不如稳扎稳打，先拔掉新田和朝歌之间的几处据点，消灭范家和中行家在外围的机动兵力，再围攻朝歌。

在随后的几个月里，晋军连续攻克潞邑（今山西潞城东北）和百泉（今河南辉县西北），俘虏了中行家的两员干将高强和籍秦，还击败了增援范家的郑国军队。

经过这一系列战斗，范家和中行家的外围军队全被歼灭，地盘仅剩朝歌和邯郸的周边区域，再无翻盘的可能了。失利的消息传来，范吉射与中行寅感到末日将临，只能寄希望于外国势力的援助了。

敌人的敌人，就是我的朋友

公元前495年，晋国内战的硝烟忽然间停息下来，在这一年没有留下军事行动的记录。

虽然范家和中行家只能龟缩一隅，但战场局势反而比之前更加复杂了。晋国大内战令齐景公欣喜若狂，他日夜盼望削弱晋国取而代之，便公开支持目前处于劣势的范家和中行家。齐国还频繁地会盟诸侯，四处声援范家和中行家，并争取了鲁国和宋国加入反晋联盟。

历史在这里出现了一个很有趣的现象：原本讨厌范家和中行家跋扈贪婪的中原诸侯们反而一边倒地支持起这二家来，甚至没有多少实力的周王室也插手起晋国内战来。

当时，刘氏家族拥护周敬王有功，左右着王室的许多决策。刘家世代与范家通婚，关系密切。刘氏的大夫苌弘曾经做过孔子的老师，他才华出众，学识渊博，一再为范家摇旗呐喊。在刘氏家族与苌弘的影响下，王室也公开支持范氏和中行氏，号召诸侯们都来支援朝歌和邯郸。

王室出来喊话,诸侯们的武力干涉行动就更加理直气壮了。

公元前494年四月,齐景公联合卫国出兵攻打五鹿,企图打开通往邯郸的道路。但五鹿的晋军守住了城池,使齐、卫联军的意图没有得逞。不死心的齐景公在这年秋季纠合卫、鲁两国,又请来狄人的鲜虞部助阵,再次出兵晋国,攻克了棘蒲(今河北赵县)。但赵鞅隐忍不发,没有派兵前往迎敌。

赵鞅非常清楚,诸侯们为了保存国力,是不敢和晋军硬拼的,他们只会到处捣乱,尽量把晋国的战事拖长。而他手头的兵力有限,没必要和诸侯的干涉军纠缠,按部就班地把邯郸和朝歌打下来就好。只要范家与中行家被消灭,诸侯们就无计可施了。

于是,赵鞅亲自领兵,在这年初冬包围了范吉射和中行寅所在的朝歌城。朝歌原是卫国首都,距离卫国非常接近。为阻止卫国支援,赵鞅动用了手中的一张王牌——卫国废太子蒯聩。

蒯聩是卫灵公的儿子,但他与灵公夫人南子不合。南子是当时远近闻名的美女,在卫灵公晚年十分受宠,卫灵公对她几乎是有求必应。南子喜欢花样美男,和宋国的公子朝有一段情,卫灵公居然大方地帮助她去和公子朝幽会。这桩丑闻在宋国被传为了笑柄,蒯聩得知后也深感耻辱。他试图暗杀南子,但没有成功。卫灵公因此大发雷霆,蒯聩只好逃亡到了宋国,后来辗转投靠了赵鞅。

赵鞅收留蒯聩,就是奔着搞乱卫国的目的去的。卫灵公这些年来一直和晋国作对,赵鞅有了蒯聩这张牌就可以让卫灵公有所顾忌了。而卫灵公又恰在公元前493年四月病逝了,即位的是蒯聩的儿子公孙辄,也就是卫出公。赵鞅觉得,让蒯聩回国夺权的机会来了。

根据《左传》的记载,赵鞅派兵护送蒯聩来到戚邑(孙林父死后被卫国夺回),晋军士兵们假装是卫国人,骗戚邑守军说他们是从国都来的,奉命迎接蒯聩回国即位。当时天色昏暗,卫军信以为真,打开了城门，晋军就此占领了戚邑，把这里作为蒯聩在卫国的根据地。

蒯聩占据戚邑后，给了卫出公很大的政治压力。卫出公让位也不是，去攻打也不是，为了集中精力防范父亲夺位，他就没什么兴趣去干涉晋国内战了。

卫国人不来援助，齐国人又相隔太远，让朝歌陷入了坐吃山空的处境。赵鞅围城近九个月，城中吃尽了粮食，连老鼠都要抓光了，接下来差不多都要吃人肉了，范吉射与中行寅叫苦不迭。

终于，在公元前493年八月，齐景公坐不住了，他征集了一千多车粮食，交给郑国人押送，援助困境中的朝歌城。郑国为了确保万无一失，指派上卿罕达与驷弘带兵护卫。

郑军护送着齐国的运粮队横穿卫国国境，即将到达戚邑附近。消息传到朝歌城内，范家和中行家欢欣鼓舞。范吉射挑选了一批敢死之徒，亲自率领，发疯一般向围城的晋军突击，企图突破重围，接应运粮队。

赵鞅也知晓这一千车粮食的重要性，只要截住这批粮食，朝歌必然无法坚守。但是，他需要留下足够的兵力继续围城，阻止范吉射的突围，能用来阻击郑军的人马可谓捉襟见肘。赵鞅尽量抽调部队，但在兵力上仍不如郑军。事不宜迟，容不得继续犹豫，赵鞅当即带领这些人马匆匆赶往戚邑，在西南方的铁丘拦住了郑军。

铁丘是一处低矮的小山丘，从戚邑前往朝歌必须经过这里。罕达与驷弘的大军押运着辎重粮草，行进缓慢，给了赵鞅抢夺先机的好机会。赵鞅率兵急行军，抢在他们之前占领了铁丘。

晚来的郑军浩浩荡荡地来到铁丘山脚下，却发现山路已经被晋军封锁了。气愤的罕达抬头一看，山丘的最高处飘扬着赵鞅的军旗。

赵鞅站在铁丘山顶，看见郑军人马在底下密密麻麻的一片，心里一阵紧张。

阳虎这个时候为赵鞅谋划说："我军战车少，务必先声夺人。可以

将主帅（智跞）的旗帜插在战车上，早早列阵迎敌。郑国人看见这架势，肯定会误以为晋国的中军精锐来了，必然胆怯。那时我们果断出击，与其会战，一定可以将他们杀得大败！"

阳虎是鲁国著名的叛臣，原来是鲁国季孙氏的家臣。据说他长得和孔子非常像，但为人就没有孔子那么受人尊敬了，他在历史上几乎是"乱臣贼子"的代名词。他欺负季孙氏宗主年幼，把持季孙氏家族的事务，进而控制了鲁国的实权。他的行为得罪了三桓，结果在一场内战中失利，逃亡到了齐国。齐国人不信任叛臣，打算把他处死。阳虎就投奔到了赵鞅门下。

孔子听说阳虎投靠了赵鞅，轻蔑地预言说："赵氏其世有乱乎？"赵家的一些家臣也对赵鞅收留阳虎非常不理解，问："阳虎窃取他人国政，家主怎么可以如此信任他？"赵鞅则回答说："阳虎务取之，我务守之。"赵鞅认为，只要自己利用权术约束他，他的才能就能为自己所用了。

赵鞅本人的智谋并不算出色，但他识才和用才的能力在当时是无人可及的。他看出阳虎能以一介家臣掌控一个国家，其才智绝对超一流。阳虎自己也说过："主贤明则悉心以事之，不肖则饰奸而试之。"意思是领导贤明，就全心辅佐；领导愚蠢，就随便糊弄。说明他本人也不是毫无原则。赵鞅认为重用他，但不给他乱来的机会，阳虎自然就"老老实实"了。

话归正题，赵鞅采纳了阳虎的建议，但对战胜郑军还是没什么信心，就又找人占卜。可龟甲却被烤焦了，吉凶难辨。有个叫乐丁的家臣打气说："我们出发前已经卜过，大吉，何须再卜？信赖先前的卜兆就是了！"

第162章

惊险一战

晋军随即按照阳虎的布置做好了战斗准备,所有战车包括将领的专车都集中到一起,插上中军元帅的军旗,安排在阵列前方。战斗开始之前,赵鞅登上高台誓师,铿锵有力地喊道:"范家与中行家违背天意叛乱,他们杀害百姓,欺凌国君,罪不容诛!而郑国上百年来一直在我晋国的庇佑之下保全,如今却串通叛贼,侵我国土,这是我们的耻辱!现在,叛贼与郑人就在山脚下。我们遵从天意,一雪耻辱,报效国家的时刻到来了!

"只要战胜敌人,全军无论尊卑贵贱,都能得到赏赐!我赵鞅承诺:上大夫将被授予一个县,下大夫将被授予一个郡,士人可获良田千亩,平民可获官职,奴隶可以脱去贱籍。而要是战败了,我赵鞅愿一人担当罪责,自杀以谢国人,而且棺椁不用装饰,灵位也不摆入赵家宗祠。天地神明和众位将士在此为我作证!"

赵鞅的这段誓师词堪称战前誓师的经典范例。他先晓以道理,用大

义和忠君报国思想鼓舞士气，接着用丰厚的赏赐激励将士，最后用破釜沉舟的决心来表明必胜的信心。

听了赵鞅的精彩演说，晋军浑身充满了力气，全然忘记了敌我兵力悬殊的情况。"必胜！必胜！必胜！"他们的高喊声在山丘上久久回荡。

郑军统帅罕达与驷弘见晋军在坡上列阵，也下令全军布阵。将士们整整齐齐地站在铁丘下，一片人山人海。

蒯聩这天也带着手下士兵前来助战，赵鞅让他做自己的车右。当他爬上战车，看见山坡下一望无际的郑军，居然吓得从车上滚落下来。赵鞅的御戎邮无恤连忙把他拉了起来，斥道："像个娘们儿一样！"

而温邑大夫赵罗看见郑军人数非常多，吓得浑身直打哆嗦。他的御戎看他这般不像话，便用绳子把他绑在了位置上。有人过来询问缘由，旁人连忙解释说："他疟疾发作了，浑身颤抖，绑起来是怕他掉下车去。"

见郑军也排开了阵势，赵鞅当即登上战车，命令鼓吏擂响了进攻的战鼓。邮无恤使劲一扯缰绳，赵鞅的战车一马当先，冲在了前面。刹那间，晋军战马嘶鸣，战车轰响，所有将士大声喊杀，扑向山下的郑军。

罕达被眼前的景象吓了一大跳，他万万没有想到，兵力偏少的晋军居然抢先发起进攻。他连忙下令最前排的弓箭手张弓搭箭，对准进攻的晋军放箭。郑军的箭嗖嗖飞来，射倒了许多冲锋的晋军士兵。但晋军将士抱着死战的决心奋勇冲锋，加上是从坡上俯冲，速度极快，郑军的弓箭手还没来得及换上第三支箭，晋军的战车就已经冲到他们跟前了。

晋军雄壮的战马和坚硬的战车震动着整个大地，他们追杀着奔逃的郑军弓箭手，一头撞向了郑军的战车队列。顿时，晋、郑两军的战车勇士全部拥挤在一起，他们挥动着长戈长戟，在旷野上左突右攻，不断地有人被砍下战车，也不停地有战马在惨痛地嘶鸣，铁丘山下尘土飞扬，战况极为惨烈。

郑军的战车多，兵也多，他们汇聚起来蜂拥扑向晋军的战车部队，大有将晋军围困在战场中央之势。晋军以少敌众，情形非常危急，身先士卒的赵鞅也陷入了郑军的围攻。郑军看见他的车上有帅旗，知道他是晋军主帅，纷纷冲过去。邮无恤赶紧拉紧缰绳，控制着战车躲闪逃避。因为用力过猛，跑动转弯太频繁，有两匹马胸前的革带都被扯断了，战车几乎失去了控制。赵鞅坐在不停颠簸的车上，不时有郑军车兵的长戈像森林中的树枝一样刺来。赵鞅一会儿弯腰，一会儿低头，努力让自己不被刺中，但是四面八方都有郑军战车，赵鞅躲避不及，被一名郑军车兵刺中了肩膀，顿时血流如注，差点儿摔下车去，车上的帅旗也被郑军趁乱拔下来抢走了。

在这千钧一发之际，车右蒯聩急忙抬戈一挡，救了赵鞅一命。然后他挥舞长戈，勇敢拼杀，将靠近的郑军车兵一个个刺死。邮无恤这个时候也想办法控制住了马车，暂时摆脱了郑军的围攻。

捡回一条命的赵鞅趴在箭袋上大口喘气，吐着鲜血，但他忍住伤痛，继续坚守在岗位上。他命令晋军的战鼓绝对不能停，而且还要擂得更响。主帅尚且如此拼命，晋军将士们更是如同爆发了一般，个个以一当十，与数量众多的郑军对战居然没有处于下风。郑军的战车兵没有晋军善战，与赵鞅豢养的斗士们交手，没有几个回合就被挑下车来。

先前吓得从车上掉下来的蒯聩此时反而成了最勇武的人，代替受伤的赵鞅率领全军力战。在晋军凶猛且不要命的攻击下，郑军人仰马翻，军心大乱。他们还没来得及包围晋军，战线就被突破了。

郑军此来是为了齐国和范氏的利益，只是负责押运粮食，不是来跟晋军玩命的，他们对赵鞅这种不要命的打法完全没有思想准备。因此，他们失利后立刻仓皇逃窜，那一千多车的粮食也统统不要了。

赵鞅以少胜多，打赢了铁丘之战。但是他在混战中丢失的帅旗还在

郑军手中,这是唯一一件让晋军感到没面子的事。赵鞅底下的一帮门客私下里合计,决定不请示赵鞅,自己动手去执行夺旗行动。他们推举了一位名叫公孙尨(máng或méng)的人担任行动总指挥。

公孙尨原是范家家臣。之前,周王室赠送了范氏一些田地,范吉射派公孙尨前去征收赋税,赵氏武装将其抓住献给了赵鞅。当时,许多人都劝赵鞅杀掉公孙尨。但赵鞅爱惜公孙尨是个勇猛之士,拒绝说:"他为了他的家主效命,有什么罪?"赵鞅没有杀掉公孙尨,反而给予他很高的礼遇。公孙尨感激赵鞅的恩义,便投效到了赵家门下。这一次,他为了报答赵鞅,便同意了赵家门客的推举,带领五百多名勇士追击南撤的郑军。

郑军还没走远,罕达收拾了残兵败将在附近宿营。公孙尨查探到赵鞅的帅旗就在罕达所在的帐幕里,有重兵守护。公孙尨手下只有五百人,贸然攻击只能送死,他便带人潜伏在郑军兵营附近,打算等到天黑再行动。

入夜时分,天空淅淅沥沥下起了小雨,糟糕的天气让郑军士兵放松了警惕,他们纷纷躲到营帐里避雨。公孙尨带领五百人冲进郑军军营,趁乱找到赵鞅的帅旗,系在自己身上,然后且战且退,突破郑军的重重包围,杀出了敌营。

公孙尨带着浑身伤痕和血迹,连夜赶回铁丘。他筋疲力尽地来到赵鞅跟前,呈上帅旗,说:"在下终于可以报答家主的恩情了。"赵鞅捧着这面带血的帅旗,感动得说不出话来。

第二天,晋军对撤退的郑军展开追击,罕达与驷弘亲自带兵断后。他们向追击的晋军射出如雨的箭矢,冲在前面的晋军士兵当即中箭倒地。赵鞅见此情景,对身边的人说:"郑国虽小,也不能小看啊,还是收兵吧。"在一片收兵的锣声中,晋军停止了追击,带走了郑军遗弃的那一千车粮食。

郑军失利的消息传到朝歌,范家和中行家无不感到惊骇。失望至极的范吉射不得不停止了突围行动,但他还抱有一丝希望,那就是齐景公还会派援军来支援,所以他选择了继续固守,拒不投降。

赵鞅下令继续围困。他知道朝歌快要到支撑的极限了,只要再坚持一下,就可以擒获范吉射和中行寅了。

第163章

秋后算账

朝歌的围困还在继续，但赵鞅已经把视线转移到了国外。他认为铁丘之战后，诸侯联军再也掀不起什么浪花，是时候算算总账了。他没有忘记那个令他难堪的人——苌弘。正是在苌弘和刘氏家族的推动下，周王室发布了谴责赵鞅的通告，号召众诸侯来支援范家和中行家。

赵鞅对这件事耿耿于怀，他掌权后的第一个大动作就是派人向周敬王和刘氏问罪，质问他们为什么要支持晋国叛乱。周敬王和刘氏家族承受不住压力，只能甩锅给苌弘，逼他自杀了。

掌握了晋国大权，又消除了王室的影响，赵鞅可以调动更多的力量对范氏和中行氏发起最后一战了。

公元前492年十月，赵鞅亲自带兵增援朝歌前线。此时的朝歌被围困了快两年，范吉射和中行寅知道无法再坚守，便决定立刻突围。

中行寅让部下向南门进攻，制造出要从南门突围的假象。等晋军把注意力放在南门，他却和范吉射带人从北门杀出，向邯郸逃去。北门的晋军猝不及防，让两人逃走了。

赵鞅拿下了范氏宗邑朝歌，料定范家在晋国已无根基，便立刻动手把范皋夷杀了。当初，智跞打算让范皋夷成为范氏宗主，并担任卿。但赵鞅对范家无比仇恨，自然不会答应再与范氏并存合作。范皋夷本就是范氏叛徒，依附于智跞，只能被赵鞅宰了（智跞很有可能此时已经去世）。

和范皋夷一道的还有梁婴父，他本来也要被智跞抬入六卿之列，但这个时候已下落不明①。赵鞅与魏、韩两家达成共识后，将梁婴父剔除出去（智氏一家反对也没用了），把晋军的编制从三个军缩减为上下两军，原来的中军将与中军佐职位随之取消，六卿缩减为了四卿。晋国的大权就此集中在智、赵、魏、韩四家手中，其余家族都被排除在最高权力之外。

赵鞅彻底掌握了所有局势的主动权，而范家和中行家已不成气候，被彻底消灭只是时间问题。赵鞅现在需要小心应对的，是齐景公在战事即将结束之际发起的最后疯狂反击。

公元前491年秋，齐、卫联军又一次围攻了五鹿，企图分散晋军的注意力。赵鞅没有理睬他们，而是专心指挥晋军围攻邯郸。到了这年十一月，邯郸城破力竭，城中军民不愿再战，宣布向赵鞅投降。范吉射、中行寅和邯郸稷知道赵鞅不会饶过自己，在晋军入城前就逃跑了。范吉射逃到了仍属于范氏领地的柏人（今河北隆尧西），中行寅逃往了狄人的鲜虞部（今河北正定东北），邯郸稷躲在了临邑（今河北临城西）。

眼看晋国内战就要进入收尾阶段了，齐景公继续加大破坏力度，派大军再次袭击晋国，一口气攻占了八座城市。齐军还把邯郸稷带回了齐

---

① 梁婴父此时很有可能已经病故。《左传》经常忽略一些人物的去世时间，前述智跞去世时间也是笔者根据赵鞅突然强硬杀死范皋夷的记载做出的推测。

国,并协助鲜虞人将中行寅送到了柏人和范吉射会合。

赵鞅仍旧采取不与齐军纠缠的策略,把兵力集中在了攻打范家最后的据点柏人上。公元前490年正月,晋军发起了对柏人的围攻。范吉射和中行寅自知无力抵挡,便再一次脚底抹油,逃亡到了齐国。至此,范家和中行家在晋国再无立足之地。

而就在这一年,又一个好消息传来:齐景公在九月去世了。齐国陷入了卿大夫家族的争权夺利,再无余力插手晋国事务,赵鞅心里的那块石头终于可以落下了。

在接下来的一年里,赵鞅出动军队收复了失地,并讨伐了卫国和鲜虞作为报复。到公元前489年春,国内战事全部平息,这场历时八年的晋国内战终于结束了。

范家和中行家不可能回来了,他们原有的领地如何处置成了一大难题。

根据《史记》的说法,赵鞅把柏人和邯郸纳入了赵氏名下,而把其他土地返还给了晋国公室。司马迁的记载应该没错,邯郸本就属于赵氏,柏人则是赵家平乱的奖励,赵鞅完全有理由占有这两座城市。至于把其他城市交给公室管理,这样处置也能搁置争议,防止四大家族为了争地再次内讧。但是,赵鞅肯定不会真的把土地交给公室,因为那样会壮大国君的实力。笔者觉得,赵鞅一定在实际操作中做了手脚。

《史记》中又提到:"晋出公十七年,智伯与赵、韩、魏共分范、中行地以为邑。"意思是说,公元前458年,智氏带着赵、魏、韩三家瓜分了范氏和中行氏的领地。这个时候已经是范吉射和中行寅流亡齐国三十多年后了,他们的领地早已被纳入公室管辖,为什么还要说是"范、中行地"呢?如果仅仅是为了说明瓜分的是范、中行的故地,那么也可以推测出,"范、中行地"与其他公室的土地还是有很大差别的。因此,赵鞅很有可能效法当年的魏舒,任命了一批不属于四大家族的大夫来管理这些土地。这些大夫要么曾在战争中立功,要么是从范家和中行家倒戈而来,他们在名义上当然是效忠于国君的,但国君也根本管不住他们。直到三十多年后,四大家族达成了分赃协议,才把他们的地方统统兼并了。

卷十 内战生存法则

第164章

来自南方的威胁

八年内战给晋国造成的破坏是难以估计的。赵鞅非常清楚，晋国的国力更为衰落，继续争霸天下已是一个迷梦了。但他认为老霸主的威严必须尽可能维持，内战期间干涉最积极的齐、卫两国必须付出代价。于是在接下来的几年里，赵鞅多次出兵攻打齐、卫作为报复。可是两国的抵抗都相当顽强，晋军没有取得太大战果，国力疲弱让晋国对外战争力不从心。

就在这个时候，南方的吴国崛起，吴王夫差意图北上争雄，向宋国、鲁国和齐国发起了进攻。赵鞅便趁齐国被吴国搞得焦头烂额，于公元前485年出兵讨伐齐国，一直打到了赖地（今山东章丘附近），摧毁了高唐（今山东禹城西南）的城墙，算是狠狠出了一口恶气。

第二年，吴、齐两国发生了艾陵之战，齐国惨败，国力大损，暂时失去了争霸能力。夫差就此继续北进，目标直指老霸主晋国。

赵鞅不与吴国争锋，选择了与吴国会盟和谈。公元前482年夏季，晋、吴、鲁三国以及周王室在黄池举办了会盟。

这是一场决定中原霸主名位的会盟，但有一个问题颇让人尴尬：除了吴、晋两强，来捧场的只有鲁哀公和周朝卿士单平公——两个大哥、一个小弟、一个观察员，这样的规模真够寒酸的。但夫差却斗志十足，觉得参会人员的身价很不错了，他今天一定要压倒晋国，成为天下新一任霸主。

在会场上，赵鞅与夫差互不相让，都坚持当霸主，勾践趁机袭取了吴都姑苏，端了夫差的老窝。《国语》中说，得知消息的夫差孤注一掷，起兵佯攻晋军大营。赵鞅迫于压力，便同意让夫差当盟主，但夫差在盟书上放弃了王号。《左传》则记载说，赵鞅看出了夫差国内出现危机，就故意不谈判，拖延时间，迫使夫差让晋国人先歃血，赵鞅保住了盟主之位。

不管真相到底如何，霸主这个头衔已经是昨日荣光，没有什么实际的价值了。无论夫差还是赵鞅，都没法号令各路诸侯了，他们到最后争来的只是一个面子。

吴国的宏图霸业昙花一现，被越国偷袭后国力大损，再也没能北上了。

此时的赵鞅已经到了垂暮之年。就在他生命的最后时光，出现了一件让他极其痛心的事情，那就是蒯聩背叛。

公元前480年，卫国国内有人试图迎立蒯聩。蒯聩抓住时机潜入帝丘发起政变，孔子的大弟子仲由（字子路）带头反抗，但寡不敌众被杀，卫出公逃亡到了鲁国。

蒯聩即位后，是为卫庄公。他一上台就过河拆桥，背弃了与晋国的关系，转而投靠了齐国。赵鞅盛怒之下两次发兵攻打卫国，打破了帝丘外城。卫国人只好驱逐了卫庄公，立了公孙般师为新国君。

然而，等赵鞅一撤军，卫庄公就在齐国的支持下卷土重来，赶走了

般师，卫国再次投靠齐国。不过，卫庄公也没落得好下场。因为他品行败坏，大夫们发起政变。卫庄公只好再次逃亡，结果在逃亡路上被戎人所杀。

此后的卫国又经历了接二连三的内乱，卫出公趁乱杀回国内，暂时稳定了局势。卫国继续坚定地与齐国站在一边，赵鞅收服卫国的计划只好作罢。

公元前476年，赵鞅病倒了[①]。他没能在这场重病中挺过来，走到了生命的尽头。临终之前，他把世子赵毋恤叫到床头，用尽最后一丝力气嘱咐道："他日赵氏有难，晋阳足以依靠。"说罢，赵鞅低下了脑袋，一代枭雄就此离去。

随着赵毋恤即位，三家分晋的进程开始了。

[①] 此据《竹书纪年》记载的时间推测，《史记》记载的时间不合理。

卷十一 赵氏家族的生死考验

晋国卿族最后的决战到来,赵氏家族再次面临生死考验。肩负家族重任的庶子赵毋恤,如何在最后关头反败为胜?

庶子掌权

晋国卿族的竞争经历了数代,到了最后的决胜阶段,继承人的素质关系到一个家族未来的兴衰乃至存亡,各个家族都不约而同地非常重视立嗣问题,他们不惜抛弃宗法制度的立嫡立长原则,在庶子中寻找最合适的继承人。

几十年前,晋国内战还没有爆发的时候,赵鞅曾经找来著名的相士姑布子卿给自己的儿子们相面。姑布子卿看了几个赵鞅的儿子,摇摇头说:"没有一个是将帅之才啊。"赵鞅大惊道:"你的意思是说赵氏要灭亡了吗?"姑布子卿沉思了一会儿,回答道:"我在路上注意到一个孩子,不知道是不是您的儿子呢?"

赵鞅立刻想到了小顽皮鬼赵毋恤。这赵毋恤是狄人婢女所生,因为其母身份低微,而他本人也相貌丑陋,赵鞅很不喜爱他,以至于刚才都没有把他叫来与兄弟们一起相面。

此刻听姑布子卿这么询问,赵鞅便让人把赵毋恤叫进来。没想到,

姑布子卿一看见赵毋恤，立刻惊得站起来，大声说道："这孩子才是当将帅的料啊！"赵鞅不以为然道："这孩子面相丑陋，母亲是低贱的狄人婢女，哪里来的贵相？"姑布子卿说："天意所授，即使出身卑贱，将来必定大贵！信我不会错的。"

听了相士的这番话，赵鞅扭转了对赵毋恤的看法，开始注意这个其貌不扬的小儿子了。而他真正下决心立赵毋恤为继承人，还是在几件事的考验后。

赵鞅继承了父亲赵成重视家庭教育的传统，对几个儿子的教育也是不敢马虎，他经常抽查儿子们的功课，听听哪个儿子的思想有见地。而每一次抽查，赵毋恤的功课永远学得最好。

有一次，赵鞅亲手做了几个竹牍，在上面刻了"节用听聪，敬贤勿慢，使能勿贱"十二个字，然后把竹牍发给儿子们作为训导，要求儿子们谨记。三年后的某一天，赵鞅忽然向儿子们问起竹牍。嫡长子赵伯鲁支支吾吾，居然说已经弄丢了，上面的字也完全记不起来了。唯独赵毋恤从容地从袖口里取出竹牍，熟练地背出了十二个字。赵鞅当场大为称赞，而把赵伯鲁责骂了一顿。

几年之后，儿子们都长大了。赵鞅决定再考验他们一次，便召集儿子们说："我在常山（今河北曲阳西北的恒山）上藏了一个宝物，你们谁先找到，重重有赏。"几个儿子兴高采烈地跑到常山上搜寻宝物，然而找了很长时间，什么值钱的东西都没有找到。唯独赵毋恤在山上跑了一圈，回去向赵鞅汇报说："父亲，孩儿已经找到宝物了，宝物就是常山。取道常山可以偷袭代国（今河北蔚县东北），代国可取也。"

赵鞅高兴得大笑起来。他就此认定赵毋恤这个儿子必成大器，便把赵毋恤立为赵家世子。根据《史记》的记载，此事大约发生在公元前500年。而嫡长子赵伯鲁遵从了父亲的决定，终其一生都没有为难自己的弟弟。

小试牛刀

公元前476年,赵鞅去世,赵毋恤继任为赵氏宗主,出任四卿之一。

此时的赵氏家族虽已不像当初羸弱,但处境仍然不算乐观。赵家的领地相对贫瘠,总体实力还不算强,而经过邯郸氏事件,内部的叛乱风险还未完全消除。

赵鞅尚未下葬,属于赵氏封地的中牟城就发生了叛乱。中牟大夫名叫佛肸,早在十几年前晋国内战期间就曾经背叛过赵鞅,与邯郸氏一同叛乱。这个佛肸猖狂至极,一度还想招揽孔子加入。后来叛乱被平定,佛肸投降。赵鞅为了显示宽宏大量,没有处死他,而是让他继续做中牟大夫。没想到佛肸忘恩负义,趁着赵鞅去世的时机再次发起叛乱。

叛乱之时,佛肸担心城内的人反对,便在庭院中央放了一个大鼎,将鼎中的水烧得滚烫。然后他召集城中的士人、官员们,宣布道:"我将举旗反对赵氏,顺我者封邑,逆我者烹!"看着大鼎中冒出腾腾热气,在场的人都吓得浑身战抖。佛肸随即一个个逼问道:"你愿不愿与

我盟誓效忠?"

这些官员们惧于佛肸的淫威,纷纷表示愿意追随他一起叛乱。然而,当佛肸问到一个叫田卑的人,田卑义正词严地拒绝道:"我宁愿为义而死,绝不避斧钺之罪;为义而穷,绝不受轩冕之服。无义而生,不仁而富,还不如被烹了算了!"说罢,田卑把外套一脱,面不改色地向院中的那口大鼎走去。佛肸大吃一惊,自己本想吓唬吓唬这些人,没想到还真有不怕死的。佛肸担心田卑这么死了自己下不了台,便连忙命人把他拦住,然后装模作样地赞扬其刚强。

佛肸叛乱的消息传到晋阳之时,赵毋恤还在父亲的灵柩之前守灵。他听闻后勃然大怒,丧服也不脱,立刻召集家臣们开会。本来婚丧期间不宜动刀兵,但赵毋恤觉得这个时候出兵会有出其不意的效果,决定立刻发兵。

赵家军犹如神兵天降,在赵鞅下葬后仅仅五天便赶到了中牟城外。赵毋恤一声令下,赵家军立刻向城池发起了围攻。

不知道是不是老天在帮赵毋恤,赵家军攻打了不长时间,中牟城的城墙忽然自己垮了,出现了一个巨大的豁口。赵家军这个时候立刻发起冲锋,就能轻易打进城去。然而,赵毋恤没有这么做,他反而下了一个相反的命令:停止进攻,撤军十里!

部下们大为不解,纷纷跑到赵毋恤面前问道:"家主,您要惩治中牟叛乱之罪,现在城墙自行垮塌,这是上天在助您,您为何要下令后撤呢?"赵毋恤回答:"我听说'君子不乘人于利,不迫人于险'。我们不能占敌人的便宜,等他们修好了城墙,我们再来攻打。"

赵毋恤很清楚,他此来不仅要消灭佛肸,更要永远收服中牟。中牟这座城市,叛了降,降了又叛,如果不是这座城市的人民对赵氏心存不满,佛肸振臂一呼就不会有那么多人响应了。赵毋恤希望学习当初晋文公收服原地的做法,以退为进,用仁义之心来感化中牟人民,让他们不再背叛赵氏。

赵毋恤此举果然收到了良好效果。本来中牟人就有很多是被佛肸胁迫叛乱，得知赵氏家族如此仁义，他们再无心思打下去，有不少人暗中向赵毋恤送来降书，表示愿意帮助赵氏入城，擒获叛乱首领佛肸。赵毋恤联络了这些内应，等待时机成熟，突然杀回中牟。中牟守军大部分投降，打开城门放赵家军入城，来不及逃跑的佛肸被赵家武士当场抓获。

佛肸与其家人全部被绑起来押解到赵毋恤的面前。赵毋恤懒得看这个家伙一眼，只问身边的人，依照赵氏家法，佛肸应该怎么处置。旁边人回答道："依赵氏家法，以城叛者，身死家收。"赵毋恤便道："既然如此，将佛肸及其家人全部拖出去杀了，家产充公。"

就在赵毋恤下令将佛肸满门抄斩之时，忽然有一位老妪大声叫喊起来："我不当死啊！我不当死！"赵毋恤吃了一惊，一看是佛肸的老母亲，便问："你为什么说自己不应该死啊？"

佛肸的母亲反问道："为什么我就应该死啊？"

赵毋恤感觉很可笑，说道："因为你儿子造反了呀。"

佛肸的母亲继续反问说："儿子造反，母亲就应该被处死吗？"

赵毋恤感觉这个老太婆有点不讲理，怒道："你作为母亲不能教育好自己的儿子，导致他最终走上造反道路，这样的母亲怎么不该处死呢？"

佛肸的母亲继续道："咦，我还以为家主要杀我有什么正当理由呢，原来是因为我作为母亲没有尽到教育责任啊！我的职责早已经尽完了，教育失败，过错在于家主啊。我听说孩子小的时候轻慢，是母亲的罪过；长大后不堪重用，是父亲的罪过。而我的儿子小的时候并不轻慢，长大后又堪重用，我还有什么责任呢？我为您把这个孩子抚养长大，您选拔他作为自己的家臣，从此，他就是您的臣子，而不是我的儿子了。只能说您有一个逆臣，而不能说我有一个逆子，因此，我认为自

己是无罪的！"

赵毋恤吃惊于一个老妪居然能讲出这番大道理，便笑道："说得好啊，佛肸之反，毋恤之罪也。我不杀你。"

赵毋恤释放了佛肸的母亲，但还是把佛肸的其他家人处死了。

赵毋恤为什么单单留下佛肸母亲的性命呢？笔者觉得，赵毋恤这么做并不是因为真的听信了佛肸母亲的言论，而是为了收买人心。按理说，子不教，父母之过，佛肸的母亲应该受到责罚。赵毋恤却把教育佛肸失败的罪责揽在自己身上，为的是展现大度给中牟人看，让中牟人更加忠心于自己。

在收买人心这一点上，赵毋恤要比父亲得心应手。

处决了叛乱首领后，赵毋恤听说了田卑当初宁死不屈服的事迹，连忙派人把他请来。田卑被带到赵毋恤的面前，赵毋恤赞赏道："义士！我将赐你高官厚禄，以彰此义举。"田卑连忙磕头拒绝道："大人万万不可赏赐于我！您赏了我，就等于说原来屈服于佛肸的那些人都有罪了。表彰一个人而令万人获罪，智者不为；赏一人而令万人羞惭，义者不取。我一旦接受了您的赏赐，就会使广大中牟士人蒙羞，得到不义的名声啊！"赵毋恤一听，田卑说得很对，自己正打算收服中牟人民，不可以做出让他们不舒服的事情，即便这件事情非常正确。于是，他好言劝慰了田卑，取消了原定的赏赐。田卑不愿在中牟继续待下去，不久便带着家人搬迁到了楚国。

平定了叛乱之后，赵毋恤立刻回军晋阳，继续为父亲守孝。他在中牟的三次仁义举动收获了当地百姓的人心，中牟再也没有背叛过赵氏，后来甚至成为赵国的首都。

不安分的少主人

依照古代礼法,父母亲去世,儿子要守孝三年,在此期间要停止娱乐活动,不吃酒肉,不办喜事。赵毋恤当时就是这样,在晋阳的官邸里守着父亲的灵位,每天粗衣粝食,深居简出,没事便翻看家中的典籍藏书。

忽然有一天,有人向他报告说,南方的吴国正被越国围城,吴王夫差怕是难逃一劫了。赵毋恤知道这是一次向天下人展示仁义的难得机会,当即便宣布把自己的伙食标准再降一个层次,以示对吴国老盟友的同情和哀伤。

当时的吴王夫差确实已到了山穷水尽的地步,邻国没有一个愿意帮助他。他曾派人到晋国请当时的正卿智瑶支援,但智瑶拒绝提供援助。得知这一情况,赵毋恤便与家臣楚隆商量,让楚隆代表晋国去见夫差最后一面。楚隆费了一番周折见到了夫差,看到了这位昔日枭雄最后的凄凉景象。

赵毋恤探望夫差的举动可以说是举手之劳，但他收获的却是天下人的赞誉。不管夫差如何令人讨厌，赵毋恤能在最后关头对他施以关怀和同情，这让天下人都见识到了赵氏有情有义。

在三年的守制生活里，赵毋恤并非无所事事。他是个闲不住的人，觉得整天宅家实在太没意思了，便计划干一些有意义的事情。

有一天，赵毋恤找来自己的车夫王子期，想让王子期教他驾驭马车。王子期答应了，便手把手地教自己的老板如何策马、如何扬鞭、如何掉头。赵毋恤是个聪明人，没几天就把所有的基本动作学会了，能够单独驾车了。信心满满的赵毋恤便向王子期提议说："要不我们比试一下，看看谁的马车跑得快？"两人便在野外摆开了架势，开始了赛车游戏。没想到一圈下来，还是老师技术好，王子期得胜，赵毋恤则被远远地甩在了后面。

赵毋恤不服输，嚷嚷道："是马不好。我用劣马当然跑不过你用好马。"

王子期便说："那么请主公换上好马再来比试。"

赵毋恤立刻叫人到马厩选上好马给自己的马车套上，又与王子期比赛了一场，结果还是输了。赵毋恤仍不服，叫人再去找好马来。如此换了三次好马，赵毋恤依旧场场皆输。

赵毋恤不高兴了，对王子期说："看来你没把真本事教给我，还留了几手嘛。"

王子期摇摇头说："在下已经把技术全都教给主公您了，是您自己使用不当。驾车最重要的一条，就是令马力集中于拉车，人的注意力则全部贯注于驭马，这样才可以跑得又快又远。可是您呢？一旦落后就只想着追上我，一旦领先又总害怕被追上。在这么远的路上比赛，暂时的领先和落后总是难免的，而您不论领先还是落后，心思总放在我的身上，还如何专心驾车？这才是您失利的真正原因啊！"

赵毋恤笑道："原来如此啊，你批评得对。"

接下来，赵毋恤专心学习驾车，终于在下一场比赛中赢了王子期。

学会了驾车，赵毋恤开始驾着马车到处兜风。有一天，赵毋恤对众人说，自己要带一帮人到常山登山远眺，顺便请代国国君来喝酒。有家臣觉得不像话，就劝道："家主，登山远眺是游玩活动，您现在在守制，是不可以去游玩的啊。"赵毋恤笑了笑，答道："你不懂，这可是先主遗愿。"家臣们丈二和尚摸不着头脑，心想少主人这话是什么意思？难道老主人在遗嘱里要求守制期间去常山搞团建吗？少主人脑子里的哪根筋搭错了啊？

赵毋恤没有说穿自己的想法，而是私下里叫了几个心腹家臣，交给了他们一个秘密任务。

这一天，天气大好，赵毋恤心情不错，便亲自驾车，带着一帮侍卫，外加几个厨子、舞姬，兴致勃勃地往常山出发了。而在出发之前，赵毋恤已经修书一封，让人快马加鞭送往代国，请代君赏光一起到常山上喝两樽。

代国一直以来与晋国都比较友好，因为与赵氏封地接壤，所以代、赵两方的关系非同寻常。赵鞅就把女儿嫁给了代国国君，论辈分，代君是赵毋恤的姐夫。收到小舅子的邀请，代君二话没说，就答应来常山吃酒。

常山山不高，赵毋恤轻轻松松就爬上了山顶。观赏完了大好风景，赵毋恤便让手下人赶快清理出一片干净的空地，然后扎好幕帐帷幄，铺上地毯，摆上酒桌，烫上几壶好酒，等代君一行人来。

过了不多久，代君带着几个亲戚和大臣风尘仆仆地来了。赵毋恤连忙对代君行礼问好，连叫姐夫，代君也乐呵呵地，说好久不见了。

众人就座，赵毋恤便命令下人把酒食端上。下人们鱼贯而入，把事先热好的酒菜摆在众人面前的酒桌上。盛放这些酒菜的容器很特别，都

是铜枓（dǒu，一种青铜制的方形有柄器具，可以盛放酒食），很大，也很重。代国客人对此习以为常，认为赵毋恤在用中原最好的餐具招待他们。

代君端起酒杯，唱起了祝酒词。接着，众宾客将杯中酒一饮而尽。赵毋恤也端着酒杯，与代国人聊起家常。舞姬们在场中央跳舞助兴。众人哈哈大笑，都喝了不少酒。

见代君的酒杯空了，赵毋恤不高兴地对下人说："怎么回事？赶紧给客人斟酒！"几个强壮的下人进来，走向代国宾客，准备给客人们倒酒。说时迟，那时快，他们忽然抄起酒桌上的大铜枓，往所有代国宾客的后脑勺狠狠地砸下去。只听"嘭、嘭"几声，所有代国人包括国君都倒在了酒桌上，黑红的血液从他们的后脑勺汩汩冒出来，染红了地毯。赵毋恤则安然地坐在位子上，一言不发。他继续喝了几杯酒，然后对身边的人说："通知山下的部队，可以行动了。"

原来，赵毋恤在来常山之前，就已经安排了一支人马躲藏在附近，准备通过常山袭击代国。而他先前说的先主遗愿，指的就是从常山侵略代国。赵毋恤将自己的姐夫骗到酒席上，让武士假扮下人残忍地将其杀死，也是为了方便偷袭代国。

赵家军通过常山攻入了代国，代国人毫无防备，加上国君被杀，群龙无首，陷入了混乱的状态。赵毋恤担心姐姐在乱军中遇险，便让人驾着代君留在常山的马车，一路闯进了代国宫室。使者见到代国夫人，将赵毋恤的意思告诉了她，请夫人立刻与他离开代国回去居住。

听说丈夫被自己弟弟杀死了，代国夫人伤心欲绝，大哭说："因为弟弟而抛弃夫君，不仁；因为夫君而怨恨弟弟，不义。我站在哪一边都不对，到底该怎么办啊？！"说罢，左右为难的代国夫人拔下头上的笄子，刺进喉咙里自杀了。

赵毋恤没能平安地接回姐姐，但还是顺利占领了代国。代国的土地上历来盛产良马，赵氏领地由此多了一块战略宝地。在此之后，赵毋恤又乘胜发兵攻打狄人，夺取了两处狄人的土地。

不过，当与狄人作战胜利的消息传来，赵毋恤没有一点高兴的样子，眉宇间反而有些忧虑。身边人不解地问："获得如此大胜，家主为什么不感到高兴呢？"赵毋恤回答说："江河算是大了，但涨起水来不过三日；大风暴雨不会连续一个早上；太阳在天顶的时间不过一瞬。如今我赵氏德行不高不广，一个早上却攻下两座城池，灭亡将要轮到我了啊！"

赵毋恤谦虚地说自己的德行和能力不足，实际上是在忧虑自家实力不足。他所恐惧的对象，不是有可能侵略赵氏领地的北方少数民族，而是近在眼前、可能消灭赵氏全族的晋国同僚。

这个同僚名叫智瑶。

第168章

危险的敌人

智瑶,智跞之孙,智申之子。由于韩不信、魏曼多和智申先于赵鞅去世,智瑶很年轻便成了上军将,荣登晋国正卿之位。

相较赵毋恤的"矮穷挫",智瑶此人简直可以称为"高富帅"了。说他"高",是因为智瑶"美鬓长大",有一头乌黑亮丽的头发,身材高大;说他"富",是因为智氏家族吞并了大量财富和土地,是当时晋国首富;说他"帅",是因为智瑶除了头发漂亮,还"射御足力""伎艺毕集""巧文辩惠",也就是说智瑶会射箭驾马,武力过人,是个体育尖子,而且多才多艺,琴棋书画、唱歌跳舞样样会,参加个选秀节目都没问题,他又擅长辩论,智力超群,是当律师的料子。除了"高""富""帅"三个特点,智瑶还"强毅果敢",意志坚定,行事果断。

有这么一个优秀帅气的儿子,身为老爸的智申喜欢得不得了。智申甚至废掉了嫡长子智宵的继承权,而立身为次子的智瑶为继承人。不过,智申当初的这个决定,遭到了族人智果反对。

智果当时劝智申说:"你千万不要这么做,智瑶其实不如智宵。"智申回答说:"智宵这人面目凶狠,行事冲动,不能立。"智果解释道:"智宵的凶狠在表面,智瑶的凶狠在心里。表面凶狠并不要紧,内心凶狠却是要败坏国家的。智瑶什么都比别人好,就是有一样赶不上别人,那就是内心没有仁爱。将来,他一定会用他的过人之处去欺凌别人,而不干仁义的事,那样的话,谁能够喜欢他呢?如果真的立智瑶为继承人,智氏家族必然灭亡!"智申不相信,觉得智果是在危言耸听,自己这个聪明的帅儿子怎么可能比别人差呢?智瑶能用智谋让所有人乖乖听他的话,我看赵鞅那个又丑又猥琐的儿子赵毋恤才不招人喜欢呢。结果,智申依旧立智瑶为继承人。

智果见智申不听劝告,无奈地说:"智氏将要灭亡了,我需要为家人找好出路。"他将自己和家人的氏改成"辅",从智氏家族独立了出来①。

虽说智果不看好智瑶,但智瑶在当时确确实实是一个风云人物。他非常聪明,非常有魄力,毫不夸张地说,智瑶的能力在赵毋恤之上,是赵毋恤要面对的终极大BOSS。他一上台,就连续做了许多件轰动的事。

智瑶继任晋国正卿时,晋国在中原的影响力已经极其衰微。东方的齐国从艾陵之战的惨败中恢复过来,继续与晋国展开争斗。与晋国接壤的卫国和郑国也依旧与齐国结盟,敌视晋国。为了与齐国争雄,智瑶不断地向郑国与卫国用兵,与齐国争夺对两国的控制权。他首先选择卫国作为攻击目标。赵鞅在世时曾多次想收服卫国而没能成功。这让智瑶清

---

① 此从《国语》记载。《战国策》中说智果是在晋阳之战时、智瑶被灭的前一天才改了氏。但一个家族的支脉要独立门庭,并获得法律承认,必须到太史那里登记注册。智果要在一天的时间里从晋阳赶回新田,完成家族改氏并让所有晋国人知道,显然是不可能做到的。

楚强攻不一定能成功，便决定智取。

公元前475年，吴国在越国的攻打下处境日趋艰难，夫差派了一位使者前往晋国寻求帮助。从吴国去往晋国，需要穿过卫国。吴使向卫国借路，卫国人遵守国际惯例，答应借路，不仅送了吴使一笔厚礼，而且还批准吴使返回吴国时也取道卫国。

这个事情被智瑶知道了。

吴使到了晋国后，向智瑶转达了夫差希望得到援助的请求。智瑶没有答应，但他很客气，婉转表达了晋国的难处，还说对无法提供帮助感到非常不好意思。待吴使完成使命，要离开晋国时，智瑶提出派一艘豪华大船送他过河，以示对他的敬重。

看到停在黄河岸边的几层楼高的大船，吴使心中不免产生了怀疑，对身边人说："我不过是一位大夫，按礼乘坐一艘小船渡河便可以了。现在晋人违背礼制派大船送我，当中必有蹊跷。"

吴使带着手下上船仔细查看了一番，发现船上好几个大舱里藏着许多兵器铠甲，再看那些水手，似乎是乔装打扮的武士。吴使又派人到码头附近查探，发现了不少运兵船。原来，智瑶计划以吴国使臣的身份做掩护，用大船运送一批武士偷袭卫国边境，然后用运兵船运送士兵在卫国登陆。

洞悉了智瑶的计划，吴使简直吓了一大跳。想想卫国人在来的路上还送了自己一笔礼物，吴使于心不忍，便假装生病，留在晋国，暗中派手下人立刻前往卫国，把消息告诉了卫国人。智瑶得知后只好取消了这次行动，改用小船送他渡河。

一计不成，智瑶又想了一计。

智瑶听说卫悼公（名黔）喜欢财宝，便假意要改善与卫国的关系，派使者送给卫君四匹野马、一块白璧。卫悼公收下礼物，心里乐开了花，高兴地展示给手下的大夫们看。大夫公孙弥牟看出了问题，对卫悼公说:"君上,野马和白璧本是小国送人的礼物,现在晋国这样一个大国送过来,不合常理。更何况,无功之赏、无理之礼是危险的。臣担心晋人要用礼物麻痹我们,使我们降低警惕之心,然后乘机偷袭。"卫悼公大惊,连忙下令加强晋、卫边境的防御。果然,智瑶不久派军队来袭。见卫国人早有防备,智瑶只好让部队撤退了。

两次计谋失败,智瑶仍然不死心,居然想出了一条苦肉计。智瑶找来长子智颜,让他在某个场合冒犯自己,然后假装大怒流放他,让智颜带着一帮精兵前往卫国流亡,找机会偷袭卫国。智颜听从了父亲的安排。

事情一开始进行得非常顺利,周围人都以为智瑶真的把自己的儿子流放了。"失落"的智颜带着一队人马向卫国方向"逃亡",他派人给卫悼公送信,希望卫国收留自己。卫悼公连忙找来大夫们商量。还是公孙弥牟聪明,一眼看出智瑶的诡计,分析说:"智颜是智瑶的长子,也是他最喜欢的儿子。现在智颜没有犯什么大错,却被父亲流放,而且偏偏要到卫国来,这太不可思议了。君上应该立刻派人去边境看看,如果智颜带来的马车超过五辆,就不要放他进来。"

卫悼公派人去边境数了数智颜身边的马车,足足有好几十辆。他当即拒绝了智颜的流亡请求,让边境部队备战。

智瑶的计谋再一次失败了。

晋、齐争锋

智瑶多次策划攻打卫国没能成功,齐国对晋国的攻击却先行到来了。公元前475年,也就是智瑶执政晋国的第一年,齐国就联络各诸侯在廪丘(今山东郓城西北)会盟,准备组织联军向晋国进攻。但诸侯们心思各异,联合伐晋的事最后不了了之。

智瑶对于此事大为恼火,心想齐国人真是太猖狂了,自己刚刚上台就送来这份"大礼",得好好教训一下齐国才行。

但他却发现,自己无法调动全军讨伐齐国。因为此时晋军已经名存实亡,成了四大家族私兵的集合体。军中的大小将领分别隶属于四卿,任何一家未得到其余家族的同意,都无法调动完整的晋国军队出战。这段时间,赵毋恤正在老家为父守孝,而韩虎(韩不信孙子)和魏驹(魏曼多之子)对争霸一事不感兴趣,加上这一年晋定公也去世了,晋国国内一团乱麻,智瑶只好按下了怒火。

直到公元前472年,赵毋恤回到了工作岗位,智瑶终于能说服众卿一起出动军队攻打齐国了。

这年六月，智瑶亲自指挥晋军攻打齐国。齐国也毫不示弱，以猛将颜庚为先锋，大夫高无邳为将，前去阻击晋军。双方在犁丘（今山东齐河东北）一带遭遇了。

两军对峙，智瑶颇显勇将风度，他为了清楚地了解齐军的布阵情况，亲自带人出去侦察。没想到，给智瑶拉车的马匹受惊，径直拖着车往齐军阵营跑去了。在这种危险时刻，智瑶却极为镇定，对车夫说："齐人看得见我车上的帅旗。如果我现在调转马头回去，他们一定会嘲笑我胆怯，这样对我军的士气影响不好。你就顺便带我到齐人的阵营前方去侦查一番吧。"

智瑶就这样大摇大摆地来到齐军阵营前方，观察起了齐军营垒。

齐国人这个时候还在忙着布阵，完全没有注意到有人在前面盯着他们看。等到反应过来，齐军连忙派人追击，智瑶此时却已经调转车头回去了。

了解清楚了齐军的状况，智瑶立刻制定了相应的作战方案。正所谓"知己知彼，百战不殆"，第二天，智瑶率领晋军大获全胜，高无邳所率齐军落荒而逃。齐军猛将颜庚不甘失败，率部向智瑶所在的部队冲击，企图杀死他。

智瑶文武双全，根本不怕颜庚。他在那里一动不动，要求卫士们不要阻拦，让颜庚冲过来。颜庚手持长戈，大喊着向智瑶刺来。智瑶只一躲闪，转手抓住长戈，奋力一拉，就把颜庚拽下车来。周围的晋军士兵连忙一拥而上，把颜庚捆了起来。

颜庚，鲁国人，曾是鲁国的强盗头子，杀人放火是他的职业，投靠齐国后做了先锋将军，武功绝对了得。但他在旷世奇才智瑶面前却成了俘虏，后来还被砍了头，作为对齐国的恫吓。

这次伐齐之战，智瑶的表现可以用帅爆了形容。冒险查看敌情，亲

手擒获敌将,哪一条拿出来都够制作成宣传材料,把智瑶宣扬成伟大领袖了。至于赵毋恤,史书上根本没提他在这场战斗中的表现,估计他就是来打酱油了,就算做出点事情,相比智瑶的瞩目表现,也是蚂蚁尿湿柴——不值一提。

犁丘之战后的第二年,晋国再次出兵攻打齐国,夺取了廪丘,齐国一下子被打得抬不起头来。只要四卿团结起来,晋国还是存有老霸主威风的。但齐国人的心里也因此憋了一口气。

公元前468年,智瑶把用兵目标指向了郑国。晋军大举南下,攻下了桐丘(今河南扶沟西),企图逼迫郑国屈服。郑国人自知不敌,连忙派人火速前往齐国求援。

此时在齐国掌权的是田恒。此人心狠手辣,机智狡猾,是和智瑶差不多的权谋人物。为了一雪齐军之前两次战败的耻辱,他力排众议,决心起兵援助郑国,与晋军再次较量一番。

齐军迅速被集中了起来。出征之前,田恒去看望了在犁丘和廪丘战斗中阵亡将士的亲属,安慰他们说:"我一定会为你们的父兄报仇的!"接着田恒来到军营阅兵誓师,给将士们打气。他带了一辆马车,车上装满了写有城邑名称的册子。誓师时,他宣布说:"我这里有齐国所有城邑的名册。你们谁立下军功,我将毫不吝惜地将一座城邑封赏给他!"

紧接着,田恒叫来了颜庚的儿子颜晋,拿出一卷文书交到他的手上,说:"你的父亲为国捐躯,国家是不会忘记他的功劳的。这座城邑是国君封赏给你的,从此以后你就可以驾车上朝了。你可千万不要辜负了你父亲的期望。"颜晋大为感动,连忙跪在地上,向田恒保证道:"在下定要奋勇杀敌,以报国君和您的恩情。"

齐军将领看见这一幕,再看看那满满一车竹简,都跃跃欲试,迫不及待地要去打仗,之前战败的阴影一扫而空。

在田恒的亲自指挥下，齐军以极快的速度向西进发。其行军之快，连沿途的居民都不知道有大部队从他们的土地上经过。当齐军到达濮地（位置不详）时，天公不作美，居然下起了瓢泼大雨，给行军造成了很大的不便。田恒只好暂时停止进军，在当地安营扎寨，准备等天气好了再走。

齐军在濮地驻军不前，郑国人着急了，连忙派出使者到田恒的营中催促道："晋人就要到达敝国的屋檐下面了，如果不是很着急，敝国也不敢来催促上国的军队。如果你们继续在此地停止不前，恐怕敝国将不复存在了。"田恒于是强令全军冒雨前进，要求必须在数日内赶到郑国。为了督促部队开拔，他穿上蓑衣斗笠，拄着拐杖在大雨中指挥。看见有战马不愿冒雨出栏，田恒便亲自动手，帮助士兵们把战马套上战车。

在田恒的鼓舞下，齐军克服了恶劣的天气，继续飞速向郑国挺进，不久就赶到了郑国首都新郑附近。得知齐军在田恒的鼓舞下急行军前来，智瑶的心中产生了不安。他是个聪明人，知道哀兵必胜的道理。齐军发疯一样不顾暴雨而来，是为了报仇，是来和晋国人拼命的；而晋军四分五裂，各家人马都想着自保，谁会愿意和一帮红了眼的齐国人玩命呢？打起仗来，晋军必败无疑。

智瑶考虑再三，决定暂避齐军的锐气，撤退回国。为了稳定军心，也为了自己的面子上好看，智瑶对将士们宣布说："我出征之前只占卜过攻打郑国，没有占卜过与齐军交战。我没有询问过神明，就不要与齐军作战了。"

抬出神明来解释，基本上可以让所有人都心服口服，智瑶顺利地蒙混了过去。

但撤军行动开始之后，智瑶又觉得这么灰溜溜地回国太便宜田恒了。他心里打起了歪主意，派了使者前往齐国军营，羞辱田恒说："你

们齐国田氏本出自于陈国。陈国灭亡（公元前478年，楚灭陈），都是郑国勾结楚国犯的罪，所以我来向郑国问罪。而你田大夫不惩罚郑国，却努力来救援他们，不是在说自己的祖根被刨是好事吗？既然如此，那我智瑶就不管这个闲事，回晋国去了！哈哈！"

　　智瑶不愧是辩论高手，田恒被他的话气得脸上一阵红一阵白，大骂道："经常欺负别人的家伙都不会有好结果，你智瑶活不了多久的！"

争执

晋军撤退了,而且是在还没交战的情况下自行撤离的。虽然智瑶口口声声说是天意,但明白人都知道,晋军这叫畏敌怯战。

智瑶对此事也是耿耿于怀,以他自负的性格,是绝对咽不下这口气的。

他要继续进攻郑国,向天下人证明他智瑶的字典里根本就没有"失败"两个字!

公元前464年,智瑶再次集合晋国大军南下攻打郑国。这一次不知道是什么原因,齐国没来救援。晋军连克数城,攻到了新郑郊外。郑国君臣们赶紧集合重兵固守国都,商量退兵之策。

有一位郑国大夫提议说:"智瑶争强好胜,只要我们让他占点便宜,表示服软,说不定他心满意足了就会撤退。"

众人一听有理,便商定让新郑城外的一座城堡故意战败,拱手让给晋军,这样智瑶感觉自己"战果辉煌""威风八面",也许就不再费力

气围攻新郑了。得到命令的郑军在新郑南面一座叫南里的城堡草草布防，当晋军前来攻打时，他们只做了象征性的抵抗便弃守撤退了，晋军轻而易举地占领了南里。

但是，智瑶就是一条饿狼，小小的南里根本满足不了他的胃口，他反而觉得郑军如此不堪一击，索性一鼓作气把新郑也打下来，逼郑国人和他签订城下之盟。晋军便以南里为据点，对新郑展开了围攻战。

见智瑶根本不领自己的"好意"，郑国人愤怒了，他们认真应战，誓死保卫国都。晋军的主攻方向选择为南边的桔柣（dié）门。上万名晋军士兵推动轒辒、云梯和冲车，黑压压地向桔柣门冲来。霎时间，新郑城上下箭矢横飞，木石翻滚，喊杀声和惨叫声震耳欲聋。

郑军顽强抵抗，晋军多次攻城都没能成功。智瑶大怒，任命郳（xī）魁垒为突击队长，率领一批晋国敢死队强行登墙，要求务必在一天之内打开突破口。智瑶的府上豢养了众多豪杰猛士，这郳魁垒便是其中一员。家主的指令一下，他二话不说，全然不顾如雨的箭矢落下，带着手下就往新郑的城墙上冲。郳魁垒凭自身高超的武艺，通过这种不要命的冲锋，硬是爬上了新郑的城墙。他砍翻了十数名郑军士兵，在城墙上竖起了晋军军旗。

郑军见势不妙，集中兵力围攻郳魁垒等人。因寡不敌众，郳魁垒被郑军俘虏，那面军旗也被郑军砍倒。郑国人爱惜他的才能，打算以卿大夫的爵位招降他。但硬气的郳魁垒大骂说："我乃大国猛将，岂会受你小国的爵位？废话少说，砍了我吧！"郑国人便让人用湿布封住郳魁垒的口鼻，把他活活闷死，再将尸体抛出城外，用以打击晋军的士气。

看到爱将惨死，智瑶气得额头上凸起青筋，拍着桌子一通骂娘。骂完了，他看见底下坐着的韩虎、魏驹和赵毋恤三卿却在事不关己地聊天，觉得这三个人没出什么力。自己身为主将，为了攻城烦得心力交瘁，这三人却在那里谈天说地，把军营当茶馆吗？

智瑶心中窝火，他看着赵毋恤那张丑陋的脸就恶心，便冲其喊道："赵大夫，明日由你带部下攻城，一定要给我攻进去！"赵毋恤才没这么傻，让我负责攻城不是消耗我赵氏的军力吗？他拒绝道："智大夫身为元帅，智勇兼备。有元帅在此，还用得着资质愚钝的我吗？"

智瑶见赵毋恤敢顶嘴，破口大骂道："你长得这么丑，又没种去攻城，你老爸怎么会生了你这么个没用的东西！"他恶语相向，完全不顾自己的身份以及和赵毋恤的同僚关系。赵毋恤气得血压上升，很想扑上去给智瑶一拳。但他忍了下来，他知道现在还不能和智瑶对抗，便回答说："因为我能忍，能无害于赵氏家族！"

眼看智瑶和赵毋恤几乎要动起手来，在一边的韩虎和魏驹连忙起来劝解。智瑶恶狠狠地瞪了赵毋恤一眼，没有再争吵下去。

虽然没有取下郑都，这次伐郑还是取得了较好的战果，晋国就此罢兵。但智瑶和赵毋恤的矛盾却没有"罢兵"的意思，就在当晚的宴会上，两人又起冲突了。

事情的起因仍然是赵毋恤攻城不服从命令的事。智瑶对此耿耿于怀，就在宴会上又把这事提了出来，辱骂赵毋恤说："某些人长得丑，还畏敌如虎，他有什么资格坐在这里与众多浴血奋战的将士们一起饮酒？"赵毋恤当然不服软，反驳道："毋恤乃当朝四卿之一，凭什么不能来饮酒？"听到赵毋恤的反驳，智瑶的火气一下子冒了出来，抄起桌上的酒杯就向赵毋恤扔去，当啷一声，正好砸在赵毋恤的身上，酒水染湿了他的衣服。

见家主受此侮辱，宴会上的赵氏家臣坐不住了，他们"啪"地一拍桌子，纷纷站了起来，道："敢对我们家主无礼！我们和你拼了！"智氏家臣也不甘示弱，也"啪"地一拍桌子，站起来冲赵氏家臣吼道："你们想干什么？！"

眼看两家人即将爆发冲突，赵毋恤不想把事情闹大，便拦住自己

的家臣道:"先主之所以立毋恤,是因为毋恤能忍受羞辱。你们都坐下!"

在赵毋恤的劝说下,赵氏家臣才愤愤然坐到位子上,这场宴会不欢而散。

事情发展到这里,还没有结束。正如智果当初评价的,智瑶这人性子高傲,没有仁爱之心。他不会与自己的同僚处关系,和比自己丑的赵毋恤吵吵架也就罢了,居然又去羞辱韩虎。

赵、韩两家历来关系不错,智瑶去羞辱韩虎,不排除是赵毋恤的缘故。

史书上没有记载智瑶羞辱韩虎的具体过程,小说《东周列国志》倒是补充了对这件事的想象:

有一天,智瑶宴请韩虎。酒席间,智瑶说有一幅当世名画,要拿来与韩虎一同欣赏。他命下人把画取来,摊开在桌子上。韩虎一看,画中是一位勇士要捕杀三只老虎。勇士放了一只羊引诱老虎,准备等三只老虎为了吃羊争抢起来时,乘机上前将老虎全部杀死。

智瑶借题发挥,对韩虎说:"我遍查诸国大夫名册,列国之中与韩虎大夫同名者,有齐国的高虎与郑国的罕虎。他们与韩虎大夫凑在一起,不正好是'三虎'吗?"韩虎本来高兴的表情立刻阴沉下来。

站在一旁的韩虎家臣段规听不下去了,站出来批评智瑶说:"元帅,依礼制,不可直呼大夫的名讳。您拿我主的名讳开玩笑,是不是太过分了?"

智瑶哈哈大笑,走过去拍了拍段规的后颈,说道:"小孩子懂什么?敢在我的面前饶舌!三虎吃剩下的东西,恐怕就是你吧。"段规身材矮小,站起来只到智瑶的胸口,所以智瑶称呼他为"小孩子"。

智瑶的嚣张和无礼让韩虎实在受不了,他假装醉了,早早地离开了宴会。

智瑶的族兄智伯国听说了此事，急忙跑来劝谏道："家主如此侮辱他人，如果不早做防备，他们一定会来讨伐您的啊！"狂妄的智瑶轻蔑地说："讨伐只有可能是我发起的！我不去讨伐他们，已经是他们的造化了，他们还敢讨伐我不成？"

智伯国说："家主难道您忘了当初郤家、栾家和范家是怎么灭亡的了吗？智者一定要留心细小的事物，才能免于造成大的灾难。您现在接连羞辱了赵、韩两家，他们一定会怨恨您，您怎么可以肯定他们不会向您发难呢？就算他们实力弱小，但世间连蚊虫、蚂蚁、黄蜂和蝎子这些小虫子都可以害人，更何况是赵毋恤与韩虎。家主不可不小心啊！"

智伯国的一番肺腑之言没能扭转智瑶的想法，他依旧我行我素，在晋国的朝堂上盛气凌人，对同僚颐指气使。在他的眼里，晋国乃至整个天下都没人比得上他。

智瑶虽然在晋国飞扬跋扈，但是凭借出众的能力和雄厚的实力，还没人敢公然反对他。晋国四卿依旧保持着表面上的一团和气，相对平静地度过了六年时光。

第171章

国君的最后反抗

赵毋恤和韩虎会忍，但是有一个人却实在忍不住了，他就是当时的晋国国君晋出公（名凿）。

公元前458年，一件轰动晋国的大事震惊了晋出公，那就是原来范家和中行家的封地被智瑶带头瓜分了。范家和中行家失败后，遗留下来了广大领地，这些土地成了四卿垂涎的对象。当时的执政者赵鞅为了避免四卿因此发生冲突，便把这些土地交给了一群大夫管理，名义上归属国君。

赵鞅的这个举动受到了以国君为代表的公室欢迎，晋出公更是把这些在自己名义下的土地看成国君权威的最后象征。有这么多土地挂在我的名下，不就证明我仍然是晋国的大地主吗？

但是挂名不过就是挂名而已，晋出公要想动用这些土地，仍然是做白日梦。而轮到智瑶当正卿后，他连这个白日梦都没法再做了。

智瑶早在上台之初就开始觊觎这些土地，只不过他担心其他三家反对，便没有动这个歪脑筋。现在，他多次伐齐、伐郑，建立了军功，树立了威望，还羞辱了赵、韩两家人，他觉得晋国已经没人能反对他了，便再次打起了这些土地的主意。

智瑶召集了韩虎、魏驹和赵毋恤商议，提出四家共同出兵占领这些地方，但他智瑶必须占大头，也就是占有的地方比另外三家多。有利益分成的活儿，自然谁都愿意干，尽管不是平分土地，畏惧智瑶的赵毋恤和韩虎、魏驹也都没有表示反对。

但那些管理土地的大夫不属于四卿家族，是不会那么容易就交地的。要从他们手中"收缴"土地，得找个名正言顺的理由才行。这个难不倒智瑶，他找了一个"光明正大"的借口——这些大夫是范家和中行家的余党，要予以征讨。

三十二年前，范家和中行家的残余势力逃往了齐国，这些大夫要是党羽，早就里应外合发起叛乱了，何必等到现在？这个借口不过是一派胡言。

智瑶不经晋出公批准，便以正卿的名义颁布法令，宣称范家和中行家在晋国根深蒂固，他们的余党仍然盘踞在原有的封地上作乱，为了维护晋国社会的安定，四卿将派兵分头去接管这些土地。

法令刚一下达，四家人马便四处出动，进入范家和中行家原有的封地，当地大夫根本抵挡不住他们。不出几天，范家和中行家遗留下来的大片土地便被四家瓜分得干干净净，一粒沙石都没有剩下。智瑶按照事先的划定，占据了其中大部分土地。

四卿擅自瓜分土地的事震怒了晋出公，他愤怒于自己连做国君的最后的象征都没有了。联想到在卿大夫的压制和操纵下，几代国君不像国君，国家不像国家，晋出公感到实在是太窝囊了。他决心反抗，向四卿证明自己不是傀儡！

但是反抗也需要有策略，而晋出公显然不是搞阴谋、耍手段的料

子。他就像一个莽撞的少年,赤手空拳便直接冲向自己的仇人。他在没有充分准备的情况下,就立刻发布了一道诏令:"智、韩、魏、赵四卿无视晋国法令,侵吞国君土地,是以下犯上,等同于攻击国君,依律当处死!"

紧接着,晋出公又接连发布了几道诏令,号召全体国人起来共同反对叛逆。同时,他派使者前去齐国和鲁国,请求两国帮助出兵讨伐四卿。

智瑶见晋出公如此做法,知道这个"不老实"的国君不能再留了,干脆先下手为强,趁齐、鲁两国的援军还没有来,带领赵、魏、韩三家先发起了兵变。

四卿的兵马冲进了公宫,晋出公哪有反抗能力,只能仓皇逃走。他的族弟公子骄被智瑶立为新国君,是为晋哀公。

离开新田的晋出公仍然不愿屈服,计划流亡去齐国,争取齐国人助他恢复君位。然而,他没能走出晋国,就在半路上死去了。

史书上没有说明晋出公突然死去的原因,但笔者认为,他死于谋杀的可能性非常大。依智瑶阴险狠毒的行事风格,绝对不会让一个制造麻烦的人存活下去。我猜测,晋出公流亡齐国的计划被智瑶知晓了,他便派遣了杀手埋伏在晋出公的必经之路上将他杀害。为了掩人耳目,智瑶没有对外公开晋出公的死因,史书上就留下了这个模糊的记载。

拥立晋哀公后,晋国的君臣之争总算告一段落了。此后的历任晋国国君无不对卿大夫唯唯诺诺,任凭他们掌控着晋国的一切。这种情况一直持续到晋国灭亡。

晋国,已经名存实亡。

吞并了范家和中行家的大部分封地,智家已经是全天下领地最广的家族了,但是智瑶仍不满足,他把目光投向了北方,那里有相对弱小的部落和偏远诸侯,智家可以消灭个把部落和国家,再增加一些领地来壮大实力。

鲜虞人有一个叫作夙繇（具体位置不详）的属国，靠近智家领地。智瑶打算吞并这个国家，但是前往夙繇的道路崎岖不平，战车无法通行。如果智家先行修路，又容易打草惊蛇，让夙繇人有所防备。智瑶是何等聪明的人物，他稍加思索，便想出了一个绝妙的计策。

智瑶先是减少了在夙繇周围的晋国驻军，然后派人出使夙繇，声称希望和夙繇人结盟通好，为表示诚意，晋国会送上一口巨大的铜钟作为礼物。夙繇国君非常高兴，当即便同意了晋国使者的请求，派人前往晋国搬运大钟。

当夙繇人呼哧呼哧地把大钟运到自己的地界上，发现了一个巨大的问题，那就是自己国家的道路状况实在是太恶劣了。晋国的马路又宽又平，三四辆马车并排走都没事，而夙繇的马路简直就是乡间小道，只够散步，而且路面坑坑洼洼，在这种路上走晴天一身灰，雨天一身泥，根本没法搬运这口来自晋国的大钟。

消息通报到夙繇国君那里，国君不假思索地批示道：赶紧修路，拓宽路面，把晋国送的大钟搬来。

这时，有一位大臣感觉到了不对劲，提醒国君说："君上，我们没有给智瑶什么好处，他为什么要赠送我们礼物呢？智瑶为人贪而无信，阴险狡猾。他一定是想攻击我国却苦于道路不佳，故而送了这个大钟想让您主动为他修路。您把路修通的时候，也就是他的大军到来的时候了！"

夙繇国君高兴于自己这个小国家得到了一口稀世大钟，听不进这位大臣所说，下令抓紧时间修通道路。

道路终于修通了，夙繇国君高高兴兴地把这口大钟供奉在宗庙里。他觉得自己这个小国之君终于气派了一回，有一个镇国之宝啦。

但他的这股兴奋劲儿还没过去，智家的大军就打进来了。智瑶的计

策正是那位夙繇大臣所说,用一口大钟欺骗夙繇人修通道路,当夙繇人完成了这项工程,智瑶便立刻集合兵马从新修的大马路上通过,轻而易举地灭亡了夙繇国。

这一年是公元前457年。

事业上顺风顺水让智瑶开始忘乎所以,他在自己的领地上修建了一座巨大而豪华的宫殿居住和享受。新宫落成的那一天,智瑶叫来了所有家臣陪同自己去参观。一路上他不停地炫耀说:"你们看,我的宫殿很漂亮吧?"身边的家臣赶紧拍起马屁,连连称赞说:"家主说得没错,我看四海之内都找不出比这更漂亮的宫殿了。即便洛邑的王宫、楚灵王的章华宫、吴王的姑苏台,相较之下也要黯然失色。"智瑶听了呵呵大笑。

这时,突然有一位叫士茁的家臣说道:"家主的宫殿漂亮虽漂亮,但是臣也很担忧啊。"智瑶的脸色一下子就变了,对那位家臣斥道:"你担忧什么?"士茁回答说:"臣的工作是为您掌管典策文书,臣知道古书上有这么几句话:'高山峻原,不生草木;松柏之地,其土不肥。'现在您的宫室如此奢华,臣担心住在这里不能安居啊!"士茁把话说得婉转,他的意思是,生活骄奢淫逸的人是不能长久的,智瑶的作风如此奢华,必然有巨大的风险。

但是狂妄的智瑶听不进去臣下的劝谏,他生气道:"你这是在诅咒我吗?古人迂腐,教条切不可信。华美之宫室,我照样能够安居!"言毕,智瑶大踏步向前走去,他完全自信于稳坐晋国的权力之巅。

山雨欲来

此时智、赵、魏、韩四家基本完成了对晋国的瓜分,照这个格局继续延续下去,四家分晋也有可能。然而,野心膨胀的智瑶希望独霸整个晋国,他要让这个国家完全在智家的掌控下,那么赵、魏、韩三家就必须予以消灭。

于是,一场改变智家命运乃至影响整个春秋战国历史的索地事件发生了。

智瑶的算盘是这样的:自己利用晋哀公的名义向三家索要土地,如果三家人畏惧智家的权势,答应把土地割让出来,那么智家的领地就能扩大,实力也会增强;哪家人胆敢不答应,那么智家就能以违抗君命为借口,出兵将其消灭。

智瑶的策略是先易后难,首先把诏令发给了三家中实力最小的韩家,要求韩虎向国君"贡献"土地。

无论是谁,对于智瑶的要求第一反应都是拒绝,这明摆着就是抢劫

嘛。但韩虎看出智瑶背后的算计，生怕韩家成为智家第一个兼并的对象，连忙召集家臣们开会，商量该如何应对。

韩虎首先发言说："我不打算遵从诏令，诸位怎么看？"

韩氏家臣们议论纷纷，大部分人都表示不能便宜了智瑶这小子，想靠一纸文书拿土地，还得问问韩家的将士们同不同意。

这时，那个身材矮小的家臣段规站了起来，对韩虎说："家主，不可啊！智瑶这个人您还不了解吗？他凶狠狂妄。如果我们不答应他的要求，他一定会起兵攻打我们的。您还不如答应了他，满足他的要求，惯坏他的凶性，这样他就会更加嚣张，去向别家索取土地。如果有一家不从，智家的兵马就会往那家去了。那个时候我们就可以免受灾祸，再静观形势变化做出决定。"

韩虎想想也对，韩家实力弱小，确实没有资本对抗智家，还是暂时屈服吧。于是他向智瑶交出一块有一万户人家的土地。

顺利拿到韩家的土地后，智瑶按照计划，让晋哀公把原来的索地诏令改换一下名称，派人送到了魏驹的府上。

魏驹收到这纸诏令后勃然大怒，当场大骂道："混账智瑶！休想从我魏家拿到土地！"

魏氏家臣任章连忙问道："家主，您为什么不交出土地？"

魏驹愤愤然说道："智瑶想强取我的土地，我为什么要交给他？！"

魏家的实力强于韩家，加上是军人世家，久习战阵，所以魏驹有底气和智瑶较量，反应也比韩虎激烈。

但任章劝说魏驹道："智瑶无理索地，必然引起三家人的恐慌；他这样骄横下去，必然引起全天下人的愤慨。臣建议您还是给他地吧，那样智瑶必然愈加骄横，他骄横起来自然就会轻敌，而我们与赵、韩两家会因为共同反对智家而相亲近。以相亲之兵，对付轻敌之国，智氏之命不久矣！《周书》里说：'将欲败之，必姑辅之；将欲取之，必姑予之。'您不如给他，以培养他的骄横。您怎么能放弃这个团结天下人对付智家的大好机会，而让我们单独成为智家的攻击对象呢？"

魏驹的另一位家臣赵葭也劝道："家主，智家向韩家索地，韩虎已经给了。如果我们自恃魏家强大，拒绝割让土地，智瑶一定会向我们发兵进攻。您觉得您有信心长期对抗智家吗？不如把土地给他吧。"

魏驹想了想，觉得魏家虽强，但实力比智家还是差很多，自己的智谋也不及智瑶，干脆咬咬牙，把土地给他算了。于是，魏驹也割让了一块有一万户人家的土地。

韩家和魏家顺利就范，大大出乎了智瑶的意料。而智瑶也估计到了两人心中存有不服，他已然想出了一个更完美的计划，让韩、魏两家跟在自己的屁股后面走。

现在仅剩下赵家没有割让土地了，赵家的实力比韩、魏两家强多了，而且赵毋恤这个人脾气倔强，和智瑶多次吵架。智瑶就打算把索地要求提得更高，让赵毋恤根本没法答应，然后他就可以用这个借口起兵，先将这个丑八怪灭了！

傀儡晋哀公再次按照智瑶的命令，拟写了一道新的诏令下达给了赵毋恤。诏令上清楚写着要求赵毋恤将皋狼（今山西方山南）和蔺（今山西柳林西北）两处城邑交出来。

韩、魏两家不过割让了一处城邑，智瑶却对赵家狮子大开口，索要两处。皋狼和蔺邑的人口规模远在万家之上，而且地理位置重要，扼守着晋阳城的西大门。如果智瑶占有了这两座城邑，对于赵家来说是极其危险的。所以，当这道诏令送到赵毋恤手中，倔强的赵毋恤当场把使者轰了回去："我一块土地都不会给，管你是不是国君的诏令。"

赵毋恤的拒绝完全在智瑶的意料之中，智瑶并没有生气，他已经准备好了下一步计划——让韩虎与魏驹前去劝解。

智瑶的这个方法可谓虚伪至极，也恶毒之至。之所以说他虚伪，是因为智瑶明明准备攻打赵家，挑起晋国内战，却还要摆出一副维护团结、用谈判解决争端的样子。如果对话不成功，破坏和平的这顶帽子就可以扣给赵毋恤了。说他恶毒，是因为智瑶明知韩、魏两家心怀不服，却让他们去当调停人。韩虎和魏驹定然是把所有的话都说尽了，赵毋恤也不会听从他们。这样的话，赵毋恤就是不给韩虎和魏驹面子，赵家和韩、魏两家把关系搞僵了，智瑶就可以把韩、魏两家争取过来与自己一起讨伐赵毋恤了。

韩虎和魏驹在智瑶的要求下，不得不硬着头皮到赵毋恤的官邸劝解。我们可以大致估计一下双方的谈话内容：

韩虎和魏驹说："老弟，智瑶那个人你又不是不知道，况且君命不可违，你还是把那两个城给他吧。"

赵毋恤回答说："不行，赵氏领地是我的祖辈们用血汗打下来的，怎么能说给就给。"

韩虎和魏驹说："识时务者为俊杰，你还是给了吧。"

赵毋恤答："不给！"

韩虎和魏驹说："就看在我们的面子上给了吧。"

赵毋恤答："不给！"

韩虎和魏驹说："你想让我们空手而回吗？那样我们没法交差啊。"

赵毋恤答："不给就是不给！

这样的谈话大概经历了三四次，想必韩虎和魏驹到最后扔给了赵毋恤一句："你让我们难做啊！"

韩虎和魏驹三番五次上门劝解，让赵毋恤猜到了他将要面对的处境——智、韩、魏三家围攻。他必须做好长期抵抗的准备了。于是他召集家臣们商议说："智瑶这个人，表面亲热而内心恶毒。现在，他已经三次委托韩、魏两家来劝解我了，而我最终还是拒绝了他们。智瑶一定会联合韩、魏两家发兵来攻打我的。一旦那样，我应该到哪里据守为佳？"

有家臣提议说："家主可以去往长子（今山西长子西南），那里距离国都很近，而且城墙结实完整，可以据守。"

赵毋恤否决说："当初修建长子的城墙，已经劳累了当地百姓，现在又让他们守城，他们哪里肯为我拼命呢？"

又有家臣建议说："家主可以去邯郸，那里有充足的粮草储备。"

赵毋恤又否决说："我们从邯郸百姓手中征收了那么多粮食，现在又要求他们为我们守城，他们是不会与我们一条心的。"

最后，家臣张孟谈上前说道："先主在位时，曾派董安于和尹铎先后治理晋阳。晋阳城池坚固，人民归附，可以作为家主的保障。"

赵毋恤赞同道："不错。先主临终前曾叮嘱我：'他日赵氏有难，晋阳足以依靠。'事不宜迟，我们尽快离开国都，回晋阳布防。"

赵毋恤立刻收拾行李，带着家臣与家人悄悄逃离了新田。他们马不停蹄，一路飞奔到了晋阳。

到达后，赵毋恤顾不上歇息，立刻带人上城头组织士兵们布防，又去库房检查了物资储备。一圈走下来，赵毋恤的眉头又紧缩起来。原来，他发现库房中的弓箭存量不多，要是守城战旷日持久，赵家军到最后可就没有箭还击敌人了。

赵毋恤连忙叫来自己最信任的家臣张孟谈，问："晋阳城墙坚固，物资充沛，就是箭矢不够用，该怎么办？"

张孟谈回答："家主您忘了吗？先主让董安于营建晋阳城时，用荻（qiū）蒿和楛（hù）条扎了许多篱笆。您可以用这些篱笆制作箭杆，绝对结实耐用。"

赵毋恤又问："箭杆有了，但没有铜铸造箭头，怎么办呢？"

张孟谈回答:"家主放心,先主已经为您准备好了。董安于建造晋阳宫殿时,在所有的柱子外面都镀了一层精铜。您可以用这些铜打造兵器。"

赵毋恤大喜,连忙命人去拆城墙上的篱笆和柱子上的铜,制作出来的箭果然像一般的箭一样结实。

晋阳准备好了。

意志力的较量

赵毋恤忙着在晋阳备战时,智瑶也开始了行动,只不过他稍稍慢了一步。韩虎与魏驹劝说赵毋恤不成之后,智瑶便以赵毋恤违抗国君为罪名,宣布赵氏反叛,要求韩、魏两家与自己一同起兵讨伐赵毋恤。韩虎和魏驹畏惧智瑶,加上被赵毋恤驳了面子,不得已宣布遵从智瑶的命令。

三家武士立刻包围了赵毋恤在新田的官邸。他们进门搜捕,却发现这里已经人去楼空,赵毋恤已然使了一招金蝉脱壳,先行逃到晋阳去了。智瑶立刻集合三家兵马,举旗北上攻打晋阳。

三家联军就像四十多年前的范家、中行家军队一样,铺天盖地向晋阳城袭来。但是赵毋恤并没有感到恐惧,因为父亲为他留下了一座坚不可摧的城池,他有信心像父亲那样在晋阳城下挫败智瑶的攻势。

智瑶率领三家联军将晋阳城围得铁桶一般,随即在城外堆积土垒,打造攻城器具。望着宏伟坚固的城墙,智瑶倒吸了一口冷气。他知道要打下这样一座城池,不知道要伤亡多少兵马才行。他眼珠子一转,又想

到了一个主意。

第二天,智瑶召集了韩虎与魏驹商议攻城计划。智瑶说:"韩大夫、魏大夫,由你们率部担任主攻,分别进攻晋阳的南门与东门。我智家兵马负责西门与北门,为你们做掩护,防止赵家军马从西、北两面突围。"

韩虎和魏驹一听,明白智瑶是要让他们的部队当炮灰,借赵家守军的手来杀伤他们,他智家好坐收渔利。但韩虎和魏驹不敢当面反对,只好连连点头说:"遵从元帅命令。"

几天之后,攻城战开始了。三家联军进攻的鼓声擂得震天响,晋阳城上的赵家士兵则紧张地躲在女墙后面,等待着联军攻城部队的冲锋。然而,一阵鼓声之后,他们并没有听见惊天动地的喊杀声,只有辒辕和云梯的机械声叽叽咯咯地传来。赵家士兵小心地探出头一看,城墙下根本没有料想中黑压压的敌兵,只有少量联军士兵在辒辕和云梯的掩护下慢悠悠地走来。赵家将士们大喜过望,对付这些敌人也太轻松了吧。他们三下五除二,没用多少时间就把敌人打退了。

这是怎么回事呢?原来韩虎和魏驹对智瑶的命令阳奉阴违。晋阳城如此坚固,让我们的部队担任主攻,明摆着要消耗我们的兵力嘛。我们必须把损失降到最低,能少派部队攻城就少派点部队。这样一来,攻城自然很容易就被赵家军打退了。

韩、魏两家消极攻城,结果就是赵家守城守得很舒服,加上准备工作充分,晋阳城在三家联军的攻打下屹立不倒。智瑶没有取得任何战果。

晋阳城迟迟不能攻克,智瑶知道是韩虎和魏驹在磨洋工,但现在拿他俩也没法子,因为消灭赵氏还需要联合韩、魏两家之力。智瑶觉得这样攻城不是个办法,便想到了一个更狠毒的做法。

智瑶查看过晋阳周边地势,发现附近有一条晋水,自晋阳城西的悬瓮山向东流入汾河。悬瓮山高峻,晋水湍急,智瑶就突发奇想,如果把晋水引向晋阳城，说不定就能冲垮晋阳的城墙了。于是，三家联军聚集到晋水岸边开始了浩大的工程。他们一部分人堵塞水流，制造了堰塞湖，另一部分人沿着地势挖掘出数条沟渠，一直延伸到了晋阳城下。

完工之后，只听智瑶一声令下，联军士兵掘开了堤坝。刹那间，河水犹如万千骏马奔腾而下，一直冲向晋阳城。汹涌的洪水冲开了晋阳城门，淹没了城内众多房屋，许多来不及逃散的士兵和百姓被淹死。

这是中国正史上第一次有记录的水攻①，智瑶成了历史上有记载的第一位使用水攻的统帅，他的军事天才令人不得不服。

但关于这件事的史料记载存在一个疑问：智瑶是什么时候发起水攻的？《史记》中说是在三家围攻晋阳一年多后，《战国策》却说是在三家攻晋阳三个月后，而且让晋阳城在水里泡了三年。考虑到《战国策》常常夸大其词，而且一座城市根本禁不住三年水泡，《史记》的记载应该更靠谱一些。

但是，水攻并没有冲毁晋阳城。晋阳城墙高大坚固，水位距离城墙顶处还差三版筑，按照商周时期的尺寸推算，大约还有五米左右的落差。因此，倒灌进来的洪水不足以把城区淹没，居民们勉强可以通行，城墙上的士兵也还能继续作战，三家联军也就没办法立刻攻进去。

这次水攻对晋阳城造成的最大破坏，还是大量物资损毁。城中大面积进水，众多存放粮草兵器的仓库被淹，这些战备物资泡了水就没法使用了，晋阳城内的给养顿时所剩无几。

此外，水攻对城中军民的心理冲击也是巨大的。城中已成泽国，煮饭只能把锅悬在高处，睡觉只能把床榻安放在树上，通行只能是乘舟或涉水。这种生活不是一天两天，而是好几个月，在长期积水下，石磨和灶台上都生出了青蛙，到处蚊虫肆虐，每天都有人因疫病而死。更糟糕

---

① 吴军水淹徐国那次战斗出自《吴越春秋》，不属于正史记载，存疑。

的是，城中的粮食很快耗竭，已经到了"易子而食"的地步。

在这样的情况下，哪怕赵家给的待遇再丰厚，制定的税率再低，人们也不是都愿意禁受这种地狱般的折磨。逃跑的士兵和百姓越来越多，他们经常趁着月黑风高，偷偷跑到联军的营地投降，乞求联军给点吃的活命。晋阳城中的各种情报也被他们带给了联军。

就连赵毋恤的家臣，这个时候也出现了叛逃现象。许多人觉得，赵氏肯定是要完蛋了，我们为什么要跟着赵毋恤一起死呢，不如投靠智家，或许还能换一条活路。于是，大部分赵氏家臣要么跟着士兵、百姓一起逃跑了，要么写了书信暗通联军。他们在面见赵毋恤的时候也没有过去那么恭敬了，有些人干脆连行礼都不做了。

但有一位家臣，尽管平日里表现并不抢眼，如今在别人忙着逃跑或暗通的时候，却仍旧老老实实地做着本职工作。他叫高共。他既不慌张，也不抱怨，面见赵毋恤的时候依旧恭恭敬敬，行礼叩拜。他的举动让赵毋恤极为感动。

赵家似乎已经穷途末路了，赵毋恤何不干脆投降呢？

这个想法赵毋恤应该不是没有过，但他太了解卿族之间争斗的残酷性了。智瑶就是冲着灭亡赵家的目的来的，他一定会对赵氏家族斩草除根，而赵毋恤的人头肯定会被第一个挂起来。所以，赵毋恤只能咬紧牙关坚持下去，哪怕只剩一兵一卒也要抵抗到底！

这里还有一个令人不解的问题：晋阳已经人心惶惶、朝不保夕了，智瑶为什么不赶紧想办法攻进去呢？

能解释得通的理由，应该是智瑶对战事过于乐观了。他认为水攻基本上成功了，晋阳已经无法防守，他干脆不费力气去进攻了，坐等赵毋恤来投降。而在赵毋恤来投降之前，他可以继续引水淹灌晋阳，玩弄赵毋恤。看着晋阳城的人像猴子一样生活在树上，他就愈发得意和兴奋。

后来的事实证明，智瑶走了他人生中最错误的一步棋。

连环计

城池残破，人心浮动，赵毋恤的意志终于也崩溃了。一天，他找来了自己最信任的家臣张孟谈哭诉道："粮食吃完了，力量也用尽了，士卒家臣们都开始背弃我。我实在是困苦得不行，坚持不下去了，我要去投降了……"

张孟谈连忙劝阻道："臣听说，如果出现危难却不想办法转危为安，那再怎么尊重智谋之士也是枉然。您都打算放弃了，还找我这个谋士做什么？您还是先放下投降的打算吧，臣有一计可以拯救晋阳。"

赵毋恤连忙问道："你有何妙计？"

张孟谈回答说："如今晋阳城城破在即，韩氏与魏氏必然心生恐惧。臣请求家主派臣出城游说韩、魏之主，劝其反叛智氏，则晋阳之围可解。"

赵毋恤大喜。

张孟谈预料得没错，韩虎和魏驹此时确实处在恐惧之中。

眼看晋阳坚持不了多久了,智瑶的心情自是舒畅,他开始盘算灭赵之后的利益分配问题了。小说《东周列国志》里描绘了这样一个有趣的场景:

有一天,智瑶在高台设酒宴,请韩虎和魏驹来饮酒,顺便欣赏水淹晋阳的壮观景象。智瑶兴奋地对韩、魏二人说:"赵氏灭亡只在弹指间,我三家可以共分其地。我已经命人画好了地图,现在取来与两位大夫商议。"

说完,智瑶的手下上前展开了一张地图,上面清楚地标示了智、魏、韩三家瓜分赵氏领地的范围。然而韩虎和魏驹的心思都不在这里,他们内心都有一种说不出来的不安。他们知道,下一个被灭的可能就是自己了,就算收了智瑶分的土地,到时候还是要吐出来。

得意的智瑶没有察觉二人内心的变化,他望着晋阳城漫天的洪水,感慨道:"真壮观啊!这水只差一点就把城墙淹没了,我总算是见识到水攻的厉害了。晋国土地上有众多的山川河流,把它们利用起来,哪里会有攻不下来的城池?"

智瑶无心一说,把韩虎和魏驹吓了一大跳。韩虎连忙用手肘捅了捅魏驹,魏驹也向韩虎使了使眼色,两人便一起以军务繁忙为由先行离开了宴席。

韩虎和魏驹为什么感到害怕呢?原来,他们的城市也靠近河流,他们担心自己的城池有朝一日也会被智瑶水攻。

韩虎和魏驹的反常举动引起了智氏家臣郄(qiè)疵的注意。宴会之后,郄疵便对智瑶说:"家主,韩氏与魏氏必然是要叛乱了!"

智瑶问道:"你怎么知道?"

郄疵回答说:"臣是根据他们的言行举止观察出来的。家主您率领三家联军攻打晋阳,如今赵氏将被消灭,他们一定猜到您接下来攻打的目标便是他们两家了。按理说,晋阳之战即将胜利,您也和他们二人约好了瓜分赵氏领地，他们应该感到高兴才对，但臣刚才观察两位大夫面无喜色，无心饮酒便早早退去。他们不是想谋反，能是想什么呢？"

智瑶听了心中一惊，以他聪明的脑袋，自然能明白郄疵的话是有道理的。但他转念一想，如果这个时候和二人翻脸，那么三家联军就会在晋阳城外自相残杀起来，那不就把到眼前的胜利拱手让给赵毋恤了吗？所以，智瑶经过一夜的考虑，决定暂时不对韩虎和魏驹动手，先把他俩稳住，等消灭了赵毋恤再说。

第二天，智瑶叫来了韩虎与魏驹，装作无心地对他们说："我的家臣郄疵说你们要反叛啊。"

韩虎和魏驹大惊，连忙解释道："元帅，您这是说什么啊？灭掉赵氏，我们三家就可以瓜分其地，现在晋阳眼看就要拿下来了，我们的心情是和元帅您一样的高兴啊！我们二人就是再蠢，也不至于放弃即将到手的巨大利益，背叛盟约，而去做那毫无胜算又十分危险的事。这道理不是明摆着嘛！这个郄疵一定是赵氏的奸细，他企图使您怀疑我二人的忠心，离间我们三家的关系，从而放松对赵氏的攻击。而您居然听信这个奸臣的谗言，伤害我们三家的交情，我们真替元帅您痛心啊！"

韩虎和魏驹的一番辩解居然把智瑶说蒙了。智瑶想，他俩说得对啊，我智家兵强马壮，他们哪有胆子反叛我啊？更何况我已经把赵氏领地分给他们了，他们也该知足，干吗要挑这个时候冒险叛乱呢？

见智瑶没再回话，韩虎和魏驹赶紧退了出去。他们在回去的路上正好碰见了郄疵，便恶狠狠地瞪了他一眼。

郄疵见状不妙，连忙跑到智瑶的帐中说："家主，您为什么要把臣的话告诉韩大夫与魏大夫啊？"

智瑶奇怪道："你怎么知道？我又没告诉过你。"

郄疵答："刚才臣碰见了韩大夫与魏大夫，他们瞪了臣一眼便匆匆离开了。如果不是您把臣的话告诉了他们，他们会这样做吗？"

智瑶哈哈笑道:"我还以为怎么了呢,就这点小事。我是把你的话告知了他们,他们已经被震慑住了,不敢轻举妄动了。"

郄疵叹息道:"家主,你大错特错了!韩、魏二家确有反叛之心,您这样问他们,他们怎么可能承认?他们反而会因为惊恐而坚定了反叛的决心。您又把臣的名字告诉他们,他们一定会记恨臣的。这让臣还怎么在晋国待下去啊!"

见智瑶仍在犹豫,郄疵预感到形势不妙,不久,就找了个借口逃亡到齐国去了。

就在韩虎与魏驹回营当晚,赵氏家臣张孟谈化装成从晋阳逃出的难民,来到了两家的军营里求见。已成惊弓之鸟的韩虎与魏驹连忙召见了张孟谈,听听赵家有什么打算。

张孟谈对二人说:"在下听说过'唇亡齿寒'的典故,想必两位大夫也有耳闻。现如今,三家围攻晋阳,赵氏危在旦夕。而一旦赵氏亡了,下一场兵祸必然就降临到两位大夫头上了。"

韩虎与魏驹赞同道:"这个我们当然知道,我们三家理应联手起来对付智家。但是智瑶这个人内心残酷无情,他已经察觉到了我们的想法。我们担心计划还没有施行,他就来攻打我们。那样可就糟糕了啊。"

张孟谈说:"既然智瑶已然察觉,二位大夫更应及早采取行动,不能让智家抢先。我们三家联合的事情出自两位大夫之口,只入于在下一人之耳,不会有人知道的。"

韩虎与魏驹觉得张孟谈说得有理,便决心联合赵家反叛智瑶。他们随即与张孟谈商定了起兵日期。

见事情成功,张孟谈不敢久留,当晚便趁着夜色重新回到晋阳城中,向赵毋恤做了报告。赵毋恤的心中重新燃起了希望之火,他激动地向张孟谈叩拜了两次。

三家联合灭智的密谋已经形成，赵毋恤忽然在第二天又派张孟谈出城朝拜智瑶。史料没有说明朝拜的原因，但可以推测，一定是赵氏假装归降并请求商谈具体条件，一来麻痹智瑶，让他放松警惕，二来找机会与韩虎、魏驹接洽，巩固或者调整行动计划。

得知赵毋恤愿意投降，智瑶自然笑得合不拢嘴。两人商定归降的具体事宜与相关条件后，张孟谈起身便往外走去。走出营门，张孟谈终于长长地舒了一口气。他见计谋即将达成，心中不禁有些兴奋，脸上露出了一丝得意的笑容，走起路来步子也迈得高了。

张孟谈刚走几步，就看见了智瑶的族人智果（《战国策》写作知过）。智果看了张孟谈一眼，张孟谈连忙收敛，换成了一副恭敬的样子向他行礼。但智果没有回礼，自顾自快步向前走去。

智果匆忙跑到智瑶的帐中，对智瑶喊道："家主，大事不妙了！韩、魏两家要反！"

智瑶问道："何以见得？"

智果答："臣方才碰见了赵家的张孟谈，看他一脸神气，走起路来大摇大摆，他心中必然有高兴的事情。以赵氏如今的处境，这不是太不正常了吗？所以臣推断，赵氏必然是和韩、魏两家做了暗通，要陷害我智家。"

智瑶已经不相信郗疵了，更不可能再相信智果这种凭空猜疑，何况这个人当初还反对过自己当智家的继承人。他对智果说："不可能！我已经与韩虎、魏驹约好了，消灭赵氏之后，三家平分其地。况且我平时待他们不薄，他们一定不会背叛我的。你就赶紧打消猜疑吧，不要再说这样的话了！"

智果仍然不放心，他不觉得自己的推测有误，于是又找了个理由去拜访了韩虎与魏驹。一番察言观色之后，智果更加坚信了自己的判断。他又跑去对智瑶说："韩虎与魏驹神色不定，言语慌乱，他们一定是背

叛您了。家主要及早杀之，以绝后患！"

智瑶依旧不相信，说："我们三家围攻晋阳已经快三年了，现在赵氏已经向我投降。韩氏与魏氏眼看就可以分到利益，他们怎么可能产生异心呢？这个最关键的时刻，我们千万不可乱想，更不可妄动。你别再跟我说他们要反叛的事情了！"

智果着急道："家主，您如果不能杀他们，那就想办法亲近他们，稳住他们吧。"

智瑶道："怎么个亲近法？"

智果答道："魏驹最信任的家臣是赵葭，韩虎最信任的家臣是段规。他们两人可以改变其家主的想法。您就和他们二人约定，一旦灭赵，由我们智氏赠给他们每人一座万户城邑。这样，韩、魏二主就不会叛变了，而您也就能得到想要的东西了。"

没想到智果的这个提议让智瑶非常不高兴，他反对说："本来三家约定的是平分赵氏领地，现在却要从我智家的那一份中再划出两座城邑给他们，我们的所得不是变少了吗？这绝对不行！"

智果见智瑶如此贪婪且不听劝告，心中一阵悲凉。他默默地走出了营帐，也找了理由逃亡别处了。

再说张孟谈，在与智果那一对视之后，心中紧张起来。他回到晋阳后，对赵毋恤说："臣在回来的路上，遇见了智果。他看臣的眼神怪怪的，然后又匆忙跑回营中，似乎已经怀疑我，向智瑶报告去了。臣以为我们必须和韩、魏两家提早动手，最好就在今天晚上，要不然被智瑶抢先，可就完了呀！"

赵毋恤说："好。你立刻再出城一趟，告诉韩、魏两家今晚就行动。我这边立马召集将士，做好反攻准备。韩、魏两家一动手，我军便立刻杀出城去。"

张孟谈连休息也顾不上，再一次匆匆溜到韩、魏两家的兵营中，向韩虎与魏驹告知了当晚便行动的计划。

韩虎和魏驹惊道："今晚就行动太着急了吧。智家军营就在附近，我们稍有响动，他们便会警觉。这该如何是好？"

张孟谈说："此事不难。引水灌城的水渠靠近智家军营，二位大夫可以暗派奇兵杀死守渠的智家兵，决水灌向智家兵营。智家兵马必然慌乱救水，此时我们三家再一同出击，包围智家，智瑶可擒也！"

大逆转

第二天黎明,一支由韩、魏两家精兵组成的特别行动队悄悄潜入了智家兵营。他们趁着夜色,一路摸到了水渠附近。

此时,守渠的智家士兵不知道危险来临。听说赵家献上了降书,他们都觉得战争已经结束了,根本就没有警惕之心,全聚拢在一起聊天烤火。

见智家士兵毫无防备,穿着黑衣的韩、魏精兵快步冲了上去,以极快的速度潜到智家士兵身后,然后一手捂住其嘴巴,另一手用匕首割断了他们的喉咙。整个行动干净利落,智家士兵还没发出呼喊便全部倒毙了。

韩、魏精兵随即拿出铁锹和锄头,死命地挖水渠的堤坝。挖了挺长时间,天色蒙蒙亮了,这个时候才有一些智家士兵看见水渠上有一大帮人在挖堤坝。智家士兵惊呼道:"什么人?"

但已经来不及阻拦,堤坝被掘开了。刹那间,原本灌向晋阳的汾河水奔腾而下。洪水仿佛夹杂着晋阳城的万千冤魂，涌向了智家兵营，淹没了所有的营帐、马房、箭楼以及刚刚醒来的智家士兵，兵营陷入了一片混乱。在滔天洪水的肆虐下，战马惨叫，军士呼救，无数战车与智家旗帜随波漂荡。

原来还在中军大帐里睡懒觉的智瑶也被外面的惊叫声吵醒了，他急忙出帐查看，只见眼前汹涌的洪水扑来，他被吓呆了。这个时候懊悔已经太晚了，他的属下连忙把他拽上马车，往高处跑去。

见水淹计划成功，韩虎与魏驹立刻指挥部下出击，从左右两侧袭击智家军营。他们同时向晋阳城发出信号，告知赵毋恤出城反攻。

赵毋恤早已召集好了敢死之士，只等着这个报仇时刻到来。他当即下令全军出动，从正面攻打智家兵营。

忍耐了两年多的赵家将士齐声呐喊，蜂拥冲出晋阳城，奋勇杀向智家军营。智家军营此时早成一片汪洋，众多士兵在洪水中挣扎，完全丧失了反抗能力。赵、魏、韩三家联军乘坐小舟，用长戈短剑将在水中挣扎的智家士兵戳死。

营中还有一些高地没有被淹没，那里仍有一部分智家士兵在顽抗，这当中便有来不及逃脱的智瑶。联军一路攻杀过去，很快就将智瑶等人团团包围。但智瑶拒不投降，带着手下士兵继续负隅顽抗。

但是，智瑶大势已去。联军士兵源源不断地涌来，智瑶的抵抗越来越无力，最终还是被俘了。很快，三家便以晋哀公的名义将智瑶连同被抓的智氏族人全部斩首示众，唯一幸免于难的是智果家族。他们早前就把自己的氏改成了"辅"，名义上不属于智氏家族，因而逃过一劫。

智瑶的人头落地后，赵毋恤仍不解恨。他命人将智瑶的头颅带回晋阳城，取出头盖骨，刷上清漆制成酒杯（一说制成了尿壶），用以宣泄自己的心头之恨。

残酷的晋阳之战最终以赵毋恤大逆转的方式结束了，智氏大军在三

家的围攻下全军覆没。在接下来的时间里，三家继续进军，攻打智氏的残余势力。这些剩余的智氏族人要么被处死，要么逃亡到了国外，智家在晋国灰飞烟灭，他们的领地被赵、魏、韩三家瓜分。

三家后来又互换飞地，最终大致形成了战国初期赵、魏、韩三国的领土。下面对三家当时掌控的地域稍作介绍：

赵家：首府晋阳，大致占据晋国北方地区，包括今山西北部、河北南部一带。赵家的领地是三家中最广的，但也是最贫瘠的，这造成了赵国在战国初期无法强盛。但是，因为赵家领地中可开发的地区多，人民中包含戎狄人，悍勇好战，所以赵家的发展潜力极为巨大。

魏家：首府安邑（今山西夏县西北），大致占据晋国西部和东部地区，包括今陕西东部、山西中西部、河南北部一带。魏家可能在这次灭智行动中出力最多，因此其领地是晋国最富庶的部分，这为魏国后来的强盛打下了基础。

韩家：首府平阳（今山西临汾市），大致占据晋国南部地区，包括今山西中南部、河南西北部一带。韩家的领地是三家中最小的，但因为靠近中原的中心地带，交通发达，城邑密集，是至关重要的战略要地。

在瓜分智家领地时，家臣段规曾向韩虎建议一定要占据成皋（今河南荥阳西北）。韩虎不理解，问："成皋那个地方贫瘠，不长庄稼，要它干什么？"段规说："臣听说'一里大的地方能牵动千里广的政权，那是因为地利；一万人可以打败十万人，那是因为出其不意'。成皋就是这样一块既能得地利，又能做到出其不意的地方。家主只管听臣的，将来郑国的土地必是韩氏的。"韩虎听从了段规的建议，占据了成皋。

至于晋哀公，他是智瑶拥立的国君，自然得不到三家的尊重，也没有实力出来指手画脚，只能任凭三家进一步蚕食公室土地。到了他的儿子晋幽公（名柳）在位时，国君名下的土地只有国都新田和曲沃（魏家交还的）了。晋君彻底成了摆设，处境比当时的周天子还要糟糕。周王室至少还有打内战、搞分裂的地盘，晋君的地盘只勉强够办一场马拉松了。

赵、魏、韩三家成了晋国的大地主，晋君反倒穷得揭不开锅。为了让三家继续供养公室，晋君不得不低着头去朝拜三家的宗主。

重臣离去

接着说赵毋恤,他打败智氏之后大赏功臣。至于当时在晋阳城中三心二意的家臣,赵毋恤只当没发生过这些不愉快的事,没有追究这些人的责任。这一点我们很好理解,在当时的危急情况下,连赵毋恤自己都想投降了,那些家臣通敌的行为也算情有可原。

忠诚仍然被赵毋恤视作最高尚的品格。他在封赏功臣时,把临危不乱的高共奉为第一,赏赐最高;而扭转乾坤、使赵氏转危为安的大功臣张孟谈却被奉为第二,位列高共之下。

这件事让张孟谈极为不满,他愤愤不平地对赵毋恤说:"当初晋阳被围,只有高共寸功未立啊!家主您怎么可以这样做?"赵毋恤义正词严地回答说:"晋阳处在危急之时,只有高共不失人臣之礼。而你们呢,哪一个做到和他一样了?所以,高共才是第一大功臣。"

赵毋恤的一番话让张孟谈沉默了。回去之后,他沉思了好几天,做出了一个重要决定——放弃所有功名利禄,辞官回家。

史书上没有记载张孟谈辞官的真正原因，能肯定的是他断然不是向赵毋恤示威邀功，因为这是相当愚蠢的行为。笔者推测，张孟谈辞官，原因不外乎两个：

一是他在学习范蠡，急流勇退。他在晋阳之战中立功甚伟，难免有功高震主的嫌疑。如今赵氏最大的敌人已经没有了，接下来赵氏君臣之间的猜疑将是无法避免的，张孟谈担心自己日后有生命危险。

二是赵毋恤的这次封赏让他看透了官场上的名与利。他无论怎么出力，怎么能干，甚至在关键时刻力挽狂澜，最后获得的回报仍然不相匹配。领导的个人喜好决定了所有人的前途与所得。张孟谈觉得自己再干下去没有什么意义。

于是，张孟谈求见了赵毋恤，向他递交了辞呈，说道："先主曾经训示说：'五霸之所以能够号令天下，最主要的原因有两点：第一，国君的权势足以控制大臣；第二，大臣的权势不得控制国君。'因此，做臣子的一旦显贵到裂土封侯的地步，就不应再身居相位；做到将军以上职务的武官，则不可再兼任大夫管理政事。现在臣的名声已经很显赫，身份也已经很尊贵，权力在握，大家也很信服。因此，臣希望能够放弃功名权势，去做一位普通的百姓。"

张孟谈很聪明，他用赵毋恤父亲的话来当论据，让赵毋恤难以反驳，增强了自己的说服力。不过，他辞职大大出乎赵毋恤的意料，赵毋恤自然不愿这样一位人才离开，便挽留道："你这是何必呢？我听说，辅佐人主者应该声名显赫，功劳卓著者应该身份尊贵，掌管国事者应该掌握大权，诚信忠诚者应该得到众人的信服。先代圣人就是依靠这样的人才，才得以安定国家啊！你何必要隐退呢？"

张孟谈回答说："您所讲的是成功者的好处，臣所说的则是治国之理。臣根据古往今来的世事得出：君臣之间权势相近还能和睦共处的，从来没有过。前事不忘，后事之师。如果您不去考虑这些长远的大问

题，重蹈历史覆辙，臣无能为力啊！"

但赵毋恤还是不同意张孟谈辞官，他让张孟谈先回去，辞职的事情以后再说。

张孟谈回到家中，闲卧了三天，觉得这样拖着不是办法，便托了一个朋友去对赵毋恤说："如果臣子不听从主君的命令，应该怎么做？"

赵毋恤回答："要处以死刑。"

张孟谈的使者便说："左司马（指张孟谈）不愿服从家主挽留他继续任职的命令，请家主杀了他吧。"

赵毋恤想了想，知道张孟谈这是在以死相逼，铁了心要隐退，便无奈地说："回去告诉左司马，让他做自己想做的事情去吧。"

获得了赵毋恤的批准，张孟谈交出了所有的官职、权力以及封地，空手带着家人回到了家乡。他隐居在山中，亲自开辟土地，种植庄稼，过起了普通农夫的生活。

然而，张孟谈并没有就此告别历史舞台。三年之后的一天，赵毋恤亲自来到了他的茅屋里，请他出山再一次帮助自己。

发生了什么事呢？原来，赵、魏、韩三家在瓜分智氏领地的时候出现了分歧，韩家和魏家指责赵毋恤多占领了十座城邑，三家人争闹不下，韩家和魏家就勾结齐、楚两国，准备出兵攻打赵氏。赵毋恤身边没有得力的帮手处理这场危机，便只好来找张孟谈了。

张孟谈听了赵毋恤的来意，回答说："我可以再帮您一回。但您把我带回去后，要恢复我的相位，并把任命人事的权力完全交给我，不要干涉我的计划。"

赵毋恤同意了。

张孟谈坐着赵毋恤的马车回到了晋阳。他立刻指挥众人整顿军备，收集粮草，做好迎战准备。然后，他说服赵毋恤拨出一批财物，让自己的儿子们带着这些财物去韩、魏二家和齐、楚两国游说，促使他们相互猜疑，矛盾激化，最终他们的伐赵计划不了了之。

而张孟谈做完这些事后，又回到山中隐居去了。

第177章

士为知己者死

赵毋恤铲除了自己最大的敌人智瑶，夺取了智家土地，也断了一批智家门客的活路。一些深受智瑶恩惠的门客一直思索着刺杀他，为自己的家主复仇。

这当中，属一位叫豫让的刺客最为著名。

与我们印象中的刺客不同，豫让不是那种肌肉发达，会飞檐走壁的武林高手，他只是一位不会武功的文弱书生。因为生活所迫，他年轻时曾到范氏和中行氏门下当食客。但是那个时候的范吉射自以为是名门望族，对豫让这种没名气的小人物极为轻视，连像样的工作都没给他。

失望的豫让选择了跳槽，到了智跞门下[①]。智跞对于豫让非常欢迎，给了他不错的待遇。到了智瑶担任智氏宗主时，智瑶念及豫让已是老

[①]《史记》中说豫让离开范家和中行家后就转投了智瑶门下，但智瑶执掌智家时，范家和中行家已被消灭十几年了，故笔者推测豫让此时投靠智跞门下才比较合理。

臣，为智家效力了几十年，便进一步提升了他的待遇，几乎是以国士的级别来对待他。这让豫让相当感激。

然而，智瑶因为自负和贪婪，最终败亡了。智家树倒猢狲散，族人们大多被杀，门客们要么逃亡，要么投效了别家。豫让也跟着一帮人逃进了深山，躲避赵、魏、韩三家的搜捕。

不久，赵毋恤把智瑶的头骨制成酒杯的消息传到了山里，豫让为自己家主的悲惨下场伤心大哭，对身边人说了一句流传千古的话："唉！士为知己者死，女为悦己者容。我一定要杀了赵毋恤为智家报仇！"

豫让不顾周围人的反对，毅然决定下山去刺杀赵毋恤。但他没有武功，年纪也大了，怎么杀得了护卫重重的赵毋恤？豫让便想了一个主意——扮作苦工，混进赵家宫殿，找机会靠近赵毋恤，然后杀了他。

豫让带着家人下山改名换姓，到晋阳的官府里冒充戴罪犯人，让官府把自己抓去。那个时候的罪犯经常被罚做苦工，去做一些最累最脏的活儿，例如修城墙、通下水道之类。豫让已经是一位老者了，干这种工作实在太难为他的身体了，但他坚持报仇的信念，甘愿忍受这种辛苦。

终于有一天，他等到了去赵家宫中做工的机会。宫里的厕所脏了，需要几个人去清理，晋阳官府就派豫让与几个罪犯去了。豫让把一把匕首藏在工具箱里，打算趁赵毋恤上厕所时行刺。

豫让在厕所里清理了几天，总算等到了赵毋恤。那天赵毋恤内急，顾不得厕所还在清理中，便匆匆跑来。就在赵毋恤要跨入厕所的那一刻，豫让悄悄地把工具箱中的匕首拿了出来。然而，警觉的赵毋恤发现了豫让不寻常的神色，没有走进去，而是停了下来，转身离开了。过了一会儿，赵家的武士们赶到，豫让的那把匕首被搜了出来，豫让被抓起来带到了赵毋恤的面前。

赵毋恤问道："你是什么人？"

豫让答："我叫豫让，是智家门客，来为智瑶报仇的！"

左右侍卫纷纷嚷道:"他是刺客,请家主杀了他。"

赵毋恤却说:"智瑶在晋国已经没有后人了,还有人愿意为他报仇,真是难得啊。豫让这么大把年纪了,还想着为自己的家主报仇,真是一位义士。放了他吧,我小心躲着他就是了。"

赵毋恤这人最欣赏的就是忠义,他怜惜豫让是一位忠臣,也估计这个瘦老头子杀不了自己,便把他放了。

赵毋恤的大度让豫让很感动,但豫让还是不愿放弃报仇的信念,回家之后便又开始策划下一场刺杀计划。

赵家宫殿是进不去了,豫让就打算在宫外动手。他埋伏在路边,等赵毋恤的车队经过时,突然杀出来刺杀。豫让知道自己的相貌已经被赵毋恤和他的卫士们记住了,到时候很容易被认出来,他就把心一横,剃去了眉毛和胡子,再用刀子把自己的脸割伤毁容。这还不算,豫让又在身上涂满腐蚀性的漆水,让自己的皮肤长疮。

为了验证自己毁容的效果,豫让假扮成一个乞丐到妻子那里乞讨。豫让的妻子没认出这个浑身伤疤和烂疮的乞丐竟是自己的丈夫,说了一句:"这个叫花子好奇怪,说话的声音那么像我的丈夫。"豫让听了,担心自己的声音被人认出来,便生吞了一枚炭火灼伤声带,使自己的声音变得十分沙哑。

豫让的一位朋友看见他如此糟践自己的身体,劝他说:"你的这个计划执行起来太艰难了,是不会成功的。要说你是一个有志气的人,不假;但说你是一个聪明人,就不是了。我教你一个方法:以你的才能和忠义,如果去侍奉赵毋恤的话,他一定会喜欢你、重用你的,这样你就可以找个机会靠近赵毋恤,下手杀了他。这方法肯定比你现在这个方法成功率高。"

豫让笑道:"你这是让我为了先知遇我的人而去报复后知遇我的人,为了旧主人而去杀新主人,这样君臣之间的大义还存在吗?我向赵毋恤复仇，为的就是彰显君臣之间的大义，而不是为了杀人而杀人。况且委身做了别人的家臣，却怀着二心去侍奉他、谋害他，这不是忠臣所为。我之所以选择困难的做法，是为了让后世不忠的臣属感到羞愧！"

豫让的朋友无言以对。

终于有一天，豫让打听到赵毋恤的外出路线，他就扮成乞丐，把利剑藏在身上，埋伏在了赵毋恤必经的一座桥下。

这天，当赵毋恤带着仪仗和护卫，浩浩荡荡地来到豫让埋伏着的那座桥时，他的马看见毁容的豫让，受惊大叫起来。赵毋恤连忙让人把车停下，对身边的护卫说："附近一定有豫让，去把他找出来。"

卫兵们赶紧四下搜索，果然在桥下发现了豫让，还从他的身上搜出了一把剑。

豫让被再次抓到赵毋恤面前。赵毋恤看了看他面目全非的样子，问道："你是豫让吧？"

豫让答："正是在下。"

赵毋恤怒道："我说你也太死心眼了。我听说过你，你当初不也辅佐过范家和中行家吗？后来他们被智家灭，你怎么不为他们报仇，反而做了智家的门客？现在智瑶死了，智家已经灭亡了，你为什么单单为智家这么执着地复仇？"

豫让回答："我当年侍奉范家和中行家，他们只给了我菲薄的待遇，我也就只用菲薄的待遇去回报他们。而智家却给了我国士的待遇，我就必须用国士的标准回报他们！"

赵毋恤叹道："你是个忠义之人，你这样报答智瑶的知遇之恩，很了不起。但你上次刺杀我不成，我把你放了，我已经仁至义尽，这一次绝对不能再放你走了。"

说罢，赵家的卫兵涌上来，要把豫让拉出去处死。

豫让见状，连忙喊道："我听说，明主不会埋没他人的忠义，忠臣

为了成大义不惧怕牺牲。今日被擒，我甘愿伏诛。但您已经赦免过在下一回，天下人无不称颂您的美德，我只想再请君主赏赐一回，把您的上衣脱下来让我砍击，我就死而无憾了。我知道这是一个不情之请，但还是坦诚地把这个愿望告诉您。"

古代人把衣服视作自己的象征，接触某人的衣服就像接触某人的身体一样。豫让砍击赵毋恤的衣服，也意味着他砍中了赵毋恤这个人。

豫让的忠诚和信义最终感动了赵毋恤，他答应了豫让的请求，脱下外套放在豫让的面前。豫让举起手中的剑往衣服上砍了三下，然后大呼一声说："我终于可以向死去的家主有个交代了！"说完，豫让用剑往自己的脖子上一抹，自杀身亡了。不少人听说了他的事迹，都感动得流下了泪。

豫让就这样死了，他不是一个成功的刺客，但他用执着的信念阐释了什么叫作"忠"和"义"，他的失败体现了他的悲壮。而赵毋恤作为被刺杀的目标，能够大度地宽恕豫让，还满足了豫让临死前的愿望，也彰显了他不凡的气度。赵毋恤用宽广的胸襟成全了豫让的忠义，让豫让这个刺客虽败犹荣。

不是国家的国家

打倒智瑶后,晋国的四卿减少为三卿,晋国上下军的将佐之衔也无法再分配了,延续两百多年的晋国四(六)卿制度终于到了寿终正寝的地步。由于这段时期的史料匮乏①,我们无法知道晋国之后的政治制度是如何运转的,唯一可以肯定的是,晋国已经成了空壳,赵、魏、韩三家已经用自家的旗号在天下活动了,只不过暂时还没有国家名分而已。因为是原属晋国的三家新政权,它们被统称为"三晋"。

后世的一些学者把赵毋恤作为赵国的开国之君。在位三十三年后,赵毋恤走到了人生的终点,得谥号"赵襄子"。在他的身后,留下了一段充满争议的记载。

根据《史记·赵世家》的记载,赵毋恤临终前感觉愧对大哥赵伯

---

① 秦始皇统一中国后,在丞相李斯的建议下发起焚书坑儒运动,把非秦国记录的史书全部烧毁,导致战国史料损失巨大。而秦国因为文化落后,在战国前期与列国交往不多,其史书对六国的记载有很多缺漏。

鲁，就打算把位子传为哥哥的后人。当时，赵伯鲁和他的儿子都已经过世了，留下赵伯鲁的孙子赵浣还在人世。赵毋恤就命人把赵浣找来，立他为太子，赵浣即位后即为赵献侯。然而，赵毋恤的弟弟赵嘉不服，赶走了赵献侯，自立为君，史称赵桓子。不过，赵桓子没有在位子上坐多久，一年之后就发急病死了。赵氏族人和国人们一商议，认为赵桓子即位不是赵毋恤的遗愿，还是应该让赵献侯来做宗主。于是，他们杀死了赵桓子的幼子，重新拥立了赵献侯。

以上记载和其他史料的记载出现了矛盾。

首先，赵鞅和赵毋恤的去世时间不对。按照《史记·赵世家》的说法，赵鞅去世的时间在公元前458年，相应地，赵毋恤去世的时间也就是公元前425年。但《史记》中又提到吴国被越国围困时，赵毋恤正在为父亲守丧，还降低伙食标准，派楚隆前去慰问，可知赵鞅应该在越国围吴之前去世，也就是公元前476年左右才对。那么，赵毋恤去世的时间应在公元前443年，本书前文就一直采信这个说法。

其次，《世本》中记载赵桓子是赵毋恤之子，《史记索隐》认为赵献侯也是赵毋恤之子，都与《史记》的说法不一样。

再次，《竹书纪年》记载赵桓子在公元前441年大会诸侯，并与越、宋等国联合伐齐。可见早在这个年份之前，赵桓子就已经即位了，而且在位时间不止一年。就算赵桓子在公元前441年就去世了，但赵献侯仅在位十五年，这就让后面的赵国世系和时间线都对不上了。

因此，相对合理的解释应该是赵献侯得位不正，故而和他的后人故意篡改了史料。比较有可能的情况是：

赵毋恤去世于公元前443年，传位给了儿子赵桓子。赵桓子在位二十年左右去世，赵伯鲁之孙赵浣发动政变，杀死了赵桓子的儿子，夺取了君位。为了提升自己继位的合法性，赵献侯一方面编造了赵无恤改立太子的故事，另一方面则有意缩短赵桓子的在位年限，以掩盖赵毋恤与赵桓子的父子关系。

赵献侯在位期间并没有什么事迹可言。可能是因为国内反对者众多，他不得不把大量精力用于自保。史书上记载了他干了两件和土木工程有关的事，一件是为了避开当地国人的反抗，将首府从晋阳迁到了中牟，另一件是在南部的边境线上修起了长城，防止魏家和齐国趁乱向他进攻。

赵献侯的故步自封使赵家失去了先行强大的时机。魏家则在新宗主魏文侯（名斯）的领导下，任用李悝（kuī）、吴起和西门豹等一干人才，变法改革，发展军事，逐步发展成为首屈一指的天下强国。赵家和韩家都只能屈居于魏家之下，认它为三晋盟主。

南方的魏家在崛起，北方的狄人也在不断壮大。早在公元前506年，属于白狄的鲜虞部在中人城（今河北唐县西北）建立了一个国家，因城中有山，史书上称它为"中山国"。

中山国长期与晋国为敌，还参与过范氏和中行氏之乱。它因此遭到了赵鞅和智瑶多次领兵打击，一度溃散。但到了公元前414年，中山国复兴了，中山武公带着部民迁徙到了顾城（今河北定州），重新建立了国家。他效仿中原诸侯建立了一整套政治制度，并且把华夏国家的爵号"公"加在了自己头上。

中山国横亘在赵氏领地之中，将赵氏领土分割成了南北两块，成了赵家的心腹大患。赵家此时和韩家一起从属于强大的魏家，不敢擅自行动，中山国因此成了魏家的囊中之物。

雄才大略的魏文侯认为中山国刚建立不久，应该趁其立足未稳吞并它，使其成为魏家在北方的一个基地。于是，他在中山国成立六年后，派使者向赵家借路，出兵北伐中山国。

魏家要深入到自己的领地上消灭敌人，这事让赵献侯[①]相当为难，生怕魏家来个假途灭虢，顺道把赵家一起坑了。但家臣赵利劝道："家主不愿借道给魏氏，那就错了。魏氏攻打中山国，如果不能取胜，便会疲弱，魏氏疲弱，赵氏在诸侯中的地位便会提高了。而如果魏氏消灭了中山国，他们也一定很难越过赵氏去统领它，这样一来，实际出兵的是魏氏，最终支配中山国的还是赵氏。您还是答应把路借给魏氏吧。不过，您答应得太痛快，魏侯一定会怀疑您是想坐收渔利，从而取消攻打中山国。所以，您答应魏使时，一定要表示是出于赵、魏两家的友好关系，才不得已而为之。"

赵献侯听从建议，把路借给了魏家。魏军便在名将乐羊和吴起的指挥下，花了三年时间攻破了中山国。中山国的领土就此成了魏家的一块飞地，魏文侯封自己的太子击为中山君，管辖中山国故地。

虽然窝囊得把中山国拱手相让，但赵献侯这位守成之君也算小有贡献，他在位期间维持了一方的和平安宁，赵家的实力也有所增长。这让他的儿子赵烈侯（名籍）能够完成一件具有划时代意义的大事。

公元前405年，齐国爆发内战：廪丘城主反叛齐国，齐军随即围攻了廪丘。廪丘向赵家求援，赵烈侯立刻派大将出兵，联合魏、韩两家共同援助廪丘。三晋联军大败齐军，"得车三千，得尸三万"，为廪丘城解了围。

痛击老仇人齐军后，三家还不解气，在第二年又去朝见了天子周威烈王（名午），要求天子给一道旨意，允许他们三家来自晋国的卿出兵讨伐齐国。周天子没法拒绝，给了他们这个权力。三晋联军在当年再次大败齐军，俘获了齐康公（名贷）。

[①] 另有说法认为借路的是赵献侯的儿子赵烈侯。此处采信沈长云先生《赵国史稿》的说法，认为不想借路这种狭隘的处事风格更像是赵献侯所为。另外，赵烈侯初年魏军已灭中山，按魏灭中山花费三年的说法，借路更应该是在赵献侯时期。

公元前403年，三家人带着齐康公到了洛邑向周天子报捷。齐康公向天子请求册封赵、魏、韩三家为诸侯（应该是在三家的逼迫之下），周威烈王就做了个顺水人情，封三家为诸侯。赵国、魏国和韩国正式诞生了。

按照周朝礼法，天子、诸侯和卿大夫是世袭的，身份不能互换，因此赵、魏、韩三家卿大夫公然变成诸侯，简直是犯上作乱。而周天子不但不谴责和讨伐，反而予以承认，可以说是自己打自己的脸。所以，这个事件被认为是礼乐制度彻底崩坏的标志（《史记》中用"九鼎震"来形容），这一年也被一部分观点认为是战国时期的开端。而已经成为空壳的晋国，仍然在名义上运行了二十多年。

晋幽公早于公元前416年（一说公元前420年）溜出宫奸淫妇女的时候，被盗贼（所谓盗贼很有可能是愤怒的百姓）所杀。魏文侯带兵进入新田平乱，立晋幽公之子公子止为新君，是为晋烈公。①

晋烈公当了三十多年傀儡国君，没有什么事迹可言。他在公元前389年去世（一说公元前385年），传位给儿子晋孝公（名颀）。已成诸侯的赵、魏、韩侵吞了公室最后一点土地，将晋孝公从新田逐出，迁往屯留（今山西屯留）居住，后又把他迁往端氏（今山西沁水东北）。晋孝公死后，传位给儿子晋静公（名俱酒）。公元前376年，晋静公被三晋废为庶人，晋国最终灭亡②。

---

① 此从《史记·晋世家》记载。《史记·六国年表》说是魏文侯杀了晋幽公，《竹书纪年》则说晋幽公是被夫人秦嬴杀死于床上。因史料匮乏，故存疑。
② 此从《资治通鉴》记载。

卷十二 一个前所未有的时代

时代的剧烈变化，成就了不同寻常的人物。

　　吴起也许不是一个好人，但一定是一位旷世奇才。

第179章

剧烈变化的社会

三晋正式成了诸侯国,意味着天下真正进入了战争激烈的战国时代。

战国,顾名思义,就是国家之间进行残酷的战争和厮杀。春秋时代的争霸遵循军礼原则的"竞技式"战斗,在此时被彻底抛弃。

人口增长,使诸侯们迫切需要更多的土地;铁质武器的出现,使军队有了更强的杀伤力。由此,战争的目标变成了占有土地和消灭敌国。只要能打胜仗,什么手段都可以使用。于是,各种奇谋妙计、先进武器和战术轮番登场,动辄杀敌几万、几十万。在战国时代生存,就如血海拼杀,死人堆里求生。

要应付这种高强度战争,诸侯国没有一定的国力是万万吃不消的。所以,郑、卫、鲁、宋、越等小国逐渐退出了历史舞台,七个强大的雄国开始了将近二百年的大厮杀。这便是"战国七雄"——秦、楚、齐、赵、魏、韩、燕。

为了应对新的竞争环境，适应时代变化，许多国家先后进行了一系列改革，就是所谓的"变法图强"。

这些变法变了哪些东西呢？总结来说，就是打破了原有的封建体系，建立起了君主专制制度。

周朝原本的封建体系是：天子——诸侯——大夫——士。这就造成了大夫只服从诸侯，士人只认大夫，诸侯国君的影响力仅限于大夫一级，对大夫以下的基层没有什么约束力。如今，国君为了掌控国家的每个人和每寸土地，并调动每份资源用于战争，就必须建立起只听国君一人号令的政治体系。

这样解说可能有些抽象，笔者依据杨宽教授的论著《战国史》，从一个普通士人的角度，大致为大家讲解一下那些充满革新意义的制度。

假设你是一位生活在春秋和战国交替时期的普通士人。以前，封建制度和礼乐制度还在施行，你在城市里给城主打工，你因为有点文化，在政府工作，管管仓库、记记账本什么的。你有一个朋友，也是士人，因为体力好当了兵士，偶尔出去打个仗。因为军礼的限制，战场上没什么危险，他每次都能安全回来。

后来，你所在国家的国君被某位强势的卿大夫推翻了，新国君为了避免重蹈覆辙，废除了封建制度和礼乐制度，大刀阔斧地推行了一系列改革。

在新政下，你所在的城市改叫"郡"，旁边的一座小城市叫"县"，最小的城叫"乡"，大村庄叫"里"，小村子叫"落"。你所在城市的城主也不再管事了，一位由国君直接任命的官员"空降"成了你的新领导，你们叫他"太守"。太守一来就给你们加了工资，要求你们好好干，说国君特别制定了监察和考核制度，犯错误和干不好的官吏是要被淘汰的，但谁要是干得出色，他可以将其作为人才直接向国君举荐。

太守又说，你这个郡因为靠近别国，要加强战备，扩充兵员，城里的士人不够，就让城外的那些野人农民都来当兵，国家给他们发装备。农忙的时候，他们回家务农；农闲的时候，他们回来军训；国君要打仗的时候就上前线，谁要是当逃兵就处死。你的朋友因为当过兵，此时升了职，成了个队长，带一帮农民士兵。

至于原来的城主，你很少看见他了，只知道他还住在城里最大最豪华的别墅里，有一部分民户专门供养他一家。你本来还很羡慕他，但有一天听身边的同事说，城主的大夫爵位不能世袭了，他要是死了，他的子孙就变成平民了。

果然有一天，这位城主去世了。虽然他的房产和田产还在，但他家子孙太多，分家之后也剩不下什么了。他的子孙中，有出息的去外地经商或者求官了，没出息的就留在老家坐吃山空，最后破产去当农民了。

后来，你因为工作出色而被太守举荐，成了隔壁县的地方长官，周围人都叫你"县令"。你当上县令后的第一个重要任务，就是登记辖区内的户籍。登记内容包括人口数、成年男子的年龄和姓名、家产数量等。百姓只要到达成年，都要登记名籍，要是有遗漏和错误，你和相关的负责人要受惩罚。你没日没夜地加班，忙碌了好几个月，总算把户籍工作完成了。太守很满意你的工作，说有了这些户籍，政府就能有依据地征兵征税了。

第二年年初，太守带你到国都述职，你见到了国君身边的相国和将军。以前，这两个官职都是卿大夫们的称号，现在变成了正式官职，相国负责统领文官，将军负责统领武官。你还发现，公族和大夫在朝臣中的比例降低很多，很多官员都是从外国来的新面孔，他们拿国君给的俸禄，只听国君命令。

述职完毕，你回到县里待了没几天，就接到了太守的紧急动员令，说邻国出动了十万大军围攻首都，你必须在一定期限内集结县里的男

丁，跟着他一起抵抗侵略。你让负责县里军事的县尉赶紧召集部队，根据户籍，你们一下子就征集了上万人，带去郡里和太守会合。太守又带着你们和从其他县征集的几万兵丁，赶往首都与敌人会战。其他郡县也征集了军队来助战，战场上一下涌入了二十多万人，到处是人马和战车。

你们接受将军的统一指挥，经过激战，终于打退了敌人。你从军的朋友也参与了这场战斗，他见到你的时候浑身是伤，还断了一只手臂。他说这场仗真是太惨了，他训练的那些农民士兵有一大半战死了，自己下半辈子也没法再打仗了。不过，他还是很高兴，因为他亲手砍了几颗敌人的人头，可以拿去换点钱粮或者田产，安心在家做点小生意。

故事讲到此，想必大家基本能够理解这段历史的变化了。其实改革的内容还有很多，笔者这里就不详细讲了。总而言之，这样一套政治体系运行下来，不仅国家的动员力量提高了，国君的威信和权力也大为提升。

战国初期，改革的步子迈得最早、效果最为显著的是魏国。魏国如此锐意改革，主要原因还是其在地缘环境上占劣势。魏国虽然占据了原来的晋国最富庶的土地，但这些土地并不是连成一片的，而是分散成一块一块，和周围的国家犬牙交错，像拧麻花一样拧在一起。

例如，魏国的重要城市邺城（今河北临漳）就位于赵国的中牟和邯郸之间，而且附近都是平原地形，完全无险可守；而魏国的旧都安邑到新都大梁（今河南开封西北）的主要道路，都横穿韩国或者王畿之地，韩国很容易把这两地的交通切断。

国土分散带来的问题不仅是管理不便，国家安全也缺乏保障。魏国的东西两端又和齐国、秦国这样的大国相邻，一旦发生战事，就首尾不能相顾。万一赵国和韩国再翻脸，那魏国就会被四面围攻了。因此，魏国就像是一个家产丰厚却没有围墙的财主，特别没有安全感。这就逼着魏文侯在立国之初不得不想方设法修炼"内功",用来吓阻周围的"盗贼"们。

要富国强兵,实行全新的政治经济体制,就要引入大量愿意听命于国君的人才,让他们代替地方上那些顽固的贵族大夫。当时的社会变动为魏文侯源源不断地提供了这类人才。

春秋后期,不光是卿大夫的势力在膨胀,士这个阶层的人数也在急剧暴涨。增加的士主要来源有三个:一是卿大夫们无节制的生育。那个时候,卿大夫们都是能生多少就生多少,加上生产力发展了,粮食比以前多了,孩子也比过去好养活了,人口繁衍旺盛,而那些没法继承家业的儿子们只好"沦落"为士。二是那些在政治斗争中失败的卿大夫们。他们失去了爵位和封地,家族没落,也只好集体沦为士阶层了。三是忽然暴富的庶人子弟。家里有了点钱,就送他们四处拜师学艺,他们成了知识分子后实现了阶层跨越。

这些现象到了战国时期愈演愈烈,大夫—士—庶人之间的阶层界限越来越模糊。人们就发明了新名词"士大夫"和"士庶子",来称呼这些人。

士的人数增加了,但政府里的职位就那么多,他们面临着就业难的问题,只好自谋生路。大量士人背井离乡,辗转到各个国家求职。这些人居无定所,穷困潦倒,因而家国观念淡薄,只要有一碗饭吃,就能为雇主竭尽所能。他们很受魏文侯这种国君青睐。在这些国君眼里,士人比本地的老贵族听话,干活也更加卖力,自己想要掌控国家的一切,就需要这样的人才。

为了招揽顶尖人才,魏文侯给这些人开出的待遇相当优厚,国相、将军、太守等职位从不吝啬拿出来。因此,他身边的牛人非常多,有不少人名留青史。

例如西门豹。我们的学校课本上有他破除"河伯娶妇"陋习的故

事，他在担任邺城令期间，还带领百姓开凿了十二条水渠，引河水灌溉民田，使当地成为一片富庶之地。

还有被誉为法家始祖的李悝，是主持魏国变法的灵魂人物。他根据当时魏国的情况，为魏文侯制定了四项政策：一是废除贵族世袭制度，根据能力选拔官员；二是废除周王朝的"井田制"，丈量土地，允许土地私有买卖，鼓励老百姓垦荒；三是确立完整的法律，在诸侯国中首次推出《法经》；四是奖励军功，立下大功者，家属也能获赏。可以说，前面通过普通士人的视角讲述的那些社会变革，基本上都来自于李悝，他开创了那个时代的变法先河。后来商鞅在秦国变法，也基本套用了李悝变法的框架，再根据秦国的具体国情进行修改和丰富。

第180章

杀人犯和不孝子

魏文侯有名相李悝坐镇,盘活了政治和经济。但要让魏国真正强大起来,还需要一位名将在军事上予以加持。

这个人很快被魏文侯找到了,他就是大名鼎鼎的吴起。

吴起,卫国人,公元前440年出生在左氏(今山东定陶,一说山东曹县东北)的一个商人家庭。史书上并无记载他的祖先是谁,但从"吴"这个姓氏来推测,吴起一家有可能是从南方到卫国定居的外地商人。即使其祖上在南方做过贵族,到了这一代,已经没落为平民了。

有赖于父亲努力经商,吴起儿时的生活条件是很不错的,史书上说他"家累千金"。这就给了吴起读书、习武的机会,让他成长为一名合格的士人。可惜的是,已经没落的卫国没法给吴起提供合适的工作,成年的吴起就决定跟随士人们的出国潮,到别的国家去求官。吴起的父母希望儿子出人头地,对他的决定也非常支持,把家里的钱都用在了他的游历和求职上。

然而,年轻的吴起没有突出的才能,他四处求职碰壁,几年下来把家里的钱花光了,最终落到了破产的地步。附近的街坊们私下里嘲笑他是个败家子,一事无成还失业在家。这些话传到了吴起的耳朵里,刺痛了他的自尊心。《史记》记载,吴起有一天把剑刃磨得异常锋利,去将那些嘲笑过他的人一一杀死了。犯下大案之后,吴起的母亲连忙给他收拾了一些衣物和钱财,帮他从东门逃走了。分别时,吴起在自己的胳膊上咬了一个齿印,对母亲说:"以此印为誓,我吴起要是做不了卿相,就绝不再回卫国!"

吴起逃出家乡,过了一段漂泊无依的生活,深刻反思了自己失败的原因,认为还是自身文化不足导致了求职不顺。于是,吴起决定寻找机会继续求学。

当时,因为士人阶层暴增,大量为士人提供教育的学堂也遍地兴起。这些学堂都是私人开班授课的,传授的也都是个人的学问和思想,因此,各种立场、各种观点、各种技能在社会上层出不穷。他们相互批判和辩论,又相互影响和交融,形成了五花八门的学术流派,即后世所称的"诸子百家",他们的争论也就被称作"百家争鸣"。

汉朝时,人们把这些学术流派总括为十家,即儒、墨、道、名、法、阴阳、农、纵横、杂及小说家。十家中除了小说家以外,后人称为"九流"。而在九流中占据最重要位置的,就是儒家了。

儒家在春秋战国时期是一个集大成的学派,还没有后世那么多复杂的条条框框。当时儒家的教育目的是让学生成为精通六艺和礼法的知识分子。所谓六艺,是指礼、乐、射、御、书、数,过去都只是贵族才能掌握的技能。而礼法主要是指《诗经》《尚书》《周礼》和《乐记》等典籍,并附加学习《春秋》和《周易》这类关于历史和卜筮的人文知识。那个时代将知礼和讲礼的人称作"儒",儒家的名称就由此而来。

儒家弟子的素质非常符合政府官员的要求,在各地都是抢手货。吴起为了谋得官职，就拜师在了儒家曾子一派门下。

曾子，本名曾参（shēn），和父亲曾点都是孔子的直传弟子。他非常虔诚地致力于传播孔子的学问，带领弟子们编撰了《论语》这本书。因而，《论语》中的不少言论都出自曾子。相传，曾子还撰写了儒家经典《大学》和《孝经》，堪称儒家的正统传人。

《史记》上说吴起直接受教于曾子，但曾子在公元前435年就去世了，是没法给吴起上课的。根据汉朝刘向的研究，吴起的老师应该是曾子的儿子曾申。

曾申继承了父亲的博学，对于政治学和历史学都有比较高的造诣。吴起在曾申的门下，每天背诵儒家经典，学习六艺技能。经历过人生挫折的他，此时比任何一位同学都要刻苦努力，课余时间也手不释卷。

当一个人奋发图强时，就会爆发出异于常人的能量，使能力飞速提升。吴起天生具备优秀的领悟能力，很多知识他一点就通，加上刻苦耐劳和坚持不懈的劲头，他可谓一骑绝尘，把大部分同学都远远甩在了后面。

然而，吴起刚刚在学业上有所成就，一个噩耗从家乡传到了他所在的学堂——吴起的母亲去世了[①]。

按照古礼，父母亲去世，儿女是要回家守孝的。除非有极紧急的公务，在国君或皇帝的批准下，才可以"夺制"不回家。但是，吴起一没有急事，二没有国君批准，自己就做出了决定——不回家守孝。

吴起做出这样的决定，其实也是迫于无奈，他是背负三十多条人命的逃犯，回国必然会被抓捕。但是，他又不能把这个实情说出来，这就导致他的老师和同学都不理解他，认为他是一个无视礼法的不孝子。

对吴起最生气的莫过于他的导师曾申了。他对孝道无比看重，觉得

---

① 史书未记载吴起的父亲，可能在吴起年少时就已去世。

无论出于何种理由也不能违背回家奔丧这一基本孝义。所以，曾申终止了吴起的学业，将他逐出了师门。吴起只好再次背起行囊四处漂泊。好在他有曾子的"名校"光环，终于在鲁国国君那里找到了第一份工作。

这位收留吴起的鲁君是谁，史书中并无记载，现在存在鲁元公（名嘉）和鲁穆公（名显）两种说法，到底是谁已经无法考证了。但无论是哪个国君，聘用吴起的目的只有一个，就是从三桓那里收回权力。

三桓已经一代不如一代，其他国家的卿大夫能够篡权窃国，三桓却始终未能修成正果。因为他们腐化堕落，整天只知道吃吃喝喝，在鲁国的威信一落千丈，在历史的洪流中面临被淘汰的命运。

鲁国国君抓住了时代的红利，大量招募士人为自己服务，并推行政治改革，一步一步地摆脱了三桓专权的魔咒。吴起就在听命于鲁君的政府工作，具体担任什么职务不得而知，但很有可能是武职，因为鲁君后来想任命他为大将，吴起肯定是在军队里做出了成绩，鲁君才会相信他有统兵之才。

不管吴起做的到底是什么工作，他的生活算是安定了下来。这段时间，他还成了家，娶了一位来自齐国的女子。然而，吴起并不满足于这种稳定的工作，他已经立下了誓言要成为卿相，不上战场得几个军功，怎么实现这个人生理想？

很快，齐国人就"送"给了他这样的机会。他们出兵侵犯了鲁国边境，鲁君正好缺少统兵大将，就想让吴起挂帅。

但是，吴起终究是个外国人，很多鲁国人担心他的忠诚度没法保障，万一他带着兵造反或是跟齐国人里应外合，怎么办？有人向鲁君提出反对说："吴起的妻子就是齐国人。就算吴起不会因此和齐国人串通，也不能保证他不对敌人手下留情啊！"

在众大夫的反对下，鲁君犹豫了，迟迟没有让吴起出征。吴起知道这件事后又气又恼，封卿拜相的机会已经到来，错过了就很难再等到了。

为了向鲁君证明自己的忠心,吴起做出了一个残忍的举动——把妻子杀了。鲁国君臣见没有了攻击吴起的口实,就封他为将军,让他领兵去和齐军作战了。吴起不负众望,打退了齐军的进攻。

前面所讲述的都是《史记》对吴起早年经历的记载。他杀妻求将这件事,古往今来没少受到批判,人们普遍认为他丧心病狂,为了实现目的不择手段。他在家乡杀了三十多个人、母丧不归这两件事也一并被拉出来,他被人们斥责为私德极其卑劣的小人。

在这里,我们不妨做个怀疑论者,思考一下吴起做的这三件事是否真实可靠。

首先,吴起在少年时一口气杀掉了三十多个人就令人难以置信。这三十多个人不是木头,他们当中肯定有人会察觉,会反抗,甚至叫来乡邻一起围攻吴起。吴起以一人之力,怎么可能顺利地把他们都打败并杀死?其次,吴起杀了三十多个人怎么说都是惊天大案了,卫国人会让他跑掉?就算贵族和官员们包庇他(实际上也根本不可能),当时国家之间是自由流通的,受害者家属一定会想方设法到处找吴起报仇,吴起躲得了一时,也躲不了一世。他把母亲留在老家就更不可思议了,仇人们一定会上门找他母亲报仇的。

我们再来分析一下吴起不回家守丧这件事。当中一个疑点就是曾申是怎么知道吴起的母亲去世的?吴起身为一个重案逃犯,不敢暴露身份,向人打听家中情况肯定是偷偷进行、拐弯抹角问的,有什么事也只能隐瞒在心里。他要是把母亲去世的消息说出去,然后又不回家守孝,就太愚蠢了。假如是别人把这事宣扬出去的,那吴起的身份也就暴露了,曾申开除他的理由就不是不孝,而是杀人犯罪了。

至于吴起杀妻这个公案,史书上没说这个齐国妻子是什么身份,但应该不是高级贵族或公主,因为以吴起当时的地位,不会有这样的福

气。就算天上真的掉馅饼了,那吴起就应该去齐国混了,何必在鲁国看人眼色?因此,这个女人只可能是一介草民或低级贵族,她无权无势,能掀起多大的风浪来?鲁国君臣何必对这样的小角色大惊小怪?

实际上,吴起在后来的东家魏国和楚国一直奉公守法,人们对他的议论也从来没有提到过这三件事。反倒是在鲁国,吴起的形象变得丑陋不堪,这三件事被大肆炒作,成了鲁人攻击吴起的理由。由此,我们基本可以断定,这三件事很有可能是鲁国人对吴起的抹黑,真实情况应该不像《史记》中写的那样恶劣。

笔者推测,吴起早年年少气盛,可能确实在家乡和人斗殴打死了人。这件事摆平之后,吴起就来鲁国向曾申求学。他喜欢兵家和法家的思想(从他后面的事迹可以推断),与曾申的儒家思想起了冲突,一气之下就退学了。后来他在鲁国军队里谋了个职位,因为能力突出立下了战功,鲁君赏识他,想提拔他做将军。但鲁国大夫普遍嫉妒吴起,为了把他赶走,就大肆造谣吴起是杀人逃犯,而且母丧不归被曾申开除。还有许多人拿吴起有个齐国妻子说事,污蔑他是齐国间谍。鲁君怕引火烧身,就逼吴起把这个齐国妻子杀了以向国人们解释。吴起也害怕被打成叛国罪遭灭族,无奈之下只好痛下杀手。舆论暂时平息后,吴起才被封了将军。

那么,鲁国大夫为什么会如此痛恨吴起呢?

显然,这和鲁君与三桓之间的矛盾有莫大的关系。鲁君想集权,自然特别看重吴起这样的外来人才,而吴起也很卖力地帮鲁君推行军政改革,收回了许多原属于三桓的兵权。三桓因此对吴起极其仇视,不遗余力地对他造谣诽谤。本国贵族也害怕吴起这个外人抢了他们的饭碗,就一起拼命抵制他,想让吴起在鲁国待不下去。

鲁君的权力和威信都不足,没法和整个贵族集团长期作对。终于有一天,有人对鲁君进谗言说:"吴起性情残忍无情,他在家乡杀了那么多人，自己的母亲死了都不奔丧，还把自己的妻子杀了，将来还会有他不敢干的事情吗？他还是卫国的通缉犯，我们鲁国和卫国是兄弟之国，重用吴起会伤害两国关系。更何况我们鲁国是个小国，一旦成了战胜国，就会被强国忌惮而遭到攻打。"

这番话纯属胡说八道，鲁君当然不会相信，但这些观点实际上是鲁国人对吴起的整体偏见，鲁君说服不了他们，只能在"民意"的压力下弃用吴起。

结果是令人沮丧的，吴起为鲁国立下了汗马功劳，却没有得到应有的回报，还招惹了一身骂名。他只好递上了辞职报告，头也不回地离开了鲁国。

不过，赶走吴起的三桓最终也没有得到好的结局。后来在鲁穆公的不懈努力下，鲁国公室终于从他们手中夺回了大权。三桓只能退守各自的封邑自立，季孙氏的领地成了小国费国（今山东费县西北），而孟孙氏和叔孙氏则被齐国消灭了。这已经是吴起离开鲁国很多年后的事了。

武卒一出,谁与争锋

　　一个人要想有所作为,就必须找到能够充分发挥自己能力的平台。能力很重要,但平台也一样重要。吴起离开鲁国后,直接奔向了贤名在外的魏文侯。听说吴起来求职,魏文侯便问李悝:"吴起这个人怎么样?"李悝回答说:"吴起贪恋功名而且好色,但是用兵连司马穰苴都比不上他。"

　　魏文侯用人历来不拘一格,并不在意人才的缺点,他觉得既然李悝都说吴起是人才了,那就让他来吧。

　　身为大国英主,魏文侯出手完全不像鲁国那样小家子气。吴起一来,魏文侯就给了他高级军职,任命他为将军乐羊的副将,跟着乐羊北上攻打中山国[1]。

乐羊是当时的名将，本是中山国人，却成了攻打中山国的魏军主将。这一任命在魏国遭到了非议，而乐羊在作战过程中因为敌强我弱（魏军是向赵家借路越境攻击的），进度缓慢，被人进谗言说通敌卖国。中山国人气愤于乐羊投靠外国，将乐羊留在中山国的儿子给杀了，还煮成肉汤送给了他。乐羊为了向魏文侯表明心志，把这碗肉汤喝了，最后终于带领魏军消灭了中山国。

在乐羊的麾下工作，吴起大长见识，学到了在鲁国这样的小国没有的大兵团作战经验。有一次，吴起还为一位长脓疮的士兵吸取脓液。这位士兵非常感动，在接下来的战斗中奋勇杀敌而牺牲了。

通过在中山国战场上的历练，以及名将乐羊的指点，吴起的作战指挥能力再次提升，完全可以独当一面了。当时魏文侯计划开辟西部战场，正缺少一员得力大将，吴起成了最合适的人选，被任命为河西魏军总指挥，调往了西部前线。

河西，是一个区域的代名词，指的是黄河以西地区，相当于现在陕西省东部靠近黄河的地带。魏国在河西的陕北高原一带有几座城池，但在其余地段是和秦国以河为界。这就意味着秦国人只要渡过了黄河，就能直扑魏都安邑，陷魏国于困境。

为了增加首都的安全屏障，魏文侯决定抢先向秦国进攻，夺取河西的土地。在吴起到来之前，魏军就已经和秦军打过几场硬仗了。

---

[1]《史记》上说吴起刚来魏国就带兵去与秦军作战了，但《韩非子》记载："吴起为魏将而攻中山，军人有病疽者，吴起跪而自吮其脓。"说明吴起还曾带兵攻打过中山国。虽然魏灭中山的具体时间尚有争议，但主流观点是在公元前409年到前406年之间，因此魏军开始攻打中山的时间应比吴起攻打秦军早。而吴起初来乍到，没有功绩不能服众，魏文侯不可能让他直接担任大将，应该会让吴起先做副职立功树信。因此推测吴起是先跟乐羊去打中山，他为士兵吸吮脓疮也发生在这个时候，是为了尽快融入新环境，获得将士的信任。

公元前419年，魏军撕毁维持了一百多年的秦晋停战盟约（公元前547年由赵武签署），突袭了河西的少梁（今陕西韩城西南），在当地营造了一座军事要塞，作为进军河西的桥头堡。秦国见状，连忙调集大军对少梁展开围攻。激烈的攻防战使少梁要塞几乎完全损毁，但魏军最终击退了秦军，守住了少梁，修筑了更坚固的城堡。

失败的秦军只好采取防守战略，沿着黄河西岸修筑了许多堡垒，将少梁要塞团团包围，用以抵御魏军的进一步入侵。秦国人以为这样就万事大吉了。

魏文侯可不这么想。你秦国人不让我从少梁进河西，我就不能换个地方进攻吗？

公元前413年，魏文侯一声令下，李悝亲率大军攻入了渭河平原，在郑县（今陕西华县附近）将秦军击败。接着魏军又从少梁出击，攻下了繁庞（今陕西韩城东南），将当地秦国居民全部驱逐。魏军有了少梁和繁庞两座要塞，正式在河西站稳了脚跟。

吴起便是在这个时候来到河西的。魏文侯交给他的任务很简单——突破秦军防线，把秦国人打到服为止。

吴起的军事才能没得说。《史记》上说，吴起上了战场就与士兵们同甘共苦，和他们穿同样的衣服，吃一样的饭菜，睡觉不用席子，行军不坐车，还帮忙包裹军粮。

有一次，吴起又为一位长脓疮的士兵吸了脓液。有人把这件事告诉了这位士兵的母亲，没想到母亲听了却放声大哭。旁边人说："你为什么要哭啊？你的儿子只是一个兵，吴将军亲自为他吸脓液，你应该感到高兴啊。"那母亲回答说："你不知道，前几年吴将军为我的丈夫吸脓液，结果他上了战场奋勇杀敌，战死了。现在吴将军又为我的儿子吸脓液，我不知道我儿子将来会死在什么地方啊。"

原来，上次吴起在中山国为之吸脓液的士兵和这个士兵是一对父子。

我们不知道这位士兵后来的命运如何,我们知道的是,吴起在几年的时间里打下了秦国五座城市,不仅把秦军的防线摧毁,而且夺取了秦国郑县以东的广大领土,逼得秦军只能退守北洛河一带(今陕西蒲城东南)。魏国就此把黄河西岸全部占领,连成了一片。魏文侯大喜过望,把这片土地整合成西河郡,任命吴起为西河郡守。

在这种超神战绩的背后,除了吴起本人用兵如神、秦国国力消沉之外,还有一个不得不提的因素,那就是吴起推行的武卒制。"武卒"是指武力好的士兵。"武卒制"就是把打仗厉害的士兵集中起来使用的一种军事制度,简单点说就是一种募兵制度。

春秋时期诸侯国打仗,兵源主要来自国人,武士们世代从军,装备基本上自己打造,然后拉上野人们凑数。这些农奴领了贵族老爷发的兵器,就跟在他们后面伺候和观战,几乎就是旁观者。这种征兵方式只适合贵族竞技般的战斗,在战国时期还这么来,就只有被暴揍的份了。

战国普遍采用征兵制,就是全民皆兵,让国中所有男丁都上战场,简单训练一下就去打仗。但这种制度也有很大不足,就是军队素质参差不齐,一些人身体素质不行,还有些人贪生怕死,他们上了战场不顶用,还拖后腿。而且诸侯们打仗得看时间,要等农闲时节(如秋收后)农民们没事干了,才可以动员作战。要是农忙的时候去打仗,地里的粮食没人种、没人收,国家就要闹饥荒了。

吴起向魏文侯大胆提出了武卒制,认为魏军应该实现兵农分离。兵就是兵,是只用打仗的战争机器;农民就是农民,是只用耕田的老百姓。这样一来,士兵专心训练和打仗,战斗力有保证,而农民安心种地,粮食收成也有保证。

这项措施现在看来没什么,在当时算是破天荒了。因为一直以来,当兵都是人们的"兼职",无论贵族还是农民,都是在国家需要的时候

才变成士兵,平常他们有自己的营生。要是专职当兵,靠什么维持生活?

吴起的解决办法是让国家给他们发工资。兵器装备由国家提供,徭役赋税也不用承担,每月还有粮食和军饷可以领,士兵们无需担心饿肚子,只要上场拼命就可以了,立功了还有更高的赏赐。

这个办法说起来容易,可国家就要付出一笔巨大的军费开支了。好在魏家经济状况不错,这笔钱还是负担得起的,魏文侯就批准了吴起的这套方案。

既然是招人来当兵,那这个人就得配得上这么优厚的待遇。吴起立下了这样的入伍标准:能够身穿全副甲胄,拉得动十二石的弓,背得动箭矢五十支,能携带兵器和三日口粮在半日内行军百里,满足以上所有条件才可入选。

这样招来的人自然个个都是壮汉猛士,比一般的士兵强健多了。这些人再经过专业的军事训练,上了战场必然战斗力惊人。吴起带领他们把秦军打得节节败退,也就在情理之中了。

不过,武卒制虽然好用,代价还是太高昂了,要是魏国全面推广,恐怕国库就要空了。魏文侯应该是让吴起在小范围内施行,锻造了一支人数不多的武卒部队,大部分魏军还是采用征兵制,由普通男丁应召组成。

吴起做了差不多二十年西河郡守,为魏国守卫着这片西部边疆。当时的秦国视西河郡为眼中钉,多次发起大规模进攻,但吴起都一一化解,使秦军铩羽而归。

根据《吴子》(即《吴子兵法》,相传是吴起写的兵书)的说法,吴起曾奏请魏武侯(名击)为魏军将士论功行赏,在宴会上按照功劳大小排定座次和饮食等级,还把这些人的家属聚集在一起,按照功劳大小予以赏赐。这使得那些没立功、立功小的将士大受刺激,纷纷定下杀敌立功的目标。后来秦军出动了五十万大军攻打西河郡的阴晋（今陕西华阴东）。那些没有立过功的魏兵迫不及待地穿好盔甲，准备好战车，纷纷跑来向吴起请战。吴起挑选了五万名没立过功的将士出征，他们如风卷残云般将秦军击溃。

这个故事或许有夸大的成分，但没法夸大的事实是，只要吴起在魏国，秦国人就被死死挡在西部，无法靠近黄河半步。

离职之谜

吴起因功绩而声望暴涨，许多人认为将来魏国国相非他莫属。吴起也不希望自己当一辈子太守，出将入相才是他的终极人生目标。

然而，命运像是在和吴起开玩笑，直到他离开魏国，他的职位仍然是西河郡守，魏国国相之位与他没有任何关系。

这是怎么回事呢？

《史记》对此事的说法是吴起功高震主了。

公元前396年，一代枭雄魏文侯去世，太子击即位，是为魏武侯。魏武侯继任国君仅仅一年，国相李悝便去世了。国相之位空缺，有人就提议让吴起来当。但就在吴起跃跃欲试的时候，魏武侯经过慎重考虑，反而选择了一个叫田文的人来当国相。

吴起对这个任命非常不高兴，他找到田文，质问道："我能统帅三军，让将士用命，敌国不敢侵犯。你能跟我比吗？"

田文回答："不能比。"

吴起又问:"我还能管理文武百官,让百姓亲附,国库充实。你能跟我比吗?"

田文又答:"不能比。"

吴起便骂道:"你什么都不如我,凭什么当国相?"

田文回答说:"正是因为我的能力和威望不如你,所以才能当国相。如今新君初立,百官疑虑,百姓不安,在此政局未稳之际,国君是把政事交给你放心呢,还是交给我放心呢?"

吴起无言以对。

几年之后,国相田文去世了,一个叫公叔的人成了新任国相。公叔担心吴起名望太大,要抢自己的位子,就想陷害吴起。有人帮公叔出主意说:"吴起为人有骨气,又重视名誉声望。您可以对君上说魏国的国土太小,恐怕容纳不了吴起这样的人才。当君上问您怎么办时,您就建议用下嫁公主的办法试探吴起。如果吴起有长期留在魏国的打算,就一定会迎娶公主;如果他没有长期留下来的打算,就一定会推辞。然后您找个机会请吴起到家里做客,在宴会上故意惹公主发怒,让她当面羞辱您,吴起看到公主这样羞辱您,就肯定不会娶公主了。"

公叔便依计行事,请了公主和吴起到自己的府上做客。在饭桌上,公叔耍了心眼,故意说了一句让公主不高兴的话。娇惯的公主本来脾气就不好,当场就对公叔大发雷霆。这让在一旁的吴起也有点尴尬,不得不从中劝解,晚宴也就不欢而散了。

过了一段时间,魏武侯下诏给吴起说要把那位公主许配给他。吴起觉得这样的女人太难伺候,就连忙上书拒绝了。魏武侯见此,相信吴起有异心,便不再信任他了。吴起察觉出不对劲,生怕受到惩罚,就逃到楚国去了。

以上的记叙中,除了田文和吴起的对话没什么破绽外,公叔陷害吴起的故事就让人有点摸不着头脑了。如果这事是真的,那魏武侯的智商也太低了,吴起娶不娶公主和他有没有异心有什么关系呢?吴起真要想

叛逃或造反,娶公主何妨?一个女人能对他有多大的约束力?而且一个小姑娘耍耍小性子就让吴起嫌弃了?人家可是公主,要是和她结婚,和国君的关系不就更紧密了吗?当上国相还不是迟早的事?

这个故事不但合理性不够,而且公叔这个人本身也是疑点。有人说公叔就是公叔痤。但公叔痤能识出商鞅这号人才,打了胜仗也能谦虚地归功于吴起练兵有方(具体情节会在后文叙述),说明他有大智慧且为人正直,怎么看都不像是陷害吴起的卑鄙小人。

所以,吴起是因为不娶魏国公主而被赶走的说法根本站不住脚。他离开魏国的原因可以从《战国策》中记载的另一件事找到端倪。

据说魏武侯即位之初,曾来巡视西河郡。他乘船在黄河水道中穿行,看见两岸的崇山峻岭,感慨地说:"山河这样险要,魏国的西部边防不是很坚固吗?"

一位名叫王错(也作王钟)的大夫立刻在一旁附和道:"君上说得对啊,这也正是魏国强大的原因。您再修明政治,魏国称霸天下的日子就指日可待了。"

性情直率的吴起却在一旁泼起冷水,批评王错说:"君上的话是亡国论调,你还在一旁附和,不觉得魏国会很危险吗?"

魏武侯听了吴起的话很不高兴,便问:"你这话是什么意思?"

吴起回答说:"山河的险固是不能依靠的,霸业也从来不因山河险固而产生。过去三苗、夏桀和殷纣王居住的地方都有天险倚仗,但他们治理不好政事,结果都被灭亡了。您曾经亲自率领我们占领、攻陷了多少城邑,那些城的城墙不是不高,敌兵不是不多,然而我们能够攻破它们,还不是因为他们政治腐败吗?由此看来,依靠山河险固,怎么能够成就霸业呢?"

这番对话以魏武侯表示赞同结束,但他实际上只是不想跟吴起争论而已。魏武侯赞扬西河郡山河坚固的言外之意,其实是说魏国的西部有这些天险足够抵御秦国，不需要在西河郡部署重兵了。魏国要把战略重心从西部转向东部，往中原繁华之地发展。

魏武侯的想法并不是心血来潮。当时的渭河平原和陕北高原还是一片苦寒之地，人烟稀少，遍布荒原，魏军如果向西扩张，就需要从中原地区运粮，后勤补给十分困难，占领了也只是一片蛮荒之地，实在是得不偿失。相反，中原地带人口稠密，农田密集，魏军在那里扩张，不仅可以就地取粮，而且占领了土地立刻就能掌握大量资源，多么划算。无论是谁做魏国国君，两相比较之下，都会倾向于东进。

但吴起却不是这么想的，他指出山河之险可以依赖的想法是错误的，实际上是在坚持魏国西进的战略。吴起毕竟在西河郡干了十几年太守，对秦国和当地地形了如指掌，知道秦国人是危险的对手，仅靠西河郡是挡不住他们的，正确的做法是继续向西进攻，直到这个敌人被消灭。可惜魏武侯没有听他的，西河郡成立后，魏军就再也没有对秦国发起大规模进攻。

两种战略难说对错，魏武侯是从国家的整体发展角度出发，希望获取中原的肥沃土地，而吴起是从国家安全的角度出发，希望消灭一个危险的敌人。虽然后来的历史证明，吴起的想法才是对的，但当时的人们没法预知未来。在很多人眼里，秦国贫弱不堪，不足为虑，何必盯着不放？东方的赵国和齐国日渐强大，不应该趁早把它们打败吗？

因此，吴起的想法与国君格格不入，被疏远、被排挤就是必然的，国相之位也自然和他无缘了。

那么，吴起为什么不圆滑一点，去迎合魏武侯的想法呢？

这恐怕和吴起本人的性格有关。他是才能出众的实干派，只会去做自己认为正确的事情，溜须拍马做违心的事不是他的风格。从他敢于当面批评魏武侯就能看出来，这是一个直爽豪放的武夫，违抗魏武侯的指示绝对是家常便饭。

接下来的问题就是：吴起为什么要离开魏国呢？

《吕氏春秋》上记载了吴起离开魏国前的一段对话，说王错在魏武侯面前不断进谗言，导致魏武侯不再信任吴起，召他来安邑。吴起在往安邑的半路上，让人停下马车。他回头望了望自己经营了二十多年的西河郡，眼泪不禁一行行流了下来。

吴起的车夫就问他："在下私下里观察您的心志，觉得您把舍弃天下看得就像扔掉鞋子一样。如今您离开西河郡，却流下了眼泪。这是什么原因啊？"

吴起擦去眼泪说："你不知道，如果君上信任我，让我尽自己的才能，那么我就可以帮助君上成就王业。如今君上却听信小人的谗言，不信任我，西河郡被秦国攻取的日子不会久了，魏国也将从此被削弱下去。我感到伤心啊。"

接下来，吴起就找了个机会逃去楚国了。

从这个记载我们可以看出两个细节：一是魏武侯对吴起日益不满，想把他召回安邑解除兵权，但可能还没到要害死他的程度；二是吴起对魏国的前景非常悲观，认为在这里自己已经没法发挥才能了。

这两点概括起来就是一句话：老板魏武侯和经理吴起因为理念冲突，已经到了互看不爽的地步，老板想把经理撤职，经理则诅咒公司要破产了。这个时候，身为经理的吴起不赶紧把老板炒了，难道还等着老板给自己穿小鞋吗？

吴起临走前流泪，也不是因为他真的热爱魏国，而是因为他觉得西河郡是自己这么多年的心血，突然间全部割舍还是很难受的。再想到他苦心经营的一切会在未来毁灭，而他自己却无能为力，吴起难免落下了感伤的泪水。

改革家

吴起下一个投效的东家楚国，应该是早就和他有过联系的，不然吴起不会这么决然地跳槽，楚悼王（名疑）也不会一来就让他做令尹[①]。

楚悼王如此看重吴起，是因为他有一个大计划需要吴起帮他实行：在楚国变法。

楚国在春秋时代是当之无愧的超级霸主，但自从鄢陵之战后，它的国力就一直下滑，还一度被吴国攻破了首都。在这之后，楚国人知耻而后勇，精诚团结，重振雄风，使楚国出现了中兴的局面。他们还向东消灭了陈国和蔡国，进一步扩张了领土。

然而，进入战国时代，楚国国内的政治问题又一次严重起来，导致它在与魏国和齐国的战争中连吃败仗，丢失了大片领土。楚国人几乎完全丧失了中原的话语权，像秦国一样被边缘化了。

---

① 一说曾让他担任了一年左右宛城太守，但非正史记载。

盛极一时的超级大国,怎么越来越不中用了呢?根源就在于贵族的势力过分膨胀了。

虽然楚国没有实行分封制,但封君制在楚国却极为盛行。所谓封君制,就是国君不给贵族们开工资,但会给他们封地,指定多少户百姓、多少亩农田去供养他们。封地和爵位是可以世袭的,贵族们可以说拥有一片"铁杆"庄稼地,旱涝保收,福及子孙。这样一来,这些贵族根本就没有动力拼搏奋斗,他们只知道斗富攀比,争权夺利,根本没心思对外争霸。

楚王在初期还管得住他们,因为那时候贵族人数还不多,封君的地盘也小。但后来贵族人数膨胀,封君的数量就开始失控了。立下了功劳要封,受宠信了要封,国君手中的土地和百姓就这么一点点地流失掉了。地方的军政大权虽然还是归国君所有,但当地的租税却基本上被贵族们拿去了,导致朝廷财政入不敷出,国君的权势也一落千丈。

国君自救的唯一办法就是继续扩张,把新占领的地方作为自己的领地。但这些地方要么太偏远,要么不稳定,国君很难拿到足够的税赋。贫穷的楚王在封君们面前依旧抬不起头来,楚悼王的父亲楚声王(名当)就在国都内被封君收买的刺客所杀,而楚悼王上台后都不敢吭一声。

国君权力衰落,贵族腐化堕落,而北方的邻国又在加速崛起,楚国在进入战国后面临着严重的内忧外患。楚悼王深感不改革不行,下定了决心要学习魏国的集权制度,就把在魏国工作过的吴起高薪挖过来了。

接受了如此重大的改革任务,吴起知道自己肯定会得罪一大帮既得利益者,特别是那些世袭爵位的封君们。于是,在变法之前,吴起以征询意见为由,两次找到了当时楚国大夫中最有声望的屈宜臼,希望借助对方的名声减少改革阻力。

但屈宜臼对改革也持不欢迎的态度。第一次去的时候,吴起居然吃了个闭门羹。第二次，吴起才算见到了他。屈宜臼没好气地问："你准备做些什么？"

吴起回答："我将改革楚国的世卿爵制，把俸禄从多余的人手中转给欠缺的人，并改革军制，帮助楚国争霸天下。"

屈宜臼说："我听说善于治理国家的人是不会更改国家制度的。你更改我楚国的政治制度，还要穷兵黩武去争夺霸权，这对于楚国有什么好处？！你以前在鲁国和魏国改革，使它们得罪了敌国齐国和秦国。你还想让楚国陷入灾祸之中吗？我看你离死不远了。"

吴起听屈宜臼这般迂腐的陈词滥调，一下子火起来，说："难道楚国不能变革吗？"

屈宜臼答："不能。"

吴起愤然说道："我吴起尽人事，听天命。"

屈宜臼则说："楚国你是变更不了的。你不如老老实实做个太平宰相，楚国照样能发展起来。"

吴起没有听从屈宜臼的话，不久之后，他就依据魏国的制度制定了一整套法令，在楚悼王的批准下在全国颁布施行了。

吴起的改革条例大致有两种：

第一种是针对封君们。新政规定，封君的封地和属民要减少，而且三代之后就要收回，不允许无条件地世袭下去；还要求部分封君搬到偏远地区居住，把他们霸占的富庶土地还给国君。

第二种是打击腐败。新政精简了机构和官员，削减了官员的俸禄，把节省下来的资金用于奖励军功；同时，还严厉禁止私人请托和相互攻讦的不正之风，要求官员与国家荣辱与共，专心为国效力。

吴起的变法措施看似不多，但每一把刀都刺中了楚国旧制度的要害。短短几年时间，就让楚国这棵老树焕然一新，散发出茁壮的生命力。

吴起小试牛刀，带兵向南征伐百越人，一口气打到了苍梧（今湖南南部一带），将楚国南部的疆域扩展到了南岭一带。公元前381年，吴起还带兵北上救援赵国，和老东家魏国开战。楚军在州西（位置不详）大败魏军，横穿大梁，一直攻到了黄河岸边，像当年的楚庄王一样放战马饮水于黄河。经此一战，赵国解围，楚国也收复了被魏国侵占的一部分领土。

血祭

然而,就在吴起在北方横刀立马、威震四方的时候,一个不幸的消息传到了他那里。

楚悼王去世了。

楚悼王是吴起在楚国最重要的支持者。没有他的全力支持,吴起在楚国立足都难,更别说取得这样的改革成就了。而现在,这根擎天之柱倒了,吴起的命运也就此崩塌。

他成了楚国变法的牺牲品。

古往今来,无论哪一种改革,都不可避免地要触动一些既得利益者。所以,一些改革家选择了缓进,一点一点地变法,尽量不要在短时间内引发激烈的反对。吴起却与之相反,他选择了急进,以铁腕手段推进改革。这是一种"冒天下之大不韪"的举动,必然在短时间内得罪众多群体,激化大量矛盾。吴起肯定考虑过急进改革的危险性,但现实没有给他缓进改革的时间。他是楚悼王花高价请来的"高级经理人",必

须遵循楚悼王求变心切的意愿,只能急进变法,尽快拿出改革成绩。这样一来,吴起就替楚悼王背了黑锅,为其承受了改革的剧痛。

在吴起的新政下,几乎所有贵族都利益受损,他们天天在私底下咒骂吴起,恨不得把他碎尸万段。但楚悼王保护着吴起,他们不敢太过放肆。现在楚悼王死了,他们就迫不及待地要动手了。

参与行动的有七十多家贵族,他们的计划是这样的:等吴起带兵回到郢都,交出兵符之后,他必然要单独前往楚悼王的灵堂祭拜。那个时候吴起身单力薄,这七十家人冲上去定能把他乱箭射死。

也许,吴起也预料到楚悼王死后自己会有杀身之祸,但他没想到这么快就有人要杀他,而且是在先君的葬礼上。他回来后果然换上了一套丧服,独自一人到楚悼王的灵堂祭拜了。

灵堂内外已经聚集了许多人,有的人在哭泣,有的人则在假装哭泣,还有的人鬼鬼祟祟地看着吴起。

吴起肃穆地走到楚悼王的灵位前,开始上香祭拜。此时,那些要杀吴起的人悄悄掏出藏好的弓弩,将箭头对准了他。

只听一声弦响,一支箭从人群中射了出来,正中吴起的后背。吴起顿时感到一阵钻心的疼痛,一摸后背,鲜血染红了手掌。他连忙回头一看,灵堂内外的人群已经乱成了一团,一群人大喊着要杀了他,正气势汹汹地拿着兵器往他这里冲来。

吴起知道自己今天是没法活着离开了。但是,他要强了一辈子,绝不会就这么轻易倒下。

我吴起就算是死了,也要拉你们这些混蛋垫背!

他奋力拔出了背上的箭,拼着最后一点力气躲开了其余的飞箭。他匆忙跑到灵堂的后面,伏在楚悼王的身上大喊道:"群臣叛乱,谋害我王!"

叛乱的贵族们紧跟着冲了进来。他们见吴起趴在楚悼王的尸体上大喊，慌乱之下将一通乱箭全部射出。

吴起身中数十箭，血流不止。他冷笑着看了看周围的人，终于缓缓地低下了头。

公元前381年冬，一代军神被杀害在了楚悼王的尸体旁，享年五十九岁。

直到此时，贵族中才有人反应了过来，他们射杀吴起的箭有很多落在了楚悼王的尸体上。按照楚国法律，伤害国君遗体和灵柩者要处以灭三族的重刑。刚才射箭的贵族们纷纷丢弃兵器逃跑。

但是他们逃脱不了了。新即位的楚肃王（名臧）闻讯，立刻下令追究这起事件的责任，搜捕那七十多家大闹灵堂的贵族，剥夺他们的爵位和封地，灭其三族。因此而被杀的人多达数千人。

吴起在生命的最后一刻，将自己的仇人一并带入了地狱。

《韩非子》记载说，吴起在楚国呕心沥血的变法，最终也随着他死去而付之东流。楚肃王也厌恶吴起，将他的尸体车裂，驱逐了他的家人。在保守派的要求下，他又逐渐废除了吴起的变法措施。

然而，有一部分学者认为，吴起的变法实际上并未被废除。变法的成效有目共睹，楚肃王不会蠢到开历史倒车。而且，楚肃王如果是保守派，仇视吴起，那他就会把伤害楚悼王尸体的责任全部归咎于吴起，顶多处死一些首犯，而不会大举屠杀七十多家贵族。楚肃王杀了这么多人，其实是借此机会清除变法的反对势力。最有说服力的证据，就是楚肃王之子楚威王（名商）即位后，楚国对外战争连续胜利，向东消灭了越国，向西收服了巴蜀，北上争锋又击败了齐军，楚国的领土扩张到了最大。没有吴起变法，楚国不可能突然之间强盛起来。

笔者认为，两种情况应该综合起来看。楚肃王有可能保留了吴起变法的一部分措施，但为了缓和与贵族间的矛盾，他废除了那些针对封君的措施，例如三代之后就要收归爵位和土地这些规定。而在表面上，楚

肃王宣称改正了吴起的错误政策,用以平息贵族们的抗议浪潮,给人以变法被废除的错觉。

不过,即使楚肃王保留了一部分变法措施,也终究没有坚持把封君制的毒瘤铲除。楚国君权衰落,贵族腐败的现状依然没有改观,还是失去了一次强大的机会。

而受吴起影响最大的莫过于魏国了。

可以说,魏国崛起的主导者是魏文侯,设计者是李悝,而实现者就是吴起。吴起在李悝改革的基础上制定了一套新型军事制度,培育了众多优秀将领,使魏国拥有了一支能征善战的精锐部队,在与列国的争锋中不落下风。

然而,魏国强大仅仅维持了大约一百年,就因为战略错误和吴起等重要人才流失,逐渐失去了强国光环。就在吴起死后约四十年,魏军就被他国军队接连击败,魏国从此一蹶不振,第一强国的地位随之易手。

击败魏国的国家就是齐国。

卷十三 新瓶装旧酒的王国

同一个国家，换了不一样的家族当政。
不爱改革的齐国，如何把强大的魏国拉下马？

窃国大盗

进入战国时期的齐国,其实早已不是原来那个齐国了,它的国君不再是姜姓吕氏,而是妫姓田氏。在春秋后期卿大夫擅权的时代浪潮下,齐国也没能幸免,其君权成了田氏家族的囊中之物。

前文曾叙述过,田氏家族是陈国公子完的后代。公子完因为陈国内乱而被齐桓公收留,在齐国做了大夫。在最初的一百多年,田氏在齐国的存在感并不强,算不上是有权势的家族,也一直没有成为卿。

但是田家人非常精明,他们一方面抱紧国君的大腿,努力成为国君的宠臣;另一方面到处收买人心,名义上给穷人借贷粮食,却大斗出小斗进,让百姓们占自己的便宜。田家人也始终保持祖上公子完那谦谦君子的形象,使得他们在齐国的名声出奇地好,渐渐成了一支不可忽视的政治力量。

田家在齐国卿大夫的政治斗争中擅长挑拨离间、隔岸观火。齐景公初年,庆氏家族专权,大夫们联合起来对付庆氏(庆封就是因此逃往吴

国）。田家负责保护国君在政变中免受伤害，从而获得了齐国君臣的信任。后来，栾氏和高氏家族跋扈，田家就煽动鲍氏家族去讨伐他们，自家则带着齐景公发动国人响应，迫使栾、高两家逃往了国外。齐景公晚年想废长立幼，立小儿子孺子荼为太子，田家就投其所好，唆使齐景公把这个任务交给国氏家族，导致国氏家族名誉扫地，田家再趁机煽动大夫们讨伐国氏。齐简公即位后，重用阚止，试图制约田家，田氏家族就发动政变杀死了阚止和齐简公。田氏家族最后又打败了鲍氏和晏氏，独霸了整个齐国，并在公元前386年被周天子列为齐侯，正式取代了姜姓。

　　田氏代齐的套路，差不多是让那些大贵族们自相残杀，自己再从中获得渔翁之利。这就好比一个聪明人在一旁站着不动，却鼓动身边人去争抢宝藏，而等到那些人争得头破血流、筋疲力尽的时候，他再上去补刀，把宝物独吞了。

　　这个方法虽然管用，但手段过于卑劣，田氏家族因此声名狼藉。齐简公被杀时，孔子就义愤填膺地请求鲁哀公出兵讨伐他们，但被鲁哀公拒绝了。《庄子》中也写了"彼窃钩者诛，窃国者为诸侯"这句名言，来讽刺田氏家族和当时社会风气的败坏。

　　为了改善形象、维持统治，田氏家族不得不放低姿态。他们在外交上通过行贿、结盟、归还领土等方式，让列国承认他们对齐国的掌控；而在国内，他们尽量保持原有的政治体制，不触动地方贵族的利益，也善待各地前来的士人。

　　这么说可能有点抽象，我们可以从三件事情来看。

　　第一件事是田氏代齐后，不仅国号没有改，而且前两位国君（齐废公死于政变，故不算）的谥号居然定为了"齐太公"和"齐桓公"，直接套用了姜姓齐国最伟大的两位国君的名称。这种举动等于是夺了人家的公司，但却还用着原来公司的品牌和名称，就连老板的名字也换成一模一样的。田氏家族的意图，就是向国人们宣示他们会传承姜姓的衣钵，把齐国过去的荣光延续下去。这样，他们改朝换代的舆论压力就能减少了。

第二件事是田家在管仲设立的五属制的基础上实行了五都制。管仲原来把齐国临淄之外的地方分为五个行政区划，命名为"属"，每属有一个大夫向国君汇报工作。田家把这五属升级为都，让它们和齐国国都临淄的地位大致相当，这五个都各自统领一方土地和人民，五都大夫拥有自己的行政权和军队。

本来按照战国的时代趋势，各国都尽量搞君主集权，让土地和人民归属中央掌握。齐国却扭扭捏捏，把自己弄成一个散装的"联合王国"，贵族们在地方上仍拥有不小的权力和土地。这么做的好处就是，田家改朝换代了也没有革贵族们的命，依旧让他们好吃好喝，贵族们自然愿意支持田家。当然，田家也留了一手，五都大夫和地方贵族大部分是田氏子弟，他们利用家族网络控制着这个国家。

第三件事是设立稷下学宫。"稷"是临淄的一处城门，"稷下学宫"的意思就是在稷门附近的一所官办高级学府。这是中国历史上第一所官办高等学校，和后世的太学相似。

田家设立稷下学宫的初衷是利用道家学说，让田氏代齐拥有合法的思想依据。田氏家族来自于陈国，而黄老之说又发源于陈国（老子的祖籍在陈国鸣鹿，在今河南鹿邑西），所以田家就把道家学说定为自己信奉的思想，把道家创始人黄帝（道家学者的主张）塑造成自己的祖先。传说黄帝打败过炎帝，而炎帝的后人就是姜姓，那么田氏取代姜姓就是理所当然的了。

这套说法得传播出去，让天下人相信。田家就花重金开办了稷下学宫，打着招揽天下士人来学习和演说的名义，让自己的御用文人们在学宫里大力鼓吹，讲得多了，自然也就有很多人信了。道家学说也因为齐国的鼎力支持，在战国时期颇为繁盛，一度压过了儒家的风头。

为了让天下的士人学者愿意到稷下学宫来，田家对学术争论是十分包容的。当时存在着诸子百家，他们立场不同、观点不同，凑在一起免不了要吵架斗嘴皮子。但稷下学宫主张"学术自由"，加上黄老之说本身也讲究"顺其自然"，学宫遇到学术分歧时不会偏袒任何一方。你只要有本事到稷下学宫来，无论你的流派、观点、思想倾向是什么，也不管你的国籍、出身、年龄、长相、高矮、胖瘦如何，都可以在这里发表学术观点，任何人都不得阻止。

谁肚子里有点看法不希望表达出来呢？这个办校原则一出台，对全天下的学者来说，无疑是极富吸引力的。各个学术流派，不管张三李四，都愿意到这里来发表见解、与人辩论或交流学习，从而使自己的学术观点更加丰富。田氏家族对知名学者还给以优厚的待遇，动辄赐予上大夫的礼遇。

所以，稷下学宫在整个战国时代名噪一时。荀子和孟子就曾在这里任教，尤其是荀子，曾经三次当稷下学宫的"祭酒"（相当于校长），主持学校工作，总结学术成果。

稷下学宫是个学习和讨论的地方，却不是升官之地。史书中几乎看不到来自稷下学宫的学者在齐国政坛上发挥作用，顶多有"言治乱之事，以干世主"这种粗泛的记录。这说明田氏家族对这些学者很尊敬，会在国事上征询他们的意见，却很少在实践中重用他们。因为田家人很清楚，稷下学宫只是自己的舆论宣传阵地而已，学者们动手改变齐国政治还是免了吧。

一场华丽的政治秀

公元前357年,顶着"齐桓公"谥号的田午去世了,他的儿子因齐即位,就是历史上闻名的齐威王①。

齐威王是一位很特别的君主。说他特别,不仅是因为他颇有作为,还因为他有一段与楚庄王一样的经历。

什么经历呢?

做过"昏君"。

齐威王刚当上国君那会儿,只知道吃喝玩乐,不理朝政。有大臣来劝谏他,问:"国中有鸟,止王之庭,三年不飞又不鸣,不知此鸟何也?"齐威王回答:"此鸟不飞则已,一飞冲天;不鸣则已,一鸣惊人。"接着就振作了起来,把朝政处理得滴水不漏。

---

① 此从《竹书纪年》记载和王阁森《齐国史》的说法。《史记》和《资治通鉴》里记载齐威王是在公元前379年即位,但史学界普遍不认可。

这和楚庄王的经历实在是太像了,就连这"一鸣惊人"的问答都几乎一模一样。考虑到田家人素来爱玩模仿秀,这可能是他们觉得抄完了齐桓公,姜姓齐国就没有可以称道的国君了,干脆把楚庄王的事迹拿来"翻拍"一遍,把齐威王包装成和楚庄王一样的霸主。

至于齐威王三年不理朝政,可能确有其事,但他完全有这个条件。因为齐国是分权的政治形式,大夫们自行其是,齐威王垂拱而治即可。等到他需要亲自理政时,就大张旗鼓地出山了。

既然"翻拍",那就拍全套。楚庄王"一鸣惊人"后整顿吏治,诛杀了数百名不称职的官员,齐威王也如法炮制,派出不少亲信到各地暗访调查,切实掌握每个地区的治理情况。

有一天,他叫来即墨(今山东平度东南)大夫说:"你当即墨大夫以来,每天都有人在寡人面前说你的坏话。但是寡人派人去巡视即墨,发现百姓们都衣食丰足,官府中也没有滞留的公务。看来是你不会讨好我身边的人,才导致他们在诽谤你啊。"说完,齐威王就下令重赏即墨大夫一万户食邑。

然后,齐威王又召来了阿城(今山东阳谷东北)大夫,对他说:"自从你治理阿城以来,寡人每天都能听到赞誉你的话。但寡人派人去视察阿城,发现当地土地荒芜,百姓贫苦,赵国和卫国侵占了城池,你也不闻不问。看来是你贿赂了寡人身边的近臣,让他们帮你说好话啊!"说完,齐威王下令把阿城大夫处以烹刑,连同那些夸赞过他的人也一并处死了。

此举一出,齐国上下为之震动,再也没有哪个大夫敢文过饰非了,朝廷近臣向地方索贿的现象也大为减少。《资治通鉴》对此称赞说,此后"齐国大治,强于天下"。

笔者并不否认这个故事的真实性,但总觉得史书过于夸大。实际上,即墨是齐国五都之一,即墨大夫本就位高权重,齐威王不敢拿他怎么样，他自然不需要收买近臣来制造声誉；而阿城不属于五都，可能只是国君治下的城邑，阿城大夫权势低微，政绩糟糕怕国君怪罪，只好出此下策了。

所以，齐威王看起来是打了一只大老虎，实际上只是拍了一只苍蝇。但他却以此做文章，用烹刑这种残酷的刑罚杀鸡儆猴，既打击了贪污渎职行为，又确立了威信。至于说齐国因此强大，那只是司马光的溢美之词。

确立了威信，接下来是塑造宽宏伟岸的明君形象。齐威王也模仿楚庄王，着力表现自己从谏如流、礼贤下士的品格。《战国策》中记载的《邹忌讽齐王纳谏》这个典故，就是在这个背景下产生的。

齐威王的国相名叫邹忌，是个身材高大、模样俊秀的大帅哥。一天早晨，邹忌穿戴好衣帽，照着镜子，臭美地问妻子："我同城北的美男子徐公比，谁更帅？"他的妻子回答："您简直帅呆了，徐公哪里比得上您呢？" 但邹忌不相信自己比徐公漂亮，又问他的妾："我同徐公比，谁更帅？"妾说："徐公怎么能和您比呢？您是天底下最帅的。"

第二天，邹忌接待了一位远方来的客人。闲聊的时候，邹忌又忍不住臭美起来，问客人："我同徐公比，谁更帅？"客人说："徐公没你帅。"

后来，邹忌碰见了徐公，仔细地看了看对方，觉得自己并不比徐公帅气。他再照镜子看看自己，更是觉得自己与徐公简直是一个天上一个地下，差得远了。

邹忌就开始琢磨这件事了，到了晚上不睡觉，还想着这件事。终于，他悟出了一个大道理：我的妻子说我帅，是偏爱我；妾说我帅，是害怕我；客人说我帅，是有求于我。"

邹忌第二天上朝拜见国君，把这个道理分享给了齐威王，说："我确实知道自己不如徐公漂亮。可是我的妻子偏爱我，我的妾害怕我，我

的客人有求于我,他们都认为我比徐公漂亮。如今齐国有方圆千里的疆土、一百二十座城池,宫中的妃子、近臣没有谁不偏爱您,朝中的大臣没有谁不害怕您,全国范围内的人没有谁不有求于您,他们一定会奉承您,说一些言不由衷的话。由此看来,大王您会受到很深的蒙蔽!"

齐威王对邹忌分享的道理表示赞同。不久,他就下了一道旨意:"大小官吏百姓能够当面指责寡人过错的,受上等奖赏;书面劝谏寡人的,受中等奖赏;能够在公共场所批评议论寡人过失,并能传到我的耳朵里的,受下等奖赏。"

批评国君还能受赏赐,这个好处大家都愿意拿,所以这道旨意刚下达,许多大臣都来进谏了,宫门前的庭院内人多得像集市一样。齐威王根据他们提的建议一一耐心做了改正,使政策和自己行为上的错误渐渐减少了。几个月以后,虽然不时地还有人来进谏,但比往常少多了。一年以后,有人想进谏,也没什么可说的了,因为齐威王已经做得非常完美了。

考虑到《战国策》经常夸大,这个故事的真实性有待商榷。例如齐威王主政达到毫无可批评之处的程度,这是不合常理的。但齐威王鼓励臣下向他进言,这还是基本符合史实的。

他这么做有两个好处,一是表现自己亲民、宽容,提升名望;二是增进和贵族们的关系,保持齐国朝堂的一团和气。试想,齐国把权力和土地分散给贵族们,国君和贵族之间难免会有摩擦。齐威王摆出纳谏的姿态,意思是说他不会和贵族们锱铢必较,无论什么想法他都会听,只求大家不要搞事情就行。

当然,齐威王在位期间做的事情不止这些,他也紧随战国初期各国变法的潮流,在国内推行改革。他的改革措施具体有哪些,因为缺少史料,我们已无从知晓。只知道他的改革措施集中在经济领域,主要是促进农业生产、发展工商业、扩大对外贸易之类,都是对管仲的政策的延续和改进。而在政治和军事领域，是选贤任能、奖励军功、改进战法等比较空泛的政策。史学界也普遍批评说齐国的改革并不彻底。

说白了，齐威王的变法步子迈得非常小。他更关注于经济领域的发展，希望把蛋糕做大，让贵族和百姓们能分配到更多利益。但在体制上，他几乎没有做出什么改变，只推出了一些争议小，又对贵族的利益伤害少的措施。

当然，这也怪不得齐威王。其家族背负着窃国大盗的恶名，在道义上比较理亏，哪有胆量去得罪既得利益者，把一切推倒重来呢？

第187章

西守东进

齐国保留了旧贵族体制的残余,变法又蜻蜓点水,这样一个守旧的国家怎么敢和新兴国家魏国争战呢?

其底气在于家底殷实。

《战国策》中这样描绘齐国的繁盛和强大:

齐南有太山,东有琅邪,西有清河,北有渤海,此所谓四塞之国也。齐地方二千里,带甲数十万,粟如丘山。齐车之良,五家之兵,疾如锥矢,战如雷电,解如风雨,即有军役,未尝倍太山、绝清河、涉渤海也。临淄之中七万户,臣窃度之,下户三男子,三七二十一万,不待发于远县,而临淄之卒,固以二十一万矣。临淄甚富而实,其民无不吹竽、鼓瑟、击筑、弹琴、斗鸡、走犬、六博、蹴鞠者;临淄之途,车毂击,人肩摩,连衽成帷,举袂成幕,挥汗成雨;家敦而富,志高而扬。夫以大王之贤与齐之强,天下不能当。

从这段描述可以看出，齐国的优势有三点：一是地理位置优越，四面都有天险作为屏障，敌人无法深入齐境；二是经济发达，人民富裕，齐都临淄堪称繁华大都市，街市上人声鼎沸，市民的娱乐活动丰富多彩；三是军事强大，光在临淄就能征发二十一万人的军队，而且装备精良，行动迅速。

其实，不用史书渲染，我们也可以想到：齐国在春秋时期能称霸中原，还能跟老霸主晋国较量几番，它的实力绝对强劲。而从春秋到战国，齐国没有经历大的战乱，国家整体是稳定和平的，强盛的势头自然能够得到延续。

总而言之，齐国人根本就不怕与魏国较量。在他们眼里，对方只是晋国分裂出来的一个小国而已。

在介绍两国争斗之前，我们有必要先了解一下魏国那边的情况。

魏武侯自从赶走吴起后，开始推行西守东进的国家战略，在西面对秦国采取防守的姿态，在东面采取进攻的策略，试图与赵国争夺河内地区。

这里的河内地区指的是黄河以北区域，即今河南北部和河北南部的平原地带。这里人口众多，土地肥沃，当时主要分属于赵、魏、卫三国。前文说过，魏国国土分散，和赵、韩两国犬牙交错，而且没有地理屏障。这个问题在河内地区尤其明显，赵、魏两国有几座重要城市都分布于此，这让魏国人尤其没有安全感。而这个时候，赵国通过公仲连变法，在国力上奋起直追，也让魏国的压力越来越大。魏武侯就希望趁魏国国力雄厚之际，将赵国逐出河内，把这片肥沃之地收入囊中。

两国的第一场大战发生在公元前383年。事情的起因是过去三晋曾联合南下作战，唯独赵国因为地理原因没拿到一块土地，赵国人就在一怒之下攻打了卫国，要从卫国那里把成本收回来。卫国连忙向魏国求救，

魏武侯亲率大军前往解救，在兔台（今河北成安西）大败赵军，并协助卫军反攻赵国，打下了刚平（今河南清丰西南），攻破了赵国旧都中牟（赵国此时已迁都到邯郸）的外城。

赵国也不示弱，派人请楚国支援。楚军便在吴起的率领下一直打到了黄河，切断了魏国河内地区和国都安邑之间的联系。赵军趁机反攻魏国，火攻棘蒲（今河北魏县南），攻克了黄城（今河南内黄西）。

这一轮大战下来，赵、魏两国互有损伤，算是打了个平手。此后，赵国和卫国、魏国和楚国、韩国与郑国又在中原互相厮杀，导致卫国和楚国再次丢失大片领土，郑国则被韩国吞并。

第二场大战发生在公元370年。当时魏武侯去世，由于他生前没有确立太子，造成了君位纷争。一派以公子缓①为首，另一派以公子䓖（yīng）为首。公子缓打不过公子䓖，就向赵成侯（名种）请求援助。赵国联合韩国一起出兵，在浊泽（一说在今山西运城西南，一说在今河南长葛西）大败魏军，并趁势包围了安邑。

然而，韩国和赵国在这最后关头发生了意见分歧。赵国人主张攻进安邑城，杀掉公子䓖，拥立公子缓，并要求魏国割让一片土地再撤军。韩国人却反对这个意见，他们担心魏国割让给赵国土地，会使魏国和赵国两国的实力此消彼长，赵国变强大了，又会威胁韩国的安全。所以，韩国人提议，放弃围攻安邑，转而与公子䓖签订城下之盟，逼他承认公子缓在大梁自立。这样一来，魏国就被一分为二。这既削弱了魏国，又不会使赵国变强大。

韩国和赵国各执己见，争吵不休。韩军一气之下独自撤退回国了，赵军只好也退兵，但在回国路上被魏军袭击，损失惨重。公子䓖随后发兵杀死了公子缓，正式即位为魏国国君，是为魏惠王。

---

① 此从《竹书纪年》。《史记》作公仲缓。

魏惠王上台后遵循父亲的战略，继续西守东进，和赵国针锋相对。他先是报仇于韩、赵两国，公叔痤大败韩赵联军于浍水北岸（今山西翼城东南），生擒赵将乐祚，还夺取了赵国的皮牢（今山西翼城东北）。魏惠王想要重赏公叔痤，但公叔痤推辞说军队英勇善战全因当年吴起训练有方，查看战场形势则是部下的功劳，自己只不过是看准了时机进攻而已。魏惠王就赏了吴起的后人二十万亩土地。

为了更方便在中原地区发展，魏惠王在公元前361年①迁都大梁，然后打着和平的旗号，与赵、韩两国讲和，并提出互换土地。赵、韩两国连续败于魏国，只能同意和谈。

三国互换土地，正是魏惠王在给下一场战争做准备。换地之后，魏国在中原地区的土地基本上连成了一片，占尽了有利形势。而在此期间，魏惠王连续展开外交活动，迫使韩国与魏国结盟，并让宋、卫、鲁等小国附属于自己，试图在国际上孤立赵国。

战争阴云再次密布，而齐国人在赵、魏两次大战期间似乎乐得隔岸观火，并没有积极参与。齐国人的算盘是，让三晋互杀得激烈一些，自己就能坐收渔翁之利。

这种事不关己的态度让魏惠王一肚子狐疑。为此，他在公元前355年主动访问了齐国，想和齐威王套近乎。两人一起在郊外打猎，其间魏惠王问齐威王："君王有什么宝物吗？"齐威王谦虚地回答："寡人没有。"魏惠王就说："我们国家虽然小，尚有十颗径长超过一寸的夜明珠。像齐国这样地大、人多，光兵车就有一万辆的大国，难道连这样的宝贝也没有吗？"

魏惠王这么说有自鸣得意的意思，但他最主要的用意是震慑齐国，表示魏国比齐国富足，你们可千万不要跟我们作对啊。齐威王却不以为

---

① 此从杨宽《战国史》的说法。《史记》记载是公元前340年，但不被史学界认可。

然，说了很长的一段话，大意是说他的珍宝和魏惠王不一样，都是安邦定国的人才，保证了齐国繁荣稳定、边境安宁。他的言下之意是齐国人才济济，国力雄厚，根本就不怕你魏国。

魏惠王当然能听出齐威王的话中话，双方不欢而散。

齐威王非常明白，魏、赵两轮大战下来，赵国其实是落于下风的，如今各国又大多被魏国收入麾下，赵国很难在下一场大战中取胜了。齐国必须适时改变一下中立原则，遏制魏国变得更加强大，但眼下还不能过早与魏国为敌，要避免魏国把矛头朝向自己。

齐威王在等待一个时机。

孙膑之谜

故事进行到这里,不得不提一位重要的人物孙膑。

根据《史记》的说法,孙膑是孙武的后人,出生于阿、鄄之间(今山东鄄城北),是土生土长的齐国人。他曾经和庞涓一起学习兵法,因为才能突出而引起庞涓嫉妒。庞涓到魏国当上将军后,就把孙膑骗到了魏国,罗织罪名,砍掉了他的双脚,还在他的脸上刺字,想使他埋没于世。孙膑后来通过齐国使者的帮助,躲在齐使的车里,逃回了齐国。

这段简略的记述引发了后世小说家的无尽想象,《东周列国志》就以此为范本编造了这么一个故事:

孙膑原名孙宾,和庞涓、苏秦、张仪一起拜师在鬼谷子的门下,还与庞涓结为了兄弟。孙膑因为成绩优秀,得到鬼谷子真传的《孙子兵法》。墨子拜访鬼谷子时发现了孙膑的才能,就下山向魏惠王推荐他。但此时庞涓已经做了魏国将军,他害怕孙膑抢他的位子,就用计陷害孙膑,诬陷他企图叛离魏国。孙膑就被魏王处以膑刑,削去了膝盖骨。庞

涓把孙膑养在家中，骗他传授《孙子兵法》，打算等孙膑没有利用价值后就杀了他。孙膑得知庞涓的阴谋后装疯卖傻，在猪圈里睡觉，和猪争食。庞涓以为孙膑真疯了，就放松了对他的看管。最终，孙膑在墨家弟子禽滑釐（lí）和齐使淳于髡（kūn）的帮助下逃回了齐国。

这个故事把修炼、背叛、阴谋、逃亡等要素结合在一起，不能不说精彩至极。以至于后世很多人都把它当作了正史，煞有介事地到处传播，让不懂历史的读者信以为真。

《东周列国志》只是小说，它连《吴越春秋》这样的野史都算不上。这个故事的荒唐之处根本就不值得批驳，完全是小说家的主观臆想。根据《史记》的记载，我们知道三件事：

一是孙膑确实和庞涓同窗过，但没有拜师于鬼谷子。

二是孙膑没有被挖去膝盖骨，而是被砍去了双脚，这在古代属于刖刑，因此他不是因为受膑刑而得名"膑"。

三是孙膑和《孙子兵法》没有关系，也从来没有装疯卖傻，更不认识墨家的人。

我们再来仔细分析一下《史记》中的记载，其实也有不合理之处：一个是庞涓如果嫉妒孙膑，为什么要把他叫到魏国再下手？派一个杀手去杀了他不就可以了吗，何必多此一举？另一个是庞涓已经编织罪名陷害了孙膑，何不事情做绝，直接定他死罪呢？留下孙膑一条命，不是给他复仇的机会吗？

总而言之，庞涓在魏国残害孙膑这件事有点说不通。

庞涓在史书上没有列传，生年、国籍、出身和早年经历都没有记载，所以这个人到底是什么样子，我们是不知道的。他是一个败军之将，断送了魏国的大好前程，在当时肯定被人骂得半死，也就不会有人给他树碑立传了，人们就把各种不好的传言和说法往他的身上泼，反正也没人为他辩解。

笔者认为，庞涓能够成为魏军主将，并亲自指挥两次重大战役，绝非等闲之辈。他和同在魏国为官的孙膑之间有点私人恩怨，但还没有到要弄死孙膑的地步（如果他真的嫉贤妒能，以他在魏国的权势，孙膑绝对会没命的），只是用刖刑狠狠地惩治了一下孙膑。

而孙膑这个人原名应该不叫"膑"，可能是一个和"膑"相像的字，被人讹传成这个字的。在印刷术发明之前，书籍传播靠传抄，抄错之事时有发生。

孙膑和后文讲到的商鞅、张仪、范雎这些人类似，空有一身才华却在魏国郁郁不得志。很多士人慕名来魏国求职，使这个国家处于人才过剩的状态，导致官场上内卷严重，竞争极其激烈。孙膑可能在职务竞聘中败给了庞涓，两人发生了矛盾，因而得罪了庞涓，受了酷刑，他就把这一切归咎于庞涓的嫉妒和打压，到处宣扬。这是很多怀才不遇的人常有的想法，觉得自己人生不顺就是因为有人作梗。

孙膑回到齐国后，并不是立刻面见了齐威王并被提拔做了大官。带他回来的齐国使者先是把他推荐给了田忌。

这其实很好理解，孙膑没有功勋，又没有后台，还是一个受了刖刑的罪犯，在讲究身份的齐国，齐威王是不可能见他的。齐使就当是做善事，把孙膑介绍给了田忌做门客。田忌有钱有势，门客众多，多孙膑一个也不多，便收留了这个残疾人。

那个时候，田忌也没认识到孙膑的才能。《史记》中说田忌"善而客待之"，是善待的意思，而不是看重的意思。他只当孙膑是一位受过苦难的门客，平日里分配孙膑干点力所能及的杂活，如写写字、抄抄书之类。孙膑作为一个残疾人，在田忌门下，日子算是过得可以。

但是，在孙膑的心中，向庞涓复仇之火从来就没有熄灭过。一看到自己那双废腿，孙膑就会想起老同学带给他的巨大伤害，可这样无聊地做些杂活度日，何年何月才能复仇呢？孙膑觉得自己不能等下去，他

必须找个办法让田忌和国君发现自己，重视自己，给自己足够复仇的权力。

孙膑最终想到了什么办法呢？就是流传千古的典故——"田忌赛马"。

田忌经常与齐国众公子赛马，设重金赌注。孙膑发现他们的马分为上、中、下三等，于是对田忌说："您只管下大赌注，我能让您取胜。"田忌答应了他，与齐威王和各位公子用千金做赌注。比赛即将开始，孙膑说："用您的下等马对付他们的上等马，用您的上等马对付他们的中等马，用您的中等马对付他们的下等马。"三场比赛结束后，田忌一场败而两场胜，最终赢得了千金赌注。

这个故事我们都耳熟能详，孙膑正是依靠这次表现得到了田忌的赏识。田忌经过此事对孙膑刮目相看，他没想到身边有这样一个懂谋略的奇才。

田忌那个时候是邹忌的政敌，两人经常在朝堂上互呛，而大老粗的田忌老是吃聪明人邹忌的亏，所以田忌迫切需要一个得力助手。于是，他把孙膑推荐给了齐威王，希望批准他到军中任职。

田氏宗族如此推荐一个残疾人，齐威王感到稀奇，他便亲自接见孙膑，面试他军事方面的问题。孙膑毫无名气，齐威王对他的能力有所怀疑，就问了一些看似很肤浅的问题，想试探他能不能说出个所以然来。

齐威王先是用轻视的语气问孙膑："你没有上过战场，知道什么叫用兵之道吗？"

孙膑侃侃而谈道："用兵之道，并没有永恒不变的模式。一个国家取得战争的胜利，就可以避免亡国，把江山世代延续下去；如果不能取胜，就得割让土地，以致危及国家生存。所以，用兵不可不慎重对待，胜利也不是靠贪求就能得到。用兵必须做好充分准备，并保证正义在自己这一方，才能付诸行动。如果储备不足而守卫，没有正义而进行战争,那世上没有任何人能够做到不败……"

齐威王一听,讲得挺有道理,就端正了语气继续问:"那你知道用兵多少有什么规律吗?例如我强敌弱,我方兵多、敌方兵少的时候,该怎么办?"

孙膑连忙恭敬地向齐威王行礼,然后说:"真是英明君王提的问题啊。在本方兵多势强的形势下,还问如何用兵,这种谨慎的态度确实是安邦的根本。在这种形势下可以采用诱敌之计,叫作'赞师',即故意让本方军队队形散乱,迎合敌方心理,引敌方和本方交战。"

孙膑聪明地拍了一下齐威王的马屁,让他心情大好,他不再轻蔑地看待孙膑了。接下来齐威王又问了八个关于战场指挥的问题,孙膑全部对答如流,说得他连连点头。

到最后,所有的问题问完了,齐威王高兴地说:"你说得太好了!你讲的用兵奥妙真让人受用无穷啊!"

面试成功,孙膑顺利地得到了齐威王的重用,被派到齐军中担任兵法教师,给中下级武官上课,并兼职参谋工作。至于后世小说中说孙膑担任的"军师"一职,是汉朝才出现的官职,战国时代并无此职位。

第189章

围魏不救赵

话说魏国这一边,孙膑突然消失并没有产生任何波澜。包括庞涓在内,魏国人只是觉得少了一个小人物而已。而魏惠王可能连孙膑的名字都没听说过,他正忙着到处进行外交活动,准备跟赵国动手了。

魏国人在摩拳擦掌,赵国人也没有坐以待毙。公元前356年,赵成侯在平陆(今山东汶上北)和齐威王、宋辟公(名辟兵)相会以示好,并与燕文公在阿(今河北安新西南)会盟。魏惠王得知消息后大为紧张,第二年就和齐威王会面,试图稳住齐国(也就是魏惠王和齐威王打猎,炫耀自己有十颗夜明珠那次),但是没有成功。

赵成侯见魏惠王拉拢齐国失败,以为魏国必不敢轻举妄动,就在公元前354年再次攻打卫国,占领了两座城市。魏惠王立刻派遣庞涓率领魏军主力,会同卫、宋两国军队发起反击,在三梁(今河北望都西)打败赵军。为了一绝后患,魏惠王命庞涓率魏军继续进攻,包围赵都邯郸。

面对这万分紧急的形势,赵国再次向上次给自己提供援助的楚国发出了求救。

但是，楚国人有自己的算盘。

赵使来求援时，负责接待的楚国大臣拍着胸脯保证，说楚军一定出兵北上，就把赵使打发回国了。然而，这位楚国大臣回头向楚王汇报时，却称赵国不能救。他的理由是楚国不出兵，魏军就会奋力攻打邯郸，而赵国会因绝望而拼死抵抗，等到赵、魏两国打得两败俱伤的时候，楚国就能从中渔利了。

这位楚国大臣的计划乍一听有些道理，但是有很大的漏洞。一位叫景舍的大夫就站出来指出，说魏国攻打赵国，最担心的就是有人袭击它的后方。如果楚国不发兵，魏军就会全力进攻，赵国也会因绝望而放弃抵抗。一旦魏国拿下赵国，对楚国的危险就更大了，哪来什么两败俱伤？

因此，景舍提出，楚国一定要出兵，但是不必付出全力，只需要派出少量部队袭击魏国南部，作为对赵国的声援。这样一来，赵国觉得有楚国帮忙，就有信心继续抵抗；而魏国见楚军人少、不足畏惧，就会抓紧攻打邯郸。等到赵、魏双方都打得筋疲力尽的时候，齐、秦两国一定会乘虚而入。到那个时候，楚国才能真正地渔利。

楚王听从了景舍的建议。

《战国纵横家书》中补充记载道，赵使回国后向赵成侯分析说，楚国人那么痛快地答应援助，肯定不是出于义气，一定是别有用心地想坚定赵国和魏国交战的信念，等赵、魏两国两败俱伤的时候再来坐收渔利。因此，赵使建议赵国和魏国议和，尽快结束这场战争。

可赵成侯拒绝了这个建议，他觉得魏军倾巢出击，明显是要来灭亡赵国的，求和未必能够如愿。楚军虽然兵力不多，但至少还能帮助赵国拖延几日，因此他选择了继续坚守。

但赵成侯也知道楚国人是靠不住的，就又派人向齐国请求救援。那

个时候，齐国还是中立状态，齐威王之前没有接受赵、魏两国的拉拢。赵成侯相信齐威王一定不愿意看到魏国独霸中原，就派使者去了临淄一趟。

面对赵国的援助请求，齐威王没有一口回绝，但也没有同意。他需要评估一下与魏国开战的风险，就召集了众臣开会商讨。

会上，国相邹忌提出了自己的观点：不救。他的理由很简单，魏军战斗力强大，齐军与之对战，就算取胜也会付出重大伤亡。届时齐、魏两国两败俱伤，得到便宜的反而是楚国和秦国。倒不如先按兵不动，等时局出现变化再做决定。

邹忌的意见遭到了一位名叫段干朋（也作段干纶）的齐国大臣反对。段干朋认为，齐国身为东方大国，面对邻国的求援却见死不救，怎能在列国之中建立信义？而且，魏国此战意在攻取赵国，若赵国被灭，齐国将面对一个更加强大的魏国。所以，无论如何，齐国必须出兵。

但段干朋也认为，直接派出主力部队到赵国和庞涓的魏军精锐厮杀并不是上策，这样一来，赵国的压力就变成由齐军来承担了。最佳的办法是，齐国先派一支小部队攻打魏国南部重镇襄陵（今河南睢县），声援赵国。等到魏军主力攻下邯郸、疲惫不堪的时候，齐军主力再出击救援赵国。这样既削弱了赵国，又增加了与魏军交战的胜算。

段干朋与楚国景舍的策略可以说如出一辙。两者的不同之处在于，齐国是"真救"，是真的有计划要和魏军主力交战，而楚国是"假救"，根本没打算和魏军主力作战，只是来装装样子。

齐威王认同了段干朋的建议，答应了赵国的求援，派一支齐军部队攻击魏国襄陵。齐军主力则按兵不动，在国内等待命令。

齐军将士们这一等，可苦了赵国人。他们跑了大半个中国，低三下四地向两位诸侯求援，虽说对方都答应了，但最终的结果实在让他们很无语：说齐、楚两国没来支援吧，也不是，人家至少派兵进攻了魏国，给魏国造成了三线作战的压力；但说齐、楚两国真的来支援了，又不算，人家才派了这么点兵马，给魏国挠痒痒还差不多。

赵国就在这希望和绝望之中苦苦支撑。在魏军的围攻下，邯郸遭到了严重的破坏，"邯郸四壒（yì），室坏多死"，众多军民在战斗中丧生。最终，邯郸城未能抵挡住联军强大的攻势，失守了。

虽然占领了邯郸，但魏军的战斗还没结束，赵国君臣逃往北方继续抵抗。齐威王在这个时候出兵了，他估计赵、魏两国已经消耗得差不多了，在邯郸陷落之前就命田忌为主将，带领孙膑等一干优秀参谋，率领齐军主力前往解救赵国。

田忌的大军出发不久，就听说庞涓已攻下邯郸。田忌计划继续北上，到赵国的土地上与魏军主力决战。但是孙膑提出了不同看法，认为魏军攻克邯郸后士气正旺，齐军到赵国与之交战，必然难以取胜，最好的方法是避实击虚，攻击魏军的薄弱之处。魏国现在是主力在外，国内防守空虚，如果齐军直接兵发魏都大梁，庞涓将不得不回军救援。那时齐军便可以在半路设伏，击溃疲惫不堪的魏军，赵国的危险也就跟着解除了。

"围魏救赵"的成语就由此而来，只不过齐军的目的并不是解救赵国，而是打败魏国。

《孙膑兵法》中还提到，孙膑又向田忌提出，齐军先不要直驱大梁，因为齐军发动太高明的攻势，一定会让庞涓认为齐军中有能人，他回师救援大梁时就会小心谨慎。齐军在截击庞涓之前一定要表现得"无能"一点，可以先对魏国的平陵（今山东阳谷东）发起佯攻。平陵是战略要地，但易守难攻，而且进攻方容易被切断粮道，腹背受敌。齐军佯攻此城，会让魏国误解齐军的进攻方向不在大梁，等到齐军攻打平陵失败，魏国一定会放松对齐军的警惕，齐军再突然之间奔袭大梁，就会起到出其不意的效果。

田忌对孙膑的兵法谋略表示了深深的佩服，他完全听从孙膑的安排，让两支地方部队对平陵发起了进攻。果不其然，这些地方武装攻打平陵失利，被魏国守军击退了。田忌接着按照孙膑的策略，以战车和骑兵为先锋，突袭了魏都大梁。

得知国都被袭，刚刚还在看齐军笑话的庞涓大怒。他下令部下停止休整，急忙抽调精锐火速回国救援。

得知庞涓的人马开始南下，孙膑又向田忌提出派少量部队前去骚扰阻击。这样做一是降低庞涓的行军速度，为齐军主力部署争取时间；二是让庞涓更加轻视齐军，从而降低警惕之心。田忌一一照办。

骄狂的庞涓果然中计，他一路上不费吹灰之力就击溃了众多齐军的阻击，以为齐军的战斗力不过尔尔。他心中愈发轻敌，随即命令部队抛弃辎重，轻装前进，日夜兼程赶赴大梁。

而孙膑早已估计出庞涓的行军路线，选择了一处叫桂陵（一说在今河南长垣西北，一说在今山东菏泽东北）的地方给老同学准备了见面礼。

桂陵是靠近宋国的一片低矮丘陵，通往魏都大梁、赵都邯郸和宋都商丘的道路交汇于此。这里是魏军南下大梁的必经之路，也是适合伏击的地点。孙膑在这里设下了重重埋伏，只等魏军掉进口袋。

几天后，庞涓率领的魏军到达了桂陵。他发现前方的道路已被封锁，周围的山丘上全是齐军的人马，愤怒的他立刻下令全军向齐军发动进攻。

如果是在平时，魏武卒一定会以强大的战斗力突破齐军的防线。然而，魏军连续一年围攻赵国，加上为了驰援大梁而长途急行军，士兵们的体力已经达到了极限。他们攻击失利，反而被齐军从左右两边包抄，陷入了包围。

庞涓本就轻视齐军，一心想着尽快解决战斗回援大梁，就没有防备齐军在两翼和后方袭击。他见手下将士疲惫不堪，就下令全军撤退，尽快逃离包围圈。魏军士兵纷纷丢盔弃甲，仓皇逃窜。

战斗最终以齐军大胜结束，但史书上没有记载庞涓在此战中被擒，只有《孙膑兵法》声称孙膑在此战中俘获了庞涓。这本兵书是孙膑（或其弟子）所著，难免有自夸嫌疑，故这个说法不一定为真。

笔者认为，庞涓不是魏国公室，如果他在桂陵惨败并被俘，他会成为魏国的耻辱，回国后就算不被魏惠王处死，也会被免职。但实际上，魏国在桂陵战败后实力并未大损，而庞涓在下一场战争中又是魏军主帅，可以推测庞涓在桂陵之战中是全身而退，且保住了大半魏军主力。

虽然齐军取得了大胜，但魏军实力尚存。齐国没有乘胜进攻大梁，赵都邯郸也仍被魏国占领。魏惠王调整部署，在第二年联合韩军对襄陵的齐军发动了攻势。齐军被魏、韩联军击败，伤亡不小。齐威王便向魏惠王提出了停战要求。

听说齐、魏两国准备和谈，楚国人认为"渔利"的机会来了。景舍充当了两国的调停人，在他的斡旋之下，齐、魏两国宣布讲和。

说实在的，魏惠王其实一点都不想和齐国和谈，他咽不下桂陵之战这口恶气。但是，从西边传来的消息逼得他此时不得不选择和谈。

西边传来了什么消息呢？魏国旧都安邑被秦军占领了。

那时的秦国正处于商鞅变法时期，国力日渐强大。为了检验变法成果，秦国选择在魏国攻打赵国的时候，对魏国发动了进攻。公元前354年，当魏军围攻邯郸时，秦军突袭了河西郡要塞元里（今陕西澄城西），杀死魏国驻军七千多人，并乘胜攻占了少梁城。

公元前352年，秦军又趁魏军在襄陵与齐军交战的机会，在商鞅的率领下东渡黄河，攻入防守空虚的魏国腹地，包围了安邑。安邑城在孤立无援的情况下投降了。不久之后，秦军又攻打了定阳（今陕西延安东）要塞，迫使当地魏军投降。

西线战场告急的消息就像炸弹一样震撼了魏国。在压力面前，魏惠王不得不暂停东线战事，在楚国的调停下，与赵、齐两国坐到谈判桌前和谈。为了尽快结束战争，魏惠王还做出了重大让步，放弃所有占领的赵国领土，把邯郸交还赵国，相对应地，齐军全部撤出魏国领土。赵、魏、齐三国回到了战争爆发前的状态。

为了稳定西线，公元前350年，魏惠王出动大军西征秦国。当时的秦军还不够强大，魏军势如破竹，一直打到了定阳，收复了安邑及部分被占领的地方。

魏武卒来势汹汹，秦孝公（名渠梁）大为惶恐，他一面下令全国紧急戒备，一面亲自去拜会魏惠王，请求停战修好。而此时的魏国因为连年战争，国力十分疲惫，急需休整。在秦国卑躬屈膝的请求下，魏惠王接受了秦国的和谈提议，没有让魏军继续进攻下去。

风云再起

经过四年折腾，魏国转了一个圈，回到了原来的起点。在这四年里，魏国未能占领他国一寸土地，自己反而付出了巨大的损失，外交上也陷入了孤立的局面。《吕氏春秋》记载说，魏国"士民罢潞，国家空虚，天下之兵四至，众庶诽谤，诸侯不誉"，大意是说魏国经此一战，民众疲惫，财政空虚，又遭到了四邻攻击，在百姓和诸侯中都失去了声誉。

魏国霸权动摇让魏惠王相当焦虑，但是习惯了傲视天下的他不愿意就此低调处世。他为了重塑魏国的号召力，居然打算向春秋时代的霸主们取经，效仿齐桓公会盟诸侯、朝见周天子。

于是，公元前344年，魏惠王以朝见周天子为名，召集了十二个小诸侯国举行会盟，提出要"尊王攘夷"，共同朝见周天子，并且一起讨伐秦国。

然而，有人跑来劝告魏惠王，说您既然打算以霸主之名会盟诸侯，

何必去朝拜那个不值一提的周天子呢？魏国已然是最强之国，为什么不"改朝换代"，自己称王？这样岂不是号召力更强？

这个劝告之人就是商鞅。

原来，魏国会盟诸侯、计划组织联军征伐秦国的消息令秦孝公十分恐惧。他觉也睡不好，饭也吃不下，整日研究如何防备魏军进攻。

商鞅见国君如此担惊受怕，便建议说："我们秦国单独和强大的魏国作战，是没有办法取胜的。君上为什么不派我去游说魏君，我有办法让魏君放弃进攻秦国。"

秦孝公便派商鞅出使魏国。

商鞅到了大梁，拜见了魏惠王，立刻把马屁拍起来。他说："君王已经是七雄之首，足以号令天下了。但是君王现在所能调动的诸侯只是宋、卫这样的小国，还不足以与您的地位相匹配。现在天下只有齐、楚两国还不肯归附魏国，君王应该北结燕、赵，西盟秦国，然后图谋齐国和楚国。为了彰显您的王霸之风，震慑齐、楚两国，您为什么不先称王呢？"

商鞅这一顿奉承话就像迷魂汤，把魏惠王迷得飘飘然起来。魏惠王心想，商鞅说得对啊，现在天下大乱，诸侯们都不听周天子的，再把这个幌子拿出来，有什么用呢？魏国已然是七雄之首，既然要号令诸侯，就要超越前代霸主，弄一个更响亮的名号。我魏氏列祖列宗都是大夫，好不容易才立为诸侯，我魏䓨为什么不更进一步，过一把天子的瘾呢？

他听从了商鞅的建议，停止了进攻秦国的计划，转而抓紧时间建造王宫，打造王室的礼仪用品去了。秦国因此逃过了一劫。

几个月后，魏惠王公然宣布自己是"夏王"，使用天子礼仪（他也成了魏国首个称王的国君，得谥号"魏惠王"）。然后，他又堂而皇之地在逢泽（今河南开封南）召集了诸侯大会，以王的身份自居。惧于魏国的强大，宋、鲁、卫等小国来参加了逢泽之会。而七雄之中，只有心怀鬼胎的赵国和秦国派人参加，其余四国都没有来。

但是，魏惠王实在是高估了自己，他忽略了一点，就是魏国的实力远远没有达到让天下诸侯都心服口服的程度。你把自己的名号改得再响亮，人家也不会听你的，反而会觉得你冒犯了天下人。其结果，就是人家不断地来找你的茬，在舆论、外交和军事上围攻你。

魏国称王的举动首先激怒了楚国。楚国人觉得，本来只有我敢称王，你魏国竟敢与我平起平坐，简直是活得不耐烦了。于是，楚国与魏国的宿敌齐国结成了战略同盟，共同对抗魏国。三国的关系大幅度恶化，战争不可避免地再次爆发了。

魏惠王万万没想到，自己称王不仅没有让魏国的威望提升，反而树立了更多敌人。焦头烂额的他想到了一个主意——杀鸡儆猴，先找一个不愿承认他称王的小国，狠狠地揍一顿，逼它服软称臣，这样就能威慑其他诸侯了。

魏惠王挑来挑去，觉得就属韩国最适合当这只"鸡"了。

韩国，战国七雄中面积最小的国家。它的北部与魏国和赵国接壤，东、南、西三个方向分别与魏国、楚国、秦国相邻，周天子的领地被它包围着。虽然国土面积不大，但韩国一点都不安分，它一直在竭力扩张，不仅吞并了郑国，而且从周天子和楚国那里掠取了许多领土。

韩昭侯（名武）立志图强，重用了申不害主持变法。申不害效法李悝的改革措施，在韩国设立郡县，开垦荒地，完善法制，并根据韩国国情，大力发展兵器制造业，使韩国的国力大有起色。

逐渐强大的韩国开始展示独立地位，但魏惠王依旧视韩国为附庸国，多次向其索取土地，都遭到了拒绝。到了逢泽之会，同为三晋的赵

国都参加了①,偏偏韩国以魏国冒犯周天子为由没来参加,完全不给魏惠王面子。魏惠王决心教训一下韩国,趁它还没有真正强大,先把韩昭侯和申不害的雄心壮志拍灭了。

公元前342年,魏国悍然发动了对韩国的战争。魏惠王派了一位名叫穰疵的人为将,出动魏军精锐直扑韩都新郑。魏军打韩军,简直是降维打击,双方在南梁(今河南汝州西)和霍地(今河南汝州西南)两次交战,韩军大败。韩国人只好采取防御战略,退守险要之地,然后派人向曾经打败魏军的齐国求援。

和上次一样,得到韩国人的求援后,齐威王再次召开了廷议讨论,让大臣们畅所欲言。

按照《战国策》的记载,齐国君臣基本上是同意救援韩国的,只是在"早救"还是"晚救"上有分歧。大臣张丏(miǎn)主张立刻出兵,他认为韩国国力不如赵国,如果齐军行动迟缓,韩国必将坚持不住而投靠魏国。但田臣思(按杨宽先生观点,此人就是田忌)则认为应该晚救,因为如果这个时候出兵,魏国吸取上次桂陵之战的教训,一定会集中兵力攻击齐军,这等于让齐国人代替韩国遭受魏军的攻击,不如等韩、魏两国疲惫之时再出兵。韩国人自恃有齐国人援助,一定会拼死抵抗,不会那么容易投降魏国。等到他们坚持不住时,一定会提出更丰厚的条件来求救于齐国,齐国就能名利双收了。

齐威王赞同田臣思的主意。但为了不让魏国人知晓齐国的立场,引发魏、齐两国提早交战,他和韩使秘密达成了救援协议,而在公开场合假装没有同意救援。

韩国人没有猜出齐国人的谋略,得到齐国的许诺后,他们信心满满

---

① 《史记·赵世家》记载:"肃侯四年,朝天子。"但钱穆先生在《先秦诸子系年考辨》考证认为,赵肃侯实际上是在肃侯六年应邀参加了逢泽之会,但为了与魏国割席,赵国故意在史料上修改日期并说朝见了天子。

地坚守着阵地要塞,继续顽强抵抗。但是,韩国人再顽强,也弥补不了实力上的差距。他们一直等到被魏军接连击败五次,首都新郑岌岌可危,仍然没有盼到齐国援军到来。

韩国人终于等不下去了,齐国人再不来,真的要亡国了。于是他们再次派使者到齐国,以"委身齐国"为条件,恳求齐国火速支援。

齐威王见时机成熟,立刻派出田忌加孙膑这对黄金组合,率领齐军主力兵发魏国大梁,再次上演"围魏救赵"的好戏,只不过他们这次救的是韩国。

魏惠王闻知消息暴跳如雷。上次攻打赵国,是齐国横插一手,让魏国前功尽弃,这次攻打韩国,又是齐国在背后捅刀,三番两次地破坏我的计划,这口气叫我怎么咽得下去!不行,这次一定要给齐国人点颜色看看!

魏惠王将攻打韩国的魏军全部调回,要与齐军一决胜负。他不想重蹈桂陵之战的覆辙,于是要求魏军主动寻求与齐军决战,以魏武卒强大的战斗力,一举歼灭齐军主力。

为了体现对这次战役无比重视,魏惠王派太子申为主帅,节制全军行动,又以庞涓为大将,负责具体指挥。他要求太子申和庞涓此战务必取胜,活捉田忌和孙膑,全歼齐军,绝不放跑一个人。

庞涓又获得了与孙膑对决的机会,此时他必然恨得咬牙切齿。当初他以为把孙膑打成了残疾,这个人就埋没于世了,没想到居然在桂陵的战场上遇到了他,还被他击败,惨遭羞辱。他发誓,不报此仇,势不为人!

而太子申担任的全军统帅,只是个虚职而已,加上太子申不懂军事,军队的指挥权实际上还是在庞涓手里。在庞涓的命令下,全副武装的魏武卒全速前进,狂风般逼近齐军。

魏军的气势很快就被一个叫徐子的士人泼了一盆冷水。

当魏军开进到外黄（今河南杞县东）时，遇见了徐子。徐子拦住太子申的去路，说有"百战百胜之术"献给他。太子申便让徐子说来听听。徐子就说："太子自将攻齐，大胜并莒，则富不过有魏，贵不益为王；若战不胜齐，则万世无魏矣。此臣之百战百胜之术也。"

徐子的意思是魏军即使大败齐军，最多也只能侵占齐国的莒地而已，并不能将齐国消灭，太子申到最后拥有的仍旧只是魏国，地位也只是王；但是魏国一旦被齐军打败，就会被列国围攻而灭亡。所以，太子申应该做的是领军回国，没有失败，就没人能动摇魏国的霸主地位。

太子申觉得徐子说得有理，便打算把部队带回去。但是他遭到了庞涓反对。庞涓觉得，大老远跑来，连孙膑的影子都没看到就回去，太没有面子了，怎么也得和齐军干一仗再说。还有一些急于立功的将领也纷纷表示了反对，要求太子申继续前进，不能因为一个百姓的一通胡说而耽误了军国大事。就连太子申的车夫也反对说："刚出发还没遇到敌人就撤退了，和战败没有什么区别。"

在众人的反对声中，太子申不得不下令继续前进。

那么齐军现在在哪里呢？

其实就躲在离魏军不远的地方。

面对魏军气势汹汹的攻势，孙膑明白，硬碰硬是最不理智的方法。因为此时的魏军不是桂陵之战的魏军，他们没有经历长时间鏖战和长途急行军，体力比上次充足，而且他们有桂陵之战失败的耻辱，复仇意志非常强烈，齐军要是继续采取桂陵之战中的截击方式，必然难以取胜。

硬拼不行，就得巧胜。

孙膑知道庞涓遭受桂陵之战的羞辱，这次战斗他一定急于求战，力图消灭齐军，就会缺少对敌情研究，冒失地采取突进的方式。齐军就可以针对魏军力求速战的想法，先向魏军示弱，引诱魏军深入，再施以出其不意的伏击，便能一举击败他们。按照《孙子兵法》的说法，就是

"能而示之不能，用而示之不用"，以虚实变化来打心理战，使庞涓做出错误的判断，最终掉进齐军的陷阱。

怎样示弱呢？《史记》记载说孙膑创造性地想出了"减灶"这个办法。他向田忌提出："魏军自以为骁勇，一直以来都很轻视我军。我军就可以伪装出孤军深入魏国境内、粮草不济、已成强弩之末的假象，故意把营地里的灶坑留给魏军看，把灶坑的数量逐渐减少，表现我军士兵在溃逃。这样就会使魏军更加狂妄，贸然追击我军而中计。"

田忌自然听从了孙膑的建议，做出了撤退的假象。

不久之后，魏军在离外黄不远的地方撞见了正在后退的齐军。庞涓不由分说，立刻就率领武卒精锐向齐军扑了上去。而齐军根据孙膑的作战计划，并没有和魏军硬拼，他们假装毫无斗志，立刻逃走了。

庞涓不顾一切地带兵追击。第二天，当他经过齐军留下的营地时，看见上面布满了灶坑。庞涓让人数了一下，这些灶坑大约能提供十万人的伙食。第三天，他们再次经过齐军前一晚留下的营地，发现灶坑少了，只够五万人的伙食了。第四天，他们又经过齐军营时，看见灶坑减少到只够三万人的伙食了。

庞涓完全被孙膑布置的假象所欺骗，他以为自己明察秋毫，在齐军留下的灶坑里发现了重大情报。他得意地说："我就知道齐国人怕我们，你看才三天时间，他们的士兵就逃亡过半了。既然如此，我们要加快速度追击，不能让敌人这么容易逃回齐国。"于是他带领军中的精锐战车部队作为先锋，日夜兼程追击齐军。太子申则率领其余部队跟随在他的后面。在魏军精锐急促的马蹄声和脚步声中，庞涓似乎已经看到了齐军狼狈逃窜的景象，孙膑即将被自己踩在脚下。

庞涓哪里知道，前方将是他的葬身之地。

在魏军前往齐国的路上，有一处名叫马陵（位置存有争议，有河北大名东南、河南范县西南、山东莘县西南、山东鄄城北四种说法）的地

方。这里道路狭窄，两边都是树林和高山，魏军一旦进入，不仅难以布置阵法，而且无法后退，是非常适合设伏的地方。

孙膑就决定在这个地方伏击魏军。他根据魏军的行军速度，估计他们会在傍晚时分赶到。他命人把路旁的大树砍倒，在路上横七竖八地放着，给魏军的行动制造障碍。他又安排了一万余名弓弩手埋伏在高处的树丛中，要求他们以火光为号，看见路上有明火，就把箭全部射向敌军。其余的齐军埋伏在不远处，将战车隐蔽好，一听到进攻的鼓声便冲出来，截断魏军的退路，将他们分割围歼。

安排完作战部署后，孙膑派人把路中央的一棵大树削去一面树皮，在上面工工整整地写上了几个字："庞涓死于此树下！"

孙膑要在庞涓临死前最后羞辱他一把。

公元前341年的一个寒冷傍晚，马陵道上异常安静，只有几只干瘦的乌鸦在呱呱乱叫。夕阳西下，天色渐渐地昏暗下来，树林中升腾起了一层薄薄的雾气。但宁静很快就被一阵急促的马蹄声打破了，庞涓率领魏军先锋赶到了马陵。他们被砍倒的树木拦住了，急于追击的庞涓命手下立刻清除障碍，抓紧时间前进。在等待清除障碍的这段时间，魏军的后续部队不断赶来，他们拥挤在狭小的道路上无法前进，只好百无聊赖地闲坐着。

夜幕降临了。在前方清理障碍的魏军士兵看见道路中间的一棵树被剥去了皮，上面还写着几个对庞将军不敬的字，连忙向上司做了汇报。

得知情况的庞涓亲自来到那棵树下。因为天色昏暗，他看不清上面的字，就让身边的人点燃火把照明。火光之中，庞涓终于看清了那几个字，他依次念道："庞——涓——死——于——……"

他还没把这七个字念完，忽然一阵尖锐的飞箭呼啸声从天而降，随之而来的是密集的箭雨。庞涓身边的武卒还没回过神来，便已然纷纷中箭。庞涓见势不妙连忙躲闪，但乱箭飞舞，他无处可躲。很快，几支箭射中了他的身体。庞涓惨叫一声，摔倒在地上。

埋伏在树丛中的齐军弓箭手依照孙膑的安排，在看见庞涓取火照明的时候万箭齐发，将暴雨般的箭矢倾泻在马陵道上。突如其来的袭击令魏武卒们措手不及。在这个漆黑的夜晚，周围又是山丘密林，魏军连敌人的位置都找不到，他们就算有再精良的装备、再高强的作战技能，此刻也毫无作用，他们只能像羊群一样被齐军肆意射杀。

密集的弓箭射击结束后，齐军敲响了进攻的鼓声。上万名齐军士兵呐喊着杀向马陵道，将剩余的魏军分割成了数段围歼。在震耳欲聋的喊杀声中，魏军军心彻底崩溃，在齐军的攻击下四处逃窜。

还有一口气的庞涓挣扎着站起身来，看见魏军的尸体铺满了脚下的土地，感到无力回天，明白了什么叫作绝望。看着树上孙膑写的那七个字，庞涓悲愤地发出了最后一声号叫："遂成竖子之名！"接着，他拔出了佩剑，割喉自杀了。

齐军歼灭了马陵道上的魏军前锋部队，但战斗还没有结束，跟随庞涓而来的太子申此时也率领大队魏军主力赶到了马陵，对齐军发起反攻。孙膑见状，立刻下令齐军主力全部出动，将太子申的部队包围起来。

齐军受到孙膑的严格训练，他们全数出动，摆出了魏军从没见过的阵形。齐军将战车掉头，用车厢组成一道封锁墙，然后在车厢的缝隙之间用盾牌组成矮墙，而在车厢和盾牌阵的后面，是一排弓弩手和长戟士，长戟士的后面才是手持短兵器的格斗士。（此据《孙膑兵法》）

这套不知名的阵法环环相扣，加上马陵道独特的地形，使太子申的部队首尾不能相顾，被死死困在了马陵。弓弩手不停地发射如蝗虫般的飞箭，将仓皇应战的魏军成片射倒。战车前方又有齐军布置的蒺藜，扎得魏军士兵浑身是血。而躲在战车后方的长戟士挥舞着长戟，当即将魏军士兵刺死。就算有个别士兵冲过了封锁墙，也立刻被后面持短兵器的

齐军格斗士杀死。

魏军突围乏术，齐军则不断地缩小包围圈，绞杀还在抵抗的魏军。在孙膑布下的死亡陷阱面前，太子申的部队最终被尽数全歼，太子申本人则被俘虏，不久即遭杀害。

这个震撼的夜晚过后，魏军主力在马陵灰飞烟灭，主将庞涓和太子申都被杀死，这样的损失是任何一个诸侯国都难以承受的，是魏国前所未有的惨败。魏国遭受了这场军事浩劫，彻底丧失了七雄霸主的实力。

复仇者的结局

孙膑的复仇目标终于实现了,他以一场完美的胜利让庞涓丢失了颜面,使这位作恶的老同学带着耻辱死去了。

如果故事到这里为止,那这称得上完美的复仇故事。但现实终究不是小说。

孙膑知道还有一个更危险的敌人在等待着他。

这个敌人来自齐国内部。

田忌和孙膑一举全歼魏国精锐,迫使魏国太子和主帅双双身亡,在全天下产生了轰动。他俩的威望达到了顶点,不可避免地出现了功高震主的情况。齐威王就算表面上不说,心里肯定是不痛快的。

齐威王为什么这样防备田忌呢?和齐国的政治体制不无关系。

前面说过,田氏家族名节有亏,在国内推行五都制,又保留了许多贵族的特权,这就使得齐国国君的权势虚弱,地位也并非至高无上,有被人推翻的风险。而田忌这个人,能和齐威王赛马并大方地收下国君的

赌金,可见他平日里就是一个颇有地位的权臣。他又出自与国君同姓氏的公室宗族,完全能够利用战胜魏国的威望将齐威王取而代之,齐威王不能不对他有所防备。

担任国相的邹忌由齐威王提拔,自然是忠心于国君的。他知道齐威王有此焦虑,就暗示齐威王提防田忌谋反。两人合计之后,下达了一道让田忌交出兵权的指令。

孙膑也预料到马陵之战成功会给田忌带来麻烦,担心交出兵权会遭到齐威王和邹忌迫害。所以,他在马陵之战结束后不久,就向田忌献了一条秘计,劝田忌先下手为强。他说:"将军最好不要解除武装返回齐国,应先让老弱士兵把守住主地(今山东淄博西南)。主地的道路狭窄,那些老弱士兵把守住主地,定能封锁其余军队救援临淄的道路。然后将军轻车战马直冲临淄的雍门,齐国的大权就可以由将军掌握决定了。否则,将军可能无法安全返回齐国。"

然而,向来对孙膑言听计从的田忌这次没有听从他的计划。他没有执掌齐国的野心,不愿这样铤而走险,万一叛乱不成,自己只会身死族灭。能安心地做一个钟鸣鼎食的贵族,他就很知足了。

田忌选择了听从齐威王的指令,交出了兵权。他要去迎接国人对自己的欢呼,去陶醉于百官对自己的敬畏。孙膑只能服从家主的决定。

事情的发展果然如孙膑所料,齐威王虽然给了田忌凯旋的礼遇,但是已经不像以前那样热心了。

而邹忌不久又设计了一场圈套,让齐威王有了借口铲除田忌。

邹忌派了名叫公孙阅的党羽在临淄城中演了一场双簧戏。公孙阅先是收买了田忌的一个家臣去街上找人占卜,说:"我是田忌将军的臣属。将军三战三胜,名震天下,现在欲图大事,麻烦你占卜一下,看看吉凶如何?"

街市上的占卜师自然不敢参与谋反,在惊恐之下随便糊弄了一番,就把那人打发走了。公孙阅派来的官兵随即把这个占卜师抓走,对他威逼利诱,让他在国君面前把田忌找人占卜、意图谋反的话一五一十地说出来。占卜师照做,齐威王便以此为把柄秘密下令捉拿田忌。田忌得到了风声赶忙逃往楚国,被楚王分封在江南地区(即长江以南地区,位置不详)。

孙膑在先秦的史书中却没有了记载。身为田忌家臣,他很可能也逃到了楚国,并在那里开门收徒,完成了著作《孙膑兵法》的大部分篇章。

许多年后,齐威王和邹忌都去世了。新即位的齐宣王(名辟疆,一作辟强)了解到田忌被陷害的真相,便将他召回国,官复原职。孙膑也可能由此回到了齐国,在自己的祖居地颐养天年,《孙膑兵法》得以在齐鲁大地上流传,并在临沂的银雀山汉墓中保存了下来[1]。

---

[1] 汉朝和宋朝的一些著作认为孙膑和吴起、商鞅那些人一样遭到了杀害,但它们成书太晚,也没有提供佐证,故不采信。

第192章

徐州相王

马陵之战使魏国损失了十万人马，元气大伤，霸主的地位彻底崩塌了，魏惠王接下来的遭遇可谓"墙倒众人推，鼓破万人捶"。

见魏国有难，秦国和赵国立刻落井下石，对魏国发动了进攻。它们恰恰是当初来参加逢泽之会，给魏惠王称王贺喜的两个国家。赵国攻打了魏国北部，秦军则在商鞅的率领下，再次发兵攻打西河郡。

公元前340年，商鞅率领秦军东渡黄河，侵入魏国腹地。魏惠王派了公子卬（áng）带重兵迎战。商鞅用计谋骗公子卬来和谈，将他灌醉绑架，然后突袭毫无防备的魏军，一举将其全歼。魏军再次遭到重创。

魏国连续惨败给了魏惠王的王霸之梦一记重重的棒喝，他曾痛心地对前来拜访的孟子说："魏国一度在天下称强，这是老先生您知道的。可是到了我这时候，东边被齐国打败，连我的大儿子都死掉了；西边丧失了七百里土地给秦国；南边又受楚国侮辱。我为这些事感到非常羞耻，希望替所有的死难者报仇雪恨。"

魏惠王懊丧于自己的太子败死于齐国，又被秦国侵占了土地，往日的七雄霸主沦落到了被列国欺凌的地步。形势逼迫他必须改变政策了。在这之后，魏惠王几乎变了一个人，开始关注民生、发展生产，并求贤若渴、广纳人才，虚心听取臣下的意见。

在魏惠王求变的政策下，有一个人做了魏国的国相。他向魏惠王提出了一条破坏齐、楚同盟的计谋。这个人名叫惠施。

惠施，就是惠子，宋国人，名家代表人物。

名家是诸子百家中的一个学术流派，通俗地说，就是辩论家。这个学派比较小众，没有代表性的政治主张，探讨比较多的是高深抽象的"辩证"哲学理论。

惠施出身名家，喜欢与人辩论。他有一个比他还要出名的好朋友，就是大名鼎鼎的庄子。庄子也喜欢辩论，两人凑在一起就吵架斗嘴，但吵完了仍旧是好朋友，一起喝酒吃饭。两人最有名的一次辩论，是在桥头探讨"子非鱼，安知鱼之乐"的问题。惠施去世的时候，庄子在他的坟前痛哭，说："自从先生去世，我没有对手，没有辩论的对象了。"由此可见两人的友谊之深。

惠施喜欢和庄子辩论哲学问题，但他做得最多的反而是纵横家的事情。他支持合纵运动，擅长外交谋略，因为富有贤名而被魏惠王聘用。

惠施针对魏惠王急于向齐国复仇的心理，向魏惠王献计说："大王先同赵国结下了仇怨，而后又同齐国作战。没打胜，国家没有守卫作战的后备，大王又要调全部兵力进攻齐国，这不是臣下主张的做法。大王如果想报复齐国，不如更换君主的服装，屈己下人去朝拜齐国，这样楚王一定会发怒。大王派人到齐、楚两国游说，促成它们争斗，强大的楚国一定会进攻疲敝的齐国，从而把齐国击败。"

魏惠王认同了惠施的计策，派人向齐威王示好求和。史书上说魏国对齐国提出"愿臣蓄而朝"，也就是说愿意以犬马自比，向齐国俯首称

臣，并按时朝贡。

齐威王对魏国磕头求饶自然受之坦然。他带着齐国人奋斗了几十年，等的不就是击败魏国这个强敌吗？他高兴地接受了魏国的请求。

早在桂陵之战之前，齐、魏仍旧处在争霸阶段的时候，齐威王为了抗衡魏惠王的霸权，提升齐国的名誉，曾带了一些弱小诸侯前去向当时的天子周烈王朝贡。这件事当时在周王室传为美谈。

然而，齐国取得争霸战的上风后，齐威王便对天子冷淡了。以至于当周烈王去世时，齐国是最后一个来奔丧的诸侯。周王室派人去质问齐威王："天地塌陷，天子都要下座。如今天子死了，你齐威王却最后一个来，理当斩首！"齐威王对王室的训斥非常不高兴，骂道："呸！你妈还是个下贱的婢女呢！"

腰板硬起来的齐威王不需要天子来装点自己了，就连天子的"王"号，他也打算拿来过瘾了。

怂恿齐威王称王的，正是新给齐国拜了码头的魏国。

魏惠王按照惠施的计策，不断跟齐威王拉关系，拍马屁。他先后三次亲自出访齐国，给齐威王带去厚重的礼物，和齐威王"交朋友"。他在访问期间不停地劝齐威王早日称王，做个"名正言顺"的七雄霸主，号令天下。

终于，在魏惠王的怂恿下，齐威王心动了，迈出了极具历史意义的一步。

公元前334年，在马陵之战结束八年之后，魏惠王在徐州（今山东滕州）朝拜齐威王，正式尊齐威王为"王"。齐威王在兴奋之余有些心虚，便也客气地承认魏惠王为"王"。

这次事件就是著名的"徐州相王"（在徐州相互称王的意思）。虽然魏惠王尊齐威王为王是心怀鬼胎，但他如此委曲求全，说明齐国取代魏国成为中原头号强国已经是不争的事实了。

"徐州相王"不仅是齐国强盛的标志，也是周朝王权彻底丧失的象征。此后各大强国纷纷称王，在名义上与周天子平起平坐，成为割据一方的独立王国。诸王并立，意味着天下再也没有公认的服从对象，列国的纷争只剩下了对土地的争夺，战争愈发激烈和残酷了。

惠施的诡计最终得逞了，齐国很快就陷入了一场严重的外交危机。

"徐州相王"的事件震惊了整个天下，诸侯们对齐威王"厚颜无耻"地称王，是既反感又嫉妒的。表现最为激烈的当属楚国了。看到北方诸侯一个个称王称霸，完全压制了自己的风头，楚王再次坐不住了。

第二年，楚国便派兵攻打了齐国。赵国、秦国和越国也跟着向齐国宣战。楚军的攻击最为迅速，很快就打到了徐州。齐军前去迎战，但因主师指挥失当，被楚军击败。

楚军前脚刚走，越军又来了。越国在东南一隅"默默无闻"了一百多年，经历了内乱和复兴后，终于积攒了一定的实力，打算参与七雄争霸了。

听说越国也要出兵来攻，齐威王没打算迎战。他深知楚、越两国存有很大的矛盾，便派了一位说客，去挑拨两国的关系，诓骗越军改变进攻方向，往楚国去了。结果，越军被楚军击败，国土也大片沦陷于楚国。

至此，齐威王终于度过了"徐州相王"引发的危机，齐国成为当之无愧的头号强国。

然而，齐国顶着这样的光环，却没有进化为统一六国的超级大国。它在接下来的时光里不但没有继续创造辉煌的战绩，反而越来越边缘化，被挤压在山东半岛，难以发展。

齐国为什么会变成这个样子？并不完全是齐威王及后世齐王的能力问题，而是各种客观原因造成的。

齐国的根本问题在于改革不彻底，保留了大量贵族特权。贵族们无

所顾忌，就会造成两种结果：一是整日沉浸于享乐，不思进取，不愿听到任何反对和不满的声音；二是忙着争权夺利，想要长期霸占高位和财富，他们的势力越来越膨胀，尾大不掉。齐威王与贵族相对和谐的关系，随着他的去世戛然而止。后世朝政日益腐败混乱，齐国人就算想有所作为，也会因为内耗而难有余力。

齐国的军事体制也有很大的缺陷：军队管理宽松，将士立功只被赏钱，没有升官加爵。因此，齐军纪律松弛，个人主义盛行，士兵们缺少建功立业的动力，也不愿长期艰苦作战；军队中将才匮乏，高级将领都是贵族出身，旱涝保收，他们只是来混混日子，没有心思研究军事战略、提升战术。

齐国的民风也不倾向于好战。齐国耕地不如中原地区肥沃，但它位于山东半岛，三面环海，一面连接华北平原，交通非常方便，历来经商氛围浓厚。齐国人光向内陆国家出口海产品就大发横财，上至贵族，下至平民，都享受到了商业繁荣的好处，生活水平远比其余六国优越。这就使得齐国百姓普遍安逸、性格狡猾，没有一统天下的雄心和毅力。

此外，齐国的地理位置也限制了它的发展。齐国在陆地的一面缺少地理屏障，一旦别国大规模入侵，必须付出巨大的代价才能守住。齐国的邻国很多，它与燕、赵、鲁、越、卫等国都有接壤，这些国家哪一个都不是省油的灯。其中，燕、赵、魏、楚属于七雄，齐国一旦与其中一国作战，其他国家就会乘虚而入；齐国想吞并宋、鲁、卫这些小国，又要考虑其他国家的态度。所以，齐国人左右为难，守成自保就成了最好的选择。

总结起来，贵族堕落、军队胆怯、民风狡黠等内部问题注定了齐国成不了太大的气候。虽然后世的齐王积极参与中原争霸，也费尽心思扩张领土，但最终都没能逃脱这个魔咒。

历史把统一天下的重任交给了远在西垂的秦国。

狩麒

东周诸侯和名臣们的权力游戏

下

茅庐小生 著

卷十四 精准设计的战争机器

失意的贵族子弟，遇上失意的穷国国君。
　　一对奇妙的组合，竟然颠覆了时代的游戏规则。

青年才俊

讲述秦国崛起的故事之前,我们先回到公元前361年的魏国。

那时的魏国还没有经过桂陵之战和马陵之战,仍是战国七雄中最强大的国家。这一年,国相公叔痤病重。魏惠王前去探望,哀伤地问:"你病得这么严重,要是不幸离去,寡人的社稷该怎么办啊?!"公叔痤便说:"在下有一个门客,虽然年轻,却是个奇才。希望君上以后能重用他,提拔他做国相。"见魏惠王有所犹豫,公叔痤又说:"君上如果不肯用他,就一定把他杀了,不能让他离开魏国。"

这个让公叔痤如此重视和害怕的人是谁呢?就是商鞅。

商鞅本来不叫"商鞅"。他是卫国人,说起血统来,他是如假包换的卫国国君的后代,按照当时的叫法,应该称他"卫鞅"或者"公孙鞅"。他后来在秦国得了块封地"商"(今陕西丹凤),才被人们尊称为"商鞅"。

有人可能会问:商鞅既然是国君后代、公室子弟,在卫国定然是过

着锦衣玉食的生活，为什么要出来闯荡，给公叔痤当门客呢？

商鞅虽然拥有公族身份，但地位和待遇并没有我们想象的那么好。卫国在战国时代已经没落为微不足道的末流小国，国土面积大幅缩水，经济也在倒退。卫国国君只好自贬为"侯"和"君"，依附于魏国，其地位只能和一个封君相比。像商鞅这样血脉疏远的公族子弟，当然就沦落为士人级别了。

卫国如此苟延残喘，能提供的工作机会自然不多，早年的商鞅尽管是个公族，也穷困潦倒。为了改善生活，商鞅就像万千离开卫国的士人一样，去其他国家求学和谋生。他擅长的是"刑名之学"，也就是关于法律的学问，在当时属于法家学派。商鞅的法家知识师承何人不得而知，能了解到的是，他非常崇拜李悝和吴起，对他们的政治主张烂熟于心。

商鞅还曾学习杂家理论。"杂家"是"兼儒墨，合名法"，"漫羡而无所归心"的学派，没有明确的学术主张，而是喜欢吸纳和整合其他学派的观点，就像"百科全书"。商鞅因此更广泛地学习了各流派的知识，成为既博学又专精的学术大师。

可是，商鞅的求职之路不是很顺利，最后只在公叔痤的门下当了一名中庶子，也就是个侍从官，类似于秘书和助手之类。这份工作能在国相身边参知机要，就是干的活太琐碎、低下，这显然不是他所期望的。

商鞅是把李悝和吴起视为榜样的人，他的理想是出将入相，执掌一国国政，不然他何必学那么多知识呢？他愿意在公叔痤门下做事，应该是听说了公叔痤的贤名，希望能被他推荐给国君。但公叔痤似乎给不了他这个机会。

并不是公叔痤不赏识商鞅的才能，他能让商鞅做自己的助手，已经表现出了他对这个年轻人的重视，他相信商鞅一定是个栋梁之材。可惜，魏国的很多事情不是公叔痤能掌控的。魏国人才过剩，内部竞争激烈，朝堂上派系争斗严重，公叔痤这个老好人为了维持众臣的团结，有些时候不得不把一些机会让给别人①。而且公叔痤还被秦军俘虏过②，他真正执政的时间不多，在魏惠王面前说话缺少分量，能举用商鞅的机会就更稀少了。到了生命的最后，公叔痤觉得不能辜负商鞅，就竭力劝说魏惠王让商鞅继任国相一职。

然而，魏惠王没有听进去他的话。他还沉浸在魏国是天下第一强国的荣光中，不觉得自己的国家还需要继续富国强兵。更何况商鞅只是个年轻后生，身无寸功，让他当国相，何以服众？

魏惠王念在公叔痤年老功高的分上，没有当面拒绝他，而是假装答应了他。待他探视完公叔痤之后，回去便对近臣说："老公叔病得太厉害了，脑子不好用了，居然让我把国政委托给商鞅，这不是开玩笑吗？"

公叔痤也察觉出魏惠王不愿重用商鞅。他无奈地叹了口气，命人把商鞅叫到跟前，对他说："刚刚我向君上推荐了你做国相，但看君上的神色是不情愿的。我又劝君上如果不用你就必须把你杀了。你赶快走吧，免得来不及逃跑。"

公叔痤是一个公私分明的人，他劝杀商鞅是为了国家，放走商鞅则是爱惜人才。但商鞅对他的劝告不以为意，说："既然君上不肯听您的话用我，他又怎么可能听您的话而杀我呢？我不会逃的。"

商鞅说出这话的时候，言语中充满了不屑。在魏国的这些年，他已然看透了魏王的昏庸和官场的腐败，觉得这个地方不是自己的用武之地。他早就决心离开魏国了，只不过一时找不到合适的下家，为了生计

---

① 这从前文提到的公叔痤在浍北之战后让功于他人可以得到印证。按理说，主将接受首功是理所当然的，但公叔痤不敢受此殊荣，声称别人的功劳更大，说明他在军中其实地位不高，怕其他派别的人物产生微词，就以此笼络人心。

② 公元前362年，公叔痤在少梁之战中败给秦国并被俘，后来被放回。

暂且留在魏国而已。

事情的发展果然如商鞅所料，公叔痤去世之后，魏惠王把商鞅冷落在了一边，不仅把国相之位给了别人，而且连诛杀商鞅的指令也不曾下达。商鞅落得个自在，开始研究自己下一步该去哪里。

翻开当时的地图，七雄之中除了魏国，还有六国可以去。但是商鞅觉得跳槽就要往高处跳，要去一个倚重他，甚至把国政都托付给他的国家。而在六国当中，燕国无所作为，赵、韩两国都在变法，他们的国君已经有了倚重的人才，齐国和楚国则贵族势大，中止了变法的念头。唯有西方的秦国，新即位的秦孝公锐意进取，还颁布了求贤令招聘天下人才。商鞅便决定去秦国一试。

秦国地处偏远西部，国家不发达，生活条件恶劣，人民野蛮，缺少教化，到那里肯定是要吃苦受罪的，有什么前途可言？但商鞅相信秦国就是他实现理想的地方。他收拾了行李，带上家人，头也不回地踏上了西去秦国的道路。

没落之国

秦国在春秋时期秦穆公主政时,曾经有过一段辉煌的霸业。可惜后来晋国强大,阻碍了秦国东进,秦国不得不固守西部。

国家发展就如同逆水行舟,不进则退。由于长期被晋国阻隔在中原之外,秦国文明停滞不前,被中原诸国远远地甩在了后面。在三百年的时间里,秦人的生活水平低下,军队的作战方式落后,贵族们闭关锁国,不与其他国家的人交往,整个国家死气沉沉,愚昧落后。当时中原诸侯都看不起秦国人,把他们当作戎狄一样的野蛮人,诸侯会盟都懒得叫他们参加。

秦国人自以为守得一方很清闲,不用掺和中原诸侯那纷纷扰扰的事情。但是,时代在变化,君子般小打小闹的春秋时代结束了,强盗般征服杀戮的战国时代开场了。雄才大略的魏文侯派军神吴起挂帅进攻秦国,秦军连续失利,丢失了大片土地。魏国在黄河以西成立了西河郡,把国境线推进到了关中平原的腹地,威胁着秦都雍城的安全。

国家的外患严重，秦国的统治者们却还在内斗。和其他诸侯国一样，秦国在春秋末期也遇到了卿大夫擅权的问题。公元前425年，一群大夫逼迫国君秦怀公（名封）自杀，立了秦怀公之孙秦灵公（名肃）为君。秦灵公只是大夫们的傀儡，连君位都没办法传给儿子公子连。秦灵公去世后，大夫们立了他的一个叔父为君，而把公子连赶出了秦国。

公子连在外面漂泊了许多年，终于在公元前385年找机会回到了秦国。当时的秦出公（名昌）年纪幼小，国政由太后小主夫人领导。小主夫人是个没有能力的女人，只会把事情交给身边的阉人处置，思想也极端保守，反对一切变革。秦国君臣都对她心怀不满。

公子连便抓住机会，带着一帮支持者试图从秦、魏边境的郑所之塞（今陕西华州东）入境，但被守将阻拦而没有成功。公子连就绕道秦国西北边境的焉氏塞（今宁夏固原东南）叩关，被当地守将放行，成功入境。

小主夫人得知情况后连忙派兵阻止，没想到派去的部队倒戈到了公子连那一边。公子连顺利地开进了首都，小主夫人和秦出公自杀。公子连登上君位，史称秦献公。

经历了这么多年内乱和战火，秦国几乎被折腾得一穷二白。新即位的秦献公深深感到不改革不行，一上台就颁布了一些政策，主要是学习中原国家编制户籍、推广郡县、发展商业等措施。他下过一条著名的指令——废除秦国几百年来的殉葬制度，不让无辜的生命跟着受难。

秦献公的改革使秦国国政走向了正轨，国力也有所恢复。秦献公迫不及待地发起了对魏国的复仇战，前后三次对西河郡发起了进攻，而且都有取胜。但这些胜利的战略意义不大，因为西河郡还是没有被收复。秦国仍然处在被魏国压制的处境。

公元前362年，秦献公去世。他的儿子秦孝公接过了继续强盛秦国的重任。

秦孝公即位之时年仅二十岁，正是年富力强、百无禁忌的年纪，迫切希望改变现状。他清楚地看到，虽然父亲取得了小胜，但秦国的实力与东方六国相比仍然处于劣势，而且父亲的改革在实际推行中受到了顽固派抵制，秦国有必要来一次深刻的变革，彻底铲除那些守旧贵族，让整个国家脱胎换骨。

但是，要怎么改革呢？

秦孝公觉得虽然自己不懂，但可以请一个人来做。

于是，即位当年，秦孝公就颁布了一道求贤令，在秦国的大街小巷张贴。其中写道：

昔我穆公自岐雍之间，修德行武。东平晋乱，以河为界。西霸戎翟，广地千里。天子致伯，诸侯毕贺，为后世开业，甚光美。会往者厉、躁、简公、出子之不宁，国家内忧，未遑外事，三晋攻夺我先君河西地，诸侯卑秦，丑莫大焉。献公即位，镇抚边境，徙治栎阳，且欲东伐，复穆公之故地，修穆公之政令。寡人思念先君之意，常痛于心。宾客群臣有能出奇计强秦者，吾且尊官，与之分土。

这道招贤令的前面部分回顾了秦国的历史，强调秦国在秦穆公时曾经辉煌过，但是现在没落了；后面的部分先是赞扬了父亲秦献公的功绩，说他一直在力图恢复秦穆公的霸业，然后话锋一转，表达自己遵循父亲的遗愿、继续强大秦国的决心，特向全天下征求人才辅佐自己。

秦孝公对人才有哪些要求呢？

一是出身，"宾客群臣"都可以。"宾客"是对来秦的外国人的尊称，"群臣"指的是秦国臣民。"宾客群臣"实际上是说对人才没有国籍限制，而且秦孝公特意把"宾客"放在"群臣"之前，暗指他更希望

引入外国人才。

二是能力,"能出奇计强秦"。这里实际上说的是两个要求:"奇计"的关键在于"奇",意指这个人提出的改革方案与众不同,秦孝公可不听没新意的东西;"强秦"是效果,指改革方案卓有成效,使秦国变得强大,空谈、不切实际的东西可不行。

那么,秦孝公开出的待遇是什么呢?

"尊官"和"分土"。"尊官"是给予尊贵的官职,"分土"是赐予封地,综合起来实际上就是提供封君的待遇。这样的待遇是诸侯能开出的最高价码了,不可谓不丰厚。

秦孝公如此诚恳地招募人才,但在一开始却遭到了不小的冷遇。中原的大部分人才都嫌弃秦国贫穷落后,对秦国的招贤令并不感冒,来的人很少。而在秦国国内,大夫们早已有官有封地,根本没献计献策的积极性;至于普通士人,文化程度不高,就算来应聘,也没拿得出手的方案。秦孝公的招贤令颁布之后,一个令他满意的人才都没有招到,直到商鞅到来。

霸道之术

商鞅在魏国听说了秦孝公的求贤令，眼前一亮。他一肚子的学识和思想，正愁没有地方实践，秦国如此缺乏人才，不正给了他大展身手的机会吗？于是，商鞅不避世俗眼光，毅然辞掉了魏国的工作，带着心爱的《法经》一书来到了秦国首都。

当时的秦国首都已经从雍城搬到了栎阳（今陕西临潼东北），商鞅初来乍到，只是一介平民，没有人认识他，他不可能一来应聘就得到一国之君的面试。商鞅需要通过基层官员的考察，才有可能见到秦孝公，时间可能得一两个月，万一遇到无能的官员，分分钟就被刷掉了。商鞅没有这种耐心，他想越过底层官员，走一条捷径。

秦孝公的身边有一个叫景监的阉人，因为办事可靠，善于逢迎，得到了秦孝公的信任，成了国君的宠臣。商鞅打听到这一情况，便求见了景监，请他帮忙引荐自己去拜见秦孝公。景监看人的眼光还是有的。他觉得商鞅有点意思，脑子也挺好使，应该是个人才，把他推荐给国君或

许靠谱，就答应了请求。

回去之后，商鞅就着手准备到"甲方"秦孝公那里展示的方案了。

展示什么主题的创意呢？

商鞅摸不准秦孝公喜欢什么样的治国方案，因为对方只讲了要"奇计"，没说要怎样的"奇"。商鞅琢磨了好一会儿，想到他来秦国这段时间，看见秦国人普遍文化素质不高，是不是应该先行"教化"呢？于是，他决定投石问路，给秦孝公讲一讲道家的治国思想，即"帝道"。

何谓帝道呢？就是推崇三皇五帝的治国之术。三皇五帝是过去部落时期的联盟首领，他们没法直接管制各个部落的人民，只能端正自己的品行教化他们，不去管束，放任他们各安其生。就像《论语》中所说："无为而治者，其舜也与？夫何为哉？恭己正南面而已矣。"（"舜帝不是无为而治吗？他做了什么？只是端正己身而无为地治理天下而已。"）

几天之后，景监派人通知他入宫，商鞅就拿着自己的方案去了。秦孝公从未听说过商鞅，但为了彰显爱才的风范，还是对商鞅极尽礼数。他给商鞅赐坐，自己则坐到商鞅的对面，像虚心求教的学生那样聆听商鞅的讲解。

安坐之后，商鞅开始滔滔不绝地阐述"帝道"的治国理念。然而，秦孝公听了"帝道"之说，觉得太理想化、太不切实际了，完全和自己富国强兵的目标背道而驰，没听多久，他就觉得没意思了。为了表示尊重，秦孝公没有中途离席，假装认真地听着，但到最后实在坚持不住，垂下头打起了瞌睡。

等商鞅讲完，秦孝公也差不多睡醒了，他什么也没说，起身离开了。很快，景监被秦孝公叫了过去。景监出来之后，商鞅被他劈头盖脸地一顿骂。景监说："君上骂你是一个狂妄之徒，不可任用。你这是怎么回事？"

商鞅之前看到秦孝公在听他讲解时的表情，就知道"帝道"的方案被毙了。但就像所有乙方都会骂甲方什么都不懂一样，商鞅不甘心地说："我用'帝道'来游说国君，是他没法领悟而已。"

商鞅请景监帮忙在秦孝公面前解释一下，说几天之后他可以再准备一套方案呈给秦孝公。景监是好说话的人，同意了。

回家之后，商鞅赶紧熬了几个通宵改方案，这次拿出了儒家理论，打算以"王道"为主题来对秦孝公阐述。所谓"王道"，字面意思是推崇周文王、周武王等人的治国之术。周王身为"天子"，权力比三皇五帝高多了，他们一方面以仁义维护自己的权威，另一方面用宗法制度和礼乐制度来要求诸侯和臣民向自己效忠。这一点经过儒家学者的阐释，就是"君使臣以礼，臣事君以忠"，简单地说，即是施仁政感化众生，以仁义取天下。

商鞅的想法是，既然秦孝公嫌弃教化人民的速度太慢，那就加强秦国宗法和礼乐制度，约束大夫和百姓的行为，增强国君的权威。这个方案应该能抓到秦孝公的痛点了吧？

商鞅改好了方案，五天之后再次通过景监拜见了秦孝公。虽然秦孝公觉得商鞅是个狂妄之徒，但是出于尊重人才的考虑，还是给了商鞅这次机会，再次端坐到他的面前听讲。但是，当他听到商鞅要秦国以仁义取天下时，他再次不耐烦了。秦孝公想，这都什么年代了，还讲用仁义感召，哪个诸侯会信服啊？魏国人都打进我的家门口了，我秦国人还满口仁义道德？

秦孝公依旧耐着性子听完了商鞅的讲述，但是他仍和上次一样拂袖而去，再通过景监批评商鞅妄言，不切实际。

商鞅的回答还是老样子，他说："我是用'王道'来游说，他不愿意采纳啊。烦请您告知国君，再给我一次见面的机会。"

景监无可奈何，只好答应再帮商鞅一次忙。

经过这两次投石问路,商鞅感觉得出秦孝公是个野心勃勃的人,他要的不仅是巩固政权和发展国力,他还要与天下诸侯一决雌雄。这样一位要以武力取天下的国君,怎么可能去推行时间长、见效慢的德政和仁政呢?

商鞅拿出了毕生所学,又熬了好几个晚上,终于总结出一套名为"霸道"的方案。"霸道"按照字面解释,是效法春秋霸主的做法,富国强兵,与诸侯争雄。荀子将其阐释为"明其不并之行,信其友敌之道",意思是说对内要让臣民明白什么可以做,什么不可以做,对外要知晓如何对付朋友和敌人。商鞅在此基础上,综合了李悝《法经》中的思想,设计出了一整套既适应战国时代的变化,又能把秦国的战争潜力发挥到极致的方案。

这一次,秦孝公没有打瞌睡,反而连连点头赞同。但是,听完商鞅的讲解,秦孝公并没有确定要不要采纳他的方案,而是说自己还要再考虑一下。

散场之后,秦孝公又把景监叫来,对他说:"你这个门客还是不错的,可以再聊聊。"

景监把这话转述给了商鞅,商鞅心里的石头总算落下了。他知道,自己的方案差不多通过了,秦孝公之所以现在还不采纳,是因为他怕自己是一个只会空谈的策划师,设计的方案没法落地。他需要看到更加具体和实际的内容,希望商鞅把方案再完善一下。

商鞅回去之后,对原先的方案做了修改,增加了关于富国强兵的具体论述,提出了可操作的措施,几天之后再次面见了秦孝公。

这一回,秦孝公听得可以用"入迷"来形容。听着听着,秦孝公嫌离得太远,不自觉地就把身子挪到了商鞅身边。商鞅讲完了,秦孝公还觉得不过瘾,继续向他请教问题,和他展开讨论。谈着谈着,吃饭的时间到了,秦孝公就让人把饭菜端来,和商鞅边吃边聊。天黑了,秦孝公命人点上火炬继续探讨，直到困倦了才放商鞅回去休息，但要他明天接着来谈。就这样，商鞅接连陪秦孝公聊了好几天，直到自己实在说不出新东西来了，才最终结束了这场提案。

卷十四　精准设计的战争机器

"史上最严"改革条例

经过几次与商鞅的深入交流,秦孝公认定自己找到了想要的人才,要重用商鞅在秦国实行变法。

但是,要做一场前无古人的变革,年轻的秦孝公信心不足,生怕突击变法会引发守旧派和既得利益者激烈反对,使得秦国爆发内乱。他就把所有大夫召集起来,开了一场听证会,打着了解大夫们对变法意见的旗号,给即将开展的改革打一场舆论战。

会议上,商鞅见秦孝公表现得顾虑重重,抢先发言说:"行动犹豫不决,就不会搞出名堂;办事犹豫不决,就不会成功。况且超出常人的行为,本来就会被世俗非议;有独到见解的人,一定会被一般人嘲笑。探讨最高道德的人不与世俗合流,成就大业的人不与一般人共谋。圣人只要能使国家强盛,就不必沿用旧的成法;只要能够利于百姓,就不必遵循旧的礼制。对于变法,君上您还有什么顾虑呢?"

秦国大夫甘龙站出来反对说:"改变原有的制度一定会使百姓不

安,社会动荡。过去我们顺应民风民俗教育民众,不费力就能保持社会稳定。秦国沿袭旧有制度治理国家,官吏才会习惯,百姓才能安定。变法只会扰乱社会,不能实行!"

听到有人反对,商鞅很冷静。他清楚地知道,他必须驳倒这些反对的大夫,为推行变法扫清思想障碍。于是,商鞅铆足了劲,与反对者们展开唇枪舌剑的辩论。他驳斥甘龙说:"你讲的是世俗看法。一般人安于旧有的习俗,而读书人拘泥于书本上的见闻。这两种人奉公守法还可以,但不能和他们谈论成法以外的改革。夏商周三朝礼制不同却能统一天下,春秋五霸法制不一却能各自称霸一方。他们的制度也变了,社会却乱了吗?不实行改革,就不能实现秦国的强大!"

另一位秦国大夫杜挚反对说:"没有百倍的利益,就不能变法;没有十倍的功效,就不能更换旧制。仿效过去的法度,总不会有过失;遵循已有的礼仪,总不会出现偏差。若是变法,肯定会失去一些原有的好处。"

商鞅回答说:"治理国家没有一成不变的办法,有利于国家发展就能不仿效过去的法度。商汤、周武王不沿袭过去的法度,能够得天下;夏朝、商朝因遵循旧制而灭亡。你不能非议反对旧法的人,像你这样沿袭旧礼的人才是不值得赞扬的!"

商鞅不愧法家出身,一场辩论下来,反对变法的秦国大夫都无言以对。秦孝公更加坚信商鞅的变法思想是正确的,便正式决定在秦国推行新政。

经过一年的准备,公元前359年,商鞅制定的第一套改革政令出炉了。这套法令在历史上被称作《垦草令》。

顾名思义,《垦草令》的主题内容是推动垦荒,增加粮食产量。在这套法令中,围绕土地改革,也配置了许多相应的法规。商鞅把李悝在魏国的变法措施全套搬来,再增加了自己的新点子。其中有鼓励开垦荒

地、要求农民登记户口等措施，以削弱贵族特权，实行统一的租税制度等，这些都和魏国李悝的变法相似。商鞅又极具"创意"地增加了两条重要内容：一是限制商业，二是愚民政策。

商鞅为什么要限制商业，不让百姓受教育呢？商业不发达，哪来的金钱？百姓变得愚昧，国家还有希望吗？

我们来理解一下商鞅的思路。秦国要以武力取天下，就需要国君集中国内所有财富优先供给军队。要是商业繁荣，财富就会被商人们赚走，国家哪来的钱打仗呢？就算国家向他们征税，这些奸商会有一百万种方法隐藏账目、转移财富，让国家征不到足额的税。而且，百姓一旦沉迷经商，就容易变得重利忘义、贪图享受，也就不愿意上战场去送死了。

所以，在商鞅的眼里，商人是与国家争利的蛀虫，必须严厉限制。他在新法中规定商人不许买卖粮食、开办旅店，还要承担繁重的税赋，经商破产就要罚作奴婢等，把商业活动限制在最小范围。而平民百姓只许老老实实地种地和打仗，不许搞什么自主创业。要想让百姓只知道种地和打仗，就不能让他们有思想和文化，必须让百姓变成没有思考力的工具人，官府让他们加紧生产就加紧生产，让他们上战场砍人就去砍人。这样一来，秦国才能粮食充足，将士听命。为此，商鞅的新法中规定，知识分子不许接触农民，农村的娱乐活动也一律停止，不认真种地的懒汉和流动人口统统要抓起来，防止他们带坏其他人。

这个时候，商鞅的身份还只是客卿，没有实权，所以《垦草令》的实施是秦孝公主导的。《垦草令》里的许多内容不是很完善，许多条款还过于简单，在实行的过程中又出现了大量贵族和富商抵制的情况，并没有得到充分贯彻。但仅仅是这样简单推行了三年，成效还是立竿见影，秦国大量土地得到了开发，粮食的产量上去了，国库也充裕了。

《垦草令》的成功让秦孝公大为满意，他更加信任商鞅的能力，觉得可以完全放手让商鞅自己主导变法了。于是，公元前356年，秦孝公封商鞅为左庶长，全权负责变法事宜。

掌握了变法大权，商鞅踌躇满志，没几个月就制定了第二套改革条例。这套法案主要针对军队改革，可以总结为"军改"。

商鞅军改的主要内容是明确军队的赏罚条款。他的惩罚措施极其严厉，规定有人临阵退缩，就要在脸上刺字或者割掉鼻子示众；有人当了逃兵，就要斩首示众，和他同伍（秦军编制，五人为一伍）的四名战友也同罪，除非这四人斩获了敌人首级；部队没有斩获首级，该部的大小军官全部处斩；侍卫没有保护好自己的将官，也要全部处斩，斩获敌人的首级方可免罪。

但是，商鞅设定的奖励措施又是极其丰厚的，他设计了二十级爵位，专门奖赏给立有战功的人[1]。新法规定：秦军官兵在战场上斩敌首一颗即可升爵位一级，获得良田一顷、住宅土地九亩、奴仆一人的赏赐。以此类推，杀敌越多，爵位越高，赏赐越丰富。军官有时候没法亲自杀敌，但只要部下的士兵完成了规定的斩首数目，同样可以升级爵位。

爵位可以用来抵罪，也可以转变成相应的官职，但却不能世袭。所以，富二代和官二代也要上战场，拿不到敌人的首级，他们就会变成平民老百姓。这个制度也对宗室贵戚有效，他们没有军功，就不得列入宗室的属籍，也失去了贵族的特权，即使有钱，也没什么地位。

商鞅为什么要制定这么复杂的军功奖励制度呢？给立功者赏钱、官职或者免除赋税，不是更方便吗？

这是因为商鞅要把秦国人的战斗欲望激发到极致。如果军功奖励太简单，士兵们可能立了一次功就不想再立第二次了，但商鞅给军功奖励

---

[1] 秦国有时候出于特殊情况，例如鼓励移民、支援前线、国君恩赏、征收税赋等，也会把爵位拿来赏赐百姓，但都是权宜之计，并不多见。

设计出这么多级，士兵们就会为了往上爬而不断地拼命。

而且，商鞅通过限制商业和教育、禁止游说和私人请托获取官职，把秦国人的其他上升通道都堵死了，逼得秦国人要想升官发财、光宗耀祖，只能选择打仗立功这一条路，不然只能一辈子当韭菜。商鞅的新法把秦国人的个人命运跟战争捆绑在了一起，使得每个秦国人都对战争充满狂热，遇到再艰难、再长久的战争，他们也能无所畏惧。

《韩非子》描述道："（秦人）闻战，顿足徒裼，犯白刃，蹈炉炭，断死于前者皆是也。"意思是说秦国百姓一听说打仗都兴奋不已，一跺脚，一脱衣服，哪怕前面是锋利的刀子、通红的炭火，大伙儿也豁了命往上冲。而到了战场上，秦国人看见敌人就跟看见金矿一样，砍下人头就跟捡到宝贝一样。《战国策》就这样写道："秦人捐甲徒裎以趋敌，左挈人头，右挟生虏。"意思是说秦军士兵不穿铠甲、赤身露体地冲向敌人，左手提着人头，右手抓着俘虏回来。

国法无情

制定好这套"军改"法案,商鞅没有立刻公布实施,他先是做了这样一件事情:

有一天,商鞅派人在国都栎阳后边市场的南门竖起一根三丈长的木头,贴出通告说把木头搬到北门的人将被赏十金。百姓们都感到很诧异,没人去搬。商鞅就将赏金增加到五十金,终于有人出手把木头搬到北门了。商鞅如约赏给了那个人五十金。

商鞅为什么要干这么"无聊"的事情呢?史书上称这件事为"徙木立信",意思是商鞅想通过这件事告诉秦国百姓,他是个言出必行、言而有信的人,先把自己在民众中的威信建立起来,将来推广新法就方便了。

史书上还没说明商鞅的另一个目的,就是他要给秦国百姓打个预防针,以后他商鞅做的事情、颁布的法律看起来再不可思议,你们都不要管,照做就是了,将来对你们有的是好处。

确实,商鞅变法的很多内容现在看来都充满了争议,更别说当初在秦国推行的时候了。

商鞅亲自主持变法事务后,各种新政新法陆续出台,很快就遭到了秦国社会普遍反对。反对者不只是贵族、富商、学者和社会闲散人员等既得利益者,还有那些脸朝黄土背朝天的普通农民。

商鞅要驱使农民增产粮食,不仅用愚民政策把农民的娱乐、迁徙和学习的权利统统剥夺了,而且断绝了他们各种"不务正业"的途径。例如家里有两个男丁就必须分家,不许年轻人啃老;山川湖泽统统收归国有,不许农民打猎打鱼、采伐果木去补贴家用;粮食买卖也一律禁止,不许农民吃别人种的粮食。

此外,农民的各种"偷懒"行为也被商鞅严厉惩处。例如农忙时节不下田就是死罪;粮食够吃了,不想去开垦荒地,会被抓起来;养十头母牛有六头不能生崽,也算主人犯罪……农民们觉得自己种个地怎么就跟牲口一样,被人用皮鞭从年头抽到年尾,太过分了!

因此,商鞅的新法一出,首都栎阳就有上千人集会抗议,广大农村地区也乱成了一锅粥,执行法令的官员被打得头破血流。

法律不被遵守,其威严何在?商鞅觉得有必要在全国上一堂有关"法律威严"的课。

带头闹事的人中,尤其以公族最为嚣张。这些人仗着自己是老秦家的人,态度蛮横,自以为商鞅不敢拿他们怎么样。但商鞅就是要枪打出头鸟,拿公族开刀。

秦孝公的太子驷当时还是一个几岁大的儿童,脾气却凶横得很。他做的一件事违反了新法,具体是什么事情,史书上没有记载,有可能是参加或带头进行了一场斗殴,闹出了人命,而商鞅的新法是严厉禁止私斗的。现在太子违反了新法,贵族们都在冷眼旁观,看商鞅会如何处置。

得知此事的商鞅非常明白，太子驷还只是个不懂事的孩子，如果不是公族的人在背地里唆使和怂恿，他怎么会去触犯新法呢？处罚太子驷，还不如处罚他背后的指使者。

商鞅二话不说，下令将太子驷的两个师傅公子虔和公孙贾抓了起来，然后上报秦孝公说："法令行不通在于宫室贵族干扰。国君若真要实行法治，就要从太子开始。太子是国君的继承人，不能受刑，就应处罚他的师傅。"

秦孝公是全力支持改革的，商鞅说什么，他就听什么。反正商鞅已经给他找了台阶下，不会处罚他的儿子，他便批准了商鞅的请求。

商鞅随即下令依照新法，将公子虔和公孙贾处以黥刑，也就是在脸上刺字，让两位原本高高在上的公族带上了耻辱的印记。这件事在秦国的公族中产生了震动，他们觉得商鞅连太子的师傅、公室子弟都敢罚，还有谁他不敢动？再去招惹他，不是找死吗？于是，贵族们的反对渐渐消停了下来。

但是，商鞅也因为这件事和公子虔结下了仇恨。公子虔对商鞅不服，几年之后再次违反新法，被愤怒的商鞅施以劓（yì）刑，割掉了鼻子。被毁容的公子虔从此闭门谢客，终日躲在家中，发誓一定要找机会报复商鞅。十几年后，他才再次露面。这些是后话了。

虽然年幼的太子驷没有受罚，但自己的师傅被处刑，使他的心灵受到了很大的打击。从此以后，他对商鞅又恨又怕，觉得这个人就像一块大石头一样压着他。这种想法埋藏在他的心里，一直到他成年后继承了君位。

打压了公族的反对后，商鞅又将目标对准了那些反对变法的士人。这些士人都是有文化的人，商鞅对付他们的办法就一个字——"禁"。他采用文化专制的手段，下令销毁除法家学说外所有诸子百家的典籍，禁止他国学者来游说求官和开班授徒，让各种反对思想统统噤声，整个

秦国只能有他制定的一种法律和一种思想。

针对反对力量最大的底层民众，商鞅则采取严刑峻法，以残酷的暴力手段镇压他们。商鞅在自己的著作里说过："重刑，连其罪，则民不敢试。"意思是只有对轻罪处以重刑，人们才不敢犯更大的罪，才能保证国家安定，"国无刑民"。因此，他一面轻罪重判，即使是随意倾倒垃圾，也要被判处黥刑；另一面大开酷刑，增加死刑的方式，除了原有的斩首、车裂和腰斩以外，又增加了"凿顶"（凿穿头颅）、"抽肋"（抽掉肋骨）、"镬（huò）烹"（用鼎煮杀）三种酷刑，恐吓那些试图违抗新法的人。

除此之外，商鞅还制定什伍连坐法，将全国居民五家编成一伍，十家编成一什，以伍什为基本单位，让居民互相监督告密。如有一户犯法，其他四户也要被连坐腰斩，除非事先揭发才能免于处罚。为了让犯法之人无处落脚，商鞅又规定投宿旅店的人必须先到官府领取凭证，否则禁止住店，店主人如果收留没有凭证的人，也要被连坐腰斩。

在商鞅的主导下，秦国发起了一场又一场整肃行动。违抗新法的闹事者被逮捕的数以万计，被判处死刑的人更是高达数千人。为了起到震慑的效果，商鞅还将七百多名死刑犯押到渭河边集体处决，并召集百姓到岸边观看。这当中，有不少死刑犯只是犯了小罪，或是无辜被连坐，他们大声哭喊，围观的他们的亲朋也号啕大哭，哭声传到了方圆数十里外。但商鞅毫不怜悯，严令施刑。杀死这些死刑犯后，河水都被鲜血染红了。

至于那些当初说新法不方便而现今说方便的，商鞅全部给其扣上"乱化之民"的帽子，强行把他们迁走戍边。因为商鞅认为这些人是投机取巧的奸民，不值得信任，老百姓只要老老实实地服从新法即可，不许对国家大事说三道四。

在商鞅的严厉打击下，秦国人民上至贵族官员，下至平民奴隶，都对新法噤若寒蝉。违反新法的人越来越少，改革措施终于得到了充分贯彻。

《史记》中这样描述秦国人对新法的态度变化："（新法）令行于民期年，秦民之国都言初令之不便者以千数。……行之十年，秦民大说，道不拾遗，山无盗贼，家给人足。"也就是说，新法刚颁布一年左右，秦国人都感到很不适应，但是实行了十年后，国家的治安变好了，百姓也富足了，大家纷纷称赞新法。这个描述虽然有点夸张，但秦国人对新法的态度确实变得正面了。辛苦劳作确实累，但农民们的粮食增加了；流动人口和偷奸耍滑的奸民消失了，居民的安全感上升了；贵族老爷被斗翻在地，穷人们的心理也平衡了……秦国的社会秩序趋于稳定，实现了"大治"。

商鞅变法可以说是战国七雄改革中最成功的，不仅"秦人富强"，而且"民勇于公战"。秦国犹如武侠小说里的主角，突然修炼了一套绝世武功，将所有高手一一打败，最后实现了天下一统。

那么，为什么商鞅变法这么成功和彻底，其他国家的变法却做不到呢？其实，看到秦国变法这么成功，其他六国的国君们应该有过效法的念头，但他们仔细考虑了一下自己的国情，还是放弃了。

当时各国变法的最大阻力就是旧贵族，因为变法措施基本上是冲他们来的，他们当然要竭尽全力反对。但在秦国，地理环境相对恶劣，周边又有戎人肆虐，整个国家经济贫困、人口稀少，就导致这片土地滋生不了树大根深的地方贵族，土生士人更是稀缺品，富豪巨贾也没兴趣在这里落脚，因此，商鞅很容易在君权的加持下，把贵族、富商和士人一一打垮，保证新法顺利推行。其他六国要是这么处理，只能落得吴起变法那样的下场。

另一方面，秦国的地理位置相对偏远，普通百姓很难接触到外国人，对外面的世界缺乏了解，商鞅很容易斩断他们与外国游士的联系，

保证百姓只信服于他一人,他要改革自然就顺利很多。但其他六国交通便利,百姓们随意搬迁,对外国的事情也很熟悉,宣扬什么,都会有人提出反对,对他们采取愚民政策是不可能施行的。

剑指西河

在军功爵制的推动下,秦国军队的战斗力得到了质的提升。为了检验变法成果,商鞅和秦孝公剑指西河郡,向高高在上的魏惠王发起了挑战。

此时的魏惠王仍在延续父亲错误的战略,把注意力放在中原,而对秦国采取防守态势,这给了商鞅和秦孝公充分的改革时间。秦国正在发生的剧烈变化没有惊醒魏惠王,他还在做着天下无敌的迷梦,和宿敌赵国纠缠不清。

公元前354年,他为了报复赵国对卫国入侵,派大军攻打邯郸。为了增强兵力,他把原本守卫西河郡的一部分魏军也调往了邯郸前线。魏国西部的防守力量因此减弱,部分要塞的守卫部队变得不足万人。

情报很快就送到了秦孝公那里。秦孝公叫来商鞅,商议后决定先行夺取西河郡的少梁。

少梁是魏军当年首次入侵秦国时建立的要塞,魏军此后以此城为依

托，侵占了现在属于西河郡的秦国土地，可谓秦国人的眼中钉。秦献公在位时，曾前后两次围攻这里，但都以失败告终。秦孝公继承父亲的遗志，意图彻底拔掉这颗钉子。

公元前354年夏，秦军人马突然出现在了少梁外围的元里城（今陕西澄城南）外，以迅雷不及掩耳之势对元里发起了猛攻。元里有长城拱卫，城防极为坚固，但是防守的魏军人数实在太少，根本抵挡不住秦军的突然袭击。秦军将士在商鞅新政的激励下奋勇冲锋，经过一番激战，攻下了这座要塞，消灭当地的魏军七千人，一个也没放跑。西河郡的防线被敲开了一个缺口。

秦军从元里突入西河郡境内，向东北方向直插，扑向了少梁城。少梁的魏军猝不及防，根本没想到秦人会攻到这里，很快，他们便重蹈元里的覆辙，全部被消灭。少梁这个代表秦人耻辱的要塞终于被拔除了。

突袭元里和少梁的战斗虽然不是商鞅亲自指挥，但在他的改革法令下调教出来的秦军表现神勇，秦孝公由此对商鞅更加敬重。

秦孝公觉得商鞅变法得罪了不少人，正好可以让他通过立军功树立威望，于是封商鞅为大良造（当时秦国第十六等军功爵位），令他指挥下一次对魏国的战争。

对于带兵打仗这事，商鞅不是没学习过，只是他没有真正的经验。早年他在公叔痤门下，虽然也跟随过公叔痤出征，但那顶多算是实习。现在一下子做了几十万大军的总司令，想必很多人都为他感到担心。商鞅却没有表现出多么担心，相反他还有些兴奋。以前他干的都是文职，现在能指挥军队作战了。到时候他文治武功都有了，不就和李悝、吴起一样名垂青史了吗？

那么，攻打哪个地方好呢？

商鞅做了一番思量，觉得秦军已经攻下了少梁，何不从这里直渡黄河，直插魏国旧都安邑呢？自己当年在安邑不被人重视，如今带着大军杀进来，正好可以出一口恶气，教训教训那些魏国人。

商鞅已经把魏国旧都当作了目标，魏惠王却还在忙于和中原列国厮杀。

公元前353年，庞涓率领的魏军精锐在桂陵之战中被齐军击败，齐军和楚军侵入魏国境内，战况对魏军非常不利，使魏军深陷在东部战场无法抽身。商鞅便于第二年亲率秦军东渡黄河，扑向了安邑。

安邑是魏国旧都，城墙坚固。如果有重兵把守，秦军是很难攻下这座城市的。然而，那个时候魏国西部的军队大多被抽调去了东部战场，留下防守安邑的部队并不多。商鞅指挥秦军突袭得手，攻下了这座大城市。

商鞅趾高气扬地闯进了原来的魏王宫殿，踏在了原本尊贵的魏王宝座之上。他这一行动是向远在大梁的魏惠王宣告：当年他不重视的那个年轻人，现在已经有能力向他挑战了！

秦军攻下安邑震动了魏国，但魏惠王此时分身乏术，没有军队能派去支援。他只能下令西部各郡县严守不战，加固城墙，保持对秦军动向的警惕。

商鞅带兵继续向北，找到了一处魏军防守更薄弱的地方——定阳。定阳是位于魏国上郡（今陕北高原一带）的一座城堡，因为位置偏北，魏国鞭长莫及，驻守的兵马有限。当时定阳守军听从魏王的指令，正加紧修筑城墙，但还没来得及完工，秦军的大部队就出现在他们面前了。

定阳也很快就被拿下了。

秦国接连占领魏国两座城池，让魏惠王气急败坏。他难以相信秦国人那帮土包子居然在两年的时间里让他丢了四座城，如果继续放任不管，魏国西部就很危险了。

他连忙结束了东部的战事，将魏军主力调往了西部，对入侵的秦军发起了猛烈的反攻。秦军不敌魏武卒，只好撤离了安邑和少梁。但魏惠

王不肯罢休,继续发兵围攻定阳,叫嚣要直捣秦国首都。

魏军凶猛反扑让秦孝公心中忧虑,因为他还没做好和魏国大战一场的准备,更担心改革因此夭折。为了平息魏惠王的怒火,稳住魏军,他派使者向魏惠王求和。魏惠王因为与赵、齐、楚三国连续交战,国家急需休整,便同意和谈,停止了进军秦国的计划。公元前350年,秦孝公和魏惠王在彤地(今陕西渭南华州区西南)会盟,宣布两国停战。

获得了片刻喘息之机,秦孝公连忙让商鞅继续在国内推行变法。商鞅便在这一年颁布了第三套改革法令,同时开始营造秦国的新首都咸阳(今陕西咸阳东北)。咸阳城仿照卫国和鲁国的首都进行设计,一改以往秦国都城落后的面貌。在新政的促进下,秦国的工程效率也大大提升,咸阳在第二年就建造成功,成了秦国之后一百多年的首都。

然而,秦国的强大引起了魏惠王的警觉,魏国对秦国的报复马上就到来了。

公元前344年,魏惠王模仿春秋霸主的做法,会盟了十二个小国诸侯,以秦国对天子不敬为由号召他们一起出兵讨伐。在魏国的胁迫和鼓动下,这些小国纷纷响应,准备朝见完天子就出兵讨伐秦国。

魏国纠集诸侯联军要来讨伐,把秦孝公吓了一大跳。秦国变法还没有完成,哪能对付得了这么多国家的围攻?魏国人这是要灭我秦国啊!

惊恐之下的秦孝公觉也睡不好,饭也吃不下。他下令全国进入战备状态,打算和诸侯联军死拼到底。与此同时,秦孝公把商鞅叫来,想和他商量如何应对这个危险局面。但商鞅看起来一点都不紧张,反而平静地对秦孝公说:"我们秦国单独和诸侯联军作战,是没办法取胜的。君上为什么不派我去游说魏君?我有办法让魏君放弃进攻秦国。"

商鞅之所以如此自信,是因为他对魏惠王这个人太了解了。年轻时在魏国的那些年,他已经看出了魏惠王有登天之志,想当一回天子号令天下。商鞅觉得可以利用魏惠王的这个心理,前去游说他先行称王。而魏国一旦称王，必然引起另外两个强国楚国和齐国反对，待它们三国混战，魏国就不会把注意力放在秦国这里了。

秦孝公同意了商鞅的提议，于是就有了我们在上一章中提到的情节：商鞅来到了魏国首都大梁，见到了自己过去的"老板"魏惠王。他不卑不亢，恭敬地向魏惠王行礼，表达了秦国不愿与魏国为敌的意愿，接着他话锋一转，以老朋友的语气劝魏惠王称王，说称王的好处大到超乎想象……魏惠王听完商鞅的话，心里一阵美滋滋的，不久就取消了讨伐秦国的计划，开始准备称王仪式。

几个月后，魏惠王公开宣布自己是"夏王"，使用天子礼仪。然后，他在逢泽召集了诸侯大会，以霸主的身份自居。作为魏国新结交的"盟友"，秦国和赵国也派了代表参加。秦孝公派了一位公子，赵国则是国君赵肃侯亲自参加。

果不其然，魏国很快就因为称王陷入了外交孤立。魏惠王报复韩国，遭到了齐国干涉。公元前341年，爆发马陵之战，结果魏军十万主力被孙膑指挥的齐军全歼，主将庞涓和太子申双双身亡，魏国的军事实力一落千丈。

向魏国复仇的时机到了！

商鞅向秦孝公进言说："秦国和魏国的关系，就像人得了心腹疾病，不是魏国兼并秦国，就是秦国吞并魏国。魏国的地理位置很重要，趁它虚弱的时机出击，魏国必然不能抵挡，从而放弃黄河和崤山的地势。秦国占据黄河和崤山的有利位置，就进可攻、退可守，为一统天下打下了基础。"

在秦国统一天下的一百二十年前，商鞅就已经为秦国做出了一步最重要的战略规划。后来的事实证明，商鞅的想法是完全正确的。秦军夺下了黄河和崤山的天险，使之成为一道坚固的屏障，抵挡住了六国连续几次的联合攻击。

秦孝公听从了商鞅的建议，再次把兵权交给他，命他出兵攻魏。

公元前340年，秦国和赵国共同撕毁与魏国的盟约，发兵入侵魏国。赵军攻打魏国北部，秦军则在商鞅的率领下再次攻打西河郡，并侵入了黄河以东地区。魏惠王连忙指派公子卬为主将，调集军队前去阻挡秦军。

变法之后的秦国新军第一次与魏军主力相遇。在此之前，商鞅还没有和魏军主力正面交手过。他面对的，还有公子卬构建的坚固工事，魏军躲在后面坚守不战。

商鞅见魏军严阵以待，知道这一仗不像以前那样好打，就算秦军强攻取胜，损失也一定不小。

他决定智取。

商鞅命令全军按兵不动，写了一封信送给公子卬。信上说："咱们是老相识，在战场上见面，不是我愿意看到的。看在老朋友的面子上，我就不和你打了。你来我这里，我们一起喝喝酒，叙叙旧，然后签个和约，各自罢兵回去吧。"

读完商鞅的这封信，公子卬的心中一阵欣喜。他本来就是个娇生惯养的公子哥，思想还停留在春秋时期贵族那一套礼仪作风上，对人心险恶没什么防备。他觉得商鞅来讲和，说明秦国人还是惧怕他们魏军，既然兵不血刃就能让秦国退军，何乐而不为呢？更何况，商鞅说什么也是一国统帅，要是在和平谈判的会上使诈，岂不是会自毁名誉，背负无耻的骂名？

于是，公子卬不顾部将反对，亲自前去了商鞅的军营。商鞅相当热情，大摆宴席，端上美酒，和公子卬把酒言欢，就好像多年没见的好哥们儿一样。公子卬被商鞅连番灌酒，不多久便醉倒下了。商鞅见时机成熟，给身边的人使了个眼色，埋伏的秦国武士冲了进来，把公子卬连同他带来的随从一并绑了起来。接着，商鞅下令秦军全军出动，对魏军的阵地发起突袭。毫无戒备的魏军被打得措手不及，加上主帅被擒、军心动摇，大军溃败了。

秦军击败魏军后，商鞅以公子卬这个重要人质相威胁，要求魏国割让土地。魏惠王没有办法，他在两年之内经历了两场惨败，已经没有足够的兵马继续和秦国打下去了，只好向秦国妥协，割让西河郡的部分土地以换回公子卬[①]。

秦军在商鞅的指挥下，以微小的代价收复了一部分西河之地。虽然西河郡未被全部占领，但它所剩的范围已经无法对秦国产生威胁了，秦国完全夺取它只是一个时间问题了。

魏惠王在割让领土的条约上签字的时候，想起了公叔痤当年在病榻前说的话，不禁懊悔自己小看了商鞅。他说："寡人真后悔当初没有听公叔痤的话啊！"

但是，时间无法倒退，魏惠王即使悔得肠子都要青了，也改变不了魏国由盛转衰的命运，他为自负和短见付出了代价。

而商鞅，因为这次战争的功劳，在秦国的威望达到了顶点。原来人们佩服他的治国之才，现在更要称颂他的将才了。秦孝公更是毫不吝啬地对商鞅大加赏赐，兑现了当初"分土"的诺言，把商地的十五座城邑封给商鞅，尊他为"商君"。

[①] 《史记·商君列传》记载公子卬被俘后魏惠王割让河西之地求和，而《史记·秦本纪》又记载公元前330年，魏尽献河西地，说明魏惠王换回公子卬时并未全部割让河西地区。

作法自毙

司马迁在《史记》中评价商鞅是"天资刻薄人也",冷酷无情,狡诈残忍,是个没有朋友的孤家寡人。这个评价可谓一语中的。

商鞅虽是公族但出身低微,他迫切渴望获取成功,得到别人的重视,而他本人又属于法家学派,深受人与人之间没有感情关系、只有利害关系这一理念影响,整个人功利心极强,对礼义道德完全不放在心上。这种性格也是公叔痤当初迟迟不举用他的一个原因。而他到了秦国后,让阉人引荐自己,为迎合秦孝公而反复修改自己的主张,这种事情也不是有操守的士人愿意做的。他的变法思想把民众视为可供驱使的工具,把商人和学者当作打击对象,为了富国强兵这个目标,不惜扼杀每个秦国人的自由和权利,这也不是一个有爱民思想的人会去做的。

商鞅最终成功了。秦国这片穷山恶水给了他实现理想的条件,他也把秦国缔造成了一台精密的战争机器,他和秦孝公互相成全了对方。

然而,商鞅没有想到,他以刻薄思想设计出的新法,逐渐成了一头嗜血的怪物，在未来的战争中使秦人被砍下了大约一百八十万颗人头。而他本人，也即将成为献祭给这头怪物的一道祭品。

从商鞅暴力推行新法那一刻起，就注定了他在秦国不会有任何盟友，他唯一的依靠就是秦孝公。

秦孝公对商鞅的功利之心不可能不清楚，但他为了富国强兵的梦想，愿意容忍和支持商鞅。在商鞅成功变法并收复部分河西之地后，他让商鞅成了秦国的二号人物，兑现了裂土封君和分享国政的诺言。商鞅想做什么，递个文件上去，秦孝公基本上都会同意，甘愿做一个橡皮图章；商鞅出行，有数十辆马车前呼后拥，还有精壮的甲士列队担任护卫，排场几乎和秦孝公相仿。

但按照商鞅自己制定的秦国法律，秦君才是拥有一切权力的人，像他这样据有一方土地，还能拥有特权的贵族是要上黑名单的。商鞅自己是外国游士，又通过私人请托和游说获得官职，他获得的军功还没到二十级，却僭越等级拥有食邑①。商鞅本人就把新法彻底破坏了一遍。商鞅这种"法外之徒"还能在秦国立足，自然是在国君的纵容下。而一旦国君收回这种庇护，他将万劫不复。

但商鞅似乎沉浸在成功带来的荣耀中，对此毫无警觉。有一天，一位叫赵良的人来拜访商鞅。商鞅得意地对他说："你看我现在把秦国治理得井井有条，我和秦国以前的五羖大夫百里奚相比，谁更厉害？"

赵良摇摇头说："百里奚的功名永载史册，他的德行也施教于后代。他死的时候，秦国不论男女都痛哭流涕，连小孩子也不唱歌谣。而你呢，通过走后门的方式引荐自己；推行改革又滥杀无辜，严刑峻法；贪图富贵，以独揽大权作为本事。怨恨你的人何止千万，你的德行是没

---

① 秦爵的第十九级关内侯和第二十级的彻侯，是唯二可以有食邑的封君爵位。史书从未记载商鞅获此爵位，他最高只是十六级的大良造。

法和百里奚相比的。我劝你不如放弃封地和权位,到乡野隐居。广结善缘,尊重有德之人,劝谏国君重用有才之人,你才有可能保命啊!"

赵良苦口婆心地劝商鞅小心做人,但是商鞅没有听从他的劝告。

表面上看,是商鞅觉得自己的理想已经实现了,功业甚至超过了偶像吴起,为什么不尽情享受眼前的荣华富贵呢?其实,一向精明的商鞅心里比谁都清楚,自己变法几乎得罪了所有人,此时要是功成身退,能去什么地方呢?为了帮助秦国向魏王讨还西河的土地,他赌上了名誉诓骗公子卬,使自己在中原各国名声扫地,哪个国家的人会愿意收留他?最重要的是,如果现在放弃权力,退隐做起好人,那些他得罪过的人一定会想方设法置他于死地。只有继续做炙手可热的"商君",才能镇住那些反对者们。

从起草第一份改革法令开始,从砍下第一颗反对者的头颅开始,商鞅就已经踏上了这条不能回头的改革之路。哪怕前方是万丈深渊,他也只能继续向前。

形势很快就发生了变化。

公元前338年,就在商鞅被封为商君两年后,秦孝公去世了。君位由太子驷继承,是为秦惠文王。

秦惠文王当年触犯了新法,害得两位师傅受刑,使得他对商鞅从来都没有什么好感。或许他在尚未即位之时,就已经暗自下了决心,要拿掉这个刻薄寡恩的权臣,收回本属于国君的权力。但是,铲除商鞅必须有合适的理由,他现在还没有这样的借口。所以,秦惠文王即位之后不动声色,对商鞅依旧恭敬有加,保留他的封地和职位,许多问题仍旧向他请教。

商鞅原本担忧秦惠文王会记得当年的仇,心惊胆战地过了几天。当他发现秦惠文王的态度和原来的秦孝公没有什么不同时,便渐渐安下心来。

秦惠文王见商鞅已经放下了警惕之心，便开始了一步步的收权行动。他不再像父亲一样，只当一个橡皮图章，而是开始对商鞅的报告提出了建议。这些建议虽然很小，但已让商鞅感受到了压力。逐渐地，秦惠文王对商鞅提出的建议越来越多，也越来越大，商鞅认识到自己再也不能像之前那样获得国君的信任了。

商鞅提出了辞职，说自己年岁已高，体力不足以应付工作，希望国君批准他退休还乡。当然，他不是真的打算离职，只是以此试探一下秦惠文王是什么意思。如果秦惠文王批准，那说明他已经不在乎自己了，正好可以顺理成章地离开；如果秦惠文王挽留，那说明他还在意自己，就可以留下来，以后只要小心从事就行了。

令商鞅没想到的是，离职申请交上去就如同石沉大海，秦惠文王既没有挽留，也没有批准，完全不给回复。这让商鞅很是诧异。

秦惠文王这葫芦里卖的什么药呢？

很简单，他在观察舆论环境的变化。因为商鞅的去与留关系到整个秦国政局的变化，不可不小心谨慎对待。

秦惠文王的暧昧态度让一帮公族大夫们嗅出了机会。原来的太子傅公子虔忽然带领一帮公族集体上书，称商鞅暗中调集军队招募死士，意图谋反。当然，这帮人纯属造谣污蔑，为的就是把这潭水搅浑。

有人立马跟进，向秦惠文王进谗言说："大夫功高盖主就会危害国家社稷，对身边的人过于亲近就会惹来杀身之祸。现如今，秦国的男女老幼只知道商鞅的新法，而不知道君上您。况且君上您与商鞅有仇，愿君上早下决断。"

但是无论这些人多么喧闹，秦惠文王仍旧没有做出任何表示，他想看看商鞅怎么出牌。

商鞅把秦惠文王的表现从头到尾分析了一番，终于看出这个新君的心思实在是深沉：秦惠文王明明想赶自己走，但为了维护他作为国君的

好名声，不给别人留下赶走功臣的说法，就搁置了自己之前写的离职申请。接着，秦惠文王又和那帮公族唱双簧，故意什么都不说，却纵容公族们对自己肆意诽谤，为的就是在舆论上孤立自己，逼自己走人。

商鞅觉得，与其在秦惠文王手底下自讨没趣，不如一走了之吧。于是，他带上了家眷连夜离开，打算到中原各国寻求避难。

商鞅的出逃是秘密的，秦惠文王没来得及发现，秦、魏边境的守将也还没得到拘捕的命令，所以商鞅顺利地逃到了魏国的西河郡。商鞅知道自己不受魏国欢迎，但是秦国去往中原地区必须经过这里，他只能先在这里逗留。

然而，魏国西河郡的人对于商鞅这位大名人太熟悉了，他很快就被人认出来了。魏国西河郡守穰疵获悉商鞅这个"卑鄙无耻"的家伙在自己的辖区，当即派人前去驱赶，把商鞅一家驱逐回了秦国。

此时的秦国已经到处张贴上了商鞅的通缉令。秦惠文王抓住了商鞅出逃的把柄，以他意图谋反为借口下令全国抓捕。商鞅只好带着家人东躲西藏，无比落魄。有一回，天色已晚，他带着家人还没找到住宿的地方，便向附近的一家旅店投宿。旅店老板不认识商鞅，本想收留他，但他拿不出官府发放的住宿证明，店老板只好拒绝了他，说："商君制定的新法规定，没有证明是不能住店的。我要是收留了你，是要被连坐腰斩的啊。"商鞅听到这话，不禁感慨道："新法的弊端竟然到了这种地步！"

此时的商鞅相当懊恼，他以前完全没有想到自己制定的法律居然最终会害了自己。

躲藏已无可能，逃亡他国也没了机会，现下只有两条路让商鞅选择了：一是自杀明志，二是到秦惠文王那里讨个说法。

第一条路很快就被商鞅否定了，他觉得自杀反而会让自己"谋反"这件事更加不清不楚，死无对证，秦惠文王可以昭告天下说他是畏罪自杀。

看来只能走第二条路了，但商鞅已经被全国通缉了，怎么可能到秦惠文王的面前申辩呢？

只有一种办法了，那就是兵谏，带着兵马去咸阳，逼迫秦惠文王出面和自己说个清楚。虽然这个办法风险很大，但是万一成功，就有翻盘的机会。

于是，商鞅逃到了商地，纠集了封地内的邑兵，向咸阳进发。然而，他的部队在从商邑前往咸阳的途中，被郑县守军拦截了。

没有办法，商鞅只能下令开战。但他手中为数不多的邑兵哪里是正规军的对手呢？郑县的秦军轻而易举地击败了商鞅的部队，商鞅只好带领随从逃到了彤地[①]。秦惠文王派来的秦军主力也赶到了，他们把商鞅团团包围，发起了最后一次攻击。这是一场没有悬念的战斗，所有人都能预料到最终的结果是什么。

商鞅知道自己大势已去，他已经没有可能向秦惠文王申辩了，反而是坐实了谋反的罪名，等待他的不仅是死亡，还有千古骂名。

他感到命运实在是和自己开了一个巨大的玩笑，前段时间他还是"万人敬仰"的商君，如今却堕落为受人唾弃的奸人。冤情之下，竟没有一个秦人愿意为他奔走呐喊，也没有一个秦人愿意为他出生入死，因为他的刻薄和杀戮把所有人对他的感情都磨灭了。

对阵的秦国军队可能是他带领过的，但那些秦国士兵杀气腾腾，对他没有一丝怜悯，他们只想着尽快割下他的首级，因为这是让他们得以升爵的凭证。而这套军功爵制，正是他商鞅亲手制定的。

往好处想想吧，走到这一步也值了。他已经实现了封官拜相、开疆

---

① 《史记·商君列传》记载商鞅死于"郑黾池"，但这里距离郑县很远，而且两地之间夹有魏国，商鞅身亡于此地不合情理。此处依照《史记·六国年表》记载，应为郑县附近的彤地。

拓土的理想；他以一己之力使一国强大，比肩了偶像李悝和吴起；他发动了兵谏，向秦惠文王发出了激烈的抗争。就算今天死在了这里，也一点都不窝囊。这一生，足够了！

商鞅的兵马很快溃败了，一名秦军士兵杀到了他的面前，大喊一声，用手中的利剑砍向了商鞅的脖子。在头颅落地的一刹那，商鞅仿佛看见了地平线上威武雄壮的秦国铁军，"秦"字战旗漫天飞扬，秦国的天空渐渐变成了暗红色。

"叛乱"被平定的消息传到了咸阳，秦惠文王依照谋反大罪，下令对商鞅处以极刑，将他的尸体车裂示众，并处死了商鞅全族。当年的羞辱之仇，最终被秦惠文王以名正言顺的方式报了。而秦国百姓得知这个消息，竟然"不怜"，他们对这个严酷的执法者从没有真心喜欢过。

秦惠文王诛杀商鞅的举动让很多公族和守旧派弹冠相庆，他们觉得压制他们二十多年的大石头终于没了，商鞅的新法也没有理由存在了。

然而，他们没有想到，所有废除新法的请求都被秦惠文王驳回了。秦惠文王下令商鞅的新法继续有效，后世也不许废除新法。

商鞅变法的正确性，是秦惠文王都不敢否认和推翻的。商鞅虽死，但他遗留下来的思想和政策不仅改变了一个国家，更改变了一个时代。

大秦帝国的征途，正式开始了！

卷十五 连横破合纵

开始展现出实力的秦国,再也无法保持低调。
六国合纵的大网已经铺开,秦国人该如何破解?

外来人才

秦惠文王诛杀了商鞅,以血腥和暴力的开场登上了历史舞台。

年少时的秦惠文王是性格暴躁蛮横的人,但自从违反新法,害得两位师傅被处刑后,他的脾气收敛了很多,长大之后愈加冷静和低调。在父亲秦孝公的严厉管教下,秦惠文王学会了礼遇他人以及明辨是非的能力。虽然即位之时才十九岁,但他处理国家大事已经得心应手。

处死商鞅之后的那段时间,秦国很多贵族纷纷上书,力陈新法的"弊端"和"祸害",请求秦惠文王一定要废除新法,恢复祖宗遗留下来的老规矩。

但是秦惠文王对这些人嗤之以鼻,他心里如同明镜一般,知道这些老家伙要么食古不化,要么只知道腐败享乐,都是一些没用的东西,哪能听他们胡说八道?而且,商鞅变法的精髓是集权于君主,把新法废除,不就把权力还给这些贵族了吗?傻子才会这么做。

年轻的秦惠文王顶住了贵族们的压力,任凭守旧派怎么哭怎么闹,

就是无动于衷，坚决延续新法。

在秦惠文王的坚持下，废除新法的风波逐渐平息了下来。新法最终成了秦国的铁定法律，一直延续到了秦朝。

稳定了国内局势，秦惠文王便开始加紧准备下一场战争。他要完成父亲秦孝公没有完成的事业：拿下西河郡。

秦孝公在位时，与魏国的战争主要是商鞅指挥。现在商鞅已死，还有谁能承担指挥作战的任务呢？

秦国文明程度较低，商鞅的新法又扼制了教育，使国内人才缺乏。至于像公子虔那样的老贵族，只知道勾心斗角，在变法之争上纠缠不休。秦惠文王把国内能用的人想了一遍，最后还是决定从国外引进高级人才。

秦惠文王对商鞅的新法做了微调，允许外国游士来秦国求官，但只允许国君接见。他像父亲那样继续开出丰厚的条件招揽外国人才，不管是不是法家，只要他们能为秦国的强大做出贡献，封官拜爵绝不含糊。

秦惠文王推行这样的政策，造成的现象是一些有真才实学又出身寒微的外国人很容易在秦国一夜暴富，还能获得比秦国公族更多的荣耀。这样的国家，哪个人才不向往呢？渐渐地，六国人才纷纷往秦国跑，甚至一些在本国遭到排挤的公族也来了。后来的秦国君主一直延续这个政策，使得秦国始终有用不完的人才，在与六国的争战中占尽了优势。

秦惠文王在前来应聘的外国人中精挑细选，总算找到了一个令他满意的人才。这个人就是公孙衍。

公孙衍，魏国人，在魏国担任过叫"犀首"的中级武官职务，所以也有人称呼他"犀首"。公孙衍精通兵法和外交，是大将之才，但他在魏国怀才不遇，空有抱负和才能。他听说秦国招贤，便前来投奔，并带兵在雕阴（今陕西甘泉南）之战中击败了魏军，以示忠诚。秦惠文王觉得此人值得重用，便把商鞅原来担任过的"大良造"爵位封给了他。

此时的魏国刚刚从七雄霸主的宝座上跌落下来，但瘦死的骆驼比马大，魏国的实力仍然是不容小觑的。还在王位上的魏惠王为了摆脱困境，也学着礼贤下士，厉行节俭，还在新任魏国国相惠施的建议下，假意与齐国交好，并和齐威王"徐州相王"。

同时，魏惠王为了稳住秦国，还在公元前334年派人到秦惠文王那里和亲，送了一名魏国宗室女子给秦惠文王为妻，年轻的秦惠文王就此成家。这位魏国女子便是秦惠文王的夫人惠文后，她为秦惠文王生下了儿子荡，也就是后来的秦武王。

魏惠王还忍痛割爱，在公元前332年献上了西河郡的阴晋城（今陕西华阴东南）。但秦惠文王看得出这是魏国的缓兵之计，他深刻理解了商鞅那句"秦之与魏，譬若人之有腹心之疾，非魏并秦，秦即并魏"，秦国要想东进中原，就必须收复全部的河西之地，决不能被魏国人眼前的小恩小惠收买。就在当年，秦惠文王完成备战后，撕毁了与魏国的和约，指派公孙衍为主将，率领秦军主力绕开西河郡防守严密的魏长城，兵锋向北，再次攻打上郡的雕阴城。

雕阴城是魏军修建的一处坚固要塞，当西河郡的土地被大部割让后，魏军就把防守重点放在了上郡，试图守住陕北高原，对秦国保持地理优势。魏军的指挥官是龙贾，他知道雕阴是魏国在河西地区唯一的军事重镇了，一旦失守，上郡和西河郡都将难以防守，所以他把军队大部集中在这里，修筑了坚固的工事，誓要守住这处要地。

双方人马随即在黄土高原上展开了激战，战场上黄尘飞扬，喊杀声震天。秦军将士在新法的鼓励和惩罚下，面对魏军的防御工事毫不畏惧，他们以斩获敌人为荣，个个奋勇当先。龙贾指挥的魏军也极其顽强，利用黄土高原的地形，居高临下打退了秦军多次进攻。

惨烈的战斗一直持续到了第二年，秦军终于击破了魏军的防线，活捉了龙贾，斩获首级四万五千颗。河西地区的魏军大部被歼，丧失了战

斗力。

　　败报传到了魏惠王那里，这位年近七旬的老魏王急火攻心，气得吐血。经过一段时间的调养，清醒过来后，他做的第一件事就是赶紧派人前去秦国求和。他害怕秦军会一鼓作气，把整个上郡都给拿下，倒不如把已经没有战略意义的西河郡送给秦国，以换取魏国暂时的安宁。

　　魏国使者连忙快马轻车来到了咸阳，献上了西河郡地图，拱手把西河郡除少梁之外的土地全部让给了秦国。至此，秦国人奋斗了将近九十年，终于基本收复了河西失地。

鬼谷子的局？

《史记》记载到这里，忽然插进来了苏秦的故事。

故事大概是说，有一个出生于周王室领地的人名叫苏秦，年轻的时候拜鬼谷子先生为师，和张仪是同门师兄弟。但是，他的学习成绩并不是很好，以至于同学们出山后都能得到诸侯重用，叱咤风云，而苏秦同学却游荡了好几年都没找到工作，最后身无分文，失魂落魄地回家了。

看到苏秦出自名师门下还失业在家，乡里人都讥笑他前些年的书白读了。他的家人更是瞧不起他，觉得自己花钱供苏秦读书，最终却供出一个窝囊废来。苏秦的妻子饭也不给他做，衣服也不给他织，就差跟他闹离婚了；苏秦的兄长一家不让他进门；苏秦的父母则懒得和他说话，好像没生过这个儿子似的。

乡人的讥笑和家人的冷漠让苏秦的自尊心备受打击，他下定决心，一定把书念好，学到真本事，混出个人样来。从那之后，苏秦就变了一个人，天天把自己关在房间里念书，复习鬼谷子教授的功课。他看书不

是只看几个时辰,而是通宵达旦地看。看得困了,他就用锥子扎自己的大腿,用刺痛让自己清醒起来继续看书。

依靠这种玩命似的学习方式,苏秦终于完全领会了师父教授的纵横学知识。他有了信心,对家人说:"凭借这些知识,我可以去游说国君了。"

苏秦首先就近去了周天子那里,想游说周显王(名扁)。但周显王的近臣都了解他的情况,认为他不过是个骗吃骗喝的小混混,一口回绝了他。

苏秦便往西走,去游说秦国。当时秦孝公已去世,商鞅刚刚被秦惠文王处死。正在气头上的秦惠文王对外国的游说之士非常反感,他把苏秦挖苦了一番,把他轰走了。苏秦本想在秦国大展宏图,没想到碰了一鼻子灰,气愤之下就把今后的游说目标定为说服六国合纵攻秦,要给傲慢的秦惠文王一点颜色看看。

苏秦来到了赵国,拜见了赵肃侯之弟奉阳君赵成。奉阳君是个眼睛长在脑门上的人,看不起苏秦这种平民布衣,就拒绝了苏秦的游说。苏秦又来到了燕国,同样在燕后文公(名字不详)那里吃了一大碗闭门羹。苏秦就在燕国住下来,跟燕后文公死缠烂打,一有机会就找人求见于他。就这么耗了一年多,燕后文公终于被苏秦的诚意感动,允许见他一面。

苏秦见到燕后文公,对他说:"燕国一直以来都很和平,没有什么战争,原因就是赵国在南面给燕国做屏障。所以,燕国可以得罪秦国,唯独不能得罪赵国。燕、赵两国一定要联合起来,让赵国安心为燕国抵挡秦军的进攻。" 燕后文公赞同苏秦的意见,指出齐国也是燕国的重要邻国,他愿意授予苏秦燕国国相一职,希望苏秦帮忙联盟赵、齐两国。

苏秦就去了一趟赵国。此时那个看不起苏秦的奉阳君已经死了,苏秦顺利地见到了赵肃侯。他对赵肃侯说:"赵国是大国,君王的态度左右着天下局势，所以一定要谨慎。秦国和赵国接壤，两个大国必有一战。秦国之所以现在不敢进攻赵国，是因为有韩国和魏国牵制它。故而赵国一定要和其余五国联合起来对付秦国，只要六国合纵，秦国一定不敢来进犯。而赵国可以凭借自身强大的实力获得其余五国的支持和尊敬。"

赵肃侯一听，说："你能为赵国的长远打算，寡人很高兴。寡人给你赵国的相印，带上礼物去游说其他国家与赵国合纵吧。"

苏秦便带着燕、赵两国的相印，又去游说韩国。此时秦国在雕阴击败了魏军，韩、魏两国受到秦国很大的军事压力，苏秦趁机对韩宣王（名康）说："韩国说什么也是个出产优秀兵器的强国，是七雄之一，怎么可以向秦国俯首称臣，割让土地？我听说过'宁为鸡首，不为牛后'这句话，君王现在所为不是和'牛后'差不多吗？连我都为韩国的懦弱感到羞耻啊。"

韩宣王被苏秦的话激怒了，说："你说得对，寡人绝不能再向秦国屈服。我愿意和赵国联盟合纵，韩国的国政就托付给你了。"

得到韩国的相印，苏秦转而又到魏国，对魏襄王（名嗣）说："魏国人口众多，以前是七雄之首，现在却屈服于秦国，向秦国纳贡，我都为君王感到羞愧啊。那些劝您和秦国连横的人都是奸臣小人，他们出卖魏国的利益换取自己在秦国的荣华富贵，君王不能相信他们。应该拿出骨气来，和其余五国合纵抗秦，秦国必然不敢再来侵犯。"

魏襄王听了苏秦的话，感叹地说："寡人要是早点听到你的话就好了，我们魏国愿意和赵国合纵。"

魏襄王也给了苏秦魏国的相印。苏秦趁热打铁，又去齐国游说了齐宣王。他对齐宣王说："齐国是东海之滨的大国，和秦国相隔几万里，秦国不敢越过韩、魏两国来攻打齐国，君王为什么要害怕秦国而向它称臣呢？君王不如与其他五国合纵，这样不仅能避免秦国入侵，还能扩大

齐国的影响力。"

齐宣王赞同说:"齐国愿意参与合纵,寡人也授予你齐国相印。"

苏秦收集了五国相印,又马不停蹄地奔到楚国,向楚威王游说道:"现在山东五国已经结盟合纵了,楚国如果不参与进来,必然会遭到秦军攻击;但如果楚国和秦国连横,相当于放弃了楚国的王霸地位而向秦国屈服,最终帮助了秦国成就帝业。大王您可要好好考虑。"

楚威王回答说:"你说得没错。秦国是虎狼之国,楚国不能与之结盟。寡人愿意封你做楚国国相,参与六国合纵。"

就这样,苏秦集齐了六国相印,成功游说了六国组成合纵联盟反对秦国。他理所当然地成为此次合纵盟约的领导人,受到了各国国君敬重。

苏秦向赵国复命的时候途经老家洛邑。身为合纵长的他,排场那是相当大,随行马车以及各国护送的使者、卫士络绎不绝,就像大国国君出巡一样。

就连当时的周天子都没有过这样的排场。当初把苏秦拒之门外的周王室听说他要来,连忙派人把周边的道路重新修缮和打扫了一遍,还派人到郊外去迎接。苏秦回到了家乡,那些当初看不起他、嘲笑他的乡邻,包括他的家人们都跪倒在街道两旁,恭迎他衣锦还乡。

苏秦走到家人面前,他的家人们都不敢正眼看他,说话的时候都低着头。当初不肯给苏秦饭吃的嫂子,这个时候主动端上了酒菜招待他。苏秦便问:"以前你对我那么傲慢,现在怎么变得这么恭敬了?"

嫂子连忙弯下身子匍匐在地上,用脸贴着地面回答:"那是因为叔叔您现在官职高,有钱了呀。"苏秦的嫂子是个没心机的女人,把周围人羞于说的实话老老实实讲了出来。

苏秦没有责怪她,而是感慨地说:"同样是我这个人,贫贱了,亲人就轻视我,富贵了,亲人就害怕我。亲人尚且这样,何况是一般人呢！假如我当初在洛阳城边有二顷良田，小有成就，我还会如此卖命学习，还能佩上六国相印吗？"

苏秦没有埋怨亲人们的势利，反而拿出千金财宝散给家人和乡邻，又拿出不少钱回馈当初在他周游列国的路上帮助过他的人。

在苏秦的游说和组织下，六国结成了合纵同盟。所谓合纵，就是诸侯们联合抗秦，结盟的国家从北到南正好排成一条竖线，被形象地称为"合纵"。在合纵的情况下，秦国必须以一国之力对抗多个强国，这在秦国崛起之初是不可能做到的。苏秦亲自将合纵盟约送到秦国，吓得秦惠文王十五年不敢东出函谷关。

小说《东周列国志》根据这段故事，附会说秦惠文王后来借助苏秦的同学张仪离间各国，最终迫使六国合纵解体了。后人根据孙膑、庞涓、苏秦和张仪都拜师于鬼谷子的传说，又杜撰了很多细节故事，声称天下大势原来都是鬼谷子的棋局。

当然，所谓鬼谷子的局全是小说家言，不足为信。就连鬼谷子这个人是否真实存在，历史上也存在争议。正史中对鬼谷子全无记载，只有民间传说称鬼谷子名叫王禅，是隐居在云梦山的世外高人。他以隐居地清溪鬼谷为号，自称"鬼谷子"。据说，鬼谷子通晓阴阳五行之术，会算卦求神，活了一百多岁。他对天下形势有独到的见解，有纵横家的外交游说之术，被纵横家认为是本门始祖；他对列国的内政军事有深刻的了解，有兵家的谋略之术。

这个人物实在无法考证，加上纵横家们喜欢夸大，史学界普遍不承认历史上有这个人物。笔者认为，即使战国时期真的有鬼谷子活动的迹象，也只是活动在公元前4世纪的一些学术大师的集合，并不是单指某个人，也不局限于某个学术流派。这些大师有的信奉道家理念，因而远离世俗世界，在山野间修炼为生；有的则是在山中躲避战火的思想家，主要研究纵横家和兵家的理论，将这些知识作为重点传授给关门弟子。如

此种种，不一而足。

这些人一直隐居深山拒绝出仕，加上战国史料被秦人破坏，所以官方史书没有记载下他们的事迹。而他们的弟子为了在诸侯间推销自己的理论，便虚构了神话般的鬼谷子，意图给人一种"我的师父都这么厉害，那我的本事肯定也不会差"的感觉。加上民间传说推波助澜，鬼谷子的名号便流传了下来。

至于《史记》讲述的苏秦的这个故事，也是漏洞百出，历来被史学家们批驳。笔者简单列举几条，就可以看出这个记载的不合理之处。

一是秦惠文王十五年不敢出关的说法不对。同样是《史记》这本书，在《秦本纪》和《六国年表》中都提到，秦军攻下雕阴、俘虏龙贾后，又不断向东进攻，相对安宁的时间不过三四年而已。六国在这期间也是互相攻打，完全不像是结成了联盟的样子。

二是秦国在那个时候仅仅打下了雕阴，收复了西河郡，国土刚恢复到春秋时期的范围，对六国还不够造成威胁。当时国力最强的还是齐国，齐威王刚完成徐州相王不久，是诸国中第二个称王的，连魏惠王都向他低头，这个时候苏秦游说各国攻齐，可能性还更高一点。苏秦在游说齐国时，说齐国害怕秦国而向它称臣，完全是无稽之谈。

三是苏秦游说的对象不对。那个时候魏惠王还活着，魏襄王还没即位；赵肃侯的弟弟赵成一直活到了公元前295年以后，而且他的爵位是安平君，奉阳君其实是一个叫李兑的人，但他是赵武灵王时期的人物（后文会提到）。

四是这个故事明显太像小说了。《史记》中一旦出现特别戏剧化的记载，就要留个心眼，因为这往往是司马迁因为战国史料不足，而把民间传说或纵横家的传闻抄录了过来。苏秦年少贫穷，被人无视，苦读之后游说各国，获得了高官厚禄，还衣锦还乡，打脸以前看不起他的人，活脱脱就是爽剧剧本的套路。当时的士人们都爱传颂这样的"心灵鸡汤"，来给正在苦苦奋斗的自己打鸡血。

除此之外，还有许多不合理之处无法自圆其说，就不一一指出了。权威战国史专家如杨宽、林剑鸣等人对这段记载基本持否定的态度，也没有把它列入战国史的编年。至于主流观点中的苏秦是什么样子，我们在后文再提及。

张仪相秦

说回秦国,秦国夺回了西河郡,但黄河以西的土地还没有完全属于它,魏惠王一时还不肯放弃上郡和少梁城塞。魏国也依然占据了崤山和黄河天险,阻碍着秦军向中原进军。

秦惠文王决定乘胜追击,在与魏国和谈的同时,又派弟弟樗(chū)里子(即公子疾,因居住在今陕西渭南一带的樗里,号樗里子)带领秦军穿过崤山,攻下曲沃(今河南陕县西南,不是晋国宗庙所在的那座城市)。他收下魏国的西河郡后,再次发兵东渡黄河,攻下了汾阴(今山西万荣西南)、皮氏(今山西河津东)和焦邑(今河南陕县老城东北)。秦军控制了崤山和黄河两岸的通道,并在崤山的险要处修建了函谷关,打开了进军中原的大门。

秦惠文王打通了进军中原的路线,完成了祖先秦穆公一辈子都没实现的目标,可以说是一场前无古人的胜利。但紧接而来的问题就有些棘手了。

过去，秦国与赵、韩、楚三国少有交界地带，东部绝大部分和魏国接壤，秦国只要集中精力攻打魏国即可。现在魏国基本上退出了河西，秦国国土深入中原，与赵、韩、楚三国的交界处也增加了。秦国再只对魏国用兵，侧翼就会有被另外三国袭击的危险。因此，秦惠文王需要改变战略，想方设法和四个强国抗衡，避免东进中原的道路再次被封锁。

这样的战略重任，公孙衍似乎难以承担，秦惠文王便将公孙衍撤换，起用了一位名叫张仪的魏国人。

张仪原是魏国公族庶支，和商鞅出身类似，是一个破落的底层贵族。他早年也是四处游说求官，曾和楚国令尹一起宴饮，但令尹在这次宴会上丢失了一块玉璧。有人就对令尹说："张仪这个人没钱，又品行不端，玉璧肯定是他偷的。"令尹就把张仪抓了起来，关进牢房里打了几百竹板，要他交代玉璧的下落。张仪被打得遍体鳞伤，但就是不承认自己偷了玉璧。令尹拷问了很长时间，见问不出结果，没证据定他的罪，就把他放了。

张仪被人抬回家后，他的妻子看见他血肉模糊的身体，哭泣道："如果你不走求学游说之路，哪里会有这样的横祸啊！"

张仪却用颤抖的声音问："你看我的舌头还在吗？"

妻子答："在的。"

张仪就说："那就可以了！"

张仪的意思是，只要自己还能说话，他就能用这三寸不烂之舌，实现出人头地的那一天。

张仪确实有这样的能力。他没别的本事，就是脑子灵活，嘴巴特能扯，黑的能说成白的，稻草能说成黄金。但他又不是骗吃骗喝式的胡说八道，而是在大事方针上有正确见解，只是一直找不到合适的机会平台而已。

张仪离开楚国之后，又去过赵国、魏国，但都没能获得重用。直到

他决定去秦国时,路过了当时的东周国。

东周国于公元前367年从周王室分裂出来。周王室的分裂其实早在公元前440年就出现了,当时的周考王不知何故,把所剩不多的王畿之地分了一半给了他的弟弟,封其为西周公,西周国就此出现。到了公元前367年,一位王子在韩国与赵国的支持下在另一半王畿之地上自立,自称东周公,东周国就此成立。周天子彻底成了一个没有一丁点儿领地的叫花子,顶着早不值钱的王号被西周国供养着。

当时的东周国国君是昭文君(名字不详)。他听说张仪要从他这里路过去秦国,就把他叫进王宫说:"听说您要到秦国去。我的国家小,不足以留住客人。但您西去游说,难道就一定能为秦君所知吗?您要是得不到知遇,请看在我的面上回到这里来。我的国家虽然小,但我愿与您共同治理这个国家。"

昭文君爱惜人才,他不指望有旷世奇才能辅佐他,只希望像张仪这样还没有名气的谋士能为他这样的微型国家出一份力。

但张仪的理想自然不会停留在一个小国家上,他再三推辞了昭文君的聘用,执意要去秦国。昭文君没有办法,就放他走了。临走前,昭文君见张仪手头紧,就大方地赐给他一笔钱,当作去秦国的路费。张仪对他感激不尽,当了秦国国相后,就一直庇护着东周国,不让秦军攻打东周国。

张仪到了咸阳后,依靠才能获得了秦惠文王的赏识,被封为客卿,参知政事。但张仪不满足于客卿这种职位,他看出秦惠文王在东进战略上举棋不定,就拿出了真才实学,利用一次进见秦惠文王的机会详细分析了秦国国情和天下形势。他向秦惠文王建议说:"君上,您不能一味使用武力征服六国,那样只会使六国团结起来,秦国是没办法取胜的。秦国应该以外交诱降为主,军事打击为辅,分化六国,一步步削弱他们,即用连横的方式破坏六国合纵。如果张仪不能连横成功,愿意以死谢罪。"

张仪说的"连横",就是让各诸侯国与秦国结盟,防止它们组成联盟围攻秦国。因为秦国在西方,其余六国在东方,秦国和与其联盟的国家自西向东在一条横线上,所以被称为"连横"。

听了张仪的战略指导,秦惠文王顿时茅塞顿开。他重用张仪,命他主持秦国的外交工作。

战国时代充满传奇色彩的合纵连横之争,就此上演了。

张仪连横的第一个对象,就是自己的祖国。

早在张仪来到秦国的第一年,即公元前329年,魏国南方又遭到了楚国侵略,魏惠王焦头烂额。张仪劝说秦惠文王不能让楚国收服魏国,要保住魏国,使它成为秦国的棋子。秦惠文王听从张仪的建议,派一万人左右的部队去支援魏国。魏国就此打败了楚军,魏惠王为表示感谢,就让秦国顺利地接收了西河郡。

第二年,秦军东进,张仪和秦公子华率兵围攻下了魏国蒲阳(今山西隰县)。但张仪回到秦国后,却劝说秦惠文王把蒲阳还给魏国。他认为魏国经过这么多次失败,已经不再是秦国的对手了,再打下去,魏国只能投靠别人了,不如秦国这个时候抛出橄榄枝,再给点好处,一手胡萝卜,一手大棒,魏国一定会倒向秦国这边的。

秦惠文王便派张仪亲自到大梁和魏惠王和谈,称秦国愿意归还蒲阳并且让一名秦国公子做人质,希望和魏国停战。说完这些条件,张仪又对魏惠王说:"秦国给您这么丰厚的条件,您不可以无礼啊。"意思是让魏国也拿出点实际的好处。

魏惠王坦然接受了秦国的条件。他已经被长年战争拖得疲惫不堪了,既然秦国人主动上门和谈,那就把魏国上郡那片边缘蛮荒之地送出去吧。

这一年,即公元前328年,秦、魏两国就此签署了停战协议,秦军

撤出蒲阳，魏国也放弃了上郡及少梁城。秦国以一座城池换来了十六座城池。

张仪为秦国争取到上郡的意义还远不止这十六座城。秦国吞并了上郡，等于黄河以西的土地全部归秦国所有了。秦国在此期间收服了西北部的义渠人，在北、西两面已没有强敌，南面又有险峻的秦岭将楚国隔开，东面有黄河与函谷关天险将关外诸侯阻挡在外，战国七雄中再也找不出比秦国更有"地利"的国家了。秦国不用四面作战，和平时专心发展和生产，扩张时又进可攻、退可守，立于不败之地。

反观魏国，它的"地利"不是一般的差。魏国地处中原，位于天下的中心地带，东西南北四面都有强邻，毫无天险可守。平时要四方守卫，战时要多路出兵，经常顾此失彼，得不偿失（桂陵之战和马陵之战就是典型的例子）。魏武侯和魏惠王父子选择东进战略，最终酿成了无法挽回的恶果。

张仪功劳卓著，被秦惠文王封为秦国"相邦"。这是秦国第一次设立相位。公孙衍则失宠于秦惠文王，他逃回了魏国，被魏惠王起用了。

第二年，为了彰显诚意，秦国把军队撤回了函谷关一线。秦军开始沿着黄河西岸一线修建城堡，对魏国采取守势。秦、魏之间仿佛一下子平静了下来。

两国丞相

平静并不代表秦国低调,秦惠文王那个时候在准备一件事:称王。

当时,天下诸侯中称王的只有齐、魏、楚、越四国,秦国一直很低调,仍以不上不下的"君"自称。如今,秦惠文王觉得秦国已经把称王的魏国打得满地找牙了,早就够资格称王了,便在公元前325年举办仪式,正式向天下宣告自己是"秦王"。

按照齐、魏"徐州相王"的先例,张仪还邀请了魏、韩两国国君参与这次称王仪式,让他们推尊秦君为王,秦君同时也承认了他们的王号。魏、韩二君还当场为秦惠文王驾御作为称王标识的马车,显示对秦国的臣服。

秦惠文王称王震动了六国,天下诸侯看出秦国有了争霸的野心。最感到恐惧的莫过于秦国的老邻居魏国了。魏惠王虽然参与了秦国的称王仪式,但他感到的不是荣幸,而是羞辱。自己已经是个年过古稀的老人了,却给秦惠文王这种后生驾车,实在是奇耻大辱。

魏惠王十分担忧秦惠文王再次对魏国下手,魏国自身的实力又不足以单独对抗秦军,他决定向四邻求援,希望与其余五国联合起来共同防备秦国。于是,魏惠王不顾自己身体年迈,亲自去会盟韩国和赵国,也尊韩国国君为"王",打算重建三晋联盟,共同对抗秦国。

得知魏国暗地里拉拢三晋组团抗秦,秦惠文王便在公元前324年派张仪带兵攻取了魏国陕城(今河南陕县),打算逼迫魏国屈服。

然而,这一次秦惠文王没有成功。他的军事行动让魏国更加恐惧,魏惠王开始频繁地和齐威王会面,打算寻求齐国的庇护。在魏相惠施的建议下,魏惠王派太子嗣入质于齐,公子高入质于楚,试图与这两国结成同盟关系。

投入魏国的公孙衍更是大胆想象,首次提出了合纵抗秦的想法,认为魏国投靠齐、楚两国的同时,也要获取北方诸国的支持。

但是,诸侯们利益各不相同,以什么样的名义结盟比较好呢?

这难不倒公孙衍,他向魏惠王提了个建议,说现在称王的国家已经有五个了,"称王"已经成为时尚,天下诸侯个个都希望有一顶"王"的帽子戴戴,何不邀请几大强国一起称王,互相承认呢?这样一来,联盟的事儿不就搞定了。

这个主意让魏惠王眼睛一亮。他便在公元前323年邀请了韩、赵、燕、中山四国会盟,五个国家互相承认对方为"王",结成联盟关系。这就是历史上著名的"五国相王",战国七雄至此全部称王。

但是,五国相王行动遭到了齐国反对。齐威王觉得,赵国和燕国称王已经够闹心了,中山国这种蛮夷小国都称王,我齐国岂不是要和这些野蛮人平起平坐?于是,齐国要求魏、赵、燕三国逼迫中山国废除王号,但中山国坚决不同意。这么一闹,五国的关系出现了裂痕,联盟一事也就搁置了。

在这个关头,楚国人又来捣乱,他们认为魏国给齐国送的人质是太子，给楚国送的却是一位公子，明显是认为楚国不如齐国。楚怀王（名槐）就提出让公子高做魏国太子，魏国要听从楚国的指挥。

这种条件魏惠王实在是没法答应。楚国就派兵北上袭击魏国南部，占领了魏国的八座城市，还击杀了一名魏军将领。楚军又乘胜进攻齐国。齐国派了陈轸担任说客，对楚军主将昭阳说："按照楚国法律，破军杀将能得到什么赏赐呢？"

昭阳回答："封为上柱国。"

陈轸又问："有比这个还要尊贵的吗？"

昭阳答："封为令尹。"

陈轸就说："将军，您现在已经是令尹了。我给您讲一个故事：有一户人家，主人请了几个朋友来喝酒。因为酒不够分，主人就提议大家来画蛇，谁先画好蛇，就喝了哪壶酒。过了一会儿，有一个人先画好了蛇，看见其他人还在画，就说：'我还能给这条蛇画几条腿。'在他给这条蛇画腿的时候，后面有人画完了，抢先把酒喝掉了。

"将军您率领楚国士兵攻打魏国获胜，功劳已经非常大了，再往上不知道给你封什么官爵了。现在您又攻打齐国，如果获胜的话，也没有什么官职可以往上升了，而如果您失败的话，那么您就会被杀，爵位被剥夺，对楚国来说也没有什么利益了。您现在的所为正如画蛇添足一样！"

昭阳听完恍然大悟，就带着部队撤回国了。

六国之间勾心斗角，惠施和公孙衍试图合纵抗秦的构想被迫中断。究其原因，齐国和楚国的自私和短见是一个方面，齐、楚、燕等国因为距离秦国较远，感受不到秦国的威胁则是另一个方面。在齐、楚这两大强国眼里，秦国的实力还远不如它们，两国国君更关心的是能不能得到霸主的名分，好借助联盟的机会号令诸侯。

见魏国合纵的计划落空，张仪又向秦惠文王提出，齐、楚两个强国

比韩、魏两国更加危险，当下之计，应该用胡萝卜加大棒的方法再次收服韩、魏，然后联合他们一起出兵打败齐、楚才行。

他向秦惠文王献计，让秦惠文王免掉自己的秦国相位，然后他以魏国人的身份投奔魏国，说服魏惠王让自己担任魏国国相，他就可以在魏国主持朝政，再次诱使魏国与秦国连横。

张仪的这个计划听起来有点不可思议，魏惠王会这么傻，听从他的摆布吗？

但张仪相信魏惠王合纵失利后一定会有投靠秦国的想法，自己去做点工作，就一定能成功。而且，自己在魏国为相，相当于秦国派了个大使在魏国，两国的沟通和协调更加方便，魏国就更容易听从秦国了。

秦惠文王听了张仪的计划，觉得这么做可以不费一兵一卒便使魏国归附，为什么不让他尝试一下呢？

于是，他派兵东渡黄河入侵魏国，夺取了曲沃（即原晋国的宗庙所在）和平周（今山西介休西）两座城市，作为对魏国的警告性惩罚。然后，他免去了张仪的职务，让他到魏国去面见魏惠王①。

魏惠王的心思果然被张仪摸透了，他因为合纵失败，心情极其糟糕，眼下，秦国又来找他的麻烦，自己却连个求援的国家都没有。张仪忽然到来让他欣喜不已，他觉得这是秦国愿意和魏国维持和平关系的信号，就力排众议，把张仪请进了王宫。

张仪很快就找了个机会，劝说魏惠王放弃与其他五国合纵的幻想，赶紧投入秦国的怀抱。他说："魏国现在的领土方圆不到一千里，士兵不超过三十万人，四周地势平坦，没有高山深川的阻隔，就是个四分五

---

① 《史记·张仪列传》记载秦军攻魏发生在张仪相魏之后，但笔者认为张仪担任魏国国相是魏、秦友好的象征，秦国没有攻魏的理由，此事应该发生在张仪相魏之前。因为《史记·张仪列传》时间线过于混乱，本书中提到的张仪活动轨迹基本依从杨宽的《战国史》和《战国史料编年辑证》。

裂的地势啊。诸侯们组织合纵，肯定会因为利益不同而争斗，根本就靠不住。而那些主张合纵的人大都言过其实、不可信赖，他们就是想用高谈阔论博得君王的欢心，骗取权力和财富而已，大王可不要相信他们。一旦秦国来攻打，其余各国不能相救，大王的国家可就危险了。您不如侍奉秦国，那么楚、韩两国一定不敢轻举妄动；没了楚、韩两国的扰乱，大王就可以高枕无忧了。再说，秦国想要削弱的就是楚国，而能抑制楚国的就是魏国。魏国在秦国的帮助下向南讨伐，必定能战胜楚国。这样一来，就是楚国吃亏而魏国得到好处。大王您不好好考虑一下吗？"

张仪的一番话说得魏惠王心情畅快，他被那些主张合纵的游士和大臣说得头昏脑涨，张仪帮他化解了心中的焦虑。他召集了众臣廷议，打算与秦国和韩国联合，一起去征讨齐、楚两国。魏国大臣对此普遍表示支持。

唯独担任国相的惠施激烈反对。他独自求见了魏惠王，魏惠王不耐烦地说："你不要说了！联合攻打齐、楚的事情确实有利，全国都这样认为。"

惠施却说："如果攻打齐、楚这件事确实有利，而全国都认为有利，聪明人怎么会这么多啊！如果攻打齐、楚这件事确实不利，而全国都认为有利，愚蠢的人又该是多么多啊！国家决策这样重要的大事，一定要多听取质疑的声音，才能保证不被蒙蔽啊！"

但是魏惠王完全听不进去惠施的意见，他干脆免去了惠施的国相职务，任命张仪为相。惠施害怕遭到张仪迫害，连忙更换服装，乘坐马车逃到了楚国，后来又躲到了宋国。他在宋国赋闲期间认识了庄子，两人之间的友情就是在这个时候建立的。

第204章

挑战齐国

但是,魏惠王投靠秦国只是花钱买平安,从来没有真心信任秦国人。他虽然赶走了惠施,但把主张合纵的公孙衍留了下来,让他执掌兵权,和国相张仪分庭抗礼。魏惠王如此安排,是在连横和合纵两边骑墙,给魏国保留合纵的余地。

张仪无法染指魏国的军事大权,也就迟迟无法实现联合韩、魏两国共伐齐、楚的战略。魏惠王和韩宣王也不笨,自己的国家距离这两个国家最近,要是跟着秦国去招惹这两大强国,将来首先被报复的不就是自己吗?

张仪磨破了嘴皮子,最后只能说服韩、魏两国同意给秦军借路并提供粮草。秦惠文王同意了这个条件,决定发兵攻打齐国,和不可一世的齐威王过过招。

公元前320年,秦军横穿韩、魏两国国境,攻入了齐国西部。齐威王派重兵扼守秦军东进的要道阳晋(今山东曹县)。秦军见阳晋防守坚固，便假装做出进攻的样子，暗中却绕开阳晋，攻下了阳晋东北方防守薄弱的亢父（今山东济宁南）。亢父是位于山东省西南部的丘陵地带，附近是崎岖的山路，交通不便。秦军估计这里的齐军会疏于防备，想出其不意地越过此处侵入齐国腹地。

得知亢父失守，齐威王察觉出了秦军的意图，立即派名将匡章率领齐军主力前去堵截。齐、秦两军在亢父东北方的桑丘（今山东兖州西南）相遇了。

秦军孤军深入，非常害怕遭到当地的齐人和鲁人袭击。为了鼓舞士气，拉拢人心，秦军将领下令悬赏，说谁能砍下齐王的首级，就封万户侯，赏两万金；他又下令秦军将士不得毁坏和亵渎柳下惠的坟墓，要距离坟墓五十步远①。

悬赏令下了，保护古墓的命令也下了，但秦军的士气没有提升多少。因为孤悬在外，随时有被切断后路的危险，秦军不敢贸然对齐军发起攻击。齐军也知道对方是强敌，不好轻易动手。因而，齐、秦两军竟然互派使者访问，表面上跟对方大谈"和平友谊"，暗地里却在刺探对方的情报和底细。

匡章对秦国人的计谋心知肚明，他一面把齐军精壮都隐藏起来，把老弱病残展示给秦国人看，一面又安排一批精干的将士换上秦军的服装，模仿秦国人的言行，混入秦军营地，准备唱一出好戏给秦国人瞧瞧。

然而，不知道从哪里来的小人知道了这件事，就到齐威王那里告黑

---

① 柳下惠是春秋时期鲁国人，鲁孝公之子公子展的后代，"柳下"是他的食邑，"惠"则是他的谥号。因他字"季"，有时也称"柳下季"。柳下惠当过鲁国大夫，后来做了隐士，他被人们普遍称赞为品德高尚的圣人，最出名的典故是"坐怀不乱"：有一次他出远门，晚上住在城门外。当时天气严寒，有一位女子来此，柳下惠怕她冻死，就让她坐在怀中，用衣服盖住她，一直到第二天天亮也没有发生越礼的事。

状,反而把匡章派兵混入秦军的计谋说成是叛国投敌的行为。好在齐威王没有相信。

过了一段时间,又有人来告状了,说匡章有可能降秦。齐威王仍旧不相信。后来又有人来报告说匡章要叛变了。齐威王还是不相信。

有些大臣感到奇怪,问齐威王:"这么多人说匡章有不轨行为,大王为什么不采取措施应对呢?"齐威王很不高兴地说:"匡章的母亲得罪了他的父亲,就被他的父亲杀死埋在马棚下。寡人任命匡章为将军时,曾勉励他打了胜仗就改葬他的母亲。匡章却说:'臣并非不能改葬先母,只因臣的先母得罪先父,而臣的父亲没有说要改葬先母就去世了。假如臣得不到父亲的允许而改葬母亲,这是欺骗亡父的在天之灵。所以臣不敢为亡母改葬。'匡章作为人子,不敢违背死去的父亲,难道他做人臣,还能欺骗活着的君王吗?!"

齐威王放手让匡章在前线全权指挥,终于等到了齐军大胜的捷报。匡章发动了突袭,加上那些混入秦军的将士配合,一举将远征的秦军击败了。秦国遭遇了商鞅变法后的第一场惨败。

桑丘之战惨败使秦惠文王清醒地认识到,秦国以现在的实力还无法战胜强大的齐国。秦国应该转变战略,先与齐国交好,稳住齐国,防止韩、魏两国与齐国结盟。于是,秦惠文王放低姿态,派人以"西藩之臣"的身份,用卑谦的语言向齐威王求和,还让一位秦国宗室女子嫁到齐国,与齐国缔结婚姻。而就在这一年,齐威王过世了,他的儿子齐宣王即位。齐宣王为了稳定局面,同意了与秦国和谈。

与齐国的纷争暂时平息了。作为力主攻齐的倡议者,张仪受到了秦惠文王批评,他在魏国的声誉也一落千丈。魏国人发现秦军并非不可战胜,朝堂中支持合纵的声音又开始占据上风。

张仪为了挽回脸面,劝说魏国和秦国一起攻打韩国,秦国可以取三川(即今河南洛阳附近的黄河、洛河、伊河周边,是介于秦、楚之间,连接东、西二周的战略要地），魏国可以取南阳。

公孙衍得知情况后，派人游说韩宣王道："魏国重用张仪是想获取贵国的南阳郡，如果魏国与秦国联合，韩国就要被灭亡了。您不如把南阳郡割让给魏国，声称是公孙衍的功劳。魏国拥有了南阳，就不会希望和秦国联合了，秦、魏两国必然反目，魏国就会寻求与韩国结盟了。"

韩宣王听从了建议，便把南阳割让给了魏国。魏惠王一看，公孙衍不费一兵一卒就要来了韩国的土地，自己何必再听从张仪的教唆，给秦国当小弟呢？魏惠王不久便把张仪撤职并赶出了魏国，任命公孙衍为国相，还把惠施召回了。

血战修鱼

公元前319年,在位长达五十一年的魏惠王撒手人寰了。《竹书纪年》上说,他去世的那天,大梁城下起了暴雪,积雪几乎到了牛的眼睛处,使得道路都无法通行。

这漫天的大雪,似乎正是这一代枭雄满腔的不甘与懊悔。

魏惠王的一生,一半是辉煌,一半是耻辱。在前半生,他是七雄之首、天下霸主,手握最强大的军队。然而,因为骄傲自负和战略失误,他毁掉了魏国的霸业,只能低下身子向别国俯首称臣。在生命的最后几年,他力图亡羊补牢,善待百姓并努力求贤。孟子就是在他"卑礼厚币"的招揽下来到魏国的,魏惠王虚心向他请教了许多问题,两人之间的对话都记录在《孟子·梁惠王》中。可惜孟子主张的儒家仁义思想不符合魏国的国情,也没法挽回魏国急转直下的命运,魏惠王最终只能带着深深的悔恨告别了这个世界。

魏惠王去世后，太子嗣继任王位，便是魏襄王①。

魏襄王是一位缺乏魄力的平庸之君。孟子回忆起他见到魏襄王的第一眼，是"望之不似人君，就之而不见所畏焉"，意思是这个新任的魏王远远看上去不像个国君的样子，走近他，也看不到有什么使人敬畏的地方。

魏襄王向孟子请教问题，也不是什么强国之术，而是问他："天下要怎样才能安定呢？"

显然，这位年轻的魏王厌烦国家之间的打打杀杀，希望自己当一个太平之君。

孟子回答说："统一天下才能实现安定。"

魏襄王又问："谁会统一天下呢？"

孟子答："不嗜杀的国君能统一天下。"

魏襄王不解道："这样的国君，谁会归附他呢？"

孟子回答："现在天下的国君，没有一个不嗜好杀人。如果有一个不喜欢杀人的国君，那么普天下的老百姓都会伸长脖子仰望他了。这样老百姓就会归附他，这就像水往低处流一样，谁能够阻挡得了呢？"

孟子无论什么时候都不忘推销自己的仁义思想，但魏襄王也能体会到他的观点并不现实。他渴望和平，但又不得不选择战争，因为朝中大臣普遍倾向于合纵，而且齐国和楚国也担忧秦国会向韩、魏两国再次借路攻打它们，两国国君正向魏襄王施压。

在这种情形下，魏襄王只能宣告与秦国停止联盟关系，然后派惠施和公孙衍出使各国，再次发起合纵攻秦。

---

① 《史记》中，魏襄王即位的年份提前到了公元前334年，他还有一个儿子魏哀王，在公元前318年即位。但后世学者根据《竹书纪年》的记载，认为司马迁是把魏惠王在公元前334年称王改元误作是魏惠王去世了，从而把魏襄王的即位时间提前了，为了弥补时间上的空缺，又增添了一个魏哀王，魏哀王实际上就是魏襄王。

这个时候,其实不需要惠施和公孙衍费太多口舌了。东方各国吃惊于桑丘之战中秦军展现出的远征能力,楚、燕感到自己的国家也会被秦国侵入,对合纵一事都表现得比较积极。六国基本上达成了合纵攻秦的协议,约定在第二年(公元前318年)共同出兵,要把秦人打回西北吃黄土。

既然是联盟,就需要一个盟主,也就是合纵长。六国推选楚国为合纵长。但齐国对合纵一事根本不上心,表面上答应出兵,却什么准备都不做。惠施和公孙衍对此也是无可奈何。

组织了合纵联军从东面攻秦,公孙衍觉得还不够,凭借十多年前在秦国的经历,他觉得义渠人可以拉拢过来,利用他们从西面骚扰秦国,使秦惠文王两面作战。于是,趁着义渠首领前来魏国访问的时机,公孙衍私下里对他说:"如果六国不进攻秦国,秦国就会腾出手来骚掠你们;如果六国进攻秦国,秦国就会马上送好礼讨好你们。"公孙衍的意思是,秦国强大终究对义渠人不利,遇到秦国送重礼讨好你们的时候,你们要抓住机会反叛秦国。

义渠首领记下了公孙衍的这句话。

所有的联络和准备工作都完成了,公孙衍于公元前318年正式举起了六国伐秦的旗帜,第一次合纵攻秦之战爆发了。

合纵国家联合进攻震动了整个秦国,秦惠文王连忙召集文武百官商议对策。有人在会上提出:"义渠君是蛮夷之中比较贤明的君主,他如果响应六国攻秦,秦国就不安全了。大王不如多备一些重礼安抚他。"秦惠文王立刻准备了锦绣千匹、美女百名,派人给义渠首领送去。义渠首领欣然收下了这些礼物。

以为稳住了义渠人,秦惠文王又与众臣商议如何应对联军进攻。秦惠文王认为秦国通过变法,国力已今非昔比,又有函谷关的天险可以依托,完全可以与联军一战,他否决了屈服求和的提议,决定和联军真刀真枪地大战一场。

既然要交战，派何人为将呢？

秦惠文王已经属意一个人了，这个人就是他的弟弟樗里子。

樗里子之前就在东进攻打魏国的战斗中立下过战功，打下了崤山和黄河谷地的多座城市。秦惠文王认为弟弟对函谷关附近的地形非常熟悉，相信他能够承担抗击联军的重任，便把秦军的指挥权交给了他。

樗里子拿到了哥哥的虎符，立刻便快马加鞭赶到了秦国东部前线。他知道秦军人数不如联军，硬拼是没有胜算的，秦军应当依托函谷关和黄河天险，坚守不出，等到联军锐气受挫、士气下降的时候，再找机会击败敌人。

于是，樗里子下令秦军收缩在函谷关一带布防，等待联军到来。很快，秦军的探子来报，说函谷关外的地面上旌旗蔽日，马蹄声震地，数十万联军士兵正浩浩荡荡地向西开来。

攻秦联军虽然声势浩大，但真正前来的只有赵、魏、韩三晋，燕国以及身为盟主的楚国只派了少量部队参加。楚国和燕国如此敷衍的原因很简单，因为他们距离较远，派兵长途跋涉不方便，打赢了也捞不到土地，要是损兵折将，就更加不划算了；齐国更是从头到尾都耍无赖，嘴上答应得好好的，却放了公孙衍的鸽子，一兵一卒都没派来。

但三晋联军的人数加起来还是比秦军多，他们浩浩荡荡地杀向了函谷关。

樗里子得知联军逼近，下令函谷关的秦军严阵以待，没有命令不许出战，守好所有的堡垒和岗楼，提防联军所有可能偷袭的路线。

联军开进到函谷关附近，发现秦军已经做好了充足的防备，不禁惊慌起来。但既然已经到了这里，总不能不战而退吧。全天下都在关注这里，联军必须硬着头皮上了。

很快，魏军主帅就发现自己完全没法调动赵国和韩国的军队。赵军

和韩军分别由公子渴（一作谒）和太子奂率领，他俩都是公子爷，哪里愿意听从公孙衍这种身份的人调动。更何况函谷关如此难攻，赵军和韩军都不愿意当冤大头牺牲自己的人马。联军还没怎么进攻，就已经扯起皮来。

魏军只好带头发起攻击，结果折损了近一半人马。败报传到国内，魏襄王觉得这么下去联军必败无疑，就派惠施出使楚国，请求楚国这个合纵长和秦国和谈。

听说后方准备和谈，联军顿时军心大乱，斗志全无，急急忙忙要开溜回国。

樗里子下令秦军全军出动，全速追击。秦军跟在联军的后面追赶了数百里，终于在修鱼（今河南原阳西）追上了联军。

早就铆足了劲的秦军将士不顾人数上的劣势，手持利剑冲入联军猎取首级。落在魏军后面的赵、韩联军慌不择路，遭受到了痛击，八万二千人阵亡（其中赵军损失八万人），韩将申差被俘，

三晋联军战败，一直隔岸观火的齐国立刻对赵国落井下石，发兵攻打赵国东部，占领了观泽（今河南清丰西南）。

"厚道"的还有义渠人。义渠首领听取公孙衍的建议，当秦国派人送来礼物后，便趁着秦军和三晋联军在函谷关对峙的时机发动了叛乱，还在李帛（今甘肃天水东）把前来镇压的秦军打败。秦国那个时候忙于应对合纵联军的进攻，顾不上义渠人，只好跟他们求和。

但即便义渠人小胜，也无法改变什么了，喧嚣一时的合纵攻秦之战以联军惨败告终。赵武灵王痛心疾首，放弃了王号，励志改革，走上了胡服骑射的强兵之路。公孙衍则声望扫地，再没有组织合纵攻秦的号召力了。

这场攻秦之战也改变了秦国的命运。秦国人第一次打败了东方诸国联军，从此以后不再对合纵联军感到恐惧了。

天府之国

就在秦军横扫三晋联军,把合纵国家吓得惶惶不可终日的时候,忽然有一天,一位来自南方小国的使者来到了咸阳,求见了秦惠文王。他向秦惠文王只讲了一件事情——请秦国出兵援助他们。

这个遣使求救的小国是巴国(定都今四川阆中一带,另一说为陕西安康)。事情的起因我们要从头说起。

巴国古象形字的意思是"大蛇之国"。巴人最早生活在湖北西部一带,武王伐纣时他们向周天子效忠,做了周朝的诸侯。但是巴国人运气不好,有一个不安分的国家做了他们的邻居,就是东边的楚国。楚国在春秋时代就四处扩张,灭国无数,巴国自然免不了被楚国人当作侵略对象。双方交战了几百年,巴国打不过楚国,只好不断地向西迁徙,先后在今重庆、合川、丰都、涪陵、阆中一带立国。

巴国人移民到了四川定居,让四川本地人不乐意了。

当地有一个大国叫蜀国,是当地蜀人建立的国家,称作"古蜀

国"，占据着四川盆地的大部分地区。蜀国人擅长养蚕缫丝，所以其国号的象形文字意思是"葵中的蚕虫之国"。蜀国不是周朝的诸侯国，不向天子朝拜纳贡，它是一个在四川盆地里的独立国家，国君的称号甚至比周王还高，称作"帝"。在蜀国建立之前，蜀人有过蚕丛、柏灌、鱼凫（fú）三个部族首领时期，成都的三星堆文化遗址就源于蜀人的鱼凫部落时期。

传说中，蜀国的开国之君名叫杜宇，他统一了成都平原各个部落，建立了蜀国，号称"望帝"。望帝在位时，立一位死而复生的神人为宰相，此人叫"鳖灵"。当时蜀国洪水泛滥，鳖灵凿穿巫山，疏通水道，治好了洪水。杜宇认为他的德行和功劳高过了自己，便把帝位禅让给了他。他自己则隐居在了岷山，死后化作杜鹃鸟，每到三月便用叫声催促蜀地百姓及时耕种。

鳖灵号"丛帝"。在他之后，蜀国日益强盛，扩大了领土，成了四川地区霸主之国。到了蜀国第九代国君开明尚时，为了向华夏的先进文化学习，他废弃了帝号，改称"王"。但这位兄台也干了一件让自己后悔的事情，就是把蜀国北部（今四川广元一带）的一块土地封给了自己的弟弟，他的弟弟便在封地上建立了苴国。时间久了，苴国和蜀国关系越来越疏远，最后苴国干脆投靠了新建的巴国。蜀国与巴、苴两国成了仇敌。

巴国从重庆湖北一带逃到四川和蜀国抢地盘，两国之间的战争就没消停过。巴国知道苴国来投靠，蜀国肯定要派兵报复，干脆先下手为强，联合苴国一起出兵攻打蜀国。可惜蜀国早有准备，打退了巴、苴联军，并乘胜攻打苴国。苴国国君逃亡到了巴国。而元气大伤的巴国自知难以抵挡蜀军，就向邻近的秦国求援。

接到巴国求救的请求后，秦惠文王心里犹豫：救还是不救呢？

眼下秦国正在对合纵国家用兵，西边义渠人的叛乱还没有停息，哪有多余的精力去管跟秦国八竿子打不着的巴、蜀干架？但是不去救援，又会错失一个能让秦国进入巴、蜀的机会。蜀国灭了巴国，变得更加强大，对秦国也不利。

秦惠文王难以下决定，便召来大臣们一起商议。张仪因为联魏伐齐没有成功，急于立功赎罪，不希望秦国分散精力，就站出来提议说："臣建议大王不要救援巴国，不如先去攻打韩国。"

秦惠文王来了兴趣，便说："说你的意见听听。"

张仪便说："我们先跟楚、魏两国结盟，然后出兵攻打韩国的新城、宜阳，兵临东西周城外。周王知道自己情况危急，就一定会交出九鼎。我们据有九鼎，再按照地图户籍，假借周天子的名义号令诸侯，天下又有谁敢不听从我们命令呢？这才是霸王之业。至于蜀国，那是一个在西方边远之地、野蛮人当酋长的国家，我们即使劳民伤财发兵前往攻打，也不足以因此而建立霸业。"

张仪讲得头头是道，有一个人却站出来反对他道："事情并不像张仪所说的那样。如今我们秦国地盘小而百姓穷，大王应该先扩张领土才对。巴蜀是偏僻的戎狄之国，又正好陷入内乱，我们秦国去攻打它们，就好像群狼驱羊一样简单。秦国得到蜀国的土地，可以扩大版图，增加人口和财富，还可以得到除暴安良的美名，可以说是名利双收。而如果我们去攻打韩国，就等于劫持天子了。周天子是天下共主，齐是韩与周的友邦，周知道要失掉九鼎，韩清楚要失去宜阳，两国必然精诚合作，共同联络齐、赵、楚、魏等国来阻止我们。我们攻打天子不仅得到千夫所指的恶名，也不见得能获得什么利益。所以，攻打韩国是失策，先伐蜀才是万全之计。"

这个敢于提出不同意见的人叫司马错，秦国人。两百多年后，他的后人司马迁写了名垂千古的史书《史记》。

司马错当时还只是一名武官，他的建议却让秦惠文王耳目一新。秦

惠文王觉得他说得更有道理，秦国地处边远，土地资源不够丰富，要是能占据富饶的巴蜀之地，就可以得到一个大粮仓，为秦军征伐天下提供源源不断的粮食，何乐而不为呢？相反，韩国和周天子处于中原的咽喉地带，如果听张仪的去打周天子，势必会让六国恐慌，使它们出兵救援。这样一来，秦国又会面对六国合纵攻秦的局面，太累人了，就算拿到周天子的鼎，又有什么用呢？

于是，秦惠文王否决了张仪的提议，同意了司马错的建议，并任命他为南下秦军的指挥，带兵攻打蜀国。

张仪见功劳要被司马错抢走，就自告奋勇，请求也领一支秦军南下协助司马错。秦惠文王便遂了他的愿。

从陕西的渭河平原到四川盆地，自古以来都要穿越险峻的秦岭。秦岭多山，而且陡峭险恶，山路往往就在悬崖边上蜿蜒，一些地方没有路，便在峭壁上凿洞搭建"栈道"，行人们就在狭窄的栈道上行走，旁边就是深谷或湍急的江水。

但是，再艰难的道路也无法阻止秦人征服的脚步。张仪和司马错以巴国人为向导，率领秦军跋山涉水，通过一条名为"牛道"的秦岭道路来到了苴国。

惊闻秦军南下，蜀王连忙调集部队，在石牛道的终点葭（jiā）萌关（今四川广元市境内，关隘已无存）堵截秦军。秦军找来当地的苴国人做向导，绕路偷袭蜀军，攻下了葭萌关，蜀王带领败军退出了苴国。

为了一举消灭蜀国，张仪和司马错带领秦军穷追不舍，在武阳（今四川彭山东北）杀死了蜀王。蜀王的太子和宰相逃进了深山，最后自杀身亡。

灭掉蜀国之后，司马错和张仪并没有立刻在当地设置郡县，把蜀国合并到秦国的版图中。他们看出蜀人众多，对秦国的占领还不服，强行设县统治会造成动乱。倒不如先行安抚，保留蜀国的建制，立蜀国的宗室为新国君，然后让秦人担任要职，让蜀国成为秦国的傀儡。这样蜀人觉得自己的国家仍然存在，就不会太过反感秦人了。

这个提议得到了秦惠文王的批准。秦国便立蜀国的一位公子为新君，但废掉蜀国的王号，降为"侯"，同时，指派秦人陈庄为蜀相，张若为蜀国守，实际管理蜀地。

蜀国被灭亡了，那条引来秦军入侵的石牛道一直令蜀人记忆深刻，以至于在蜀地还有两个关于它的传说。

一个传说是，秦惠文王为了征服蜀国，得知蜀王好色，就送给他五名美女。蜀王派了五位壮士去把美女接来。当他们翻越秦岭时，一个壮士看见一条大蛇钻进了山洞，便去抓住了蛇的尾巴，其余四个壮士也来帮忙，一起把蛇往外拉。结果，他们这一拉扯，使得山崩地裂，壮士和美女全被巨石压死。但山也被分为五岭，露出一条进出蜀地的道路，就是"石牛道"。这个传说就是"五丁开山"。李白《蜀道难》中的诗句"地崩山摧壮士死，然后天梯石栈相钩连"，讲的就是这个传说。

另一个传说是，秦惠文王得知蜀王贪财，命人做了五头石牛，在石牛的尾巴下面塞了一些金块，欺骗蜀王说石牛能够拉出金子，特别送给蜀王。蜀王为了方便搬运石牛，就派了五名壮士，率领数千民夫在秦岭挖出通道。这条路就是"石牛道"，"五丁开山"即源于此。

蜀人的这两个传说虽然不尽相同，但都是秦人送礼、蜀王受骗的情节，流露出了蜀人对蜀王无能的哀叹，以及对石牛道的刻骨记忆。

但是蜀人们不用独自哀伤了，因为还有两个更蠢的国君给蜀王做了同伴，就是苴侯和巴王。司马错和张仪率领秦军攻灭蜀国之后，认为有必要把四川盆地的土地连成一片，苴国和巴国也不能留。于是，秦军休整一段时间后忽然进军巴国，俘获了苴侯和巴王。苴国和巴国因此灭亡，而且下场比蜀国还惨，他们的国家直接被设置为秦国的郡县。但秦惠文王对巴人也有优待，封其首领为"君长"，规定巴人有不更的爵位

（军功爵的第四级）。

灭掉巴国和苴国后，巴蜀之地完全被秦国据为己有，秦国的领土几乎增长了一倍。为了让这里成为秦国进行统一战争的大后方，历代管理巴蜀地区的秦国地方官都不遗余力地开发与建设。

被任命为蜀国守的张若，在岗位上兢兢业业将近四十年，兴建了多座城邑，改建了成都城。他还针对蜀地的资源特点，大力发展丝织业，四川的"蜀锦"就是从他开始名闻天下。张若又大量开发盐井和铁矿，派专人负责盐铁生产和贸易，蜀地的盐铁产业逐渐上升到领先各国的地位。

后来的蜀郡太守李冰更是修建了闻名于世的都江堰，控制了岷江水患，为附近的成都平原提供了灌溉水源。这一造福一方的水利工程历经几千年而不朽，直到现在还在发挥作用。

在这期间，秦国还移民了一万户秦人到巴蜀定居，开垦荒地，种植粮食。这些举措改变了当地蛮荒的情况，也促进了巴蜀人与华夏民族的融合，巴蜀地区日趋文明和繁荣，逐渐有了"天府之国"的美誉。

司马光在《资治通鉴》里一针见血地写道："蜀既属秦，秦以益强，富厚，轻诸侯。"秦国获得了一片富庶的土地，巴蜀之地拥有丰富的山川资源和肥沃的农田，可以源源不断地为秦国的统一战争提供充沛的粮草后勤，秦军拥有了发动更大规模战役的能力。秦国不仅避免了攻打六国时巴蜀两国袭击后方的隐患，而且把势力伸入到了南方，威胁到了楚国的西部。秦军完全可以从蜀地沿水路出三峡东下楚国，为将来与楚国的战争提供了便利。

秦国飞跃式的强大已不可避免。

第207章

诈楚

就在秦国占领巴蜀地区这段时间，六国间也在进行新一轮的联盟调整。

楚国人因为带领合纵攻秦失败，致使其失去了三晋的信任。韩、魏两国则在公孙衍的主张下，决定投靠齐国。齐国派了战国四公子之一的孟尝君田文担任魏相，公孙衍让出魏国相位，去韩国担任国相。至此，同盟国之间互派大臣为对方国相成了战国的一种惯例。

见韩、魏、齐三国仍然采取合纵的态势，秦惠文王决定兵发韩国，对公孙衍进行彻底的打击，逼迫韩、魏两国再次与秦国连横，不敢违逆。

韩国国小兵少，又在修鱼之战中损兵折将，听说秦军要来打，韩宣王感到十分恐惧。

有一位大臣向韩宣王建议说："盟国们都不可靠，我们不如割地向秦国求和，然后怂恿秦王和我们一起伐楚。我们失去的土地就能在楚国

那里得到补偿了。"

韩宣王听了,连忙派使者到秦国那里献地求和。

得知情报的楚怀王大为惊恐,召集众臣商议如何应对。陈轸①向楚怀王献计说:"大王应该在全国实行戒严,集合军队声言援救韩国,让战车布满道路。然后派遣使者到韩国,增加使者的车辆,加重使者的聘礼,做出样子使韩国相信大王是要援助它。韩国即使不能听从我们,也一定会感激大王,不会联合秦兵来攻楚的。这样秦、韩两国不和,秦国必然大怒而全力进攻韩国。而韩国自以为有楚国的援救,一定会与秦军交战。这样我们便可以使秦、韩两国自相残杀,从而解除楚国的忧患。"

楚怀王按照陈轸的计策去执行,韩宣王果然兴奋不已,派人停止与秦国的和谈,并且加紧军备,修筑工事,大有准备和秦军一决雌雄的气概。

见韩国出尔反尔,秦惠文王大为生气,他干脆给樗里子更多的兵马,命他狠狠地教训一下韩国人。

樗里子带兵攻入韩国境内,韩国则派公孙衍领兵抵抗,两位在函谷关和修鱼对峙过的名将再次交手,在岸门(今河南许昌西北)爆发了激战。

公孙衍为了自己最后的荣耀,可谓拼尽了全力,他指挥韩军在兵力劣势的情况下顽强抵抗,硬是扛了好几天,挡住了秦军多次凶猛的进攻。在这期间,他不断请求韩宣王让楚国速速出兵增援。可惜的是,楚国人再次不讲诚信,对韩国坐视不管,一兵一卒都没派来。最终,樗里子一鼓作气攻下了岸门,杀死韩军一万多人,公孙衍带兵撤退。

---

① 正是以"画蛇添足"这个故事劝说楚将昭阳回国的那位游士。他本是齐国人,后来去了秦国,因为被张仪排挤又来到了楚国。

一代谋略大师不得不为这场失败承担起责任，他主动辞去了韩国国相一职，从此黯然退出了历史舞台。因为合纵抗秦最终失败，公孙衍的历史记载混乱且稀少，以至于他的一些事迹被移花接木到了苏秦的身上，他成了历史上一个模糊的人物。

但是，正如《孟子》所评价："公孙衍、张仪岂不诚大丈夫哉！一怒而诸侯惧，安居而天下熄。"公孙衍作为第一位领导六国合纵的人，仍然是当时首屈一指的英雄。

岸门之战胜利后，樗里子继续进军，再次攻下了魏国的曲沃和焦邑，将当地的魏国人全部驱逐出境。韩宣王和魏襄王只好乖乖向秦惠文王低下了头，派人来求和。秦惠文王要求韩宣王把太子送到秦国当人质，要求魏襄王把一位亲秦的公子立为太子。两国没法拒绝，只能同意，双方就此重新签订了盟约。

不久之后，樗里子又出兵攻打赵国，俘虏了一名赵将。赵武灵王也主动寻求与秦国联盟，中止了与中原列国的合纵，为胡服骑射改革的推行赢得了时间。

秦惠文王压制了三晋的反抗后，一个强大的对手开始浮现在他的眼前，那就是春秋时期问鼎中原的霸主——楚国。

过去的楚国与秦国可谓"兄弟之国"，也许是同样沾有戎狄的野蛮之气，秦、楚两国一直都被以晋国为首的中原国家排斥，因而同病相怜，结下了长久的友谊。数百年来，秦、楚一直以盟友相待，经常联姻通婚，远比"秦晋之好"来得久。春秋末年，秦国还不远万里派兵到楚国抗击吴军，帮助楚国人复国，"兄弟"之情可见一斑。

然而，随着时间的推移，到了战国时代，局势的变化使得秦、楚的"兄弟"之情越来越淡漠，往日的友谊被利益关系取代了。

在秦惠文王即位之初，楚国还保留着残存的"友情"。为了拉拢秦国打压魏国，楚王派人来祝贺秦惠文王即位，还把一名宗室女子送给他

卷十五　连横破合纵

做妾。这位楚女叫芈氏，给秦惠文王生了三个儿子，她就是后来鼎鼎有名的宣太后（也称芈太后）。

渐渐地，楚国人发现魏国已经不堪一击，秦国反而越来越强大，甚至还称王。在担忧和气愤下，楚国人"背叛"了秦国，加入了合纵攻秦的行列。虽然楚国没有派兵直接与秦国交战，但它已经在很多场合公开与秦国为敌了，如多次扬言要保护韩、魏两国不受秦国攻击。

秦国吞并巴蜀后，秦、楚关系到了无法挽回的地步。楚国一直以来都把南方诸国当成自己的后花园，有意吞并巴蜀两国。没想到，秦国抢先一步，拿下了巴蜀，还把国境线推进到了楚国西部，让楚国的大后方失去了安全屏障。楚国干脆与东方的霸主齐国结盟，对抗秦国与韩、魏两国的联盟。

事到如今，楚国已经成了秦国争雄天下的巨大障碍，这仗不能不打了。做了大约三百年"兄弟"，最后还是要在战场上兵戎相见了。

但是秦国的这位"兄弟"不比魏国，并不是那么好打的。楚国是当时世界上国土第二大的国家，号称方圆五千余里（实际上没有这么大，估计在100万～150万平方公里之间），仅次于当时西方的亚历山大帝国；在当时的纵横家口中，楚国号称拥有东方最多的人口，可以征发一百多万士兵，常备的铠甲部队就有五十多万人，还有一千辆战车、一万名骑兵；因为人多地广，楚国还是诸侯中经济总量最高的国家，国库里的粮食储备够国家十年之用，国相的上等门客就用得上宝珠镶嵌的鞋子，国家的富庶程度远超秦国。

对付这样一个超级大国，谁的心里都会打鼓。

《史记·张仪列传》记载，楚国当时与齐国强强联手，实在不是秦国一个国家对付得了的。秦惠文王为此召集群臣日夜开会，商讨如何对付齐、楚联盟并打败楚国。众人七嘴八舌地讨论，始终没有提出一个令秦惠文王满意的对策。

这个时候，张仪站了出来，对秦惠文王说："请大王为臣准备好车马与金钱，让臣去楚国担任国相，臣愿为大王前去游说楚王，让他放弃与齐国的盟约。"

秦惠文王对张仪的口才向来很有信心，便批准了张仪的请求。

几天之后，张仪便驱车来到了楚都郢城。楚怀王给了他上宾的礼遇，很客气地请教说："敝国只是一个偏远国家，不知您有什么见教？"

张仪就说："既然大王愿意听从我的意见，那就请大王跟齐国断绝邦交，我就劝秦王献上方圆六百里的商於（今河南淅川一带）土地，让秦国女子作为服侍大王的侍妾，秦、楚之间娶妇嫁女，永远结为兄弟国家。如此一来，齐就丧失了后援，必定走向衰弱；齐走向衰弱以后，就必然听从大王的号令。大王如果能这样做，楚国不但在东北面削弱了齐国的势力，又在西北对秦国施有恩惠，同时获得了六百里的土地及秦女侍妾，这真是一举三得的策略啊。"

楚怀王听说秦国愿意进献土地和美女让他与齐国绝交，心里顿时乐开了花，当场答应了张仪。

会谈结束后，他召集一帮臣僚，高兴地向他们宣布。这些大臣也不多想，纷纷上前祝贺，一个接一个地吹捧楚怀王如何英明，如何伟大。

众臣之中，唯独有一个人没有向楚怀王表示祝贺，反而向他表示了悲哀和遗憾，此人就是陈轸。陈轸对张仪无疑是非常了解的，早已看穿了张仪此番来楚国的阴谋。当楚怀王诧异地质问他时，陈轸回答说："我认为，大王不但得不到商於的六百里土地，反而会招来祸患，所以臣才不敢随便向大王道贺。秦王之所以重视大王，是因为有齐国这样一个强大的盟国。如今秦国还没把地割让给大王，大王就要跟齐国断绝邦交，如此就会使楚国陷于孤立状态，秦国又怎会重视一个孤立无援的国家呢？大王先让秦国割让土地，楚国再来跟齐断绝邦交，秦国必然不肯

这样做;要是楚国先跟齐国断交,然后再向秦要求割让土地,那么必然遭到张仪欺骗而得不到土地。受了张仪欺骗,以后大王必然懊悔万分,结果是西面惹出秦国的祸患,北面没有了齐国的后援,这样秦、齐两国都将发兵进攻楚国。"

陈轸的这盆冷水泼得楚怀王一个透心凉。楚怀王不高兴地说:"不谷的事已经决定了,你就闭嘴吧,不要再多说了,你就等着不谷不费一兵一卒拿到六百里土地吧!"

楚怀王不听陈轸劝告,派人到齐国宣布断交,又送了张仪很多礼物,派了一名将军跟随他到秦国接收土地。

张仪见楚怀王中计,便开始了自己的下一步计划。在快要到咸阳的路上,他故意没有抓稳,从马车上摔了下来,哼哼叽叽被人抬去救治了。他这一"治疗",就治了三个月,中间一直没有露面。

这下可害苦了那位前来接收土地的楚国将军,他在咸阳当了三个月的游客,没有张仪的引荐和对接,哪儿能从秦国拿走六百里土地呢?秦惠文王在这期间也和张仪串通好,表示对割地的事不清楚,要等张仪的伤好了再处理。

楚怀王在郢都左等右等,一直没见到秦国使者把割地的文书和地图送来。这让他纳闷了,张仪和秦国人到底怎么了?是不是觉得我和齐国的关系还没有断绝干净,心里有担忧呢?

天真的楚怀王被人卖了还帮人数钱,自以为是地派了一名勇士到齐国那里把齐宣王辱骂了一顿。齐宣王被楚使辱骂之后勃然大怒,发誓和楚国不共戴天。秦惠文王抓住机会,暗中派人联络齐国,双方缔结了盟约。

张仪得知情况,"伤病"立马就好了。他叫来楚国使者,拿出一张地图跟他比画着说:"您怎么还没有接收土地?从这里到这里,一共六里,就是我们献给楚王的。"

楚使大吃一惊，说："我只听说是六百里土地，从未听说是六里。"

张仪辩解说："是你听错了。我张仪在秦国只是一个微不足道的小人物，怎么敢许诺给楚国六百里呢？"

楚使自知没法和张仪沟通，便回国向楚怀王报告了这件事。楚怀王这才明白过来，原来自己被张仪耍了，一气之下，他决定发兵讨伐秦国。

然而这个时候，陈轸拦住了他，说："现在臣可以说话了吗？楚国发兵攻打秦国，绝对不是一个好办法。大王不如趁此机会，不但不向秦国要求商於的六百里土地，反而再送给秦一个大都市，目的是跟秦连兵伐齐，如此或许可以把损失在秦国手里的再从齐国得回来，这不就等于楚国没有损失吗？大王既然已经跟齐国绝交，现在又去责备秦国失信，岂不是在加强秦、齐两国的邦交吗？这样的话，楚国必受大害！"

气昏头的楚怀王再次没有听进去陈轸的话，派将军屈匄（屈原的族兄）出兵讨伐秦国。秦国联合齐国攻打楚国，斩首楚军八万人，夺走了楚国的丹阳（今河南淅川东南）、汉中（今湖北上庸一带）之地。

然而，这段戏剧化的记载不免让人再次怀疑：楚怀王真的有这么白痴吗？随随便便就被张仪玩弄？从后来的史料来看，楚怀王是很受楚国臣民爱戴的一位国君，以至于后来项梁、项羽叔侄反秦，仍打出楚怀王的旗号来号召楚地百姓。如果他的智商这么低下，把国家大事当作儿戏，会有这么多楚国人在一百多年后还怀念他吗？

根据杨宽先生在《战国史料编年辑证》中的考证，张仪在来楚国之前，还发生过"楚三大夫张九军，北围曲沃、於中"以及"齐助楚攻秦，取曲沃"两件事，意思是楚国派了三位大夫率领数量庞大的军队北上围攻曲沃和於中（今河南西峡东），齐国也派兵助战，合力攻下了曲沃。其中，曲沃就是秦军刚刚从魏国夺取的那座城市，位于函谷关东

北处；於中位于武关以东、方城以西，和附近的商密并称为"商於"之地，当时也已经被秦军占领。

这样一来，就能理解楚怀王为什么会"脑残"了。

原来，秦国逼服韩国和魏国后，引起了楚国人的恐慌。楚怀王为此出动了大军北上围攻曲沃和於中，并和齐宣王摒弃前嫌，组成了联盟共同抗秦。前线的秦军在齐、楚联军的围攻下，把刚刚打下的曲沃城丢了。

眼看於中岌岌可危，张仪连忙出使楚国求和。但秦国人要面子，在内部宣传他是去楚国当国相去了。张仪见到楚怀王后，提出要把商密和於中一起割让给楚国，请求楚军就此退兵，并和齐国断盟。楚怀王半信半疑，就让前线的楚军暂停进攻，然后派了一位大臣跟张仪去秦国完成交割手续，如果秦国不肯割地，他就命令楚军继续进攻。

楚怀王以为这样万无一失，没想到这是秦国的缓兵之计。张仪回国后以伤病为由拖延谈判时间，秦惠文王利用楚军停止进攻的时机，从国内调集大军支援商於前线。楚怀王发现被骗之后，命令屈匄继续进攻商於之地，并增派景翠带兵进攻韩国，阻拦韩军支援秦军。

至于齐国，根本没有和楚国断交，楚怀王派勇士辱骂齐宣王一事纯粹子虚乌有。齐宣王在楚军再次大举出击后，也在东线配合楚军攻打了魏国的煮枣（今山东东明南），以牵制魏军。

"兄弟"之战

"老哥们儿"已经拔刀相向了,秦国人自然也毫不示弱。《战国策》对这场战役的描述比《史记》具体一些。综合史料来看,秦惠文王根据楚军的动向兵分三路,左路由"智囊"樗里子指挥秦国精锐,东出函谷关救援韩国和魏国;中路由魏章指挥,率领秦军主力经武关南下商於,反击屈匄的楚军;右路由甘茂统率,从南郑(今陕西汉中)出发,向东进攻楚汉水流域,攻取楚国汉中。

魏章率领的秦军主力是最先出发的。他们利用张仪欺诈楚国争取来的时间,以急行军的速度穿山越岭赶到了商於,救下了快要兵尽粮绝的当地守军。当屈匄的楚军再次对商於发起进攻时,魏章指挥秦军突然从侧翼杀出,樗里子也从韩国分兵夹击,一起在丹阳打败了楚军。楚军阵亡八万多人,屈匄以及七十多名大小将领被秦军俘虏后处死。接着樗里子带领秦军调转矛头击退了景翠的楚军,再继续向魏国挺进,准备反击齐国军队。

秦军在丹阳摧毁了楚军，赢得了"兄弟"之战的首胜。秦国举国上下沉浸在胜利的喜悦中，秦惠文王也对这场战役完胜兴奋不已。原本他还忌惮楚国庞大的军力，现在他觉得楚军不过是纸老虎，即使有百万大军，也是不堪一击的乌合之众。

但是，秦惠文王高兴得太早了，更加残酷的战斗还在后面。

右路的甘茂部队进攻楚国汉中不顺，秦惠文王就让中路的魏章部队向西南进攻，协助甘茂夺取了汉中。秦惠文王以为这样调动没有什么问题，但他忽视了一个问题，就是秦军的战线因此被拉得太长了，导致武关一带的防御力量薄弱。

武关是连通楚国和秦国的一处重要关隘，相当于关中平原的东南大门。只要楚军突破这里，就能从秦岭峡谷长驱直入，直逼咸阳城下。秦惠文王却以为楚军刚刚在丹阳战败，不敢来找麻烦，就冒失地扩大战线，露出了这个防守漏洞。

楚国人恰恰在这个时候来找麻烦了。

当时的楚国沉浸在一片悲愤之中，楚国自柏举之战以来还没有遭遇过丹阳之战这样惨痛的失败。加上先前张仪对楚国的欺骗，全楚国臣民都对秦国恨得咬牙切齿。国人们群情激奋，强烈要求向秦国复仇，楚怀王更是气急败坏，发誓一定要把咸阳夷为平地。

楚怀王再次集结兵力，准备对秦国发动一场总攻。当得知秦军主力去攻打汉中后，楚怀王立刻出动大军扑向了武关。由于秦军轻敌且防守薄弱，武关很快失守了，楚军浩浩荡荡地穿过秦岭谷地，杀向了关中平原。

楚军入侵的告急奏报送到了秦惠文王的手上。它就像一声巨雷，把秦惠文王惊得说不出话来。眼下，秦国的主力兵马都在外面作战了，只剩下一些老幼和王宫卫队留守，他们怎能抵挡杀气腾腾的楚军？

秦惠文王连忙派人快马加鞭，把回援咸阳的指令送到魏章那里。同时，他派出使者去韩、魏两国，请求他们增援，一起抗楚。

但是，魏章的部队短时间内没有办法赶回，而韩、魏两国名为盟友，暗地里却是首鼠两端，他们按兵不动，打算坐山观虎斗，等秦、楚之战分出胜负后再决定援助哪一方。

楚国的复仇大军快要兵临咸阳城下，援兵却迟迟不来，秦国真的到了生死存亡的关头！

别人靠不住，就只能靠自己了。

秦惠文王开始动员秦国军民一起保卫自己的家园，他下令征集附近所有的男丁入伍，并释放囚犯，以增加防守兵力；他还给咸阳周边可以战斗的百姓发放武器，武装居民。团结善战的秦国人回到了《诗经》名篇《无衣》中那种豪气冲天的场景，他们互帮互助，上下一心，同仇敌忾，要为自己的国君和家园拼尽最后一滴血。

而就在秦惠文王忙于备战的紧要时刻，楚军推进到了距离咸阳不远的蓝田（今陕西蓝田西）。秦惠文王把附近所有的部队都召集来蓝田前线与楚军决一死战。

一场关系秦国生死存亡的恶战开始了。

小小的蓝田顿时挤满了秦、楚双方数十万兵马，到处是喊杀声、惨叫声和兵器碰撞的声音，隆隆的军鼓声更是震破了众人的耳膜。在激烈的战斗中，多次有楚军士兵冲到秦惠文王的身边和他的卫士展开厮杀，飞舞的流矢不断地在秦惠文王的耳边呼啸。但即使身边有人倒下，飞箭落在了脚跟，秦惠文王仍岿然不动，就像一尊雕像一样镇守在战场上。

国君的镇定和顽强大大鼓舞了秦军的士气，他们拼死杀敌，坚决不后退半步。楚军激战了一天，发现竟然突破不了这支秦国预备役部队筑成的战线。

楚军远离国土，后勤补给相当不便，面对秦军的顽强抵抗，全军士气大受影响，已成强弩之末。在是否继续进攻的问题上，楚军将领举棋

不定。

就在这个时候，从东方战场传来一条让所有秦国人振奋的消息：樗里子率领的秦军在濮水大败匡章的齐军，报了桑丘之战的仇。魏章率领的秦军主力也放弃了汉中，正火速回援本土，要对楚军进行前后夹击。韩国和魏国也有所行动，他们见秦军击败齐军，楚军又在蓝田受挫，认为秦国已经占了上风，取胜的概率很大，便"及时"见风使舵，联合出兵南下攻打楚国。

韩、魏联军突然进攻让楚国猝不及防。楚怀王调动了全国的兵力去攻打秦国，只在国内留下了少量兵力，根本不足以抵挡韩、魏联军的攻势，联军势如破竹，很快就打到了邓城（今湖北襄阳西北）。

楚怀王见势不妙，不得不下令所有在秦国的部队撤退。楚军顿时丢盔卸甲，一溃千里，蜂拥通过武关回国。秦军跟在他们的后面收复了所有的失地，并重新占领了汉中。

惊心动魄的蓝田之战终于以秦国反败为胜告终了。

虽然损失巨大，国都也差点被端掉，但是秦国赢得了秦、楚"兄弟"之战的最终胜利。而楚国，在短短一年时间里经历丹阳、蓝田两场大败，国力大受损伤。尽管楚国出动了全国兵力，一直打到离秦国首都不远的地方，也没能扭转战败的局面。这使得楚军的士气遭到了极其沉重的打击，从此之后，楚军再也不敢对秦军发动大规模进攻，战略的主动权落入了秦国手中，楚国只剩下了挨打被欺凌的份儿。

虎口脱险

时间进入了第二年,公元前311年,年近五旬的秦惠文王已经感受到了健康和精力的衰退。在位二十七年来,他每天殚精竭虑,勤恳工作,将父亲留给自己的国家不断地发展壮大,取得了一个又一个胜利,秦国的邻国,暂时没有哪个能和秦国抗衡了。但秦惠文王还没有实现父亲"包举宇内""并吞八荒"的理想,就感觉到了命运终结的征兆。

秦惠文王得了重病,卧床不起了。

在生命的最后时光,秦惠文王仍然不忘为这个国家做决策和规划。他最担心的还是南方的楚国,在病榻之前他再次发兵攻打楚国,为蓝田之战死去的秦人报仇。秦军从魏国南下,攻下了三百多年前齐桓公会盟楚国的召陵(今河南漯河召陵区)。楚国惧怕秦军,不敢出兵反击。

《史记》记载,有人向秦惠文王建议,楚国一直以来防备中原诸侯,在北方布满重镇堡垒,军力强大,秦军从北向南进攻不是很明智,应该利用巴蜀之地的地理优势,从西向东进攻楚国。而楚国最靠近巴蜀的地

方是黔中郡（今湖南、湖北、重庆和贵州交界一带），秦国要先行拿下这个地区。

但是黔中郡地处偏远，又是荒蛮的山区，秦军长途行军去进攻显然不是很现实。张仪就提出来，楚王对汉中被占一定耿耿于怀，不如把汉中的一半土地还给楚国，用来换取黔中郡。

秦惠文王便派人再次出使楚国，把换地的意愿告诉了楚怀王。楚怀王的答复大大出乎了所有人的意料。他说："不谷不要你的土地。只要你们秦国把张仪交给楚国，不谷就把黔中割给你们。"

显然，楚怀王恨死了张仪，想杀了他出气。

秦使连忙把这个消息汇报给了秦惠文王。秦惠文王也是大吃一惊，用自己丞相的性命去换取一片土地，这未免太荒唐了。但得知消息的张仪却主动求见秦惠文王，表示愿意去楚国换来黔中郡。

秦惠文王不解地问："你上次用商於六百里土地骗了楚怀王，他能饶了你？"

张仪解释说："臣认识楚怀王身边的佞臣靳尚，靳尚又熟悉楚怀王的宠姬郑袖，郑袖的话楚怀王没有不听从的，臣能够利用他们两人脱身。而且，现在秦强楚弱，臣是大王的使节，楚怀王不敢乱杀。就算臣死了，以一条命给秦国换来土地也是值了。"

于是，秦惠文王就把张仪派去了楚国。路上，张仪把自己的计划告诉了随行人员，给他们一一做了安排。

张仪到了郢都，迎接他的不是仪仗队，而是几个凶神恶煞的武士。张仪连楚怀王的面都没有见到，就被锁起来关进了监狱。但他毫不慌张，悠然自得地躺在牢房里，等待着被释放。

张仪的随行副使见他被抓，立刻按照他事先的安排，带着一批财宝暗中拜访了靳尚，向他转述了张仪交代的话。贪腐的靳尚见钱眼开，收下了张仪的贿赂，答应救他一命。

第二天，靳尚进宫找到了郑袖，对她说："夫人知道吗？您快要失宠了。"

郑袖大惊，连忙问："这话从何说起？"

靳尚说："大王把秦使张仪抓起来准备处死了。但秦王是最喜欢张仪的，现在他为了救张仪，准备割让上庸六县，还要送大王一名绝色美女，以及一批能歌善舞的女子。将来，大王一定会宠幸秦国美女，从而冷落了夫人。夫人要劝劝大王，把张仪放掉。"

这个郑袖，是一个自私且阴险的女人，长期以来一直霸占着楚怀王的后宫，任何与她争宠的女人都会被她残害。过去，楚怀王喜欢过一个从魏国来的美女。郑袖虚情假意地和魏女交朋友，送她很多衣服和首饰。等到魏女信任了她之后，郑袖就对她说："大王虽然宠爱你，但不喜欢你的鼻子。你见他时，最好捂住鼻子，大王才会长久地喜欢你。"

魏女听信了郑袖的话，每次见到楚怀王都捂着鼻子。楚怀王大惑不解，问郑袖是怎么回事。郑袖就说："贱妾前几天听她说不喜欢大王的体味。"楚怀王大怒，破口大骂道："这个放肆的女人！"下令割掉魏女的鼻子，把她打入了冷宫。

这样一个工于心计的女人自然不忽视任何使她失宠的可能，她在晚上对楚怀王吹枕边风说："人臣各为其主，张仪先前欺骗大王并不是什么错。秦国还没有得到黔中，就派丞相来出使，说明秦王看重我们。现在大王这般不礼遇张仪，还要杀了他，秦王一定会暴怒而出兵攻打楚国。到时候秦兵杀来，恳求大王能准许贱妾和子女们到江南之地避难，不被秦人凌辱。"

郑袖在楚怀王身边哭哭啼啼，闹了好长时间。楚怀王禁不起她的折腾，心软下来，稀里糊涂地下令释放张仪，还给予他适当的礼遇。但是，楚怀王并不是没有保留。他派人对张仪表示，放了他可以，但黔中郡是不会给了。

张仪就在心里嘀咕：要是这么回去了，岂不是空手交差？在鬼门关前走了一趟，怎么也得带点功劳回去。

于是，张仪在获释之后不久拜见了楚怀王，游说道："秦国土地广阔，占有天下之半；武力强大，可与诸侯对抗；四境有险山阻隔，东边又绕着黄河，西边还有险要的屏障，国防巩固如同铁壁铜墙。大王却加入合纵，与秦国为敌，在下以为这是不明智的行为。秦兵出函谷关，能使韩、魏两国屈服；从巴蜀顺江而下，能深入楚国腹地，诸侯就算肯救，援军赶来也要半年时间。大王不如听在下的，与秦国约为兄弟之国，双方互相派太子做人质。在下还能请求秦王献上一座万户大城市，再献一名美女给大王做妾。两国缔结同盟，永不互相攻击，不是很好吗？"

张仪的想法是，带一纸秦、楚盟约回去，也是一项不错的成绩。至少秦、楚连横，破坏了诸侯们的合纵，秦国将来一段时间就能腾出精力在中原继续扩张了。

楚怀王听张仪这么一说，觉得很有道理，便把国仇家恨统统抛在了脑后，笑眯眯地说："楚国僻陋，托东海之上；寡人年幼，不习国家之长计。今上客幸教以明制，不谷闻之，敬以国从。"

送别之际，楚怀王送了许多珍宝给张仪，还派了使者和马车护送他回国。

张仪离开后不久，被派去出使齐国的屈原回来了。屈原得知楚怀王放走了张仪，便说："张仪先前欺骗了大王，臣以为张仪这次前来，大王一定会烹了他，没想到大王不仅把他放了，又听从他的游说与秦国结盟。大王您糊涂啊！"

楚怀王却不以为然地说："放了他，不谷就不必割让黔中，还能与秦国联姻，不是很好吗？"

屈原无可奈何。

这个故事同样过于戏剧化，把楚怀王刻画成了智力低下的蠢人。根据《战国策》的说法，张仪其实并没有去楚国，他是提出了割让汉中的建议，但遭到了甘茂强烈反对，最终没有实施，而楚国那边的态度是"重张仪"，想让张仪在秦国的地位更重要，楚怀王还派人专程到秦国来搞公关。

《战国策》的记载非常简略，也有点枯燥，但更加合乎情理。

张仪真心想把汉中地还给楚国不假，联系到他以前对付魏国是胡萝卜加大棒的风格，这一次他应该是故伎重施，想用交还汉中这根"胡萝卜"促使楚国与秦国连横。事情要是办成了，秦国就获得了楚国这个重要盟友，张仪本人也能在秦、楚两国大受欢迎，身兼这两个大国的丞相都很有可能。而楚怀王自然想兵不血刃地收回失地，派人去"重张仪"也就是理所当然的了。

然而，当楚使的车队驶入咸阳，他听到了一个噩耗：秦惠文王去世了。

那一天，正好是公元前311年的秋季，咸阳的街道上下起了绵绵细雨，雨滴打湿了楚使的衣裳，他觉得心里一阵冰凉。前方的道路变得泥泞，似乎不再能带他去往咸阳那高大华丽的王宫了，汉中之地似乎再也收不回来了。

咸阳的王宫，在迎接它新的主人。

卷十六 最强对手诞生

向游牧民族取经，赵国开创了自己的强军之路。
原本平庸的国家，却成了秦国前进路上的绊脚石。

少年英主

秦国的故事,我们暂且放在一边,现在让我们把目光转移到偏远的北方。另一个国家正在进行深刻的军事改革,逐渐成了秦国统一路上的最强劲对手。

这个国家就是赵国。

公元前350年,赵成侯去世,传位给了儿子赵语,就是赵肃侯。赵成侯在位期间与魏国发生了激烈的战争,导致赵国首都被魏军攻陷,国家遭到严重破坏。因此赵肃侯上台后采取了休养生息、安分守己的政策,除了在马陵之战后出兵报复了魏国,再也没有主动攻击过他国。为了防备列国进攻,赵肃侯还在边境线上大造长城,给他国一种赵国软弱可欺的形象。

赵肃侯在公元前326年去世时,秦、楚、燕、齐、魏五国都派了使者来参加葬礼。但他们不是到赵肃侯的灵位前上一炷香,而是各带了一万多精兵耀武扬威来了。如果赵国的新君表现得窝囊或者愚蠢一点,五国

就可以趁机占领赵国的一两个城市。

五国派出这么隆重的吊丧团，赵国人不敢掉以轻心。史书上对葬礼的具体细节没有记载，但这场葬礼最终还是和平收场，说明赵国对他们都极尽礼遇，而且也做好了充足的应对措施，让五国人马找不到理由闹事，乖乖地在赵国的国葬上当客人了。有五万多外国军队做陪衬，赵肃侯的葬礼显得空前宏大和隆重，他的灵柩在几万人的注视下被安葬在了王陵之中。自春秋乱世以来，还没有哪个诸侯国君享受过这样的"待遇"。

但是，觊觎赵国土地的齐国和燕国还是从国丧中发现了可乘之机：新即位的赵武灵王赵雍年纪还小，还没到亲政的程度，国政由公室贵族阳文君赵豹主持。齐宣王认为赵国此时主少臣疑，第二年便联合魏国侵略赵国，杀死了一名赵将，还夺取了平邑（今河南南乐东北）。不久之后，燕军也大举南下，围攻涿鹿（今河北涞源北）。年少的赵武灵王不得不亲自带兵应战，把燕军赶了出去。

齐、燕两国的下马威，让赵武灵王在开局就感受到了列国纷争的残酷。年少的他深知肩上责任重大，亲政之后经常不耻下问，向朝中老臣请教，以弥补自己处理国事的经验和能力不足。

朝中元老当中，赵武灵王最敬重一位叫肥义的老臣，"及听政，先问先王贵臣肥义"，把他当作自己的老师对待。除了向元老大臣请教之外，赵武灵王也不忘尊重国中老者，他给朝中的老臣们都增加俸禄，又给民间八十岁以上的老人每月赏赐礼物。赵武灵王尊老的风气一开，赵国上上下下都对这个新国君刮目相看。

当时赵国软弱，四邻都有窥视之心，赵武灵王认为当务之急是改善与周边国家的关系，为赵国赢取一段时间的和平以谋求发展。

公元前323年，魏国为了和秦国抗衡，游说赵、韩、燕、中山四国和自己互为盟友，一起称王，这就是历史上的"五国相王"事件。韩、魏、燕、中山四国都与赵国接壤，赵武灵王决定抓住这个天赐良机，改善与这四个国家的关系，便同意了参加"五国相王"。由此他有幸成为赵国首位称王的国君。

邻国之中，韩国与赵国有传统的友好关系，赵武灵王便努力与韩国修好，在第二年与韩王举行了会盟，并在一年后娶了韩国公主为夫人，结为姻亲。

然而，"五国相王"是不牢靠的联盟关系，齐国人胡搅蛮缠，坚决反对中山国称王，要求魏、赵、燕三国迫使中山国放弃王号，导致公孙衍试图借"五国相王"组成合纵的计划搁浅。

虽然五国联盟没有成功，但赵武灵王仍然坚持与魏国和韩国维持友好关系，对三晋的合纵行动鼎力支持。

公元前318年，魏国推举楚国为合纵长，联合韩、赵、燕三国一起出兵攻秦。赵武灵王积极响应，派公子渴率领大军西进。

然而，说好的合纵攻秦，到最后却只有赵、魏、韩三国出兵最多，燕国和楚国只是来装装样子。魏军带头进攻却遭到惨败，联军士气大挫。第二年，秦军趁魏国打算求和、联军混乱东撤出关反击，在修鱼大败联军。赵军遭遇惨败，被秦军斩首八万人。齐国人又在这个时候落井下石，攻取了赵国的观泽。

修鱼一战葬送了八万名赵军将士的性命，让赵武灵王痛心疾首。他明白赵国与诸强实力差距太大，一味追随魏国却只被其当作攻秦的工具。因而，赵武灵王决定退出五国相王，不再参与各国的合纵，专心发展国力。

修鱼之战这一年，赵武灵王放弃了王号。他对大臣们说："寡人没有王的实力，怎可胡乱称王！"

赵武灵王使用了原来的称谓"侯"，并要求赵国臣民改叫自己为"君"。

可以想象，在那个遍地称王的年代，赵武灵王放弃称王，是一件多么需要勇气的事。诸侯们就算不笑话他，也对他表示不理解。但赵武灵王的脑子十分清醒，他要用不称王的行动来表明称王的决心。

要想真正强大赵国，该从哪里入手呢？

赵武灵王认为自己不能像父祖辈一样，把扩张目标放在中原。因为列国对中原富庶之地的争夺已白热化，赵国难有机会。唯有北方是游牧民族的聚居地，是一片少有人争夺的区域，赵国把这些土地纳入版图，才有可能壮大实力。

但要向北方扩张，赵国必须先除掉一个心腹之患。

第211章

心腹之患

这个心腹之患就是中山国。

中山国的地理位置非常奇特,它位于冀中平原的中央,除了东北角与燕国接壤外,其余部分都被赵国包围,就像一根楔子横插在赵国领土的中央。

中山国曾在大约九十年前被魏国攻下过,但它实际上并没有灭亡,中山国人逃到太行山躲了起来,密谋复国。公元前383年,赵、魏两国发生战争,因为中山国故地在赵国境内,魏国对这块飞地失去了控制力。大约在三年后,中山国人便趁赵、魏两国自顾不暇的时机,重新杀了回来,成功复国。

重新建国的中山国定都灵寿(今河北灵寿西北)。中山国人利用赵国与中原列国混战的机会,大举扩张,连北方的燕国都遭到了其侵略。赵国曾经派大军两次攻打这个国家,竟都被击退,尔后又被中山国反击,丢失了不少城池,中山国的国土因此比原来更加广大。到了赵武灵

王即位时,这个小国已经号称"千乘之国",并且公然参加五国相王,和中原各国一样拥有王号。

中山国在燕、赵之地所向披靡,除了鲜虞人打起仗来不要命以外,还有一个重要的原因——赵国人自己不团结。

前面说过,赵毋恤在位期间,曾经利用计谋吞并了北方的代国,使其成了赵国的代郡。然而,这里却成了赵国的一片烦恼之地。

代郡靠近草原,与游牧民族交往非常频繁。代人长期与游牧民族作战和通婚,过着半游牧半耕种的生活,他们擅长骑马和畜牧,彪悍好斗。而以邯郸为中心的赵人地处中原,讲究礼乐制度,擅长经商和耕种,与代人的文化风俗截然相反。因此,两个地区的人民经常因为观念和风俗不同产生严重分歧,代人始终不满意赵人的统治,赵人则一直防备代人。内斗消耗了赵国极大的精力,甚至大有分裂的倾向。

所以,赵国在应对中山国时,始终无法集合全国之力,常常败给这个弹丸小国。中山国更加有恃无恐,经常和齐国、魏国眉来眼去,仗着大国撑腰,还打起了燕国的主意。

公元前315年,北方的燕国发生了内乱。事情的起因是,燕国当时的国君燕王哙(此君没有谥号)想提前退休,在三年前把王位让给了丞相子之。

子之跟随燕王哙多年,一直是燕国的丞相。他做事果断,工作干得很出色,深得燕王哙的信任。燕王哙这些年年纪大了,干不动了,国政基本上都是交给子之处理。再加上有大臣在燕王哙身边宣讲尧舜禅让的故事,老燕王犯了糊涂,觉得自己也可以学习圣人的美德,搞一搞"禅让"。于是,在公元前318年,燕王哙正式公告天下,将王位禅让给子之。

诏令一出,天下哗然。

啥年代了,还搞禅让这事儿?脑子进水了吧。

燕王哙的初衷是好的，但他的做法在战国时代是完全错误的。事情接下来的发展完全超出了他的预料。

老燕王把王位让给了外姓人，第一个急得跳脚的当然是太子平了。平白无故丢了王位，这口气谁忍得下去？太子平开始大量收罗党羽，勾结朝中大臣，准备搞政变把子之杀了，把王位抢回来。

如果说只有太子平一个人想闹事，也就罢了。偏偏燕国大臣也普遍不支持子之。倒不是因为子之的人品出了问题，而是燕王哙干了一件不讨好的事情。原来，燕国朝廷中级别高的官职基本上由贵族担任，燕王哙怕这些掌握大权的贵族找子之的麻烦，就下了一道命令，把朝中俸禄三百石以上的官员的官印全部收回，交给子之重新任命。

这下子，燕国朝廷彻底炸窝了。

把官印收走，不是等于摘了我的乌纱帽吗？反了，不得不反了。

于是，公元前315年，部分对子之不满的贵族大臣在太子平的带领下，发动了叛乱围攻王宫，要将子之从王位上揪下来。但他们显然小看了子之，子之把王宫防守得极为严密，还发动了国人来支持自己，一起对抗太子平。叛军久攻不下，在燕都蓟城（今北京西南）与国人混战了数个月。太子平有再多的人马也不够这么消耗的，他最终失败，与众多叛臣死于乱军之中。

子之虽然打赢了内战，但付出的代价是很大的，光首都蓟城的百姓就死伤数万人，王宫遭到了严重破坏。中山国见有机可乘，便在第二年北上侵略。燕国不敌中山国的进攻，向赵国求援，约定南北夹击中山军队。赵武灵王便派兵攻打中山国治下的长子（今山西长子西南）。

没想到，中山国两线作战还游刃有余，它先集中精锐袭败赵军，然后快速北上大败燕军，还擒获了燕军主将。中山国得意地在自己的礼器上刻下铭文："……开启封疆、方数百里、列城数十……"以彰显战果。

　　长子之战让赵武灵王颜面扫地。赵军败给秦国这样的强国还好说，输给中山国这么点儿大的国家太丢脸了，赵国已经到了必须改革的程度了。

　　因此，赵武灵王下定决心，一定要在自己在位期间解决内部分裂问题，并且消灭中山国，将赵国的南北国土连在一起，为赵国的王霸之道扫除第一个绊脚石。

　　话自然容易说，但这一系列问题可以说相当棘手，牵一发而动全身。赵武灵王不仅要想办法统一人心，消除赵人和代人的分歧，而且要重组军队，调整军事部署，还要在不引起他国干涉的情况下，攻灭中山国，甚至要考虑这场战争会不会让赵国陷入泥潭，拖垮赵国国力。

　　每一项都足够让人头大。

　　年轻的赵武灵王选择了沉默，静下心来思考接下来的战略。许多大臣和宦官这个时候发现，他们的国君比以往说的话少了，上朝后就一个人躲在房间或小园里静坐沉思。

　　沉思还是有效果的，赵武灵王有了一个大胆的构思。只不过他暂时还不想说出来，因为他担心一旦执行，必会遭到很多人反对。赵武灵王便决定一步步来，先为自己的这个创举做一些必需的准备工作。

"人情外交"

准备工作的第一步是外交。赵国需要一个良好的外部环境,才能进行内部改革和对中山国用武。不然就会像韩国的申不害变法,尚未完成就引起他国警惕,从而遭到了攻打。

前一次赵武灵王参加合纵攻秦可以说是一场失败的外交活动。因为是魏国组织的联盟,赵国不得不在许多事情上被魏国牵着鼻子走,到最后只是为他人作嫁衣。经此教训,赵武灵王决心自立门户,开展以赵国为主导的外交活动。笔者根据他外交的特点,称之为"人情外交"。

什么叫人情外交呢?打个比方,你原来和某个人有仇,两人经常你整我、我整你,闹得很不愉快。忽然有一天,你发现对方的家里出事了,非常需要别人帮助,你就不计前嫌,帮了他这个忙。他因此欠了你这个人情,就不好意思再和你作对了。可能你们不会就此一笑泯恩仇,但你的生活至少轻松多了。

赵武灵王当时做的其实与这类似。燕国是赵国的近邻,燕国与赵国

之间的边境线是最长的。赵国要想干点事情，必须和这个邻居打好关系，防止后院起火。

燕国当时遭遇的难题是齐国军事占领。原来，燕国经历子之之乱后内忧外患，国力大损，齐宣王便打出了讨伐子之的旗号，以匡章为将出兵入侵了燕国。经历了连续战乱的燕军毫无斗志，加上子之不得人心，燕国人纷纷弃城逃亡。齐军轻而易举地攻下了蓟城，燕王哙自缢身亡，子之被齐军抓获后处死。

本来事情到这里为止一切顺利，如果不出意外，齐国将把燕国纳入自己的版图。可惜的是，齐宣王在接下来犯了一连串错误，最终使齐国鲸吞燕国的计划没有实现。

按照春秋时代的军礼，齐国打着替天行道的旗号讨伐了子之，应该为燕国确立一位新王然后撤退回国才对。但现在是战国时代，春秋那套老掉牙的规矩齐宣王才懒得遵守。他不仅没有为燕国确定一位新王，还命齐军对燕国进行残暴的军事占领，镇压燕国人民的反抗。齐军在这段时间化身野蛮强盗，在燕国四处烧杀抢掠，造成了极恶劣的后果。饱受亡国之痛的燕国人民因此对齐国人恨之入骨。

齐国占领了燕国，领土扩张到了北方边陲，这激起了其他诸侯国警惕和嫉恨。为了压制齐国，赵、魏、秦、楚四国纷纷对齐国表示了谴责，并声称要组织联军讨伐齐国，拯救燕国人民于水火之中。

得知列强要联合起来攻击齐国，齐宣王有些紧张了，毕竟以一敌四是输定了的。他召见了当时在齐国的孟子，询问是否有可行的对策。

孟子回答说："如果吞并燕国，他的百姓快乐，那就吞并它；如果他的百姓不高兴，就别吞并它。"

齐宣王没明白，问："啥意思？"

孟子答："当初我们能够轻易取胜，在于燕国百姓以为我们可以救他们于水火，所以夹道欢迎。但如今齐国军队成了强盗，屠杀他们的父兄，抢劫他们的财宝，破坏他们的祭坛，您说我们还具备统治基础吗？况且现在天下都已经很畏惧齐国了，如今齐国领土再扩大了一倍，又没有实行仁政，势必会吸引天下的攻击。如果现在退军，还可以扶植一个政权，新君主感恩，齐国还能保持国际威信。"

孟子的这番话可以总结成一句：齐国应该赶紧撤退。

齐国占领燕国，现在是两头不讨好，内部是燕国人民反抗不断，外部是列国准备联合攻击。孟子劝齐宣王赶快把燕国这个烫手山芋扔了，临走之前确立个新王，释放囚犯，还来得及捞回一点好名声。

但齐宣王没有听从孟子的建议，他实在不甘心把刚吞下的肥肉吐出来。

见齐国迟迟不肯撤军，赵武灵王就与各国一起强烈谴责齐国。齐国的宿敌楚、魏两国甚至各自组织了人马准备袭击齐国。齐宣王在国际舆论的强大压力下，最终不得不撤离了燕国。

齐国人走了，燕国光复，但国君人选迟迟未定。赵武灵王觉得这是一个给燕国人情的机会，如果赵国帮助燕国获得一位贤君，那么燕、赵两国可以维持几十年的和平。

赵武灵王便派人四处寻找燕国公子，最后选中了原来在韩国居住的公子职。借助韩、赵两国的友好关系，赵武灵王顺利从韩国接走了公子职，派兵护送他回燕国。在燕国人民的拥护下，公子职于公元前312年继任王位，就是著名的燕昭王。他感激赵国的拥立之恩，与赵国订约盟好。

赵国另外一个需要修好的国家，就是强大的秦国。上次赵国参与第一次合纵攻秦，让两国的仇恨加深。秦国在这之后三次进攻赵国，攻下三座城池，俘虏两员大将。所以，秦国是赵国最危险的敌人，如果两国不能停战，赵军将无法集中精力攻打中山国。

给秦国人情的机会，终于等来了。

公元前307年,秦武王(名荡)出意外身亡了。他没有留下子女,秦国的王位继承便成了问题。一时间,诸公子蠢蠢欲动,意欲争夺王位。

赵武灵王得知秦国诸公子争夺王位,想到了在燕国的秦国公子稷。公子稷是秦武王同父异母的弟弟,排行仅次于秦武王,算是最合适的继承人选。赵武灵王便从燕国接回公子稷,送到了秦国。在赵武灵王的帮助下,公子稷最终压倒其他公子,继位为秦王,就是大名鼎鼎的秦昭襄王。

赵武灵王对秦国的这次帮助,让秦国人感激不已。后来,赵武灵王又派了一个叫楼缓的友好使节到秦国结好。楼缓伶牙俐齿,说服了秦国与赵国停战结盟。他作为赵国的友好大使留在了秦国,后来做了秦国的丞相。终赵武灵王一世,秦、赵两国都没有再发生战争。

新式兵种

赵国的周边局势相对稳定后,赵武灵王终于可以安心去实施那个伟大创举了。为了让大臣们领悟到自己这个想法的重要性,赵武灵王特别安排了三个步骤来引导。

第一步,就是开座谈会。

公元前307年正月,赵国所有的军事要员和重臣谋士都被召集了起来,在赵王宫参加了一场由肥义主持的座谈会。这次座谈会的主题史书没有记载,个人推测无非"关于如何加强军队改革,打赢中山国的进攻"之类的议题。

议题一开,文武百官纷纷各抒己见。文官说用赵国的中原文化来感召中山国的野蛮人;谋臣说封锁孤立中山国,等中山国内乱之时偷袭;车兵将领说要大力发展战车部队,多开发新式战车;步兵将领则说要多给些军费,给士兵们改善一下装备。

赵武灵王认真听着,没有说出自己的观点。他开这次会议,一是想

听听大臣们会不会说出些真知灼见，二是想让大家明白如今的赵国是多么迷惘，没有明确的发展方向，所有人仍然是从自己的立场和利益出发想问题，对国家富强并无帮助。

这个座谈会一开就是五天，虽然有人提出了一些不错的建议，但整场会议仍然是争论不休，没有一个人能提出让其他人都信服的想法。会议最终以没有实质成果收场了，大臣们都垂头丧气。这个时候，赵武灵王开始采取自己的第二个步骤。

第二步，就是实际操作。

会议结束后不久，赵武灵王亲自带兵，向中山国的房子（今河北高邑西南）发起了一场小规模进攻。中山国反应迅速，立刻派出精锐将赵军击退了。赵武灵王通过房子之战失利告诉臣民：赵国现在的处境是多么尴尬，连中山国都不能取胜。

第三步，就是实地考察。

房子之战后，赵武灵王带着一干大臣沿着赵国的北方边境进行视察。他们自东向西，从代郡出发，一路途经赵国与中山国边境，赵、燕边境以及赵国与北方少数民族林胡人、楼烦人的交界地，最后到达了黄河岸边的秦、赵边界。这一路走下来，君臣们都看到了赵国北方边境的地形和人民风貌，将领们见识到了赵国严峻的边境形势，明白不建立一支强大的军队，连自保都要成问题。

在黄河岸边的一处高台之上，赵武灵王终于把自己的想法对众臣说了出来："赵国的先王趁世事变化，做了这里的主人，依靠漳水、滏水的天险，修筑长城，打败了四邻强敌，扩大了版图，但没有完成大的功业。现在我国中间有中山国，北有燕国，东有东胡，西有林胡、楼烦和秦国。强敌窥伺，如果没有强大的军队保卫，肯定是要亡国的。寡人认为有高于世俗的目标，就一定不能受到旧习俗拖累。寡人想要在全国推广胡服骑射。"

胡服骑射，就是让赵国士兵放弃中原华夏的军服，改穿胡人的服装，军队则重点发展骑兵，训练骑射技术。这是赵武灵王仔细研究了中山国及其他六国的军队配置，再根据赵军的弱点，经过综合考虑提出的构想。

那么，赵武灵王为什么要推行胡服骑射呢？

骑兵是草原民族的首创。当时大漠草原上的胡人没有足够的木材和金属制造战车，只能骑着马作战。中原地带的人民没有在马背上生活的习惯，骑术远不如少数民族，加上战车的攻击力远比骑兵高，骑兵的发展便一直受限制。所以在战国以前，中原一直没有形成有战斗力的骑兵部队，骑兵只是作为仪仗队出现。

随着战争形式发展，骑兵的重要性显现了出来。春秋时代打仗，用战车一板一眼地冲击、打转，没有多少创意留给指挥官们去构想。但战国时代打仗，奇谋诡计层出不穷，迂回包抄、断绝粮道是常有的事情。战车虽然冲击力强，但它实在太笨重了，吃不消做长途奔袭的工作；一人一马的骑兵就没有这种问题了，马儿们没有战车的负担，一溜儿小跑就赶到目的地了。

骑兵还有一个优点是越野性能好。战车那么个大家伙，对地形的要求太高，离开了大马路、大平原就只好抛锚了；而骑兵单人单马，除非路况实在恶劣，什么地形都能跑，丛林、浅滩、山路全不在话下。

骑兵大规模发展还有一个重要原因，那就是战争的成本问题。我们可以大致算一下，打造一支战车部队，除了战马，还需要很多木头和金属原材料，加上工匠们的人工费，再算上兵器制造费、车兵训练费、战车维护费、马匹饲料费、兵器损耗费……没有点儿本钱还真下不来。而组建骑兵呢，养些战马，再弄些皮革粗布做马鞍和缰绳，招募一些士兵训练一下骑术，最后算上马的饲料钱和弓箭制作费，总成本比战车不知省了多少。

还用得着多说吗？除非钱多得用不完，没有哪个国家不愿意发展骑兵。笨重的战车便渐渐地被打入了冷宫。

还有一点需要说明，战国时代的骑兵是没有马镫的。没有马镫，会造成什么结果呢？

一是你想要爬上马背，得垫高了跳上去，所以跳跃能力差的就别在那个时代当骑兵了。

二是你骑马的时候，两腿一定夹稳马肚子，保持平衡，不然摔下来，下半辈子就交给轮椅了，所以腿力不够、小脑不发达的，也不要在那个时代当骑兵了。

三是你只能在马背上射箭。想挥舞马刀冲入敌阵砍杀是不行的，因为一侧身子，就不易保持平衡，一不小心就会摔下来。更何况，当时的兵器大多是青铜制的，比铁器容易断，根本就不适合骑在马背上砍杀。想耍酷，同样不要在那个时代当骑兵了。

所以，那个时代的骑兵基本上是弓骑兵，而不是我们在电视上看到的用杆子戳、大刀砍的骑兵，这种骑兵直到马镫出现以后才发展起来。弓骑兵不适合正面冲锋，又大又笨的战车因而没法卸甲归田，战场上正面冲击的重任还得它来承担。

那么，这些弓骑兵能干什么呢？

作为特种部队使用。

前面说了，骑兵速度快，越野性能佳。因此可以作为奇兵，在战场上执行特殊任务，例如深入敌后烧烧粮仓、拆拆桥梁。他们还可以当尖兵，在大部队接敌之前侦察敌情，顺手抓几个俘虏，干掉几个先锋官。

除了到敌后战场搞破坏，这些骑兵到了正面战场也大有用处。他们可以去骚扰敌方阵营，敌人不动的时候，几千名弓骑兵上去，就像打野鸡一样嗖嗖放箭；敌人被激怒而出击时，弓骑兵又调转马头跑了，让敌人抓不着；如果仗打胜了，敌人溃败了，骑兵们可以快速追击，把那些落单的溃兵干掉，运气好，还能抓到敌将；如果仗打败了撤退，骑兵们又可以殿后，纠缠追击的敌人。可以想象，那个时候要是有一支骑兵部队会有多威风：前面让步兵和战车不要命地冲锋，侧面派骑兵把敌人当箭靶子射……

当时，赵国军队其实已经有了骑兵部队，只不过是北部代人自发形成的民兵组织。那里有许多会养马、骑马的人，他们组织起来一起抵抗其他草原部落的袭击。这些骑士很多是游牧民族出身，或者有游牧民族血统，穿着和语言习惯与华夏人大为不同，因此未被列入正规军的行列。他们得不到赵人重视，因此只对于保卫自己的家园卖力。如果让他们去打中山国或者参与中原争霸，他们就懒得动窝了。

至于赵国的正规军，那时仍穿着春秋时代的军服。这种军服袖子很大，正面和背面都有很重的甲片，活动起来很不方便。赵军士兵穿着它就好比穿着戏服上战场，碍手碍脚，在肉搏中非常吃亏，赵军的战斗力自然提升不了。

推行胡服骑射，就能解决这两个问题了。

赵武灵王是这样想的：胡服轻便，袖口短窄，赵军士兵穿上它就像穿上了紧身运动装，肢体动作更加灵活，在肉搏战中就不会太吃亏了。而骑射是骑兵最基本的技能，赵国把它立为国策的话，就极大地提升了代人骑士的地位。他们不仅成了正规军，还是军中贵族，就会愿意效忠朝廷了。之后在战场上，这些骑士就能大大发挥奇兵的作用，帮助赵军出奇制胜。代人和赵人的差异，也会因为统一了军服、重视了骑射，而在形式上得以消除，两边分裂对峙的思想就跟着淡化了。

赵武灵王把自己的想法说出来，圆滑的楼缓立马赞成道："君上圣明！"

然而，也就只有楼缓在那儿逢迎，其余大臣个个皱着眉头，窃窃私语，没有表现出积极响应。

　　大臣们为什么不愿支持胡服骑射呢？这一点非常好理解：大袖口的军服是华夏人的传统服装，随便丢弃它而使用少数民族服饰，那华夏族与少数民族看上去就没有区别了。自古以来，中原文化一直领先于周边民族，赵军穿上胡服学习骑射，等于是承认少数民族的文化优于中原文化，这岂不是让中原的华夏民族丢人？

　　见众臣们如此反应，赵武灵王知道还需要一些时间让他们去理解体会，便没再多说什么，而是带着众臣回到了邯郸。

　　回到邯郸之后，赵武灵王叫来了肥义。因为肥义是朝中元老，如果能说服他支持胡服骑射，那就能大大减少改革阻力。他对肥义说："寡人想继承简襄之烈，推行胡服骑射，使国家强大，征服胡人和狄人。但寡人担心没人能理解我的用心，有些小人还会非议我。您对此怎么看？"

　　肥义是一位深明大义的老臣，对赵武灵王的改革是一百个赞成。他说："成大事者，不能犹豫不决，顾虑重重。君上既然有决心改革，使国家强大，就不要在意世俗偏见。臣定当支持君上的决定。"赵武灵王高兴道："太好了。只要人民支持寡人的改革，就算天下人都耻笑我们赵国人穿胡服，寡人也不在意。"

　　几天之后，赵武灵王就在全国颁布了"胡服骑射"的改革条例，要求将士一律穿胡人服装作战，并提倡赵国臣民平常也穿胡服。同时，国家拨出特别经费在代郡建设训练基地，用于培养和发展骑兵。任何青壮年无论民族、出身，只要骑射技术优秀、体质合格，并且愿意效忠赵国，都可以成为赵国骑士的一员，国家给予他们丰厚的待遇。

　　改革令一出，果然遭到了许多老顽固反对，当中还包括不少王室成员和边关大将。赵武灵王顶着巨大的压力，一面派出官员到各地监督改革的施行，一面苦口婆心地与这些反对者展开论战。赵武灵王用各种先贤以及赵国先王的事迹来举例子，将反对言论一一驳斥。最终，经过漫长的说服和磨合，反对改革的人渐渐少了，胡服骑射得以顺利开展。

赵国发展骑兵可以说拥有得天独厚的优势。代郡盛产上乘良马，游牧民族人口众多，赵武灵王不避民族差别，招募这些天生的骑射手来为赵国服务，使得赵国骑兵迅速壮大。骑射技艺在赵武灵王的大力推广下风靡了整个赵国，许多赵国士人都以学会骑射、成为骑士为荣，全国兴起了尚武之风。赵国无论是军队还是民风，都得到了一次脱胎换骨的洗礼。

改革期间，赵武灵王送秦公子稷回国，使秦、赵关系得到了改善，减少了西部的军事压力。同时，赵武灵王又派了多名友好使节出访楚、齐、韩、魏四国，表示友好意愿，游说这些国家不要支持中山国，使中山国在国际上被彻底孤立。

完成这些准备工作后，赵武灵王迫不及待地想检验改革成果，便在公元前306年发动了对中山国的大规模进攻，历时十年的赵灭中山之战就此正式拉开了序幕。

"胡地中山，我必有之！"

那个时候的中山国王名叫妾子（姓氏不详）。叫这样一个名字不是因为他是女人，而是因为中山国是少数民族建立的国家，这位国君的名字第一个字左"妾"右"子"，第二个字上"次"下"虫"，中原史书里就简称他为"妾子"。

由于史料缺乏，我们不清楚妾子是一个什么样的人，他即位时做了哪些重要的事。我们可以肯定的是，他不是一个优秀的领导者。他不擅长外交，赵武灵王的使者得以成功拆散中山国和齐、魏的联盟关系，使中山国成了孤家寡人。他又性格软弱，没有先辈们那种敢打敢杀、顽强不屈的精神。

虽然妾子不是一个英主，但他的父祖们为他留下了一支极其强大的军队，军中还有一位叫吾丘鸠的将军，是个令人恐惧的大力士。他全身披挂着精致的铁甲，手中的武器是一把上百斤的大铁杖，挥舞起来呼呼生风，被击中的人不是脑壳碎裂，就是手脚骨折。他的麾下也是一批虎背熊腰、身材彪悍的猛士，个个以一敌三。

这年，赵武灵王出兵从中山国南部攻入，以骑兵为先锋，战车与步兵为主力，快速直插中山国的腹心地带。中山军没有估计到赵军的攻击方向，猝不及防，赵军一举攻克了宁葭（今河北石家庄西北）。

仅仅一年，胡服骑射的效果就显现了出来，赵军所有将士感觉就像做梦一样。同样感觉像做梦的，还有中山国王妾子。他完全没有料到赵军的攻势会如此迅猛，连忙集中中山国的精锐部队，向深入国土的赵军发起反攻。

两国军队在冀中平原上爆发了一场大规模会战。刚刚组建成军的赵国骑兵与骁勇的中山国骑兵在马背上展开了对射，从旧式军服中解放出来的赵军车兵和步兵也穿着胡服与凶悍的中山国武士展开厮杀。虽然赵军的战斗力远比一年前提高了很多，但他们孤军深入，已成强弩之末，最终不敌中山军的疯狂反击，不得不放弃了宁葭。

赵军撤回国内，但中山军紧追不舍，居然反攻到了赵国境内，夺取了鄗城（今河北柏乡北）作为报复。

赵军初战不利，其实算不了什么。赵武灵王实际上并没有把主力部队派上去，他只是出动了一部分人马想检验一下改革成果而已。赵军真正的主力由他自己率领着，向北攻打了盘踞在赵国北方边境的林胡人。

林胡人，胡人的一支。胡人是中原人对北方草原兴起的游牧民族的统称，并不是单一的民族。后来闻名的匈奴人、鲜卑人、突厥人和女真人在中原典籍中也被归属于胡人。春秋时代的狄人在中原诸侯的攻击下，逐渐衰落并融入华夏族。胡人开始代替狄人，成为北方又一支强大的游牧民族力量。他们时常南下劫掠赵、燕、秦三国，让三国国君头痛不已。赵武灵王此次在攻打中山国时分出兵力来攻打林胡人，极有可能是因为林胡人又大举南犯了。

林胡人虽然也有骑兵，但和训练有素、装备优良的赵军骑兵比起

来,简直不是一个档次的,他们悲惨地成了赵国胡服骑射的又一个试验品。在赵武灵王的亲自指挥下,赵军骑兵犹如狂风一样横扫林胡人,将其一直赶到了阴山以北。林胡王被赵军追得实在是受不了了,派使者向赵武灵王求饶,表示愿意进贡战马,听从赵国的指挥。赵武灵王同意了。

这一仗不仅赶跑了一群时常骚扰赵国北方的强盗,而且充实了国家的战略资源,可谓大长赵国的志气。

但在赵武灵王的心里,重要目标还是在中山国这里。这个心腹之患不除,他就永远不会释怀。赵军虽然在宁葭之战落败,但前期出色的表现让赵武灵王对攻灭中山国充满了信心。一支偏师尚且有如此战果,赵军主力大举出动的话,定能碾碎中山国这块石头。

公元前305年,赵武灵王集合大军,亲自统帅,向中山国发起了第二轮大规模进攻。

这次,赵武灵王吸取去年赵军推进过快造成孤军深入的教训,采用稳扎稳打、步步为营的平推战术。赵军首先攻取了去年被中山国反攻夺走的鄗城,紧接着攻打了石邑(今河北鹿泉南)和封龙(今河北元氏西北)两座要塞。

面对赵军的大举进攻,中山国毫无惧色,毕竟这么一个小国和赵国这个大国交手几十年了,以寡击众对其来说是家常便饭。中山王妾子即刻出动全国精锐与赵武灵王的大军对战,双方在冀中平原上爆发了更大规模的会战。

中山军虽然人数偏少,但他们作战极其顽强,每个士兵都奋勇当先,拼杀到最后一丝力气用尽。赵军虽人数众多,居然不能立刻突破中山军的防御,战事暂时陷入了胶着状态。

然而,赵武灵王对战事的进展并没有感到担忧。中山国的抵抗越顽强,越说明其军队主力已经全在这里了。接下来就是执行下一步行动的时刻了。

原来，赵武灵王此次出征并非只从南线攻击，他还在北线的代郡预先部署了一支队伍。这支部队非常特殊，士兵全部来自代郡或游牧民族，主力都是配备代郡良马的骑兵和车兵。指挥官名叫牛翦，原来是赵军战车部队的老将，一开始反对过赵武灵王的胡服骑射改革，后来被赵武灵王说服了。牛翦长期驻防在代郡，作战经验丰富，对游牧骑兵的战法非常了解，也对马匹在战场上的运用极为在行。他将战车的阵法灵活运用在骑兵的阵法上，形成了一套全新的骑兵战法。

牛翦收到赵武灵王出击的命令，立刻下令手下的车骑兵向中山国的北方发动袭击，攻击了陉县（今河北无极北）、丹丘（今河北曲阳北）、华阳（今河北涞源西南）和鸱之塞（今河北华阳东北）数座城邑。由于中山国主力正在南边与赵军主力会战，这些地区防御空虚，赵军精锐骑兵军团轻易地深入到中山国腹地。他们杀死了当地的中山国守兵，烧毁了他们的粮仓和辎重，还损毁了桥梁和城墙……中山国的大后方一片混乱。

得知后方被袭，中山全军惊恐不已，姜子慌忙从南边前线分调人马北上，石邑、封龙一线的中山军数量顿时少去了大半。赵武灵王见此机会，立刻对剩余的中山军发起强攻，攻克了石邑和封龙，并乘胜攻下了离宁葭不远的东垣（今河北正定）。

赵军大胜让姜子感到了深深的恐惧。眼看赵军主力即将兵临国都灵寿城下，姜子放弃了继续抵抗，选择了求和。他提出割让四座城邑给赵国，请求赵武灵王撤军。赵武灵王清楚鲜虞这个倔强的民族是要靠持久战来征服的，便同意了姜子的和谈请求，取得中山国割让的领土后撤军了。

此战，中山国丧失了众多城市，兵力大损。而赵军主力正面会战、骑兵单独袭扰敌人后方，成为战国时代的一个经典战例。骑兵被证明是

一支足以改变战场形势的重要兵种,这将影响整个冷兵器时代。

休整了两年之后,赵武灵王再次出动军队攻打了中山国。中山军不敌,姜子又是用割地赔款的方式才请走了赵军,中山国的力量更弱小了。

公元前301年,赵武灵王对中山国发动了第四轮攻势,兵锋直逼中山国都灵寿城。

与中山国的最后一场大决战到来了。

击破灵寿城外围据点后,赵武灵王率领赵军开进城郊,在那里,他遇到了吾丘鸠率领的中山国死士。只见这些鲜虞人穿着简易的甲冑,手持长剑大戟,怒视着前来的赵军——他们要誓死保卫自己的首都。

随着一阵激烈的军鼓声,吾丘鸠率领着鲜虞勇士不顾人数上的劣势呐喊着向赵军阵列冲来,以血肉之躯与赵军战车和甲士们展开了肉搏。

武艺高超的吾丘鸠如入无人之境,凡是上前的赵军士兵全部被他手中一百多斤的大铁杖打倒在地,许多人的剑都被打折了。赵军的战车向他冲来,他一个转身躲过,然后从后侧抓住车厢使战车停了下来。赵军车兵努力驱赶战马,三匹战马的拉力居然无法敌过吾丘鸠的神力,战车依旧纹丝不动。只听吾丘鸠一声怒吼,上千斤的战车被他举了起来,甩向了另一辆正向他靠近的战车。两辆战车碰撞在一起,咔嚓一声,当即碎裂。这种我们只会在电影中看到的场面,出现在了历史记载中。

但是,力气再大的勇士也会有用尽力气的时候。更何况吾丘鸠是在众寡悬殊的战场上,用上百斤的铁杖打架两三个小时,还动不动就举重掀战车。就算他的肱二头肌比别人的大腿还粗,也没法对这种高强度运动坚持太久。

赵军士兵潮水般地向吾丘鸠和他的部下们涌来。这些鲜虞勇士被团团包围,一个接一个被杀死。只剩下吾丘鸠等几个人了,他们已浑身伤痕、筋疲力尽,但仍力战不退。杀到最后,吾丘鸠只能依靠铁杖支撑才能站起来。几名赵军士兵冲上前来，用长戈刺中了他。吾丘鸠大怒，抓起身边的赵军士兵一个一个地抛向赵武灵王所在的位置。他们啪啪落在赵武灵王身边的卫士群中，把很多卫士撞了个四仰八叉，赵武灵王惊出一身冷汗。

最终，吾丘鸠体力不支，被蜂拥而来的赵军杀死了，他带领的鲜虞勇士也全军覆没。灵寿城最后一道防线被赵军攻破了，姿子见大势已去，带着家眷逃往了齐国。赵武灵王随即占领了灵寿城，赵国旗帜插在了中山国的王宫之上。

不过，这并不意味着中山国被彻底灭亡了。与中山国打了上百年仗，赵国对鲜虞顽强的民族性格是非常了解的。赵武灵王清楚中山国国都虽破，但它的人民并没有屈服，说不定就和大约八十年前一样，鲜虞人趁着一个恰当的时机又杀回来复国了。比较合适的办法是立一个傀儡，名义上继续让鲜虞人统治鲜虞人，在这期间，赵军继续攻击那些敢于顽抗的死硬分子。等到中山国太平之后，赵国就能正式把这块土地和这里的人民兼并到自己的名下了。

赵武灵王找到了中山王室成员尚作为傀儡，让他以中山王的身份充当赵国在中山国的代理人。拥立尚之后，赵军便撤出灵寿城，把首都还给了鲜虞人，给中山国留下了一半左右的领土。

不过，看出赵国这个把戏的鲜虞人大有人在。傀儡政府成立不到一年，中山国就爆发了叛乱。一群鲜虞人聚集在中山国东部的扶柳（今河北冀州），反对灵寿城的傀儡政府。

赵武灵王二话不说，立刻发兵弹压。赵军攻下扶柳，处死了叛乱首领，将扶柳一带的中山国领土划归赵国管辖。至此，中山国只剩下以灵寿城为中心的土地了。

此后的四年，赵军继续镇压那些中山国顽抗分子，基本将中山国肃清了。逃亡到齐国的原中山王姿子，也在碌碌无为之中病死。那些本来

幻想着妾子回来复辟、领导中山国光复大业的中山国人心灰意冷，只好老老实实做赵国臣民了。

公元前296年，确定了中山国再无反扑的可能后，赵武灵王废掉了傀儡王尚，正式灭亡了中山国。历经赵国七代国君的心腹之患至此终于被消除，赵国南北之间的交通终于畅通，不再为他国阻断。吞并中山国，还为赵国带来了众多土地和人口。在七雄争霸的战国时代，这些土地和人口是珍贵的战略资源，赵国国力由此得到了有力的增强。

谋秦

消灭中山国当天,赵武灵王昭告大赦天下,举国欢庆五天,王宫举办大型酒宴,犒赏参加攻打中山国战斗的将士,邯郸城上下一片欢腾。

赵武灵王宣布上面这个旨意的时候,他的身份已经不是国君了,而是一个特殊的称谓——"主父"①。

这是怎么回事呢?

让我们从十四年前说起。

公元前310年的一天,赵武灵王外出游玩,在行宫里打盹,忽然梦见一个美丽的少女向他走来。少女捧着一把琴,在赵武灵王面前弹奏了一首曲子,唱道:"美人荧荧兮,颜若苕(tiáo)之荣。命乎命乎,曾无我嬴!"意思是说:我这个美人光彩照人,容貌如花一样,可惜没有人欣赏我!

---

① 原本是春秋时期奴仆对男主人的称呼,赵武灵王使用这个称呼有主控赵国的意思。

一世枭雄赵武灵王为这个少女动人的美貌和深情的歌声彻底倾倒了，他惊醒之后仍念念不忘，便命人依照自己梦中所见的美女模样四处寻找这个人。没想到，这个梦中少女还真被赵武灵王找到了。她就是大臣吴广的小女儿，名叫孟姚，当时还待嫁闺中。

得知国君看上了自己的女儿，吴广知道光宗耀祖的机会来了，立刻把孟姚献给了赵武灵王。获得梦中情人的赵武灵王兴奋得不能自已，第二天就把孟姚封为夫人，宠爱有加。

可惜的是，孟姚在为赵武灵王生下儿子赵何之后就去世了。赵武灵王伤心欲绝，便把所有对孟姚的怀念全部倾注在了赵何身上，把这个儿子视为心肝宝贝一样疼爱。在这种情绪的作用下，赵武灵王在公元前299年做出了一个惊人的决定——废太子赵章，直接把王位传给赵何，自己则退位为"主父"。

赵何便是赵惠文王。当时他还只是一个十岁左右的孩子，无法处理政事，只能由大臣辅政。赵武灵王如此荒唐地把王位让给一个小孩，史书上认为是父爱惹的祸，他是想趁自己还年富力壮，帮助小赵何在朝中确立权威，方便赵何成年后顺利亲政。为此，赵武灵王叫来了肥义和李兑两位重臣，命他们专心辅佐小赵何，不可怠慢。

对于原太子赵章，赵武灵王为了安抚他，在灭亡中山国当年将他封为安阳君，派大臣田不礼辅佐他，给予他封君的待遇。

安排好了这一切，赵武灵王专心主管北方军事。他没有一直留在邯郸，而是常常待在代郡。有一天，他巡视到北方边界的时候，忽然发现自己的国土已经延伸到秦国的北方了，一个大胆的想法在他的脑海里冒了出来。

何不从这里出兵偷袭秦国呢？

强秦是赵国最大的竞争对手，必须想办法打赢它。当时，秦国位居西方，东部有崤山和函谷关天险，易守难攻，六国军队极难突破这个险隘之处（第一次合纵攻秦就是例子），这就使得秦国国土一直非常安全。

赵武灵王跳出了以往从东部攻秦的思维模式，觉得秦国完全可以从北部突破。秦国的北方是陕北高原，这里地势崎岖、土地贫瘠，只有少量人口居住在这里。秦国人一直把注意力放在东方六国上，认为没人会从北方的这片不毛之地打进来，对这里少有防备。如果赵军从云中（今内蒙古自治区托克托县）出兵，渡过黄河，穿过陕北高原，就可以兵临咸阳城下了。

想到就去做！

赵武灵王决定亲自到陕北高原勘察地形，寻找最佳的行军路线。但他堂堂一国主父，怎么才能深入到秦国腹地当间谍呢？

赵武灵王有办法，他计划装扮成赵国使者到秦国访问。一来观察秦国君臣都是些什么人物，看看有没有厉害的角色在里面；二来顺道到秦国北方参观游览，了解那里的地形和秦军布防。

赵武灵王便穿上大臣的衣服，拿着使者的节杖，带着几十号人的使团大张旗鼓地到秦国友好访问了。秦昭襄王这个时候已经长大了，他显然记不清当初帮助过自己的赵王是什么模样了。赵武灵王带着使团来访问，秦昭襄王把其当作普通的外国使节招待。秦国人摆酒宴、送礼品、交流经验、安排参观活动……一步一步做来，没有感觉出什么问题。

赵武灵王和他率领的间谍使团的精彩演出骗过了所有的秦国人，他们乐呵呵地与秦国人谈论友好合作，暗地里却把秦国人的底细刺探了个遍。

访问结束，赵国使团准备回国了。秦昭襄王特意在王宫里摆了一桌酒宴，给他们践行。赵武灵王继续乐呵呵地与秦国君臣把酒言欢，他带来的那些伪装成随从的间谍们则继续山吃海喝，饱嗝打了好几个。

然而，就在这场酒宴上，秦昭襄王发觉了赵武灵王这位赵国"使

者"的与众不同。赵武灵王毕竟当一国之君惯了，还曾带领几十万人马打仗，他的言谈举止透露着一种不凡的气概。用现在的话来说，就是赵武灵王这人霸气外露，有很大的气场。

秦昭襄王奇怪了，一个使者哪来这么大的气场？这个人一定不一般啊。酒会散去后的几天时间里，秦昭襄王越想越害怕，心想赵国有这样一位霸气的人物，对秦国绝对是个威胁，坚决不能让他回赵国去。

于是秦昭襄王赶紧命人带兵去把赵国使团截住，不准放他们回国。秦军向东追击使团，却发现这些赵国人跑得实在太快了，居然已经出了函谷关。原来，赵武灵王也发现了秦昭襄王在酒宴上对他感到惊异的表情，他担心事情败露，便带人星夜兼程地逃跑，成功地回国了。

得知赵国使团顺利逃走，秦昭襄王愈发对这个使者感到好奇，命人去调查其底细。秦国探子的工作效率很高，几天后就把调查报告上交给了秦昭襄王。报告其实就一句话——那个使者是赵国的主父。

秦国震惊。

这个时候才明白，黄花菜都凉了。赵武灵王带领使团早已获知了秦国北方的第一手情报，了解了秦国君臣的为人，顺便把秦国的情报人员也大大羞辱了一顿。

此时赵武灵王愈发对迂回秦国北方的进攻策略充满了信心。在之前攻打中山国期间，赵军已经在向河套地区扩张了，在当地建立了云中和九原（今内蒙古自治区乌拉特前旗东南）等要塞。赵武灵王觉得这些要塞可以作为将来南下秦国的基地，便在公元前297年春再次带兵巡视此地，准备收服附近的游牧民族。附近的楼烦人听闻赵国的胡服骑射政策，既不交战，也不逃走，而是恭恭敬敬地向赵武灵王表示了归顺之意，愿意接受赵国军队的收编。

赵武灵王同意了楼烦人归降，楼烦人就此也成了赵国人。楼烦人是天生的射手，他们的加入使赵军的箭法愈加高超。

为了防备草原部落对赵国袭扰，赵武灵王又下令在北方边界修筑城墙，这就是万里长城的一段雏形——赵长城。赵长城大致从今内蒙古自治区乌拉特前旗白彦花镇往东，经包头市、呼和浩特市、乌兰察布市，蜿蜒至河北张家口市。至此，赵武灵王在临近草原的边境地带建立起了一片稳固的军事基地。这里为赵国提供了大量战马和兵源，赵军成了一支能征善战的威武之师。

读者朋友也许在期望，想看到赵武灵王在河套地区囤积粮草和兵力，然后寻找合适的时机指挥赵国铁骑翻越陕北高原，与秦军在渭河平原上展开生死对决，大破秦军，攻下咸阳城，最后统一天下。

然而，历史终究没有这样发展。赵武灵王的伟大构想最终只停留在了初级准备阶段，他还没来得及执行下一步，就被人害死了。

谁这么大胆，敢害死赵国主父，是不是那个废太子赵章呢？

不是。

就像一些推理故事里所写的，凶手往往是最让人信任、最不受怀疑的人。害死赵武灵王的幕后凶手恰恰是赵武灵王最偏爱的人——赵惠文王赵何。

父子隔阂

事情的来龙去脉还得从废太子赵章说起。

赵章是赵武灵王原配韩夫人的儿子。最开始,他对于自己被废并没有表现出怨恨,仍旧老老实实地跟随父亲南征北战,立下了赫赫战功。反倒是赵武灵王自己对这个儿子感到十分愧疚,看见赵章在自己身边鞍前马后,又想到已故的结发妻子韩夫人,心中不禁感慨万千。赵章从而从父亲那里得到了更多的关爱,他长期陪伴在赵武灵王身边,几乎成了父王的助手,势力不亚于坐镇邯郸的弟弟赵何。

由此,他原本被压抑的不甘被激活了。

按照《史记》的说法,得势后赵章无时无刻不思考着复仇,计划夺回本该属于自己的王位。而辅佐他的大臣田不礼原来是齐国的失势贵族,一直希望东山再起,便想借助赵章的势力谋取赵国丞相一职。两人串通一气,暗地里招兵买马,培植党羽,准备找机会造反。

赵章和田不礼的阴谋并不是没人猜到,赵何的辅臣李兑就预料到了，他对自己的上司肥义说："公子章心怀不满，田不礼残忍好杀，他们两个人在一起，一定会滋生出祸乱来。到时候祸乱爆发，您作为一国丞相，必然先受其害。在下建议您称病不朝，把国政交给别人，就不会招来杀身之祸了。"

肥义却驳斥李兑说："不行！当初主父把幼主托付给我，要我一心一意辅佐他。我怎么可以因为害怕田不礼作乱而躲避起来呢？这不是忘恩负义、背叛自己的君上吗？我既然答应了主父，就决不食言，哪怕是死了，我也绝不后悔！"

李兑见肥义情绪激动，连忙缓和道："好啦，我知道您的心意了。您多多保重吧，恐怕过了今年，我就再也看不到您了。"

李兑都能察觉出赵章的阴谋，肥义自然不能说不知情了。那这些辅政大臣怎么不去提醒赵武灵王呢？因为他们知道劝谏了也没用，赵章的所作所为都是在主父赵武灵王的纵容之下。

赵武灵王其实知道赵章有夺位的野心，他为什么不加以制止，而是放任赵章一伙磨刀霍霍呢？难道仅仅是出于对大儿子的愧疚？

不是。

真正的原因可能会让大家大跌眼镜——赵武灵王也想从赵何那里争权。

史书普遍认为，赵武灵王让位给赵何是因为宠爱孟姚，希望早点扶儿子上马，也方便自己全身心处理军务。但历史的真相恐怕没有这么简单。

如果赵武灵王真的喜爱孟姚，要传位给她的儿子，为什么不先立赵何为太子，而是突然传位给他呢？让赵何做太子，不也能给他监理国政的权力，让他树立起威信吗？一国军务再繁重，赵武灵王也可以任命可靠的下属分担，为什么要自己全身心投入，而把国政交给一个未成年人呢？因此，前面两个说法都只是赵武灵王的借口，真正的缘由应该是他

不得不让位给赵何。

谁有这么大的神通,能迫使赵武灵王让位呢?

这些人就是以邯郸为中心的贵族,也就是前面提及的"赵人"。

赵人是赵国的建立者,其中很多人是公室贵戚,视赵国为本族家业,对以代郡为中心的胡人武士始终有戒备心理。而胡服骑射的推行让大量代人和胡人实现了跃升,在赵国的朝堂上拥有了话语权,这更加重了赵人的统治危机感,生怕整个国家都被"胡化"了。

因为邯郸及周边区域是赵国的经济、文化和政治中心所在,这里的赵人贵族掌握着国家的经济命脉和权力中枢,所以赵武灵王不能不对赵人的诉求有所回应。他为了安抚这些骚动不安的贵族,以退位让出国政的方式,换取他们对胡服骑射继续支持。他通过让小赵何即位,任命李兑、肥义、公子成等人辅政,提升了赵人的权力和荣誉,使这些人暂时闭嘴了。

然而,赵人的沉默只是暂时的。三年后,赵武灵王在北方边境的战略日益发展成功,把楼烦人等游牧民族招入了军队,而且兴师动众地准备南下攻秦,这让邯郸的赵人们再次坐不住了。他们觉得赵武灵王在动摇国本,攻秦作战更是不切实际,再次提出了反对。年少的赵何在身边人的影响下,可能对父亲的兵权采取了限制措施。

这一回,赵武灵王真的生气了。谁都不愿意大权旁落,更何况是有雄心壮志的赵武灵王。他正计划集全国之力从陕北高原突袭秦国,怎能允许邯郸集团的人唱反调呢?

有读者会说,赵武灵王身为赵何的父亲,还是赵国主父,难道不能强行下达命令,让赵何交出王位,把那些辅政大臣抓起来吗?

这就想得太简单了。权力这东西交出去容易,收回来就很难了。赵何过足了王权的瘾,是不会愿意把权力还给父亲的。退一万步来说,就算赵何愿意还政给父亲,他能保证那些贵族大臣们也同意吗?

而赵武灵王就算想发起兵变夺权，恐怕也没法调动邯郸周边的军队，因为邯郸的军政大权基本上都在赵人贵族手中。《韩非子》记载："武灵王使惠文王莅政，李兑为相，武灵王不以身躬亲杀生之柄。"说明赵武灵王连生杀大权都交了出去，这样一个有名无实的"主父"，怎么能发起政变呢？

既然这样，赵武灵王就只能采取一种特殊的处理方式了——利用长子赵章去和赵何争权。

这怎么理解呢？

赵章常年跟随父亲，参与了攻灭中山国的军事行动，他作为安阳君，封地在代郡，本质上可以算是代人的政治领袖。赵武灵王觉得可以利用赵章发动代人对抗邯郸，如果能把赵章也升级为王，让赵章和赵何两兄弟平起平坐，那么代人和赵人的政治地位就能实现平衡，邯郸方面也就不能对代郡有所制约了。如若两兄弟发生冲突，他又可以凭借父亲的身份出面居中调解，重塑自己在赵国的权威。

但是这个计划风险很大，很容易造成赵国内战。赵武灵王也明白这样做有点荒唐，一时犹豫不决，就没有公布心中的想法。他只能先怂恿赵章，激发他反抗赵何的欲望，赵章便毫无顾忌地壮大势力，意图与赵何分庭抗礼。

然而，权力是一剂毒品，一旦沾染就会上瘾。赵章在父亲的纵容下野心膨胀，能填满他胃口的不是小小的代郡，而是整个赵国！

卷十六　最强对手诞生

遗恨沙丘

公元前295年新春，赵武灵王在王宫里举办了大型新年朝会，请来各地的王室成员团聚，宴请诸位大臣。这样一个家族聚会，赵章自然也在被邀请之列。但是心怀叵测的赵章给父亲和弟弟们带来的不仅是贺礼，还有一帮自己的亲兵。

朝会之上，一家人其乐融融。按照规矩，家族成员无论大小，都需要向当朝的主父和国君行跪拜大礼。身为长子的赵章也不例外，他趴下高大魁梧的身子，向身材尚小的未成年弟弟跪拜。小赵何则用稚气的声音应答着自己的长兄。

这一幕让赵武灵王再次感慨不已。他觉得废掉赵章的太子位而让赵何直接登基，结果让兄长跪拜弟弟，实在是有点对不起前妻韩夫人，对赵章也太不公平了。

在亲情的触动下，赵武灵王决定把潜藏已久的想法说出来。他召集赵何和邯郸的群臣开会，提出要册封赵章为代王。大臣们听到后一片哗然，几乎所有人都站出来反对，痛陈封王的弊端。老臣肥义更是指出，一个国家有两个王，这是在闹分家，搞分裂，赵国人自己把自己的力量削弱，太愚蠢了。坐在赵武灵王身边的赵何起先还保持沉默，但看到群臣异口同声地反对，就也站起来劝说主父一定要三思。

在赵何与大臣们激烈的反对声中，赵武灵王清醒了过来，觉得这样做确实不妥当，就说那先缓缓吧，容我好好考虑一下。

这件事很快就被赵章知道了。赵章心想，父亲原来还是喜欢我，愿意给我王位的，是赵何和他身边的那帮大臣怕我势力变大，就从中作梗，不让给我封王，这些人简直是欺人太甚！我一定要发动政变杀了赵何和他身边那帮小人，父亲一定不会太为难我的。

原来还有些顾虑父亲的赵章，此刻胆子猛然大了起来。他连忙联络田不礼以及在朝中的党羽，迫不及待地要大干一场。然而，他忽略了赵何的身边还有两个重要人物——肥义和李兑。肥义预料到了这个消息传出去后，一定会让赵章恼羞成怒，做出危险的举动。他就立刻召集了赵何的近臣们来开会，商定让公子成、李兑管控邯郸城周边的军队，让高信负责禁卫，以防备赵章叛乱。

政变最终到来了。

新年朝会结束后，赵武灵王安排了一场巡游，赵章和赵何两兄弟以及肥义等大臣随行。一行人在高信率领的禁卫军的护卫下，浩浩荡荡地向北进发，计划到中山国的故地上巡视，让新成为赵国臣民的鲜虞人看看赵王的排场和威严。

队伍行进了一天，来到了沙丘城（今河北广宗西北）。赵武灵王看众人奔波劳累，便下令在沙丘的行宫住下，休息休息再走。赵武灵王、赵章、赵何和大臣、后妃们，被分开安排了宫室居住。一行人车马劳顿，大部分人纷纷安顿下来歇息了。

但还有很多人不肯休息。

这些不休息的人除了负责警戒保卫的禁卫兵外,就是阴谋分子赵章和田不礼了。他们在赵章的房间里商议,觉得沙丘行宫警卫单薄,又远离邯郸城,是发动政变的良好场所,而且主父和国君正好分开住宿,消息不通,是假传诏令、诱杀赵何的大好机会。赵章当即一拍大腿:动手!

赵章的计划是这样的:他先派人假传主父的旨意,召赵何到自己的宫室,将其杀害。然后发动亲兵和收买的禁卫兵包围赵武灵王的住处,逼主父承认他是赵王。最后赵章便以赵王的身份回到邯郸,号令赵国臣民服从于他。

寒风袭来,沙丘宫里一片寂静,冷飕飕的风吹过宫中的回廊,发出呼呼的怪叫声。几个被赵章收买的宦官快步走过回廊,来到了赵何所在的宫室,向其侍从传达了主父的"口谕",说主父正在赵章的宫室中,请国君移驾去一趟。

赵何的侍从听到口谕不敢怠慢,但他们没有立即去叫醒赵何,而是先把消息告诉了肥义。这是肥义之前就定好的安排,他为了保护赵何,要求所有召唤赵何的命令和请求都必须先告知他。

肥义得知消息,立刻按照原先的安排,决定先替赵何前去,查探是否有危险。临走之前,他特意交代高信,如果自己没有回来,他就立刻发兵攻打赵章,同时向邯郸的公子成与李兑求援,让他们速速赶到沙丘保护国君。

交代完这些事情之后,肥义义无反顾地走了。赵章派来的宦官没办法拒绝肥义先去的要求,只能带着他往赵章的宫里走去。

此时的赵章已经暗中布置好了刀斧手,就等着赵何进入房间,然后把大门一关,将弟弟砍成肉酱。然而,他等了很久,才听见了有人推门进来。借着昏暗的火光,赵章隐约看出,来的不是面容丰腴的少年,而是拄着拐杖的耄耋老者。

肥义进了房间，发现厅中并没有主父，顿时明白了一切，喊道："长公子，主父何在？"赵章见事情败露，气急败坏地下令道："给我砍死他！"埋伏的刀斧手立刻一拥而上，将肥义砍成了数段。

将肥义灭口之后，赵章再次派人去召唤赵何。这次接待使者的是禁卫军长官高信。他问赵章派来的宦官："肥大夫为什么没回来？"宦官答："肥大夫被主父留下谈话，特差小的来请大王。"

高信不相信，厉声喝道："肥大夫说了，若非他本人回来汇报，大王绝不可前往。说！他是不是被长公子杀了？"话音未落，高信手下的士兵已经把剑架在了宦官的脖子上。

宦官吓得魂飞魄散，连忙跪地求饶道："不关小人的事！肥大夫确已被杀，主父也不在长公子宫中，是长公子逼迫小的来骗大王的！"

高信大怒，立刻下令道："长公子果然谋反了！马上派人到邯郸，请公子成与李兑速速派兵来保护大王！其余人马随我前去诛杀叛贼。"

高信召集内外禁卫军，向赵章的宫室发动了进攻。赵章见势不妙，赶紧紧锁宫门，命亲兵占据有利位置，负隅顽抗。双方人马随即展开了混战，小小的行宫顿时变成了到处杀戮的战场，火光冲天，弓箭飞舞。

赵武灵王身边的侍臣连忙把赵章与赵何自相残杀的事情告诉了他。赵武灵王大吃一惊，他本来还想认真考虑一下给赵章封王的事情，但没料到赵章会抢先动手，而且就在新年正月，一家人团聚的时候。他也愤怒于赵何，觉得赵何不向自己请示就直接发兵围攻哥哥，全然不顾骨肉亲情和父子尊卑。

反了！这两个不肖的儿子！

赵武灵王立刻传令，要求赵章和高信停止攻杀，到自己的宫室里请罪。

但是，没有人听他的。双方已经杀红了眼，这个时候叫他们戛然而止是不可能的。而且，高信以及公子成、李兑都是赵武灵王给赵何任命

的辅政大臣，直接听命于赵何，他们掌握着兵权，心底里早就不把赵武灵王这个主父当回事了。所以，无论赵武灵王如何下令，高信都不肯停止攻打赵章。赵章惧怕被杀，就没有停止战斗。赵何怕哥哥发起反击，也没有下令高信收兵。

失策，实在是失策！赵武灵王雄才大略了一辈子，却在权力斗争上犯下了极为严重的错误。他现在近乎成了摆设，完全没有办法，外面都是危险的刀兵，他连离开自己的宫室都难。

不久之后，又有一支大部队涌入了沙丘，其指挥便是公子成和李兑。他们在邯郸收到高信勤王的指令，便立刻带着卫戍部队前来增援了。

赵章军很快就在邯郸大军的攻击下战败了。田不礼战死，亲兵党羽们要么被杀，要么投降，只剩下赵章孤身一人拼命逃出了追杀。他像一只丧家之犬，在沙丘宫里四处逃窜躲避。

哪里还能藏身呢？赵章想到了父亲。犯了再大的错，父亲也还是会保全自己的吧。

他猜得没错，当赵章狼狈逃到父亲的宫门外叫门的时候，赵武灵王毫不犹豫地下了命令。正是这个命令改变了赵武灵王的命运，也改变了整个赵国的命运。命令只有两个字——"开门！"

赵章阴谋叛乱，赵武灵王理应把这个逆子拒之门外，为什么还要收留保全他呢？这当中的原因，仅仅用伟大的父爱来解释恐怕远远不够。笔者认为，赵武灵王收留赵章，是为了保住这张牌继续与赵人对抗。如果赵章死了，代人的政治势力就会大受打击，再也无法支持赵武灵王的事业了。而赵何集团的人说不定会更大程度地剥夺他这个主父的权力，使得他彻底被架空，与傀儡、摆设无异。这种事情，对于赵武灵王来说是绝对没法接受的。

赵武灵王收留了儿子赵章，向赵何发出了严肃的讯息：我才是赵国的主人，怎么处置赵章是你老子的事情，你这个做儿子的没有权力。

在最后关头，赵武灵王仍不忘向儿子示威。

赵何从头到尾都没说一句话。身为赵国的君主，又身为主父的儿子，他处在一个尴尬的境地，干脆对属下的行为听之任之。

那么，公子成、李兑和高信三人对此是何反应呢？

他们根本就不理会赵武灵王的命令，因为他们带这么多人马跑到沙丘来攻打一位王子，行径已经和谋反没什么区别了。如果不把赵章当作乱臣贼子处理掉，他们怎么跟国人解释？更重要的是，赵章是这场变乱的发动者，他如果不死，就一定会找机会反攻，届时舐犊情深的主父赵武灵王再一帮忙，赵何他们就将永无宁日了。于情于理，赵何集团都必须斩草除根，不管出现什么情况，都要杀死赵章。

在公子成的命令下，士兵们撞开了赵武灵王的宫门，把躲藏在里面的赵章抓了出来，与其党羽一起斩首示众了。

这一切，都发生在赵武灵王的身边。

但是他却没法做什么。在战场上，他是让敌人畏惧的一代雄主；但在沙丘宫，他只是一个拥有百人卫士和侍从的傀儡，门外的甲兵不属于他。赵武灵王眼睁睁地看着自己缔造的部队打进了自己的王宫，杀了自己的卫士，处死自己的儿子，他却做不了任何事情。他只能一遍遍无力地呐喊，一次次愤怒地责骂。

不久，更糟糕的事情发生了。他忽然发现身边的侍从纷纷逃走，就连伺候他起居的宫仆都离他而去了。赵武灵王出去一看，只见公子成的士兵押送着他的侍从往宫外走去。看见主父走出来，那些士兵赶紧把剩余的人带出去，然后把宫门重重地合上了。

空旷的沙丘宫只剩下了赵武灵王一个人，他成了死囚。

赶走侍从，囚禁赵武灵王，是李兑的主意。公子成派兵攻破赵武灵王的宫室，杀死了赵章，严重违反了君臣关系原则，如何处理后续工作

就成了一道难题，摆在了赵何集团的面前。李兑因而想到了这个狠毒的做法，他对公子成说："我们为了杀死公子章而围攻了主父，如果就此退兵，一定会被灭族的。不如将主父困于宫中，断其粮水。待其饿死，我等便可免受灭族之灾，又不必承担弑君的恶名。"

公子成听从了建议，下令将赵武灵王宫中的侍从全部赶走，声称"最后出来的人杀全家"。在公子成的恐吓下，赵武灵王的侍从抛弃了主人，惊慌地逃走了。公子成的士兵封死宫门，垒高了围墙，把沙丘宫改造成了一座特殊的死亡监狱。

监狱中唯一的囚徒赵武灵王从外面得不到任何食物和饮水，只能在宫中寻找可以吃的东西。无论是剩菜剩饭，还是木屑草根，他都毫不犹豫地吞下。此时他的心中还存在一丝活下去的信念，他相信只要坚持活着，等到外面的时局发生变化，他就有机会被放出来，向悖逆的儿子和臣子们报仇。

然而，赵武灵王最终吃光了这小小的方寸之地所有可以食用的东西，饥饿把他最后的一点毅力摧毁了。

这天，饿得浑身无力的赵武灵王晕倒在一棵大树下。隐约间，他被一阵清脆的鸟叫声吵醒了。他睁开眼一看，头顶的大树郁郁葱葱，一窝新孵出来的雏鸟正在欢叫。

一转眼三个月了，夏天快到了吧。邯郸城中的繁花应该盛开了，赵国的孩子们想必正在花丛中嬉戏吧；乡间的农民应该种下了庄稼，正在田间与家人们欢笑吧；代郡的牧民应该在草原上放牧着马匹，赵国的骑兵今年有新马更换了吧。

赵国的大好河山，我真想再多看你一眼啊。

终于有一天，沙丘宫的宫门被缓缓打开了，公子成的士兵来到院中的那棵大树下，看见了已经瘦得不成样子的赵武灵王。他的手中拿着一个鸟窝，嘴角留着几片羽毛——他掏了树上的鸟窝，把里面的雏鸟吃了。此时的他仍然瞪大眼睛，盯着前方的大门看，但是他已经看不见这扇门被打开了，他已经活活饿死了。

这位曾叱咤风云的英雄以荒诞而又悲剧的方式结束了自己的一生。

卷十六　最强对手诞生

第218章

"一个大大的英雄"

赵武灵王的尸体被秘密送到了邯郸。公子成和李兑确定了他已经死亡后,才奏请赵何为主父发丧,宣称其暴病身亡。而原本对父亲的问题不发一言的赵何,这时才表现出了"丧父"的悲伤,他号啕大哭,为父亲举办了盛大的国葬。

赵武灵王被下葬在邯郸城西郊的一座山上(主流观点)。虽然他生前一直没有称王,但是赵国君臣们还是追封他为"王",以彰显他开天辟地的伟业。

然而,谥号"武灵王"并不是褒义的,而是包含贬义意味。东汉蔡邕曾解释道:"克定祸乱曰'武',乱而不损曰'灵'。"大意是说赵武灵王驱除外敌,稳定了社会,强大了国家,在武力上的功绩无人可比;但是他在继承人的问题上随性而为,决策荒唐,对国家动乱负有不可推卸的责任。用"武""灵"两个字来分别评价他一生的功绩和错误,算是比较中肯的。

令赵何、李兑等人没有想到的是，赵武灵王的陵墓会在后世如同雨后春笋般涌现出来。比较出名的有三座，一座在今山西省灵丘县，一座在今河北省永年县的灵山，还有一座在今河北省平山县的灵台。这三个地方都声称埋葬着赵武灵王，因而地名上都有一个"灵"字。这些陵墓的真真假假已经难以考证了，但考古学家们大都认为，这些陵墓的出现，实际上表明了赵国人民对这位一代英主怀有深切的崇敬之情，他们都希望赵武灵王能埋葬在自己所在的土地上。

不仅赵武灵王的陵墓在各地出现，赵武灵王的祭祀神庙也多处涌现。赵国人民把他奉为神灵，每年祭拜。在他们心中，赵武灵王永远是带给他们强盛的英雄，会世代守护和保佑这片他热爱的土地。这是质朴的中国百姓对伟人的最崇高的敬意。

到了晚清，中国内忧外患，以一己之力击败外敌、强盛国家的赵武灵王再次受到了人们的敬仰。维新志士梁启超曾经写了一篇名叫《黄帝以后第一伟人赵武灵王传》的文章，将赵武灵王与黄帝、秦始皇、汉武帝、唐太宗和明成祖等伟大帝王相提并论。

梁启超在文章中颇有豪气地写道："……使武灵王而在今日者，德皇维廉第二瞠乎后哉！"（"如果武灵王活在现在，德皇威廉二世都要排在他的后面！"）梁启超借古讽今，以赵武灵王的事迹来证明中国人民并非愚昧和缺乏尚武精神，只是统治者昏庸无能，才造成了国家任人宰割的局面。如果中国能有赵武灵王那样的英雄领导，不怕中国不会强大。

当代历史学家翦伯赞更是对赵武灵王赞赏不已，他在《内蒙访古》一文中称赞赵武灵王是英雄，"是一个大大的英雄"。

翦伯赞认为同样是修筑长城，秦始皇仅仅把诸侯们的长城连接起来，就被人们口诛笔伐，"而赵武灵王以小小的赵国，在当时的物质和技术条件下，竟能完成这样一个巨大的国防工程而没有挨骂，不能不令

人惊叹"。从这一点来说,赵武灵王就比秦始皇英明,得人心。

而且赵武灵王进行胡服骑射改革,"与最顽固的传统习惯和保守思想宣战",使赵国的顽固分子"脱下了那套用以标志他们身份的祖传的宽大的衣服,并且把过了时的笨重的战车扔到历史的垃圾堆里去"。这种敢于革新的精神让人敬佩。

梁启超和翦伯赞两位学者分别以自己所处的时代环境,对赵武灵王的功绩做出了评价。近的不说,单说在赵武灵王所处的战国时代,他的影响力也是空前的。

首先,他推行胡服,招揽胡人从军,使得胡人对赵国的感情变得亲近,这在很大程度上促进了北方地区的民族融合,不仅使赵国边境获得了安宁,也壮大了赵国国力。

其次,他的胡服骑射改革卓有成效,一举吞并了中山国,还收服了林胡人和楼烦人,让其余六国震撼不已。六国纷纷效法推行骑射,连南方的楚国都参与了其中。

在赵武灵王发起的这场军事改革的促进下,中国开始跨入纵横战场上千年的骑兵时代。

卷十七 大秦帝国的飞跃

战国时代的下半场战事，齐国落败，赵国崛起。
秦、赵对决已不可避免，一场空前大战拉开了大幕。

张仪谢幕

当赵国在胡服骑射的改革下逐渐强大之时,西边的秦国发生了什么事呢?

让我们把目光移回到公元前311年。这一年,秦惠文王在咸阳病逝,王位由太子荡继承,他就是秦武王。秦武王与一般的国君不同,他自小就喜欢运动和健身,因为长期锻炼,这个不足二十岁的小伙子练就了一身肌肉,力大无穷。

这样一位强壮威猛的年轻人显然不像父亲那般沉稳和冷静,他迫切地想干出一番事业,对身边的文臣武将做了大范围调整。

首先,他开除了张仪。

秦武王还是太子的时候,就对张仪充满了厌恶。在他的眼里,张仪就是一个骗吃骗喝、满嘴放炮的混混,他所谓的连横策略只是为了获取秦国和连横国家对他的重用,并不是真心为了秦国争雄天下。秦国大臣也普遍不喜欢张仪,认为这个人没什么文治武功,只不过是个搬弄口舌

的政治暴发户而已，与他共事简直是耻辱。

因此，当张仪力主把汉中割让给楚国时，以甘茂为首的秦国大臣们群起反对，而秦武王即位后也没有同意他的提议。秦武王也不再像父亲那样对他的建议言听计从，而是把他冷落到了一旁。

过了不久，秦武王故意把一些秦国大臣说的坏话透露给张仪，即："张仪是魏国人，却卖主求荣，出使楚国的时候又不讲信用。秦国重用这种不忠不义的小人，是要被天下耻笑的。"这些话其实是秦武王心里想对张仪说的。他在对张仪发出警告：趁我还没有公开翻脸，你赶紧卷铺盖滚蛋吧！

又过了一段日子，齐国派使者来到秦国，在朝堂上公开责备张仪没有兑现当初他游说齐国时做出的承诺。原来，一年前的蓝田之战结束后，张仪曾出访齐国，游说齐宣王与秦国连横，许诺给齐宣王土地和美女。但如今，张仪失宠，他过去主持的连横盟约也一并被叫停了，齐宣王没有得到利益，认为是张仪蒙骗了他，便派人到秦国这里告状了。

面对齐使的指责，秦武王一股脑儿把责任都推给了张仪。齐使愤怒之下，提出要把张仪带回齐国处置。

被齐使抓到齐国，肯定会被齐宣王剁成肉酱。原来还厚着脸皮不肯离职的张仪终于待不下去了，他痛苦地向秦武王提出了辞职，要回到自己的老家魏国，这样如果齐国一定要捉拿他，就会去找魏国的麻烦了。

在这个时刻，张仪的内心还是向着秦国的，宁愿自己承担责任也不愿连累秦国。他为这个国度付出了将近二十年心血，这里是他实现理想的地方，是给予他富贵和荣耀的地方，他对这片血性的土地饱含感情。但是，当他看见秦武王非常爽快地批准了他的离职申请，他的心彻底凉透了。

收拾好行李，带上家人，张仪坐上了秦武王为他准备的马车去了魏国。正愁无人可用的魏襄王连忙把他请了过来，封他做丞相。

没过多久，齐国果然派兵来攻打魏国，索要张仪。张仪派人游说齐宣王道："大王很恨张仪，但大王此举却会使秦国更加信赖张仪。"

齐宣王说："我非常痛恨张仪。张仪走到哪里，我就要兴兵讨伐哪里，怎么会使他更受信任呢？"

使者回答："这正是使张仪更受信任的做法啊。张仪离开秦国时，已与秦王谈好。他说：'为秦王着想，东方有了大变，才可以割得更多的地方。现在齐王非常恨我，凡我所在之处，齐王必定兴兵讨伐。因此我希望让我这不才前往魏国。齐王必定会兴兵伐魏。齐、魏两军纠缠在一起不能脱身，大王利用这个机会攻打韩国，进军三川，出兵函谷关却并不进攻，以此来威胁周室，周室必定会献出祭器。挟持周天子，掌握天下的地图和户籍，这是称王的大业啊。'秦王认为他说得对，就准备了三十乘兵车载他入魏。现在张仪到了魏国，大王果然出兵攻魏，对内消耗国力，对外攻打盟邦，多树敌人，面临危难，这不是使张仪更加受到秦王信任吗？"

听了使者的游说，齐宣王放弃了出兵魏国。

张仪为家乡避免了一场战争，一年后便在魏国郁郁而终了。

从贫苦的魏国士人到蒙冤挨打的楚国食客，再到扰动天下的秦国丞相，最后成为凄凉而亡的魏国丞相，张仪的人生大起大落，仿佛画了一个圆圈，最终还是回到了故土。对这位纵横大师称赞也好，非议也好，如今统统伴随一锹锹泥土，陪葬在了他的身边。

张仪离开秦国后，秦国丞相一职便空缺了。新丞相人选属樗里子呼声最高，毕竟他带领秦军南征北战，从无败绩，军功显赫。

但是，秦武王却有另外期望的人选，就是甘茂。

甘茂，楚国人。他原本在楚国做过地方小官，后来听说秦惠文王招贤，便来到秦国求职，获得了秦惠文王的赏识，被封为将军，参与了占领楚国汉中的行动。

甘茂之所以得到秦武王的青睐，一方面是因为他才能卓著，通晓百家学问，另一方面是因为他不是樗里子的亲信，提拔他可以降低樗里子势力的影响。那个时候，樗里子因为军功显赫，又是公族，在秦国的声望如日中天，给秦武王造成了不小的压力。秦武王为了不让叔叔在朝中的权势过于强大，就必须重用外来人才。

秦武王想把甘茂任命为丞相，但又不得不考虑樗里子的功劳和声望。毕竟人家征战了这么多年，为秦国立下了汗马功劳，不给予提拔和奖励，实在是说不过去。

思量再三，秦武王想到了一个办法。他把丞相的职位一分为二，设立左丞相和右丞相。左丞相站立在国君的左手边，封给甘茂；右丞相站立在国君的右手边，封给樗里子。总体而言，右丞相比左丞相的地位略高，秦武王让叔叔担任右丞相，算是给了他面子。

实际上，樗里子得到的这个丞相职位，权力相较以前缩水了很多。这让樗里子心里极为不快，他厌恶秦武王，更憎恨分走他权力的甘茂。从此，樗里子和甘茂结下了梁子，一番勾心斗角无法避免了。

提拔了甘茂，秦武王把原属张仪亲信的魏章驱逐出境，任命孟说等几个年轻人做了将军。这些人有一个一致的特点，就是身强力壮，原先都是陪秦武王练摔跤的大力士。秦武王做了国君，不忘照顾一下过去的小兄弟。

完成了人事调整，秦武王准备大显身手了。他对别的都不感兴趣，唯独对周天子的九鼎非常着迷。他想，秦国夺取九鼎，就意味着他能号令天下，成为诸侯们的领袖了。

但是，王畿之地被韩国包围着，秦国要想打通前往洛邑的道路，就必须向韩国开战。

韩国军队人数不多，但韩国在申不害变法时期大力发展兵器制造业，使其军队拥有了全天下最精良的兵器。《战国策》说"天下之强弓劲弩皆自韩出"。韩国巨弩的射程号称超过六百步（大约有八百米），可以与现在的普通狙击步枪相比。韩国的剑则能"陆断牛马，水截鹄雁，当敌则斩坚甲铁幕"，锋利程度无可匹敌。

对付这样一支军队，没有顽强的战斗力是万万不行的。

韩国还在向东通往成周的道路上修筑了一座坚固的城堡，名叫宜阳（今河南宜阳西）。宜阳名为县城，却比郡城还要大。韩国在这里集中了相当于两个郡城的兵力和物资，使它成为一个军事重镇，扼守着东进成周的要道。攻下由韩军精锐防守的宜阳成了秦军打通东进道路的关键。

卷十七　大秦帝国的飞跃

宜阳攻坚战

攻打宜阳的艰巨任务，秦武王打算交给甘茂。

一天，秦武王召来甘茂，对他说："寡人想乘着垂帷挂幔的车子通过韩国，一睹成周的辉煌。如果能满足这个愿望，即使死了也心满意足了。"甘茂明白秦武王的意思，答道："那就请大王允许臣出使魏、赵两国，与两国相约去攻打韩国。"

甘茂非常清楚，秦军一旦攻韩，身为韩国邻国，又同是三晋的赵、魏两国不可能不做出反应，所以在出兵之前一定要做好和这两国的外交工作。

见甘茂对自己的想法如此心领神会，秦武王高兴地答应了这个请求。

甘茂便拿着秦国的使节出使了魏国。在路过韩国时，他顺道刺探了一番情报。到了魏国后，甘茂一番游说，说服了魏襄王继续和秦国保持同盟关系。在他离开魏国准备前往赵国时，他派人回去禀报秦武王：

"魏国已答应听命于秦国，但我希望大王先不要出兵。"

秦武王听了这些话有些疑惑，但还是听从甘茂的建议，按兵不动。

过了一段时间，甘茂说服了赵国之后回到秦国。秦武王亲自迎接，问他："你那个时候为什么要特意提醒寡人先不要出兵呢？"

甘茂说："宜阳是座坚固的城池，兵力和物资也很充足。秦国不远千里出兵攻打宜阳，必定不容易取胜。我担心这场攻坚战会旷日持久，希望大王能有心理准备。

"从前，孝子曾参居住在费邑。鲁国有个与曾参同姓同名的人杀了人，有人告诉曾参的母亲：'曾参杀了人。'他的母亲正在织布，神情泰然自若。过了一会儿，又有一个人来告诉他的母亲：'曾参杀了人。'他的母亲仍然神情不变。不一会，又有一个人告诉他的母亲：'曾参杀了人。'他的母亲扔下梭子，翻墙逃跑了。尽管曾参贤德，母亲对他信任，有三个人怀疑他，他的母亲就害怕他真的杀了人。

"现在我的贤能比不上曾参，大王对我的信任也不如曾参的母亲信任曾参，可是怀疑我的绝不只三个人。我是寄居秦国的臣僚，我害怕大王也像曾参的母亲一样怀疑我啊。万一臣攻打宜阳几个月未能成功，右丞相樗里子等人一定以韩国国力强大为由来反对我。大王如果听从他们的意见，不仅前功尽弃，还会失信于魏国和赵国。臣恳请大王给我充分的支持和耐心，不要在战斗中途听信别人而下令撤兵。"

秦武王一听，原来甘茂担心樗里子会进谗言影响他作战，便说："寡人愿意和你盟誓，保证支持你。"

于是，一个非常有趣的场景发生了：秦国的国君和丞相盟誓，秦武王保证在接下来攻打宜阳的战斗中对甘茂支持到底，绝不反悔。

得到国君的保证，甘茂带兵出发了。这一年是公元前308年。

虽然甘茂已经预料到宜阳城非常难打，但他没有想到这场攻坚战打得如此惨烈。驻守宜阳的是韩国最精锐的部队，号称十万人。韩军在宜

阳城周边筑起了两道坚固高大的城墙，城墙外面是错综复杂的壕沟，壕沟周围则是数不清的拒马和陷阱。城墙上，韩军安装了最先进的床弩，可以向几百米外的敌人连续发射多支巨箭。韩军弓箭手也布满了每处敌楼和箭孔，只要敌人一靠近，就会射出凶猛的箭雨。

甘茂指挥秦军发起猛攻。秦军士兵个个英勇凶悍，如狼似虎地冲向城墙，但他们毕竟是血肉之躯，很快就一片片地被精锐的敌方弓箭手扫倒。秦军使用冲车和云梯登城，但韩军的床弩射出威力巨大的巨箭，轻而易举地射穿了这些攻城器械的皮甲，使其失去了作用。秦军派出敢死队冲到城下凿墙，但宜阳的城墙太厚，直到秦军死士全部阵亡，也没能给城墙造成多大破坏。

血战两个月，强攻彻底失败。突击部队几乎全军覆没，不少中下级军官例如百将和校徒也战死沙场，秦军的尸体、军械和器具填满了城下的壕沟。

甘茂见强攻无法奏效，便改变战术，用挖掘地道的方式破城。但这一战术还是没能获得成功，韩军同样挖掘地道钻入地下，杀死秦军工兵，捣毁秦军的隧道，甘茂白白耗费了大量人力和时间。

苦战了五个多月，进入了严冬，秦军仍然没有拿下坚固的宜阳城。甘茂已经向国君做了保证一定要攻下宜阳，如今的战况让他承受了巨大的精神压力。

为了补充兵力和物资以发起下一轮进攻，甘茂派人到咸阳请求增加援兵。秦王宫立刻炸开了锅，许多人认为为了一个小小的宜阳而死伤这么多人马，是得不偿失，应该尽早撤兵才对。

樗里子早就等着看甘茂的笑话，他见大臣们都对宜阳之战颇有怨言，便决定向秦武王弹劾甘茂。他上书向秦武王分析宜阳之战的利弊，认为韩国强大，现在还不是啃这块硬骨头的时机。秦军把大量人马用在攻打一座城市上是不理智的，不仅得不偿失，还有可能被楚国乘虚偷袭。而甘茂动用了大量兵力花了差不多半年也攻不下宜阳，说明他能力不足，是个言过其实的家伙。说不定他还是楚国间谍，故意来损耗秦国国力。

年轻的秦武王正因为宜阳久攻不下而着急，读了樗里子的上书，觉得确实没必有再打下去，还不如到此为止，少牺牲一些秦军将士的性命。于是他即刻下旨，驳回了甘茂的援兵请求，要求甘茂立刻撤兵回国。

接到旨意的甘茂并不慌乱，只让人回复了秦武王一句话："盟约还在那里，大王可不要忘记。"

秦武王幡然悔悟，他是一个重信义的人，便撤回了让甘茂撤兵的命令，还增派兵力给他攻城。

第二年，秦武王派来的援兵赶到了，甘茂决定对宜阳发起新一轮总攻。在誓师大会上，他把棺材抬到了士兵们面前，表示自己打算将宜阳作为自己的墓地，不拿下此城誓不罢休。此外，甘茂又拿出积蓄，表示在公家奖励之外，他会以个人钱财加赏那些立功将士。

为了最后的胜利，甘茂拼了。

在主帅的鼓舞下，秦军的士气重新高涨起来。甘茂选择了破坏较严重的几段城墙作为突破口，向这些地方连续不断地发动进攻。在攻城器械的帮助下，秦军终于撞塌了几处城墙，士兵们蜂拥爬过瓦砾，与韩国守军展开了肉搏。韩军顽强抵抗，几乎战到了最后一兵一卒，也不愿离开防守的城墙。

经过几轮血腥拼杀，秦军凭借人数上的优势终于攻破了这座坚固的城堡。守城的韩军除少部分突围逃走以外，其余六万多人全部殉城。甘茂随后渡过黄河，占领了武遂（今山西垣曲东南），控制了贯通韩国南北的通道。

韩王只得派人携带大量珍宝前往秦国求和。秦武王见打通入周道路

的战略目标已经达成,便同意了和谈。他让甘茂撤军回国休整,并派专人前往宜阳和武遂安抚当地百姓,重建城堡。

秦武王准备实现自己"以窥周室"的梦想了。

不久之后,秦武王给了樗里子一个表现机会,让他率领一百辆战车、数千名武士通过新占领的宜阳,来到成周示威,宣称秦王将要来朝见天子。周赧(nǎn)王(名延)吓得赶紧打开城门,派人在城外列队迎候。随后,秦武王在仪仗的簇拥下大摇大摆地开进了成周,周赧王和西周公则以极恭敬的姿态亲自前来迎接。这种情形是前人无法想象的。

到了天子的王宫就座后,秦武王客套了一番,便提出要参观九鼎。周赧王不敢拒绝,带他来到了安放九鼎的太庙。秦武王一看到让全天下诸侯都梦寐以求的九鼎,便兴奋得不能自已。他全然不顾礼节,快步走上前对九鼎又抱又搂。

兴奋之下,秦武王想伸手把当中的一只鼎给抱起来。但鼎又大又重,他怎么用力都没办法抱起来,秦武王只好放弃,回到了王宫中。

但是,作为一名四肢发达的肌肉猛男,在这么多人面前抱不动一只鼎,秦武王觉得自己实在是丢人。《史记·赵世家》记载,不甘心的秦武王在第二天发现城中还有一只颜色赤红的鼎,上面镌刻了许多龙纹,颇有王者之气。这只龙纹赤鼎比九鼎体积略小,秦武王自信有力气举起它,便对身边的人说:"我们要不要比试一下谁的力气大,看谁能把那只鼎举起来?"

跟随在秦武王身边的是一直陪同他练武运动的伙伴,当中就有被封官的孟说等人,个个也是浑身肌肉的大力士。他们中大多数人看了看那只龙纹赤鼎,担心太重举不起来,又不想万一举起来抢了国君的风头,便纷纷摇头,劝秦武王不要举鼎。

唯独孟说这个莽撞的彪形大汉大声说:"我来试一下!"便走上前抱住鼎,大喝一声,用了九牛二虎之力把鼎举了起来。但这鼎实在是太重了（传说有六百斤），孟说青筋尽暴，双目出血，最终只把鼎抬起来半尺（大约十五厘米）就放下了。

秦武王很不屑地看了孟说一眼，道："力气那么小，看看寡人的！"

说完，秦武王脱掉上衣，抱起了龙纹赤鼎。他身上的大块肌肉真不是白练的，只见他咬紧牙关，奋力一举，那鼎就渐渐离开了地面，周围顿时一片喝彩之声。

听到身边人的喝彩，秦武王更加得意。他想挑战更高难度，把鼎举过头顶，便深吸一口气，用尽所有力气继续把鼎往上举。沉重的龙纹赤鼎让他身上的经脉全部胀开了，汗不断地涌出来，脸色红得吓人，血丝充满了眼睛。

谁都知道秦武王已达到了自己体力的极限，但没人敢劝阻正在兴头上的他。终于，意外发生了。当秦武王快要把鼎举过头顶时，他的手突然一滑，六百斤的龙纹赤鼎重重地砸在了他的膝盖处。秦武王顿时感到一阵剧痛，瘫倒在了地上。

周围的人赶紧把秦武王抬去救治。医生检查了伤口，发现他的膝盖骨和胫骨已经被砸断了，更要命的是折断的胫骨划破了小腿上的大动脉，造成了大出血。在医疗条件有限的古代，再高明的医生对大动脉出血也是无能为力，只能无奈地任凭秦武王在床上痛苦地挣扎。当天晚上，秦武王因为失血过多，死在了成周，年仅二十三岁。而孟说因为怂恿秦武王举鼎，被诛灭了三族。

这位年轻强壮的秦王在打下宜阳、问鼎周室那一刻，觉得自己终于可以"开始"了，但他没有想到，这竟然就是他的"结束"。

第 221 章

这个女人不简单

秦武王突然离世让整个秦国朝野措手不及。原本国君去世，应该由太子即位，但秦武王还没有留下子嗣，太子就无从说起了。秦武王虽然有弟弟，但他们都是庶子，没人能合乎宗法地继承王位。

王位总不能长时间空着，对于应该立谁为新国君这一问题，秦国朝野争论不休。而秦武王的那些弟弟们则四处活动，拉帮结派，为自己即位制造声势。秦国大有爆发内战的势头。

在这个关头，有一个人一锤定音，把远在燕国做人质的公子稷送上了王位。

公子稷为什么能脱颖而出？把他送上王位的又是谁呢？

得从公子稷的母亲芈氏说起。

芈氏来自楚国，史书上对她的父母没有记载，只是提到她刚出生不久，父亲和母亲就离了婚，所以她还有一个同母异父的弟弟魏冉、一个同父弟弟芈戎。

从这个记载可以分析出,芈父拥有和楚王一样的"芈"姓,但没有叫得出的"氏",说明他是楚国王室的远方宗亲,地位比较低微。而芈母离婚后嫁给了一个魏国人,因为"魏"这个姓氏当时只有魏国王室才会拥有,但这个男人名不见经传,可见也是一位血脉疏远的破落贵族。

总而言之,芈氏一家融合了楚、魏两国的血缘,但却是不值一提的底层贵族。因而,芈氏在秦惠文王的后宫中地位不高,仅是嫔妃中第五等级的"八子"①,故那时人们都称她"芈八子"。

但是,芈氏却深得秦惠文王宠幸,光儿子就生了三个,分别是公子稷、公子芾和公子悝。算上不被史书记载的女儿们,芈氏可以说入宫后一直在生育,这要不是得到盛宠,是万万不可能的。芈氏受宠也福及了她的两个弟弟,芈戎和魏冉都来到秦国当了官。尤其是魏冉,因为才能突出,在秦惠文王时期就得到了重用,秦武王去世时他已经是将军了(具体职务不详,但应该是仅次于樗里子的高级军职)。

这一次,正是魏冉在关键时刻发挥了作用,让公子稷成功上位。

史书对这段历史的记载极为简略:"武王卒……诸弟争立,唯魏冉力为能立昭王。"似乎魏冉大权在握,一声令下就让外甥当上了秦王。魏冉是实力派不假,但要说他在秦国朝堂里说一不二,应该还不现实。笔者推测,魏冉应该是争取到了秦国内外实权者的有力支持,即赵武灵王和樗里子都站在了他这一边。

赵武灵王愿意支持公子稷的原因,我们在前面已经讲过了。而且赵武灵王还派出军队护送公子稷回国,给他壮大了声势。而右丞相樗里子在秦武王时期一直受压制,心中颇有不满,魏冉可能借机与樗里子达成了政治协议,以事成之后赶走甘茂为条件换取了他的支持。

就这样,二十岁的公子稷登上了王位,史称秦昭襄王。芈氏则荣升

---

① 秦国后宫分八级:王后、夫人、美人、良人、八子、七子、长使、少使。

太后,史称宣太后。

登上了秦国至高无上的权位,秦昭襄王并不感到多么兴奋,反而整天提心吊胆。他知道,自己屁股底下的这个座位已经被他的兄弟们争抢了很久,自己胜出纯属侥幸,要是他们几兄弟合起伙来造反,弄不好自己就会立马人头落地。

年纪尚轻的秦昭襄王显然对极有可能爆发的政变和叛乱没有足够的应对能力。但他是幸运的,因为母亲宣太后和舅舅魏冉替他做好了应变准备。

宣太后,这位性格刚烈的"女汉子",在秦王宫里沉浮了许多年,看惯了宫里宫外的明争暗斗,对权力场的凶险了然于心。她深知,在这巍峨的王宫里,除了自己,没人能保护自己的亲人不受伤害,就算自己是女儿身,也要顽强起来,绝不能软弱和依赖别人。她必须像丈夫那样狠,那样有权谋。

宣太后已然嗅探到了惠文后和公子壮潜藏着敌意,便立刻授意儿子把魏冉调任咸阳卫戍部队的指挥,控制住首都军队,又让樗里子以右丞相的身份接管秦军。

惠文后,《史记·穰侯列传》记载她死于秦武王之前,但根据杨宽先生的考证,她在那个时候应该还活着,并且支持公子壮为秦国新君。公子壮当时的爵位是"庶长",是军功爵制的第十八级,属于卿的一级。以其公族身份和如此高的爵位,公子壮定然在国人和军队中颇有势力,对宣太后他们来说是非常危险的人物。

宣太后他们对惠文后和公子壮一伙采取的态度是"忍"。因为他们这个时候地位还不稳固,大臣和国人中还有不少人反对他们。秦昭襄王名为国君,发出的指令却经常不被人遵守。

公子壮觉得新国君和新太后不过是孤儿寡母,软弱可欺,过不了几年就可以让他们滚蛋。他对秦昭襄王和宣太后态度极为蛮横,完全不把自己当作臣子。有一天，公子壮甚至自封"季君"，也就是二号国君的意思。宣太后不露声色，让秦昭襄王默许。

惠文后和公子壮敢如此嚣张跋扈，宣太后知道是因为有掌握兵权的重臣支持他们。这位重臣就是左丞相甘茂。

甘茂这个人非常有意思，如果简单把他归入公子壮和惠文后的集团，似乎有些"冤枉"了他，因为他的初心是不想参与秦国内斗的。他只希望能在秦国这个舞台上好好地发挥自己的才干，实现征战天下的理想。只可惜自己生不逢时，偏偏在事业上升期碰上了王位之争。为了保住自己不被樗里子赶下台，他只好选边站队，投靠了惠文后，成了公子壮势力在朝中最大的党羽。因此，当时秦国最重要的对外事务仍旧是甘茂说了算，宣太后根本就做不了主。

公元前307年，秦昭襄王刚刚即位，楚国就出兵攻打韩国。韩国在宜阳之战中元气大伤，无法抵抗楚军进攻，便派使者来到秦国求援。韩使对秦昭襄王说："韩国是秦国在东方的门户，韩国失守，秦国就危险了。请贵国念及唇亡齿寒的道理，速速派兵援助我国。"

在秦昭襄王身后垂帘听政的宣太后回答："当年我给秦国先王侍寝的时候，大王把大腿压在我的身上，我感到身体不能承受。而他把整个身体都压在我的身上时，我却并不感觉重，这是因为这样做对我有好处。秦国要帮助韩国，每天要耗费数以千计的钱粮，这对我和秦国又有什么好处？"

宣太后性格豪放，敢在外交场合拿自己的夫妻生活打比方。但她话糙理不糙，直截了当地提出秦国救援韩国没有好处，拒绝了韩使的请求。

韩国无奈，只好又派了一位使者去游说甘茂，说韩国再得不到救援就投靠楚国了。甘茂大惊，立刻上奏秦昭襄王说："秦国如果不救援韩国，韩国就会投降楚国。而韩国和楚国结盟，魏国就不敢不听从楚国。

韩、魏、楚三国联合，对于秦国来说就很危险了。大王一定要派兵，不要在意是否能从中得到好处。"秦昭襄王便同意了出兵，帮助韩国击退了楚军。

第二年，甘茂又上书建议巩固秦、韩两国的联盟，把刚占领的武遂还给韩国。虽然宣太后的亲信在朝中据理力争，但秦昭襄王还是只能听从甘茂。

甘茂两次违逆宣太后的意愿，让宣太后忧心忡忡，担心他将来必成祸患。宣太后开始在暗中与樗里子合作，准备解除甘茂的权力，并将他除掉。但甘茂有惠文后等人的支持，在咸阳动手不太方便，反而容易被反扑。宣太后他们便计划分而治之，先把甘茂调离咸阳，再让樗里子在外地暗害他。

公元前306年年底，秦昭襄王指派樗里子和甘茂一起带兵攻打魏国皮氏。甘茂一开始不知是计，跟着樗里子出发了，但在途中他发觉了情况不对劲，便叛逃到齐国，再也没有回到秦国。樗里子见计划失败，也就撤退了。

虽然宣太后没有抓住甘茂，但是他一逃，那些原本追随他的大臣武将们就掀不起大风浪了，公子壮和惠文后的力量被大大削弱了。宣太后决定不再躲躲闪闪，干脆和惠文后刺刀见红，把惠文后一伙一网打尽。

公元前305年春，魏冉以迅雷不及掩耳之势忽然发起政变，将惠文后、公子壮及其党羽全部抓获。宣太后毫不留情地以谋反为由将这些人全部处死，唯独留下秦武王的遗孀悼武王后一命，把她驱逐回了魏国。

或许，惠文后和公子壮在被捕之后，本以为以自己太后和公子的身份，宣太后不敢杀他们，但没想到宣太后还是取了他们的性命；在临刑之前，他们怎么也想不通，自己这样"高贵"的出身，竟会败在"下贱"的宣太后和魏冉手里。

他们太小看宣太后这个女人了。

宣太后以一介女流之辈，忍辱负重，精心谋略，成功清除了势力强大的惠文后一党，让自己的儿子坐稳了王位。她用行动证明了自己不是一个简单的女人，她注定要在战国这个男人的舞台上散发出光芒。宣太后的威名远播天下，没人敢小看这个说话粗鲁的女强人了。

经过这一系列权斗，年轻的秦昭襄王对母亲更加钦佩和依赖，遇到难事和大事都会向其汇报。宣太后大权在握，成了秦国实际上的最高统治者。

楚怀王的最后尊严

秦昭襄王继承的秦国，经过父亲和哥哥的经营，已经是一个极其强大的国家了，国土面积可以和楚国相比。然而，长达三年的内乱使秦国国力受到了很大的影响。而秦昭襄王资历尚浅，宣太后又是女流之辈，还无法使所有军队信服。秦昭襄王不得不一改秦国过去咄咄逼人的扩张姿态，采取内敛和友善的态度，暂停了大规模的征战，转而寻求与邻国和睦相处。

秦昭襄王感激赵武灵王的拥立之恩，首先继续和赵国保持友好关系，双方经常互派使者来往。赵武灵王便趁着这段和平时期吞并了中山国，并且向北扩张，打败了林胡人和楼烦人，赵国的军事实力飞升。

秦昭襄王也感激当年燕昭王的收留之恩，派人与燕国签订了盟约。秦、燕两国并不接壤，没有太大的利益冲突，所以终秦昭襄王一生，两国都没有发生过对抗。

母亲宣太后是楚国人，为了照顾母亲的感情，秦昭襄王也改变了对楚国的敌视态度，主动与楚国修好。

但那个时候，楚国已经和齐国结盟了，楚怀王必须在秦国和齐国之间做出选择。他经过一番考虑，还是决定和秦国结盟。一来他害怕强悍的秦军来攻打，二来他觉得秦王是半个楚国人，应该更可靠一些。

公元前304年，秦昭襄王和楚怀王在黄棘（今河南南阳南）相会结盟。两位国君在会上谈笑风生，似乎回到了几百年前秦、楚之好的情景。这次会盟约定秦、楚两国为兄弟之国，双方维持现有国界不变，秦国归还楚国上庸。在此之前，楚王和秦王还进行了联姻。

盟约生效之后，秦昭襄王按约归还了上庸城，并且派人到楚国迎接了自己的新娘。这位来自楚国的宗室女子成了秦昭襄王的王后，史称叶阳后。

秦、楚联盟让一个人不高兴了，他就是齐宣王。

齐宣王不计前嫌地和楚国结盟，可换来的却是楚怀王一而再、再而三地背叛。这次，齐宣王真的是气疯了，他决定教训一下楚国。

公元前303年，齐国与被秦国抛弃的韩、魏两国联盟，发兵攻打楚国。腐败的楚军居然不敌三国联军，连吃败仗。楚怀王只好向刚结盟的"兄弟之国"秦国求助，还把太子横送到秦国当人质，就怕秦军不来救他。秦昭襄王立即派兵支援楚国，三国联军随即退兵。

经过这次事件，宣太后和秦昭襄王对楚国的无能大为失望。齐、韩、魏三国发兵就能把楚国吓成这样，得靠秦国帮它护国才行，要是楚国以后再被人攻打，秦军不得又跑断腿？宣太后母子俩开始重新权衡与楚国连横的利弊，而发生在第二年的一件事，最终促使两人对楚国彻底不抱好感了。

事件发生在楚国太子横的身上。太子横是一个不靠谱的纨绔子弟，他被父亲送到秦国做人质，却一点没有"人在屋檐下，不得不低头"的觉悟，依旧吃喝玩乐，与人争勇斗狠，把秦国当成自己家横着来。这位

太子爷要是和普通的秦国百姓争勇斗狠也就罢了，可他偏偏和秦国的大臣与贵族们较上劲了。具体原因不详，总之太子横因为一件事情和一位秦国大臣发生了矛盾。太子横的臭脾气一上来，居然把那位大臣打死了。犯下命案后，太子横不是想办法平息此事，而是毫无责任心地逃回了楚国，把烂摊子扔给别人处置。

楚国太子草菅人命，而且不顾外交惯例私自返回楚国，这种事放在哪个国家都会让人气愤不已。不过，秦昭襄王只是口头上发表了一下谴责，向楚怀王表达了不满，还没有要断绝关系的意思。或许宣太后和秦昭襄王在那个时候还希望楚怀王派人来道歉，并想办法弥补两国之间的裂痕。

然而，他们最后等到的不是楚怀王的歉意，而是楚国要和齐国联合出兵攻打秦国的消息。

原来，秦、楚交恶的消息让齐国人高兴坏了，他们觉得报复楚国的最佳时机到了，便计划联合韩、魏两国一起南下攻楚。但是秦、楚联盟尚未破裂，齐国担心秦军又会来救，就派人去游说楚怀王道："为什么不和我们一起攻打秦国呢？我们齐、楚、韩、魏四国一起伐秦，再多的地方都不怕得不到，更何况楚国失去的旧地？"

楚怀王正为太子横闯下的大祸头疼不已，听说齐、韩、魏三国要派大军来攻，觉得秦军这次是绝对不会来救援了。而楚国对当年被骗商於之地和汉中之地丢失一直以来都心有不甘，齐使的游说可谓触碰到了楚怀王的痛点。他与大臣们商议后，认为联合齐国伐秦的利益更大，既不必低三下四地去给秦国人道歉，又有机会向秦国一雪前耻，便同意了齐使的请求。

狡猾的齐国人很快就把这个消息宣扬了出去，秦昭襄王气得肺都要炸了，当即下令停止与楚国的联盟关系。得知消息的齐国立刻联合韩、魏，由名将匡章担任联军总指挥，气势汹汹地扑向了楚国的方城。

楚怀王这个时候才明白自己被齐国人耍了,连忙派人带重礼去向秦国求援。但秦昭襄王厌恶了楚国,拒绝出兵援助。楚怀王只得派唐眜为将,率领楚军在沘水(今河南唐河境内)构建防线抵御联军。

唐眜在沘水对岸布置了严密的防守工事,修筑了众多箭楼,联军士兵只要靠近河边,就会被对岸的楚军放箭射杀。由于对沘水的水流和深浅没有了解,谨慎的匡章担心强攻代价太大,不敢轻举妄动。而楚军也不敢和强大的联军对战,选择了消极防御策略,躲在南岸一动不动。双方就这么傻傻地在沘水两岸对峙了六个多月,什么都没做。

齐宣王坐不住了,派了周最去前线督战,强令匡章立刻渡河进攻。

周最是周王室的公子,是一位纵横家,口才了得,当时正在齐国做客卿。齐宣王怕自己催促不动匡章这位老将,就把机灵的周最派了过去。周最想到的办法是激将法,他狐假虎威地来到前线,态度极其傲慢,还将匡章大骂了一顿,说再不出战,齐王就要杀他的全家。匡章听了很不服气,道:"对于我来说,撤了我的职,杀了我,甚至杀了我的全家,这是大王能够做到的;战机不成熟的时候要求出战,战机成熟的时候要求不出战,这是大王在我这里不能够做到的。"

话虽这么说,匡章还是在周最的刺激下,绞尽脑汁寻找渡河突破口。可是,对岸的楚军箭楼防守严密,派去探路的齐军士兵大多有去无回,齐军的侦察活动好几天都没有成果。

就在匡章焦躁万分的时候,终于有侦察部队向他汇报了一个有利的情报。原来,这支部队找到了当地的一位樵夫,向他询问了沘水的情况。樵夫告诉齐军士兵,楚军防守严密的地方就是水浅的河段,防守松散的地方就是水深的河段。

得知情报的匡章连忙调集精兵强将,组成突击队,趁夜色突袭。精兵专挑楚军防守严密的区域渡河,那里的河水果然比较浅,最终在垂沙(今河南唐河县西南)攻破了防线,杀死楚将唐眜及楚军士兵两万

余人。联军乘胜追击，攻占了垂丘（今河南沁阳北）、宛（今河南南阳）、叶（今河南叶县）以北的大片土地。楚国几乎丧失了北方所有的边防重镇，心脏地带暴露在中原诸侯的攻击下。楚国的噩运还未到此结束，垂沙之战就像倒下的第一张多米诺骨牌，引发了楚国的一连串混乱。

唐昧余部南撤到了宛城以南，受到了楚国官员的责难和处罚。气愤不已的楚军士兵在军官庄蹻（qiāo）的带领下聚众哗变，杀死前来责罚的官员，包围了楚都郢城，要向楚怀王讨说法。

楚怀王吓得惊慌失措，派人去劝解谈判，但哗变士兵不愿相信他。庄蹻领兵攻入郢城，楚怀王只好带着家人仓皇逃跑。

庄蹻兵变的消息传到了楚国各地，一直饱受压迫的楚国百姓纷纷揭竿而起响应。楚国朝政多年腐败，楚国百姓早已不满愤怒，这场兵变终于将其引爆。起义军在境内到处活动，诛杀贪官和富豪，洗劫粮仓，建立根据地对抗官府，楚国陷入了巨大的暴乱。

得知楚国内忧外患，宣太后认为这个时候应该放弃对祖国的幻想了。自己既然掌控了秦国，那就只能以秦国的国家利益为优先。秦国要大举扩张，就不可避免会和接壤的国家发生激烈冲突。而邻国当中，只有楚国的国力最为强大，秦国现阶段的敌人非楚国莫属。秦国必须抓住这个机会，进一步削弱楚国的力量。她便让秦昭襄王迅速出兵，趁火打劫，使这个南方大国不再有和秦国抗衡的实力。

公元前300年，就在垂沙之战的后一年，秦昭襄王派舅舅芈戎率兵攻打楚国，攻下了襄城（今河南襄城），击杀了当地守将景缺。

面对内忧外患的局面，楚怀王不得不采取应急措施。他先是把太子横送到齐国做人质，并割让六座城池，实现了与齐宣王修好停战，紧接着派人招安了兵变的庄蹻，封他做卿，并对其余起义军或招抚或镇压，陆续平定了这场全国性的大暴乱。

楚军逐渐稳住了阵脚，秦军继续进攻的难度增大。秦昭襄王眼珠子一转，忽然想到了一个可以兵不血刃夺取楚国领土的"鬼主意"。

公元前299年，秦昭襄王修书一封，派人送到楚怀王那里。信上说："当初寡人和君王您结拜为弟兄，在黄棘盟约，太子做人质，关系十分融洽。太子杀死寡人的大臣，竟不道歉就逃走了，寡人确实愤怒之至，便派军侵占您的边境。今天听说君王让太子到齐国做人质以求得和解。我国和楚国接壤，本来就结成了婚姻，互相亲善友好很长时间了。当今秦、楚关系恶化，就无法号令诸侯。寡人希望和大王您在武关相会并订立盟约。"大意是说他愿意和楚国停战，重归于好，希望约楚怀王到武关会盟，共商和平大计。

收到信的楚怀王左右为难，去吧，担心秦国人有诈，不去吧，害怕秦军再次大举进攻。他便召集了一帮臣僚开会商议。

大臣昭睢带头提议不能去，说："秦国是虎狼之国，一直有并吞诸侯的野心，不可以相信。我们应当发兵自守，防备秦国偷袭。"屈原赞同，也力劝楚怀王不能与秦国结盟。

但有一个人却站出来反对，声称应该去和秦国结盟。这个人是楚怀王的小儿子，名叫子兰。他对楚怀王说："秦国愿意停战，不正是我们求之不得的事情？父王为什么要听信谗言，拒绝秦国的一番好意呢？"

楚怀王一想，子兰说得也对，眼下楚国国力大衰，哪有能力抵抗秦军，倒不如先抓住机会和秦国和谈，暂时停战休养。于是，他不顾屈原等人苦苦哀求，动身前往武关。

楚怀王带着少量随从和车驾亲自来到了武关城下。秦国守军恭恭敬敬地打开了关门，引导他们前往会场。楚怀王在行进的马车上坐着，看见不远处有一群人打着秦王的旗号，举着秦王的华盖，似乎是秦昭襄王带领随从在那里迎候，便急忙赶了过去。

然而，来到跟前仔细一看，哪有秦昭襄王的影子，再看这些秦国

人，个个凶神恶煞，佩带兵器。楚怀王发现大事不妙，想逃走，但是已经来不及了。这些伪装的秦国士兵将他们团团围住，将他们缴了械，逼迫他们跟着走。

楚怀王就这样被挟持到了咸阳。秦昭襄王在那里以对待藩臣的礼仪接见了他，然后傲慢地递给他一张地图和一份协议，要求他在割让巫郡和黔中郡的协议书上签字，不然就对他不客气。

见到这般状况，楚怀王追悔莫及，但自己已深陷敌手，成了人家的人质，怎么后悔都没有用了。

秦昭襄王看见楚怀王惊恐的表情，得意地以为他肯定会战战兢兢地在协议上签字。然而，他却听见楚怀王斩钉截铁地说了一个字："不！"楚怀王显示了一国之君应有的骨气，拒绝割让土地。

秦昭襄王怒道："不签，你就别想回去！寡人把你关起来，直到你同意为止！"

楚怀王正气凛然地说："楚国历代国君都没有割地求和的传统。不谷宁可身囚异国，也绝不割让故国的一寸河山！"

秦昭襄王勃然大怒，他万万没料到自己一直看不起的楚怀王竟有这样的气概，便下令把他关押了起来。

秦昭襄王本以为扣押了楚怀王，即便不能使之屈服，也能要挟楚国的大臣和公子们割地。但他小看了楚国人反抗的决心，他等了许久，也没见楚国派人来请求割地赔款以赎回楚怀王。楚国人和他们的国君一样保持着强硬的态度，拒绝屈服。过了一段时间，秦昭襄王又听说楚国已经重新立了一名国君。

原来，大臣们见楚怀王长时间没法回来，觉得国不能一日无君，就商议着再立一个新国君。

立谁好呢？

当时，太子横正在齐国做人质，留在楚国的公子中只有子兰最得楚怀王的宠爱，立他为新君似乎比较合适。于是，不少人计划扶持子兰为君。这让子兰很是得意。

但有一个人却出面竭力反对，这个人就是昭睢。

昭睢是前朝元老，颇有军功，在朝中说话非常有分量。先前楚怀王前去秦国时，他就和屈原一起反对，却被子兰搅乱，害得楚怀王贸然入秦被扣留，所以他对子兰丝毫没有好感。

昭睢提出，应该从齐国接回太子横，立他为新君。因为子兰是庶子，不宜废嫡立庶，而且国君和太子都被困在他国，放弃国君已经不合适，再抛弃太子，就更加不应当了。

昭睢的建议得到了许多人认可，楚国便派人出使齐国，请求齐闵王放回太子横。以防齐国利用太子横敲竹杠，楚使欺骗齐闵王说楚怀王已死，楚国已立新君，请太子横回去是为了给先王奔丧。

但齐闵王可不想便宜楚国人，他与众臣商议说："楚国想迎回太子可以，他们要先把淮水以北的土地割让给齐国。要是楚国人不肯给，寡人就发兵攻打楚国。"

齐国贵族孟尝君劝阻道："大王不能这么做。楚国人已经立了别的公子为王，太子横没有价值了；再为这事讨伐楚国，会陷齐国于不义之中。"

此时正在齐国的苏秦（主流观点认为是历史上真实的苏秦）却建议说："大王不如回复楚使说：'既然你们已经有了新王，那就把东国（具体位置不详，可能就是齐闵王指的淮水以北之地）让给齐国，我们就帮你杀了太子横。不然，我们就和韩、魏两国共立太子横为君，分裂楚国。'楚国人一定不敢拒绝，会把东国之地割让给您。"

楚使见齐闵王给了这样的答复，只好找到太子横商量对策。太子横和自己的老师讨论后，决定答应割让东国之地，先能回国主持政局再说。

经过了这番周折,太子横终于回到了楚国即位,便是楚顷襄王。

楚顷襄王即位后,楚国派使者告知秦国:"赖社稷有灵,国有王矣。"意思是说楚国已经有新君了,你们秦国要挟不了我们了。

秦昭襄王大怒,于公元前298年再次发兵攻打楚国,攻破了析邑等十五城,杀死楚军五万多人。

然而,秦军的进攻再次被迫中止了,秦昭襄王下令秦军赶紧撤退回国。原因是有一支庞大的合纵联军来函谷关前叩关了。这支联军的幕后主使,便是来自齐国的孟尝君田文。

发生了什么事呢?且让我们从头道来。

是是非非孟尝君

田文，战国四公子之一，孟尝君是他的封号。他的祖父是齐威王，父亲是齐宣王的异母弟弟田婴。他刚出生的时候，有一段小故事。

孟尝君的生日是五月初五。那时齐国人迷信，认为五月份出生的孩子长到身高超过门楣，就会克死父母。孟尝君的父亲深信这一点，就命孟尝君的母亲（当时的身份是妾）把这个孩子扔了。可怜的孟尝君还没来得及和这个世界打声招呼，就要准备投胎做人了。

当妈的哪里忍心扔掉自己的心头肉？她没有听从丈夫的命令，偷偷把这个孩子养大了。

孟尝君长大成人后，母亲委托了一个好心兄长带他去认父。父亲看见他后大吃一惊，大声怒骂母亲说："我让你把孩子扔了，你竟敢把他养活！"

孟尝君的母亲害怕得不敢回答。孟尝君挺身而出，对父亲说："孩儿想问父亲，人的命运是由上天决定的，还是由门楣决定的？如果是上

天注定的,您何必感到忧虑?如果是由门楣决定的,您把门楣修高不就行了?"

执迷不悟的父亲不肯认错,大骂道:"你不要说了!"

过了几天,孟尝君估计父亲的火气消了一些,又找机会去见他,和他玩起了知识竞答。他问父亲第一题:"儿子的儿子叫什么?"

父亲轻松回答道:"叫孙子。"

孟尝君接着问第二题:"孙子的孙子叫什么?"

父亲答道:"叫玄孙。"

孟尝君又问第三题:"玄孙的孙子叫什么?"

父亲被这道题难住了,回答:"我不知道了。"

孟尝君便借题发挥,说:"您执掌大权,担任齐国宰相,到如今已历三代君王,可是齐国的领土没有增广,您的私家却积贮了万金的财富,门下也看不到一位贤能之士。我听说,将军的门庭必出将军,宰相的门庭必有宰相。现在您的姬妾践踏绫罗绸缎,贤士却穿不上粗布短衣;您的男仆女奴有剩余的饭食肉羹,贤士却连糠菜也吃不饱。您还一个劲儿地加多积贮,想留给那些连称呼都叫不上来的人,却忘记了国家在诸侯中一天天失势。我感到很奇怪。"

孟尝君的意思是,老爸您啊,只知道囤积财富、享受生活,不为国家分忧,目光太短浅了。

父亲一听,这小子年纪不大,说话还挺有道理的,便对这个儿子刮目相看了,不仅收留了他,还让他帮忙主持家政,接待宾客。

孟尝君的公关工作做得出色,了解他的人越来越多,他的好名声也传得越来越广。许多人看好他成为下一任家主,劝其父把他立为世子。孟尝君的父亲同意了,去世后将家主和爵位传给了他。

孟尝君从父亲手中继承的,是齐国最富裕的一份家业。他的父亲田婴号靖郭君,是齐威王时的一大贪官。他接替邹忌当上相国后,把财政大权夺到自己手中，通过各种营私舞弊，使"私家富累万金"。孟尝君承袭爵位后，又获得了薛邑（今山东滕州东南）的万户食邑，还向农民和商人大放高利贷，一次可以得到利息十万钱。

有了富可敌国的财富，孟尝君毫无顾忌地大量招揽门客。他对于投奔自己的门客给予了极高的待遇，不管是贤士还是别国的罪犯，他都提供吃住，并根据其才能安排工作。

孟尝君给门客的待遇好到什么程度呢？

孟尝君每次接待门客，总是安排人在屏风后记录本次谈话的内容，包括该门客亲戚的住处。门客刚刚离开，孟尝君就派人到其亲戚家里慰问，送上礼物和钱粮。

有一次，孟尝君和一群门客一起吃晚饭。因为光线太暗，有个门客没看清孟尝君的饭菜是什么，认为与自己的饭食的质量肯定不相等，放下碗筷辞别。孟尝君马上站起来，端着自己的饭食与他的相比，那个门客惭愧得无地自容，就刎颈自杀以谢罪了。

由于孟尝君乐善好施，全天下的门客纷纷前来投奔他，不管什么三教九流，还是偷鸡摸狗之辈，都到孟尝君那里享受起了美好生活。其门下的食客数量暴涨到三千人之多，成为战国时代之最。他的封地薛邑成了独立王国，他"招致天下任侠奸人入薛中，盖六万余家矣"，大量门客在这里定居，只服从孟尝君的命令，根本不听从齐王的管制。

拥有如此庞大的家业和众多的门客，历代齐王都不敢怠慢孟尝君，孟尝君因而继承了齐国相国的职务。公元前316年，公孙衍为了和齐国合纵，还把孟尝君召为魏相，而他自己为韩相。孟尝君的名声远播国外，各国都来争相讨好。

孟尝君经历的第一任齐王是齐宣王。我们不妨顺道说一下这个有故事的男人，他有一个很出名的老婆——钟无艳。

钟无艳本名钟离春，因为出生在无盐（今山东东平东南），也被称

作"钟无盐",后来被讹传成了"钟无艳"。钟无艳在正史当中并无记载,只出现在汉代野史《烈女传》中。这本书记载说,钟无艳是个皮肤黝黑、身材走样、五官不正的丑女人,但她关心国家大事,向齐宣王陈述齐国有四条弊政,并指出再不悬崖勒马,将会城破国亡。齐宣王认为她是一个有智慧和勇气的女子,就采纳了她的谏议,把她立为王后。后世的民间曲艺家又给这个奇女子增添了许多故事,还给她塑造了一位情敌夏迎春,编出了"有事钟无艳,无事夏迎春"的说法。

笔者推测,钟无艳应该确有其人,其相貌也不会好看,但是她通情达理,聪明过人,在个别政治问题上帮助过齐宣王,齐国臣民对她有很不错的印象,就留下了这么一段民间传说。而齐宣王娶钟无艳应该不是他的本意,在齐国贵族政治的环境下,他可能是为了加强与无盐钟离氏大夫的关系,才进行了这场政治婚姻。齐宣王对这位妻子只有尊重,没有爱恋。

齐宣王这个人并不像民间故事中那么懦弱和昏庸,他是一位有抱负的君主。通过他与孟子的一场对话就可以看出来。

公元前318年,孟子来到了齐国的稷下学宫讲学。齐宣王亲自接待了孟子,开口就问:"您听没听说过齐桓公和晋文公的霸业啊?"

孟子回答说:"孔子的弟子没有讲述齐桓公、晋文公的事的,因此失传了,我没有听说过。一定要说的话,还是说说行王道的事吧!"接下来他就和齐宣王探讨起了"王道"。他劝齐宣王要以仁义道德感召天下,而不是图一时痛快而发动战争、涂炭生灵。

齐宣王回答说:"我哪是为了图一时痛快去发动战争?只不过是想满足自己的愿望而已。"

孟子就问:"大王的愿望是什么呢?"

齐宣王却笑了笑,没有回答。

孟子又问:"难道大王对自己的生活条件不满意,想通过努力去改善？但这些事情大王的属下就能帮您解决，您真的是为这种事情操心吗？"

齐宣王答："不是，寡人不是为了这些。"

孟子猜出了齐宣王的心思，说："那么，大王最想得到的东西便可知了，是想开拓疆土，使秦国、楚国来朝见，统治整个中原地区，安抚四方的少数民族。但是以这样的做法去谋求这样的理想，就像爬到树上去抓鱼一样。"（成语"缘木求鱼"来自于此）

虽然是借他人之口说出来，但齐宣王的理想是显而易见的。父亲为自己留下了一个强大的齐国，自己为什么不靠此来创造一番如同齐桓公和晋文公那样的霸业呢？因此，齐宣王在位期间一直对诸侯霸主的名号极其在意，不惜和楚国撕破脸，还再三扰乱公孙衍的合纵活动。他做过的最重要的一件事，就是利用子之之乱占领了燕国，可惜没法稳定局面，最终只能撤退，还使齐、燕两国结下了极深的仇怨。

孟尝君经历的第二任国君齐闵王，也是一个有意思的人。著名的典故"滥竽充数"就和他有关。

过去齐宣王听音乐，喜欢三百人一起演奏竽，讲究排场。齐闵王上台后，改变了父亲的做法，转而要求乐师们单独为自己演奏。这条新规定一下，就有一个叫南郭先生的乐手逃跑了。原来这位南郭先生其实不会吹竽，当初是混进乐队里装装样子，骗吃骗喝。齐宣王喜欢讲排场，要几百人一起演奏，南郭先生就没有被人发现。现在新国君要乐师单人演奏，南郭先生骗不下去，只好跑路了。

从这个典故可以看出齐闵王喜欢较真，很讨厌那些不学无术的大忽悠。他相信实干兴邦，认为齐国不能追求虚无的诸侯霸主名号，在这乱世要把向外扩张作为主要工作。

既然立志争雄天下，齐闵王必然会对不利于加强王权的齐国旧体制和旧风气深感不满。他驱逐稷下学宫里许多只会空谈的文化学者，并对

不服从他的军方将领和宗室贵族大开杀戒。史书记载,齐闵王时期"诸儒谏不从,各分散,慎到、捷子亡去,田骈如薛,而孙卿适楚",包括荀子在内的知名学者都离开了齐国。齐闵王还因为有人妄议他的政策,杀了"负郭之民狐咺""孙室子陈举"和司马穰苴(不是春秋时的田穰苴)。负郭之民是指把棚子搭在城郭下面的贫民,孙室即是王孙级别的宗室,司马是朝中的高级军职,可见齐闵王下起狠手来,根本就不管对方的身份地位。史书普遍评价齐闵王把祖父齐威王的纳谏之风破坏殆尽,"民有非则非之,民无非则非之,民有罪则罚之,民无罪则罚之",整个齐国仿佛陷入了一场暴政。

在暴虐的齐闵王的领导下,擅权且贪腐的孟尝君自然成了打击对象。但孟尝君的势力和声望都太大,齐闵王一时没有办法下手。就在这个时候,秦国忽然派人来,要把孟尝君请去秦国当丞相。

原来,楚国在垂沙之战中惨败,国内又发生了庄蹻起义,楚怀王只好把太子横作为人质和齐国讲和。这样一来,就形成了楚、齐、魏、韩四国合纵的趋势。秦昭襄王为了拆散这个联盟,决定与齐国连横,就让弟弟公子芾入齐为人质,邀请孟尝君来秦国担任丞相。齐闵王正好有意支走孟尝君,便同意了秦国的请求。

然而,孟尝君在秦国做了不到一年的丞相,与秦昭襄王相处得很不愉快。赵武灵王为了集中精力推行胡服骑射改革、消灭中山国,怕孟尝君干扰秦、赵两国的友好关系,便派了楼缓去游说秦国,离间秦、齐关系。

楼缓收买了几位重要的秦国大臣,让他们在宣太后和秦昭襄王面前进言说:"孟尝君毕竟是齐国的宗室成员,他做秦国丞相,必然什么事都向着齐国,这对秦国来说是祸害啊。"

宣太后和秦昭襄王念及赵武灵王的旧恩,又考虑到赵国能牵制齐国和魏国,母子俩就卖了个人情给赵武灵王,把孟尝君撤职软禁,改让赵国的楼缓做了丞相。

孟尝君被软禁期间,听到风声说秦王将要处死自己,吓得惶恐不已,连忙叫来自己的门客们商讨对策。有个人出主意说:"秦王有一个宠姬,可以请她帮忙说情。"

孟尝君便托人去找那位宠姬。要她帮忙是要付出条件的,而女人喜欢的东西无非衣服或珍宝,这位宠姬开出的条件便是:"我希望得到孟尝君的那件白色狐皮裘。"

原来,孟尝君来秦国的时候随身带了一件白色狐皮裘,这件衣服极其名贵,天下仅此一件。但是孟尝君已经把这件衣服献给秦昭襄王了,没法拿出第二件送给那位宠姬了。

没有狐皮裘,宠姬就不肯帮忙,这让孟尝君焦急万分。这个时候,一个门客站出来说:"我去把献给秦王的那件狐皮裘偷回来。"孟尝君想不出别的办法,就让他去了。

当天晚上,这位门客装扮成一条狗,从秦王宫的狗洞里钻进去,成功偷回了那件狐皮裘。孟尝君连忙派人把狐皮裘送给了那位宠姬,宠姬不久之后就靠着枕边风说服了秦昭襄王,让他释放了孟尝君。

孟尝君出狱后,立刻更改姓名、乔装打扮,带着门客乘坐马车出逃了。他们生怕秦昭襄王改变了主意,一路上不敢停歇,一直向东狂奔。秦昭襄王忽然发现自己的狐皮裘到了宠姬那里,果然立刻改变了主意,派人去抓捕孟尝君。

此时,孟尝君一行已经到达了秦国边境的函谷关。因为是凌晨时分,关口没有开门,孟尝君担心等到天亮鸡鸣再出关,抓捕的人马也会赶到函谷关。他恳求守关的秦国士兵打开关门放他们走,但士兵忠于职守,一定要等到鸡鸣才肯放行。

这时,一个门客躲在僻静处"喔喔喔"地学起了公鸡打鸣,居然引得附近的公鸡都跟着叫了起来。守关的士兵听见鸡鸣,便按照规定打开

了关门,放孟尝君等人出去了。天亮之后,秦昭襄王派来的追兵果然赶到了函谷关,但此时孟尝君他们已经离开了秦国国境,没法追上了。

孟尝君依靠这两个不知姓名、会偷东西和学鸡叫的门客成功逃出了秦国,这让所有人都感到不可思议。当初,这两个人投奔孟尝君时,大多数门客都以与他们为伍感到羞耻。而现在,所有门客都佩服孟尝君当初不分偏见收留他们的做法。孟尝君的这次经历引出了"鸡鸣狗盗"这个成语,用来比喻那些只有低级才能的人。

孟尝君等人惊险地逃出了秦国,来到了赵国地界。和孟尝君齐名的战国四公子之一平原君赵胜设宴款待了他们,孟尝君这才长长地舒了口气。

拜别了平原君,孟尝君继续上路。当他们经过赵国的一个小县城时,当地百姓听说闻名天下的孟尝君来了,纷纷跑来围观,马路上挤满了人。孟尝君就走出车向围观的人群挥手致意。没想到,他听到的不是欢呼声,而是一片奚落和嘲笑。这些赵国百姓议论说:"原来以为孟尝君是个魁梧的大丈夫,如今看到他,不过是个瘦小的男人罢了!"

孟尝君听见赵国百姓居然贬损自己,气得暴跳如雷。他跳下了车,取来自己的剑丧失理智地砍向围观人群。随行的门客也拿起兵器下车,砍杀百姓给主公出气。他们一口气砍杀了几百人,又摧毁了许多民房,才驾车离开。这件事令人诟病至今。

函谷关陷落

回国之后,孟尝君重登齐国相位。这次秦国之行令他对秦昭襄王恨之入骨,他决定展开报复,说服了盟友韩、魏两国和齐国一起攻秦。

这就是战国时期第二次合纵攻秦之战。

合纵联军攻秦之前,还出现了一段小插曲,那就是赵武灵王把王位传给了幼子赵何,自称"主父"。随后,赵武灵王冒充赵国使者来秦国友好访问,刺探秦国的内情。秦昭襄王事后察觉派人追赶,但赵武灵王早已逃脱。

赵武灵王前脚刚走,孟尝君纠集的合纵联军后脚便浩浩荡荡地杀到了函谷关,指挥进攻的正是齐国名将匡章。

秦国的策略和二十年前被第一次合纵进攻时一样——防守迎战。秦军虽然很强大,但面对人数众多的联军,只能选择防守的态势。秦昭襄王派重兵防守函谷关,打算像父亲当年那样,凭借函谷关的天险和坚固的防御工事来和三国联军打攻防战,等三国联军久攻不下、士气跌落的

时候再出击将他们消灭。

果不其然,三国联军开到函谷关,就被坚固的防御工事阻拦了。匡章虽然是名将,但一时半会儿也没找到破关的办法。联军多次发动进攻,都没有成功。

联军劳师远征,时间一长,后勤补给便成了问题。随军的孟尝君便考虑让最靠近函谷关的西周国支援一点钱粮来。

西周国虽然供奉着正统天子周赧王,但它的地盘只有原来王畿之地的一半大了,支援联军钱粮对他们来说简直是要倾家荡产的事。而且西周国距离秦国很近,援助了联军,以后肯定会遭到秦军报复。所以,西周国的君臣们商量来、商量去,还是决定拒绝联军的要求。

但是,西周国不敢直接拒绝,得罪了齐国也不是闹着玩的。他们打算凭借周天子的一点面子,充当调停人,去斡旋这次秦、齐之间的争端。双方不打仗了,你好我好大家好,什么借兵借粮的事情就不存在了。

于是,一位名叫韩庆的纵横家被指派为说客,来游说孟尝君:"前几年,魏国和韩国联合贵国一起攻打楚国,获得了楚国北方的土地;现在两国又联合贵国西征秦国,取胜了就又会取得秦国的土地。这样一来,韩、魏两国就变强大了,岂不动摇了齐国的霸权?在下劝您不如命三国联军停止攻打函谷关,转而与秦国和谈,要求他们释放被扣押的楚怀王,然后让楚国割让土地给齐国。这样既兵不血刃就增加了齐国的土地,又避免了韩、魏两国变得更强大。"

孟尝君觉得韩庆说得太有道理了,便下令匡章停止进攻,同时撤销了向西周国索取支援的要求。小小的西周国终于松了一口气。

而韩庆则作为调停人,又前往秦国,转达了齐国和谈的条件,要求秦昭襄王把扣押多年的楚怀王释放。但是,秦昭襄王拒绝放人。他以为有函谷关天险在,量联军也打不进来,现在就和谈,一点意义都没有。

秦国拒绝和谈，但孟尝君听信了韩庆的说辞，仍然抱着不能让韩、魏两国占便宜的想法，派使者继续和秦国软磨硬泡，希望和平解决。但秦昭襄王就是不给他这个面子。

到了第二年（公元前297年），情况发生了变化，被秦国扣押的楚怀王居然逃跑了。秦昭襄王连忙派人四处寻找，忙乱了几个月，终于得知了楚怀王的下落。

原来，楚怀王逃走后慌不择路，逃到了赵国的地界上，被赵国人扣押了起来。楚怀王反复请求赵国放他一条生路，帮助他返回楚国。秦昭襄王也赶紧派人到赵国要其交还楚怀王。当时，赵武灵王正在代郡经营北方边境，赵国的内政外交都由肥义和李兑负责。肥义等人权衡利弊，认为赵国刚刚灭亡中山国，还是维持现下的秦、赵和平关系更有利，便把楚怀王交给了秦国。回到秦国的楚怀王心灰意冷，不久之后便病死了。

楚怀王一死，秦、齐双方谈判的筹码也就没了，谈判没法进行下去了，齐国意图割取楚国领土的计划落空。孟尝君最终下令给前线的匡章——不顾一切拿下函谷关！

匡章不愧一代名将，他在休战期间，已然找到了攻破函谷关的方法。得到孟尝君的命令，他指挥三国联军击败了号称"虎狼之师"的秦军，攻下了函谷关，攻入了秦国腹地。

咸阳城顿时人心惶惶。在这个危急关头，秦昭襄王却很冷静，他觉得应该向齐国求和，对齐、魏、韩三国割地赔款，以换取双方停战。

但是，秦国自商鞅变法以来，一直都是侵夺别国的土地，求和割地这种丧权辱国的事几乎没做过。秦昭襄王担心自己这么干要被人骂死，便召集了朝中大臣，商量是否割让河东（黄河以东）的土地向三国求和。

来自赵国的丞相楼缓说："割河东，大费也；免于国患，大利

卷十七　大秦帝国的飞跃

也。"他认为割让土地虽然丧权辱国,但总比咸阳城被联军端掉的好。

公子池发表意见说:"向三国割让河东求和,这是一种遗憾;与三国交战,造成咸阳城难保,这也是一种遗憾。正所谓,和谈也遗憾,不和谈也遗憾。就看大王选择哪一种遗憾了。"

秦昭襄王与宣太后商讨后,最终决定道:"寡人宁愿为丢失土地而遗憾,也不愿为丢失国都而遗憾!"于是,秦国派出了使者,向三国联军求和,表示愿意割让河东的部分土地给韩、魏两国,并赔偿给齐国一笔钱粮。

秦国的和谈条件其实是孟尝君最不想看到的:割让的土地全部归了韩、魏两国,齐国在战斗中出力最多,却只得到一笔赔偿金。这与孟尝君当初设想的不让韩、魏两国坐大,而齐国能获取楚国土地的计划完全相反。所以,孟尝君拒绝了秦国的求和。

但是,齐闵王却同意了秦国的求和。他本来就不指望和秦国长时间对抗,更希望见好就收,以便集中精力攻打宋国。加上他早就对孟尝君擅权不满,意图证明自己才是齐国真正的领导,便选择了和孟尝君唱反调。

得知齐闵王的决定,孟尝君简直要气个半死。齐国耗时两年,消耗了大量人力物力,到头来却是为他人作嫁衣裳,使韩、魏两国获得了秦国的部分土地,而齐国也丧失了一次最好的击败秦国的机会,使秦国有了喘息之机卷土重来。

至于病死秦国的楚怀王,秦昭襄王把其尸体交还给了楚国。

楚怀王的灵柩回到郢都的那一天,楚国举国哀悼。史书云:"楚人皆怜之,如悲亲戚。"无论大臣还是百姓都为他披麻戴孝,痛哭流涕,白绫挂满了大街小巷。屈原在《招魂》中悲怆地写道:"湛湛江水兮,上有枫。目极千里兮,伤春心。魂去归来兮,哀江南!"

楚怀王在位期间决策失误,使楚国遭遇了连续惨败,但说到底,楚国的弊政积重难返，他一个人承担不了挽救这个没落王国的重任。楚怀王是个爱国者，他不被秦人的强权和威胁所吓倒，为了维护国家的主权和尊严，最终献出了自己的生命。

秦昭襄王不会想到，自己囚禁楚怀王企图要挟，却成就了楚怀王的名节。楚怀王如果没有遭受此难，他留给楚人以及历史的形象可能是一个无能的昏君。楚怀王宁死不屈，反而获得了人民的爱戴和历史的佳评，楚国人民十分敬重和怀念他。

秦昭襄王也不会想到，自己囚禁楚怀王，还败坏了自己和秦国的名声。史书上说："诸侯由是不直秦。"（"诸侯们因此认为秦国不义。"）宋代的司马光更在《资治通鉴》中批评秦国说："甚哉！秦之无道也。"秦国的声望彻底跌入了谷底。

公元前295年，赵武灵王在沙丘之乱中身亡，赵国也终止了与秦国的同盟。秦国陷入了外交孤立，成了人人厌恶的国家。

短短两年时间，秦昭襄王接连遭遇了一系列重大挫折，先是战败割地，然后是名声扫地，盟友尽失。这不能完全怪秦昭襄王在国家决策上不够稳重，主要还是由于齐国比较强大，其一旦与其他国家合纵，就能掌控中原局势，让秦国难以应付。

不过，秦国在这一系列事件中也并非一无所获。至少，秦昭襄王基本实现了削弱楚国的目标。楚国接连遭到秦国和齐国的攻打，内部也爆发了叛乱，国力损耗非常大。而楚怀王被扣押死在了秦国，也中断了他试图在楚国进行的改革，继任的楚顷襄王重用小人，贪图享乐，使楚国在腐朽衰落的道路上不能回头。

经历了这一系列教训，秦昭襄王决定重用舅舅魏冉，根据当下的形势改变战略决策。

魏冉担任丞相后，劝宣太后放弃把楚国作为扩张目标，并把齐国作为连横的目标。他觉得，秦国害死了楚国先王，楚国人对此无比痛恨，

如果他们团结起来发起报复，秦国必然要遭受巨大损失。所以，秦国应该先稳住楚国才对。而齐国和韩、魏两国联盟，对秦国威胁很大，这个时候赵国再加入，那秦国就无法向东扩张了。所以，秦国必须想办法拆散这个联盟，把联盟的主心骨齐国拉到自己一边。齐闵王这个人也一心向外扩张，对合纵攻秦兴趣不大，秦国争取他连横是很有希望的。

秦昭襄王根据母亲和舅舅的谋划，暂且把与楚国的恩怨放在了一边。

公元前295年，楚国遭遇了一场饥荒。魏冉认为这是秦国改善残暴形象、缓解外交困境的一个契机。在他的建议下，秦昭襄王援助了楚国五万石粮食，两国的关系略微得到了改善。随后，秦昭襄王不断派遣使者与楚国通好，并加以威胁利诱。楚顷襄王最终忘却国仇家恨，重新与秦国结盟，还从秦国迎娶了一位妃子。

与楚国连横还算顺利，但与齐国连横就没那么容易了。因为齐相孟尝君坚决与秦国为敌，秦国多次派遣使者游说都未能成功。

就在这个时候，一直默默无闻的燕昭王突然帮了秦国人一个大忙，他有一位潜伏在齐国内部的间谍，促使齐、秦两国最终实现了连横。

这个间谍就是我们之前留悬念的那位纵横家——苏秦。

间谍苏秦

在前文中,我们提到过苏秦,按《史记》的说法,他是在秦惠文王时期出场的。但本书采信杨宽、林剑鸣、王阁森等权威战国史专家的观点,依据《战国纵横家书》的记载,认为苏秦是活跃在公元前310年至公元前284年之间的纵横家,和张仪并不是同时代的人物。

综合专家们的考证和论点,笔者认为真实的苏秦应该是这个样子的:

苏秦早年到齐国的稷下学宫求学,专攻兵法,翻阅了老师家中所有的藏书。研读多年后,他觉得自己有足够的能力去当一位沙场立功的将军了,便迁往别国求官。

苏秦首先去的国家是秦国,劝说秦昭襄王大力发展军队进攻六国,不要听信纵横家们胡说八道,言外之意是让他掌兵。但是秦昭襄王那个时候刚即位不久,尚未掌控国内局势,对苏秦的游说没有兴趣,拒绝了他。

苏秦在秦国没有收入,花光了身上的积蓄,只好一路要饭回到洛阳的家。他的衣服都破了,整个人又瘦又黑,家里人都很嫌弃他,正在织布的妻子不理他,嫂子也不肯给他做饭,甚至父母也不跟他说话。他叹息道:"妻子不把我当丈夫,嫂子不把我当小叔,父母不把我当儿子,这都是我苏秦的罪过啊。"

在这之后,苏秦宅在家里专心苦读纵横学,学习相当刻苦,用"刺骨"的方式逼自己苦读。他尤其喜欢一本叫《太公阴符之谋》的书,讲的是姜太公进献阴谋奇计帮助武王伐灭商纣王的故事。苏秦的偶像由此变成了姜子牙,渴望自己也能成为这样一位靠妙计灭国的英雄。

这个时候,苏秦听说了燕昭王正在四处求贤。

燕昭王,正是在子之之乱后由赵武灵王拥立的燕国国君。他早年在韩国做人质,领会到了申不害变法给韩国带来的巨大变化。在回国即位的路上,他又看到自己的国家被齐军破坏得满目疮痍,人民饱经战乱和齐人压迫之苦。悲愤的他深刻感受到了燕国的落后,下定决心改革变法,使燕国富强起来,向齐国人讨还血债。

燕昭王学习勾践卧薪尝胆,废除了一切奢侈的排场,住在简陋的房子里,不吃美味的食物,不穿华丽的衣服,还带头干农活,鼓励燕国人民参与重建。同时,他效法韩、魏两国的变法措施,在燕国推行改革,增强国君的权力,组建高效的政府和军队,发展农业经济。

为了招揽天下人才到燕国发展,燕昭王还有一个"千金市骨"的典故。

燕昭王咨询大臣郭隗,如何才能求得贤才。郭隗就给他讲了个故事:有个国君要购买千里马,三年都买不到。有人就自告奋勇为他去求马,结果花了一千金买了一堆千里马的骨头回来。国君对此不解,那人回答说:"死的千里马都能用重金买来,天下人就会知道大王购买千里马的诚意,千里马不久就会送上门了。"果然,这个国君很快就收到了许多千里马。郭隗讲这个故事是想告诉燕昭王,哪怕你前期只能招到庸才,但只要你表现出极大的诚心,优秀的人才自然会主动找上门来。

讲完了故事,郭隗总结说:"大王要招纳贤士,那就先从我郭隗开始。至于那些比我更贤能的人,就会不远万里前来投奔您。"

燕昭王听从了郭隗的建议,给他修建了一座豪华的宅邸,尊他为国师。郭隗在当时并不出名,但他的这条建议却相当出色。燕昭王厚待他,不多久便收到了"千金市骨"的效果,大量一流人才听说燕国的待遇好,纷纷涌向了那里。

苏秦得此消息后也去投靠了燕国。凭借深厚的学识,苏秦很快得到了燕昭王的信任。燕昭王将他收为心腹,与他商议说:"齐国毁灭我的国家,寡人和齐国有很深的积怨,时刻不在思考着复仇。如果先生能帮寡人实现报复齐国的目标,寡人愿意把国政托付给您。"

苏秦听到燕昭王请他谋划报复齐国,便说:"大王如果能不吝惜子弟和财宝,派亲属到齐国做人质,向齐王称臣纳贡,齐国必然轻视燕国而将目标转向宋国,那样燕国就有机会打败齐国了。大王只管做好齐国外部的工作,臣会帮你做好齐国内部的工作,齐国必然会被灭亡。"

苏秦所谓的"内部工作",说白了就是当奸细,在齐国内部搞破坏。他在齐国学习生活了多年,对齐国的情况比较了解,也有不少人脉,他有自信和胆量去当好奸细。

和张仪相比,苏秦确实是"反其道而行之"。两人虽然看起来都是用纵横家的手段,但张仪是想办法给所在国争取利益,苏秦却是想尽办法破坏所在国的利益。这种人通过游说欺骗取得别国信任,从而出任要职,得以实施阴谋诡计,使得这个国家失败灭亡,是一旦暴露必死无疑的间谍。苏秦愿意冒这个险,因为他的理想就是像姜子牙那样使用计谋摧毁一个国家,帮助另一个国家崛起。

燕昭王听从了苏秦的建议,将自己的一个儿子作为人质送往齐国,

表示向齐国臣服。苏秦作为护送人质的使者，一同出访齐国。临别之前，苏秦向燕昭王许诺自己将"信如尾生"，按照密约行事，一定帮助燕国打败齐国，直到自己死亡。

苏秦来到齐国之后，以燕国质子的近臣身份留了下来。他依靠出色的口才和公关能力，获得了齐国君臣的器重。不久他就成了齐国的客卿，得以参议齐国朝政。齐国朝廷的底细就这么被苏秦摸得一清二楚，许多重要情报被他送到了燕国那里，齐王的身边多了一枚危险的定时炸弹。

除了刺探情报，苏秦还参照当年文种的"伐吴九术"，给自己的间谍任务定下了两个重要目标：一是离间齐国的君臣关系，使之发生内讧分裂；二是破坏齐国的外交，使齐国孤立于其他六国之外。

因而，当秦国派人来游说齐闵王进行连横时，苏秦在暗地里提醒齐闵王，齐国现在最重要的目标应该是吞并宋国。

齐闵王恍然大悟。

宋国，可以说是中原地区硕果仅存的"元老"级诸侯了。它当年的"兄弟"们——郑、卫、鲁、陈、蔡、曹到了战国时代，已经彻底沦落。郑国被韩国所灭，陈、蔡两国被楚国所灭，卫国和鲁国只有苟延残喘的份儿，唯独宋国在它们当中算是混得好的。宋国因为人口众多、守土有方，在诸强的夹缝之中不仅坚挺地生存了下来，而且保存了比较强的实力，曹国、滕国就是灭亡于宋国之手。

大约公元前356年，宋国发生了政变，同为子姓的大夫戴剔成篡夺宋氏的君位，自立为宋国国君。公元前318年，国君戴偃（戴剔成的弟弟）自称宋王，便是宋康王。

宋康王上台之后厉行改革，发展军力，宋国多次参与中原战争，号称"五千乘之劲宋"。但宋国肥腴的土地和优越的地理位置，也使得它成了其他诸侯眼中的香饽饽。齐国对宋国更是志在必得，早在齐宣王时，就多次对它用兵。齐闵王一心想着扩张领土，觉得齐国为什么不进行一次远交近攻，结盟秦国，蚕食周边的国家，最后再与秦国争天下呢？宋国是一块大肥肉，齐国应该抢先将它独吞才对。但带着韩、魏两个盟友，就必须分它们一杯羹。而和秦国结盟就没有这样的问题了，秦国距离远，不会贪图宋国的土地，还能帮助齐国牵制韩、魏两国，避免两国前来争抢宋国土地。

但是，孟尝君比齐闵王冷静多了。他毕竟在秦国待过，对秦国人的狼子野心了解得一清二楚，知道秦国是想分化齐、魏、韩三国联盟，一旦和齐国结盟成功，秦国的下一步行动必定是报复失去支援的韩、魏两国。

于是，孟尝君和齐闵王爆发了激烈的争吵。孟尝君主张维持和韩、魏的联盟，并联合赵国一起制约秦国；齐闵王则坚决主张与秦国结盟，放弃和三晋联盟，集中力量攻打宋国。双方各执己见，加上原来就有的猜忌之心，由争吵演变成了翻脸。

孟尝君对齐闵王的专横大为不满，觉得不"管教"一下不行，便指使党羽田甲发起兵变，企图挟持齐闵王。齐闵王早有防备，很快就打退了田甲的叛乱，以此为把柄剥夺了孟尝君的官职和爵位，下令抓捕他。孟尝君连忙逃到了封地薛邑，后来流亡到了魏国。

把孟尝君罢相后，齐闵王又将亲魏的大臣周最免职，换成秦国人吕礼为相。齐、秦两国正式缔结盟约，成了盟友。秦国连横齐国的目标，就这样在苏秦的助攻下达成了。

以上记述是笔者根据史学界的主流观点整理的。但按照《史记·孟尝君列传》的说法，田甲事件和孟尝君无关，孟尝君只是受到齐闵王怀疑而逃走的。他的门客魏子曾救济一位贤者，那位贤者此时听说了这件事，就给齐闵王上书，为孟尝君喊冤，并用自杀的方式尸谏。齐闵王因此去调查，发现孟尝君是无辜的，就把他召回国了。而孟尝君回国后又

设计赶走了吕礼。

这些记载实际上问题很大,有两个明显的不合常理之处。

第一,这样一位能扭转齐闵王心意的贤者,在齐国国内怎么讲都是有名声的吧,怎会穷到靠门客去接济呢?齐闵王这种暴君不屑于收买他,孟尝君这种不差钱的"爱才"人士会不去关怀他吗?而且这位贤者去王宫门前尸谏,做下这么轰动的事情,居然连名字都没留下,太让人疑惑了。

第二,当时"闻齐之有田文,不闻其有王",这样一个近乎代表齐国的权臣会因为受到国君莫须有地怀疑就逃走?这把孟尝君的胆子写得太小了。他不像商鞅和吴起,他在齐国是有根基的,在国外也声名显赫,反倒齐闵王声名狼藉,国内外很多人都不喜欢他,他的威信还不如孟尝君,孟尝君根本用不着怕他。因此,孟尝君要逃走,只有他本人真的谋反,或者齐闵王要害死他两种可能。但这就断绝了齐闵王后来把他召回国的可能性,逻辑上不能和《史记·孟尝君列传》中的记载相通。

因此,这个记载是后世策士虚构的故事。孟尝君确实是因谋反而叛逃外国,并一直从事反齐工作,齐闵王直到死都没原谅他。

既然孟尝君在齐闵王生前都无法回归齐国,那另一个经典的故事也就无法成立了。

《战国策》说,孟尝君的门客中有一位叫冯驩(huān)的人,当初来投奔孟尝君时穿的和乞丐一样,还三番两次嫌弃孟尝君给的待遇太差,但孟尝君都容忍了下来。有一次,冯驩帮孟尝君去薛邑收债,但把所有的借据都烧了,免去了薛邑百姓的欠款,说是帮孟尝君买了些"义"回来。孟尝君起初不理解,但当他被齐闵王罢免,回到薛邑时,受到了当地百姓热烈欢迎。

冯驩又向孟尝君建议说:"狡猾的兔子要有三个窝(成语'狡兔三窟'的由来),现在只是暂时脱险而已,主公还只有一个窝,请让在下帮您准备另外两个窝。"

孟尝君便给了冯骥一辆马车，让他带着一些礼物去求见魏昭王（名遫chì）。冯骥劝魏昭王招用孟尝君，齐国的国情就能被魏国掌握，魏国也能因孟尝君的才能而强盛。魏昭王便派遣了十辆马车，载着百镒黄金去迎接孟尝君。

齐闵王听说魏国要请用孟尝君，连忙写了一封密函，派太傅携带佩剑和纹车二乘前往谢罪，请孟尝君回去再当宰相。孟尝君就回到了齐国朝堂。

冯骥又劝孟尝君道："如果请求大王把齐国的宗庙立在您的封地上，主公就有第三个窝了。"

孟尝君按照冯骥的建议去做了，最终说服了齐闵王。他掌握了齐国宗庙，齐闵王和其他诸侯就不敢对他的地盘轻举妄动了。孟尝君终于得到了万无一失的安全保障。

这个故事就是著名的"狡兔三窟"，《史记·孟尝君列传》的记载和《战国策》基本一致，只是一些细节有所不同。笔者同样认为这个故事的真实性并不高，只是游士们在吹牛。

薛邑早就是孟尝君的大本营，那里的大部分居民都是孟尝君的门客，他们只听孟尝君的话，根本不需要冯骥去"市义"；魏王想招用孟尝君是确有其事，但齐闵王如果不想让他为魏国所用，杀掉他不是更简单吗？把孟尝君召回来不是让人看自己朝令夕改的笑话吗？而且宗庙这样的重要建筑是不可能随意搬迁的，古人把祭祀祖先视作国家大事，宗庙在哪里，国都就在哪里。齐国只有临淄和五都立有宗庙，除非孟尝君是王位继承者，不然不可能把一国宗庙移到自己的地盘上。

战神登场

孟尝君的故事我们后面再叙,现在让我们把目光重新放到秦国这边。

秦国一口气和两个大国连横成功,天下局势突然之间又朝着有利于秦国的方向发展。秦昭襄王立刻按照计划向韩、魏两国发起进攻,报复它们之前的合纵攻秦行动。

失去齐国强援的韩、魏两国选择了抱团取暖,它们一同招兵买马,扩充军队,组建了一支人数庞大的联军。两国还一起合作,在宜阳以东通往洛邑的要道附近修建了两座互为掎角的堡垒,分别叫新城(今河南伊川西南)和伊阙(今河南洛阳南),用来抵御秦军的进攻。联军在这里进可攻,退可守,足以和秦国人拼死一战。

韩、魏两国以大军和堡垒严阵以待,秦国这次出兵就绝对不能小打小闹了。前几年秦昭襄王地位不稳,秦军出战,他一般是派舅舅或母亲的亲信领兵。但这些人能力平庸,不是打仗的好料子,这次面对联军的坚堡雄兵，他必须派一位得力大将才行。

这位不世出的将才最终由魏冉发掘了出来。

他，就是战国四大名将之首，堪称"一代战神"的白起。

白起，秦国人。据说他是楚平王之孙白公胜的后代，白公胜谋反自杀后，他的儿子逃亡到了秦国，后人以"白"为氏。

白起这个人其貌不扬，身材瘦小，史书描述他"小头而面锐，瞳子白黑分明，视瞻不转"，意思就是他头小脸尖，眼光锐利专注。史书也评价他"敢断决""见事明""执志强"，意思是行事果断，分析事情透彻，意志坚强。白起依靠军功起家，是非常标准的职业军人，性格倔强刚烈，残忍好杀，对任何人都丝毫不讲情面。

公元前294年，当时还是左庶长（秦爵第十级）的白起带领一支秦军对韩国新城发起进攻。原本白起带领的队伍只是一支非主力部队，人数较少，任务是吸引韩军的注意，帮助另外一支秦军攻打武始（位置不详，一说在今河北武安南）。但是牛人白起居然靠这为数不多的人马，一鼓作气把新城给端掉了。秦军此战大胜，武始和新城都被拿下，而韩、魏联军晕头转向，没有发挥任何作用。

立下大功的白起很快就晋升为左更（秦爵第十二级）。在魏冉的举荐下，秦昭襄王让他统领秦军主力，全权指挥进攻韩国的战役。白起便在第二年率领秦军向东挺进，穿过宜阳和新城，向韩国防线上的最后一座堡垒伊阙发起了进攻。

伊阙位于洛邑南部的一条狭窄的山谷之中，扼守着洛邑南部的交通要道，往东北方向可直达豫北平原。也就是说，伊阙一旦丢失，东周国和韩国首都新郑将无险可守。因此，韩国和东周国几乎倾国之力防守伊阙，而魏国出于盟友责任，派了公孙喜率领魏军协防。三国军队加起来人数大约是秦军的两倍。

史书对伊阙之战的过程记载比较简略，《战国策》只用了七十多个

字描述:"……韩孤顾魏,不欲先用其众。魏恃韩之锐,欲推以为锋。二军争便之利不同,是臣得设疑兵,以待韩阵,专军并锐,触魏之不意。魏军既败,韩军自溃,乘胜逐北,……"大意是说白起利用韩、魏两军不和,先破魏军,再败韩军,取得了这次胜利。但真实的战斗过程一定复杂很多,笔者根据伊阙地区的地形,推测战斗过程大致是这样的:

伊阙之战时,白起率领的秦军是处于劣势的,人数上不如联军,而且伊阙地区是狭长的河谷地形,易守难攻,联军把谷口堵住,秦军根本就冲不进去。因此,白起一开始不是忙着攻城或主动出击,而是按兵不动,与联军在谷口展开对峙。与此同时,他派出精干的斥候和细作对联军的情况进行反复侦察,试图找出薄弱点。

很快,白起就得到了一个重要情报,说韩、魏联军不和。韩军人少,希望魏军能作为主力去进攻;而魏军却认为韩军精锐,应该作为先锋打头阵。两军都想保存实力,相互推诿扯皮,闹得非常不愉快。而作为主帅的公孙喜是魏国人,凡事都偏向魏军,他强迫韩军布阵在魏军的前面,要求他们先和秦军交战。韩军将士因而个个愤愤不平。

根据这条情报,白起认定魏军是此战秦军的突破口。因为魏军逼迫韩军打头阵,他们必然神经松懈,自以为战斗会有韩国人在前方顶着。如果秦军一开始就向魏军发动突袭,他们必然会阵脚大乱,而对魏国人不满的韩军定然不及时出手相救。等到魏军被击败,韩军就会被包围,想跑也来不及了。

白起立刻对手下的秦军做了战斗部署:部分秦军伪装成大部队布置在谷口,引诱韩军把注意力放在前方;另外的精锐秦军则翻越了伊阙附近的崇山峻岭,向魏军的后方发起了猛攻。

在伊阙河谷的北面有一片倒三角形的平原,魏军应该就在这里设防。由于伊阙之战与魏国的利害关系不大,魏国就没有把主力部队派来支援，派来的魏军大部分是缺少训练的农民士兵。而魏军主将公孙喜是参与过垂沙之战的宿将，为魏国攻取了楚国的大片土地，战功显赫，他对白起这个初出茅庐的秦军小将有些轻视，没有做足够的防御准备。

秦军忽然出现在了魏军后方，顺利摧毁了魏军囤积的粮草辎重，本就缺乏战斗意愿的魏军很快就军心崩溃，各营被秦军以迅雷之势逐个击破。

联军是朝南布置的，后方的败兵就像多米诺骨牌一样涌向南方，冲进了伊阙河谷中的韩军阵营，引发了韩军大乱。这时白起命令位于韩军前方的秦军也展开进攻，不许放过任何一个敌人。秦军在南北两面一堵，把联军士兵挤压在了伊阙河谷狭窄的空间里。大量联军士兵拥挤在这里，在秦军的屠刀下无处躲藏，还有很多人自相踩踏而死或者坠入伊河淹死。

在秦军的两面夹击下，三国联军几乎全军覆没，魏军主将公孙喜被擒杀，只有部分韩军溃围而出。《史记》称秦军此战一共斩首二十四万人，整个战场上积尸如山，血流成河，惨烈到了极点。

白起乘胜北上西周国，为秦国夺取九鼎。原本神经过敏，还在伊阙之战时派兵支援韩、魏联军的东周国君臣，这回可以长长地舒口气了。

西周国是弹丸小国，哪能和秦军相提并论。得知秦军要来进攻，西周国君臣惶惶不安。幸好，这个时候周最出马了。他常年游历诸国，认识许多纵横家，就雇用了几个纵横家前去赵国、秦国和魏国游说。

周最的说客对赵国丞相李兑说："您不如出面调停，阻止秦军攻打西周。赵国的上策莫过于让秦、魏两国再次互相交战，削弱它们的力量。秦国要是进攻西周取得了胜利，那么它的士兵一定伤亡很多，不会再进攻魏国了；秦国如果进攻西周未能取胜，它前面有战胜魏国的劳绩，后面有进攻西周的失败，再也无力去进攻魏国了。如果赵国让秦国停止进攻西周，秦军必定会再去攻打魏国，魏国没有力量抵抗，一定会

依靠您去讲和,那么您将受到重视了。如果魏国不肯讲和,而硬是要极力抵抗,您便使西周生存下来而让秦、魏两国再次交战了,左右天下的大权就全部落在赵国手里。"

李兑被说客说服,便出面调停秦国对西周国的战争。

周最的另一名说客对魏王说:"西周国现在处于不利的形势,这样下去投降秦国是早晚的事,到时候秦国就能通过西周国进攻南阳郡(今太行山以南、黄河以北地区),包围上党郡(今山西长治附近地区)。大王如果派出三万精兵去援助西周国,再把西周君喜欢的温囿(温邑附近的一处园林)租给他,西周君就不会投降秦国了。我听说温囿的收入每年是八十金,西周君得到温囿,每年可以上交给大王一百二十金。这样南阳郡和上党郡就没有了危险,而您可赢利四十金。"

魏王觉得有道理,便派兵支援了西周国。

周最本人则亲自去了秦国,向秦昭襄王说:"大王真的为国家利益着想的话,就不该攻打西周。秦如果攻打西周,毫无益处,反而会因为挟持天子在各诸侯国之间把名声搞臭,为天下诸侯所唾弃。到时诸侯们将不再与秦联合,反而与齐联合。秦为了攻西周而使军队疲惫,天下诸侯又联合了齐国,那么秦国就不能称霸诸侯了。"

周最说明了秦国进攻西周国的不利之处,加上赵国和魏国对西周国的保护,秦昭襄王最终决定不打西周国,让白起见好就收,带兵回国。西周国总算幸免于难。

回国之后,白起得到了秦昭襄王的大力表彰,荣升为秦军最高指挥官国尉(后又升为大良造)。

后来,白起继续带领秦军再次向韩、魏两国发起进攻。韩、魏两国在伊阙之战中元气大伤,已经没有太多兵力与秦军会战了,只能依靠城池堡垒和秦军打守城战。白起先后经过三年左右的苦战,最终攻下了两国在黄河沿岸的众多城市,并夺取了中原重镇宛城。

宛城原来是楚国北部的边防重镇，在垂沙之战中被韩国占领，如今又被秦国所得。二城交通便利，又有发达的冶铁产业，极大地促进了秦国铁制兵器的发展，秦国的兵器工艺开始在七国中占据上风。

面对秦军连年不断的侵略，韩、魏两国无力抵抗，不得不向秦国献地求和。韩国割让了武遂到平阳二百里的土地，魏国则割让了黄河以东的四百里土地。秦军这才暂停了进攻。

短短几年时间，秦军横扫中原，夺取了大片土地。魏、韩两国的实力则一落千丈，再也没法对秦国构成威胁了。两国一方面对秦国更加畏惧，一方面对齐国背离盟约的行为愈发感到愤慨。两国国君觉得，如果齐国不与秦国连横，秦国就不敢攻打他们；如果齐国还和他们结盟，伊阙之战就会有援军，韩、魏两军也就不会输得这么惨。齐国在五国间更加声名狼藉，没有哪个国家真心信任它了。

东帝西帝

辉煌的战绩让秦昭襄王无比兴奋,他觉得自己创造了奇功伟业,秦国现在的霸业已经不是"王"这个称号所能承担的了,不如再高升一级——称"帝"。

秦昭襄王称的"帝",原是指上帝,即天人格化的形象,但战国时期已经出现了黄帝的传说,"帝"又成了"掌管、控制天下的人"的称呼。

秦昭襄王称帝并不是脑子一热,一方面他想用更高级的称号来威慑其他诸侯,另一方面他想拉着齐闵王一起称帝,使齐、秦联盟更加巩固。

当时,魏国在秦军的攻击下节节败退,不得不寻求赵国的庇护。公元前288年左右,魏昭王通过赵国奉阳君李兑的关系,朝见了赵惠文王,并把两座城市献给赵惠文王作为"养邑",又把另外两地献给了李兑,作为李兑儿子的食邑。为了防止赵国成为中原诸侯的领袖,秦国需要齐国帮助它在东面进行牵制，让齐闵王也称帝不失为一个收买的方法。

秦昭襄王便在宜阳大造行宫，举办了隆重的称帝仪式，还要求韩、魏两国前来向自己朝拜。但因为楚怀王的先例，两国国君不敢亲自前来，只派了使者来祝贺。

称帝仪式结束后，秦昭襄王派舅舅魏冉为使者，到临淄给齐闵王送上文书，把秦国称帝的原因解释了一番，表示秦国绝对不敢冒犯齐国的威严，特别尊齐王为"东帝"，自己则称"西帝"，还相约两国一起进攻赵国，瓜分赵国的土地。

一开始，齐闵王兴致勃勃地接受了"东帝"这个称号。他本来就不是稳重睿智的人，有称帝这样的好事，他自然是一百个愿意。但是，过了一段时间，齐闵王渐渐感觉有点不对劲，当"东帝"是不是太招摇了？周围国家都不支持我啊。

齐闵王觉得称帝这件事不得人心，但又不甘心放弃至高无上的帝号，便征询了苏秦的意见。

苏秦一想，这不正是孤立齐国的好机会？他立刻以最快的速度思考了一番，想到了一个完美的主意。

他反问齐闵王："在下试问君王，齐、秦两国称帝，天下是敬畏秦国呢，还是会敬畏齐国？"

齐闵王说："当然是敬畏秦国。"

苏秦又问："如果齐国放弃帝号，天下是尊重秦国，还是尊重齐国？"

齐闵王答："肯定是尊重齐国并且憎恶秦国。"

苏秦又问："齐、秦两国共同称帝，相约进攻赵国，这和消灭宋国相比，哪个对齐国更有利？"

齐闵王说："还是灭宋更有利。"

苏秦便说："齐国与秦国相约建立帝号，可是诸侯只尊重秦国而看

轻齐国；齐国如果放弃帝号，那诸侯将亲近齐国而痛恨秦国；进攻赵国不如进攻宋国有利。根据以上三点，我希望大王公开放弃帝号，解除与秦国的盟约，然后与列国合纵削弱秦国。

"当六国把兵力都用于合纵攻秦时，大王就可趁机灭掉宋国。占有了宋国，就可以威胁赵、魏、楚三国的边境重镇，让它们畏惧于齐国。齐国就更加举足轻重，而君王的名声也比以前尊显，燕国、楚国都会因为形势的变化而臣服于齐国，天下诸侯不敢不听从，这可是商汤、周武王那样的功业啊！放弃帝号名义上是尊秦，实际上会使诸侯憎恶秦国，这就是所谓'以卑易尊'的策略啊！"

苏秦短短的几句建议听起来完全是在为齐国考虑，但是其中包含的阴谋却相当严密。首先，苏秦劝齐闵王放弃帝号，和秦国为敌，等于让齐国丧失了目前的盟友；然后，苏秦怂恿齐闵王与五国合纵，却暗地里攻取宋国，威胁赵、魏、楚三国的国土安全，等于让齐国背叛五国，与四邻为敌。这样一来，齐国就在国际上变得孤立，燕国就能争取其他国家的支持来讨伐齐国了。

但是，齐闵王无法看穿苏秦的阴谋，反而觉得他的建议极其正确。于是，齐国称帝不满两个月，便宣布放弃帝号，废除和秦国的盟约。秦昭襄王见状，怕保留帝号会遭到其他国家群起而攻，也跟着放弃了帝号。

齐、秦两国称帝的闹剧草草收场了，但苏秦知道齐国没有完全和秦国闹翻，他需要让齐国彻底和秦国撕破脸，防止齐、秦联盟藕断丝连。他便自告奋勇，说自己愿意担任说客前去游说五国和齐国合纵，一起攻打秦国。

齐闵王觉得苏爱卿果然是个人才，便同意了。这就有了《史记·苏秦列传》中苏秦游说列国的描述，只不过与史实相比，故事发生的时间和背景发生了变化，相应的人物也并不相同。

最终，苏秦凭借三寸不烂之舌获得了齐、赵、燕三国的相印，成功组成了赵、魏、韩、齐、燕五国合纵。齐闵王一声令下，于公元前287年联合五国，发动了第三次合纵攻秦之战。

五国联军浩浩荡荡开进韩国，驻扎在了距离函谷关不远的荥阳和成皋。但是，联军还没有开始进攻，一件让大伙儿气愤的事发生了：齐闵王不打一声招呼，居然就把齐军的一部分主力调回去了。

调回去干什么呢？打宋国。

原来，齐闵王依照苏秦的"计策"，趁六国忙着合纵攻秦的时机偷偷攻打宋国。利令智昏的他对吞并宋国的事非常猴急，恨不得立马就将它占领了。在五国联军出动之前，齐军就曾发动过一次进攻宋国的行动。怀揣阴谋的燕国还特意派了两万人来助战。宋国打不过齐国，只好割让了一部分土地求和。

到了五国联军出发攻秦的时候，齐闵王耍起了小聪明，他一面让其余四国去当炮灰，削弱秦国的力量，一面则趁四国忙着攻秦、无暇东顾的时机再次派兵伐宋。在他的指示下，进攻秦国的齐军不仅一点都不积极，还中途溜号了。其余四国看出了齐国的意图，自然也跟着磨洋工。于是，五国联军看起来声势浩大，却干打雷不下雨，迟迟没有发动进攻。

虽然这样，五国联军在函谷关外集结还是把秦国吓得不轻。秦昭襄王担心联军又和上次一样，突然发力，一口气攻进函谷关来，便急忙派人出来和谈，让联军有话好好说。经过一番谈判，秦国人提出割让部分河东土地给赵、魏两国，希望联军撤退。

而此时的联军已经不把注意力放在秦国这边了。齐国暗中分兵去攻打宋国，再次失信于天下，引起了赵国和魏国极端不满，两国开始密谋讨伐齐国，要给齐国人一点颜色瞧瞧。消息被人捅出去后，齐闵王非常生气，干脆退出了合纵。

齐国退出让合纵联盟难以为继，赵国丞相李兑便主持大局，同意了秦国的和谈条件，解散了联军。第三次合纵攻秦就这么虎头蛇尾地结束了。

合纵联军突然解散让秦昭襄王很意外。本以为函谷关周边又要杀得天昏地暗，结果几十万人在函谷关前散了个步，就被秦国开出的几个简单条件打发走了，太搞笑了。经过打听，秦昭襄王了解到，原来是齐闵王为了独吞宋国而与诸侯们产生了矛盾。

秦昭襄王和母亲、舅舅们分析，觉得齐国这一次真的是自绝于天下了。它三番两次地戏弄周边邻国，岂能有好果子吃？说不定用不了多久，秦国就会收到五国联合起来伐齐的消息。既然如此，那么秦国就当压垮齐国的最后一根稻草吧。

宣太后和魏冉商定，秦国可以趁齐国孤立的时机，继续与齐国结盟连横，支持它攻打宋国。齐国有了秦国的支持，就会更加大胆地与赵、魏两国撕破脸皮，从而引发与诸侯间的混战。而秦国与齐国连横之后，继续向韩、魏两国发起进攻，两国会更加愤恨于齐国的背叛。

于是，秦昭襄王派人游说齐闵王，声称只要齐、秦两国重归于好，秦国将全力支持齐国吞并宋国，将来齐国西进打败三晋和楚国，与秦国平分天下。这样一来，齐、秦两国即使称帝一百次，天下人又能如何？

齐闵王听完秦使的游说，大喜过望，便再次不顾其他国家的感受，宣布与秦国签订盟约。作为交换，齐闵王暗中承诺不会对秦军攻打魏国的行动有所干涉。

齐、秦再次连横后，齐闵王便迫不及待地出兵攻打宋国去了。秦昭襄王则遥相呼应，命令白起带兵攻打魏国的黄河以东地区。白起仍旧不负众望，带兵横扫魏国西部，攻下新垣（今山西垣曲东南）和曲阳（今河南济源西）两座重镇，魏国不得不把旧都安邑献给秦国，换取了暂时的停战。黄河东岸的魏国领土至此全部被秦国占领。

秦军占领安邑的同一年，即公元前286年，齐闵王也趁宋国内乱之际出兵占领了宋都，终于如愿以偿，独占了整个宋国。

齐闵王自以为成功为齐国开疆拓土了，却不知道他已经动了最不该动的一块蛋糕。

宋国地处中原，"皆平原四达、膏腴之地"，它的陶邑更是中原最繁华的商业中心，所以中原诸侯都对宋国垂涎已久。被秦国侵占了大片土地的楚、魏两国都希望从宋国那里补偿损失，而没有和宋国接壤的赵国和秦国也试图分一杯羹，李兑和魏冉都曾声称想从宋国获取一块封地。而如今，齐国却一口把宋国独自吞了，一口汤都没有给其余国家留下。加上齐国过去总干些趁火打劫、背信弃义的事，周边国家新仇旧恨加在一起，都恨不得把齐国给吃了。

于是，各国开始展开频繁的外交活动，图谋共伐齐国。赵国和魏国还派出使者联络秦国，游说秦昭襄王一起攻齐。

秦昭襄王见孤立齐国的计谋已经达成，便公开撕毁齐、秦盟约，宣告天下说："齐王四与寡人约，四欺寡人，必率天下以攻寡人者三，有齐无秦，无齐有秦，必伐之，必亡之。"以盟主的身份号召天下诸侯讨伐齐国，频繁地与楚、赵、魏、韩四国会盟，商讨共同伐齐事宜。燕国在赵国的引导下，也加入了秦国主导的反齐联盟。

让许多人想不到的是，在这一系列联盟活动中，孟尝君竟然发挥了不小的作用。

孟尝君此时的身份是魏国丞相，他从齐国叛逃后和自己的祖国彻底决裂，一心谋划如何对付齐闵王。早在苏秦发动五国攻秦时，孟尝君就在谋划联合其他国家攻齐了，还说服了赵、燕两国共同行动，准备等待齐攻宋疲弱时出兵。但齐闵王听到消息，暂时停止了攻宋而选择参与合纵攻秦，这才暂时躲过了一劫。

等到齐闵王灭宋后，孟尝君再次鼓动各国一起伐齐。虽然当时不少

人都觉得他"轻忘其薛，不顾其先君之丘墓"，是个数典忘祖的败类，但伐齐符合各国利益，孟尝君仍然在各国被奉为座上宾。正是在孟尝君的穿针引线下，反齐联盟成功组建。

此时最高兴的莫过于秦昭襄王了，有各国出兵出力，秦国不用耗费多大精力就能打垮这个对手了。但他留了个心眼，怕三晋和燕国为了保存实力不肯尽心，就提出把盟主之位让给赵国，并把联军统帅的位子交给燕国的乐毅。秦昭襄王觉得，让赵、燕两国担此重任，就不愁他们不用心了。

这里顺带介绍一下乐毅。他是乐羊的后人，乐羊帮魏国灭亡中山国后一直带着家人住在灵寿，中山国被赵国消灭后，乐毅一家也就归化为了赵国人。

作为名将之后，乐毅的军事造诣自然没得说。他还精通纵横家的外交之术，给赵武灵王担任大臣时，曾建议赵武灵王联合楚、魏两国给齐国施压，迫使齐国撤离燕国，并推动赵国从韩国接回燕昭王。总结起来，乐毅武能领兵打仗，文能外交游说，是一位文武全才。

沙丘之变后，赵国局势动荡不安，乐毅便去了魏国为官。他不久作为魏国使节出访燕国，凭借杰出才能，得到了燕昭王的赏识。燕昭王以上宾的礼节招待他，并且赠送了很多礼物，希望乐毅留下投效燕国。乐毅一开始表示推辞，最后见燕昭王确实有诚意重用，便答应了留在燕国，被封为亚卿。这次五国伐齐，乐毅不仅是联军总指挥，而且身兼赵、燕两国国相，地位可比当年的张仪和公孙衍。

除了让出盟主之位并推举乐毅外，秦昭襄王还派人驻守魏国监督五国合纵，又要求韩、魏给秦军借路，让秦军先行进攻齐国西部边境。秦军一举攻下了齐国九座城市，使韩、魏两国背上了帮凶之名，让它们与齐国之间的仇怨更加无法调和了。

第228章

燕国复仇

反齐联军在齐国边境集结,齐闵王这个时候终于感到了危急,连忙让苏秦想想办法化解危机。苏秦就写了一封信给赵王,在信中苦口婆心地劝赵王不要相信秦国,说秦国实际上是想灭亡韩国,吞并两周,因而以齐国作为诱饵联合你们,到时候他们的计谋成功了,一定会出兵攻打赵国和魏国的,齐、赵两国应该和平相处,而不是自相残杀,让秦国渔利。

苏秦的信句句在理,实际上还是为了掩盖自己的间谍身份。他明知反齐联盟已成定局,空口和赵国讲大道理是不现实的,却偏要欺骗齐闵王他能和平解决这场危机,目的就是使齐国麻痹大意,降低对联军的警戒。

苏秦还暗中给燕昭王一封密信,写道:"(齐国)南攻楚五年,蓄积散;西困秦三年,民憔悴,士疲弊;又以余兵五千乘之劲宋,而包十二诸侯,此其君之欲得也,其民力竭也……"认为齐国已经是强弩之

末，建议燕昭王抓住这个机会马上出兵。而苏秦在齐国的这些年，类似的密信还有很多，让燕昭王对齐国的动态了如指掌。

公元前284年，秦、赵、魏、韩、燕五国组成的庞大军队，以乐毅为总指挥，铺天盖地地向齐国席卷而来。

面对联军潮水般的攻势，未有提防的齐闵王吓傻了，齐国上下也乱成一团。此时名将匡章已经去世，齐军中找不出用兵如神的常胜将军了。齐闵王找来找去，最后选中了一位叫触子的将军担任统兵元帅。他还下达了全国动员令，征招了许多未经正式训练的农民入伍。

面对名将乐毅和兵力庞大的联军，触子没有太好的应对办法，只能消极防御，指挥齐军在济水西岸修建了防御工事，准备以逸待劳，和联军打攻防战。

触子的战略是对的，凭借坚固的工事和济水天险，支撑个把月是可以的。乐毅就算再聪明，想通过齐军严密构筑的防线，还是得费一番周折。但是触子固守不战让齐闵王不高兴了，他觉得触子是怯战。堂堂齐国大军，几十年来和列国交手鲜有败绩，怎么触子带兵对付联军就当起了缩头乌龟，不敢与敌人大战一场了？这么旷日持久地对峙着，什么时候能结束战争？于是，齐闵王不顾三七二十一，派人到前线督战，并下旨恐吓说："你要是再不出战，寡人就灭了你的宗族，铲平你的祖庙！"

没有办法，触子只能硬着头皮带兵出战了。结果可想而知，士气低落、缺乏勇气的齐军被立志报仇的联军打得大败，防线很快失守了。

触子自知战败回去肯定要被齐闵王砍脑袋，干脆脚底抹油，在战场上逃跑了，把军队指挥权扔给了另外一个将军达子。达子收拾溃兵，重新在秦周（今山东淄博西）组织了防御，准备在这里守住齐国首都的最后一道防线。达子向齐闵王请求下拨一笔资金，用来赏赐将士，激励他们奋勇死战。没想到小气的齐闵王不仅不予批准，还下旨责骂达子说：

"就凭你们这些残兵败将,还有脸讨要赏钱?"齐闵王的话让齐军将士的心凉了一大截,士兵们愤愤不平,发誓再也不给田家人卖命了。

很快,联军打到了秦周,齐军再次惨败,达子战死。临淄城门户大开,失守是早晚的事情了。

就在这个时候,联军解散了,因为秦、赵、魏、韩四国知道齐国败局已定,纷纷各自行动去争抢齐国的土地去了。秦军占领了陶邑,赵军占领了济水以西,魏军占领了原宋国的大部分土地,韩军也占领了一部分土地。只剩下对齐国有灭国之仇的燕军仍继续前进,乐毅执行燕昭王消灭齐国的指令,坚决要占领齐国首都,摧毁齐国宗庙。

燕军步步紧逼,临淄城里人心惶惶,齐闵王与宗室大臣们已经商定放弃国都了。至于苏秦,早在五国联军对齐国发起进攻时,就被齐闵王查出是燕国间谍了,被拉到街市上处以车裂的极刑。

被送上刑场的这一天,苏秦想必是受尽了齐国人的唾骂和羞辱。但他问心无愧,因为他遇到了有知遇之恩的英主燕昭王,甘愿为他肝脑涂地;他实现了自己"信如尾生"的约定,用生命完成了作为间谍的使命;他实现了自己的理想,做到了像姜太公那样用计谋灭亡一国。

在临刑的那一刹那,苏秦望了望远处的稷下学宫,似乎看到了年轻时的他在那里刻苦读书的情景。

他对自己的一生无怨无悔。

苏秦以不光彩的形式结束了自己的生命。齐国人出于厌恶,燕国人则出于面子,销毁或篡改了关于他的大部分资料,史料中关于苏秦的记载才会漏洞百出,而那些所谓"苏代""苏厉""苏子"的事迹,也有可能是把苏秦的名字篡改后得到的。因此,苏秦这位战国第一间谍的具体事迹还存在诸多迷雾和争议。笔者在本书中对他的记述,是总结多方史料得出的个人观点。

苏秦死后不久,燕军便攻破了齐都临淄,将三十年前齐国人施予的

仇恨宣泄在了此处，对城中居民大肆屠戮。燕军砸开齐王宫和宗庙，将里面的宝器和典藏掳掠一空，拿不走或者不重要的宝物被当场砸碎。燕军士兵又在城中四处纵火，宏伟的齐王宫和稷下学宫以及繁华的临淄街市顷刻间被吞没在滚滚黑烟中，昔日拥有数十万人口的东方大都市几乎化作一片焦土。

乐毅兵不血刃地占领齐国首都后，知道不能给齐国喘息的机会，立刻命令燕军兵分三路，快速追击逃亡的齐国残军，平定齐国其余城市。燕军轻装前进，以战车和骑兵为先锋日夜兼程追歼齐军。齐闵王在主力战败后，就抛弃首都和子民逃跑了，许多城市在群龙无首的情况下被攻破，燕军顺利占领了大片齐国国土。

乐毅预料到了齐闵王可能逃跑的路线，派出了精兵一路攻城略地，封锁道路。齐国国土大部沦陷，齐闵王几乎成了瓮中之鳖，只好向西逃跑到了中立国卫国，请求卫国国君庇护他。

见齐闵王前来投靠，卫君的态度还算客气。他觉得齐国毕竟是大国，虽然遭到燕国侵略，但还是很有希望复国的，于是按照春秋的礼仪对齐闵王礼遇有加，不仅腾出自己的宫室给齐闵王居住，还一口一个"臣"自称，极其恭敬。

寄人篱下应该收敛一点，可齐闵王骄横惯了，他的字典里就没有"谦卑"这个词。看到卫君这么客气，齐闵王认为卫国是小国，讨好自己这样的大国之君是应该的，就不把自己当外人，对卫君呼来喝去，对卫国人的招待也挑三拣四，完全把卫国当成了自己的家。这让卫国人相当不满。

一段时间后，卫君对齐闵王实在是忍无可忍，不想在自己的地盘上再受这种窝囊气。于是，派了一群武士，把齐闵王这个老太爷从自己的宫殿里请了出去，轰出了卫国。

齐闵王一行被赶出卫国后，不得不灰溜溜地去投靠老邻居鲁国。但鲁国不敢得罪燕国，拒绝收留他。齐闵王实在没有办法，只好去投奔郲国（《史记》作邹国，其实是同一个国家）。但郲国自己都是一个朝不保夕的无名小国，哪有心情当慈善家，便也拒绝了他。

齐闵王连吃闭门羹，这才明白自己这些年的胡闹已经使齐国丧失人心，众叛亲离了。就在他近乎绝望的时候，来了一个好消息：楚国派淖（nào）齿带兵北上来支援齐国了，前锋即将到达齐国莒城。齐闵王大喜，连忙收拾东西赶到了莒城。

此时的莒城还没有被燕军占领。这里过去是莒国的土地，后来又成为齐国五都之一，城池高大，人口众多，可以作为良好的庇护所。齐闵王到达莒城后立刻整理街道，准备仪式，欢迎楚国援军。

淖齿是一个名不见经传的楚国将军，他可不是来抗燕援齐的，实际上他是奉楚顷襄王的密令，以援助齐国为名来控制齐国的。

当初，秦昭襄王联络各国组建反齐联盟，唯独楚国没有参与，这不是因为楚顷襄王没兴趣瓜分齐国，而是他的胃口更大。楚顷襄王想坐山观虎斗，趁齐国和反齐联盟打得不可开交时抢占淮北土地，进而吞并鲁国和郲国。等齐国战败后，楚顷襄王又发现这是个控制齐国的好机会，如果能把这个东方大国作为自己的附庸，楚国就能利用齐王的旗号去和其他国家争夺齐国土地，比野蛮的军事占领更有效果。

齐闵王显然不知道楚国人的阴谋，还以为楚顷襄王念及过去的情谊出手相救了。他盛情款待了淖齿和楚军，还封淖齿为丞相。然而，齐闵王的热情和诚意并没有促使淖齿把楚军的一兵一卒派上前线，反而把自己的命给丢了。

淖齿利用手中的权力控制了莒城的防卫，试图把齐闵王变成自己的傀儡。齐闵王发觉情况不对，激烈反抗楚国人的控制。淖齿就以惩罚暴君的名义，把齐闵王残忍杀死，倒挂在了宗庙的横梁上。

杀死齐闵王后，淖齿觉得齐国王室已经没有了利用价值，就派人和

北面的燕国联系，表示要和燕国共同瓜分齐国剩余的领土。得到燕国的同意后，楚军便由援军变成了野蛮的侵略者，四处劫掠齐国的土地和财宝，淮北土地尽数被楚国占领。

就在齐国接近亡国的危急时刻，一个叫王孙贾的齐国人站了出来。

王孙贾，据其姓氏推测可能是齐国宗室后代。他听说国君被淖齿残忍杀害，心情无比悲愤，想找淖齿报仇。但他无兵无将，没法攻击淖齿，于是他想到了发动民众。莒城百姓千千万，要是团结起来，还怕那区区几万楚兵吗？于是王孙贾来到莒城的街道上振臂一呼，喊道："淖齿乱我齐国，杀我国君！想要跟我一起杀他的，就脱掉你们的右边衣袖，露出你们的右肩膀和右臂！"早就憋了一口气的莒城百姓齐声呼应，有四百多人当场脱掉衣袖，露出右肩和右臂表示愿意和王孙贾一起去杀淖齿。王孙贾便和这四百多名民间勇士拿起武器，向淖齿所在的住所发起了进攻。

事发突然，淖齿根本没有料到会被齐国百姓攻击，毫无防备的他很快就被王孙贾抓住，乱剑刺死。主帅被杀，楚军陷入了混乱，很快便被莒城百姓驱逐。莒城回到了齐国人的手中。

莒城光复之后，那些逃难至此的齐国大臣和宗室聚在一起，商议重新立一个齐王，组建战时政府。立新王，自然是找齐闵王的后代最为合适，但逃难期间，齐闵王的子孙都失散了，没人知道他们的下落。于是，众臣派人四处寻找这些公子。

当时，齐闵王有一个儿子，名叫法章，正好在莒城流落。前阵子局势危险，法章不敢表露自己的身份。为了混口饭吃，他隐姓埋名，到莒城一个大户人家里做了用人。这户人家的主人叫敫（jiǎo），是个太史。敫不认得法章，不知道自己的家里藏了一个齐国公子。反倒是敫的女儿发现他的行为气质和周围人不同，觉得他不是一般人，便私下里多给了他衣服和吃的，且日久生情，和他私订了终身。

过了一段时间，法章听说莒城的齐国大臣正在四处寻找先王的后人。他担心其中有诈，一开始还不敢公开身份。直到后来，他了解清楚了情况，才主动向大臣们表明了身份。

齐国眼下局势危急，太需要一个人扛起齐王的旗帜，齐国大臣们当即便推举法章为新一任齐王，就是齐襄王。齐国长达五年的复国战争就此开始了。

两攻大梁

齐国崩盘,秦国失去了一位强有力的竞争对手。宣太后和秦昭襄王母子再也不用担心东进的道路上会有齐国捣乱了,他们可以继续向中原地区发起进攻了。

在这场五国攻齐的战争中,秦军攻取了原属宋国的陶邑及其周边地区。这里是范蠡晚年经商和居住的地方,交通便利,繁荣富裕,魏冉将这块土地作为了自己的封地。魏国的收获更大,它占领了大片原宋国土地,设置了两个郡,使自己原本被削弱的国土和实力得到了恢复和增强。

随之而来出现了问题。魏国的占领区将秦国的占领区团团包围,使陶邑成了秦国的一块飞地,难以管控。魏国国力的增强也让秦昭襄王感到了担忧,他担心魏国东山再起,再次成为秦国霸业的绊脚石。

身为陶邑领主的魏冉自然不希望自己的封地将来被魏国人夺走,便鼓动秦昭襄王撕毁盟约,向魏国宣战,趁魏国在原宋国的土地上立足未稳，立刻发动进攻，打通前往陶邑的道路。秦昭襄王想玩得更大一点。他觉得倒不如趁魏军还没有恢复元气之际，调集大军围攻魏都大梁，一举将这个宿敌消灭，把秦国的土地和陶邑连成一片。

于是，在攻齐之战的第二年，即公元前283年，秦国出动大军自伊阙兵发魏都大梁。秦军兵分两路，一路主力沿着魏长城东进，直扑大梁，另一路偏师沿黄河北上，经魏、卫边境来到陶邑，从背后包围大梁。

残暴的秦军一路烧杀抢掠，所过之处顿成一片焦土。白起率领的秦军主力杀到大梁城西北的北林（今河南中牟东北），这里原来是魏王狩猎游玩的地方，建有梁囿，周边是郁郁葱葱的树林，林中还放养着许多麋鹿。秦军洗劫并烧毁了梁囿，砍伐了大片树林打造攻城器具，杀光了林中的麋鹿当作军粮。白起就地扎营，以北林作为大本营，开始围攻大梁。

大梁城在魏国人多年的营造下，城池坚固，守备充足。秦国背信弃义和残暴入侵激起了魏国军民的愤慨，他们同仇敌忾，顽强抵抗，秦军多次进攻都没能取得进展。

在魏国军民拼死抵抗的同时，魏国丞相孟尝君也在进行外交努力。他派人去游说赵惠文王，道："赵国的土地没有连年受到威胁，百姓也没有年年遭到死亡的厄运；魏国的土地却连年受到威胁，百姓年年遭到死亡的厄运。这是为什么？是因为魏国在西面为赵国做了遮蔽。现在赵国不援救魏国，如果魏国同秦国歃血结盟，赵国就如同与强大的秦国相邻了，赵国的土地也将年年受到威胁，百姓也将一年一年死去。所以恳求您立刻出兵救援魏国。"赵惠文王便派了十万精兵与三百辆战车前去援助魏国。

孟尝君又派人游说燕昭王，道："秦国围攻魏国，摧毁了魏王的梁囿。燕国如果不去援救魏国，魏王就只能投降秦国。到时候秦国声势壮大，联合三晋，用四个国家的力量攻打燕国，大王会得到什么好处呢？

四国军队从赵国出发,获得补给是非常容易的,大王到时候该怎么抵抗呢?"燕昭王觉得有理,出兵八万援助魏国。

赵国和燕国的军队南下增援,向包围大梁的秦军杀来。秦军便撤离北林,返回了秦国。

秦军无功而返让秦昭襄王非常不高兴,他不相信堂堂虎狼之师还拿不下一座城市。第二年,他派白起出兵攻打赵国,逼迫赵国和秦国讲和,放弃对魏国援助。白起指挥秦军用了两年时间攻下了赵国四座城市,赵惠文王不敢与秦军硬碰硬,只好与秦国讲和,派人质入秦。

秦昭襄王又派使者到楚顷襄王那里,称只要楚国不插手魏国的事,秦国就默许楚国攻取韩国南部的城市。韩国当时是秦国的盟国,秦昭襄王不惜暗中牺牲盟友的利益,只为能够攻取大梁。

秦昭襄王觉得燕国距离遥远,又深陷与齐国的战争,不足为虑,这一次秦国可以一口气攻下大梁了,便命令白起再次攻打大梁。

白起再次以北林为据点围攻大梁。没想到,刚开战没多久,赵国和燕国的军队就再次南下救援了。

经过去年孟尝君的游说,赵国和燕国深刻地明白,魏国地处天下最中心的位置,它的存亡关系着整个中原的安危。人质的安全和国家的安全相比较,赵惠文王选择了后者,所以他依旧派出大军救援。出于同样的道理,燕昭王宁可不要齐国的土地,也要抽出兵力来援助魏国。

赵、燕、魏三国军队联合起来,对进攻大梁的秦军实行反包围。战神白起遭遇了人生中唯一一场失利,被三国军队围困在了北林。

不过,白起防守得当,秦军将士奋勇抵抗,联军的强攻没有取得效果。双方对峙了一段时间,最终选择了讲和,秦国交割了部分从齐国占领的土地给三国,同时保证不干涉赵、魏、燕三国对齐国占领地的划分,三国军队随后撤除了对秦军的包围。

秦国两次兴师动众攻打大梁都失败了,白起出马也不能成功,这让秦国君臣产生了很强的挫败感。国人纷纷埋怨丞相魏冉为了一己私利损兵折将，造成魏冉威信扫地。秦昭襄王也觉得眼下灭魏时机不成熟，应该调整进攻目标。

这个时候，一位不知名的纵横家受魏国的委托，前来游说秦昭襄王。来者上书说："听说大王一直谋划出兵魏国，在下以为这个计划是不妥当的。譬如这里有一条蛇，你打它的尾，它的头就会来救护；你打它的头，它的尾巴就会来救护；打击它的腰部，首尾都会来救护。现在的魏国就好比天下诸侯国的腰身。秦国攻打魏国，就是向天下人显示要腰斩六国的脊梁，显然会造成六国'首尾皆救腰身'的局面。六国害怕被消灭，必定联合在一起。六国联合起来的力量还很强大，秦国会遭受巨大的忧患。

"在下私下里替大王考虑，不如向南方出兵，矛头对准楚国。楚国兵弱，又多次背弃六国合纵，诸侯必定不会相救。秦国攻楚得胜，领土就可以扩大，国家能够富足，兵力会加强，君王也能受到天下人的尊崇。大王听说过商汤讨伐夏桀的事吗？他先对弱小的密须国用兵，以训练和整顿自己的军事力量，等攻下密须国以后，商汤才认为可以征服夏桀了。现在秦国与六国为敌，如果不以弱国来训练战斗力量，那么军队必将遭受严重挫伤，国家必定面临更大的忧患。"

来者的游说切中了秦昭襄王的心思，他觉得现在确实应该避强击弱，循序渐进。此时的楚国腐败无能，秦国要趁这头睡狮还没醒来的时候再次打败它，像对付韩、魏、齐三国一样，废了它的功力。

不过，那个时候秦、楚两国已经安安稳稳地做了十几年盟友，突然间撕破脸皮终究不太好看。但昏庸无能的楚顷襄王恰恰在这个关头，给了秦国出兵的口实。

公元前281年，就在三国联军解除了包围，放秦军回国之时，远在郢都的楚顷襄王召见了一位来自民间的优秀猎手。这位猎手箭法高超，能

用小弓细绳射下大雁。当楚顷襄王夸奖他的技艺时，他说："臣的本领不过是雕虫小技，不值得与大王诉说。而凭借楚国土地方圆五千里，以大王的贤明，像射鸟一样射猎周边各国，所射中的绝不仅仅是小雁和小鸟，而是伟大的霸业。我楚国先王被秦国欺骗而客死在外，没有比这更大的仇恨了。以匹夫之力而身有怨仇，尚且有向万乘之国报仇雪恨的，白公、子胥就是。如今楚国地域方圆五千里，全副武装的甲士上百万，足以驰骋原野疆场，却自受困厄，臣以为不可取！"

这位猎手的一番话激怒了楚顷襄王，他觉得自己实在是窝囊，居然没有勇气为父亲报仇，天下人一定对他笑掉了大牙。如今楚国经过多年休整，国力得到恢复，是时候有一番作为了。

于是，楚顷襄王派人和赵国与魏国联络，希望能联合起来攻打秦国。但是这位只会闯祸的公子哥儿再次犯下了大错，他计划与秦国开战，却没有做足够的准备。郢都内外依旧歌舞升平，一片祥和景象，楚国百姓丝毫感受不到一场大难将降临在他们的身上。

楚顷襄王意图与赵、魏两国合纵攻秦的消息传到了秦昭襄王那里，秦昭襄王又气又喜，气的是楚国在这个时候跳出来和自己作对，喜的是他恰好有借口向楚国展开进攻了。

秦昭襄王把攻打楚国的想法告诉了母亲。宣太后觉得确实需要一场胜利来振奋人心，便让秦昭襄王先发制人，抢在楚国还没有与诸侯成功结盟之际立刻出兵，打他一个措手不及。

秦昭襄王首先派老将司马错出马，命他率领陇西的边防军，以及从巴蜀地区征招来的土著新兵进攻楚国的黔中郡。陇西的边防军原来是监视义渠人的，如今秦国和义渠人关系缓和，他们就被征调过来远征；而巴蜀地区的新兵熟悉西南地形和水战，便被送上了前线。

司马错于公元前280年率领陇西部队南下巴蜀，在那里补充了十万兵力与六百万斛米，然后乘坐一万多艘战船浩浩荡荡地顺长江而下，直扑楚国西部的黔中郡。

兵精粮足的秦军势不可挡，一口气攻取了黔中郡，把楚国的西部边界推到今湖北巴东附近，逼近了楚都郢城。

秦军凌厉的攻势把原本雄心报仇的楚顷襄王吓得魂飞魄散，他不再管什么报不报仇的事，先保命再说。他连忙派人到秦国求和，表示愿意割让上庸和汉北（今陕西安康汉水北岸）附近的土地。秦昭襄王假意接受了求和，但他并没有停战的意思，而是酝酿着更大规模的侵略。

汨罗江

公元前279年，秦昭襄王邀请赵惠文王来渑（miǎn）池（今河南渑池）会盟，商讨两国的和平大计。赵惠文王起初害怕楚怀王的悲剧会发生在自己的身上，不敢前往，但在手下大臣的鼓励下，他硬着头皮去了。在这场著名的会盟中发生了一件小小的风波，但最终秦、赵两国还是达成了和平协议，暂停了互相攻击。至于这场会盟上到底发生了什么事，后面再详述。

与赵国和解之后，秦昭襄王可以放心把军队派往南方的楚国了。他撕毁与楚国停战的协议，命令白起率领秦国精兵出武关，顺汉江南下，直扑楚国首都郢城。同时，他命令蜀郡郡守张若带数万蜀兵沿长江东进，牵制楚国西部的军队。

秦军兵分两路，气势汹汹向楚国杀来。昏庸的楚顷襄王拿不出任何应战对策，楚国政治长年腐败使其手下没有独当一面的将领，也没有能征善战的军队。在一片紧张和慌乱下，楚顷襄王只能命令楚国各大小城市坚守自保。楚军就这样龟缩在自己的防区里,把战场主动权拱手让给了秦军。

白起指挥的秦军几天后便深入楚国境内上百里,一直杀到了邓城。白起命令士兵在这里弃船上岸,烧毁船只,拆毁桥梁,以示决不后退。秦军将士如同狂暴的狮群一般猛攻邓城,他们不顾人数的劣势奋勇爬上城墙,接连击败防守的楚军。腐败的楚军士气低落,毫无斗志可言,抵抗了一阵子便弃城逃跑了。秦军顺利拿下了这座坚固的军事重镇。

白起命秦军继续南下,向楚国的陪都鄢城(今湖北宜城东南)发动进攻。鄢城是座大城市,共有军民数十万人,楚军守将和城中百姓拒绝向侵略者屈服,他们依靠有利地形和高大的城墙,多次打退秦军。

白起见鄢城如此难攻,便想到了一条毒计。他见鄢城地势低洼,旁边又有河流经过,便命秦军填土阻断河流,引河水灌城。滔滔洪水倾泻而下,城中军民无处躲藏,几乎全被洪水淹死,大量尸体漂浮在水面上,此后几个月的时间都尸臭冲天,昔日繁华的陪都被后人称为"臭池"。

以残酷的水攻摧毁鄢城后,秦军休整了一段时间继续南下。沿路楚军纷纷望风归降,秦军只用了极小的代价便占领了众多城市,以至于秦军没有斩首多少级的战功回报,史书上也就没了相关记录。

郢都没有了守住的可能,楚顷襄王不得不像当年的楚昭王一样,简单收拾了行李,带上少数随从仓皇逃离。楚国众多的典籍珍宝,还有军械粮饷都没有搬走,全部遗弃在了郢都。

公元前278年早春,二百多年前的历史再次上演,白起率领的秦军如同当年的吴军,开进了这座南方最大的都市。秦军的残暴程度比起吴军有过之而无不及,白起带兵在城中大肆劫掠之后,又放了一把火将带不走的东西全部烧掉。大火蔓延了整座城市,烧了几天几夜,无数华美的亭台楼阁和珍贵的典籍珍宝化作灰烬,拥有约四百年历史的楚都郢城毁

于一旦。

残暴的白起觉得要让楚人害怕秦国,摧毁鄢城和郢都还不够,又派兵前往西部的夷陵(今湖北宜昌夷陵区),把楚国先王的陵墓全部焚毁。

大火烧毁了楚国的都城和陵园,更毁灭了楚国几百年的繁华与荣耀,昔日问鼎中原的南方霸主至此彻底衰败,再也回不到过去荣光和强盛的岁月了。

南宋诗人陆游在《哀郢》一诗中感叹道:

远接商周祚最长,北盟齐晋势争强。
章华歌舞终萧瑟,云梦风烟旧莽苍。
草合故宫惟雁起,盗穿荒冢有狐藏。
离骚未尽灵均恨,志士千秋泪满裳。

大量楚国百姓变成难民四处逃亡。被流放到洞庭湖畔的屈原从难民口中得知了首都的浩劫,悲愤无比,写下了楚辞《哀郢》,开头几句是:

皇天之不纯命兮,何百姓之震愆。
民离散而相失兮,方仲春而东迁。
去故乡而就远兮,遵江夏以流亡。

屈原,名平,字原,出身楚国公族屈氏。屈氏与昭氏、景氏并称楚国的王族三姓。本书前面提到的大夫屈完和令尹屈建都是屈原的先人,但到了屈原这一代,屈氏家族已经衰退,绝少有担任高官之人,除了屈原自己。

《史记》中形容屈原"博闻强志，明于治乱，娴于辞令"。他二十多岁就做了楚怀王的左徒，只比令尹低一级。他对内和楚怀王讨论国家大事，发布号令，对外接待宾客，应付诸侯，是楚国兼管内政外交的重要官员。

楚怀王有鉴于楚国积贫积弱，一度锐意改革。屈原是楚怀王改革的有力助手，为他草拟法令，主张按贤能选拔官吏，按法令办理政治。但这些改革措施遭到了利益集团的极力反对，他们不断造谣中伤屈原，迫使楚怀王不得不中止改革，疏远了屈原。

屈原没有放弃对国君和楚国的忠贞，一直劝说楚怀王不能信任秦国，唯有联合齐国抗秦才是正确的。他坚决反对楚怀王与秦昭襄王修好并迎娶秦女，被流放到了汉北地区。

但楚怀王仍然敬重屈原，几年后就把他召回身边。屈原力劝楚怀王不要去武关与秦昭襄王会盟，但楚怀王没有听从，最终被囚禁在秦国至死。

然而，新即位的楚顷襄王再次卑颜屈膝倒向了秦国，让满腔爱国心的屈原悲愤无比。他认为这一切都是令尹子兰唆使楚顷襄王做的，便上书弹劾子兰，列举其两宗罪：一是劝说楚怀王入秦，导致先王被秦国扣押至死；二是怂恿楚顷襄王向敌国投降，丧权辱国。屈原在奏章中说楚国之所以如此窝囊，就是因为有像子兰这样的人，"其所谓忠者不忠，而所谓贤者不贤也"。

子兰大怒，立刻指使奸臣靳尚向楚顷襄王进谗言，诬蔑屈原扰乱朝政，祸国殃民。楚顷襄王下令撤销屈原的一切职务，将其流放到了当时还属蛮荒的长江以南地区。

屈原遭遇了人生中第二次流放，也是最后一次流放。他这一走就走了十五年，再也没有回来过。在这十五年里，他远离了家乡和国都，无法和亲人相处，更不能再在国家决策上为国君效力，只能眼睁睁地看着

国君被奸臣蒙蔽,祖国被敌人欺压。

报国无门的屈原痛心疾首,却又无能为力。他的面容极其憔悴,头发散乱得如同乞丐,双鬓已经花白,整个人仿佛苍老了十岁。即便处境如此窘迫,屈原也不愿向奸佞小人妥协,和他们同流合污,他坚持自己的理念和追求,为祖国和人民奔走呐喊。在流放途中,他写下了许多诗歌和文章,其中就有名垂千古的《离骚》和《渔父》。

屈原在《渔父》中说"宁赴湘流,葬于江鱼之腹中",不幸一语成谶,这果真成了他最后的归宿。屈原在洞庭湖岸听说秦军攻破楚都后冒死北上,希望能为祖国和国君做些什么。一路上,他看到秦军横行无阻,楚国的贵族和官员却腐败无能,楚国百姓则妻离子散。他深深地感到自己深爱的祖国气数已尽,离灭亡不远了。

屈原只好返回洞庭湖畔。遥想自己年轻时,立志要当"行比伯夷"的忠臣伟人;再到后来一心为楚王"奔走以先后","虽九死其犹未悔",改革朝政,规劝楚王,却遭人陷害,流落远方;现如今眼看祖国一步步走向灭亡,自己却什么都做不了,什么也挽救不了,活在世上,还有什么意义呢?

已经六十二岁的屈原,内心浸透了绝望和自责。他奋笔写下了人生中最后一首诗《怀沙》:

滔滔孟夏兮,草木莽莽。
伤怀永哀兮,汩徂南土。
眴兮杳杳,孔静幽默。
郁结纡轸兮,离愍而长鞠。
抚情效志兮,冤屈而自抑。
……
知死不可让,愿勿爱兮。

明告君子，吾将以为类兮。

写完这首诗，屈原决心实现自己"宁赴湘流"的誓言。

公元前278年五月初五，屈原把自己收拾一新，穿上了最钟爱的朝服，随后孤身一人来到了汨罗江边，安安静静地划着一条小船，来到了江水中心。停好船后，他站起了身，最后一次恭恭敬敬地向北方的楚王进行了叩拜，然后抱起一块大石头，纵身跳进了汨罗江的深水中。江水溅起了一片巨大的水花，但很快就平静了下来，只留下了孤零零的小船在水波中轻轻荡漾。

一颗饱受煎熬的纯洁之心最终停止了跳动，一代爱国诗人把自己的生命留给了这片他热爱的土地。

屈原投江自尽的消息在汨罗江两岸传开之后，附近的楚国百姓纷纷自发赶来，悼念这位为他们奔走哀叹的伟人。传说，当地百姓为了打捞屈原的遗体，划着龙舟沿着整条江寻找。找不到，他们就用粽叶包裹着食物投进江中，防止鱼虾或蛟龙吃掉遗体。后来，每到五月初五，楚地百姓都会举办仪式纪念屈原，希望他们敬爱的屈大夫能够庇佑他们。渐渐地，端午节和赛龙舟、吃粽子的习俗流传开来，一直延续到了现在。

亡羊补牢

鄢城和郢都及周边大片领土被秦国设置为南郡，正式纳入秦国版图。白起因为此战功劳，受封为武安君。

狼狈逃离的楚顷襄王流落到了楚国中北部的陈县。这里原来是陈国故地，还保留着比较完整的城池和宫殿。楚顷襄王宣布这里是楚国的新首都，改名为郢陈，收拾残兵败将，召集逃散百官，重新建立政府。

楚顷襄王也算因祸得福。因为大量封君贵族盘踞在郢都周围，如今那片地区失陷于秦国，导致封君贵族的势力遭到了沉重打击，楚顷襄王得以摆脱这些腐朽贵族的影响，重用自己的亲信大臣。

之后的楚顷襄王仿佛是变了一个人，他排斥了原先围绕在身边的权臣，弃用令尹子兰，而后派人到赵国，请回了一位名叫庄辛的大臣。

庄辛，楚庄王的后裔，芈姓。庄王的一位子孙以谥号为"氏"，便形成了楚国的庄氏家族。庄辛是一位贤臣，当初楚顷襄王大量重用封君，庄辛就上书批评说："大王左有州侯，右有夏侯，又宠信鄢陵君和寿陵君，生活淫逸奢侈，毫无节制，不理国家朝政，这样下去，郢都就很危险了！"楚顷襄王笑了笑，知道庄辛这么直言上谏是会被封君报复的，就说："先生你是老糊涂了吧？楚国怎么会遇到不祥呢？"庄辛说："臣是看到了这样下去的必然后果，但不敢认为国家就一定会遇到不祥。如果大王始终宠幸这四个人，那楚国一定会因此而灭亡。"

不过他也预料到自己会被打击报复，便请求楚顷襄王准许他去赵国避难。楚顷襄王没有为难这个忠臣，同意他去流亡。

现在，楚国果然被秦军攻克。楚顷襄王赶走了身边的佞臣，派人恭敬地把庄辛请了回来，请教说："寡人当初不听先生的话，如今事情发展到这个地步，可怎么办呢？"

庄辛便讲了一个寓言故事，说是从前有个人养了一圈羊，一天早晨，他发现少了一只羊，仔细查看，原来羊圈破了个窟窿，夜间狼钻进来，把羊叼走了一只。邻居劝他说："赶快把羊圈修一修，堵上窟窿吧！"那个人不肯接受劝告，回答："羊已经丢了，还修羊圈干什么？"第二天早上，他发现羊又少了一只。原来，狼又从窟窿中钻进来，叼走了一只羊。他很后悔没有听从邻居的劝告，便赶快堵上窟窿，修好了羊圈。从此，狼再也不能钻进羊圈叼羊了。

这个故事就是我们熟知的"亡羊补牢"。庄辛的意思是知错能改，善莫大焉，楚国虽然遭遇大败，但还有机会挽救。

庄辛接下来为楚顷襄王分析了形势，认为楚国国土广大，虽然丢失了半壁江山，但仍然是个大国，还有实力，眼下应该努力保住剩下的国土，挡住秦军的攻势，只要君臣同心，楚国还有复兴的可能。

楚顷襄王领悟，立刻采取"亡羊补牢"的措施，封庄辛为阳陵君（一作城陵君），主持楚国朝政。由于楚军被打散，暂时还无法组织起有力的反攻，在庄辛的建议下，楚顷襄王决定派人向秦昭襄王求和。秦昭襄王正打算乘胜追击，一口气消灭楚国。为此，他联络了韩、魏两

国，相约一起攻楚。在这个紧要关头，一个年轻人挺身而出，向楚顷襄王表示他有办法游说秦王与楚国停战。

这个人便是战国四公子之一春申君黄歇。

黄歇，黄国国君后裔。春秋时期，黄国被楚国消灭，后代便在楚国生活，形成了黄氏家族。黄歇自小勤奋好学，熟读经书典籍，还游历四方，拜师求学，是非常出名的学者型人物，深受楚顷襄王的赏识。

黄歇愿意出马劝秦国退兵，楚顷襄王便派他为使者，前往秦国游说。黄歇来到秦国，秦昭襄王却拒绝接见他。黄歇委托同为楚国人的宣太后族人帮忙，上书给秦昭襄王说："天下诸侯没有比秦、楚两国更强大的。大王征讨楚国，就如同两个猛虎互相搏斗，两虎相斗而劣狗趁机得到好处，不如与楚国亲善。秦国已经大破赵、魏两国，君王的威势可以说发挥到极点了。如果您停止攻伐，就能把威势保持下去，您的事业可与三王五霸并称；但如果君王您想凭靠军力的强大继续征战，以武力使天下诸侯屈服，恐怕您以后会有祸患啊。想当年，智伯和吴王夫差就是因为贪图眼前的利益，换得了后来的祸患。

"楚国应该是秦国的盟友，三晋才是敌人。君王相信韩、魏两国与您亲善，正如同吴国相信越国啊。秦国对韩国、魏国有几代人的仇怨，他们无时无刻不在计划向秦人报仇，韩、魏两国不灭亡，才是秦国最大的忧患。如今君王却借助他们一起攻打楚国，不是太不合适了吗？

"再说君王进攻楚国，怎么出兵呢？向仇敌韩国、魏国借路吗？如果是这样，万一两国背叛秦国，秦国军队就回不来了；如果不从韩国、魏国借路，那君王的士兵就必须从南方的密林沼泽中穿过，那里高山险阻又缺少粮食，即使占领了楚国的土地，也要付出极大的代价。

"再说君王移兵楚国，韩、赵、魏、齐四国必定全都发兵对付秦国。秦、楚两国一旦战势胶着，四国就会攻占秦国新占领的土地，使君王先前的努力全部白费。齐、魏两国获得土地，重新壮大，将来必然会为秦国攻取天下增加阻力。

"所以说，秦国现在联合韩、魏攻楚是失策的。在下替君王考虑，不如与楚国亲善友好。秦、楚两国联合而成为一个整体，进逼韩、魏两国，它们必定收敛，不敢轻举妄动。君王再威逼齐国，震慑赵、燕两国，这些国家就能轻易击败了。"

黄歇长篇大论，简单来讲就一个意思：秦国攻打楚国，必然两败俱伤，使韩、赵、魏、齐等国家得渔翁之利；不如和楚国结盟，联合起来一起对付其他国家。

看完黄歇的上书，秦昭襄王觉得很有道理，便召见了黄歇，同意与楚国停战，并派使者到郢陈和谈。最后，楚国以割让洞庭湖以西的领土为条件，换取了秦军撤退。

两年之后，即公元前276年，楚军恢复战斗力，楚顷襄王便趁秦军与魏国大战，突然向西发起了反攻，夺回了长江沿岸的十五座城市①以及附近重要的战略资源铜矿。

秦昭襄王虽然恼怒楚国突然反击，但秦军正陷入与赵、魏两国的战争，需要稳定南线局势，因此他仍然与楚国通好。

公元前272年，秦国与楚国结盟，楚顷襄王把太子完送到秦国做人质，黄歇以太子师傅的身份跟随入秦。在这之后的十年里，秦、楚两国基本维持了和平，不再交战。楚国总算是保住了剩余的国土，而秦国则可以毫无顾忌地向北方继续进攻了。

---

① 《史记正义》认为这十五城属于黔中郡。但楚国已经割让洞庭湖以西，无法越过这些地区去打黔中郡，故此处依从张正明《楚史》观点，认为这十五城应该是今湖北省东部长江沿岸的城市。

第232章

灭不了的齐国

北方的局势是怎样的呢?

就在秦国忙于进攻魏都大梁那几年,齐国绝地逢生,在一位英雄人物田单的率领下实现了复国。

田单,王族成员,但他和齐王室的血缘关系比较远,原来地位并不高,只是临淄城中的一个市掾(yuàn),负责某个市场的管理工作。他做的都是最基层的差事,工作杂累,也没什么前途。

但是,时势造英雄,齐国史无前例的这场浩劫改变了他的命运。

燕军逼近临淄时,田单和大部分齐国百姓一样选择了出逃,躲在了一座叫安平(今山东淄博东)的小城里。但田单觉得安平城距离临淄太近,并不安全,就让家人早做继续逃亡的准备。他还把马车上多余的部分砍掉,再用铁皮包裹住车轴两端,使马车变得轻便耐磨。果然,燕军攻下临淄后继续向安平推进。大量难民从安平逃走,道路上拥挤不堪,但田单依靠对马车的灵巧改装,带着家人顺利逃脱了。

为了躲避燕军铁骑的追杀，田单一家四处躲藏。他们时而躲在密林草丛中，时而藏在荒村废墟里，一路风餐露宿，受尽了恐惧和饥寒。历经苦难之后，田单带着家人逃到了即墨，总算是有了一个安身之处。

此时，燕军得知了齐襄王在莒城即位，就集中兵力猛攻莒城。齐国似乎已难逃灭亡的定数了，燕国人觉得自己只要吹一口气，就能把齐国这间破草房吹倒了。让他们没想到的是，莒城的城防居然如此坚固，加上王室力量聚集在这里，齐国人的抵抗极其顽强，燕军多次围攻都没有成功。乐毅只好把燕军主力调往即墨，试图先把这座城市拿下。

田单一家没有地方可逃了，田单只能和城中其他能战斗的男子一起，拿起兵器，登上城墙，在即墨大夫的带领下，为保卫自己的祖国和家人而奋战。

然而，即墨大夫还带着春秋时期贵族的作战思想，他见燕军人数不多，竟然带着部下出城迎战，要和乐毅较量一下。结果可想而知，即墨大夫战死，他带出去的人马折损过半，灰头土脸地逃了回来。这让许多人惊恐不已，但眼下不是流泪害怕的时候，即墨城必须有一位新的领袖带领大家守城。大家议论过后，一致认为田单是最合适的人选，因为他有齐王室的血统，又富有智慧，于情于理，他都是新任领袖的不二人选。

临危受命，推让是多余的，田单义无反顾地承担起了领袖的责任。他知道燕军杀死即墨大夫后，一定认为即墨城已无人指挥守城，会发起新一轮进攻，就连夜重新部署了守城部队，维修和打造守城器械，在燕军可能重点攻击的地方设置陷阱，安排精锐防守，力求做到万无一失。

布置好守城工作，田单把全城军民聚集在一起，动之以情，晓之以理，劝说大家不能因为即墨大夫战死而失去信心，要相信赶走侵略者、光复祖国的那一天一定会到来。为了增强众人的意志，田单还与即墨军民歃血为盟，向神明赌咒发誓，无论发生任何情况，他们都坚决不做亡国奴，要与即墨城共存亡。

果不其然，天亮后，燕军的第二轮进攻便开始了。乐毅以为即墨城的指挥官已死，齐军没人指挥，顶多抵抗一阵子便会缴械投降，所以这次进攻随意轻敌，燕军从四面八方向即墨发起冲击。他们万万没想到，即墨的抵抗仍然十分顽强，攻城部队大量死在齐军的弓箭下，不得不撤回去。

此后，燕军又采用各种攻城手段多次进攻即墨。城中军民在田单的指挥下严防死守，使得燕军始终徒劳无功。乐毅知道必有高人守城，再打下去只会让燕军的损失更大。于是他放弃了进攻，命令燕军后撤九里，在附近筑起堡垒和栅栏。《资治通鉴》记载说，乐毅还禁止燕军射杀出城的齐国人，并对生活困难的齐国百姓予以接济，帮助齐国人恢复原有的生活。

攻城的一方不仅没有采取任何威胁性的军事行动，反而帮助守城方生存下去，这样一种超出常规的劝降方式可以说绝无仅有，让许多人感觉不可思议。《资治通鉴》写明乐毅此举是"以镇新民"，用怀柔策略引诱即墨城投降。

但是，这个记载只出现在《资治通鉴》中，在战国和秦汉时期的史料中都未曾出现。因此，很多学者包括杨宽教授在内都对此表示怀疑，认为乐毅这样做很不现实。围城战肯定要把敌人逼到不能坚守的程度，这样放敌人外出自由活动，猴年马月才能打下来？所以，这个记载应该是后人的虚构。

另外，《资治通鉴》提到乐毅在进军途中禁止掳掠、宽免赋税、凭吊管仲等，同样不见于《史记》等书，说明这些记载很有问题。如果燕军真的是仁义之师，那他们就会完全依赖燕国本土补给，但燕军占领齐国长达五年，燕国显然无法支撑如此庞大的军费开支。

相反，《史记》中有一个故事，更能体现燕军的真正面目：

燕军在侵略途中，得知画邑（今山东淄博西北）有一位贤人名叫王烛，打算招降他为燕国服务。王烛拒绝投降，燕军就威胁道："你要是不听从，我们就屠尽画邑的所有人。"王烛仍旧不投降，大义凛然地回答："忠臣不事二主，烈女不更二夫！如今国破君亡，我与其带着不义苟活，不如带着忠义而死！"说完，就上吊自尽了。

从这个故事可以看出，燕军在侵略齐国的过程中遭到了很多抵抗，很需要王烛这样的名人来帮忙稳定局势。而且，燕国人恼怒之下就以屠城相威胁，说明他们对这种事已经习以为常了。所以，笔者相信杨宽先生的观点，认为燕军在齐国还是以残暴面目示人的。乐毅可能确实做了一些善意的举动，但只是为了缓解齐国人的敌意而偶尔做的宣传工作，并不常有。

比较合理的解释是，燕军只是暂时停止了进攻，转而去攻打齐国其他城市了。《史记·乐毅列传》中说："乐毅留徇齐五岁，下齐七十馀城，皆为郡县以属燕，唯独莒、即墨未服。"（"乐毅在齐国五年，打下七十多座城市，设为燕国的郡县，唯独莒城和即墨未能占领。"）这说明燕军并不是一开始就攻下了莒城和即墨以外的所有城市。而且，这两座城市原是齐国的五都，不一定是两座孤城，很有可能保留了以两地为首的即墨都和莒都之地。另外，燕国在这时候已经是强弩之末，要想继续发起对即墨的强攻，也是心有余而力不足。

燕国地处偏远北方，国力本就弱小，虽然经过燕昭王励精图治，但其实力还是与其余强国有所差距，可以动员的军队不多，战斗力也不高。这次攻齐成功主要是五国联军发挥了作用，单靠燕军，恐怕不是齐军的对手。齐国国土广大，百姓普遍不服统治，燕军每占领一地就要派人驻守。占领的地方越多，战线拉得越长，乐毅用来进攻的兵力就越少，加上燕国本土的防守也需要兵力，燕军根本无法对莒城和即墨形成长期包围。用"僵持"或者"对峙"来形容此时的齐国战场，或许更加恰当。

大国凋零

齐、燕两国的对峙整整延续了五年。在这期间，田单无时无刻不在思考着如何突破局面。《史记》中记载，到了公元前279年，燕昭王去世了，即位的燕惠王（名不详）和乐毅关系不和，给了田单可乘之机。田单派人到处制造流言，说乐毅之所以留着两座城不攻下，是因为想找理由拥兵自重，准备在齐地裂土称王。燕惠王听信了流言，大怒之下派骑劫替换了乐毅。乐毅害怕回国被治罪，就逃亡到了赵国。

燕惠王和乐毅到底有什么矛盾，让他如此轻信流言呢？司马迁没有写，但我们从田单散布的流言内容可以看出，燕惠王是对乐毅长期不消灭齐国大为不满。

燕惠王何必这么心急呢？燕国保有已占领的地区，不也挺好吗？

原因恐怕要在燕国以外的地方寻找。

战国七雄之间的争斗从来都是互相关联的，往往牵一发而动全身。燕国在这次攻齐战争中占据了大部分齐国土地，实际上已经损害了其他各国的利益，没有哪个国家愿意看到燕国吞并齐国，从而变成东部大国。但偏偏这五年期间，各国都没有对燕国施加干涉，这就很耐人寻味了。可以解释的是各国都认为燕国吞不下齐国，即墨和莒城的对峙使燕国深陷战争泥潭，让这个国家不堪重负，大伙儿都在旁边看燕国的笑话。

而且燕国与赵国接壤，边境线比齐国的还长。虽然赵、燕两国维持着同盟关系，但时间久了，难免会发生变化。如果燕国的兵力一直被拖在齐国，万一哪天赵国大举入侵燕国，燕惠王哪里有本钱抵抗？所以，燕惠王在为太子期间就不满乐毅迟迟不能解决齐国问题，当田单的流言传来后，焦虑的他当即撤换了乐毅，改派骑劫去尽快打败齐国。

骑劫代替乐毅后，立刻按照燕惠王的指示集结部队，打算先易后难，先攻即墨，再打莒城。

燕军进攻早就在田单的意料之中。他早就撤走了城外的居民，并且在城中囤积了大量粮食和物资用于守城，即墨城比五年前更加坚固了。第二次即墨城攻防战一打响，燕军就一败涂地，损失无数，即墨城依旧纹丝不动。骑劫只好暂缓进攻，和将领们研究如何破城。但是讨论了好几天，也没有拿出个结果。

燕军虽然攻城乏术，但是依然在人数上占据优势。而且，长达五年的持久战让齐国的将士和百姓们都十分疲惫，他们在燕军的强大攻势前已信心不足，士气陷入了低迷。

为了鼓舞士气，田单想尽办法制造有神灵帮助的假象。他要求城中百姓在吃饭之前，一定要留一些粮食祭拜祖宗。这样一来，便吸引了许多飞鸟落下来啄食。于是乎，即墨城出现了一个奇特的景象：经常有成群的飞鸟在城市上空盘旋。田单向百姓们解释说，是因为有神灵在城里居住，这些鸟才聚集在这里。

田单还派人假扮成通灵者，此人动不动就"神灵附体"，告诉城中

的百姓和士兵们燕军必败，齐国必然复兴。在科技不发达的过去，迷信大有市场，即墨城的军民相信了有神灵庇护，便信心满满，不再畏惧城外的燕国大军了。

而为了激发齐国人对燕军的仇恨，让投降派彻底闭嘴，田单派人在燕军占领区散布假消息，说齐国人最怕燕军把抓到的齐国战俘割掉鼻子，放到队伍的面前恐吓，那样一来，即墨城的百姓就会因为害怕而放弃抵抗了。

骑劫正愁拿不出主意攻城，听到这个说法，立刻便让部下照做。但是，做出这么残忍的事情，他不仅没有看到齐国人打开城门出来投降，反而听到城墙上齐国士兵们无比愤怒地唾骂。即墨守军见战友落入敌手后竟然遭遇这样的下场，愤怒无比，下定决心誓死不降，坚守到底。

借骑劫的手巩固了守城官兵的军心，田单打算再请这位听话的老兄帮个忙，巩固一下城中百姓的抵抗决心。他指示城外间谍散布消息，说城外有齐国人的墓地，如果燕军发掘破坏这些墓地，齐国人必然心寒而放弃抵抗。

骑劫果然派一队人马把一片齐国墓地铲平了，把里面的尸骨挖出来焚烧。消息传到即墨城，百姓个个哭天抢地，恼怒不已。一些原本受投降言论影响的百姓忽然间恍然大悟：城外的燕军是残暴且没有人性的侵略者，做不了朋友。

即墨军民经过这两次事件，终于放弃了投降的幻想。他们同仇敌忾，日夜训练，加固城防，就连老弱妇孺都拿起了武器，和士兵们一起守城①。

田单知道时机已经成熟，他终于可以执行预谋已久的反攻计划了。

---

① 田单这两个计策的戏剧性太强，也把骑劫刻画得十分愚蠢，真实性值得怀疑。割鼻和挖坟是古代战争打击敌人士气的惯常做法，很有可能是燕军主动为之。

战争史上经典的火牛阵发生了。

田单收集了近千头牛，在它们的身上画上彩纹，尾巴上系上蘸油的芦苇秆，又在它们的角上绑上匕首，然后命人在城墙上悄悄挖了许多暗门，把这些牛一排排地拴在暗门的门洞口，方便它们冲向城外。

为了降低燕国人的警惕，田单派人出城给骑劫递上降书，说齐国人愿意第二天献城投降。同时，田单让城中的富人给燕将送上钱财，请求不要掳掠他们的妻女。骑劫如释重负，当即表示接受投降。送走田单的使者，骑劫立刻便将消息通知全军，说战争结束了，大伙儿好好休息一个晚上。燕军官兵以为真的不用打仗了，便开始喝酒狂欢，没人认真去做警戒工作了。

得知燕军中计，田单立刻召集全城军民，召开了动员大会，发表了演说："我们能否杀出重围、光复齐国，就看今晚这一战了！所有将士和百姓都要为此拼出全力，一往无前，有谁后退，我必将施以军法！而我田单，和我的妻子儿女会身先士卒，冲杀在最前线，与所有人共进退！"

说完这些，田单拿出了家里所有的食物和钱财，将它们赏赐给在场的将士。他还让自己的家人不论男女都拿起武器，加入作战队伍。他自己也穿上了铠甲，手握兵器。在场军民都群情激奋，纷纷高喊口号，愿意追随田单，为这最后的复仇之战拼尽一切。

动员完毕，田单立刻进行作战部署。他精选了五千名精壮士兵手持短剑利刃，跟在牛群后面冲杀，老弱妇女则留守城中，负责击鼓呐喊，为进攻部队制造声势。准备完毕后，所有人都屏住了呼吸，等待太阳落山、黑夜降临。

天黑了，城外的燕军忙着喝酒狂欢，完全没有防备。田单便命人悄悄将城墙上的洞口伪装撤掉。透过这一人高的墙洞，齐国士兵能看见不远处燕军营帐外的篝火了。

见时机成熟,田单一声令下:"点火!"

士兵立刻用火把分批点燃了牛尾巴上的芦苇秆。霎时间,近千头牛的尾巴蹿起了火焰,火光令它们惊恐不已。齐国士兵连忙将它们赶出洞,这些被烧灼得疼痛无比的牛狂躁起来,发疯般往前冲去。

狂欢中的燕军听到营外传来一阵阵动物的狂叫声,他们顺着即墨城的方向望去,只见近千头画着怪异图案的怪物带着火焰冲来。燕国人从来没有见过这样的场景,所有人都惊呆了。还没等他们反应过来,这些"怪物"便冲到了他们的跟前,将他们一个个顶翻在地,有些人躲避不及,被牛角刺穿了身体。燕军顿时大乱,四散逃跑,许多人因为自相踩踏而死。

见火牛阵突破成功,田单立刻命令城中百姓和老弱擂鼓呐喊。在震耳欲聋的鼓声和呐喊声中,田单拔出剑来,亲率五千名齐国勇士奋勇冲向燕军兵营。他们的攻击目标是骑劫所在的中军大营。还在被火牛肆虐踩踏的燕军士兵听到即墨城传来惊天动地的喊杀声,吓得肝胆俱裂,根本无法抵挡进攻。田单率领齐军勇士如闪电般飞速杀到了骑劫的营帐,将六神无主的骑劫一剑砍死了。

主帅一死,燕军溃不成军,在齐军的攻击下纷纷逃离战场。各地齐国人听闻这个消息振奋不已,纷纷响应,发起了此起彼伏的暴动,驱逐驻守燕军,加入田单的队伍。田单率领的部队像滚雪球一样越来越多,接连收服了几十座城池,燕军在齐国的军事占领难以为继。

燕惠王这个时候才发现,自己撤换乐毅的决定竟会落得如此下场。面对齐国人风起云涌的反抗,他束手无策,只能召回全部侵齐燕军。燕军在齐国人的唾骂声中狼狈撤退,灰溜溜地回到了国内。

田单率领的部队收复了临淄城。临淄光复那一天,成千上万的齐国人涌上街头,高喊着田单的名字,将田单当作大英雄一样簇拥着,田单和他的部下几乎迈不了步子。

齐襄王也走出了困守五年的莒城，来到了齐国原来的首都临淄。在众多臣民山呼海啸的叩拜声中，他坐上王宫中的宝座，正式成了这片齐国大地的统治者。田单以再造齐国的不世之功被封为丞相，赐爵安平君，食邑万户，与国君共享国政。

然而，功高震主是每位功臣挥之不去的魔咒，尤其是在齐国的贵族政治体制里，君权和相权的矛盾始终难以调和。齐襄王长期生活在田单耀眼的光环下，生怕自己有一天会被他劫持，沦为他操纵齐国的工具。

因而，齐襄王有一段时间心态摆不正，对田单直呼其名，而不称呼他的官衔，像叫下人一样喊着"单，单"。大度的田单没有在意，倒是他身边的一些齐国大臣听不下去了。有人便给齐襄王上书，批评他怎么能对复国的头号功臣如此无礼，就算是小孩子也不会这么叫唤别人。齐襄王生怕引起风波，连忙改正了这个错误。

有一年冬天，齐襄王和田单一起外出巡视。田单看见有一个老农在冰天雪地里涉水过河，上岸后因为寒冷而无法动弹了。他立刻下车，脱下裘皮大衣给老农穿上取暖。老农感动得对他连声叩谢。但一旁的齐襄王看见这一幕，却非常不高兴。

他回去后在私下里大发脾气，说田单是抢他的风头收买人心。有一位近臣给齐襄王出主意，说可以下旨表彰田单，勉励他继续多做善事，这样一来，百姓就会觉得田单做善事是君王教育的了。听了近臣的话，齐襄王的气才消退了，下旨嘉勉了田单。

有些奸佞小人看出了齐襄王对田单不满，便落井下石，在齐襄王面前进谗言，挑拨离间。有人对齐襄王说："田单这个人居心不良，对内笼络百姓，对外结交诸侯，似乎想有所作为。大王您要小心啊。"齐襄王大怒，立刻下旨大骂了田单一顿，让他第二天到王宫里来解释清楚。田单只能脱去自己的帽子和鞋子，露出上半身膝行进宫，向齐襄王请求死罪。齐襄王这才表示了宽恕，不追究他的责任。

齐襄王气消了后，仔细想了想，觉得田单根本不可能谋反，他的功劳威望这么高，要想动手，早就动手了，何必来请罪？于是，他第二天就把进谗言的大臣革职，并给田单增加了一万户食邑。

经过这些事情，齐襄王对田单逐渐恢复了信任。田单做齐国丞相很多年，晚年，他兼任赵国丞相，被赵国封为都平君，还带兵收复了被燕国占领的聊城（今山东聊城）。

田单死后葬在了齐国的安平城，得到了善终。他和齐襄王以及继任的齐王都保持了克制，谨守本分，使齐国避免了重蹈齐闵王和孟尝君君相恶斗的覆辙。至于引狼入室的叛徒孟尝君，被魏国抛弃后回到了薛邑，在诸侯之间保持中立，不从属于任何君王。齐襄王由于国家孱弱，自身地位也不稳，仍旧与孟尝君交好。孟尝君去世后，他的儿子们为了争夺财产大打出手，齐襄王这才联合魏国灭掉了薛邑，共分其地。孟尝君后人尽数被杀，从此绝嗣。

齐国虽然成功复国，也惩治了叛徒，却没能拯救自己日薄西山的命运。经过多年战争浩劫，齐国百业凋敝，人口锐减，领土也大幅缩水（被赵、楚、秦、魏夺走的土地大部分没有收回），再也恢复不了当初的国力了。齐襄王和他之后的齐王不得不采取消极自保政策，尽量不参与列国的纷争，甚至不惜长期和秦国结盟，以换取暂时的安宁。

强人落幕，国力日衰，昔日的东方强国光环褪尽，偏安于东方一隅，维持着自己虚弱的躯体。至此，能够阻挡秦国一统天下的国家只剩下赵国了。

第234章

赵武灵王的遗产

几十年前赵武灵王励精图治和大胆改革，使赵国迅速崛起为一个新兴的军事强国。赵武灵王虽然英年早逝，却给赵国留下了极其丰厚的军事遗产。在他的推动下，赵国吸收北方游牧民族的文化，全民尚武彪悍，刚强不屈；在他的组建下，赵国拥有精良的骑兵部队以及非常完善的军事制度。赵国拥有了一支将才辈出的王牌部队，成了秦国一统天下的终极对手。

赵武灵王刚去世时，政局动荡，国君年幼，赵国还不敢与秦国硬碰硬。当时独揽大权的李兑把主要精力放在稳定内政上面，对秦国采取外交遏制的手段。他带领赵国与魏国、燕国结盟，参加并主持了第三次合纵攻秦。

当时秦国把齐国看作主要对手，所以秦军也极少进攻赵国。在李兑维稳少战的政策下，赵国不仅度过了沙丘之乱的危机，而且国力稳中有升，主持合纵攻秦也使国家地位得到了大幅提升。

李兑死后，赵惠文王全面掌政。他虽然没有父亲的英雄豪气，但还算知人善任。在他的治理下，赵国进入了鼎盛时期，无论文臣武将，都有一批让秦国人都畏服的人物。这当中，便有我们熟知的蔺相如和廉颇。

蔺相如原先只是宦官头领缪贤的门客。他出身低微，最初并没有受到重视，缪贤当他是众多混口饭吃的普通门客之一。有一年，缪贤犯了错误，激怒了赵惠文王。缪贤很害怕，打算逃亡到燕国去。蔺相如却拦住他，问："主公为什么这么相信燕王，确定他会收留您？"

缪贤答："我以前曾随从大王在国境与燕王会见，燕王私下握住我的手，说：'愿意跟您交个朋友。'所以我觉得他可以帮助我。"

蔺相如却说："主公您错了。现在赵国强，燕国弱，当初您受宠于赵王，所以燕王才想要和您结交，现在您是失宠落魄之人，燕王还会像以前那样重视您吗？如果您逃奔到燕国，燕王害怕得罪赵国，必定不敢收留您，还会把您捆绑起来送回赵国。在下劝您不如脱掉上衣，露出肩背，伏在斧刃之下，以诚恳的态度向大王请罪。大王是宽容善良的人，也许会赦免您的。"

缪贤听从了蔺相如的建议，主动向赵惠文王请罪。赵惠文王果然宽恕了他，还让他官复原职。通过这件事，缪贤觉得蔺相如才智过人，一定是个栋梁之才，便决定把他推荐给赵惠文王。

公元前283年，秦军第一次攻打魏国首都大梁失利，被孟尝君请来的赵、燕援军逼退。秦昭襄王为了拉拢赵国，便提出和赵国和谈，表示愿意用秦国的十五座城市换赵王的珍宝和氏璧。

和氏璧原先是楚国的一块宝玉。传说是一位名叫卞和的人发现了这块玉石，他想献给楚王，结果两任楚王都不识货，认为这是假玉，还以欺君之罪砍掉了卞和的双脚。直到楚文王时期，才鉴定出这是块稀世之宝。为了表彰卞和，楚文王将宝玉命名为"和氏璧"。如今和氏璧几经流转，到了赵惠文王的手上。

有秦昭襄王扣押楚怀王的恶例在先，赵惠文王不敢相信秦国的诚意。他担心自己交出了和氏璧，秦昭襄王也不会割让一座城市。但赵惠文王也担心，要是不答应和秦国和谈，秦军大举入侵，该怎么办？

就在赵惠文王为难之时，缪贤向他推荐了蔺相如，认为他可以担任使者去摆平这件事。赵惠文王便召见了蔺相如，问他："秦王说要用十五座城请求交换寡人的和氏璧，你觉得能不能给？"

蔺相如答："秦国经常恃强凌弱，不可相信，不能给。"

赵惠文王问："要是秦国派兵打来怎么办？"

蔺相如就说："秦国请求用城换璧，赵国如不答应，赵国理亏；赵国给了璧而秦国不给赵国城邑，秦国理亏。两种对策衡量一下，臣觉得应该答应，让秦国来承担理亏的责任。大王如果确实无人可派，臣愿捧护宝璧前往出使。城邑归属赵国了，就把宝璧留给秦国；城邑不能归赵国，我一定把和氏璧完好地带回赵国。"

赵惠文王就让蔺相如担任使者去处理这件事。蔺相如到了秦国后，把和氏璧交给秦昭襄王，但秦昭襄王却没有拿出十五座城池的意思，只是把和氏璧传给美人及左右观看。蔺相如就以指出璧上的瑕疵为由要回了和氏璧，然后威胁说："是否以玉璧交换城池，原本在我赵国就有许多人反对，是臣建议我王答应与贵国交易的。我王能力排众议，接纳臣的提议，是因为布衣之交尚不相欺，何况秦为一大国！我王为了存续秦、赵之友好，在斋戒五日后使臣奉璧入秦。可惜君王不但没有给予赵国城池的打算，还将和氏璧传给美人，实在是戏弄我国！"

说完，蔺相如做出要摔和氏璧并自杀的样子。秦昭襄王怕摔坏了和氏璧，连忙拿出地图，假装要给予赵国十五个城池。但蔺相如看出秦昭襄王说的城池都是赵国去不了的地方，知道对方毫无诚意，便要秦王斋戒五日才奉上和氏璧，以拖延时间，然后偷偷让人把和氏璧带回赵

国了。

五日后，蔺相如独自一人面见了秦昭襄王，义正词严道："秦国自秦穆公以来二十余位君主，并未有信守承诺者。臣诚恐秦王欺骗赵国，已命人持璧归赵。秦强而赵弱，如果大王先割十五城予赵国，再派遣一位使者至赵国，赵国立即交出和氏璧。臣知道欺骗大王论罪当诛，所以臣请赴汤镬之刑。"

秦昭襄王只能苦笑。左右之人想将蔺相如带去行刑，他却制止了，认为杀了蔺相如也不会有什么用处，不如放了他，保持秦、赵之间的友好关系。

蔺相如完璧归赵，被赵惠文王提拔为上大夫。

公元前279年，秦昭襄王计划南下进攻楚国。他担心赵国乘虚袭击秦国，便邀请赵惠文王到渑池会盟。会场上，秦昭襄王不忘羞辱一番胆小的赵惠文王，请他弹瑟。赵惠文王便用瑟弹了一曲，秦国的史官就写道："某年某月某日，秦王与赵王饮酒，令赵王弹瑟。"

赵惠文王身边的蔺相如气愤难当，便上前邀请秦昭襄王击缶。秦昭襄王自然不肯答应。蔺相如就威胁他说："五步之内，我蔺相如要把脖颈里的血溅在大王身上了！"

秦昭襄王不想把场面搞僵，因为他是要和赵国和谈准备打楚国的，就很不情愿地敲了一下缶。蔺相如立刻让赵国史官写下："某年某月某日，秦王为赵王敲缶。"

秦国群臣趁机说道："请赵国以十五座城池为秦王祝寿。"

蔺相如当即回敬道："请秦国以首都咸阳为赵王祝寿。"

经过这场小风波，秦、赵两国在还算友好的气氛下达成了和平协议。秦国随即派白起带兵南下，攻占了楚国首都郢城，把楚顷襄王赶到了陈县。

蔺相如因为渑池之会的功劳，被封为上卿。这让赵国将军廉颇不高兴了。

廉颇，是与白起齐名的战国四大名将之一。他早年的经历史书上没有记载，推测可能是一位依靠军功提拔上来的将领。廉颇征战沙场多年，以谨慎稳重、擅长防守著称。他率领赵军参加了五国攻齐的战争，为赵国占领了许多齐国土地，也被赵惠文王提拔做了上卿。

廉颇性格仗义豪爽，肚子里藏不住话。他见蔺相如耍了两次嘴皮子功夫就从门客做到了上卿，而他征战了大半辈子才成为上卿，感到很不公平，就扬言要找蔺相如的麻烦。蔺相如知道后，故意回避廉颇，不和他见面。别人问他为什么这么怕廉颇。蔺相如说："大家认为廉将军可否与秦王相比？"

众人回答："不可"。

蔺相如又说："以秦王之淫威，我也敢在大殿上对其叱喝，并羞辱秦国群臣。我虽然不是什么勇者，但怎么可能怕廉将军？我只是顾念赵国之社稷，因为强秦之所以不敢攻打赵国，是因为有我们两个人在。两虎相斗，必有一伤。如果我公然跟廉将军闹翻，秦国必定趁机出兵攻赵，赵国就危险了。我之所以如此躲避廉将军，实在是因为国家大事远较个人恩怨为重。"

廉颇得知蔺相如说的这番话，自觉羞愧，便赤膊背上荆条，到蔺相如的府上请罪。两人重归于好，还成了生死之交。

君臣团结一心，使得赵国出现了前所未有的强盛局面。赵国在五国伐齐的行动中夺取了济水以西土地，领土再次扩大，一跃成为六国中最强大的诸侯。

秦、赵两强之争不可避免了。

第235章

抱薪救火

公元前276年,楚国已被迫向秦国求和,秦国人把目光投回了魏国。

魏冉始终对在五国攻齐之战中获得的陶邑念念不忘,要秦昭襄王一定想办法消灭魏国,保障陶邑的安全。秦昭襄王无奈,便再次派白起为将,兵发魏国。

白起首先攻下了大梁附近的两座城市,作为下一步前进的据点。第二年,魏冉便亲自率领秦军主力赶到魏国,包围了大梁。

大梁城第三次陷入秦军的围困,现在还有谁能出手援助魏国呢?赵惠文王本来想出兵援救,但又因为渑池会盟和秦国订立了和约,生怕得罪秦国,最终没有下决心帮魏国人一把。

这个时候,韩国人"仗义"了一回。韩国原来一直和秦国结盟,还借路给秦军去打大梁。或许韩王担心秦军灭了魏国会使韩国被秦国包围,所以在秦军围攻大梁的关键时刻突然背叛,出兵在背后袭击了秦军。

魏冉连忙从大梁撤围回师攻打韩军。弱小的韩军不是对手，被斩首四万。吓坏了的韩王连忙派人向秦国求和，重新成了秦国的附庸。

虽然重新打通了道路，但秦军的力量也消耗殆尽，成了强弩之末，不能对大梁发起强攻了。魏王割让温邑给秦国求和，魏冉这才体面地把部队撤了回来。

攻打大梁再次失利，秦昭襄王有些泄气，他同意出兵其实只是给母亲和舅舅面子而已，并不希望死咬住魏国不放。但是魏冉为了挽回之前兵败大梁的颜面，也为了保住并扩充他在陶邑的封地，不同意侄子秦昭襄王就此休兵，一再要求他继续出兵魏国。秦昭襄王无可奈何，只好一咬牙，在公元前274年再次发兵魏国，攻取了四座城市。

在秦军连年侵略下，魏国的损失越来越多，魏王见自己势单力薄，不得不再次向赵国求援。赵惠文王见形势越来越不利，再不拉魏国兄弟一把，赵国自己将来也会很危险。于是他撕毁与秦国的盟约，宣布正式与魏国结盟。为了表示诚意，赵国还主动退还了一部分当年侵占的魏国土地。

赵、魏结盟后，魏王知道秦国一定会发起报复，干脆先下手为强，攻打投靠秦国的韩国，封闭秦军侵入大梁的通路。在魏国的建议下，赵、魏两国于公元前273年组织联军，对韩国发起了大规模进攻。

由于此战是魏国人策划发起的，赵国只是协助，赵惠文王便没有派出得力大将和主力人马，只派了少量部队跟随在魏军主力的后面。联军由魏将芒卯全权指挥，包围了韩国华阳（今河南新郑北）。

就在两年前，韩国还"仗义"地帮了魏国兄弟一把，没想到现在自己反倒成了魏国兄弟"报复"的对象。韩军抵挡不住联军的进攻，连忙派人向秦国求援。魏冉便领白起、胡阳（一作胡易）率军赶去。

魏军一直以来都是秦军的手下败将，按理说这次出征对于白起来说再平常不过了。但白起仍旧不敢放松，在作战前一丝不苟地把战场形势

分析了一遍。他认为，赵、魏联军围攻华阳，最担心的就是秦军赶来救援。如果秦军以正常速度前进，芒卯一定会有足够时间在秦军赶到前撤退，使秦军将士空费体力。秦军既然出征，就不能徒劳无功，要杀就杀个痛快，打得赵、魏两国服软。所以，白起决定急速前进，杀联军一个措手不及。

在白起的建议下，魏冉指挥秦军抛弃辎重，昼夜兼程，飞快地赶到了华阳附近。联军完全没想到秦军会突然之间在眼前出现，顿时大乱，加上对秦军的恐惧，他们很快就被击溃了。芒卯在仓皇之中，率领几千名部下逃出了重围。

魏军后面的赵军见友军溃败，连忙转身向北撤退，计划渡过黄河返回赵国。白起不肯放跑敌人，命令秦军继续追击。秦军拼了命地奔跑，最终在黄河岸边追上了正在渡河的赵军。一阵混战过后，两万多名赵军被杀或掉进黄河淹死，剩下的赵军侥幸逃回了国内。

华阳之战以秦军大胜结束，魏军几乎全军覆没，将近十三万人被斩首。白起又一次以出神入化的指挥，让天下人领教了他"战神"的威名。

魏冉乘胜继续进攻，打进魏国本土，一直攻到了大梁附近。魏国连忙征招全国男子入伍保卫首都，并派人向赵国和楚国求援，同时也派说客去游说魏冉，希望他见好就收，不要让进攻大梁的秦军有被赵、楚联军包围的风险。

在魏国使者的努力下，魏冉最终同意了放弃继续进攻大梁，并且说服了秦昭襄王撤军。秦国只是同意了撤军，没有答应和魏国议和，这意味着秦军随时都有可能再次入侵。魏王担忧无休止的战乱会把国家拖垮，便决定向秦国割让南阳，以求尽快达成议和。魏冉得了这么大一个便宜，就不再为难魏国，与魏王签订了和约，并在公元前272年把所占韩、魏的南阳和楚的宛合建为南阳郡。

失去了南阳这一大片土地让许多魏国人感到无比愤怒。有一位魏国谋士就给魏王上书抗议，指责主持议和的大臣是卖国求荣的奸臣，说割地求和的事情"譬犹抱薪救火，薪不尽，火不灭"。这句经典的话后来引申出了"抱薪救火"这个成语。

而不管这些人如何愤怒，魏国割地求和终究板上钉钉，无法改变了。

狭路相逢勇者胜

韩、魏、楚三国都向秦国表示了屈服,在秦国的邻国中,只有赵国没有求和。

其实赵惠文王并不是不打算议和,他知道如果不议和,秦军必然来攻,但他太容易犯优柔寡断的毛病。国内许多主战将领认为赵国白白在华阳之战折了两万兵马,这个仇不能就这么算了,而且,赵国精锐主力尚在,为什么不和秦军正儿八经地大战一场,就算输了,也不至于丢脸。在主战、主和两派大臣的争吵中,赵惠文王思考再三,还是打算和秦国议和。他派人出使秦国,表示愿意派一名公子为人质,同时拿出三座城市交换原先被秦国侵占的三座城市。秦昭襄王得知后大为高兴,当即同意,还没等赵惠文王兑现派人质和割地的承诺,就迫不及待地把三座城市归还了赵国。

但这一次,秦昭襄王被坑了。秦国派人来催促赵国兑现承诺时,赵惠文王突然反悔了。他听从主战派的建议拒绝议和,把秦国使者轰走了。

秦使把情况汇报之后，秦昭襄王气得七窍生烟。一直以来，都是秦国放别人的鸽子，还没有人胆敢放秦国的鸽子，他赵惠文王是活腻了吗？于是，秦昭襄王派出大军向赵国发起了进攻。这一年是公元前269年（此从杨宽先生考证）。

这次率领秦军的将领不是白起，而是参加了华阳之战的胡阳。白起为什么没有挂帅，史书没有说明。笔者推测是由于他长年征战，健康恶化，因为后来就有了白起重病不起的记载。白大帅请了病假，秦昭襄王只好退而求其次，让胡阳代理统帅。

胡将军好不容易被扶正一回，想好好把握表现机会，便专挑难的目标下手，带兵进攻赵国在太行山上的军事要塞阏与（今山西和顺西北）。

阏与是太行山峡谷中的一座城堡，易守难攻。它的战略位置非常重要，秦军占领了它，就能方便地进出太行山，并切断邯郸和晋阳的交通线。胡阳对这座小城志在必得，他兵分两路，一路人马把阏与城团团包围，日夜攻打，另一路前去进攻武安（今河北武安西南），阻拦赵军从邯郸驰援阏与。

赵惠文王连忙召集文武百官商讨对策。但在会议中，被赵惠文王寄予希望的老将廉颇却反对援救阏与。他的理由是阏与距离邯郸太远，而且地形险阻，赵军赶到那里，必然疲惫不堪；另外，秦军的另一路兵马已经打到了距离邯郸不远的武安，如果派兵去阏与，邯郸的安全就没有保证了。

廉颇虽然性情直率，但指挥打仗却谨慎小心，他不同意救援阏与，并不是没有道理。可惜，他的观点明显和会议主题相违背了。领导要的是救援阏与的方案，他却甩出全盘推翻领导观点的想法，这自然让赵惠文王很不高兴。

这个时候,一位文官说了一句名垂千古的话:"狭路相逢勇者胜!阏与地势险要,正是勇士的用武之地。只要将士勇猛,就能取胜。"

说这句话的,是赵国掌管赋税的大臣,名叫赵奢。

赵奢,赵国公族,一直都是做税务工作的,最早主管田赋。赵惠文王没有注意过他,不知道这位税官的业余爱好是学习军事指挥,直到后来发生的一件事。

那个时候,赵惠文王的弟弟平原君赵胜担任赵国丞相。平原君和孟尝君一样礼贤下士,招揽了大量门客。权势一大,他的一些家人就开始趾高气扬,横行霸道。

有一回,身为田赋主管的赵奢向平原君家征收租税。平原君家的人不给,还蛮横打人。赵奢就依照法令,把带头抗税的几个人抓起来杀了头。平原君便把赵奢找来质问。

赵奢不卑不亢地回答:"您在赵国是贵公子,下官要是纵容您家而不遵奉国家法令,就会使法令的威信丧失;法令没有了威信,就会使国家衰弱;国家衰弱了,诸侯就要出兵侵犯;诸侯出兵侵犯,赵国就会灭亡。您还怎么保有这些家产呢?以您的地位,奉公守法就会使国家上下公平,上下公平就能使国家强盛,国家强盛了,赵氏的政权就会稳固,而您身为赵国贵戚,难道会被天下人轻视吗?"

平原君被赵奢说得哑口无言。但他转念一想,此人身为一个小官,还能说出这番大道理,一定不是个简单的人物。于是,他把赵奢推荐给了赵惠文王。赵惠文王提拔赵奢做了税务大臣,掌管全国赋税。赵奢合理安排,严格执法,把赵国的税收工作处理得井井有条,国库也比以前更为充实。

但赵奢的理想并不是做税务大臣,他是一个有血性的汉子,渴望在战场上建功立业,只是一直没有机会。

直到这次秦军围攻阏与,以廉颇为首的赵国大将却不主张救援,赵奢感到自己的机会来了，便在会议上说出了那句豪气冲天的话。

赵奢的话一出口，军事经验丰富的廉颇与一众将领嗤之以鼻，唯独国君赵惠文王欣喜无比。赵惠文王想，那些将军都不敢去救，只有赵奢有这个胆量，加上赵奢是公族，一定靠谱，这次援军就由他率领好了。

在将军们的质疑声中，赵奢接过了赵惠文王给的虎符，穿上了战甲，带领十万赵国勇士出征了。

赵奢带兵离开邯郸，向西行进了三十余里，突然下令全军停止前进，就地安营扎寨。然后他又下了一道命令：军中谁敢向他进谏有关军队指挥的事项，一律处斩。将士们百思不得其解，又不敢去进谏，只好听从这位新主帅的命令就地扎营，按兵不动。

时间一天一天过去，赵奢仍旧没有开拔前进的意思，将士们完全看不明白主帅到底在葫芦里卖的什么药。秦军主将胡阳得知赵军迟迟不动，也感到莫名其妙。赵军要么来救阏与，要么去支援武安，现在却在邯郸城外趴窝，是什么意思？为了搞清楚状况，胡阳决定去试探一下。他让武安附近的秦军加强进攻，看看赵军是不是更在意武安。

然而，武安城内的屋瓦被秦军的鼓声震动了，赵奢还是置之不理。他反而下令全军加固营垒和工事，禁止外出。有一位军官实在看不下去了，心急如焚地闯入赵奢的营帐，要求主帅立刻出兵援助武安。赵奢却以事先已下达了进谏军事者斩首的命令，将这位军官处决。此后，赵军将士们再也不敢多说话了。

秦军的细作侦察到赵军的情况，向胡阳做了如实汇报。胡阳对这位名不见经传，又是文官出身的将军顿感轻蔑，说："赵军离开首都三十里就扎营，看来害怕我军，只打算保卫邯郸，不会来救援了。如此一来，阏与指日就可以攻下了。"轻敌的胡阳放松了警惕，下令把原本布防在太行山道上、用来防备赵军增援的部队撤下来，集中力量攻城。

赵奢得知了秦军的动向，立刻下达密令连夜开拔，轻装急行军，以

最快的速度挺进阏与。赵军昼夜兼程地赶路，用了两天一夜，终于赶到了距离阏与不远的山上。赵奢顾不上让士兵们休息，立刻命令部队安营布防，准备迎战秦军。

直到赵军如同神兵天降一般出现在太行山上，胡阳才发现自己上当了。他连忙命令在武安的秦军赶紧回援，但是已经来不及了。

就在秦军拼命回防的时候，一位名叫许历的赵军士兵突然求见赵奢，说有一条重要的建议要说给他听。原本按照赵奢的军令，进谏军事者要处斩，但他这一次却网开一面，同意许历进谏。

许历原来是一个罪犯，被罚充军。他对阏与周边的地形非常了解，见到赵奢便说："阏与城北面有一座山是制高点，将军一定要抢先占领那里，否则就会失败！"

赵奢得知情况，立刻派出一万人前去抢占那座山头。许历因为违反了军令，请求赵奢判自己死刑。赵奢却淡淡地说："回邯郸以后再说吧。"就把许历放了。

就在赵军去抢占制高点的同时，秦军主将胡阳也意识到了那座山的重要性，派出先锋部队快速穿插，也去抢占那里。这是一场争分夺秒的比赛，赵军在这边跑，秦军在另一边赶，谁抢先一步，谁就能占取优势。

那一万名赵军经过之前两天一夜的急行军，已经非常疲惫了，但他们为了保卫国家，硬是以常人难以想象的毅力奋勇前行。最终，他们抢在秦军的前面占领了这座山头。

仅仅迟到了一步的秦军没能登上山顶，他们拼了命往上冲锋，要把赵军赶下来。占据有利地形的赵军立刻用密集的弓箭伺候，杀得他们人仰马翻。秦军不得不退下山去。

此时，胡阳率领的秦军大部队也赶到了山脚下。为了夺回山头，胡阳下令将这座山团团包围，不断派手下士兵强攻。秦军擂响震天的战鼓，凶悍的秦兵呐喊起来，排成队形开始了冲锋。

坚守高地的一万名赵军勇士见此情景毫不畏惧，他们都是精挑细选的精锐弓弩手，其中还有不少擅长射箭的楼烦人。他们居高临下，以精准的箭法和密集的箭雨，把冲锋的秦兵成片射倒。秦军是仰攻，又在山坡上爬行，行动艰难，成了赵军的活靶子。就算有人冲到赵军跟前，也很快就被赵军滚下的石头砸得头破血流。

秦军连续冲杀了好几次都不能拿下这座山头，伤亡越来越大。胡阳越来越急躁，强令部队全力进攻，不惜一切代价拿下这座山。

秦军把战鼓擂得更响了，黑压压的士兵不顾一切往上冲，前面的人倒下了，后面的人跨过尸体继续前进。渐渐地，赵军的箭快要用完了，山上的石头也扔光了，这些勇士便拔出随身携带的防身短剑，与冲上来的秦军拼杀。他们把生死置之度外，绝不放弃自己的阵地。

就在秦军即将攻上山顶的时候，忽然从山谷间传来一阵号角声，原来是赵奢率领的主力赶到了。赵奢指挥部队在山脚下猛攻胡阳所在的秦军中阵，腹背受敌的秦军顿时阵脚大乱，加上攻山受挫，锐气耗尽，虎狼之师居然全线崩溃，士兵们丢盔弃甲，纷纷败逃。胡阳见败局已定，只能带领部队慌忙撤退，阏与之围就此解除。

阏与之战以赵军完胜告终，秦军阵亡士兵的尸体纵横交错，填满了整个山谷，这是秦军罕有的惨败。秦军主将胡阳从此在史书中消失，很有可能回国后遭到了秦昭襄王严厉处分。

凯旋的赵奢则被赵国人民当作英雄迎接，国君赵惠文王对他褒奖无数，不仅任命他做了将军，还赐予他封地和爵位，封他为"马服君"，意思是能让战马都服从的人。这份荣耀几乎能和丞相平原君相提并论，老将廉颇都没能获得。

至于冒死进谏的士兵许历，自然没被处斩。他也因功升职，当上了国尉（比将低一级）。

令人惋惜的是，创造了奇迹的赵奢几年之后就病逝了，没能继续在战场上展现才能。他的儿子继承了爵位，这位新马服君的名字叫作赵括。

四贵

秦、赵两国第一回合的较量,秦军大败,颜面扫地。按理说,秦昭襄王应该派兵报复赵国,一雪前耻。但他并没有这么做,他选择了忍耐,此后五年时间,他都没有再派兵与赵军交手。

为什么呢?他要抽出精力处理一些家事,关于他的母亲和舅舅。

秦昭襄王的母亲是大名鼎鼎的宣太后,这位风一般的女汉子,当初以不凡的政治手腕把儿子推上了秦王的宝座,又以不寻常的魄力和智慧帮助儿子坐稳了宝座。秦昭襄王正是在母亲的指点和帮助下,度过了即位之初磕磕绊绊的那些年,带领秦国打败了魏国、楚国和齐国等强敌。所以,秦昭襄王对母亲十分敬重,几乎言听计从。

然而,宣太后也有缺点,这个缺点经年累月,最终让她的儿子都忍无可忍。

这个缺点就是私生活不检点。

按理说,宣太后早年丧夫,年纪轻轻就守寡,当上太后之后,利用

权力找些男人排遣寂寞无可厚非。但宣太后的性情过于豪放,没有什么羞耻之心,她找了一大堆情夫,多得数都数不过来。在她的允许下,这些情夫随意出入后宫淫乱,把后宫的风气弄得污秽不堪。宣太后对她喜欢的情夫大加赏赐,不少人大发横财,败坏了社会风气。

母亲找这么多情夫,秦昭襄王也没怎么计较。没想到,宣太后越来越出格,居然找秦国的敌人做情人。

这个情人就是义渠王,义渠人的首领。

义渠一直是秦国西北部的边患,双方战和不定,秦国长期在西北边疆派驻许多部队以防备义渠人。令秦昭襄王万万没想到的是,义渠王有一年来访问秦国,居然就和母亲私通了。

这件有损国格的事情让秦昭襄王非常生气,但因为是自己的母亲,他只能把这件事压下来。不过,因为宣太后和义渠王私通,秦国和义渠的关系反而得到了改善。义渠人在相当长的时间内不再骚扰秦国边境,秦国也得以抽调一些部队去支援攻打六国的战争。

渐渐地,宣太后和义渠王的约会越来越频繁,竟瞒着秦昭襄王生下了两个儿子。纸包不住火,秦昭襄王终究还是知道他又有了两个同母异父的弟弟。秦昭襄王觉得,这种畸形关系不能再持续下去了。

公元前272年的一天,义渠王如同往常一样来到咸阳的甘泉宫,与老情人宣太后约会。当他兴致勃勃地走进宫殿,却没看见宣太后在那儿迎接。他预感到情况不对,转身想走,却发现宫殿的大门被死死地锁住了。紧接着,埋伏在暗处的一群秦国武士突然冲了出来,把义渠王和他的随从包围了起来,没等他们反抗,就一拥而上,将他们全部乱剑刺死。

《后汉书》中记载,策划这场谋杀的正是宣太后。但义渠王是她多年的老情人,两人还育有两个儿子,宣太后恐怕很难下这样的狠手,秦昭襄王一定在当中发挥了重要的作用,甚至有可能逼迫母亲这么做。

在确定义渠王被杀之后，秦昭襄王立刻下达作战指令，让早就准备好的一支秦军北上袭击义渠人的部落。经过一年战争，失去首领的义渠部落最终被秦军摧毁，影响秦国几十年的边患就此消除，秦国在这里开辟了三个郡。

至于宣太后和义渠王生的两个儿子，很有可能也被秦昭襄王杀死了。年事已高的宣太后经历了这场人生变故，大受打击，从此不再过问政事。而秦昭襄王自始至终，都没有公开任何消息。

控制母亲之后，秦昭襄王把下一个目标对准了舅舅魏冉。

自公元前300年开始，魏冉已经在秦国丞相的位子上断断续续地坐了将近二十五年，成了秦国在位时间最长的丞相。在这漫长的时间里，魏冉帮助秦昭襄王稳定局势，东征西讨，为秦国的不断强大立下了不朽的功勋。但是权力就像鸦片，沾染得愈久，就愈发不可自拔。

魏冉就是这样，由于太后和国君倚重，他的权势在秦国无人能及，军政大权几乎完全掌控在他的手中。秦国的军队中，重要的将领（如白起）是他提拔的，大部分将领是他的亲信或者老部下；秦国的外交方针由他来把控，秦昭襄王想打哪个国家，想和哪个国家结盟，都要先听他的意见；秦国国内政策，也是由魏冉规划，魏冉将草拟的方案交给秦昭襄王，秦昭襄王审定后推行。简单来说，魏冉就是秦昭襄王的大管家，什么事情都帮秦昭襄王料理好了。

这样一来，魏冉的名气和威望远远盖过了国君。当时许多秦国百姓都知道有魏丞相，却不知道国君是谁。在魏冉的辅佐下，秦昭襄王就像一个傀儡。

除了权力，魏冉还对财富有着强烈的贪恋。他已经拥有了大片封地和吃不完的粮食，仍然毫无顾忌地贪污受贿，对行贿者来者不拒。一些国家派出的使者为了游说秦国停战议和或者改变外交政策，知道魏冉说话有分量，纷纷给他送礼，一出手就是国宝级的稀世珍品。魏冉则全部

乐呵呵地收了下来。

在魏冉贪腐之风的影响下，秦昭襄王的另一个舅舅芈戎，以及两个弟弟公子芾和公子悝也奢靡起来。他们平日里帮不上秦昭襄王什么忙，向秦昭襄王索要起封地和财宝来却是相当积极。秦昭襄王对于这三个血缘至亲基本上是有求必应，还分别把他们封为显贵的华阳君、泾阳君和高陵君。三人拿着秦昭襄王给的钱财和封地，大肆挥霍享乐，甚至争相攀比斗富，让人侧目。

秦国百姓把魏冉、芈戎、公子芾和公子悝称作"四贵"，他们的财富和权势合起来几乎垄断了整个秦国，魏冉的身家更是堪比国君秦昭襄王。

面对这种情形，秦昭襄王对舅舅和弟弟们自然会不可避免地产生憎恶。他并不是没想过对舅舅和弟弟们罢官夺爵，但是他一次次冒出这样的想法，又一次次选择了忍耐。因为魏冉恢复了商鞅时期外国游士不得入秦求官的法令，使得秦昭襄王身边除了魏冉再无相国之才，他不敢随意撤换舅舅。

秦昭襄王需要一个机会，也需要一位能帮助他的人才。

公元前270年，就在秦昭襄王忙着处理义渠的时候，有一位自称张禄的人上书说："我听说：善于使家业丰厚的人，是从国家取得财富；善于使国家富足的人，是从诸侯取得财富。天下有了圣明的君主，诸侯就不应该独自豪富了。这是为什么？因为君主要分割他们的财富。高明的医生能知道病人的生死，圣明的君主能洞察国事的成败，认为于国有利的就实行，有害的就舍弃，有疑惑的就稍加试验。要说的至深话语，我不敢写在书信上，一些浅露的话又不值得您一听。希望大王赐给少许游览观赏的空闲时间，让我拜见您一次。如果这次会谈没有成果，我愿意领受死刑。"

张禄在信中欲言又止，但表达的意思已经很清晰了。他是说：我已经知道了大王对"四贵"不满，我有处置"四贵"的策略，希望能和大王面谈。

这个张禄实际上不是普通人，他的真名叫范雎（jū），原来是一位魏国谋士。他化名来到秦国，并且迫切地想见到秦昭襄王，这其中还有一段不寻常的故事。

范雎，字叔，魏国人。早年在魏国，他就以能言善辩出名，但可惜家境贫寒，始终没有得到重视。范雎不得不接受怀才不遇的命运，投靠在魏国大夫须贾的门下做食客，混些粗茶淡饭度日。

遇到靠谱的主公也就算了，偏偏范雎的主公须贾是个阴险的家伙，对自己的门客也玩心机。有一年，须贾奉命出使齐国，带上了范雎。访问期间，齐王发现范雎是个口才一流的人物，便派人送了一点黄金和酒肉表示敬意，但范雎坚决推辞，没有收下。

没想到，须贾知道这事之后，大为恼火。他妄加揣测，认为范雎一定是出卖了国家机密给齐国，才让齐王如此看重他。回到魏国，须贾立刻给丞相魏齐打小报告，说自己的门客范雎在齐国当了叛徒。

魏齐也是个没脑子的暴脾气，听到须贾的告密后大怒，不由分说，立刻命人把范雎抓来用木板和荆条一顿暴打。可怜的范雎怎么解释都没人听，他被魏齐的手下打得皮开肉绽，鲜血淋漓，肋骨和牙齿都被打断了。为了保命，范雎口吐鲜血，假装死去了。魏齐便让人用草席把他卷起来，扔进厕所。但他觉得这样还不解恨，又让身边的人挨个朝范雎的身上撒尿，当作对叛徒的羞辱。

魏齐等人离去后，范雎见厕所门口只剩一个下人在看守，便爬过去说："你如果放我走，我以后一定重谢你。"那个看守有些贪财，加上也可怜范雎，便托人去府中向魏齐请示，说死人丢在厕所不好，不如扔到野外算了。魏齐那个时候正在喝酒，随口同意了。范雎就这样被看守带到了野外，逃脱了。

　　范雎逃走之后隐姓埋名，化名张禄，投靠了朋友郑安平。有一年，秦国使臣王稽来到魏国的一处馆舍投宿。郑安平装扮成侍卫服侍他。王稽很高兴，想笼络郑安平，便问他："魏国有没有贤能的人愿意和我一起到西边去啊？"郑安平一听，觉得这是一个让范雎外逃的机会，便说："在下有一个同乡，名叫张禄，一直仰慕您的贤名，想求见您畅谈天下之事。只是他有仇人，白天不能出来。"

　　王稽一听，来了兴趣，便让郑安平在晚上把那人带过来。范雎到来后，一番交谈让王稽钦佩不已。王稽决定把他带走，对他说："请先生明天在三亭（今河南尉氏西）的南边等我。"

　　第二天，王稽辞别了魏王，到三亭带上范雎驱车回国。进入秦国的地界不久，范雎看见从西边过来一大批车马，便问王稽那些人是谁。王稽说："那是秦国丞相魏冉的车队，他准备到东边巡视郡县。"范雎便说："我听说魏丞相在秦国独揽大权，最讨厌收揽各国的游士说客。他如果看见我，一定不会对我客气，我还是在车子里躲一躲吧。"

　　范雎躲到车子里不久，魏冉就来到附近，问道："东边诸国的情况怎么样？"

　　王稽答："没什么情况。"

　　魏冉又说："你可不要带什么游士回来，这种人只会扰乱国家，对我秦国没有一点好处。"

　　王稽连忙说："下臣不敢。"

　　魏冉随即带着车队浩浩荡荡地离开了。

　　范雎仍然不放心，等魏冉的车队走后，又对王稽说："魏丞相是个心思缜密的人，他怕您在车子里藏人，一定会派人回来搜查的。我最好再下车躲一躲。"说完便跳下车，到远处躲了起来。

　　果不其然，几名骑士奉魏冉的命令返回来搜查了王稽的车子，确定里面没人才离开。

范雎跟着王稽到达了咸阳，王稽立刻向秦昭襄王推荐范雎，说此人有让秦国一统天下的全新方略。但秦昭襄王对这种套话听得太多了，加上范雎没什么名气，便没有同意求见。范雎在秦国被冷落了一年多，住的是狭小的客房，吃的是低劣的饭菜。

坐了一年多冷板凳，范雎觉得这样下去不是个办法。他分析了此时秦国的内政外交，认为魏冉擅权和四贵横行是秦国现下最突出的问题，秦昭襄王一定对此忧心忡忡。于是，他就写了那封欲言又止的书信，托王稽帮忙，送到了秦昭襄王的案上。

秦昭襄王读了范雎的信，感觉真是说到了他的痛处，于是立刻下旨，用专车把范雎接到宫里会见。

来到秦王宫后，范雎担心有魏冉的耳目，给自己这次拜见制造麻烦，便想了一个歪招，故意不走正常的路线，而是甩开带路的宦官，直接往内宫闯。宦官们见状，连忙跑去阻拦，呵斥他说："大王就要来了，你想冒犯君威吗？"

范雎故意大声嚷嚷说："秦国哪里有王？秦国只有太后和丞相而已！"

这话正好被赶来的秦昭襄王听见了，他心中愈发对母亲和舅舅擅权感到气愤，便亲自走过去喝退阻拦的宦官，向范雎恭敬地施礼说："寡人本该早些向先生请教，可惜政务繁忙，冷落了先生。寡人向先生致歉，希望先生不吝赐教。"

范雎见状，连忙向秦昭襄王回礼。就这样，在众人嫉妒和畏惧的眼光中，范雎趾高气扬地跟着秦昭襄王的步辇来到了秦王的宫殿里。

进入殿堂后，秦昭襄王斥退了其余的人，跪在范雎的面前向他请求说："请先生帮寡人想办法！"

看见天下具有最高权势的君王跪倒在自己面前，范雎有些受宠若惊。他生怕秦昭襄王是在试探自己，给自己下套，便轻轻地回答了一

声:"嗯。"

秦昭襄王没有和范雎计较,继续跪在那里向他请教。范雎则依然以"嗯"作答。秦昭襄王如此恭敬地请教了三次,范雎还是不说。

秦昭襄王有点生气了,问:"先生不肯教寡人吗?"

范雎这才放低姿态,对他说:"在下只是个寄居异国他乡的臣子,与大王交情生疏,而臣所希望陈述的事情又与大王和亲人之间的关系有关。臣不敢确定大王真实求教的心意,所以大王连续三次询问而臣不敢回答。"

得到秦昭襄王的原谅后,范雎继续说:"现在大王上面害怕太后,下面被臣子所迷惑,自己身居深宫,离不开左右近臣的把持,一直迷惑不清,也没人帮助您辨别正邪。长此下去,从大处说国家将要覆亡,从小处说您会丢失王位。这正是在下所担忧的。大王的国家,四面都是坚固的要塞,有雄兵百万、战车千辆,有利就进攻,不利就退守,这是据以建立王业的好地方啊。百姓不敢因私事而争斗,却勇敢地为国家作战,这是据以建立王业的好百姓啊。现在大王兼有地利、人和这两种有利条件,建立霸王的事业是完全能够实现的,可是您的臣子们却都不称职。秦国这些年一直不能在进攻六国的战争中取得彻底胜利,都是秦国丞相不肯竭尽忠心的结果啊。

"魏丞相为了保住并扩大自己在陶邑的封地,不惜劝说大王越过韩、魏两国去进攻齐国。这不是个好计策,出兵少就不能损伤齐国,出兵多反会损害秦国自己。我猜想大王的计策是自己少出兵而让韩、魏两国尽遣兵力来协同秦国,这就违背情理了。这两个友国并不真正亲善,您却要越过它们的国境去进攻齐国,合适吗?如果打赢了齐国,占领的土地必定不能被秦国占有;如果打输了,韩、魏两国就会叛变,进攻秦国。这个计策实在是错误的。

"在下以为,大王不如结交远邦而攻伐近国。这样攻取一寸土地,就成为您的一寸土地；攻取一尺土地，也就成为您的一尺土地。放弃近国而攻打远邦，不是太荒谬了吗？过去，中山国领土有方圆五百里，赵国独自把它吞并了，功业建成，名声高扬，利益到手，天下没有谁能侵害它。现在，韩、魏两国地处中原，是天下的中心部位。大王如果打算称霸天下，就必须先打下中原国家，以此威胁楚国、赵国。楚国强大您就亲近赵国，赵国强大您就亲近楚国。楚国、赵国都亲附您，齐国必然恐惧。齐国恐惧，必定低声下气，拿出丰厚财礼来奉事秦国。"

范雎说了很多，其实就一个意思，他认为魏冉进攻六国的战略是错误的，秦国应该由近及远，先打败韩、魏等邻国。这个战略经后人总结，就是著名的"远交近攻"。

但是，范雎在这番对话中还是耍了个滑头，他没有教秦昭襄王如何扳倒魏冉，只是说要改变魏冉的战略，偏离了他最初的主题。这是因为范雎还是担心宫里有魏冉的耳目，自己现在无权无势，万一说一些过头的话，被魏冉知道了，自己肯定不得好死。他计划步步为营，等到获得了秦昭襄王的充分信任，在秦国站稳了脚跟，再去扳倒魏冉。

女强人的终局

秦昭襄王听了范雎的话，有种茅塞顿开的感觉。秦军过去进攻魏国大梁屡次失利，他就觉得这种急进的战略不是很恰当。前段时间舅舅魏冉又提议进攻齐国，他也觉得不是很现实。现在范雎的这番点拨总算让他明白，秦国不应该为了保住一块飞地，而舍近求远去冒险。

醒悟过来的秦昭襄王当即封范雎为客卿，作为自己的参谋，进行战略规划。范雎就这样摇身一变，从一个不知名的小人物变成了大秦帝国的首席智囊。他的待遇随即发生了天翻地覆的变化，住的是高大豪华的府院，吃的是山珍海味，出门还有专门的马车接送。他可以参与朝堂上军国大事的讨论，可以出入禁宫，为秦王出谋划策。丞相魏冉对范雎恨得咬牙切齿，但是有秦昭襄王的保护，他也无可奈何。

在范雎的谋划下，秦国把进攻目标定为赵、魏、韩三国。虽然在魏冉的反对下，秦军没有大规模出动，但范雎仍然利用有限的兵力，一点点对三晋蚕食，连续占领了韩、魏的一些城市。

魏冉对"远交近攻"战略的抗拒和掣肘，让秦昭襄王对他更加不满、厌恶。秦昭襄王愈发信任范雎，把其当作心腹重臣看待，什么事情都找他商量。

范雎觉得扳倒魏冉的时机终于成熟了。

公元前266年的一天，范雎在一次闲聊中，忽然对秦昭襄王说："在下以前在魏国，只听说齐国有孟尝君，从没听说齐国有齐王；只听说秦国有太后和四贵，从没听说秦国有秦王。现在在下到了秦国，看见太后行事毫无顾忌，丞相出使国外从不报告，华阳君、泾阳君和高陵君为所欲为。他们这样专横跋扈，只会让国家变得更加危险。大王的大权怎么能不旁落？政令又怎么能由大王发出呢？

"在下听说善于治国的君王，要对内使自己的威势牢固，对外使自己的权力集中。丞相操持着大王的重权，对诸侯国发号施令，肆意征讨攻伐，全天下没有谁不畏惧他。如果打了胜仗，夺取了城地，丞相就把好处归入自己的封地；如果打了败仗，百姓只会怨恨国君，把责任推给国家。从前崔杼在齐国专权，射杀了齐庄公；李兑在赵国专权，把赵武灵王囚禁在沙丘里饿死。大王如果继续放任丞相，只怕您的下场也会这样。如今秦国从小乡官到各个大官吏，再到大王的左右侍从，几乎都是丞相的亲信。在下看到大王在朝廷孤单一人，真替您感到害怕啊！"

范雎的话把秦昭襄王惊出了一身冷汗，他觉得不能再容忍下去了，自己的国家必须自己做主！

接下来，秦昭襄王接连下旨，罢免了舅舅魏冉、芈戎和弟弟公子芾、公子悝的一切职务，要求他们即刻搬出国都咸阳，各自返回自己的封地居住。但他怕清算太多引发政治动荡，保留了舅舅和弟弟们的爵位、封地及特权，还派人礼送他们，协助搬运行李。

然而，这一搬，又让秦昭襄王对魏冉生起气来。魏冉家中私藏的财宝实在太多了，秦昭襄王整整派了一千辆马车才把他家的行李拉完，比

自己这个国君的家当还多。

秦昭襄王把这口气憋在了心里。后来,魏冉在封地陶邑去世,秦昭襄王下令收回封地,并没收魏家全部家产,魏冉费尽一生搜刮来的财富最终还是化为了乌有。

而躲在深宫的宣太后,已经不再关注前朝事务了。魏冉被废前,她被儿子收走了所有权力,并在公元前265年离开了人世。

宣太后失去听政大权后,秦昭襄王并没有给母亲太多限制。她仍然保留了太后头衔,待遇也没有下降,还能在国君的允许下继续让情夫进宫陪伴。

在宣太后最后的日子里,一位名叫魏丑夫的情人最受她的宠爱。魏丑夫细心体贴,让已是古稀老妪的宣太后感受到了温暖。她觉得,世界上或许再也没人能像魏丑夫一样待她这么好了,自己的日子已经不多了,如果魏丑夫能陪伴她去另一个世界,那该有多好。于是,宣太后在自己的遗嘱中加上了一条,死后让魏丑夫为她殉葬。这件事让魏丑夫知道了,他可没有"生命诚可贵,爱情价更高"的觉悟,他和宣太后交往只是图几个钱而已,哪承想还要搭上性命。

心急如焚的魏丑夫连忙托了一位太后的近臣帮他说话。那位近臣问宣太后:"太后,您觉得人死之后还有知觉吗?"

宣太后说:"当然没有。"

近臣说:"以太后这样明智,知道人死之后不能有知觉,那何必让所爱之人给一个没有知觉的死人陪葬呢?就算人死后有知觉,恐怕地底下的先王已经对太后愤恨许久了。那个时候,太后给先王赎罪还来不及,哪里还顾得上魏丑夫呢?"

宣太后觉得有道理,便不再要求魏丑夫陪葬了。不久,她便孤身一人告别了这个世界。

秦昭襄王为母亲举办了隆重的葬礼,将她安葬在了父亲秦惠文王的身边。这位女中豪杰的传奇生涯至此落下了帷幕。

罢免了魏冉,范雎顺理成章地成了新一任秦国丞相。魏冉原来的亲信或是被排挤,或是被解职,就连战功显赫的白起也未能幸免。

白起是魏冉一手提拔的将领,在军中可谓说一不二,有极高的威望。白起也牛脾气十足,除了魏冉谁都不服,更别说靠搞垮魏冉上台的范雎了。范雎想给这个秦军总司令发号施令,那是墙上挂竹帘——门儿都没有。

秦昭襄王本想罢免这位不可一世的战神,但考虑到白起在军中的威信和显赫的战功,也爱惜他是一位难得一遇的军事天才,便放弃了这个念头。他听取范雎的建议,提拔了王龁(hé)为左庶长,王陵为五大夫,分担白起的部分兵权。为了报答恩人,范雎还说服秦昭襄王封郑安平为将军。经过这番运作,白起虽然仍是主将,但地位已大不如前了。

秦国的军政大员被重新洗牌,秦国的死对头赵国也在这一年经历了人员洗牌。在位三十多年的赵惠文王在公元前266年去世,太子赵丹继任为赵王,史称赵孝成王。

赵孝成王自小在父母的溺爱下长大,没经历过挫折,没有父亲那般谨慎、稳重。他即位时尚未成年,母亲赵威后对他不放心,便垂帘听政,主持赵国大局。

此时的赵国已经出现了疲弱的迹象。赵武灵王的改革局限在军事技术层面,没有在根本上改革赵国的政体和社会,这就让本来强盛的"胡服骑射"失去了后劲,各种问题纷纷暴露出来:赵武灵王遗留下来的精兵强将纷纷离世,赵军的战斗力下降;朝政腐败问题也开始显现,世家权贵霸占要职,朝廷中充斥着钻营小人;人民的生活水平得不到提升,战争和徭役的负担让百姓苦不堪言。

朝臣的质量也不如从前。蔺相如病重,而国相平原君养门客是个好手,管理国家却资质一般。马服君赵奢病逝,则让赵军少了一员出色的

智将，老将廉颇重新统领全军。

挑起重任的赵威后没有改革家的智慧，只能依靠有限的学识和善良的本性，努力让赵国在险恶的环境下生存下去。她在听政的一年多时间里，关注最多的是民生问题，多次强调要让百姓保持温饱，安居乐业，并称"苟无民，何以有君"，只有人民安定，国家才能安定。赵国因此实行了一些有利于民生的政策，社会问题暂时得到了缓解。

就在赵惠文王去世后不久，秦昭襄王就瞅准机会，发兵进攻赵国。

秦军来势汹汹，击败了前来抵抗的赵军，一时间赵国人心惶惶，完全没了当年"狭路相逢勇者胜"的气概。有人向赵威后提议向齐国搬请救兵，赵、齐联军应该能挡住秦军的进攻。赵威后连忙派人出使齐国，但齐襄王提出让赵威后的小儿子到齐国做人质才能出兵。赵威后不干了。小儿子从没离开过深宫，让他去人生地不熟的齐国，她不放心。大臣们不停地劝谏赵威后以大局为重，尽快和齐国联盟赶走秦军才对。赵威后听得心烦，怒道："谁再来劝谏，我就往他的脸上吐唾沫！"

这就引出了《触龙说赵太后》这一经典佳话。一位名叫触龙的老臣出面劝谏赵威后，以"父母之爱子，则为之计深远"的道理说服了她。赵威后同意了让小儿子到齐国做人质，齐国随后派出援兵赶走了秦军。

赵威后听政仅仅一年多，就因为体弱多病和操劳过度去世了。虽然她的生命短暂，留下的记载也极少，但她领导赵国度过了新旧君主轮替的关键时期，给了赵国百姓一段稳定和安宁的日子，是一位值得称赞的女性。

张丞相

秦军再次攻赵失利，但丞相范雎不以为意。他现在最关心的不是打败赵国，而是清算旧账，向过去的人报恩或报仇。

范雎在秦国没有公开真实姓名，仍旧自称"张禄"，秦国人也都称他"张丞相"或"张君"。范雎发达了之后，拿出大笔钱财，把过去曾经帮助过自己的人全部馈赠了一遍。他信守诺言，寄给了那位放他走的看守许多钱。对他有大恩的人，范雎也想尽办法让他们做官升职。老友郑安平做了将军，王稽则被封为河东郡守，而且有三年不向朝廷汇报工作的特权。

但那些曾经欺负过范雎的人就惨了，范雎暗中对这些人竭尽所能地报复，让他们不得安宁，就连只是瞪过他一眼的人，他也不放过。范雎的行为带来了成语——"睚眦必报"，比喻心胸狭窄、特别记仇的人。

要论范雎最痛恨的人，非魏国丞相魏齐和老领导须贾莫属了。范雎恨不得吃了这两个家伙的肉。他本想谋划一番向这两人报复，没想到须

贾自己先送上门了。

须贾正好被魏王选为使者来秦国访问。他不知道范雎还活着,更不知道秦国的新丞相张禄是谁。范雎便化装成穷困潦倒的游士,穿着破旧的衣服,来到须贾的驿馆,称有一位魏国老友来拜会。

须贾见到了范雎,吃惊地说:"范叔,原来你还活着呀!你怎么会在秦国,是来当说客游说吧?"

范雎笑了笑说:"我以前得罪了魏国丞相,落魄流亡到这里,哪里还敢当什么说客?"

须贾就问:"那你现在在做什么?"

范雎说:"给别人做工当杂役罢了。"

须贾信以为真,见范雎落魄的样子,居然有点同情,便留范雎一起吃饭。闲聊间,范雎又故意骗他说自己在秦国过得十分凄苦,连衣服都买不起。须贾虽然阴险又小心眼,但在异国他乡见到老乡,还算有点良心。他叹惜说:"想不到你在秦国过得这么差!"他拿出一件袍子送给范雎,还把它披在了范雎的身上。

吃完了饭,须贾对范雎说:"秦国的丞相张禄,你知道他吧?我听说他在秦王那里很得宠,有关天下的大事都由他决定。这次我办的事情,成败也都取决于他。你在秦国这么久,有没有跟张丞相熟悉的朋友能帮忙引荐啊?"

范雎说:"我家主人认识张丞相,我可以把你引荐给他。"

须贾说:"我是想去,可是不凑巧这几天我的马病了,车轴也断了,没有四匹马拉的大车,我是不会出门的。"

范雎就说:"我家主人有四匹马的大车,我能把它借来。"

第二天,范雎便到自己的相府找来一辆四匹马的大车,亲自驾车去把须贾接来,带到了相府。相府里的人看见范雎,都纷纷回避,这让须贾感到很奇怪。范雎把马车停好,下了车对须贾说:"我先进去和主人通报一声。"

范雎离开后，须贾等了很长时间也没见到他回来，便问经过的一个下人："你知道范雎去哪里了吗？"

那人答："我们这里没有叫范雎的。"

须贾说："刚才给我驾车的就是范雎啊。"

那人答："他是张丞相啊，这里就是相府。"

须贾大吃一惊，连忙脱去上衣，膝行前进，请求门口的侍卫转达请罪之意。范雎这才同意须贾进门来见。

须贾见到范雎，跪在地上不停地磕头请罪说："我没想到您靠自己的能力达到了这么高的尊位，我不敢再读天下的书，也不敢再参与天下的事了。我犯下了应该被烹杀的大罪，把我抛到荒凉野蛮的地区，我也心甘情愿。我的生死只听凭您的决定！"

范雎冷笑道："你知道你的罪状有多少吗？"

须贾颤抖着说："多得拔下我的头发来数都数不完。"

范雎说："你的罪状有三条。其一，我在魏国时，你诬蔑我暗通齐国；其二，魏齐把我抓去殴打，还扔进厕所，你却不加以制止；其三，魏齐让你在我的身上撒尿，你听从他的命令肆意侮辱我。这三条罪状都足以让你受死，但我今天不想杀你。因为你送了我一件袍子，我觉得你这人还有点情义，所以我饶你一命。赶紧滚！"

须贾屁滚尿流地离开后，范雎连忙进宫拜见秦昭襄王，劝他不要答应魏使求见，责令魏使立刻回国。

得知秦王的禁令，须贾不得不按照规矩向丞相范雎辞行，范雎却把他强行留下来参加自己的宴会。宴会上，范雎给予其他宾客上座和丰盛的酒食，须贾却被安排在堂下，吃马的饲料。须贾吃不下去，范雎就让两个犯人站在他的两边，强行喂他吃掉。

宴会结束后，范雎又对须贾说："你回去告诉魏王，让他赶紧把魏

齐的人头给我送来，不然我就发兵屠平大梁！"

须贾回国之后把情况告诉了魏齐。魏齐知道魏王肯定保护不了自己，便逃亡到了赵国，躲藏在了平原君的家中。而侥幸靠一件袍子保全了性命的须贾受到惊吓，再也不敢参与政事，不久便辞官归隐，不知所终了。

范雎向魏王索要魏齐未果，得知魏齐已经躲到赵国的平原君那里去了，便向秦昭襄王献计，由秦昭襄王写信给平原君说："寡人久闻您为人高尚、有情义，希望跟您成为无拘无束的知心朋友。您肯光临我这里小住几日的话，我愿同您开怀畅饮。"

平原君为了不得罪秦王，只好硬着头皮来到秦国。秦昭襄王和他宴饮了几天，露出了真面目，要求他把魏齐叫过来，不然就不放他回国。平原君是个重信义的人，矢口否认魏齐在他家躲藏，并称就算魏齐在他家，他也不会出卖魏齐。

秦昭襄王便把平原君扣为人质，写信威胁赵孝成王，让他赶紧把魏齐交出来。赵孝成王只好派人去搜查平原君的家。魏齐见赵国也待不下去了，只好逃回魏国，打算请信陵君魏无忌帮忙，逃亡到楚国去。

战国四公子之一的信陵君是当时魏王的弟弟，也以门客众多出名。他犯了犹豫，担心得罪秦国和赵国，迟迟没有给魏齐回复。魏齐走投无路，只好自杀了。赵国人获得了魏齐的首级，转交给了秦国，平原君这才被释放回国。

长平鏖兵

秦昭襄王为他自己敬重的"张先生"解决掉了两个仇人,秦国的军政大权也全部纳入他的手中。现在,他终于可以按照自己的想法,向一统天下的目标努力了。

按照范雎制定的"远交近攻"战略,秦国放弃了原来灭亡魏国、远击齐国的战略,转而与不接壤的燕、齐两国交好结盟,而把主要进攻目标定为三晋,对赵、魏、韩三国逐步削弱,直至消灭为止。

为了在和三晋的战争中取得决定性胜利,范雎又提出了一条全新的战略方针,叫作"毋独攻其地,而攻其人",大意是说秦军在接下来的战斗中要以消灭敌人的有生力量为目标,不要局限在攻城掠地上。简单地说,就是要打运动战和歼灭战,不要在意一城一地的得失。过去秦军"十攻魏而不得伤",是因为魏国还有坚守的兵力。只有通过歼灭战把敌人的军队打光,让他们无兵可用,敌人自然会彻底失败。

但要打大规模的歼灭战,就必须有庞大的兵力,才能包围敌人,和

敌人拼消耗。为此，秦昭襄王在全国范围内大规模扩充军队；征发了大量民夫开通水道，提升运送补给的能力；又征调了大批粮食，打造不可计数的军械，作为未来战争的军事储备。秦国的战争机器开动到了最大马力。

秦国扩军备战让三晋有所警觉，赵、魏、韩三国纷纷下达动员令，征发全国的男丁入伍。秦、赵、魏、韩四国赌上了全部身家，中国古代战争史上最为宏大、惨烈的战斗就此拉开了序幕。

公元前265年，范雎上台后的第二年，秦军就发起了对韩国的攻势。范雎向秦昭襄王提出的计划是"下兵而攻荥阳，则巩、成皋之道不通；北断太行之道，则上党之师不下"，意思是秦军往荥阳一带穿插，切断成皋附近的南北交通，将韩国国土一分为二，然后消灭韩国北方的军队，夺取上党郡。

担任这次主攻任务的仍然是战神白起。他率领秦军连续不断地向韩国中部地区发起攻击，力图切断上党郡和韩国本土的联系。韩军则发挥擅于守城的优势，利用坚城壁垒顽强抵抗。白起的秦军打了三年，拔下了十二座城堡。

到了公元前262年，韩国中部重镇野王（今河南沁阳）被秦军攻克。至此，上党郡与韩国本土的道路被完全切断。韩国无力再战，不得不向秦国乞和，献出已经保不住的上党郡。

秦国和韩国签订了和约，秦军停止进攻了。但在这个节骨眼上，上党郡郡守居然不服从韩王的命令，拒绝割让。韩王不想耽误议和，就把郡守撤职，换了他觉得靠谱的冯亭接任。

哪知，冯亭对韩王的命令阳奉阴违，离开新郑时答应得好好的，说一定处理好交接的事，到了上党就换了一副面孔，跟前任郡守一样拒绝献地。而且，冯亭做得更绝，他既不回国，也不自立，而是派人带上上党十七县的地图去了赵国邯郸，说要带领上党百姓归顺赵王。

秦国常年对韩国侵略，令冯亭对秦国无比仇恨。韩国百姓也惧怕在秦国的严刑峻法下生活，愿意跟随冯亭继续和秦国战斗下去。但以上党一郡之力，是没法抵抗秦国大军的。所以冯亭选择请求赵国援助，宁可降赵，也不降秦。

得知冯亭献地投降，赵孝成王高兴得合不拢嘴。赵国不费一兵一卒就能获得一个大郡县，十七座城池啊，天底下还有这样的好事吗？

赵孝成王本想答应冯亭，但朝臣中有人觉得这样不妥。公族赵豹认为，秦国费尽心力攻打韩国，对上党郡是势在必得，赵国如果这时抢了秦国的胜利果实，肯定会激怒秦王，两国必然爆发大战。以赵国目前的实力，独战秦国是凶多吉少，不如拒绝冯亭。

赵豹的话非常理智和清醒，但却不能迎合年少鲁莽的赵孝成王。赵孝成王很是扫兴，就问自己的叔叔平原君，让他发表一下意见。平原君是个没有远见的人，说出了让赵国断送前程的话："发动百万大军，经年累月地攻打，也攻不下一座城池。如今坐享其成，得到十七座城池，这是大利，不能失去这个机会。"

赵孝成王觉得叔叔的话更有道理。不过最终促使他下定决心接受冯亭投降的，还是上党郡无可取代的重要位置。上党郡距离赵国首都邯郸相当近，两者可以说只间隔了一座太行山。如果赵国对上党郡坐视不理，任凭秦国将其占领，那么邯郸城将会失去一道屏障，赵国西部重镇晋阳与邯郸之间的交通也会受到影响。从赵国的国家安全考虑，赵孝成王觉得非常有必要收取上党郡。

决定接受冯亭投降后，赵孝成王也预料到秦军肯定会来报复，需要有人统兵防守。平原君便向他推荐了廉颇，说："别人难与白起争锋。廉颇勇猛善战，爱惜将士，野战不如白起，但是守城完全可以胜任。"赵孝成王便指派廉颇为将，率领赵国军队护送平原君前去接收上党郡。上党郡十七县随即成了赵国的土地，投降赵国的冯亭被赵孝成王计大

功，封为华阳君，并依旧担任上党郡守。

冯亭在邯郸受到了赵国君臣热情款待，邯郸城沉浸在欢乐的气氛中。但在上党郡的廉颇和百姓就没有这种高兴的心情了，相反，赵军自从赶到这里，就陷入了紧张和恐惧。

深感压力的廉颇抓紧每一刻查看上党郡的地形，安排防务。他在每座城堡、每个险地都派驻了军队，命令赵军士兵务必构筑好防线，保持战备，对秦军的动向时刻保持警惕。紧张的气氛下，上党郡百姓感觉大战将临，纷纷拖家带口逃离家园。仅仅几个月，上党郡的主要城市便成了空城，街道上只剩下了全副武装的士兵。

远在咸阳的秦昭襄王得知上党郡叛变到了赵国，煮熟的鸭子就这么飞了，他气愤的心情无法用言语描述。赵国数年前在阏与大破秦军，现在又公然夺走秦军要占领的土地，旧恨又添新仇，不报誓不为人！

秦昭襄王立刻命令王龁出兵，夺回上党郡。中国古代历史上规模最大的一场战役就此拉开了帷幕。

这年年底①，王龁率领秦军从咸阳出发，沿水路对上党郡发起了进攻。当时赵军主帅廉颇已回邯郸休养，只有郡守冯亭还在。冯亭一面指挥当地守军顽强抵抗，一面派人快马加鞭向邯郸求援。赵孝成王随即命令廉颇即刻出征，率领二十万大军前去救援。

公元前261年春，廉颇的大军翻越太行山，进入上党地界。但他并没有立刻前去救援冯亭，经验告诉他，冯亭必然坚守不住，赵军去了是飞蛾扑火，倒不如利用这点时间立刻进入有利的位置设防，早早做好准

---

① 《史记·白起王翦列传》认为王龁是在公元前260年发起进攻的，但上党已在公元前262年降赵，秦国不可能在中间一年毫无行动，而且长平之战对峙时期的大事件颇为密集，以古代的交通和人力条件，六个月内不太可能完成。因此，本书采信长平之战历时二十一月说，认为秦军在公元前262年年底发兵，前261年发起全线进攻，前260年结束战役。

备，防御秦军的下一轮进攻。

赵军在廉颇的命令下进驻长平（今山西高平西北）周边地区，并迅速动用那里的防御工事和营垒，准备迎战。不出所料，赵军刚刚进入防守位置，冯亭便带领一批残兵败将来加入了。原来，秦军已经攻下了上党郡西部，冯亭的部队尽数溃败。

但是，秦军现在的位置在哪里，冯亭却一问三不知。跟着溃兵逃离，他已经搞不清楚秦军的动向了。廉颇便派了裨将赵茄带领数千轻兵西进搜索，侦察秦军的动向。

赵茄带兵离开防御阵地不久，就一头撞到了秦军的前锋，双方随即展开了一场混战。结果赵军不敌，大部分被消灭，赵茄也被秦军斩杀。

逃回营地的赵军士兵连忙把情况报告给廉颇。廉颇觉得赵军与秦军野战毫无胜算，立刻下令全体据守阵地，禁止出战与秦军交锋。

廉颇严阵以待，把战斗难题踢给了秦军主将王龁。王龁率领秦军主力赶到赵军的防区附近，发现廉老爷子给他准备的，是满满一桌的硬骨头大餐。

廉颇的赵军以长平为中心构建了三条坚固防线：

第一条防线在长平西面外围的空仓岭（今属山西沁水）一带，在秦军东进长平的必经之路上，由数座堡垒联结成了封锁线。廉颇在这里阻断道路，加固城墙。

第二条防线位于长平城附近的丹河河谷。丹河在这里由北向南流动，在晋东南高原形成了一片盆地，名为晋城盆地。廉颇利用北高南低的地势，依托丹河天险和附近的高山修建起了坚固的工事，计划把这里作为阻挡秦军的主阵地。

第三条防线位于晋城盆地的北端，丹朱岭到马鞍壑一线（今山西高平与长治、长子、陵川交界地区）。这里地势陡峭，都是高山深谷，只有两个关口可供出入，是易守难攻的险要之地。廉颇把这里视作最后一

道屏障，发动当地军民在山上修建了一道石墙，叫"百里石长城"。

廉颇的作战方案是避免与凶悍的秦军硬碰硬，依靠铁桶般的防御抵挡秦军攻势，等到秦军锐气尽失、粮草不济时，赵军再行反攻，把秦军赶出上党郡。

老将毕竟是老将，丰富的作战经验让廉颇对秦、赵两军的优势和劣势都了如指掌。他知道秦军远道而来，补给不方便，不能持久作战；而赵军虽战斗力不如秦军，但能从赵国本土和上党郡获取给养。所以，赵军最稳妥的就是当缩头乌龟，用阵地战耗死秦军，即使不能保住完整的上党郡，也能争取保全上党郡东部的几个重镇。

相较老成持重的廉颇，这次指挥秦军进攻的王龁没什么名气。如果不是秦昭襄王和丞相范雎希望减少白起立功的机会，他还没有资格成为秦军主力的统帅。

王龁知道自己的地位和环境。如果不能在这场战役中拿出点成绩来，就没法向对他寄予厚望的秦昭襄王交代，说不定手下那些信服白起的将士也会为难自己。所以，进攻长平，只许成功，不许失败，面对硬骨头，咬断牙齿也要啃下去。

在王龁的严令下，秦军兵分两路，一路由南向北，一路由西向东，对长平外围的赵军防线发起了猛攻。秦军首先动用精锐的弩机和强弓，向赵军的堡垒射出了漫天箭雨。

秦军的弩机是韩弩改进成的，射击时要用双脚踩住弩弓，用双手拉开弓弦安放箭镞。秦弩虽然操作不易，但精度、速度和杀伤力在当时是无与伦比的，射穿普通的木板和盾牌不在话下。弩兵布置成方阵，一声令下，就会一起射出密密麻麻的弩箭。飞行的箭镞刺破空气，发出巨大的呼啸声，令人丧胆。

躲在堡垒里的赵军经历的就是这番恐怖的景象：秦弩的重箭像冰雹一般从天而降，重重地砸在赵军的城堡上。盾牌和屋顶就像纸片一样被轻易穿透,就连石砌的城墙都被凿出洞来。有许多赵军士兵还没看见敌人,就被射死了。

弓弩射击过后,秦军敲响了进攻的战鼓,漫山遍野的士兵呐喊着冲来,把云梯架上了赵军的城墙。赵军则拼命用弓箭、石块还击,用长戟、长枪钩杀登城的秦军,战斗极为激烈。顽强的赵军拼死战斗,没有一个人投降。秦军将士也是前仆后继,奋勇向前,大小将领个个身先士卒,先锋将领司马梗更是带头冲锋,鼓舞士兵们攻城。

在秦军的强力攻击下,赵军的城堡一个接一个被攻克,守城的六名尉官全部阵亡,守军大部分被消灭。秦军突破了第一道防线,杀到了丹河西岸。

捷报传到咸阳,秦昭襄王很是高兴,下令给王龁增加兵力,助他扩大战果。有了援兵的王龁踌躇满志,将大本营搬到了刚被攻下的光狼城(今山西高平西南),将这里改名为强营,以宣示秦军的强大军威。强营距离丹河前线不远,在这里能够瞭望到河对岸绵延不绝的赵军营垒。王龁把指挥部搬到前线,准备和赵军主力来一场生死之战。

几天之后,秦军的战鼓再次擂响,对赵军第二道防线的进攻开始了。箭矢如同蝗虫一般飞去,无数秦军士兵搭桥乘船,向丹河东岸冲去。

这一次,他们遭遇到了前所未有的强力抵抗。廉颇把赵军主力布置在这里,联营相扣,错综复杂,几乎没有给秦军任何穿插的缝隙。赵军的防御工事也极其坚固,在岸边设置了密密麻麻的拒马、箭楼、陷阱及伏兵,秦军的船几乎找不到靠岸的地方,只能任凭赵军的弓箭在头上倾泻。即使冲上了岸头,也每前进一步都要付出伤亡。

秦军强攻了十几天,尸体铺满了赵军营前的阵地,但仅仅推进了几百米距离,占领了一小部分河滩。赵军撤出岸边工事后,又依靠丹河东岸的制高点大粮山和韩王山层层设防,秦军依旧寸步难行。

  王龁见正面强攻代价太大,便计划绕道,从左右两翼侧击。秦军来到了上游和下游的两处河谷,打算通过这里袭击百里石长城的两端。但是廉颇早就料到了这一点,在这一带布置了重兵固守,使得秦军的包抄计划泡汤了。

  王龁强攻和包抄都无法奏效,无奈只好用出这一招——叫骂挑战。他每天派人到赵军营前辱骂,把所有难听的话骂上几千遍,希望能激怒廉颇派兵出战。但廉老爷子就是脸皮厚、心态好,听到秦兵叫骂只是微微一笑,完全不当回事。他还在营中重申以前的命令,禁止任何部队出战,违令者斩。

  就这样,秦、赵联军沿着丹河两岸展开了对峙。秦军风雨无阻地到赵军营前叫骂,偶尔发动一些小规模进攻。但无论他们怎么折腾,赵军就像大山一样一动不动,死死守着自己的阵地。原本志足意满的王龁,这回心真的凉了。

纸上谈兵

姜还是老的辣,"小年轻"王龁在廉老爷子面前太嫩,原本轰轰烈烈的攻防战硬生生拖成了死气沉沉的对峙,大半年都毫无进展。不过,战事平静下来,赵孝成王又有了别的想法。

他想议和。

赵国国力本就不如秦国,为了保卫上党,陆续投入了二十五万兵力,每天的粮饷开支不计其数,几个月下来,赵国的国库快吃不消了。赵孝成王觉得,既然廉颇挡住了秦军的进攻,不如见好就收,和秦国平分上党算了。

赵孝成王把与秦国议和的打算告诉了手下大臣,基本上得到了他们的赞同。有一位名叫虞信的客卿(即虞卿)提醒赵孝成王说:"如今秦军势强,战和之权在于秦国,而不在赵国。秦国派重兵压境,为的就是击破赵国,绝不会轻易议和。大王不如先派使者贿赂楚、魏两国,与之交善,使秦国担忧两国有与赵国合纵的态势,然后再派使者入秦,方能

完成议和。"

但赵孝成王听不进虞信的话。他觉得不就是和秦国搞个议和吗，干吗要费金钱和时间去讨好楚、魏两国，看这两个国家脸色？他直接派人去秦国讲和了。

秦国对于赵国的求和也有一番讨论。范雎向秦昭襄王建议，如今秦、赵在长平对峙，并不是没有取胜的希望，赵国派大军前来，正是"攻其人"的大好机会，秦国不能就此停战。而赵国派使臣来议和，秦国正好可以将计就计，热情隆重地招待赵使，做出认真和解的样子。这样一来，其余五国见赵国和谈有望，就不会去帮助赵国了。赵国势单力孤，被击破就是迟早的事了。

秦昭襄王听从范雎的计谋，一方面以高规格的礼仪隆重接待了赵使，并将这事对五国大肆宣扬，一方面故意拖延和谈进程，让赵使拿不到和约。这样一来二去，秦、赵和谈始终没有结果。

撤军遥遥无期，长平的驻军总要维持下去。许多壮丁被征发去了前线，赵国农田缺人耕作，导致第二年赵国粮食大量减产。赵国几乎到了山穷水尽的地步，很难维持前线的供应了。

没办法，赵孝成王只好派人向齐国和燕国借粮。但人家在秦国"远交近攻"的战略下过上了安宁的日子，不希望得罪秦国，残忍地拒绝了他。

粮食供应不上，议和又没有结果，赵孝成王焦头烂额。心情烦躁之下，他便把恶因归结到了廉颇身上。他觉得，要不是廉颇迟迟结束不了这场该死的战争，怎么会遇到这么难收拾的局面。

对廉颇的不满日积月累，赵孝成王就想把他换掉，让一个能尽快结束这场痛苦战争的人去。

他想到了一个人选——赵奢的儿子赵括。

赵括在当时算得上风云人物。老爸是大破秦军的名将、赵国的大英雄，官爵显赫无比。赵括以名将之后自居，每天研习兵法，把天下兵书都背了个遍，跟别人谈论起军事来也是很厉害的样子，说出来一套一套的。在长平之战爆发的这段时间，赵括就像个愤青，经常在朝堂上慷慨激昂地发表自己的作战观点，抨击赵国军队无能迂腐，声称只要他统兵，定能让秦军有来无回。

打鸡血的话听多了，同为热血青年的赵孝成王对这个年轻人越来越赏识。他觉得赵括有胆识，有冲劲，有朝气，比那些老气横秋、满嘴套话的老臣好多了。要是朝臣中多几个赵括这样敢打敢拼的杰出青年，还有什么敌人能让赵国害怕？！

就在这个时候，赵孝成王听到邯郸城流传的一种说法：廉颇一直不肯与秦军决战，是因为他老了，胆小怕死。秦军最害怕的还是赵奢的后代，要是赵奢的儿子来统兵，秦国肯定退兵。

赵孝成王把这话琢磨了一番，觉得没错。想起十年前，秦军来攻阏与，廉颇不敢救，多亏赵奢以大无畏的气概挑起重任，率领赵军与秦军"狭路相逢勇者胜"，打了个漂亮的胜仗回来。其实秦军没那么可怕，赵国缺的是赵奢父子那样的勇气而已。

公元前260年夏，赵孝成王在朝会上公布了一个决定：撤销廉颇在长平的指挥权，调回邯郸待命，长平前线军务由赵括全权接手。

这个决定一公布，赵国大臣一片哗然。众多老臣纷纷出来劝谏，认为此举万万不可，即使要换人，也不能换一个毫无作战经验的年轻人去。但是赵孝成王坚持己见，依旧任命赵括为将军，并征发二十万大军随他一个月后开赴前线。

当时已经重病卧床的蔺相如听见这个消息，连忙让人把自己抬到宫里，当面劝谏赵孝成王说："大王只凭名声来任用赵括，就好像用胶把调弦的柱粘死再去弹瑟那样不知变通。赵括只会读他父亲留下的书，不懂得灵活应变。"

就连赵括的母亲得知消息,也连忙进宫对赵孝成王说:"赵括虽然熟读兵书,与他的父亲赵奢谈论兵法,赵奢也难不倒他,但是他父亲从不因此就认为他懂军事。赵奢对我说过:'战争,是关系将士生死存亡的大事,括儿竟说得如此轻松容易。将来赵国不用括儿为将则已,如果真用了他,使赵国惨败的,一定是他了。'所以大王绝对不可以让赵括当将军。"

赵孝成王完全不相信蔺相如和赵括母亲所说的话。他认为赵括是意气风发的青年才俊,怎么可能是这些老家伙口中的无能之辈呢?

见赵孝成王不肯相信,赵括的母亲又举例子说:"当初我侍奉他父亲。那时他是将军,被他认作朋友的数以百计;大王和王族们赏赐的财物,他全都分给军吏和僚属;从接受军令那天起,就不再过问家事。现在赵括一下子做了将军,就面向东接受朝见,军吏没有一个敢抬头看他的;大王赏赐的金帛,他都带回家收藏起来;还天天访查便宜合适的田亩房产,可买的就买下来。大王你看他哪里像他父亲?父子二人的心地不同。希望大王不要派他领兵。"

赵孝成王听得不耐烦了,道:"您就别管了,这事寡人已经决定了!"

赵括的母亲说:"既然大王执意让我儿领兵,老身就请求日后一旦他犯下错误,不要株连他的家人。"

赵孝成王同意了。

赵括丝毫不顾母亲的反对和周围人的质疑,兴致勃勃地享受着做将军的荣耀。就像母亲说的,他完全不知道团结部下,把赏赐的金银珠宝都藏在家,召见部下就摆架子,空闲下来就四处逛街买买买,就像一个没长大的小孩似的。这让他手下的将领们都直摇头。

整军完成后,赵括趾高气扬地穿着大将军服,带着二十万人马浩浩荡荡地往西去了。这二十万人中,很多是刚入伍不久的新兵,以为打完仗就可以回家，所以身上还带着不少铜钱。他们没有想到，这一去，他们就再也回不来了。

秦国间谍立刻把赵国换将并增派二十万援兵到长平的消息报告给了秦昭襄王。秦昭襄王欣喜若狂：赵王完全中计，落入圈套了。

起先，秦昭襄王就和范雎商议，赵军在长平固守，使秦军没有突破的机会，唯一的对策就是用计让赵国更换将领，改变战法。为此，秦国特别派间谍在赵国制造流言，说廉颇胆怯、秦军最怕赵括之类。没想到流言这么快就有了效果，赵王起用了没有作战经验的赵括，还加派二十万军队攻秦，给了秦军歼灭赵军的绝佳战机。

秦昭襄王和范雎商量后认为，赵国倾全国之力会战，兵力突破了四十万人，这场超级大战已经不是王龁能够胜任的了，秦国也必须拿出看家本事，下血本迎战才行。秦昭襄王决定让战神白起出马，再加派更多部队给他，命他务必消灭赵国的庞大兵团，军械粮草听由他调配。

此时白起正身染重病，但秦昭襄王的命令下来，他仍然毫不犹豫地披甲挂帅，抱病出征。

为了避免白起上阵使赵国恐惧而不敢进攻，秦昭襄王采取了一系列严格的保密措施。他没有公开对白起的任命，对外依旧宣称王龁是秦军主将；白起去往长平前线的行踪也极其隐蔽，从不向士兵和百姓透露；就连白起到了长平前线，也没有公布消息，军中还密令若有人泄露白起的消息就处以极刑。

就这样，白起秘密接管了长平前线的秦军。一上来，白起就按照以往的作风，仔细研究和分析敌我双方的情况。他觉得，以目前赵军铁桶般的防御，秦军确实没有取胜的机会，必须想办法把他们引出来。而引蛇出洞最好的方法就是诈败，制造秦军无力进攻、不得不后退的假象。赵括没有战场经验，又身负赵王尽快结束战争的指示，肯定会全力出击，秦军到时候就能利用野战优势将他击败。

　　白起还预料到，赵军如果野战失败，肯定会向北逃窜，躲到原来的第三道防线——百里石长城那里固守。这样一来，秦军就打了一场击溃战，没法完成秦王和丞相消灭赵国大军的要求。所以秦军必须先拿下百里石长城，封住赵军逃跑的道路。

　　确定好作战方针后，白起便精心安排了一系列计划和部署。而这一切，赵军和其新统帅赵括都被蒙在鼓里。

第242章

死地

公元前260年七月,丹河两岸的草木泛黄了,北风吹拂着兵营里的军旗,初秋的晋城盆地有了些许凉意。突然间,平静了几个月的长平战场再次鼓声大作,号角连天,丹河西岸的秦军开始了声势浩大的进攻。

到任不久的赵括被这气势吓了一大跳,连忙命令全军反击。赵军将士按照以往的方式顽强抵抗,很快"再一次"把秦军的进攻挫败了。秦军丢弃了许多尸体,逃回了西岸的营地。

看见秦军狼狈败退,赵括原本紧张的心情顿时放松了。他觉得,秦军的战斗力也不过如此嘛,还说什么"虎狼之师",简直是吹牛皮。他立刻召集将领们开会,决定拔营前进,渡河追击,尽快收复被占领的上党土地。

赵括的决定一出,就遭到许多将领强烈反对。这些将领与秦军交战多时,深知秦军战斗力的强悍,赵军贸然进攻,是不会有胜算的。他们的激烈反对让赵括勃然大怒。为了立威,赵括下令将抗命的几名将领就

地免职，并撤换了一大批中下级军官，严令各军必须听从命令出击。赵军将领只能一声叹息，无奈地带着部下出征了。

丹河东岸的赵军全部出动，渡河向秦军的阵地发起了进攻。秦军则是一副军心涣散的样子，勉强抵抗了一番就匆忙"逃离"了营地。

赵括见己方连战连胜，洋洋得意起来，更加不把秦军放在眼里，觉得赵军只需全线出击，就能一鼓作气把秦军打跑了。他把防守百里石长城、端氏河谷、大东仓河谷的赵军全部调来，把四十万赵军全部压上，要在几天之内把秦军赶出上党郡。

在赵括的指挥下，四十万赵军拼命追击秦军，把粮草辎重部队远远甩在了后面。白起见时机成熟，立刻下令秦军停止撤退，就地组织防御。军令严整的秦军立刻停下脚步，集体转向，摆出一道绵延不绝的军阵，就像一片高大的围墙，突然挡住赵军的去路。

轻敌的赵军黑压压地向秦军冲来。秦军的弓弩手手脚并用，向赵军射出了一阵密集的箭雨。一阵恐怖的呼啸声传来，赵军立刻人仰马翻，倒下了一大片。

秦军的弩兵有一套独特的射击战法，类似于后世火枪阵的"三段击"。也就是前一排的弩兵射击过后，第二排的弩兵上前射击；第二排射击完成后，第三排的弩兵上前射击；没在射击的两排弩兵趁机张弓搭箭，准备第二轮射击。如此循环往复，秦军的弓弩射击几乎没有间断，弹指间就杀伤了几百名冲锋的赵军，就连战车都难以逼近秦军阵线。赵军的冲锋顷刻间瓦解了。

赵军的进攻被削弱后，秦军的长矛方阵出动了。他们将六米多长的矛端平向前冲刺，组成了一道尖矛之墙，几乎无坚不摧，很快就把阻挡在前面的赵军冲垮了。

长矛方阵过后，秦军派出装备了长戟和铁剑的甲士展开反击。赵军在轮番攻击下尸横遍野，前锋部队几乎被全灭。赵括不得不停止进攻，暂时后退。

击退赵军后，白起没有命令秦军乘胜追击，而是让大队人马立刻依靠有利地形修筑壁垒，组成U型的半包围防线。然后他把两道绝密指令分别交给两支队伍，这两支突击队趁着夜色悄悄离开了大营。

这两支队伍总共三万人，分别是五千名骑兵和两万五千名死士。骑兵的任务是偷袭赵军后方的粮仓，切断赵军的粮道；死士的任务则是绕道端氏河谷和大东仓河谷，夺取百里石长城，封锁赵军的退路。

赵军有四十万人之巨，区区三万秦军就去偷袭赵军后方，并完成切断粮道和退路的目标，在一般人看来简直是不可能完成的任务。但是白起必须这么做，如果派大部队偷袭，很容易就会被赵军发现，从而计划失败。白起无论如何都要冒这一次险。

这三万人是白起精选的勇士，早已把生死置之度外。他们得到命令后，抱着必死的决心出发了。这一晚，不成功，便成仁！

赵军的粮仓位于小东仓河谷一带（今山西高平北），这里三面环山，只有一座小城泫氏（今山西高平）可供出入。廉颇当初把粮仓设在这里，是非常保险的选择。但他没有料到，越是安全的地方，就越有隐患：秦军把谷口一堵，赵国的粮食就运不出来。

负责偷袭的五千秦军骑兵利用夜色的掩护悄悄从山路靠近粮仓，他们人衔枚、马缚口，不发出一丝声音。而赵军为了集中力量进攻正面的秦军，抽走了粮仓附近的驻军，所以完全没有发现秦军骑兵的行踪。

骑兵来到赵军粮仓后立刻点燃火把和柴草，四处纵火。睡梦中的赵军被大火和浓烟惊醒，慌忙起来救火。秦军骑兵趁机在暗处用弓弩狙杀，使得赵军忙上加乱，大批粮食被焚毁。

到了拂晓，赵军才发现秦军不过五千人，立刻组织人马反击。但秦军骑兵利用速度优势与赵军周旋，时而组成阵型冲击踩踏，时而躲在远处用弓弩狙击。赵军赶不走他们，就无法保证运粮队伍的安全，粮道彻

底陷入了瘫痪状态。

两万五千名秦军死士也在夜色中奔袭，他们兵分两路，穿过溪流潺潺的端氏河谷和大东仓河谷。这两个河谷位于赵军两翼，穿过它们可以直达百里石长城两端。原本这里有赵军驻守，也被赵括调走了。秦军死士没有遭遇任何抵抗，顺利地来到了百里石长城下。

因为身处大后方，百里石长城的赵军没有丝毫警惕之心。夜色中，秦军死士悄悄登上了城墙，将打瞌睡和闲聊的赵军哨兵杀死。赵军发现时已经晚了，大部分死士爬上了长城。赵军兵力薄弱，措手不及，根本不是秦军死士的对手。经过一夜混战，两万五千名秦军夺下了百里石长城上仅有的两个关口。

粮仓和百里石长城被袭的消息传到赵括那里，他的心情像是一下子从天上摔到了地上。他原本计划开展新一轮进攻，没承想还没出发，大后方就被抄了。他只好赶紧调动部队回救。

赵军的反击部队匆匆忙忙赶到粮仓附近的泫氏城，惊讶地发现这座小城已经插上了秦军旗帜，数万名秦军正在那里等待他们。原来，白起的这次突袭行动还有后续部署。他知道三万人能偷袭得手，但不能长久坚守，所以，偷袭成功后，他立刻派出大部队增援，从突袭部队打开的缺口攻了进去。

秦军大部队夺下了防守薄弱的泫氏城，彻底封死了赵军的粮道。赵军的反击部队赶到也为时已晚，他们无论如何也突破不了秦军的防守，只能败退回去了。秦军随即攻占了整个小东仓河谷，摧毁了赵军的粮仓。百里石长城的情况也一样。秦军的援兵及时赶到，打退了赵军反攻，攻取了整条长城，赵军的退路被堵住了。

现在，白起已经把口袋收紧，将四十万赵国大军包围在了丹河河谷两岸的狭小区域。

但是，这并不意味着秦军已经胜利，最艰苦的战斗才刚刚开始。

得知自己陷入重围，赵军一度陷入恐慌和争吵，许多将领纷纷埋怨赵括失策。但是争吵过后，所有人都冷静下来。他们明白，与其争吵内讧，坐以待毙，不如齐心协力，杀出一条血路来。赵括也为自己的鲁莽深深自责，表示愿意承担责任，带领四十万将士突出重围。

接下来，赵军的行动就是进攻、进攻再进攻，不惜一切代价朝秦军的防线发起冲锋。他们一开始打算向西突围，直扑白起的大本营或者找到通往端氏河谷的道路，但秦军在这里布置了严密的防御工事，赵军强攻了几天，不得不放弃。

赵军调转了突围方向，朝北面的百里石长城发起进攻。赵括推测这里山高路险，秦军无法布置大兵团，防守相对薄弱，而且长城以北是赵国地界，邯郸派来的解围部队能和赵军南北夹击此处，突围的可能性就更大了。

于是，百里石长城——这条赵国人自己建造的防御工事，成了赵军浴血争夺的目标。无数赵军士兵冒着飞舞的箭镞、滚落的巨石，踩着战友的尸体冲锋。但是，易守难攻的地形让赵军难以攀爬，很多人摔死摔伤；关口的道路狭窄难行，使他们无法使用战车和器械，也不能组成攻城队形。赵军士兵只能靠血肉之躯一步步前进，鲜血染红了整片山岭。

赵军猛烈攻击也让秦军付出了巨大的伤亡。他们要一边防守反击，一边修补破损的城墙，许多部队上阵一天，就损失了一半。百里石长城成了残酷的绞肉机，白起不得不每天抽调人马填补缺额。

伤亡一天天增加让手握大军的白起都感到了力不从心，他担心万一赵国再派来援兵从北面夹击，秦军就守不住了。于是，一代战神写了生平唯一一封求援信，命人快马加鞭送往咸阳。

秦昭襄王意识到形势严峻，决定前往前线督战，并亲自负责援助长平包围圈。这是战国时代秦王唯一一次亲临远离本土的前线，这场旷世之战已经到了秦王都不敢马虎的地步。

秦昭襄王来到了距离长平最近的秦国河内郡，白起请求援兵的信件再次送到了他的案头。但是，秦国已经没有可以调动的部队了，秦昭襄王恨不得把自己的卫队也送过去。

和身边的大臣商议后，秦昭襄王有了办法。他颁布命令，征发河内郡所有年龄十五岁以上的男子上前线，自愿出征的人赐爵位一级，逃避兵役者格杀勿论。

在秦王的严令和封赏下，河内郡拼凑了十几万民兵奔赴前线。白起有了这些预备队，终于牢牢地守住了百里石长城。

而四十万赵军，即将面对末日。突围失败、伤病满营的赵军不得不暂停进攻，就地固守，等待邯郸派来援军解救。但是，赵括左等右等，就是没有援兵的一点消息。

不是赵孝成王不想救他们，而是赵国已经无兵可派。赵孝成王把赵国的血本都押在了长平战场上，邯郸只留下了少量军士守卫，这些老弱士兵怎么去解围？北方长城一线的军队则多是骑兵，不适合长平山地作战，而且他们要防御匈奴人，根本走不开。

唯一能救赵括的，就只有其他诸侯国的援兵了。但诸侯们各有各的算盘：魏国惦记着秦国的飞地陶邑，楚国惦记着攻打鲁国，都乐于没有秦国和赵国干涉；齐国则国力大损，不想参与秦、赵大战；燕国巴不得赵国削弱，它好趁机捞一把。所以，赵使跑了大半个中国，也没请来一兵一卒。

援兵迟迟不来，赵军陷入了深深的绝望。很快，他们面临一个更加绝望的问题：粮食吃完了。

自从被包围，赵军就再也没有得到粮食补给。赵军把仅剩的粮食定量分配，才勉强度过了被围的前几天。现如今，一粒粮食都没有了，赵军杀光了所有战马充饥，仍旧是杯水车薪。

包围圈中，最悲惨的莫过于伤兵了。他们缺衣少食，更别说有药物治疗。许多人伤口腐烂，蛆虫爬满，他们只能凄惨地哀号着，在痛苦中等待死亡。

没有受伤的赵军士兵，也如同身处人间地狱。为了争抢一点点吃的，他们不惜互相残杀，对自己的同袍痛下杀手。实在找不到食物的士兵，干脆打起了身边人的主意，把战友杀死吃掉。

在断粮的四十六天里，饥肠辘辘的赵军吃光了营地周围所有的树皮草根，地里的老鼠、河里的小鱼也被他们捉光。每天都有很多人饿死或被杀，活着的士兵个个面瘦肌黄，四肢无力。

到了九月，冬季即将来临，气温逐日下降，没有冬衣的赵军处境更加艰难，他们即使不被饿死，也要在冷风中冻死了。绝望的赵括召集将领开了最后一次军事会议，决定在冬季之前由他亲自率领发起最后一次突围，宁可战死，也不窝囊地冻死饿死。

这个时候发起进攻，和自杀没有区别。赵括虽然愚蠢，但有赵人的血性和骨气，他要以死抵偿自己的错误，要为赵军最后的荣誉拼死一搏。赵军大部分将领遵从赵括的意愿，纷纷披甲上阵，带领自己的士兵一起冲锋。

赵括把士兵集中起来，分为五队，轮流向秦军进攻。已经没有了坐骑，赵括跟士兵们一起步行。他拔出长剑，在人群中高喊着口号，鼓舞士兵们向前冲。不要命的赵军再次潮水般地向秦军的阵地涌来，秦军连忙用弓弩还击。赵军士兵在箭雨中不断倒下，但后面的人仍旧发疯一般向前冲，一些勇敢的士兵甚至冲进了秦军的阵列，拼尽最后一丝力气杀伤秦兵。

在激烈的战斗中，赵括被秦军射中数箭，死在了战场上。

主帅一死，赵军顿时失去了主心骨。那些能够作战的将士在最后的突围战中战死，剩余的赵军大多数是伤病员和身体虚弱的人。这些饱受饥饿、寒冷和疾病折磨的士兵完全失去了战斗意志，放弃了抵抗，颤颤

巍巍地走出营地,向秦军投降了。

秦军随即开进赵军营地,撤下了赵军军旗。他们大声欢呼起来,庆祝这场历时将近两年、死伤无数的大战终于胜利了。

在秦军的欢呼声中,还有一小部分不愿投降的赵军选择了自杀,上党郡守冯亭就是其中之一。他因病卧床,没有参加最后一场进攻,但他不肯降秦,得知赵军投降后,便投井自尽了。后人缅怀他的忠义,把他自杀的那口井所在的村子命名为"义庄"(今山西高平东南)。这个地名一直沿用到现在。

倾注了秦、赵举国之力的长平大战最终结束了,秦军也付出了半数将士伤亡、国内粮食储备濒临耗竭的巨大代价。此时白起还不敢松一口气,因为他还要解决一个棘手的问题——大量赵国降兵。

赵国前后在长平投入了四十五万人马,如今还剩下二十几万人。他们被收留在秦军的营地里,饥肠辘辘,喂饱他们不知要耗费多少粮食。万一他们发起暴动,将会造成很大的麻烦。白起决定尽快"处理"掉他们。

《史记》记载白起将赵国降兵"挟诈而尽坑杀之"。这里的"坑杀"并非活埋,而是指把敌人的尸体集中在坑中掩埋。司马迁没有说明白起是怎么"诈"和"杀"的,此处不妨用小说《东周列国志》里的描述来表现当时的情景:

白起首先派人安抚赵国降兵,说会尽快安排日子释放他们,愿意去秦国的去秦国,愿意回赵国的回赵国。降兵们纷纷拍手称快,情绪稳定了下来。然后,白起安排人给降兵送上酒食,让他们好好吃上一顿。降兵们有吃有喝,完全放松了警惕。

当晚,白起在军中下了一道密令:所有秦国人都头扎白布,黎明时杀入降兵营,杀光所有头上没扎白布的人。秦军按照命令,对还在睡觉的赵国降兵一顿砍杀。二十几万手无寸铁的赵军在一天时间里被屠杀殆尽，没被杀的也被活埋了。赵兵流淌的鲜血汇成河流，"淙淙有声"，丹河水被染成赤红，丹河之名由此而来。

杀到最后，只留下了二百四十名赵国降兵的性命。这些降兵年纪较小，白起放他们回国，以宣扬秦军的恐怖，震慑六国。

至此，白起完成了中国历史上最严重的一场杀降事件。算上在之前战场上的杀敌数，秦军前后总计斩杀了四十五万人，轰动了古今中外。直到现在，从长平故地发掘出来的累累尸骨，上面的伤痕仍然清晰可见。那些原本以为可以回家的赵军士兵，带着他们的钱币，深深地埋在了这片黄土中。

有人做过统计，从秦孝公开始，到秦始皇统一中国为止，秦军有据可查的杀敌数是140万人，在白起的指挥下，就杀了92万人。白起由此获得了"人屠"的绰号，堪称历史上最残暴的将军之一。

秦军杀尽赵军战俘的噩耗传到赵国，无论城市乡村、大街小巷，都是赵国百姓的痛哭声。有人哭自己的儿子，有人哭自己的丈夫，有人哭自己的父亲，有人哭自己的兄弟……家家户户披麻戴孝，哭号之声连绵不绝。赵国上至国君大臣，下至平民百姓，都对秦国切齿痛恨。

生活在长平的百姓，后来成了秦国人。他们对白起的这场大屠杀记忆深刻，当地的许多地名再现了长平大战的情景，例如三军村、八义村。为了表达对白起滥杀的憎恶，百姓特意将本地的一道小吃——烧豆腐命名为"白起肉"，把豆腐当作白起的肉，烧烂了、煮烂了吃掉以泄愤。当地还流传着一首诗歌，唱道："肩挑油灯漫街游，炉中黎起烧悲啼。来人传送长平史，不吃豆腐难慰藉！"

邯郸，危矣！

秦、赵之间的第四轮大战，以秦军大胜结束了。白起认为赵国主力被歼灭，无力抵抗，秦军应该一鼓作气把邯郸城拿下。于是他兵分两路：一路由司马梗率兵，北上攻取晋阳，占领赵国的太原郡；一路由王龁指挥，东出太行山，攻打皮牢和武安，为进军邯郸扫清道路。与此同时，白起派人赶往咸阳，催促秦昭襄王增派粮食，以备接下来的战斗。

正当白起兴致勃勃地勾画围攻邯郸的蓝图时，突然接到了秦昭襄王要他罢兵回国的命令，本就身体不好的白起气得吐血。

原来，这一切都是范雎搞的鬼。白起打胜了长平之战，战功已经很大了，他担心再让他打下邯郸，在以军功论爵的秦国，白起的地位岂不是要凌驾于他这个丞相之上？于是，范雎在长平之战后立即向秦昭襄王建议，说秦军伤亡巨大，苦战两年也急需休整，而且秦国粮仓空虚，不能再供应前线打下去了，这个时候不如乘胜要挟韩、赵两国割地求和，才是上策。

范雎的说法其实也没错——秦国为了长平之战几乎全国总动员，派遣了大量男丁上前线，粮食储备被耗尽不说，土地还缺人耕种，导致了当年秦国普遍饥荒。为了休养生息，秦昭襄王下令白起班师回国。白起眼见灭赵的大好良机就这样浪费了，不禁气从中来，病倒了。

在接下来的停战谈判中，韩国乖乖地割让了一座城池，赵国则承诺割让六座城市。但是，赵使回国复命时，上卿虞信出面劝阻赵孝成王说："大王，这六座城不能割。"

赵孝成王不理解，问："为什么？"

虞信反问："秦军回国，是因为疲惫了才休兵，还是因为他怜悯大王而停止了进攻呢？"

赵孝成王说："当然是秦军疲惫了，为了休整才回国的。"

虞信就说："既然如此，大王为什么要把秦军已经无力攻取的土地白白送给秦国，这不是帮助秦国侵略自己吗？要是秦军明年再来进攻，大王还有力量保卫国都吗？"

赵孝成王觉得虞信的话有道理，但他还是有些顾虑，担心爽约会激怒秦国来攻，赵国力量薄弱，坚守不住。

虞信便继续劝赵孝成王说："大王把土地割让给秦国，能保证秦国第二年就不再来攻打吗？既然割不割地，秦国都会来攻，那不如不割。大王担心坚守不久，那就想办法和其余五国合纵。天下人早就恐惧秦国了，六国联合起来，秦军就不敢肆意进攻。大王再抓紧时间整军备战，加强守备，不怕秦人来犯。"

赵孝成王幡然醒悟，按照虞信的建议，拒绝向秦国割让六城，并派遣使者与五国加强联络，同时扩军备战。身负国仇家恨的赵国百姓无论男女老少，纷纷踊跃参军，拿得动武器的上阵训练，拿不动武器的就修建工事。就连一些官员和门客，也带着妻儿妾侍加入军队。一时间，赵国全民皆兵，妇女、儿童、老者都全副武装，时刻准备痛击来犯的

秦军。

得知赵国又一次违约不肯割地，秦昭襄王大怒，当即命令白起再次挂帅，统兵直捣邯郸。但正在生病疗养的白起拒绝了这一任命，他让来使转告秦昭襄王说："不可攻赵！去年秦军大破赵军，赵国正是元气大伤、无力防守的时候，那个时候不灭赵，已经错过良机了。现在赵国君臣忧惧，努力结交诸侯，又征兵加强守卫。这个时候出兵，赵国的防守必定是去年的十倍以上，秦军必败！"

白起的一番真知灼见让秦昭襄王非常不高兴。赵国两次违约不割地，这般不把秦国放在眼里，你白起却长他人志气，灭自己威风。名为劝谏，其实是在向我要大牌！没有你白起，我手下就没有良将了吗？秦昭襄王转而任命王陵为主帅，于公元前259年九月兵发邯郸。

秦、赵之间的第五次大战爆发了。

赵国虽然失去了主力军，但赵国的几百万人民并没有向困境屈服。他们同仇敌忾，纷纷拿起武器保卫家园，自发承担起了与秦军较量的重任。人们组成各式各样的义勇军，带着自家粮食和自制武器千里迢迢赶到邯郸，要求参加国都保卫战。此外，赵国的一些贵族富商散尽家财招募来外国志愿兵，也加入守城部队。

赵孝成王则吸取长平之战的教训，请老将廉颇出马，全权指挥首都保卫战。为了显示和邯郸城十几万军民共存亡的决心，赵孝成王还下令所有赵国王室、公族、官员全部留守邯郸，绝不撤退。

战国时代最壮烈的一场国都保卫战开始了。

王陵带兵赶到邯郸城附近时，发现邯郸城周边已空无一人，赵人焚毁了村镇和农田，填平了水井，不让秦军得到任何补给。王陵派斥候先行去侦察，发现邯郸城门紧闭着，城墙上守卫森严，弓弩密布，看起来赵军做了极其充分的准备。

听到报告，王陵心中一阵发凉。白起说得果然没错，赵国的防御加强了好几倍，拿下这座城的难度非常大。但是，他已经领了秦王的命令来到这里，不打也得打了。

王陵指挥秦军把邯郸团团包围，对城池发起猛烈的进攻。上万支箭射向城头，几十辆辌辒轮番冲撞城门，几万名士兵架起云梯，呐喊着往上爬。赵军毫不畏惧，他们在廉颇的指挥下，用安排好的机关和陷阱摧毁秦军的攻城器械，用滚油和火攻阻挡秦军登城。秦军陷入一片火海，始终攻不进城墙半步。

恶战了一个月，王陵阵亡了五名校官，损失了数万人。几十万身强力壮的秦国勇士居然拿不下一座防守者大部分是老少妇女的城市，他们颜面扫地，士气大挫。

到了第二年正月，秦昭襄王对王陵彻底失去了耐心，三个多月都拿不下一座城市，这人简直是个草包。秦昭襄王打算更换主将，百战百胜的白起仍旧是第一人选。他让丞相范雎亲自出面邀请白起。

但白起坚决不打必败的仗，即便是国君的命令也不行，更何况来邀请他的是他最讨厌的范雎。无论范雎怎么劝，白起都是一副不愿理睬的样子。他以自己上任也赢不了为由，坚决拒绝秦昭襄王的任命，并称自己病重，不能出行。

范雎碰了一鼻子灰，心中愤恨的他跑回秦昭襄王的面前，火上浇油地把白起的态度和回答告诉秦昭襄王。秦昭襄王气炸了，当场大骂道："没有他白起，寡人就灭不了赵国吗？"

他改派王龁为秦军统帅，增兵继续围攻邯郸。王龁到任后立刻改变战术，不惜死伤，昼夜猛攻。他明白自己的处境：眼下白起和国君的矛盾加剧，要是自己能拿下邯郸，就能取代白起的位置；但要是拿不下邯郸，辜负了国君的期望，回国就要被治罪了。成败在此一举，无论如何，必须拿下邯郸！

但是，王龁用人海战术强攻，仍然突破不了赵国军民钢铁般的意

志，秦军除了留下一堆又一堆尸体，没有任何进展。王龁又攻打了八九个月，还是被邯郸城拒之门外。

秦军苦战了一年，付出了惨重的伤亡，也没能拿下邯郸，放在以往，秦昭襄王会选择撤退。但这次他不肯这么做，倔脾气的他不相信自己灭不了赵国。他已经把邯郸看作象征，看作秦国以硬拳干倒赵国的象征，认输撤退是绝对不可以的！

已经成了赌徒的秦昭襄王顾不上面子，再次打算起用白起。他亲自来到白起的府上，强令他必须上任。白起以自己病重卧床推辞，秦昭襄王便骂道："你即使有病，也给寡人躺着去赴任！打赢了，寡人一定重赏于你！你要是再不肯去，就是在和寡人结仇！"

白起连忙下床叩头说："臣知道出战不取得成功，但可以免于获罪；不出战虽然没有罪过，却不免会被处死。但希望大王接受臣的建议，放弃攻打赵国，养精蓄锐，等待诸侯内部产生变故再出兵，不要死死盯住赵国不放。大王如果迫使臣上阵，只是战胜了臣一人，却会被天下人战败。大王不如对臣一人屈服，而获得战胜天下人的时机。臣甘受刑罚，也不愿做使秦军蒙羞的将军。"

秦昭襄王听不进这番肺腑之言，仍旧以为白起在和他怄气。但军中再也找不出比王龁更有威望的将领了。这个时候，范雎打起了小算盘，向秦昭襄王推荐了好友郑安平，想拉自己的好兄弟一把。

郑安平不懂军事，又是魏国人，所以秦昭襄王对他不是很放心。经过一番考虑，秦昭襄王决定留用王龁，派郑安平以主将的名义带兵增援，并督促王龁尽快拿下邯郸。

郑安平到任之后，秦军对邯郸的进攻更加激烈了。此时的邯郸城，处境非常不妙，虽然所有人都众志成城，绝不投降，但是城里的粮食不够用了。仅有的粮食全部优先提供给在一线战斗的将士，剩下的居民只能忍饥挨饿，或者靠人肉充饥了。邯郸城快要到坚持的极限了，没有援军,破城就是早晚的事了。

其实早在这之前,赵孝成王就向魏国请求过援助,魏王也答应了。但秦、赵两国真的开打了,魏王又犯起了"拖延症",迟迟没有派援兵来。等到邯郸的保卫战打了一年,秦、赵双方都筋疲力尽的时候,魏王才决定派大将晋鄙率领十万军队北上支援赵国。

得知魏国派兵援赵,秦昭襄王立刻派人去恐吓说:"谁敢带头出兵救赵,我秦国灭赵之后第一个攻打他!"

胆小的魏王连忙下令晋鄙停止进军,在魏、赵边境扎营待命。但是,魏王又觉得不救赵国,面子上挂不住,就派了一名使者进入邯郸,劝赵孝成王说:"秦国之所以加紧围攻邯郸,不是贪图邯郸之地,真正目的是借此立威称帝。如果赵国能派遣使者尊崇秦王为帝,秦王肯定很高兴,秦兵就会自解邯郸之围。"

魏使的话当即遭到了鲁仲连痛斥。

鲁仲连,齐国游士,曾经在田单门下做事,当时正好被困在赵国。鲁仲连对魏使说:"现在秦国是拥有万辆兵车的大国,魏国也是拥有万辆兵车的大国。彼此都是拥有万辆兵车的大国,相互都有称王的名分,仅仅看到秦国打了一次胜仗,就要尊秦王为帝。这样看来,赵、韩、魏三国的大臣还不如邾、鲁这些小国的大臣啊!

"秦国是抛弃了仁义礼制、崇尚杀敌斩首的国家,以权术驾驭臣下,像奴役奴隶一样役使它的百姓。如果让秦王肆无忌惮地称了帝,再进一步以自己的政策号令天下,那天下人就要遭殃了。秦王会马上更换各诸侯国的大臣们。将撤换他认为没有才能的臣子,把职务授予他认为有才能的人;撤换他所憎恨的人,把职务授予他亲近的人。即便把魏王抓来剁成肉酱都无所谓。您到那个时候,还能继续有现在这样的地位吗?"

魏使被鲁仲连说得羞愧难当,只好灰溜溜地离开了。

但是,轰走了魏使,除了给赵国军民打打气以外,并不能给邯郸城

带来实质性帮助，邯郸需要的是切实的援兵。焦急万分的平原君想起了自己的小舅子在魏国，就写了一封信派人送去。

平原君的这位小舅子可不是什么小人物，而是叱咤一时的风云人物——战国四公子之一信陵君魏无忌。

战国四公子共同的特点是广纳门客，礼贤下士。信陵君也不例外，他是当朝魏安釐（xī）王（名圉）的异母弟弟，招揽了将近三千门客。信陵君豪爽重义，聪慧决断，是四公子之中最具领导才能的一位，引得无数人追捧。后来的汉高祖刘邦就一直把他视为偶像。年轻时特意去大梁，想投靠在他的门下；当了皇帝后，派人看护信陵君的坟墓，还时常亲自去祭拜。

信陵君的姐姐是平原君的妻子。平原君在给信陵君写的这封信中，就以姐夫的身份责备他说："我平原君之所以跟魏国联姻结亲，就是因为公子道义高尚，能帮助别人解脱危难。如今邯郸危在旦夕，早晚就要投降秦国，可是魏国救兵至今不来，公子帮助别人摆脱危难又表现在哪里？！再说公子即使不把我平原君看在眼里，抛弃我，让我投降秦国，难道就不怜惜你的姐姐吗？"

收到姐夫的来信，信陵君很是惭愧，便不断地催促魏安釐王尽快把晋鄙的援军派往赵国，但魏安釐王不肯听从。信陵君心一横，就从门客中挑选了一批敢死之人，凑了一百辆马车，要带去赵国和秦军拼命。

信陵君带人离开大梁时，路过一位守城门的老者。这位老者名叫侯嬴，有七十多岁了。信陵君尊他为贤者，经常照顾和拜访他。这次远行，信陵君照例去拜访了他，把自己去赵国的原因一五一十地告诉了他。

侯嬴对他说："公子努力吧，恕老朽不能跟随您了。"

信陵君走了后，越想越觉得不对劲。他对身边的人说："我对侯嬴一直不薄，天下人都知道。可我将要去赵国死战，侯嬴居然没有一句好话送我，难道我做错什么了吗？"

于是，信陵君返回侯嬴那里。侯嬴一见到他，就笑着说："我就知道公子会回来的。刚才您走得那么着急，都不问老身能不能帮助到您，所以老身就一直没说。公子您自己应该也知道，带这点人马去和秦军战斗，等于是把肉扔给饿虎，能有什么用呢？关键还是要用晋鄙手中的十万大军。老身听说魏王喜欢把兵符放在自己的卧室里，而如今如姬最受大王宠爱，她有能力偷出兵符。公子过去救过如姬父亲的命，如姬一直想找机会报答公子。只要公子求她，她一定有办法为公子偷出兵符。公子拿着兵符，就能去调动晋鄙的军队，打退秦军，成就五霸的功业啊！"

信陵君大喜，立刻解散了敢死队，并请如姬帮忙偷兵符。如姬果然把兵符偷出来给他了。

信陵君带着兵符准备去晋鄙那里，临行前再次向侯嬴请教。侯嬴说："将在外，君命有所不受。公子拿了兵符，万一晋鄙怀疑，不肯交出兵权，怎么办？他再派人去向大王请示，公子您就危险了。老身有一位朋友，名叫朱亥，是市场里的一位屠夫，力大无比。公子可以把他带上，要是晋鄙不肯听命，就让朱亥打死他。"

信陵君听从建议，把朱亥带上，来到了晋鄙的军营里。晋鄙看了信陵君带来的兵符，果然产生怀疑，说："我奉大王的命令统帅十万军队在边境驻扎，被国家给以重任。而公子您乘坐一辆马车来，就想代替我。这是为什么？"

信陵君见晋鄙不肯交权，给朱亥使了个眼色。朱亥便从袖中抽出一把铁椎，一椎打死了晋鄙。信陵君就收了晋鄙的兵权，从军中挑选了八万精兵，率领他们北上赵国了。

就在信陵君还在大梁谋划如何救赵的时候，平原君也在邯郸谋划着如何搬请救兵。由于魏国援军遥遥无期，平原君就打算亲自带人到南方

的楚国求援。

平原君从门客当中挑选了十九个智勇双全的人士，准备一起出发前往楚国。他本想凑齐二十人，但始终找不到合适的人选。这时，一位名叫毛遂的年轻门客向他推荐自己，说："听说主公要带人去楚国求援，但还少一个人，不如把我算上，一起去吧。"

平原君说："贤能的人就如锥子藏在口袋里，时间长了，它的尖头自然会刺破口袋冒出来。先生在我的门下也有三年了，但这三年时间，我从没听说过周围有人称赞你，只能说你不是一个有才干的人啊。"

毛遂回答说："我今天来，就是请主公把我放在口袋里。如果能早点把我装在口袋里，我岂止露出尖头，连整个锥头都会冒出来。"（成语"脱颖而出"即来源于此。）

平原君和其余十九人相视一笑，把毛遂带上了。

平原君和二十个门客突围来到了楚国，和楚王商讨联盟及求援的事项。但是从早上一直谈到中午，楚王都没有答应。毛遂看不下去了，握着宝剑跑到楚王面前。楚王呵斥道："你来干什么？！"

毛遂说："君王呵斥我，不过是仗着楚国人多。但现在我距离君王只有十步，君王的生死就掌握在我的手中，您有再多的人也没用。更何况自古以来的王者，都不依靠人多地广来成就王业。楚国方圆千里，拥兵百万，却被白起这个竖子打得大败，丢失了鄢、郢二都，夷陵也被烧毁。这是楚国的悲哀，连我们赵国都感到羞耻，难道君王忘记了吗？现在楚国和赵国联盟，不是为了赵国，而是为了楚国自己向秦国报仇雪恨啊！"

楚王被激怒了，当即和平原君歃血为盟，同意立刻派遣援军北上。

这里顺道提一下，此时的楚王是楚考烈王，也就是楚顷襄王的太子完。亡羊补牢的楚顷襄王已经在公元前263年去世。他去世前，太子完还在秦国做人质，秦昭襄王却不肯放人。陪同太子完一起做人质的黄歇就找到范雎说："现在楚王病重，秦国不如放归楚国太子。太子顺利即位，一定会敬重秦国，感恩丞相的功德。如果不放归太子，太子最后就会变成咸阳城里的一个平民百姓，对丞相毫无用处，新继任的楚王也不会亲近秦国。希望丞相考虑！"

范雎觉得有理，就去劝说秦昭襄王。秦昭襄王不想这么容易答应，决定让黄歇先回楚国探望楚顷襄王的病情，回来之后再做决定。黄歇便和太子完谋划，先派一人回国探望，让太子完化装成侍从跟随他走。黄歇则留在秦国，假称太子完因病不能见客，他为了照顾太子就不回国了。估计太子完已经到了楚国，黄歇这才把情况告诉秦昭襄王，并请求领死。气愤不已的秦昭襄王本想杀了黄歇，幸得范雎劝阻，说不必为他破坏秦、楚关系。秦昭襄王这才把黄歇放了。

太子完即位后，即为楚考烈王。黄歇回国后，顺理成章地成了令尹，并被封为春申君。这次楚国派兵援赵，就是由春申君负责。

现在，为了解邯郸之围，战国四公子一口气出动了仨，秦军的处境非常不妙了。

第244章

生死荣哀

公元前257年，信陵君率领的魏军和春申君率领的楚军赶到邯郸附近，对围城秦军的后方发动了进攻。平原君回国后也散尽家财，招募了三千人的敢死队，与魏、楚联军里应外合。

士气低落又疲惫不堪的秦军大败，王龁率兵狂退上百里，才跑出了联军的包围圈。不懂打仗的郑安平动作慢，被王龁甩在了后面，被赵军团团包围。没骨气的他干脆带着两万部下投降了。

秦军在邯郸战败的消息传到咸阳，病中的白起忍不住抱怨了一句："当初大王不听我的计谋，现在如何？"

结果，这句话被人报告给了范雎，范雎就向秦昭襄王告发了。心烦意乱的秦昭襄王听后大怒，立刻颁布旨意，剥夺白起所有官职和爵位，贬为士兵，发配到边境守关。由于白起重病不起，无法出行，秦昭襄王念在他多年战功的分上，特许他暂时留在咸阳治疗。

秦军在联军的反攻下接连退却，三个月后，秦昭襄王再次迁怒于白起，命令他不许留在咸阳，即刻启程前往边境守关。白起只能带病启程。

可睚眦必报的范雎不想就这么放过白起，又对秦昭襄王说白起在路上"其意尚怏怏不服，有余言"。秦昭襄王便派使者追上白起，赐剑命他自裁。

在凛冽的寒风中，白起颤抖着拿起宝剑，看看阴沉的天空，仰天叹道："我对上天有什么罪过，竟落得如此下场！"过了一会儿，他又说道："我本来就该死。长平之战，赵军降卒几十万人，我用欺骗的手段把他们全部坑杀了，这就足够死罪了！"说完，白起用剑在脖子上奋力一抹，鲜血顿时喷涌而出。他最后望了一眼秦国的苍茫大地，那雪花正在漫天飞舞。

这是公元前257年十一月的一天。

谗害了白起，范雎的日子其实也不好过。好友郑安平投敌，按照秦国法律，推荐人范雎本该夷三族。秦昭襄王虽然宽恕了他，没有追究他的责任，但从此之后对他不再有好脸色了。

最终把范雎拖下水的，是他的另一位好友——王稽。

王稽是帮助范雎入秦的关键人物，后来被范雎举荐为河东郡守。魏、楚联军在邯郸城下击败秦军后，信陵君率领赵、魏、楚三国联军继续对王龁的秦军展开追击，韩国也在第二年加入了大反攻行列。四国军队一直打到了黄河岸边的河东郡。王龁兵败如山倒，仅在汾城（今山西临汾）附近，就有两万多士兵被联军杀死。惊慌失措的王稽暗中与联军联络，企图献地投降，但还没有实现，就被人抓了。秦昭襄王愤怒之下，将王稽斩首示众了。

举荐的两位好友全都通敌叛国，范雎再也没有脸面待在秦国的朝堂之上了。他听从了一位游士的建议，在秦昭襄王决定株连他之前，赶紧辞职走人。秦昭襄王批准了他的辞呈。

辞官后,范雎打算回封地应城(今河南平顶山西)养老,但没想到应城被韩国占领了,走投无路的他只好滞留在咸阳。过去的朋友见他失势,纷纷和他断绝来往。范雎受不了这凄凉的处境,不久便郁郁而终了(一说因王稽牵连,他也被处以死刑)。

经历了长平和邯郸两场大战,秦国"国虚民饥",还失去了黄河以东的许多土地,暂时丧失了对六国大规模进攻的能力。六国则趁这个空当,展开了又一轮土地兼并,惨遭吞并的就是那些苟延残喘的诸侯小国和秦国的境外飞地了。

楚国率先动手,抢先于齐国之前,于公元前256年攻灭了鲁国。这个春秋时代令万邦敬仰的礼仪之邦,在存在了将近八百年后,最终还是难逃弱肉被强食的命运。魏国则紧跟楚国之后,于公元前254年夺取了卫国的所有领土。魏王没有废弃卫君,卫国侥幸在名义上继续存在,但已经和亡国无异。魏国还在当年袭取了秦国的飞地陶郡(以陶邑为中心的郡),成了宋国故地的最大占领者。

诸强争相表现,让躲在西周国的末代天子周赧王的心里痒痒的。他觉得秦国现在消停了,自己当了五十多年缩头乌龟,终于可以男人一把了。他连忙派人联络六国,希望由王室牵头组织合纵联军,一起讨伐秦国。好说歹说,六国给天子一点面子,口头答应会出兵,但要求王室也出兵。

要王室出兵,让周赧王犯难了,他手下哪里有人啊?周赧王只好找西周公帮忙。西周公东拼西凑,给他拉了一支六千人的队伍。队伍是有了,军费又成了问题。西周公是没辙了,周赧王想起成周里的富商有钱,就"发行国债",向这些商人们借钱,总算凑够了六千人的军费。

到了出兵的日子,周赧王一看场面,心顿时凉透了。大部分诸侯没有派兵来,只有燕国和楚国派了些许部队过来意思一下,就这么点人的合纵联军,还不够给秦国挠一下痒痒。但已经到了这一步,周赧王只好硬着头皮上。他带兵出伊阙，切断了秦国通往阳城（今河南登封东南）的道路。

秦昭襄王得知后大怒，立刻派兵击退了周赧王的部队，进而攻打西周国。周赧王无力回天，只好亲自跑到咸阳向秦昭襄王磕头认错，并把西周国仅有的土地和三万人口全部献给秦国。秦昭襄王这才撤兵回国，保全了周赧王的名号，但把西周公废为了庶人。

由于西周国的六千人马全部血本无归，周赧王没有钱偿还"国债"，债主们纷纷堵上门来要他还钱。周赧王只好每天跑到王宫里的一座高台上躲债，人们便笑话这座高台为"债台"，后来便引申出成语"债台高筑"。

这一年是公元前256年，周赧王在当年郁郁而终。不久之后，西周公也去世了。西周国的百姓大部分逃亡到了东周国，秦国便正式接管了西周国，把成周里的九鼎迁往了咸阳。西周国宣告灭亡，周天子也不复存在。

喧嚣一时的天下暂时安静了下来。六国各自谋利，没有团结起来继续给秦国施加压力，年近七旬的秦昭襄王在平静中度过了人生的最后几年。

从公元前307年即位，秦昭襄王已经在秦王的位子上坐了五十多年，成了战国时代秦国在位时间最长的国君。当年在众人不服的眼光中登上王位时，他或许根本没想过自己能在位这么久。这一切，都要归功于他母亲和舅舅的努力。是他们撑起了一片天，帮助他度过了最困难的那些年，帮助他打下了大片江山。

然而，母亲和舅舅终究没有陪他走到最后，权力和富贵让原本最亲近的人也变成了路人。后来，秦昭襄王以为找到了可以信赖的张先生，到头来才发现，张先生只是一个党同伐异的小人而已。

反复经历了信任和不信任，年老的秦昭襄王再也不愿相信任何人，

孤独感侵蚀了他苍老的灵魂。

公元前251年,一代雄主秦昭襄王去世。巍峨的咸阳宫,即将迎来一统天下的王者。

卷十八 乱世的终结

六国已走向穷途末路,只差给它们最后一击。
完成这最后使命的人,会是一个什么样的人物?

身世之谜

公元前259年正月，赵国，邯郸。

虽然已经过了隆冬，但初春的阳光并没有给这座大城市带来些许生机。城外的荒野上白雪茫茫，寒风呼呼吹着萎黄的枯草，成群乌鸦落在光秃秃的树枝上，呱呱地叫着。邯郸城内，往日熙熙攘攘的大街异常冷清，偶尔才能看到一些妇女和小孩行走。街道两旁的店铺大都紧闭着，但每家每户都挂着白绫，时不时能听到从房间里传出哭泣声。

刚刚结束的长平之战使赵国失去了四十五万男子，几乎家家户户都有亲人死去，昔日的繁华都市成了一座悲伤之城。

就在这个赵人悲痛的季节，在邯郸城的一座普通宅院里，一个婴儿诞生了。婴儿的父亲是秦国人，名异人，是一位秦国王孙；婴儿的母亲则是赵国人，人称赵姬。因为出生在正月，这个婴儿取名为"政"。

此时此地，父亲秦国王孙的身份太过敏感，政的父母不敢让孩子随父亲的姓氏，便让孩子随了母亲的姓氏，称呼他为"赵政"。

那么,这位赵国女子为什么会嫁给这位秦国王孙?这位秦国王孙又为什么会在两国交战期间居留在赵国呢?

这一切,就要从头说起了。

这位名叫异人的秦国王孙,并不是因为公干或旅游才来到邯郸,他是以低贱的身份来到赵国的。

他是秦国送给赵国的人质。

人质,是诸侯之间结盟时送给对方的"信物"。但是在战国时代,信誉早已一文不值,这种以人命进行担保的"信物"就更加不值一提了。一旦两国翻脸,人质的安危就没人顾得上了,他会像粪土一样遭人厌弃。

正因为人质的安全没有保障,大国选派人质,往往是把身份无足轻重的公子王孙送出去。异人就是这样被"幸运"地选为人质。

异人的父亲是秦昭襄王的太子柱。但太子柱有二十多个儿子,异人不是长子,母亲夏姬也不受宠,所以他在父亲心中没有什么地位,就被随手选为人质送去了赵国。

到了赵国,异人的命运变得更惨。由于秦、赵两国连年交战,异人在邯郸根本得不到赵国人的礼遇。他住的是老旧的房子,吃的是粗茶淡饭,出门没有马车和随从,钱也不够花。更让他苦闷的是,他在邯郸完全找不到朋友。赵国人一听说他是秦国王孙,纷纷避而远之,或者恶语相向,这让他连一个能说会儿话的人都没有。

异人只能默默忍受这空虚寂寞冷的日子,毕竟赵王没把他拉去咔嚓了就已经很仁慈了,他哪里还敢发什么牢骚?异人只希望哪一天来一个秦国使者,把他带回国。他不求继承王位,也不求封官拜爵,只想回家静静地待着,了却此生。

但是,好几年过去了,能带他走的秦国使者终究没有出现,祖父和父亲貌似已经把他忘了。异人的心陷入了无尽的悲凉,他觉得自己肯定要在这异国他乡孤独终老了。

直到有一天,一个富商来到了异人的住所门口。这位富商名叫吕不韦。

吕不韦是卫国人,在各国之间往来做生意,赚了很多钱。但是,钱赚得再多,他还是感到不踏实。在这兵荒马乱的年月,商人的人身安全就像天上飘的云,没有根基,风一吹就没了。就算是家财万贯的大商人,也可能没命享受。

吕不韦想把根基扎下来,趁现在有些钱,结交些达官显贵,讨一张护身符,或许还能混个一官半职,成就一番事业。当他在邯郸遇到异人后,他以商人敏锐的眼光察觉到自己飞黄腾达的机会来了。他对身边的人说:"此奇货可居也。"

他找到异人的住处,一进门就对异人说:"我能光大您的门第。"

异人不相信他,说:"先生先光大你自己的门第,再来光大我的门第吧。"

吕不韦说:"王孙,您不知道,只有您的门第光大了,在下的门第才能光大。"

异人一听,吕不韦似乎有让他改变命运的计谋,便把他请进了屋。两人屏退了身边的人,吕不韦便对异人说道:"秦王老了,安国君(异人的父亲)被立为太子。王孙,您不是安国君的长子,不受宠爱,如今又身处国外。如果秦王去世了,安国君即位,您是没法和您的兄弟们争夺太子之位的。如今安国君宠爱您的哥哥子傒,子傒将来如果被立为太子,王孙就永远没有回国的机会了。"

异人叹道:"这正是我所担忧的啊。先生,您有什么办法吗?"

吕不韦说:"我听说安国君最宠爱华阳夫人,但华阳夫人没有儿子。所以,谁能被选为安国君的世子,华阳夫人非常关键。华阳夫人不喜欢子傒,所以王孙您还有争夺世子之位的机会。王孙贫穷,又在赵国

为人质，无法结交宾客。在下略有薄财，愿意出钱供王孙结交各国宾客，获取诸侯间的贤名。在下再西行前往秦国，替王孙游说安国君和华阳夫人立您为世子。"

异人感觉自己遇到了大救星，连忙对吕不韦磕头，说："如果计策能够成功，我愿意和先生共享秦国国政。"

吕不韦便拿出了自己的全部积蓄，总计一千金。一半分给了异人，用作他结交宾客的费用；另一半则用来购买各种奇珍异宝，由吕不韦带到秦国，送给华阳夫人的亲属，疏通关系。他先找到华阳夫人的弟弟，对他说："阁下知道吗？阁下快要大祸临头了！您门下的宾客无不位高势尊，相反，子傒的门下无一显贵。而且阁下府中珍宝、骏马、佳丽多不可数，老实说，这可不是什么好事。如今太子最喜爱子傒，一旦子傒被立为世子，阁下就危如累卵了。小人倒是有条权宜之计，可令阁下富贵万年且稳如泰山，绝无后顾之忧。"

华阳夫人的弟弟依仗姐姐的关系，确实在家中聚敛了大量财富，而且一直和子傒不和。吕不韦的话正好说中了他心中的担忧，他便请教有什么对策。吕不韦就说："现在在赵国为质的王孙异人才德兼备，可惜没有母亲在宫中庇护，每每翘首西望家邦，极想回到秦国来。华阳夫人倘若能收异人为养子，并劝说太子立异人为世子，这样一来，不是储君的异人也能继位为王，他肯定会感念华阳夫人的恩德，而无子的华阳夫人也有了日后的依靠，您一家人就不用担心被子傒清算了。"

华阳夫人的弟弟大喜，便按照吕不韦所说，劝说姐姐认异人为养子。

吕不韦担心华阳夫人还有顾虑，便又去结交她的姐姐，让她在华阳夫人跟前说异人的好话。华阳夫人的姐姐收了吕不韦的珍宝，就经常在华阳夫人面前夸赞异人，说他结交诸侯宾客，贤名远播，而且一直把华阳夫人看成天一样，日夜思念父亲和华阳夫人。

1256

在姐姐和弟弟的劝说下，华阳夫人最终同意认异人这个儿子。她便找机会对太子柱说："臣妾有幸进入殿下的后宫，但一直遗憾没有儿子。臣妾希望能立异人为继承人，以便日后能有个依靠。"

太子柱对华阳夫人百依百顺，答应了她的请求，并许诺会把异人立为世子，不日就会派人去赵国把异人接回来。华阳夫人把消息告诉了吕不韦，让他回邯郸陪着异人，等待秦使去把异人和他一起接回来。

计划已经成功了一半，吕不韦相当高兴。他按照华阳夫人的吩咐回到邯郸，以异人师父的身份和异人住在了一起。异人对吕不韦感激涕零，两人几乎以兄弟相待，天天饮酒作乐。

当时，吕不韦有一个情妇，就是前文所说的赵姬。赵姬出身于邯郸的一个富裕家庭，但她性格叛逆，不愿意做大家闺秀，喜欢做跳舞的舞姬。她认识吕不韦后，成了其情妇，但表面上还以朋友相称。

有一天，吕不韦和异人一起喝酒，请了赵姬来跳舞助兴。异人一见到赵姬，就被她的美貌和舞姿吸引了。酒后，不知吕不韦和赵姬关系的异人提出要娶赵姬为妻，请吕不韦帮忙。

一开始，吕不韦很不高兴，觉得异人竟敢抢他的女人。但他转念一想，自己已经为异人耗尽了积蓄，何必再在乎一个女人呢？赵姬嫁给了异人，将来很有可能成为王后，这不是对自己控制异人更有利吗？于是，吕不韦答应了异人，说服赵姬嫁给了他。不久，赵姬便为异人生下了嬴政。为了避嫌，他们称这个孩子"赵政"。

司马迁在《史记》中煞有介事地写道："姬自匿有身，至大期时，生子政。"意思是说赵姬嫁给异人时已经怀了吕不韦的孩子，怀孕十二个月后生下了嬴政。另一本正史《汉书》中，也一本正经地说嬴政是吕不韦的私生子（"至于始皇，果吕不韦子"）。

照这些记载，隔壁老吕扣了老秦家的异人一顶超大的绿帽子，秦朝皇帝都成了吕氏后代。笔者觉得并不靠谱。

首先，怀孕十二个月是不现实的。怀孕时间通常只有280天左右。赵姬怀孕360天才生产，除非她是超人类。

再者，假设嬴政是她在婚内与吕不韦通奸时怀上的。那么，吕不韦既然已经押上了全部身家要助异人登上王位，又何必节外生枝，给异人戴绿帽，制造双方的矛盾呢？一旦异人因为儿子的相貌问题或者其他因素对儿子的血缘产生怀疑，吕不韦岂不是前功尽弃？吕不韦的这场人生豪赌是不容许出错的，他不会愚蠢到自毁前程。

最先记载嬴政是吕不韦私生子的司马迁，在《史记》中的描述前后矛盾。在《秦始皇本纪》中，他写道："秦始皇帝者，秦庄襄王（异人）子也。"到了《吕不韦列传》，他又把秦始皇写成了吕不韦之子。这说明司马迁对于这个问题持模棱两可的态度。而《汉书》作者为了抹黑前朝，彰显汉朝代替秦朝的正义性，就直接采用了嬴政是私生子的说法。

孤独小孩

嬴政出生后不久，秦国便派来使者要把异人一家和吕不韦带回国。但刚刚经历长平惨败的赵孝成王显然没有心情和秦国人打交道，没有答应秦使的请求。

吕不韦得知这件事，亲自求见赵孝成王，对他说："异人现在是秦王最宠爱的王孙，连华阳夫人都想让他做儿子。秦国真的要攻打赵国，也不会因为一个王孙的缘故而耽误灭赵大计，赵国不是空有人质了吗？但如果让异人回国，赵国再以厚礼好生相送，王孙是不会忘记大王的恩义的。将来一旦他即位，赵国就有了与秦国和平相处的机会。"

赵孝成王觉得有道理，便同意过段时间放了异人。

然而，就在异人和吕不韦兴高采烈地收拾东西，准备回国时，秦、赵两国再次开战了。当年九月，秦将王陵率领大军围攻邯郸，意图灭亡赵国，邯郸之战爆发了。

愤怒的赵孝成王收回了释放异人的命令，转而下令把异人和吕不韦

抓起来，准备杀掉。赵孝成王还派人去搜捕赵姬和嬴政母子。幸好赵姬的父母有些钱财，想方设法把赵姬母子藏了起来，赵国官兵这才没有找到他们。

异人和吕不韦两个大男人的处境就没有这么好了，他们被抓住了，随时随地都有可能被拉出去砍头祭旗。吕不韦想来想去，觉得这世界上就没有钱办不了的事情。他拿出自己所有的家当六百金，买通了监牢内外的看守，在一天晚上带着异人成功越狱，逃到了城外的秦军大营，随后去了秦国。

赵姬母子现在是没法跟着他俩回国了，异人和吕不韦只能等待将来接回他们。

回到秦国的异人并没有受到父亲和华阳夫人热情迎接。太子柱本来就对这个儿子没什么感觉，华阳夫人则是和异人不熟，虽然承诺认异人为养子，内心还是有些不安。吕不韦就建议异人在父亲和华阳夫人面前好好表现，打消他们的疑虑。

在吕不韦的策划下，异人变得非常懂事乖巧，经常对父亲和华阳夫人嘘寒问暖，并表现自己的聪慧才智。有一天，异人特意穿上楚国服装，前来向华阳夫人问安。华阳夫人是楚国人，看到异人的打扮，非常高兴，很快就和他拉近了距离。当天，华阳夫人就正式认异人为养子，并把他的名字改成"楚"。从此，异人有了第二个名字——"子楚"。

异人又找了个父亲空闲的时间，向他进言说："父亲也曾羁留在赵国，赵国的豪杰之士知道您大名的不在少数。如今您回国了，他们都还惦念着您，可是陛下却未曾遣派一个使臣去抚慰他们。孩儿担心他们会心生怨恨，希望父亲让边境城门迟开而早闭，严加盘查，防止有危险人物渗透。"

太子柱觉得异人说得很有道理，对这个儿子的才智刮目相看。不久，他就在华阳夫人的劝说下，把异人立为世子。当年的落魄王孙终于成功咸鱼翻身，成了秦国王位第二顺位的继承人。

父亲异人回到了秦国，混得有声有色，小嬴政和母亲这几年却只能在赵国提心吊胆地过日子。母子俩不仅要想办法不让赵国官兵发现自己的真实身份，还要努力让生活继续下去。

在秦军围攻邯郸的这一年多，城里物资紧缺，母子俩吃不饱，穿不暖，还在襁褓里的小嬴政差点被饿死。多亏外祖父一家家境殷实，能想办法买到粮食，小嬴政才活了下来。

随着嬴政一天天长大，赵姬单身妈妈的身份让她受到街坊邻居非议。人们传播着各种风言风语，说赵姬怎样不检点，还有不少人故意欺负赵姬孤儿寡母，用各种方式刁难他们母子。小嬴政经常看见母亲在家抹眼泪。

没有父亲的关爱，母亲又被街坊欺负，年幼的嬴政心里充满了怨恨，没有安全感。他变得脾气暴躁，对周围人缺少信任，小小年纪就很孤僻，和同龄人不合群，动不动就和人打架。

母亲赵姬对嬴政也懒于管教，生性放荡的她耐不住寂寞，经常找男人私通。这种事情，小嬴政不可能不知情。所以嬴政对母亲从来没有怜悯之心，平常也对她漠不关心，不想和她多说一句话。

在异乡孤独生活让嬴政变得好强、自立。那个时候的邯郸街坊肯定想不到，这个貌不惊人的孩子将来会成为影响整个天下，乃至整个华夏历史进程的伟大人物。

在赵国生活了八年，赵姬终于收到了一个好消息：赵王不再通缉母子二人，而且愿意把他们护送回秦国。

原来，这一年秦昭襄王去世了。太子柱继位为新一任秦王，史称秦孝文王。嬴政的父亲异人也顺理成章地成了太子。为了和未来的秦王搞好关系，赵孝成王决定送回异人的原配和长子。

躲藏了八年，赵姬和嬴政终于恢复了身份，到咸阳和异人团聚了。

异人把赵姬立为夫人,让嬴政以嫡长子的身份成为世子。

一切似乎都在往好的方向发展。

但是,一家人毕竟分离了八年,昔日的感情早已变得生疏。异人回秦国的这八年,又纳妃生子,对赵姬和嬴政的喜爱远不如从前了。赵姬贵为正妻,却备受冷落,几乎与打入冷宫无异;嬴政也很少得到父亲的关心,异人现在更喜欢另一个叫成蟜(jiǎo)的儿子。成蟜仗着父亲喜欢,不把哥哥嬴政放在眼里。

赵姬和嬴政母子依旧生活在压抑之中。

论如何正确地拖后腿

在咸阳的太子宫里待了一年，小嬴政忽然被家人叫去，穿上丧服去王宫里祭拜。原来，嬴政的祖父秦孝文王才登上王位，就忽然驾崩了。

秦昭襄王长寿，秦孝文王当了多年太子。他即位时，已经五十四岁高龄了。他年老体弱，为了给父亲守孝服丧，整整一年多没有好好吃饭和休息，结果生了重病。一年的丧期过后，秦孝文王正式登上王位才三天，还没来得及颁布新政策，就撒手人寰了。

秦孝文王去世之后，太子异人即位，史称秦庄襄王。他上台后，奉华阳夫人为华阳太后，生母夏姬为夏太后，又封赵姬为王后，嬴政为太子。

秦庄襄王最感激的还是改变他命运的吕不韦，他兑现当初"共享国政"的诺言，升吕不韦为丞相，封文信侯，享食邑十万户。吕不韦顿时富可敌国，在秦庄襄王身上的投资获得了超值回报。

更让吕不韦高兴的并不是这些财富。

秦庄襄王这个人没什么理想。早年落魄太久了,他一夕之间获得了国君的荣华富贵,很快陷入了享乐,无法自拔。他每天沉溺于歌舞酒色,把政务大都推给吕不韦处理。吕不韦因此获得了军政大权,成了秦国真正的领导人。

此时秦国已经恢复了元气,吕不韦自然不会放过青史留名的机会,他决心延续范雎远交近攻的战略,向三晋发起大规模进攻。首当其冲的,自然是老对手赵国了。

之前秦昭襄王在位时,秦国和赵国恶战多次,虽然大挫了赵国国力,但还没有彻底打垮赵国。赵国军民反而越战越勇,他们全民皆兵,宁死不肯投降。所以说,吕不韦要想出兵赵国,还得小心掂量掂量。

让吕不韦没想到的是,有一个国家竟然不需要秦国指使,就创造了进攻赵国的良机,帮了他大大一个忙。

这位"雪中送炭"的"朋友"是燕国。

在远交近攻的指导方针下,秦国对燕国和齐国采用拉拢策略,坚决不做伤害这两国利益的事,还经常遣使通好。这样一来,三晋和秦国杀得昏天暗地,民不聊生;燕、齐两国却是国泰民安,歌舞升平。

无聊的日子过久了,燕国人不免有点手痒痒。眼看着老邻居赵国被秦国一点点蚕食,国力削弱,燕国就也想到赵国那里抢些地盘过来,壮大自己的国力。

公元前251年,就在嬴政回国这一年,燕国派了一位使者到了赵国,名为慰问饱经战乱的赵国人民,实际上是来刺探赵国的虚实。这位名叫栗腹的燕国使臣到了邯郸,大谈燕、赵之间的友谊,还向赵王赠送了五百金作为寿礼。赵孝成王感动地收下了礼金,以为眼下国运这么艰难,燕国竟然还能像兄弟一样站在自己这边。

哪知,栗腹回国之后,就对当时的燕王喜(末代燕王,没有谥号)说:"赵国的青壮年都在长平之战里战死了,现在的赵军都是一些没长大的小孩，燕国可以趁这个机会进攻他们。"

燕王喜非常高兴，立刻召集一帮将领开会，商讨攻打赵国的计划。有一位名叫乐间的将军提出了反对意见，说："赵国常年战争，百姓都英勇善战，这仗我们赢不了的。"燕王喜不以为然，说："我们以五倍的兵力去打赵国，以五打一，还怕打不赢吗？"他没有听从乐间的话，调集了六十万大军，亲自率领，浩浩荡荡地出征了。

这时，又有一个名叫将渠的大臣跑来跪在燕王喜的面前说："我们和赵国缔结了盟约，又进献了五百金给赵王，现在却背信弃义地攻打人家。这样只会激怒赵人，我们是不会胜利的！"

燕王喜没有理睬他，继续往前走。将渠情急之下，伸手抓住了燕王喜的腰带，喊道："大王千万不能去，去了也是不会成功的！"

燕王喜一脚把将渠踢到一边。将渠仍旧痛哭着说："臣说的都是为了大王啊！"

离开了蓟城，燕王喜命六十万燕军兵分两路，一路由栗腹率领，进攻邯郸北面的鄗城（今河北柏乡北），另一路由卿秦率领，进攻赵国北部重镇代郡。

得知燕国趁火打劫，赵国举国愤怒，百姓们再次踊跃参军，势要教训一下燕国人。赵孝成王精选了十三万人，让老将廉颇出马，北上抗击燕军。

廉颇对围攻鄗城和代郡的燕军各个击破。他让副将乐乘先率五万人马去增援代郡，自己则亲率八万精锐前去鄗城解围。

围攻鄗城的栗腹得知廉颇就带了八万人来，心里一阵轻蔑：自己手下有四十万人，用脚都能把廉颇那帮"娃娃兵"踩死。于是，他留下一部分人马继续攻城，自己率领大军前去迎击廉颇。

两军随即在鄗城附近展开了激战。栗腹仗着人多势众，指挥燕军黑压压地往前冲，赵军很快就"不敌"败退。栗腹带着手下乱哄哄地往前

追击，结果掉进了廉颇预设的陷阱，燕军顿时人仰马翻，哭爹喊娘。顷刻间，赵军伏兵四起，对乱成一团的燕军左右夹攻。燕军因为长途跋涉，体力不支，战斗力也不如赵军，四十万人马竟被八万赵军打得落花流水，抱头鼠窜。栗腹本想稳定军心，拼死一战，但还没来得及发号施令，就被冲上来的赵军一箭射死。

击退了围攻鄗城的燕军，廉颇继续北上，打算救援代郡。他在半路得到消息：副将乐乘已击退了进攻代郡的燕军，还活捉了主将卿秦。赵军随即合兵一处，反攻到燕国本土，一直打到了燕国首都蓟城。燕王喜不得不派人求和，割让了五座城市，赵军才撤退回国。

然而，燕王喜不甘心失败，停战之后又企图联合秦国南北夹击赵国。赵国便先发制人，于公元前249年出兵进攻燕国，战火绵延了两年之久。

燕国一再侵犯赵国，令赵国疲于战争，严重拖了反秦力量的后腿。本来，赵国是六国抗秦的主力，只有它还能硬杠秦国强大的军力。但连年大战让赵国损失惨重，急需休养生息。燕国不给予支持，还落井下石，使得赵国国无宁日，国力愈发衰落，难以对秦军造成威胁了。

秦庄襄王便趁着这个机会，以救援燕国为借口，于公元前248年，派出大军大举进攻赵国。赵军两线作战，难以阻挡秦军的攻势，结果一溃千里，包括整个太原郡在内的三十七座城市陷于秦国之手。

在进攻赵国之前，吕不韦还带兵向东周国进攻，在公元前249年将它消灭，彻底灭亡了东周王朝；同一年，将军蒙骜也向韩国腹地进军，攻取了中原重镇成皋和荥阳，韩国只能退守首都新郑周边，成了一个弹丸小国。秦国把新占领的韩国国土合并，成立了三川郡。至此，秦国国土与魏国腹地接壤，秦军不用向韩国借路就能进攻大梁了。魏国再次陷入了空前的危机。

魏安釐王忧心忡忡，他现在无人可用，实在没有办法应对秦军随时可能的进攻。这时，他想到了一个人，那就是居留在赵国的弟弟信陵君。

信陵君几年前窃符救赵，假传王命，杀害统兵大将。虽然魏安釐王后来表示对此事不予追究，过去赏赐给他的封地和爵位也一并保留，但信陵君还是担心回国之后会被处分，便一直留在赵国没有回来。他在赵国这几年，被赵孝成王奉为座上宾，还被赏赐了一座城池。他不改礼贤下士的习惯，经常和赵国社会底层的豪杰打成一片，名气因而盖过了姐夫平原君，甚至导致一部分平原君的门客"叛变"到他的门下。

公元前251年，平原君去世，战国四公子只剩下了两位。信陵君成了最有威望的公子，天下人都以能够结交他为荣。就在这个时候，秦国恢复了元气，开始向三晋大规模进攻。魏安釐王连忙派人到赵国请信陵君回国共商大计。可老哥这般盛情邀请，信陵君却还是不放心，他担心魏安釐王是要把他骗回国抓起来，迟迟不肯答应回去。他门下的两位门客劝谏说："公子所以在赵国备受敬重，名扬诸侯，只是因为有魏国存在啊。如今秦国进攻魏国，魏国危急，而公子毫不顾念，假使秦国攻破大梁而把您先祖的宗庙夷平，公子还有什么脸面活在世上呢？"信陵君听后脸色大变，连忙拜别了赵孝成王，驱车赶回魏国。魏安釐王封他做了上将军，主持魏国的军事大权。

得知魏国以信陵君为将，吕不韦便派大将蒙骜出征魏国，企图给他一个下马威。顺带提一下，蒙骜的儿子叫蒙武，蒙武的两个儿子蒙恬和蒙毅非常出名。

蒙骜气势汹汹杀来，信陵君知道单靠魏军无法取胜，便发动自己的人脉资源，请求六国一起组成合纵联军，抵抗秦军的攻势。信陵君名满天下，他的号召发出，赵、韩、楚、燕四国立刻响应，纷纷派出军队支援魏国。信陵君便带领五国联军对秦军展开了反击，这就是历史上的第四次合纵攻秦之战。

秦军寡不敌众,被五国联军击败。联军一直追击到函谷关,收复了一部分领土,信陵君魏无忌之名威震天下。这一年是公元前247年。

然而,胜利的果实没能维持多久。各国之间的矛盾由来已久,赶跑秦军后,六国就反目为仇。因为和韩国、楚国存在领土争端,魏国很快和盟友开战。信陵君先是带兵攻打韩国管城(今河南郑州),然后又向南攻打楚国睢阳(今河南商丘)。虽然魏军取得了胜利,但还是损耗了本就不强的国力。

而秦庄襄王被合纵联军击败,明白六国中还有信陵君是他的绊脚石,便使出了秦国惯用的计谋——离间计。

秦国收买了几个晋鄙的门客,让他们在魏国散布流言说:"信陵君流亡在外十余年,现在一回国为将,诸侯们就竞相从属,说明天下人只知信陵君而不知魏王啊。信陵君打算在南面自立为王,诸侯们暗地里都支持他。"

流言愈演愈烈,本就忌惮弟弟的魏安釐王渐渐相信了。不久,他便撤销了信陵君上将军的职务,收回了兵权。信陵君见自己为国家立下了汗马功劳,却仍旧得不到哥哥的信任,不禁心灰意冷,再也无心于朝政了。他回到了自己的封地,每天以酒色打发时间,碌碌无为地度过了人生的最后四年。

最后一位有号召力的六国领袖就此被秦国清除,秦国一统天下的大势已定。

仲父

就在信陵君退居幕后这一年,秦庄襄王也去世了。还是壮年的他在位仅仅三年就突然离世,和他这些年沉迷酒色、透支了精力不无关系。

公元前247年,年仅十三岁的嬴政登上了王位,但此时秦国还不属于他。因为年龄尚小,他不能亲政,得由丞相吕不韦摄政。他还得叫吕不韦"仲父",像父亲一样尊重这个人。嬴政没有办法,只能乖乖听话。

完全执掌了秦国大权的吕不韦,权势达到了无以复加的地步。他的食邑不断增加,家仆突破了万人。他见战国四公子广收天下门客,博得天下人的敬仰,觉得自己身为秦国的丞相和仲父,在这一点还比不上他们,实在是太没面子了。于是,他也广收门客,给出了最优厚的待遇。一时间,落魄士人纷纷涌入咸阳,吕不韦也有了三千多门客。

吕不韦又看见诸子百家有很多文人学者著书立说,在天下流行。他也非常羡慕,便让自己的门客每人写一篇论文,然后汇总起来整理成书,以自己的姓氏命名。这本著作耗时数年,有二十万字,是为《吕氏

春秋》。其内容包罗万象，观点不一，被列为杂家典籍。

《吕氏春秋》完成后，吕不韦非常得意。他让人把书的内容誊抄在布上，在咸阳的大街上全文公布，并宣称谁能增删其中一个字，他就赏赐一千金。人们都畏惧他的权势，没人敢站出来增删当中的文字。

因为是秦王的仲父，吕不韦还获得了出入后宫的特权，经常和成了太后的赵姬见面。一来二去，两个老情人旧情复燃，居然重新私通。

一开始，嬴政年纪小，不懂事，吕不韦能壮着胆子和赵姬约会。过了几年，嬴政长大了，吕不韦担心被嬴政察觉，就很少来后宫私会了。这样一来，赵姬不高兴了。她年纪尚轻就开始守寡了，困在深宫极其寂寞，在秦国又人生地不熟，只有吕不韦这个老情人能叙个旧。吕不韦不来，她简直要闷出神经病了。于是，赵姬和吕不韦大吵大闹，说他不来也可以，但必须想办法给她找个男宠，不然她就把丑事捅出去，让吕不韦身败名裂。

吕不韦只能答应，找了一个叫嫪毐（lào ǎi）的人献给了赵姬。

嫪毐，原本只是一个市井混混，靠卖假药为生。吕不韦将他收入府中，对外宣称他犯了罪，送去刑房处以宫刑。但吕不韦暗中收买了行刑人，没有真的对嫪毐用刑。随后，吕不韦以太后需要宦官服侍为由，勾结内务总管，把嫪毐这个"阉人"送进了赵姬的宫里。

赵姬获得嫪毐后，把吕不韦甩在了脑后。嫪毐堂而皇之地成了太后的贴身侍从。平日里，他拔光胡须，学宦官的嗓音、举止和人打交道；没人的时候，他便恢复正常样子，和赵姬淫乱取乐。

过了一段时间，赵姬居然怀孕了。赵姬担心隆起的肚子会败露她和嫪毐的关系，便对嬴政说她找人算了一卦，现在居住的宫室风水不好，要搬到旧都雍城的宫殿里居住。赵姬和嫪毐搬到雍城后，以为天高皇帝远，更加放纵淫乱，先后生下了两个孩子。

年少的嬴政还不清楚母亲那边到底发生了什么事。但从一些风言风语中，他能感觉到母亲与吕不韦、嫪毐有不同寻常的关系。可此时他还没有亲政，没法运用权力调查。

嬴政只能选择忍耐，等待自己能够掌权的那一天到来。

卷十八 乱世的终结

最后一次合纵

转眼间又是六年过去了。在这六年时间里,吕不韦继续派遣军队对三晋发起进攻。

信陵君死后,秦军在魏国势如破竹,连续鲸吞大片领土。

公元前241年,秦军攻占了卫国故都朝歌,占领了原先被魏国夺取的卫国故地,还抓获了被魏王扶持的傀儡卫元君(卫国国君已经贬号为"君",不再称"公")。吕不韦是卫国人,念及祖国的情分,没有废弃卫国的宗庙。他改立另一位卫国公室后裔卫角为君,把卫角和卫国宗室迁到野王居住。卫国在名存实亡的状态下又延续了三十多年,直到秦二世时才被废弃。

吕不韦在新占领的土地上建立了东郡,秦国国土已经延伸到了齐国边境了。魏国国土则大幅缩水,只比韩国大一点而已。

在秦国的步步紧逼下,六国合纵再一次提上日程。在赵国的游说下,韩、魏、燕、楚纷纷派出大军组织联军。众人一致推选国土最大的楚国为盟主，战国四公子里最后一位在世的春申君为合纵长，赵国将军庞煖（xuān）为大将。但是，被秦国"远交近攻"策略收买的齐国拒不出兵，没有参与到合纵联军中来。

合纵联军于公元前241年在庞煖的指挥下，对秦国发起了声势浩大的进攻。这位庞煖，在当时算得上名将，对军事理论颇有研究，还曾与赵武灵王谈论兵法。但庞煖一直醉心于学术研究，生平大部分时间都没有带兵打仗，等出山的时候，已经是须发尽白的老者了。

那时，燕王喜企图再次侵略赵国，询问从赵国叛逃来的将军剧辛："庞煖这个人怎么样？"

剧辛以自己在赵国的经历，觉得庞煖就是个老书呆子，就说："庞煖很容易对付的。"

燕王喜便听信剧辛的话，让他带兵十万进攻赵国。结果，"老书呆子"庞煖带领赵军迎战，三下五除二就把燕军打得全军覆没，顺道还把"老友"剧辛砍了。庞煖一战成名，诸侯们觉得他年老稳重，就推举他做了此次合纵联军的总司令。

庞煖知道这个担子很重，认真研究了历次合纵攻秦之战的得失。他觉得以往联军攻秦，都被函谷关阻碍，联军不如绕开函谷关，从北面的蒲坂（今山西永济西南）西渡黄河，斜插秦国首都咸阳。

按照这个进军路线，庞煖带领联军一路猛攻到了距离咸阳不远的蕞（zuì）（今陕西临潼北）。吕不韦大为震惊，连忙把秦军大部队从函谷关调往蕞阻挡。

就在这个时候，合纵联军内部的矛盾和问题暴露了出来。由于长途行军，楚国和燕国的士兵非常疲惫，他们又远离家乡，思乡心切，对战斗越来越消极。而且联军深入秦国本土，补给困难，使得士气大跌。五国军队名为联合，却各自为政，号令不一，又总想着自保，使得庞煖难以完全执行自己的作战计划。

吕不韦抓住了联军的这个矛盾,首先组织精兵向楚军发起进攻。楚军不敌,慌忙撤退。盟主楚军一退,其余四国军队军心动摇,也纷纷撤离战场。吕不韦派兵一路猛追,所幸庞煖安排得当,联军没有被秦军大批斩首,大部分安然回国。归国后赵军恼怒于齐国不参加合纵,向东进攻了齐国,夺取了一座城市才罢休。

第五次合纵攻秦之战虽然比前四次打得更远,但终究功败垂成。从此之后,六国对于合纵彻底没了信心,对邻国也愈加不信任。楚国就在当年把首都从靠近中原的郢陈迁到了寿春(今安徽寿县),把这里改称为郢都,史称"寿郢"。

此战成了六国合纵最后的绝唱,六国气数已尽,再也联合不起来了,只能等着被秦国一个一个消灭。

万事转头空

吕不韦再次大胜，他的威望登峰造极。在那时的秦国，人们只知道有吕丞相，而不知道当朝国君是谁。吕不韦就像当年的魏冉，几乎成了秦国的代名词。

但是吕不韦和魏冉一样，看似有取代国君的能力和声望，却始终没有迈出这一步。这无法仅仅用他们满足于现状，不希望背负骂名来解释。秦国的政治体制在很大程度上限制了他们篡权夺位。

在此对秦国的丞相制度略作解释。

秦国的丞相制度是效仿魏国设立的，最初的定义是文官系统的最高领导。后来，战争频繁，商鞅变法保障军队优先，这种政治环境导致丞相的职位逐渐由军队统帅担任，以方便文官系统为军队服务。秦国本身又没有常设的将军职位，就让丞相集军政大权于一身，在秦国呼风唤雨。

既然丞相的权力这么大，为什么没有丞相打秦国王位的主意呢？

原来,秦国为了保证王位稳固,给丞相制度打了个补丁——用兵五十人以上必须经过国君允许。

秦国从中央到地方的所有军队的调动大权都在国君手里。和魏国一样,秦王也有一块可以一分为二的虎符,左半个虎符交给丞相或者主帅,右半个虎符由国君保管。需要出动军队时,秦王就派使者把自己那一半虎符带去给丞相或主帅,然后共同到军队驻地,把虎符合并起来给统兵将领。将领看见合二为一的虎符,才会听从丞相或主帅的指挥。军队出动后,使者把右半个虎符带回秦王那里。而如果秦王不再信任这个丞相或主帅,也可以随时随地收回左半个虎符。

这样一番复杂的操作,总结起来就是一句话:军队只听国君的命令。丞相就算再风光,再有地位,也没法私自调动军队,想造反就没辙了。反倒是国君,可以轻而易举地剥夺丞相的兵权。

吕不韦是没胆量也没办法造反了。反而有另外一个人,打起了秦国王位的主意。

他,就是嫪毐。

嫪毐不是在异想天开,他实际上比吕不韦更有实力造反。他自从得到赵姬的宠爱,封赏不断,财富暴涨。嫪毐还依靠自己是太后身边红人的关系,大肆培植党羽。那些企图攀附嫪毐获得官位的人,纷纷前来巴结他,依靠他。嫪毐又学名流广收门客,但他不收学者,只收身强力壮的武士,一些法外之徒纷纷投靠到他的门下,使他的门客数量达到了上千人的规模。而吕不韦因为不可言说的秘密,只能对嫪毐睁一只眼闭一只眼。

嫪毐的胆子渐渐大了起来,就想和吕不韦平起平坐。他要封侯,要地盘,要人马。但在以军功论爵的秦国,封侯是相当困难的事,除非国君特事特办。而当时嬴政未亲政,掌握权力的吕不韦不给嫪毐封侯。

嫪毐就想,军功没法得到,我可以告密啊。原来,按照商鞅当初立下的法律，告奸者与杀敌同赏，只要告发的秘密重大，不怕吕不韦不按法律给他封侯。

告谁的密呢？嫪毐已经想好了，他要告嬴政同父异母的弟弟成蟜。

成蟜原本是秦庄襄王最喜欢的儿子，按照李开元教授在《秦谜》中的说法，他的生母有可能是以夏太后为代表的韩国系外戚的族人，他一直都在夏太后的羽翼之下。嬴政即位之后，他的地位直线下降，受到赵姬排挤和敌视。庇护他的夏太后去世后，成蟜势单力薄，觉得自己在秦国实在是待不下去了，很有可能会被赵姬和吕不韦找人干掉。

他想到了叛变。

公元前239年的一天，成蟜主动请缨，表示愿意带兵出征赵国。吕不韦批准了他的请求，让他带领十万秦军进攻赵国。成蟜请求带上自己的几个门客和亲信，吕不韦也同意了。

嫪毐觉得成蟜带着亲信出征非常可疑，就让自己的门客刺探消息，然后把一些可疑的情况向吕不韦告发，称成蟜已经和赵国人串通，极有可能一去不回。吕不韦得知后大惊，立刻派人去把成蟜的部队叫回来。

此时成蟜已经带兵到了屯留。他见吕不韦派人催他回国，知道事情败露，没有时间赶到赵国了，便和手下的亲信、将领商量，决定立刻举旗叛乱。成蟜的叛军关闭了屯留的城门，杀死了不愿叛乱的将领，胁迫留在城中的军队和平民一起据城叛乱。吕不韦立刻调集军队围攻屯留。成蟜的叛军本就人心不一，无法组织起有力的抵抗，屯留很快失守。成蟜在慌乱中化装潜逃到了赵国。

这场叛乱让吕不韦异常愤怒，他下令把抓获的叛军将领全部斩首处死，屯留的百姓则流放到西北边境。而嫪毐，因为举报成蟜有功，吕不韦不得不按照秦国法律，奏请嬴政封他为长信侯，食邑山阳郡（今河南焦作东）。

嫪毐当上了长信侯后洋洋得意，他不仅有了一块地盘，可以召集家

兵，而且他底下的上千门客也个个是亡命之徒，只听命于他一人。嫪毐一下子拥有了数千人马，比只能私下调动五十兵士的丞相吕不韦强太多了。

他再也不把吕不韦放在眼里了，觉得自己可以大展宏图，做一回国君的美梦了。有一次，他和门客一起喝酒，吹牛说自己是嬴政的继父，嬴政叫吕不韦"仲父"，就得管自己叫"假父"，嬴政死了，就得由他的儿子即位，他嫪毐将来就是秦国的"主父"。他不知道，他说的这些话被人给记了下来。

转眼到了第二年，公元前238年，嬴政已经二十二岁，按理到了必须亲政的年龄。吕不韦也开始给嬴政张罗加冠亲政的仪式。嫪毐感觉，嬴政素来讨厌自己，他一旦亲政，必定会不受自己的制约，自己将来的日子肯定不会好过。万一自己是假宦官、和太后生了两个儿子的事情败露，自己就只有死路一条了。

于是，嫪毐暗中给门客和家兵们分发武器，命他们加紧操练，随时准备干一件大事。

这一年正月，在故都雍城的宗庙里，年轻的嬴政举行了盛大的冠礼亲政仪式。他戴上了代表成年的王冠，接过了玉玺，正式成了秦国的最高统治者。在场的秦国臣民纷纷向他跪拜，山呼万岁。

这一天，嬴政已经等了九年。

然而，他亲政没多久，就面临着生死存亡的危机。

就在结束仪式当天晚上，有人跑来向嬴政告密说，嫪毐其实不是宦官，他和太后生了两个儿子，他私下里说自己是假父，还打算让自己的儿子当秦王。嬴政听后大惊，虽然他早就感觉嫪毐这个人不大对劲，但他万万没想到嫪毐的身上居然隐藏了这么多惊天秘密。他立刻让人去调查，确定事实是否真的如告密者所说。

但雍城是嫪毐的地盘，嬴政要调查嫪毐的消息很快就走漏了。嫪毐知道大祸临头，必须把计划提前，趁早灭了嬴政和吕不韦。

嫪毐连夜召集了门客和家兵，总计两三千人，让他们拿出武器，在天亮时跟随自己杀入王宫。与此同时，嫪毐派人伪造虎符，欺骗城外的一支军队入城，配合他进攻。

黎明时分，嫪毐带领叛乱人马开始进攻嬴政所在的蕲（qí）年宫。他假称奉太后赵姬之命，要废杀嬴政和吕不韦，抓住此两人者赏千金，封万户侯。在嫪毐的鼓动下，叛军猛攻蕲年宫宫门，喊杀声整天。

嬴政没料到嫪毐会如此突然叛乱，但是这位话不多的年轻人并没有惊慌失措。他一面命令守宫士兵顽强抵抗，一面让人突围出去，请吕不韦和城外的昌平君立即带兵增援。

这里要特别提一下昌平君。他是楚国人，楚王的后代，可惜史书上没有留下他的名字。综合后世学者的推测，昌平君有可能名启，是楚考烈王在秦国为人质时生下的庶子，父亲逃回国后他留在了秦国，被同为楚人的华阳夫人收养，成了华阳夫人的亲信。昌平君在朝中担任御史大夫，负责监察百官，地位仅次于吕不韦。

得知嫪毐叛乱，吕不韦和昌平君火速带兵赶来平叛，双方在蕲年宫外展开了厮杀。嫪毐的叛军都是乌合之众，不堪一击，加上真相大白，受骗军队纷纷倒戈，这场叛乱很快就被扑灭了，嫪毐也被活捉。

愤怒的嬴政对嫪毐处以车裂的极刑，并夷其三族，参加叛乱的嫪毐门客和家兵也被斩首，其余士兵流放蜀地。很快，嫪毐和太后的两个私生子也被搜查了出来。嬴政不顾母亲赵姬苦苦哀求，把这两个同母异父的弟弟装进了麻袋摔死。

嫪毐谋反，以及他和太后通奸生子的丑闻，让嬴政对母亲怒不可遏。联想到小时候，母亲在赵国也是水性杨花，嬴政觉得这样的女人根本就不配做自己的母亲，留在自己的身边都丢人。回到咸阳之后，嬴政下令把赵姬关在雍城的宫中不许出来。

卷十八　乱世的终结

　　囚禁太后毕竟有损于国君和秦国的形象，有很多人来给太后求情。可嬴政谁的话也听不进去。求情的人多了，嬴政大发雷霆，下令敢于给太后求情的人一律斩首弃市，处死之前还要先用带刺的藤条责打一顿。

　　命令一下，还是有不少人来求情。他们全部被抓去用藤条打得体无完肤，然后拉到集市上斩首示众，被杀的居然有二十七人之多。

　　在这关键时刻，有一位名叫茅焦的硬汉再次来进谏。他说："陛下把两个弟弟装进口袋击杀，有不仁慈的罪名；把母亲软禁，有不孝之罪行；对进谏之人用藤条殴打后处死，有桀纣的暴行。如今天下的人听说这些事，全都崩溃了，不再心向秦国。我担心秦国灭亡，替陛下忧惧。"

　　茅焦的话总算是说到了点子上。嬴政虽然年纪不大，但早就有了一统天下的理想。他听了茅焦的话，觉得为了一统天下的大业，就原谅母亲的过错吧。于是，嬴政没有杀茅焦，反而封他为上卿，还恢复了先前被杀的二十七人的名誉，将他们厚葬。然后，嬴政亲自前往雍城把母亲接回咸阳，让她回居甘泉宫。母子俩的关系终于恢复了。

　　而赵姬经历了整个事件的打击，已经有些神经质了，整天神神叨叨的。她再也不敢放纵自己，老老实实地在甘泉宫里待了十年，于公元前229年去世，死后和秦庄襄王合葬在了一起。

　　嬴政放过了母亲，却没有放过嫪毐事件的真相。他让人继续深入调查，一定要查清楚嫪毐这个假宦官是怎么混进宫里的，又是怎么到了太后那里的。很快，调查人员报告给了嬴政一个名字——吕不韦。

　　听到这个名字，嬴政几乎不敢相信自己的耳朵。吕不韦是他的仲父，这些年来，嬴政一直都像对父亲一样对待他，尊重他。他怎么也不愿意相信，秦宫丑闻的始作俑者会是吕不韦。更让他吃惊的是，报告者还说，吕不韦在赵国的时候就和太后通奸了，以致民间都有他是吕不韦的私生子的谣言。

嬴政的三观都要崩塌了。

他极其愤怒,感觉自己的整个人生都被吕不韦欺骗了。他本打算处死吕不韦,把这个老家伙碎尸万段。但是很快,他又冷静了下来,想到当年父亲在赵国落魄贫穷,是吕不韦帮助父亲逆袭,登上了王位。自己没有亲政的这些年,也是吕不韦帮他主持朝政。如果没有吕不韦,他根本不可能有今天的地位。

但是,嬴政转念一想,吕不韦不能不除。这个人在秦国已经权势熏天,自己要掌握整个国家,必然会被他掣肘。经过几个月的痛苦考虑,嬴政最终在公元前237年下令,以失职为由罢免吕不韦的丞相职务,令吕不韦前往其领地居住。

仅仅是免职,嬴政已经很给仲父面子了。

吕不韦只能自认倒霉,后悔没有对嫪毐多做防备。他回到领地,做起了大富翁,依旧过着逍遥快乐的日子。那三千多名门客也依旧追随着他,吕不韦的府上还是门庭若市。这是他人生中最后一个错误:身为被免职的丞相,还生活得如此张扬和喧嚣,完全没有低调做人的意思。

或许在吕不韦的心里,他当初散尽家财投身政治,为的就是名扬天下,成就一番伟业,如今功成名就,为什么不趁年老之际好好享受一番?而且,为相这么多年,吕不韦早已养成了高调行事的作风,自以为对嬴政一家居功至伟,觉得嬴政那个孩子不会对他怎么样的。

可惜,嬴政已经不是他心中的那个样子了。

一年之后,一些诸侯的使者前来朝见嬴政,提出希望能去看望一下文信侯吕不韦,表达对吕不韦的敬意。当场,嬴政没有说什么。后来,他却越想越生气。吕不韦已经被撤职一年了,居然还名声在外,外国使臣都来朝拜,这不是在秦国另立山头,还能是什么?

嬴政当即挥笔写了一道敕书给吕不韦,敕书中只有一句话:"你对秦国有何功劳,秦国还封你在河南,食邑十万户?你和秦王有什么血缘

关系，敢号称仲父？你与家属一概迁到蜀地去居住吧！"不久，嬴政便剥夺了吕不韦的爵位，将他和他的家人全部流放到蜀地。

在前往蜀地的路上，吕不韦想起一辈子的心血全部付之东流，自己变成了落魄的平民，还是戴罪之人，不禁仰天长叹，泪洒黄土。他预感到，自己被流放仅仅是开始，嬴政接下来肯定不会放过自己。他不想屈辱受死，他要高高兴兴地带着尊严去死。

吕不韦在自己的酒中下毒，当天晚上在饮酒作乐中毒发身亡了。

这一年是公元前235年。

逐客令

就在嬴政忙于处理吕不韦的时候,忽然收到了一封告发信,说正在泾河附近主持修建水渠的总工程师郑国是韩国派来的间谍,请求将他依法查办。

嬴政立刻派人去调查这件事。很快,他就明白了整件事的前因后果。

原来,当时韩国已经日薄西山,沦为弹丸小国,没法和秦国抗衡了。但在位的韩桓惠王(名然)不甘心被秦国控制,他得知秦国喜欢大兴土木,就学越国当年的"伐吴九术",派人劝说秦国营造大工程,消耗国力。

于是,在公元前247年,一位名叫郑国的水工被派去游说吕不韦,劝吕不韦在泾河和洛河之间修建一条水渠,用来灌溉渭河平原北部的农田。

当时,渭河平原的北部是丘陵山区,引水灌溉非常不方便,导致渭

河平原的粮食产量一直上不去，直接影响了咸阳的粮食供应。按照郑国的建议，在泾河和洛河间开凿水渠，就能把周边河流的水引入其中，灌溉旱田和盐碱地，增加粮食产量。水渠还能起到分流作用，减少河水泛滥。

郑国的建议得到了吕不韦的赞同，他任命郑国为总工程师，负责水渠开凿工作。水渠是在崇山峻岭中开凿施工，秦国投入了巨大的人力物力。修了十年还没修好，许多人怨声载道，一些心怀不满的人就去查了郑国的底细，发现他果然是间谍，就向嬴政告发了这一情况。

嬴政确认情况后，立刻下令把郑国抓起来准备处死。听说郑国被抓，加上吕不韦刚刚被废，许多秦国本土大臣集体上书，称郑国和吕不韦这样的外来人才祸国殃民，来秦国都是为了自己国家的利益，应该把他们全部驱逐出境。

嬴政那个时候对吕不韦的事火气未消，正在气愤怀疑。他看了秦国群臣的上书，破天荒地下了一道"逐客令"：六国来的所有文人客卿，无论是否为官，一律在限定的时间里自行离开秦国，否则强行驱离。

逐客令一下，在秦国的六国侨民们一片哗然。一位名叫李斯的吕不韦门客连忙给嬴政上书，劝他收回逐客令。

李斯，楚国人。年轻的时候，李斯在老家做过掌管文书的小官，收入微薄，还要看人的脸色做事。他对自己的地位和处境非常不满，经常唉声叹气。

有一天，他在厕所里看见一只老鼠，又瘦又小，浑身肮脏，一看见有人或者狗进来，就吓得仓皇逃窜。他又联想到自己曾在粮仓里看见的一只老鼠，又肥又大，而且没有人和狗来惊扰，能肆无忌惮地在米堆里嬉戏，感叹道："人之贤不肖譬如鼠矣，在所自处耳！"意思是说，一个人有出息还是没出息，就如同老鼠一样，是由所处的环境决定的。好的环境能让人成长，差的环境只会让人沦落。

这番感悟成了李斯的人生座右铭。他觉得楚国政治日益没落腐朽，在老家混是没有出息的，应该去生机勃勃的秦国发展。而在去秦国之前，他必须先学好文化。于是，李斯辞官到了齐国的稷下学宫求学，拜师在当时的大儒荀子门下。

几年之后，李斯完成了学业，打算去秦国求官，但老师荀子对他追求功名的理想表示了质疑。李斯非常直白地反驳道："地位卑贱的人，不想着去求取功名富贵，就如同禽兽一般，只等着吃一口现成的肉，白白长了一副人的面孔，勉强直立行走。一个人最大的耻辱莫过于卑贱，最大的悲哀莫过于贫穷。长期处于卑贱的地位和贫困的环境，却还要整天非难社会，厌恶功名利禄，标榜自己与世无争，这不是士子的本愿！"

李斯来到了秦国，首先投奔吕不韦，当了一名门客。因为才能出类拔萃，他得到了吕不韦的重用，经常跟随吕不韦出入王宫拜见嬴政。依靠这样的机会，李斯有一次向嬴政分析天下形势说："凡是干成事业的人，都必须抓住时机。过去秦穆公虽然很强，但未能完成统一大业，原因是时机还不成熟。自秦孝公以来，周天子彻底衰落，各诸侯国之间连年战争，秦国才乘机强大起来。现在秦国力量强大，大王贤德，消灭六国如同扫除灶上的灰尘那样容易，正是完成帝业、统一天下的最好时机，千万不能错过！"

李斯劝嬴政抓住机会完成统一天下的伟业，在当时可谓改变历史的一番话。当时的人们没法预见到后来秦国一统天下的历史，李斯能够提出秦国统一天下的时机已经成熟，并劝嬴政努力实现，是非常明智和富有远见的。听了李斯这一番话，尚未亲政的嬴政立下了一统天下的雄心壮志。李斯出色的文采和绝佳的书法也让嬴政对他无比欣赏。不久，他就当了长史。

正当李斯踌躇满志，准备再高攀一级的时候，却发生了吕不韦和郑

国的事，多疑的嬴政下了一道逐客令，他也被牵涉。

李斯不甘心自己的大好前程就这么戛然而止，便冒死上书。这就是历史上著名的《谏逐客令》。文章很长，本书就不收录了，这里只简单介绍一下大致内容。

李斯在文章中首先列举了秦国任用外来人才实现富国强兵的事实；然后说秦王喜欢的珍宝美女都来自外国，并不因为是外产的而舍弃，对外来的人才却要驱逐，这是明显的重色轻才，不是一个大国该有的样子；最后，李斯总结道，逐客令是抛弃了人民以资敌国，驱逐了人才以助诸侯，秦王要想成就王霸之业，就必须包容外人，心胸广大。

李斯的一番据理力争最终改变了嬴政的想法。嬴政觉得自己要想统一六国，就应该留住六国的人才，把他们的才能收为己用。于是，他收回了逐客令，把侨民都留了下来。李斯更是被大力重用，被嬴政提拔为廷尉。

快要被送上刑场的郑国，也在关键时刻给嬴政上书，说自己来修建水渠，并不能使秦国衰弱，至多只会延缓秦国进军六国的步伐，让韩国的国祚多延续几年而已，但水渠要是完工，对秦国来说就是万代之利，能大大增强渭河平原的粮食生产能力。

嬴政听从了郑国的见解，放他出来，命他完成水渠修建。郑国加班加点，当年就使水渠竣工了。水渠完工后，果然使渭河平原成了沃野，粮食大量增产，关中地区很少出现饥荒了。这条水渠后来被命名为"郑国渠"。

经过了掌权之初的一番喧嚣，秦国终于平静了下来。嬴政清除了嫪毐和吕不韦两大权臣，把军政大权全部收回，秦国国力也较以往更加强大了。嬴政清醒地认识到，扫平六国的时候到了，秦国可以向六国发起总攻，完成统一天下的最后一步了。

秦国几代国君的梦想要由二十出头的嬴政实现了。

但是，虽然秦国无比强大，在六国之中也再无对手，但六国也还没弱到一口气就被吹倒的程度。六国国中不乏精兵强将和顽强不屈的人，而且还有可能再次合纵结盟。秦国如果不讲究策略地猛攻，只会白白消耗国力，不能获得大的胜利，拖延统一进程。

针对这个问题，早在嬴政刚亲政时，就有一位来自魏国的兵法家尉缭献计说："以秦国的强大，六国诸侯就像郡县的首脑一样。但六国合纵对付秦国却是一桩大麻烦，为免重蹈智伯、夫差、齐闵王被敌手联合攻击而亡的覆辙，希望大王不要吝惜财物，给各国权贵大臣送礼，利用受贿的大臣，打乱六国诸侯的合纵计划，扰乱国政。这样虽然损失些许财物，却可以消灭所有诸侯。"嬴政对尉缭的计策非常欣赏，在今后统一六国的战争中，多次运用过这个计策。

尉缭除了出谋划策，还擅长军事理论研究，有《尉缭子》这本著作流传于世。他第一次见嬴政，就看出这位千古一帝缺少仁爱，而有虎狼之心，不得志的时候容易礼下于人，得志的时候也能轻易害人，不可与他长期相处。尉缭多次想离开嬴政，但嬴政在李斯的建议下给他很高的礼遇，不仅赐给他和自己同等的衣服、食物，而且每次接见他都表现得很恭敬，后来还授予他国尉的职务。尉缭这才勉为其难地留在了秦国。

有一段时间，嬴政忽然读到了两本从韩国流传来的书，分别叫《孤愤》和《五蠹》。里面讲述了君臣之间的权术之道，主张君主要约束自己的臣下，防止他们权势太重、蒙蔽君王，并提出在现实的政治中，实际的权势比空头的仁义更有效。这两本书所阐述的论点极其符合嬴政大权在握、征服天下的想法，嬴政对作者大为赞赏，说道："寡人要是能见到此人，并和他一起同行，死也瞑目了。"

嬴政让李斯去打听作者到底是何人，李斯告诉他是韩国的韩非。

韩非，韩国公子，性格内向，还有点口吃。虽然是个外表木讷之人，却是一个有抱负的爱国青年。有感于祖国积弱，在列国之中毫无地

位,韩非一直发奋读书,希望能成为智谋之士,挽救国家的危局。

他和李斯一样,早年拜师在荀子的门下。李斯读书是为了自己飞黄腾达,而韩非读书是为了拯救祖国。韩非比李斯更加优秀,学术水平也更高,这一点李斯本人也承认。在刻苦努力下,韩非不仅精通法家学说,而且深谙道家和儒家思想。

在历史上,韩非被称作"法家思想的集大成者"。他整理了之前法家的一系列学说(过去法家思想比较凌乱),与儒、道两家进行比较,提出了一整套完善的政治思想。他的思想比较明显的特点是实用主义,认为对富国强兵有利的人和事才是值得坚持的,对富国强兵无用的东西要一概废弃,明君要重法制、集权势、讲霸道,去除儒士、纵横家、游侠、食客和商人这五类对社会无益的蛀虫,不要相信"帝道"和"王道"之类的瞎扯。

韩非学成之后,原本想把自己的思想贡献给韩王,帮助韩国富强起来。可惜,韩国君臣认为他的思想不合实际,没有一个人听从。气愤的韩非只好闭关写作,把自己的思想写成一本本小册子,供世人流传阅读。这些作品被后人整理成书,就是我们现在看到的《韩非子》。

嬴政读到的《孤愤》和《五蠹》就是《韩非子》中的作品。他得知作者是韩非,就计划把这个人才收为己用。

但韩非是韩国公子,一心报国,对秦国派来使者招揽自己并不买账。嬴政一气之下,便派兵进攻韩国,要求韩王把韩非交出来。韩王吓得够呛,只好乖乖地把韩非派为使者,让他到秦国去。

韩非来到了秦国,嬴政相当高兴,本打算给他封个高官。但韩非一见面就对嬴政说了一番话,让嬴政大为扫兴。

韩非说了什么呢? 他对嬴政提出不要灭亡韩国,先灭亡赵国。他提出的理由有三个:

一是韩国如今相当于秦国的一个郡县,灭亡它没有意义,反而会让其余五国更加恐惧秦国；二是赵国才是秦国最危险的敌人，弃赵攻韩，会给赵国渔利的机会；三是韩国虽小但没那么容易消灭，秦国攻打韩国，必然会促使三晋团结起来，阻挡秦军进攻。

因而，韩非主张，秦国应该先离间赵国和其余诸国的关系，然后集中力量一举击破赵国，平定齐国。到时，韩国就能不战而降，省去秦国动用人力物力消灭它。

韩非的话看起来非常有道理，但聪明点的人都能感觉得出来，他是在为自己的祖国说话求情，希望秦国不要首先侵略韩国，让韩国能再生存几年。

嬴政听后相当不高兴，因为首先灭韩是秦国的既定方针。李斯之前就给嬴政提出过建议，先把韩国消灭能恫吓其余五国，有利于秦国下一阶段的进攻。现在韩非一来，就对秦国统一天下的方针政策横加议论，这让嬴政对韩非产生了看法。结果，要给韩非封官的事情没了下文，韩非在秦国坐起了冷板凳。

李斯随后在朝堂上对韩非的论点大加批判，说韩国是秦国必须除掉的心腹之患，如果不除掉它，秦军进攻赵、齐两国时，这个心腹之患就会发作。嬴政对李斯的话深以为然。

而韩非，书呆子气太重，在秦国不把自己当外人，空闲之余又管起了"闲事"。他看见一个叫姚贾的大臣利用出访列国的机会，私交诸侯，贪污公款，很是气愤，就到嬴政那里告了一状。没想到，姚贾这个老油条在嬴政面前一通辩解，把自己的所作所为给圆回来了。他说自己虽然品德不行，但为秦国做出了不少贡献，相反，一些品德高尚的人却不能为秦国所用，如今秦国正是用人之际，不必苛求一个人的出身和品行。

嬴政觉得姚贾说得有理，就没有追究他。韩非却就此和姚贾结下了仇。嫉妒韩非才能、担心韩非争权的李斯同样想置韩非于死地。李斯和

姚贾串通，共同上书嬴政，说韩非是韩国公子，忠于自己的国家，必然不能被秦国所用，大王不用他而放他回国，就会对秦国不利，不如将他杀掉。

嬴政早已对韩非失望之极，如今听信了李斯和姚贾的谗言，就把韩非关进了监狱。李斯那个时候正是主管刑狱的廷尉，韩非在狱中希望给嬴政上书辩解，却全部被李斯打回去了。李斯见韩非不死心，怕夜长梦多，就派人在狱中把他毒死了。等到嬴政后悔，打算赦免韩非时，才发现他已经死了。

中国历史上最伟大的法家大师，就这样冤死在了同门师兄的手中。他虽然没能实现报国理想，却留下了彪炳千秋的学术著作，成了比李斯更受称颂的人。

老兵不死

那个时候的李斯,显然没有预料到自己的结局和未来历史的发展。他关心的,只是自己的前程和荣华富贵。韩非已死,嬴政再也找不到比李斯更优秀的人才了,只好倚重李斯,听从李斯制定的方针政策。

李斯所提的方针政策,是对尉缭观点的整合。大致是说,秦国必须抓住六国疲弱的时机赶快统一天下,而在进攻过程中,派人收买六国中的权贵和奸臣,利用他们破坏合纵,离间国君和能臣之间的关系。灭六国的顺序则由近及远,先灭韩、赵,再破魏、楚,后平燕、齐。

嬴政按照这套战略,首先把灭国目标定为韩国。但是,正如韩非所分析的,韩国还没有那么容易被消灭。韩国已然加强了自身防御,并且和赵国结成了攻守同盟。秦军主力攻韩,必然遭遇艰苦的攻坚战,还会被赵军袭击侧翼。因此,嬴政决定在灭韩之前先削弱赵国。

秦、赵两国的生死大战又轰轰烈烈地上演了。

赵国此时是怎样的情况呢?

邯郸之战后，赵国在其他诸侯国的援助下得以保存，但这场大战也使赵国军民死伤惨重。然而，赵国根本没有时间恢复元气，它很快陷入和燕国的战争，两国互相的厮杀几乎没有停息过。在此期间，秦国和北方匈奴再次入侵，赵国大地从南至北战火连绵，民不聊生。

连年战乱给赵国带来一个严重的政治问题，那就是军队权力坐大。武将们个个拥兵自重，不听朝堂的号令，威胁到了国君的地位。国君开始不信任飞扬跋扈的将军们，转而相信那些阿谀奉承的奸臣，从而使赵国朝政日益腐朽没落。

公元前245年，赵孝成王去世，他的儿子赵偃继位，是为赵悼襄王。赵国国君和武将之间的矛盾第一次爆发了，与赵悼襄王发生矛盾的人则是三朝元老廉颇。

廉颇这位年逾古稀的老将，打仗是个好手，但玩政治还是差了些。他打赢了鄗代之战，受封信平君，当上了代理相国，居功自傲，没有对新君赵悼襄王表现出足够的尊重。这让赵悼襄王非常不满。

一位名叫郭开的奸臣素来和廉颇有仇，趁机向赵悼襄王进谗言，说廉颇在军中几十年，人脉和声望在赵国无人可比，现在他又立下大功，当上了相国，对谁都不服，大王要对他有所戒备，应该解除他的兵权，防止他造反生事。赵悼襄王听从了郭开的谗言，下令廉颇把兵权转交给乐乘。

廉颇得知命令，怒气冲天，他怎会愿意被人架空，当一个光杆司令？更何况他手下的将士都是他一手带出来的，现在交给外人，感情上无法接受。于是，当乐乘前来接收廉颇的军队时，廉颇失去了理智，居然带领一部分将士哗变，围攻乐乘。乐乘不得不仓皇逃走。

堂堂一国之相居然举兵哗变，这让赵悼襄王怒火中烧，他宣布剥夺廉颇的一切职权和爵位，调动大军镇压他。廉颇战败，逃亡到了魏国。

魏王虽然允许廉颇在这里居住，但始终没有信任和起用他。廉颇在魏国过了一段平民百姓的日子，备感无聊。忽然有一天，赵国派了一位使者来看望他。原来，廉颇走后，赵悼襄王找不到比他更会打仗、更有威望的将领。为了防备秦国，赵悼襄王打算既往不咎，重新召回廉颇。但他又担心廉颇年老体弱，不堪大任，所以先派使者借看望之名，察看廉颇是否健康可用。

廉颇知道赵使的来意，便热情招待了他。宴席上，廉颇吃了一斗米、十斤肉，以示自己胃口很好，席后还披甲骑马，以示自己老当益壮，绝对可以再上战场。

然而，赵使在来之前就已经被奸臣郭开收买了。他回国后向赵悼襄王汇报说："廉颇虽然老了，但饭量很好，可惜和臣坐了不长时间，就上了三次厕所。"赵使的意思是廉颇装作胃口很好，老当益壮，其实已经体弱多病，不堪重用了。赵悼襄王听信了赵使的话，就放弃了召回廉颇的打算。这个典故引申出了"廉颇老矣，尚能饭否"这句俗语。

可怜胡子花白的廉颇苦等了数年，最终也没等到赵王给他的征召令。在痛心和失望下，他只好听从楚国人的游说，到楚国当了将军。可是楚国偏安于南方，很少打仗，廉颇没能立下什么军功，又不适应当地的风俗和水土，这让他的心情更加抑郁，身体越来越差了。

在人生的最后几年，廉颇叹息道："我还是想带领赵国士兵啊！"

廉颇最终在楚国首都寿郢去世。临终时，他仍然思念着自己的祖国，思念着自己的家乡，更思念当初和他出生入死的将士们。只可惜，他再也没法回去了，再也不能和赵国勇士们一起驰骋疆场，杀敌报国了。

廉颇离开赵国后，赵军统帅一职经过一番轮替，最后由兵法家庞煖接手。庞煖后来指挥了第五次合纵攻秦，展现了不寻常的指挥才能。

赵国有庞煖坐镇，秦军要想攻赵就没那么容易了。嬴政需要一位像白起那样能独当一面的大将，才能和顽强的赵军较量一番。很快，有两个优秀将领被推荐给他，一位名叫桓齮（yǐ），另一位名叫王翦。

桓齮和王翦都是秦国人，早年的经历已经无从考证，但可以推测，两人应该都是出身行伍，依靠军功一步步上升为将军的。论智谋，王翦的水平远高于桓齮，他在空闲时专注于学习，平日里也谨慎做人，善待下属，从而用兵如神，将士心服，成了战国四大名将之一。

此时的王翦，名气还很小，没有指挥过大战。嬴政不清楚他会不会是庞煖的对手，就没有立刻派兵和赵军硬碰硬，而是选择了等待时机。

什么样的时机呢？就是赵军北上和燕国作战的时候。这时，赵军就顾不了西线的秦军了。

机会很快就被嬴政创造出来。

公元前237年，赵悼襄王入朝秦国，嬴政在咸阳隆重接待他。酒会上，赵悼襄王说起了燕国与赵国多年的恩怨。嬴政顺势说道："燕国如此无道，寡人支持赵国消灭它。"

赵悼襄王以为嬴政是要与赵国停战修好了，兴奋地与秦国签订了和约，并在第二年命令庞煖率领赵军主力北上进攻燕国。燕国连忙向秦国求救，嬴政立刻撕毁与赵国的和约，派王翦和桓齮率领两路大军渡过黄河，直扑邯郸城的西面屏障太行山。

王翦带领的一路从正面进攻战略位置最重要的上党郡和阏与要塞，桓齮带领的一路从侧面进攻赵、魏边境的重镇邺城。嬴政的计划是从西、南两面打通前往邯郸的道路，为将来全面包围邯郸做准备。

因为是乘虚进攻，要在庞煖回防之前完成战役目标，留给王翦和桓齮的时间并不多。尤其是王翦，他距离庞煖最近，时间更加紧迫。这对初次指挥大战役的王翦来说，无疑是艰巨的考验。

王翦深知要在短时间内完成作战任务，非精兵强将不能胜任。于是，他到了赵国之后，立刻下了一道命令，让军中年俸禄不满百石的小官回家，因为这些军官军功不高，能力和经验都不如高薪的军官。他再在每十人中挑选两名老兵留在军队，精选了两万人马，开始发动进攻。

王翦挑选的精兵强将果然骁勇无比，只用了十八天，便攻取了阏与要塞和其他五座城市，完全占领了赵国的上党郡。南线的桓齮也不负众望，攻克了邺城和安阳（今河北临城南）。

远在北方的庞煖此时才刚刚打下燕国两座城市，得知秦军入侵，连忙火速回援。但他赶到时已经晚了，秦军完全占领了赵国太行山以西和漳河以南的土地，邯郸彻底失去了太行山的屏障，暴露在了秦军的锋芒之下。

赵国只在北方占领了两座城，却在南方丢失了大片领土。赵悼襄王被嬴政如此愚弄，当年就气病而亡了。赵军主帅庞煖自责不已，从此，这位名赫一时的兵法家消失在了历史中，很有可能不久即告别人世了。

赵国又失去了一位德高望重的军事统帅，一时找不出大将统兵。嬴政立刻将与赵国决战的计划提上了议程。

秦国在加紧备战之时，赵国却不合时宜地陷入了王位内斗中。原先，赵悼襄王立嫡子赵嘉为太子，却又宠爱一位舞女。这个舞女史称"邯郸倡"（意为"邯郸的歌舞艺人"），她给赵悼襄王生下了一个儿子，名叫赵迁。邯郸倡想上位当太后，就利用经常接近赵悼襄王的机会，进谗言陷害太子赵嘉。昏庸的赵悼襄王听信谗言，居然废掉了赵嘉，而把赵迁立为太子。史书上说赵迁"素无行"，意思是他娇生惯养，品行恶劣。这样的人担任储君，赵国无药可救了。

赵悼襄王去世后，赵迁继位，是为赵幽缪王。嬴政便趁着赵国新君年幼，于公元前234年，派桓齮带领大军发起了大规模进攻。桓齮带兵北渡漳河，猛攻赵国南长城上的平阳（今河北磁县东南）和武城（今河北磁县西南）两座要塞。

赵国南长城原是位于赵、魏边境的一座防御工事，是战国初期赵国为了防备强盛的魏国所建。如今，这段长城成了邯郸城南面的外围防线，距离邯郸只有六十多里。秦军如果攻破南长城，就能如入无人之

境，轻易开进到邯郸城下。

得知赵长城告急，赵幽缪王连忙指派扈辄为将，率领十万兵马前去迎战，势要守住南长城。这十万兵马，已经是赵国内地仅剩的最后一支有战斗力的部队了。他们南征北战二十多年，多次击败燕军入侵，对秦人也有血海深仇，因为他们的父辈就有人牺牲在长平。如果多加培养，这支赵军也会成长为一支精锐。只可惜，赵国一再失去优秀的将领，没有好的指挥官带领他们。这次领兵的扈辄能力平庸，完全不是桓齮的对手。秦军击杀扈辄，将十万赵军尽数斩首，平阳和武城失陷，南长城被攻破。十万赵兵没能为父辈报仇，也将鲜血洒在了这片壮烈的土地上。

最后的军团

拿下赵国南长城，歼灭扈辄的部队后，嬴政没有让桓齮乘胜攻打邯郸。因为他知道，邯郸的城防极其坚固，一旦秦军被攻坚战拖住，不能抽身，还会有一支赵军将从背后夹击他们。

这支赵军是赵国最后一个军团，是守卫赵国北长城的边防部队，指挥官名叫李牧。

当初，赵武灵王带兵北伐林胡人和楼烦人，在北方开辟了三个郡。为了防备游牧民族袭扰，赵武灵王主持修建了赵国北长城，往这里派驻了军队。因为北长城的驻军关系北方国境的安全，距离邯郸也太远，所以从来都不轻易调动他们南下作战。也正因为如此，赵国内地所有人马拼光后，这支驻守北长城的军团便成了仅存的最后一支机动部队。

北长城军队属于赵国北方的代人集团，士兵主要来自于边民或胡人。他们久居蛮荒之地，悍勇刚强，是赵军中最正宗的胡服骑射部队。十几年前，他们是赵军中最腐败无能的部队。由于远离政治中心邯郸，

这些大兵军纪涣散,不注重训练和战备,日子得过且过。草原上的匈奴人一来,这些大兵找不到好的战术迎敌,只会撒丫子就跑,或者龟缩在城堡里,匈奴每次来掳掠都能满载而归。

这支军团的情况,直到一位新的指挥官到来,才得到了完全改变。这个指挥官就是与白起、廉颇和王翦齐名的战国四大名将之一——李牧。

李牧是土生土长的赵国北方人,一直生活在边疆地区。早年,他在赵国的雁门郡(治所在今山西右玉南)当兵。因为才能突出,他被逐级提拔,最终成了北长城军团的最高指挥官。

李牧上任后,针对边防军守边不力、匈奴长年侵犯的情况,进行了大力改革。他首先整肃军纪,严惩违法乱纪的士兵,要求所有人必须服从指挥;然后他严令全军每天操练,时刻保持对匈奴人的侦察和警惕;接着,他整顿税务,设置专人管理往来商贩的关税和租税,保障军费不流失。他知道守边的将士们日子苦,就每天杀牛给士兵改善伙食,而且给立功的战士优厚的待遇。在李牧的带领下,北长城军团很快面貌焕然一新,成了一支号令严明、将士用命的精锐部队。

但是,匈奴人对李牧整军一点都不害怕,他们依旧不定期地南下赵国边境掳掠。李牧深知这些马背上的民族没有那么好对付。他们来得快,跑得也快,赵军如果正面迎战,会遭到凶猛冲击,即便打败了他们,他们也会立即策马北逃,使赵军无法消灭他们。休整一段时间,这些强盗又会卷土重来。

于是,李牧在让部下做好侦察和警卫工作的同时,还下了一道命令:匈奴来犯之时,边关军民必须在最短的时间内撤入营垒,有胆敢出战者斩。

就这样,匈奴人每次来犯边,赵军侦察兵都立刻来报告,长城上的烽火台第一时间燃火警报,看见狼烟的赵国军民就立刻收拾东西躲进坚固的营垒。匈奴人冲进来的时候,看见的只有一座座空城和空村,想抢劫也抢不到什么东西，想攻打赵军营垒，又怕伤亡惨重，最后只好扫兴而归。

李牧执行了好几年这套战法，边关军民的损失大大降低。但是，愚笨的匈奴人看不懂其中的计谋，他们觉得李牧不过是个胆小鬼而已。匈奴人笨也就罢了，邯郸的赵人集团却也跟着智商欠费。有邯郸官员就参了李牧一本，说李牧是怯战，放任匈奴寇边。赵孝成王听信了谗言，就把李牧革了职，另派他人统领北长城军团。

新官上任后，立刻按照指示，出兵和匈奴作战，结果被打得落花流水，边关百姓又三番五次被匈奴人劫杀。得知边关失利，赵孝成王头痛不已。当时赵国正和燕国、秦国两线作战，北疆再守不住，那还得了？赵孝成王再次想到了能把损失降到最低的李牧，让他重新执掌北方边防。李牧没有立即受命，他对赵孝成王提要求说："大王准许我像以前那样做，臣才能奉命。"面对倔强的李牧，赵孝成王只好同意了要求，放手让他去指挥。

李牧来到北疆，立刻采取了原来的做法，坚壁清野，拒不出战。匈奴得知胆小鬼李牧回来了，更加肆无忌惮地前来侵犯。李牧知道机会来了，就把将士们集中起来，给他们分别安排了任务。

某天，李牧派了一些牧民外出放牧，交代他们要把牛羊放得满山遍野都是。匈奴人打听到情况，认为开荤吃全羊宴的时候到了，就黑压压地一大片跑来抢牛抢羊。李牧带兵出战，却故意败给匈奴人，让他们俘虏了几千人，还抢了大批牲畜。匈奴人大喜，就继续向前冲，想再大捞一笔发财。他们没想到，再往前，李牧给他们准备的就不是肥羊了。

李牧在一处山坳里设置了埋伏圈，在那里安排了一千三百辆战车、一万三千名骑兵、五万名勇士和十万名弓弩手。匈奴人冲进来，只见弓弩手万箭齐发，一阵箭雨铺天盖地飞去，把匈奴人射得人仰马翻。五万名勇士随后穿插到匈奴人的后方，切断了他们的退路。战车和骑兵则冲

进匈奴人群,将他们撞倒射杀。匈奴人只顾着抢劫,没想到"胆小鬼"李牧会给他们出这一招,很快就阵脚大乱。赵军英勇攻击,只用了一天时间,就将这些人全部消灭。李牧带兵乘胜追击,深入北方草原,又消灭了一个匈奴部落,收降了一个部落,打得匈奴单于落荒而逃。此后十几年,匈奴人再也不敢犯边。

李牧一战成名,成了赵国将坛上一颗令人瞩目的新星。此后,李牧一直统领北长城军团,还参与了对燕国的战争,攻下了两座燕国城市。如果赵国本土的战事不吃紧,或许李牧会一直在边防任上终老,没有接下来轰轰烈烈的事迹了。但是,历史最终将这个来自边境的汉子推上了舞台,让他有了一段壮烈却唏嘘的人生。

赵幽缪王即位后,赵国内地仅剩的十万人马被秦军歼灭,北长城军团成了赵国最后的有生力量,军团总指挥李牧也成了秦军接下来要打败的目标。

公元前233年,桓齮的秦军穿过太行山,沿滹(hū)沱河而下,攻占了邯郸北面重镇赤丽(今河北石家庄东)和宜安(今河北石家庄东南),摆出要围攻邯郸的样子。

为了保住首都,赵幽缪王不得不命令李牧挥师南下救援。李牧和手下将士忍痛离开生活、战斗了几十年的地方,和边民们一起来到了赵国内地。将士们顾不上休整,匆匆忙忙赶到滹沱河抗击秦军入侵。

得知李牧率兵前来,桓齮特意命令秦军不要在滹沱河上设防,放赵军渡河,企图在河南岸歼灭他们。

经验丰富的李牧洞察了桓齮的意图。他知道秦、赵两军对攻,赵军是不占优势的,更何况秦军还可能趁赵军渡河之际发动袭击。于是,他以静制动,只派少量人马渡河和秦军对垒,以监视和牵制桓齮,自己则率领大部队在滹沱河北岸依托地形修建防御工事,做出要打持久战的样子。

李牧这一部署,让桓齮慌了神。本来桓齮以为自己轻轻松松就能干掉李牧的人马，没想到现在却进退不得。秦军如果主动进攻赵军，就会被李牧在北岸的工事所拒；秦军如果南下攻打邯郸，又会被李牧在背后袭击；如果长期和赵军对峙，太行山道就有可能被李牧派兵封锁，从而粮道被断，等待桓齮的将是和长平之战中赵括一样的下场。

桓齮可不想挑战赵括被饿了四十六天的纪录，他决心速战速决。他让秦军对肥城（今河北晋州西）发起佯攻，要把李牧这个老乌龟引出来。肥城如果被秦军攻占，滹沱河南岸的要塞将全部失陷，赵国将被一分为二。桓齮认为，这个据点的重要性李牧是知道的，他肯定会带兵来救。

但桓齮太小看李牧了，秦军猛攻数天，河北岸的赵军还是一点动静也没有。李牧才不会上这种围点打援的圈套。

看来李牧不会来了，桓齮干脆动了真格，变佯攻为真进攻，把秦军的主力部队压上去，先把赵国撕成两半再说，看李牧到时候怎么跟赵王交代。秦军对肥城发起了更加猛烈的攻击，破城就在旦夕之间。李牧军中有些将领心急如焚，跑来向李牧请求救援肥城。但李牧斩钉截铁地拒绝说："敌人进攻，我去救援，这是受制于人的做法！"

李牧正把目光放在对岸的秦军大本营上，准备攻击那里。但他不敢确定桓齮是否会留后手，就派侦察兵渡河侦察。过了一段时间，斥候回来报告说，秦军大本营只有少量部队驻守，大部队都出动打肥城了。李牧松了一口气，当即对全军发出了总攻击的命令，让骑兵和战车做先锋，急速突袭。早就憋了一口气的赵军将士们奋勇冲锋，只用了几个时辰就杀到了秦军大本营，一下子就把那里端掉了。

李牧又命令赵军将士们调转方向，从背后猛攻肥城外面的秦军大部队。赵军行动迅速、攻击凶猛，桓齮率领的秦军阵脚大乱，加上大本营失守，秦军士气大跌，只剩下了招架之力。

李牧命令步兵从正面强攻，让骑兵和战车从两翼迂回包抄，把秦军

包围在口袋阵里。此时,肥城的守军和邯郸来的援军也加入了围攻队伍。在赵军排山倒海的攻击下,除了桓齮带领少数亲兵侥幸逃走外,其余秦军全部覆没。

李牧在国家生死存亡之际力挽狂澜,成了赵国的英雄,他被赵幽缪王提拔为主帅,封为武安君。

而嬴政自即位以来,还没有经历过如此惨重的失败。他在第二年再次派兵进攻,势要一雪肥之战失败的耻辱。

秦军这次改变了孤军猛攻的方式,采取兵分两路的方案,一路北上太原,再次东出太行山,扫荡滹沱河南岸的赵军据点,另一路从邺城北上,通过南长城,进攻邯郸南郊。秦军在南北两个方向同时出击,为的是让李牧两线作战,顾此失彼。

面对两线攻势,李牧很快就判断出突破点所在:北路秦军。因为邯郸的城防非常坚固,南路进攻的秦军必然没那么快取得突破,赵军可以先集中兵力解决北路秦军,再对付南路秦军。

李牧指挥手下军队以迅雷不及掩耳之势突袭了北路秦军。此时他们刚刚翻越太行山来到冀中平原,正在番吾城(今河北平山东南)附近行进,赵军骑兵突然袭击令他们措手不及。加上嬴政急于报复,秦军出兵时准备不足,粮草、辎重和装备都跟不上,面对赵军的突袭,他们抵挡不住,只得狼狈撤退。而南路秦军得知北路失利,自知败局已定,便在李牧带兵南下前就逃之夭夭了。

悲情名将

赵国再次取得了胜利,但是也付出了巨大的代价。李牧的军团两场恶战下来,阵亡了几万名士兵,这些损失在兵源缺乏的赵国是难以补充的。所以,赵国即便两次大胜,也无法改变劣势,国家所剩不多的军力反而被消耗殆尽。

至于秦国,虽然经历了两场失败,但强大的国力承受得起这些损失,过不了多久,秦军就能恢复元气。秦国达到了削弱赵国的目的,在战略上取得了胜利。眼下,赵国只能自保,没法再帮助弱小的韩国了。灭韩的时机已经成熟。

因此,嬴政没有继续派兵进攻赵国,而是下了一道命令,让全国男子重新登记年龄,以便征发兵役和劳役。他开始为一举攻灭韩、赵两国,直至统一整个天下做准备了。

赵国的好运似乎完全用尽了。公元前231年,赵国发生了大地震,灾情严重;第二年又遭遇了大饥荒,饿殍遍野。整个国家风雨飘摇,似乎

只要轻轻一推就会崩塌。

嬴政决定抓住这个大好机会正式发起灭国战争，一场历时九年、席卷六国的统一战拉开了帷幕。

秦军按照既定的灭国顺序，首先发兵韩国，一口气攻下了韩都新郑，俘虏了末代韩王安。至此，历经173年的韩国灭亡了，它的国土成了秦国颍川郡。

秦军马不停蹄，于第二年再次大举入侵赵国。这次领兵的正是王翦。他兵分三路，北路秦军自河东郡进攻太原和云中，中路秦军自上党郡东出太行山，攻打滹沱河流域，南路秦军从河内郡北上赵国南长城，从南部夹击邯郸。

这一回，兵力耗竭、粮食匮乏的赵国几乎没有胜算了。赵国上下陷入一片恐慌，所有人都觉得再也挺不过去了。但有一个人例外，他就是赵幽缪王。

赵幽缪王年少气盛，他虽然意识到赵国已经到了最危险的边缘，但他还心存侥幸，认为赵国还能一战，邯郸的铜墙铁壁定能挡住秦军，能重现当年邯郸之战的胜利。

当时，有一位名叫司空马的赵国大臣，原本是吕不韦的门客，因为吕不韦失势而逃亡到了赵国。他向赵幽缪王建议，此战凶多吉少，赵国应该割让一半国土给秦国，让秦军见好就收，然后赵国再联络其他国家合纵攻秦，说不定还能扳回一局。赵幽缪王断然拒绝了这一建议。在他看来，这样做风险实在是太大了：秦国占领了赵国一半国土，就会更加强大，而赵国更加虚弱，秦国要是再来攻击，赵国根本守不住。

赵幽缪王下定决心抵抗到底，他命令李牧领兵出战，和王翦一较高下。

可是，赵幽缪王空有一腔热血，却实在愚蠢至极。李牧出兵不久，奸臣郭开就向他进言，说李牧自知赵国将亡，已经和秦国暗通，企图谋反自立。赵幽缪王听后大怒，不去调查真相，就派人让李牧交出兵权。正在滹沱河一带与秦军对峙的李牧听到这个命令简直不敢相信自己的耳朵，他正在谋划打败秦军，交了权，哪儿还有取胜的可能？

脾气倔强的李牧拒绝受命，还以将在外不受君命为由，把使者轰了回去。李牧抗命让赵幽缪王更加相信他要谋反，赵幽缪王使人暗中设计逮捕了他，将他当即斩首。一代名将就这样冤死在刑场上，没能为祖国光荣地奋战而死。

史书上记载，这一切都是秦国的设计。嬴政知道李牧是个难对付的对手，就遵从当初尉缭的战略，派人贿赂郭开，让他挑拨李牧和赵幽缪王的关系。这位见钱眼开的奸臣，陷害了名将廉颇，又陷害了名将李牧。他使昏庸的赵幽缪王自毁长城，连最后一位能撑局面的大将都没有了。

笔者认为，秦国使用离间计是有可能的，但如果不是赵幽缪王不信任李牧已久，离间计很难在这么短的时间内成功。临阵诛杀大将这么重大的事，赵幽缪王应该是在愤怒到失去理智的情况下才干得出来。所以说，赵幽缪王其实不满李牧很久了，或者说，他从来就没信任过李牧。

这可能源自赵人和代人长期不和。前面在赵武灵王的章节里介绍过，赵人和代人因为文化不同，存在过对立。赵武灵王推广胡服，消除了两个地区的服饰差异，再发展骑射，抬高代人武士的地位，才在形式上实现了两个地区的和解。但是，赵人和代人的心理隔阂没那么容易消除，双方的矛盾还是很多。以前赵国内地还有军队，赵人不怕代人造反。但如今内地军队被灭，邯郸不得不依靠代人李牧带兵来保护，以赵幽缪王为首的赵人自然对代人充满了恐惧和警惕。这样，我们就很好理解为什么赵幽缪王会相信郭开的谗言，认为李牧要勾结秦军谋反自立了。赵国由来已久的地域矛盾，才是真正的原因。

自古以来，还有一种见解，认为赵国如果不杀李牧，就不会亡国了。这种说法是人们基于对名将冤死的惋惜而产生的，拔高了历史人物的作

用。李牧确实是一位出色的将领,他如果不死,有可能再次击败秦军。但这次胜利了,秦军下一次还会来;下一次胜利了,秦军再下一次又会来……如此下去,赵国的兵力和粮食终将被耗尽,李牧就算再有能力,也是巧妇难为无米之炊。在秦、赵两国综合国力悬殊的情况下,赵国打不起消耗战,迟早要被灭亡,李牧只能为赵国再争取几年时间罢了。

李牧死后,王翦立刻发起了总攻,顺利地歼灭了北长城军团,攻克了固若金汤的邯郸城。赵幽缪王几个月前还信誓旦旦地要坚守邯郸,如今却失魂落魄地成了阶下囚。而那位遗臭万年的郭开,史书上并没有记载他的结局。但在民间传说中,他在逃难途中因为携带财宝太多,被一伙强盗杀害。

这一年是公元前228年,一个寒冷的初春。

曾经辉煌一时的赵国灭亡了,只比韩国晚了两年。赵国在战国后期和秦国浴血奋战了四十多年,是无可争议的抗秦中流砥柱。赵国人民为了保卫自己的国家拼尽了最后一滴血,从来没有一个人求和或投降。只可惜,他们的英勇不屈终究没能挡住秦国统一天下的隆隆战车。

邯郸失陷后,赵幽缪王的哥哥、当初的废太子赵嘉带领部分赵氏宗族和大臣逃亡到了代郡,在那里自立为王。代人扶持了赵嘉,为了和邯郸方面划清界限,立国号为"代国"。代国势单力薄,不成气候,只能依附在燕国的保护下。

邯郸被攻克的消息传到咸阳,嬴政百感交集。这座他出生和成长的城市给他留下了太多记忆,记忆里有快乐,有忧伤,还有愤怒及仇恨。他无论如何都忘不了幼年时,那些排斥他、欺负他的赵国街坊们,他要让那些人得到应有的报应。他不顾众人的劝阻,于当年亲自来到邯郸,派人把得罪过他的赵国人全部抓起来活埋。待了几天后,他便匆匆忙忙地回到了咸阳。

易水寒

王翦灭赵之后，带领秦军继续向北，推进到了燕、赵边境的易水河流域。原本对赵国幸灾乐祸的燕国，这时才感觉到了恐慌。燕王喜连忙和赵嘉的代国结盟，在易水河一带陈兵，准备抵挡秦军的进攻。

就在这时，燕国太子丹向燕王喜进言，说自己有办法不动用军队就能让秦国退兵。太子丹提出的办法是派刺客刺杀嬴政，这位刺客就是大名鼎鼎的荆轲。

荆轲，卫国人。传说他原名庆轲，是齐国大夫庆封的后代，迁居卫国后把自己的姓氏改为了"荆"。

荆轲和我们印象中的武人不同，他是个外表懦弱、寡言少语的人，平日里除了练剑，就喜欢读书。不了解他的人，会觉得他是个平庸的人。

早年间，荆轲和人谈论剑术，因为观点不同，对方生气地瞪了他一眼。荆轲也不吭声，默默离开了。又有一次，荆轲和人赌博玩游戏，对方生气地骂了他一顿。荆轲骂不还口，同样默不作声地走了。那些人都

认为荆轲是因为害怕才不吭声离开的。

其实,荆轲是不屑于和这些人争辩才离开。他熟读诗书,一直以来都有远大的理想,渴望建功立业,从来不屑于和身边的庸人为伍。他在周游列国时,孜孜不倦地以剑术和智谋游说国君和权臣,希望能获得任用,可惜没有一个人看得起他,只能一直当游士。

后来,荆轲辗转来到了燕国,认识了一位屠夫和一位名叫高渐离的乐师。三个人性情相投,成了好朋友。荆轲在燕国长住下来,每天和他们喝酒唱歌,抒发怀才不遇的郁闷。燕国一位名叫田光的隐士很看重他,认为他是个不平凡的人,经常资助他。

在燕国住了几年,有一天,年迈的田光驼着背亲自来荆轲的家中拜访,对他说:"我和你要好,在燕国没有谁不知道。如今太子听说我盛壮之年的事迹,希望我出山协助他,但他不知道我已力不从心了。我很荣幸,听到他说:'燕国、秦国誓不两立,希望先生留意。'我和你不见外,就把你推荐给了太子,希望你马上前往宫中拜访太子。"

田光为什么把荆轲推荐给太子丹呢?

太子丹曾经被派到赵国做人质,和年少的嬴政相识,成为朋友。嬴政即位后,太子丹又被送到秦国做人质,但嬴政对昔日的朋友态度冷淡,使得他心生怨恨。而且,在秦国这些年,他对嬴政的为人和野心非常了解,知道秦国为了统一天下早晚要对燕国下手,便酝酿了一个谋杀嬴政的计划。

太子丹找了个机会潜逃回了燕国,在国中四处寻求能够协助他完成刺杀计划的人。有人便向他推荐了田光,说田光年轻时智勇双全,一定能帮上太子。太子丹屈尊拜访了田光,向他讨教对付秦王的办法。田光对太子丹礼贤下士极为感动,觉得自己老了,帮不了太子,只有荆轲那样的勇士才帮得了他,便把荆轲推荐给了太子丹,并亲自到荆轲家中请他出马。

荆轲听到田光的话，只说了三个字："谨奉教。"

他是个冷静内向的人，即使等到了这个建功立业的机会，也表现得十分平静。

田光又说："太子交代过我，这件事极为机密，不能泄露出去。我活着也是多余，不如就死了，来保住这个秘密吧。"说完，田光就自杀了。

看到田光在自己身边死去，荆轲不禁感慨万千。他知道，田光这是以死激励他，希望他一定要完成太子交给的任务。

荆轲遵从田光的指示，去太子府拜见了太子丹。太子丹将他请进了密室，对着他又是流泪，又是磕头，然后说出了自己企图刺杀秦王的计划："如今秦王有扩张的野心，他不占尽天下土地，使各国君王向他臣服，他的野心是不会满足的。如今秦国已俘虏了韩王，占领了他的全部领土，又出动军队向南攻打楚国，向北逼近赵国。赵国抵挡不住秦军，一定会向秦国臣服。赵国臣服，那么灾祸就会降临到燕国。燕国弱小，多次被战争困扰，如今估计调动全国的力量也不能够抵挡秦军。诸侯畏服秦国，没有谁敢提倡合纵。我私下有个不成熟的计策，希望能得到一位勇士，派往秦国对付秦王。如果能够劫持秦王，让他全部归还侵占各国的土地，像曹沫劫持齐桓公那样，就太好了；如不行，就杀死他。秦国的大将在国外独揽兵权，而国内出了乱子，君臣就会彼此猜疑。趁此机会，东方各国联合起来，就一定能够打败秦国。这是我一直以来的愿望，却不知道把这使命委托给谁，希望荆卿能仔细地考虑这件事。"

荆轲沉默了一会儿，说："这是国家的大事。我的才能低劣，恐怕不能胜任。"

荆轲不是胆怯，而是说了实话。依他谨慎稳重的性格，他知道秦王是世界上最困难的刺杀目标。嬴政身边的护卫岂止千万，可以靠近嬴政的机会几乎为零。荆轲没有足够的把握完成任务，便表示了推辞。

但是,太子丹找不到更合适的人选了。他再次哭着拜倒在荆轲面前,恳求荆轲。荆轲就答应了太子丹。

太子丹奉荆轲为上宾,让他住进高档住所,每天为他提供丰盛的饭菜、上好的衣服,还时不时赠送珍宝和美女给他。太子丹还坚持不懈地每天问候荆轲,对他嘘寒问暖,也问他是否准备好了动身。荆轲一直没有给予他肯定的答复,太子丹也没有催促他。

荆轲之所以迟迟不动身,是因为他还没想好接近嬴政的办法。

直到公元前228年,秦国灭赵,秦军兵临易水河,太子丹害怕了,连忙催促荆轲有所行动。荆轲对太子丹说:"太子就是不说,我也要请求行动了。我准备到秦国去,但希望得到督亢之地的地图和樊於期的人头。有这两样东西,秦王才会高兴地接见我,从而让我有靠近他的机会。"

督亢之地,今河北涿州、固安、新城一带,战国时这里属于燕国,是靠近赵国的一处肥沃地带。荆轲把督亢的地图带给嬴政,相当于燕国要把这块肥地割让给秦国,嬴政自然高兴。而樊於期①原来是一名秦将,因得罪了嬴政而逃亡到了燕国。嬴政对这个人非常痛恨,开出赏千金、封万户侯的价码悬赏他。荆轲把樊於期的人头交给嬴政,嬴政会更加信任荆轲并同意接见他。

献出督亢之地的地图,太子丹没有意见,因为事成之后还能要回来。但献出樊於期的人头,太子丹就不同意了。他说:"樊将军到了穷途末路才来投奔我,我不忍心为自己的私利伤害这位忠厚老实之人的心,您考虑别的办法吧。"

荆轲知道太子丹于心不忍,就亲自拜访了樊於期,对他说:"秦王

---

① 杨宽在其著作《战国史》中认为,樊於期就是在秦、赵肥之战中战败的桓齮,因惧怕回国受罚而逃到燕国。

对待将军可以说太狠毒了，父母、家族都被杀尽，还要用黄金千斤、封邑万户来购买将军的首级。您打算怎么办呢？"

樊於期仰望苍天，叹息流泪说："我每每想到这些就痛入骨髓，却想不出办法来！"

荆轲说："现在我有一个办法既可以解除燕国的祸患，又可以洗雪将军的仇恨。"

樊於期凑向前问："什么办法？"

荆轲说："我拿着将军的首级献给秦王，秦王一定会高兴地召见我。我左手抓住他的衣袖，右手用匕首直刺他的胸膛，那么将军的仇恨可以洗雪，而燕国被欺凌的耻辱可以涤除了。将军是否有这个心意呢？"

樊於期不是贪生怕死之人，他明白荆轲的意思，道："这是我日日夜夜想报的仇恨啊，今天才听到您的教诲！"说完，便拔剑自刎了。

荆轲把樊於期自杀的消息告诉太子丹，太子丹连忙赶来伏在樊於期的尸体上痛哭。但是人已经死了，没法挽救了，太子丹只好同意荆轲割下樊於期的脑袋。

有了能接近嬴政的东西，还需要能一击毙命的武器。太子丹从一个赵国人手中买下了一把号称天下最锋利的匕首，用毒药反复淬炼它，使这把匕首见血封喉，奇毒无比。太子丹又找了一位名叫秦舞阳的勇士给荆轲当助手。秦舞阳十三岁就杀过人，平常人都不敢正眼看他。太子丹认为这个人心狠胆大，可以协助荆轲行刺。

所有东西都准备好之后，荆轲却迟迟没有出发。太子丹着急了，以为荆轲要反悔，催促他说："日子不多了，荆卿有动身的打算吗？如果还没准备好，我就派遣秦舞阳先行了。"

荆轲生气地说："太子这是什么意思？秦舞阳是个莽撞的人，只知道出发，不知道如何完成任务，他孤身一人带着匕首进入秦国，怎么能够成功？我之所以暂留，是为了等待另一位朋友同去。现在太子认为我

拖延了时间,那就告辞诀别吧!"

我们不知道荆轲要等的朋友是谁,但可以看出来,荆轲对秦舞阳这个助手并不满意,希望能有另外一位可靠之人同行。但太子丹催促,荆轲不得不提前出发了。

临行那天,太子丹和他的门客,以及荆轲的朋友们都前来送行。他们知道无论成功与否,荆轲都肯定回不来了,因此,所有人都穿着白衣白帽,就像参加葬礼一般。众人送荆轲到了易水河边,好友高渐离为荆轲击筑演奏了一曲。荆轲就和着节拍,一边唱歌,一边前行。送行的人看见荆轲远去的背影,纷纷流下了眼泪。他们唱了一曲名传千古的歌谣:"风萧萧兮易水寒,壮士一去兮不复还!"

荆轲始终没有回头,上了马车后坚定地往前驶去。

嬴政根本没有预料到自己将遭遇人生中最危险的一次刺杀事件。他原本没打算灭赵之后攻打燕国,而是按照既定战略,准备移师南下攻打魏、楚两国。尚未发兵,他得到了燕使求见的消息。

报告消息的是嬴政的一位近臣,名叫蒙嘉。蒙嘉这人贪污受贿,属于拿钱就办事那种。荆轲来到咸阳后,就买通蒙嘉,让他传递求见嬴政的意愿。蒙嘉照办了,对嬴政说:"燕王被大王的威严所震慑,不敢出动军队抗拒大王的将士,情愿做秦国的臣子。但他畏惧,不敢亲自前来陈述,就砍下了樊於期的首级,并燕国督亢地区的地图,装匣密封,派使者进献给大王。敬请大王指示。"

嬴政十分高兴,觉得燕国服软可以免去他南进的后顾之忧,就同意召见荆轲。

召见那天,嬴政为了显示排场,安排了隆重的外交礼仪。他让仪仗兵们沿着咸阳宫的大道一字排开,低级官员在殿外列队迎候,礼乐钟鼓鸣响不停。嬴政穿着最华贵的礼服,坐在大殿里等候。

荆轲和秦舞阳以正、副使的身份一前一后走进秦王宫。一进宫门,他们着实被眼前这宏伟的宫殿和宏大的排场吓了一跳。但是沉稳的荆轲立刻冷静了下来，继续装出正常使者的神态。他一手拿着使节，一手抱着装有樊於期人头的匣子，在前面镇定自若地走着。秦舞阳却不行了，他在后面捧着装地图的匣子，走起路来哆哆嗦嗦。这位十三岁就杀人的所谓"勇士"在关键时刻反而成了懦夫。

两人爬上高大的王宫台阶，站在殿门口，距离殿中央高高在上的嬴政还有一百步之远，当中还有好几级台阶。荆轲还看不清嬴政的模样，只能听见他的声音。

殿门口的宦官为荆轲和秦舞阳报名后，让两人立刻上前叩拜秦王。荆轲走上前，正准备跨过门槛，秦舞阳忽然不走了。只见他脸色大变，满头大汗，捧着地图匣子的双手不停地发抖。这个情景让殿内的秦国大臣们看见了，他们纷纷窃窃私语，对燕国副使的反常举动表示不解。

荆轲连忙打圆场说："北方藩属蛮夷之地的粗野人，没有见过天子，所以心惊胆战。希望大王宽容他，让他能够在大王面前完成使命。"

嬴政没有计较，对荆轲说："把副使的地图一起递上来！"

荆轲就把使节交给秦舞阳拿着，自己则一手拿人头匣子，一手拿地图匣子，独自走上台阶叩拜，然后把两个匣子摆在了嬴政面前的案子上。

荆轲先打开装着人头的匣子。嬴政一看，果然是樊於期，心里很是高兴。荆轲又打开了装着地图的匣子，取出地图，一边在嬴政眼前缓缓展开，一边介绍督亢之地的状况。嬴政聚精会神地看和听着，丝毫没有察觉到危险逼近。

地图全部展开之时，匕首显现了出来。荆轲立刻一手抓住嬴政的袖子，一手抓起匕首就往他的胸口刺去。嬴政被突然出现的匕首吓得一个激灵，居然下意识地躲开了。他使劲扯断了袖子，从座位上滚落下来。

荆轲连忙爬起身去追，嬴政则慌忙拔腿就跑。他想把身上的佩剑拔出来反击，可是剑太长了，加上紧张，剑一下子拔不出来，他只好在大

殿里绕着柱子乱跑，荆轲在后面追赶他。

大殿里的秦国大臣没想到会发生这种情况，乱成了一团。秦国法律规定，大臣不准带兵器上朝，门外的侍卫无命令不许入殿。当时情况紧张，嬴政吓得都忘记了喊叫侍卫。大臣们没兵器，没人敢上前阻拦，荆轲就大胆地追杀嬴政。

有一位名叫夏无且的御医，身上正好带了一只药袋。他灵机一动，把药袋砸向荆轲。荆轲躲闪不及，被砸中头部，暂时停了下来。几个大臣趁机大喊："大王快把剑背到身上！"

嬴政把剑推到背上，终于顺利拔出了剑，砍伤了荆轲的左腿。荆轲血流如注，不能走路了。他仍不放弃，拼尽全力把匕首掷向嬴政。但嬴政躲开了，匕首插进了嬴政身后的铜柱。

嬴政上前拼命猛刺了荆轲八剑。荆轲全身受伤，知道自己已无刺杀秦王的可能了。他靠在柱子上，用尽最后的力气站了起来，大笑着说："大事之所以没能成功，是因为我想活捉你，迫使你订立归还诸侯们土地的契约以回报太子。"这位英雄在最后的时刻，仍不忘羞辱自己的敌人一番。

荆轲最终被允许上殿的卫兵们刺死了。对着荆轲的尸体，嬴政居然呆呆地看了很久，或许他还没有从刚才的惊魂时刻清醒过来。

水灌大梁

有惊无险地躲过了一场刺杀,嬴政进行了赏罚。他下令对荆轲的尸体和秦舞阳处以车裂之刑;秦廷的相关人员分别受到了奖或罚,夏无且功劳最高,被赏了两百金。

本来秦国的下一个进攻目标是魏国,但荆轲刺秦让嬴政无比愤怒,他当即命令在赵国的王翦停止南下,调头进攻这场刺杀的主使国燕国。秦军声势浩大地跨过易水河,向燕国首都蓟城发起了猛攻。

秦军突破了燕、代联军的阻击,于第二年,即公元前226年攻克了蓟城。燕王喜和赵嘉带着宗室大臣及时逃亡到了辽东郡(今辽宁辽河以东地区),利用燕山和辽河的天险继续抵抗,秦军的攻势暂时受阻。

这时,王翦告病回家休养,燕国境内的秦军便由小将李信统领。李信为了表现自己,给嬴政解恨,亲自率领小股秦军侵入辽东郡,对燕军穷追猛打。太子丹的队伍被打散了,太子丹只好孤身一人躲藏在衍水(今辽宁太子河)岸边的草丛里。好不容易躲过了秦军的追杀,太子丹

终于看到了父亲的人马。他正要去迎接,没想到那些人冲上来就将他杀死了。

原来,燕王喜听从赵嘉的建议,认为秦军追击得这么紧,无非要杀太子丹报仇,不如献上太子丹的人头向秦王赔罪,或许秦国就会退兵了。于是,燕王喜派人杀掉了太子丹,让自己的儿子做了替罪羊。

嬴政收到了太子丹的头颅,果然下令李信停止进军。他并非真的气消了,而是他的既定目标本不是燕国,而是魏国。现在燕国退守辽东,已经对秦国构不成威胁,倒不如趁此下台阶,立刻攻打南方最具威胁的魏国和楚国。

秦军撤退了,燕王喜和赵嘉终于松了一口气。

面临秦军攻打的魏国,是什么样的状态呢?

此时是末代魏王假在位。十几年前信陵君去世之后,魏国复兴的希望最终破灭了。魏国已然日薄西山,它一面向秦国割地求和,一面和楚国摩擦争地,结果在秦、楚两国的夹击下,国土缩水到只有首都大梁及周边地区。当韩国和赵国两位三晋兄弟被秦国消灭时,魏国竟派不出一兵一卒来支援它们。

魏国成了一只待宰的羔羊,就等秦国前来猎取了。

秦军从燕国撤退后,立刻展开了围攻大梁的准备。王翦生病,他就推荐了儿子王贲担任主帅。王贲继承了父亲的谨慎和睿智,尽管灭魏任务看似简单,只要攻取大梁一座城而已,他也是小心翼翼地察看地图,观察地形。

然而,正当秦军紧锣密鼓地准备出战时,一场突然而至的叛乱打乱了他们的部署。这场叛乱的发起者不是秦国人,而是已被纳入秦国户籍的韩国人。韩国遗民在自己的故都新郑举旗造反了。

韩国人造反的原因很好理解,国家被灭亡,自己丢失了原有的身份,老百姓被迫服秦国的劳役,贵族则被废除了权势。加上秦军进攻时，韩国没有激烈抵抗，这让许多韩国人心里憋着一口气，凭什么要这么窝囊？

当时韩王安还活着，嬴政为了方便管理韩国故地，一度让韩王安留在新郑，帮助秦国官员维持秩序。韩国遗民见韩王在场，反抗情绪没有那么激烈。但是，自从荆轲刺秦后，嬴政对六国的人极其不信任，担心韩王在故都居住会有利于韩国人聚集闹事，便下令让韩王安迁往别处。

韩王安被迁走后，新郑炸锅了。韩国人觉得连最后一点国家象征都没有了，怎么也要造一回反，争一口气！于是，在公元前226年，秦军正准备进攻魏国之际，新郑的韩国人聚众叛乱。他们杀死秦国官员，宣布韩国复国。

嬴政闻讯，连忙调动军队前去镇压。新郑很快就被打破，参与叛乱的韩人被尽数屠杀，没有被杀的也被秦人驱逐到了别处。韩王安虽然没有参与叛乱，但嬴政担心他遗患无穷，就把他也处死了。

韩国人的这次反抗失败了，但复仇信念一直在韩国遗民中保留着。当时，有一位年轻的韩国贵族在新郑的屠杀中幸存了下来。他游历四方，拜师求学，几年后，他在博浪沙（今河南原阳东）再次策划行刺嬴政，但没有成功。后来他加入了反秦义军，成了刘邦的顶级谋士。他，就是张良。

秦军平定了韩国人的叛乱，继续向魏国发起进攻。主帅王贲知道大梁城防坚固，要攻取必定需要相当长的时间。如果楚国乘机救援魏国，从侧翼进攻秦军，秦军必然失败。所以，王贲决定在进攻大梁之前先攻取魏、楚边境地带，切断魏、楚之间的联系，顺便也给楚国以威慑。

秦军随即绕过大梁，对楚国北部与魏国接壤的城市发起进攻，切断了魏、楚之间的交通线。王贲随后率兵北上，包围了大梁，但他不急着强攻。他看见魏国人的高墙深沟，知道强攻会让秦军将士死伤无数。他转而命人掘开大梁城周围的河道，准备引河水灌入大梁城。原来，王贲

在攻魏之前仔细察看了大梁城周边数百里范围内的地形，见大梁城处在河流交汇的地带，适合水攻，便运用这一计策。

几十万秦军日夜赶工，很快就挖好了水道。只听王贲一声令下，水道打开，滔天洪水倾泻而下，冲毁了魏军的防御工事，淹没了箭楼营寨，奔向大梁城门。大梁的城墙很是坚固，没有被当场冲毁，但洪水淹入城中，淹死魏国军民数万人，粮草和物资损失更是不计其数。

洪水长久不退，大梁被浸泡了三个多月，最终坚守不住了。公元前225年，魏王假献城投降，历经178年的魏国宣告灭亡。辉煌一时的魏国成了第三个被消灭的国家，它的国土被设置为砀（dàng）郡和泗水郡。至此，三晋全部被灭，秦国统一天下的最大障碍终于清除了。

背叛

魏国被灭,秦国的下一个目标必定是楚国无疑。但是楚国国土广大,人口也多,不像魏国那样可以一战消灭。如何打好进攻楚国的战役,就成了一个重要议题,摆上了嬴政的朝堂。

在这场会议上,昌平君,这位可能继吕不韦之后成为秦国丞相的人惹嬴政生气了。

史书上未提及昌平君为什么激怒嬴政,以及他到底在会上说了什么。但可以推测,昌平君一定是顾及自己的楚人血统,提出了暂缓进攻之类的意见,对灭楚大计一点都不上心。昌平君虽然一直在秦国长大,但他对自己的楚王血统十分在意。他不希望看见祖国被从地图上抹去,楚国人民成为秦王的臣民。嬴政对昌平君的消极态度非常生气,下令把昌平君贬官外放,到被秦军新占领的楚国故都郢陈任郡守。

这场战前会议的最终结果,是嬴政采纳了小将李信的建议,出动二十万军队从大梁南下,先扫荡淮河以北,再渡河攻打寿郢,半年完事。

　　二十万军队用于进攻楚国这样的大国，其实算是少的。嬴政之所以批准这么点人马，是因为楚国之前的表现实在太让人看不起了。士兵们打仗只知道逃命，很少有拼死抵抗的；楚国君臣只知道夜夜笙歌，争权夺利，朝政腐败不堪。这样的国家就算国土大、人口多，又有什么用呢？嬴政相信只要二十万人马就能消灭楚国。

　　更重要的一点，则是出于嬴政对李信的信任和宠爱。前一年，李信在辽东追击太子丹，迫使燕国杀死太子丹求和，这个马屁拍得恰当，让嬴政对这个年轻人刮目相看。所以，当李信提出二十万灭楚的方案后，嬴政没有仔细研判，就决定给他这个机会。

　　不过，在会议上，原本生病的王翦却提出了不同的观点。他说，消灭楚国非六十万大军不可，而且需要一年多的时间才行。嬴政觉得王翦是谨慎过头，小题大做，用六十万军队打上一年的仗，粮草不知道要耗费多少，成本实在太高了。于是乎，王翦的建议没有被采纳，王翦在会后便继续告病休养了。

　　即将面对秦军大举进攻的楚国，现在的情况又是怎样的呢？

　　在楚国末年的历史中，有一位重要人物不得不提，他就是春申君黄歇。春申君辅佐楚考烈王二十余年，通过高超的外交手段，使楚国避免了秦国的进攻，保持了一段时间的和平稳定。春申君还指挥楚军向东北扩张，消灭了鲁国，在邯郸之战中救援了赵国，使楚国大大提升了国际地位。

　　但是，每个人都有弱点。春申君的弱点在于一直太顺利了，他整个人变得骄傲自满，自高自大，看不起身边的任何人。他招揽了三千多门客，却从不收敛这些人的行为，使得他们要么逞凶斗狠，要么攀比斗富，让天下人侧目。

　　公元前241年，六国发起了第五次合纵攻秦，结果无功而返。在这场战斗中，身为合纵长的春申君指挥的楚军涣散无能，第一个被秦军击溃，导致联军战线被突破。春申君因而成了诸侯们的众矢之的,楚考烈王也对他的表现非常生气,把失败的责任全部归咎于他。春申君开始失宠。

春申君见自己不再受楚王重视,也懒得操那份闲心,干脆申请把风景优美的吴国故地作为自己的封地,然后便常年居住在吴地,远离楚国和北方的战乱,逍遥快活。

《史记》给春申君写了这样一个结局:

他有一位门客,名叫李园。李园是赵国人,有一个很漂亮的妹妹。他把妹妹献给了春申君,怀了春申君的孩子。但李园这人野心勃勃,不甘心只成为春申君的红人,希望超过或取代春申君。他便和妹妹合谋,让妹妹劝春申君说:"楚王尊重宠信您,即使兄弟也不如您和楚王的关系。如今您任楚国令尹这么多年,可是大王还没有儿子,如果楚王寿终之后改立兄弟,那么楚王兄弟亲信的人显贵起来,您又怎能长久地得到宠信呢?不仅如此,您身处尊位,执掌政事多年,对楚王的兄弟们难免有许多失礼的地方。楚王兄弟若果真立为国君,殃祸将落在您的身上,您还怎么保住令尹之位和江东封地呢?

"现在我自己知道怀上身孕了,可是别人谁也不知道。我得到您的宠幸时间不长,如果凭您的尊贵地位把我进献给楚王,楚王必定宠幸我。我仰赖上天的保佑生个儿子,就是您的儿子做了楚王,楚国全为您所有。这与您身遭意想不到的殃祸相比,哪样好呢?"

春申君一听,大喜过望,便假装在民间发现了一位美女,把李园的妹妹进献给了楚考烈王。李园的妹妹进宫后果然十分受宠,不久生下了一个男孩,被楚考烈王立为太子,她也顺理成章当上了王后。

李园成了国舅爷,吃喝不愁,就骄横起来。他担心春申君泄露秘密,就在暗中豢养刺客,准备杀他灭口。

公元前238年,楚考烈王病重,所有人都知道他命不久了。有人连忙对春申君进谏说:"楚王病重,太子年幼,将来主政楚国的非您或者李

园莫属。李园这个人必然不愿意和您分享国政，我听说他暗中豢养了刺客，极可能会对您不利。您不如趁早下手，处死李园，这样楚国大政就归于您了。"但春申君不肯相信，说："李园这个人懦弱无能，况且我有恩于他，他怎么会害我？"

十几天后，楚考烈王病逝，所有王公大臣都入宫祭拜。李园抢先入宫，在春申君的必经之路棘门埋伏下了刺客。春申君进入棘门后，李园的刺客就一拥而上，砍下了他的人头扔出宫外。随后，李园派兵包围春申君的府邸，将春申君一家满门抄斩。最后一位战国四公子就这样退出了历史舞台。李园妹妹的儿子悍，也就是春申君的私生子被立为了新楚王，就是楚幽王。

当然，这个故事和嬴政是吕不韦私生子的性质一样，都是后人出于政治目的进行抹黑。春申君死于李园之手应该不假，但说楚幽王是春申君的儿子，肯定是瞎编的。

史书记载楚考烈王子女众多，根本不愁没有后嗣，当中除了可能性很大的昌平君外，还有公子负刍。

负刍，很有可能就是这个谎言的编造者。

话说楚幽王继位后，李园成了令尹。李园兄妹掌握了楚国朝政十余年，倒也平安无事，直到公元前228年，楚幽王去世。他死时太年轻，没有留下子嗣，李园就把妹妹的另一个儿子犹立为王，是为楚哀王。而他继续掌控朝政的迷梦很快就被负刍粉碎了。

负刍在楚哀王即位两个月后发动了政变，诛杀了楚哀王和她的母亲，机关算尽的李园也被满门抄斩。负刍就此当上了楚王。

负刍靠政变上台，在道义上有亏，必然会到处宣称楚幽王和楚哀王不是先君的儿子，把脏水往死人春申君和李园身上泼，为自己即位和诛杀先王创造合法性。至于春申君真正的死因，还是李园为争夺权力而痛下杀手更具合理性。

负刍没有谥号，因为他是亡国之君。他即位之时，秦国已经灭亡了赵国，紧接着击败了燕国，消灭了魏国，兵力全线压在了秦、楚边境上，不断地攻取楚国北方城市，楚国故都郢陈也被占领，楚国处在风雨飘摇之中。面对严峻的形势，负刍意识到了危险逼近。他任命老将项燕为楚军主帅，操练军队，准备做生死一搏。

公元前225年，秦国二十万军队在李信的率领下从郢陈出发，进攻楚国淮河上游的重镇平舆（今河南平舆西北）和寝丘（今安徽临泉）。楚军拼死抵抗，但仍旧抵挡不住秦军的猛烈攻势，两座城市相继失守。李信指挥秦军顺淮河而下，准备围攻寿郢。

然而，就在这关键时刻，《史记》记载，李信忽然引兵向北，计划和另一支秦军相会于城父。

寿郢明明在东，李信怎么往不同的方向去了？

更加诡异的是，李信北上后完全没有注意后方。楚军在他的背后跟踪了三天三夜，突然发起袭击，将秦军击败了。

行军作战最忌讳的就是把后方露给敌人，李信作为打过胜仗的将军，不会不懂这个道理。他犯下这样的错误，只有一种合理解释，就是他在这个时候慌乱失措了。

城父发生了什么事情，逼得李信不得不改变进攻方向，不惜把队伍后方暴露给楚国人呢？

史书中没有说明，但根据田余庆和李开元两位教授的研究观点，很有可能是昌平君在郢陈叛变了，出兵截断了李信的后路。而城父距离郢陈不远，李信试图赶往这里和援军会合，然后一起攻打郢陈。

郢陈作为楚国故都，自然有很多楚国人居住在此。如今这里被秦军占领，和韩国故都新郑一样，这里的楚国人也一直蠢蠢欲动，不甘于被秦人统治。嬴政派昌平君来郢陈任职，本来是希望他能利用自己楚人的身份安抚这些楚国遗民。没想到，昌平君到了郢陈后，却做了截然相反

的事情。他被当地的楚文化所感召，愈发认同自己的楚人身份，就和楚国遗民们联合在一起，趁秦军主力南下之际举旗叛乱了。

因此，在这危急关头，李信顾不得近在眼前的寿郢，立刻掉头回去。但他这样做冒了巨大的风险，因为秦军掉头回撤，项燕的楚军立刻就跟了上来。楚军对秦军发起偷袭，攻陷了两处大营，杀死了七个都尉，李信带领败军仓皇逃回了咸阳。

嬴政原以为楚军不堪一击，未料到他们居然还能打败连战连胜的秦军，这让他感到不可思议。更让他感到吃惊和愤怒的，是多年部下昌平君的背叛。这个老小子在秦国出生长大，还跟了自己这么多年，看起来挺老实的，怎么说叛变就叛变了？

但是，李信和昌平君的任命都是嬴政自己的决定，嬴政找不到替罪羊顶罪，只能承认错误了。

接下来该怎么办呢？

李信二十万人灭楚的方案行不通，只能用王翦六十万人灭楚的方案了。

此时王翦还在家中养病，嬴政便亲自来到他的住所，邀请他担任攻楚作战总指挥。王翦提出条件，说自己仍然需要六十万大军和一年时间，而且要全权指挥，秦王不能有半点干预。为了取得胜利，嬴政全部答应了。

出战那一天，嬴政还亲自给王翦送行，一直送到了灞上（今陕西西安东）。但王翦非但没有表现得感激涕零，受宠若惊，反而提出说自己征战多年，一直没有封侯，希望嬴政能多赐他一些田宅和财宝，让他能为子孙留下一些财产。嬴政听了，哈哈大笑，表示这些要求可以满足。

王翦带领大军出了函谷关，在行军途中又多次给嬴政写信，说自己实在是穷啊，希望大王能可怜可怜他，再多赏赐点财产。嬴政却一点不感到厌烦，全部高高兴兴地答应了。

王翦向秦王索要财物的做法让很多秦军将士不理解，有部下就劝王翦收敛一点，不要这么贪心。王翦却说："大王生性多疑，如今把秦国全国士兵尽交到我的手中，此时唯有向大王多要求封赏，才可以表明我除了金钱别无他求，消除大王对我拥兵自立的担心。"

部下们听到王翦的解释，纷纷表示佩服。

《史记·白起王翦列传》中说，王翦率领大军抵达楚国国境后，整整一年坚壁不出，六十万士兵都囤积起来休养生息，甚至每天比赛投石以作娱乐。项燕的楚军因为兵力相对较少而不敢强攻，王翦就趁楚军懈怠之际出击，终于大破楚军，灭亡了楚国。

这个记载显然把战争写得太简单了。王翦真要这么做了，他就不需要这么多兵马，和楚军人数差不多，不也能突袭得胜吗？

另外，秦军要是采取龟缩战术的话，那就正中楚军的下怀，因为项燕完全可以以彼之道还施彼身，按兵不动，与秦军长年对峙。楚军在本土作战，补给方便，更禁得住消耗，更能沉得住气。相反，秦军远离本土，粮草补给不易，要是一整年什么事都不做，六十万大军能把国家吃破产。秦王嬴政本来就对王翦不是充分信任，他愿意看着王翦带六十万人一整年坐吃山空？

就算秦国粮食多得吃不完，秦军在楚国按兵不动一年，也是风险巨大。秦国虽然消灭了赵、魏、韩三国，但北方还有齐、燕两国未灭，中原新占领的地区还民心不稳，万一北方再出现战事，秦军就会再次有被切断后路的危险。

纵观几千年的战争史，进攻方无一例外是急于求战的，因为他们一旦在战场上陷入僵局，就会丧失战争主动权，被防守方牵着鼻子走，结果被多线开花。

综合田余庆等史学专家的研究观点，笔者认为王翦此次攻楚，必然很快就与楚军发生战斗。因为他必须面对两个目标，一是在郢陈叛乱的昌平君，二是在寿郢的项燕，按兵不动，只会两面受敌。为了防止秦军

顾此失彼,重蹈李信的覆辙,王翦就向嬴政多要了许多兵马,分两路同时攻打郢陈和寿郢。

楚军的抵抗也极其顽强,秦军足足打到第二年才将其击败。寿郢首先被攻破,楚王负刍被俘,项燕带着残兵逃往淮河以北。昌平君从郢陈撤退后,与项燕会合,被项燕推举为楚王,继续抵抗秦军。王翦带领秦军追击到蕲(今安徽宿州南),再次大破楚军,昌平君战死,项燕自杀。

王翦歼灭楚军主力后,带兵南下跨过长江,消灭了楚国最后的抵抗力量,并一直到达会稽,降服了当地的越王。这一年是公元前223年。

六王毕

雄踞南方八百年的楚国在秦军的铁蹄下灰飞烟灭了,属于楚人的荣光至此消散殆尽。秦国在楚国和越国故地上设置了东海郡、长沙郡、九江郡和会稽郡等,这片土地成了秦国占领的最广大的领土。

俘虏楚王后,嬴政亲自到郢陈巡视,宣示大秦的威仪,威慑当地的楚人。楚地全部被平定后,兴奋的嬴政又在王宫里大摆筵席庆祝,还允许民间也聚饮庆祝。整个秦国沉浸在欢乐的海洋中。

攻灭楚国这一年,嬴政知道楚国残余的抵抗即将被平定,立刻分兵北上扫荡退守辽东的燕国。王翦的儿子王贲再次担任总指挥,以秋风扫落叶之势很快攻取了辽东,俘虏了燕王喜和赵嘉。燕国和代国也宣告灭亡了。

现在,只剩下最后一个国家——齐国,一统天下的日子指日可待了。

此时的齐王名建,是齐襄王的儿子,于公元前264年继位。他的母亲

就是在齐襄王落难莒城时，给予齐襄王照顾的太史敫的女儿。齐襄王复国后，这位女子被封为王后，史称君王后。

齐王建即位之初年纪尚小，由君王后听政，替他在许多国家大事上拿主意。君王后采取孤立主义政策，不参与其他国家之间的纷争，竭力维持齐国的和平。君王后去世后，齐王建秉承母亲的做法，甚至和秦国连横，拒绝参加合纵。为了拉拢齐国，秦国不仅从不进攻齐国，还暗中收买了君王后的族人——齐国丞相后胜，后胜不遗余力地执行亲秦的方针政策。在齐国和秦国双方的默契下，"王建立四十余年不受兵"。

齐国人为什么要这么窝囊，难道他们不懂唇亡齿寒的道理吗？正常人都知道，五国被消灭了，齐国必然不保。

笔者觉得，这不是齐国人目光短浅的问题，而是他们真的放弃争雄天下了。齐国在乐毅攻齐的战争中饱经摧残，无论贵族，还是平民，都对战争厌恶至极，而追根溯源，他们相信是齐闵王对外扩张才招来了五国围攻。既然扩张和争霸的路行不通，齐国人干脆选择了自保，安享生活。为了避免被卷入战争，他们不再去援助别国。

而且，自五国伐齐后，齐国人对周边国家普遍不信任。五国在秦国那边丢失土地后，就想从齐国这里弥补损失，经常侵占齐国的土地。齐国国力衰落，很难抵挡他们，齐王就干脆和秦国人结好，利用秦军去拖住五国，让他们无暇侵略齐国。

而对于最后被秦国消灭的问题，齐国人其实是心存侥幸的。他们觉得与秦国交好了这么多年，秦国人多少会给他们点面子。五国相继灭亡后，齐王建居然幻想去朝见秦国，以称臣投降的方式换得齐国宗庙的保全。说到底，齐国人在骨子里就不想打仗，只要能活命，什么都可以做。

也许是嬴政拒绝了齐王建的请求，齐王建最后迫于压力，集结了军队到边境驻守，并且断绝了和秦国的所有来往。但是，这一切都是做做样子而已，齐军并未做好应战准备。

公元前221年，王贲在灭燕之后，奉嬴政之命南下，从原来的燕、齐边界侵入齐国境内。齐军几乎没做任何抵抗，任凭秦军长驱直入，直抵临淄城下。齐王建在后胜的劝说下宣布无条件投降，万千齐国百姓保全了身家性命，傲视东方八百多年的强国终于也走到了尽头。

至于名存实亡的卫国，最终在公元前209年被秦二世废除，为周朝的诸侯国画上了句号。

列国纷争的腥风血雨在九州大地上停息了，轰轰烈烈的春秋战国时代终于在秦人的欢呼声中落下了帷幕。一个分裂的时代结束了，一个全新的大一统帝国诞生了。

大一统的秦帝国统一了天下的文字、货币、度量衡等，并将目标转向了境外，讨伐边疆外族。嬴政派兵南征岭南，北伐河套，击败了越族和匈奴，修建了灵渠，连接了万里长城。这个帝国整合了黄河、长江、珠江流域的文明，带着这些流域的人民，创造了影响后世几千年的历史！

后记

致敬历史的"记录者"

在本书的最后,讲一讲两位重要人物的故事。

一位是孔子。他本名孔丘,是春秋晚期的鲁国人,祖先孔父嘉是宋国大夫。孔子的父亲是一位低阶士人,在孔子出生前就去世了。孔子的母亲颜氏是野人农民,和孔子父亲没有正式的婚姻关系,孔子因而没有得到父亲家族的接纳,一直跟随母亲在农村过着清贫的生活。

孔子渴望成为父亲那样的士人,但长时间未能如愿。母亲去世后,他把灵柩停放在路中央,通过请求乡邻帮他把母亲和父亲合葬的方式,总算得到了父亲家族的承认。因为父亲就孔子这一个健康的儿子(另一个儿子是残疾人),孔子最终得以继承了父亲的士人身份。

由于父亲在士人群体也属低微层次,母亲又出身卑贱,孔子一开始备受贵族圈歧视。他想参加季孙氏举办的一场宴会,却被家臣阳虎驱赶,还被笑话说:"我们招待的是士,可没有你的份儿!"

受辱的孔子从此发奋努力,希望通过知识改变命运。这一年孔子差

不多十五岁，所以他说自己是"十有五而志于学"。

当时，很多贵族子弟沉迷享乐，对文化知识不屑一顾。孔子却对这些知识视若珍宝，以"三人行必有我师"的信念，如饥似渴地四处向人求教。为了养家糊口，孔子还去给季孙氏打工，做过仓库管理员和牲畜饲养员。虽然工作很累，他依然坚持每天学习，逐渐成了一名学识渊博的学者。

孔子懂的知识多了，就有越来越多的人向他请教，当中不少是来自母亲那边的野人亲族，如颜路和颜回父子。孔子顺势开班收徒，用学费补贴家用，而且他"有教无类"，不分国人野人，也不看贵族平民，只要拿一束干肉交学费，都可以来学。这在贵族垄断文化知识的春秋时代，是破天荒的头一回。

孔子可谓天生的教育家，他不仅教授弟子们贵族学的六艺和经书，还教导他们为人处世的道理。像子路这样初次见面就带刀子耍威风的不良少年，在孔子的教育下也成了虚心求学的好学生。这一时期，孔子大约三十岁，他找到了自己喜欢的事业，就称自己是"三十而立"。

随着学生越来越多，孔子的名气也越来越大，人们开始尊称他为"夫子"。就连孟孙氏都慕名聘用孔子做家庭教师，还促成并资助了他去洛邑游学。孔子在洛邑阅读了许多王室典籍，还和老子结下了友谊。

回国之后，孔子的名声更大了。本来他的仕途是一片光明，可他认为卿大夫擅权是社会动乱的源头，坚持复兴礼制，不愿意帮三桓这些"乱臣贼子"控制鲁国，这使他在官场上受到了冷落。鲁昭公被三桓赶到齐国后，孔子忠诚地追随他而去，希望游说齐景公帮助自己的国君复位。但齐景公除了对他的才华表示欣赏外，并没有答应他的请求。孔子在齐国待了几年，只好回国了。

回国后的孔子大约四十岁，他看明白了这个世界是利益至上，空有理想和热血没有用，便自评是"四十不惑"。

在这之后，孔子一门心思扑在学术和教育上，不想再卷入政治斗争。潜心治学后，他逐渐形成了以"仁""孝""礼""义"等为中心的思想理论，为儒家思想的诞生奠定了基础。

可惜，鲁国朝政日益腐朽混乱，孔子没有安宁的环境。季孙氏的家臣阳虎发起叛乱，窃取了鲁国大权。他想请孔子出来做官，但孔子想方设法周旋和拖延，没有为这个叛臣效力。阳虎失败逃亡后，三桓觉得有必要清理一下这些不听话的家臣们，就一致决定重用孔子，利用他的影响力整肃朝纲。

孔子得知三桓请他来治理国家，兴奋地接下了任命书。他从中都宰做到大司寇，主管鲁国的政法工作。这一年，孔子大约五十岁，他高兴地自评说"五十知天命"，以为人生理想还有机会实现。

孔子主政后，先是帮鲁定公（名宋）完成了齐、鲁夹谷会盟，然后推行"隳（huī）三都"政策，即拆除三桓下属的三座大城的城墙，防止当地家臣拥兵自重。季孙氏的家臣公山不狃不服，起兵攻打曲阜，被孔子打败后逃到国外。接着，孔子诛杀了迷惑人心的少正卯，实现了鲁国政局稳定。

三桓见孔子没有利用价值了，就收回他的权力，孤立孔子，逼迫他离开。孔子发觉自己受骗了，心灰意冷之下离开了鲁国，开始了周游列国的旅程。他先后去了卫国、宋国、郑国、陈国、蔡国等国，一路宣传自己的政治主张和学术思想，并孜孜不倦地收徒讲学，他的名声和思想在中原地区广泛流传。

然而，孔子的想法没有被任何一个国家接受，因为卿大夫们是不会同意恪守礼制，加强国君的权威的。孔子虽然在一些国家得到了很高的礼遇，但始终不能得志。而且在颠沛流离的途中，他吃了不少苦，被人羞辱过，也被人围攻过，还一度断粮，差点被饿死。

但已经年过六旬的他，心态比以前平和了许多，自嘲就是一条落魄

的丧家之犬。他也反思过自己的理念和人生，也听得进去别人对他的批评。因此，他评价自己是"六十耳顺"。

后来，弟子冉求在抵抗齐军入侵时立了大功，借此机会说服了三桓把老师请了回来。孔子就此结束了漂泊生涯，回到了故乡。他和三桓达成了协议，不再参与政事，只负责国家档案和书籍的整理工作，偶尔提供国策咨询。三桓则给予他国老的待遇，不干涉他的生活。

此后的孔子淡出了人们的视野。他的弟子子贡、子路、冉求等人在政治舞台上活跃，他则带着弟子颜回等人深居简出，着手编订六经，即《诗经》《尚书》《仪礼》《乐经》《周易》和《春秋》。这些作品都不是孔子的原创，在当时已经存在于世，但它们只是一篇篇写在竹简上的文章，分散收藏于贵族家中和政府机构里。孔子和颜回等弟子所做的，就是把这些竹简一件件收集起来，按照诗、书、礼、乐、算卦和历史六大主题进行分类、整理、抄录和校勘，最后把这六大本合集分别命名为六经那些书名。

这是一项极其烦琐和辛苦的工作，但孔子乐此不疲。这时的他差不多七十岁了，他自评"七十而从心所欲不逾矩"，觉得终于能做些遵从内心的事了。

其中，孔子最注重的是《春秋》这本书。书的内容基本取自鲁国官方历史档案。孔子希望弟子们能通过学习历史，通晓为官处事的道理，就在编订过程中对一些字句进行了修改润色，从礼义的角度暗藏褒贬，起到"贬天子，退诸侯，讨大夫，以达王事而已""以为天下仪表"的作用。这就是后人所说的"春秋笔法"和"微言大义"。

《春秋》是鲁国官方立场的记述，文字十分简略和隐晦，光靠这本书看不懂历史。于是，就有了《左传》这本书来详解《春秋》中的事件和人物。一般认为，《左传》是与孔子同时期的鲁国史官左丘明所著，是他留存在家的个人（或家族）作品，因为忌讳没有那么多，所以史料丰富详实。孔子和左丘明有不错的交情,说过"左丘明耻之,丘亦耻之"的话。也许,正是在孔子的感召下,左丘明参与了孔子团队的修史工作,把这部伟大的作品贡献给了世人①。

基本完成了六经的编修工作后,孔子于公元前479年,以七十三岁高龄溘然长逝了。这位先哲不仅开创了影响千年的儒家文化,而且为后人保留了西周和春秋时期的众多文献。如果没有他的系统性整理,这些资料就是保存在不同地方的零散篇章,经过千年岁月后大量散失,战国以前的历史文化恐怕就变成迷雾了。

而六经作为儒家学派的教科书,被历代儒生精心保管。秦朝建立后,依照商鞅定下的文化专制法令,禁毁了法家之外的书籍,使得战国时期的文献惨遭浩劫。唯有儒生们拼死保护的六经大部分保存下来,使得我们现在还能看到这些历经两千多年的著作,笔者也才能在这里给大家讲述春秋时代的故事。

另一个故事的主人公名叫司马迁,是汉武帝时代的人物。

"司马"这个姓氏来自周朝,是掌管一国军政的高级武官,因此司马迁的祖上大多从事军职,最出名的就是秦惠文王时期的武将司马错。得益于秦国的军功爵制,司马家族的地位飞速提升,到了汉代,仍然在中央政府任职。只不过,从司马迁的高祖辈开始,就已经弃武从文,司马迁的父亲司马谈就在汉朝担任太史令。

据《后汉书·百官志》载,"太史令"的职责在于管理皇室书籍,掌管星象天文,记录上代及当代事情,并没有修史职责。然而,司马谈不满足于做这种琐碎的工作,他非常喜欢《春秋》这本书,希望利用工

---

① 《左传》的作者和成书时间有争议,应该不是一时一人所作。在孔子和春秋时期之后,还有许多人在增补这部作品,但它和孔子及《春秋》的关系是没法否认的。

作之便,把《春秋》中没有写到的春秋之前和之后的历史补充上。为此,他留心收集各种史料,并让儿子司马迁也参与这项伟大的工程。

秦朝焚书让战国史料几乎全毁,即使是汉朝政府,也只拥有秦朝官方留下来的部分资料。司马迁便在父亲的安排下游历全国,采集民间传闻,收集散落史料,为父亲修史整理资料。

然而,司马谈的修史计划起步不久,他就因重病去世了。临终前,他把司马迁叫到跟前,说:"我死以后,你一定会做太史(令)。做了太史,你千万不要忘记我要编写的著作啊。……中断了国家的历史记载,我十分不甘心,你可一定要记在心里啊!"

司马迁含泪答应道:"儿子虽然不聪明,但是一定会把父亲编修历史的心愿完成,绝不敢有丝毫缺漏。"

此时的司马迁已是郎中,是皇帝身边的侍从官,前途光明。但他谨遵父亲的遗愿,承袭父职,做了太史令,开始了《史记》的艰苦创作。

然而,司马迁在汉武帝身边为官多年,对一些政治事件的内幕多有了解,十分反感汉武帝的独断专行和无耻小人的蝇营狗苟。他在写到汉朝历史时,并没有按照汉朝官方说法去写。汉武帝偶然翻阅到司马迁的作品,勃然大怒,下令销毁《孝景本纪》(汉景帝的传记)和《今上本纪》(汉武帝的传记)的书简,致使这两个篇章现在残缺不全。

得罪汉武帝后,司马迁的日子不好过了。公元前99年,司马迁因为给兵败被俘的李陵辩护,再次激怒了汉武帝。汉武帝本就觉得司马迁对自己不满,这次更是怀疑他是在借褒扬李陵之功,诋毁这场战役的主帅李广利(汉武帝宠姬李夫人的哥哥),进而批评自己用人不当。

汉武帝大怒之下将司马迁投入监狱,以欺君之罪判他死刑。当时的死刑犯有两种方式可以保命,一种是缴纳赎钱五十万,另一种是接受宫刑。司马迁没有足够的钱赎罪,只得接受宫刑。

身体残缺和人格受辱让司马迁一度万念俱灰,但他想到父亲的临终嘱托和未完成的《史记》，依然坚毅地挺起身子在书案前奋笔疾书。他在书中回顾了很多古代伟人遭遇困厄，却仍坚持理想的事迹，最后总结道："人固有一死，或重于泰山，或轻于鸿毛。"

司马迁知道，死很容易，但像蝼蚁一样卑贱地去死，是毫无意义的，只有完成自己的理想，把生命和作品融为一体，死的时候才有泰山之重。

呕心沥血十数载，司马迁终于完成了《史记》这部伟大的作品。之后司马迁就消失在了历史之中，没人知道他去世于哪一年，他的结局也是众说纷纭。有人说他自杀了；有人说他口出怨言，还是被汉武帝处死了；也有人说他归隐山野，不知所踪了。但无论是哪种结局，都印证了司马迁是在用生命去写作，只等完成这个作品，他就告别了这个世界。

《史记》这部巨著也是命运多舛，因其敏感性，被汉朝官方视作禁书，在相当长的时间里都禁止传播，期间部分篇章散佚，是靠后人增补上去的。直到东汉后期政治氛围相对宽松，才逐步解禁，但流传的版本已不完全是当初司马迁的原稿了。

通过司马迁用生命写作，我们能看到的历史不再局限于春秋时代，而是往前推到了五帝时代，往后延伸到了汉武帝时期。原本虚无缥缈的五帝和夏、商、周时期的历史有了足够清晰的轮廓，差点湮灭的战国历史也有了清晰的脉络，秦并天下和楚汉争雄的相关篇章更是精彩绝伦，为后世的戏剧小说提供了大量灵感。

可以说，没有司马迁孜孜不倦地收集史料和他十几年如一日地坚持书写，夏商周和战国的历史将一片混沌，我们将无法知晓各诸侯国的世系渊源，更难了解孔子、吴起、孙膑、张仪、屈原等人的生平，而笔者也无从介绍这些人的故事，更不可能完成这本书。

由于司马迁面对的史料本就缺损严重而且虚实难辨，加之他是独立创作，精力有限，因此《史记》中不乏错误、夸张、遗漏和自相矛盾的

后记　致敬历史的『记录者』

记载。幸好，有童书业和杨宽两位春秋战国史的权威专家，用他们多年的研究和心血帮我们进行了重新梳理，让春秋战国这段历史更加完整和准确。两位教授的《春秋史》和《战国史》是精读这段历史的必备书籍，本书所提及的观点和对经济社会变迁的描述，基本来自于这两本书。

孔子说，自己晚年著书是"述而不作"，只是整理编辑别人的东西，并不在其中添加自己的想法。笔者写这本书的初衷，也只是将自己所知晓的人物、故事和相应的说法进行组合，介绍给身边人了解而已。只是在一些历史公案上插入自己的想法，但笔者不敢以个人观点代表历史真相，在文中也尽量予以了注明，仅代表一家之言。

限于个人能力，这段五百多年的历史中还有许多光彩熠熠的事件和人物没有完全展示给大家。所以，本书不敢以春秋战国的通史自居，也不敢以学术论著自称，只以"你应了解"为界限，对主要的历史事件和人物进行讲述。若能成为大家乘车时或临睡前的科普消遣读物，笔者就已心满意足了。

因为是业余写作，这本书从2011年动笔，到2015年完成初稿，后来在2019年至2021年间又修改了三次，时间跨度达十年。生活环境和个人经历的巨大变化，让笔者的创作理念有了深刻的改变。因此第三次修改时，笔者改正了一些错误，删减了大量自认为多余的章节，去掉了初稿中修饰性太强的内容，并且对全书结构进行了调整，使之更加简洁。

在创作过程中，除了童书业和杨宽两位大师，笔者还借用了柏杨、张正明、林剑鸣、沈长云、王阁森等专家的观点。此外，刘勃先生的《失败者的春秋》《战国歧途》和《司马迁的记忆之野》也让本书受益颇多。一些不知名网友的经典论述和研究成果也在书中有所借鉴。但为了叙述顺畅，书中没有一一说明引自哪位老师的观点，在这里表示致谢和歉意。

  书中个别情景的表现使用了小说笔法，可能略有夸张，或者纯属个人想象，但都是依据于史实，且不与正史相冲突。

  谨以此文为后记。

茅庐小生

2022年3月草就于杭州

（按书名拼音排序）

一、史料

《楚辞》西汉·刘向编

《春秋公羊传》东周·公羊高著

《春秋左氏传》东周·左丘明撰

《东周列国志》明·冯梦龙著

《管子》东周·管仲著

《国语》东周·左丘明著

《韩非子》东周·韩非著

《汉书》东汉·班固编撰

《后汉书》南朝·范晔编撰

《华阳国志》东晋·常璩撰

《淮南子》西汉·刘安编撰

《列女传》西汉·刘向著

《吕氏春秋》东周·吕不韦编

《论语》东周·孔丘等著

《孟子》东周·孟轲著

《商君书》东周·商鞅著

《诗经》东周·孔丘编

《史记》西汉·司马迁著

《水经注》北魏·郦道元著

《说苑》西汉·刘向著

《孙膑兵法》东周·孙膑著

《孙子兵法》东周·孙武著

《吴越春秋》东汉·赵晔撰

《吴子兵法》东周·吴起著

《荀子》东周·荀况著

《盐铁论》西汉·桓宽编撰

《越绝书》东汉·袁康、吴平辑录

《战国策》西汉·刘向编

《周礼》西周·周公旦著

《庄子》东周·庄周著

《竹书纪年》东周·佚名著

《资治通鉴》北宋·司马光主编

二、研究著作

《霸权迭兴：春秋霸主论》晁福林著，三联书店，1992年6月版

《北狄族与中山国》段连勤著，广西师范大学出版社，2007年9月版

《长平之战》靳生禾、谢鸿喜著，山西人民出版社，1998年3月版

《楚史》张正明著，湖北教育出版社，1995年7月版

《春秋晋国赵氏研究》白国红著，中华书局，2007年6月版

《春秋史》童书业著，上海古籍出版社，2003年4月版

《春秋史》顾德融、朱顺龙著，上海人民出版社，2003年4月版

《战国史》杨宽著，上海人民出版社，2003年4月版

《战国史料编年辑证》杨宽著，上海人民出版社，2001年11月版

《赵国史稿》沈长云、魏建震、白国红、张怀通、石延博著，中华书局，2000年11月版

《中国人史纲》柏杨著，同心出版社，2005年9月版

《中国战争史》武国卿、慕中岳著，金城出版社，1992年7月版

《春秋战国真有趣》龙镇著，上海文艺出版社，2019年1月版

《春秋左传注》杨伯峻著，中华书局，1995年5月版

《帝国军团》金铁木著，中华书局，2004年9月版

《晋国史纲要》李孟存、常金仓著，山西人民出版社，1988年8月版

《孔子大历史》李硕著，上海人民出版社，2019年4月版

《孔子传》钱穆著，三联书店，2012年10月版

《鲁国史》郭克煜、梁方健、陈东、杨朝明著，人民出版社，1994年12月版

《内蒙访古》翦伯赞著，文物出版社，1963年3月版

《齐国史》王阁森、唐致卿主编，山东人民出版社，1992年3月版

《秦汉魏晋史探微》田余庆著，中华书局，2011年6月版

《秦集史》马非百著，中华书局，1982年8月版

《秦谜》李开元著，上海人民出版社，2017年6月版

《秦史稿》林剑鸣著，上海人民出版社，1981年2月版

《失败者的春秋》刘勃著，百花文艺出版社，2019年6月版

《司马迁的记忆之野》刘勃著，百花文艺出版社，2020年11月版

《王立群读〈史记〉之秦始皇》王立群著，广西师范大学出版社，2008年11月版

《先秦诸子系年》钱穆著，九州出版社，2011年1月版

《燕史纪事编年会按》陈平编著，北京大学出版社，1995年7月版

《易中天中华史：从春秋到战国》易中天著，浙江文艺出版社，2013年10月版

《饮冰室合集》梁启超著，中华书局，1989年3月版

《越国史稿》孟文镛著，中国社会科学出版社，2010年3月版

《战国变法运动》黄中业著，吉林大学出版社，1990年8月版

《战国歧途》刘勃著，百花文艺出版社，2019年5月版